资治通鉴全本新注

（全十四册）

第二册

卷二三至卷四五（汉纪十五至汉纪三十七）

［宋］司马光　编著
张大可　注释

華中科技大學出版社
http://press.hust.edu.cn
中国·武汉

第二册目录

卷二三　汉纪十五

汉昭帝始元元年至元凤六年（前86—前75年）

【起旃蒙协洽（乙未，前86年），尽柔兆敦牂（丙午，前75年），凡十二年】

【大事提要】

本卷记事起公元前86年，讫公元前75年，凡十二年，当汉昭帝始元元年至元凤六年。本卷所载的大事，主要是以下几个方面。其一，盐铁会议。公元前81年，汉朝廷向贤良、文学询问、了解民间疾苦。他们希望取消盐、铁、酒类专卖，罢免均输官。御史大夫桑弘羊予以反对，认为这些措施是国家赖以控制四夷、保卫边疆，使财用充足的根本大业，不能废除。最后妥协，废除酒类专卖。其二，苏武荣归。苏武以中郎将持节出使匈奴，被扣留，历尽艰辛，北海牧羊十九年而持节不屈。汉昭帝刘弗陵即位后，匈奴和汉朝达成和议。汉朝寻求苏武，得知消息，匈奴放回。公元前81年，苏武归来，任为典属国。后列为麒麟阁十一功臣之一，彰显其节操。其三，上官桀谋反。汉昭帝刘弗陵即位，上官桀以左将军受遗诏辅政，封为安阳侯；儿子上官安，任为车骑将军，封为桑乐侯；孙女为皇后，一门贵显。公元前80年，上官桀父子与桑弘羊、盖长公主等人谋划，联合燕王刘旦，欲谋杀霍光，废汉昭帝，事败被族诛。其四，出兵乌桓。乌桓本役属于匈奴。汉武帝时击破匈奴，迁移乌桓至上谷、渔阳、右北平、辽东塞外，为汉朝侦察匈奴动静。汉置护乌桓校尉监领之。公元前78年，辽东乌桓反叛。汉朝派中郎将范明友为度辽将军，率领二万骑兵击之，斩杀了六千多人，获三王首级。其五，刺杀楼兰王。汉昭帝刘弗陵时，西域龟兹、楼兰均联合匈奴，杀汉使官，劫掠财物。傅介子求出使大宛，以汉帝命令责问楼兰、龟兹，并杀死匈奴使者。公元前77年，奉命以赏赐为名，携带黄金、锦绣至楼兰，于宴席中斩杀楼兰王，另立在汉楼兰质子为王。

孝昭皇帝上

始元元年（乙未，前86年）

夏，益州夷二十四邑[1]、三万余人皆反。遣水衡都尉吕破胡[2]募吏民及发犍为、蜀郡[3]奔命往击[4]，大破之。

秋，七月，赦天下。

大雨，至于十月[5]，渭桥绝[6]。

武帝初崩[7]，赐诸侯王玺书[8]。燕王旦得书不肯哭[9]，曰："玺书封小[10]，京师疑有变。"遣幸臣寿西长、孙纵之、王孺等之长安[11]，以问礼仪为名，阴刺候朝廷事[12]。及有诏褒赐旦钱三十万[13]，益封万三千户[14]，旦怒曰："我当为帝，何赐也[15]！"遂与宗室中山哀王子长、齐孝王孙泽等结谋[16]，诈言以武帝时受诏，得职吏事，修武备，备非常[17]。郎中成轸[18]谓旦曰："大王失职[19]，独可起而索[20]，不可坐而得[21]也。大王一起[22]，国中虽女子皆奋臂随大王。"

旦即与泽谋，为奸书[23]，言："少帝非武帝子[24]，大臣所共立；天下宜共伐之！"使人传行郡国以摇动百姓[25]。泽谋归发兵临淄[26]，杀青州刺史隽不疑[27]。旦招来郡国奸人，赋敛铜铁作甲兵[28]，数阅其车骑、材官卒[29]，发民大猎以讲士马[30]，须期日[31]。郎中韩义等数谏旦[32]，旦杀义等凡十五人。

会瓶侯成知泽等谋[33]，以告隽不疑[34]。八月，不疑收捕泽等以闻[35]。天子遣大鸿胪丞治[36]，连引燕王[37]。有诏，以燕王至亲[38]，勿治；而泽等皆伏诛[39]。迁隽不疑为京兆尹[40]。

不疑为京兆尹，吏民敬其威信。每行县[41]、录囚徒还[42]，其母辄问不疑："有所平反[43]？活几何人[44]？"即不疑多有所平反[45]，母喜笑异于他时；或无所出[46]，母怒，为不食[47]。故不疑为吏，严而不残[48]。

九月，丙子[49]，秺敬侯金日磾薨。

初，武帝病，有遗诏，封金日磾为秺侯，上官桀为安阳侯，霍光为博陆侯；皆以前捕反者马何罗等功封[50]。日磾以帝少，不受封，光等亦不敢受。及日磾病困，光白封[51]。

日磾卧受印绶[52]，一日薨[53]。日磾两子赏、建俱侍中[54]，与帝略同年[55]，共卧起[56]。赏为奉车[57]，建驸马都尉[58]。及赏嗣侯，佩两绶[59]，上谓霍将军曰："金氏兄弟两人，不可使俱两绶邪[60]？"对曰："赏自嗣父为侯耳。"上笑曰："侯不在我与将军乎[61]？"对曰："先帝之约，有功乃得封侯。"遂止。

闰月[62]，遣故廷尉王平等五人持节行郡国[63]，举贤良，问民疾苦、冤、失职[64]者。

冬，无冰。

（以上为第一段，写燕王刘旦与皇室成员中山哀王之子刘长、齐孝王之孙刘泽等密谋共同反叛朝廷，阴谋败露，刘泽等伏诛，昭帝诏燕王至亲，勿问。辅政大臣金日磾去世，临终前接受汉武帝遗命，封为秺侯。）

【注释】

[1]益州夷：益州地区的少数民族。益州，汉十三刺史部（州）之一，辖汉中、巴、蜀、武都、广汉、犍为、牂牁、越嶲、益州九郡。邑：城邑，此指夷人村寨。[2]水衡都尉：官名，汉武帝元鼎二年始置，主管盐铁、上林、铸钱，兼管皇室财物，与少府同为皇帝私府。吕破胡：人名。[3]犍为：郡名，郡治僰道，在今四川宜宾市西南。蜀郡：郡名，郡治成都，在今四川成都市。[4]奔命往击：快跑的特种兵前往征讨。奔命，赴难疾奔的部队，年龄五十以上六十以下的精勇老兵为其成员。[5]大雨，至于十月：水灾，大雨从七月一直下到十月。[6]渭桥绝：渭桥被水冲垮断绝。渭桥，汉长安城北渭水上的桥。[7]武帝初崩：据章校，他本作"初，武帝崩"。[8]玺书：秦汉时天子的书信。此指通报武帝崩的书信。[9]燕王旦：刘旦，汉武帝次子，封燕王。不肯哭：不承认现实，不哭丧。[10]封小：信封太小。[11]幸臣：宠幸之臣。寿西长、孙纵之、王孺：三人姓名。之长安：到京师长安了解情况。[12]阴刺侯朝廷事：暗中打探朝廷事务。[13]褒赐旦钱三十万：奖赏刘旦钱三十万。[14]益封万三千户：增封一万三千户。[15]何赐也：用不着赏赐我。[16]长：刘长，中山哀王刘昌之子，中山靖王刘胜之孙。泽：刘泽，齐孝王刘将闾之孙，齐悼惠王刘肥之重孙。[17]"诈言"四句：汉制，诸侯不得治民和掌吏事。是以燕王旦诈言受诏，任命官吏，修治兵器，发兵以防备非常事故。[18]郎中：官名。成轸：人名。[19]失职：失去皇位继承权。[20]独可起而索：只有站起来索取。独，只有一条路。起，喻起兵。[21]不可坐而得：坐着等不到。[22]一起：一旦起兵。[23]奸书：造谣文书。[24]少帝：指昭帝。非武帝子：不是武帝亲子。奸书内容。[25]传行郡国：传布到郡国。以摇动百姓：用以动摇民众之心。[26]临淄：齐王国都城，在今山东淄博市临淄区。[27]青

州：汉十三刺史部（州）之一，辖齐郡、济南、千乘、平原、北海、东莱六郡及菑川、胶东二国。刺史：州的长官。隽不疑：人名。［28］赋敛铜铁作甲兵：征收铜铁制作铠甲、兵器。［29］阅：检阅。车骑、材官卒：战车、骑兵、精勇的步兵等各种部队。［30］发民大猎以讲士马：动员民众大规模围猎，用以训练将士兵马。［31］须期日：等待约定的起事日期。［32］谏旦：劝阻刘旦。［33］会瓶侯成知泽等谋：就在这时，瓶侯刘成得知刘泽谋反计划。［34］告隽不疑：报告了青州刺史隽不疑。［35］收捕泽等以闻：逮捕了齐王刘泽报告给朝廷。［36］遣大鸿胪丞治：派遣大鸿胪副手审理案件。［37］连引燕王：牵连出燕王刘旦。［38］至亲：骨肉亲人。［39］伏诛：伏法执行死刑。［40］京兆尹：官名，治理京畿地区。［41］行县：巡行到县。［42］录囚徒还：核查囚徒审理情况回来。［43］有所平反：有平反的冤案吗？［44］活几何人：又救活了几个人？［45］多有所平反：平反了多个人的冤案。此时他的母亲很高兴。［46］或无所出：有时没有平反冤案，放出囚犯。［47］母怒，为不食：母亲十分生气，绝食抗议。［48］严而不残：严厉不放过一个坏人，但不残酷，没有冤杀一个人。［49］丙子：九月二日。［50］捕反者马何罗等功封：因抓捕马何罗等人反叛的功应得的封爵。事见《资治通鉴》卷二十二武帝后元元年。［51］光白封：霍光向昭帝说明了三人受封的事。［52］日磾卧受印绶：金日磾在病床上接受了所封秺侯的印绶。［53］一日薨：隔了一天金日磾就死了。［54］赏、建：金日赏、金日建，金日磾两子之名。俱侍中：两人同为侍中。侍中，官名，可出入宫禁。［55］略同年：大略同年。［56］共卧起：一同睡觉、一同活动。［57］赏为奉车：金日赏为奉车都尉，掌天子车马。［58］建附马都尉：金日建为驸马都尉，掌天子副车。［59］佩两绶：佩带奉车都尉、秺侯两颗印绶，即兼两职。［60］俱两绶邪：昭帝欲封金日建为侯，使兄弟二人都有两个印绶。［61］侯不在我与将军乎：封侯的事不就我们君臣两人说了算吗？［62］闰月：闰十月。［63］故廷尉：前廷尉。王平：人名。持节行郡国：持符节巡行郡国办理专门事宜。此次巡行，举贤良，问民疾苦，平反冤狱，查官吏失职等。［64］失职：失去职位。指官吏闲居，查其是否所当失。

二年（丙申，前85年）

春，正月，封大将军光为博陆侯，左将军桀为安阳侯。

或说霍光曰："将军不见诸吕之事[1]乎？处伊尹、周公之位[2]，摄政擅权，而背宗室，不与共职[3]，是以天下不信，卒至于灭亡[4]。今将军当盛位[5]，帝春秋富[6]，宜纳宗室[7]，又多与大臣共事[8]，反诸吕道[9]。如是，则可以免患。"光然之，乃择宗室可用者，遂拜楚元王孙辟疆及宗室刘长乐皆为光禄大夫[10]，辟疆守长乐卫尉[11]。

三月，遣使者振贷贫民无种、食者[12]。

秋，八月，诏曰：“往年灾害多，今年蚕、麦伤[13]，所振贷种[14]、食勿收责[15]，毋令民出今年田租[16]！”

初，武帝征伐匈奴，深入穷追，二十余年，匈奴马畜孕重堕殰[17]，罢极[18]，苦之，常有欲和亲意，未能得。狐鹿孤单于有异母弟为左大都尉[19]，贤，国人乡之[20]。母阏氏[21]恐单于不立子而立左大都尉也，乃私使杀之。左大都尉同母兄怨，遂不肯复会单于庭[22]。

是岁，单于病且死，谓诸贵人：“我子少，不能治国，立弟右谷蠡王[23]。”及单于死，卫律等与颛渠阏氏[24]谋，匿其丧[25]，矫单于令[26]，更立子左谷蠡王为壶衍鞮单于。左贤王、右谷蠡王怨望[27]，率其众欲南归汉，恐不能自致，即胁卢屠王[28]，欲与西降乌孙[29]。卢屠王告之单于，使人验问，右谷蠡王不服，反以其罪罪卢屠王[30]，国人皆冤之[31]。于是二王去居其所[32]，不复肯会龙城[33]，匈奴始衰[34]。

（以上为第二段，写汉昭帝刘弗陵封大将军霍光为博陆侯，霍光在皇室成员中选择可以任职者授以官，靠近皇室；匈奴狐鹿孤单于去世，儿子即位，左贤王和右谷蠡王不予拥戴，匈奴从此衰落。）

【注释】

[1]诸吕之事：指吕后的宗族吕产、吕禄等擅权遭灭族的事。[2]处伊尹、周公之位：外戚诸吕居处伊尹、周公的位置。伊尹，商汤王大臣。周公，即姬旦，武王弟周成王大臣，二人居顾命大臣之位。[3]“摄政”三句：诸吕主持朝政，专擅大权，却疏远皇族成员，不与他们共商朝政。[4]卒至于灭亡：最终导致灭亡。[5]盛位：高位，显赫的地位。[6]春秋富：年少。[7]宜纳宗室：应当进用皇族成员。[8]共事：共同议事，不独揽政权。[9]反诸吕道：与诸吕为政之道相反而行之。[10]辟疆：人名，楚元王刘交之孙。刘长乐：人名。光禄大夫：官名，属光禄勋。[11]守：暂时署理称“守”。长乐卫尉：官名，掌守卫长乐宫。[12]振贷：救济、借贷。振即“赈”的本字。无种、食者：没有种子和食物的人。种，五谷的种子。[13]伤：受灾。[14]振贷种：赈贷给农民的种子。[15]食：贷给农民的口粮。勿收责：不必归还。责，通“债”，借贷。[16]田租：三十税一的农业税。[17]马畜孕重堕殰：马匹牲畜不能正常孕育繁殖。迁移奔跑，生活节奏被打乱，牲畜也受害。堕殰，流产。[18]罢极：非常疲困。罢，通“疲”。[19]左大都尉：匈奴官名。[20]乡之：依附于他。乡，通“向”。[21]母阏氏：单于之母，犹汉之母后。[22]会单于庭：朝会单于，在龙城。[23]右谷（lù）蠡（lí）王：匈奴的王号。[24]颛渠阏氏：单于的正妻。[25]匿其丧：藏匿单于尸体，即封锁单于死去的消息，不发丧。

[26]矫单于令：伪造单于的命令。[27]怨望：怨恨。[28]卢屠王：匈奴王号。[29]乌孙：古西域国名。[30]反以其罪罪卢屠王：左贤王、右谷蠡王反把阴谋叛逃的事推在卢屠王头上。[31]冤之：为卢屠王鸣冤。[32]二王去居其所：左贤王、右谷蠡王离开了原来的住牧地。[33]不复肯会龙城：即不再朝会单于。[34]匈奴始衰：匈奴由此衰落。

三年（丁酉，前 84 年）

春，二月，有星孛于西北。

冬，十一月，壬辰朔[1]，日有食之。

初，霍光与上官桀相亲善。光每休沐出[2]，桀常代光入决事[3]。光女为桀子安[4]妻，生女，年甫五岁[5]，安欲因光内之宫中[6]；光以为尚幼，不听。盖长公主私近子客河间丁外人[7]，安素与外人善[8]，说外人曰："安子[9]容貌端正，诚因长主时得入为后[10]，以臣父子在朝而有椒房之重[11]，成之在于足下[12]。汉家故事[13]，常以列侯尚主[14]，足下何忧不封侯乎！"外人喜，言于长主。长主以为然，诏召安女为婕妤[15]，安为骑都尉[16]。

四年（戊戌，前 83 年）

春，三月，甲寅[17]，立皇后上官氏[18]，赦天下。

西南夷姑缯[19]、叶榆[20]复反，遣水衡都尉吕辟胡[21]将益州兵击之。辟胡不进[22]，蛮夷遂杀益州太守，乘胜与辟胡战，士战及溺死者四千余人[23]。冬，遣大鸿胪田广明击之。

廷尉李种坐故纵死罪弃市[24]。

是岁，上官安为车骑将军[25]。

（以上为第三段，写上官安想通过霍光的关系使五岁的女儿进入后宫当皇后，霍光没有同意；上官安又找到汉昭帝姐姐盖长公主的情人丁外人，通过盖长公主促成此事。）

【注释】

[1]壬辰朔：十一月一日。[2]休沐出：休假出宫。[3]入决事：入朝处决政事。[4]安：上官安，上官桀之子，霍光之婿。[5]甫五岁：刚五岁。[6]因光内之宫中：上官安想托霍光把女儿送进宫中。内，通"纳"。[7]盖长公主：武帝的长女，昭帝姐。私近：私通。子客：儿子的宾客。丁外人：人名。[8]素：向来。与外人善：与丁外人友好。[9]安子：指上官安之女。

[10]诚：如果。因长主时：乘盖长公主健在之时。得入为后：得以入宫为皇后。[11]椒房之重：指在宫中有皇后作靠山。椒房，皇后所居之宫，借以指代皇后。[12]成之在于足下：成全这件事全靠你了。足下，您，对人之尊称。[13]故事：常例。[14]列侯尚主：娶公主的人必然封侯。[15]诏召安女为婕妤：下诏宣召上官安之女入宫为婕妤。婕妤，高级嫔妃之名。[16]安为骑都尉：任命上官安为骑都尉。骑都尉，近侍天子的武职，秩比二千石。[17]甲寅：三月二十五日。[18]上官氏：即上官安之女，册立为皇后。[19]西南夷：指西南少数民族。姑缯：古族名，分布于今云南地区。[20]叶榆：古族名，分布于今云南大理市一带。汉武帝于其地置县。叶榆县治所在今云南大理市西北。[21]吕辟胡：人名。[22]不进：畏敌不敢进兵。[23]"士战"句：汉兵将士战死以及被水淹死的达四千多人。[24]李种：人名。坐：坐罪。故纵死：故意释放死囚。弃市：在闹市斩首。[25]车骑将军：汉代将军名号之一。

五年（己亥，前82年）

春，正月，追尊帝外祖赵父为顺成侯[1]。顺成侯有姊君姁[2]，赐钱二百万、奴婢、第宅以充实焉[3]。诸昆弟各以亲疏受赏赐，无在位者[4]。

有男子乘黄犊车诣北阙[5]，自谓卫太子[6]；公车以闻[7]。诏使公、卿、将军、中二千石杂识视[8]。长安中吏民聚观者数万人。右将军勒兵阙下以备非常[9]。丞相、御史、中二千石至者并莫敢发言[10]。京兆尹不疑后到[11]，叱从吏收缚[12]。或曰[13]："是非未可知[14]，且安之[15]！"不疑曰："诸君何患于卫太子！昔蒯聩违命出奔[16]，辄距而不纳[17]，《春秋》是之[18]。卫太子得罪先帝，亡不即死[19]，今来自诣[20]，此罪人也！"遂送诏狱[21]。

天子与大将军霍光闻而嘉之曰："公卿大臣当用有经术、明于大谊[22]者。"繇是不疑名声重于朝廷[23]，在位者皆自以不及[24]也。廷尉验治何人[25]，竟得奸诈，本夏阳[26]人，姓成，名方遂，居湖[27]，以卜筮为事[28]。有故太子舍人尝从方遂卜[29]，谓曰："子状貌甚似卫太子。"方遂心利其言[30]，冀得以富贵[31]。坐诬罔不道[32]，要斩[33]。

夏，六月，封上官安为桑乐侯。安日以骄淫[34]，受赐殿中[35]，对宾客言："与我婿饮，大乐！"见其服饰，使人归，欲自烧物[36]。子病死，仰而骂天。其顽悖如此[37]。

罢儋耳、真番郡[38]。

秋，大鸿胪广明、军正王平击益州，斩首、捕虏三万余人，获畜产五万余头。

谏大夫杜延年见国家承武帝奢侈、师旅之后[39]，数为大将军光言："年岁比不登[40]，流民未尽还[41]，宜修孝文明政[42]，示以俭约、宽和，顺天心，说民意[43]，年岁宜应[44]。"光纳其言。延年，故御史大夫周之子也。

（以上为第四段，写有一位男子来到未央宫北门，自称是太子刘据，朝廷大臣前来辨认，都不敢发言，京兆尹隽不疑命将该男子逮捕审问，果然是假冒的。隽不疑名重一时。）

【注释】

[1]外祖：外祖父。赵父：人名，钩弋夫人之父。时已死，昭帝追封为顺成侯。[2]君姁：赵君姁，昭帝外祖父之姐。[3]第宅：赏赐的高级住宅。充实：充实家产。[4]无在位者：昭帝外戚，没有一个人做官。[5]黄犊车：黄牛犊拉的车。北阙：未央宫的北阙。汉时上书、奏事、谒见之人皆诣北阙。[6]自谓：自称。卫太子：武帝卫皇后之子刘据。[7]公车：官名，主管受理章奏，属卫尉。以闻：将此事报告天子。[8]公、卿、将军、中二千石：皆朝廷大官，三公九卿等。杂识视：共同辨认。[9]右将军：汉代将军名号之一。勒兵：统领士卒。阙下：宫阙左右。以备非常：以防意外事故。[10]莫敢发言：没有人敢说话。[11]后到：隽不疑最后来到现场。[12]叱从吏收缚：大声责令随从官员把冒名男子抓捕起来。[13]或曰：有人劝说。[14]是非未可知：太子真假还不清楚。[15]且安之：暂且把他安置下来。[16]昔：从前，春秋时。蒯聩：人名，春秋时卫灵公的太子。被卫灵公夫人南子排斥，避祸出逃。[17]辄距而不纳：辄，蒯聩之子，继为卫君，不接纳蒯聩入卫都。距，通"拒"。[18]《春秋》是之：《春秋》肯定了这件事。[19]不即死：当时没死。[20]今来自诣：今天自己来投案。[21]遂送诏狱：把冒名男子关进特别监狱诏狱。诏狱，是奉天子诏令关押钦定重犯的监狱。[22]大谊：即大义。谊，同"义"。[23]繇是：由是，由此，因此。繇，通"由"。名声重于朝廷：隽不疑在朝廷名重一时。[24]不及：赶不上，不如。[25]验治何人：彻查究竟是什么人。[26]夏阳：县名，县治在今陕西韩城市西南。[27]湖：县名，县治在今河南灵宝市西。[28]以卜筮为事：以占卜为职业。[29]太子舍人：卫太子的幕僚。从方遂卜：找成方遂占卜。[30]心利其言：成方遂十分动心，认为太子舍人的话对自己有利。心，动心，思想有了活动。[31]冀得以富贵：希望用冒充太子的办法获得富贵。[32]坐诬罔不道：坐罪诬罔大逆不道。[33]要斩：处以腰斩的极刑。要，通"腰"。[34]日以骄淫：日益骄纵淫乱。[35]殿中：宫殿内。[36]欲自烧物：

想把自己的日用衣物烧掉，因不如皇上用品鲜好。［37］顽悖：狂妄，悖逆。如此：竟至于此。［38］罢：裁撤，废除儋耳、真番两个郡。儋耳：郡名，元鼎六年置，郡治在今海南儋州市西北。真番：郡名，元封三年置，处于今朝鲜半岛中西部。［39］承武帝奢侈、师旅之后：谓武帝奢侈、兴兵出征给国家留下严重后果。［40］年岁比不登：连年歉收。［41］流民未尽还：流散四方的难民还没有完全返乡，即社会还有流民。［42］宜修孝文明政：应当执行孝文帝时的治国方针。［43］说民意：使老百姓高兴。说，通“悦”。［44］年岁宜应：政治好转，年岁也相应好转。

六年（庚子，前 81 年）

春，二月，诏有司问郡国所举贤良文学[1]，民所疾苦、教化之要[2]，皆对[3]：“愿罢盐、铁、酒榷、均输官[4]，毋与天下争利，示以俭节[5]，然后教化可兴。”桑弘羊难[6]，以为：“此国家大业[7]，所以制四夷[8]，安边足用之本，不可废也。”于是盐铁之议[9]起焉。

初，苏武既徙北海上[10]，禀食不至[11]，掘野鼠去草实而食之[12]。杖汉节牧羊[13]，卧起操持[14]，节旄尽落[15]。

武在汉[16]，与李陵俱为侍中[17]；陵降匈奴，不敢求武[18]。久之，单于使陵至海上[19]，为武置酒设乐[20]，因谓武曰：“单于闻陵与子卿素厚[21]，故使来说足下[22]，虚心欲相待[23]。终不得归汉[24]，空自苦[25]，亡人之地[26]，信义安所见乎[27]！足下兄弟二人，前皆坐事自杀；来时，太夫人已不幸[28]；子卿妇年少[29]，闻已更嫁[30]矣；独有女弟二人，两女、一男[31]，今复十余年[32]，存亡不可知。人生如朝露[33]，何久自苦如此！陵始降时，忽忽如狂[34]，自痛负汉[35]，加以老母系保宫[36]。子卿不欲降，何以过陵[37]！且陛下春秋高[38]，法令无常[39]，大臣无罪夷灭者数十家。安危不可知，子卿尚复谁为乎[40]！”

武曰：“武父子无功德，皆为陛下所成就，位列将[41]，爵通侯[42]，兄弟亲近，常愿肝脑涂地[43]。今得杀身自效[44]，虽斧钺、汤镬[45]，诚甘乐之[46]！臣事君[47]，犹子事父也；子为父死，无所恨。愿勿复再言！”

陵与武饮数日，复曰：“子卿一听陵言[48]！”武曰：“自分已死久矣[49]，王必欲降武，请毕今日之欢，效死于前[50]！”陵见其至诚，喟然叹曰[51]：“嗟乎，义士！陵与卫律之罪上通于天！”因泣下沾衿[52]，与武决去[53]。赐武牛羊数十头。

后陵复至北海上，语武以武帝崩[54]。武南乡号哭欧血[55]，旦夕临[56]，数月。及壶衍鞮单于立，母阏氏不正[57]，国内乖离[58]，常恐汉兵袭之，于是卫律为单于谋，与汉和亲。汉使至，求苏武等，匈奴诡言武死[59]。后汉使复至匈奴，常惠私见汉使[60]，教使者谓单于，言："天子射上林中[61]，得雁，足有系帛书[62]，言武等在某泽中。"使者大喜，如惠语以让单于[63]。单于视左右而惊，谢汉使曰[64]："武等实在。"乃归武及马宏等[65]。马宏者，前副光禄大夫王忠使西国[66]，为匈奴所遮[67]；忠战死，马宏生得[68]，亦不肯降。故匈奴归此二人，欲以通善意[69]。

于是李陵置酒贺武曰："今足下还归[70]，扬名于匈奴，功显于汉室，虽古竹帛所载[71]，丹青所画[72]，何以过子卿[73]！陵虽驽[74]怯，令汉贳陵罪[75]，全其老母，使得奋大辱之积志[76]，庶几乎曹柯之盟[77]，此陵宿昔之所不忘也[78]。收族陵家[79]，为世大戮[80]，陵尚复何顾乎[81]！已矣[82]，令子卿知吾心耳！"陵泣下数行，因与武决[83]。

单于召会武官属，前已降及物故[84]，凡随武还者九人。既至京师[85]，诏武奉一太牢谒武帝园庙[86]，拜为典属国[87]，秩中二千石[88]，赐钱二百万，公田二顷，宅一区。武留匈奴凡十九岁，始以强壮出，及还，须发尽白[89]。

霍光、上官桀与李陵素善，遣陵故人陇西任立政等三人俱至匈奴招之[90]。陵曰："归易耳[91]，丈夫不能再辱[92]！"遂死于匈奴。

夏，旱。

秋，七月，罢榷酤官[93]，从贤良文学之议也。武帝之末，海内虚耗，户口减半[94]。霍光知时务之要[95]，轻徭薄赋[96]，与民休息。至是匈奴和亲，百姓充实，稍复文、景之业焉[97]。

诏以钩町侯毋波率其邑君长、人民击反者有功[98]，立以为钩町王。赐田广明爵关内侯[99]。

（以上为第五段，写苏武在匈奴北海牧羊，度过了十九年；匈奴与汉朝和亲，放回苏武，汉朝封其为典属国；大将军霍光派人劝说李陵回来，李陵认为不能再次受辱，老死匈奴。）

【注释】

［1］举：推荐。贤良文学：汉代选举科目之一，由汉文帝创立，举贤良文学求言，对国家大政提出建议。贤良文学由二千石高官推荐，名额遍及全国的各郡国，每次一百余人。［2］教化之要：教育与风气教化的要点。［3］皆对：对民众疾苦、教化要点等等都提出改革的建言。对，指对策。贤良文学回答朝廷征言提出的问题，以对策形式作出回答。［4］愿罢盐、铁、酒榷、均输官：希望国家裁撤盐、铁、酒专卖，以及均输等政府机构，改由民间经营。按：以上均是汉武帝为长期的外征内作筹措经费所推行的国家垄断经济政策。盐铁事始见《资治通鉴》卷十九武帝元狩四年。酒榷事始见上卷天汉三年。均输官，掌管郡国转运买卖的官，其事始见《资治通鉴》卷二十元鼎三年。［5］俭节：即节俭。［6］桑弘羊：时任御史大夫。官营盐、铁、酒，均输平准，统一货币等一系列经济政策均是桑弘羊“建本抑末”方针的运用，在汉武帝时期推行。本次昭帝始元六年的举贤良文学就是对这一系列经济政策的征言讨论，由桑弘羊为主方与以全国贤良文学为客方的论辩，史称盐铁会议。难：驳难，指桑弘羊驳贤良文学。［7］国家大业：国家根本。［8］制四夷：控制四夷。［9］盐铁之议：汉朝辩论盐铁官营与否，非常激烈。事后，桓宽著《盐铁论》一书记其事，今行于世。［10］苏武既徙北海上：匈奴单于流放苏武于北海，事见《资治通鉴》卷二十一天汉元年。［11］禀食不至：没有粮食供给。禀，给。食，食物。［12］掘野鼠去草实而食之：挖掘田鼠，吃鼠洞中留下的草籽。去，通“弃”，留下，剩下的。［13］杖汉节牧羊：手持汉节牧羊。杖，持。［14］卧起操持：睡觉、起身活动，均不离汉节。［15］节旄尽落：时间长了，节上毛缨已脱落。［16］在汉：指当年在汉时。［17］与李陵俱为侍中：苏武、李陵两人同为侍中，同僚相亲。［18］求武：无颜见苏武。求，见。［19］至海上：李陵受单于委派到北海边来劝降苏武。［20］置酒设乐：摆设酒宴，安排音乐。李陵用以招待苏武。［21］子卿：苏武字。素厚：一向交情深厚。［22］说足下：劝说您。［23］虚心欲相待：指单于虚心相待苏武。［24］终不得归汉：指苏武永远回不了汉朝。［25］空自苦：白白地自找苦恼。［26］亡人之地：无人居的荒地。［27］信义安所见乎：信义显现给谁看呢？见，通“现”。［28］太夫人：苏武母。不幸：归天，已死。［29］妇年少：苏武妻年轻。［30］更嫁：另嫁他人。［31］一男：一个儿子。［32］复十余年：又过了十多年。［33］朝露：早晨的露珠，日出则干。喻生命短促。［34］忽忽如狂：精神恍惚，像要发疯。［35］自痛负汉：恨自己辜负汉朝。［36］系：拘囚。保宫：囚禁犯罪的大臣及其家属之处。句意：连累老母坐牢。［37］何以过陵：谓苏武不降的情意，超不过我李陵当年的心情。［38］春秋高：年老。［39］无常：经常变更。［40］子卿尚复谁为乎：你苏武还要为谁效忠呢？即薄情的汉家不值得效忠。［41］位列将：地位、职位已到将军一级。［42］爵通侯：爵到列侯。［43］肝脑涂地：谓捐躯掉脑袋，即牺牲生命。［44］杀身自效：愿意杀身报效皇上。［45］斧钺：谓被斧钺砍头。汤镬：谓被下沸水锅中烹。［46］诚甘乐之：心甘情愿不后悔。

［47］臣事君：臣子事奉君王，没有什么不甘心的。［48］一听陵言：你就听我一次劝。［49］自分已死久矣：我自己想到就是一个死人了。即宁死不降。［50］“王必欲降武”三句：你一定要逼我苏武投降，就立即绝交，苏武就死在你的面前。王，指李陵，时为匈奴右校王。［51］喟然叹曰：无可奈何又感慨万端，长声叹息说。［52］泣下沾衿：动情地流下眼泪湿透衣襟。［53］与武决去：李陵告别苏武离去。［54］语武以武帝崩：告诉苏武，汉武帝已死。［55］武南乡号哭欧血：苏武南向痛哭，以至吐血。乡，通“向”。［56］旦夕临：每天早晚面南号哭。［57］母阏氏：单于之母。不正：指作风不正。［58］乖离：内乱，分崩离析。［59］诡言武死：谎言苏武已死。［60］常惠：汉人，随苏武出使匈奴，被扣留多年。私见：个人求见汉使。［61］射上林中：在上林苑中射得大雁。［62］足有系帛书：大雁腿上绑有一卷帛书。帛书，写在帛上的信。［63］让单于：责备单于。［64］谢汉使曰：向汉使致歉说。［65］归武及马宏等：将苏武及马宏等人放还。［66］西国：西域各国。［67］遮：拦截拘留。［68］生得：被活捉。［69］通善意：释放善意。［70］还归：指回汉朝。［71］古竹帛所载：史书所载。［72］丹青所画：功臣绘像。丹青，红色、青色的绘画颜料，指代绘画。［73］何以过子卿：古往忠臣超不过你苏子卿。［74］驽（nú）：劣马，喻才能低下。这里是自谦词。［75］令：假使。贳（shì）：宽恕。［76］奋大辱之积志：忍辱负重而奋发报效汉朝。［77］庶几乎曹柯之盟：春秋时曹刿劫齐桓公于柯的壮举差不多在我李陵身上重演。［78］此陵宿昔之所不忘也：这是我李陵早晚都念念不忘的志向。宿昔，夙夜，早晚，天天如此。［79］收族陵家：搜捕族灭我李陵全家。［80］为世大戮：这是当世最惨的诛杀。［81］陵尚复何顾乎：我对汉朝还有什么留恋的呢？［82］已矣：算了吧，一切都完了。［83］与武决：与苏武告别。［84］物故：已死。［85］京师：指长安。［86］太牢：备有一牛、一豕、一羊。三牲具为太牢。谒武帝园庙：祭拜汉武帝的陵庙。［87］典属国：主管民族事务的官员，位九卿。［88］秩中二千石：秩禄是最高一级的二千石，月俸一百八十斛。按：二千石有三级，中二千石、二千石、比二千石。［89］须发尽白：胡须、头发全都白了。［90］故人：老朋友。招之：劝说李陵回国。［91］归易耳：回国容易，即有办法可以脱身回国。［92］再辱：第二次受辱。［93］罢：废除。榷酤官：专卖酒类的官员。［94］减半：损减一半。按：汉初人口两千余万，七十余年之休养生息，人口增近一倍，武帝初约四千万。减半稍过，按减三分之一计，则损失一千四五百万人。汉匈大战，是古代两大帝国，也是南北农耕与游牧两大文明对决，是古代的一场世界大战，农耕文化战胜游牧文化，先进文明战胜落后文明，代价沉重，意义也重大。［95］知时务之要：了解时势的要务。［96］轻徭薄赋：减轻徭役和赋税，使民休养生息。［97］稍复文、景之业焉：稍稍恢复文帝、景帝时期安定繁荣的局面。［98］钩町侯：钩町，是古代西南少数民族之一，分布于今云南广南县地区。汉称其首领为侯。毋波：人名。有功：毋波平叛有功。［99］关内侯：秦汉二十级爵位的第十九级，有食邑。

元凤元年（辛丑，前 80 年）

春，武都氐人反[1]，遣执金吾马适建、龙额侯韩增、大鸿胪田广明将三辅、太常徒[2]，皆免刑，击之。

夏，六月，赦天下。

秋，七月，乙亥晦[3]，日有食之，既[4]。

八月，改元[5]。

上官桀父子既尊[6]，盛德长公主[7]，欲为丁外人求封侯[8]，霍光不许。又为外人求光禄大夫[9]，欲令得召见[10]，又不许。长主大以是怨光[11]，而桀、安数为外人求官爵弗能得[12]，亦惭。又桀妻父所幸充国为太医监[13]，阑入殿中[14]，下狱当死[15]；冬月且尽[16]，盖主为充国入马二十匹赎罪[17]，乃得减死论[18]。

于是桀、安父子深怨光而重德盖主[19]。自先帝时，桀已为九卿[20]，位在光右[21]，及父子并为将军[22]，皇后亲安女[23]，光乃其外祖[24]，而顾专制朝事[25]，由是与光争权。燕王旦自以帝兄不得立[26]，常怀怨望[27]。及御史大夫桑弘羊建造酒榷、盐、铁，为国兴利，伐其功[28]，欲为子弟得官，亦怨恨光。于是盖主、桀、安、弘羊皆与旦通谋[29]。

旦遣孙纵之等前后十余辈[30]，多赍金宝、走马赂遗盖主、桀、弘羊等[31]。桀等又诈令人为燕王上书[32]，言："光出都肄郎、羽林[33]，道上称跸[34]，太官先置[35]。"又引"苏武使匈奴二十年[36]不降，乃为典属国；大将军长史敞[37]无功，为搜粟都尉[38]；又擅调益莫府校尉[39]。光专权自恣[40]，疑有非常[41]。臣旦愿归符玺[42]，入宿卫[43]，察奸臣变。"

候司光出沐日奏之[44]。桀欲从中下其事[45]，弘羊当与诸大臣共执退光[46]。书奏，帝不肯下[47]。明旦[48]，光闻之，止画室中不入[49]。上问[50]："大将军安在[51]？"左将军桀对曰："以燕王告其罪[52]，故不敢入。"有诏："召大将军。"光入，免冠、顿首谢[53]。上曰："将军冠[54]！朕知是书诈也[55]，将军无罪。"光曰："陛下何以知之？"上曰："将军之广明都郎[56]，近耳[57]；调校尉以来，未能十日，燕王何以得知之[58]！且将军为非，不须校尉[59]。"

是时帝年十四，尚书、左右皆惊[60]。而上书者果亡[61]，捕之甚急。桀等惧，白上[62]："小事不足遂[63]。"上不听。后桀党与有谮光者[64]，上辄怒曰："大将军忠臣，先帝所属以辅朕身[65]，敢有毁者坐之[66]！"自是桀等不敢复言。

李德裕论曰[67]：人君之德，莫大于至明[68]，明以照奸，则百邪不能蔽[69]矣。汉昭帝是也。周成王有惭德矣[70]；高祖、文、景俱不如也[71]。成王闻管、蔡流言[72]，遂使周公狼跋而东[73]。汉高闻陈平去魏背楚[74]，欲舍腹心臣[75]。汉文惑季布使酒难近，罢归股肱郡[76]；疑贾生擅权纷乱[77]，复疏贤士[78]。景帝信诛晁错兵解，遂戮三公[79]。所谓"执狐疑之心，来谗贼之口"[80]。使昭帝得伊、吕之佐，则成、康不足侔矣[81]。

（以上为第六段，写上官桀父子为丁外人谋求官职，遭到大将军霍光阻止，桑弘羊欲为其子弟求职遭霍光拒绝，于是盖长公主、上官桀、上官安、桑弘羊联结成为倒霍光的集团，与燕王旦勾结，编织霍光谋反假案，被昭帝识破，未能得逞。昭帝时年十四，英明如此，唐李德裕评价其超过高祖、文、景，惜时无伊尹、吕尚，否则成康都不足与之比。）

【注释】

[1]武都：郡名，郡治武都，在今甘肃陇南市武都区东北。氐：古族名，分布于汉代武都郡，今甘肃东南部。[2]执金吾：官名，掌京师治安。三辅、太常徒：指输作于三辅和太常的刑徒。三辅，指京兆尹、左冯翊、右扶风。太常，官名，掌宗庙礼仪，兼掌选博士。[3]乙亥晦：七月庚午朔，乙亥当是初六，而不是月末晦日。日食只能发生在月末或月初，故乙亥当为七月晦日，即七月三十日"己亥"之误。[4]既：尽，指日尽没，为日全食。[5]改元：改始元七年为元凤元年。[6]既尊：既贵，指官位高贵。[7]盛德长公主：非常感激盖长公主的大恩。[8]丁外人：即盖长公主的姘夫。求封侯：为丁外人谋求侯位。[9]光禄大夫：官名，秩比二千石，属光禄勋。[10]得召见：可以得到天子召见。即侯爵与光禄大夫就可有机会见天子。[11]以是怨光：因此怨恨霍光。[12]桀、安：上官桀、上官安。弗能得：桀、安为丁外人求官没能如愿。[13]桀妻父：上官桀的岳父。充国：人名，史失其姓。太医监：官名，掌宫廷医务，属少府。[14]阑入殿中：妄入宫殿。汉制，凡入宫殿都要著籍，即登记入进宫人员名籍中，无籍而妄入，谓之阑入，有罪。[15]当死：被判死刑。[16]冬月且尽：汉代处决死囚不过冬月，如果冬月完了，就不处死。[17]赎罪：入钱免罪。[18]减死论：判处低于死刑的罪。[19]重德盖

主：更加深深感谢盖长公主。［20］桀已为九卿：武帝时上官桀官至太仆，九卿之一，秩中二千石。［21］位在光右：官职地位比霍光高，霍光在武帝时，为奉车都尉、光禄大夫，秩比二千石；上官桀官太仆，自然比霍光官位高。［22］父子并为将军：上官桀为左将军，上官安为车骑将军。［23］皇后亲安女：上官皇后是上官安的亲生女儿。［24］光乃其外祖：霍光是上官皇后的外公。［25］而顾专制朝事：霍光反而专断朝廷事务。顾，反而。［26］不得立：燕王刘旦没有继承皇位。［27］常怀怨望：燕王一直忌恨霍光。［28］伐其功：自我夸耀功劳。［29］通谋：结成党羽共同谋划扳倒霍光。［30］遣：派遣；指使。孙纵之：人名。十余辈：十多人次。［31］赍（jī）：携带。走马：善走的马，千里马。赂遗：行贿，赠送。［32］诈令人为燕王上书：命人伪造燕王上书。［33］光出都肄郎、羽林：霍光出京检阅郎官、羽林军时，如同皇帝出巡。都，指京师。肄，演习，检阅。旧注，以“都肄”作一词解，谓总检阅，实误。霍光检阅地在京都东郊广明亭，参下文自明。［34］道上称跸：一路戒严。跸，天子出行时开路清道，禁止通行。［35］太官：官名，主管膳食。先置：言事先置办饮食之具。［36］二十年：实际上是十九年。曰“二十年”，乃举成数。［37］长史：官名，大将军长史，是大将军的重要属官。敞：杨敞，西汉华阴（今属陕西）人，司马迁的女婿，子为杨恽。官至丞相。传见《汉书》卷六十六。［38］搜粟都尉：官名，汉武帝置，掌农耕及屯田等事，属大司农。［39］擅调：擅自调迁。莫府：大将军幕府。莫，通“幕”。校尉：官名，位次于将军。［40］恣：放肆，为所欲为。［41］非常：非常事变，一般指造反。［42］归符玺：指交回封王的印绶。［43］入宿卫：即不做封王，入京保卫天子。［44］候司：等候机会。司，通“伺”，看机会。出沐日：出宫休假之日。奏之：上奏燕王书。［45］从中下其事：在宫中把燕王书下发给主管部门查处。［46］共执退光：由桑弘羊等大臣共同抓捕霍光，撤销他的职务。［47］帝不肯下：昭帝不批准将燕王奏书下付有司。［48］明旦：第二天早晨。［49］止画室中不入：停留在画有周公负成王朝诸侯图之室，不入宫早朝。［50］上问：昭帝发问。［51］大将军安在：大将军在哪里？［52］以：因为。告其罪：控告霍光有罪。［53］免冠、顿首谢：霍光摘下官帽，叩头请罪。［54］将军冠：大将军戴好帽子。［55］是书诈也：告状书是伪造的。［56］将军之广明都郎：大将军到广明亭演习郎官。广明，亭名，在汉长安城东东都门外。［57］近耳：最近几天的事，不到十天。［58］何以得知之：怎么知道的？燕王远在国都，几千里远怎知近日事。［59］“且将军”二句：大将军要做坏事，用不着校尉官。为非，干坏事。［60］尚书：官名，西汉时掌章奏文书。左右：指天子近侍人员。［61］果亡：果然逃跑。［62］白上：报告皇帝。［63］不足遂：用不着穷追。遂，查明到底。［64］党与：团伙，同党。谮光：诬陷霍光。［65］先帝所属以辅朕身：先帝托付霍光辅佐我。属，通“嘱”，托付。［66］敢有毁者坐之：再有人说大将军坏话，就判他诬罔罪。［67］李德裕论曰：本条借论，引自唐大臣李德裕奏议。［68］至明：非常明亮，可察秋毫。［69］蔽：蒙蔽。［70］周成王：周武王之子。惭德：因德行有缺而有愧。谓周成王一度疑心周公，比不上汉昭帝。［71］“高祖”句：汉高祖、汉文帝、汉景帝，都不如汉昭帝。［72］管、蔡：管叔、蔡叔。二人是武王和周公的兄弟。流言：流言蜚语。指言周公将不利于成王。［73］遂使周公狼跋而东：致使周公进退两难，只好东征。狼跋：指老狼走路。前行脚踩到胡须，后退踩到尾巴，前后行走不得，喻进退两难。按：管蔡造流言，周公前进要伤管蔡，不进，成王有疑，最终只能东征铲除管蔡。若成王不疑，有如昭帝之明，则周公可不东征，故言成王有惭德。［74］去魏背楚：陈平先事魏王咎，后事楚王项羽，未受重用离去，投归汉王刘邦。［75］欲舍腹心臣：高祖听谗言一度疑心陈平。事见《资治通鉴》卷九高祖二年。［76］“汉文”二句：汉文帝误认为季布酗酒任性，难做天子近臣，便将其放回做一个地方太守。惑，迷惑，误认为。股肱郡，谓京师左右重要的郡。按：汉文帝使季布返郡事，见《资治通鉴》卷十四文帝前元四年。［77］擅权纷乱：专权扰乱。［78］复疏贤士：又一次疏远了贾谊贤士。按：文帝疑疏贾生（谊）事，见《资治通鉴》卷十四文帝前元四年。［79］“景帝”二句：景帝相信诛杀晁错可制止七国之乱，于是杀了三公大臣。晁错任御史大夫，位列三公。按：景帝诛晁错事，见《资治通鉴》卷十六景帝前三年。［80］“所谓”二句：正所谓“先有怀疑的心思，才招来奸贼的谗言”。［81］“使昭帝”二句：假如汉昭帝能得到伊尹、吕尚的辅佐，那么周成王、周康王都不足以与汉昭帝相比。伊、吕，伊尹、吕尚。伊尹是商初之贤臣，吕尚乃周初之贤臣。成、康，周成王、康王。成康之世大治，故有“成康之治”之誉。侔，相等。

桀等谋令长公主置酒请光，伏兵格杀之，因废帝，迎立燕王为天子。旦置驿书往来相报，许立桀为王，外连郡国豪桀以千数[1]。旦以语相平[2]，平曰：“大王前与刘泽结谋，事未成而发觉者，以刘泽素夸[3]，好侵陵也[4]。平闻左将军素轻易[5]，车骑将军少而骄[6]，臣恐其如刘泽时不能成[7]，又恐既成反大王[8]也。”

旦曰：“前日一男子诣阙，自谓故太子，长安中民趣乡之[9]，正讙不可止[10]。大将军恐，出兵陈之[11]，以自备耳。我，帝长子[12]，天下所信，何忧见反！”后谓群臣：“盖主报言，独患大将军与右将军王莽[13]。今右将军物故[14]，丞相病[15]，幸事必成[16]，征不久[17]。”令群臣皆装[18]。

安又谋诱燕王至而诛之，因废帝而立桀。或曰[19]：“当如皇后何[20]？”安曰：“逐麋之狗，当顾兔邪[21]！且用皇后为尊[22]，一旦人主意有所移[23]，虽欲为家人亦不可得[24]。此百世之一时也！”

会盖主舍人父稻田使者燕仓知其谋[25]，以告大司农杨敞[26]。敞素谨[27]，畏事[28]，不敢言[29]，乃移病卧[30]，以告谏大夫杜延年[31]；延年以闻[32]。九月，诏丞相部中二千石逐捕孙纵之及桀、安、弘羊、外人等[33]，并宗族悉诛之；盖主自杀。

燕王旦闻之，召相平曰："事败，遂发兵乎[34]？"平曰："左将军已死，百姓皆知之，不可发也！"王忧懑[35]，置酒与群臣、妃妾别[36]。会天子以玺书让旦[37]，旦以绶自绞死[38]，后、夫人随旦自杀者二十余人。天子加恩，赦王太子建为庶人[39]，赐旦谥曰刺王。皇后以年少，不与谋[40]，亦霍光外孙[41]，故得不废。

庚午[42]，右扶风王䜣为御史大夫。

冬，十月，封杜延年为建平侯，燕仓为宜城侯，故丞相征事任宫[43]捕得桀，为弋阳侯，丞相少史王山寿[44]诱安入府，为商利侯。久之，文学济阴魏相对策[45]，以为："日者燕王为无道，韩义出身强谏[46]，为王所杀。义无比干之亲而蹈比干之节[47]，宜显赏其子[48]以示天下，明为人臣之义。"乃擢义子延寿为谏大夫[49]。

大将军光以朝无旧臣[50]，光禄勋张安世[51]自先帝时为尚书令[52]，志行纯笃，乃白用安世为右将军兼光禄勋以自副[53]焉。安世，故御史大夫汤之子也。光又以杜延年有忠节[54]，擢为太仆、右曹、给事中[55]。光持刑罚严[56]，延年常辅之以宽[57]。吏民上书言便宜[58]，辄下延年平处复奏[59]。可官试者[60]，至为县令；或丞相、御史除用[61]，满岁[62]，以状闻[63]；或抵其罪法[64]。

是岁匈奴发左、右部二万骑为四队，并入边为寇。汉兵追之，斩首、获虏九千人，生得瓯脱王[65]；汉无所失亡。匈奴见瓯脱王在汉，恐，以为道击之[66]，即西北远去[67]，不敢南逐水草[68]；发人民屯瓯脱[69]。

（以上为第七段，写昭帝隐忍，没有深究倒光集团，而倒光集团竟不收手，进一步欲发动宫廷政变废除汉昭帝，灭掉霍光，阴谋再次败露，倒光集团与燕王旦被一网打尽。）

【注释】

[1]豪桀以千数：联络数以千计的各郡国豪杰。桀，通"杰"。[2]平：人名，史失其姓。[3]素夸：向来浮夸。[4]好侵陵也：喜好欺凌部署。陵，通"凌"。[5]左将军：上官桀。素轻易：一向轻率，办事不稳重。[6]车骑将军：上官安。少而骄：年少骄横。[7]不能成：不

能成事，不会成功。［8］既成反大王：事已成却又反对大王。［9］民趣乡之：民众纷纷围上去。乡，通“向”。［10］正讙不可止：喧哗无法制止。［11］陈之：谓列阵以待之。陈，通“阵”。［12］帝长子：我是先帝最年长的儿子。刘旦为武帝次子，太子死，年最长。［13］王莽：人名，天水人，字稚叔。此非西汉末年篡权的王莽。［14］物故：指王莽已死。［15］丞相病：丞相田千秋病。［16］幸事必成：希望大事必然成功。［17］征不久：不久就可证实。征，验，证实。［18］装：整装待发。［19］或曰：有人劝说。［20］当如皇后何：对皇后应当怎么办？［21］逐麋之狗，当顾兔邪：追逐大鹿的狗，还能顾及兔子吗？言所求者大而不顾小。麋，大鹿。［22］且用皇后为尊：何况我们是利用皇后获得高位。［23］意有所移：一旦皇上移情别爱。［24］“虽欲”句：即使想做一个普通百姓也不可能。家人，普通百姓。［25］“会盖主”句：恰巧，盖长公主一位舍人的父亲，担任稻田使者的燕仓知道了上官桀等人的阴谋。会，适值。稻田使者，官名，掌稻田租佃和税收。［26］“以告”句：燕仓把情况告知了大司农杨敞。杨敞是霍光提拔的人。大司农，官名，掌租税钱谷盐铁和国家财政收支。［27］素谨：向来谨慎。［28］畏事：胆小怕事。［29］不敢言：不敢上奏天子。［30］移病卧：称病躺在家里。［31］以告谏大夫杜延年：杨敞告知杜延年。［32］延年以闻：杜延年把情况报告天子知道。［33］“诏丞相”句：昭帝下诏，命令丞相率领大臣抓捕了上官桀、上官安、桑弘羊、丁外人等一干人。［34］遂发兵乎：随即发兵造反吗？［35］王忧懑：燕王刘旦忧愁烦懑。［36］别：摆设酒宴与臣下、妻妾诀别。［37］玺书：盖了天子印的书信。让：责备。［38］旦以绶自绞死：刘旦用印绶将自己绞死。［39］为庶人：为平民。［40］不与谋：皇后没有参与政变阴谋。［41］霍光外孙：皇后还是霍光的外孙女。［42］庚午：九月二日。［43］征事：官名，丞相官属，秩比六百石。任宫：人名。［44］少史：官名，丞相官属，秩四百石。王山寿：人名。［45］魏相：西汉济阴定陶（今山东菏泽市定陶区西北）人，字弱翁。后徙平陵（今陕西咸阳市西北）。官至御史大夫、丞相，封高平侯。传见《汉书》卷七十四。对策：此指魏相的对策文。［46］出身强谏：挺身而出，坚决劝谏。［47］义无比干之亲而蹈比干之节：韩义没有比干那样与燕王有亲情关系却能实践比干劝谏的节义。比干，殷纣王庶兄，谏纣而死。［48］显赏其子：公开奖励韩义的儿子。［49］擢：提升。谏大夫：官名，掌议论，属光禄勋。［50］旧臣：先帝遗留的朝臣，即武帝时之朝臣。［51］光禄勋：官名，掌宿卫侍从。张安世：字子孺，张汤之子。昭、宣时，受重用，参与谋废昌邑王、立宣帝。霍光死后，任大司马、车骑将军。传见《汉书》卷五十九。［52］尚书令：官名，掌章奏文书，秩千石，属少府。［53］自副：以为自己的副手。［54］杜延年有忠节：因他揭发了燕王旦等人的阴谋。［55］太仆：官名，掌天子乘舆车马。右曹：加官，受理尚书事。给事中：加官，掌顾问应对，侍从左右。［56］严：严酷。［57］宽：宽大。［58］便宜：应办而又对国家有利之事。［59］下：交付。平处复奏：先定出适当的处理意见，再奏言之。［60］可官试者：先试为官的人。［61］除用：任用。［62］满岁：试用一年。［63］将以状闻：将为官情况奏报朝廷。［64］抵其罪法：试用官有罪的依法惩处。［65］瓯脱王：匈奴临近西部边地的王号。［66］以为道击之：

单于认为瓯脱王将引导汉军追击自己。道，通“导”。［67］即西北远去：便向西北方远远离去。［68］不敢南逐水草：不敢再南下找水草地放牧。［69］发人民屯瓯脱：汉朝征发民众屯戍瓯脱王原有的西部边地。瓯脱，本指边地分界的空地，此指匈奴边地瓯脱王投汉之地。

二年（壬寅，前79年）

夏，四月，上自建章宫徙未央宫[1]。

六月，赦天下。

是岁，匈奴复遣九千骑屯受降城[2]以备汉，北桥余吾水[3]，令可度[4]，以备奔走；欲求和亲，而恐汉不听，故不肯先言[5]，常使左右风[6]汉使者。然其侵盗益希[7]，遇汉使愈厚[8]，欲以渐致和亲[9]。汉亦羁縻之[10]。

（以上为第八段，写汉朝与匈奴关系的新发展。匈奴势力逐渐削弱，对汉朝的侵扰掳掠越来越少，对汉朝使节越来越优待，希望与汉朝和亲；汉朝也对匈奴采取笼络的态度。）

【注释】

［1］建章宫：宫名，在汉长安城西。未央宫：宫名，在汉长安城。［2］受降城：城名，在今内蒙古乌拉特中旗。［3］北桥余吾水：在受降城以北的余吾水上架桥。余吾水，即今蒙古国乌兰巴托市附近的图拉河。［4］令可度：让桥可以通过大批军队。度，通“渡”，过河。［5］不肯先言：和亲的事，匈奴不愿先提出。［6］风：通“讽”，讽喻，暗示。单于让他身边亲近的人暗示汉使想要和亲。［7］希：通“稀”，匈奴很少侵扰汉边。［8］遇汉使愈厚：对待汉朝使节越来越优待。［9］欲以渐致和亲：希望逐渐达到和亲目的。［10］汉亦羁縻之：汉朝也对匈奴采取笼络的策略。

三年（癸卯，前78年）

春，正月，泰山有大石自起立；上林[1]有柳树枯僵自起生[2]，有虫食其叶成文[3]，曰“公孙病已立[4]”。符节令鲁国眭弘上书[5]，言：“大石自立，僵柳复起，当有匹庶[6]为天子者。枯树复生，故废之家公孙氏当复兴乎[7]？汉家承尧[8]之后，有传国之运，当求贤人禅帝位[9]，退自封百里[10]，以顺天命。”弘坐设妖言惑众伏诛[11]。

匈奴单于使犁污王窥边[12]，言酒泉、张掖[13]兵益弱，出兵试击[14]，冀可复得其地[15]。时汉先得降者，闻其计[16]，天子诏边警备[17]。后无几[18]，右贤王、犁污王四千骑分三队[19]，入日勒、屋兰、番和[20]。张掖太守、属国都尉[21]发兵击，大破之，得脱者数百人[22]。属国义渠王[23]射杀犁污王，赐黄金二百斤，马二百匹，因封为犁污王。自是后，匈奴不敢入张掖。

燕、盖[24]之乱，桑弘羊子迁亡[25]，过父故吏侯史吴[26]，后迁捕得，伏法。会赦，侯史吴自出系狱[27]。廷尉王平[28]、少府徐仁[29]杂治反事[30]，皆以为"桑迁坐父谋反而侯史吴臧之[31]，非匿反者，乃匿为随者也[32]"，即以赦令除吴罪[33]。后侍御史治实[34]，以"桑迁通经术，知父谋反而不谏争[35]，与反者身无异。侯史吴故三百石吏[36]，首匿迁[37]，不与庶人匿随从者等[38]，吴不得赦。"奏请覆治[39]，劾廷尉、少府纵反者[40]。少府徐仁，即丞相车千秋女婿也，故千秋数为侯史吴言[41]；恐大将军光不听，千秋即召中二千石、博士会公车门[42]，议问吴法[43]。议者知大将军指[44]，皆执吴为不道[45]。

明日，千秋封上众议[46]。光于是以千秋擅召中二千石以下[47]，外内异言[48]，遂下廷尉平、少府仁狱。朝廷皆恐丞相坐之[49]。太仆杜延年奏记光[50]曰："吏纵罪人，有常法[51]。今更诋吴为不道，恐于法深[52]。又，丞相素无所守持而为好言于下，尽其素行也[53]。至擅召中二千石，甚无状[54]。延年愚以为丞相久故及先帝用事[55]，非有大故[56]，不可弃[57]也。间者民颇言狱深[58]，吏为峻诋[59]；今丞相所议，又狱事也，如是以及丞相[60]；恐不合众心，群下讙哗，庶人私议，流言四布[61]。延年窃重将军失此名于天下也[62]。"光以廷尉、少府弄法轻重[63]，卒下之狱[64]。

夏，四月，仁自杀，平与左冯翊贾胜胡皆要斩[65]。而不以及丞相，终与相竞[66]。延年论议持平，合和朝廷[67]，皆此类也。

（以上为第九段，写朝廷清理倒光集团政变的余波。桑弘羊的儿子桑迁逃到桑弘羊部下侯史吴家里，桑迁被杀，廷尉王平、少府徐仁按大赦令赦免侯史吴罪过，后被侍御史重审，牵连甚多，王平、徐仁被诛杀。）

【注释】

[1]上林：皇家苑名，在汉长安西南，今陕西西安市西南。［2］柳树枯僵自起生：一棵枯死倒地的柳树自己立起复活。［3］虫食其叶成文：虫子在树叶上咬出了一行文字。［4］公孙病已立：此五字就是虫食树叶形成的。这是宣帝兴于民间之符，一种迷信传言。公孙，指武帝之孙。病已，宣帝的初名。立，指立为帝。［5］符节令：官名，掌管符节事，属少府，秩六百石。鲁国：王国名，治所鲁县，在今山东曲阜市。眭弘：西汉鲁国人。［6］匹庶：平民。［7］“故废”句：从前被废的公孙家族应当复兴。［8］尧：传说中的陶唐氏。当时有汉承尧运之说。［9］禅（shàn）帝位：把汉家帝位让出来给贤人。［10］退自封百里：汉室退位自己做一个只有百里封地的列侯。［11］“弘坐”句：眭弘被判制造妖言惑众罪杀头。设妖言，制造妖言。［12］犁污王：匈奴的王号。窥边：窥探汉朝边地。［13］酒泉、张掖：两郡名。酒泉郡，郡治禄福，在今甘肃酒泉市。张掖郡，郡治觻得，在今甘肃张掖市西北。［14］试击：试探性进攻。［15］冀可复得其地：希望能重新夺回旧有的牧地。按：河西走廊原是匈奴右贤王的放牧地。［16］闻其计：了解到匈奴人的阴谋。［17］诏边警备：朝廷诏命边塞地区加强戒备。［18］后无几：发出警戒令后没多久。［19］右贤王：匈奴的王号，处于匈奴的西方。分三队：分三路入侵。［20］日勒、屋兰、番和：三县名，皆属张掖郡。日勒县治在今甘肃永昌县西北。屋兰县治在今甘肃张掖市东南。番和县治即今甘肃永昌县。［21］属国都尉：官名，治居延县，在今内蒙古额济纳旗东南。［22］得脱者数百人：逃脱的匈奴人只有几百人。［23］属国义渠王：属国中义渠族的君长。［24］燕、盖：指燕王刘旦、盖长公主。［25］迁：人名，桑弘羊之子。亡：逃跑。［26］过：经过。侯史吴：人名，姓侯史，名吴。［27］自出系狱：自首后被拘于狱。［28］廷尉：官名，九卿之一，掌刑狱。王平：字子心，西汉齐人。［29］少府：官名，九卿之一，掌山海池泽收入及皇室手工业制造，为皇帝的私府。徐仁：字中孙，西汉齐人。［30］杂治：共同审理，合议。反事：反逆之事。［31］臧之：窝藏桑迁。臧，通“藏”。［32］“非匿”二句：不是藏匿造反罪犯，只是藏匿了造反的随从罪犯。非，不是。反者，谋反者。随者，随从犯。［33］以赦令除吴罪：依据大赦令免除了侯史吴的死罪。［34］侍御史：官名，掌纠察等事，御史大夫的属官。治实：重核其事。［35］不谏争：不劝阻抗争。争，通“诤”，抗争，据理力争。［36］故三百石吏：原是秩俸三百石的官吏。［37］首匿迁：是窝藏主犯。首，主犯。［38］“不与”句：侯史吴是三百石官吏，不能按平民藏匿随从犯同等治罪。即庶民可赦，官吏不可赦。［39］奏请覆治：上奏重新收审侯史吴。［40］“劾廷尉”句：侍御史弹劾廷尉王平、少府徐仁释放造反罪犯。劾，弹劾。［41］车千秋：即田千秋。因其年老，可乘小车入朝，因称车丞相。数（shuò）：屡次。言：指说情。［42］二千石：即九卿。会公车门：会，会合商议。公车门，即未央宫北阙门。与九卿、博士合议，实质是一次没有在朝廷举行的特别朝议，是非常事件。［43］议问吴法：合议侯史吴适用怎样的法律罪名。［44］大将军指：霍光的主意。［45］执吴为不道：坚持认为侯史吴犯了大逆不道的罪。［46］封上众议：将众臣之议函封上奏朝廷。［47］擅召中二千石以下：自作主张召开九卿

会议。［48］外内异言：外朝与内朝言论不一。［49］丞相坐之：牵连丞相有罪。［50］奏记光：写了一封信给霍光。奏记，写于简牍的奏言。此指个人书信。［51］有常法：有明确的法律规定。［52］“今更”二句：如今诋毁侯史吴为大逆不道，从法律说恐怕是过分了。诋，诬。［53］“丞相”二句：丞相一向没有定见，好与下面的人商议，这是他一贯的做法。素无所守，谓向来没有定见。好言于下，好与下属议论。尽其素行，都是他向来的做法。［54］甚无状：确实不像样。即十分不对。［55］久故：言在位已久。及先帝用事：曾在先帝时任事。［56］非有大故：没有特大过失。［57］弃：废弃，罢官。［58］间者：近来。民颇言狱深：民众多有议论刑罚过重。颇，多有。［59］吏为峻诋：官吏执法苛刻，罗织罪名。峻，峭刻。诋，诬陷。［60］以及丞相：牵连丞相。［61］流言四布：流言传遍四方。［62］“延年”句：我杜延年担心大将军的名声受损。重，看重，珍惜名声。［63］弄法轻重：玩弄法律随意轻重。［64］卒下之狱：最终把王平、徐仁投向监狱。［65］要斩：腰斩。要，通“腰”。［66］终与相竟：霍光与车千秋丞相两人共事到终。［67］合和朝廷：调和朝廷大臣的矛盾。

冬，辽东乌桓反[1]。初，冒顿破东胡[2]，东胡余众散保乌桓及鲜卑山为二族[3]，世役属匈奴。武帝击破匈奴左地[4]，因徙乌桓于上谷、渔阳、右北平、辽东[5]塞外，为汉侦察匈奴动静。置护乌桓校尉监领之[6]，使不得与匈奴交通[7]。至是，部众渐强，遂反。

先是，匈奴三千余骑入五原[8]，杀略数千人；后数万骑南旁塞猎[9]，行攻塞外亭障[10]，略取吏民去。是时汉边郡烽火候望精明[11]，匈奴为边寇者少利[12]，希复犯塞[13]。

汉复得匈奴降者，言乌桓尝发先单于冢[14]，匈奴怨之，方发二万骑击乌桓[15]。霍光欲发兵邀击之[16]，以问护军都尉赵充国[17]，充国以为：“乌桓间数犯塞[18]，今匈奴击之，于汉便[19]。又匈奴希寇盗，北边幸无事，蛮夷自相攻击而发兵要之[20]，招寇生事，非计也[21]！”光更问中郎将范明友[22]，明友言可击，于是拜明友为度辽将军[23]，将二万骑出辽东。匈奴闻汉兵至，引去[24]。

初，光诫明友：“兵不空出[25]；即后匈奴，遂击乌桓[26]。”乌桓时新中匈奴兵[27]，明友既后匈奴，因乘乌桓敝，击之，斩首六千余级，获三王首[28]。匈奴由是恐，不能复出兵。

（以上为第十段，写乌桓反叛汉朝，而乌桓曾得罪匈奴，匈奴起兵攻打；汉朝乘机出兵，匈奴退走，汉军攻打乌桓，斩其首领，匈奴惊恐而不再骚扰汉边。）

【注释】

[1]辽东：郡名，郡治襄平，在今辽宁辽阳市。乌桓：原与鲜卑同为东胡部落，因处乌桓山（约在今西拉木伦河及归流河一带）而得名。 [2]东胡：古部落名，被匈奴冒顿单于击败后，分为乌桓、鲜卑二支。 [3]乌桓：山名，约在今西拉木伦河及归流河一带。鲜卑山：山名，今大兴安岭北段，其族因以山为号。二族：即乌桓山与鲜卑山两地的东胡分为因地而名的两族。 [4]击破匈奴左地：指元狩四年，公元前119年霍去病破匈奴左地的漠北大战。左地，匈奴东部地区。 [5]上谷、渔阳、右北平、辽东：皆郡名。上谷郡治沮阳，在今河北怀来县东南。渔阳郡治渔阳，在今北京市密云区西南。右北平郡治平刚，在今辽宁凌源市西南。 [6]护乌桓校尉：官名，监领乌桓。 [7]交通：互相往来。 [8]五原：郡名，郡治九原，在今内蒙古包头市西。 [9]旁塞猎：沿着汉朝边塞移动。旁，通“傍”，沿着。 [10]行攻塞外亭障：行进中一路攻击汉朝塞外的哨卡。障，障塞。 [11]烽火候望精明：烽火报警设备严密精准。 [12]少利：很少得利。 [13]希复犯塞：很少再来侵扰边塞。 [14]发先单于冢：挖掘匈奴单于祖先的坟冢。 [15]击乌桓：袭击乌桓。 [16]邀击之：拦截匈奴进攻。 [17]护军都尉：武官名，属大将军。赵充国：西汉陇西上邽（今甘肃天水市）人，字翁叔。后徙金城令居（今甘肃永登县西北）。有勇有谋，熟习匈奴和西羌的事务，封营平侯。曾平定西羌之乱。传见《汉书》卷六十九。 [18]间数犯塞：近来多次侵扰汉边塞。 [19]于汉便：对汉朝有利。 [20]要之：拦击。要，通“邀”。 [21]非计也：不是良策。 [22]中郎将：官名，属光禄勋。范明友：因击辽东乌桓功，封平陵侯。 [23]度辽将军：汉代将军名号。 [24]引去：退走。 [25]兵不空出：出师不要空手而还。 [26]“即后匈奴”二句：未能拦截到匈奴，就趁势进攻乌桓。即后匈奴，如果落在匈奴人的后面。 [27]新中匈奴兵：刚刚遭到匈奴兵的打击。中，中伤，被打击。 [28]获三王首：斩杀了乌桓三个首领。

四年（甲辰，前77年）

春，正月，丁亥[1]，帝加元服[2]。

甲戌[3]，富民定侯[4]田千秋薨。时政事一决大将军光；千秋居丞相位，谨厚自守而已[5]。

夏，五月，丁丑[6]，孝文庙正殿火[7]。上及群臣皆素服[8]，发中二千石将五校作治[9]，六日，成。太常及庙令丞、郎、吏，皆劾大不敬[10]；会赦，太常轑阳侯德免为庶人[11]。

六月，赦天下。

初，杅罙遣太子赖丹为质于龟兹[12]；贰师击大宛还[13]，将赖丹入至京师[14]。霍光用桑弘羊前议，以赖丹为校尉[15]，将军田轮台[16]。龟兹贵人姑翼[17]谓其王曰："赖丹本臣属吾国，今佩汉印绶来，迫吾国而田[18]，必为害。"王即杀赖丹而上书谢汉[19]。

楼兰王[20]死，匈奴先闻之，遣其质子安归归[21]，得立为王。汉遣使诏新王令入朝，王辞不至[22]。楼兰国最在东垂[23]，近汉，当白龙堆[24]，乏水草[25]，常主发导[26]，负水担粮，送迎汉使；又数为吏卒所寇，惩艾[27]，不便与汉通[28]。

后复为匈奴反间[29]，数遮杀汉使[30]。其弟尉屠耆[31]降汉，具言状[32]。骏马监北地傅介子使大宛[33]，诏因令责楼兰、龟兹[34]。介子至楼兰、龟兹，责其王，皆谢服[35]。介子从大宛还，到龟兹[36]，会匈奴使从乌孙还[37]，在龟兹，介子因率其吏士共诛斩匈奴使者。还，奏事，诏拜介子为中郎[38]，迁平乐监[39]。

（以上为第十一段，写楼兰、龟兹两国惧于匈奴势力，对汉朝不够友好，汉使傅介子斩杀匈奴使者，责问楼兰王，楼兰表示道歉服罪。）

【注释】

[1]丁亥：正月二日。 [2]加元服：加冠，举行成人礼。是年昭帝十八岁，加元服。元，首，首之服即冠。 [3]甲戌：正月丙戌朔，无甲戌，有误。 [4]富民定侯：田千秋受封富民侯，卒谥定。 [5]谨厚自守而已：谨慎稳重，自我保全罢了。言大将军大权独揽。 [6]丁丑：五月甲申朔，无丁丑，有误。 [7]火：发生火灾。 [8]素服：白色丧服。 [9]五校作治：用五校的营兵修治孝文庙。五校，指中垒、屯骑、越骑、射声、虎贲五校尉。 [10]太常：官名，掌宗庙礼仪。庙令丞、郎、吏：皆官名，掌宗庙事务的大小官员。劾：被劾。大不敬：不敬皇帝的罪名。[11]德免为庶人：太常江德被罢官为平民。 [12]杅罙：一作扜弥。西域古国名，王治扜弥城，在今新疆于田县东北。赖丹：人名。质：人质。龟兹：西域古国名，王治延城，在今新疆库车市。[13]贰师：贰师将军李广利。贰师击大宛事，见《资治通鉴》卷二十一武帝太初元年。 [14]将：带着。京师：长安。 [15]校尉：官名，位次于将军。 [16]将军田轮台：率领军士在轮台屯田。轮台，县名，治所在今新疆轮台县东。 [17]姑翼：人名，龟兹国贵人，即大臣。 [18]迫吾国而田：逼近我龟兹国边境屯田。 [19]上书谢汉：上书汉朝谢罪。 [20]楼兰王：西域楼兰国的君主。 [21]质子：作为人质的儿子，楼兰王之子，名安归。归：回到楼兰。 [22]不至：不到汉长安入朝。 [23]东垂：指西域的东方边陲。垂，通"陲"。 [24]当：对着。白龙堆：地名，在今新疆罗布泊东北。 [25]乏水草：缺乏水源牧草。 [26]常主发导：经常派出向导。[27]数为吏卒所寇，惩艾：多次受到汉使官兵的欺凌，产生了戒备。惩艾，惩戒。受伤而总结教

训，产生戒备。［28］不便与汉通：不愿与汉朝来往。［29］反间：离间，用计使敌方内部闹矛盾。［30］遮杀汉使：拦截杀害汉朝使臣。［31］尉屠耆：人名，楼兰王安归之弟。［32］具言状：一一细说内情。［33］骏马监：官名，掌监骏马，属太仆。北地：郡名，郡治马领，在今甘肃庆阳市西北。傅介子：西汉北地义渠（今甘肃宁县西北）人，出使西域有功，封义阳侯。传见《汉书》卷七十。大宛（yuān）：古西域国名，王治贵山城（今中亚卡散赛），以产汗血马著称。［34］令责楼兰、龟兹：命傅介子责备楼兰、龟兹两国国王。［35］皆谢服：两国国王都表示谢罪归服。［36］到龟兹：回程路上再到龟兹。［37］会匈奴使从乌孙还：正巧赶上匈奴使者从乌孙返回也到了龟兹。［38］拜：任命。中郎：郎官之一，掌卫宫门。［39］迁平乐监：由中郎升官平乐监。平乐监，官名，平乐宫郎官之长。

介子谓大将军霍光曰："楼兰、龟兹数反覆，而不诛，无所惩艾[1]。介子过龟兹时，其王近就人，易得也[2]；愿往刺之以威示诸国[3]！"大将军曰："龟兹道远，且验之于楼兰[4]。"于是白遣之[5]。

介子与士卒俱赍金币[6]，扬言以赐外国为名，至楼兰。楼兰王意不亲介子[7]，介子阳引去[8]，至其西界[9]，使译谓曰[10]："汉使者持黄金、锦绣行赐诸国。王不来受，我去之西国[11]矣。"即出金、币以示译。译还报王，王贪汉物，来见使者。介子与坐饮，陈物示之[12]，饮酒皆醉。介子谓王曰："天子使我私报王[13]。"王起，随介子入帐中屏语[14]，壮士二人从后刺之[15]，刃交匈[16]，立死；其贵臣[17]、左右皆散走。

介子告谕以王负汉罪[18]，"天子遣我诛王，当更立王弟尉屠耆在汉者。汉兵方至[19]，毋敢动，自令灭国矣！"介子遂斩王安归首，驰传诣阙[20]，县首北阙下[21]。

乃立尉屠耆为王，更名其国为鄯善[22]，为刻印章；赐以宫女为夫人[23]，备车骑、辎重[24]。丞相率百官送至横门[25]外，祖而遣之[26]。王自请天子曰："身在汉久，今归单弱[27]，而前王有子在，恐为所杀。国中有伊循城[28]，其地肥美，愿汉遣一将屯田积谷，令臣得依其威重。"于是汉遣司马[29]一人、吏士四十人田伊循[30]以填抚之[31]。

秋，七月，乙巳[32]，封范明友为平陵侯，傅介子为义阳侯。

臣光曰：王者之于戎狄[33]，叛则讨之，服则舍之[34]。今楼兰王既服其罪，又从而诛之，后有叛者，不可得而怀[35]矣。必以为有罪而讨之，则宜陈师鞠旅[36]，明致其罚[37]。今乃遣使者诱以金币而杀之，后有奉使诸国者，复可信乎[38]！且以大汉之强而为盗贼之谋于蛮夷[39]，不亦可羞哉[40]！论者或美介子以为奇功[41]，过[42]矣！

五年（乙巳，前 76 年）

夏，大旱。

秋，罢象郡[43]，分属郁林、牂柯[44]。

冬，十一月，大雷。

十二月，庚戌[45]，宜春敬侯王䜣[46]薨。

六年（丙午，前 75 年）

春，正月，募郡国徒筑辽东、玄菟城[47]。

夏，赦天下。

乌桓复犯塞[48]，遣度辽将军范明友击之。

冬，十一月，乙丑[49]，以杨敞为丞相，少府河内蔡义[50]为御史大夫。

（以上为第十二段，写傅介子再使楼兰，用利诱欺诈手段斩杀楼兰王，改立在汉朝的王弟尉屠耆为楼兰王，行事不武，受到司马光的批评。）

【注释】

[1]无所惩艾：得不到教训、惩戒。[2]易得也：容易得手。[3]以威示诸国：向西域各国张显汉朝声威。[4]验之于楼兰：到楼兰试一下。[5]白遣之：报告汉昭帝，派傅介子行刺楼兰王。[6]赍金币：携带金币财宝。[7]意不亲介子：本意不亲近傅介子。[8]阳引去：假装离去。[9]至其西界：到了楼兰国西部边界。[10]使译谓曰：对楼兰的翻译说。[11]西国：楼兰以西各国。[12]陈物示之：拿出黄金财宝向楼兰王显示。[13]天子使我私报王：汉朝天子让我秘密地对楼兰王说。[14]屏语：屏退侍从人员密谈。[15]从后刺之：从背后刺杀楼兰王。[16]刃交匈：两把利刃交相刺入楼兰王胸中。[17]贵臣：大臣。[18]王负汉罪：楼兰王背叛汉朝有罪。[19]汉兵方至：汉兵正在到来。[20]驰传诣阙：飞骑传送楼兰王首级到达汉宫阙下。[21]县首北阙下：悬挂在未央宫的北门下。县，通“悬”。[22]鄯善：西域古国名，汉昭帝元凤四年（前 77），楼兰改名为鄯善。[23]为夫人：为鄯善王尉屠耆的夫人。[24]辎重：装载的物资。[25]横门：汉长安城北面出西头第一门。[26]祖：即践行。遣之：送行。[27]单弱：势单力弱。[28]国中：指鄯善国内。伊循城：城名，在今新疆若羌县东北。[29]司马：武官名。[30]田伊循：屯田伊循城。[31]填抚之：用以镇抚鄯善国。填，通“镇”。

[32]乙巳：七月二十三日。[33]戎狄：对北方少数民族的统称。[34]服则舍之：臣服了，就不再追究。舍，不追究。[35]怀：怀柔，归附。[36]陈师鞠旅：陈兵誓众。[37]明致其罚：申明对其惩罚。即堂堂正正地讨伐。[38]复可信乎：还能令人信服吗！信，信义；诚信。[39]盗贼之谋：指阴谋凶杀。蛮夷：指少数民族。[40]不亦可羞哉：不也可羞吗！羞，羞耻。[41]美：称赞。奇功：特殊的功勋。[42]过：错误。[43]罢：废除。象郡：郡名。秦始皇三十三年（前214）置郡。治所在临尘，在今广西崇左市。[44]分属郁林、牂牁：指将原象郡之地分属于郁林、牂柯两郡。郁林，郡名，郡治布山，在今广西桂平市西南。牂柯，也作牂牁郡名，郡治且兰，在今贵州黄平县西南。[45]庚戌：十二月六日。[46]王䜣：受封宜春侯，卒谥敬。[47]徒：刑徒。辽东：指辽东郡治襄平城，在今辽宁辽阳市。玄菟城：指玄菟郡治高句丽城，在今辽宁新宾县西南。[48]犯塞：侵扰边塞。[49]乙丑：十一月二十七日。[50]河内：郡名，郡治怀县，在今河南武陟县西南。蔡义：西汉河内温（今河南温县西南）人，儒者出身，官至丞相，封阳平侯。传见《汉书》卷六十六。

【点评】

论汉昭帝刘弗陵。刘弗陵，是汉武帝刘彻的幼子，八岁被立为太子，汉武帝去世后继位为皇帝，由大司马、大将军霍光等人辅政，在位十三年，刚刚举行加冠典礼，就莫名其妙得病死了。

刘弗陵在位期间，政事都由霍光说了算，自己只是点头、附和而已，实际上是一个傀儡皇帝。但刘弗陵与历史上众多的傀儡略有不同，他是一个聪慧的傀儡，是一个精明的傀儡，也是一个憋屈的傀儡。

说刘弗陵聪慧，确实不虚。公元前80年，大臣上官桀勾结燕王刘旦，诬陷辅政大臣霍光，被十四岁的汉昭帝识破阴谋。事情的原委是这样的：上官桀袭用“清君侧”的伎俩，令人以燕王刘旦的名义上书汉昭帝，捏造说：霍光正在检阅京都兵备，京都附近道路已经戒严，他擅自调动所属兵力，目的是推翻汉昭帝，自立为帝，声称是为了防止奸臣变乱，要入朝宿卫。上官桀的如意算盘是，等到霍光外出休假时，将这封奏章送到汉昭帝手中，再由他根据汉昭帝的旨意，按照奏章的内容，来宣布霍光的“罪状”，由桑弘羊组织朝臣共同胁迫霍光，从而废掉汉昭帝。可是，他们的阴谋被刘弗陵识破了。当燕王刘旦的书信送达汉昭帝的手中后，就被汉昭帝扣押，不予理睬。次日早朝，霍光上朝，已得知上官桀的举动，就站在那张张贴汉武帝时所绘“周公负成王图”的画室之中，不去朝见汉昭帝。汉昭帝没有见到霍光，就向朝臣打听，上官桀乘机回答说：“因为燕王告发他的罪状，他不敢来上朝了。”汉昭帝十分平静，随即召霍光入朝，果断地说：“我知道那封书信是在造谣诽谤，你是没有罪的。如果你要调动所属兵力，时间用不了十天，燕王刘旦远在外地，怎么能够知道呢？”“况且，你如果真的要推翻我，还需要这样大动干戈吗？”上官桀等人的阴谋被汉昭帝一语揭穿，其叛乱后来被平定。刘弗陵，真是冰雪聪明啊！一个十四岁的孩子，就能通过时间的推论，揭穿企图反叛者的阴谋；而那些企图反叛者怎么也没有想到，自己的谋划居然有如此的漏洞，智商居然不如一个孩子，这反叛还能成功吗？其失败，是理所当然的了。可谓谋划疏漏，功亏一篑。

说刘弗陵精明，一点不错。刘弗陵八岁登基，还是个喜欢玩耍的小孩子，哪里管得了国家大事？因此，首辅大臣霍光总揽朝政，所有的权力集于一身，而其他辅政大臣，金日磾早就死了，上官桀、桑弘羊没有什么实际权力。这些，刘弗陵年纪虽然小，但非常清楚。也就是说，自己的命运掌握在霍光手上。刘弗陵渐渐长大了，但还是两手空空，除了在龙椅上坐坐，做做样子，其他什么都没有。有一点他很清楚，就是任何人都能得罪，就是不能得罪霍光；如果得罪了霍光，即使自己是个皇帝，也是只有死路一条。因此，在他的思维中，只要是霍光说的，就是对的；只要是霍光说不对的，那就肯定是不对的，即使是对的也是错的。例如，上官桀等人的阴谋被揭穿后，就干脆赤膊上阵，准备发动武装政变。他们计划由盖长公主设宴请霍光，命埋伏的士兵将霍光杀掉。在这危急关头，盖长公主门下一名官员将其阴谋告发。于是，刘弗陵毫不犹豫，支持霍光先发制人，将上官桀等主谋政变的大臣统统逮捕，诛灭全族。盖长公主、燕王刘旦自知不得赦免，也先后自杀身亡。当时，九岁的上官皇后，是上官桀的孙女，也是霍光的外孙女，刘弗陵仍然看在霍光的面子上，未将其废免。当然，也是形同虚设。这样一来，霍光的权力更大了，刘弗陵自己想要做什么事情，那是根本不可能的，只能是一个摆设。史书上写汉昭帝发布了许多诏书，这能够真正表达刘弗陵的意志吗？恐怕只是点点头而已。但是，只要不惹恼霍光，就足够了。其他的，还是从长计议吧。

刘弗陵二十一岁就生病去世了，这不得不让世人怀疑，好好的一个皇帝，幼年的时候身体就很健壮，怎么就被疾病夺去生命了呢？这恐怕一言难尽！随着时间的推移，刘弗陵长大成人了，应该到了亲政的时候了，也就是说，霍光要归政于皇上了。可是，霍光愿意归政吗？朝野上下都是霍光的人，霍光不归政，这权力能收得回来吗？恐怕是痴人说梦。刘弗陵自知无力与霍光摊牌，只能继续坐在龙椅上充当傀儡，这让心气甚高的他能够心安吗？真是憋屈到家了！还有，刘弗陵似乎没有什么人身自由，即使是私生活，也被霍光严格控制了。皇后是反臣上官安的女儿，刘弗陵对她已经了无兴趣，以至于她一直没有怀孕，这让霍光很着急，毕竟皇后也是他的外孙女啊！于是，霍光想出了一个办法，就是让所有的宫女都穿上有裆的“穷裤”，再系上几条带子。他认为即使皇上看到美妙的宫女，动了心思，一时半刻也解不开，从而让刘弗陵专宠皇后。这种做法，想得倒是周到，其实刘弗陵未必会对其他宫女动心思，而霍光认为刘弗陵可能会对其他宫女动心思。实际上，霍光根本没有把皇上当作一个“人”来看待，是对刘弗陵人格尊严的一种践踏！而刘弗陵对皇后已经关闭心扉，这位不幸的皇后还是没有生下一男半女。可悲啊！这既是皇后的悲哀，当然也是刘弗陵的悲哀！刘弗陵贵为皇帝，却无任何权力。如此毫无尊严、毫无活力的生活，还不如一个平民百姓啊！时间一长，这活着还有什么意义呢？也只有生病的份了。走了，对刘弗陵来说也许是最好的一种人生解脱！

卷二四　汉纪十六

汉昭帝元平元年至汉宣帝地节二年（前74—前68年）

【起强圉协洽（丁未，前74年），尽昭阳赤奋若（癸丑，前68年），凡七年】

【大事提要】

本卷记事起于公元前74年，讫公元前68年，凡七年，当汉昭帝元平元年至汉宣帝地节二年。本卷所载大事，主要有五个方面。其一，昌邑王废立。这是西汉政治转折时期的重大事件，是大将军霍光一手操控的宫廷政变。霍光权力，由此达于巅峰。其二，霍光夫人霍显毒害许皇后，为后来霍氏家族的覆灭埋下伏笔。其三，宣帝孩提时蒙难，丙吉、张贺、史氏外家养育保护宣帝立下功劳，特别是丙吉、杜延年举荐宣帝得以继位，以及大将军霍光采纳雅言，可以说是昭宣中兴的功臣。其四，宣帝初立，整治内务，惩贪，对外打击匈奴，为昭宣中兴夯实了基础。其五，辅佐宣帝治国的第一功臣魏相崭露头角。

孝昭皇帝下

元平元年（丁未，前74年）

春，二月，诏减口赋钱什三[1]。

夏，四月，癸未[2]，帝崩于未央宫[3]；无嗣[4]。时武帝子独有广陵王胥[5]，大将军光与群臣议所立[6]，咸持广陵王[7]。王本以行失道[8]，先帝所不用；光内不自安。郎有上书言[9]："周太王废太伯立王季[10]，文王舍伯邑考立武王[11]，唯在所宜[12]，虽废长立少可也。广陵王不可以承宗庙。"言合光意[13]。光以其书示丞相敞等[14]，擢郎为九江太守[15]。即日承皇后诏[16]，遣行大鸿胪事少府乐成、宗正德、光禄大夫吉、中郎将利汉，迎昌邑王贺[17]，乘七乘传诣长安邸[18]。光又白皇后[19]，徙右将军安世为车骑将军[20]。

贺，昌邑哀王[21]之子也，在国素狂纵[22]，动作无节[23]。武帝之丧[24]，贺游猎不止[25]。尝游方与[26]，不半日驰二百里。中尉琅邪王吉[27]上疏谏曰："大王不好书术而乐逸游[28]，冯式撙衔[29]，驰骋不止，口倦乎叱咤[30]，手苦于棰辔[31]，身劳乎车舆，朝则冒雾露[32]，昼则被尘埃[33]，夏则为大暑之所暴炙[34]，冬则为风寒之所匽薄[35]，数以耎脆之玉体犯勤劳之烦毒[36]，非所以全寿命之宗也[37]，又非所以进仁义之隆[38]也。夫广厦之下[39]，细旃之上[40]，明师居前[41]，劝诵在后[42]，上论唐、虞之际[43]，下及殷、周之盛，考仁圣之风，习治国之道，欣欣焉发愤忘食，日新厥德[44]，其乐岂衔橛之间哉[45]！休则俯仰屈伸以利形[46]，进退步趋以实下[47]，吸新吐故以练臧[48]，专意积精以适神[49]，于以养生，岂不长哉[50]！大王诚留意如此，则心有尧、舜之志，体有乔、松之寿[51]，美声广誉，登而上闻[52]，则福禄其臻而社稷安矣[53]。皇帝仁圣[54]，至今思慕未怠[55]，于宫馆、囿池、弋猎之乐未有所幸[56]，大王宜夙夜念此以承圣意[57]。诸侯骨肉[58]，莫亲大王[59]，大王于属则子[60]也，于位则臣[61]也，一身而二任之责加焉。恩爱行义，纤介有不具者[62]，于以上闻[63]，非飨国之福也[64]。"王乃下令曰："寡人造行不能无惰，中尉甚忠，数辅吾过[65]。"使谒者[66]千秋赐中尉牛肉五百斤[67]，酒五石，脯五束[68]。其后复放纵自若[69]。

郎中令山阳龚遂[70]，忠厚刚毅，有大节，内谏争[71]于王，外责傅相[72]，引经义，陈祸福，至于涕泣，蹇蹇亡已[73]，面刺王过[74]。王至掩耳起走，曰："郎中令善愧人[75]！"王尝久与驺奴、宰人游戏饮食[76]，赏赐无度，遂入见王，涕泣膝行[77]，左右侍御皆出涕。王曰："郎中令何为哭？"遂曰："臣痛社稷危也[78]！"愿赐清闲[79]，竭愚[80]！"王辟左右[81]。遂曰："大王知胶西王所以为无道亡乎[82]？"王曰："不知也。"曰[83]："臣闻胶西王有谀臣侯得[84]，王所为拟于桀、纣也[85]，得以为尧、舜也[86]。王说其谄谀[87]，常与寝处[88]，唯得所言[89]，以至于是[90]。今大王亲近群小[91]，渐渍邪恶所习[92]，存亡之机，不可不慎也！臣请选郎通经有行义者与王起居[93]，坐则诵《诗》《书》，立则习礼容，宜有益[94]。"王许之。遂乃选郎中张安等十人侍王[95]。居数日，王皆逐去安等。

王尝见大白犬，颈以下似人，冠方山冠而无尾[96]，以问龚遂；遂曰："此天戒[97]，言在侧者尽冠狗也[98]，去之则存，不去则亡矣。"后又闻人声曰"熊"！视而见大熊，左右莫见，以问遂；遂曰："熊，山野之兽，而来入宫室，王独见之，此天戒大王，恐宫室将空，危亡象也[99]。"王仰天而叹曰："不祥何为数来[100]！"遂叩头曰："臣不敢隐忠[101]，数言危亡之戒[102]，大王不说[103]。夫国之存亡，岂在臣言哉！愿王内自揆度[104]。大王诵《诗》三百五篇，人事浃，王道备[105]。王之所行[106]，中《诗》一篇何等也[107]？大王位为诸侯王，行污于庶人[108]，以存难[109]，以亡易[110]，宜深察之[111]！"后又血污王坐席，王问遂；遂叫然号曰[112]："宫空不久，妖祥数至。血者，阴忧象也[113]，宜畏慎自省[114]！"王终不改节[115]。

及征书[116]至，夜漏未尽一刻[117]，以火发书[118]。其日中[119]，王发[120]；晡时[121]，至定陶[122]，行百三十五里，侍从者马死相望于道[123]。王吉奏书戒王曰："臣闻高宗谅暗[124]，三年不言。今大王以丧事征[125]，宜日夜哭泣悲哀而已，慎毋有所发[126]！大将军[127]仁爱、勇智、忠信之德，天下莫不闻；事孝武皇帝二十余年，未尝有过。先帝弃群臣[128]，属以天下[129]，寄幼孤焉[130]。大将军抱持幼君襁褓[131]之中，布政施教，海内晏然[132]，虽周公、伊尹无以加也[133]。今帝崩无嗣[134]，大将军惟思可以奉宗庙者，攀援而立大王[135]，其仁厚岂有量哉[136]！臣愿大王事之[137]，敬之[138]，政事一听之[139]，大王垂拱南面而已[140]。愿留意[141]，常以为念！"

王至济阳[142]，求长鸣鸡[143]，道买积竹杖[144]。过弘农[145]，使大奴善以衣车载女子[146]。至湖[147]，使者以让相安乐[148]。安乐告龚遂，遂入问王，王曰："无有[149]。"遂曰："即无有，何爱一善以毁行义[150]！请收属吏[151]，以湔洒大王[152]。"即捽善属卫士长行法[153]。

王到霸上[154]，大鸿胪郊迎[155]，驺奉乘舆车[156]。王使寿成御[157]，郎中令遂参乘[158]。且至广明、东都门[159]，遂曰："礼，奔丧望见国都哭[160]。此长安东郭门也[161]。"王曰："我嗌痛[162]，不能哭。"至城门，遂复言；王曰："城门与郭门等耳[163]。"且至未央宫东阙[164]，遂曰："昌邑帐在是阙外驰道北[165]，未至帐所，有南北行道，马足未至数步；大王宜下车，乡阙西面伏哭[166]，尽哀止[167]。"王曰："诺[168]。"到，哭如仪[169]。六月，丙寅[170]，王受皇帝玺绶[171]，袭尊号[172]；尊皇后曰皇太后[173]。

壬申[174]，葬孝昭皇帝于平陵[175]。

（以上为第一段，写昌邑王刘贺狂悖昏暴，阴差阳错被征为昭帝继承人，实乃朝廷大臣的一大失职。）

【注释】

[1]口赋：少年人头税。据《汉旧仪》，百姓年龄七至十四，每人出口赋钱二十三，其中二十钱供皇帝用，三钱是武帝所加，用以补车骑马。什三：减收口赋十分之三。 [2]癸未：四月十七日。 [3]帝：昭帝。昭帝死时二十三岁。未央宫：宫名，皇帝起居处。 [4]无嗣：没有继承人。昭帝年少无子。 [5]广陵王胥：刘胥。汉武帝之子，封为广陵王。按：武帝诸子已死，独刘胥在世。 [6]议所立：群臣讨论立谁为帝。 [7]咸持广陵王：大将军以外大臣都主张拥立广陵王刘胥为帝。 [8]王本以行失道：广陵王原本品行不端，没有德行。 [9]郎有上书言：有一个郎官上奏说。 [10]周太王：即古公亶父。太伯：周太王之长子。王季：即季历，又称公季。[11]文王：即周文王，季历之子，武王之父。舍：舍弃。伯邑考：文王之长子。武王：文王次子，即周武王，伐纣兴周之人。按：伯邑考，纣王所害，非文王舍弃。这里是随文所述，不细究。[12]唯在所宜：谁最合适继承就应立谁。宜，合适。 [13]言合光意：此郎官奏言符合霍光心意。 [14]示：给人看。敞：丞相杨敞。 [15]擢：提升。九江：郡名，郡治寿春，在今安徽寿县。 [16]即日承皇后诏：当天就由皇后颁下诏书迎立新帝。皇后，昭帝上官皇后。 [17]"遣行"二句：朝廷派遣兼任大鸿胪的少府乐成等迎接昌邑王刘贺到长安。行，兼代官职。宗正德，宗正官刘德。光禄大夫吉，丙吉。利汉，人名，史失其姓。昌邑王贺，刘贺，汉武帝之孙，昌邑哀王刘髆之子。 [18]七乘传：七匹马拉的传车（驿车）。诣：到。长安邸：昌邑王在京师的府邸。[19]光又白皇后：霍光又向皇后报告。 [20]徙：调任。右将军、车骑将军：皆汉代将军的名号。安世：即张安世，张汤之子。传见《汉书》卷五十九。 [21]昌邑哀王：即刘髆，武帝之子。[22]国：指昌邑王国。素：向来。狂纵：狂妄，放荡。 [23]动作：行为。无节：没有节制，不遵守礼节。 [24]武帝之丧：汉武帝去世。 [25]游猎不止：游玩狩猎不停止。 [26]方与：县名，治所在今山东鱼台县西。 [27]中尉：官名，掌治安。王吉：西汉琅邪皋虞（今山东青岛市即墨区东北）人，字子阳。通《五经》，数谏昌邑王刘贺。宣帝时，先后任益州刺史、博士、谏大夫，为官清廉，奏言革除弊政，不被采纳而免归。传见《汉书》卷七十二。 [28]不好书术：不喜

欢读书和儒术。乐逸游：乐于安逸游玩。［29］冯式撙衔：驾驭车马驰骋。冯式，通“凭轼”，靠在车前横木上，即驾车。撙，勒住。衔，马的勒口。撙衔，即驭马驰骋。［30］口倦乎叱咤：口因吆喝而疲倦。叱咤，大声吆喝。［31］手苦于棰辔：双手因握缰挥鞭而疼痛。棰，马鞭。辔（pèi），驾驭马的缰绳和嚼子。［32］朝则冒雾露：清晨冒着露水雾气。［33］昼则被尘埃：白天顶着风沙尘土。［34］暴炙：烈日晒烤。暴，通“曝”，晒。［35］风寒之所匽薄：刺骨的寒风吹得抬不起头。匽，通“偃”，压伏，指抬不起头。薄，迫。［36］“数以”句：总是拿自己柔弱的身体，去承受疲劳痛苦的煎熬。数（shuò），多次，总是。耎（ruǎn）脆，柔软、脆弱。玉体，身体。烦毒，煎熬。［37］全：保全。宗：宗旨，要务。［38］进仁义之隆：修养高尚的仁义品德。隆，隆盛，高尚。［39］广厦之下：在宽敞的殿堂之下。［40］细旃之上：细软的毛毡之上。旃，通“毡”。［41］明师居前：在博学多才的老师指导之下。［42］劝诵在后：诵读经书。［43］上论唐、虞之际：讨论上至唐尧、虞舜之时。［44］“欣欣”二句：兴高采烈地发愤读书忘了饮食，自己的品德日益提高。日新，日日更新。［45］其乐岂衔橛之间哉：这种快乐哪里是马背上奔驰比得了的呢？衔橛之间，指骑马游乐。衔橛，马口所衔的横木。［46］休则俯仰屈伸以利形：休息的时候，做些俯仰屈伸的动作锻炼身体。利形，有利于身体，即锻炼身体。［47］进退步趋以实下：用散步或跑动充实腿脚的力量。实下，加强腿力，不走动则腿软无力。［48］吸新吐故以练臧：吸收新鲜空气，吐出腹中浊气清理五脏。臧，通“脏”，指五脏。［49］专意积精以适神：专心诚意调和精神。［50］于以养生，岂不长哉：用这种办法养身，怎能不长寿呢？［51］乔、松之寿：谓长命不老。乔、松，传说中的仙人伯乔、赤松子。［52］“美声”二句：美名远扬，上达天子。［53］福禄其臻：福寿利禄全都到来。臻，至。社稷安矣：封国安定。［54］皇帝仁圣：当今皇上昭帝仁爱圣明。［55］思慕未怠：追念先帝不已。［56］囿池：园林湖池。弋猎：射鸟猎兽。未有所幸：享乐活动一样也不追求。［57］“大王”句：大王（指昌邑王）应当日夜想到这些以取悦皇上。［58］诸侯骨肉：指血缘亲情。［59］莫亲大王：没有谁比得上大王。意即在诸侯王中，大王与皇上最亲。［60］于属则子：在亲属关系上属于子辈。昌邑王是昭帝之侄。［61］于位则臣：论职位则是臣子。［62］纤介有不具者：即使一点点细微的瑕疵。不具，做不到位，即有瑕疵。［63］于以上闻：被人报告皇上。［64］非飨国之福也：不是国家之福。飨，通“享”。［65］数辅吾过：多次弥补我的过失。［66］谒者：官名，掌传达。［67］千秋：人名，史失其姓。赐中尉牛肉五百斤：赏赐王吉牛肉五百斤。［68］脯五束：干肉五束。［69］复放纵自若：又依然放纵如故。［70］郎中令：官名，掌宫殿掖门户。这里指龚遂为昌邑王贺的郎中令。龚遂：西汉山阳南平阳（今山东邹城市）人，字少卿。初以明经为官，任昌邑王刘贺的郎中令。昌邑王废黜后，以数谏争得以免死。宣帝时为渤海太守，颇有治绩，郡以富实。后任水衡都尉，卒于官。传见《汉书》卷八十九。［71］谏争：下级对上级直言规劝。争，通“诤”。［72］责傅相：责备封国丞相、太傅没有尽到责任。［73］蹇（jiǎn）蹇：通“謇謇”。正言直谏的样子。亡已：没完没了。亡，通“无”。［74］面刺王过：面对面指责昌邑王的过失。［75］善愧人：真会羞辱人。愧，羞惭。［76］驺（zōu）奴：驾车马的奴仆。宰人：厨师。游戏饮食：一块玩耍吃饭。意谓不成体统。［77］涕泣膝行：泪流满面，跪着行走。［78］臣痛社稷危也：我替封国危亡而痛心。社稷，帝王祭祀的土神（社）和谷神（稷），指代政权。［79］赐清闲：给与闲暇时间作单独对话。［80］竭愚：竭尽愚见。臣要求对君进言的谦辞。［81］王辟左右：昌邑王让身边的人回避。辟，通“避”。［82］胶西王：指胶西王刘印，景帝前三年（前154）参与吴楚之乱，被诛。无道：这里指逆乱。［83］曰：龚遂说。［84］谀（yú）：谄媚。侯得：人名。［85］拟：比作。桀：夏代末年暴君。纣：商代末年暴君。［86］得以为尧、舜也：侯得吹捧胶西王像尧、舜一样贤明。［87］王说其谄谀：胶西王非常高兴侯得的奉承。说，通“悦”。［88］常与寝处：胶西王经常与侯得同床共卧。［89］唯得所言：只听侯得的话。［90］以至于是：才落得如此下场。是，即亡身国灭的下场。［91］群小：一帮小人。［92］渐渍邪恶所习：逐渐染习邪恶成了习惯。渍，染习。［93］“臣请”句：臣请求挑选通晓经术品行仁义的郎官与大王一同起居。［94］“坐则”三句：坐则诵读《诗经》《尚书》，立则修习礼仪举止，对大王肯定有好处。［95］张安：人名。侍王：陪伴昌邑王。［96］方山冠：山形的冠，以帛所制。冠，戴，作动词用。无尾：寓意绝后嗣。［97］天戒：老天爷的警告。［98］在侧者：指左右近侍之臣。尽：全；都。冠狗：戴冠的狗。［99］危亡象也：这是危亡的象征。［100］不祥何为数来：不吉利的征兆为何接踵而来。［101］不敢隐忠：不敢隐瞒忠言，即直说了。［102］数言危亡之戒：多次说老天爷降下危亡的警戒。［103］大王不说：大王不高兴。说，通“悦”。［104］内自揆度：自己在心里估量。揆度（duó），估计，猜测。［105］大王诵《诗》三百五篇，人事浃，王道备：大王只要诵读《诗经》，人事融洽，王道完备。三百五篇，《诗经》共三百零五篇。［106］行：行为。［107］中《诗》一篇何等也：王的行为符合《诗经》哪一篇的思想内容呀？中，符合。［108］行污于庶人：行为比平民还要卑污。［109］存难：生存保国很难。［110］亡易：失败灭国很容易。［111］宜深察之：应当深思。［112］遂叫然号曰：龚遂大声惊叫着说。［113］血者，阴忧象也：血是阴暗中的凶象。［114］宜畏慎自省：大王应该畏惧谨慎，自我反省。［115］王终不改节：昌邑王始终不改那些荒诞的行为。［116］征书：征召的文书。［117］漏：古代的计时器。又称漏壶。壶上刻有表示时间的符号，一个昼夜一百刻。引申为时间。未尽一刻：（漏壶）未完一刻。极言时间之短。［118］以火：用火照明。发书：打开文书（看）。［119］日中：中午时候。［120］发：出发。［121］晡时：申时，即下午三点至五点钟。［122］定陶：县名，治所在今山东菏泽市定陶区西北。［123］相望于道：路上前后相望。［124］高宗谅暗：殷高宗守丧。高宗，指殷王武丁。谅暗，天子或诸侯居丧之称。［125］以丧事征：因丧事被征召。［126］慎毋有所发：千万不要发号施令。［127］大将军：指霍光。［128］先帝弃群臣：指汉武帝驾崩。［129］属以天下：把国家大事嘱托给他。属，通“嘱”。［130］寄幼孤焉：辅佐幼君。寄，寄托，交付，嘱其辅佐。［131］褓褓：泛称背负小儿之物。褓，用以络负的布幅；褓，用以裹覆小儿的被子。［132］海内晏然：全国安定。［133］周公：周朝的贤臣。伊尹：商代的贤臣。无以加：超不过。谓霍光是当朝的周公、伊尹。［134］帝崩无嗣：指昭帝崩无子。［135］攀援而立大王：依据宗室血缘的亲疏，选中了大王。［136］其仁厚岂有量哉：大将军仁义忠厚的胸怀不可限量。［137］事之：依靠大将军。［138］敬之：敬重大将军。［139］政事一听之：政事全听大将军安排。［140］垂拱南面而已：垂衣拱手坐在皇帝位子上就是了。［141］愿留意：希望大王留心注意。［142］济阳：县名，县治在今河南兰考县东北。［143］长鸣鸡：鸣声很长的鸡。［144］积竹杖：以竹缕合缠作杖，犹如矛矟。［145］弘农：县名，县治在今河南灵宝市北。［146］“使大奴”句：刘贺派了一个名叫善的奴仆管家把一个民间美女藏在装衣物的车上。大奴，奴仆管家。［147］湖：县名，县治在今河南灵宝市西。［148］使者以让相安乐：朝廷使者发现后责备昌邑王国相安乐。［149］无有：没有。［150］以毁行义：破坏了礼义。按：居丧不得近女子。［151］请收属吏：请抓捕善，交付法吏惩治。［152］以湔洒大王：用以洗刷大王的名声。［153］即捽善：随即拉着善的头发。捽（zuó），揪。属卫士长行法：交由卫士长依法处置。［154］霸上：地名，在今陕西西安市东。［155］大鸿胪：官名，掌接待少数民族事务，后渐变为赞襄礼仪之官。郊迎：在城郊迎接。［156］驺奉乘舆车：掌管车马的驺奴献上天子坐车。［157］王使寿成御：刘贺让昌邑国太仆寿成驾车。寿成，人名。［158］郎中令遂参乘：郎中令龚遂陪乘。［159］广明：亭名，在长安东都门外。东都门：据《三辅黄图》，长安城东出北头第一门，民间称其东都门，其郭门也称东都。［160］国都：京师，这里指长安。哭：看见国都就要哭。［161］此长安东郭门也：龚遂提醒昌邑王，前面就是国都东郭门了。东郭门，即东都门。［162］嗌（yì）痛：咽喉疼痛。［163］城门与郭门等耳：城门与郭门是一样的。刘贺不愿哭，辩称城门不代表国都。［164］且至未央宫东阙：将要到未央宫的东阙门。［165］昌邑帐：昌邑王办理吊丧事务的处所。驰道：天子驱驰的道路。［166］乡阙西面伏哭：面向东阙门的西面，伏地拜哭。乡，通“向”。［167］尽哀止：要极尽哀痛才停止。［168］诺：好的。［169］哭如仪：按礼仪样子哭了一通。［170］丙寅：六月一日。［171］王受皇帝玺绶：昌邑王接受了皇帝印章，即正式即位。［172］袭尊号：承继了皇帝尊号。［173］尊皇后曰皇太后：尊奉上官皇后为皇太后。［174］壬申：六月七日。［175］平陵：汉昭帝陵，在今陕西咸阳市西北。

昌邑王既立，淫戏无度［1］。昌邑官属皆征至长安，往往超擢拜官［2］。相安乐迁长乐卫尉［3］。龚遂见安乐，流涕谓曰：“王立为天子，日益骄溢［4］，谏之不复听［5］。今哀痛未尽［6］，日与近臣饮酒作乐，斗虎豹，召皮轩车九旒［7］，驱驰东西，所为悖道［8］。古制宽［9］，大臣有隐退［10］；今去不得，阳狂恐知［11］，身死为世戮［12］，奈何［13］？君［14］，陛下故相［15］，宜极谏争［16］！”

王梦青蝇之矢积西阶东［17］，可五六石［18］，以屋版瓦覆之［19］，以问遂，遂曰：“陛下之《诗》不云乎[20]：‘营营青蝇，止于藩。恺悌君子，毋信谗言[21]。’陛下左侧谗人众多[22]，如是青蝇恶矣[23]。宜进先帝大臣子孙，亲近以为左右[24]。如不忍昌邑故人[25]，信用谗谀，必有凶咎[26]。愿诡祸为福[27]，皆放逐之！臣当先逐矣[28]。”王不听。

太仆丞河东张敞[29]上书谏，曰：“孝昭皇帝早崩无嗣，大臣忧惧，选贤圣承宗庙[30]，东迎之日[31]，唯恐属车之行迟[32]。今天子以盛年初即位[33]，天下莫不拭目倾耳[34]，观化听风[35]。国辅大臣未褒[36]，而昌邑小辇先迁[37]，此过之大者也。”王不听。

大将军光忧懑[38]，独以问所亲故吏大司农田延年[39]；延年曰：“将军为国柱石[40]，审此人不可[41]，何不建白太后[42]，更选贤而立之？”光曰：“今欲如是，于古尝有此不[43]？”延年曰：“伊尹相殷，废太甲以安宗庙[44]，后世称其忠。将军若能行此，亦汉之伊尹也。”光乃引延年给事中[45]，阴与车骑将军张安世图计[46]。

王出游，光禄大夫鲁国夏侯胜[47]当乘舆前谏曰[48]：“天久阴而不雨，臣下有谋上者。陛下出，欲何之[49]？”王怒，谓胜为妖言[50]，缚以属吏[51]。吏白霍光[52]，光不举法[53]。光让安世[54]，以为泄语[55]。安世实不言；乃召问胜。胜对言：“在《鸿范传》[56]曰：‘皇之不极[57]，厥罚常阴[58]，时则有下人伐上者[59]。’恶察察言[60]，故云‘臣下有谋’。”光、安世大惊，以此益重经术士。侍中傅嘉[61]数进谏，王亦缚嘉系狱[62]。

光、安世既定议，乃使田延年报丞相杨敞。敞惊惧，不知所言，汗出洽背[63]，徒唯唯[64]而已。延年起，至更衣[65]。敞夫人遽从东厢谓敞曰[66]：“此国大事，今大将军议已定，使九卿来报君侯[67]，君侯不疾应[68]；与大将军同心，犹与无决[69]，先事诛矣[70]！”延年从更衣还，敞夫人与延年参语许诺[71]，“请奉大将军教令！”

（以上为第二段，写昌邑王入宫荒淫无度，不听龚遂、张敞等大臣劝谏，大将军霍光与张安世、田延年、丞相杨敞定计行废立。）

【注释】

[1]淫戏：荒淫嬉戏。无度：没有限度。 [2]超擢拜官：越级提升官职。 [3]长乐卫尉：官名，掌长乐宫警卫事。 [4]骄溢：骄奢过度。 [5]不复听：又不采纳。 [6]哀痛未尽：谓新居丧尚未满期。 [7]皮轩车：虎皮为轩的车。九旒：有九条飘带的大旗。 [8]悖（bèi）道：违背了礼义孝道。 [9]古制宽：古制宽容。 [10]隐退：辞官隐居。 [11]阳狂恐知：想装疯辞官，又怕被人识破。阳，通“佯”，假装。 [12]身死为世戮：死后还要遭人唾骂。戮，羞辱，唾骂。 [13]奈何：怎么办？ [14]君：对安乐的尊称。 [15]陛下故相：指安乐是昌邑王时的国相。故相，原来的相，前国相。 [16]宜极谏争：应当尽全力谏诤。争，通“诤”。 [17]青蝇：苍蝇。矢：通“屎”。积：堆积。东：东侧。 [18]可五六石：青蝇屎大约有五六石之多。可，大约。石，容量单位，十斗为一石。 [19]以屋版瓦覆之：用大片的屋瓦盖着。版瓦，大瓦。覆，盖。 [20]陛下之《诗》：谓陛下所读过的《诗》。不云乎：不是说了吗？按：引诗四句见《诗·小雅·青蝇》。 [21]“营营”四句：青蝇纷纷落在篱笆上，谦谦君子不要听信谗言。营营，往来盘旋的样子。止，停息。藩，篱笆。恺悌，和易近人。此诗以肮脏可恶的苍蝇比喻谗人。 [22]陛下左侧谗人众多：皇上身边谗佞之人众多。左侧，犹言左近，即近旁之意。 [23]如是青蝇恶矣：这些谗人就像陛下看见的青蝇一样。恶，通“污”，即青蝇屎。 [24]宜进：应该任用。为左右：为身边的近臣。 [25]如不忍昌邑故人：如果丢不下昌邑故旧。不忍，不忍心，丢不下。 [26]凶咎：凶恶，凶灾。 [27]愿诡祸为福：希望能转祸为福。诡，变，反。 [28]臣当先逐矣：我龚遂应当第一个被逐。按：龚遂要刘贺拿自己开刀，甘愿为转祸为福做出牺牲。 [29]太仆丞：官名，太仆的属官。张敞：西汉河东平阳（今山西临汾市西南）人，字子高。昭帝时为太仆丞，因切谏昌邑王刘贺显名。传见《汉书》卷七十六。 [30]承宗庙：继承皇位。宗庙，刘氏宗庙，指代皇位。 [31]东迎之日：指东迎昌邑王之时。按：昌邑王国在长安的东面，从东面迎接来，所以称“东迎”。 [32]唯恐属车之行迟：唯恐迎驾的车马走得慢。喻当时人们殷切期望的心情。属车，随从的车马。这里明言属车，而实指迎驾的乘舆。 [33]盛年初即位：指昌邑王正当壮年，是大有可为之时。 [34]拭目倾耳：拭目以观，倾耳而听。谓天下人都注目新天子。 [35]观化听风：期待着听到看到美好的教化与风习。 [36]国辅大臣未褒：辅国的重臣没有得到奖励。 [37]昌邑小辇先迁：昌邑国拉车的小吏先得到升迁。 [38]忧懑：忧愁烦恼。 [39]大司农：官名，九卿之一，掌租税钱谷盐铁和国家财政收支。田延年：西汉左冯翊阳陵（今陕西咸阳市东）人，字子宾。昭帝时给事大将军幕府，迁为长史。出任河东太守，诛锄豪强。后为大司农。支持霍光废昌邑王刘贺，封阳成侯。后因贪污暴露，自杀。传见《汉书》卷九十。 [40]柱石：喻担重任的国家重臣。 [41]审此人不可：看清了这人不堪承担大任。 [42]何不建白太后：为什么不向皇太后提出建议。建白，建言并告之。 [43]于古尝有此不：在古代有先例吗？不，通“否”。 [44]废太甲以安宗庙：伊尹相殷，就曾放逐太甲用以安定国家。按：太甲，商王之一。因昏暗不明，被伊尹放逐于桐宫。 [45]引延年给事中：引荐田延年为给事中。给事中，加官，可出入宫禁，便于议

事。［46］图计：图谋密计废黜刘贺。［47］光禄大夫：官名，属光禄勋。夏侯胜：西汉东平（治今山东东平县东）人，字长公。幼习《尚书》，为学精湛，世称“大夏侯”。参与废昌邑王及尊立宣帝，赐爵关内侯。传见《汉书》卷七十。［48］当乘舆前谏曰：阻挡在车驾前面谏说。［49］欲何之：想到哪里去？［50］妖言：蛊惑人心的胡言乱语。［51］缚以属吏：捆缚起来交付主管官吏处治。［52］吏白霍光：主管官吏向霍光报告。［53］光不举法：霍光压下暂缓处理。［54］让安世：责备张安世。［55］以为泄语：认为是张安世泄露了消息。［56］《鸿范传》：即《洪范五行传》，汉刘向撰，十一篇。以阴阳灾异附会朝政人事祸福，宣扬“天人感应”说和谶纬神说。书已佚，基本内容保存于《汉书·五行志》。［57］皇之不极：君王有过失。［58］厥罚常阴：招致天罚，就会使天气阴沉。［59］时则有下人伐上者：预示臣下有人想谋害皇上。［60］恶察察言：不敢明说。［61］侍中：官名，侍从天子，可出入宫禁。傅嘉：人名。［62］系狱：关在牢里。［63］汗出洽背：冷汗流出打湿了衣背。［64］唯唯：谦恭应命之词。犹今“是，是”。［65］更衣：上厕所。［66］“敞夫人”句：杨敞的夫人急忙从东厢房跑出来对杨敞说。敞夫人，当指后妻，不是原妻司马迁之女。《汉书》卷六十六言“后母无子”，可证。［67］九卿来报君侯：指田延年来报告。田延年时任大司农，为九卿之一。君侯，对丞相的尊称。汉丞相皆为侯。［68］不疾应：如果不尽快答应，做出支持的表现。［69］犹与无决：犹豫不决。与，通“豫”。［70］先事诛矣：首先被诛杀。［71］参语许诺：三人共商，赞同大将军。参，通“叁”，指杨敞、夫人、田延年三人。

癸巳[1]，光召丞相、御史[2]、将军、列侯、中二千石、大夫、博士会议未央宫[3]。光曰：“昌邑王行昏乱[4]，恐危社稷，如何？”群臣皆惊鄂失色[5]，莫敢发言，但唯唯而已。田延年前，离席按剑曰[6]：“先帝属将军以幼孤[7]，寄将军以天下[8]，以将军忠贤，能安刘氏[9]也。今群下鼎沸[10]，社稷将倾[11]；且汉之传谥常为‘孝’者[12]，以长有天下，令宗庙血食[13]也。如汉家绝祀[14]，将军虽死，何面目见先帝于地下乎[15]？今日之议，不得旋踵[16]，群臣后应者[17]，臣请剑斩之！”光谢曰[18]：“九卿责光是也！天下匈匈不安[19]，光当受难[20]。”于是议者皆叩头曰：“万姓之命，在于将军，唯大将军令[21]！”

光即与群臣俱见，白太后，具陈昌邑王不可以承宗庙状[22]。皇太后乃车驾幸未央承明[23]殿，诏诸禁门毋内昌邑群臣[24]。王入朝太后还[25]，乘辇欲归温室[26]，中黄门宦者各持门扇[27]，王入，门闭，昌邑群臣不得入。王曰：“何为[28]？”大将军跪曰：“有皇太后诏，毋内昌邑群臣！”王曰：“徐之[29]，何乃惊人如是[30]！”光使尽驱出[31]昌邑群臣，置金马门外[32]。车骑将军安世将羽林骑收缚二百余人[33]，皆送廷尉诏狱[34]。令故昭帝侍中中臣侍守王[35]。光敕左右[36]：“谨宿卫[37]！卒有物故自裁[38]，令我负天下[39]，有杀主名。”王尚未自知当废，谓左右：“我故群臣从官安得罪[40]，而大将军尽系之乎[41]？”

顷之[42]，有太后诏召王。王闻召，意恐[43]，乃曰：“我安得罪而召我哉？”太后被珠襦[44]，盛服坐武帐中[45]，侍御数百人皆持兵[46]，期门武士陛戟陈列殿下[47]，群臣以次上殿[48]，召昌邑王伏前听诏[49]。光与群臣连名奏王[50]，尚书令读奏曰[51]：“丞相臣敞等昧死言皇太后陛下[52]：孝昭皇帝早弃天下[53]，遣使征昌邑王典丧[54]，服斩衰[55]，无悲哀之心，废礼谊[56]，居道上不素食[57]，使从官略女子载衣车[58]，内所居传舍[59]。始至谒见[60]，立为皇太子，常私买鸡豚以食[61]。受皇帝信玺、行玺大行前[62]，就次[63]，发玺不封[64]。从官更持节引内昌邑从官、驺宰、官奴二百余人，常与居禁闼内敖戏[65]。为书曰：‘皇帝问侍中君卿[66]：使中御府令高昌奉黄金千斤[67]，赐君卿取十妻[68]。’大行在前殿[69]，发乐府乐器[70]，引内昌邑乐人击鼓[71]，歌吹，作俳倡[72]；召内泰一、宗庙乐人[73]，悉奏众乐。驾法驾驱驰北宫、桂宫[74]，弄彘[75]，斗虎。召皇太后御小马车[76]，使官奴骑乘，游戏掖庭中[77]。与孝昭皇帝宫人蒙[78]等淫乱，诏掖庭令[79]：‘敢泄言，要斩[80]！’”太后曰：“止[81]！为人臣子，当悖乱如是邪！”王离席伏[82]。尚书令复读曰：“取诸侯王、列侯、二千石绶及墨绶、黄绶[83]以并佩昌邑郎官者免奴[84]。发御府[85]金钱、刀剑、玉器、采缯[86]，赏赐所与游戏者。与从官、官奴夜饮，湛沔于酒[87]。独夜设九宾温室[88]，延见姊夫昌邑关内侯[89]。祖宗庙祠未举，为玺书，使使者持节以三太牢祠昌邑哀王园庙[90]，称‘嗣子皇帝[91]’。受玺以来二十七日，使者旁午[92]，持节诏诸官署征发凡一千一百二十七事。荒淫迷惑，失帝王礼谊，乱汉制度。臣敞等数进谏，不变更[93]，日以益甚；恐危社稷，天下不安。臣敞等谨与博士议，皆曰：‘今陛下嗣孝昭皇帝后，行淫辟不轨[94]。“五辟之属[95]，莫大不孝[96]。”周襄王不能事母[97]，《春秋》[98]曰：“天王出居于郑[99]，”由不孝出之[100]，绝之于天下也。宗庙重于君，陛下不可以承天序[101]，奉祖宗庙，子万姓[102]，当废！’臣请有司以一太牢具告祠高庙[103]。”皇太后诏曰：“可。”光令王起，拜受诏，王曰：“闻‘天子有争臣[104]七人，虽亡道不失天下。’”光曰：“皇太后诏废，安得称天子[105]！”乃即持其手，解脱其玺组[106]，奉上太后；扶王下殿，出金马门，群臣随送。王西面拜曰[107]：“愚戆[108]，不任汉事[109]！”起，就乘舆副车[110]；大将军光送至昌邑邸[111]。光谢曰[112]：“王行自绝于天，臣宁负王[113]，不敢负社稷！愿王自爱，臣长不复左右[114]。”光涕泣而去。

群臣奏言：“古者废放之人[115]，屏于远方[116]，不及以政[117]。请徙王贺汉中房陵县[118]。”太后诏归贺昌邑[119]，赐汤沐邑[120]二千户，故王家财物皆与贺[121]；及哀王女四人[122]，各赐汤沐邑千户；国除[123]，为山阳郡[124]。

（以上为第三段，写昌邑王被废的全过程，其在皇帝位仅二十七日；大将军霍光大权独揽，在他掌控下，西汉政权上演了一场有惊无险、和平交接的宫廷政变。）

【注释】

[1]癸巳：六月二十八日。[2]御史：这里指御史大夫。[3]会议未央宫：群臣会集在未央宫一起讨论。[4]行昏乱：行为、德行昏乱。[5]惊鄂失色：大惊失色，因惊惧变了脸色。鄂，通“愕”。[6]离席按剑曰：田延年起身离席，手持宝剑说。[7]属将军以幼孤：把幼弱的孤儿托付给将军。[8]寄将军以天下：把国家大事也交给了将军。[9]安刘氏：能使刘氏安全。[10]鼎沸：声势汹涌，像锅里开水沸腾一样。形容动荡纷乱。此指朝臣议论纷纷。[11]社稷将倾：喻国家陷入危亡的局面。倾，倒下。[12]谥常为“孝”者：汉家皇帝的谥号都有一个“孝”字，表明以“孝”传国。[13]宗庙血食：宗庙祭祀不断。按：古代杀牲以祭祀天地祖先，故祭祀称“血食”。[14]绝祀：断了香火，即国灭。[15]“将军虽死”二句：即使将军蒙难而死，还有什么脸面到地下去见先帝呢？面目，脸面。[16]不得旋踵：不得退缩，必须当机立断。旋踵，倒转脚后跟，即转身。此为恫吓，意为不当机立断，谁也走不出这间房门。[17]后应者：响应迟缓的人。[18]光谢曰：霍光谢罪说。意为霍光配合田延年演双簧，表面上是向田延年谢罪，说他批评得对，实则表示田延年说的就是自己的意思。[19]天下匈匈不安：国家不安定。匈匈，同“汹汹”，扰动不安的样子。[20]光当受难：我霍光应当受到责难，应当被问责。[21]唯大将军令：一切听从大将军的命令。[22]具陈：详细陈述。承宗庙状：继承刘氏宗庙的情况。[23]承明：殿名。[24]诸禁门：各个宫门。毋内昌邑群臣：不许昌邑王手下的人进

宫。内，通“纳”。［25］还：回宫。［26］温室：殿名，冬日避寒的地方。这里指未央宫的温室殿。［27］中黄门宦者：在后宫当差的宦官。各持门扇：宫门两边每人把持一扇宫门。［28］何为：干什么？［29］徐之：慢慢来。［30］何乃惊人如是：何必搞得这样紧张。［31］尽驱出：全数驱赶出宫门。［32］置金马门外：暂时安置在金马门外听令。金马门，未央宫正门，门外有铜马，故名金马门。［33］羽林骑：天子警卫队的骑兵，称羽林郎。收缚二百余人：抓捕了昌邑群臣二百多人，即原昌邑王旧僚属，从昌邑带来的人被一网打尽。［34］诏狱：专门处治皇帝特旨专案的监狱。［35］“令故”句：命令曾在昭帝宫中担任过侍中的中监看守刘贺。中臣：疑为“中官”的讹误。中官，是宦者的统称。侍守，名义是侍，实际是守。犹今言软禁，以防发生意外事故。［36］敕（chì）左右：告诫属下。［37］谨宿卫：小心值勤。按：宿卫，名为警卫，实为看守。［38］卒有物故自裁：突然发生自杀事故。卒，通“猝”，突然。［39］令我负天下：使我霍光背负恶名。［40］我故群臣从官安得罪：我原来的部属犯了什么罪。［41］尽系之乎：为何全都抓了起来？［42］顷之：过了一会儿。［43］意恐：心里恐慌。［44］被珠襦：身披用珍珠串成的外套。襦，短袄，外套。［45］盛服坐武帐中：盛装打扮，坐在武帐中。武帐，备有兵器和卫士的帷帐。［46］侍御：侍卫的人。持兵：拿着兵器。［47］期门武士：皇帝的侍卫勇士，汉武帝时所建。陛戟：执戟。［48］以次上殿：依品秩高低按次序上殿。［49］伏前听诏：跪拜在太后面前听宣读诏令。［50］连名奏王：大臣共同署名上奏章弹劾昌邑王刘贺。［51］尚书令：官名，尚书府长官。读奏：宣读群臣的弹劾奏章。［52］敞：杨敞。昧死言：冒死上言。这是古代臣民对帝王或皇后上奏的套话。陛下：古代臣民对君主的专称，也可用之于帝后。［53］早弃天下：谓早死。［54］典丧：主持丧礼。即为继承人。［55］服斩衰：穿丧服。斩衰（cuī），用粗糙的生麻布粗制的孝服，左右和下边不缝。斩衰为人子所穿丧服。［56］废礼谊：不遵守礼仪。［57］居道上不素食：在来京的路上不肯吃素。［58］“使从官”句：派人掳掠民间女子藏于装衣物的车上。［59］内所居传舍：在沿途驿站陪宿。内，通“纳”。［60］谒见：指拜见皇太后。［61］私买鸡豚以食：私下在居丧期偷买鸡、猪肉来食用。豚，小猪，此泛指猪。［62］信玺、行玺：都是皇帝的印。汉代皇帝有六玺，即皇帝行玺、皇帝之玺、皇帝信玺、天子行玺、天子之玺、天子信玺；还有传国玺，称为七玺。天子之玺由皇帝随身携带，其余都保存于符节台（掌管符节印玺的官署）。大行：指刚死的皇帝，这里指昭帝。［63］就次：回到住处。［64］发玺不封：开着玺匣而不缄封。谓对玺极不慎重。［65］“从官”二句：派侍从官手持皇帝符节，召引昌邑国僚属、车马官、官奴等二百多人，前来京师一起居住在宫禁之内，肆意嬉乐。更，轮换。引内，领进来。内，通“纳”。驺宰，掌管马厩的官。禁闼内，宫门之内。敖戏，游戏。［66］君卿：人名，史失其姓，昌邑王刘贺的侍中。［67］中御府令：官名，掌管宫中衣服财宝，属少府。高昌：人名。［68］取十妻：娶十个老婆。取，通“娶”。［69］大行在前殿：大行皇帝灵柩停放在前殿。［70］发乐府乐器：却拿出乐府的乐器。［71］乐人击鼓：乐人打鼓。［72］俳倡：表演戏剧的艺人。［73］泰一、宗庙乐人：祭祀太一（天神）和宗庙的乐人。［74］驾：驾驭。法驾：

皇帝全套的车驾。皇帝祭祀天地社稷等大典时才使用的乘舆仪仗。北宫、桂宫：都是宫名，都在未央宫北。［75］弄彘：玩弄野猪。［76］御小马车：乘坐皇太后的小马车。小马车，太后乘游宫中的小马拉的车。［77］游戏掖庭中：在后宫中游戏。掖庭，后宫。嫔妃宫女的住处。［78］蒙：人名。［79］掖庭令：官名，主管掖庭事务。［80］要斩：腰斩。要，通“腰”。［81］止：太后令暂停宣读奏章。［82］王离席伏：昌邑王离开座席伏地请罪。［83］绶：系印纽的丝带。汉制，诸侯王绿绶，列侯紫绶，二千石青绶，比六百石以上墨绶，比二百石以上黄绶。按官品级佩绶，不得僭越。［84］并佩昌邑郎官者免奴：把各级绶带赏给昌邑国郎官，以及被免除为奴的人。并佩，把各级绶带赏赐给属下佩戴。免奴，奴隶被免为自由人者。［85］发御府：打开皇帝的府库。［86］采缯：彩色丝织品。［87］湛沔于酒：沉迷在酒食之中。［88］“独夜”句：私自在夜里摆下九宾大宴于温室殿。［89］延见姊夫昌邑关内侯：接见姐夫昌邑关内侯。［90］三太牢：宴会或祭祀时并用牛、羊、豕三牲。祠昌邑哀王园庙：祭祀昌邑哀王的陵墓。昌邑哀王，刘髆，刘贺之父。［91］嗣子皇帝：按古代礼法，刘贺既然已经继承昭帝的皇位，就应放弃刘髆的父子关系，而不应再称为刘髆的嗣子。［92］旁午：纵横的意思。形容来往不绝。［93］不变更：不改变错误。［94］行淫辟不轨：行为荒淫邪僻不合规矩。辟，通“僻”。［95］五辟之属：在五刑之罪中。辟，刑法。［96］莫大不孝：不孝是最大的重罪。［97］周襄王不能事母：周襄王，姬郑，春秋时周天子，公元前 651 年至公元前 619 年在位。他不孝顺后母惠后。［98］《春秋》：五经之一，儒家经典。［99］天王出居于郑：见《春秋》僖公二十四年。天王，指周襄王。［100］由不孝出之：由于不孝出逃在外。［101］承天序：继承天命。［102］子万姓：爱万民如子，即统治万民。［103］具告祠高庙：把废黜昌邑王的情况告知高祖的陵庙。［104］争臣：直言敢谏之臣。刘贺之意，你们都是争臣，要留给我改过自新的机会。［105］“皇太后”二句：皇太后有诏，你已经被废了，怎能再称天子。［106］解脱其玺组：解下刘贺佩带的玉玺绶带。［107］王西面拜曰：昌邑王面向西面高帝陵的方向跪拜谢罪。［108］愚戆：鲁莽。［109］不任汉事：不能担当国家大事。［110］乘舆副车：皇帝出行时的侍从车。又称“属车”。按：刘贺已被废，不能坐乘舆了。［111］昌邑邸：昌邑王在京师的公馆。［112］光谢曰：霍光向昌邑王告辞说。［113］臣宁负王：我霍光宁可辜负大王。［114］臣长不复左右：臣不能再侍奉在大王的左右了。［115］古者废放之人：古代凡是被废黜的人。［116］屏于远方：要隔绝放逐到边远的地方。屏，隔绝。［117］不及以政：不参与政事。［118］汉中：郡名，郡治西城，在今陕西安康市西北。房陵：县名，县治在今湖北房县。［119］归贺昌邑：让刘贺回归昌邑王国。［120］汤沐邑：俸邑。［121］故王家财物皆与贺：原来昌邑王的财物全部留给刘贺。［122］哀王女四人：刘贺的四个姐妹，昌邑哀王刘髆之女。［123］国除：取消昌邑王国。［124］为山阳郡：改置为山阳郡。郡治仍在原王治昌邑，在今山东金乡县西北。

昌邑群臣坐在国时不举奏王罪过[1]，令汉朝不闻知[2]，又不能辅道[3]，陷王大恶，皆下狱，诛杀二百余人；唯中尉吉、郎中令遂以忠直数谏正[4]，得减死[5]，髡为城旦[6]。师王式系狱当死[7]，治事使者责问曰[8]："师何以无谏书[9]？"式对曰："臣以《诗》三百五篇朝夕授王，至于忠臣、孝子之篇，未尝不为王反复诵之也[10]；至于危亡失道之君，未尝不流涕为王深陈之也[11]。臣以三百五篇谏[12]，是以无谏书。"使者以闻[13]，亦得减死论[14]。

霍光以群臣奏事东宫[15]，太后省政[16]，宜知经术，白令夏侯胜用《尚书》授太后[17]，迁胜长信少府[18]，赐爵关内侯。

初，卫太子纳鲁国史良娣[19]，生子进[20]，号史皇孙。皇孙纳涿郡王夫人[21]，生子病已[22]，号皇曾孙。皇曾孙生数月，遭巫蛊事[23]，太子三男、一女及诸妻、妾皆遇害[24]，独皇曾孙在，亦坐收系郡邸狱[25]。故廷尉监鲁国丙吉受诏治巫蛊狱[26]，吉心知太子无事实[27]，重哀皇曾孙无辜[28]，择谨厚女徒渭城胡组、淮阳郭征卿，令乳养曾孙，置闲燥处[29]。吉日再省视[30]。

巫蛊事连岁不决，武帝疾，来往长杨、五柞宫[31]，望气者言长安狱中有天子气[32]，于是武帝遣使者分条中都官[33]，诏系狱者无轻重[34]，一切皆杀之[35]。内谒者令郭穰夜到郡邸狱[36]，吉闭门拒使者不纳[37]，曰："皇曾孙在。他人无辜死者犹不可，况亲曾孙乎！"相守至天明，不得入。穰还，以闻，因劾奏吉[38]。武帝亦寤[39]，曰："天使之[40]也。"因赦天下。郡邸狱系者，独赖吉得生[41]。

既而吉谓守丞谁如[42]："皇孙不当在官[43]。"使谁如移书京兆尹[44]，遣与胡组俱送；京兆尹不受，复还。及组日满当去[45]，皇孙思慕[46]，吉以私钱雇组令留[47]，与郭征卿并养[48]，数月，乃遣组去。后少内啬夫白吉曰[49]："食皇孙无诏令[50]。"时吉得食米、肉，月月以给皇曾孙[51]。曾孙病，几不全者数焉[52]，吉数敕保养乳母加致医药[53]，视遇甚有恩惠[54]。吉闻史良娣有母贞君及兄恭[55]，乃载皇曾孙以付之[56]。贞君年老，见孙孤[57]，甚哀之，自养视焉[58]。

后有诏掖庭养视，上属籍宗正[59]。时掖庭令张贺[60]，尝事戾太子，思顾旧恩[61]，哀曾孙[62]，奉养甚谨，以私钱供给[63]，教书[64]。既壮，贺欲以女孙妻之[65]。是时昭帝始冠[66]，长八尺二寸[67]。贺弟安世为右将军，辅政，闻贺称誉皇曾孙，欲妻以女[68]，怒曰："曾孙乃卫太子后也[69]，幸得以庶人衣食县官足矣[70]，勿复言予女事[71]！"于是贺止。时暴室啬夫许广汉有女[72]，贺乃置酒请广汉，酒酣[73]，为言"曾孙体近[74]，下乃关内侯[75]，可妻也[76]。"广汉许诺。明日，妪闻之[77]，怒。广汉重令人为介[78]，遂与曾孙；贺以家财聘之[79]。曾孙因依倚广汉兄弟及祖母家史氏[80]，受《诗》于东海澓中翁[81]，高材好学；然亦喜游侠，斗鸡走狗[82]，以是具知闾里奸邪，吏治得失。数上下诸陵[83]，周遍三辅[84]，尝困于莲勺卤中[85]。尤乐杜、鄠[86]之间，率常在下杜[87]。时会朝请[88]，舍长安尚冠里[89]。

及昌邑王废，霍光与张安世诸大臣议所立[90]，未定。丙吉奏记[91]光曰："将军事孝武皇帝，受襁褓之属[92]，任天下之寄。孝昭皇帝早崩亡嗣[93]，海内忧惧，欲亟闻嗣主。发丧之日，以大谊[94]立后；所立非其人，复以大谊废之；天下莫不服焉。方今社稷、宗庙、群生之命在将军之一举，窃伏听于众庶，察其所言诸侯、宗室在列位者，未有所闻于民间也。而遗诏所养武帝曾孙名病已在掖庭、外家[95]者，吉前使居郡邸时，见其幼少；至今十八九矣，通经术，有美材，行安而节和[96]。愿将军详大义[97]，参以蓍龟[98]，岂宜褒显[99]，先使入侍[100]，令天下昭然知之，然后决定大策，天下幸甚[101]！"杜延年亦知曾孙德美，劝光、安世立焉。

秋，七月，光坐庭中，会丞相以下议所立[102]，遂复与丞相敞等上奏曰："孝武皇帝曾孙病已，年十八，师受《诗》《论语》《孝经》[103]，躬行[104]节俭，慈仁爱人，可以嗣孝昭皇帝后，奉承祖宗庙，子万姓。臣昧死以闻！"皇太后诏曰："可。"光遣宗正德[105]至曾孙家尚冠里，洗沐，赐御衣；太仆以軨猎车[106]迎曾孙，就斋宗正府[107]。庚申[108]，入未央宫，见皇太后，封为阳武侯。已而群臣奏上玺绶，即皇帝位[109]，谒高庙；尊皇太后为太皇太后[110]。

侍御史严延年[111]劾奏"大将军光擅废立主[112]，无人臣礼，不道[113]。”奏虽寝[114]，然朝廷肃然敬惮之。

八月，己巳[115]，安平敬侯杨敞[116]薨。

九月，大赦天下。

戊寅[117]，蔡义[118]为丞相。

初，许广汉女适皇曾孙[119]，一岁，生子奭[120]。数月，曾孙立为帝，许氏为婕妤[121]。是时霍将军有小女与皇太后[122]亲，公卿议更立皇后[123]，皆心拟霍将军女[124]，亦未有言。上乃诏求微时故剑[125]。大臣知指[126]，白[127]立许婕妤为皇后。十一月，壬子[128]，立皇后许氏。霍光以后父广汉刑人[129]，不宜君国[130]；岁余，乃封为昌成君。

太皇太后归长乐宫[131]。长乐宫初置屯卫[132]。

（以上为第四段，写汉宣帝刘病已幼时受巫蛊案株连，遭受厄难，否极泰来，被立为皇帝，成为西汉中兴之主。丙吉抚育与推荐，立下盖世之功。张贺抚育，杜延年推荐，亦功不可没。）

【注释】

［1］坐：坐罪。不举奏王罪过：不揭发报告昌邑王的罪过。［2］令：使得。汉朝不闻知：朝廷不得知。［3］道：通“导”。［4］吉：王吉。遂：龚遂。忠直数谏正：两人忠正耿直，多次劝谏昌邑王。［5］得减死：得免死罪。［6］髡为城旦：剃去头发，罚作筑城苦工。髡（kūn），古代刑法之一。剃去男子头发。城旦，古代徒刑之一，多从事筑城劳役，四年刑。［7］王式：人名，昌邑王刘贺之师。系狱：囚禁在牢狱。当死：当判死罪。［8］治事使者：处理狱事的使者。责问曰：审讯王式说。［9］无谏书：没有规劝的文书。［10］反复诵之也：总是反复诵读。［11］为王深陈之也：替王详细解说。［12］以三百五篇谏：用《诗经》三百零五篇规劝昌邑王。［13］使者以闻：审讯使者把王式口供报告朝廷。［14］亦得减死论：也免除了死罪。［15］东宫：汉长乐宫，皇太后住处。这里指太后。［16］省政：过问政事。［17］白：向皇太后奏请。授太后：教授太后。［18］长信少府：官名，掌管长信殿事务。据《三辅黄图》，长信殿在长乐宫中。［19］鲁国：汉代王国之一，王治鲁县，在今山东曲阜市。史良娣：史，是姓；良娣，是太子妃名之一，不是人名。［20］生子进：史良娣为卫太子生下儿子刘进。［21］涿郡：郡名，郡治涿县，在今河北涿州市。王夫人：姓王，名翁须。［22］病已：人名，刘病已，武帝的曾孙，卫太子之孙，即后来的汉宣帝。［23］遭巫蛊事：遭遇巫蛊案株连。事见《资治通鉴》卷二十二武帝征和二年。［24］皆遇害：全被杀害。［25］收系郡邸狱：收捕拘囚在大鸿胪所属的郡邸狱。郡邸狱，处治天下郡国上计吏的监狱，属大鸿胪。因巫蛊狱事繁重而被收系的人很多，诏狱已容不下，故皇曾孙病已寄在郡邸狱。［26］廷尉监：廷尉有左、右两监，时丙吉为右监。丙吉：西汉

鲁国（治今山东曲阜市）人，字少卿，熟习律令，为廷尉右监时，护卫皇曾孙刘病已，后病已立为帝（宣帝），赐爵关内侯。官至丞相，进封博阳侯。政尚宽大，不案验有罪的官吏，只令其去职，后遂以为故事。传见《汉书》卷七十四。［27］无事实：指卫太子犯的巫蛊罪没有实据。［28］重哀：非常可怜。无辜：无罪。［29］“择谨厚”三句：丙吉选择忠厚谨慎的女囚渭城人胡组、淮阳人郭征卿，命令她们在宽敞洁净的地方哺养皇曾孙刘病已。渭城，县名，县治在今陕西咸阳市东北。淮阳，郡国名，治陈县，在今河南周口市淮阳区。乳养，喂奶抚养。闲燥处，安静干燥的地方。［30］日再省（xǐng）视：每天一再探望。［31］长杨：宫名，在今陕西周至县东南。五柞宫：宫名，在今陕西周至县境。［32］望气者：古代望云气以测吉凶征兆的人。长安狱中有天子气：长安城狱中显现天子气象。迷信说法。［33］分条中都官：分路使者通知京中各官府。中都官，京都各官府。［34］诏系狱者无轻重：诏令说，在押囚犯不论罪行轻重。［35］一切皆杀之：一律处死。［36］内谒者令：官名，谒者的长官，属少府。郭穰：人名。夜到郡邸狱：郭穰连夜到郡邸狱来处死全部囚犯。［37］不纳：不准郭穰进入郡邸狱。［38］劾奏吉：郭穰弹劾丙吉抗旨。［39］寤：同“悟”，醒悟。［40］天使之：这是上天的命令。［41］独赖吉得生：只有郡邸狱的囚犯靠丙吉得以活下来。其他监狱囚犯全部被处死。［42］守丞：郡邸狱之守丞。谁如：人名，史失其姓。［43］不当在官：言不当关押在郡邸狱。［44］移书：转交文书。京兆尹：官名，相当于郡太守，治所在长安，在今陕西西安市西北。［45］组日满当去：胡组刑期已满，应当释放回家。［46］思慕：依恋。［47］吉以私钱雇组令留：丙吉用自己的钱雇佣胡组留下来。［48］并养：一同抚养。［49］少内啬夫白吉曰：少内啬夫告知丙吉。少内，官名，主管府藏，属掖庭令。啬夫，小吏名。［50］食皇孙无诏令：皇曾孙的伙食费不在皇上诏令中。［51］月月以给皇曾孙：丙吉用自己的钱，按月支付皇曾孙的伙食费。［52］几不全者数焉：有多次差点性命不保。［53］“吉数敕”句：丙吉多次告诫养育皇曾孙的乳母给他服药。［54］视遇甚有恩惠：精心照料，对待皇曾孙恩深义厚。［55］贞：人名，史良娣之母，刘病已外婆。恭：史恭，史良娣之兄，刘病已之舅。［56］付之：把刘病已交给他的外婆和舅舅。［57］见孙孤：见这个外孙孤苦无依。［58］自养视焉：就留在身边亲自照顾。［59］属籍：登记姓氏入籍。宗正：官名，掌宗室事务。［60］张贺：人名，张安世之兄，曾得宠于卫太子。巫蛊事发，张贺被牵连。张安世上书为他说情，下蚕室受宫刑，后为掖庭令。［61］思顾旧恩：感念刘据的旧恩。［62］哀曾孙：可怜皇曾孙。［63］以私钱供给：拿个人的钱供皇曾孙日用。［64］教书：教他读书写字。［65］女孙：孙女。妻之：嫁给他。［66］始冠：开始加冠，即刚成人，正是盛壮之时。［67］长八尺二寸：身高八尺二寸。汉尺，一尺合 23 厘米，八尺二寸，合 1.89 米。［68］妻以女：妻以孙女。［69］卫太子后也：皇曾孙是卫太子的后代。［70］“幸得”句：皇曾孙已经是一个平民，侥幸你养着他该满足了。衣食县官，指张贺供养刘病已。此县官指代刘病已。［71］勿复言予女事：不要再提嫁孙女的事。［72］暴室：汉代官署名，主织作染练，取曝晒为名，并处治宫中有罪的女子，称暴室狱，属掖庭令。许广汉：人名，汉昌邑（今山东金乡县西北）人。曾为昌邑王郎，坐法腐刑，为暴室啬夫。以女嫁给皇曾孙刘病已（即宣帝），宣帝即位后，立其女为后，受封昌成君。后封平恩侯，位特进。［73］酒酣：饮酒尽兴。［74］体近：是皇上近亲。［75］下乃关内侯：命运再差，至少还能封为关内侯。［76］可妻也：可把女儿嫁给他。［77］妪闻之：许广汉老婆知道了。［78］重令人为介：重新找人为媒。［79］贺以家财聘之：张贺拿出自家的钱作聘礼。［80］祖母家史氏：外祖母家史氏。［81］东海：郡名，郡治郯县，在今山东郯城县西北。澓（fú）中翁：人名。［82］斗鸡走狗：据章校，他本“狗”字作“马”，似义长。［83］数上下诸陵：经常在各个皇帝陵间往来。［84］周遍三辅：走遍京郊地区。三辅，即京兆尹、左冯翊、右扶风。［85］困：困辱。莲勺：县名，治所在今陕西蒲城县南。卤中：盐池。［86］杜、鄠：两县名。杜县治所在今陕西西安市长安区。鄠县治所在今陕西西安市鄠邑区。［87］率：大致。下杜：城名，在今陕西西安市长安区。［88］时会：岁时随从宗室朝会。朝请：诸侯朝见天子，春季进见曰朝，秋季进见曰请。［89］舍长安尚冠里：住在长安尚冠里。其里在长安南城。［90］立：立帝。［91］奏记：汉代下级对上级写在简牍上的书面意见。［92］属：托付。［93］亡嗣：无子，没有继承人。亡，通“无”。［94］大谊：大义。谊，通“义”。［95］外家：指刘病已外祖母家史氏。［96］行安而节和：举止安详，性情平和。［97］详大义：谓审慎地对待大臣立帝的议论，即详加考察。［98］参以蓍龟：参考占卜的结果。蓍（shī）龟，占卜。古人用蓍草和龟甲以占卜吉凶。［99］岂宜褒显：是否适宜托付国家重任。褒显，付以重任。［100］先使入侍：先让他进言侍奉皇太后，看看情况。［101］天下幸甚：天下百姓很幸运。［102］议所立：廷议继位皇帝的人选。［103］师受：从师学习。《论语》：孔子弟子及其后学记述孔子言行思想的书。《孝经》：宣扬孝道和孝治思想的儒家经典。有古文、今文两种。［104］躬行：亲自履行。［105］宗正德：刘德。［106］軨（líng）猎车：射猎时使用的轻便小车。［107］斋：斋戒。即沐浴更衣，戒酒素食，以示虔诚。宗正府：宗正的官署。［108］庚申：七月二十五日。［109］即皇帝位：自废昌邑王刘贺，至立刘病已为皇帝，相隔二十七日。按：昌邑王为帝二十七日，空位二十七日，共五十四天，不足两月，汉朝两立新帝，发生废立变局，是一场特大的政治事件。［110］太皇太后：即昭帝的上官皇后。宣帝与她是祖孙辈。［111］侍御史：官名，属御史大夫，主管受公卿奏事，举劾按章。严延年：人名。［112］擅废立主：擅自废立皇上。［113］无人臣礼，不道：失做人臣的礼节，大逆不道。［114］奏虽寝：奏章被搁置。寝，又称留中，即被压了下来。［115］己巳：八月五日。［116］杨敞：封安平侯，卒谥敬。传见《汉书》卷六十六。［117］戊寅：九月乙未朔，无戊寅，有误。［118］蔡义：西汉河内温县（今河南温县西南）人，昭帝时以明经给事大将军幕府。官至丞相，封阳平侯。传见《汉书》卷六十六。［119］适皇曾孙：嫁给皇曾孙。［120］生子奭：生子刘奭，即后来的汉元帝。［121］婕妤：一级嫔妃之名，位在贵妃下。［122］皇太后：指昭帝的上官皇后。她是霍光之外孙女，与霍光女是姨侄关系，所以说关系很亲。［123］公卿议更立皇后：公卿大臣商议宣帝皇后应该立谁。许氏是婕妤不是皇后。［124］心拟霍将军女：心中揣度是霍光之女。按：霍光女比皇太后长一辈，汉宣帝是皇太后孙辈，则霍光女高出汉宣帝三辈，政治联姻不管这些。［125］上乃诏求微时故剑：宣帝下诏寻找他微贱时用过的一把剑，示意群臣他看重结发之妻许氏。［126］大臣知指：大臣知晓了汉宣帝的心意。［127］白：报告。［128］壬子：十一月十九日。［129］后父广汉刑人：许皇后父许广汉是受过刑的罪人。［130］不宜君国：不应该为封国之主，即不能封侯。［131］归长乐宫：回到皇太后住的长乐宫。按：霍光行废立，上官皇太后临未央宫主持政务，今已立帝，故回长乐宫。［132］置屯卫：驻军守卫。

中宗孝宣皇帝上之上

本始元年（戊申，前 73 年）

春，诏有司论定策安宗庙[1]功。大将军光益封万七千户，与故所食凡二万户。车骑将军富平侯安世以下益封者十人[2]，封侯者五人[3]，赐爵关内侯者八人[4]。

大将军光稽首归政[5]，上谦让不受[6]；诸事皆先关白光[7]，然后奏御[8]。自昭帝时，光子禹[9]及兄孙云[10]皆为中郎将，云弟山奉车都尉、侍中[11]，领胡、越兵[12]，光两女婿为东、西宫卫尉[13]，昆弟[14]、诸婿、外孙皆奉朝请[15]，为诸曹[16]、大夫[17]、骑都尉[18]、给事中[19]，党亲连体[20]，根据于朝廷[21]。及昌邑王废，光权益重，每朝见，上虚己敛容[22]，礼下之已甚[23]。

夏，四月，庚午[24]，地震。

五月，凤皇集胶东、千乘[25]。赦天下，勿收田租赋。

六月，诏曰："故皇太子[26]在湖，未有号谥[27]，岁时祠；其议谥，置园邑[28]。"有司奏请："礼，为人后者，为之子也；故降其父母[29]，不得祭，尊祖之义也。陛下为孝昭帝后，承祖宗之祀，愚以为亲谥宜曰悼[30]，母曰悼后；故皇太子谥曰戾[31]，史良娣曰戾夫人。"皆改葬焉。

秋，七月，诏立燕刺王太子建为广阳王[32]；立广陵王胥少子弘为高密王[33]。

初，上官桀与霍光争权，光既诛桀，遂遵武帝法度，以刑罚痛绳群下[34]，由是俗吏皆尚严酷以为能[35]；而河南太守丞淮阳黄霸[36]独用宽和为名[37]。上在民间时，知百姓苦吏急也，闻霸持法平[38]，乃召为廷尉正[39]；数决疑狱[40]，庭中称平[41]。

（以上为第五段，写宣帝初即位，霍光以废立昌邑王刘贺之威与拥戴宣帝即位之恩，大权独揽，一门贵盛。）

【注释】

［1］定策安宗庙：指决策废昌邑王，立宣帝事。［2］益封者十人：杨敞始封安平侯，七百户，今益封其子杨忠四千八百四十七户。蔡义始封阳平侯，今益封，通前凡七百户。范明友始封平陵侯，今益封，通前凡二千九百二十户。韩增始绍封龙额侯，今益封千户。建平侯杜延年始封二千户，今益封二千三百六十户。蒲侯苏昌始封千二十六户，今益封。王谭始绍封宜春侯，今益封，通前凡一千一百八户。魏圣始绍封当涂侯，今益封，通前凡二千二百户。屠耆堂始绍封杜侯，千三百户，今益封。夏侯胜始赐爵关内侯，今益封千户。凡十人。［3］封侯者五人：封田广明为昌水侯，赵充国为营平侯，田延年为阳城侯，乐成为爰氏侯，王迁为平丘侯，凡五人。［4］赐爵关内侯者八人：即周德、苏武、李光、刘德、韦贤、宋畸、丙吉、赵广汉等八人。［5］稽首：行跪拜礼。归政：归还执政权。［6］上谦让不受：宣帝谦让不肯接受。［7］先关白光：先报告霍光。［8］奏御：上奏天子。［9］禹：霍禹，霍光之子。昭帝时为中郎将，宣帝时迁右将军。光卒，嗣博陆侯。后与皇权发生矛盾，以谋反罪腰斩。传附见《汉书》卷六十八。［10］云：霍云，霍光兄，霍去病之孙。昭帝时为中郎将，宣帝时封冠阳侯。奢侈无度，等到霍光妻毒杀许后事泄露，免官就第。后谋反事发，自杀。传附见《汉书》卷六十八。［11］山：霍山，霍云之弟。奉车都尉：官名，职掌天子车舆。汉武帝始置，后隶光禄勋。侍中：官名，侍从天子，可出入宫禁。［12］领胡、越兵：带领匈奴人和越族人组成的士兵。胡，指匈奴。［13］东、西宫卫尉：官名。东宫即长乐宫（皇太后所居），西宫即未央宫（皇帝所居）。东宫卫尉，即长乐宫卫尉，西宫卫尉，即未央宫卫尉。卫尉，职掌守卫。［14］昆弟：兄弟。［15］奉朝请：加官，汉朝给予某些大臣及皇室外戚的政治优待。汉制，春季朝见曰朝，秋季朝见曰请。某些大臣和皇室、外戚可以奉朝请的名义参加朝会议政。［16］诸曹：指尚书令下设的分曹治事的尚书。［17］大夫：官名，掌议论，郎中令属官，有太中大夫、中大夫、谏大夫，无定员。［18］骑都尉：官名，亲近皇帝，有时监羽林军。［19］给事中：官名，给事禁中，掌顾问应对。［20］党亲连体：指姻亲同宗结成集团。［21］根据于朝廷：盘根错节占据了朝廷要职。［22］虚己敛容：谦虚严肃，以示恭敬。［23］礼下之已甚：言对待臣下之礼谦虚过分。［24］庚午：四月十日。［25］胶东：王国名，王治即墨，在今山东青岛市即墨区西北。千乘：郡名，郡治千乘，在今山东高青县东北。［26］故皇太子：指卫太子。卫太子死事，见《资治通鉴》卷二十二武帝征和二年。［27］未有号谥：没有谥号。谥，帝王、贵族、大臣、士大夫死后，依据其生前事迹给予的称号，具有评价的意义，所谓盖棺定论。［28］其议谥，置园邑：为卫太子议定谥号，建立陵园。［29］降其父母：离开自己的亲生父母。降，下，离开。因宣帝承昭帝之位，是昭帝之子了。［30］亲谥宜曰悼：指定宣帝亲生父刘进，谥号为“悼”。取“年中早夭曰悼”之义。［31］故皇太子谥曰戾：宣帝祖父卫太子刘据谥号

为“戾”。《谥法》：“不悔前过曰戾”。［32］太子建为广阳王：燕剌王刘旦之子刘建封为广阳王。燕王刘旦死，废除燕王国，为广阳郡；今又为国名，以封刘建为王。［33］广陵王胥：刘胥，汉武帝之子，封广陵王。弘：刘弘，广陵王刘胥之少子。［34］痛绳群下：狠狠地整治下级官吏和百姓。［35］能：有能力，有才干。［36］河南：郡名，郡治洛阳，在今河南洛阳市东北。太守丞：官名，郡太守副职。黄霸：西汉淮阳阳夏（今河南太康县）人，字次公。少学律令。官于武、昭、宣之时。为政以宽和著称。宣帝以为廷尉正。历任谏大夫、扬州刺史、颍川太守。务劝农桑，节用殖财，力行教化，政绩突出。后又官御史大夫、丞相等，封建成侯。传见《汉书》卷八十九。［37］独用宽和为名：唯独以宽政宽和而闻名。［38］持法平：执法宽平。［39］廷尉正：官名，秩千石，廷尉的属官。［40］数决疑狱：多次审决疑难案件。［41］庭中称平：朝廷上都称赞他执法公平。

二年（己酉，前 72 年）

春，大司农田延年有罪自杀。昭帝之丧[1]，大司农僦民车[2]，延年诈增僦直[3]，盗取钱三千万[4]，为怨家所告[5]。霍将军召问延年，欲为道地[6]。延年抵[7]曰：“无有是事[8]！”光曰：“即无事[9]，当穷竟[10]！”御史大夫田广明[11]谓太仆杜延年曰：“《春秋》之义，以功覆过。当废昌邑王时，非田子宾之言[12]，大事不成。今县官出三千万自乞之，何哉[13]？愿以愚言白大将军！”延年言之大将军，大将军曰：“诚然，实勇士也！当发大议时[14]，震动朝廷[15]。”光因举手自抚心曰[16]：“使我至今病悸。谢田大夫晓大司农[17]，通往就狱[18]，得公议之[19]。”田大夫使人语延年。延年曰：“幸县官宽我耳[20]，何面目入牢狱，使众人指笑我，卒徒唾吾背乎[21]！”即闭阁独居斋舍[22]，偏袒[23]，持刀东西步[24]。数日，使者召延年诣廷尉[25]。闻鼓声，自刎死[26]。

夏，五月，诏曰：“孝武皇帝躬仁谊，厉威武[27]，功德茂盛，而庙乐未称[28]，朕甚悼[29]焉。其与列侯、二千石、博士议。”于是群臣大议庭中[30]，皆曰：“宜如诏书。”长信少府夏侯胜独曰[31]：“武帝虽有攘四夷、广土境之功，然多杀士众，竭民财力，奢泰无度[32]，天下虚耗，百姓流离[33]，物故者半[34]，蝗虫大起，赤地数千里[35]，或人民相食，畜积至今未复[36]；无德泽于民，不宜为立庙乐。”公卿共难胜[37]曰：“此诏书也。”胜曰：“诏书不可用也。人臣之谊[38]，宜直言正论[39]，非苟阿意顺指[40]。议已出口，虽死不悔！”于是丞相、御史劾奏胜非议诏书[41]，毁先帝，不道[42]；及丞相长史黄霸阿纵胜[43]，不举劾[44]；俱下狱。有司遂请尊孝武帝庙为世宗庙，奏《盛德》《文始五行之舞》。武帝巡狩所幸郡国皆立庙，如高祖、太宗焉[45]。夏侯胜、黄霸既久系[46]，霸欲从胜受《尚书》[47]，胜辞以罪死[48]。霸曰：“朝闻道，夕死可矣[49]。”胜贤其言[50]，遂授之。系再更冬[51]，讲论不怠[52]。

初，乌孙公主[53]死，汉复以楚王戊之孙解忧为公主[54]，妻岑娶[55]。岑娶胡妇子泥靡尚小[56]，岑娶且死，以国与季父大禄子翁归靡[57]，曰：“泥靡大，以国归之[58]。”翁归靡既立，号肥王，复尚楚主[59]，生三男、两女。长男曰元贵靡，次曰万年，次曰大乐。昭帝时，公主上书[60]言：“匈奴与车师共侵乌孙，唯天子幸救之！”汉养士马，议击匈奴。会昭帝崩，上遣光禄大夫常惠[61]使乌孙。乌孙公主及昆弥皆遣使上书[62]，言：“匈奴复连发大兵，侵击乌孙。使使谓乌孙[63]，‘趣持公主来[64]！’欲隔绝汉[65]。昆弥愿发国精兵五万骑，尽力击匈奴。唯天子出兵以救公主、昆弥！”先是匈奴数侵汉边[66]，汉亦欲讨之。秋，大发兵，遣御史大夫田广明为祁连将军，四万余骑，出西河[67]；度辽将军范明友三万余骑，出张掖[68]；前将军韩增三万余骑，出云中[69]；后将军赵充国为蒲类将军，三万余骑，出酒泉[70]；云中太守田顺为虎牙将军，三万余骑，出五原[71]；期以出塞各二千余里[72]。以常惠为校尉，持节护乌孙兵共击匈奴[73]。

（以上为第六段，写宣帝内惩贪官，为汉武帝立庙，号世宗，外联乌孙，发五路兵大击匈奴，展现明主风采。）

【注释】

[1]丧：谓丧事。[2]僦民车：租用民车。[3]诈增僦直：谎报租车费用。诈，谎报。直，通“值”，费用。[4]盗取钱三千万：贪污钱三千万。[5]告：告发。[6]欲为道地：想为他开脱。道地，开通到达安全地方的道路，即开脱。[7]抵：抵赖，不认账。[8]无有是事：没有这事。[9]即无事：既然没有这件事。[10]当穷竟：应当彻底查清。[11]田广明：西汉京兆郑（今陕西渭南市华州区东）人，字子公。仕于武、昭、宣之时。为河南都尉时，以杀伐为能。官至御史大夫。以参与策立宣帝有功，封昌水侯。后因征匈奴坐罪逗留不进而下吏，自

杀。传见《汉书》卷九十。［12］田子宾：田延年字子宾。之言：指田延年助霍光废昌邑王说的话。［13］“今县官”二句：现在向朝廷交出三千万自己乞求免罪，怎么样？［14］当发大议时：当年田延年发出宏大议论时。［15］震动朝廷：满朝震惊。［16］举手自抚心曰：抬手按在自己胸口上说。抚据章校改“怃”为“抚”。［17］田大夫：指御史大夫田广明。大司农：指田延年。［18］通往就狱：按通例去监狱。［19］得公议之：有待公议决定。［20］幸县官宽我耳：希望朝廷宽恕我。幸，侥幸，希望。［21］卒徒唾吾背乎：牢房差役们在背后骂我。［22］居斋舍：独自待在斋舍。［23］偏袒：袒露着一只手臂。［24］东西步：徘徊踱步。状犹豫不决的样子。［25］诣廷尉：去见廷尉。［26］自刎死：自刎而死。［27］躬仁谊，厉威武：推行仁义，提振威武。厉，通“励”，磨砺，提振。［28］庙乐未称：祭祀的音乐不相称，不宏伟。［29］悼：痛心，难过。［30］大议庭中：在朝廷上广泛讨论。大议，广泛讨论，全体朝臣参与。［31］长信少府：掌管长信宫事务。独曰：一个人发表异议。［32］奢泰无度：挥霍无度。［33］流离：流亡离散。［34］物故者半：死亡一半。［35］赤地数千里：光秃秃的旷野几千里。赤地，不长一棵草的土地，状五谷不生。［36］畜积至今未复：财力至今没有恢复。畜，通“蓄”。［37］共难胜：大家一起驳斥夏侯胜。［38］人臣之谊：作为臣子的大义。谊，通“义”。［39］宜直言正论：应该直言进谏，持论公正。［40］非苟阿意顺指：不可苟且阿谀顺从旨意。指，通“旨”。［41］非议诏书：污蔑诏书。［42］毁先帝，不道：诽谤先帝，大逆不道。［43］黄霸阿纵胜：黄霸包庇纵容夏侯胜。［44］不举劾：不揭发弹劾夏侯胜。［45］如高祖、太宗焉：如同汉高祖、汉文帝一样，郡国立武帝世宗庙。［46］久系：长久关押。［47］从胜受《尚书》：师从夏侯胜学习《尚书》。［48］辞以罪死：以犯死罪为由推辞讲授《尚书》。［49］朝闻道，夕死可矣：引孔子言，见《论语·里仁》。谓早上懂得大道，晚上死了也值。［50］贤其言：很赞赏这话。［51］系再更冬：系狱过了一个冬天，已一年。［52］讲论不怠：讲论不停。［53］乌孙公主：即汉江都王刘建之女，武帝以她为公主，嫁给乌孙王。史称“江都公主”或“乌孙公主”。［54］楚王戊：刘戊，楚元王刘交之孙。解忧公主：西汉楚王刘戊的孙女。武帝以其作为公主嫁给乌孙昆弥军须靡，军须靡死，又嫁翁归靡，生三男二女。翁归靡死，再嫁泥靡。泥靡死，公主向汉帝上书言年老思归。甘露三年（前51），宣帝遣使迎回长安。［55］妻岑娶：嫁给岑娶为妻。［56］胡妇：匈奴妇。泥靡尚小：泥靡幼小。［57］季父：叔父。翁归靡：岑娶的侄儿，继岑娶为乌孙王。［58］泥靡大，以国归之：泥靡长大成人，把国家政权还给他。［59］复尚楚主：肥王又娶了解忧公主。［60］上书：向汉朝皇帝上书，时为汉昭帝。［61］常惠：西汉太原（治今山西太原市西南）人。少时应募随苏武使匈奴，被拘留十九年。昭帝时还汉，任光禄大夫。本始二年（前72），以校尉持节支援乌孙，击败侵犯乌孙的匈奴，因封长罗侯。复击龟兹。后为典属国，明习边事，屡次建功。传见《汉书》卷七十。［62］皆遣使上书：乌孙王昆弥翁归靡与解忧公主同时上书汉朝廷。［63］使使谓乌孙：匈奴派使臣出使乌孙。［64］趣持公主来：赶快把汉公主交出来。［65］欲隔绝汉：匈奴企图切断乌孙与汉朝的联系。［66］先是匈奴数侵汉边：在乌孙上书之前，匈奴已多次侵扰汉朝边塞。

[67]西河：郡名，郡治平定，在今内蒙古鄂尔多斯市东胜区。[68]张掖：郡名，郡治觻得，在今甘肃张掖市西北。[69]云中：郡名，郡治云中，在今内蒙古托克托县东北。[70]酒泉：郡名，郡治禄福，在今甘肃酒泉市。[71]五原：郡名，郡治九原，在今内蒙古包头市西。[72]期以出塞各二千余里：约定各路大军远出塞外各二千多里，打击匈奴。[73]持节护乌孙兵：常惠持汉节监护乌孙兵。共击匈奴：宣帝本始二年，五路汉军共十六万骑与乌孙五万骑，合计二十一万骑大击匈奴，为宣帝甘露二年匈奴臣服奠定了基础。

三年（庚戌，前71年）

春，正月，癸亥[1]，恭哀许皇后[2]崩。时霍光夫人显欲贵其小女成君[3]，道无从[4]。会许后当娠[5]，病，女医淳于衍[6]者，霍氏所爱，尝入宫侍皇后疾。衍夫赏为掖庭户卫[7]，谓衍："可过辞霍夫人[8]，行为我求安池监[9]。"衍如言报显，显因心生[10]，辟左右[11]，字谓衍曰[12]："少夫幸报我以事[13]，我亦欲报少夫[14]，可乎？"衍曰："夫人所言，何等不可者[15]！"显曰："将军素爱小女成君，欲奇贵之[16]，愿以累少夫[17]！"衍曰："何谓邪[18]？"显曰："妇人免乳[19]，大故[20]，十死一生。今皇后当免身[21]，可因投毒药去也[22]，成君即为皇后矣。如蒙力[23]，事成，富贵与少夫共之。"衍曰："药杂治[24]，常先尝[25]，安可[26]？"显曰："在少夫为之耳。将军领天下[27]，谁敢言者！缓急相护[28]，但恐少夫无意耳[29]。"衍良久曰[30]："愿尽力！"即捣附子[31]，赍入长定宫[32]。皇后免身后[33]，衍取附子并合大医大丸以饮皇后[34]，有顷[35]，曰："我头岑岑也[36]，药中得无有毒[37]？"对曰："无有。"遂加烦懑[38]，崩。衍出，过见显，相劳问[39]，亦未敢重谢衍。后人有上书告诸医侍疾无状[40]者，皆收系诏狱[41]，劾不道[42]。显恐急[43]，即以状具语光[44]，因曰："既失计为之[45]，无令吏急衍[46]！"光大惊，欲自发举[47]，不忍[48]。犹与[49]。会奏上[50]，光署衍勿论[51]。显因劝光内其女入宫[52]。

（以上为第七段，写霍光夫人利令智昏，加害许皇后，为其灭顶之灾埋下伏笔。）

【注释】

[1]癸亥：正月十三日。[2]恭哀许皇后：宣帝许皇后，许广汉之女，卒谥恭哀。[3]显：

霍光夫人之名。成君：霍光的小女。［4］道无从：没有道路可走，指霍成君为皇后，找不到借口，达不到目的。［5］会：恰巧。许后当娠：许皇后怀了孕。［6］淳于衍：人名，宫中女医。［7］赏：人名，淳于衍的丈夫。掖庭户卫：掌守卫掖庭门户。［8］过辞霍夫人：拜访霍夫人。［9］行为我求安池监：专门走一趟，替我请求安池监这个职位。行，走一趟，过访霍夫人。安池监，官名，监管安池。［10］显因心生：霍夫人显趁此心生一计。［11］辟左右：屏退身边的人。［12］字谓衍曰：霍夫人显称淳于衍的字说。［13］少夫幸报我以事：少夫，幸亏你有事来找我。［14］我亦欲报少夫：我也有事要找你少夫。［15］何等不可者：没有什么不可办的。［16］欲奇贵之：想让小女儿成为最显贵的人。［17］愿以累少夫：希望少夫成全。累，添麻烦，成全。［18］何谓邪：什么事？［19］免乳：生孩子。免，通“娩”，分娩。［20］大故：危险的大事情。［21］当免身：正要生小孩。［22］投毒药去也：放毒药除掉许皇后。［23］如蒙力：如果承劳出力。［24］药杂治：多个医生会诊施药。［25］常先尝：总是派人先尝药。［26］安可：哪有投毒的机会？［27］将军领天下：大将军掌握着国家政权。［28］缓急相护：有了急事有大将军护着。缓急，偏义复词，谓急。［29］无意耳：不想办事罢了。谓只要你有意，办法是有的。［30］良久曰：过了很长时间说。［31］即捣附子：就捣碎附子。附子有剧毒。［32］赍入长定宫：带进许皇后住的长定宫。［33］免身后：生完孩子后。［34］饮皇后：让许皇后服药。［35］有顷：不一会儿。［36］我头岑岑也：我头昏沉沉的。［37］得无有毒：怕是有毒吧？［38］遂加烦懑：随即头胀更加烦懑。［39］相劳问：互相道贺慰问。［40］告诸医侍疾无状：告发众医生的医护不负责任。无状，不像样子，没有尽心尽力。［41］皆收系诏狱：众御医全都关押在诏狱。［42］劾不道：弹劾众御医大逆不道。［43］显恐急：霍夫人显既恐惧又着急。［44］即以状具语光：就把详情一五一十告诉了霍光。［45］既失计为之：已经做错了事。失计，失策。［46］无令吏急衍：想办法让官吏不要逼问淳于衍。［47］欲自发举：想要自己举报。［48］不忍：下不了狠心。［49］犹与：犹豫不决。与，通“豫”。［50］会奏上：恰好有奏章送上来请示意见。［51］光署衍勿论：霍光趁机批示不要追究下去。［52］内其女入宫：送女儿进宫。内，通“纳”。

戊辰[1]，五将军发长安[2]。匈奴闻汉兵大出，老弱奔走，驱畜产远遁逃，是以五将少所得[3]。夏，五月，军罢[4]。度辽将军[5]出塞千二百余里，至蒲离候水[6]，斩首、捕虏七百余级。前将军[7]出塞千二百余里，至乌员[8]，斩首、捕虏百余级。蒲类将军[9]出塞千八百余里，西至候山[10]，斩首、捕虏，得单于使者蒲阴王[11]以下三百余级。闻虏已引去，皆不至期还[12]。天子薄其过[13]，宽而不罪[14]。祁连将军[15]出塞千六百里，至鸡秩山[16]，斩首、捕虏十九级。逢汉使匈奴还者冉弘等，言鸡秩山西有虏众，祁连即戒弘[17]，使言无虏，欲还兵。御史属公孙益寿谏，以为不可。祁连不听，遂引兵还。虎牙将军[18]出塞八百余里，至丹余吾水[19]上，即止兵不进，斩首、捕虏千九百余级，引兵还。上以虎牙将军不至期[20]，诈增卤获[21]，而祁连知虏在前，逗留不进[22]，皆下吏[23]，自杀[24]。擢公孙益寿为侍御史[25]。

乌孙昆弥自将五万骑与校尉常惠从西方入[26]，至右谷蠡王庭[27]，获单于父行[28]及嫂、居次[29]、名王[30]、犁污都尉[31]、千长[32]、骑将以下四万级[33]，马、牛、羊、驴、橐佗七十余万头。乌孙皆自取所虏获。上以五将皆无功，独惠奉使克获[34]，封惠为长罗侯。然匈奴民众伤而去者[35]及畜产远移死亡，不可胜数[36]，于是匈奴遂衰耗，怨乌孙。

上复遣常惠持金币还赐乌孙贵人有功者。惠因奏请龟兹国尝杀校尉赖丹[37]，未伏诛，请便道击之。帝不许。大将军霍光风惠以便宜从事[38]。惠与吏士五百人俱至乌孙，还[39]，过[40]，发西国兵[41]二万人，令副使发龟兹东国[42]二万人，乌孙兵七千人，从三面攻龟兹。兵未合[43]，先遣人责其王以前杀汉使状[44]。王谢曰[45]:“乃我先王时为贵人姑翼所误耳，我无罪[46]。”惠曰:“即如此，缚姑翼来，吾置王。”[47]王执姑翼诣惠，惠斩之而还[48]。

大旱。

六月，己丑[49]，阳平节侯蔡义[50]薨。

甲辰[51]，长信少府韦贤[52]为丞相。

大司农魏相[53]为御史大夫。

冬，匈奴单于自将数万骑击乌孙，颇得老弱[54]。欲还，会天大雨雪[55]，一日深丈余[56]，人民、畜产冻死，还者不能什一[57]。于是丁令[58]乘弱攻其北，乌桓[59]入其东，乌孙击其西，凡三国所杀数万级，马数万匹，牛羊甚众；又重以饿死[60]，人民死者什三[61]，畜产什五[62]。匈奴大虚弱，诸国羁属者皆瓦解[63]，攻盗不能理[64]。其后汉出三千余骑为三道[65]，并入匈奴，捕虏得数千人还；匈奴终不敢取当[66]，滋欲乡和亲[67]，而边境少事矣[68]。

是岁，颍川太守赵广汉[69]为京兆尹。颍川俗[70]，豪杰相朋党[71]。广汉为缿筒[72]，受吏民投书，使相告讦[73]，于是更相怨咎[74]，奸党散落，盗贼不敢发。匈奴降者言匈奴中皆闻广汉名，由是入为京兆尹。广汉遇吏[75]，殷勤甚备[76]，事推功善，归之于下[77]，行之发于至诚[78]，吏咸愿为用[79]，僵仆无所避[80]。广汉聪明，皆知其能之所宜，尽力与否；其或负者[81]，辄收捕之，无所逃；案之[82]，罪立具[83]，即时伏辜[84]。尤善为钩距以得事情[85]，闾里铢两之奸皆知之[86]。长安少年数人会穷里空舍[87]，谋共劫人[88]；坐语未讫[89]，广汉使吏捕治，具服[90]。其发奸擿伏如神[91]。京兆政清[92]，吏民称之不容口[93]。长老传以为自汉兴[94]，治京兆者莫能及。

（以上为第八段，写公元前71年，汉朝五路大军与西方乌孙联军夹击匈奴，匈奴损失惨重，进一步削弱。颍川太守赵广汉调任京兆尹，京师政清，吏民称焉。）

【注释】

［1］戊辰：正月十八日。［2］五将军发长安：出征匈奴的五位将军从长安出发。［3］少所得：斩获很少。［4］军罢：大军撤回。［5］度辽将军：范明友。［6］蒲离候水：水名，地点不明。［7］前将军：韩增。［8］乌员：地名，地点不明。［9］蒲类将军：赵充国。［10］候山：山名，地点不明。［11］蒲阴王：匈奴的王号。［12］皆不至期还：各路大军都没有到达约定的地方，因匈奴远去。［13］天子薄其过：天子认为各位将军的过失不大。［14］宽而不罪：宽大不追究罪责。［15］祁连将军：田广明。祁，据章校改“祈”为“祁”。［16］鸡秩山：山名，地点不明。［17］戒弘：告诫冉弘隐瞒军情。［18］虎牙将军：云中太守田顺。［19］丹余吾水：水名，地点不明。［20］不至期：没有到达约定的地点。［21］诈增卤获：虚报掳获的数字。卤，通“掳”。［22］逗留不进：畏缩不进兵。逗留，停滞不前，实畏缩惧敌。［23］皆下吏：田顺、田广明两人交付司法官审判。［24］自杀：田顺、田广明两人自杀。［25］擢：升官。侍御史：御史大夫高级部属，职掌受公卿奏事，举劾案章，属御史大夫。［26］从西方入：从西方攻击匈奴，进入匈奴境内。［27］至右谷蠡王庭：进军到右谷蠡王的王庭。［28］父行（háng）：父辈。行，亲属间的辈分次序。［29］居次：匈奴女号，犹公主。［30］名王：匈奴的高级王号。［31］犁污都尉：犁污王（匈奴的王号）的都尉。［32］千长：千人之长。［33］四万级：四万人。［34］克获：战胜有收获。［35］伤而去者：伤残逃亡的人。［36］不可胜数：无法计算。［37］杀校尉赖丹：赖丹，汉所立龟兹王，被龟兹贵人所杀。事见《资治通鉴》卷二十三昭帝元凤四年。［38］风惠：暗示常惠。风，通“讽”，示意。以便宜从事：如有利而方便，就可专命行事。即相机行事。［39］还：返回汉朝。［40］过：经过龟兹以西诸国。［41］发西国兵：征发龟兹以西诸国军队。［42］发龟兹东国：征发龟兹东边诸国军队。［43］兵未合：三路军队还没有会合交战前。［44］杀汉使状：责备龟兹王先前袭杀汉使的罪行。［45］王谢曰：龟兹王赔罪

说。［46］“乃我”二句：这是我先王时被贵人姑翼蒙蔽犯下的罪，我没有罪。姑翼，杀赖丹的主谋。［47］“惠曰”四句：常惠说：“既然是这样，把姑翼捆缚送来，我就放开你。”［48］惠斩之而还：常惠将姑翼斩首后回国。［49］己丑：六月十一日。［50］蔡义：人名，封阳平侯，卒谥节。传见《汉书》卷六十六。［51］甲辰：六月二十六日。［52］长信少府：官名，掌管长信宫事务。韦贤：西汉鲁国邹（今山东邹城市东南）人，字长孺。后徙平陵（今陕西咸阳市西北）。兼通《诗》《书》《礼》，号称邹鲁大儒。进授昭帝《诗》，参与谋立宣帝，赐爵关内侯，食邑。官至丞相，封扶阳侯，年老辞官。丞相致仕自此始。传见《汉书》卷七十三。［53］魏相：西汉济阴定陶（今山东菏泽市定陶区西北）人，字弱翁。宣帝时任御史大夫、丞相，封高平侯。传见《汉书》卷七十四。［54］颇得老弱：俘获了很多乌孙的老弱民众。［55］大雨雪：下大雪。［56］一日深丈余：一天积雪一丈多厚。［57］还者不能什一：匈奴生还的人不到十分之一。［58］丁令：一作丁零，族名。原分布于今贝加尔湖以南，后迁徙至阿尔泰山脉。汉初臣属匈奴，但叛服无常。曾几次与汉军配合击败匈奴。后部分丁令人南迁，留居漠北者称高车或铁勒。［59］乌桓：亦作乌丸，族名。因居于乌桓山（约在今西拉木伦河及归流河一带）而得名。以游牧、狩猎为生，汉初役属于匈奴。自霍去病击败匈奴，迁徙乌桓于汉边郡后，势力逐渐增强。传见《后汉书》卷九十。［60］重以饿死：再一次因饥荒饿死。匈奴畜产被掠夺，又一次饥困。重（chóng），重复，又一次。［61］死者什三：民众又饿死了十分之三。［62］畜产什五：马牛羊等牲畜饿死十分之五，即一半。［63］诸国羁属者皆瓦解：附属匈奴的西域各国全都背叛匈奴瓦解。［64］攻盗不能理：匈奴遭到攻杀抢掠无可奈何。［65］三道：汉兵三路进攻匈奴。［66］匈奴终不敢取当：匈奴始终不敢向汉朝夺取与损失相当的人与物。［67］滋欲乡和亲：更加希望与汉朝和亲。乡，通“向”。［68］边境少事矣：汉朝边境很少受侵扰。［69］颍川：郡名，郡治阳翟，在今河南禹州市。赵广汉：西汉涿郡蠡吾（今河北博野县）人，字子都。少为郡吏，后任州从事、阳翟令、京辅都尉等。参与尊立宣帝，赐爵关内侯。任颍川太守时，诛豪强首恶，郡中震栗。后为京兆尹，精于吏职，摧辱霍氏及贵戚大臣。后以杀害无辜，被腰斩。传见《汉书》卷七十六。［70］俗：习俗，风俗。［71］相朋党：互相勾结成团伙。［72］为缿（xiàng）筒：设置举报箱。［73］相告讦（jié）：互相揭发阴私。［74］更相怨咎：相互结怨。［75］遇吏：对待手下小吏。［76］殷勤甚备：殷勤周到。［77］事推功善，归之于下：遇有功劳奖励，往往归之下属。［78］行之发于至诚：做这些事发自真心诚意。［79］吏咸愿为用：下属乐意为他效力。［80］僵仆无所避：即使有生命危险也不躲避。僵仆，倒毙，生命危险。［81］负者：违背命令，不尽力。［82］案之：查验。［83］罪立具：立即定案。［84］即时伏辜：立即伏法。［85］尤善为钩距以得事情：尤其擅长审理罪犯掌握真实情况。钩距，指反复推问，寻找线索，查清事实。［86］闾里铢两之奸皆知之：市井、乡里细小的不法之事都能清楚明白。铢，一两二十四铢。铢两极轻，喻细小的事。［87］会穷里空舍：集合在一个隐僻小巷的空房子里。［88］谋共劫人：商量一起去抢劫。［89］坐语未讫：商量还没完。［90］广汉使吏捕治，具服：赵广汉就派人抓起来审问，全都服罪。［91］其发奸擿伏如神：他发现奸人，揭露阴私，有如神助。 [92]京兆政清：京兆地区治安清平。 [93]称之不容口：称赞赵广汉不绝于口。 [94]长老：老年人。自汉兴：从汉朝建立以来。

四年（辛亥，前70年）

春，三月，乙卯[1]，立霍光女为皇后；赦天下。初，许后起微贱[2]，登至尊日浅[3]，从官车服甚节俭。及霍后立，舆驾、侍从益盛，赏赐官属以千万计，与许后时县绝矣[4]。

夏，四月，壬寅[5]，郡国四十九同日地震，或山崩，坏城郭、室屋[6]，杀六千余人[7]。北海、琅邪坏祖宗庙[8]。诏丞相、御史与列侯、中二千石傅问经学之士，有以应变[9]，毋有所讳[10]。令三辅、太常、内郡国举贤良方正各一人[11]。大赦天下。上素服[12]，避正殿五日。释[13]夏侯胜、黄霸；以胜为谏大夫[14]、给事中，霸为扬州[15]刺史。

胜为人，质朴守正[16]，简易无威仪[17]，或时谓上为君[18]，误相字于前[19]；上亦以是亲信之。尝见，出道上语[20]，上闻而让胜[21]，胜曰："陛下所言善，臣故扬之[22]。尧言布于天下，至今见诵。臣以为可传[23]，故传耳。"朝廷每有大议[24]，上知胜素直[25]，谓曰："先生建正言，无惩前事[26]！"胜复为长信少府，后迁太子太傅[27]。年九十卒，太后赐钱二百万，为胜素服五日，以报师傅之恩。儒者以为荣。

五月，凤皇[28]集北海安丘、淳于[29]。

广川王去坐杀其师及姬妾十余人[30]，或销铅锡灌口中[31]，或支解[32]，并毒药煮之，令糜尽[33]，废徙上庸[34]；自杀。

地节元年（壬子，前69年）

春，正月，有星孛于西方。

楚王延寿[35]以广陵王胥[36]，武帝子，天下有变[37]，必得立[38]，阴附助之[39]，为其后母弟赵何齐取广陵王女为妻[40]，因使何齐奉书遗[41]广陵王曰："愿长耳目[42]，毋后人有天下[43]！"何齐父长年上书告之[44]，事下有司考验[45]，辞服[46]。冬，十一月，延寿自杀。胥勿治[47]。

十二月，癸亥晦[48]，日有食之。

是岁，于定国为廷尉[49]。定国决疑平法[50]，务在哀鳏寡[51]，罪疑从轻[52]，加审慎之心。朝廷称之曰："张释之[53]为廷尉，天下无冤民。于定国为廷尉，民自以不冤。"

（以上为第九段，写霍光小女入宫为皇后；广川王刘去、楚王刘延寿有罪有杀，国除。）

【注释】

[1]乙卯：三月十一日。[2]许后：即宣帝的许皇后，许广汉之女。起微贱：出身卑微。[3]登至尊日浅：登上皇后之位时间不长。[4]县绝矣：相差悬殊，像天上地下一样。县，通"悬"。[5]壬寅：四月二十九日。[6]坏城郭、室屋：城墙、房屋倒塌。坏，震坏。[7]杀六千余人：因地震而死六千多人。[8]北海、琅邪：两郡名。北海郡治营陵，在今山东潍坊市西南。琅邪郡治东武，在今山东诸城市。祖宗庙：汉景帝元年，令郡国各立太祖高皇帝庙、太宗文皇帝庙。[9]有以应变：有什么办法应付灾异。[10]毋有所讳：不必有所忌讳。[11]"令三辅"句：诏令三辅、太常，以及全国各郡国，各自荐举贤良方正一人。按：举贤良方正是汉代选举方式之一，每当国家有重大灾变或重大改革，就下诏举贤良方正，对策京师提供建议。每郡国各举一人。"贤良方正"为一个科目，各一人，不是贤良与方正各一人。[12]上素服：宣帝身着素服。[13]释：释放。[14]谏大夫：官名，掌谏议，属光禄勋。[15]扬州：汉十三刺史部（州）之一，属郡有庐江、九江、豫章、会稽、丹阳五郡及六安国。[16]守正：坚守正道，做人正派。[17]简易：平易近人。无威仪：没有官架子。[18]谓上为君：称宣帝为君。[19]误相字于前：在宣帝面前称别人的字。按：汉代，臣在天子面前只可互相称名，而不可称字，称字就算错误。[20]尝见，出道上语：曾有一次，夏侯胜晋见了宣帝，刚出宫就在路上把宣帝的话传开了。[21]让胜：责备夏侯胜。[22]臣故扬之：我在道上就传开了宣帝的话，是故意这样做的。[23]可传：值得传布。[24]大议：重大事情的朝议。[25]素直：向来坦率。[26]"先生"二句：先生你有正确的建议，想说就说，不要把过去的事放在心上。惩前事，指将先前因议论为武帝立庙下狱事放在心上为警戒，而不敢说话。无惩前事，丢下包袱。[27]迁太子太傅：提升为太子太傅。[28]凤皇：传说中的鸟王。雄的叫凤，雌的叫凰。凤凰现世是国家的大吉祥。[29]北海：郡名，郡治营陵，在今山东潍坊市南偏西。安丘：县名，治所在今山东安丘市西南。淳于：县名，治所在山东安丘市东北。[30]广川王去：刘去，景帝子广川惠王刘越之孙。坐：坐罪。[31]销铅锡灌口中：把铅熔化灌入人的嘴中。[32]支解：把人杀死，分尸成碎块。[33]糜尽：谓煮烂。[34]废徙上庸：废除广川王刘去的王位，流放到上庸。上庸，县名，治所在今湖北竹山县西南。[35]楚王延寿：刘延寿。景帝时，立平陆侯刘礼为楚王，奉楚元王后，四传至于刘延寿。[36]广陵王胥：刘胥，武帝之子，封为广陵王。[37]天下有变：国家

万一出现变乱。［38］必得立：一定会立刘胥为皇帝。［39］阴附助之：暗中依附并帮助刘胥。［40］后母弟赵何齐：刘延寿的后母弟弟叫赵何齐。取广陵王女为妻：刘延寿为赵何齐娶刘胥之女为妻，加固联谊感情。［41］遗（wèi）：送信。［42］长耳目：长心眼，指密切注意朝廷动向。［43］毋后人：不要落在人后。有天下：喻称帝。［44］上书告之：赵何齐之父赵长年上书揭发了这件事。［45］事下有司：这事交给主管部门法办。考验：审讯追究。［46］辞服：供词认罪。［47］胥勿治：对广陵王刘胥不起诉，不处治。［48］癸亥晦：十二月三十日。［49］于定国：西汉东海郯（今山东郯城县西北）人，字曼倩。少从父习法律。初为狱吏，后官至廷尉，决狱审慎。甘露三年（前51）为丞相，封西平侯。传见《汉书》卷七十一。廷尉：官名，九卿之一，掌刑狱。［50］决疑平法：处决疑案，用法持平。［51］哀：怜悯。鳏（guān）：鳏夫，无妻或丧妻的人。寡：死了丈夫的女人，称寡妇。［52］罪疑从轻：罪案可疑则从轻处理。［53］张释之：西汉南阳堵阳（今河南方城县东）人，字季。文帝时积资官至廷尉，用法持平，知名当世。传见《史记》卷一百二、《汉书》卷五十。

二年（癸丑，前68年）

春，霍光病笃[1]。车驾自临问[2]，上为之涕泣。光上书谢恩，愿分国邑三千户以封兄孙奉车都尉山为列侯[3]，奉兄去病祀。即日，拜光子禹[4]为右将军。三月，庚午[5]，光薨。上及皇太后亲临光丧[6]，中二千石治冢[7]，赐梓宫、葬具皆如乘舆制度[8]，谥曰宣成侯。发三河卒穿复土[9]，置园邑三百家[10]，长、丞奉守[11]；下诏复其后世[12]，畴其爵邑[13]，世世无有所与[14]。

御史大夫魏相上封事[15]曰："国家新失大将军，宜显明功臣以填藩国[16]，毋空大位[17]，以塞争权[18]。宜以车骑将军安世为大将军，毋令领[19]光禄勋事；以其子延寿[20]为光禄勋。"上亦欲用之。夏，四月，戊申[21]，以安世为大司马、车骑将军，领尚书事[22]。

凤皇集鲁[23]，群鸟从之。大赦天下。

上思报大将军德[24]，乃封光兄孙山[25]为乐平侯，使以奉车都尉领尚书事。魏相因昌成君许广汉奏封事[26]，言"《春秋》讥世卿[27]，恶宋三世为大夫及鲁季孙之专权[28]，皆危乱国家。自后元以来[29]，禄去王室[30]，政由冢宰[31]。今光死，子复为右将军，兄子秉枢机[32]，昆弟、诸婿据权势[33]，在兵官[34]，光夫人显及诸女皆通籍长信宫[35]，或夜诏门出入[36]，骄奢放纵，恐浸不制[37]，宜有以损夺其权[38]，破散阴谋，以固万世之基[39]，全功臣之世[40]。”又故事[41]：诸上书者皆为二封[42]，署其一曰“副”，领尚书者先发副封[43]，所言不善[44]，屏去不奏[45]。相复因许伯白去副封以防壅蔽[46]。帝善之，诏相给事中[47]，皆从其议。

帝兴于闾阎[48]，知民事之艰难。霍光既薨，始亲政事，厉精为治[49]，五日一听事。自丞相以下各奉职奏事，敷奏其言[50]，考试功能[51]。侍中、尚书功劳当迁及有异善，厚加赏赐[52]，至于子孙，终不改易[53]。枢机周密[54]，品式备具[55]，上下相安，莫有苟且之意[56]。及拜刺史、守、相[57]，辄亲见问[58]，观其所由[59]，退而考察所行以质其言[60]，有名实不相应[61]，必知其所以然[62]。常称曰：“庶民所以安其田里而亡叹息愁恨之心[63]者，政平讼理也[64]。与我共此者，其唯良二千石乎[65]！”以为太守，吏民之本，数变易则下不安[66]；民知其将久[67]，不可欺罔[68]，乃服从其教化[69]。故二千石有治理效[70]，辄以玺书勉厉[71]，增秩，赐金[72]，或爵至关内侯[73]；公卿缺，则选诸所表[74]，以次用之[75]。是以汉世良吏，于是为盛[76]，称中兴焉[77]。

匈奴壶衍鞮单于死，弟左贤王立为虚闾权渠单于，以右大将女为大阏氏[78]，而黜前单于所幸颛渠阏氏[79]。颛渠阏氏父左大且渠怨望[80]。是时汉以匈奴不能为边寇，罢塞外诸城以休百姓[81]。单于闻之，喜，召贵人谋，欲与汉和亲。左大且渠心害[82]其事，曰：“前汉使来，兵随其后。今亦效汉发兵[83]，先使使者入[84]。”乃自请与呼卢訾王各将万骑[85]，南旁塞猎[86]，相逢俱入[87]。行未到[88]，会三骑亡降汉[89]，言匈奴欲为寇。于是天子诏发边骑屯要害处[90]，使大将军军监治众等四人将五千骑[91]，分三队，出塞各数百里，捕得虏各数十人而还。时匈奴亡其三骑，不敢入，即引去[92]。是岁，匈奴饥，人民、畜产死什六七[93]，又发两屯各万骑以备汉[94]。其秋，匈奴前所得[95]西嗕居左地者[96]，其君长以下数千人皆驱畜产行[97]，与瓯脱战[98]，所杀伤甚众，遂南降汉。

（以上为第十段，写大将军霍光辞世，魏相崭露头角。匈奴分裂内斗，进一步削弱。）

【注释】

[1]病笃：病情严重。[2]车驾自临问：宣帝亲自登门慰问。[3]分国邑：分割封邑。奉车都尉：官名，职掌天子车舆。汉武帝始置，秩比二千石。山：霍山，霍去病之孙。为列侯：封霍山为列侯。[4]禹：霍禹，霍光之子。昭帝时为中郎将。宣帝地节二年（前68）迁右将军。光卒，嗣为博陆侯。后其母毒杀许皇后事泄，更为大司马，有职无权。遂称病，谋废天子而自立。事发，被腰斩。传附见《汉书》卷六十八。[5]庚午：三月八日。[6]亲临光丧：亲自到霍光灵堂吊唁。[7]中二千石治冢：命中二千石主持修整坟墓。[8]梓宫：梓木棺材。葬具：随葬物品。如乘舆制度：如同天子崩后的乘舆制度。[9]三河：指河东、河内、河南三郡。卒：服役的人。穿复土：掘土和堆土，指下葬事务。[10]置园邑三百家：设置三百户人的陵邑。按：陵邑三百户所交纳赋税供守护陵园用度。[11]长、丞奉守：派大将军幕府的长吏、丞掾等僚属，按霍光生前的规格奉守陵园。[12]复其后世：免除后代子孙的赋役。[13]畴其爵邑：继承霍光的封爵食邑。[14]世世无有所与：世世代代不出租赋徭役。[15]上封事：奏上秘密奏章。封事，密封奏章直呈皇帝，传递大臣不得开封。[16]填藩国：镇抚诸侯藩国。填，通"镇"。[17]毋空大位：不要空缺大将军之位。[18]以塞争权：避免争夺空位大权。指霍光死，大将军位空缺，尽快填补，避免争夺。[19]领：兼职。张安世为大将军，不要兼职光禄勋，即免除光禄勋之职。[20]延寿：张安世之子张延寿。[21]戊申：四月十七日。[22]领尚书事：兼任尚书令，处理章奏事务。兼任较低一级的职务曰领。[23]凤皇集鲁：凤凰聚集群鸟降落在鲁国。鲁国治鲁县，在今山东曲阜市。[24]报大将军德：报答大将军拥立的恩德。[25]兄孙山：霍光之兄霍去病的孙子霍山。[26]"魏相"句：魏相通过许广汉再奏封事，对霍氏家族参政进行重大调整。因，托付、依靠。昌成君，许广汉的封爵。[27]《春秋》讥世卿：《春秋》批评由世代担任卿大夫的制度。讥，讽刺，批评。世卿，世袭卿的职位，周代封建制度的规矩。《春秋》，此指《春秋公羊传》，鲁隐公四年，夏，四月，辛卯，尹氏卒。就此发议论，讽刺世卿制度"非礼"。[28]"恶宋"句：厌恶春秋时宋国三代没有大夫和鲁国季孙氏专权。恶，讨厌。宋，春秋时代列国之一。三世，指宋襄公、成公、昭公三世。为大夫，当作"无大夫"，"为"字误。《春秋公羊传》说，宋三世无大夫，三世内取也。所谓"内取"，是言取别国的大夫。鲁，指春秋时代的鲁国。季孙，鲁国季孙氏，鲁"三桓"之一，势力很大。专权，掌握鲁国的大权。[29]后元以来：既武帝辞世以来，霍氏专权。后元，汉武帝年号，共二年，公元前88年至公元前87年。武帝在后元二年春即辞世。[30]禄去王室：官员任免不由王室，即权归霍氏。禄，俸禄，此指官员任免。[31]政由冢宰：政事都由权位最高的大臣决定，即由霍光决定。[32]兄子：指霍山，为霍禹的堂侄。秉枢机：执掌机要的官职。指霍山领尚书事。[33]昆弟：兄弟。诸婿：范明友等人。据权势：掌控要职。据，占据、盘踞。[34]在兵官：担任武职，控制军队。[35]通籍长信宫：出入皇后宫。通籍，有可以出入宫门的名籍。[36]夜诏门出入：有时在夜里也有皇后诏霍氏出入宫门。[37]恐浸不制：担心逐渐不能掌控局面。[38]宜有以损夺其权：应当削弱霍氏家族的权势。[39]以固万世之基：用以巩

固汉室的万世基业。［40］全功臣之世：也保全霍氏功臣的后代。［41］故事：惯例。［42］二封：奏章有副本，即同一奏章两份。［43］先发副封：兼领尚书事务的官首先打开副本。［44］所言不善：尚书认为上奏说的话不妥当。［45］屏去不奏：丢弃不上呈皇帝。［46］“相复”句：魏相再次通过许广汉报告宣帝除去副封，用以防止奏书被压下蒙蔽皇上。［47］诏相给事中：宣帝下诏任命魏相兼任给事中。给事中，加官名，给事宫中，可以直接晋见皇上言事。［48］兴于闾阎：出身乡里。［49］厉精为治：尽力治理国家。厉，古时“励”的本字。［50］敷奏其言：陈述见解。［51］考试功能：试以官职，考其才德。［52］“侍中”二句：侍中、尚书，有功的给予升官，有特殊功绩的，从优封赏。侍中，官名，侍从天子，出入宫廷。尚书，官名，掌文书章奏。异善，特殊的长处与成绩。［53］终不改易：谓赏赐遍及其子孙，始终不改变。［54］枢机周密：机要决策，考虑周密。［55］品式备具：规章制度，详备无缺。［56］莫有苟且之意：没有人抱着敷衍行事、得过且过的态度。［57］拜刺史、守、相：任命刺史、郡守、封国相。［58］辄亲见问：总是一一亲自会见询问。［59］观其所由：了解他们的抱负和打算。由，打算怎样任职。［60］考察所行：考察刺史、守、相的所作所为。以质其言：证实他们的言论。质，正，考核，证实。［61］名实不相应：名不副实，说一套，做一套。［62］必知其所以然：对言行不一的，一定要知道为什么是这样。所以然，指原因和道理。［63］亡叹息愁恨之心：没有叹息愁怨。亡，通“无”，没有。［64］政平讼理也：为政公平清明，断案合情合理。［65］唯良二千石乎：只有好的地方官才能做到政平讼理。二千石，指刺史、守、相。［66］数变易则下不安：频繁变更地方官民众就不安心。［67］民知其将久：民众知道地方官任职长久。［68］不可欺罔：不可以欺骗、诬罔。［69］教化：教导感化。［70］效：成效，成绩。［71］辄以玺书勉厉：宣帝总是颁下诏书去勉励他们。厉，通“励”。［72］增秩，赐金：增加俸禄，赏赐奖金。［73］或爵至关内侯：有的赐以关内侯的封爵。关内侯，二十级爵的第十九级，有食邑。［74］公卿缺，则选诸所表：公卿有了缺位，就从受过表彰的二千石中选用。［75］以次用之：依次选用。［76］于是为盛：汉朝的优秀官吏，在宣帝一朝最多。［77］称中兴焉：号称西汉中兴。［78］大阏（yān）氏（zhī）：单于的正妻。［79］黜：废贬。颛渠阏氏：单于的原配妻。［80］大且渠：匈奴的官号，分左、右大且渠。怨望：怨恨。［81］罢：指撤去屯兵。塞外诸城：指光禄塞、受降城、遮虏。休百姓：使民众休养生息。［82］心害：心里害怕；想要破坏。［83］效汉发兵：效法汉朝，用大军随使者之后。［84］先使使者入：先派和亲使者进入汉朝。［85］呼卢訾王：匈奴的王号。将：率领。［86］南旁塞猎：向南沿着汉朝边塞打猎。旁，通“傍”，沿着。［87］相逢俱入：指两路人马会合后，一起攻入汉朝。［88］行未到：匈奴行军还未到达汉朝边境。［89］会三骑亡降汉：恰好有三个骑兵逃跑投降汉朝。［90］诏发边骑屯要害处：宣帝下诏，征发边境骑兵，集结屯驻军事要冲。［91］大将军军监：大将军部属军监官，掌军中纪律。治众等四人：治众及相关四位军监。治众，人名。［92］即引去：匈奴骑兵立即撤退回去。［93］死什六七：民众畜产死亡十分之六七，大半死亡。［94］又发两屯各万骑以备汉：匈奴征发两支骑兵各一万骑屯驻两个地方防备汉朝袭击。［95］匈奴前所得：匈奴以前所征服的部族。［96］西嗕居左地者：被安置在匈奴东部的西嗕人。西嗕（rù），古代部族名。一说匈奴族的一支；一说羌族的一支。左地，指匈奴的东部地区。［97］君长：部族的首领。驱畜产行：驱赶着自己的部族以及畜产向汉朝边境靠拢。行，迁移行动。［98］与瓯脱战：与匈奴边界守军交战。瓯脱，分隔两个游牧部族的交界空地叫瓯脱。

【点评】

霍光行废立之意义。本卷记事只七年，写宣帝初立时期的政治，大权系于霍光一身，自昌邑王废立之后，霍光权力达于巅峰，霍氏一门贵盛，正如大将军夫人显所说："将军领天下，谁敢言者。"霍光乃汉室忠臣，没有异心，由于权力过大而发生了夫人毒害皇后的事件。由此可见，权臣势大，即使是忠臣，于国不利，若是奸佞或野心家，国家就要蒙难了。昌邑王被废，所列举的过失，多是一些鸡毛蒜皮的事，昌邑王也能听一些劝谏，还不至于被废；但其个性顽皮固执，宠信群小，若不改正，不宜在皇位。昌邑王个性的发展，即可能成为昏暴之君。若昌邑王为汉之太甲，霍光为汉之伊尹，亦可继昭帝为中兴之主。当时的霍光加皇太后尚能控制昌邑王，但能否引导他为善，霍光没有信心。昌邑王最大之过，是尚未褒奖霍光等功臣集团，却先大肆提升昌邑王旧属。正如太仆丞张敞所谏："国辅大臣未褒，而昌邑小辇先迁，此过之大者也。"霍光最担心的是权力丧失，趁昌邑王立朝未稳，仅仅二十七日即采取果断措施，所以不费力气就把昌邑王拉下马来。霍光既然敢废皇帝，其他臣僚谁敢与之争锋？就昌邑王与宣帝两人相较，昌邑王在贵胄温室里成长，不知稼穑之艰难，宣帝少年时代的坎坷经历，是以"具知闾里奸邪，吏治得失"，能够成为明主。宣帝继位，是霍光行废立为刘姓天下立下的最大功勋。

卷二五　汉纪十七

汉宣帝地节三年至元康四年（前 67—前 62 年）

【起阏逢摄提格（甲寅，前 67 年），尽屠维协洽（己未，前 62 年），凡六年】

【大事提要】

本卷记事起公元前 67 年，讫公元前 62 年，凡六年，当汉宣帝地节三年至元康四年。本卷所载大事，主要有四个方面：其一，霍光家族覆灭；其二，京兆尹赵广汉不避贵戚以悲剧终；其三，宣帝报恩；其四，丞相魏相、御史大夫丙吉同心协力辅政，宣帝任贤使能，任用廉洁宽平官吏，中兴气象日益显现。其中，彰显一大批精英能吏的事迹，如立功绝域的冯奉世，为任一方造福一方的地方官黄霸、尹翁归、龚遂等。

中宗孝宣皇帝上之下

地节三年（甲寅，前 67 年）

春，三月，诏曰："盖闻有功不赏，有罪不诛，虽唐、虞不能化天下[1]。今胶东相王成[2]，劳来不怠[3]，流民自占[4]八万余口，治有异等之效[5]。其赐成爵关内侯[6]，秩中二千石[7]。"未及征用，会病卒官[8]。后诏使丞相、御史问郡、国上计长史、守丞以政令得失[9]。或对言[10]："前胶东相成伪自增加以蒙显赏[11]。是后俗吏多为虚名[12]"云[13]。

夏，四月，戊申[14]，立子奭为皇太子[15]，以丙吉为太傅[16]，太中大夫疏广为少傅[17]。封太子外祖父许广汉[18]为平恩侯。又封霍光兄孙中郎将云为冠阳侯[19]。

霍显闻立太子[20]，怒恚不食[21]，欧血[22]，曰："此乃民间时子，安得立[23]！即后有子[24]，反为王邪[25]？"复教皇后令毒太子[26]。皇后数召太子赐食，保、阿辄先尝之[27]；后挟毒不得行[28]。

五月，甲申[29]，丞相贤以老病乞骸骨[30]；赐黄金百斤、安车、驷马[31]，罢就第[32]。丞相致仕自贤始[33]。

六月，壬辰[34]，以魏相为丞相。辛丑[35]，丙吉为御史大夫，疏广为太子太傅，广兄子受为少傅[36]。

太子外祖父平恩侯许伯[37]，以为太子少，白使其弟中郎将舜监护太子家[38]。上以问广，广对曰："太子，国储副君[39]，师友必于天下英俊[40]，不宜独亲外家许氏[41]。且太子自有太傅、少傅，官属已备[42]，今复使舜护太子家，示陋[43]，非所以广太子德于天下也。"上善其言，以语魏相，相免冠谢曰[44]："此非臣等所能及。"广由是见器重[45]。

京师大雨雹[46]，大行丞东海萧望之[47]上疏，言大臣任政，一姓专权之所致。上素闻望之名[48]，拜为谒者[49]。时上博延贤俊[50]，民多上书言便宜[51]，辄下望之问状[52]；高者请丞相、御史，次者中二千石试事[53]，满岁以状闻[54]；下者报闻，罢[55]。所白处奏皆可[56]。

冬，十月，诏曰："乃者九月壬申地震[57]，朕甚惧焉。有能箴朕过失[58]，及贤良方正直言极谏之士[59]，以匡朕之不逮[60]，毋讳有司[61]！朕既不德[62]，不能附远[63]，是以边境屯戍未息[64]。今复饬兵重屯[65]，久劳百姓，非所以绥天下也。其罢车骑将军、右将军屯兵[66]！"又诏："池籞未御幸者[67]，假与贫民[68]。郡国宫馆勿复修治。流民还归者，假公田[69]，贷种食[70]，且勿算事[71]。"

（以上为第一段，宣帝奖励招抚流亡的地方官吏，举贤良，任用魏相为丞相，丙吉为御史大夫，开启政治宽平的时代。）

【注释】

[1]虽唐、虞不能化天下：没有赏罚，即使唐尧、虞舜也无法教育感化天下黎民大众。[2]胶东：王国名，治即墨，在今山东青岛市即墨区。相：王国的行政长官。王成：宣帝时为胶东相。地节三年（前67）奏言户口增加，赐爵关内侯。后人或言其虚增户口。传见《汉书》卷八十九。[3]劳来不怠：勤勉不懈怠。指王成努力招怀流民归农。[4]自占：自报人口来从事生产。[5]异等之效：突出的成效。[6]赐成爵关内侯：赐王成关内侯的爵位。[7]秩中二千石：俸禄提升为中二千石。国相原秩为二千石。[8]会病卒官：王成恰巧在朝廷征用时病死在任上。

［9］御史：指御史大夫。郡、国上计：郡、国每年派遣官吏进京，向朝廷报告全年的户口、钱、谷、盗贼、狱讼等情况。长史：这里指王国的官。守丞：郡的官。政令得失：指朝廷政令的得失。［10］或对言：有人回答丞相、御史大夫的询问说。［11］自增加以蒙显赏：擅自增加户口数字，向朝廷谎报以求得优厚的赏赐。［12］是后俗吏多为虚名：从这以后，一些碌庸无能的官吏就靠虚报成绩来骗取名誉。俗吏，碌庸无能之辈。［13］云：如此这般。用于句尾表示不十分肯定，有"据说如此"的意思。［14］戊申：四月二十二日。［15］奭为皇太子：刘奭立为皇太子，即后来的汉元帝。［16］太傅：官名，职掌辅导太子。［17］太中大夫：官名，属光禄勋，掌议论。疏广：人名，西汉东海兰陵（今山东兰陵县西南兰陵镇）人，字仲翁。治《春秋》。宣帝时先后任太子少傅、太傅。不愿为子孙购置产业，以为遗产多对子孙并无益处。传见《汉书》卷七十一。少傅：官名，职掌辅导太子。位次于太傅。［18］许广汉：汉宣帝的岳父，汉元帝的外祖父。霍光时，认为刑人不得封侯，至是乃封为平恩侯。［19］云为冠阳侯：霍云封为冠阳侯。［20］霍显：霍光的夫人，名显。闻立太子：得知许皇后所生子刘奭立为太子。［21］怒恚不食：气得吃不下饭。［22］欧血：吐血。［23］安得立：怎么轮得上他立为太子。［24］即后有子：如果皇后生了儿子。后，指霍光女霍皇后。［25］反为王邪：反而为王呀？既已立刘奭为太子，霍皇后即使生子，也只可以立为王，而不能为帝。［26］毒太子：下毒害太子。［27］保、阿辄先尝之：保姆和奶妈总是先试尝皇后给的食品。［28］后挟毒不得行：皇后拿着毒药，没有机会下手。［29］甲申：五月二十九日。［30］乞骸骨：古代官吏因年老请求退职，常称乞骸骨。言使骸骨得归葬于故乡。［31］安车：用一马拉的可以坐乘的小车。古时车多立乘，这是坐乘，所以叫安车。驷：通"四"。［32］罢就第：致仕回家。［33］自贤始：丞相退休从韦贤开始。即韦贤是第一个退休的丞相。［34］壬辰：六月七日。［35］辛丑：六月十六日。［36］受广少傅：疏广侄儿疏受代疏广为太子少傅。［37］许伯：即许广汉。称"伯"，是对他的尊称。［38］舜：许舜，许广汉之弟。监护太子家：管理太子的生活起居。［39］国储副君：国家储君，皇权继承人。［40］英俊：英豪、俊杰。［41］外家许氏：外祖父家、舅家，即母亲娘家许氏。［42］官属已备：管理太子教育、生活的各种官员齐备。［43］示陋：显示见识浅陋。［44］相免冠谢曰：魏相摘了官帽致歉说。免冠，表示郑重其事。［45］见器重：更加受到重视。［46］京师：指西汉京师长安。雨（yù）雹：下冰雹。［47］大行丞：据《汉书·萧望之传》为大行治礼丞。官名，属大行令。大行，大行令的省称。萧望之：西汉东海兰陵（今山东兰陵县西南兰陵镇）人，字长倩。治《齐诗》。宣帝时官至御史大夫、太子太傅等职。甘露三年（前51），主持石渠阁会议，评议异同。宣帝临终，任为前将军、光禄勋，与周堪等受遗诏辅政，领尚书事。元帝即位，建议选用士人为中书，因此与用事宦者中书令弘恭等交恶，一再被诬陷，以至被迫自杀。传见《汉书》卷七十八。［48］上素闻望之名：宣帝早就耳闻萧望之的名声。素，一向，早就。［49］谒者：官名，侍从皇帝，通报内外，属光禄勋。［50］博延贤俊：广泛延请贤能精英人士。［51］上书言便宜：上奏建言利害得失的事。［52］辄下望之问状：总是交付萧望之评说。［53］"高者"二句：高明的建言人转给丞相、御史大夫试用，次一等的建言人转给各部门中二千石试用。［54］满岁以状闻：试

用一年后把情况报告天子。［55］下者报闻，罢：建言最次的人，上报天子，不予试用，罢归回乡。［56］所白处：所报告处理的人。奏皆可：奏闻天子皆得到批准。这句意谓萧望之的评说完全符合汉宣帝的心意。［57］乃者：往日。九月壬申地震：指本年（地节三年，前67）九月十九日发生大地震。［58］箴（zhēn）朕过失：劝诫朕的过失。［59］直言极谏之士：敢说真话说深说透的人士。按：直言极谏是入选贤良方正的条件，目的就是评议朝政的得失。［60］以匡朕之不逮：用以纠正朕的过失。不逮，考虑不周。［61］毋讳有司：对主管部门的官吏也不要避讳。［62］朕既不德：朕的恩德有失，自谦之词。［63］不能附远：不能使远方的蛮夷归附。［64］屯戍未息：边境屯兵守卫没有停止。［65］复饬兵重屯：如今还要增兵到边地屯守。饬，整也。整兵，即增兵。［66］“其罢”句：宣帝诏令裁撤车骑将军张安世、右将军霍禹所属屯兵。罢，罢屯兵，即裁撤。［67］池籞：陂池，禁苑。未御幸者：天子未曾去过的地方。［68］假与贫民：出租给贫民。假，租赁。［69］假公田：出租官田给流民耕种。［70］贷种食：贷给流民种子、口粮。［71］且勿算事：还要免除人头税算赋。

霍氏骄侈纵横[1]。太夫人显，广治第室[2]，作乘舆辇[3]，加画，绣细冯[4]，黄金涂[5]；韦絮荐轮[6]，侍婢以五采丝挽显游戏第中[7]；与监奴冯子都乱。而禹、山亦并缮治第宅，走马驰逐平乐馆[8]。云当朝请[9]，数称病私出[10]，多从宾客[11]，张围猎黄山苑中[12]，使仓头奴上朝谒[13]，莫敢谴者[14]。显及诸女昼夜出入长信宫[15]殿中，亡期度[16]。

帝自在民间，闻知霍氏尊盛日久，内不能善[17]。既躬亲朝政[18]，御史大夫魏相给事中[19]。显谓禹、云、山[20]：“女曹不务奉大将军余业[21]，今大夫给事中[22]，他人一间女[23]，能复自救邪！”后两家奴争道[24]，霍氏奴入御史府[25]，欲蹋大夫门；御史为叩头谢[26]，乃去。人以谓霍氏[27]，显等始知忧。

会魏大夫为丞相，数燕见言事[28]；平恩侯与侍中金安上等径出入省中[29]。时霍山领尚书[30]，上令吏民得奏封事[31]，不关尚书[32]，群臣进见独往来[33]，于是霍氏甚恶[34]之。上颇闻霍氏毒杀许后而未察[35]，乃徙光女婿度辽将军、未央卫尉、平陵侯范明友为光禄勋[36]，出次婿诸吏、中郎将、羽林监任胜为安定太守[37]。数月，复出光姊婿给事中、光禄大夫张朔为蜀郡太守，群孙婿中郎将王汉为武威太守[38]。顷之[39]，复徙光长女婿长乐卫尉邓广汉为少府[40]。戊戌[41]，更以张安世为卫将军，两宫卫尉、城门、北军兵属焉[42]。以霍禹为大司马[43]，冠小冠[44]，亡印绶[45]；罢其屯兵官属[46]，特使禹官名与光俱大司马者[47]。又收范明友度辽将军印绶，但为光禄勋；及光中女婿赵平为散骑、骑都尉、光禄大夫，将屯兵，又收平骑都尉印绶[48]。诸领胡、越骑、羽林及两宫卫将屯兵[49]，悉易以所亲信许、史子弟代之[50]。

（以上为第二段，写宣帝抑制霍氏家族势力，先解除霍氏集团盘根错节的领兵职权，改任亲信的许、史子弟以代之，保留霍氏的政务职位，权力亦被架空，有名无实。）

【注释】

[1]霍氏骄侈纵横：霍氏家族日益骄奢放纵。 [2]第室：高级住宅。 [3]作乘舆辇：仿造像皇帝坐车一样的车。乘舆辇，汉代以来多指天子的车。 [4]绣絪冯：坐垫与车扶手上有绣花。絪，坐垫。冯，通“凭”，车轼。 [5]黄金涂：车身涂上黄金。 [6]韦絮荐轮：以熟牛皮和丝絮包扎车轮，以减轻行车的震动。[7]侍婢：侍从的婢女。五采丝挽：用五彩丝带拉车。第：住宅。[8]平乐馆：是上林苑中的跑马场。 [9]云当朝请：霍云在应当朝见天子之时。 [10]数称病私出：多次假托有病私自出外活动。 [11]多从宾客：有很多宾客随从。 [12]张围：摆开包围圈。猎：打猎。黄山苑：苑名，故址在今陕西兴平市西南。 [13]“使仓头奴”句：派遣苍头奴代替主人去朝见天子。仓头奴，头上包着青巾的奴仆。仓，通“苍”。 [14]莫敢谴者：没有人敢责备他。谴，指责，批评。 [15]长信宫：长乐宫中殿名，上官皇太后居地。 [16]亡期度：没有时间限制。按制度，亲戚入宫探视有严格时间限制，霍氏家族打破了这一规矩。亡，通“无”。 [17]内不能善：内心很不平静，厌恶。 [18]躬亲朝政：亲政，执掌大权。 [19]魏相给事中：引入魏相以给事中名义入宫做帮手。 [20]禹、云、山：霍禹、霍云、霍山。 [21]女曹：你们。女，通“汝”。奉大将军余业：继承大将军留下的基业。[22]大夫给事中：指御史大夫魏相做给事中。[23]他人一间女：一旦有人在魏相跟前说你们的坏话。间，离间，说坏话。女，你们。 [24]后两家奴争道：其后，霍氏、魏相两家的家奴在路上相遇争道路。 [25]入御史府：霍氏家奴擅自闯入御史官府。 [26]御史为叩头谢：御史向霍氏家奴叩头道歉。 [27]人以谓霍氏：有人把这事告知了霍氏。 [28]数（shuò）：多次。燕见：即宴见。指天子闲暇时接见。 [29]平恩侯：许广汉。金安上：字子侯，金日磾之子。径：直接。省中：宫中。 [30]领尚书：霍山兼任尚书令。[31]得奏封事：臣民可向皇帝呈递秘密奏章。 [32]不关尚书：不通过尚书转手。 [33]独往来：意谓不与霍氏同在一起。 [34]恶（wù）：讨厌，憎恨。 [35]未察：没有调查明白，还未掌握证据。 [36]徙：调动。为光禄勋：解除霍氏女婿范明友未央卫尉军权，任职光禄勋。按：未央卫尉，直接警卫天子所居未央宫。光禄勋，九卿之一，诸郎之长官，宫廷警卫总负责人，范明友的调动明升暗降。 [37]羽林监：掌管羽林郎的长官。任胜为安定太守：霍氏的二女婿任胜，解除中郎将、羽林监等宫中禁军指挥权，出任地方太守。安定，郡名，郡治高平，在今宁夏固原市。

[38]光姊婿：霍光姊姊的女婿。张朔：人名。蜀郡：郡名，郡治成都市，在今四川成都。群孙婿：指霍光孙女婿辈。王汉：人名。武威：郡名，郡治武威，在今甘肃民勤县东北。 [39]顷之：不久。 [40]长女婿：大女婿。长乐卫尉：官名，职掌长乐宫卫守事。邓广汉：人名。少府：官名，掌山海池泽收入及皇室手工业制造，为皇帝的私府。按：少府，惯例由皇室成员刘氏出任。邓广汉任少府，仍是明升暗降，目的是冠冕堂皇地解除长乐卫尉的兵权。 [41]戊戌：七月乙卯朔，无戊戌。疑为八月（乙酉朔）之戊戌（十四日）。 [42]两宫：指未央宫、长乐宫。城门、北军兵：城门兵，指京城十二门的屯兵。北军兵，指北军八校兵。属：隶属卫将军。按：宫廷警卫、京师戍兵均集中在张安世手中，霍氏势力全部解除。 [43]大司马：武帝元狩四年（前119）始置。初为加于将军之前的一种官号。武帝临终，以霍光为大司马大将军，辅弼幼主，大司马开始秉政。宣帝地节三年（前67）为贬抑霍氏，虽置大司马，但不冠将军，也无印绶、官属。 [44]冠小冠：戴小冠，是有意贬抑霍禹。原先大司马大将军，是戴武牟大冠的。冠，戴。作动词用。 [45]亡印绶：没有大司马的官印。亡，通“无”。 [46]罢其屯兵官属：裁撤了大司马的一切部属、屯兵。 [47]“特使禹”句：仅仅让霍禹有一个“大司马”的空头名号。 [48]“又收”五句：范明友的度辽将军、赵平的骑都尉两个武职的官印收回，两人只有一个光禄勋与光禄大夫等职位的空名。 [49]“诸领”句：凡是统领胡人和越人骑兵、羽林军，以及担任未央、长乐两宫卫尉以及率领驻屯军的那些人，随着范明友、赵平两人的军权解除也一律罢免。 [50]“悉易”句：全部改而任用许氏、史氏这些宣帝的外戚子弟担任。

初，孝武之世，征发烦数[1]，百姓贫耗[2]，穷民犯法，奸轨不胜[3]，于是使张汤、赵禹[4]之属，条定法令[5]，作见知故纵、监临部主之法[6]，缓深、故之罪[7]，急纵、出之诛[8]。其后奸猾巧法转相比况[9]，禁罔浸密[10]，律令烦苛[11]，文书盈于几阁[12]，典者不能遍睹[13]。是以郡国承用者驳[14]，或罪同而论异[15]，奸吏因缘为市[16]，所欲活则傅[17]生议，所欲陷则予死比[18]，议者咸冤伤之[19]。

廷尉史巨鹿路温舒[20]上书曰：“臣闻齐有无知之祸而桓公以兴[21]，晋有骊姬之难而文公用伯[22]；近世赵王不终[23]，诸吕作乱[24]，而孝文为太宗[25]。由是观之，祸乱之作，将以开圣人也[26]。夫继变乱之后，必有异旧之恩，此贤圣所以昭天命也[27]。往者昭帝即世无嗣[28]，昌邑淫乱[29]，乃皇天所以开至圣也[30]。臣闻《春秋》正即位[31]，大一统而慎始也[32]。陛下初登至尊[33]，与天合符[34]，宜改前世之失，正始受命之统，涤烦文，除民疾[35]，以应天意，臣闻秦有十失，其一尚存，治狱之吏是也[36]。夫狱者，天下之大命[37]也，死者不可复生，绝者不可复属[38]。《书》曰[39]：‘与其杀不辜，宁失不经[40]。’今治狱吏则不然，上下相驱[41]，以刻为明[42]，深者获公名，平者多后患[43]。故治狱之吏皆欲人死，非憎人也，自安之道在人之死[44]。是以死人之血，流离于市[45]，被刑之徒，比肩而立[46]，大辟之计[47]，岁以万数[48]。此仁圣之所以伤也[49]，太平之未洽[50]，凡以此也。夫人情，安则乐生[51]，痛则思死[52]，棰楚之下[53]，何求而不得！故囚人不胜痛[54]，则饰辞以示之[55]；吏治者利其然[56]，则指导以明之[57]；上奏畏却[58]，则锻练而周内之[59]。盖奏当之成[60]，虽皋陶听之[61]，犹以为死有余辜[62]。何则？成练者众[63]，文致之罪明也[64]。故俗语曰：‘画地为狱，议不入；刻木为吏，期不对[65]。’此皆疾吏之风[66]，悲痛之辞也。唯陛下省法制[67]，宽刑罚，则太平之风可兴于世。”上善其言。

十二月，诏曰：“间者吏用法巧文浸深[68]，是朕之不德也。夫决狱不当[69]，使有罪兴邪[70]，不辜蒙戮[71]，父子悲恨，朕甚伤之！今遣廷史与郡鞠狱[72]，任轻禄薄[73]，其为置廷尉平[74]，秩六百石[75]，员四人[76]。其务平之[77]，以称朕意！”于是每季秋后请谳时[78]，上常幸宣室[79]，斋居而决事[80]，狱刑号为平矣。

涿郡太守郑昌[81]上疏言：“今明主躬垂明听[82]，虽不置廷平[83]，狱将自正；若开后嗣[84]，不若删定律令[85]。律令一定，愚民知所避，奸吏无所弄矣[86]。今不正其本[87]，而置廷平以理其末[88]，政衰听怠[89]，则廷平将召权而为乱首矣[90]。

（以上为第三段，写宣帝约法，削除苛酷的法律条文，审案趋向宽平。）

【注释】

[1]征发烦数：征调频繁。[2]百姓贫耗：百姓穷困。[3]奸轨：同“奸宄”，为非作歹，犯法作乱。不胜：说不完，多得无法统计。[4]张汤、赵禹：两人名，都是汉武帝时著名的酷吏。[5]条定法令：逐条制定严苛的法令。[6]见知故纵、监临部主之法：一部知情不检举犯罪的法律。如果知他人犯法而不举报，作为故意纵容犯罪；而罪犯的主管部门及上级的主管官员、监察官员，都要连坐。[7]缓深、故之罪：对于把犯有轻罪重判，甚至栽赃陷害他人的酷吏，放宽惩处。缓，放宽惩处。[8]急纵、出之诛：对疑罪从无、宽待罪犯的宽平之吏加重惩处，甚至

诛杀。急，加重惩处。［9］巧法：玩弄法令而舞弊。转相比况：以各种案例辗转比附。［10］禁罔浸密：法网日益严密。罔，通“网”。［11］律令烦苛：律令日加繁重。［12］文书：泛指法律条文及狱讼判决的案卷。盈于几阁：堆满房屋书桌。［13］典者不能遍睹：主管官员无法看完。［14］驳：杂乱，混淆。指引用司法的人不能理解出现混乱。［15］罪同而论异：同样的罪不同的人审理判不同的罪。［16］奸吏因缘为市：奸猾官吏趁机徇私舞弊。因缘，趁机。为市，进行交易，营私舞弊。［17］傅：比附。想让罪犯活命，就比附活命的法令。［18］欲陷：想要陷害罪犯。予死比：比附死罪的法令条文。［19］冤伤之：冤屈悲伤。［20］廷尉史：官名，廷尉的属官。路温舒：西汉巨鹿（今河北平乡县西南）人，字长君。长于律令和狱事。宣帝时，上书建议尚德缓刑。官临淮太守时，有治绩。传见《汉书》卷五十一。［21］齐：指春秋时代的齐国。无知：公孙无知。桓公：齐桓公，春秋五霸之一。春秋时，齐臣公孙无知杀其君齐襄公而自立（前686），次年被杀。公子小白自莒入齐即位，是为桓公。［22］晋：指春秋时代的晋国。骊姬：骊戎国君之女，为晋献公夫人。文公：晋文公。春秋五霸之一。春秋时骊姬为晋献公夫人，受宠，生子名叫奚齐，谮杀太子申生。晋公子重耳、夷吾等出奔。献公死，奚齐立，为晋大夫里克等所杀。重耳返国，立为君，是为文公，称霸于世。伯：通“霸”。［23］近世：近代。赵王：指汉初赵王刘如意。刘邦与戚夫人所生。传见《史记》卷五十三、《汉书》卷三十八。不终：谓不得善终。［24］诸吕：指吕产、吕禄等。诸吕谋乱事，见《资治通鉴》卷十三高后八年。［25］孝文：指汉文帝。太宗：文帝的庙号。［26］开圣人也：即圣人出世，为造就圣人开辟道路。［27］昭天命也：彰显天命的伟大。［28］即世无嗣：去世没有子嗣，无接班人。［29］昌邑淫乱：昌邑王刘贺荒淫悖乱。［30］乃皇天所以开至圣也：这正是替上天造就了圣贤明君。指宣帝即位。［31］《春秋》正即位：《春秋》义法十分重视规范的即位。《春秋》，指孔子删定的鲁国《春秋》，儒家五经之一。正即位，正常的规范即位，称正位。弑君则不为正即位。［32］大一统而慎始也：君王一统天下，即位之始就要小心谨慎。［33］初登至尊：初登帝位。［34］与天合符：顺应天意。［35］“正始”三句：刚接受天命之时，就使一切政教合于正道，删除烦琐的法律条文，解除民众的疾苦。涤，涤除。除，除掉。［36］“臣闻”三句：臣听说，秦朝有十大过错，至今还保留有一条，就是酷吏。［37］大命：最要紧的事务，最要害的问题。即审案是国治民生最要害的事情。［38］绝者不可复属：肉刑截断人的肢体不可能再生长出来。［39］《书》曰：引文见《尚书·虞书·大禹谟》所载咎繇之言。［40］与其杀不辜，宁失不经：与其枉杀无罪的人，宁可犯下宽容的过失。不经，不常，错误。因宽容漏掉罪犯而有过错。［41］上下相驱：上下竞逐，彼此加码，添油加醋。［42］以刻为明：以苛刻为贤明。［43］深者获公名，平者多后患：判重刑的官称为公正，执法宽平的官后患无穷。［44］自安之道在人之死：审判官想要自身安全就要让罪犯去死。［45］流离于市：死人的血满街流淌。［46］被刑之徒，比肩而立：被判有罪的刑徒，一个接一个比比皆是。［47］大辟之计：被判死刑的数字统计。［48］岁以万数：一年就有上万人。［49］此仁圣之所以伤也：这是仁人圣贤最痛心的事。［50］洽：和睦；协调。［51］安则乐生：安全则乐于生存。

[52]痛则思死：惨痛则想死去。[53]棰楚之下：严刑拷打之下。指刑讯逼供。[54]囚人不胜痛：囚犯经不起刑讯的痛苦。[55]则饰辞以示之：就屈招诬服来满足官吏的需要。饰辞，屈招诬服。示，显示，使之满意。[56]利其然：有利于这一套。[57]指导以明之：意谓暗示囚人如何招供。[58]上奏畏却：上报案件怕被驳退下来。[59]则锻练而周内之：千方百计罗织罪状。锻练，譬如工匠锤炼，以成器形。周内，言如木匠削枘就凿，以期吻合。内，通“纳”。这句言狱吏舞文弄法，析律比附，以铸成囚人之罪。[60]奏当之成：向上奏报罪状完全成立。[61]皋陶：相传虞舜时代的法官皋陶善于处理狱讼。故引以为喻。听之：皋陶听了也不明真相。[62]死有余辜：谓罪大恶极，虽死不足以抵罪。[63]成练：谓锻炼成狱。犹今言屈打成招。众：冤案太多。[64]文致之罪明也：罗织捏造的罪行太明显。[65]“故俗语曰”五句：所以俗话说：“即使在地上画一个牢狱，无论如何也不要进去；即使用木头刻一个审判官，也一定不要去对证。”喻所有的人对牢狱和审判官都十分厌恶。议不入，即“义不入”。期不对，即“必不对”。[66]疾吏之风：痛恨官吏已然成风。[67]省法制：减省苛刻的法令。[68]间者：近来。巧文：玩文弄法。浸深：越来越严重。[69]决狱不当：审理案件多有不当。[70]使有罪兴邪：使有罪的人逍遥法外。[71]不辜蒙戮：无罪的人遭受刑戮。[72]今遣廷史与郡鞠狱：如今派廷尉巡视各郡复审案件。鞠，同“鞫”，审问。[73]任轻禄薄：职位低而俸禄少。指廷尉史权威不够。[74]置廷尉平：设置廷尉平官职。[75]秩六百石：廷尉平的俸禄。[76]员四人：廷尉属下设立四个廷尉平。[77]其务平之：廷尉平执法务在公平。[78]季秋：晚秋，指阴历九月。请谳(yàn)：上报定罪。[79]宣室：殿名，在长安未央宫中。[80]斋：斋戒。决事：审理案件。[81]涿郡：郡名，郡治涿县，在今河北涿州市。郑昌：人名。[82]躬垂明听：亲临法庭听审案。[83]虽不置廷平：即使不设置廷尉平的职官。[84]若开后嗣：若是为后代人着想。[85]不若删定律令：不如修定法令。[86]奸吏无所弄矣：狡猾的官吏没有要手段的机会。弄，弄法，做手脚。[87]正其本：这里指删定律令。[88]理其末：处理不重要的事。[89]政衰听怠：政令衰败，处理案件也就懈怠。[90]“则廷平”句：那么，廷尉平便会专权弄法，更为祸乱之首了。

昭帝时，匈奴使四千骑田车师[1]。及五将军击匈奴[2]，车师田者惊去[3]，车师复通于汉；匈奴怨，召其太子军宿[4]，欲以为质[5]。军宿，焉耆[6]外孙，不欲质匈奴，亡走焉耆[7]，车师王更立子乌贵[8]为太子。及乌贵立为王，与匈奴结婚姻，教匈奴遮汉道通乌孙者[9]。

是岁，侍郎会稽郑吉[10]与校尉司马憙[11]，将免刑罪人田渠犁[12]，积谷，发城郭诸国兵万余人[13]，与所将田士千五百人共击车师，破之；车师王请降。匈奴发兵攻车师；吉、憙引兵北逢之[14]，匈奴不敢前。吉、憙即留一候与卒二十人留守王[15]，吉等引兵归渠犁。车师王恐匈奴兵复至而见杀也，乃轻骑奔乌孙[16]。吉即迎其妻子[17]，传送长安[18]。匈奴更以车师王昆弟兜莫[19]为车师王，收其余民东徙[20]，不敢居故地；而郑吉始使吏卒三百人往田车师地以实之[21]。

上自初即位，数遣使者求外家；久远[22]，多似类而非是[23]。是岁，求得外祖母王媪[24]。及媪男无故、武[25]。上赐无故、武爵关内侯[26]。旬日[27]间，赏赐以巨万[28]计。

（以上为第四段，写汉匈在西域的角力，匈奴势力被驱逐，失去对车师的掌控。宣帝报恩，优抚外家。）

【注释】

［1］田：屯田。即屯兵垦田。车师：西域国名，王治交河城，在今新疆吐鲁番市西。［2］五将军击匈奴：五将军为度辽将军范明友、前将军韩增、蒲类将军赵充国、虎牙将军田顺、祁连将军田方明。事见上卷本始三年。［3］惊去：惊慌逃去。［4］军宿：人名，车师太子。［5］质：作人质。［6］焉耆：西域国名，在今新疆焉耆县一带。［7］亡走焉耆：军宿逃亡到焉耆。［8］乌贵：车师王子，继军宿立为太子。［9］遮汉道通乌孙者：阻塞汉朝通往乌孙的道路。［10］侍郎：官名，属光禄勋。郑吉：西汉会稽（治今江苏苏州市）人。初以卒伍从军，多次随从出使西域。地节三年（前67）以侍郎与校尉司马憙率领免刑徒屯田渠犁，发西域兵及田卒破车师，提升为卫司马，护鄯善以西南道。神爵二年（前60），发兵迎降匈奴日逐王，声威大震，遂并护车师以西北道，号都护，督察西域三十六国，因功封安远侯。传见《汉书》卷七十。［11］校尉：官名，位次于将军。司马憙：人名。［12］田：屯田。渠犁：西域国名。在今新疆库尔勒市与尉犁县一带。［13］发：征发。城郭诸国：各个城邦小国。［14］引兵北逢之：领兵向北迎击匈奴。［15］候：官名，位次于校尉。留守王：护卫车师王乌贵。［16］轻骑奔乌孙：车师王带领轻装骑兵逃到乌孙，靠拢郑吉。时乌孙为汉与国，郑吉立足西域的大本营。［17］吉即迎其妻子：郑吉留下车师王的妻子、儿女。［18］传送长安：用驿马送到长安。［19］车师王昆弟兜莫：车师王乌贵之兄弟兜莫。［20］收其余民东徙：兜莫王聚集余下的车师国民众向东迁徙靠近匈奴。［21］田车师地以实之：屯田车师以充实这一空虚之地。［22］久远：时隔久长。［23］似类而非是：犹似是而非。［24］王媪：人名。媪，北方有些地区称老年妇女曰媪。［25］无故、武：二人名，王媪的两个儿子。［26］关内侯：爵名，秦二十级爵第十九级，有食邑。［27］旬日：十天。据章校，他本“日”字作“月”，旬月，满一个月，三十天。［28］巨万：万万。

四年（乙卯，前66年）

春，二月，赐外祖母号为博平君[1]；封舅无故为平昌侯[2]。武为乐昌侯[3]。

夏，五月，山阳、济阴[4]雹如鸡子[5]，深二尺五寸[6]，杀二十余人[7]，飞鸟皆死。

诏："自今子有匿父母、妻匿夫、孙匿大父母[8]，皆勿治。"

立广川惠王孙文为广川王[9]。

霍显及禹、山、云自见日侵削，数相对啼泣自怨。山曰："今丞相用事[10]，县官信之[11]，尽变易大将军时法令[12]，发扬[13]大将军过失。又，诸儒生多窭人子[14]，远客饥寒[15]，喜妄说狂言，不避忌讳，大将军常雠之[16]。今陛下好与诸儒生语，人人自书对事[17]，多言我家者。尝有上书言我家昆弟骄恣，其言绝痛，山屏不奏[18]。后上书者益黠[19]，尽奏封事[20]，辄使中书令出取之[21]，不关尚书[22]，益不信人。又闻民间讙言[23]'霍氏毒杀许皇后[24]'，宁有是邪[25]？"显恐急[26]，即具以实告禹、山、云[27]。禹、山、云惊曰："如是，何不早告禹等！县官离散、斥逐诸婿，用是故也[28]。此大事，诛罚不小，奈何[29]？"于是始有邪谋矣。

云舅李竟所善张赦[30]，见云家卒卒[31]，谓竟曰："今丞相与平恩侯用事，可令太夫人言太后[32]，先诛此两人；移徙陛下[33]，在太后耳。"长安男子张章告之[34]，事下廷尉、执金吾[35]，捕张赦等。后有诏，止勿捕[36]。山等愈恐[37]，相谓曰："此县官重太后[38]，故不竟也[39]。然恶端已见[40]，久之犹发[41]，发即族矣[42]，不如先也[43]。"遂令诸女各归报其夫，皆曰："安所相避[44]！"

会李竟坐与诸侯王交通[45]，辞语及霍氏[46]，有诏："云、山不宜宿卫[47]，免就第[48]。"山阳太守张敞[49]上封事曰："臣闻公子季友有功于鲁[50]，赵衰有功于晋[51]，田完有功于齐[52]，皆畴其庸[53]，延及子孙。终后田氏篡齐，赵氏分晋，季氏颛鲁[54]。故仲尼作《春秋》，迹盛衰[55]，讥世卿最甚[56]。乃者大将军决大计[57]，安宗庙，定天下，功亦不细[58]矣。夫周公七年[59]耳，而大将军二十岁[60]，海内之命断于掌握[61]。方其隆盛时[62]，感动天地，侵迫阴阳[63]。朝臣宜有明言[64]曰：'陛下褒宠大将军以报功德足矣。间者辅臣颛政[65]，贵戚太盛[66]，君臣之分不明[67]，请罢霍氏三侯皆就第[68]；及卫将军张安世，宜赐几杖归休[69]，时存问召见[70]，以列侯为天子师[71]。'明诏以恩不听[72]，君臣以义固争而后许之[73]，天下必以陛下为不忘功德而朝臣为知礼，霍氏世世无所患苦[74]。今朝廷不闻直声[75]，而令明诏自亲其文[76]，非策之得者也[77]。今两侯已出[78]，人情不相远[79]，以臣心度之[80]，大司马及其枝属必有畏惧之心[81]，夫近臣自危，非完计也[82]。臣敞愿于广朝白发其端[83]，直守远郡，其路无由[84]，唯陛下省察！"上甚善其计，然不召也。

禹、山等家数有妖怪[85]，举家忧愁[86]。山曰："丞相擅减宗庙羔、兔、蛙[87]，可以此罪也[88]！"谋令太后为博平君置酒[89]，召丞相、平恩侯[90]以下，使范明友、邓广汉承太后制引斩之，因废天子而立禹。约定，未发[91]，云拜为玄菟[92]太守，太中大夫任宣为代郡太守[93]。会事发觉[94]，秋，七月，云、山、明友自杀，显、禹、广汉等捕得；禹要斩[95]，显及诸女昆弟皆弃市[96]；与霍氏相连坐诛灭者数十家。太仆杜延年以霍氏旧人[97]，亦坐免官[98]。八月，己酉[99]，皇后霍氏废[100]，处昭台宫[101]。乙丑[102]，诏封告霍氏反谋者[103]男子张章、期门董忠[104]、左曹杨恽[105]、侍中金安上[106]、史高[107]皆为列侯[108]。恽，丞相敞子；安上，车骑将军日磾弟子；高，史良娣兄子也。

初，霍氏奢侈，茂陵徐生[109]曰："霍氏必亡。夫奢则不逊[110]，不逊则侮上[111]。侮上者，逆道也。在人之右[112]，众必害之。霍氏秉权日久[113]，害之者多矣；天下害之，而又行以逆道，不亡何待[114]！"乃上疏言："霍氏泰盛[115]，陛下即爱厚之[116]，宜以时抑制[117]，无使至亡！"书三上[118]，辄报闻[119]。其后霍氏诛灭，而告霍氏者皆封，人为徐生上书曰："臣闻客有过主人者，见其灶直突[120]，傍有积薪[121]，客谓主人：'更为曲突[122]，远徙其薪[123]，不者且有火患[124]！'主人嘿然不应[125]。俄而家果失火[126]，邻里共救之，幸而得息[127]。于是杀牛置酒，谢其邻人，灼烂者在于上行[128]，余各以功次坐[129]，而不录言曲突者[130]。人谓主人曰：‘乡使听客之言[131]，不费牛酒，终亡火患[132]。今论功而请宾[133]，曲突徙薪无恩泽，焦头烂额为上客邪？’主人乃寤而请之[134]。今茂陵徐福，数上书言霍氏且有变，宜防绝之。乡使福说得行[135]，则国无裂土出爵之费[136]，臣无逆乱诛灭之败。往事既已[137]，而福独不蒙其功[138]，唯陛下察之，贵徙薪曲突之策[139]，使居焦发灼烂之右[140]！”上乃赐福帛十匹，后以为郎[141]。

帝初立，谒见高庙[142]，大将军光骖乘[143]，上内严惮之[144]，若[145]有芒刺在背。后车骑将军张安世代光骖乘，天子从容肆体[146]甚安近焉。及光身死而宗族竟诛，故俗传霍氏之祸萌于骖乘[147]。后十二岁，霍后复徙云林馆[148]，乃自杀。

（以上为第五段，写宣帝族灭霍氏集团，霍皇后亦被迫自杀。）

【注释】

[1]外祖母：即王蕴。博平君：据《汉书·外戚传》，博平君，以东郡的博平、蠡吾二县为汤沐邑。[2]平昌侯：平昌侯国属平原郡。[3]乐昌侯：乐昌侯国属东郡。[4]山阳、济阴：二郡名。山阳郡治昌邑，在今山东金乡县西北。济阴郡治定陶，在今山东菏泽市定陶区。[5]雹如鸡子：冰雹如鸡蛋。[6]深二尺五寸：积厚二尺五寸。[7]杀二十余人：被雹打死二十余人。[8]匿：隐匿。疑指隐瞒户口，以逃避算赋和徭役。大父母：祖父母。[9]广川惠王：广川王刘去。本始四年以罪自杀。文：刘文。刘去之孙，今嗣为广川王。[10]丞相用事：魏相执政。[11]县官信之：宣帝十分信任。[12]变易：改变。大将军：霍光。[13]发扬：揭发、传播。[14]窭（jù）人子：贫穷人的子弟。[15]远客饥寒：指在京师的儒生，远离家乡客居在外，缺衣少食。[16]雠之：看不起他们，敌视之。[17]人人自书对事：个个都可以自己上奏，议论国事。对事，回答朝廷的询问，讨论国家大事。[18]其言绝痛：说的话十分激烈，使人非常痛恨。山屏不奏：尚书令霍山摒弃不上奏。屏，摒弃，扣压下来。[19]益黠：更加狡猾。[20]奏封事：密封奏事。[21]中书令出取之：奏章由中书令直接收取进呈。[22]不关尚书：不再通过尚书。[23]讙言：议论纷纷。[24]毒杀许皇后：事见上卷本始三年。[25]宁有是邪：难道真有这事吗？[26]恐急：恐惧着急。[27]禹、山、云：霍禹、霍山、霍云。[28]用是故也：就是这个原因啊。[29]奈何：怎么办？[30]李竟：人名，霍云的舅父。所善：所交好的。张赦：人名。[31]卒卒：通“猝猝”。匆促急遽的样子。[32]太夫人：指霍显。太后：上官太后，霍光的外孙女。[33]移徙陛下：废黜宣帝，流放出京师。[34]张章：人名。告之：告发这事。[35]事下廷尉、执金吾：案件交给廷尉和执金吾处理。廷尉掌刑狱，执金吾掌京师治安。[36]止勿捕：停止收捕。[37]愈恐：更加恐惧。[38]此县官重太后：这是皇上看

重太后的面子。［39］故不竟也：所以不彻底追查。［40］恶端已见：双方交恶，即敌对的苗头已经显露。见，通“现”。［41］久之犹发：时间一长，还是要爆发。［42］发即族矣：这案子一追究，霍氏将遭灭族。［43］不如先也：不如先造反。［44］安所相避：这场灾祸，谁也躲不过。［45］“会李竟”句：恰好此时李竟因被指控结交诸侯王而被治罪。［46］辞语及霍氏：供词牵连霍氏。［47］宿卫：在宫中值宿警卫天子。［48］免就第：免职回家。［49］张敞：西汉河东平阳（今山西临汾市西南）人，字子高。昭帝时，因切谏昌邑王显名。奏事多得体，为宣帝采纳。尝为夫人画眉，为俗人非议，以此不得高位。传见《汉书》卷七十六。［50］公子季友有功于鲁：季友，春秋时代鲁桓公的少子，鲁庄公之弟，名友，号成季，故称“季友”或“公子友”。因平定庆父之乱拥立僖公及打败莒国有功，封汶阳之田及费邑，为鲁国上卿，专揽国政，其后嗣世为大夫，权势日重，在鲁国专政。［51］赵衰有功于晋：赵衰，字子余，即赵成子，春秋时晋国大臣。随从晋公子重耳流亡在外十九年，协助他回国即位（晋文公），又助其创建霸业。其后嗣世为晋卿，后裔赵烈侯（赵籍）与韩景侯（韩虔）、魏文侯（魏斯）三家分割晋国。［52］田完有功于齐：田完，即田敬仲。田，古时通“陈”，故又称陈完。春秋时代齐国大夫，陈厉公之子。他因陈国内乱，逃到了齐国，齐桓公任为工政（掌百工的官）。因助齐桓公称霸有功，后为世卿，权势益强，至于田和，终于篡夺了齐国政权。［53］皆畴其庸：他们（季友、赵衰、田完）都得到了应有的酬劳。畴（chóu），同“酬”，酬答。庸，功劳。［54］颛鲁：专权于鲁国。颛，通“专”。［55］迹盛衰：注重考察各国的兴衰存亡。迹，事迹，历史。［56］讥世卿最甚：讥刺世卿把持朝政最多。世卿，世世代代为卿大夫。西周封建世袭制度如此。［57］乃者：以前。决大计：决断国家大事。［58］功亦不细：功劳不小。［59］周公七年：周公摄政七年。周公，姬旦，周文王之子，周武王之弟。其采邑在周（今陕西岐山县北），故称周公。他辅佐年幼的成王七年，平定叛乱，然后归政于成王。［60］大将军二十岁：霍光自武帝后元二年（前 87）至宣帝地节二年（前 68），共执政二十年。［61］海内之命断于掌握：国家命运掌握在霍光手中。断，专断。［62］方其隆盛时：正当霍光兴盛时。［63］感动天地，侵迫阴阳：惊动天地，侵迫日月。阴阳，指日月，喻皇上、太后。霍光盛时大权在握，威望在皇上、太后之上。昭帝及宣帝初立时其势如此。［64］朝臣宜有明言：朝中应当有清醒的大臣提出建议。明言，明白事理的大臣说，此张敞自谓。［65］间者辅臣颛政：近来辅佐大臣专擅朝政。［66］贵戚太盛：外戚势力太大。［67］君臣之分不明：君臣之间名分没有区别。指君权柔弱，臣下权势太重。［68］罢霍氏三侯皆就第：罢免霍氏三侯的职权，致仕回家。霍氏三侯，指博陵侯霍禹、乐平侯霍山、冠阳侯霍云。就第，回家。［69］赐几杖归休：赐给张安世几案与手杖，也退休回家。赐几杖，以示敬老。［70］时存问召见：时常慰问召见。示不忘旧臣。［71］以列侯为天子师：这是张敞的建议。张安世于昭帝元凤六年封富平侯。［72］明诏以恩不听：皇上作出姿态，公开下诏不听从有大功于国的大臣退休的建议。明诏，公开下诏。不听，不听众大臣退休的建议。［73］固争而后许之：大臣坚持力争后，皇上才允准。［74］霍氏世世无所患苦：霍氏世世代代没有忧患和苦难。［75］不闻直声：指朝臣不进直言。直声，直言。［76］自亲其文：指解除霍山、霍云的职务的诏文由宣帝亲自撰写。［77］非策之得者也：不是好的策谋。［78］两侯已出：指乐平侯霍山、冠阳侯霍云两人已被解除职务，出朝回家。［79］人情不相远：一般人心大致相同。［80］以臣心度之：我张敞按人之常情来猜测。［81］大司马：指霍禹。枝属：霍氏亲属。必有畏惧之心：一定会有害怕心理。［82］非完计也：不是一个万全之计。［83］臣敞愿于广朝白发其端：我张敞愿意在大庭广众的朝堂首先提出这个倡议。白发其端，首先提出倡议。［84］直守远郡，其路无由：只是我远在山阳为太守，没有机会实现。直，通“值”，正当。远郡，在离京师遥远的山阳郡。［85］妖怪：心理上的自惊自怪。［86］举家忧愁：全家忧愁。［87］丞相：指魏相。擅：擅自。羔、兔、蛙：都是宗庙祭品，数量有所规定。魏相擅作主张减少，故可以问罪。［88］可以此罪也：可用此作借口参奏魏相有罪。［89］博平君：皇帝的外祖母王媪。置酒：设宴祝寿。［90］平恩侯：许广权。［91］未发：尚未动手。［92］玄菟：郡名，郡治高句丽，在今辽宁新宾县西南。［93］任宣：人名。代郡：郡名，郡治代县，在今河北蔚县东北。［94］会事发觉：恰好反谋败露。［95］禹要斩：霍禹被腰斩。要，通“腰”。［96］弃市：在闹市处决，陈尸示众。［97］霍氏旧人：霍氏故人。［98］亦坐免官：也坐罪免职。［99］己酉：八月一日。［100］皇后霍氏：即霍光小女成君。废：废黜皇后之位。［101］昭台宫：宫名，在上林苑中。［102］乙丑：八月十七日。［103］诏封告霍氏反谋者：下诏封爵举报霍氏谋反的人。［104］期门董忠：期门郎董忠。期门，汉代禁军名。武帝建元三年（前 138）初置，多至千人。隶属光禄勋，地位较高于羽林，其执兵器护卫天子，偶被征调作战。［105］左曹：加官名，受理尚书之事。杨恽：西汉华阴（今属陕西）人，字子幼。司马迁的外孙。宣帝时因告发霍氏谋反，封平通侯，官至诸吏、光禄勋，五凤四年（前 54），因与友人孙会宗书流露怨望情绪，为人告发，坐大逆无道罪，腰斩。传附见《汉书》卷六十六。［106］侍中：官名，侍从天子，出入宫廷。金安上：金日磾之子。传附见《汉书》卷六十八。［107］史高：西汉鲁国（治今山东曲阜市）人。宣帝时以外戚为侍中。因告发霍氏谋反有功，封乐陵侯。宣帝临终，拜为大司马车骑将军，领尚书事。与萧望之、周堪俱受遗诏辅政。及元帝即位，只是充位而已。［108］皆为列侯：张章为博成侯，董忠为高昌侯，杨恽为平通侯，金安上为都成侯，史高为乐陵侯。［109］茂陵：陵名，县名，在今陕西兴平市东北。徐生：人名，姓徐，名福。生，尊称，犹先生。［110］不逊：不谦让。［111］侮上：犯上。［112］右：上。当时尚右。［113］秉权日久：掌权太久。［114］不亡何待：哪有不灭亡的呢？［115］泰盛：太显赫了。［116］即爱厚之：如果真心爱护霍氏。［117］宜以时抑制：就应该及时去节制他们的行为。［118］书三上：徐福连上三道奏章。［119］辄报闻：总是上报后没消息，即均未被采用。［120］灶直突：烟囱是直的。［121］傍有积薪：烟囱旁有堆积的柴禾。［122］更为曲突：改烟囱为弯曲形的。［123］远徙其薪：把柴薪移到远离烟囱之处。［124］不者且有火患：不然会有火灾。［125］嘿然不应：不吭声不理会。［126］俄而：不久。家果失火：那人家果然发生火灾。［127］幸而得息：幸而灭了火。息，同“熄”，熄灭。［128］灼烂者：被灼伤的人。上行（háng）：上座。［129］余：其余的人。以功次坐：论功大小按次序就座。［130］不录言曲突者：没有邀请建议改装烟囱的那个人。录，记录，列入邀请名单。［131］乡使听客之言：从前要是听了那位客人的劝告。乡，通“向”，先前，从前。［132］亡火患：没有火灾。亡，通“无”。［133］论功而请宾：论功请客。［134］乃寤而请之：才醒悟也请了那位客人。寤，通“悟”。［135］乡使福说得行：先前徐福的建议得以实行。［136］国无裂土出爵之费：国家就省了封侯赐邑的费用。［137］往事既已：已往的事都过去了。［138］福独不蒙其功：唯独徐福没有受到奖赏。［139］贵徙薪曲突之策：嘉奖提出“曲突徙薪”之策的人。贵，注重，嘉奖。［140］使居焦发灼烂之右：让他处于焦头烂额的人之上。居，处于。［141］后以为郎：随后任命徐福为郎官。［142］谒见高庙：祭拜高祖庙。［143］大将军骖乘：霍光陪乘。［144］上内严惮之：宣帝内心害怕霍光。［145］若：像。［146］从容肆体：自然舒坦。［147］霍氏之祸萌于骖乘：霍氏的祸患，霍光骖乘时就种下了。萌，苗头，种下。按：宣帝不纳张敞之言于前，不受徐福之言于后，得无效郑伯克段于鄢乎？［148］云林馆：在上林苑中。

班固赞曰[1]：霍光受襁褓之托[2]，任汉室之寄[3]，匡国家，安社稷，拥昭，立宣[4]，虽周公、阿衡何以加此[5]！然光不学亡术[6]，暗于大理[7]；阴妻邪谋[8]，立女为后，湛溺盈溢之欲[9]，以增颠覆之祸，死财[10]三年，宗族诛夷[11]，哀哉！

臣光曰：霍光之辅汉室，可谓忠矣；然卒不能庇其宗[12]，何也？夫威福者，人君之器[13]也；人臣执之，久而不归[14]，鲜不及矣[15]。以孝昭之明，十四而知上官桀之诈[16]，固可以亲政矣[17]。况孝宣十九即位[18]，聪明刚毅[19]，知民疾苦，而光久专大柄[20]，不知避去，多置私党，充塞朝廷[21]，使人主蓄愤[22]于上，吏民积怨[23]于下，切齿侧目[24]，待时而发[25]，其得免于身幸[26]矣，况子孙以骄侈趣之[27]哉！虽然，向使[28]孝宣专以禄秩赏赐富其子孙，使之食大县[29]，奉朝请[30]，亦足以报盛德矣；乃复任之以政，授之以兵[31]，及事丛衅积[32]更加裁夺[33]，遂至怨惧以生邪谋，岂徒霍氏之自祸哉[34]？亦孝宣酝酿[35]以成之也。昔斗椒作乱于楚[36]，庄王灭其族而赦箴尹克黄[37]，以为子文无后，何以劝善。夫以显、禹、云、山之罪，虽应夷灭，而光之忠勋不可不祀[38]；遂使家无噍类[39]。孝宣亦少恩哉[40]！

（以上为第六段，写班固、司马光两人对霍氏集团覆灭的评论，两位史家认为霍光有大功于汉，然不学无术，贪恋权位，久久不归政于宣帝，祸由自取。然宣帝诛灭霍氏遗类，亦少恩矣。）

【注释】

［1］班固赞曰：引文见《汉书》卷六十八《霍光金日磾传》。［2］襁褓之托：言托孤。指霍光受武帝托孤（昭帝）的重任。襁，背负幼儿用的布带；褓，包裹幼儿用的布被。［3］任：担任。寄：寄托。［4］“匡国家”四句：匡扶国家，安定社稷，辅佐皇帝，拥立皇帝。［5］虽周公、阿衡何以加此：就是周公、伊尹也不过如此。周公，姬旦，周武王之弟。武王死，成王立。周公辅弼幼君，尽心竭力，使成王成长，社会安定。阿衡，指伊尹。伊尹名挚，商汤之臣。佐汤伐夏桀，被尊为阿衡（宰相）。汤死后，孙太甲破坏商汤法则，伊尹把他放逐到桐宫，三年后迎之复位。加此：指超过霍光。［6］不学亡术：不能学习古代圣贤，故所行不合于道术。亡，通“无”。［7］暗于大理：即不明大义。［8］阴妻邪谋：隐瞒妻子的邪恶毒计。［9］湛溺盈溢之欲：沉溺于权势地位的欲望之中。湛溺，同“沉溺”。谓不改积习。盈溢，过满，过分。［10］财：通“才”。［11］诛夷：杀灭。［12］卒：终于。庇其宗：庇护他的宗族。［13］器：工具。作威作福是帝王手中的政治工具，应由帝王把持。［14］久而不归：人臣持有大权，还长久不归还帝王。按：托孤大臣应在帝王亲政时归还大权。［15］鲜不及矣：很少没有祸患，即有必祸患。［16］“十四”句：指上官桀伪造燕王旦奏疏，十四岁的昭帝就能推知。［17］固：本来，应当。亲政：具有执政能力。［18］十九即位：十九岁即位，已是加冠可亲政之身。［19］刚毅：意志坚强。［20］专大柄：长久把持大权。［21］充塞朝廷：充满朝廷。［22］蓄愤：积蓄愤恨。［23］积怨：累积怨恨。［24］切（qiè）齿：咬紧牙齿，表示痛恨。侧目：斜眼而视，表示憎恨。［25］待时而发：等待时机发作愤怨。［26］身幸：霍光自身无祸，十分侥幸。［27］骄侈趣之：子孙的骄横奢侈加速了祸患发作。［28］向使：往日如果。向，往日，先前。［29］食大县：只赐一个大县为食邑。［30］奉朝请：给以参加朝会的待遇，不给实权。［31］授之以兵：执掌兵权。［32］及事丛衅积：等到事故丛生，积怨日益增加。［33］更加裁夺：才对他们的职权加以裁夺处理。［34］“遂至”二句：以致他们恐惧怨恨，终于产生反叛朝廷的邪念，这难道只是霍氏自己招来的灾祸吗？岂，难道。徒，只是。［35］酝酿：比喻逐渐形成。［36］斗椒作乱于楚：斗椒，字子樾。亦作越椒。春秋时代楚国令尹子文（名斗谷於菟）之从子。斗氏是若敖氏的支族。斗椒初生，令尹子文对其父子良说，这孩子熊虎之状，豺狼之声，必杀之；不杀，必连累而灭若敖氏。子良不听，子文死后，其子斗般继为令尹，斗椒为司马。蒍贾潜杀斗般，而斗椒代为令尹，又因厌恶而杀了蒍贾，并举师攻楚王。楚庄王抵御，灭了若敖氏，而赦了子文之孙克黄。［37］灭其族：灭若敖氏之族。赦箴尹克黄：赦免令尹之子克黄。箴（zhēn）尹，提出劝诫的令尹子文。克黄，令尹子文之孙，楚庄王灭若敖氏事，参见《左传》宣公四年。［38］忠勋：忠心和功业。不可不祀：不能没有祭祀。［39］无噍类：霍氏没有一个活下来的人。［40］孝宣亦少恩哉：孝宣帝也是一个刻薄寡恩的人。

九月，诏减天下盐贾[1]，又令郡国岁上系囚[2]以掠笞若瘐死者[3]，所坐县、名、爵、里[4]，丞相、御史课殿最以闻[5]。

十二月，清河王年[6]坐内乱废[7]，迁房陵[8]。

是岁，北海太守庐江朱邑[9]以治行第一人为大司农[10]，勃海[11]太守龚遂入为水衡都尉[12]。先是，勃海左右郡岁饥，盗贼并起，二千石不能禽制[13]，上选能治者，丞相、御史举故昌邑郎中令龚遂[14]，上拜为勃海太守。召见，问："何以治勃海，息其盗贼[15]？"对曰："海濒遐远[16]，不沾圣化[17]，其民困于饥寒而吏不恤[18]，故使陛下赤子盗弄陛下之兵于潢池中耳[19]。今欲使臣胜之邪，将安之也[20]？"上曰："选用贤良，固欲安之也[21]。"遂曰："臣闻治乱民犹治乱绳，不可急也；唯缓之，然后可治。臣愿丞相、御史且无拘臣以文法[22]，得一切便宜从事[23]。"上许焉，加赐黄金赠遣。乘传至勃海界[24]，郡闻新太守至，发兵以迎。遂皆遣还。移书敕属县[25]："悉罢逐捕盗贼吏[26]，诸持鉏、钩、田器者皆为良民[27]，吏毋得问[28]；持兵者乃为贼[29]。"遂单车独行至府[30]。盗贼闻遂教令，即时解散，弃其兵弩而持钩、鉏，于是悉平[31]，民安土乐业。遂乃开仓廪假贫民[32]，选用良吏尉安牧养焉[33]。遂见齐俗奢侈，好末技[34]，不田作，乃躬率以俭约[35]，劝民务农桑，各以口率种树畜养[36]。民有带持刀剑者，使卖剑买牛，卖刀买犊[37]，曰："何为带牛佩犊[38]！"劳来循行[39]，郡中皆有畜积[40]，狱讼止息[41]。

乌孙公主女为龟兹王绛宾夫人[42]。绛宾上书言："得尚汉外孙[43]，愿与公主女俱入朝[44]。"

（以上为第七段，写宣帝选贤用能，任用廉平官员为地方官，重视民生。）

【注释】

[1]贾：通"价"。当时盐铁官卖，减盐价，让利于民。 [2]岁上系囚：每年郡国上报的关押囚犯。 [3]以掠笞若瘐死者：因被拷打或疾病而死于狱中的人。掠笞，鞭打，拷问。瘐（yǔ），病。 [4]所坐：所获罪的人。县、名、爵、里：其人所属的县，其姓名，其爵位，其所居邑里。[5]御史：指御史大夫。课殿最：考核成绩的优劣。首名为"最"，末名为"殿"。以闻：报告天子。[6]清河王年：刘年。武帝元光二年所封清河王刘义之孙。 [7]坐内乱废：因在宗族内部淫乱获

罪，而废黜。［8］迁房陵：流放到房陵县。房陵县治在今湖北房县。［9］朱邑：西汉庐江舒（今安徽庐江县西南）人，字仲卿。举贤良为大司农丞，迁北海太守，以治行第一为大司农。生活节俭，禄赐以供九族乡亲，家无余财。传见《汉书》卷八十九。［10］大司农：官名。九卿之一，掌租赋钱谷。［11］勃海：郡名，郡治浮阳，在今河北沧州市东南。［12］水衡都尉：官名，掌上林苑，保管皇室财物及铸钱。［13］二千石：郡太守、封国相。禽制：掌握，控制。禽，通“擒”。［14］御史：指御史大夫。故昌邑郎中令龚遂：是原昌邑王刘贺的郎中令。［15］息其盗贼：消灭勃海郡的盗贼。息，停息，消灭。［16］海濒遐远：勃海郡地处海边，远离京师。［17］不沾圣化：民众得不到皇上的教化。［18］吏不恤：官吏不体恤勃海郡的民众。［19］赤子：初生婴儿，比喻心灵纯洁的人。此指勃海民众原本也是纯洁的。潢池：本星名，引申为天子之池，借指皇宫。弄兵于潢池中，即拿起兵器作乱为寇，与皇家对立。［20］胜之邪，将安之也：是平乱战胜盗寇呢，还是安抚止乱呢？［21］固欲安之也：当然是安抚啊。固，本来，当然。［22］“臣愿”句：我希望丞相、御史大夫不要拿法律条规来束缚我的手脚。［23］一切便宜从事：一切按具体情况灵活处理。［24］乘传至勃海界：龚遂乘驿车到达勃海郡地界。［25］移书敕属县：龚遂下达文告给所属各县。［26］悉罢逐捕盗贼吏：撤销所有缉捕官吏。［27］“诸持鉏”句：那些手拿锄头、镰刀和其他农具的人，都是良民。［28］吏毋得问：官吏不得查问持农具的人。［29］持兵者乃为贼：手拿兵器的人就是强盗。［30］遂单车独行至府：龚遂不用卫兵，单车上任。［31］悉平：勃海郡全境盗贼平息。［32］开仓廪假贫民：打开官仓救济贫民。假，借贷，此指赈济。［33］选用良吏尉安牧养焉：选派品行优良的官吏对民众安抚管理。尉，通“慰”。［34］末技：指工商业。［35］躬率以俭约：以身作则，提倡节俭。［36］各以口率种树畜养：规定每人必须种树养牲畜的数量。口率，按人口比率。据《汉书》卷八十九《龚遂传》说，龚遂命令百姓每个人种一树榆、一百本薤（xiè）、五十本葱、一畦韭；每家养二头母猪、五只鸡。［37］犊：小牛。［38］何为带牛佩犊：与其带刀剑，为什么不带牛佩犊呢？［39］劳来循行：龚遂辛勤劝勉，巡视督促，身体力行。［40］畜积：蓄积。畜，通“蓄”。［41］狱讼止息：没有人打官司了。［42］绛宾：人名，龟兹国王，夫人为嫁给乌孙王的汉公主刘解忧所生之女。即夫人是汉朝的外孙女。［43］得尚汉外孙：我很高兴娶了汉朝外孙女。［44］愿与公主女俱入朝：我绛宾希望与我的夫人（即公主的女儿）一起入汉朝见天子。

元康元年（丙辰，前 65 年）

春，正月，龟兹王及其夫人来朝；皆赐印绶，夫人号称公主，赏赐甚厚。

初作杜陵[1]，徙丞相、将军、列侯、吏二千石、訾百万者杜陵[2]。

三月，诏以凤皇集泰山、陈留[3]，甘露降未央宫[4]，赦天下。

有司复言悼园宜称尊号曰皇考[5]；夏，五月，立皇考庙。

冬，置建章卫尉[6]。

赵广汉好用世吏子孙新进年少者[7]，专厉强壮蜂气[8]，见事风生[9]，无所回避，率多果敢之计，莫为持难，终以此败[10]。广汉以私怨论杀男子荣畜，人上书言之，事下丞相、御史按验[11]。广汉疑丞相夫人杀侍婢[12]，欲以此胁丞相，丞相按之愈急。广汉乃将吏卒入丞相府，召其夫人跪庭下受辞[13]，收奴婢十余人去[14]。丞相上书自陈[15]，事下廷尉治，实丞相自以过谴笞傅婢[16]，出至外第乃死[17]，不如广汉言[18]，帝恶之[19]，下广汉廷尉狱。吏民守阙号泣者数万人[20]："臣生无益县官[21]，愿代赵京兆死，使牧养小民[22]！"广汉竟坐要斩[23]。广汉为京兆尹，廉明[24]，威制豪强[25]，小民得职[26]，百姓追思歌之[27]。

是岁，少府宋畸坐议[28]"凤皇下彭城[29]，未至京师，不足美[30]，贬为泗水太傅[31]。

上选博士、谏大夫通政事者补郡国守相[32]，以萧望之为平原[33]太守。望之上疏曰："陛下哀愍百姓[34]，恐德之不究[35]，悉出谏官以补郡吏。朝无争臣[36]，则不知过，所谓忧其末而忘其本者也。"上乃征望之入守少府[37]。

东海太守河东尹翁归[38]，以治郡高第入为右扶风[39]。翁归为人，公廉明察[40]，郡中吏民贤、不肖及奸邪罪名尽知之[41]。县县各有记籍[42]，自听其政[43]；有急名则少缓之[44]。吏民小解[45]，辄披籍[46]。取人必于秋冬课吏大会中及出行县[47]，不以无事时。其有所取也，以一警百[48]。吏民皆服，恐惧，改行自新。其为扶风[49]，选用廉平疾奸吏以为右职[50]，接待有礼[51]，好恶与同之[52]；其负翁归[53]，罚亦必行。然温良谦退，不以行能骄人[54]，故尤得名誉于朝廷。

（以上为第八段，写赵广汉任京兆尹，治理京师不避权贵，万民拥戴，但过于任性，公报私仇，惜身败名裂以悲剧终。）

【注释】

[1]杜陵：陵名，汉宣帝陵，在今陕西西安市东南。[2]"徙丞相"句：汉作帝陵，徙民置邑是惯例。訾，通"赀"，资产。百万，资产一百万者徙居杜陵。[3]凤皇：即凤凰。皇，通

“凰”。泰山：郡名，郡治奉高，在今山东泰安市。陈留：郡名，郡治陈留，在今河南开封市东南。［4］甘露：甘美的露水。未央宫：宫名，汉天子居处，在长安城内。［5］悼园：指宣帝亲生之父刘进。皇考：皇父。［6］建章卫尉：官名，掌建章宫警卫。［7］世吏：世代为吏的人。新进年少：刚入仕途的年轻人。［8］专厉强壮蜂气：他们锻炼一身好筋骨，强壮无比，朝气蓬勃。厉，通“励”，磨砺，锻炼。蜂气，锋锐之气，即朝气蓬勃。蜂，通“锋”。［9］风生：如风刮起。形容快速。即雷厉风行。［10］“率多”三句：新进少年大都果敢决断，一致听从无异议，但最终因此而败亡。莫为持难，没有人坚持己见，与他为难。［11］按验：查证核实。［12］侍婢：侍从的婢女。［13］受辞：受审对质。［14］收奴婢十余人去：抓捕了十多个奴婢离开丞相府。［15］上书自陈：上奏自我表白说明真相。［16］实丞相自以过谴笞傅婢：事实是丞相责罚鞭打一个有错的婢女。［17］出至外第乃死：指傅婢走出去，到了外宅才自杀。［18］不如广汉言：不是赵广汉说的那样。不如，不是，不像。［19］帝恶之：宣帝十分讨厌赵广汉。［20］“吏民”句：官吏民众几万人守在宫门外哭泣为赵广汉请命。阙，宫门。［21］臣生无益县官：我活着对国家无益。县官，指天子、国家。据章校，他本“臣”上有“或言”二字，即有人说“臣生无益县官”，不可能是数万人都说，“或言”二字当有。［22］使牧养小民：留下赵广汉治理民众。［23］要斩：腰斩。要，同“腰”。［24］廉明：廉洁明察。［25］威制：以威制服。豪强：仗势横行的人。［26］得职：安居乐业。［27］歌之：歌颂他。［28］坐议：乱发议论被判罪。［29］彭城：县名，治所在今江苏徐州市。［30］不足美：不值得赞美。［31］贬：降职。泗水：王国名。这时泗水王是刘综。太傅：官名，辅导泗水王。［32］补郡国守相：补缺郡太守、王国相。［33］平原：郡名，郡治平原，在今山东平原县南。［34］哀愍百姓：怜悯百姓。［35］恐德之不究：担心教化不能遍及天下。究，竟，覆盖，遍及。［36］争臣：诤臣，敢直言劝谏的大臣。［37］守少府：暂时代理少府。［38］东海：郡名，郡治郯县，在今山东郯城县西北。尹翁归：西汉河东平阳（今山西临汾市西南）人，字子兄。家徙杜陵（今陕西西安市东南）。晓习文法。官东海太守时，抵制豪强黠吏，打击豪强。以高第入守右扶风，满岁为真。守，试用。真，转正。卒后家无余财。传见《汉书》卷七十六。［39］高第：高等。这里指考核成绩优秀。右扶风：官名，相当于郡太守。治所在长安，在今陕西西安市西北。［40］公廉明察：公正廉洁，明察秋毫。［41］“郡中”句：对郡中的官民好坏，以及奸邪之徒的犯罪情况十分清楚。不肖，坏人。［42］县县各有记籍：每一个县都有档案详细记录。［43］自听其政：亲自审查各县案件。［44］有急名则少缓之：凡紧急大案，总是稍加宽缓。少，通“稍”。［45］吏民小解：吏民懈怠。解，通“懈”。［46］辄披籍：就要查阅有关记录督促。［47］取人：抓捕犯罪嫌疑人。课吏：考核官吏。行县：巡视各县。［48］以一警百：惩罚一人以警戒众人。［49］其为扶风：他治理右扶风。［50］廉平疾奸吏：清廉公正、嫉恶如仇的官吏。为右职：担任重要职务。［51］接待有礼：待人十分注重礼节。据章校，本“有礼”作“以礼”，“以”字好。［52］好恶与同之：尹翁归对于自己喜欢的人和不喜欢的人，一律同等相待。［53］其负翁归：对于不听命的人，必加惩处。负，违背，不听从命令。［54］不以行能骄人：从不炫耀自己的德行才干，即从不凌驾于人。骄人，对别人骄傲，凌驾于人。

初，乌孙公主少子万年有宠于莎车王[1]。莎车王死而无子，时万年在汉，莎车国人计[2]，欲自托于汉[3]，又欲得乌孙心，上书请万年为莎车王。汉许之，遣使者奚充国送万年。万年初立，暴恶[4]，国人不说[5]。

上令群臣举[6]可使西域者，前将军韩增举上党冯奉世[7]以卫候使持节[8]送大宛诸国客至伊循城[9]。会故莎车王弟呼屠征与旁国[10]共杀其王万年及汉使者奚充国，自立为王。时匈奴又发兵攻车师城[11]，不能下而去[12]。莎车遣使扬言“北道诸国已属匈奴矣[13]”，于是攻劫南道[14]，与歃盟畔汉[15]，从鄯善以西皆绝不通[16]。都护郑吉、校尉司马憙皆在北道诸国间，奉世与其副严昌计[17]，以为不亟击之[18]，则莎车日强，其势难制，必危西域，遂以节谕告诸国王，因发其兵，南北道合万五千人[19]，进击莎车，攻拔其城。莎车王自杀，传其首诣长安[20]，更立他昆弟子为莎车王。诸国悉平，威振西域，奉世乃罢兵以闻[21]。帝召见韩增曰：“贺将军所举得其人。”

奉世遂西至大宛[22]；大宛闻其斩莎车王，敬之异于他使，得其名马象龙而还[23]，上甚说[24]，议封奉世。丞相、将军皆以为可，独少府萧望之以为“奉世奉使有指[25]，而擅制违命[26]，发诸国兵，虽有功效，不可以为后法。即封奉世[27]，开后奉使者利以奉世为比[28]，争逐发兵[29]，要功万里之外[30]，为国家生事[31]于夷狄，渐不可长[32]。奉世不宜受封。”上善望之议，以奉世为光禄大夫[33]。

（以上为第九段，写冯奉世出使西域，立功边陲。）

【注释】

［1］万年：人名。乌孙王所尚汉公主刘解忧所生。莎车：西域古国名。王治莎车，在今新疆莎车县。［2］计：商议。［3］托于汉：托付、归附汉朝。［4］暴恶：粗暴凶恶。［5］不说：不高兴。说，通“悦”。［6］举：推荐。［7］冯奉世：西汉上党潞（今山西黎城县西南）人，后徙杜陵，字子明。仕于武、昭、宣、元之世。宣帝时，使于西域，矫制发西域兵进击莎车，平定诸国，声名大振。后又平息陇西羌变。传见《汉书》卷七十九。［8］以卫候使持节：以卫候身份

持符节为汉使。卫候，官名，属卫尉。［9］伊循城：城名，在鄯善国，在今新疆若羌县东北。［10］旁国：邻国。［11］车师城：车师国都城，在今新疆吐鲁番市西北。［12］不能下而去：匈奴未能攻破车师城，撤兵离去。［13］北道：此及下文"南道"，是指以塔里木盆地为界线的南北两条东西走向的道路。北道诸国，指北道沿线各国。已属匈奴矣：已经归附匈奴了。［14］攻劫南道：莎车王攻打胁逼南道沿线各国。［15］与歃盟畔汉：歃血订盟背叛汉朝。［16］绝不通：道路切断不能通行。［17］副：副手，助手。严昌：人名。计：谋划。［18］亟击之：立即攻击莎车。［19］南北道合万五千人：结集南北两路尚附汉的各国军队达一万五千人。［20］传其首诣长安：将莎车王呼屠征的首级用传车送到长安。［21］罢兵以闻：冯奉世撤兵，把情况报奏朝廷。［22］大宛：西域古国名，在今中亚费尔干纳盆地，以产汗血马著称。王治贵山城，即今卡散赛。［23］象龙：良马名。还：冯奉世得象龙名马回到长安。［24］上甚说：宣帝非常高兴。说，通"悦"。［25］奉使有指：奉使本有目的，旨在送西域诸国客人回国。指，通"旨"。［26］而擅制违命：擅自假传君命违背了原来的使命。据章校，他本"制"上有"矫"字，是。矫制，假传君命。［27］即封奉世：若因此而让冯奉世封侯。［28］为比：为先例。［29］争逐发兵：争相效法而征调各国军队。［30］要功万里之外：企图建功在万里之外。要，通"邀"，取得，希求。［31］生事：滋生事端。［32］渐不可长：谓此风不可滋长。［33］光禄大夫：官名，属光禄勋。

二年（丁巳，前64年）

春，正月，赦天下。

上欲立皇后，时馆陶主母华婕妤[1]及淮阳宪王母张婕妤[2]、楚孝王母卫婕妤[3]皆爱幸[4]。上欲立张婕妤为后；久之，惩艾霍氏[5]欲害皇太子，乃更选后宫无子而谨慎者，二月，乙丑[6]，立长陵王婕妤为皇后[7]，令母养太子[8]；封其父奉光[9]为邛成侯。后无宠，希得进见[10]。

五月，诏曰："狱[11]者，万民之命。能使生者不怨，死者不恨，则可谓文吏[12]矣。今则不然。用法或持巧心[13]，析律二端[14]，深浅不平[15]，奏不如实[16]，上亦亡由知[17]，四方黎民将何仰哉[18]！二千石各察官属[19]，勿用此人。吏或擅兴徭役，饰厨传[20]，称过使客[21]，越职逾法以取名誉[22]，譬如践薄冰以待白日[23]，岂不殆哉[24]！今天下颇被疾疫之灾[25]，朕甚愍之[26]，其令郡国被灾甚者毋出今年租赋[27]。"

又曰："闻古天子之名，难知而易讳[28]也；其更讳询[29]。"

匈奴大臣皆以为"车师地肥美，近匈奴，使汉得之，多田积谷[30]，必害人国，不可不争"，由是数遣兵击车师田者[31]。郑吉将渠犁田卒七千余人救之，为匈奴所围。吉上言：“车师去渠犁千余里，汉兵在渠犁者少[32]，势不能相救，愿益田卒[33]。”上与后将军赵充国等议，欲因匈奴衰弱，出兵击其右地[34]，使不得复扰西域。

魏相上书谏曰：“臣闻之：救乱诛暴，谓之义兵，兵义者王。敌加于已[35]，不得已而起者，谓之应兵，兵应者胜；争恨小故[36]，不忍愤怒者[37]，谓之忿兵，兵忿者败；利人土地、货宝者[38]，谓之贪兵，兵贪者破；恃国家之大，务[39]民人之众，欲见威于敌者，谓之骄兵，兵骄者灭。此五者，非但人事，乃天道[40]也。间者匈奴尝有善意[41]，所得汉民，辄奉归之，未有犯于边境；虽争屯田车师，不足致意中[42]。今闻诸将军欲兴兵入其地，臣愚不知此兵何名者也[43]！今边郡困乏[44]，父子共犬羊之裘[45]，食草莱之实[46]，常恐不能自存，难以动兵[47]。‘军旅之后，必有凶年[48]，’言民以其愁苦之气伤阴阳之和[49]也。出兵虽胜，犹有后忧，恐灾害之变因此以生[50]。今郡国守相多不实选[51]，风俗尤薄[52]，水旱不时[53]。按今年[54]子弟杀父兄、妻杀夫者凡二百二十二人，臣愚以为此非小变也。今左右不忧此[55]，乃欲发兵报纤介之忿于远夷[56]，殆孔子所谓‘吾恐季孙之忧不在颛臾而在萧墙之内也[57]’。”上从相言，止遣[58]长罗侯常惠将张掖、酒泉骑[59]往车师，迎郑吉及其吏士还渠犁。召故车师太子军宿在焉耆者[60]，立以为王；尽徙车师国民令居渠犁，遂以车师故地与匈奴。以郑吉为卫司马[61]，使护鄯善以西南道[62]。

（以上为第十段，写宣帝省狱薄赋以治内，外和好匈奴，将车师地退还匈奴掌控。）

【注释】

[1]馆陶主：馆陶公主，汉宣帝之女。华婕妤：姓华；婕妤，女官名。 [2]淮阳宪王：刘钦，汉宣帝之子，封为淮阳王。张婕妤：姓张，为婕妤。 [3]楚孝王：刘嚣，汉宣帝之子，封为楚王。卫婕妤：姓卫，为婕妤。 [4]皆爱幸：华婕妤、张婕妤、卫婕妤，都受到宣帝宠爱，她们都有儿子。 [5]惩艾（yì）：指从失败中吸取教训，艾，通“乂”。霍氏：指霍光家族。 [6]乙丑：二月二十六日。 [7]长陵：县名，治所在今陕西咸阳市东北。王婕妤：姓王，为婕妤。因无子，立为皇后。 [8]令母养太子：命王婕妤为皇太子刘奭的母亲，养育太子。 [9]奉光：人名，王婕

好之父。［10］希得进见：很少见到皇上。希，通“稀”，少。［11］狱：审案。［12］文吏：精通法律的官吏。［13］或持巧心：有的官吏用心巧诈。［14］析律二端：解释法律，分析条例模棱两可。［15］深浅不平：或深或浅而不公平。［16］奏不如实：奏报与事实不符。［17］上亦亡由知：皇上也无法了解真相。亡，通“无”。［18］何仰哉：有什么希望，有什么依靠呢？［19］二千石：指郡守、国相。各察官属：郡守、国相要各自督察部属。［20］擅兴徭役，饰厨传：擅自做主征发徭役，装饰宾馆驿站。厨，饮食，这里指馆舍。［21］称过使客：称心地招待过往使者和官员。［22］“越职”句：超越职权，违反规定，谋取名誉。［23］践薄冰以待白日：站在薄冰上等待太阳出来。［24］岂不殆哉：难道不是很危险吗？殆，危险。［25］颇被：全国各地遭受。疾疫之灾：疾病和瘟疫流行。［26］朕甚愍之：朕深为哀痛。［27］被灾甚者：灾难严重的地方。毋出今年租赋：免除今年的赋税。［28］易讳：容易犯讳。［29］询：宣帝所改之名，认为“询”字不容易犯讳。［30］多田积谷：大力开垦屯田，积聚谷物。［31］击车师田者：袭击在车师屯田的汉朝军民。［32］渠犁：西域古国名，在今新疆库尔勒市和尉犁县一带。［33］益田卒：增加屯田士兵。［34］其右地：匈奴西边之地。［35］敌加于己：自己受到敌人的侵犯。加，侵犯。［36］争恨小故：为一点小事而怨恨相争。小故，小事。［37］不忍愤怒者：忍不住愤怒而出兵。［38］利人土地、货宝者：贪图别人的土地、财宝而用兵。［39］恃：依仗。务：据章校，他本“务”作“矜”，夸耀，与上文“恃”对应，作“矜”字是。［40］天道：上天的意志。非人力所可致。以今语言之，“天道者，规律也”。［41］间者：近来，当前。善意：释放友好的意愿。［42］不足致意中：谓不用介意。［43］此兵何名者也：这项出兵名义在哪里？即找不到兴兵的合理借口。［44］边郡困乏：边郡贫困缺乏，即守备不足。［45］父子共犬羊之裘：父子两人共穿一件狗皮、羊皮衣。言贫困之甚，一件皮裘轮着穿。［46］草莱之实：草籽。草莱，草茅；杂草之类。［47］难以动兵：征召兴兵十分困难。［48］军旅之后，必有凶年：引老子《道经》之言。谓战乱之后，一定会有灾荒。［49］民以其愁苦之气伤阴阳之和：民众的愁苦之气伤害了天地间的阴阳协调。按：战争破坏了生产，民众疲困，导致灾害。民众愁苦之气伤害阴阳协调而致灾害，此古人之观念。［50］恐灾害之变因此以生：只怕天灾、民变由于这场战争而产生。［51］郡国守相：郡太守、诸侯王国相。不实选：言不得其人。［52］风俗尤薄：风俗不淳厚。［53］水旱不时：水旱之灾不时发生。［54］今年：据章校，他本“年”下有“计”字。《汉书》卷七十四《魏相传》有“计”字。当有“计”字。“今年计”，指今年的统计数字。［55］左右不忧此：天子近臣不担忧子弟杀父兄、妻子杀丈夫这样的事。谓这种民变才是应当重视担忧的。［56］纤介：细微。远夷：远方的夷人。这里指匈奴。［57］“吾恐季孙之忧”句：引自《论语·季氏》孔子之言。恐怕国家之忧不在外夷而在内患。季孙，季孙氏，春秋时代鲁国的贵族。颛臾，春秋时代鲁的附庸小国，在今山东费县西北。萧墙，门屏。［58］止遣：停止已派遣。［59］张掖、酒泉骑：驻守二郡的骑兵。原已发动，现停止出动。张掖郡治觻得，在今甘肃张掖市西北。酒泉郡治禄福，在今甘肃酒泉市。［60］军宿：人名，车师国太子。焉耆：西域古国名，在今新疆焉耆县一带。

[61]卫司马：武官名，置于西域的汉使。 [62]护鄯善以西南道：护卫从鄯善往西的南道沿线各西域国。

魏相好观汉故事及便宜章奏[1]，数条[2]汉兴已来国家便宜行事[3]及贤臣贾谊、晁错、董仲舒[4]等所言，奏请施行之。相敕掾史按事郡国[5]，及休告[6]，从家还至府[7]，辄白四方异闻[8]。或有逆贼、风雨灾变，郡不上[9]，相辄奏言之[10]。与御史大夫丙吉同心辅政[11]，上皆重之[12]。

丙吉为人深厚[13]，不伐善[14]。自曾孙遭遇[15]，言绝口不道前恩[16]，故朝廷莫能明其功[17]也。会掖庭宫婢则[18]令民夫上书[19]，自陈尝有阿保之功[20]，章下掖庭令考问[21]，则辞引使者丙吉知状[22]。掖庭令将则诣御史府以视吉[23]，吉识[24]，谓则曰："汝尝坐养皇曾孙不谨[25]，督笞汝[26]，汝安得有功[27]！独渭城胡组、淮阴郭征卿有恩耳[28]。"分别奏组等共养劳苦状[29]。诏吉求组、征卿[30]；已死，有子孙，皆受厚赏。诏免则为庶人[31]，赐钱十万。上亲见问，然后知吉有旧恩而终不言，上大贤之。

帝以萧望之经明持重[32]，议论有余[33]，材任宰相[34]，欲详试其政事，复以为左冯翊[35]。望之从少府出为左迁[36]，恐有不合意，即移病[37]。上闻之，使侍中成都侯金安上谕意[38]曰："所用皆更治民以考功[39]。君前为平原太守日浅[40]，故复试之于三辅[41]，非有所闻[42]也。"望之即起视事[43]，

初，掖庭令张贺数为弟车骑将军安世称皇曾孙之材美及征怪[44]；安世辄绝止[45]，以为少主在上[46]，不宜称述曾孙[47]。及帝即位而贺已死，上谓安世曰："掖庭令平生称我[48]，将军止之，是也。"上追思贺恩，欲封其冢为恩德侯[49]，置守冢二百家[50]。贺有子早死，子安世小男彭祖[51]。彭祖又小与上同席研书指[52]，欲封之，先赐爵关内侯。安世深辞贺封[53]；又求损守冢户数[54]，稍减至三十户。上曰："吾自为掖庭令，非为将军也！"安世乃止，不敢复言。

上心忌故昌邑王贺[55]，赐山阳太守张敞玺书[56]，令谨备盗贼，察

往来过客[57]；毋下所赐书[58]。敞于是条奏贺居处，著其废亡之效曰[59]："故昌邑王为人，青黑色，小目[60]，鼻末锐卑[61]，少须眉[62]，身体长大，疾痿[63]，行步不便。臣敞尝与之言，欲动观其意[64]，即以恶鸟感之曰[65]：'昌邑多枭[66]。'故王应曰：'然。前贺西至长安，殊无枭[67]；复来，东至济阳[68]，乃复闻枭声'。察故王衣服、言语、跪起，清狂不惠[69]。臣敞前言：'哀王歌舞者张修等十人无子[70]，留守哀王园[71]，请罢归。'故王闻之曰：'中人守园，疾者当勿治[72]，相杀伤者当勿法[73]，欲令亟死[74]。太守奈何而欲罢之[75]？'其天资喜由乱亡[76]，终不见仁义如此。"上乃知贺不足忌也。

（以上为第十一段，写丞相魏相、御史大夫丙吉二人互相配合，尽心辅政，宣帝中兴气象日益显露。宣帝报恩，不忘丙吉、张贺，下及仆庶。）

【注释】

[1]便宜章奏：指前人言利害得失相机行事的章奏。[2]数（shuó）条：多次整理。[3]便宜行事：指经过实践证明便利的事。[4]贾谊、晁错、董仲舒：三人都是西汉著名人物。贾谊，传见《史记》卷八十四、《汉书》卷四十八。晁错，传见《史记》卷一百零一、《汉书》卷四十九。董仲舒，传见《史记》卷一百二十一、《汉书》卷五十六。[5]掾史：小吏，这里指丞相的属吏。按事郡国：命令掾史前往郡国巡视。[6]休告：休假回家。[7]从家还至府：指巡视郡国的掾史、休假的掾史，从家回到丞相官衙。[8]辄白四方异闻：一定要把在四方、外面发生的奇闻逸事报告给魏相。[9]郡不上：郡守把地方发生的叛逆、灾害按下不往上报。[10]相辄奏言之：魏相上奏朝廷。[11]丙吉：时任御史大夫，后官至丞相。传见《汉书》卷七十四。同心辅政：两人一条心辅佐汉宣帝。[12]上皆重之：宣帝倚重两人。[13]深厚：深沉厚道。[14]不伐善：不夸耀自己的长处。[15]曾孙：指宣帝。遭遇：遭难以及受到保护的事。[16]言绝口不道前恩：丙吉绝口不提以前救助宣帝的恩德。据章校，他本"言"字作"吉"，义长。[17]莫能明其功：不明了丙吉的功劳。[18]掖庭：宫中旁舍，妃嫔居住的地方。宫婢：宫中婢女。则：宫婢之名。[19]民夫：指宫婢则未为宫婢时民间的旧夫。上书：把宫婢则的故事上奏朝廷。[20]阿保之功：做保姆的功劳。[21]掖庭令：官名，掌管宫女之事。考问：调查这件事。[22]辞引：供词牵连到丙吉。知状：知道一切情况。[23]视吉：掖庭令把则送到御史大夫官府让丙吉验证。视，验证。[24]吉识：丙吉认识则。[25]坐养……不谨：你照顾不周被责罚。[26]督笞汝：督促鞭打过你。[27]汝安得有功：你哪有什么功劳。[28]"独渭城"句：只有渭城的胡组、淮阴的郭征卿对皇上有恩。[29]共养劳苦状：胡组、郭征卿等人供养劳苦的情况。共，通"供"。[30]诏吉求组、征卿：宣帝下诏丙吉寻找胡组、郭征卿。[31]诏免则为庶人：

宣帝下诏免除宫婢则的罪过，贬为平民。［32］经明持重：明习经书，行为持重。［33］议论有余：善于发表议论。［34］材任宰相：才能胜任宰相。材，通“才”。［35］左冯翊：官名，职掌相当于郡太守。治所在长安，在今陕西西安市西北。［36］左迁：谓降职。少府，正九卿，秩中二千石；左冯翊，相当于郡太守，秩二千石，比不上正九卿，故以为“左迁”。［37］移病：上书言病，犹今请病假。［38］侍中：加官名，侍从天子，出入宫廷。金安上：金日磾之子，封为成都侯。谕意：传达皇上调动官职的意图。［39］更治民以考功：调动职务，是为了考察你治理民众事务的能力。考功，考核功绩。［40］日浅：指任职期短。［41］试之于三辅：再调你到三辅地区试用。左冯翊，三辅之一。［42］非有所闻：不是听到你有什么过失。［43］起视事：起身去赴任。［44］材美及征怪：才能优秀以及一些奇怪的征兆。［45］辄绝止：总是阻止。［46］少主在上：指昭帝在皇帝任上。［47］不宜称述曾孙：不应该称美皇曾孙。［48］掖庭令：指张贺。平生称我：生前称赞我。［49］恩德侯：宣帝要用“恩德侯”的名义封给张贺家。［50］守冢二百家：守护坟墓的人家二百户。［51］小男彭祖：小儿子张彭祖。［52］同席研书指：同坐在一起读书。［53］深辞贺封：张安世极力辞谢封爵。［54］又求损守冢户数：请求减少张贺坟墓守护人家的户数。［55］忌：忌恨，害怕。故昌邑王贺：被废去帝位的前昌邑王刘贺，宣帝害怕他复辟。［56］山阳：郡名，郡治昌邑，在今山东金乡县西北。昌邑国废除改为山阳郡，刘贺居此。玺书：加盖天子印章的书信。严防刘贺的诏书，秘密地发送张敞，故不称诏书而言“玺书”。［57］察往来过客：密切注意来往的人。［58］毋下所赐书：言不能让玺书泄露出去。［59］著其废亡之效曰：张敞把刘贺被废以后情况以及当前表现，明白地报告宣帝说。著，明白地。效，当前表现。［60］小目：小眼睛。［61］鼻末锐卑：鼻端尖小。［62］少须眉：胡须眉毛都稀少。［63］身体长大，疾痿：身材高大，身体患病萎缩。［64］观其意：通过说话观察他的思想。［65］即以恶鸟感之曰：我就用凶鸟作比喻试探他说。［66］昌邑多枭：昌邑王国有许多猫头鹰。枭（xiāo），鸟名，俗名猫头鹰。旧时传说枭食其母，故以喻恶人。［67］殊无枭：一只枭都没有。殊，绝。［68］济阳：县名，县治在今河南兰考县东北。［69］清狂不惠：活像一个白痴，一点脑子也没有。惠，通“慧”。不慧，不智，像没脑子一样。［70］哀王：指昌邑王刘髆，卒谥哀。刘贺之父。张修：人名。［71］留守哀王园：张修等十人留守哀王墓。［72］疾者当勿治：有病不给医治。［73］相杀伤者当勿法：他们相互杀伤也不依法处治。［74］欲令亟死：让他们早点死光。［75］奈何而欲罢之：为什么要放他们走呢？［76］天资喜由乱亡：天性是一个喜好乱亡的人。

三年（戊午，前 63 年）

春，三月，诏封故昌邑王贺为海昏侯。

乙未[1]，诏曰：“朕微眇时[2]，御史大夫丙吉、中郎将史曾、史玄、长乐卫尉许舜、侍中、光禄大夫许延寿皆与朕有旧恩[3]，及故掖庭令张贺，辅导朕躬[4]，修文学经术[5]，恩惠卓异[6]，厥功茂焉[7]。《诗》不云乎[8]：'无德不报[9]'，封贺所子弟子[10]侍中、中郎将彭祖[11]为阳都侯，追赐贺谥曰阳都哀侯[12]，吉为博阳侯[13]，曾为将陵侯[14]，玄为平台侯[15]，舜为博望侯[16]，延寿为乐成侯[17]。"贺有孤孙霸[18]，年七岁，拜为散骑、中郎将[19]，赐爵关内侯。故人下至郡邸狱复作尝有阿保之功者[20]，皆受官禄、田宅、财物，各以恩深浅报之[21]。

吉临当对[22]，病；上忧其不起[23]，将使人就加印绋而封之[24]，及其生存也[25]。太子太傅夏侯胜曰："此未死也！臣闻有阴德者必飨其乐[26]，以及子孙。今吉未获报而疾甚[27]，非其死疾也[28]。"后病果愈[29]。

张安世自以父子封侯，在位太盛，乃辞禄[30]，诏都内别藏张氏无名钱以百万数[31]。安世谨慎周密，每定大政[32]，已决，辄移病出[33]。闻有诏令，乃惊，使吏之丞相府问焉[34]。自朝廷大臣，莫知其与议也[35]。尝有所荐[36]，其人来谢，安世大恨[37]，以为"举贤达能[38]，岂有私谢邪[39]！"绝弗复为通[40]。有郎功高不调[41]，自言安世[42]，安世应曰[43]："君之功高，明主所知，人臣执事何长短，而自言乎[44]！"绝不许[45]。已而郎果迁[46]。安世自见父子尊显，怀不自安[47]，为子延寿求出补吏[48]，上以为北地太守[49]；岁余，上闵安世年老[50]，复征延寿为左曹、太仆[51]。

夏，四月，丙子[52]，立皇子钦[53]为淮阳王。皇太子[54]年十二，通《论语》《孝经》。太傅疏广谓少傅受曰[55]："吾闻'知足不辱，知止不殆[56]。'今仕宦至二千石[57]，官成名立，如此不去，惧有后悔。"即日，父子俱移病[58]，上疏乞骸骨[59]。上皆许之，加赐黄金二十斤，皇太子赠以五十斤。公卿故人设祖道供张东都门外[60]，送者车数百两[61]。道路观者皆曰："贤哉二大夫！"或叹息为之下泣。

广、受归乡里，日令其家卖金共具[62]，请族人、故旧、宾客，与相娱乐。或劝广以其金为子孙颇立产业者，广曰："吾岂老悖不念子孙哉[63]！顾自有旧田庐[64]，令子孙勤力其中，足以共衣食[65]，与凡人齐[66]。今复增益之以为赢余[67]，但教子孙怠堕[68]耳。贤而多财，则损其志[69]；愚而多财，则益其过[70]。且夫富者众之怨也[71]，吾既无以教化子孙[72]，不欲益其过而生怨[73]。又此金者，圣主所以惠养老臣也[74]，故乐与乡党、宗族共飨其赐[75]，以尽吾余日[76]，不亦可乎！”于是族人悦服。

颍川太守黄霸使邮亭、乡官皆畜鸡、豚[77]，以赡鳏、寡、穷者[78]；然后为条教[79]，置父老、师帅、伍长[80]，班行之于民间[81]，劝以为善防奸之意[82]，及务耕桑、节用、殖财、种树、畜养，去浮淫之费[83]。其治，米盐靡密[84]，初若烦碎，然霸精力能推行之[85]。吏民见者，语次寻绎[86]，问他阴伏以相参考[87]，聪明识事，吏民不知所出[88]，咸称神明，豪厘不敢有所欺[89]。奸人去入他郡，盗贼日少。霸力行教化而后诛罚[90]，务在成就全安长吏[91]。许丞老[92]，病聋，督邮白欲逐之[93]。霸曰：“许丞廉吏，虽老，尚能拜起送迎[94]，正颇重听何伤[95]！且善助之，毋失贤者意[96]！或问其故，霸曰：“数易长吏[97]，送故迎新之费，及奸吏因缘[98]，绝簿书[99]，盗财物[100]，公私费耗甚多，皆当出于民。所易新吏又未必贤，或不如其故[101]，徒相益为乱[102]。凡治道，去其泰甚者耳[103]。”霸以外宽内明[104]，得吏民心，户口岁增，治为天下第一，征守京兆尹[105]顷之[106]，坐法[107]，连贬秩[108]；有诏复归颍川为太守，以八百石居[109]。

（以上为第十二段，写宣帝治政，任贤使能，一大批清廉官吏尽职尽忠，扬人之善，不留痕迹，不夸功矜能，功成身退，善始善终。车骑将军张安世、御史大夫丙吉、太傅疏广、少傅疏受、颍川太守黄霸，以及右扶风尹翁归，堪为楷模，世所敬仰。）

【注释】

［1］乙未：三月二日。［2］微眇时：身份低微时。［3］与朕有旧恩：对朕有旧恩。［4］辅导朕躬：对朕辅佐引导。［5］修文学经术：帮助研修文学、经典。［6］恩惠卓异：恩惠尤深。卓异，尤为浓厚。［7］厥功茂焉：功劳最大。［8］《诗》不云乎：《诗经》上不是这样说吗。引《诗》见《诗经·大雅·抑》。［9］无德不报：没有不应报的恩情。即有德必报。［10］封贺所子弟子：特封张贺的养子弟弟的儿子。［11］彭祖为阳都侯：封张彭祖为阳都侯。［12］追赐贺谥曰阳都哀侯：追封张贺为阳都侯，谥号曰“哀”。《谥法》：恭仁短折曰“哀”。［13］吉为博阳侯：

封丙吉为博阳侯。［14］曾为将陵侯：封史曾为将陵侯。［15］玄为平台侯：封史玄为平台侯。［16］舜为博望侯：封许舜为博望侯。［17］延寿为乐成侯：封许延寿为乐成侯。［18］有孤孙霸：张贺有一个孤孙张霸。［19］拜为散骑、中郎将：委任张霸为散骑、中郎将。散骑，加官名，掌顾问应对。自汉武帝时始，属中朝官。中郎将，官名，中郎之长。［20］郡邸狱：京师大鸿胪所属监狱，收治郡国上计有罪的人，丙吉在巫蛊案时任狱长。复作：汉刑律名，指按刑律服劳役的妇女。尝有阿保之功者：指胡组、郭征卿等养育过宣帝的郡邸狱奴婢。［21］各以恩深浅报之：宣帝分别按恩德的深浅予以报答。［22］吉临当对：丙吉在将要受封时。临，将要。对，面君接受封册。［23］不起：病好不了。［24］将使人就加印绋而封之：将要派人到丙吉的病床前把官印系在他的身上。绋，系印的丝带。［25］及其生存也：让丙吉能够在世时受封。［26］有阴德者必飨其乐：积有阴德的人，一定会享受到他应得的荣华富贵。阴德，暗中做好事积了德。飨，通“享”。［27］未获报而疾甚：丙吉还没得到报答而病情严重。［28］非其死疾也：一定不是要他命的病。［29］后病果愈：随后丙吉的病真的好了。［30］辞禄：辞去俸禄。［31］都内：官名，掌守藏钱财，属大司农。别藏：另藏，不计入国库开支。张氏无名钱以百万数：张安世储藏上百万无名钱。无名钱，没有登记名目的钱。［32］每定大政：每当参与秘密的国家大事。［33］辄移病出：就称病外出。［34］使吏：派遣属吏。之丞相府问焉：到丞相官府询问。［35］莫知其与议也：没人知道张安世参与此事的决策。［36］尝有所荐：张安世曾经给朝廷推荐了一个人。［37］大恨：很生气。［38］举贤达能：为国家举贤荐能。［39］岂有私谢邪：怎么能私相酬谢呢？［40］绝弗复为通：就与这个人断绝了来往。［41］有郎功高不调：有一个郎官功劳很大，却未升迁。［42］自言安世：这个郎官自己对张安世说了。［43］应曰：回答说。［44］“人臣”二句：作为人臣做点事怎么可以自己说长道短呢？［45］绝不许：拒绝了郎官的请求。［46］已而郎果迁：没多久，这个郎官得到了升迁。［47］怀不自安：内心深感不安。［48］求出补吏：请求出任地方官。［49］上：宣帝。以为北地太守：任命张延寿为北地太守。北地，郡治马领，在今甘肃庆阳市西北。［50］闵安世年老：体谅张安世年老。［51］征延寿：征调张延寿回京。左曹：加官名，掌尚书事。太仆：官名，掌天子车马和马政。［52］丙子：四月十四日。［53］钦：刘钦，汉宣帝之子，受封淮阳王，卒谥宪。［54］皇太子：指刘奭，许皇后所生。［55］疏广：西汉东海兰陵（今山东兰陵县西南兰陵镇）人，字仲翁。治《春秋》。宣帝时为太子太傅五年。辞官还乡。传见《汉书》卷七十一。少傅：官名，掌辅导太子，位次于太傅。受：疏受，疏广兄子。传附见《汉书》卷七十一。［56］“知足不辱”二句：引自《老子》。言知满足的人不会受辱，知适可而止的人，不会有危险。辱，屈辱。殆，危险。［57］二千石：官阶名。《汉书·百官公卿表》载，太子太傅、少傅等，皆秩二千石。［58］父子俱移病：叔侄两人都称病。［59］乞骸骨：古代官吏因老或病求退职，常称“乞骸骨”或“乞骸”。［60］祖道：古人于出行前祭祀路神称“祖道”。习俗以之称饯行。供张（zhàng）：陈设帷帐。张，通“账”，帷帐。东都门：长安东城门名。［61］两：通“辆”。［62］日：每日，日日。共具：摆设酒食的器具。共，通“供”。［63］岂：

难道。老悖：老糊涂，年老发昏。不念子孙：不顾子孙。［64］顾自有旧田庐：我家本来就有田产房屋。［65］足以共衣食：足够供给穿衣吃饭。共，通“供”。［66］与凡人齐：和普通人一样。［67］增益：增加。赢余：富裕。［68］怠堕：懈怠懒惰。堕，通“惰”。［69］贤而多财，则损其志：贤能的人如果钱财多，就会损害他的意志。［70］愚而多财，则益其过：愚笨的人钱太多，就会助长他们犯更多的错。［71］富者众之怨也：况且富有的人，常遭众人怨恨。［72］无以教化子孙：我若没有教化好子孙。［73］不欲益其过而生怨：不想助长他们犯过错而遭人怨恨。［74］圣主：宣帝。惠养老臣：赡养老臣。［75］共飨其赐：分享皇上的恩赐。飨，通“享”。［76］尽吾余日：过完我晚年的时光。即颐养天年。［77］“颍川”句：颍川太守黄霸令全郡驿站、乡官都要养鸡养猪。颍川，郡名，郡治阳翟，在今河南禹州市。邮亭，驿站。乡官，县级以下治理乡里的官吏。畜，养。［78］赡：赡养。鳏（guàn）、寡：无妻称鳏，无夫称寡，引申指年老孤苦者。穷：贫困的人。［79］条教：订立制度。［80］置父老、师帅、伍长：设置基层乡官。父老，同“三老”，掌教化的乡官。师帅，表率。帅，通“率”。伍长，古代户籍以五家为伍，设伍长一人。［81］班行之于民间：在民间广泛推行。班行，颁行，推广。班，通“颁”。［82］劝以为善防奸之意：鼓励百姓行善去恶。［83］去浮淫之费：戒除奢侈浪费。［84］其治，米盐靡密：黄霸治理政务，既杂又细，像计算柴米油盐一样。［85］“初若”二句：粗粗一看，十分琐碎的事务，黄霸却有精力有条不紊地推行。［86］语次寻绎：从谈话中反复推究。［87］问他阴伏以相参考：再旁敲侧击问出一些隐秘的事来参考。阴伏，秘而不宣的情况。［88］吏民不知所出：吏民想不到黄霸太守怎么知道那么多事。不知所出，不知他用什么办法知道的。［89］“豪厘”句：没有丝毫欺瞒。豪厘，丝毫，细微。豪，通“毫”。欺，欺瞒。［90］霸力行教化而后诛罚：黄霸对下属先尽力教化，然后才用刑罚。［91］务在成就全安长吏：尽量让部属尽力终生。［92］许丞老：许县县丞年老。许县县治在今河南许昌市东。丞，县令属吏。［93］督邮：官名，汉郡守的属吏，代表太守督察县、乡，传达教令及督捕盗贼等事。白欲逐之：督邮报告黄霸想免除老县丞的职务。［94］能拜起迎送：指胜任一般公务。［95］正颇重听何伤：只不过耳聋有什么大碍呢？重听，耳聋。［96］毋失贤者意：不要使贤能的人失望。毋，通“无”。［97］数易长吏：多次更换重要官吏。长吏，较高职位的主要官吏。县丞为县令副手，是县上的长吏。［98］奸吏因缘：奸猾的官吏借新旧交接的机会做手脚。［99］绝簿书：藏匿、销毁簿册档案。［100］盗财物：贪污财物。［101］或不如其故：换的新官有的不如前任。［102］徒：只是。相益为乱：言反而增加混乱。［103］凡治道，去其泰甚者耳：治理之道，不过是罢免太不称职的官吏罢了。［104］外宽内明：表面宽容，内心明察。［105］征守京兆尹：征调黄霸暂时署理京兆尹。守，暂时署理称“守”。京兆尹，官名，职掌相当于郡太守，主治京师长安。［106］顷之：过不多久。［107］坐法：犯法获罪。［108］连贬秩：连降数级。［109］以八百石居：郡太守秩本二千石，黄霸因贬秩，故以八百秩留任郡守。

四年（己未，前62年）

春，正月，诏："年八十以上，非诬告、杀伤人，他皆勿坐[1]。"

右扶风尹翁归卒[2]，家无余财。秋。八月，诏曰："翁归廉平乡正[3]，治民异等[4]，其赐翁归子黄金百斤，以奉祭祀。"

上令有司求高祖功臣子孙失侯者[5]，得槐里公乘周广汉等百三十六人[6]，皆赐黄金二十斤，复其家[7]，令奉祭祀，世世勿绝。

丙寅[8]，富平敬侯张安世薨。

初，扶阳节侯韦贤[9]薨，长子弘有罪系狱[10]，家人矫贤令[11]，以次子大河都尉[12]玄成为后[13]。玄成深知其非贤雅意，即阳为病狂[14]，卧便利[15]，妄笑语，昏乱[16]。既葬[17]，当袭爵[18]，以狂不应召。大鸿胪奏状[19]，章下丞相、御史按验[20]。按事丞相史乃与玄成书曰[21]："古之辞让，必有文义可观，故能垂荣于后[22]。今子独坏容貌[23]，蒙耻辱为狂痴[24]，光曜晻而不宣[25]，微哉子之所托名也[26]！仆素愚陋[27]，过为丞相执事[28]，愿少闻风声[29]；不然，恐子伤高而仆为小人也[30]。"玄成友人侍郎章亦上疏言[31]："圣王贵以礼让为国，宜优养玄成[32]，勿枉其志[33]，使得自安衡门之下[34]。"而丞相、御史遂以玄成实不病，劾奏之[35]，有诏勿劾，引拜；玄成不得已，受爵。帝高其节[36]，以玄成为河南太守[37]。

车师王乌贵之走乌孙也，乌孙留不遣[38]。汉遣使责乌孙[39]，乌孙送乌贵诣阙[40]。

初，武帝开河西四郡[41]，隔绝羌与匈奴相通之路[42]，斥逐诸羌[43]，不使居湟中地[44]。及帝即位，光禄大夫义渠安国使行诸羌[45]；先零豪[46]言："愿时渡湟水北，逐民所不田处畜牧[47]。"安国以闻[48]。后将军赵充国劾安国奉使不敬[49]。是后羌人旁缘前言[50]，抵冒渡湟水[51]，郡县不能禁。

既而先零与诸羌种豪二百余人解仇[52]、交质[53]、盟诅[54]，上闻之，以问赵充国，对曰："羌人所以易制[55]者，以其种自有豪[56]，数相攻击，势不一也[57]。往三十余岁西羌反时[58]，亦先解仇合约攻令居[59]，与汉相距[60]，五六年乃定。匈奴数诱羌人，欲与之共击张掖、酒泉地，使羌居之。间者匈奴困于西方[61]，疑其更遣使至羌中与相结[62]。臣恐羌变未止此，且复结联他种[63]，宜及未然为之备[64]。”后月余，羌侯狼何果遣使至匈奴借兵[65]，欲击鄯善、燉煌以绝汉道[66]。充国以为“狼何势不能独造[67]此计，疑匈奴使已至羌中[68]，先零、罕、幵乃解仇作约[69]。到秋马肥，变必起矣[70]。宜遣使者行边兵，豫为备[71]，敕视诸羌[72]，毋令解仇[73]，以发觉其谋[74]。于是两府复白[75]遣义渠安国行视诸羌[76]，分别善恶。

是时，比年丰稔[77]，谷石五钱[78]。

（以上为第十三段，写韦玄成谦让显于世。先零诸羌解仇、交质、盟诅，叛汉，因使行诸羌用人不当所致。）

【注释】

[1]年八十以上，非诬告、杀伤人，他皆勿坐：年龄在八十岁以上的老人，只要不是诬告和杀伤人，其他所犯都可以不论罪。[2]右扶风：官名，职掌相当于郡太守，治京畿西部地区。尹翁归：人名。传见《汉书》卷七十六。[3]廉平：廉洁公正。乡正：作风正派。乡，通“向”。[4]异等：优等。[5]有司：主管部门的官吏。高祖功臣子孙失侯者：汉高祖时代功臣的子孙失去侯爵的人。[6]槐里：县名，治所在今陕西兴平市东南。公乘：爵名，第八等级。周广汉：人名。[7]复其家：免除一家的赋役。[8]丙寅：八月十一日。[9]韦贤：韦玄成之父，封扶阳侯，卒谥节。传见《汉书》卷七十三。[10]弘：韦弘，韦贤之子，韦玄成之兄。系狱：拘捕入狱。[11]矫贤令：伪造韦贤之令。[12]大河：汉郡名。本为汉东平国，国除，为大河郡，郡治无盐，在今山东东平县东。都尉：官名，掌郡中军事。[13]玄成：韦玄成，西汉鲁国邹（今山东邹城市东南）人，字少翁，韦贤之子。后徙杜陵。少以父任为郎，宣帝时官太常等职。曾受诏于石渠阁与诸儒杂论《五经》同异。元帝时，官至丞相，封侯。传见《汉书》卷七十三。为后：为继承人。[14]阳：通“佯”，假装。病狂：疯病。[15]卧便利：睡着大小便。[16]妄笑语，昏乱：又哭又笑，胡言乱语。[17]既葬：韦贤下葬后。[18]当袭爵：韦玄成应当继承扶阳侯。[19]大鸿胪：官名，掌接待少数民族事务，后渐变为赞襄礼仪之官。奏状：向宣帝上奏了韦玄成的情况。[20]章下丞相、御史：奏章交付丞相、御史大夫。按验：审校查实。[21]按事丞相史：负责查证工作的丞相史。乃与玄成书：写信给韦玄成。[22]垂荣于后：流芳百世。[23]独坏容貌：只是毁坏容貌。[24]蒙耻辱为狂痴：忍受耻辱，假装疯癫。[25]光曜晻而不宣：光明和昏暗并不宣明。即光彩不彰。[26]微哉子之所托名也：你这样做只能得一点小名声。[27]仆素愚陋：我向来愚昧浅陋。[28]过为丞相执事：只在丞相府当一个不称职的小吏。过，谬，不称职，自谦之语。[29]愿少闻风声：希望你稍稍听一听外面人对你的议论。[30]恐

子伤高而仆为小人也：恐怕你为清高之名所毁而我要做小人了。意谓我要揭发你。［31］侍郎：官名。章：人名，史佚其姓。上疏言：上奏说韦玄成的事。［32］优养玄成：优待韦玄成。［33］勿枉其志：不要违背韦玄成的意志。［34］使得自安衡门之下：让他安贫乐道，悠游自得。衡门，横一木于门上，指贫穷者居住的房舍。［35］劾奏之：上奏弹劾韦玄成装疯。［36］帝高其节：宣帝赞赏他的高风亮节。［37］以玄成为河南太守：任命韦玄成为河南太守。河南，郡名，郡治洛阳，在今河南洛阳市东北。［38］乌孙留不遣：乌孙扣留乌贵不放他走。［39］汉遣使责乌孙：汉朝派使臣责备乌孙。［40］送乌贵诣阙：乌孙这才送乌贵到京师宫门见天子。［41］开河西四郡：拓地置河西走廊四个郡，即武威、张掖、酒泉、敦煌。［42］隔绝：隔开而断绝。河西走廊之地，原为匈奴昆邪王、休屠王领地，自汉武帝置四郡，就把羌与匈奴南北隔开不能往来。羌：古族名，汉时分布于青海、甘肃一带。［43］斥逐诸羌：驱逐了各部羌人。［44］不使居湟中地：不让羌人在湟中地区放牧。湟中，地区名，指湟水流域。湟水，源于青海海晏县包呼图山，流经西宁市，东向至甘肃兰州市西入黄河。［45］光禄大夫：官名，掌顾问应对，属光禄勋。义渠安国：人名。使行诸羌：出使羌人各部。［46］先零豪：先零羌的首领。［47］逐民所不田处畜牧：到没有人耕种的地方畜牧。［48］安国以闻：义渠安国向朝廷作了报告。［49］赵充国：仕于武、昭、宣之世，熟悉匈奴、羌人事务。传见《汉书》卷六十九。劾安国奉使不敬：弹劾义渠安国出使失职。［50］旁缘前言：依据义渠安国的上奏为由。［51］抵冒渡湟水：强行犯禁渡过湟水。［52］解仇：抛弃仇恨。［53］交质：交换人质。古时交换人质，以为通好的担保。［54］盟诅：结盟立誓，表示信守不渝。［55］易制：容易控制。［56］以其种自有豪：因为诸羌人各自有头领，互不统属，这才容易控制。［57］势不一也：形势不能统一。［58］往：以往，从前。三十余岁西羌反时：武帝太初三年，公元前 102 年先零羌与封养牢姐种羌解仇交质，与匈奴联合，侵入河西四郡，羌人攻令居、安故，围枹罕，汉武帝派将军李息等逐走羌人。至今元康四年，公元前 62 年，整四十年。此言“三十余年”，概略言之。［59］令居：县名，治所在今甘肃永登县西偏北。［60］距：通“拒”，抗拒。［61］间者：近来。匈奴困于西方：指宣帝本始三年（前 71），匈奴为乌孙所破。［62］羌中：指羌人聚居处。与相结：匈奴与羌人相勾结。［63］且复结联他种：还将会联络羌族其他各部。［64］宜及未然为之备：应当在羌人未发动变乱之前做好防备。［65］狼何：人名，小月氏族种首领。借兵：借兵匈奴，联络求援。［66］“欲击”句：攻击鄯善、敦煌，切断汉与西域的交通。鄯善，西域古国名，王治扜泥，在今新疆若羌县。地处敦煌西南道上的第一个西域国。燉煌，即敦煌，郡名，郡治敦煌，在今甘肃敦煌市西。［67］独造：单独制订。［68］已至羌中：已经在羌中。［69］先零、罕、幵乃解仇作约：先零、罕、幵三部羌人化解仇恨，订立盟约。在匈奴使者协调下才形成的。［70］变必起矣：变乱一定爆发。［71］行边兵，豫为备：派使者巡视边防军备，预先做好迎战准备。［72］敕视诸羌：汉朝应对各部羌人发出警示通告。［73］毋令解仇：阻止羌人各部化解仇恨。［74］以发觉其谋：密切注意并发现羌人的阴谋。［75］两府：指丞相、御史大夫二府。复白：又报告天子。［76］遣义渠安国行视诸羌：派义渠安国巡视各部羌人。［77］比年丰稔：连年谷物丰收。［78］谷石五钱：每石谷价值五钱。言谷价极为便宜。按：西汉时正常谷价每石三十文到九十文。石五文，极端低价，说明当时谷物丰收，社会安定，经济高度发展。

【点评】

论赵广汉之死。本卷记事最值得深思的一件事是京兆尹赵广汉因滥杀无辜触犯法律被腰斩，此事带给人们多重反思。京兆尹是二千石高官，赵广汉因公报私仇，冤杀一人也要偿命。丞相夫人，如因施暴杀一奴婢，也要判处极刑。这说明即便是专制政体，如在清明时期，也有王子犯法与庶民同罪的气象。昭宣中兴，汉法有此境界，才有赵广汉被处以腰斩、丞相夫人受审的事件发生。此其一。赵广汉治京兆，不避贵戚，京师整肃，万民景仰。赵广汉有大功于国，数万市民为之请命，但未获蒙恩减罪，树立了法治榜样。此其二。赵广汉获极刑，不是被赐死，而是处以极刑中较为酷烈的腰斩，实属过分。这或许是他执法过严，得罪诸多贵戚而遭报复所致。丞相夫人施暴，因被罚奴婢死于外宅而获免，两相对照，严于彼而宽于此，显现法治受人情干预的迹象。此其三。

卷二六　汉纪十八

汉宣帝神爵元年至三年（前61—前59年）

【起上章涒滩（庚申，前61年），尽玄黓阉茂（壬戌，前59年），凡三年】

【大事提要】

本卷记事起公元前61年，讫公元前59年，凡三年，当汉宣帝神爵元年到神爵三年。本卷所载大事主要有五个方面。其一，写王褒、张敞、王吉上奏，陈说治国根本是任用贤才，宣明礼义教化，倡导节俭，宣帝从善纳谏。其二，写盖宽饶直言犯上，蒙冤而死，宣帝虽治道有方，但宽仁不足。其三，写赵充国安羌，采用分化敌人、屯田安边的策略，代价小，收效大，西汉一代，从此免除了羌祸。其四，写匈奴内乱，郑吉抓住时机，攻破车师，立功西域，出任首任西域都护。其五，写循吏韩延寿历任颍川太守、东郡太守、左冯翊，为政宽缓，实施礼义教化，仁爱治政。韩延寿只是众多地方官的一个代表者。昭宣中兴，至是显现政通人和新气象。

中宗孝宣皇帝中

神爵元年（庚申，前61年）

春，正月，上始行幸甘泉[1]，郊泰畤[2]；三月，行幸河东[3]，祠后土[4]。上颇修武帝故事[5]，谨斋祀之礼[6]，以方士言增置神祠[7]；闻益州有金马、碧鸡之神[8]，可醮祭而致[9]，于是遣谏大夫蜀郡王褒[10]使持节而求之[11]。

初，上闻褒有俊才[12]，召见，使为《圣主得贤臣颂》。其辞曰："夫贤者，国家之器[13]用也。所任贤，则趋舍省而功施普[14]；器用利，则用力少而就效众[15]。故工人之用钝器[16]也，劳筋苦骨，终日矻矻[17]；及至巧冶铸干将[18]，使离娄督绳[19]，公输削墨[20]，虽崇台五层、延袤百丈而不溷者[21]，工用相得[22]也。庸人之御驽马[23]，亦伤吻、敝策而不进于行[24]；及至驾啮膝、骖乘旦[25]，王良执靶[26]，韩哀附舆[27]，周流八极[28]，万里一息，何其辽哉[29]？人马相得也。故服絺绤之凉者[30]，不苦盛暑之郁燠[31]；袭貂狐之暖者[32]，不忧至寒之凄怆[33]。何则？有其具者易其备[34]。贤人、君子，亦圣王之所以易海内也[35]。昔周公躬吐捉之劳[36]，故有圉空之隆[37]；齐桓设庭燎之礼[38]，故有匡合之功。[39]。由此观之，君人者勤于求贤而逸于得人。人臣亦然。昔贤者之未遭遇[40]也，图事揆策[41]，则君不用其谋；陈见悃诚[42]，则上不然其信[43]；进仕不得施效[44]，斥逐又非其愆[45]。是故伊尹勤于鼎俎[46]，太公困于鼓刀[47]，百里自鬻[48]，宁子饭牛[49]，离此患也[50]。及其遇明君、遭圣主也，运筹合上意[51]，谏诤即见听[52]，进退得关其忠[53]，任职得行其术，剖符锡壤而光祖考[54]。故世必有圣知之君而后有贤明之臣[55]。故虎啸而风冽[56]，龙兴而致云，蟋蟀俟秋吟[57]，蜉蝤出以阴[58]。《易》曰[59]：'飞龙在天，利见大人[60]。'《诗》曰[61]：'思皇多士，生此王国[62]。'故世平主圣[63]，俊艾将自至[64]；明明在朝[65]，穆穆布列[66]，聚精会神，相得益章[67]；虽伯牙操递钟[68]，逢门子弯乌号[69]，犹未足以喻其意也[70]。故圣主必待贤臣而弘功业[71]，俊士亦俟明主以显其德。上下俱欲，欢然交欣，千载一合，论说无疑，翼乎如鸿毛遇顺风[72]，沛乎如巨鱼纵大壑[73]；其得意若此，则胡禁不止[74]，曷令不行[75]，化溢四表[76]，横被无穷[77]。是以圣主不遍窥望而视已明，不殚倾耳而听已聪[78]，太平之责塞，优游之望得[79]，休征自至[80]，寿考无疆[81]，何必偃仰屈伸若彭祖，呴嘘呼吸如侨、松，眇然绝俗离世哉[82]！"是时上颇好神仙，故褒对及之[83]。

京兆尹张敞亦上疏谏曰："愿明主时忘车马之好，斥远方士之虚语[84]，游心帝王之术[85]，太平庶几可兴也[86]。"上由是悉罢尚方待诏[87]。初，赵广汉死后，为京兆尹者皆不称职，唯敞能继其迹；其方略、耳目不及广汉[88]，然颇以经术儒雅文之[89]。

（以上为第一段，写宣帝效法武帝故事，崇方士，好神仙，王褒、张敞上书陈说治国的根本，选贤远佞，宣明礼仪教化，宣帝采纳，罢退尚方待诏。）

【注释】

[1]上：指皇帝。甘泉：宫名，在今陕西淳化县西北。[2]郊泰畤：祭祀太一天神。[3]河东：郡名，郡治安邑，在今山西夏县西北。后土祠在其境内。[4]祠后土：祭祀土地神。[5]修武帝故事：效法汉武帝求神仙，祭祀天地神灵，求长生的做法。修，效法，实行。[6]谨斋祀之礼：小心、谨慎地遵守斋戒祭祀的礼仪。[7]方士：以求神仙、炼黄金为名，而欺世盗名的术士。增置神祠：大肆建造各种神灵祠堂。[8]"闻益州"句：听说益州有金马神、碧鸡神。益州，汉十三刺史部（州）之一，当今四川、重庆、云、贵地区。[9]可醮祭而致：可以通过设坛祭拜请到。[10]谏大夫：官名，掌谏议，属光禄勋。王褒：西汉蜀（治今四川成都市）人，今人考定是犍为资中（今四川资阳市）人，字子渊。宣帝时为谏大夫，以辞赋著称。方士言益州有金马、碧鸡之神，可祭祀招来。乃奉使往祀，于道上病死。作有《僮约》等文。传见《汉书》卷六十四下。[11]使：为使者。持节而求之：带着特使的符节到益州请金马、碧鸡之神。[12]俊才：优秀的才干。[13]器：工具。[14]"所任贤"二句：国家任用贤人，可以减少举措，而能收到广博良好的功效。趋舍（shě），亦作"趣舍""取舍"，趋向或舍弃。趋，通"趣"。普，普遍；广博。[15]就效众：收效大。[16]钝器：不锋利的工具。[17]矻（kū）矻：勤奋不懈的样子。[18]巧冶：灵巧的冶炼人。干将：古代宝剑名。[19]离娄：传说是黄帝时眼睛最明的人。督绳：正绳墨。[20]公输：即公输班。姓公输，名班，春秋时鲁国人，又称鲁班。我国古代著名的工匠。削墨：言用斧子砍削绳墨的木头。[21]崇台：高台。延袤：谓广阔。不溷：不混乱，没有差错。[22]工用相得：谓人才使用得当。[23]庸人：愚笨的人。御驽马：骑劣马。[24]伤吻：勒伤了马口角。敝策：打坏了鞭子。不进于行：也难以前行。[25]驾啮膝、骖乘旦：用千里马拉车。驾，拉车。骖，两旁的马。啮膝、乘旦，千里马之名。马低头，口至膝，故名啮膝。[26]王良执靶：王良执辔。王良，古代精于骑术的人。[27]韩哀附舆：韩哀赶车。韩哀，古代善于造车的人。[28]周流八极：周游天下。八极，四面八方，指天下。[29]万里一息，何其辽哉：赶车行一万里的辽远大地，只不过瞬间就到达。一息，一口气的时间，瞬间。[30]绨（chī）：细葛布。绤（xì）：粗葛布。凉：凉爽。[31]郁燠：炎热。[32]袭貂狐之暖者：穿貂皮、狐皮裘暖身的人。[33]凄怆：受寒冷凄苦的样子。[34]有其具者易其备：有了对付寒暑的衣物就不忧虑受热受冷了。具，材料，物品。易其备，易于防备。[35]"贤人"二句：贤人、君子就是圣王治天下的工具。易海内，治天下。[36]周公：周初辅佐武王、成王的宰相，周文王子、武王弟，名姬旦。躬吐捉之劳：传说周公一饭三吐哺，一沐三握发，礼贤下士，勤于政务，故能成太平之化，刑措不用，囹圄空虚。躬，亲自。[37]圄空之隆：监狱空闲的盛世。圄，囹圄，监狱。[38]齐桓设庭燎之礼：齐桓公在庭院燃起火堆接待贤士。齐桓，即春秋时代的齐桓公，五霸之一，曾九合诸侯。[39]匡合之功：指齐桓公一匡天下、九合诸侯的功劳。[40]未遭遇：未遇时机，未得贤主任用之时。[41]图事揆策：贡献策谋。图事与揆策为同义的动宾词组，均贡献策谋之意。[42]陈见悃诚：陈述真诚的建议。悃诚，效忠心。[43]上不然

其信：君王不听，对其不信。［44］进仕不得施效：做了官也不能施展抱负。进仕，进身于仕途，做了官。不得施效，不能实施才能报效君主，即不能施展抱负。［45］斥逐又非其愆：遭斥逐并不是自己的过错。愆，过错。［46］伊尹：商汤王的贤臣。勤于鼎俎：传说伊尹负鼎俎（鼎和俎，烹割的用具）以求见汤王。［47］太公：姜太公，即吕尚、太公望。西周初重要辅臣。传见《史记》卷三十二。困于鼓刀：传说姜太公曾屠牛于朝歌。［48］百里：百里奚。春秋时人，原为虞国的大夫。被晋国俘虏，作为陪嫁之臣送入秦国。出逃后，又被楚国捉住，秦穆公以五张牡（公羊）黑皮赎回，用为大夫，称五羖大夫。自鬻：百里奚身价，卖了五张公羊皮。［49］宁子饭牛：宁戚养过牛。宁子，宁戚。春秋时齐国的大夫。曾饲养牛，为齐桓公赏识，用为大夫。［50］离此患也：上述诸贤曾经历过忧患时期。［51］运筹合上意：出谋划策符合圣主心意。［52］谏诤即见听：规劝进谏立即被接受。［53］进退得关其忠：不管进退都能显示忠诚。［54］“任职”二句：居官任职能施展他的才干，功成名就得到君王赐给的爵位、土地，光宗耀祖。剖符，受封。锡壤，赐给食邑土地。［55］“故世必”句：所以国家必须有圣明的君主，才能有贤明的臣属。［56］故虎啸而风冽：因而老虎长啸，风声更凛冽。［57］龙兴而致云，蟋蟀俟秋吟：飞龙兴起，云气便涌出，蟋蟀等待秋天才鸣叫。俟，等待。［58］蜉蝤出以阴：蜉蝤只在阴暗处才生存。蜉蝤，虫名。［59］《易》曰：引文见《易·乾卦》。［60］飞龙在天，利见大人：圣主在位，才有利于见大人，贤才方可被任用。［61］《诗》曰：引文见《诗经·大雅·文王》。［62］思皇多士，生此王国：美啊众多贤士，生在周王的国度里。赞美周多士。［63］世平主圣：世道清明，君主明圣。［64］俊艾将自至：才俊之士会自动来投圣主。俊艾，英俊的人才。艾，通“乂”。［65］明明在朝：君主明智聪察于朝。［66］穆穆布列：人臣仪容端正布列于廷。穆穆，仪容美好，容止端庄。［67］相得益章：相互配合，作用益显。［68］伯牙：春秋时人，以精于琴艺著名。只有钟子期完全理解其琴意；子期死后，伯牙终身不再鼓琴。操：抚琴。递钟：当作“号钟”，古琴名。［69］逄门子：即逄蒙，古代善射的人。弯：拉弓。乌号：弓名。［70］喻：比喻。其意：指君臣相知融洽的境界。俞伯牙弹琴，逄蒙射箭，他们达到才艺的最高境界都比不上圣君贤臣融洽的境界。［71］“故圣主”句：所以圣主要靠贤臣来弘扬扩大功业。［72］鸿毛遇顺风：鸿毛至轻，遇顺风飞得更高。［73］沛：充盈，浩浩荡荡。巨鱼纵大壑：巨鲸纵横大海。［74］胡禁不止：没有什么弊端不能制止。［75］曷令不行：没有什么政令不能推行。［76］化溢四表：教化传播四方。［77］横被无穷：永无穷尽。横被，广泛覆盖，遍及。［78］“是以”二句：所以，圣主不必观察四方就能看清万事万物，不必尽力倾听就能听到所有议论。［79］太平之责塞，优游之望得：尽了天下太平的责任，又满足了过安乐悠闲生活的愿望。［80］休征自至：吉兆自然到来。休征，美好的征兆。［81］寿考无疆：寿命无终，即万寿无疆。［82］“何必”三句：何必费力地俯仰屈伸，呼吸吐纳，像彭祖、王侨、赤松子那样去与世隔绝的仙境呢！偃仰，犹俯仰。彭祖，传说是古代寿命长达七百岁的人。呴嘘呼吸，呼吸吐纳。呴嘘，出气。呼吸，吸气。侨、松，传说的仙人王侨、赤松子。眇然，高远的样子。［83］“是时”二句：当时，宣帝正喜好神仙之术，因而王褒在文章中提及神仙讽喻之。[84]斥远方士之虚语：不要听信那些方士的荒唐言论。[85]游心帝王之术：潜心研究帝王的统治艺术。[86]太平庶几可兴也：天下太平差不多可以到来。[87]悉罢：全部废除。尚方待诏：主方药而等待诏命任用的人。[88]其方略、耳目不及广权：张敞的计谋策略、聪明睿智赶不上赵广汉。耳目，指视听，观察判断的能力。[89]然颇以经术儒雅文之：张敞能用儒家经术以及温文雅正的风度来弥补。文，修饰，弥补。

上颇修饰[1]，宫室、车服盛于昭帝时；外戚许、史、王氏贵宠[2]。谏大夫王吉[3]上疏曰："陛下躬圣质[4]，总万方[5]，惟思世务[6]，将兴太平，诏书每下，民欣然若更生[7]。臣伏而思之，可谓至恩[8]，未可谓本务也[9]，欲汉之主不世出[10]，公卿幸得遭遇其时[11]，言听谏从，然未有建万世之长策，举明主于三代之隆也[12]。其务在于期会、簿书、断狱、听讼而已[13]，此非太平之基[14]也。臣闻民者，弱而不可胜[15]，愚而不可欺[16]也。圣主独行于深宫，得则天下称诵之[17]，失则天下咸言之[18]，故宜谨选左右[19]，审择所使[20]。左右所以正身[21]，所使所以宣德[22]，此其本也[23]，孔子曰[24]：'安上治民，莫善于礼[25]，'非空言也。王者未制礼之时，引先王礼宜于今者而用之。臣愿陛下承天心，发大业[26]，与公卿大臣延及儒生，述旧礼，明王制，驱一世之民跻之仁寿之域[27]，则俗何以不若成、康，寿何以不若高宗[28]！窃见当世趋务不合于道者[29]，谨条奏[30]，唯陛下财择[31]焉。"吉意以为："世俗聘妻、送女无节[32]，则贫人不及[33]，故不举子[34]。又，汉家列侯尚公主[35]，诸侯则国人承翁主[36]，使男事女，夫屈于妇，逆阴阳之位[37]，故多女乱[38]。古者衣服、车马，贵贱有章[39]；今上下僭差[40]，人人自制，是以贪财诛利[41]，不畏死亡。周之所以能致治刑措而不用[42]者，以其禁邪于冥冥[43]，绝恶于未萌也。"又言："舜、汤不用三公、九卿之世而举皋陶、伊尹[44]，不仁者远[45]。今使俗吏得任子弟[46]，率多骄骜[47]，不通古今[48]，无益于民，宜明选求贤，除任子之令[49]；外家及故人[50]，可厚以财[51]，不宜居位。去角抵[52]，减乐府[53]，省尚方[54]明示天下以俭。古者工不造雕瑑[55]，商不通侈靡[56]，非工、商之独贤，政教使之然也[57]。"上以其言为迂阔[58]，不甚宠异也。吉遂谢病归。

（以上为第二段，写宣帝颇尚修饰，贵宠外戚，王吉上书，圣主明君不尚奢靡，提倡节俭，抑制外家任权，宣帝不以为然，王吉谢病罢归。）

【注释】

［1］修饰：讲究仪容。［2］外戚：指后妃的娘家，天子的舅家之人。贵宠：极受宠幸。［3］王吉：西汉琅邪皋虞（今山东青岛市即墨区东北）人，字子阳。兼通《五经》。曾数谏昌邑王刘贺。宣帝时奏言外戚不宜居位，又建议节俭。宣帝以为迂阔，遂称病免归。传见《汉书》卷七十二。［4］圣质：圣明的资质。［5］总万方：总理万机。［6］惟思世务：专心世事。［7］民欣然若更生：万民欢欣，如获新生。［8］至恩：最大恩惠、恩德。［9］未可谓本务也：但还是没有达到治理政务的根本。［10］不世出：不常见。即圣主难遇。［11］遭遇其时：身逢其时，得遇圣主。［12］"然未有"二句：但还没有制定出建立万世基业的长远规划，以使圣主的治理达到像夏商周三代一样隆盛。［13］"其务"句：政务之本，主要有朝会、审理簿书、断案、听讼四项。［14］此非太平之基：做好四项政务，还没有达到太平盛世的基础。即仅此四项还不是盛世的根本。［15］胜：压制。［16］欺：欺骗。［17］得：君主决策正确。称诵之：万民赞扬。［18］失：君主决策失误，不当。咸言之：万民议论。［19］谨选左右：谨慎地选择在身边决策的人。［20］审择所使：严格审查派出去执行政令的官员。［21］正身：辅佐君主以身作则，即助君正身。［22］宣德：光大圣主之德。［23］此其本也：君主择人任贤才是最大的政务之本。［24］孔子曰：引文见《孝经》记载孔子之言。［25］安上治民：君上安逸，百姓得到治理。莫善于礼：没有比推行礼义教化更好的了。［26］承天心，发大业：上承天意，发扬祖宗大业。［27］"述旧礼"三句：整理古代贤王的礼仪、制度，加以实施，使全天下民众过上好生活，长命百岁。跻，登上，过上。仁寿之域，仁爱长寿的境界。［28］"则俗"二句：那么风俗为什么不会像周朝的成康之治，寿命像殷朝高宗武丁那样呢！成、康，西周的成王、康王。传说成、康之世天下大治。高宗，指殷王武丁，传说他享国百年。［29］"窃见"句：臣下个人所见，当前施政不合于先王之道的地方。窃见，私人看法。趋务，谓施政方向。趋，通"趣"。［30］谨条奏：恭谨地条录呈奏。［31］财择：裁定选择。财，通"裁"。［32］送女无节：嫁女费用没有节制。［33］贫人不及：贫困的人无力负担。［34］不举子：不敢生子。［35］尚公主：娶帝王之女称为"尚公主"。尚，高攀。［36］承翁主：娶诸侯王之女称为"承翁主"。承，承受，亦高攀之意。［37］逆阴阳之位：颠倒了男尊女卑的地位。［38］故多女乱：发生许多女人违礼乱规的情况。［39］有章：有制度，有规矩，有等差。［40］今上下僭差：如今上下混乱，超越制度没有节制。［41］贪财诛利：贪图财物，追求利益。［42］刑措而不用：搁置刑罚不使用。因为没有犯罪的人。［43］冥冥：言尚未显露苗头的时候。［44］"舜、汤"句：虞舜、商汤王不用三公、九卿的子孙，而选用皋陶、伊尹。皋陶，虞舜的贤臣。伊尹，商汤王的贤臣。［45］不仁者远：疏远不仁不义的人。［46］俗吏得任子弟：汉代，父兄为官，可以保任子弟为郎。［47］率：大致。骄骜：骄傲而不驯服。［48］不通古今：言不学无术。［49］除：取消。任子之令：父兄为官，可以保任

子弟为郎的制度。[50]外家：外戚。故人：故旧。[51]可厚以财：国家多赏赐钱财，使外戚、故旧富有而不参政。[52]去角抵：禁止角抵游戏。角抵，秦汉时一种杂技，好似现在的摔跤。[53]减乐府：减少乐府艺人。[54]省尚方：节省宫廷用度。尚方，专替皇室生产生活用品及器物的官府机构。节省尚方规模，即节省宫廷用度。[55]不造雕瑑：玉器不加雕刻。[56]商不通侈靡：商贾不贩卖奢侈品。[57]“非工、商”二句：不是古代的工匠和商人独自贤明，而是政治教化造成的。[58]迂阔：迂腐，不切实际。

义渠安国至羌中，召先零诸豪三十余人，以尤桀黠[1]者皆斩之；纵兵击其种人，斩首千余级。于是诸降羌及归义羌侯杨玉[2]等怨怒，无所信乡[3]，遂劫略小种[4]，背畔犯塞[5]，攻城邑，杀长吏，安国以骑都尉将二千屯备羌[6]；至浩亹[7]，为虏所击，失亡车重、兵器甚众[8]。安国引还[9]，至令居，以闻[10]。

时赵充国年七十余，上老之[11]，使丙吉问谁可将者[12]。充国对曰：“无逾于老臣[13]者矣！”上遣问焉，曰：“将军度羌虏何如[14]？当用几人[15]？”充国曰：“百闻不如一见。兵难遥度[16]，臣愿驰至金城[17]，图上方略[18]。羌戎小夷，逆天背畔[19]，灭亡不久[20]，愿陛下以属老臣[21]，勿以为忧！”上笑曰：“诺。”乃大发兵诣金城。夏，四月，遣充国将之，以击西羌。

六月，有星孛[22]于东方。

赵充国至金城，须兵满万骑，欲渡河[23]，恐为虏所遮[24]，即夜遣三校衔枚先渡[25]，渡，辄营陈[26]；会明毕[27]，遂以次尽渡。虏数十百骑来，出入军傍[28]，充国曰：“吾士马新倦，不可驰逐，此皆骁骑难制[29]，又恐其为诱兵也。击虏以殄灭为期[30]，小利不足贪！”令军勿击。遣骑候四望峡中无虏[31]，夜，引兵上至落都[32]。召诸校司马[33]谓曰：“吾知羌虏不能为兵[34]矣！使虏发数千人守杜四望峡中[35]，兵岂得入哉！”

充国常以远斥候[36]为务，行必为战备[37]，止必坚营壁[38]，尤能持重，爱士卒，先计而后战。遂西至西部都尉府[39]，日飨军士[40]，士皆欲为用。虏数挑战，充国坚守。捕得生口[41]，言羌豪相数责[42]曰：“语汝无反[43]，今天子遣赵将军来，年八九十矣，善为兵；今请欲一斗而死，可得邪[44]！”初，罕、幵豪靡当儿使弟雕库来告都尉曰：“先零欲反。”后数日，果反。雕库种人颇在先零中，都尉即留雕库为质[45]。充国以为无罪，乃遣归告种豪：“大兵诛有罪者，明白自别[46]，毋取并灭[47]。天子告诸羌人：“犯法者能相捕斩，除罪[48]，仍以功大小赐钱有差[49]；又以其所捕妻子、财物尽与之[50]。”充国计欲以威信招降罕、幵及劫略者[51]，解散虏谋[52]，徼其疲剧[53]，乃击之。

（以上为第三段，写西羌反叛，赵充国为主将带兵安羌。充国身临前线察知，独先零羌叛汉，罕、幵两部被胁迫尚在观望。赵充国制定缓攻叛羌，先做分化工作，招降罕、幵，孤立先零的方略瓦解羌人联合的计谋。）

【注释】

[1]桀黠（xiá）：凶悍狡猾。[2]杨玉：羌人，曾归顺汉朝，封为义羌侯。[3]无所信乡：认为汉朝不可依赖、归向。乡，通“向”。[4]劫略：劫持胁迫。小种：指小的种族或部落。[5]背畔犯塞：背叛汉朝，侵犯边塞。畔，通“叛”。[6]骑都尉：武官名，掌骑兵，隶属于将军。屯备：驻守，防备。[7]浩（gào）亹（mén）：县名，县治在今青海海东市乐都区东。[8]失亡车重、兵器甚众：损失了很多军需装备和武器。车重，指辎重军需。[9]引还：撤退还军。[10]以闻：将情况报告天子。[11]上老之：宣帝认为他年事已高。[12]丙吉：时任御史大夫。谁可将：哪个可以为将。[13]无逾于老臣：无人超过我。老臣，赵充国自称。[14]度（duò）：估计。何如：怎么样。[15]几人：要多少人马。[16]遥度：远距离猜度。[17]金城：郡名，郡治允吾，在今甘肃永靖县西北。[18]图上方略：谓观察地形，制定攻讨方略，而上奏天子。[19]畔：通“叛”。[20]灭亡不久：不久将灭亡。[21]属老臣：交付给老臣吧。[22]星孛：彗星。[23]渡河：渡过黄河。[24]遮：拦击。[25]三校：三个校尉的军队，一校千余人。衔枚先渡：士兵口中衔枚（形如筷子），以防喧哗，作为先锋渡河。[26]渡，辄营陈：渡河后，各校立即扎营，建立滩头阵地。陈，通“阵”。[27]会明毕：刚好赶上天亮，扎营完毕。[28]傍：通“旁”。[29]骁骑难制：这些剽悍的骑兵，难以制服。[30]殄灭为期：全部消灭敌人是最高目标。[31]候：侦察。四望峡：峡谷名，在今青海海东市乐都区境内，湟水上的峡谷。无虏：没有羌敌占据四望峡。[32]落都：地名，在今青海海东市乐都区。[33]司马：武官名，掌校军事，隶属于将军。[34]不能为兵：不懂得用兵。[35]杜四望峡中：用兵堵住四望峡。[36]远斥候：到远处侦察。[37]行必为战备：行军时一定做好战斗准备。[38]止必坚营壁：宿营一定使营垒坚固。[39]西部都尉府：西部都尉的官署，在今青海海东市乐都区西，属金城郡。[40]日飨军士：每天让军士喝酒吃肉。飨，安享，指吃好饭。[41]捕得生口：活捉了俘虏。[42]羌豪相数责：羌人头目互相多次责备。[43]语汝无反：对你说不要造反。[44]可

得邪：有这个机会吗？［45］为质：为人质。［46］明白自别：请你们自相区别。［47］毋取并灭：无罪者不要和有罪的人一同自取灭亡。［48］除罪：免除他的罪。［49］以功大小赐钱有差：即论功行赏。当时悬赏，能斩大豪有罪者一人，赐钱四十万；中豪十五万，小豪二万；女子及老弱千钱。差，区分。［50］尽与之：全都给他。［51］“充国”句：赵充国想用声威招降罕、开羌以及先零中被胁迫的羌人。［52］解散虏谋：瓦解羌人联合的计谋。［53］徼其疲剧：等待羌人极为疲困时。

时上已发内郡兵[1]屯边者合六万人矣。酒泉太守辛武贤[2]奏言：“郡兵皆屯备南山[3]，北边空虚，势不可久。若至秋冬乃进兵，此虏在境外之册[4]。今虏朝夕为寇，土地寒苦，汉马不耐冬，不如以七月上旬赍[5]三十日粮，分兵出张掖、酒泉[6]，合击罕、开在鲜水[7]上者。虽不能尽诛，但夺其畜产，虏其妻子，复引兵还，冬复击之，大兵仍出[8]，虏必震坏[9]。”天子下其书充国，令议之。充国以为：“一马自负[10]三十日食，为米二斛四斗[11]，麦八斛，又有衣装、兵器，难以追逐。虏必商军进退[12]，稍引去，逐水草，入山林。随而深入，虏即据前险，守后厄，以绝粮道[13]，必有伤危之忧，为夷狄笑，千载不可复[14]。而武贤以为可夺其畜产，虏其妻子，此殆空言[15]，非至计也[16]。先零首为畔逆，他种劫略[17]，故臣愚册，欲捐罕、开暗昧之过[18]，隐而勿章[19]，先行先零之诛以震动之[20]，宜改过反善，因赦其罪，选择良吏知其俗者，抚循和辑[21]。此全师保胜安边之册。”

天子下其书，公卿议者咸以为[22]“先零兵盛而负罕、开之助[23]，不先破罕、开，则先零未可图也[24]。”上乃拜侍中许延寿为强弩将军[25]，即拜酒泉太守武贤为破羌将军，赐玺书嘉纳其册[26]。以书敕让[27]充国曰：“今转输并起[28]，百姓烦扰，将军将万余之众，不早及秋共水草之利，争其畜食[29]，欲至冬，虏皆当畜食[30]，多藏匿山中，依险阻[31]，将军士寒，手足皲瘃[32]，宁[33]有利哉！将军不念中国之费[34]，欲以岁数[35]而胜敌，将军谁不乐此者[36]！今诏破羌将军武贤等将兵，以七月击罕羌；将军其引兵并进[37]，勿复有疑！”

充国上书曰：“陛下前幸赐书，欲使人谕罕[38]，以大军当至，汉不诛罕，以解其谋[39]。臣故遣罕豪雕库宣天子至德[40]；罕、开之属皆闻知明诏[41]。今先零羌杨玉阻石山木[42]，候便为寇[43]，罕羌未有所犯[44]，乃置先零[45]，先击罕，释有罪[46]，诛无辜[47]，起一难[48]，就两害[49]，诚非陛下本计[50]也！臣闻兵法：'攻不足者守有余[51]。'又曰：'善战者致人，不致于人[52]。'今罕羌欲为敦煌、酒泉寇，宜饬兵马[53]，练战士[54]，以须其至[55]。坐得致敌之术[56]，以逸击劳，取胜之道也。今恐二郡兵少，不足以守，而发之行攻[57]，释致虏之术而从为虏所致之道[58]，臣愚以为不便。先零羌虏欲为背畔[59]，故与罕、开解仇结约[60]，然其私心不能无恐汉兵至而罕、开背之[61]也。臣愚以为其计常欲先赴罕、开之急[62]以坚其约[63]。先击罕羌，先零必助之。今虏马肥、粮食方饶，击之恐不能伤害，适使先零得施德于罕羌[64]，坚其约[65]，合其党[66]。虏交坚党，合精兵二万余人[67]，迫胁诸小种[68]，附著者稍众，莫须之属不轻得离也[69]。如是，虏兵浸多[70]，诛之用力数倍。臣恐国家忧累，由十年数，不二三岁而已[71]。于臣之计，先诛先零已，则罕、开之属不烦兵而服矣[72]。先零已诛而罕、开不服，涉正月击之，得计之理[73]，又其时也。以今进兵，诚不见其利！”戊申[74]，充国上奏。秋，七月，甲寅[75]，玺书报[76]，从充国计焉。

充国乃引兵至先零在所[77]。虏久屯聚，懈弛，望见大军，弃车重，欲渡湟水，道厄狭[78]；充国徐行驱之[79]。或曰：“逐利行迟[80]。”充国曰：“此穷寇，不可迫也。缓之则走不顾[81]，急之则还致死[82]。”诸校皆曰：“善。”虏赴水溺死者数百，降及斩首五百余人。虏马、牛、羊十万余头，车四千余两[83]。兵至罕地，令军毋燔聚落、刍牧田中[84]，罕羌闻之，喜曰：“汉果不击我矣！”豪靡忘[85]使人来言：“愿得还复故地。”充国以闻。未报[86]。靡忘来自归，充国赐饮食，遣还谕种人[87]。护军以下皆争之[88]曰：“此反虏，不可擅遣！”充国曰：“诸君但欲便文自营[89]，非为公家忠计也！”语未卒[90]，玺书报，令靡忘以赎论[91]。后罕竟不烦兵而下[92]。

（以上为第四段，写朝廷采纳酒泉太守辛武贤立即进攻叛羌，先击弱小的罕、开，最后集中打击先零的方略，朝廷已调集六万之众屯于前线。赵充国认为讨无辜，会把所有羌人推向敌人，是错误的方略。赵充国紧急奏报，朝廷复议，支持赵充国的方略。)

【注释】

[1]发内郡兵：指征发三辅、三河等中原内郡的军队。 [2]辛武贤：西汉陇西狄道（今甘肃临洮县）人，时任酒泉太守，参与赵充国平羌，两人战略方针不同。辛武贤主张先击弱小的罕、开羌，再图先零。赵充国主张罕、开胁从放后，先击为首叛乱的先零，罕、开可不战而下，宣帝从之。辛武贤传见《汉书》卷六十九。 [3]南山：山名，今祁连山脉东段，在今甘肃、青海两省界。[4]册：通“策”。 [5]赍：携带。 [6]张掖、酒泉：河西四郡中段的两个郡，即河西中部地区。[7]鲜水：水名，在青海境内。[8]大兵仍出：大军多次出击。仍，频繁。[9]震坏：恐惧震惊。[10]负：驮。 [11]米二斛四斗：一人一骑三十日用粮为米二斛四斗。斛，量器单位，十斗为一斛。 [12]商军进退：计算汉军进退的时间，做好应对的办法。商，思量，计算。 [13]以绝粮道：切断汉军的粮道供应。 [14]千载不可复：一千年也找不到报复的时机，即永远无法报仇。[15]此殆空言：这大概是一句空话，即吹牛皮。 [16]非至计也：不是最好的计谋。 [17]劫略：被胁迫。 [18]捐罕、开暗昧之过：宽大罕、开愚昧不明的过错。捐，捐弃，宽大。 [19]隐而勿章：保密而不公开。隐，隐秘。[20]先行先零之诛：首先诛伐先零。以震动之：用以震慑羌人。[21]抚循和辑：安抚和睦。 [22]咸以为：都认为，一致认为。 [23]负罕、开之助：依靠罕、开的帮助。 [24]未可图也：没办法对付。图，图谋，战胜。 [25]强弩将军：与下文破羌将军，随机而取的将军之号。 [26]玺书：加天子之印的嘉奖令。嘉纳其册：批准赞赏辛武贤的策略。[27]敕让：责备的命令。 [28]转输并起：军需物资运输繁忙。 [29]争其畜食：争夺羌人的牲畜粮食。 [30]虏皆当畜食：羌虏都做好了食物储备。畜，通“蓄”，积聚。 [31]依险阻：凭借险阻。 [32]皲（jūn）：手足的皮肤冻裂。瘃（zhú）：冻疮。 [33]宁：难道。 [34]中国之费：国家的巨大耗费。[35]岁数：言多费年月。[36]将军：带兵的人。谁不乐此者：谁不乐于这样。[37]并进：同时进兵。 [38]使人谕罕：派人劝谕罕羌。 [39]以解其谋：用此瓦解羌人联合反叛汉朝的计谋。 [40]雕库：人名，罕羌头领。宣天子至德：宣示天子的恩德。 [41]明诏：明白宣示政策的诏书。 [42]阻石山木：言依阻山石树木，以为固守。 [43]候便为寇：寻机出山骚扰。 [44]未有所犯：罕、开羌没有侵犯行为。 [45]置先零：放过先零。 [46]释有罪：放过有罪的先零人。 [47]诛无辜：讨伐无罪的罕羌。 [48]起一难：又树立一个敌人。 [49]就两害：成就两个敌人。 [50]本计：原本的意图。 [51]攻不足者守有余：引自《孙子·形》。原文是“守则不足，攻则有余”。曹操注：吾所以守者，力不足也；所以攻者，力有余也。这里意谓对弱敌则攻，对强敌则守。 [52]“善战者致人”二句：引自《孙子·虚实》。意谓善战者能掌握战争主动权，使敌人为我所用，而不被敌人所利用。致，招引，利用。 [53]宜饬兵马：应整顿兵马。 [54]练战士：训练战士。 [55]以须其至：等待敌人来攻。 [56]坐得致敌之术：等待送上门来的敌人的制胜之术。 [57]不足以守，而发之行攻：防守不足，却反倒出兵进攻。

[58]“释致虏”句：放弃引诱敌人上门的战术，反被敌人所引诱。致虏，诱敌深入。为虏所致，反被敌人所诱。［59］背畔：背叛。［60］解仇结约：化解仇怨，结成联盟。［61］罕、幵背之：先零羌也担心罕、幵背叛盟约。［62］先赴罕、幵之急：让罕、幵先受到汉军的进攻。急，受到进攻。［63］以坚其约：先零救罕、幵，用以坚定他们之间的盟约。［64］“适使”句：恰好是推助先零施恩德于罕、幵。［65］坚其约：坚固他们的盟约。［66］合其党：团结他们各个族党。［67］虏交坚党，合精兵二万余人：羌虏联盟坚固之后，能聚集精兵两万多人。［68］迫胁诸小种：再胁迫各个羌人小部落。［69］莫须：羌族的一种。不轻得离：言不敢轻易离开先零羌。［70］虏兵浸多：羌人越来越多。［71］由十年数，不二三岁而已：平息羌乱要十来年的时间，不是两三年的事。［72］“于臣之计”三句：按臣的意见，先诛灭先零，那罕、幵之羌用不着再出兵，就会屈服。［73］得计之理：合理和适当的。［74］戊申：六月二十八日。［75］甲寅：七月六日。［76］玺书报：加盖皇帝印章的朝廷命令就到达了。按：从戊申到甲寅共七天。从洛都到长安单程八九百公里，来回共三千余里，驿站快马一站接一站奔驰，按六天计，每日六七百里，可以说日夜兼程。留给朝廷只有一天或不到一天时间，对重大战略方针和战役作出决策，可见当时朝廷行政效率何其快速。宣帝中兴之主，名不虚矣。［77］在所：所在的地方。［78］道厄狭：道路艰险狭窄。［79］徐行驱之：缓缓进兵驱赶。［80］逐利行迟：言逐利应当快速，现在行军太迟缓。［81］缓之：缓缓追赶，走不顾：逃走不回头。［82］急之：追赶紧急。还致死：回头拼死。［83］两：通“辆”。［84］令军毋燔聚落、刍牧田中：命令汉军不得烧毁罕羌聚落，不得在羌人牧场里割草放牧。［85］豪靡忘：罕羌头领名靡忘。［86］未报：还没得到朝廷的回报。［87］遣还谕种人：赵充国放走靡忘回去劝告本部羌人。［88］护军以下皆争之：护军以下的军官坚持说。护军，武官名，位次于将军。［89］便文自营：自图方便保全自己。文，自我修饰，引申为自我方便。［90］语未卒：论争还没有结果。［91］以赎论：以立功赎罪论处。［92］不烦兵而下：言不用动武而得以安定之。

上诏破羌、强弩将军诣屯所[1]，以十二月与充国合，进击先零。时羌降者万余人矣，充国度其必坏[2]，欲罢骑兵[3]，屯田以待其敝。作奏未上[4]，会得进兵玺书[5]，充国子中郎将卬惧[6]，使客谏充国曰：“诚令兵出，破军杀将，以倾国家，将军守之可也[7]。即利与病[8]，又何足争！一旦不合上意[9]，遣绣衣来责将军[10]，将军之身不能自保，何国家之安！”充国叹曰：“是何言之不忠也！本用吾言[11]，羌虏得至是[12]邪！往者举可先行羌者[13]，吾举辛武贤；丞相御史复白遣义渠安国，竟沮败羌[14]。金城、湟中谷斛八钱，吾谓耿中丞[15]：‘籴二百万斛谷[16]，羌人不敢动矣！’耿中丞请籴百万斛，乃得四十万斛耳；义渠再使，且费其半[17]。失此二册[18]，羌人致敢为逆。失之豪厘[19]，差以千里，是既然矣。今兵久不决，四夷卒有动摇[20]，相因而起，虽有知者不能善其后[21]，羌独足忧[22]邪！吾固以死守之，明主可为忠言。”

遂上屯田奏曰：“臣所将吏士、马牛食所用粮谷、茭稿[23]，调度甚广，难久不解[24]，徭役不息，恐生他变[25]，为明主忧，诚非素定庙胜之册[26]。且羌易以计破，难用兵碎[27]也，故臣愚心以为击之不便！计度临羌东至浩亹[28]，羌虏故田及公田[29]，民所未垦，可二千顷[30]以上，其间邮亭多坏败者[31]。臣前部士入山[32]，伐林木六万余枚，在水次[33]。臣愿罢骑兵，留步兵万二百八十一人，分屯要害处，冰解漕下[34]，缮乡亭[35]，浚沟渠[36]，治湟狭以西道桥七十所[37]，令可至鲜水左右。田事出[38]，赋人三十亩[39]；至四月草生，发郡骑及属国胡骑各千[40]，就草为田者游兵[41]，以充入金城郡，益积畜[42]，省大费[43]。今大司农所转谷至者[44]，足支万人一岁食[45]，谨上田处及器用簿[46]。”

上报曰：“即如将军之计[47]，虏当何时伏诛？兵当何时得决？孰计其便，复奏[48]！”

充国上状曰：“臣闻帝王之兵，以全取胜，是以贵谋而贱战。‘百战而百胜，非善之善者也，故先为不可胜者以待敌之可胜[49]。’蛮夷习俗虽殊于礼义之国[50]，然其欲避害就利，爱亲戚，畏死亡，一也。今虏亡其美地荐草[51]，愁于寄托，远遁，骨肉心离[52]，人有畔志[53]。而明主班师罢兵[54]，万人留田[55]，顺天时，因地利，以待可胜之虏[56]，虽未即伏辜，兵决可期月而望[57]。羌虏瓦解，前后降者七百余人，及受言去者凡七十辈[58]，此坐支解羌虏之具也[59]。臣谨条不出兵留田便宜十二事[60]：步兵九校、吏士万人留屯，以为武备[61]，因田致谷，威德并行，一也。又因排折羌虏，令不得归肥饶之地，贫破其众[62]，以成羌虏相畔之渐[63]，二也。居民得并田作[64]，不失农业，三也。军马一月之食，度支田士一岁[65]，罢骑兵以省大费，四也。至春，省甲士卒[66]，循河、湟漕谷至临羌[67]，以示羌虏，扬威武，传世折冲之具[68]，五也。以闲暇时，下先所伐材，缮治邮亭，充入金城[69]，六也。兵出，乘危徼幸[70]；不出，令反畔之虏窜于风寒之地[71]，离霜露、疾疫、瘃堕之患[72]，坐得必胜之道，七也。无经阻、远追、死伤之害[73]，八也。内不损威武之重，外不令虏得乘间之势[74]，九也。又亡惊动河南大幵使生他变之忧[75]，十也。治隍狭中道桥，令可至鲜水以制西域，伸威千里[76]，从枕席上过师[77]，十一也。大费既省，繇役豫息[78]，以戒不虞[79]，十二也。留屯田得十二便，出兵失十二利，唯明诏采择！”

上复赐报曰：“兵决可期月而望者，谓今冬邪，谓何时也？将军独不计虏闻兵颇罢[80]，且丁壮相聚，攻扰田者及道上屯兵[81]，复杀略人民，将何以止之[82]？将军孰计复奏[83]！”

充国复奏曰：“臣闻兵以计为本[84]，故多算胜少算[85]。先零羌精兵，今余[86]不过七八千人，失地远客分散[87]，饥冻畔还者不绝[88]。臣愚以为虏破坏可日月冀[89]，远在来春，故曰兵决可期月而望。窃见北边自敦煌至辽东万一千五百余里[90]，乘塞列地有吏卒数千人，虏数以大众攻之而不能害。今骑兵虽罢[91]，虏见屯田之士精兵万人，从今尽三月，虏马羸瘦，必不敢捐其妻子于他种中[92]，远涉河山而来为寇；亦不敢将其累重[93]，还归故地。是臣之愚计所以度虏且必瓦解其处[94]，不战而自破之册[95]也。至于虏小寇盗，时杀人民，其原未可卒禁[96]。臣闻战不必胜，不苟接刃[97]；攻不必取，不苟劳众[98]。诚令兵出，虽不能灭先零，但能令虏绝不为小寇，则出兵可也。即今同是[99]，而释坐胜之道[100]，从乘危之势[101]，往终不见利，空内自罢敝[102]，贬重以自损[103]，以非所以示蛮夷也。又大兵一出，还不可复留[104]，湟中亦未可空，如是，徭役复更发也[105]。臣愚以为不便。臣窃自惟念[106]：奉诏出塞，引军远击[107]，穷天子之精兵，散车甲于山野[108]，虽亡尺寸之功[109]，偷得避嫌之便[110]，而亡后咎余责[111]，此人臣不忠之利，非明主社稷之福也！”

充国奏每上，辄上公卿议臣[112]。初是充国计者什三[113]；中什五[114]；最后什八[115]。有诏诘前言不便者[116]，皆顿首服[117]。魏相曰：“臣愚不习兵事利害。后将军数画军册[118]，其言常是，臣任其计必可用[119]也。”上于是报充国，嘉纳之[120]；亦以破羌、强弩[121]将军数言当击，以是两从其计[122]，诏两将军与中郎将卬出击[123]。强弩出，降四千余人；破羌斩首二千级；中郎将卬斩首降者亦二千余级；而充国所降复得五千余人。诏罢兵，独充国留屯田。

大司农朱邑[124]卒。以上其循吏[125]，闵惜之[126]，诏赐其子黄金百斤，以奉其祭祀。

是岁[127]，前将军、龙额侯韩增为大司马、车骑将军。

丁令比三岁钞盗匈奴[128]，杀略数千人。匈奴遣万余骑往击之，无所得[129]。

（以上为第五段，写赵充国建议屯田安羌的策略，与朝廷反复讨论，朝中大臣最初赞成者十分之三，最后十分之八均赞成。汉军用极小的代价，获得了最大的利益，西汉从此解除了羌祸，赵充国之力也。）

【注释】

[1]破羌、强弩将军：指辛武贤、许延寿。诣屯所：言到赵充国驻兵的地方。 [2]度（duò）：估计。必坏：羌人必然失败。 [3]欲罢骑兵：想撤走骑兵。一个骑兵人马耗费相当于十个步兵。用屯田办法与羌人打持久战，用不着骑兵。 [4]作奏未上：写好奏疏还没呈送。 [5]会得进兵玺书：恰好皇帝命令进兵的玺书下达。 [6]卬惧：赵卬害怕。赵卬，赵充国之子，害怕赵充国上奏忤逆皇帝。 [7]"诚令"四句：如果出兵，真的损兵折将，败坏国家，将军坚持自己的意见是可以理解的。诚，如果。破军杀将，言军被打败、将被杀害；即损兵折将。以倾国家，因此而使国家倾覆。守，坚持，指坚持己见。 [8]即利与病：现在只是得利大与小的差别。即没有破军杀将的后果，何必与皇上争持呢。 [9]不合上意：违背了皇上心意。 [10]遣绣衣来责将军：朝廷派绣衣御史来问罪。绣衣，即绣衣使者。汉朝特派至各地执行天子旨意，并抓捕罪人的使者。[11]本用吾言：如果当初就采纳我的意见。 [12]至是：怎会到这个地步。 [13]往者：先前。举可先行羌者：推举出使羌地的人选。 [14]竟沮败事：最终坏了大事。 [15]耿中丞：指耿寿昌。宣帝时为大司农中丞，故称耿中丞。他建议边郡皆置常平仓，谷贱时增其价而籴，谷贵时减价而粜，以调节谷价。精通数学，著述已佚。 [16]籴：购买。三百万斛谷：意谓籴粮储积于边，可以备战制敌。 [17]且费其半：将近用去一半。 [18]失此二册：未派辛武贤为使者，未购三百万斛粮是两大失策。册，通"策"。 [19]豪厘：通"毫厘"，细微。 [20]四夷卒有动摇：四方蛮夷突然兴风作浪。卒，通"猝"，突然。 [21]知：通"智"。知者，高明的人。不能善其后：言无法得到好结果。 [22]羌独足忧：意谓可忧者不独在羌。 [23]将吏士：所率领的官兵。茭稿：干草、禾秆。马牛之食。 [24]难久不解：这场战争久持不下。 [25]恐生他变：恐怕牵连生出其他变故。 [26]诚非素定庙胜之册：这确实不符朝廷制定的胜敌之策。诚，确实。素，一向。庙胜之册，朝廷制定的胜敌之策。庙，指朝廷。 [27]难用兵碎：难以用武力征服。碎，破败，

征服。［28］计度临羌东至浩亹：估计从临羌以东到浩亹之间的空地。临羌，县名，治所在今青海湟源县东南。浩亹，县名，县治在今青海海东市乐都区境内。［29］故田：羌人原来的田。公田：指汉朝的田。［30］可二千顷：大约二千顷，共二十万亩。一顷百亩。［31］邮亭：古代的驿站。坏败：遭到破坏，交通断绝。［32］部士入山：部署军队进山伐木。［33］在水次：堆放在湟水岸边。［34］冰解漕下：冰化水运而下。［35］缮乡亭：修缮亭驿。［36］浚沟渠：疏浚灌溉沟渠。［37］"治湟狭"句：治理湟水四望峡以西道路上的七十处桥梁。［38］田事出：言春天人到户外种田。即春耕开始。［39］赋人三十亩：给屯田士兵每人分三十亩地。［40］"发郡骑"句：征发各郡的骑兵以及归服的羌人骑兵各一千人护卫屯田。发，征发，结集。［41］就草为田者游兵：追随水草为屯田士兵巡逻护卫。［42］以充入金城郡，益积畜：收获的粮食运入金城郡，增加积蓄。畜，通"蓄"。［43］省大费：节省大量边防经费。［44］转谷至者：大司农运入屯田前线的粮食。［45］足支万人一岁食：可以充足供给现在一万屯田士兵一年的食用。［46］谨上田处及器用簿：谨呈上屯田的处所，以及屯田所用工具的登记簿。［47］即如将军之计：依照将军的计划。［48］孰计其便，复奏：将军深思熟虑制定出安羌的最佳方案，重新上奏。孰，通"熟"。［49］"百战而百胜"三句：取意于《孙子·谋攻》与《形》篇，文略小异。原文为："是故百战百胜，非善之善者也，不战而屈人之兵，善之善者也。"《形》篇的原文是："昔之善战者，先为不可胜以待敌之可胜。"这句的意思是：先创造敌不可胜我的条件，然后我可以胜敌。［50］殊：不同。礼义之国：指汉朝。［51］亡：失去。荐草：牛羊所吃的草。荐，茂盛。［52］骨肉心离：同族乃至至亲离心离德。［53］人有畔志：指羌众人心思叛，不愿听头领的话与汉为敌。畔，通"叛"。［54］班师罢兵：还师休兵。［55］万人留田：留下一万士兵屯田。［56］以待可胜之虏：等待战胜羌虏的机会。［57］兵决可期月而望：结束战争可望在一年之内。期月，一年。［58］受言去者凡七十辈：指接受赵充国劝导而归相告喻羌人的归附者有七十批。［59］坐：静观。支解羌虏之具：这些人都是分化羌虏的工具。［60］便宜十二事：十二条好处。［61］以为武备：屯田士兵也是战备。［62］贫破其众：使羌虏贫困破败。［63］相畔之渐：互相叛离日益严重。［64］居民得并田作：屯田推助民耕，两不相妨。［65］"军马"二句：一个骑兵与马匹一个月的费用，可支付屯田兵一年的用度。［66］省甲士卒：检阅演练士兵。［67］"循河、湟"句：演练士兵沿湟水黄河把粮食水运到临羌。即运粮纳入演练，一举两得。循，沿着。［68］"以示羌虏"三句：谓演练运输，还能向羌虏显示威力，为以后对羌博弈打下基础。折冲之具，御敌资本。［69］充入金城：屯田收获充实金城郡的仓储府库。［70］乘危徼幸：避免当前出兵的冒险和侥幸。［71］"不出"二句：暂时不出兵决战，迫使反叛的羌虏流窜于风寒之地。［72］"离霜露"句：反虏将遭受霜露、瘟疫、冰冻的祸患。［73］"无经阻"句：不出兵可以不经历险阻、远追，没有死伤的灾难。［74］"内""外"二句：不出兵对内不损朝廷威望，对外不给羌人以可乘之机。乘间，利用的间隙，即可乘之机。［75］"又亡惊动"句：不出兵还不会惊动黄河南岸的大幵部落。亡，通"无"。河南，这里指今兰州以西黄河以南地区。大幵，羌族的一种。［76］伸威千里：扬威千里。［77］从枕席上过师：这是说修桥成功，则行军安全方便，如从枕席上经过。［78］繇役豫息：停止徭役。繇，通“徭”。［79］以戒不虞：有余力防止意外事故。虞，忧虑。［80］独不计：似乎没有考虑，没有想到。虏闻兵颇罢：叛虏知道汉兵撤走骑兵后的反应。［81］“攻扰”句：攻击骚扰屯田士卒以及沿线守兵。［82］何以止之：用什么办法制止羌人的进犯。［83］孰计复奏：深思熟虑后再奏。孰，通“熟”。［84］兵以计为本：军事以谋略为根本。［85］多算胜少算：《孙子·计》篇说：“多算胜，少算不胜。”意谓筹算精细，故能获胜；谋虑短浅，必然失败。［86］余：指先零羌还剩下的精壮人力。［87］失地远客分散：指先零羌失去原有的土地，分散在远离家乡的地区。［88］饥冻畔还者不绝：挨饿受冻，不断有人背离头领逃回家乡。［89］可日月冀：先零羌的败落是必然的，只是时间早晚的问题。即指日可待。［90］窃见：个人认为。辽东：郡名，郡治襄平，在今辽宁辽阳市。［91］骑兵虽罢：指汉军虽然撤走了骑兵。［92］必不敢捐其妻子于他种中：指先零羌绝不敢把妻子儿女安置在其他羌人部落中。捐，捐弃，此指安置在他人手中。［93］累重：家属拖累，即妻儿老小。［94］瓦解其处：必将在所住地瓦解。［95］册：同“策”。［96］其原未可卒禁：这本来不可能突然禁绝。卒，通“猝”。［97］战不必胜，不苟接刃：打仗没有必胜的把握，不能轻率地与敌短兵相接。苟，随便。接刃，兵刃接触，谓肉搏。［98］劳众：兴师动众。［99］同是：谓同样不能防止小寇盗。意即小寇盗任何时候都有。［100］释坐胜之道：放弃坐等来到的胜利。［101］从乘危之势：采取出兵的冒险行动。［102］空内自罢敝：白白地使自己疲困不堪。罢，通“疲”。［103］贬重以自损：自己贬损汉朝的威严。［104］还不可复留：言大军出塞而还，人人思归，不可再留屯以备羌。［105］徭役复更发也：徭役又将兴起，更要加重征发。［106］臣窃自惟念：臣私下思量。［107］引军远击：率军出战，远途奔袭羌人。［108］散车甲于山野：把车马、兵甲散落在山野之中。［109］虽亡尺寸之功：即使没有立下一丁点功劳。［110］偷得避嫌之便：苟且避免嫌疑。［111］而亡后咎余责：过后不负任何责任。［112］公卿：三公九卿。议臣：谋议之臣，参列朝议的大夫、博士等。［113］初是充国计者什三：起初赞同赵充国计谋的只有十分之三的人。［114］中什五：朝议进行中赞同的人越来越多，有十分之五，一半。［115］最后什八：朝议结束，赞同的人十分之八。［116］有诏诘前言不便者：宣帝责问起初不赞同的人为什么改变看法。［117］皆顿首服：这些人都叩头认错。［118］数画军册：多次筹画的军事策谋。［119］任其计必可用：担保他的策谋一定成功。任，担保。［120］嘉纳之：称赞他的谋略而采纳。［121］破羌：破羌将军辛武贤。强弩：强弩将军许延寿。［122］两从其计：对两种计划，即出击与屯田都予批准。［123］卬：赵卬。出击：破羌、强弩、中郎将三将军出击羌人。［124］朱邑：西汉庐江舒（今安徽庐江县西南）人，字仲卿。为北海太守，以治行第一人为大司农。为政廉平，居处节俭，家无余财。传见《汉书》卷八十九。［125］循吏：守法循理之吏；良吏。［126］闵惜之：宣帝十分惋惜朱邑。［127］是岁：这一年。宣帝神爵元年，公元前61年。［128］丁令：即丁零，族名，处于匈奴以北。比三岁：接连三年。钞盗匈奴：抢掠匈奴。［129］无所得：匈奴进攻丁令，毫无所获。

二年（辛酉，前 60 年）

春，正月，以凤皇、甘露降集京师，赦天下。

夏，五月，赵充国奏言："羌本可五万人军[1]，凡斩首七千六百级，降者三万一千二百人，溺河湟[2]、饿死者五六千人，定计遗脱与煎巩、黄羝俱亡者不过四千人[3]。羌靡忘等自诡必得[4]，请罢屯兵！"奏可。充国振旅而还[5]。

所善浩星赐迎说充国曰[6]："众人皆以破羌、强弩出击[7]，多斩首、生降[8]，虏以破坏[9]。然有识者以为虏势贫困，兵虽不出，即自服矣[10]。将军即见[11]，宜归功于二将军出击，非愚臣所及。如此，将军计未失也。"充国曰："吾年老矣，爵位已极，岂嫌伐一时事以欺明主哉[12]！兵势，国之大事，当为后法。老臣不以余命一为陛下明言兵之利害，卒死[13]，谁当复言之者！"卒以其意对[14]。上然其计[15]，罢遣辛武贤归酒泉太守，官充国复为后将军。

秋，羌若零、离留、且种、儿库共斩先零大豪犹非、杨玉首[16]，及诸豪弟泽、阳雕、良儿、靡忘皆帅煎巩、黄羝之属四千余人降[17]。汉封若零、弟泽二人为帅众王，余皆为侯、为君[18]。初置金城属国以处降羌[19]。

诏举可护羌校尉者[20]。时充国病，四府举辛武贤小弟汤[21]。充国遽起[22]，奏："汤使酒[23]，不可典蛮夷[24]。不如汤兄临众[25]。"时汤已拜受节[26]，有诏更用临众[27]。后临众病免，五府复举汤[28]。汤数醉酗羌人[29]，羌人反畔[30]，卒如充国之言[31]。辛武贤深恨充国，上书告中郎[32]卬泄省中语[33]，下吏，自杀。

司隶校尉魏郡盖宽饶[34]，刚直公清，数干犯上意[35]。时上方用刑法，任中书官[36]，宽饶奏封事[37]曰："方今圣道浸微[38]，儒术不行，以刑余为周、召[39]，以法律为《诗》《书》[40]。"又引《易传》言[41]："五帝官天下[42]，三王家天下[43]。家以传子孙，官以传贤圣。"书奏，上以为宽饶怨谤[44]，下其书中二千石[45]。时执金吾[46]议，以为"宽饶旨意欲求禅[47]，大逆不道！"谏大夫郑昌愍伤宽饶忠直忧国[48]，以言事不当意而为文吏所诋挫[49]；上书讼[50]宽饶曰："臣闻山有猛兽，藜藿为之不采[51]；国有忠臣，奸邪为之不起。司隶校尉宽饶，居不求安，食不求饱[52]；进有忧国之心，退有死节之义；上无许、史之属，下无金、张之托[53]；职在司察，直道而行，多仇少与[54]。上书陈国事，有司劾以大辟[55]。臣幸得从大夫之名，官以谏为名，不敢不言！"上不听。九月，下宽饶吏；宽饶引佩刀自刭北阙下[56]，众莫不怜之[57]。

（以上为第六段，写赵充国安羌胜利班师，此为宣帝时最大的军事胜利。由于战略分歧，辛武贤挟嫌报复，举报与赵充国子赵卬私密语，迫其下吏自杀；盖宽饶直言犯上，蒙冤而死。此为宣帝寡恩之短也。）

【注释】

[1]羌本可五万人军：羌以原本能战之士约五万人。 [2]溺河湟：淹死在黄河、湟水中。[3]定计：按实数计算。遗脱：谓剩余的人。煎巩、黄羝：皆是羌种。不过四千人：五万能战的羌众，漏网逃脱的不到四千人。 [4]羌靡忘等自诡必得：罕羌头领靡忘保证可以擒获逃亡的四千多叛羌。自诡，口头保证。 [5]振旅而还：胜利班师。 [6]所善：赵充国的好友。浩星赐：人名。迎说充国：迎接赵充国向他进言劝说。 [7]出击：指两将军出击有功。 [8]生降：俘虏。[9]虏以破坏：羌人败亡。此言功劳要归于两将军出击。 [10]即自服矣：就会自动投降。据章校，他本"即"字作"必"，即"一定"会自动投降，按："即""必"二字，无多大差别。 [11]即见：就要见天子。 [12]岂：难道。嫌伐：言以自夸功劳为嫌，避嫌之意。一时事：一时用兵之事。这句意谓应当以实情奏闻，而不能欺骗天子。 [13]卒死：一旦战死。 [14]卒以其意对：赵充国最终按自己的看法奏明宣帝。 [15]上然其计：宣帝赞同赵充国的看法。 [16]若零、离留、且（zū）种、儿库：都是羌族各部小头目。犹非、杨玉：二人名。 [17]弟泽、阳雕、良儿、靡忘：皆羌族人名。帅：率领。 [18]余皆为侯、为君：离留、且种二人为侯；儿库为君；阳雕为言兵侯；良儿为君；靡忘为献牛君。 [19]"初置"句：安置羌族归汉的人于金城郡内。[20]可护羌校尉者：可以胜任护羌校尉的人。护羌校尉，官名，掌处理羌族事务。 [21]四府：指丞相、御史大夫、车骑将军、前将军等府。汤：人名，辛武贤的小弟。 [22]充国遽起：赵充国急忙从病床上起来。遽，突然，急忙。 [23]汤使酒：辛汤酗酒成性。 [24]不可典蛮夷：不可任用他掌理蛮夷事务。 [25]临众：辛临众。 [26]汤已拜受节：辛汤已被任命即将持节赴任。 [27]有诏更用临众：宣帝下诏改用辛临众。 [28]五府：四府加上后将军府。复举汤：再次举荐辛汤。 [29]汤数醉酗羌人：辛汤多次酒醉之后虐待羌人。酗，醉酒发怒，俗称耍酒疯。[30]反畔：反叛。 [31]卒如充国之言：最终果然如同赵充国的预料。 [32]中郎：据章校，他本"郎"下有"将"字，是。赵卬为中郎将。 [33]泄省中语：泄露禁中语。按：赵卬与辛武贤在

军中宴语时，曾说，起初天子对张安世不满意，欲诛之；家将军（指赵充国）以为张安世应该保全，于是张安世得免。辛武贤即告发赵卬所语有罪。［34］司隶校尉：官名，汉武帝时始置，掌纠察京师百官及所辖附近各郡，相当于州刺史。盖宽饶：西汉魏郡（治今河北临漳县西南）人，字次公，为人刚直。宣帝时为司隶校尉，刺举无所回避。反对宣帝信任宦官，被劾大逆不道，下吏，自杀。传见《汉书》卷七十七。［35］干犯：冒犯。上意：天子的旨意。［36］任中书官：任用宦官。［37］奏封事：上奏密封的奏章。汉制，上奏非常事，密封直呈皇帝，尚书、中书不得启封。［38］圣道浸微：圣贤之道逐渐衰微。［39］以刑余为周、召：让宦官掌权。刑余，指宦官。周、召，周公姬旦，召公姬奭，二人皆是辅政大臣。这句言以阉人（宦者）掌握大权。［40］以法律为《诗》《书》：《诗》《书》是儒家的经典，儒家用以进行教育，故代指教化。［41］又引《易传》言：引语为汉代韩斐所著《易传》，今已佚。［42］官天下：以天下为公有。五帝，指黄帝、颛顼、帝喾、唐尧、虞舜，禅让相承，故称官天下。［43］三王家天下：夏、商、周三代开国圣王传子，以天下为私有。［44］怨谤：怨恨诽谤朝廷。［45］“下其书”句：把盖宽饶的上书转发朝中二千石大臣会议处置。中二千石，官阶名。这里指秩中二千石之官。汉代九卿都是秩中二千石。［46］执金吾：官名，督巡三辅治安的长官。据《汉书·百官公卿表》，其时南阳太守贤为执金吾。［47］旨意欲求禅：盖宽饶的心意，想让皇上把帝位禅让给他。［48］愍伤：悲伤，同情。忠直忧国：忠心爱国。［49］言事不当意：言论不合皇上心意。为文吏所诋挫：遭咬文嚼字的官吏诋毁陷害。［50］上书讼：上奏诉冤。［51］藜藿：可以充饥的野菜。为之不采：山有猛虎，无人敢去采摘。［52］居不求安，食不求饱：居住不追求安逸，吃饭不追求丰盛。谓一心为公，不求私利。［53］“进有”四句：仕进有一片忧国之心，退居有守节赴死的正气，上无有势的亲戚，下无权臣依靠。许、史之属，指如许伯、史高等有外戚之恩。金、张之托，指如金日磾、张安世等权臣的依托。［54］多仇少与：仇人多朋友少。［55］劾以大辟：遭到死罪的弹劾。［56］自刭：自杀。北阙：在未央宫北。［57］众莫不怜之：人们无不怜惜。

匈奴虚闾权渠单于将十余万骑旁塞猎[1]，欲入边为寇。未至，会其民题除渠堂亡降汉言状[2]，汉以为言兵鹿奚鹿卢侯[3]，而遣后将军赵充国将兵四万余骑屯缘边九郡备虏[4]。月余，单于病欧血[5]，因不敢入，还去，即罢兵。乃使题王都犁胡次等入汉请和亲[6]，未报[7]。会单于死。虚闾权渠单于始立，而黜颛渠阏氏[8]。颛渠阏氏即与右贤王屠耆堂私通[9]，右贤王会龙城而去[10]。颛渠阏氏语以单于病甚，且勿远。后数日，单于死，用事贵人郝宿王刑未央使人召诸王[11]，未至，颛渠阏氏与其弟左大将且渠都隆奇[12]谋，立右贤王为握衍朐鞮单于。握衍朐鞮单于者，乌维单于耳孙[13]也。

握衍朐鞮单于立，凶恶，杀刑未央等而任用都隆奇，又尽免虚闾权渠子弟近亲而自以其子弟代之。虚闾权渠单于子稽侯狦[14]既不得立，亡归妻父乌禅幕[15]。乌禅幕者，本康居、乌孙间小国[16]，数见侵暴，率其众数千人降匈奴，狐鹿姑单于以其弟子日逐姊妻之[17]，使长其众[18]，居右地[19]。日逐王先贤掸，其父左贤王当为单于，让狐鹿姑单于，狐鹿姑单于许立之[20]。国人以故颇言日逐王当为单于[21]。日逐王素与握衍朐鞮单于有隙[22]，即帅其众欲降汉[23]，使人至渠犁[24]，与骑都尉郑吉相闻[25]。吉发渠犁、龟兹[26]诸国五万人迎日逐王口万二千人、小王将十二人，随吉至河曲[27]，颇有亡者[28]，吉追斩之，遂将诣京师。汉封日逐王为归德侯。

吉既破车师[29]，降日逐[30]，威震西域，遂并护车师以西北道，故号都护[31]。都护之置，自吉始焉。上封吉为安远侯。吉于是中西域而立莫府[32]，治乌垒城[33]，去阳关[34]二千七百余里。匈奴益弱[35]，不敢争西域，僮仆都尉由此罢[36]。都护督察乌孙、康居等三十六国动静，有变以闻[37]，可安辑[38]，安辑之，不可者诛伐之，汉之号令班西域[39]矣。

握衍朐鞮单于更立其从兄薄胥堂[40]为日逐王。

乌孙昆弥翁归靡因长罗侯常惠上书[41]：“愿以汉外孙元贵靡为嗣[42]，得令复尚汉公主[43]，结婚重亲，畔绝匈奴[44]。”诏下公卿议。大鸿胪萧望之以为：“乌孙绝域[45]，变故难保，不可许。”上美乌孙新立大功[46]，又重绝故业[47]，乃以乌孙主解忧弟相夫为公主[48]，盛为资送而遣之[49]，使常惠送之至敦煌[50]。未出塞，闻翁归靡死，乌孙贵人共从本约立岑娶子泥靡为昆弥[51]，号狂王。常惠上书：“愿留少主敦煌[52]。”惠驰至乌孙，责让不立元贵靡为昆弥，还迎少主[53]。事下公卿[54]，望之复以“乌孙持两端，难约结[55]，今少主以元贵靡不立而还，信无负于夷狄[56]，中国之福也。少主不止[57]，繇役将兴[58]。”天子从之，征还少主[59]。

（以上为第七段，写匈奴内乱；郑吉破车师，立功西域，任首任西域都护。）

【注释】

［1］旁塞猎：沿着边塞打猎。旁，通“傍”，沿着。［2］会：恰好。题除渠堂：人名。亡降汉言状：逃到汉朝投降报告了这件事。［3］汉以为言兵鹿奚鹿卢侯：汉朝封题除渠堂为“言兵鹿奚鹿卢”侯。按：据章校，他本“卢”上无“鹿”字，《汉书·匈奴传》“卢”上无“鹿”字，即“言兵鹿奚鹿卢”，应作“言兵鹿奚卢”。《汉书》表中无此侯，盖无食邑，即只有侯号而无封地，故表不载。［4］屯缘边九郡备虏：驻扎在北方沿着九个郡的边塞，防备匈奴。九郡为：五原、朔方、云中、代郡、雁门、定襄、北平、上谷、渔阳。［5］欧血：吐血。［6］题王：匈奴的王号。都犁胡次：题王之名。入汉请和亲：前来汉朝，请求和亲。［7］未报：汉朝还没回答。［8］黜颛渠阏氏：黜，罢废。颛渠阏氏，单于王妃，其次为大阏氏。此颛渠阏氏为前单于壶衍鞮单于王妃，虚闾权渠单于之嫂。按匈奴习惯，弟继承单于，妻群嫂，虚闾权渠单于即妻颛渠阏氏，但他始即位即冷落颛渠阏氏在一旁，罢废之。［9］私通：通奸。［10］右贤王会龙城而去：右贤王屠耆堂参与龙城大会离去。龙城，匈奴单于会聚地方各部诸侯王之所，相当于中原王朝的都城，每年五月会聚祭祀祖先及天地。［11］“用事贵人”句：匈奴掌权贵人郝宿王刑未央派人召聚诸侯王议立单于。郝宿王，匈奴的王号。刑未央，郝宿王之名。［12］左大将且渠都降奇：据章校，他本无“将”字，是。左大且渠，匈奴官号。都隆奇，人名，颛渠阏氏之弟。两人谋议立右贤王屠耆堂为单于，夺了匈奴政权。［13］耳孙：远代孙，玄孙之子，第五代孙。屠耆堂被立为握衍朐鞮单于，他是乌维单于的第五代孙。［14］稽侯狦：人名，匈奴虚闾权渠单于之子。［15］乌禅幕：人名，稽侯狦之岳父。［16］“乌禅幕者”二句：乌禅幕原是古城康居、乌孙之间一个小国的君长。［17］日逐：匈奴西部地区的王号之一，其姐为乌禅幕之妻。［18］使长其众：狐鹿姑单于命乌禅幕为所率部众的头领。［19］居右地：安置在匈奴的西部地区。［20］许立之：狐鹿姑单于答应死后单于位由先贤掸之父左贤王继位，即把单于位还给他。［21］国人以故颇言日逐王当为单于：匈奴人都认为日逐王先贤掸当继立为单于。先贤掸之父已死，儿子当继父而立。［22］有隙：有隔阂，有矛盾。先贤掸未得立单于，屠耆堂立为握衍朐鞮单于，先贤掸恰又一向与之有隙。［23］降汉：先贤掸率领其众要投降汉朝。［24］使人至渠犁：派人到渠犁。渠犁，西域国名，在今新疆库尔勒市一带。［25］相闻：相通联络。时汉使骑都尉郑吉在渠犁。［26］龟兹：西域国名，附汉，在今新疆轮台县至拜城县一带。［27］河曲：黄河弯曲处，大约指今甘肃兰州市以西一段黄河，为金城郡地。［28］颇有亡者：一路有许多匈奴人逃跑回原地。［29］吉既破车师：事见上卷地节三年。［30］降日逐：使日逐王归降。［31］都护：官名，汉设在西域的最高长官。都护的语意是，并护西域南北二道各国。［32］中西域：言处于西域诸国之中。莫府：即幕府，军事办事处，后遂称都护府。［33］乌垒城：城名，在新疆轮台县东北。［34］阳关：关名，在今甘肃敦煌市西南。阳关是汉朝最西边塞，距离西域都护乌垒城二千七百余里。［35］益弱：更加衰弱。［36］僮仆都尉：匈奴的官名，监管和奴役西域各国，隶属于匈奴日逐王。所谓“僮仆”，是把西域当奴仆对待。罢：废除。［37］有变以闻：发生变乱，报告朝廷。［38］安辑：安抚。［39］汉之号令班

西域：汉朝的号令从此颁行于西域。［40］薄胥堂：人名，后来立为屠耆单于。［41］昆弥：乌孙王的称号。翁归靡：乌孙王之名。常惠：护乌孙之汉使。［42］元贵靡：人名，汉解忧公主的长子，故称"汉外孙"。嗣：王位继承人。［43］复尚汉公主：乌孙王再次娶汉公主。尚，娶。高攀娶帝王之女称为"尚"。［44］重亲：亲上加亲。以往乌孙王曾尚汉公主，今王嗣又尚之，故言"重亲"。畔：同"叛"。［45］绝域：极远的地方。［46］乌孙新立大功：指本始二年乌孙破匈奴。［47］重绝故业：一再断绝了与匈奴的和亲。故业，指乌孙与匈奴原有的和亲。［48］乌孙主解忧：即嫁与乌孙王的解忧公主。弟：妹。相夫：人名，解忧公主之妹。［49］盛为资送而遣之：备了很丰厚的嫁妆送刘相夫公主到乌孙。盛，丰厚。资，嫁妆。［50］敦煌：县名，治所在今甘肃敦煌市西。［51］本约：原来的约本。乌孙王岑娶原来嘱托大臣立泥靡为昆弥。泥靡：岑娶所娶匈奴女所生之子。［52］愿留少主敦煌：希望将少公主暂留敦煌。［53］"责让"二句：指责乌孙大臣不立元贵靡，既如此，少公主就要回长安。［54］事下公卿：此事由公卿大臣朝议。［55］难约结：难以结约和亲。［56］信无负于夷狄：汉朝并没有失信于夷狄。［57］不止：不把少公主召回来。［58］繇役将兴：徭役再起。繇，通"徭"。［59］征还少主：把少主征召回来。

三年（壬戌，前59年）

春，三月，丙辰[1]，高平宪侯魏相薨。夏，四月，戊辰[2]，丙吉为丞相。吉上宽大[3]，好礼让，不亲小事；时人以为知大体。

秋，七月，甲子[4]，大鸿胪萧望之为御史大夫。

八月，诏曰："吏不廉平，则治道衰。今小吏皆勤事而俸禄薄，欲无侵渔[5]百姓，难矣！其益吏百石已下俸十五[6]。"

是岁，东郡太守韩延寿为左冯翊[7]。始，延寿为颍川[8]太守，颍川承赵广汉构会[9]吏民之后，俗多怨仇。延寿改更，教以礼让[10]；召故老[11]，与议定嫁娶、丧祭仪品，略依古礼，不得过法[12]。百姓遵用其教。卖偶车马、下里伪物者[13]，弃之市道[14]。黄霸代延寿居颍川，霸因其迹而大治[15]。延寿为吏，上礼义[16]，好古教化[17]，所至必聘其贤士，以礼待用[18]，广谋议[19]，纳谏争[20]；表孝弟有行[21]，修治学官[22]，春秋乡射[23]，陈钟鼓、管弦[24]，盛升降、揖让[25]；及都试讲武[26]，设斧钺、旌旗[27]，习射、御之事[28]；治城郭[29]，收赋租[30]，先明布告其日，以期会为大事[31]。吏民敬畏，趋乡之[32]。又置正、五长[33]，相率以孝弟[34]；不得舍奸人[35]，闾里阡陌有非常[36]，吏辄闻知[37]，奸人不敢入界。其始若烦，后吏无追捕之苦，民无棰楚之忧[38]，皆便安之。接待下吏，恩施甚厚而约誓明。或欺负之者[39]，延寿痛自刻责[40]："岂其负之，何以至此[41]！"吏闻者自伤悔，其县尉至自刺死[42]。及门下掾自刭[43]，人救不殊[44]，延寿涕泣，遣吏医治视[45]；厚复其家[46]。在东郡三岁，令行禁止[47]，断狱大减[48]，由是入为冯翊[49]。

延寿出行县至高陵[50]，民有昆弟相与讼田[51]，自言。延寿大伤之[52]，曰："幸得备位[53]，为郡表率[54]，不能宣明教化[55]，至令民有骨肉争讼[56]，既伤风化，重使贤长吏、啬夫、三老、孝弟受其耻[57]，咎在冯翊[58]，当先退[59]！"是日，移病不听事[60]，因入卧传舍，闭阁思过[61]。一县莫知所为[62]，令、丞、啬夫、三老亦皆自系待罪[63]。于是讼者宗族传相责让[64]；此两昆弟深自悔，皆自髡[65]，肉袒谢[66]，愿以田相移[67]，终死不敢复争[68]。郡中歙然[69]，莫不传相敕厉[70]，不敢犯。延寿恩信周遍二十四县[71]，莫敢以辞讼自言者。推其至诚[72]，吏民不忍欺绐[73]。

匈奴单于又杀先贤掸两弟；乌禅幕请之[74]，不听，心恚[75]。其后左奥鞬王[76]死，单于自立其小子为奥鞬王，留庭[77]。奥鞬贵人共立故奥鞬王子为王[78]，与俱东徙[79]。单于右丞相将万骑往击之[80]。失亡数千人[81]，不胜。

（以上为第八段，写循吏韩延寿历任颍川太守、东郡太守、左冯翊的政绩，以及以古礼和仁爱治政的故事。）

【注释】

［1］丙辰：三月十六日。［2］戊辰：四月庚午朔，无戊辰，有误。［3］上宽大：主张宽大。上，通"尚"，崇尚，主张。［4］甲子：七月二十六日。［5］侵渔：侵夺，敲诈勒索。［6］益：增加。百石：指小吏。俸十五：俸禄的十分之五，例如原俸一石，则增加五斗，共一石五斗。［7］东郡：郡名，郡治濮阳，在今河南濮阳市西南。左冯翊：官名，相当于郡太守，掌治京畿东部地区。［8］颍川：郡名，郡治阳翟，在今河南禹州市。［9］构会：互相告发。赵广汉构会吏民，事见《资治通鉴》卷二十四本始三年。［10］礼让：讲求礼仪谦让。［11］召故老：召集乡里年纪大、阅历广的老人咨询。［12］过法：超过法度、标准，铺张浪费。［13］偶车马：用土、木

仿制的车马等殡葬品。下里伪物：指坟墓里假造的随葬物品。［14］弃之市道：丢弃在街市上。［15］霸因其迹而大治：黄霸仿效韩延寿的做法，颍川治理得很好。［16］上礼义：崇尚礼仪道义。［17］好古教化：向往古时的政教风化。［18］以礼待用：待之以礼，量才录用。［19］广谋议：请他们多出谋献策。［20］纳谏争：听取诤言。［21］表孝弟有行：表彰孝顺父母、友爱兄弟品德高尚的人。［22］修治学官：修建学校。学官，本指掌学校教育的官员，这里指校舍。［23］春秋乡射：每年春秋两季按时举行乡射之礼。［24］陈钟鼓、管弦：乡射赛场上陈设钟鼓管弦乐器。［25］盛升降、揖让：讲求比射时升降、揖让的古礼。升降，宾主登堂下阶，即进入的礼仪。［26］都试讲武：汉代的郡，于农闲时集会比试武艺。［27］设斧钺、旌旗：考场上设置斧钺兵器和旌旗。［28］习射、御之事：练习射箭、驾车的技艺。［29］治城郭：建造城邑的内城与外城。［30］收赋租：征收赋税。［31］以期会为大事：将治城郭、收赋租约定期限作为一件大事。［32］趋乡之：归向、服从他。［33］又置正、五长：民间基层设置乡正、里长和伍长。古代户籍每五户设一长，为“伍长”。五，同“伍”。［34］相率以孝弟：督导彼此以孝弟为榜样。［35］舍奸人：收容奸猾之人。［36］闾里：乡里。阡陌：田间小道，代指乡间。非常：指突发事变。［37］吏辄闻知：乡里发生非常事件，层层官吏立即上报。［38］民无棰楚之忧：民不犯法，没有遭受杖责的忧虑。棰楚，木棍与荆杖，打人的用具。这里指杖刑。［39］或欺负之者：有人欺瞒、辜负了韩延寿。［40］延寿痛自刻责：韩延寿就深刻地自我责备。［41］“岂其负之”二句：难道是我亏待了他，不然，他怎能干这种事！［42］“吏闻”二句：犯事的属吏听到后很后悔，有一个县尉因此自杀。县尉，武官名，掌一县军事。［43］门下掾自刭：一个门下掾也因而自刎。门下掾（yuàn），属吏，这里指郡守的属吏。［44］人救不殊：被人救活。不殊，没死。［45］遣吏医治视：派遣属吏医生治疗和看护门下掾。［46］厚复其家：厚送财物，免除他家的赋役。［47］令行禁止：令之必行，禁之必止，言没有违犯的人。［48］断狱大减：审理和判决案件，大大减少。即发生的案件大大减少。［49］由是入为冯翊：因此调韩延寿入京任职左冯翊。［50］行县：巡行视察所属各县。高陵：县名，治所在今陕西西安市高陵区。［51］昆弟：兄弟。相与：共同。讼田：为争田产而诉讼。［52］大伤之：对此非常痛心。［53］备位：徒占其位。旧时官员自谦之词。［54］表率（shuài）：榜样。［55］宣明教化：明白教化的意义。［56］骨肉争讼：至亲打官司。［57］“重使”句：更加让贤德的地方长官及啬夫、三老、孝悌等民众乡官蒙受耻辱。重（zhóng），更加。长吏，指县级长官。啬（sè）夫，官名，下层小吏，掌管诉讼、赋税、治安等事。三老，乡官，掌管教化，协助政务。汉代郡、县、乡都设置三老。孝弟，乡官，掌孝悌风化。［58］咎：罪责。冯翊：即左冯翊。这里是韩延寿自指。［59］当先退：我应当第一个引咎辞职。［60］移病不听事：借口有病不处理政务。［61］“因入”二句：因此躺在驿站闭门思过。传（zhuàn）舍，古时供公差及行人止宿的地方，犹今之旅舍或招待所。阁，门。［62］一县莫知所为：全县官民不知怎么办。［63］自系待罪：自行捆绑，听候处理。［64］讼者宗族传相责让：打官司的两兄弟族人都相继去责备两人。传相，互相，相继。［65］自髡（kūn）：

自行剃去头发。髡，古代剃去头发的刑罚。［66］肉袒：脱去上衣，露出上体。自髡肉袒，表示自愿认罪就刑。谢：认罪。［67］愿以田相移：甘愿把田相让给对方。［68］终死不敢复争：表示终生不再相争。［69］郡中歙（xī）然：一郡民众和睦融洽。［70］敕厉：告诫，勉励。厉，同“励”。［71］恩信：恩德，威信。周遍：传遍。二十四县：指左冯翊所统辖的高陵、栎阳、翟道等二十四县。［72］推其至诚：推己及人，极为诚恳。［73］吏民不忍欺绐：吏民不忍心欺骗他。［74］请之：求情。乌禅幕向握衍朐鞮单于为先贤掸的两弟求情。［75］心恚：乌禅幕很气愤。恚，愤怒。［76］左奥鞬王：匈奴的王号。［77］留庭：留于单于庭。指握衍朐鞮单于的小儿子为奥鞬王没有到辖地上去。［78］奥鞬贵人：奥鞬王部下的上层分子。故奥鞬王子：原奥鞬王之子。［79］与俱东徙：谓奥鞬贵人与其拥立的奥鞬王一同向东迁徙。左奥鞬王原在匈奴的东部，今东徙，便距离匈奴单于更远。［80］“单于右丞相”句：单于庭的右丞相率领一万骑兵攻击奥鞬王部。［81］失亡数千人：匈奴右丞相所率骑兵逃散的达数千人。

【点评】

赵充国安羌。西汉宣帝甘露三年（公元前51）图画于麒麟阁的十一位中兴名臣中，有一位甘肃历史人物，排序第四，他就是安羌名将赵充国。

赵充国，字翁孙，生于公元前137年，卒于公元前52年，享年86岁。他原籍陇西上邽（在今甘肃天水市西南）人，随汉武帝开发河西而移居令居县。令居在今甘肃永登县西北庄浪河右岸，这是一个冲要地方。汉朝在这里屯兵储粮，它既是支援河西的补给基地，又是控制湟水流域羌人的战略要地。匈奴联合羌人反汉就多次合约攻令居。公元前121年汉得河西地初置令居塞。从令居到酒泉，沿线千余里建置障塞亭燧，屏绝羌胡交通。公元前115年，汉武帝移民令居置县，赵充国家大约在此时移居令居。赵充国23岁时，投军为骑士。他骁勇善战，因“善骑射补羽林郎”，入卫京师。

杰出人物的产生，首先取决于社会的需要和条件。赵充国历仕武、昭、宣三朝，正当西汉鼎盛时期，也是汉匈斗争最严酷的历史时期。从公元前133年到公元前51年，汉匈处于战争状态达83年之久，民族融合总是以民族斗争为前提的。西汉时期汉匈斗争正为汉匈民族融合创造了条件。赵充国的一生恰与这场伟大的斗争相始终。令居又是一个控扼羌胡交通的要塞。它为赵充国的成长提供了理想的舞台。《汉书》本传称赵充国“为人沈勇有大略，少好将帅之节，而学兵法，通知四夷事”。时代的需要和生活历练锻造了赵充国的品德和才干。

神爵元年，赵充国受命安羌是宣帝时期最重大的一次军事行动。赵充国四月从京师出发，他到金城亲赴前线做了详细调查，直到六月才出兵，他认为率领一万骑兵突入湟水就可以平定羌乱。赵充国的策略是用兵示威，立足于抚，力争不战安羌。

赵充国不汲汲于一时的战功，力排众议，坚决贯彻以抚为主的安羌策略。具体方略是，孤立打击叛汉的先零羌，团结没有反汉的罕、开羌，分化瓦解羌人的盟约，并用屯田御敌的战略封锁叛羌于高山老林之中，汉军可持久，叛羌丧失水草只有困死在高山老林中，不可持久。按赵充国的估计，一个月后先零羌就可瓦解，最多坚持半年，熬过寒冬到来年的正月叛羌必然溃败。但朝廷内部，主剿派占了上风，宣帝调集了六万多步骑于前线，命令主剿派的中坚人物酒泉太守辛武贤为破羌将军，侍中许延寿为强弩将军。辛武贤提出由他率领河西精骑一万两千人，带三十日粮，从酒泉、张掖翻越祁连山，赵充国沿湟水西进，两路大军在七月上旬合期攻击湟水流域的罕、开羌，“夺其畜产，虏其妻子”，完全颠倒了赵充国的抚羌方针。按此策略，把全体羌人都推到了反汉的敌对一边，将兵连祸结长期不得安宁。赵充国陈说利害，反复上奏力争，丞相魏相等公卿大臣由最初的反对转向支持赵充国。宣帝妥协，两策并用，命令辛武贤等立即进兵，但放过罕、开羌，只打击先零羌，赵充国筹备屯田事宜。剿抚并用，迅速取得战果，五万多先零叛羌，在强大汉军攻击下，三分之一被剿杀，半数归降，只有不到一成叛羌四千多人远逃。六万多步骑汉兵，只留万人步兵屯田，修整道路，其余大军全部撤回。第二年，罕、开羌已有能力吞灭叛羌，赵充国率领屯田士兵凯旋，回到京城。

赵充国安羌时已是76岁高龄，他毛遂自荐，勇挑重担，“年迈加疾”而始终如一地坚持正确意见，表现出国家栋梁的大臣风节。

赵充国是西汉杰出的军事家，他的大臣风节尤其应该得到高度的评价。

卷二七　汉纪十九

汉宣帝神爵四年至黄龙元年（前 58—前 49 年）

【起昭阳大渊献（癸亥，前 58 年），尽玄黓涒滩（壬申，前 49 年），凡十年】

【大事提要】

本卷记事起公元前 58 年，讫公元前 49 年，凡十年，当汉宣帝神爵四年至黄龙元年。本卷所载大事，为汉宣帝晚年政治。汉宣帝晚年仍然励精图治，受到史家的高度赞誉。主要有五个方面。其一，宣帝任人，选贤使能，赏罚分明，此其所长，如酷吏严延年之死，罪有应得；但诛杀大臣过严，有失宽仁，此其所短，如韩延寿、杨恽之死，受到司马光的批评。其二，汉宣帝不喜欢太子刘奭仁弱崇儒，训导谓"汉家制度霸王道杂之"，可视为武帝政治的余波。其三，匈奴十年内乱，由五位单于的争斗，到剩下郅支、呼韩邪两位单于的角力，宣帝抓住时机安抚西域，挤压匈奴，大获成功。甘露三年，呼韩邪来朝，郅支西迁，结束了汉匈长达八十三年的战争状态，象征着西汉极盛。其四，宣帝不忘中兴汉室的文武大臣，甘露三年于匈奴呼韩邪来朝之后，图画十一位功臣于麒麟阁，画上了昭宣中兴的句号。其五，宣帝逝世，班固高度评价宣帝中兴汉朝的功绩，真正达到了贤人治国、民安其乐的境界。

中宗孝宣皇帝下

神爵四年（癸亥，前 58 年）

春，二月，以凤皇、甘露降集京师[1]，赦天下。

颍川太守黄霸在郡前后八年，政事愈治[2]；是时凤皇、神爵数集郡国[3]，颍川尤多。夏，四月，诏曰："颍川太守霸，宣明诏令[4]，百姓乡化[5]，孝子、弟弟、贞妇、顺孙日以众多[6]，田者让畔[7]，道不拾遗，养视鳏寡[8]，赡助贫穷，狱或八年无重罪囚；其赐爵关内侯、黄金百斤、秩中二千石[9]。"而颍川孝、弟、有行义民[10]，三老、力田[11]皆以差赐爵及帛[12]。后数月，征霸为太子太傅[13]。

五月，匈奴单于遣弟呼留若王胜之来朝[14]。

冬，十月，凤皇十一集杜陵[15]。

河南[16]太守严延年[17]为治阴鸷酷烈[18]，众人所谓当死者一朝出之[19]，所谓当生者诡杀之[20]，吏民莫能测其意深浅，战栗[21]不敢犯禁。冬月，传属县囚会论府上，流血数里[22]，河南号曰“屠伯[23]”。延年素轻[24]黄霸为人，及比郡为守[25]，褒赏反在己前，心内不服。河南界中又有蝗虫，府丞义出行蝗[26]，还，见延年。延年曰：“此蝗岂凤皇食邪[27]？”义年老，颇悖[28]，素畏延年，恐见中伤[29]。延年本尝与义俱为丞相史[30]，实亲厚之，馈遗之甚厚[31]。义愈益恐[32]，自筮[33]，得死卦[34]，忽忽不乐[35]，取告至长安[36]，上书言延年罪名十事；已拜奏[37]，因饮药自杀，以明不欺。事下御史丞按验[38]，得其语言怨望[39]、诽谤政治数事[40]。十一月，延年坐不道[41]，弃市[42]。

初，延年母从东海来，欲从延年腊[43]；到洛阳，适见报囚[44]，母大惊，使止都亭[45]，不肯入府[46]。延年出至都亭谒母，母闭阁不见[47]。延年免冠顿首阁下[48]，良久，母乃见之，因数责延年[49]：“幸得备郡守[50]，专治千里[51]，不闻仁爱教化，有以全安愚民；顾乘刑罚[52]，多刑杀人，欲以立威，岂为民父母意哉！”延年服罪，重顿首谢[53]，因为母御归府舍[54]。母毕正腊[55]，谓延年曰：“天道神明，人不可独杀[56]。我不意当老见壮子被刑戮也[57]！行矣[58]，去汝东归[59]，扫除墓地[60]耳！”遂去，归郡，见昆弟、宗人[61]，复为言之。后岁余，果败[62]，东海莫不贤智其母[63]。

（以上为第一段，写酷吏河南太守严延年刑杀过度，不得善终。）

【注释】

[1]凤皇、甘露降集京师：凤凰飞舞，甘露降落在京师，古人认为是祥瑞之兆。宣帝为之发布大赦令。凤皇，凤凰。皇，同“凰”。甘露，甘美的露水。 [2]政事愈治：政治越来越清明。 [3]神爵：神雀。爵，通“雀”。数集郡国：谓郡国多次出现凤凰、神雀飞集。 [4]宣明诏令：明确宣示各项诏令。 [5]乡化：向往礼义教化。乡，通“向”。 [6]“孝子”句：子女孝顺、兄弟友爱、妇女贞节、子孙尊敬老人日益增多。弟弟，即弟悌，敬爱兄长。 [7]田者让畔：种田的

人不争田界。畔，田界。［8］养视鳏寡：奉养照顾孤寡老人。鳏（guān），无妻或丧妻的人。寡，丧夫之妇。［9］秩中二千石：官阶名，月俸百八十斛。当时郡太守秩二千石（月俸百二十斛），黄霸秩中二千石，是特殊的优待。［10］孝：孝顺。弟：通“悌”，敬爱兄长。行义：品行道义。这句言颍川郡中孝顺、友爱和其他具有品行端良的百姓。［11］三老：乡官，掌教化，协助政务。西汉郡、县、乡皆设此官。力田：官名，劝农之官。［12］以差赐爵及帛：按等级赐给爵位和丝帛。差，等级。爵，爵位。秦汉爵有二十等级。帛，丝织品的总称。［13］太子太傅：辅导太子的官名。［14］呼留若王：匈奴的王号。胜之：人名。来朝：来汉朝见天子。［15］凤皇十一集杜陵：十一只凤凰飞集在杜陵。杜陵，县名，县治在今陕西西安市东南。［16］河南：郡名，郡治洛阳，在今河南洛阳市。［17］严延年：西汉东海下邳（今江苏睢宁县北）人，字次卿。少学法律，曾任涿郡太守、河南太守，摧折豪强，苛刻治狱，河南号称“屠伯”。后坐罪弃市。传见《汉书》卷九十。按：据章校，他本“严”上有“东海”二字，按《资治通鉴》书写体例，当有“东海”二字。［18］为治阴鸷酷烈：施政狠毒残暴。阴鸷，阴险凶猛，狠毒。［19］当死者一朝出之：应判死罪的人突然在某天被放出来。［20］当生者诡杀之：不该判死罪的人无端找借口处死。诡杀，违背天理滥杀。［21］战栗：恐惧发抖。［22］“冬月”三句：每年冬月，严延年把河南郡所属各县囚徒传送到郡衙判罪，血流数里。传，传送。会论，集中判决。府上，郡太守官衙。按：冬月，处决罪犯，严延年集中全郡死囚处决，制造恐怖效果，被称“屠伯”。［23］屠伯：屠夫老大哥。［24］素轻：一向轻视，向来看不起。［25］比郡为守：相邻为郡太守。［26］府丞：即郡丞，官名，郡太守的属吏。义：人名。出行蝗：出郡府巡察蝗灾。［27］此蝗岂凤皇食邪：这蝗虫难道不正好是凤凰的食物吗？按：凤凰集颍川，蝗虫聚河南，严延年嫉妒颍川太守黄霸，说了一句不满黄霸的话，府丞义误认为严延年拿自己出气。蝗虫是灾害，怎么能说是凤凰食呢？［28］颇悖：有些荒悖糊涂。［29］恐见中伤：时时担心受到严延年的中伤陷害。［30］俱为丞相史：一起当过丞相史。［31］馈遗之甚厚：送过义很多东西。［32］义愈益恐：义更加恐惧。［33］自筮：自己用蓍草算了一卦。［34］得死卦：得到的是死卦。［35］忽忽不乐：闷闷不乐。［36］取告至长安：请假到了长安。告，告假。［37］已拜奏：义到京师告御状，已上奏朝廷。［38］御史丞：御史的属官。按验：追查核实。这里指按验严延年。［39］语言怨望：不满政治的牢骚话。［40］诽谤政治数事：有好几条诽谤朝廷的证据。［41］坐不道：判处大逆不道。［42］弃市：在闹市处斩，陈尸示众。［43］欲从延年腊：严母想和严延年一起举行腊祭。腊，古代祭名。农历十二月中举行此祭。［44］适见报囚：恰好遇上严延年判决罪人。［45］使止都亭：便停留在驿站中。据章校，他本“使”作“便”。《汉书·严延年传》作“便”，是。都亭，郡、县城门下的邮亭。［46］不肯入府：不肯进郡太守衙门。［47］闭阁不见：闭门不见。［48］免冠顿首阁下：摘下官帽，在门外叩头请罪。［49］数责延年：一再责备严延年。［50］幸得备郡守：有幸当了郡太守。幸，侥幸，有幸。备，备位，任职。［51］专治千里：负责治理一郡千里之地。千里，泛指一郡方圆千里之地。［52］顾乘刑罚：反而利用刑罚。按：善治者不用刑罚，依靠刑罚为治最下者。［53］重顿首谢：严延年再一次叩头请罪。［54］因为母御归府舍：严延年自己为母亲驾车回到府衙居舍。因，据章校，他本“因”下有“自”字。［55］母毕正腊：严延年母亲等到腊祭完毕。［56］“天道神明”二句：要遵循天道，敬畏神明，对人的管理不是只有杀戮一个办法。意谓，只有一个杀的办法，你杀人，免不了也被人杀。［57］“我不意”句：我不想到了晚年，却看到正当壮年的儿子遭刑杀。不意，意想不到，即不想这样，不想白发人送黑发人。［58］行矣：我走了，别了。［59］去汝东归：离开你回到东海郡。东归，东向回家。东海在洛阳之东。［60］扫除墓地：替你准备墓地。即待子之丧归来有墓地。［61］宗人：同族的人。［62］果败：指严延年果然被杀。［63］贤智其母：称赞其母贤明智慧。

匈奴握衍朐鞮单于暴虐，好杀伐，国中不附[1]。及太子、左贤王数谗左地贵人[2]，左地贵人皆怨。会乌桓击匈奴东边姑夕王[3]，颇得人民，单于怒。姑夕王恐，即与乌禅幕及左地贵人共立稽侯狦[4]为呼韩邪单于，发左地兵四五万人，西击握衍朐鞮单于，至姑且水北[5]。未战，握衍朐鞮单于兵败走，使人报其弟右贤王曰：“匈奴共攻我，若肯发兵助我乎？”右贤王曰：“或不爱人，杀昆弟、诸贵人。各自死若处[6]，无来污我！”握衍朐鞮单于恚[7]，自杀。左大且渠都隆奇[8]亡之右贤王所，其民尽降呼韩邪单于。呼韩单于归庭[9]；数月，罢兵，使各归故地，乃收其兄呼屠吾斯在民间者，立为左谷蠡王，使人告右贤贵人[10]，欲令杀右贤王。其冬，都隆奇与右贤王共立日逐王薄胥堂为屠耆单于[11]，发兵数万人东袭呼韩邪单于，呼韩邪单于兵败走。屠耆单于还[12]，以其长子都涂吾西为左谷蠡王，少子姑瞀楼头为右谷蠡王，留居单于庭。

（以上为第二段，写匈奴握衍朐鞮单于残忍暴虐引发匈奴内乱，握衍朐鞮单于兵败自杀。）

【注释】

［1］国中不附：国人不附从。［2］左地贵人：指匈奴东部左谷蠡王以下至左大当户等大小首领。［3］乌桓：族名，发源于乌桓山，汉宣帝时已发展至汉朝北部边境。姑夕王：匈奴的王号。［4］稽侯狦：匈奴呼韩邪单于之名，冒顿单于八世孙，虚闾权渠单于之子。公元前58年至公元前31年在位。初立时，匈奴内部纷争，凡五单于。当郅支单于占据单于庭（史称“北匈奴”）时，稽侯狦率众到漠南，求助于汉朝，史称“南匈奴”。与汉朝亲近，受汉优礼。汉以王嫱（字昭君）嫁之，号宁胡阏氏。自此汉匈相安四十余年。传附见《汉书》卷九十四下。［5］姑且水：水名，在

今蒙古国杭爱山脉东南麓。［6］各自死若处：你就死在你住的地方吧。［7］恚（huì）：怨恨。［8］左大且渠：匈奴的官号。都隆奇：人名。［9］呼韩单于归庭：呼韩单于回到单于王庭。据章校，他本“呼韩”下有“邪”字，是。［10］使人告右贤贵人：呼韩邪单于派人煽动右贤王属下贵人。告，告知，此为煽动。［11］屠耆单于：所谓“五单于”之一。［12］还：屠耆单于回到单于王庭。

五凤元年（甲子，前57年）

春，正月，上幸甘泉[1]，郊泰畤[2]。

皇太子冠[3]。

秋，七月，匈奴屠耆单于使先贤掸兄右奥鞬王与乌藉都尉各二万骑屯东方[4]，以备呼韩邪单于。是时西方呼揭王来与唯犁当户谋，共谗右贤王[5]，言欲自立为单于。屠耆单于杀右贤王父子；后知其冤，复杀唯犁当户，于是呼揭王恐，遂畔去[6]，自立为呼揭单于[7]。右奥鞬王闻之，即自立为车犁单于[8]。乌藉都尉亦自立为乌藉单于[9]。凡五单于[10]。屠耆单于自将兵东击车犁单于，使都隆奇击乌藉。乌藉、车犁皆败，西北走，与呼揭单于兵合为四万人。乌藉、呼揭皆去单于号，共并力尊辅车犁单于。屠耆单于闻之，使左大将、都尉将四万骑分屯东方，以备呼韩邪单于，自将四万骑西击车犁单于。车犁单于败，西北走。屠耆单于即引兵西南留阘敦地[11]。

汉议者多曰：“匈奴为害日久，可因其坏乱，举兵灭之。”诏问御史大夫萧望之，对曰：“《春秋》[12]，晋士丐帅师侵齐，闻齐侯卒，引师而还[13]，君子大其不伐丧[14]，以为恩足以服孝子，谊[15]足以动诸侯。前单于慕化乡善[16]，称弟，遣使请求和亲，海内欣然，夷狄莫不闻[17]。未终奉约[18]，不幸为贼臣所杀[19]；今而伐之，是乘乱而幸灾也，彼必奔走远遁。不以义动[20]，兵恐劳而无功。宜遣使者吊问[21]，辅其微弱，救其灾患；四夷闻之。咸贵中国之仁义[22]。如遂蒙恩得复其位，必称臣服从，此德之盛也。”上从其议。

冬，十有二月，乙酉朔[23]，日有食之。

韩延寿代萧望之为左冯翊。望之闻延寿在东郡时放散官钱[24]千余万，使御史案之[25]。延寿闻知，即部吏案校望之在冯翊时廪牺官钱放散百余万[26]。望之自奏："职在总领天下[27]，闻事不敢不问[28]，而为延寿所拘持[29]。"上由是不直延寿[30]，各令穷竟所考[31]。望之卒无事实[32]。而望之遣御史案东郡者[33]，得其试骑士日奢僭逾制[34]；又取官铜物，候月食铸刀剑，效尚方事[35]；及取官钱私假徭使吏[36]；及治饰车甲三百万以上[37]。延寿竟坐狡猾不道，弃市。吏民数千人送至渭城[38]，老小扶持车毂[39]，争奏酒炙[40]。延寿不忍距逆[41]，人人为饮，计饮酒石余[42]。使掾、史分谢送者[43]："远苦吏民[44]，延寿死无所恨！"百姓莫不流涕。

（以上为第三段，写萧望之非忠直之士。他任御史大夫，对外引经据典，假借仁义，不趁匈奴内乱讨伐敌人，用以树立声名；而对内忌妒韩延寿声名，滥用职权，冤杀韩延寿。）

【注释】

[1]甘泉：宫名，在今陕西淳化县西北。[2]郊泰畤：祭祀太一神。[3]冠：太子刘奭行加冠礼，表示成人。[4]屯东方：驻扎在匈奴东部地区。[5]唯犁当户：匈奴官号。馋右贤王：陷害右贤王，说右贤王要自立为单于。[6]遂畔去：呼揭王背叛屠耆单于离开了单于王庭。[7]呼揭单于：五单于之一。[8]车犁单于：五单于之一。[9]乌藉单于：五单于之一。[10]凡五单于：这时匈奴一共分裂为五个单于，屠耆单于、呼揭单于、车犁单于、乌藉单于、呼韩邪单于。[11]引兵西南留阇敦地：领兵往西南驻扎在阇敦地。引，领。敦地，地名，地点不详。[12]《春秋》：此指《春秋》三传之一的《公羊传》。[13]"晋士丐"三句：据《春秋公羊传》记载，鲁襄公十九年，齐侯瑗死。晋士丐率师侵齐，到了谷城，听到齐侯死了的消息，随即还师。[14]大其不伐丧：《公羊传》高度评价晋士丐不伐丧的行为。大，高度赞扬。[15]谊：通"义"，道义。[16]前单于慕化乡善：先前虚闾权渠单于仰慕汉朝教化，一心向善。前单于，指虚闾权渠单于，一度请和亲。[17]夷狄莫不闻：四方各部族没有不知道的。[18]未终奉约：可惜还没有达成和亲之约时，发生了变化。[19]不幸为贼臣所杀：匈奴单于不幸为贼臣所害。据《汉书·匈奴传》，虚闾权渠单于因病吐血而死，死后政权发生变化，不是贼臣害死。[20]不以义动：伐丧不义，师出无名。[21]宜遣使者吊问：应当派使臣去吊唁慰问。[22]咸贵中国之仁义：四方各族都会钦服汉朝的仁义行为。[23]乙酉朔：十二月一日。[24]放散官钱：盗取官钱放贷于民，以牟取利息。这是违法行为。[25]使御史案之：派御史调查。御史，御史大夫属官。当时萧望之为御史大夫。[26]"延寿闻知"二句：韩延寿听说萧望之调查自己的事，也派人调查萧望之在左冯翊任上，擅自把廪牺衙门的钱一百多万放贷取利的事。廪（lǐn）牺，官名，属左冯翊。廪，主管藏谷；牺，主管养牲，均供祭祀之用。[27]职在总领天下：职责是总领天

下监察事务。［28］闻事不敢不问：有人揭发我不能不调查。［29］拘持：要挟。［30］不直延寿：不以延寿为正直，即认为韩延寿不正派。［31］穷竟所考：彻底追查两人各自调查的事，即彻查两人各自的案件。［32］卒无事实：最终没有查出结果。无事实，无证据。［33］御史案东郡者：御史到东郡调查韩延寿案。［34］试骑士日奢僭逾制：查出韩延寿在考试骑兵之日铺张排场，超越礼制。试，比武会试。据章校，他本“日”下有“车服侍卫”四字。按上下文义，当有。［35］“又取”三句：还动用官府中的铜器，趁月食时铸成刀剑，仿照宫中尚方铸剑的方法。官铜物，官府的铜器。尚方，官署名，署少府，主官有令、丞。主管为皇宫制造皇室所用刀剑等兵器及玩好器物。［36］“及取”句：还取用公钱，私自利用役使下属。假，借，利用。徭使，役使。吏，下属。［37］“及治”句：又装饰车辆、甲胄耗用官钱三百万以上。［38］渭城：县名，治所在今陕西咸阳市东北。［39］老小扶持车毂：老人小孩都扶着囚车轮子不放。［40］争奏酒炙：争着送酒送肉。炙（zhì），烤肉，这里泛指肉食。［41］延寿不忍距逆：韩延寿对民众的盛情不忍拒绝。距，通“拒”。［42］人人为饮，计饮酒石余：一一饮下，一共喝了一石多酒。石（古读 shí，今读 dàn），容量单位，十斗为石。［43］使掾、史分谢送者：让属下官吏向送行的民众一一致谢。［44］远苦吏民：辛苦各位远程相送。

二年（乙丑，前56年）

春，正月，上幸甘泉，郊泰畤。

车骑将军韩增薨。五月，将军许延寿为大司马、车骑大将军。

丞相丙吉年老，上重之。萧望之意常轻吉[1]，上由是不悦。丞相司直奏望之遇丞相礼节倨慢[2]，又使吏买卖[3]，私所附益[4]凡十万三千，请逮捕系治[5]。秋，八月，壬午[6]，诏左迁望之为太子太傅[7]；以太子太傅黄霸为御史大夫。

匈奴呼韩邪单于遣其弟右谷蠡王等西袭屠耆单于屯兵，杀略万余人。屠耆单于闻之，即自将六万骑击呼韩邪单于。屠耆单于兵败，自杀。都隆奇乃与屠耆少子右谷蠡王姑瞀楼头亡归汉[8]。车犁单于东降呼韩邪单于。冬，十一月，呼韩邪单于左大将乌厉屈与父呼遬累乌厉温敦[9]皆见匈奴乱，率其众数万人降汉；封乌厉屈为新城侯[10]，乌厉温敦为义阳侯。是时李陵子复立乌藉都尉为单于，呼韩邪单于捕斩之；遂复都单于庭，然众裁数万人[11]。屠耆单于从弟休旬王[12]自立为闰振单于，在西边；呼韩邪单于兄左贤王呼屠吾斯亦自立为郅支骨都侯单于[13]，在东边。

光禄勋平通侯杨恽[14]，廉洁无私；然伐其行能[15]，又性刻害[16]，好发人阴伏[17]，由是多怨于朝廷。与太仆戴长乐相失[18]；人有上书告长乐罪，长乐疑恽教人告之[19]，亦上书告恽罪曰："恽上书讼韩延寿[20]，郎中丘常[21]谓恽曰：'闻君侯讼韩冯翊[22]，当得活乎？'恽曰：'事何容易[23]，胫胫者未必全也[24]！我不能自保[25]，真人所谓"鼠不容穴，衔窭数"者也[26]。'又语长乐曰：'正月以来，天阴不雨，此《春秋》所记[27]，夏侯君所言[28]。'"事下廷尉[29]。廷尉定国奏恽怨望[30]，为妖恶言[31]，大逆不道。上不忍加诛[32]，有诏皆免恽、长乐为庶人[33]。

（以上为第四段，写匈奴内乱不止。光禄勋杨恽与太仆戴长乐交恶，互相上书揭短，双双被宣帝贬为庶人。）

【注释】

[1]意常轻吉：时常流露看不起丙吉的神情。意，流露出的表情。轻，轻视。 [2]丞相司直：丞相的重要属吏。倨慢：傲慢。 [3]又使吏买卖：又派下属给自己家买东西。买卖，这里只用偏义"买"。 [4]私所附益：个人增加了收入。 [5]请逮捕系治：请求逮捕萧望之下狱治罪。 [6]壬午：八月二日。 [7]左迁：降职调用。太子太傅：辅导太子的官。 [8]姑瞀楼头：人名。亡归汉：逃亡离开匈奴归附汉朝。 [9]乌厉屈：人名。呼遬累：匈奴的官号。乌厉温敦：人名。 [10]新城侯：《汉书·功臣表》作"信成侯"。 [11]裁数万人：呼韩邪之众仅仅数万人。裁，通"才"，仅仅。 [12]休旬王：匈奴族内部王号。 [13]郅支骨都侯单于：即郅支单于，名呼屠吾斯。虚闾权渠单于之子，呼韩邪单于之兄。宣帝五凤二年（前56），自立为单于；四年，击败呼韩邪单于，都单于庭，史称"北匈奴"。后因呼韩邪单于得到汉朝支持，郅支西徙，征服西城各国，筑郅支城于都赖水（今中亚塔拉斯河）畔。后为汉西域都护甘延寿和副校尉陈汤攻杀于郅支城。传附见《汉书》卷九十四下。 [14]光禄勋：官名，掌领宿卫侍从之官。杨恽：西汉华阴（今属陕西）人，字子幼，司马迁的外孙，以才能显名于朝。传附见《汉书》卷六十六。 [15]伐其行能：夸耀其品行才能。 [16]刻害：刻薄。 [17]发：揭发。阴伏：隐秘之事。 [18]太仆：官名，掌天子的舆马和马政。戴长乐：人名。相失：不和。 [19]教人告之：教唆别人告发了他。[20]恽上书讼韩延寿：戴长乐揭发杨恽上书替韩延寿辩护。 [21]丘常：杨恽友人。 [22]闻君侯讼韩冯翊：听说你替韩延寿辩护。君侯，对杨恽尊称。杨恽揭发霍氏等反叛有功，封平通侯。[23]事何容易：谈何容易。 [24]胫胫者未必全也：正直到家的人往往不安全。胫胫，同"硁硁"，固执的样子。全，保全。 [25]我不能自保：言我还不能自保。 [26]真人所谓：正如人们所说。鼠不容穴，衔窭数：言鼠不能进洞，只因衔着窭数。衔，口含物。窭数，用茅草结成的圆圈，可以放在头上作为顶东西的垫子。按：杨恽上书替韩延寿辩护已成历史，戴长乐揭发的是两人对上书背

后的议论，句句置杨恽于死地，这种私密语言真假莫辨。［27］此《春秋》所记：这种话，《春秋》有记载。［28］夏侯君所言：夏侯胜说过。夏侯君，指夏侯胜。西汉言天人感应、吉凶灾祥的学者之一。传见《汉书》卷七十五。［29］事下廷尉：两人交恶的案子交由廷尉审理。［30］定国：于定国。奏恽怨望：上奏认为杨恽对朝廷心怀怨望，大逆不道之罪。［31］为妖恶言：散布妖言邪说，指"天阴不雨"云云。［32］上不忍加诛：私密言，无证据，宣帝不忍杀杨恽，还算英明。［33］免……为庶人：罢官为平民。

三年（丙寅，前55年）

春，正月，癸卯[1]，博阳定侯丙吉薨。

班固赞曰[2]：古之制名[3]，必由象类[4]，远取诸物，近取诸身[5]。故《经》谓君为元首[6]，臣为股肱[7]，明其一体相待而成也[8]。是故君臣相配，古今常道，自然之势也[9]。近观汉相[10]，高祖开基[11]，萧、曹为冠[12]；孝宣中兴[13]，丙、魏有声[14]。是时黜陟有序[15]，众职修理[16]，公卿多称其位[17]，海内兴于礼让。览其行事[18]，岂虚乎哉[19]！

二月，壬辰[20]，黄霸为丞相。霸材长于治民，及为丞相，功名损于治郡[21]。时京兆尹张敞[22]舍鹖雀飞集丞相府[23]，霸以为神雀，议欲以闻[24]。敞奏霸曰[25]："窃见丞相请与中二千石、博士杂问[26]郡、国上计长史、守丞[27]为民兴利除害[28]，成大化[29]，条其对[30]。有耕者让畔[31]，男女异路[32]，道不拾遗，及举孝子、贞妇者为一辈[33]，先上殿[34]；举而不知其人数者，次之[35]；不为条教者在后[36]。叩头谢丞相[37]，口虽不言，而心欲其为之也。长史、守丞对时，臣敞舍有鹖雀飞止丞相府屋上，丞相以下见者数百人。边吏多知鹖雀者，问之，皆阳不知[38]。丞相图议上奏[39]曰：'臣问上计长史、守丞以兴化条[40]，皇天报下神爵[41]。'后知从臣敞舍来，乃止。郡国吏窃笑[42]丞相仁厚有知略[43]，微信奇怪也[44]。臣敞非敢毁丞相[45]也，诚恐群臣莫白[46]，而长史、守丞畏丞相[47]指，归舍法令[48]，各为私教[49]，务相增加，浇淳散朴[50]，并行伪貌，有名亡实[51]，倾摇解怠，甚者为妖[52]。假令京师先行让畔、异路、道不拾遗，其实亡益廉贪、贞淫之行[53]，而以伪先天下[54]，固未可也[55]。即诸侯先行之，伪声轶于京师，非细事也[56]，汉家承敞通变[57]，造起律令，所以劝善禁奸[58]，条贯详备[59]，不可复加。宜令贵臣明饬[60]长史、守丞，归告[61]二千石，举三老、孝弟、力田、孝廉、廉吏，务得其人[62]，郡事皆以法令为检式[63]，毋得擅为条教[64]；敢挟诈伪以奸名誉者[65]，必先受戮，以正明好恶。”天子嘉纳敞言，召上计吏，使侍中临饬[66]，如敞指意。霸甚惭。

又，乐陵侯史高以外属旧恩侍中[67]，贵重，霸荐高可太尉[68]。天子使尚书召问霸[69]：“太尉官罢久矣[70]。夫宣明教化，通达幽隐，使狱无冤刑，邑无盗贼，君之职也。将相之官，朕之任焉[71]。侍中、乐陵侯高，帷幄近臣[72]，朕之所自亲[73]，君何越职而举之[74]？”尚书令受丞相对[75]，霸免冠谢罪，数日，乃决[76]，自是后不敢复有所请[77]。然自汉兴，言治民吏，以霸为首[78]。

三月，上幸河东[79]，祠后土[80]。减天下口钱[81]；赦天下殊死以下。

六月，辛酉[82]，以西河太守杜延年[83]为御史大夫。

置西河、北地属国以处匈奴降者[84]。

广陵厉王胥使巫李女须祝诅上[85]，求为天子[86]。事觉，药杀巫及宫人二十余人以绝口[87]。公卿请诛胥。

（以上为第五段，写班固对西汉中兴名臣魏相、丙吉的高度评价，可与开国名相萧何、曹参相提并论。黄霸作为地方官，有很高的声望，称为第一治民官，而作为丞相，治事虚冒浮华，名不副实。）

【注释】

[1]癸卯：正月二十六日。 [2]班固赞曰：班固的史论。引自《汉书》卷七十四《魏相丙吉传》。 [3]制名：制定名义、名称。 [4]必由象类：必定根据形状、相貌。 [5]“远取”“近取”二句：远的取之于类似的事物，近的取之于自身。诸，“之于”的合音。 [6]《经》：这里是指《尚书》，《尚书·虞书·益稷》有“元首明哉，股肱良哉”之语。元首：头脑，首领。 [7]股肱：大腿和手臂。 [8]明其一体相待而成也：表明君臣一体，相辅相成。 [9]古今常道，自然之势也：把君臣关系，说成古今常道、自然之势，这是形而上学的观点。 [10]近观汉相：考察汉朝建立以来的各位丞相。 [11]开基：开创汉朝的基业。 [12]萧、曹为冠：萧何、曹参相业应居第一位。 [13]孝宣中兴：宣帝中兴。 [14]丙、魏有声：丙吉、魏相两相闻名于世。 [15]黜陟有序：降职和提升井然有序。 [16]众职修理：各种官职机构完善而有条理。 [17]公卿多称其

位：公卿大臣多数十分称职。［18］览其行事：观察各级官员的行事作风。［19］岂虚乎哉：中兴盛世之名，难道是浮夸的吗？即中兴盛世，名不虚传。［20］壬辰：二月戊申朔，无壬辰，有误。［21］功名损于治郡：做丞相的声誉比不上作郡守。损，不如。［22］京兆尹：官名，主理京师长安，职责相当于郡太守。张敞：西汉河东平阳（今山西临汾市西南）人，字子高。传见《汉书》卷七十六。［23］舍鹖雀飞集丞相府：张敞屋上一群鹖雀飞聚到丞相府衙上。鹖雀，一种鸟名。［24］议欲以闻：黄霸正与朝中大臣会议，见状就在朝议上讨论，认为是神雀出现，要奏报皇上。［25］敞奏霸曰：张敞上奏弹劾黄霸。［26］杂问：多个问题进行讨论。杂，众多问题。问，丞相询问，提出讨论。［27］上计：官名，郡国上计掾。汉代各郡国于年终到京师送计簿，将全年户口、钱、粮、盗贼、狱讼等情况报告朝廷。长史、守丞：上计的地方长官、属吏。［28］为民兴利除害：指讨论各项与民生有利害的事。［29］成大化：推行养成美好风化的办法。［30］条其对：就所问一条一条回答。［31］耕者让畔：耕夫让田界（而不争地），这是谦让行为。耕者，种田的农夫。畔，田界。［32］男女异路：男女不同路走，言男女有别。［33］“及举”句：能够列举出当地孝子顺孙、贞节妇女具体人数的，列为第一等。一辈，第一等。［34］先上殿：首先登上丞相府的堂屋受到接见。［35］“举而”二句：能够列举出当地有孝子顺孙、贞节妇女，但说不出具体人数的，列为第二等。次之，下一等。［36］不为条教者在后：说不出教化成绩的，列为末等。［37］叩头谢丞相：列为末等的要向丞相叩头谢罪。［38］皆阳不知：都假装不知道。［39］丞相图议上奏：丞相打算联合众大臣上奏吉祥。［40］臣：指丞相黄霸。以兴化条：和大臣讨论推行教化的事。［41］皇天报下神爵：上天派神雀下来，昭示陛下盛德。爵，通“雀”。［42］窃笑：偷笑，耻笑。［43］丞相仁厚有知略：丞相虽然仁厚有智。知，通“智”。［44］微信奇怪也：丞相却轻信奇闻怪事。［45］非敢毁丞相：不是要诋毁丞相。［46］恐群臣莫白：担心群臣不敢报告这事。［47］长史、守丞畏丞相：各郡国的长史、守丞害怕丞相。［48］归舍法令：回到郡国后不依法办事。［49］各为私教：各自私定教令。［50］务相增加，浇淳散朴：层层追加，破坏了淳厚朴实的风气，变得浅薄浮夸。浇，浇薄，冲淡。淳，淳厚。散，散亡。朴，质朴。［51］并行伪貌，有名亡实：甚至有虚伪造假，有名无实的情况。亡，通“无”。［52］倾摇解怠，甚者为妖：对应办的事情敷衍懈怠，甚至妖言惑众。倾摇，敷衍。解，通“懈”。［53］亡益廉贪、贞淫之行：无益于廉洁与贪污、贞节与淫乱的区分。亡，通“无”。［54］以伪先天下：反倒以虚假的形象成为天下第一。［55］固未可也：当然是不可以推行的。［56］“即诸侯”三句：谓形式主义的农夫让畔、男女异路、道不拾遗，首先在郡国推行，竞相以虚假政绩欺瞒朝廷，这不是小事。诸侯，指郡国。伪声，虚名，虚假政绩。轶（yì），通“逸”，超过，这里指竞相追逐虚名。细事，小事。［57］汉家承敝通变：汉朝建立，承接秦朝留下的烂摊子，适应形势而变通改革。［58］“造起律令”二句：制定法令，目的就是鼓励善行，禁止奸恶。［59］条贯详备：条理分明而系统。［60］明饬：明白宣令。饬，同“敕”，命令。［61］归告：让在京师会议的各郡国长史、郡守、郡丞回到地方告谕地方各级乡官执行“明饬”的内容，即按律令办事。

［62］务得其人：各级乡官要任人得当。［63］郡事皆以法令为检式：处理郡中事务要以法令为依据。［64］毋得擅为条教：不可对朝廷法令有所增改。［65］挟诈伪：弄虚作假。奸名誉：盗名窃誉。奸，求。［66］侍中临饬：宣帝派侍中到上计现场对各郡国明确宣布执行张敞上奏的办法。临饬，前往发布指令。按：黄霸要各郡国执行农夫让畔、男女异路、路不拾遗的教化，还要有具体例证，完全是不可预期的形式主义宣传，恰好张敞又抓住黄霸把鹖雀说成神雀的作假虚誉，上奏朝廷，让地方郡国不折不扣贯彻朝廷法令就够了。宣帝英明，接纳敞言，故此详载之。［67］史高：史良娣（戾太子刘据的夫人）兄史恭的长子，因揭发霍显等谋反有功，封乐陵侯，任侍中。外属：外戚。旧恩：指史高祖母贞君及父亲史恭曾抚养宣帝的恩情。［68］可太尉：可以任职太尉。太尉，官名，掌全国军事，汉三公之一。［69］尚书：官名，掌管文书章奏，此指委派尚书令。召问霸：宣召黄霸问事。［70］太尉官罢久矣：由于避免军权落入权臣之手，西汉太尉罢置无常。汉武帝时，田蚡为太尉；罢其官后，再未除授。［71］朕之任焉：将相任免，自然是皇上的责任，问丞相何以擅自提出。［72］帷幄近臣：指左右亲近之臣。［73］朕之所自亲：又是朕的近亲。意指史高何德何能自己心里明白，何由你丞相来推荐。［74］君何越职而举之：问丞相为何越职保举。按：越职，超越职权范围。汉代丞相之职，前后有变化。汉初丞相有权举荐百官；自汉武帝削弱相权，丞相举荐人才，竟被视为“越职”行为。［75］受丞相对：听取丞相黄霸的回答。［76］乃决：才得以免罪。［77］不敢复有所请：黄霸再不敢请示任免官吏。［78］言治民吏，以霸为首：说道治民的官吏，应以黄霸为第一。［79］河东：郡名，郡治安邑，在今山西夏县西北。［80］祠后土：祭祀土地神。［81］减天下口钱：减少各地专供皇室的少年人头税。口钱，汉时，民年龄七至十四岁出口赋钱，每人二十三钱。成人算赋归大司农，为政府收入。此减赋象征意义大于实际意义，只表示皇室减少一点费用。［82］辛酉：六月十六日。［83］西河：郡名，郡治平定，在今内蒙古鄂尔多斯市东胜区境。杜延年：杜周少子，官至御史大夫，以老病免。传见《汉书》卷六十。［84］西河、北地属国：在西河、北地二郡内设置属国。犹郡内的特别区，由汉朝任属国督尉掌管之。处匈奴降者：安置匈奴内附的降人。处，居处，安置。［85］广陵厉王胥：刘胥，汉武帝之子。李女须：女巫之名。祝诅上：诅咒宣帝。［86］求为天子：祈求当上皇帝。［87］绝口：灭口。

四年（丁卯，前54年）

春，胥自杀。

匈奴单于称臣[1]，遣弟右谷蠡王入侍[2]。以边塞亡寇[3]，减戍卒什二[4]。

大司农中丞耿寿昌[5]奏言：“岁数丰穰[6]，谷贱，农人少利[7]。故事[8]：岁漕关东谷[9]四百万斛以给京师[10]，用卒六万人[11]。宜籴[12]

三辅、弘农、河东、上党、太原郡谷，足供京师，可以省关东漕卒过半[13]。”上从其计。寿昌又白：“令边郡皆筑仓[14]，以谷贱增其贾而籴[15]，谷贵时减贾而粜[16]，名曰常平仓。”民便之。上乃下诏赐寿昌爵关内侯[17]。

夏，四月，辛丑朔[18]，日有食之。

杨恽既失爵位，家居治产业，以财自娱。其友人安定太守西河孙会宗[19]与恽书[20]，谏戒之[21]，为言“大臣废退，当阖门惶惧[22]，为可怜之意；不当治产业，通宾客，有称誉。”恽，宰相子[23]，有材能，少显朝廷[24]，一朝以暗昧语言见废[25]，内怀不服[26]，报会宗书[27]曰：“窃自思念[28]，过已大矣[29]，行已亏矣[30]，常为农夫以没世[31]矣，是故身率妻子，戮力耕桑[32]，不意当复用此为讥议也[33]！夫人情所不能止者，圣人弗禁；故君、父至尊、亲[34]，送其终也[35]，有时而既[36]。臣之得罪，已三年矣，田家作苦[37]，岁时伏腊[38]，烹羊，炰羔[39]，斗酒自劳[40]，酒后耳热，仰天拊缶而呼乌乌[41]，其诗曰：‘田彼南山，芜秽不治[42]；种一顷豆[43]，落而为萁[44]。人生行乐耳，须富贵何时[45]！’诚荒淫无度，不知其不可也[46]。”又恽兄子安平侯谭[47]谓恽曰：“侯罪薄，又有功[48]，且复用！”恽曰：“有功何益！县官不足为尽力[49]。”谭曰：“县官实然[50]。盖司隶、韩冯翊[51]皆尽力吏也，俱坐事诛[52]。”会有日食之变，驺马猥佐成上书告[53]“恽骄奢，不悔过。日食之咎，此人所致。”章下廷尉，按验[54]，得所予会宗书，帝见而恶之[55]。廷尉当恽大逆无道[56]，要斩[57]；妻子徙酒泉郡[58]；谭坐免为庶人，诸在位与恽厚善者[59]，未央卫尉韦玄成及孙会宗等，皆免官。

臣光曰：以孝宣之明，魏相、丙吉为丞相，于定国为廷尉，而赵、盖、韩、杨[60]之死皆不厌众心[61]，其为善政之累大矣[62]！《周官》司寇之法[63]，有议贤、议能[64]，若广汉、延寿之治民，可不谓能乎！宽饶、恽之刚直，可不谓贤乎！然则虽有死罪，犹将宥[65]之，况罪不足以死乎！扬子[66]以韩冯翊之愬萧为臣之自失[67]。夫所以使延寿犯上者[68]，望之激之[69]也。上不之察[70]，而延寿独蒙其辜[71]，不亦甚哉[72]！

匈奴闰振单于率其众东击郅支单于。郅支与战，杀之，并其兵[73]；遂进攻呼韩邪。呼韩邪兵败走，郅支都单于庭。

（以上为第六段，写匈奴内乱，五单于火并，最后剩下两单于，郅支单于得势，呼韩邪单于败逃东方。写杨恽之死，司马光评论汉宣帝诛杀大臣有失宽仁。）

【注释】

[1]匈奴单于称臣：匈奴内乱五单于争权。此时剩两个单于，郅支单于在西部，呼韩邪单于在东部。呼韩邪不敌郅支，故率众南依汉朝，请求称臣内附。[2]人侍：入侍汉天子，即入为人质。[3]亡寇：无寇。匈奴内附，边塞安宁。[4]减戍卒什二：裁减守边之卒十分之二。[5]大司农中丞：官名，大司农的属官。耿寿昌：宣帝时为大司农中丞。五凤年间，建议籴京师附近诸郡之谷，供应京师，以省关东转漕。宣帝从其议。又建议边郡都置常平仓，谷贱时籴，谷贵时粜，以调整谷价，赐爵关内侯。精通数学，有所著述，今佚。[6]岁数丰穰：连年丰收。[7]少利：农民收益减少。[8]故事：惯例。[9]漕：水运。关东谷：指函谷关以东广大地区的粮食。[10]给京师：供给京师。[11]用卒六万人：需要用六万人服役运粮。[12]籴（dí）：收购谷物。[13]省关东漕卒过半：节省水运服役的士卒一半以上。[14]令边郡皆筑仓：令沿边各郡修建粮仓储粮。[15]籴：据章校，他本“籴”下有“以利农”三字，当是。谷贱时加价购粮也有利于农民。[16]粜（tiào）：出售。谷贵时减价卖粮，稳定物价。[17]关内侯：秦汉二十级爵的第十九级，有食邑。[18]辛丑朔：四月一日。[19]安定：郡名，郡治高平，在今宁夏固原市。孙会宗：西汉西河（治今内蒙古准格尔旗西南）人。宣帝时任安定太守，与杨恽友善。当杨恽失爵居家治产业时，乃致书劝诫，要他收敛、绝宾客。五凤四年（前54）杨恽获罪腰斩，因受连累免官。[20]与恽书：写信给杨恽。[21]谏戒之：规劝、告诫杨恽。[22]阖门惶惧：闭门谢客，惶恐思过。阖门，闭门。[23]宰相子：杨恽是宰相杨敞之子。[24]有材能，少显朝廷：有才能，年少时就名显朝廷。材，通“才”。[25]一朝：一旦。以暗昧语言见废：指杨恽因戴长乐揭发的一席私房话丢了官。暗昧语，两人共语，无可查证，暗昧不明之语。[26]内怀不服：内心不服。[27]报会宗书：杨恽给孙会宗写了一封回信。史称《报孙会宗书》。杨恽竟因此一信丢了命。[28]窃自思念：自个思量。[29]过已大矣：罪过太大，此牢骚语。[30]行已亏矣：行为亏损。[31]没世：终身，了却一生。[32]戮力耕桑：努力耕田种桑。[33]不意当复用此为讥议也：想不到又因此遭到讥评。[34]君、父至尊、亲：国君、父亲这样至尊、至亲的人。至尊、亲，极为尊崇，极为亲爱。[35]送其终也：为臣为子服丧。送终，尽孝，服丧。[36]有时而既：服丧也有一个期限。既，尽，儒家最重视丧礼，主张三年即尽。[37]作苦：劳作辛苦。[38]岁时伏腊：每年的三伏、腊月。此泛指时节。伏腊，均指节日。伏，夏至之后第三个庚日称初伏，古时伏祭在这一天。腊，也是祭日，汉代在冬至之后第三个戌日。[39]烹羊，炰羔：煮羊肉、烤羊羔。羔，未断乳的小羊。[40]斗酒自劳：喝酒自我安慰。[41]仰天拊缶

而呼乌乌：仰面朝天，拍打瓦盆，放声高歌。拊（fú）缶（fǒu），拍打着缶。缶，瓦质的打击乐器。［42］芜秽不治：荒草杂草实难锄。［43］种一顷豆：种一百亩豆。［44］落而为萁：收获时只剩下豆茎。［45］须富贵何时：等待富贵那要到什么时候啊。［46］“诚荒”二句：即使是荒淫无度，那又有什么不可以。［47］恽兄：杨恽之兄，名忠。安平侯谭：杨谭，忠之子。忠袭父敞安平侯爵。忠卒，谭嗣。［48］侯罪薄，又有功：指杨恽罪不大，又立有功。侯，指杨恽，因揭发霍显等大逆有功，封平通侯。［49］县官不足为尽力：朝廷不值得去为它效力。［50］县官实然：当今皇上确实是这样。［51］盖司隶、韩冯翊：指司隶校尉盖宽饶、左冯翊韩延寿。［52］俱坐事诛：都被找借口杀了。按：盖宽饶坐事诛，见上卷神爵二年；韩延寿坐事诛，见上文五凤元年。［53］驺马猥佐成上书告：一个名叫成的马夫头借日食控告杨恽。驺，小吏。马猥佐，佐史主管马者，即养马的头目。成，人名。［54］按验：查证核实。［55］帝见而恶之：宣帝看了杨恽给孙会宗的信十分憎恨。［56］当恽大逆无道：判罪杨恽大逆不道。［57］要斩：腰斩。要，通“腰”。［58］妻子徙酒泉郡：流放杨恽家属老婆儿女到酒泉郡。［59］厚善者：深厚交好的人。［60］赵、盖、韩、杨：京兆尹赵广汉、司隶校尉盖宽饶、左冯翊韩延寿、平通侯杨恽。［61］不厌众心：不能服众。厌，通“餍”。满足；悦服。按：据章校，他本“心”下有“惜哉”二字。［62］其为善政之累大矣：汉宣帝冤杀赵、盖、韩、杨四贤，这是他善政的最大污点。累，拖累，引申为缺点、污点。［63］《周官》：即《周礼》，分《天官》《地官》《春官》《夏官》《秋官》《冬官》六篇。西汉时，河间献王得《周官》，缺《冬官》，补以《考工记》。清孙诒让撰有《周礼正义》，注释详明。司寇：官名，主管刑狱。［64］议贤、议能：指议有德行者、议有才干者之法。［65］宥：宽恕，赦免。［66］扬子：扬雄，西汉大学者。传见《汉书》卷八十七。［67］韩冯翊之愬萧为臣之自失：指韩延寿诬告萧望之是咎由自取。愬，通“诉”。［68］犯上者：冒犯上官。［69］激之：激发，此为逼迫。［70］上之不察：宣帝未能明察。［71］独蒙其辜：独自遭受罪刑。韩萧二人均为诬告对方，罪均等。［72］不亦甚哉：实在太过分了。［73］并其兵：郅支单于吞并了闰振单于之兵。

甘露元年（戊辰，前53年）

春，正月，行幸甘泉，郊泰畤。

杨恽之诛也，公卿奏[1]京兆尹张敞，恽之党友[2]，不宜处位[3]。上惜敞材，独寝其奏，不下[4]。敞使掾絮舜有所案验[5]，舜私归其家曰：“五日京兆耳，安能复案事[6]！”敞闻舜语，即部吏收舜系狱[7]，昼夜验治[8]，竟致其死事[9]。舜当出死[10]，敞使主簿持教告舜[11]曰：“五日京兆竟何如？冬月已尽[12]，延命乎[13]？”乃弃舜市[14]。会立春[15]，行冤狱使者出[16]，舜家载尸并编敞教[17]，自言使者。使者奏敞贼杀不辜[18]。上欲令敞得自便[19]，即先下敞前坐杨恽奏[20]，免为庶人[21]。敞诣阙上印绶[22]，便从阙下亡命[23]。数月，京师吏民解弛[24]，枹鼓数起[25]，而冀州部中有大贼[26]，天子思敞功效，使使者即家在所召敞[27]。敞身被重劾[28]，及使者至，妻子家室皆泣[29]，而敞独笑曰："吾身亡命为民，郡吏当就捕。今使者来，此天子欲用我也。"装随使者[30]，诣公车上书[31]曰："臣前幸得备位列卿[32]，待罪京兆[33]，坐杀掾絮舜。舜本臣敞素所厚吏[34]，数蒙恩贷[35]；以臣有章劾当免，受记考事[36]，便归卧家，谓臣五日京兆。背恩忘义，伤薄俗化[37]。臣窃以舜无状[38]，枉法以诛之[39]。臣敞贼杀不辜[40]，鞠狱故不直[41]，虽伏明法，死无所恨[42]！"天子引见敞，拜为冀州刺史[43]。敞到部[44]，盗贼屏迹[45]。

皇太子柔仁好儒[46]，见上所用多文法吏，以刑绳下[47]，常侍燕从容言[48]："陛下持刑太深，宜用儒生。"帝作色曰[49]："汉家自有制度，本以霸王道杂之[50]；奈何纯任德教[51]，用周政[52]乎！且俗儒不达时宜[53]，好是古非今[54]，使人眩于名实[55]，不知所守，何足委任！[56]"乃叹曰："乱我家者太子也！"

臣光曰：王霸无异道[57]。昔三代之隆[58]，礼乐、征伐自天子出[59]，则谓之王。天子微弱不能治诸侯[60]，诸侯有能率其与国[61]同讨不庭以尊王室者[62]，则谓之霸。其所以行之也。皆本仁祖义[63]，任贤使能，赏善罚恶，禁暴诛乱；顾名位有尊卑[64]，德泽有深浅，功业有巨细，政令有广狭耳，非若白黑、甘苦之相反也[65]。汉之所以不能复三代之治者，由人主之不为[66]，非先王之道不可复行于后世也。夫儒有君子，有小人。彼俗儒[67]者，诚不足与为治也[68]。独[69]不可求真儒而用之乎！稷、契、皋陶、伯益、伊尹、周公、孔子[70]，皆大儒也，使汉得而用之，功烈岂若是而止邪[71]！孝宣谓太子懦而不立[72]，暗于治体[73]，必乱我家，则可矣；乃曰王道不可行，儒者不可用，岂不过哉[74]！非所以训示子孙，垂法将来者也。

淮阳宪王好法律[75]，聪达有材；王母张婕妤尤幸[76]。上由是疏太子而爱淮阳宪王，数嗟叹[77]宪王曰："真我子也！"常有意欲立宪王，然用太子起于微细[78]，上少依倚许氏[79]，及即位而许后以杀死[80]，故弗忍也[81]。久之，上拜韦玄成为淮阳中尉[82]，以玄成尝让爵于兄[83]，欲以感谕宪王[84]；由是太子遂安。

（以上为第七段，写甘露元年京兆尹张敞滥杀属吏未受惩处；太子刘奭好儒，性格柔弱，受到汉宣帝的训斥，申明汉家制度霸王道杂之。司马光批评汉宣帝施政仁义有亏，故有霸王道杂治之论。）

【注释】

[1]奏：上奏弹劾。[2]党友：同党，朋友。[3]处位：任职。[4]寝其奏，不下：宣帝将弹劾张敞的奏章扣下不交付有司，不批发下来。[5]掾：佐吏。絮舜：人名，姓絮，名舜。有所案验：交给絮舜一件案子由他去调查。[6]"五日"二句：张京兆最多还有五天，哪有时间办案子。安能，怎能，哪能。案事，办事。[7]收舜系狱：抓捕絮舜关在狱中。[8]昼夜验治：不分日夜紧急查核找证据，即昼夜审讯。[9]竟致其死事：竟然罗织絮舜的罪名成死罪。致，罗织，舞文弄法。[10]舜当出死：絮舜当出狱处死。[11]主簿：官名，汉代各官府均设此官，以管理文书簿籍，办理公务。持教告舜：主簿带着张敞的口谕去告诫絮舜。教，口谕或手谕。告，告诫。[12]冬月已尽：汉代于冬月处决死囚，一般不留到来年春天。故此意谓即将处决你死刑。[13]延命乎：你还想延长寿命吗？还想活吗？[14]乃弃舜市：将絮舜在闹市斩首示众。[15]会立春：恰好很快到了立春日。[16]行冤狱使者：天子派遣巡行复查冤狱的使者。出：立春日出京巡视。[17]载尸：车载尸体。编敞教：把张敞的话编排起来。[18]奏敞贼杀不辜：上奏指控张敞妄杀无辜。[19]上欲令敞得自便：宣帝想要从轻处理，给张敞开了一条方便之路。[20]先下敞前坐杨恽奏：宣帝把前次告发张敞是杨恽同党的奏章批示不发。[21]免为庶人：免职为平民。[22]敞诣阙上印绶：张敞到皇宫门前交还印绶。[23]便从阙下亡命：张敞随即从宫门前逃走。按：张敞以京兆职任枉杀絮舜，现在已是平民，与絮舜案无关，所以立即逃走离开京城，这就是宣帝给张敞开的活命后门。张敞心领神会，立即逃走，朝廷不加追捕。亡命，脱其名籍而逃亡在外。[24]京师吏民解弛：京师官员懈怠职守，治安废弛。[25]枹鼓数起：追捕匪盗的鼓声频传。枹（fú）鼓，鼓槌和鼓。古时作战，击鼓以示进军。枹鼓数起，言盗贼多，治安差。[26]冀州：州名，汉十三刺史部（州）之一，辖魏郡、常山、巨鹿、清河四郡及赵、广平、真定、中山、河间、信都六国。部中有大贼：冀州辖境内有大盗出现。[27]即家在所召敞：到张敞的居家住所征召他。[28]重劾：指张敞被以"贼杀不辜"的重罪弹劾。[29]妻子家室皆泣：张敞的妻儿家属吓得全都大哭。按：据章校，他本"泣"下有"惶惧"二字。[30]装随使者：整理行装跟随使者进京。[31]诣公车上书：张敞先到公车府上书，了结前罪。公车，汉代官署名，设

公车令，掌宫中司马门警卫和接待工作，接待上书和应召的臣民。［32］备位列卿：幸列九卿。备位，充数，意谓占据官位而未尽职。这是古代官吏常用的自谦之词。列卿，汉代九卿之外，中尉（执金吾）、主爵督尉、京兆尹等准照九卿待遇，称“列于九卿”或“列卿”，张敞原官京兆尹，故言“备位列卿”。［33］待罪：谓身居其官而不称职，有失职之罪，故谓居官为“待罪”，谦辞。京兆：京兆尹。［34］素所厚吏：絮舜是我平时厚待的官吏。［35］数蒙恩贷：多次加恩于他，宽恕他的过失。［36］受记考事：指要絮舜去查办案件。［37］伤薄俗化：伤风败俗。［38］臣窃以舜无状：臣认为絮舜背文弃礼，不成体统。［39］枉法以诛之：擅用法律杀了他。［40］臣敞贼杀不辜：臣张敞确实是枉杀无辜。［41］鞠狱故不直：有意判案不公。［42］虽伏明法，死无所恨：现令臣即使被明正典刑，死无所恨。［43］拜为冀州刺史：委任张敞为冀州刺史。刺史，官名，汉十三州各置刺史一人，起初，秩六百石，无所治，奉诏巡行各部，以六条问事，省察治教，黜陟能否，断理冤狱，后来演变成专方面的一级地方政权，掌财、政、军，职权高于郡国，到东汉末，州刺史割据藩镇。［44］敞到部：张敞赴任。［45］盗贼屏迹：盗贼消失，隐匿行迹。［46］皇太子：刘奭。柔仁好儒：温柔仁厚，喜好儒术。［47］以刑绳下：常用刑法来控制百姓。［48］常：通“尝”，曾经。据章校，他本“常”作“尝”。侍燕从容言：太子在一次陪伴宣帝吃饭时从容随心地说。［49］帝作色曰：宣帝变了脸色严肃地说。［50］霸王道杂之：霸道和王道掺杂在一起。这里的霸道是指刑法，王道是指礼义。［51］纯任：单独使用。德教：礼义之教。［52］周政：周朝之政，指仁政。［53］不达时宜：不识时务。达，通达，通识。［54］好：喜欢。是古非今：肯定古人古事，而认为今不如昔。［55］使人眩于名实：使人在名分与实质之间感到迷惑。眩，迷惑。名实，形式与内容，表象和实质。［56］“不知”二句：不知道如何去遵行，这种人怎么能委以重任。［57］王霸无异道：王道与霸道没有实质性差异。道，治道；为政之道。［58］三代：指夏代、商代、周代。隆：兴隆，兴盛。［59］出：发号施令。［60］微弱：指权力削弱。不能治诸侯：不能控制诸侯。［61］与国：同盟之国。［62］讨不庭以尊王室者：讨伐那些悖逆不尊奉王室的人。不庭，不直，不循理而悖逆者。一说“不庭”，指不来朝见王庭的人，亦通。［63］本仁祖义：遵循仁与义这一根本。［64］顾名位有尊卑：比较王道与霸道，两者只是名位有尊卑之分。顾，动词用，指比较王道与霸道两者的分别，直贯以下四句。［65］非若白黑、甘苦之相反也：并不是像白与黑、甜与苦那样两者完全相反，相对立。［66］人主之不为：君主的不作为，不朝仁治的方向努力。［67］俗儒：迂腐不通达之儒。［68］诚不足与为治也：当然不能依靠他们治理天下。诚，当真，当然。［69］独：难道。［70］稷：后稷。周的先祖。契：商的先祖。皋陶：一作咎繇，传说是舜之臣，掌刑狱。伯益：传说在舜时治水有功，不受王位而让。伊尹：商汤王时的贤臣。周公：姬旦，西周初年的贤臣。孔子：名丘，字仲尼。春秋末年鲁国的大学者，儒家创始人。［71］功烈：功业。岂若是而止：难道仅达到这个样子。岂，难道。若是，这个样子。［72］懦而不立：懦弱不能自立。［73］暗于治体：不懂得治国之道。［74］岂不过哉：难道不是太过分了吗？过，过头。指汉宣帝的话说过了头。［75］淮阳宪王：刘钦，汉宣帝的次子。封为淮阳王，卒谥宪。传见《汉书》卷八十。好法律：喜好法律。［76］尤幸：尤其受到宣帝宠爱。［77］嗟叹：称赞。［78］起于微细：太子出生于（自己）微贱之时。微细，指社会下层。［79］依倚许氏：指宣帝微时是依靠太子母亲许氏家生活的。事见《资治通鉴》卷二十四昭帝元平元年。［80］及即位而许后以杀死：宣帝即位之后，太子母亲许后被人毒杀，没过上好生活。许后被毒杀，事见《资治通鉴》卷二十四本始三年。［81］故弗忍也：所以不忍心废太子。［82］上拜韦玄成为淮阳中尉：宣帝任命韦玄成为淮阳王刘钦的中尉。中尉，掌王国的军事。宣帝意在用韦玄成去感化、劝谕刘钦不要觊觎太子之位。［83］玄成尝让爵于兄：事见《资治通鉴》卷二十五元康四年。［84］感谕宪王：感化、劝谕刘钦。

匈奴呼韩邪单于之败也，左伊秩訾王[1]为呼韩邪计，劝令称臣入朝事汉，从汉求助，如此，匈奴乃定。呼韩邪问诸大臣，皆曰："不可。匈奴之俗，本上气力而下服役[2]，以马上战斗为国，故有威名于百蛮[3]。战死，壮士所有也[4]。今兄弟争国[5]，不在兄则在弟，虽死犹有威名，子孙常长诸国[6]。汉虽强，犹不能兼并匈奴；奈何乱先古之制，臣事于汉，卑辱先单于[7]，为诸国所笑！虽如是而安，何以复长百蛮[8]！"左伊秩訾曰："不然，强弱有时。今汉方盛，乌孙城郭诸国皆为臣妾。自且鞮侯单于[9]以来，匈奴日削，不能取复[10]，虽屈强于此，未尝一日安也[11]。今事汉则安存，不事则危亡，计何以过此！"诸大人相难久之[12]。呼韩邪从其计[13]，引众南近塞[14]，遣子右贤王铢娄渠堂入侍[15]。郅支单于亦遣子右大将驹于利受[16]入侍。

二月，丁巳[17]，乐成敬侯许延寿薨。

夏，四月，黄龙见新丰[18]。

丙申[19]，太上皇庙火[20]；甲辰[21]，孝文庙[22]火；上素服五日[23]。

乌孙狂王复尚楚主解忧[24]，生一男鸱靡[25]，不与主和[26]；又暴恶失众[27]。汉使卫司马魏和意、副侯任昌至乌孙[28]。公主言："狂王为乌孙所患苦，易诛也。"遂谋置酒，使士拔剑击之。剑旁下[29]，狂王伤，上马驰去。其子细沈瘦会兵围和意、昌及公主于赤谷城[30]；数月，都护[31]郑吉发诸国兵救之，乃解去[32]。汉遣中郎将张遵持医药治狂王[33]，赐金帛；因收和意、昌系琐[34]，从尉犁槛车至长安[35]，斩之。

初，肥王翁归靡胡妇子乌就屠[36]，狂王伤时，惊，与诸翎侯俱去[37]，居北山中[38]，扬言母家匈奴兵来，故众归之；后遂袭杀狂王，自立为昆弥[39]。是岁，汉遣破羌将军辛武贤将兵万五千人至敦煌，通渠积谷，欲以讨之。

初，楚主侍者冯嫽[40]，能史书[41]，习事[42]，尝持汉节为公主使[43]，城郭诸国敬信之[44]，号曰冯夫人，为乌孙右大将[45]妻。右大将与乌就屠相爱，都护郑吉使冯夫人说乌就屠[46]，以汉兵方出，必见灭，不如降。乌就屠恐，曰："愿得小号以自处[47]！"帝征冯夫人[48]，自问状；遣谒者竺次、期门甘延寿为副[49]，送冯夫人。冯夫人锦车持节[50]，诏乌就屠诣长罗侯赤谷城[51]，立元贵靡为大昆弥[52]，乌就屠为小昆弥，皆赐印绶。破羌将军不出塞[53]，还[54]。后乌就屠不尽归翎侯人众，汉复遣长罗侯将三校屯赤谷[55]，因为分别[56]人民地界，大昆弥户六万余，小昆弥户四万余；然众心皆附小昆弥。

（以上为第八段，写匈奴五单于内斗，到甘露元年只剩下两单于，皆称臣于汉；西域乌孙分裂为二。）

【注释】

[1]左伊秩訾王：匈奴的王号。[2]上气力：以具有气力为上等。下服役：以服役于人为下等。[3]百蛮：指北方各游牧民族。[4]战死，壮士所有也：战死沙场，是壮士分内的事。[5]今兄弟争国：指郅支单于（兄）与呼韩邪单于（弟），两兄弟争夺单于之位。[6]子孙常长诸国：指两兄弟无论谁胜谁负，子孙永远统治游牧部族自立国。长，统治。[7]卑辱先单于：自己卑下屈辱而使祖先单于蒙羞。[8]何以复长百蛮：怎能再去统治蛮夷各国。[9]且鞮侯单于：呼韩邪单于的曾祖。[10]取复：收复。[11]"虽屈强"二句：虽然在这里坚强不屈，却没有一天安宁日子。[12]相难久之：互相责难许久。[13]从其计：听从左伊秩訾王之计。[14]引众南近塞：率众南下靠近汉边塞。[15]铢娄渠堂：人名，呼韩邪单于之子。入侍：言入汉侍奉天子。实际上是作为人质。[16]驹于利受：人名，郅支单于之子。[17]丁巳：二月二十一日。[18]见：通"现"，出现。新丰：县名，县治在今陕西西安市临潼区东北。[19]丙申：四月一日。[20]太上皇庙：指宣帝父之庙。火：失火。[21]甲辰：四月九日。[22]孝文庙：汉文帝之庙。[23]上素服五日：宣帝穿了五天素服，向祖先谢罪。[24]乌孙狂王复尚楚主解忧：解忧公主前后为乌孙三王所尚。初为岑陬所尚。岑陬死，其季父子堂弟翁归靡为乌孙王，复尚解忧公主，生三男两女。翁归靡死后，岑陬子泥靡，胡妇所生，继为乌孙王，号狂王，再尚解忧公主。[25]鸱靡：狂王与解忧公主所生。[26]不与主和：狂王与解忧公主感情不和睦。[27]暴恶失

众：暴戾凶恶，失去民心。［28］卫司马：武官名。魏和意：人名。副：副职，谓副使。侯：卫侯，武官名。任昌：人名。至乌孙：出使乌孙。［29］剑旁下：剑刺歪了，伤了身旁。［30］赤谷城：乌孙王都，在今中亚伊什提克。［31］都护：官名，即西域都护。其时郑吉任西域都护。［32］解去：解围而去。［33］中郎将：官名，属光禄勋。张遵：人名。治：医治。［34］收：收捕。系琐：用锁链捆绑。［35］尉犁：城名，在今新疆库尔勒市东北。槛车至长安：用囚车送回长安。［36］肥王：即翁归靡乌孙王之绰号，解忧公主第二任丈夫。肥王与胡妇之子名乌就屠，是肥王的长子。［37］翎侯：乌孙的官名。俱去：乌就屠与翎侯两人逃离赤谷城。［38］居北山中：住在乌孙国北部的山中。［39］自立为昆弥：乌就屠自立为乌孙王。［40］楚主：即解忧公主。侍者：侍从的婢女。冯嫽：以侍女身份随解忧公主出嫁乌孙昆弥，为右大将妻，号称“冯夫人”。甘露三年（前51），随公主回长安。后又再使乌孙。传附见《汉书》卷九十六下。［41］能史书：能读史书。［42］习事：指熟习汉事及西域诸国事。［43］节：符节。使：冯嫽代解忧公主为使节。［44］城郭诸国：指西域各个城邦小国。敬信之：十分尊敬信任她。［45］右大将：乌孙的武官名。有左、右大将二人。［46］说乌就屠：劝说乌就屠归汉。［47］愿得小号以自处：希望能封我小昆弥的王号，使我能安身立命。［48］帝征冯夫人：宣帝召见冯夫人。［49］谒者：官名，通接宾客的近侍官，属郎中令（光禄勋）。竺次：人名。期门：官名，掌执兵器出入护卫。甘延寿：人名。副：副使。［50］冯夫人锦车持节：冯夫人乘坐锦车，带着汉使符节。锦车，以锦蒙饰的车子，高规格使者坐车。［51］长罗侯：常惠，汉朝使节，驻节赤谷城。［52］元贵靡：肥王翁归靡嫡长男，解忧公主所生。大昆弥：乌孙国最高王号。［53］破羌将军：辛武贤。不出塞：不进兵西域。［54］还：从敦煌撤兵回汉。［55］三校：三支部伍，为校尉级。屯赤谷：驻扎赤谷城。［56］因为分别：为大小昆弥划分地界和民众。

二年（己巳，前52年）

春，正月，立皇子嚣[1]为定陶王。

诏赦天下，减民算三十[2]。

珠崖郡反[3]。夏，四月，遣护军都尉张禄[4]将兵击之。

杜延年以老病免。五月，己丑[5]，廷尉于定国[6]为御史大夫。

秋，七月[7]，立皇子宇[8]为东平王。

冬，十二月，上行幸萯阳宫、属玉观[9]。

是岁，营平壮武侯赵充国[10]薨。先是，充国以老乞骸骨[11]，赐安车、驷马[12]、黄金，罢就弟[13]。朝廷每有四夷大议[14]，常与参兵谋[15]、问筹策焉。

匈奴呼韩邪单于款五原塞[16]，愿奉国珍[17]，朝三年正月[18]。诏有司议其仪[19]。丞相、御史曰："圣王之制，先京师而后诸夏[20]，先诸夏而后夷狄[21]。匈奴单于朝贺，其礼仪宜如诸侯王[22]，位次在下[23]。"太子太傅萧望之以为："单于非正朔所加[24]，故称敌国[25]，宜待以不臣之礼[26]，位在诸侯王上。外夷稽首称藩[27]，中国让而不臣[28]，此则羁縻之谊[29]，谦亨之福也[30]。《书》曰[31]：'戎狄荒服[32]，'言其来服荒忽亡常[33]。如使匈奴后嗣卒有鸟窜鼠伏[34]，阙于朝享[35]，不为畔臣[36]，万世之长策也。"天子采之[37]，下诏曰："匈奴单于称北蕃[38]，朝正朔[39]。朕之不德[40]，不能弘覆[41]。其以客礼待之，令单于位在诸侯王上，赞谒称臣而不名[42]。"

荀悦论曰[43]：《春秋》之义[44]，王者无外[45]，欲一于天下[46]也。戎狄道里辽远，人迹介绝[47]，故正朔不及[48]，礼教不加，非尊之也，其势然也[49]。《诗》云[50]："自彼氐、羌，莫敢不来王[51]。"故要、荒之君必奉王贡[52]；若不供职[53]，则有辞让号令加焉[54]，非敌国之谓也。望之欲待以不臣之礼，加之王公之上，僭度失序[55]，以乱天常[56]，非礼也！若以权时之宜[57]，则异论矣[58]。

诏遣车骑都尉韩昌迎单于[59]，发所过七郡[60]二千骑为陈道上[61]。

（以上为第九段，写甘露二年安羌名将赵充国辞世，匈奴呼韩邪单于在五原塞上表入朝，汉宣帝与大臣朝议接待礼仪，单于入朝位在诸侯王上，称臣不拜，也不称名，待以客礼。荀悦评论认为，规格高于诸侯王，丧失秩序，扰乱伦常，只是一个权宜之计，不可为常法。）

【注释】

[1]嚣：刘嚣，宣帝之子。封定陶王，后又为楚王。 [2]减民算三十：百姓一算减钱三十。汉律，每人出一算。一算，是一百二十钱。 [3]珠崖郡：郡治在今海南海口市。反：反叛。 [4]护军都尉：武官名。张禄：人名。 [5]己丑：五月一日。 [6]于定国：人名。传见《汉书》卷七十一。 [7]七月：据章校，他本"七"作"九"，《汉书·宣帝纪》作"九月"。 [8]宇：刘宇，宣帝之子。封东平王，卒谥思。 [9]萯（bèi）阳宫：行宫名，在今陕西西安市鄠邑区西南。属玉观：观名。属玉，是一种水鸟，以为观名。 [10]赵充国：西汉名将，封营平侯，卒谥壮武。

传见《汉书》卷六十九。［11］乞骸骨：古时臣子以为一生属于君，年老要求退休时，谦称“乞骸骨”，意谓向天子讨还老骨头。［12］安车：古代的一种小车，可以安坐而乘。一般为尊贤敬老之用。驷马：一车驾四马。［13］罢：致仕，退休。就弟：回家。［14］四夷大议：有关民族事务的重大议题。［15］与：参与。参兵谋：参谋军事。［16］款：叩，抵达。五原塞：五原郡的边塞，约在今内蒙古包头市西北。［17］奉国珍：奉献国家的珍宝。［18］朝三年正月：欲于甘露三年（前51）正月来汉行朝见礼，即朝贺元旦。［19］有司：主管部门的官吏。议其仪：讨论接待匈奴单于来参与的朝贺礼仪。［20］诸夏：中原各区，此重点指汉朝的王侯。［21］夷狄：四周各族。［22］如诸侯王：谓对待呼韩邪单于，如同诸侯的礼遇。［23］位次在下：谓把呼韩邪单于之位排在诸侯王之下。［24］非正朔所加：意谓不属于汉朝直接统治。正朔，指汉历。这里代指汉朝正统。［25］敌国：对等之国。［26］不臣之礼：不以臣礼待之，即以客礼待之。［27］外夷：谓汉以外之民族。稽首：古时所行的跪拜礼。藩：藩属之臣。［28］不臣：不以其为臣。即以客礼相待。［29］羁縻之谊：笼统的情义。谊，同“义”。［30］谦亨之福也：谦逊可带来亨通的福气。［31］《书》曰：《书》，指《尚书》。引文在传世的今本《尚书》中没有记载，或在逸篇之中。［32］戎狄荒服：戎狄很难驯服。按：荒服，古代五服之一。指离京畿二千五百里的地区，是五服中最远的地方。［33］言其来服荒忽亡常：这话就是说戎狄归附反复无常。来服，前来归附。荒忽，瞬间又反叛。亡，通“无”。［34］后嗣：指匈奴后代子孙。卒有鸟窜鼠伏：突然如同飞鸟远窜、老鼠潜伏一样逃离背叛。卒，通“猝”，突然。［35］阙于朝享：缺席而不来朝见。阙，通“缺”。［36］不为畔臣：这样匈奴子孙不来朝见，也不是叛臣。畔，通“叛”。按：萧望之建言以客礼待匈奴，不把他当臣子，即使不来朝见，也不是叛臣，很有见地。［37］天子采之：宣帝采纳了萧望之的意见。［38］匈奴单于称北藩：匈奴单于自称是我大汉的北方藩臣。蕃，通“藩”。［39］朝正朔：来庆贺正月元旦，朝见天子。［40］朕之不德：朕的德行不够。谦辞。［41］不能弘覆：不能善施天下。［42］赞谒：谒见之礼。称臣而不名：只称其职位而不称名讳。［43］荀悦论曰：引文见《后汉纪》。［44］义：大义，原则。［45］王者无外：君王统治天下，不分内外。［46］一于天下：统一天下，天下一统。［47］人迹介绝：人事隔绝。［48］故正朔不及：中国的历法政令无法颁行贯彻。［49］“礼教”三句：礼仪教化也无法施加给他们，这并不是尊重他们，形势必然是这样的。［50］《诗》云：引文见《诗经·商颂·殷武》。［51］“自彼氐、羌”二句：那些氐、羌的夷狄小国，谁敢不来朝见天子。［52］要、荒：要服、荒服。要服，古五服之一，指离京畿一千五百里至二千里的地区。必奉王贡：一定向王贡献方物。［53］供职：承担朝贡义务。［54］则有辞让号令加焉：那么应当先以文辞责问，继之以严令申斥，强迫其来朝。［55］僭度失序：实属僭越制度，丧失秩序。［56］以乱天常：扰乱伦常。［57］权时之宜：临时性的权宜之计。［58］则异论矣：另当别论。［59］车骑都尉：官名，位次于将军。韩昌：人名。迎单于：迎接呼韩邪单于。［60］发：征发。所过七郡：指呼韩邪单于来京师所经过的七个郡。七郡，大约是五原、朔方、西河、上郡、北地、左冯翊、京兆尹等。［61］二千骑为陈道上：两千骑兵陈列在七郡道路上以示隆重欢迎。

三年（庚午，前 51 年）

春，正月，上行幸甘泉，郊泰畤。

匈奴呼韩邪单于来朝，赞谒称藩臣而不名；赐以冠带、衣裳，黄金玺、盭绶[1]，玉具剑[2]、佩刀，弓一张，矢四发，棨戟[3]十，安车一乘，鞍勒一具[4]，马十五匹，黄金二十斤，钱二十万，衣被七十七袭[5]，锦绣、绮縠、杂帛八千匹[6]，絮六千斤[7]。礼毕[8]，使使者道单于先行宿长平[9]。上自甘泉宿池阳宫[10]。上登长平阪，诏单于毋谒[11]，其左右当户皆得列观[12]，及诸蛮夷君长、王、侯数万，咸迎于渭桥[13]下，夹道陈[14]。上登渭桥，咸称万岁。单于就邸长安[15]。置酒建章宫[16]，飨赐单于[17]，观以珍宝[18]。二月，遣单于归国[19]。单于自请"愿留居幕南光禄塞[20]下；有急，保汉受降城[21]。"汉遣长乐卫尉、高昌侯董忠[22]、车骑都尉韩昌将骑万六千，又发边郡士马以千数，送单于出朔方鸡鹿塞[23]。诏忠等留卫单于[24]，助诛不服，又转边谷米糒[25]，前后三万四千斛，给赡其食。先是，自乌孙以西至安息诸国近匈奴者，皆畏匈奴而轻汉；及呼韩邪[26]朝汉后，咸尊汉矣。

上以戎狄宾服，思股肱之美[27]，乃图画其人于麒麟阁[28]，法其容貌[29]，署其官爵、姓名[30]；唯霍光不名，曰"大司马、大将军、博陆侯，姓霍氏"，其次张安世，韩增、赵充国、魏相、丙吉、杜延年、刘德、梁丘贺、萧望之、苏武，凡十一人[31]，皆有功德，知名当世，是以表而扬之，明著中兴辅佐，列于方叔、召虎、仲山甫焉[32]。

凤皇集新蔡[33]。

三月，己巳[34]，建成安侯黄霸薨。五月，甲午[35]，于定国为丞相，封西平侯。太仆沛郡陈万年[36]为御史大夫。

诏诸儒讲五经同异[37]，萧望之等平奏其议[38]，上亲称制临决焉[39]。乃立梁丘《易》、大小夏侯《尚书》、穀梁《春秋》博士[40]。

乌孙大昆弥元贵靡及鸱靡皆病死。公主[41]上书言："年老土思[42]，愿得归骸骨，葬汉地！"天子闵而迎之[43]。冬，至京师，待之一如公主之制。后二岁卒。

元贵靡子星靡代为大昆弥[44]，弱[45]。冯夫人上书[46]："愿使乌孙[47]，镇抚星靡。"汉遣之。都护[48]奏乌孙大吏、大禄、大监皆可赐以金印紫绶[49]，以尊辅大昆弥。汉许之。其后段会宗[50]为都护，乃招还亡叛[51]，安定之。星靡死，子雌栗靡代立[52]。

皇太子所幸司马良娣[53]，病，且死，谓太子曰："妾死非天命，乃诸娣妾、良人更祝诅杀我[54]。"太子以为然。及死，太子悲恚发病[55]，忽忽不乐。帝乃令皇后择后宫家人子可以娱侍太子者，得元城王政君[56]，送太子宫。政君，故绣衣御史贺之孙女也[57]，见于丙殿；壹幸，有身[58]。是岁，生成帝于甲馆画堂[59]，为世适皇孙[60]。帝爱之，自名曰骜，字大孙，常置左右。

（以上为第十段，写甘露三年，匈奴呼韩邪来朝，结束了汉匈之间长达八十三年的战争状态，西域各国从此敬重汉朝，标志西汉极盛。由是汉宣帝图画十一位中兴名臣于麒麟阁，画上了昭宣中兴的句号。随着西汉对西域的掌控，乌孙也赢来了国内安定。）

【注释】

［1］盭绶：绿授。汉诸侯王朝请的制度。盭，草名，可染绿。［2］玉具剑：剑口和把手部分用玉制成的剑。［3］棨（qǐ）戟：有缯衣或油漆的木戟，用为官吏出行的仪仗。［4］鞍勒一具：马鞍一副。［5］衣被七十七袭：衣衫被褥七十七套。［6］锦绣：彩色刺绣品。绮縠（hú）：有图案有皱纹的丝织品。［7］絮六千斤：粗丝絮六千斤。［8］礼毕：朝见典礼完成。［9］道：通"导"，导引。长平：阪名，当地有宫观建筑物，在今陕西泾阳县南。［10］池阳宫：在汉代池阳县，在今陕西泾阳县西北。［11］毋谒：下令不拜。［12］其左右当户皆得列观：匈奴单于以下的左右当户等官员要排列观看。［13］渭桥：桥名，在汉长安城北渭水上。［14］夹道陈：夹道欢迎。［15］就邸长安：就宿于长安客馆。［16］建章宫：宫名，在汉长安城西，汉武帝所建天子办公处。［17］飨赐单于：用酒食款待单于。［18］观以珍宝：向单于展示珍宝。［19］归国：回到匈奴。［20］光禄塞：即光禄勋徐自为所筑之塞，在今内蒙古包头市西北。［21］受降城：即公孙敖所筑之城，在今内蒙古乌拉特中旗东。［22］长乐卫尉：官名，掌长乐宫警卫。董忠：人名，封高昌侯。［23］朔方：郡名，郡治朔方，在今内蒙古乌拉特前旗东南。鸡鹿塞：塞名，在汉代朔方窳浑县西北，在今内蒙古磴口县西北。［24］留卫单于：留在匈奴护卫单于。［25］转：陆路运输。边谷：边郡的谷物。糒：干粮。［26］呼韩邪：据章校，他本"邪"下有"单于"二字，

是。［27］思股肱之美：思念朝廷大臣辅佐的壮美功劳。股肱，大腿和胳膊，这里喻左右近臣。［28］麒麟阁：阁名，在未央宫中。［29］法其容貌：仿效容貌绘制图像。［30］署其官爵、姓名：在画像上书写官爵、姓名。署，书写。［31］霍光……苏武，凡十一人：霍光，大司马，大将军，仕武、昭、宣三世，传见《汉书》卷六十八。张安世，张汤之子，传见《汉书》卷五十九。韩增，汉初韩王信之后，袭封龙额侯，宣帝神爵元年（前61），为大司马车骑将军，领尚书事。赵充国，传见《汉书》卷六十九。魏相、丙吉，二人传见《汉书》卷七十四。杜延年，传见《汉书》卷六十。刘德，楚元王刘交之后，字路叔。昭帝时官至宗正，因参与谋立宣帝有功，赐爵关内侯，再封阳成侯。宗族以其得官宿卫者二十余人。梁丘贺，西汉琅邪诸县（今山东诸城市西南）人，字长翁。初从京房受《易》，官至少府。其著作《梁丘易》得立为博士。传见《汉书》卷八十八。萧望之，传见《汉书》卷七十八。苏武，传见《汉书》卷五十四。［32］列：并列。方叔、召虎、仲山甫：三人皆西周辅佐宣王中兴之臣。［33］皇：同“凰”。新蔡：县名，治所在今河南新蔡县。［34］己巳：三月甲申朔，无己巳，有误。［35］甲午：五月十二日。［36］太仆：官名，掌天子车舆马及马政。陈万年：西汉沛郡相（今安徽濉溪县西北）人，字幼公，官至御史大夫。传见《汉书》卷六十六。［37］讲五经同异：谓解说五经的不同看法。五经，指《诗》《书》《易》《礼》《春秋》。［38］平奏其议：集体讨论做出公正评议，然后上奏。［39］上亲称制临决焉：最后由宣帝亲自作出裁决。［40］“乃立”句：宣帝决定以梁丘贺注解的《易经》，大夏侯胜、小夏侯建注解的《尚书》，谷梁赤注解的《春秋》为标准本，设置博士。［41］公主：指解忧公主。［42］土思：怀念故土。［43］闵：通“悯”。迎之：迎接她回来。［44］星靡：人名，解忧公主之孙，继为乌孙大昆弥。［45］弱：幼弱。［46］冯夫人：即冯嫽。上书：上书于汉宣帝。［47］使乌孙：出使乌孙。［48］都护：西域都护。据章校，他本“护”下有“韩宣”二字，是。［49］大吏、大禄、大监：均是乌孙的官名。金印紫绶：相当于汉列侯的印绶。［50］段会宗：西汉天水上邽（今甘肃天水市）人，字子松。元帝竟宁元年间，任西域都护，颇有威信。三年期满而迁。成帝阳朔中，又为西域都护，平乌孙内乱。赐爵关内侯，病死乌孙。传见《汉书》卷七十。［51］招还亡叛：招抚那些流亡在外和叛逃的人回国。［52］子雌栗靡代立：星靡之子雌栗靡继立为乌孙大昆弥，表明乌孙局势稳定，解忧公主子孙依序顺利接班。［53］司马良娣：人名，姓司马，名良娣。［54］娣妾：妾。良人：女官名，秩八百石。祝诅：以迷信手法诅咒别人死亡。［55］悲恚发病：悲伤怨恨过度，生了病。［56］王政君：西汉魏郡元城（今河北大名县东）人，元帝的皇后，王莽的姑母。因她的关系，外戚王氏逐渐把持朝政，以至于王莽篡权。传见《汉书》卷九十八。［57］绣衣御史贺：王贺。王政君为王贺孙女。王贺在武帝专用酷吏为治时为绣衣御史，逐捕盗贼多有纵舍，以不称职免。王贺叹曰：“吾闻活千人，子孙有封，吾所活者万余人，后世其兴乎。”事见《资治通鉴》卷二十一武帝天汉二年。［58］有身：怀孕。［59］甲馆：馆名。画堂：堂名，内有彩色的画。［60］为世适皇孙：为嫡传皇孙。适，通“嫡”。

四年（辛未，前 50 年）

夏，广川王海阳坐禽兽行[1]、贼杀不辜废[2]，徙房陵[3]。

冬，十月，未央宫宣室阁火[4]。

是岁，徙定陶王嚣[5]为楚王。匈奴呼韩邪、郅支两单于俱遣使朝献[6]，汉待呼韩邪使有加[7]焉。

黄龙元年（壬申，前 49 年）

春，正月，上行幸甘泉，郊泰畤。

匈奴呼韩邪单于来朝；二月，归国。始，郅支单于以为呼韩邪兵弱，降汉，不能复自还，即引其众西，欲攻定右地[8]。又屠耆单于小弟本侍呼韩邪，亦亡之右地[9]，收两兄余兵[10]，得数千人，自立为伊利目单于；道逢郅支，合战，郅支杀之，并其兵五万余人。郅支闻汉出兵谷助呼韩邪，即遂留居右地；自度力不能定匈奴[11]，乃益西[12]，近乌孙，欲其[13]并力，遣使见小昆弥乌就屠。乌就屠杀其使，发八千骑迎郅支。郅支觉其谋，勒兵逢击乌孙[14]，破之；因北击乌揭、坚昆、丁令[15]，并三国。数遣兵击乌孙，常胜之。坚昆东去单于庭七千里，南至[16]车师五千里，郅支留都之[17]。

三月，有星孛[18]于王良、阁道[19]，入紫微宫[20]。

帝寝疾，选大臣可属者[21]，引外属[22]侍中乐陵侯史高、太子太傅萧望之、少傅周堪[23]至禁中[24]，拜高为大司马、车骑将军，望之为前将军、光禄勋，堪为光禄大夫，皆受遗诏辅政[25]，领尚书事[26]。冬，十二月，甲戌[27]，帝崩于未央宫[28]。

班固赞曰[29]：孝宣之治，信赏必罚[30]，综核名实[31]。政事、文学、法理之士，咸精其能[32]。至于技巧、工匠、器械，自元、成间鲜能及之[33]。亦足以知吏称其职[34]，民安其业[35]也。遭值匈奴乖乱，推亡固存[36]，信威北夷[37]，单于慕义[38]，稽首称藩[39]。功光祖宗，业垂后嗣，可谓中兴，侔德殷宗、周宣矣[40]！

癸巳[41]，太子即皇帝位[42]，谒高庙[43]，尊皇太后曰太皇太后，皇后曰皇太后。

（以上为第十一段，写匈奴郅支单于西迁远离汉朝。宣帝去世，班固高度评价宣帝中兴汉朝的功绩，贤人治国，民安其乐。）

【注释】

［1］广川王海阳：刘海阳，广川王刘文之子。坐：坐罪。禽兽行：在宗族内淫乱。［2］贼杀不辜：滥杀无罪之人。废：撤除王位。［3］徙房陵：流放到房陵。房陵，县名，县治在今湖北房县。［4］宣室阁：阁名，在未央宫中。火：失火。［5］嚣：刘嚣，宣帝之子。初封定陶王，徙楚王，卒谥孝。传见《汉书》卷八十。［6］朝献：朝贡。［7］有加：谓对待呼韩邪单于的使臣比对待郅支单于的使者有所超过。［8］右地：指匈奴西部地区。［9］亡之右地：屠耆单于小弟离开呼韩邪逃回匈奴右地。［10］收两兄余兵：小弟收编了两兄即屠耆单于、闰振单于留下的散兵。［11］自度力不能定匈奴：郅支单于自己估量兵力不足以统一匈奴。谓郅支向东，力不能胜呼韩邪。［12］乃益西：于是就更向西走。［13］欲其：据章校，他本“其”作“与”。按：其、与皆通。［14］勒兵逢击乌孙：整兵迎击乌孙。［15］乌揭：族名，西汉时分布于今阿尔泰山脉一带。坚昆：族名，秦汉时分布于今叶尼塞河和鄂毕河上游地区。丁令：族名，西汉时先分布于今贝加尔湖一带，后移到阿尔泰山脉一带。［16］南至：据章校，他本“至”作“去”。按：当作“去”，与上文相应。［17］郅支留都之：郅支单于就留在坚昆地建立了都城。［18］星孛：出现彗星。［19］王良：星官名，属奎宿，共五星。阁道：星官名，属奎宿，共六星。［20］紫微宫：“宫”字原文缺，据章校补。紫微宫，星官名。我国古代三垣中的中垣，位于北斗星东北。［21］可属者：可以托付后事的大臣。属，通“嘱”。［22］外属：外戚。［23］少傅：官名，主辅导太子，位次于太傅。周堪：西汉齐人，字少卿。宣帝时，为太子少傅。元帝时，宦官擅权，周堪与萧望之议欲罢退之，为石显等诬陷免官。后又为官，仍受石显挟制，遂积愤病卒。［24］至禁中：宣帝召史高、萧望之、周堪到宫中自己病榻前。禁中，宫中。［25］皆受遗诏辅政：三人共同接受遗诏辅佐新君，为顾命大臣。［26］领尚书事：领，兼任职位低的职务称“领”。汉代尚书掌机要。自此之后，凡受遗诏辅政皆领尚书事，至东汉称录尚书事。［27］甲戌：十二月七日。［28］帝崩于未央宫：宣帝在未央宫去世。时年43岁，在位25年。［29］班固赞曰：班固的史论。引自《汉书》卷八《宣帝纪》。［30］信赏必罚：有功必赏，有罪必罚。［31］综核名实：统筹安排，追查施政成效。［32］“政事”二句：政事、文学、法理等各方面人才，都是当时的英杰，个个干练。［33］元、成间：元帝、成帝之时。鲜能及之：很少有人赶得上。［34］吏称其职：官员尽忠职守。［35］民安其业：百姓安居乐业。［36］推亡：排斥郅支使他加速灭亡。固存：帮助呼韩邪发展生存。［37］信威北夷：威震北方匈奴。［38］单于慕义：使匈奴单于慕义归顺。［39］稽首称藩：叩头称臣。［40］侔德殷宗、周宣矣：功德堪与殷高宗、周宣王相比了。［41］癸巳：十二月二十六日。［42］太子即皇帝位：太子刘奭即位，即汉元帝。［43］谒高庙：进谒高祖庙祭祀。

【点评】

论昭宣中兴。宣帝甘露三年，呼韩邪单于来朝，宣帝图画中兴名臣十一位于麒麟阁，这两件事是昭宣中兴的标志，两年后，宣帝去世。

昭宣中兴，指汉昭帝、汉宣帝两代历史时期，公元前86年至公元前49年，共历时38年，是西汉历史的一个重要转折时期。霍光受托孤之重，拥昭立宣，摄政20年，遵循汉武帝轮台诏令的政策转变，“知时务之要，轻徭薄赋，与民休息”，使“百姓充实”（《汉书·昭帝纪》），西汉经济获得了恢复和发展。宣帝刘询自幼生长于民间，少时出入三辅，上下诸陵，“具知闾里奸邪，吏治得失”（《汉书·宣帝纪》），亲政十八年，“厉精为治，五日一听事，自丞相已下各奉职而进”（《汉书·循吏传》），“吏称其职，民安其业”（《汉书·宣帝纪》），使一度萧条衰败、风雨飘摇的西汉王朝又兴盛强大起来，遂成中兴之业。

宣帝后期十年，匈奴内乱，宣帝君臣抓住时机安抚西域，压迫匈奴，国势达于巅峰。汉匈对峙长达83年，使汉匈两族人民都付出了沉重的代价。匈奴失去了漠南以及河西地区的广大水草牧场，远遁漠北，国家四分五裂，人口锐减，处于灭绝境地。汉朝也付出了“海内虚耗，户口减半”（《汉书·昭帝纪》）的代价。民族斗争最后带来的是民族融合。甘露三年（前51），呼韩邪单于来朝，结束了汉匈的敌对状态，汉匈和平相处，进入了融合的历史新时期。汉宣帝不忘文武功臣的贡献，图画十一位名臣于麒麟阁。画像下注明官爵、姓名，唯独霍光像注明“大司马、大将军、博陆侯，姓霍氏”，只称姓，不称名，表示崇高的尊重，霍光下依次为：张安世、韩增、赵充国、魏相、丙吉、杜延年、刘德、梁丘贺、萧望之、苏武，让千秋万代记住他们的名字。

卷二八　汉纪二十

汉元帝初元元年至永光二年（前48—前42年）

【起昭阳作噩（癸酉，前48年），尽屠维单阏（己卯，前42年），凡七年】

【大事提要】

本卷记事起公元前48年，讫公元前42年，凡七年，当汉元帝初元元年至永光二年。汉元帝是一位典型的昏君，说得好听一点是一位中庸之君，其特点是可以为善，也可以为恶。汉元帝亲近宦官弘恭、石显，以及外戚史高、许嘉等人，则办出糊涂事，可以逼杀自己尊敬的老师大儒萧望之；汉元帝亲近萧望之、周堪、刘向等人，则可以举贤、纳谏，并克己奉公，做出表率。本卷所载大事，主要有三个方面：其一，汉元帝举贤纳谏。所举贤者王吉、贡禹均为大儒。汉元帝启用萧望之、周堪、刘向、张猛等人，亦皆大儒。汉元帝采纳贡禹之言，为政节俭，下诏御厨房不要每天杀牲，省膳，减少饮食一半，立即停止宫殿的修缮，减少御用马匹，撤销角抵游戏，释放上林苑行宫中难以见到皇上的宫女回家，撤销齐地的皇家织造厂，裁撤北假的军事屯田，废除刑法七十多条判例，发放救济，扩大太学和郡国学校招收生徒的名额，能精通一经的士人免除田租差役。汉元帝又采纳贾捐之上书，停止征讨海南岛珠崖郡夷人的叛乱。这些都是善政。其二，以主要篇幅记载权臣斗争。中官弘恭、石显，外戚史高、许嘉，两派勾结对付朝官，中坚人物为石显。朝官以萧望之、周堪、刘向、张猛等人为中坚，志在除恶，刘向是朝官派的急先锋，他的上书刀光剑影，直指对立面石显，但仍隐晦其辞，不敢直呼其名。纯儒派官僚贡禹、薛广德、韦玄成、匡衡等依违其间。钻营派官僚郑朋、诸葛丰、贾捐之、扬兴等人，推波助澜，他们奔走于权贵之门，策划阴谋诡计于密室，寡廉鲜耻巧言钻营，一副小人嘴脸。常语说，疏不间亲。汉元帝偏听偏信中官和外戚，石显有恃无恐，朝官派事事先发难而常败北。萧望之自杀，刘向、周堪、张猛等人被罢官。其三，汉元帝羁縻北匈奴郅支单于，过于妥协，送还质子，派大臣直送至郅支王庭，示人以弱，郅支反而不买账，杀汉使而西走，大为失计。冯奉世果决平定陇西羌人叛乱，巩固了边防，稳定了西域，这为后来西域都护斩杀郅支奠定了基础。

孝元皇帝[1]上

初元元年（癸酉，前48年）

春，正月，辛丑[2]，葬孝宣皇帝于杜陵[3]；赦天下。

三月，丙午[4]，立皇后王氏[5]，封后父禁为阳平侯。

以三辅、太常、郡国公田及苑可省者振业[6]贫民；赀[7]不满千钱者，赋贷种、食[8]。

封外祖平恩戴侯同产弟子[9]中常侍[10]许嘉为平恩侯。

夏，六月，以民疾疫，令太官[11]损膳[12]，减乐府[13]员，省苑马[14]，以振困乏[15]。

关东[16]郡、国十一大水[17]，饥[18]，或人相食；转旁郡钱谷以相救[19]。

上素闻琅邪[20]王吉、贡禹[21]皆明经洁行[22]，遣使者征之。吉道病卒。禹至，拜为谏大夫[23]。上数虚己[24]问以政，禹奏言："古者人君节俭，什一而税[25]，无他赋役，故家给人足。高祖、孝文、孝景皇帝，宫女不过十余人，厩马[26]百余匹。后世争为奢侈，转转益甚[27]；臣下亦稍放[28]效，臣愚以为如太古[29]难，宜少[30]放古以自节[31]焉。方今宫室已定，无可奈何矣；其余尽可减损。故时齐三服官[32]，输物不过十笥[33]；方今齐三服官，作工各数千人，一岁费数巨万[34]。厩马食粟将万匹[35]。武帝时，又多取好女[36]至数千人，以填[37]后宫。及弃天下[38]，多藏[39]金钱、财物，鸟兽、鱼鳖凡百九十物；又皆以后宫女置于园陵[40]。至孝宣皇帝时，陛下恶有所言[41]，群臣亦随故事[42]，甚可痛也！故使天下承化，取女皆大过度[43]：诸侯妻妾或至数百人，豪富吏民畜歌者至数十人，是以内多怨女，外多旷夫。及众庶[44]葬埋，皆虚地上以实地下。其过自上生[45]，皆在大臣循故事之罪也。唯陛下深察古道，从其俭者：大减损乘舆服御器物，三分去二；择后宫贤者，留二十人，余悉归[46]之，及诸陵园女无子者，宜悉遣[47]；厩马可无过数十匹，独舍[48]长安城南苑地[49]，以为田猎之囿。以方今天下饥馑，可无[50]

大自损减[51]以救之，称天意[52]乎！天生圣人，盖为万民，非独使自娱乐而已也。”天子纳善其言，下诏，令诸宫馆希御幸[53]者勿缮治；太仆[54]减谷食马[55]；水衡[56]减肉食兽[57]。

臣光曰：忠臣之事君也，责其所难[58]，则其易者[59]不劳而正[60]；补其所短，则其长者不劝而遂。孝元践位之初，虚心以问禹，禹宜先其所急，后其所缓。然则优游不断[61]，谗佞用权[62]，当时之大患也，而禹不以为言；恭谨节俭，孝元之素志[63]也，而禹孜孜言之；何哉！使禹之智不足以知，乌[64]得为贤！知而不言，为罪愈大矣。

匈奴呼韩邪单于[65]复上书，言民众困乏。诏云中、五原郡[66]转谷二万斛以给之。

是岁，初置戊己校尉[67]，使屯田车师故地[68]。

（以上为第一段，着重写孝元皇帝初即位，征召贤者，问政于贡禹。贡禹畏难避祸，不言急务而言枝节，受到司马光的批评。）

【注释】

[1]孝元皇帝：讳“奭”，汉宣帝刘询之子，西汉第八代皇帝，公元前48年至公元前33年在位。胡三省注引荀悦曰：“讳‘奭’之字曰‘盛’”。 [2]辛丑：正月四日。 [3]杜陵：汉宣帝陵所在地，在今陕西西安市长安区东北。 [4]丙午：三月十日。 [5]皇后王氏：汉元帝王皇后，讳政君（前71—前13），王莽之姑。历元、成、哀、平四帝，为皇后、皇太后、太皇太后，长达61年，使王氏外戚专擅朝政，为王莽代汉铺平了道路。传见《汉书》卷九十八。 [6]振业：兴业，指农民重获耕地作业。元帝即位，诏令京师三辅（京兆尹、右扶风、左冯翊）、太常所掌诸陵，郡国等各级政府部门所掌公田，以及皇室禁苑的多余公田，借贷给贫民耕作。 [7]赀：同“资”，资产。[8]赋贷种、食：供给和借贷给种子和粮食。赋，给予，赠送，此指政府无偿供给。 [9]同产弟子：同母所生兄弟之子，亲侄儿。汉元帝外祖平恩戴侯许广汉因受腐刑无后，以其侄许嘉袭爵平恩侯以继其后。此言“封”，是指政府对许嘉的袭爵，正式颁赐册书。 [10]中常侍：官名。西汉时，朝官加中常侍或侍中，可出入内宫，给事皇帝。东汉专以宦官为中常侍，传达诏令奏议，宦官得以弄权。 [11]太官：官名，职掌皇帝膳食。 [12]损膳：减少供给皇帝及嫔妃的饭菜，以节省费用。 [13]乐府：官府名，长官为乐府令，掌朝会宴享及出游的音乐，兼采集民间诗歌及乐曲。 [14]苑马：政府诸苑所养战马。西汉极盛时，文、景、武之世，西北沿边诸郡，有苑马场36所，养马30万匹。这里专指皇家禁苑厩马，有一万匹。元帝令减少禁苑之马，以节约费用。

［15］以振困乏：用损膳等措施节省的费用救济困苦和缺少生活资料的民众。振，救济。困乏，极端贫困与相对贫困的人。［16］关东：据章校，"关"上有"秋九月"三字。关东，指函谷关以东，中原地区。［17］郡、国十一大水：元帝初元元年九月，中原地区有十一个郡、国发生大水灾。［18］饥：广大民众无粮，没饭吃而饿肚子。［19］转旁郡钱谷以相救：政府调转未受灾邻郡的钱谷去救济受灾的郡国。转，调转。旁郡，相邻的郡。［20］琅邪：郡名，治所东武，在今山东诸城市。［21］王吉、贡禹：汉元帝时大儒。王吉，字子阳。贡禹，字少翁，与王吉友善，官至御史大夫。传均见《汉书》卷七十二。［22］明经洁行：精通经学，品行清廉。［23］谏大夫：官名，郎中令属官，掌议论，拾遗左右。［24］虚己：指皇帝虚心听谏。［25］什一而税：征收十分取一的赋税，即税率百分之十。［26］厩马：专指皇家禁苑养的马，供皇帝出行及仪仗之用。［27］转转益甚：奢侈之风，越来越加剧。转转，成倍翻番增长，即几何级数增加。［28］放：通"仿"。［29］太古：远古。指儒家所褒美的尧舜时代。［30］少（shāo）：通"稍"。［31］以自节：节俭从皇上自我做起。［32］齐三服官：在齐地临淄（在今山东）设立的皇家织造厂，供给制作春秋、冬、夏不同季节服饰的丝织品，故称三服官。［33］笥（sì）：方形竹箱。［34］巨万：大万，即万万，一亿。［35］将万匹：近万匹。［36］好女：美女。［37］填：充实。［38］弃天下：皇帝死去的委婉说法。［39］多藏：指厚葬，埋下很多的钱物在陵墓中。［40］置于园陵：安置在墓园，看守坟墓。［41］恶有所言：讨厌谈论节葬的话。［42］随故事：沿用旧例。此指葬宣帝，依照汉武帝厚葬的旧例。［43］取女皆大过度：皇帝选用的宫女大大超过规定的制度。取，通"娶"。过度，超过制度。按：皇宫嫔妃从来就没有什么制度，历代昏暴之君多至上万。常语六宫粉黛三千，大约是通常的约数。西汉嫔妃制度，到汉元帝时已有十四个等级，上千人。［44］众庶：普通老百姓。［45］其过自上生：这种厚葬的过失，是皇帝倡导的。［46］归：将宫女释放回家。［47］遣：发遣，释放看陵宫女。［48］独舍：独置，只留下。［49］长安城南苑地：秦汉京师上林苑，范围数百里，今只留下南苑，因南苑为终南山地，余皆辟为耕地。［50］可无：难道。［51］大自损减：大幅度地减少支出。［52］称天意：符合上天的意愿。［53］希御幸：皇帝很少去过的闲置宫殿。［54］太仆：官名，九卿之一，掌皇帝车马。［55］减谷食马：减少马匹，节省饲料用粮。汉制，皇帝有六厩，各养马万匹。［56］水衡：官名，水衡都尉之省称，掌上林苑驯养禽兽。［57］肉食兽：吃肉食的动物，如虎、豹等。［58］责其所难：要求君王先做难事。这里指斥逐群小。［59］易者：容易做到的事，这里指节俭。［60］不劳而正：不用费力即可上正轨。［61］优游不断：即优柔寡断。［62］用权：执掌政权。［63］素志：平素的志向。［64］乌：怎能。［65］呼韩邪单于：匈奴单于栾鞮稽侯狦，公元前58年至公元前31年在位。宣帝甘露二年（前52），呼韩邪单于归附汉朝，汉匈和亲，结束了长达83年的战争。［66］云中、五原郡：朔方边郡。云中郡治所云中，在今内蒙古托克托县北。五原郡治所九原，在今内蒙古包头市西北。［67］戊己校尉：武官名，戊己两校尉，掌西域车师屯田，巡护诸国。戊己校尉无常治，犹如干支中戊己的位置不定，故以名官。两汉戊己校尉屯田车师，常驻高昌壁，在今新疆吐鲁番市

东南。因车师分前后两部，故戊己为两校尉。［68］屯田车师故地：宣帝元康二年（前 64），以车师地与匈奴。现匈奴归附，故复屯田故地。车师，西域国名。宣帝时分为前后两部。车师前国，王治交河城，在今新疆吐鲁番市西北。车师后国，王治务涂谷，在今新疆奇台县西南。

二年（甲戌，前 47 年）

春，正月，上行幸甘泉[1]，郊[2]泰畤[3]。乐陵侯史高[4]以外属领尚书事[5]，前将军[6]萧望之[7]、光禄大夫[8]周堪[9]为之副。望之名儒，与堪皆以师傅旧恩[10]，天子任[11]之，数宴见[12]，言治乱，陈王事[13]。望之选白[14]宗室明经有行[15]，散骑[16]、谏大夫刘更生[17]给事中[18]，与侍中[19]金敞并拾遗左右[20]。四人同心谋议，劝导[21]上以古制，多所欲匡正[22]；上甚乡纳[23]之。史高充位[24]而已，由此与望之有隙。

中书令[25]弘恭[26]、仆射[27]石显[28]，自宣帝时久典枢机[29]，明习文法；帝即位多疾，以显久典事，中人[30]无外党[31]，精专可信任[32]，遂委以政，事无大小，因显白决[33]，贵幸倾朝[34]，百僚皆敬事显。显为人巧慧[35]习事[36]，能深得人主微指[37]，内深贼[38]，持诡辩，以中伤人[39]，忤恨睚眦[40]，辄被以危法[41]；亦与车骑将军[42]高为表里，议论常独持故事[43]，不从望之等。

望之等患苦[44]许、史放纵[45]，又疾恭、显擅权，建白[46]以为："中书政本，国家枢机，宜以通明公正处之[47]。武帝游宴后庭，故用宦者，非古制[48]也。宜罢中书宦官，应古不近刑人之义[49]。"由是大与高、恭、显忤[50]。上初即位，谦让，重改作[51]，议久不定，出[52]刘更生为宗正[53]。

望之、堪数荐名儒、茂材以备谏官[54]，会稽[55]郑朋阴欲附望之，上书言车骑将军高遣客为奸利郡国，及言许、史子弟罪过。章视周堪[56]，堪白："令朋待诏金马门[57]。"朋奏记[58]望之曰："今将军规橅[59]，云若管、晏[60]而休[61]，遂行日昃[62]，至周、召[63]乃留[64]乎？若管、晏而休，则下走[65]将归延陵[66]之皋，没齿[67]而已矣。如将军兴周、召之遗业，亲日昃之兼听[68]，则下走其庶几[69]愿竭区区[70]

奉万分之一！”望之始见朋，接待以意[71]；后知其倾邪[72]，绝不与通[73]。朋，楚士[74]怨恨，更求[75]入许、史，推所言许、史事[76]，曰：“皆周堪、刘更生教我；我关东[77]人，何以知此！”于是侍中许章白见朋。朋出，扬言曰：“我见言前将军小过五，大罪一。”待诏华龙[78]行污秽[79]，欲入堪等[80]，堪等不纳，亦与朋相结。

恭、显令二人告望之等谋欲罢车骑将军[81]，疏退许、史状[82]，候望之出休日[83]，令朋、龙上之。事下弘恭问状[84]，望之对曰：“外戚在位多奢淫，欲以匡正国家，非为邪也。”恭、显奏：“望之、堪、更生朋党相称举[85]，数谮诉大臣[86]，毁离亲戚[87]，欲以专擅权势[88]。为臣不忠，诬上不道[89]，请谒者[90]召致廷尉[91]。”时上初即位，不省[92]召致廷尉为下狱也，可其奏。后上召堪、更生，曰：“系狱。”上大惊曰：“非但廷尉问邪！”以责恭、显，皆叩头谢。上曰：“令出视事[93]。”恭、显因使史高言：“上新即位，未以德化闻天下，而先验师傅[94]。既下九卿、大夫狱[95]，宜因决免[96]。”于是制诏丞相、御史：“前将军望之，傅朕八年[97]，无他罪过，今事久远[98]，识忘难明[99]，其赦望之罪，收前将军、光禄勋印绶；及堪、更生皆免为庶人。”

（以上为第二段，写汉元帝初即位，以萧望之为首的外朝官与以弘恭、石显为首的中朝官，展开了激烈的斗争，外戚许史集团投入中官集团，无行官僚郑朋辈推波助澜，第一回合，萧望之等败下阵来。）

【注释】

[1]甘泉：行宫名，在云阳县甘泉山上，在今陕西淳化县。[2]郊：郊祀。祭天曰郊。[3]泰畤：泰一神坛。郊泰畤，祭天帝泰一神。[4]史高：外戚。宣帝祖母卫太子妇史良娣兄史恭之子。宣帝即位封乐陵侯。[5]领尚书事：总领尚书事务。尚书，内廷官，出纳章奏。[6]前将军：汉制，有前、后、左、右四将军。[7]萧望之（?—前47）：字长倩，东海兰陵（今山东临沂市兰陵县）人，徙杜陵（今陕西西安市东南）。宣帝时，历任左冯翊、大鸿胪、御史大夫、太子太傅等官。甘露三年（前51），主持石渠阁会议，评议五经同异。传见《汉书》卷七十八。[8]光禄大夫：官名，掌议论。[9]周堪：元帝师，太子少傅。传见《汉书》卷八十八。[10]师傅旧恩：萧望之、周堪是汉元帝当太子时的师傅，旧情很深。[11]任：信赖。[12]宴见：即燕见，退朝之后单独召见。燕，闲居，此指退朝。[13]陈王事：陈述皇帝治理天下的大事。[14]选白：推荐报告皇帝。[15]明经有行：精通经术，品德端正的人。

[16]散骑：加官，散骑常侍之省称。有此衔者骑乘侍从皇帝。[17]刘更生（前77—前6）：即刘向，更生为其本名，字子政。沛（今江苏沛县）人，西汉文献学家。传附《汉书·楚元王传》卷三十六。[18]给事中：加官，侍从宫中。[19]侍中：加官，入侍禁中。[20]拾遗左右：在皇帝身边建言，备顾问。拾遗在唐为谏官之名，有左右。[21]劝导：规劝引导。[22]匡正：纠正。[23]乡纳：信赖采纳。乡，通“向”。[24]充位：在职充数，即有职无权。[25]中书令：宦官，中书谒者令之省称，主管尚书事。[26]弘恭：汉元帝时专权的宦官，与石显狼狈为奸。二人同传，见《汉书·佞幸传》卷九十三。[27]仆射：尚书仆射之省称，总领尚书，位次尚书令。[28]石显：济南人，因犯法受腐刑为宦，善佞，宣帝时与弘恭并任中书官，弘恭为令，石显为副职仆射。[29]久典枢机：长久地执掌中枢之官。此指中书官，近侍皇帝，出纳章奏，为要害部门。[30]中人：宦官。[31]无外党：指宦官为皇帝家奴，无骨肉婚姻之亲，在外朝没有党羽。[32]精专可信任：指石显久典中枢，显示了精明干练的才能，责任心重，可以信任。[33]因显白决：朝中事无论大小，都要通过石显上奏，再由皇帝裁决。因，凭借，通过。白，上奏。决，裁断。[34]贵幸倾朝：指石显受汉元帝宠幸，尊贵无比，权倾朝野。[35]巧慧：聪明绝伦。[36]习事：办事干练。[37]人主微指：皇帝藏于内心的想法。[38]内深贼：内心阴险狠毒。[39]以中伤人：指用诡辩伎俩中伤别人。[40]忤恨睚眦：细小的仇怨也要怀恨在心。忤，违逆。睚眦，瞪眼睛，喻细小的仇怨。[41]辄被以危法：往往置人于死地。辄，每每，往往。[42]车骑将军：官名，位次大将军，初为高级武官，后亦辅政。史高为大司马车骑将军。[43]持故事：坚持按旧例办事。借口维护祖宗之法，反对萧望之等人的政见。[44]患苦：厌恶，伤脑筋。[45]许、史放纵：指许、史两家外戚骄奢放纵。许，指宣帝许皇后外家。元帝即位，封舅许嘉为平恩侯，加位大司马车骑将军，与史高共同辅政。[46]建白：建言并向皇上报告。[47]以通明公正处之：用精通政治又办事公正的人来执掌中书官。通明，指精通政体，明于治事的人。[48]故用宦者，非古制：尚书属少府，秦官，汉因之，本由士人担任，汉武帝始杂用宦官，所以说“用宦者，非古制”。[49]应古不近刑人之义：宦官为刑余之人，不宜担任官职，这才符合古礼。《礼记·曲礼上》：“刑人不在君侧。”[50]忤：违忤，冒犯。[51]重改作：难以改变制度。[52]出：出宫，到外朝。[53]宗正：官名，掌皇室事务。汉元帝优柔寡断，难以改变汉武帝用宦官典枢要之旧例，却将刘向出为宗正，于此可见他内心偏重佞幸。刘向出宫，萧望之等败兆已萌，石显等小人则更得意忘形、肆无忌惮了。[54]谏官：言官，即太中大夫、中大夫、谏大夫等议论官，无定员，可多至数千人。[55]会稽：郡名，治所山阴，在今浙江绍兴市。[56]章视周堪：元帝把郑朋的奏章转给周堪阅示。视，通“示”，展示。[57]待诏：汉时非官名，吏民奉诏待命应对称“待诏”。金马门：宫阙南门外车止之门。吏民上书或被征召，均待诏金马门，由公车司马令接待传达。[58]奏记：吏民向上级官府送呈的署名文案。[59]规橅：即规模，规制法式。此指萧望之肩负重任，手握法度。橅，通“模”，法也。[60]管、晏：春秋时齐相管仲、晏婴。管仲佐齐桓公称霸，晏婴佐齐景公称治。二人合传，见《史记》卷六十二。[61]休：

止，顶点。［62］遂行日昃：指效法周公、召公辅政，忙于政务，日过中午还没顾上吃饭。日昃（zè），日过中午。［63］周、召：即西周开国重臣周公姬旦和召公姬奭，两人佐武王灭商，辅成王理政。周公旦事详《史记·鲁周公世家》卷三十三。召公奭事详《史记·燕召公世家》卷三十四。［64］留：止。此指追步周公、召公之业才停止。［65］下走：即在下，郑朋自谦语。［66］延陵：邑名，春秋时吴公子季札的封邑，在今江苏常州市武进区。季札鄙弃吴王之位，不愿与兄弟争国，弃国而耕于皋泽。事详《史记·吴太伯世家》卷三十一。［67］没齿：终身。［68］亲日昃之兼听：指像周公那样忙于公事，连午饭都吃不好。［69］庶几：差不多。这里指尽全力。［70］竭区区：竭尽我的一点点力量。［71］接待以意：真诚接待。［72］倾邪：不正派。［73］绝不与通：断绝关系，不再来往。［74］楚士：郑朋是会稽人，古属楚地，故称楚士。古人认为江、淮楚人轻薄无行。［75］更求：改而投靠。［76］推所言许、史事：郑朋投靠许、史后，为自己原来上书告发许、史的行为辩解。［77］关东：函谷关以东，泛指关外。［78］华龙：人名。［79］行污秽：品行恶劣。［80］欲入堪等：想进入周堪等人的圈内。欲入，也想投靠。［81］车骑将军：指史高。［82］疏退许、史状：意谓萧望之离间皇帝与外戚许、史之间的关系。这是弘恭、石显的诬陷之词。［83］出休日：即休沐日，古代法定假日。汉制，自三署郎以上入值禁中者，每十日一出休沐。宣帝曾一度改为五日一出休沐。［84］事下弘恭问状：皇上把郑朋、华龙的奏状交给弘恭调查，审问萧望之。［85］朋党相称举：结为死党，互相标榜。［86］谮诉大臣：诋毁国家重臣。［87］毁离亲戚：挑拨离间皇帝与骨肉至亲的关系。［88］专擅权势：独掌大权作威作福。［89］诬上不道：使皇帝陷于不义、无道。［90］谒者：官名，职掌礼仪兼报事官。［91］召致廷尉：宣召廷尉来接案。也就是移交司法部定罪下狱。廷尉，九卿之一，国家最高司法长官。［92］不省：指元帝不明白“召致廷尉”便是入狱的代名词，还以为仅仅是到廷尉府对质而已。［93］令出视事：快释放萧望之等出狱办公。［94］先验师傅：验，验证。此句意为不应因萧望之曾为帝师而破坏制度。即不能因师傅而坏了皇帝的名声，言下之意是不能让萧望之等复官。［95］九卿、大夫狱：指大臣九卿、大夫入狱，这里具体指萧望之、刘更生、周堪等。［96］宜因决免：大臣入狱，即使无罪也不宜复职，因为会表明皇帝处置不当，应该维护皇帝的尊严，一律免职。［97］傅朕八年：萧望之担任元帝太子太傅，是从宣帝五凤二年（前56）至黄龙元年（前49），共八年。［98］事久远：指萧望之年事已高。事，年事。［99］识忘难明：记忆力衰退。颜师古注，言不能尽记，有遗忘者，故难明。

二月，丁巳［1］，立弟竟为清河王。

戊午［2］，陇西［3］地震，败城郭、屋室，压杀人众。

三月，立广陵厉王子霸［4］为王。

诏罢黄门［5］乘舆狗马，水衡［6］禁囿、宜春下苑［7］、少府佽飞［8］外池、严籞［9］池田［10］假与贫民［11］。又诏赦天下，举茂材异等、直言极谏之士[12]。

夏，四月[13]，立子骜为皇太子。待诏郑朋荐太原[14]太守张敞[15]，先帝名臣，宜傅辅皇太子。上以问萧望之，望之以为敞能吏，任治烦乱[16]，材轻[17]，非师傅之器。天子使使者征敞，欲以为左冯翊[18]，会病卒。

诏赐萧望之爵关内侯[19]，给事中[20]，朝朔望。

关东饥，齐地[21]人相食。

秋，七月，己酉[22]，地复震。

上复征周堪、刘更生，欲以为谏大夫[23]；弘恭、石显白，皆以为中郎[24]。

上器重萧望之不已，欲倚以为相；恭、显及许、史兄弟[25]、侍中[26]、诸曹[27]皆侧目[28]于望之等。更生乃使其外亲[29]上变事[30]，言"地震殆为恭等，不为三独夫[31]动。臣愚以为宜退[32]恭、显以章蔽善之罚[33]，进望之等以通贤者之路，如此，则太平之门开，灾异之原[34]塞矣。"书奏，恭、显疑其更生所为，白请考奸诈，辞果服[35]；遂逮更生系狱，免为庶人。

会望之子散骑[36]、中郎伋[37]亦上书讼[38]望之前事[39]，事下有司，复奏："望之前所坐明白，无谮诉者[40]，而教子上书，称引亡辜之诗[41]，失大臣体，不敬[42]；请逮捕。"弘恭、石显等知望之素高节[43]，不屈辱[44]，建白："望之前幸得不坐，复赐爵邑，不悔过服罪，深怀怨望，教子上书，归非于上[45]，自以托[46]师傅，终必不坐[47]，非颇屈望之于牢狱，塞[48]其怏怏[49]心，则圣朝无以施恩厚！"上曰："萧太傅素刚，安肯就吏[50]！"显等曰："人命至重[51]，望之所坐，语言薄罪[52]，必无所忧。"上乃可其奏。冬，十二月，显等封诏以付谒者，敕令召望之手付[53]。因令太常[54]急发执金吾[55]车骑驰围其第。使者至，召望之。望之以问门下生[56]鲁国朱云[57]，云者，好节士[58]，劝望之自裁。于是望之仰天叹曰："吾尝备位将相，年逾六十矣，老入牢狱，苟求生活，不亦鄙乎！"字谓云曰[59]："游，趣[60]和药来，无久留我死[61]！"遂饮鸩自杀。天子闻之惊，拊手[62]曰："曩[63]固[64]疑其不就牢狱，果然杀吾贤傅！”是时，太官方上昼食，上乃却食[65]，为之涕泣，哀动左右。于是召显等责问；以议不详[66]，皆免冠谢[67]，良久然后已[68]。上追念望之不忘，每岁时[69]遣使者祠祭望之冢，终帝之世。

臣光曰：甚矣孝元之为君，易欺而难悟也！夫恭、显之谮诉[70]望之，其邪说诡计，诚有所不能辨[71]也。至于始疑望之不肯就狱，恭、显以为必无忧，已而果自杀，则恭、显之欺亦明矣。在中智[72]之君，孰不感动奋发[73]以厎邪臣之罚[74]！孝元则不然。虽涕泣不食以伤望之，而终不能诛恭、显，才得其免冠谢而已。如此，则奸臣安所惩乎[75]！是使恭、显得肆其邪心而无复忌惮者也。

是岁，弘恭病死，石显为中书令。

（以上为第三段，着重写萧望之之死。这是中朝与外朝权臣之争的第二个回合，朝官再度败阵，折了核心主将萧望之。）

【注释】

[1]丁巳：二月二十七日。[2]戊午：二月二十八日。[3]陇西：郡名，治所狄道，在今甘肃临洮县。[4]广陵厉王子霸：广陵王，是汉武帝李姬所生子刘胥的封爵，因祝诅皇帝坐罪，在宣帝五凤四年（前54）自杀，国废。今复立其子霸为王，袭封广陵。[5]黄门：即黄门寺，属少府，皇帝的乘舆狗马均归其主管。[6]水衡：官名，水衡都尉之省称，少府属官，管理上林苑禽兽。[7]宜春下苑：即宜春苑，又名曲江池，在长安南郊。有天子行宫，即宜春宫。[8]少府佽飞：少府属官，原名左弋，汉武帝太初元年更名为佽飞，掌弋射。长官名佽飞令，属官有九丞二尉。佽飞所掌外池，为皇家射鸟林园。[9]严籞：上林苑中猎射禁地。[10]池田：上林苑中池泽及荒地。[11]假与贫民：租给贫民耕种。秦汉时咸阳、长安周围数百里皆为禁苑，随着关中人口增多，苑中禁地逐渐辟为耕地。[12]举茂材异等、直言极谏之士：即诏举贤士，“茂材异等”与“直言极谏”为入选条件，皆临时所拟科目。贤良对策，要直陈时政，故称“直言极谏之士”。其制始于汉文帝。[13]四月：据章校，“月”下有“丁巳”二字。丁巳，四月二十八日。[14]太原：郡名，治所晋阳，在今山西太原市西南。[15]张敞：字子高，河东平阳（今山西临汾市西南）人，历仕宣元二朝，为郡守、京兆尹，政绩突出。传见《汉书》卷七十六。[16]任治烦乱：能治理烦乱棘手的政事。[17]材轻：行为轻薄。张敞曾拍马过章台街（这条街青楼林立），又曾为其妻画眉。这就是所谓的轻佻行为。[18]左冯翊：地名，关中三辅左部地，治所设长安城中。又为官名，即左冯翊的行政长官。此处是官名。[19]关内侯：秦汉二十级爵之第十九级，爵级仅次列侯，食采邑于京畿，故名关内侯。[20]给事中：加官。有此衔，可侍从禁中，故下

文曰朝朔望，即初一和十五进宫面见皇帝。［21］齐地：即今山东北部，古为齐国，故称齐地，汉时为青州。［22］己酉：七月己未朔，无己酉。己酉，八月二十一日。［23］谏大夫：官名，掌议论。［24］中郎：郎官之一，掌宿卫。［25］许、史兄弟：许、史两姓外戚子弟。［26］侍中：皇帝亲信侍从。又，朝官加此衔可出入禁中。［27］诸曹：政府机关所属各部门，相当于今天的各处、各科室。此指尚书省属官。［28］侧目：怒视的样子。萧望之为官严正，故宦官及属官均恨之。［29］外亲：外家。［30］上变事：汉制，臣民言非常事，可不经尚书转奏而直接向皇帝上陈机密奏章，称上变事，或称上封事。［31］三独夫：犹言三匹夫，指萧望之、周堪、刘更生。［32］退：罢免，斥退。［33］章蔽善之罚：彰显惩治妒贤害能的小人。［34］原：通“源”。［35］辞果服：供词果如所料。［36］散骑：散骑常侍之省称，皇帝亲随，骑马侍从。［37］伋：萧望之长子。［38］讼：申诉。［39］望之前事：指萧望之之前为石显所诬下狱事。［40］无谮诉者：谓望之前罪，至为明确，不是受人诬陷所致。［41］称引亡辜之诗：亡，通“无”。史不载萧伋上书所引之诗。《诗·小雅·十月之交》有“无罪无辜，谗口嚣嚣！”疑即萧伋所引。［42］失大臣体，不敬：指臣下怨望，丢失了等级礼制，是对皇上的不敬。体，此指等级礼制。不敬，冒犯皇上。［43］高节：高风亮节，这里指萧望之性情刚烈。［44］不屈辱：不能接受屈辱。据此，疑前“召致廷尉”时，可能只是周堪、刘更生二人下狱，而萧望之本人则未为廷尉逮系，仅移案廷尉、待捕而已。［45］归非于上：归罪于皇上。［46］托：依靠，凭借。［47］终必不坐：意谓萧望之恃帝师之宠，以为无论怎样也不会被判有罪。终，始终，无论怎么样。［48］塞：杜绝，压制。［49］怏怏：怨恨的样子。［50］安肯就吏：怎肯去对簿公堂？元帝明知萧望之之刚烈，故有此忧。［51］人命至重：人对生命都看得很重。［52］语言薄罪：言论轻罪。这是弘恭、石显欺骗元帝之词，目的是取得处置萧望之的诏书。汉法，对涉及皇帝的所谓“诬上”罪，往往要杀头，是很重的罪名。［53］手付：亲手交给萧望之，目的是逼其自杀。［54］太常：官名，九卿之一，掌诸陵事。［55］执金吾：掌京师卫戍治安。时萧望之家居杜陵，故弘恭、石显凭借手中权力，紧随谒者的敕令，调骑兵包围萧宅，逼迫萧望之自裁。［56］门下生：学生、弟子。［57］朱云：字游，鲁国曲阜人，尝从萧望之受《论语》，元帝时官至杜陵令。传见《汉书》卷六十七。［58］节士：有节操的人。［59］字谓云曰：呼朱云之字说话。老师呼门生之字，表示敬重。［60］趣：通“促”，即快。［61］无久留我死：不要延长我等死的时间。按：萧望之不肯步狱而死，说明正月案件，仅有周堪、刘向二人被捕，那一次只将萧望之的案宗移交司法，而没有拘捕萧望之。所以这次石显用欺诈手法激使汉元帝同意拘捕萧望之，目的就是逼死萧望之。［62］拊手：以手拍击，形容大怒。［63］曩：先前。［64］固：本来。［65］却食：犹绝食。［66］以议不详：主意考虑不周，判断错误。石显等不承认谋杀萧望之，用判断有误来开脱罪责。［67］免冠谢：摘下官帽，叩头请罪。［68］良久然后已：石显等叩头很长一阵，这才罢休。［69］每岁时：每年的祭奠时节。［70］谮诉：暗中打小报告，诬陷。［71］诚有所不能辨：固然有时不能分辨。［72］中智：常人的智慧。［73］感动奋发：感情冲动而勃然大怒。按：汉元帝中石显煽惑之计，心中同意杀一杀萧望之的傲气，所以石显叩头请罪，元帝顺势下台，而不罪石显，因元帝觉得自己想到师傅刚强而又同意石显的办法，自己应负责任，昏庸得可爱。［74］厎邪臣之罚：办奸臣之罪。厎（dǐ），致，办。［75］奸臣安所惩乎：怎么能惩戒奸臣呢？

初，武帝灭南越，开置珠崖、儋耳郡[1]，在海中洲[2]上；吏卒皆中国人[3]，多侵陵之。其民亦暴恶[4]，自以阻绝[5]，数犯吏禁，率数年一反，杀吏；汉辄发兵击定之。二十余年间，凡六反[6]。至宣帝时，又再反[7]。上即位之明年，珠崖山南县反[8]，发兵击之。诸县更叛，连年不定。上博谋于群臣[9]，欲大发军。待诏贾捐之[10]曰："臣闻尧、舜、禹之圣德，地方[11]不过数千里，西被流沙[12]，东渐于海[13]，朔南[14]暨声教[15]，言欲与声教则治之，不欲与者不强治也。故君臣歌德，含气之物[16]各得其宜。武丁[17]、成王[18]，殷、周之大仁也，然地东不过江、黄[19]，西不过氐、羌[20]，南不过蛮荆[21]，北不过朔方[22]，是以颂声并作，视听之物咸乐其生，越裳氏[23]重九译[24]而献，此非兵革之所能致也。以至于秦，兴兵远攻，贪外虚内[25]而天下溃畔。孝文皇帝偃武行文[26]，当此之时，断狱数百[27]，赋役轻简[28]。孝武皇帝厉兵马[29]以攘四夷[30]，天下断狱万数，赋烦役重，寇贼并起[31]，军旅数发[32]，父战死于前，子斗伤于后，女子乘亭障[33]，孤儿号于道，老母、寡妇饮泣巷哭，是皆廓地泰大[34]，征伐不休之故也。今关东民众久困，流离道路。人情莫亲父母，莫乐夫妇；至嫁妻、卖子，法不能禁，义不能止[35]，此社稷之忧也。今陛下不忍悁悁之忿[36]，欲驱士众挤[37]之大海之中，快心幽冥之地[38]，非所以救助饥馑，保全元元[39]也。《诗》云[40]：'蠢尔蛮荆，大邦为仇[41]。'言圣人起则后服[42]，中国衰则先畔，自古而患之，何况乃复其南方万里之蛮乎！骆越之人[43]，父子同川而浴，相习以鼻饮[44]，与禽兽无异，本不足郡县置也。颛颛[45]独居一海之中，雾露气湿[46]，多毒草、虫蛇、水土之害[47]；人未见虏，战士自死。又非独珠崖有珠、犀、玳瑁[48]也。弃之不足惜，不击不损威[49]。其民譬犹鱼鳖，何足贪也！臣窃以往者羌军言之[50]，暴师曾未一年，兵出不逾千里，费四十余万万；大司农[51]钱尽，乃以少府[52]禁钱续之。

夫一隅为不善，费尚如此，况于劳师远攻，亡士毋功[53]乎！求之往古则不合，施之当今又不便，臣愚以为非冠带之国，《禹贡》所及，《春秋》所治[54]，皆可且无以为[55]。愿遂[56]弃珠崖，专用恤关东为忧[57]！”上以问丞相、御史。御史大夫陈万年[58]以为当击；丞相于定国[59]以为：“前日兴兵击之连年，护军都尉、校尉[60]及丞凡十一人，还者二人，卒士及转输死者万人以上，费用三万万余，尚未能尽降。今关东困乏，民难摇动[61]，捐之议是。”上从之。捐之，贾谊曾孙也。

（以上为第四段，写孝元皇帝纳谏，与前一段对照形成鲜明反差，汉元帝判若两人。由此可见，汉元帝是一个中庸之君，可以为善，亦可以为恶。孝元皇帝听信谗佞小人弘恭、石显，杀逐忠臣萧望之、周堪等，表现昏庸；孝元皇帝讷谏，罢珠崖郡用兵，表现仁德。）

【注释】

[1]珠崖、儋耳郡：两郡名。珠崖郡治所在今海南海口市琼山区，儋耳郡治所在今海南儋州市。汉武帝元鼎六年（前111）平定南越，后置交州九郡，珠崖、儋耳在其中。 [2]海中洲：即海岛，此指海南岛。 [3]中国人：指中原人，即汉朝大陆人。 [4]暴恶：暴戾强悍。 [5]阻绝：大海隔断了海岛与大陆的交通。 [6]凡六反：据《汉书·贾捐之传》，海南岛自元封元年（前110）初为郡至昭帝始元元年（前86），二十五年间，民凡六反。 [7]至宣帝时，又再反：昭帝始元五年（前82），罢儋耳郡，并属珠崖郡。至宣帝神爵三年（前59），珠崖三县反，甘露元年（前53），九县再反。 [8]珠崖山南县反：时在汉元帝初元二年（前47），是下文廷议征讨还是罢郡的起因。 [9]博谋于群臣：广泛征求大臣们的意见，即事下公卿廷议。汉制，国家大事，廷议后再由皇帝裁决。 [10]待诏贾捐之：贾捐之是贾谊曾孙，时上疏言得失，待诏金马门。传见《汉书》卷六十四下。 [11]地方：所统治的区域，即版图。 [12]西被流沙：西疆与沙漠相接。 [13]东渐于海：东边濒临大海。 [14]朔南：朔方以南。汉武帝北逐匈奴置朔方郡，约在今内蒙古河套地区。按：尧舜禹时的疆域，没有贾捐之所说的那么大。 [15]暨声教：受到天子的恩泽教化。 [16]含气之物：所有生灵。 [17]武丁：商朝中兴之主。 [18]成王：西周开国之君。 [19]江、黄：古国名。江国，西汉时在汝南安阳（今河南息县西）。黄国，西汉时在汝南弋阳（今河南潢川县西）。 [20]氐、羌：古族名，居于今甘肃东南部。 [21]蛮荆：指楚民族发祥地（今湖北襄阳市一带）。 [22]朔方：郡名，汉武帝北逐匈奴所置，郡治在今内蒙古乌拉特前旗。 [23]越裳氏：古族名，汉时为九真郡，在今越南境内。 [24]重九译：多次辗转翻译。语言隔阂，要多次翻译，极言其远。 [25]贪外虚内：贪图向外扩张，虚耗了国力。 [26]偃武行文：停止战争，实行文治。 [27]断狱数百：判处死刑的囚犯，每年只有几百人。 [28]赋役

轻简：赋税轻（很少），徭役简（不烦苛）。［29］厉兵马：即厉兵秣马。［30］攘四夷：征伐四方。［31］并起：四方涌起，到处蔓延。［32］军旅数发：大军不断出征。［33］女子乘亭障：守卫边防据点、卫所，连女子也被征发服役。［34］廓地泰大：开拓的疆土太广。［35］法不能禁，义不能止：因为卖妻卖子是为了活命，所以法律难以禁止，道义难以约束。［36］悁悁之忿：忧愤的样子。［37］挤：推入。［38］快心幽冥之地：必欲夺得荒寒的海岛才甘心。［39］元元：黎民百姓。［40］《诗》云：诗引自《诗经·小雅·采芑》。［41］大邦为仇：敢于与大国为敌。［42］圣人起则后服：贤圣之君出，外族则自然归服。［43］骆越之人：此指海南岛上的土著居民。［44］鼻饮：据胡三省注，这是海南当地少数民族一种特殊的饮水方式，并非指饮酒。［45］颛颛：犹区区，兼有圆环之意，形容海南岛不过是一圆形的弹丸小岛。［46］雾露气湿：雾大露重，气候潮湿。［47］水土之害：指中原人士到海岛容易水土不服。［48］珠、犀、玳瑁：珍贵的装饰物品，珍珠、犀牛角、玳瑁壳。玳瑁，一种海龟，其甲很美，可做装饰品及药用。［49］不击不损威：不加讨伐，并不损害汉朝的威望。［50］以往者羌军言之：指宣帝神爵元年羌人反，赵充国安羌事。［51］大司农：九卿之一，掌民赋，岁入为国用。［52］少府：九卿之一，掌山林池泽之税收，专供皇室之用。宣帝征羌，国用不足，调少府钱以充国用。［53］亡士毋功：牺牲战士，建不了功业。谓白白牺牲。［54］《禹贡》所及，《春秋》所治：这里的范围指《禹贡》（《尚书》中的篇名）所记载的边远地方，《春秋》（儒家六经之一）所载已接受教化的周边民族。［55］皆可且无以为：都可以弃置不管。［56］遂：终于，此指果断地，下定决心。［57］专用恤关东为忧：全力抚恤关东受灾民众，这才是朝廷最应忧虑、最要紧的事。［58］陈万年：字幼公，沛郡相县（故治在今安徽宿州市西北）人，由郡吏起家，历经县令、郡守，官至太仆。传见《汉书》卷六十六。［59］于定国：字曼倩，东海郡郯县（故治在今山东郯城县西南）人，官至丞相，为汉元帝时名臣之一。传见《汉书》卷七十一。［60］护军都尉、校尉：次于将军的武官。［61］民难摇动：不可使民心浮动。

三年（乙亥，前46年）

春，诏曰[1]："珠崖虏杀[2]吏民，背畔为逆。今廷议者或言可击，或言可守，或欲弃之，其指[3]各殊。朕日夜惟思议者之言，羞威不行[4]，则欲诛之；狐疑辟难，则守屯田[5]；通乎时变[6]，则忧万民。夫万民之饥饿与远蛮之不讨，危孰大焉[7]？且宗庙之祭，凶年不备[8]，况乎辟不嫌之辱[9]哉！今关东大困，仓库空虚，无以相赡[10]，又以动兵，非特劳民，凶年随之。其罢珠崖郡，民有慕义[11]欲内属[12]，便处之[13]；不欲，勿强。"

夏，四月，乙未晦[14]，茂陵[15]白鹤馆[16]灾[17]；赦天下。

夏，旱。

立长沙炀王弟宗为王[18]。

长信少府[19]贡禹上言：“诸离宫[20]及长乐宫卫，可减其太半[21]以宽繇役[22]。”六月，诏曰：“朕惟烝庶[23]之饥寒，远离父母妻子，劳于非业之作[24]，卫于不居之宫[25]，恐非所以佐阴阳[26]之道也。其罢甘泉、建章宫卫[27]，令就农。百官各省费。条奏[28]，毋有所讳。”

是岁，上复擢周堪为光禄勋[29]，堪弟子[30]张猛[31]为光禄大夫[32]、给事中，大见信任。

四年（丙子，前45年）

春，正月，上行幸甘泉，郊泰畤[33]。三月，行幸河东[34]，祠后土[35]；赦汾阴[36]徒。

（以上为第五段，写孝元皇帝初元三年裁撤珠崖郡，停止用兵，削减宿卫，厉行节俭以赈灾。初元四年继续休养生息无大事。）

【注释】

[1]诏曰：诏告天下罢珠崖郡。[2]虏杀：掠杀。[3]指：主张。[4]羞威不行：羞于威信不行于珠崖。[5]狐疑辟难，则守屯田：退一步考虑，避难就易，可不加诛讨，而施行屯田之策。[6]通乎时变：即按实际情况变通办理。[7]危孰大焉：权衡讨伐叛乱与赈济饥民，孰轻孰重。[8]宗庙之祭，凶年不备：古制，国家年收入的十分之一应用于宗庙祭祀。凶年收入减少，以致宗庙的祭品也不能齐备。[9]不嫌之辱：即区区不值一提的小辱。嫌，通“慊（qiè）”，足也。[10]赡：丰足。[11]慕义：向往中国文化。[12]内属：内迁。[13]便处之：根据内迁之民所便而安置。[14]乙未晦：乙未，四月十一日。晦，指天昏地暗、黄雾弥漫一类的天变。[15]茂陵：汉武帝陵，在今陕西兴平市东北。[16]白鹤馆：茂陵寝殿名。[17]灾：发生火灾。[18]立长沙炀王弟宗为王：长沙炀王刘旦，汉景帝子，长沙王刘发之玄孙，初元元年死，谥炀王，无后。立刘旦之弟刘宗，以为长沙王后嗣。[19]长信少府：官名，原名长信詹事，职掌皇太后宫，景帝中六年更名为长信少府。又皇太后居长乐宫，亦称长乐少府。长信宫、长乐宫，皆皇太后所居宫名。[20]离宫：皇帝建于京师以外的行宫。[21]减其太半：裁撤宫卫的三分之二。[22]宽繇役：减轻差役。[23]烝庶：众庶。[24]劳于非业之作：指宫卫过多，使许多精壮劳力去从事非本业（农耕）以外的工作。[25]卫于不居之宫：守卫着君王从来也不去居住的行宫。[26]佐阴阳：调和阴阳。[27]罢甘泉、建章宫卫：裁撤、释放甘泉宫、建章宫的警卫，使之

归农。甘泉宫在长安西北甘泉山上，为秦汉时皇帝避暑行宫。甘泉山在今陕西淳化县。建章宫，在长安城西，汉武帝新建。［28］条奏：提出方案，分条疏奏。［29］光禄勋：官名。秦时名郎中令，武帝太初元年更名光禄勋，掌皇宫禁卫。［30］弟子：门生。［31］张猛：张骞孙。［32］光禄大夫：秦时名中大夫，太初元年更名光禄大夫，为光禄勋属官，掌议论。［33］郊泰畤：祭祀上天太一神。［34］河东：郡名，治所安邑，在今山西夏县西北。［35］祠后土：祭祀土地神。后土祠在汾阴。［36］汾阴：县名，属河东郡，县治在今山西河津市西南。

五年（丁丑，前44年）

春，正月，以周子南君[1]为周承休侯[2]。

上[3]行幸雍[4]，祠五畤[5]。

夏，四月，有星孛于参[6]。

上用诸儒贡禹等之言，诏太官[7]毋日杀[8]，所具各减半[9]；乘舆秣马，无乏正事[10]而已。罢角抵[11]、上林宫馆希御幸者[12]、齐三服官[13]、北假田官[14]、铁官[15]、常平仓[16]。博士弟子毋置员[17]，以广学者；令民有能通一经者，皆复[18]。省刑罚七十余事[19]。

陈万年卒。六月，辛酉[20]，长信少府贡禹为御史大夫[21]。禹前后言得失书数十上，上嘉其质直[22]，多采用之。

匈奴郅支单于[23]自以道远，又怨汉拥护呼韩邪[24]而不助己，困辱汉使者江乃始等；遣使奉献，因求侍子[25]。汉议遣卫司马谷吉送之[26]，御史大夫贡禹、博士[27]东海匡衡[28]以为："郅支单于乡化未醇[29]，所在绝远[30]，宜令使者送其子，至塞[31]而还。"吉上书言："中国与夷狄有羁縻[32]不绝之义，今既养全其子十年，德泽甚厚，空绝而不送[33]，近从塞还，示弃捐不畜[34]，使无乡从[35]之心，弃前恩，立后怨，不便[36]！议者见前江乃始无应敌之数，智勇俱困，以致耻辱，即豫为臣忧[37]。臣幸得建强汉之节，承明圣之诏，宣谕厚恩，不宜敢桀[38]。若怀禽兽心，加无道于臣，则单于长婴大罪[39]，必遁逃远舍，不敢近边。没一使以安百姓，国之计，臣之愿也。愿送至庭[40]。"上许焉。既至，郅支单于怒，竟杀吉等[41]；自知负汉，又闻呼韩邪益强，恐见袭击，欲远去。会康居[42]王数为乌孙[43]所困，与诸翕侯[44]计，以为："匈奴大国，乌孙素服属[45]之。今郅支单于困厄在外，可迎置东边，使合兵[46]取乌孙而立之[47]，长无匈奴忧矣。”即使使至坚昆[48]，通语郅支。郅支素恐，又怨乌孙[49]，闻康居计，大说[50]，遂与相结，引兵而西。郅支人众中寒[51]道死，余财[52]三千人。到康居，康居王以女妻郅支；郅支亦以女予康居王。康居甚尊敬郅支，欲倚其威以胁诸国。郅支数借兵击乌孙，深入至赤谷城，杀略民人，驱[53]畜产去。乌孙不敢追，西边空虚不居者五千里[54]。

冬，十二月，丁未[55]，贡禹卒。丁巳[56]，长信少府薛广德[57]为御史大夫。

（以上为第六段，写郅支单于远遁康居。）

【注释】

[1]周子南君：汉武帝元鼎四年封周后裔姬嘉为“周子南君”，以奉周祀，在颍川郡。［2］承休侯：名姬延，姬嘉之孙。［3］上：据章校，“上”字上有“三月”二字。［4］行幸雍：元帝前往雍城。雍，县名，在今陕西宝鸡市凤翔区。秦兴起于雍，那里有行宫，有五天帝及百神祠坛。［5］祠五畤：祭祀五帝。五畤，五天帝之神坛。五天帝为东方青帝灵威仰、南方赤帝赤熛怒、中央黄帝含枢纽、西方白帝白招拒、北方黑帝叶光纪。［6］有星孛于参：在参星之旁出现孛星。［7］太官：官名，掌皇帝膳食。［8］毋日杀：不要每天宰杀牲畜。［9］所具各减半：将按规定供应的菜肴数量减少一半。［10］正事：指皇帝巡狩、祭祀宗庙以及阅兵所需的仪仗、车驾。至于游宴田猎所需的御车马，则属于非正事所用。［11］角抵：摔跤一类的角斗。［12］上林宫馆希御幸者：指皇帝很少接近的上林苑各行宫中的宫女。［13］齐三服官：设于齐地（临淄）为皇家生产服装的织造厂。服分春秋、夏、冬三种，故称三服。［14］北假田官：北假，地名，即今河套以北、包头市以西的夹山带河地段。田官，这里泛指屯田的官卒。［15］铁官：汉武帝时所置，掌盐铁生产与专卖。［16］常平仓：汉宣帝所置，丰年储粮，灾年赈饥，并可平抑粮价，故称常平仓。［17］博士弟子毋置员：汉武帝建元五年始置五经博士，置弟子限员五十名；昭帝时增至一百人；宣帝时又倍增之。今元帝“毋置员”，即不限额，以扩大学者队伍。至成帝时，博士弟子已增至三千人。［18］复：免除通经术者本人的赋役。［19］省刑罚七十余事：简化刑法，废除有关刑罚七十余条。［20］辛酉：六月二十日。［21］御史大夫：官名，副丞相，监察百官。［22］质直：朴实坦率。［23］郅支单于：呼韩邪单于之兄呼屠吾斯，原为左贤王，后在东部自立为郅支骨都侯单于，公元前56年至公元前36年在位。郅支畏汉之强，西迁至今新疆伊犁河流域，向西发展，史称北匈奴。公元前36年为汉西域副校尉陈汤击杀。［24］呼韩邪：指南匈奴呼韩邪单于，名稽侯狦，公元前58年至公元前31年在位。宣帝甘露三年（前51）呼韩邪朝汉，汉匈始

又和亲。其所部史称南匈奴。［25］侍子：入侍汉廷的质子。郅支单于曾遣子右大将驹于利受为侍子。事详《资治通鉴》卷二十七宣帝甘露元年。［26］卫司马谷吉送之：即以谷吉为使团护卫官出使郅支，护送郅支单于的质子回北匈奴。［27］博士：官名，备顾问应对，参加朝廷大议备咨询。汉武帝置博士弟子后，又为太学教官。［28］匡衡：字稚生，东海郡承县（故治在今山东枣庄市）人。西汉经学家，官至丞相，汉元帝时名臣之一。传见《汉书》卷八十一。［29］乡化未醇：归附不诚。醇，厚，专一。［30］所在绝远：地处荒远的绝域。［31］至塞：到边塞，即至国境线。［32］羁縻：牵制笼络。［33］空绝而不送：经过荒寒的绝域而不护送。［34］弃捐不畜：扔弃不畜养，谓永断恩义。［35］乡从：归附而听从。［36］不便：不利，不安。［37］豫为臣忧：事先替我担心。豫，通“预”。［38］桀：桀骜不驯。［39］长婴大罪：永远负有大罪。婴，系带，引申为犯有。［40］送至庭：送到郅支单于庭。［41］竟杀吉等：终于杀了谷吉等人。［42］康居：西域国名，故地在今中亚哈萨克斯坦东南部，锡尔河以北。王治卑阗域，城筑于都赖水（今塔拉斯河）上。［43］乌孙：古族名，初居祁连、敦煌间，后西迁至今伊犁河和伊塞克湖一带建国，都赤谷城。［44］翕侯：康居大臣，官名。［45］素服属：一向归顺服从。［46］合兵：康居与郅支兵力联合。［47］取乌孙而立之：夺取乌孙地而使郅支立国。［48］坚昆：西域古族名、国名，在今新疆焉耆县北。郅支西进，击灭坚昆而都之。［49］郅支素恐，又怨乌孙：乌孙西迁乃为匈奴所迫，故乌孙与匈奴为世仇，匈奴强则附之，匈奴弱则击之。宣帝黄龙元年（前49），郅支西走，乌孙发兵迎接，实欲袭击，为郅支发觉，故结怨。［50］说：通“悦”。［51］中寒：受到寒冻伤害。［52］财：通“才”。［53］驱：赶走。此指掳掠。［54］五千里：《汉书·陈汤传》作“且千里”。当时乌孙赤谷城至康居间不可能有五千里空虚之地，当从《陈汤传》。［55］丁未：十二月九日。［56］丁巳：十二月十九日。［57］薛广德：经学家，曾传鲁诗，官至御史大夫。传见《汉书》卷七十一。

永光元年（戊寅，前43年）

春，正月，上行幸甘泉，郊泰畤。礼毕，因留射猎。薛广德上书曰：“窃见关东困极，人民流离；陛下日撞亡秦之钟，听郑、卫之乐[1]，臣诚悼[2]之。今士卒暴露，从官[3]劳倦，愿陛下亟反宫[4]，思与百姓同忧乐，天下幸甚！”上即日还。

二月，诏：“丞相、御史举质朴、敦厚、逊让、有行[5]者，光禄岁以此科第郎、从官。”

三月，赦天下。

雨雪、陨霜[6]，杀桑[7]。

秋，上酎祭宗庙[8]，出便门[9]，欲御楼船。薛广德当[10]乘舆车，免冠顿首[11]曰："宜从桥。"诏曰："大夫冠，"广德曰："陛下不听臣，臣自刎，以血污车轮，陛下不得入庙矣！"上不说[12]。先驱[13]光禄大夫张猛进曰："臣闻主圣臣直。乘船危，就桥安；圣主不乘危。御史大夫言可听！"上曰："晓人不当如是邪[14]！"乃从桥。

九月，陨霜杀稼，天下大饥。丞相于定国[15]，大司马、车骑将军史高，御史大夫薛广德俱以灾异乞骸骨[16]；赐安车[17]、驷马、黄金六十斤，罢。太子太傅韦玄成[18]为御史大夫。广德归，县其安车，以传示子孙为荣。

帝之为太子也，从太中大夫孔霸[19]受尚书；及即位，赐霸爵关内侯，号褒成君[20]，给事中。上欲致霸相位，霸为人谦退，不好权势，常称"爵位泰过，何德以堪之！"御史大夫屡缺，上辄欲用霸；霸让位，自陈至于再三。上深知其至诚，乃弗用。以是敬之，赏赐甚厚。

戊子[21]，侍中、卫尉[22]王接[23]为大司马、车骑将军。

石显惮周堪、张猛等，数谮毁之。刘更生惧其倾危[24]，上书曰："臣闻舜命九官[25]，济济[26]相让，和[27]之至也。众臣和[28]于朝则万物和[29]于野，故箫《韶》九成，凤皇来仪[30]。至周幽、厉[31]之际，朝廷不和，转相非怨，则日月薄食[32]，水泉沸腾，山谷易处[33]，霜降失节[34]。由此观之，和气致祥[35]，乖气致异[36]，祥多者其国安，异众者其国危，天地之常经[37]，古今之通义[38]也。今陛下开三代[39]之业，招文学之士[40]，优游宽容[41]，使得并进。今贤不肖浑殽[42]，白黑不分，邪正杂糅[43]，忠谗[44]并进；章交公车[45]，人满北军[46]，朝臣舛午[47]，胶戾乖剌[48]，更相谗诉[49]，转相是非[50]；所以营惑耳目[51]，感移心意[52]，不可胜载，分曹为党[53]，往往群朋[54]将同心以陷正臣[55]。正臣进者，治之表也[56]；正臣陷者，乱之机也[57]；乘治乱之机，未知孰任[58]，而灾异数见，此臣所以寒心者也。初元以来六年矣，按《春秋》六年之中，灾异未有稠[59]如今者也。原[60]其所以然者，由谗邪并进[61]也；谗邪之所以并进者，由上多疑心[62]，既已用贤人而行善政，如或谮[63]之，则贤人退而善政还[64]矣。夫执狐疑之心者，来谗贼之口[65]；持不断之意者，开群枉之门[66]；谗邪进则众贤退，群枉盛则正士消。故《易》有《否》《泰》[67]，小人道长，君子道消，则政日乱；君子道长，小人道消，则政日治。昔者鲧、共工、驩兜[68]与舜、禹[69]杂处尧朝，周公与管、蔡[70]并居周位，当是时，迭进相毁[71]，流言相谤，岂可胜道哉！帝尧、成王能贤舜、禹、周公而消共工、管、蔡，故以大治，荣华至今。孔子与季、孟[72]偕仕[73]于鲁，李斯[74]与叔孙[75]俱宦于秦，定公[76]、始皇贤季、孟、李斯而消孔子、叔孙，故以大乱，污辱至今。故治乱荣辱之端[77]，在所信任；信任既贤，在于坚固而不移。《诗》云：'我心匪石，不可转也[78]，'言守善笃也。《易》曰：'涣汗其大号[79]，'言号令如汗，汗出而不反[80]者也。今出善令未能逾时[81]而反，是反汗也；用贤未能三旬[82]而退[83]，是转石[84]也。《论语》曰：'见不善如探汤[85]。'今二府[86]奏佞谄不当在位，历年[87]而不去。故出令则如反汗，用贤则如转石，去佞则如拔山[88]，如此，望阴阳之调[89]，不亦难乎！是以群小窥见间隙[90]，缘饰文字[91]，巧言丑诋[92]，流言[93]、飞文[94]哗[95]于民间。故《诗》云[96]：'忧心悄悄[97]，愠[98]于群小，'小人成群，诚足愠也[99]。昔孔子与颜渊、子贡[100]更相称誉，不为朋党[101]；禹、稷与皋陶传相汲引，不为比周[102]；何则？忠于为国，无邪心也。今佞邪与贤臣并交戟[103]之内，合党共谋，违善依恶，歙歙訿訿[104]，数设危险之言[105]，欲以倾移[106]主上，如忽然用之，此天地之所以先戒，灾异之所以重至[107]者也。自古明圣未有无诛而治者也，故舜有四放之罚[108]，孔子有两观之诛[109]，然后圣化可得而行也。今以陛下明知，诚深思天地之心[110]，览《否》《泰》之卦[111]，历周、唐之所进以为法[112]，原秦、鲁之所消以为戒[113]，考祥应之福，灾[114]异之祸，以揆[115]当世之变，放远[116]佞邪之党，坏散[117]险诐之聚[118]，杜闭[119]群枉之门[120]，广开众正之路，决断狐疑，分别犹豫[121]，使是非炳然[122]可知，则百异消灭而众祥并至，太平之基，万世之利也。"显见其书，愈与许、史比[123]而怨更生等。

（以上为第七段，记载汉元帝纳言，薛广德拦路跪谏和刘向上书请诛奸佞。薛广德疏谏，拦阻汉元帝出行不要摆渡过河，而要从桥上行路，小题大做，表演热爱君王，汉元帝乐得有纳谏之名而听从。刘向上书言国家大事，汉元帝舍不得左右亲信，下不了诛除奸佞的决心，于是稀里糊涂装呆，甚至把刘向上书给政敌看，于是石显等对刘向恨之入骨。）

【注释】

［1］郑、卫之乐：指靡靡之音。郑、卫，春秋时二国名。郑国在今河南新郑市，卫国在今河南淇县。两地民歌轻柔，被儒家视为亡国之音。［2］诚悼：心情十分沉痛。悼，忧虑。［3］从官：侍从之官，诸如宦者、诸郎、太医等。［4］亟反宫：立即回宫。反，同“返”。［5］质朴、敦厚、逊让、有行：这是元帝永光元年举贤良的四种科目。［6］陨霜：降霜。［7］杀桑：寒霜冻死了桑树。［8］酎祭宗庙：汉制，每年八月以重酿之醇酒祭祀祖庙，称酎祭。酎（zhòu），专用的醇酒。［9］便门：长安城南面西边第一门。［10］当：阻挡。［11］免冠顿首：摘帽叩头。拦阻乘舆车，乃犯上之举，薛广德免冠顿首谏，表示有罪。［12］说：通“悦”。［13］先驱：先导。［14］晓人不当如是邪：规劝人难道不应当如此吗？这是元帝夸奖张猛谏诤有方。［15］于定国：宣帝时为廷尉，持法宽平，人称贤臣。元帝时为丞相。传见《汉书》卷七十一。［16］乞骸骨：古时大臣辞职的委婉说法。丞相、大司马、御史大夫为汉三公，按当时天人感应之说，应对天灾负责，故皆引咎辞职。［17］安车：坐乘之小车，以蒲裹轮，运行平稳，供致仕大臣或所征耆学大儒乘坐。［18］韦玄成：宣帝相韦贤之子，官至丞相。事附其父传，见《汉书》卷七十三。［19］孔霸：孔子第十三代孙，世传经学。宣帝时官至太中大夫、詹事。汉元帝封为褒成君。传见《汉书》八十一。［20］褒成君：如淳曰：“为帝师，教令成就，故曰褒成君。”［21］戊子：九月二十四日。［22］卫尉：九卿之一，掌皇宫禁卫之职。［23］王接：汉元帝舅平昌侯王无故之子。［24］倾危：险诈。［25］舜命九官：《尚书·舜典》与《史记·五帝本纪》载，虞舜继尧治事，草创国家，任命禹作司空，弃作后稷，契作司徒，皋陶作士，垂作共工，益作朕虞，伯夷作秩宗，夔作典乐，龙作纳言，凡九官。［26］济济：形容人才众多。［27］和：感情融洽，团结一致。［28］众臣和：群臣和睦。［29］万物和：万物欣欣向荣。［30］箫《韶》九成，凤皇来仪：多次演奏《韶》乐，凤凰也要飞来朝拜。《韶》乐，舜时乐典名。九，不定数词，多。［31］幽、厉：周幽王、周厉王。周朝第十代国君名姬胡，死后谥厉王；厉王后为宣王，宣王后为幽王姬宫涅，即周朝第十二代国君。厉王暴虐，为国人所逐；幽王昏乱，导致西周灭亡。按：古史将周厉王、周幽王并举时，倒其时序，不称“厉幽”，而说“幽厉”，因幽王更暴虐，亡国故也。［32］日月薄食：日食和月食交替发生。薄，迫也，谓日月相掩而成食。［33］水泉沸腾，山谷易处：百川泛滥，高山与深谷改变了位置。意谓山川动摇。［34］霜降失节：降霜失调，与节令不符。［35］致祥：招来祥瑞。［36］致异：导致灾祸。［37］常经：不变的法则。［38］通义：一贯的道理，即普遍真理。［39］三代：夏、商、周。［40］文学之士：通晓经术的人士。汉时文学指经学。今之文学，汉时称文章、文辞。［41］优游宽容：悠闲而快乐，举止从容。［42］浑殽：即混淆。［43］杂糅：

混杂。［44］忠谗：忠奸。［45］章交公车：吏民上书，呈于公车司马令代转。公车，即公车司马令之省称，主管宫城南门外之司马门，接纳吏民章奏。［46］人满北军：因言论获罪的人犯塞满了北军的监狱。汉制，中垒校尉，主北军垒门内。吏民上章于公车，有不如法者，由北军尉依法治之。［47］舛午：背逆，志意不合。［48］胶戾乖剌：互相违背不和谐。［49］更相谗诉：互相进谗陷害。［50］转相是非：是非辗转相传。［51］营惑耳目：蛊惑皇帝耳目。［52］感移心意：转移皇帝的主见。［53］分曹为党：各自按部门结党营私。［54］群朋：朋比为奸。［55］正臣：耿直秉正之臣。正，品德正直，心胸光明磊落。［56］正臣进者，治之表也：直臣进用，是政治开明的表现。［57］正臣陷者，乱之机也：直臣遭陷害，是祸乱的先兆。［58］乘治乱之机，未知孰任：在治乱的关头，不知应当用谁。［59］稠：密，多。［60］原：根源。［61］谗邪并进：谗臣与奸邪小人都得到进用。［62］疑心：猜忌。［63］谮：谗言陷害。［64］还：被收还，即中止。［65］执狐疑之心者，来谗贼之口：心怀猜忌，就要招来小人成天陷害人的小报告。［66］持不断之意者，开群枉之门：办事没有决断力，就给一群小人开了后门。群枉，一群邪曲的小人。［67］《易》有《否》《泰》：《易经》上有不顺利的《否》卦和顺利的《泰》卦。［68］鲧、共工、驩兜：尧时的凶臣。［69］舜、禹：虞舜、大禹。［70］周公与管、蔡：即周公姬旦、管叔姬鲜、蔡叔姬度，三人皆周文王之子。姬旦贤而多能，是辅佐武王、成王的西周贤臣。管、蔡二人则不识大体，一度联合谗害周公，进而发动叛乱，为周公所诛。［71］迭进相毁：交替进用，互相打击。［72］季、孟：鲁国的季孙氏、孟孙氏两大夫家族，皆鲁桓公之后。［73］偕仕：同在一朝做官。与孔子一起在鲁国做官的有季孙斯、孟孙何忌。［74］李斯（?—前208）：秦始皇时丞相，始皇死后，李斯受赵高蛊惑，拥立秦二世，加速了秦朝的灭亡，故这里以李斯为奸臣。传见《史记》卷八十七。［75］叔孙：秦博士，入汉为奉常。传见《史记》卷九十九。［76］定公：春秋时孔子出仕时的鲁国国君。［77］端：终极，引申为关键。［78］“《诗》云”三句：引自《诗经·邶风·柏舟》。所引诗句意谓石虽坚，尚可转移，我心非石，却不可转动。［79］涣汗其大号：意谓君令发出，如同汗从体出，不可收回。喻号令不可改变。语见《易经·涣卦》九五爻辞。［80］反：同“返”，回去。［81］逾时：过了一会儿。［82］旬：十天。［83］退：官职被罢免。［84］转石：指用贤如同手转石头，太随意。［85］见不善如探汤：见到邪恶，如同用手去探沸水，应立即避退。语见《论语·季氏》篇。汤，沸水。［86］二府：指丞相、御史两府。［87］历年：一年又一年，历经数年。［88］去佞则如拔山：排除一个邪恶小人就像搬动一座大山一样艰难。［89］阴阳之调：阴阳调和，指风调雨顺，没有灾害。［90］间隙：漏洞，空子。［91］缘饰文字：夸大其词以诬人。缘饰，夸张、增饰。［92］丑诋：诽谤。［93］流言：谣言。［94］飞文：匿名信。［95］哗：喧哗，传播。［96］《诗》云：引自《诗经·邶风·柏舟》。［97］悄悄：忧心如焚的样子。［98］愠于群小：犯了小人之怒。［99］小人成群，诚足愠也：小人成群，令人愤怒。愠，此处谓愤怒。［100］颜渊、子贡：孔子的两位弟子。事见《史记·仲尼弟子列传》卷六十七。孔子与二人更相称誉，事见《论语》。［101］更相称誉，不为朋党：君子之间的称誉，却不是拉帮结派，互相吹捧。［102］比周：勾结。［103］交戟：本指宿卫卫士以戟相交，这里喻佞臣与贤臣交织在一起。［104］歙歙訾（zǐ）訾：叽叽喳喳，象声词。形容交头接耳、鬼鬼祟祟之状。［105］危险之言：耸动视听，陷人于圈套的言论。［106］倾移：转移。这里指使皇帝改变主意。［107］重（zhòng）至：指大灾害将临。［108］舜有四放之罚：舜流放共工于幽州，逐驩兜于崇山，贬三苗于三危，杀鲧于羽山。放，流放。［109］孔子有两观之诛：鲁定公十四年（前496），孔子为鲁司寇，杀少正卯于两观之下。两观，鲁宫外之阙门。［110］思天地之心：思考天地惩恶佑善之本。［111］览《否》《泰》之卦：阅览《易经》中《否》《泰》二卦的卦辞。《否》卦彖辞有"内小人而外君子，小人道长，君子道消"句。《泰》卦彖辞有"内君子而外小人，君子道长，小人道消"句。［112］历周、唐之所进以为法：西周、唐尧时所以隆盛是因为贤人得以进用，可以作为榜样。［113］原秦、鲁之所消以为戒：推原秦国、鲁国之所以衰败，是因为贤人不得任用，应引以为戒。［114］灾：据章校，"灾"上有"省"字。省（xǐng），反省，反思。［115］揆：估量，审度。［116］放远：放逐到远远的地方。［117］坏散：打破，解散。［118］险诐之聚：专门从事阴谋构陷之集团。［119］杜闭：堵塞。［120］群枉之门：群小钻营之门。［121］决断狐疑，分别犹豫：当机立断，不可犹豫。这里指诛除显、许集团。［122］炳然：显明。［123］比：结党。

是岁，夏寒，日青无光[1]，显及许、史皆言堪、猛用事之咎。上内重堪，又患众口之浸润[2]，无所取信。时长安令杨兴以材能[3]幸，常称誉堪，上欲以为助，乃见问兴："朝臣龂龂[4]不可光禄勋，何邪？"兴者，倾巧士[5]，谓上疑堪，因顺指[6]曰："堪非独不可于朝廷，自州里[7]亦不可也！臣见众人闻堪与刘更生等谋毁骨肉[8]，以为当诛；故臣前书言堪不可诛伤，为国养恩也。"上曰："然此何罪而诛？今宜奈何？"兴曰："臣愚以为可赐爵关内侯，食邑三百户，勿令典事[9]。明主不失师傅之恩，此最策之得者也。"上于是疑之。

司隶校尉[10]琅邪诸葛丰[11]，始以刚直特立著名于朝，数侵犯贵戚[12]，在位者多言其短；后坐春夏系治人[13]，徙城门校尉[14]。丰于是上书告堪、猛罪。上不直[15]丰，乃制诏御史[16]："城门校尉丰，前与光禄勋堪、光禄大夫猛在朝之时，数称言[17]堪、猛之美。丰前为司隶校尉，不顺四时，修法度[18]，专作苛暴以获虚威[19]；朕不忍下吏[20]，以为城门校尉。不内省诸己[21]，而反怨堪、猛以求报举[22]，告按无证之辞[23]，暴扬难验之罪[24]，毁誉恣意[25]，不顾前言，不信之大[26]也。

朕怜丰之耆老[27]，不忍加刑，其免为庶人！”又曰：“丰言堪、猛贞信不立[28]，朕闵而不治[29]，又惜其材能未有所效[30]，其左迁[31]堪为河东[32]太守，猛槐里[33]令。”

臣光曰：诸葛丰之于堪、猛，前誉而后毁，其志非为朝廷进善而去奸也，欲比周求进[34]而已矣；斯亦郑朋、杨兴之流，乌在其为刚直哉[35]！人君者，察美恶，辨是非[36]，赏以劝善，罚以惩奸[37]，所以为治也。使丰言得实，则丰不当黜[38]；若其诬罔[39]，则堪、猛何辜焉！今两责[40]而俱弃之，则美恶、是非果安在哉！

贾捐之与杨兴善。捐之数短[41]石显，以故不得官，稀复进见[42]；兴新以材能得幸。捐之谓兴曰：“京兆尹[43]缺，使我得见，言君兰[44]，京兆尹可立得。”兴曰：“君房[45]下笔，言语妙天下；使君房为尚书令[46]，胜[47]五鹿充宗[48]远甚。”捐之曰：“令我得代充宗，君兰为京兆，京兆，郡国首[49]，尚书，百官本，天下真大治，士则不隔[50]矣！”捐之复短石显，兴曰：“显方贵，上信用之；今欲进，第[51]从我计，且与合意[52]，即得入矣！”捐之即与兴共为荐显奏，称誉其美，以为宜赐爵关内侯，引其兄弟以为诸曹[53]；又共为荐兴奏，以为可试守[54]京兆尹。石显闻知，白之上，乃下兴、捐之狱，令显治之，奏“兴、捐之怀诈伪，更相荐誉，欲得大位，罔上[55]不道[56]！”捐之竟坐弃市[57]；兴髡钳为城旦[58]。

臣光曰：君子以正攻邪，犹惧不克；况捐之以邪攻邪，其能免乎！

徙清河王竟[59]为中山王。

匈奴呼韩邪单于民众益盛，塞下禽兽尽，单于足以自卫，不畏郅支，其大臣多劝单于北归者。久之，单于竟北归庭，民众稍稍归之，其国遂定。

（以上为第八段，写诸葛丰、贾捐之、杨兴等一般钻营官吏的嘴脸。他们奔走于权门，策划于密室，寡廉鲜耻，随风转舵，不择手段往上爬，揣摩人主说鬼话，到头来竹篮打水一场空。诸葛丰被罢官，贾捐之、杨兴掉了脑袋，可以说是罪有应得。）

【注释】

[1]日青无光：日色青蓝而黯淡。 [2]浸润：指谮言如水，久则成奸。《论语·颜渊》篇，孔子曰："浸润之谮，肤受之愬，不行焉，可谓明也已矣。" [3]材能：才干。 [4]龂（yín）龂：咬牙切齿地愤恨的样子。此指说话时的激动神情。 [5]倾巧士：奸诈的人。 [6]顺指：揣摩主意而阿附。指，同"旨"。 [7]州里：指农村地方基层长吏。 [8]谋毁骨肉：诽谤离间骨肉亲情。[9]典事：主管政事。 [10]司隶校尉：官名，掌京师治安。 [11]诸葛丰：字少季，琅邪诸县（今山东诸城市）人，汉元帝时官至司隶校尉。传见《汉书》卷七十七。 [12]数侵犯贵戚：多次冒犯、惩治皇亲国戚。 [13]坐春夏系治人：指诸葛丰因春夏捕人而被起诉。古人信奉天人感应之说，春、夏为万物生长季节，因此仲春省囹圄（释放轻罪犯），去桎梏（不带刑具），停止审讯，不捕犯人；仲夏改善犯人的生活，增加食物供给。春夏捕人，被认为是不顺天行事。 [14]城门校尉：武官名，掌京师十二城门护卫。 [15]不直：不齿，不认为对。 [16]制诏御史：下诏御史大夫。汉制，皇帝下诏，先交御史大夫，再由御史大夫移丞相府布告天下。 [17]称言：赞扬。[18]修法度：遵守法令制度。 [19]获虚威：猎取声誉。 [20]下吏：交司法官治罪。 [21]内省诸己：自我反省。 [22]求报举：寻求对方过失而举发以报复。 [23]告按无证之辞：所控之辞经案验毫无证据。 [24]暴扬难验之罪：揭发的是难以案验的罪过。 [25]毁誉恣意：诽谤与赞扬随心所欲。 [26]不信之大：毫无信义可言。 [27]耆老：均老年之称。六十曰耆，七十曰老。 [28]贞信不立：缺乏忠贞和信义。 [29]闵而不治：因怜惜而不治其罪。 [30]未有所效：未能给国家尽力，即惜其才能未尽。效，报效，指报效国家。 [31]左迁：降职。 [32]河东：郡名，治所安邑，在今山西夏县西北。 [33]槐里：县名，县治在今陕西兴平市。 [34]比周求进：结党营私以求得升迁。 [35]乌在其为刚直哉：哪能是一个刚烈正直的人呢！ [36]察美恶，辨是非：察看善恶，明辨是非。 [37]赏以劝善，罚以惩奸：用奖赏鼓励善行，用刑罚惩治奸恶。 [38]丰言得实，则丰不当黜：诸葛丰说的是实情，是对的，那么诸葛丰不应当被罢官。黜，罢官。 [39]诬罔：诬告。 [40]两责：对双方均进行处罚。 [41]数短：屡次揭发其短处。[42]稀复进见：很少有机会再见到皇帝。 [43]京兆尹：京师行政长官。 [44]君兰：杨兴字君兰。 [45]君房：贾捐之字君房。 [46]尚书令：官名，属少府，与中书令皆为皇帝秘书官。其时，石显任中书令，五鹿充宗任尚书令。 [47]胜：超过。 [48]五鹿充宗：《易》学大师，官至少府，复姓五鹿。五鹿充宗操行不守，党同石显。 [49]郡国首：指京兆尹在郡国守相中要排在第一，因京师是郡国之首。 [50]士则不隔：天下才智之士，不受阻隔，得以进用。 [51]第：但。 [52]合意：迎合石显的心意。 [53]诸曹：各部属官，相当于今之各处、各科室。这里指中书、尚书府属官。 [54]试守：汉制，郡国守相，第一年为见习期，称试守，然后转为正式。[55]罔上：欺骗皇帝。 [56]不道：大逆不道。 [57]坐弃市：被判处在闹市腰斩。 [58]髡钳为城旦：判处五年徒刑，其中三年服苦役。髡钳，剃去头发，带上颈枷。城旦，即城旦舂，一种筑城的苦役。髡钳为城旦，三年筑城，一年为宗庙打柴，一年为官府服役，共五年徒刑。 [59]竟：

刘竟，汉宣帝子。

二年（己卯，前42年）

春，二月，赦天下。

丁酉[1]，御史大夫[2]韦玄成[3]为丞相；右扶风[4]郑弘[5]为御史大夫。

三月，壬戌朔[6]，日有食之[7]。

夏，六月，赦天下。

上问给事中[8]匡衡[9]以地震日食之变，衡上疏曰："陛下躬圣德[10]，开太平之路，闵[11]愚吏民触法抵禁[12]，比年[13]大赦，使百姓得改行自新，天下幸甚！臣窃见大赦之后，奸邪不为衰止，今日大赦，明日犯法，相随入狱，此殆[14]导之未得其务[15]也。今天下俗，贪财贱义，好声色，上[16]侈靡，亲戚[17]之恩薄，婚姻之党[18]隆[19]，苟合[20]徼幸[21]，以身设利[22]；不改其原[23]，虽岁赦[24]之，刑犹难使错而不用[25]也，臣愚以为宜壹旷然大变其俗[26]。夫朝廷者，天下之桢干[27]也。朝[28]有变色之言[29]，则下有争斗之患；上[30]有自专[31]之士，则下有不让之人；上有克胜之佐[32]，则下有伤害之心；上有好利之臣，则下有盗窃之民；此其本也。治天下者，审所上[33]而已。教化之流，非家至而人说[34]之也；贤者在位，能者布职[35]，朝廷崇礼[36]，百僚敬让[37]，道德之行，由内及外[38]，自近者始，然后民知所法[39]，迁善日进[40]而不自知也。《诗》曰[41]：'商邑翼翼[42]，四方之极[43]。'今长安，天子之都，亲承圣化，然其习俗无以异于远方，郡国来者无所法则[44]，或见侈靡而放效之；此教化之原本，风俗之枢机[45]，宜先正[46]者也。臣闻天人之际[47]，精祲有以相荡，善恶有以相推[48]，事作乎下者象动乎上[49]，阴变则静者动[50]，阳蔽则明者晻[51]，水旱之灾随类而至[52]。陛下祗畏天戒[53]，哀闵[54]元元[55]，宜省靡丽[56]，考制度[57]，近忠正，远巧佞[58]，以崇至仁[59]，匡失俗[60]，道德弘[61]于京师，淑问扬乎疆外[62]，然后大化[63]可成、礼让可兴也。"上说[64]其言，迁衡为光禄大夫[65]。

荀悦[66]论曰：夫赦者，权时之宜[67]，非常典[68]也。汉兴，承秦兵革[69]之后，大愚之世，比屋[70]可刑，故设三章之法[71]，大赦之令，荡涤秽流[72]，与民更始[73]，时势然也。后世承业，袭而不革，失时宜矣。若惠、文之世[74]，无所赦之。若孝景之时，七国皆乱[75]，异心并起，奸诈非一；及武帝[76]末年，赋役繁兴，群盗并起，加以太子之事，巫蛊之祸[77]，天下纷然，百姓无聊[78]。及光武[79]之际，拨乱之后，如此之比，宜为赦矣。

（以上为第九段，着重载述汉元帝永兴二年，匡衡上奏，论地震、日食、月食等天地灾变发生，与其颁布赦令，不如改变社会风气，构建和谐社会。具体措施，生活上厉行节俭，政治上亲忠良，远奸佞，倡导仁义道德，矫正败坏的社会风气。汉元帝十分欣赏，提升了匡衡的职务。匡衡的进言，是传统儒家劝导人主畏天以达到节制帝王随意膨胀权力的办法。但是往往收效甚微，汉元帝就始终不能斥逐奸佞。）

【注释】

[1]丁酉：二月五日。[2]御史大夫：副丞相，监察百官。[3]韦玄成（?—前36）：字少翁，宣帝丞相韦贤少子，父子二人相继官至丞相。同传，见《汉书》卷七十三。[4]右扶风：京师三辅之一，治所在京师长安。[5]郑弘：字稚卿，官至御史大夫。传见《汉书》卷六十六。[6]壬戌朔：三月一日。[7]日有食之：太阳又发生了日食。[8]给事中：加官，加此衔可出入禁中。时匡衡以博士加给事中。[9]匡衡：西汉经学家，官至丞相。传见《汉书》卷八十一。[10]躬圣德：身体力行以修德政。[11]闵：同“悯”，怜惜。[12]触法抵禁：犯法犯禁。触、抵，均作“违犯”解。[13]比年：连年。[14]殆：恐怕，大概。[15]务：要务，要领。[16]上：同“尚”。[17]亲戚：同宗亲族。[18]婚姻之党：裙带关系。[19]隆：厚重，密切。[20]苟合：以利结合。[21]徼幸：找机会，钻空子。[22]以身设利：用身家性命去冒险以博取财利。设，施也，设置圈套求取。[23]原：原本，此为本性。[24]岁赦：每年一赦。[25]错而不用：指刑法虽设，最好是不要使用。只要清平，无人犯法之故。错，设置。[26]壹旷然大变其俗：专一地进行重大改革，变更社会风气。壹，专一。旷然，空旷博大。[27]桢干：筑墙的模板夹具。题头称桢，两侧木板叫干。这里以桢干喻中央政府应率先成为全国政治的模板。[28]朝：与下文的“上”，均指朝中的高官，在上位的人，变文同义。这里指上梁不正下梁歪，进一步阐释朝廷为天下桢干之意。[29]变色之言：变脸怒骂，指钩心斗角。[30]上：见注28。[31]自专：刚愎自用。[32]克胜之佐：相互暗害之人。[33]上：通“尚”，崇尚。[34]家至而人说：到每家，见每一人，均进行教化劝说。[35]布职：即在位。[36]朝廷崇礼：政府尊重礼义。[37]百僚敬让：百官个个谦虚。[38]由内及外：此句内涵丰富，指

推行道德，由核心向外扩展，由朝廷向下逐级推广，由亲向疏推广，个人则由内心接受向外表为仪容。［39］法：效法。［40］迁善日进：善行与日俱增。迁善，品行向善转变，潜移默化转变。［41］《诗》曰：引自《诗经·商颂·殷武》。诗句意谓商都风俗淳厚，为天下效法的标准。［42］翼翼：谨慎淳厚的样子。［43］极：顶峰，标准。［44］法则：榜样。［45］枢机：关键。［46］先正：首先纠正。［47］天人之际：天道与人事的关系。际，两墙相会之处曰际。这里指天人关系既相互感应，又有分际。［48］精祲有以相荡，善恶有以相推：天人关系，是阴阳精气互相浸渐激荡，善恶也随之相互推展。［49］事作乎下者象动乎上：事物在下面兴起时，迹象就在上面显现。［50］阴变则静者动：阴气变异，就要发生地震。静，指大地。动，指地震。［51］阳蔽则明者晻：阳气衰蔽，就要发生日食。明，指太阳。晻，阴暗不明。指日食。［52］水旱之灾随类而至：地震、日食之后，水旱等灾祸将连类而至。［53］祗畏天戒：敬畏上天的警告。天人感应说认为，自然灾变的发生，是上天对人间帝王为政的警告。［54］哀闵：哀怜，关心。［55］元元：黎民百姓。［56］省靡丽：节省因奢靡而铺张浪费的大量钱财。［57］考制度：考究、健全法律制度。［58］近忠正，远巧佞：亲近忠良，疏远奸佞。［59］以崇至仁：提倡大仁大义。［60］匡失俗：矫正败坏的风俗。［61］弘：发扬光大。［62］淑问扬乎疆外：美好的声誉传播到疆域之外。［63］大化：教化大成，即大治。［64］说：通“悦”。［65］光禄大夫：官名，掌议论。［66］荀悦（148—209）：东汉末政论家、史学家，字仲豫，颍川颍阴（今河南许昌市）人，著有《申鉴》及《汉纪》。这里即引《汉纪》中荀悦的评论。传见《后汉书》卷六十二。［67］权时之宜：权宜之计。［68］常典：正典，标准法则。［69］兵革：战乱。［70］比屋：每个家庭。［71］三章之法：刘邦入关灭秦后，废秦苛法，仅约法三章：杀人者死，伤人及盗抵罪。［72］荡涤秽流：指大赦的目的是洗刷社会上的罪恶污秽。［73］更始：重新开始，焕发一种新面貌，或国家改革政治，或人民开始新生活。此指后者。［74］惠、文之世：汉惠帝、汉文帝时代。［75］孝景之时，七国皆乱：汉景帝三年（前154），吴、楚、胶西、胶东、济南、甾川、赵等七王国联合反汉，被汉将周亚夫讨平。［76］武帝：汉武帝刘彻。［77］太子之事，巫蛊之祸：汉武帝征和二年（前91），奸臣江充治巫蛊狱，诬太子刘据诅咒汉武帝，太子矫诏发兵诛江充。武帝令丞相刘屈氂讨伐太子，长安城中大战，死者以万计。巫蛊，巫师刻木为人形，以诅咒之术害人。［78］百姓无聊：据章校，“聊”字下有“人不自安”四字。［79］光武：汉光武帝刘秀。

秋，七月，陇西羌[1]彡姐旁种[2]反，诏召丞相韦玄成等入议。是时，岁比不登[3]，朝廷方以为忧，而遭羌变，玄成等漠然[4]，莫有对者。右将军冯奉世[5]曰：“羌虏近在竟[6]内背畔，不以时诛，无以威制远蛮，臣愿帅师讨之！”上问用兵之数，对曰：“臣闻善用兵者，役不再兴[7]，粮不三载[8]，故师不久暴[9]而天诛亟决[10]。往者数不料[11]

敌，而师至于折伤，再三发调[12]，则旷日烦费，威武亏[13]矣。今反虏无虑[14]三万人，法当倍[15]，用六万人；然羌戎，弓矛之兵耳，器不犀利[16]，可用四万人。一月足以决。”丞相、御史、两将军[17]皆以为“民方收敛时[18]未可多发；发万人屯守之，且足[19]”。奉世曰：“不可。天下被饥馑[20]，士马羸耗[21]，守战之备久废不简[22]，夷狄皆有轻边吏之心，而羌首难[23]。今以万人分屯数处，虏见兵少，必不畏惧；战则挫兵病师[24]，守则百姓不救[25]，如此，怯弱之形见[26]。羌人乘利[27]，诸种并和[28]，相扇[29]而起，臣恐中国之役不得止于四万，非财币之所能解[30]也。故少发师而旷日[31]，与一举而疾决，利害相万[32]也。”固争之，不能得。有诏，益二千人。于是遣奉世将万二千人骑[33]，以将屯为名[34]，典属国[35]任立、护军都尉[36]韩昌为偏裨[37]，到陇西[38]，分屯三处[39]。昌先遣两校尉[40]与羌战，羌众盛多[41]，皆为所破，杀两校尉。奉世具上地形部众多少之计[42]，愿益三万六千人，乃足以决事[43]。书奏，天子大为发兵六万余人。八月，拜太常[44]弋阳侯任千秋为奋武将军[45]以助之。冬，十月，兵毕至[46]陇西，十一月，并进[47]，羌虏大破，斩首数千级，余皆走出塞。兵未决间[48]，汉复发募士[49]万人，拜定襄[50]太守韩安国[51]为建威将军[52]；未进，闻羌破而还。诏罢吏士[53]，颇留屯田，备要害[54]处。

（以上为第十段，冯奉世讨平陇西羌。）

【注释】

[1]陇西羌：居于今甘肃洮河流域。[2]彡（xiǎn）姐（jiě）旁种：彡姐羌的别支。彡姐，羌人种姓。[3]岁比不登：连年歉收。[4]漠然：默然。[5]冯奉世（?—前39）：字子明，上党潞县（今山西长治市潞城区）人。宣帝时立功西域，元帝时官至右将军。传见《汉书》卷七十九。[6]竟：同“境”。[7]役不再兴：指一战就彻底胜利。[8]粮不三载：囤积粮饷不超过三年。即战事不会超过三年。[9]暴：露师于野，即征战。[10]亟决：速战速决。亟，通“急”。[11]料：估量。[12]发调：征调援军。[13]威武亏：朝廷威信受到损害。[14]无虑：大概。[15]法当倍：按兵法，攻方应比守方兵力多出一倍。[16]犀利：锋利。[17]丞相、御史、两将军：指丞相韦玄成、御史大夫郑弘、车骑将军王接、左将军许嘉。[18]民方收敛时：正值百姓秋收之时。[19]且足：将足够。[20]被饥馑：遭受大灾荒。被，遭受。[21]士马羸耗：战士、战马消瘦减员。[22]简：选拣，这里指武备废弛。[23]首难：带头发难。

[24]挫兵病师：兵败丧师。[25]百姓不救：救不了百姓。[26]形见：形迹暴露。见，通“现”。[27]乘利：乘胜利之机。[28]诸种并和：羌人各部联合。[29]相扇：互相煽动。[30]非财币之所能解：无论花多少钱都无济于事。[31]旷日：空废时日而无功。[32]利害相万：利与弊，相差何止万倍。[33]万二千人骑：步卒(人)与骑兵(骑)合计共一万二千人。[34]以将屯为名：声称卒兵屯垦。因兵力不足，不言讨伐，而曰屯田。[35]典属国：官名，职掌归附的少数民族事务。[36]护军都尉：低于将军的武官，协助将军管理军务。[37]偏裨：副将。[38]陇西：郡名，治所狄道，在今甘肃临洮县。[39]分屯三处：任立为右军，屯白石(山名，在狄道与首阳之间)；韩昌为前军，屯临洮(县名，县治在今甘肃岷县)；冯奉世为中军，屯首阳(县名，县治在今甘肃渭源县)西山上。[40]两校尉：两校尉兵力约二千人。汉制，一校尉领兵约千人。[41]盛多：指羌人兵力占绝对优势。[42]具上地形部众多少之计：详尽呈报山川地图及兵力部署计划。[43]乃足以决事：才能取得决定性胜利。[44]太常：九卿之一，掌宗庙礼仪。[45]奋武将军：为出征将军所拟之号。[46]兵毕至：兵力集结完毕。[47]并进：各路同时前进，发起总攻。[48]兵未决间：胜负未分时。[49]募士：招募士兵。[50]定襄：郡名，治所成乐，在今内蒙古和林格尔县西北。[51]韩安国：此人与汉武帝时官至御史大夫的韩安国不是一人。[52]建威将军：临时拟定的杂号将军名号。[53]诏罢吏士：下诏班师。[54]要害：战略要地。

【点评】

论三种类型的朝官。本卷史事，给评史者提供三大反思。其一，贡禹上书，是儒家圆滑政治的表现。汉元帝求言，贡禹上书以“婚”“丧”两点说事，建言为政节俭。汉元帝说“好”，身体力行做了一番政治秀，诸如停修宫室、减膳、发放救济等。司马光批评贡禹耍滑头，言小不言大。司马光认为，汉元帝是仁弱之君，喜好标榜节俭，而皇帝奢侈浪费，于国家大政而言是其小者。而汉元帝优柔寡断，信用奸佞邪恶，小人专权，才是国家大政，贡禹却不言。如果贡禹不知，就不是一个贤者，如果知而不言，就是罪人。司马光的批评，可以说是一半对，一半错。首先，汉元帝初即位，弘恭、石显等尚未专权，贡禹不可能预推以揭奸。其次，汉元帝昏庸，他虽然听得进忠言，但不能果决除奸，师傅萧望之、宗室刘向等人与奸人斗争，下场如何？以师傅、宗室之亲，尚不能撼动奸小分毫，怎么可能要求一个刚刚被征召的布衣大儒来建言除奸呢？但贡禹确实又耍了滑头，他专挑汉元帝能听得进的或允许说的小题大做，言之谆谆，如说裁减宫女只留二十人，这是帝王不可能做到的事，但这种无关痛痒的话说说无妨。贡禹取得高位以后，对石显等人诡害忠良之事，不闻不问，独善其身，尸位素餐，高居显位而圆滑世故，无视国计民生，当然是罪人。这样看来，司马光又说得对。但身处专制政体中，只要独善其身，如贡禹，也就算是一个好官了。其二，萧望之疾恶如仇，代表了耿直朝官派的风采，敢与奸人奋战，不顾个人安危，确实做到了杀身成仁，是儒家的忠臣榜样。但萧望之也争权好胜，拉帮结派，党同伐异，他也不能避免专制官僚的恶行。如果萧望之一身正气，郑朋就无缝钻营，郑朋推荐张敞，萧望之一本正经指斥张敞轻佻，张敞不过是走马章台、为妇画眉而已，以今天的观点看，张敞恰恰是一位性情直率可以信赖的人。在宣帝朝，萧望之也曾陷害韩延寿，并企图夺丙吉之位。萧望之受陷害遭到审查，却指使儿子上书呼冤，有滥用汉元帝信任之嫌，结果被政敌抓住把柄，枉送了性命。看来萧望之也不是一个宽厚善良之辈。其三，郑朋、贾捐之、杨兴之流，虽然钻营弄巧，却也有为善的一面，如郑朋想投靠萧望之，又举荐张敞，贾捐之、杨兴狼狈为奸，却也有施展才华、治理国家的梦想。纵观贡禹、萧望之、郑朋这三类官僚，似乎既可以为大善，也可以为大恶。大概人性均有善恶两面，在昏君之朝，专政之体的政治场景中，也是摇摆不定的。那么如何才能使人弃恶扬善？和谐的政治场景是关键，的确给人留下深深的思考。

卷二九　汉纪二十一

汉元帝永光三年至竟宁元年（前41—前33年）

【起上章执徐（庚辰，前41年），尽著雍困敦（戊子，前33年），凡九年】

【大事提要】

本卷记事起公元前41年，讫公元前33年，凡九年，当汉元帝永光三年到竟宁元年。本卷所载大事，着重两个方面。其一，详述中官权臣石显的种种奸诈手段，他善于自保，邀宠固位。石显结纳贡禹，掩盖逼杀萧望之的恶行，而世故官僚贡禹也卖身投靠，互相利用。韦玄成、匡衡等均为世故官僚，他们替奸邪小人护身，也分得了一块蛋糕自享。其二，西域都护甘延寿、副校尉陈汤，审时度势，抓住战机，矫诏一战功成，诛灭了郅支单于，一雪汉使谷吉被杀之耻，高扬大汉国威，建立了盖世之功，而迎接功臣的却是堆积案头的刑法条文，以及被夸大了的过错，审查没完没了，拖了两年多才论功行赏，拘泥迂腐观念的腐儒政治，到了是非不明的程度，令人悲叹！

孝元皇帝下

永光三年（庚辰，前41年）

春，二月，冯奉世还京师，更为左将军，赐爵关内侯。

三月，立皇子康为济阳王。

夏，四月，平[1]昌考侯王接[2]薨。秋，七月，壬戌[3]，以平恩侯许嘉[4]为大司马、车骑将军[5]。

冬，十一月，己丑[6]，地震，雨水[7]。

复盐铁官，置博士弟子员千人[8]。以用度不足，民多复除，无以给中外徭役故也。

四年（辛巳，前 40 年）

春，二月，赦天下。

三月，上行幸雍[9]，祠五畤[10]。

夏，六月，甲戌[11]，孝宣园东阙灾[12]。

戊寅晦[13]，日有食之。上于是召诸前言日变[14]在周堪、张猛者责问[15]，皆稽首谢[16]；因下诏称堪、猛之美，征诣行在所[17]，拜为光禄大夫，秩中二千石，领尚书事[18]；猛复为太中大夫、给事中。中书令[19]石显管[20]尚书，尚书五人皆其党[21]也；堪希得见，常因显白事，事决显口。会堪疾喑[22]，不能言而卒。显诬谮猛[23]，令自杀于公车[24]。

初，贡禹奏言[25]："孝惠、孝景庙皆亲尽宜毁，及郡国庙不应古礼，宜正定。"天子是其议。秋，七月，戊子[26]，罢昭灵后、武哀王、昭哀后、卫思后、戾太子、戾后园[27]，皆不奉祠[28]，裁置吏卒守[29]焉。

冬，十月，乙丑[30]，罢祖宗庙在郡国者[31]。

诸陵分属三辅[32]。以渭城[33]寿陵亭[34]部原上为初陵；诏勿置县邑及徙郡国民[35]。

（以上为第一段，写汉元帝永光三年、四年无大事，为政节俭，限额博士弟子员，裁撤不合典制的皇家陵园，不给自己寿陵置邑，不烦扰百姓。但是元帝信用群小，石显及许史党羽子弟充满朝廷，虽然重新启用了能吏廉吏周堪、张猛，但并不信任，反而被奸佞谗逼至死。汉元帝亲小人，远贤臣，于此可见。）

【注释】

[1]平：据章校，"平"前应补"癸未"二字。癸未，四月二十八日。 [2]平昌考侯王接：宣帝舅王无故以外戚封为平昌侯，其子王接嗣为侯，死后谥曰考侯。 [3]壬戌：七月甲申朔，无壬戌。疑为"八月"之误。壬戌，八月九日。 [4]许嘉：汉元帝舅。 [5]大司马、车骑将军：执政大臣所加之官号。汉武帝曾授霍光大司马、大将军之号，其后执政者多加大司马、大将军之号，或为大司马、车骑将军。 [6]己丑：十一月八日。 [7]雨水：降雨。十一月天寒应降雪，但因气候反常而降雨，故记载下来。 [8]复盐铁官，置博士弟子员千人：汉元帝初元五年（前 44）曾令罢去盐铁官、博士弟子不置员。现今因用度不足，恢复盐铁专卖并置官，博士弟子限额为一千人。 [9]雍：县名，县治在今陕西宝鸡市凤翔区南。 [10]祠五畤：祭祀五天帝。畤（zhì），祭祀神灵的台基祠观，即神灵所居之地。秦汉时在雍地祭祀五天帝，五天帝分别是东

方苍帝、南方赤帝、西方白帝、北方黑帝、中央黄帝。［11］甲戌：六月二十六日。［12］孝宣园东阙灾：宣帝墓园东门失火。宣帝葬杜陵，在今陕西西安市东南。［13］戊寅晦：六月三十日。［14］诸前言日变：指永光元年夏，突然发生气象灾变，寒冷，日青色无光，石显、许嘉、史高等人借机攻讦周堪、张猛，说灾变因周堪、张猛专权而起。如今日食，元帝责问石显等人。［15］责问：申斥并质问中书令石显及许、史两皇亲集团中人。［16］稽首谢：叩头请罪。［17］行在所：一般指皇帝出京所巡幸之地。这里指京都。［18］领尚书事：兼职尚书事务。光禄大夫属光禄勋，掌顾问应对；尚书掌出纳章奏，是执政掌实权的机要部门，属少府。给周堪加此头衔才能过问政事，但被石显等人剥夺。［19］中书令：尚书的主管官员。［20］管：主管。［21］尚书五人皆其党：中书令及属员尚书四人，共五人。成帝建始四年（前29）始成定制。周堪兼管尚书，但尚书府五人皆石显死党，周堪有职无权。时尚书五人为：石显、牢梁、五鹿充宗、伊嘉、陈顺。［22］喑：喉哑不能说话。［23］显诬谮猛：石显诬陷张猛，暗中打小报告。［24］公车：公车府。［25］贡禹奏言：贡禹卒于元帝初元五年（前44），生前曾谏议定汉宗庙迭毁之礼及罢郡国庙。贡禹认为，天子七庙，其中太上皇庙、汉高祖庙、汉文帝庙三庙为祖宗庙，应世世不毁；汉武帝、昭帝、宣帝、宣帝父史皇孙悼考庙等四庙为亲庙，应祠祀。此外，惠帝尊高帝庙为太祖庙，景帝尊文帝庙为太宗庙，宣帝尊武帝庙为世宗庙。此三庙为祖宗庙，郡国皆立庙。全国郡国68个，共立庙167所，再加上历代皇后庙，祭祀需耗费大量资财，故贡禹建言迭毁。汉元帝未及施行而贡禹卒，至是永光四年（前40）旧事重提，下公卿议。事详《汉书》卷七十三。［26］戊子：七月十日。［27］罢昭灵后、武哀王、昭哀后、卫思后、戾太子、戾后园：毁弃祭祀寝园。昭灵后，高帝刘邦之母。武哀王，刘邦之兄刘伯。昭哀后，刘邦姐。卫思后，武帝刘彻皇后，戾太子刘据母。戾太子，武帝长子刘据，汉元帝的高曾祖父。戾后，戾太子妻史良娣。［28］皆不奉祠：均不再按时按礼仪祭祀。据《汉仪注》，宗庙每年要进行十二次祭祀。［29］裁置吏卒守：裁撤祭祀官员和守护人员。［30］乙丑：十月十九日。［31］罢祖宗庙在郡国者：裁撤郡国所立的祖宗庙，即高祖庙、太宗庙、世宗庙。［32］诸陵分属三辅：先是诸陵直属太常，今依照其所在分属三辅地方管理。诸陵为：高帝长陵、景帝阳陵，属左冯翊；惠帝安陵、武帝茂陵、昭帝平陵，属右扶风；文帝霸陵、宣帝杜陵，属京兆尹。［33］渭城：县名，县治在今陕西咸阳市东北。［34］寿陵亭：指元帝寿陵之亭。皇帝预置之陵称寿陵，亦称初陵。汉元帝寿陵在渭城，后称渭陵。［35］诏勿置县邑及徙郡国民：汉初诸陵均设县邑，迁移各郡国富室及豪侠百姓充实陵邑。汉元帝不欲劳民，故下诏不在寿陵设邑，不迁移郡国百姓。

五年（壬午，前39年）

春，正月，上行幸甘泉[1]，郊泰畤[2]。三月，幸河东[3]，祠后土[4]。

秋，颍川[5]水流杀人民[6]。

冬，上幸长杨射熊馆[7]，大猎[8]。

十二月，乙酉[9]，毁太上皇、孝惠皇帝寝庙园，用韦玄成等之议[10]也。

上好儒术[11]、文辞[12]。颇改宣帝之政；言事者多进见[13]，人人以[14]为得上意。又傅昭仪[15]及子济阳王康[16]爱幸，逾于皇后[17]、太子[18]。太子少傅[19]匡衡上疏曰："臣闻治乱安危之机[20]，在乎审所用心。盖受命之王[21]，务在创业垂统，传之无穷；继体之君[22]，心存于承宣[23]先王之德而褒大其功。昔者成王[24]之嗣位，思述文、武之道[25]以养其心，休烈盛美[26]归之二后[27]，而不敢专其名，是以上天歆享[28]，鬼神佑焉。陛下圣德天覆[29]，子爱海内[30]，然而阴阳未和、奸邪未禁者，殆议者未丕扬[31]先帝之盛功，争言制度不可用也，务变更之，所更或不可行而复复[32]之，是以群下更相是非，吏民无所信。臣窃恨国家释乐成之业[33]而虚为此纷纷也！愿陛下详览统业之事[34]，留神于遵制扬功[35]，以定群下之心。《诗·大雅》曰：'无念尔祖，聿修厥德[36]，'盖至德之本也。《传》曰[37]：'审好恶，理情性，而王道毕矣。'治性之道[38]，必审己之所有余而强其所不足[39]，盖聪明疏通者戒于太察[40]，寡闻少见者戒于壅蔽[41]，勇猛刚强者戒于太暴[42]，仁爱温良者戒于无断[43]，湛静安舒者[44]戒于后时[45]，广心浩大者[46]戒于遗忘[47]。必审己之所当戒[48]而齐之以义[49]，然后中和[50]之化应，而巧伪之徒不敢比周[51]而望进。唯陛下戒之，所以崇圣德也！

臣又闻室家之道修[52]，则天下之理得[53]，故《诗》始《国风》[54]，《礼》本冠、婚[55]。始乎《国风》，原情性以明人伦[56]也；本乎冠、婚，正基兆[57]以防未然也；故圣王必慎妃后之际[58]，别适[59]长之位，礼之于内也。卑不逾尊，新不先故[60]，所以统人情而理阴气[61]也；其尊适而卑庶[62]也，适子冠乎阼，礼之用醴[63]，众子不得与列，所以贵正体[64]而明嫌疑[65]也。非虚加其礼文[66]而已，乃中心与之殊异[67]，故礼探其情而见之外[68]也。圣人动静[69]游燕所亲[70]，物得其序[71]，则海内自修[72]，百姓从化[73]。如当亲者疏，当尊者卑，则佞巧之奸[74]因时而动[75]，以乱国家。故圣人慎防其端[76]，禁于未然，不以私恩害公义。《传》曰：‘正家[77]而天下定矣！’”

初，武帝既塞宣房[78]，后河复北决于馆陶[79]，分为屯氏河[80]，东北入海，广深与大河等，故因其自然，不堤塞也。是岁，河决于清河灵鸣犊口[81]，而屯氏河绝。

（以上为第二段，详载元帝永光五年匡衡上书，反复申说尊卑等级秩序是国家大政，不可须臾怠慢，用以维护太子独尊的地位，封杀济阳王刘康可能产生的觊觎之心。这一年黄河决口改道。）

【注释】

[1]甘泉：宫名，在云阳甘泉山上，即今陕西淳化县西北。[2]郊泰畤：祭祀天神中最尊贵的太一神。[3]河东：郡名，郡治安邑，在今山西夏县西北。[4]祠后土：祭祀地神。汉武帝立后土祠于汾阴脽上，在今山西运城市万荣县。[5]颍川：郡名，治所在阳翟，即今河南禹州市。[6]水流杀人民：发生洪流水灾，淹杀民众。[7]长杨射熊馆：长杨，行宫名，其中有射熊馆。长杨宫在盩厔县，在今陕西周至县东。[8]大猎：大规模围猎。[9]乙酉：十二月十六日。[10]用韦玄成等之议：汉元帝永光四年廷议贡禹毁庙之议，韦玄成及谏大夫尹更始等十八人反复议论，最后采纳了韦玄成的建议，天子保留七庙，拆除亲情已尽的太上皇（刘邦之父刘执嘉）、孝惠帝（刘邦子刘盈）两庙。汉元帝所祭的七庙为高祖庙、文帝太宗庙，此二庙为祖宗庙，万世不毁。其余五世亲庙为：景帝、武帝、昭帝、宣帝、宣帝父皇考庙。[11]儒术：经学。[12]文辞：文学。[13]言事者多进见：上书言事者，皇帝多召见。[14]以：据章校，“以”字前应补“自”字，为“自以”。[15]傅昭仪：元帝嫔妃，生济阳王刘康。昭仪为汉元帝所加的嫔妃位号，位次于皇后，秩视同丞相，爵比诸侯王，十分尊宠。[16]济阳王康：后徙为定陶王。传见《汉书》卷八十。[17]皇后：指元帝王皇后，成帝之母。传见《汉书》卷九十八。[18]太子：即汉成帝刘骜。[19]太子少傅：官名，太子的老师之一，掌辅导太子之责。[20]机：关键。[21]受命之王：指开国之君。据章校，“王”字应作“主”。[22]继体之君：继承帝位的守业之君。[23]承宣：继承并弘扬。[24]成王：西周成王姬诵，周武王姬发之子。[25]文、武之道：指西周开国之君周文王、周武王的治国之道。[26]休烈盛美：指伟大的事业，隆盛的荣誉。据章校，“美”字下有“皆”字。[27]二后：指周文王、周武王。后，国君。[28]上天歆享：上天欣然接受祭享。[29]圣德天覆：圣明之德，像天一样覆盖四方。[30]子爱海内：爱天下之民如子。海内，全国，全天下。[31]丕扬：光大发扬。丕，大。[32]复复：反复无常。前一“复”，意为重复，后一“复”，意为反复。[33]释乐成之业：废弃人们所欢迎的成业。这里指放弃人们习惯了的规章制度。[34]详览统业之事：仔细回顾先帝完成统一伟业之

事。［35］遵制扬功：遵守先帝的法制，光大先帝的功业。［36］无念尔祖，聿修厥德：怀念你的祖先，继承和发扬他们的功德。无念，念也。聿，用笔写文章。这两句诗引自《诗经·大雅·文王》。［37］《传》曰：匡衡精于《诗经》，此乃《诗传》之言，已佚。［38］治性之道：陶冶情操的方法。［39］审己之所有余而强其所不足：努力弄清自己的长处，尽量弥补自己的短处。［40］聪明疏通者戒于太察：聪明而通达事理的人，要警惕苛察太细。［41］箍蔽：壅塞蒙蔽。指眼界狭窄，知识浅薄。［42］暴：性情暴烈。［43］无断：缺乏胆识，遇事优柔寡断。［44］湛静安舒者：满足于恬淡清静之人。［45］后时：迟悟，把握不住良机。［46］广心浩大者：胸怀坦荡的人。［47］遗忘：粗枝大叶，疏忽大意。［48］审己之所当戒：弄清自己的短处，并时刻警惕。［49］齐之以义：以义作为标准以提高修养。［50］中和：即中庸，是儒家竭力提倡的美德。［51］比周：拉帮结派。［52］室家之道修：能把家庭治理得和睦安定。［53］天下之理得：治理天下的道理就找到了。［54］《诗》始《国风》：《诗经》三百零五篇由《风》《雅》《颂》三部分组成。《风》为全国各地封国的民歌，反映风习教化。《诗经》共收十五个封国的风诗161首，列在《诗经》的首位，以示教化为王政之始。［55］《礼》本冠、婚：《礼》即十三经中之《仪礼》，首为《士冠礼》，其次为《士婚礼》。儒家学者认为，冠为礼之始，婚姻为礼之本，故将二者列为《仪礼》之首。［56］人伦：人与人之间的血缘关系及礼仪规范等。《国风》首篇为《关雎》，系咏爱情之诗，因夫妇为人伦之始，故《关雎》为《国风》之始。［57］正基兆：整顿基础和根本。冠、婚礼是贯彻家庭伦理之基础。［58］圣王必慎妃后之际：圣明的君王，一定谨慎地处理自己与皇后及嫔妃的关系。［59］适：通"嫡"。［60］卑不逾尊，新不先故：卑贱的人不应超过尊贵的，新来的不应超过先到的。［61］统人情而理阴气：理顺人情关系而合乎阴阳之道。理阴气，导理阴气使阴阳合顺，这里指理顺后妃关系。［62］尊适而卑庶：使嫡者尊贵而庶者卑贱。［63］适子冠乎阼，礼之用醴：为嫡长子举行加冠礼，要在高台上设置座位，还要用甜酒祝福。阼，高台上设置的座位。醴，名贵的甜酒。［64］贵正体：使正干主体尊贵。［65］明嫌疑：明显地将嫡长子置于无可怀疑之地位。［66］虚加其礼文：表面上的礼仪形式。［67］中心与之殊异：嫡庶的尊卑要使人明之于心。［68］礼探其情而见之外：礼仪不过是把心中的情感表露出来。［69］动静：一举一动。［70］游燕所亲：与所亲之人欢宴游乐。燕，通"宴"。［71］物得其序：一切事物的大小尊卑，均应合于秩序。［72］海内自修：全天下的人都自然会效法。［73］从化：蔚然成风。［74］佞巧之奸：善于钻营之徒。［75］因时而动：钻空子兴风作浪。［76］端：端倪、苗头。［77］正家：治理好家庭。此引语出自《易经·家人》之彖辞。［78］塞宣房：堵塞黄河瓠子决口。汉武帝元光三年（前132），黄河在瓠子（今河南濮阳市南）决口，成为严重水患。汉武帝决心整治黄河，于元封二年（前109）终于堵住了决口，并于瓠子决口地建宣房宫以资纪念。宣房，取义于宣导防塞。［79］馆陶：县名，县治在今河北馆陶县。［80］分为屯氏河：分黄河水别出为屯氏河。屯氏河，由馆陶决口引黄河水东北流，至渤海郡章武县（今河北黄骅市）入海。［81］清河灵鸣犊口：在屯氏河下游，鸣犊口决堤，屯氏河中断。鸣犊口在今河北清河县东南，今清河县为汉清河郡治所。

建昭元年（癸未，前 38 年）

春，正月，戊辰[1]，陨石于梁[2]。

三月，上行幸雍，祠五畤。

冬，河间王元[3]坐贼杀不辜废[4]，迁房陵[5]。

罢孝文太后寝祠园[6]。

上幸虎圈斗兽，后宫皆坐；熊逸出圈，攀槛欲上殿，左右贵人[7]、傅婕妤[8]等皆惊走；冯婕妤[9]直前，当熊而立。左右格杀[10]熊。上问："人情惊惧，何故前当熊？"婕妤对曰："猛兽得人而止；妾恐熊至御坐，故以身当之。"帝嗟叹，倍敬重焉。傅婕妤惭，由是与冯婕妤有隙[11]。冯婕妤，左将军奉世之女也。

（以上为第三段。元帝建昭元年无大事，特记冯婕妤舍身护帝，贤淑忠勇反遭妒忌。）

【注释】

［1］戊辰：正月二十九日。［2］陨石于梁：梁地降陨石流星雨。梁，封国名，治所睢阳，在今河南商丘市。［3］河间王元：河间王刘元，景帝子河间王刘德第五代孙，因人控其滥杀无辜而被废。传附《汉书·景十三王传》。［4］坐贼杀不辜废：坐，被判罪。贼杀无辜，残忍地滥杀无辜。据本传载，刘元滥杀王姬廉等七人，以及少史（王妃之号）留贵之母。［5］房陵：县名，县治在今湖北房县。秦汉时，房陵为流徙罪人之所。［6］罢孝文太后寝祠园：撤除汉文帝母薄太后的陵园。薄太后陵，在文帝霸陵之南。［7］左右贵人：汉元帝随身侍从的嫔妃。贵人，位次皇后的嫔妃之号。《汉书·外戚传》嫔妃十四等，无贵人之号，汉元帝加昭仪之号，位次皇后。此处贵人，或即指昭仪。［8］傅婕妤：即哀帝祖母傅太后。传见《汉书》卷九十七下《外戚传》。婕妤，位次贵人的嫔妃之号。［9］冯婕妤：即平帝祖母冯太后，位与傅婕妤等同。［10］格杀：格斗致死。［11］有隙：产生隔阂，有了矛盾。汉元帝死，傅婕妤随其子定陶王刘康归国为定陶王太后。冯婕妤也随其子信都王刘兴归国。后刘兴徙为中山王，冯氏为中山王太后。汉成帝死无子，以定陶王刘康子入嗣大统，是为哀帝。傅太后追怨冯氏，迫害中山王太后，起大狱。哀帝死，又无嗣，征中山王子入继大统，是为平帝。平帝为外家平反，斥逐傅氏外戚。傅、冯交恶，汉元帝王皇后外戚王莽乘机擅权。

二年（甲申，前 37 年）

春，正月，上行幸甘泉，郊泰畤。三月，行幸河东，祠后土。

夏，四月，赦天下。

六月，立皇子兴为信都王[1]。

东郡京房[2]学《易》于梁人焦延寿。延寿常曰："得我道以亡身者，京生也。"其说长于灾变，分六十卦，更直日用事[3]，以风雨寒温为候[4]，各有占验。房用之尤精，以孝廉[5]为郎，上疏屡言灾异，有验。天子说之，数召见问。房对曰："古帝王以功举贤，则万化成[6]，瑞应著[7]；末世[8]以毁誉取人[9]，故功业废[10]而致灾异[11]。宜令百官各试其功[12]，灾异可息。"诏使房作其事，房奏考功课吏法[13]。上令公卿朝臣与房会议温室[14]，皆以房言烦碎[15]，令上下相司[16]，不可许；上意乡[17]之。时部刺史[18]奏事京师，上召见诸刺史，令房晓以课事[19]，刺史复以为不可行。唯御史大夫郑弘、光禄大夫周堪初言不可，后善之。

是时，中书令石显颛[20]权，显友人五鹿充宗为尚书令，二人用事。房尝宴见[21]，问上曰："幽、厉[22]之君何以危？所任者何人也？"上曰："君不明而所任者巧佞[23]。"房曰："知其巧佞而用之邪，将以为贤[24]也？"上曰："贤[25]之。"房曰："然则今何以知其不贤也？"上曰："以其时乱而君危知之。"房曰："若是，任贤必治，任不肖必乱，必然之道也。幽、厉何不觉悟而更求贤，曷为[26]卒[27]任不肖以至于是？"上曰："临乱之君，各贤其臣；令皆觉寤，天下安得危亡之君！"房曰："齐桓公、秦二世亦尝闻此君而非笑之；然则任竖刁[28]、赵高[29]，政治日乱，盗贼满山，何不以幽、厉卜[30]之而觉寤乎？"上曰："唯有道者能以往知来[31]耳。"房因免冠顿首[32]曰："《春秋》[33]纪二百四十二年灾异，以示[34]万世之君[35]。今陛下即位以来，日月失明，星辰逆行[36]，山崩，泉涌，地震，石陨，夏霜，冬雷，春凋，秋荣，陨霜不杀[37]，水、旱、螟虫，民人饥、疫，盗贼不禁，刑人满市[38]，《春秋》所记灾异尽备。陛下视今为治邪，乱邪？"上曰："亦极乱耳，尚何道[39]！"房曰："今所任用者谁与[40]？"上曰："然，幸其愈于彼，又以为不在此人也[41]。"房曰："夫前世之君，亦皆然矣。臣恐后之视今，犹今之视前也！”上良久，乃曰：“今为乱者谁哉？”房曰：“明主宜自知之。”上曰：“不知也；如知，何故用之！”房曰：“上最所信任，与图事帷幄[42]之中，进退[43]天下之士者是矣。”房指谓石显，上亦知之，谓房曰：“已谕[44]。”房罢出[45]，后上亦不能退显也。

臣光曰：人君之德不明[46]，则臣下虽欲竭忠，何自而入乎！观京房所以晓孝元，可谓明白切至[47]矣，而终不能寤，悲夫！《诗》曰：“匪面命之，言提其耳。匪手携之，言示之事[48]。”又曰：“诲尔谆谆，听我藐藐[49]。”孝元之谓矣！

上令房上弟子[50]晓知考功、课吏事者，欲试用之。房上“中郎任良、姚平，愿以为刺史，试考功法；臣得通籍殿中[51]，为奏事，以防壅塞[52]。”石显、五鹿充宗皆疾房[53]，欲远[54]之，建言，宜试以房为郡守。帝于是以房为魏郡太守[55]，得以考功法治郡。

房自请：“岁竟，乘传奏事[56]，”天子许焉。房自知数以论议为大臣所非，与石显等有隙，不欲远离左右，乃上封事[57]曰：“臣出之后，恐为用事所蔽，身死而功不成，故愿岁尽乘传奏事，蒙哀见许[58]。乃辛巳[59]，蒙气复乘卦，太阳侵色[60]，此上大夫覆阳而上意疑也[61]。己卯、庚辰之间[62]，必有欲隔绝臣，令不得乘传奏事者。”

房未发[63]，上令阳平侯王凤[64]承制诏[65]房止无乘传奏事。房意愈恐。秋，房去至新丰[66]，因邮[67]上封事曰：“臣前以六月中言《遁卦》不效，法曰：‘道人始去，寒涌水为灾[68]。’至其七月，涌水出。臣弟子姚平谓臣曰：‘房可谓知道，未可谓信道也。房言灾异，未尝不中。涌水已出，道人当逐死[69]，尚复何言！’臣曰：‘陛下至仁，于臣尤厚，虽言而死，臣犹言也。’平[70]又曰：‘房可谓小忠[71]，未可谓大忠[72]也。昔秦时赵高用事，有正先[73]者，非刺高[74]而死，高威自此成，故秦之乱，正先趣[75]之。’今臣得出守郡，自诡效功[76]，恐未效而死，惟陛下毋使臣塞涌水之异[77]，当正先之死，为姚平所笑。”

房至陕[78]，复上封事曰：“臣前白愿出任良试考功，臣得居内。议者[79]知如此于身不利，臣不可蔽，故云‘使弟子不若试师。’臣为刺史，又当奏事，故复云‘为刺史，恐太守不与同心，不若以为太守。’此其所以隔绝臣也。陛下不违其言而遂听之，此乃蒙气所以不解，太阳无色者也。臣去稍远，太阳侵色益甚，愿陛下毋难还臣[80]而易逆天意[81]！邪说虽安于人，天气必变[82]，故人可欺，天不可欺也，愿陛下察焉！”

房去月余，竟征下狱。初，淮阳宪王[83]舅张博，倾巧无行[84]，多从王求金钱，欲为王求入朝。博从京房学，以女妻房。房每朝见，退辄为博道其语[85]。博因记房所说密语[86]，令房为王作求朝奏草[87]，皆持柬与王，以为信验[88]。石显知之，告“房与张博通谋，非谤政治，归恶天子，诖误[89]诸侯王。”皆下狱，弃市[90]，妻子徙边。郑弘坐与房善，免[91]为庶人。

御史中丞[92]陈咸[93]数毁石显，久之，坐与槐里令朱云[94]善，漏泄省中语[95]，石显微伺[96]知之，与云皆下狱，髡为城旦[97]。

（以上为第四段，写京房建言《考绩官吏条例》，还未来得及推行，自身遭不测。此为汉元帝时中外权臣交争的第四个回合，仍是外朝失败，这回京房成了替罪羊。）

【注释】

[1]立皇子兴为信都王：皇子兴，即汉元帝冯婕妤之子，初封信都王，后徙为中山王。传见《汉书》卷八十。 [2]京房（前77—前37）：本姓李，字君明，东郡顿丘（今河南清丰县西南）人。曾学《易》于孟喜门下人焦延寿，以“通变”说《易》，好言灾异，创京氏易学。今存《京氏易学》三卷。传见《汉书》卷七十五。 [3]更直日用事：以六十卦配六十甲子日期，按日期轮流交替占卦，推知当日的吉凶。更，变更，指六十卦轮流使用。 [4]以风雨寒温为候：京房推算天灾人祸，用风雨冷热为征兆。候，证验。 [5]孝廉：汉代选举制度科目之一。民间士子或低级吏员，经过推荐考试可取得孝廉名号，候缺补官。 [6]万化成：兴办万事皆有成就。 [7]瑞应著：祥瑞出现显示政治清明。 [8]末世：衰世。 [9]以毁誉取人：用人只重虚名，不看实绩。毁，贬低。誉，赞扬。 [10]功业废：政府行政效率低。 [11]致灾异：导致天变，出现灾异。 [12]试其功：考核其成绩。 [13]房奏考功课吏法：京房上奏《考绩官吏条例》对各级行政官吏都定出了考绩要求。如，令、丞、尉，治一县，推行教化，无犯法之人，可升迁。如出现盗贼，满三日未破案，则要追究县尉之责。 [14]温室：未央宫前殿。 [15]烦碎：烦琐细碎。 [16]上下相司：上下级互相监督。 [17]乡：向往，赞同。 [18]部刺史：汉武帝置十三州刺史，各部一州，故称部刺史。 [19]晓以课事：宣谕考绩条例。 [20]颛：通“专”。 [21]宴见：非正式的单独晋见。即退朝后个人入宫晋见。 [22]幽、厉：指西周幽王、周厉王。 [23]巧佞：奸巧善谀的小人。[24]将以为贤：且主观上认为贤能。将，且，还。 [25]贤：认为贤。意动用法。 [26]曷为：

为什么。［27］卒：终于，始终。［28］竖刁：齐桓公时自宫以求宠的宦官。齐桓公晚年，竖刁与桓公另一宠宦易牙合谋作乱，使齐桓公饿死宫中，三个月不得安葬。［29］赵高：秦始皇、秦二世两朝的宦官，专权任事。秦始皇死后，赵高与李斯合谋矫诏，杀太子扶苏，拥立秦二世，后又计杀李斯，弑二世皇帝，加速了秦朝的灭亡。［30］以幽、厉卜：以周幽王、周厉王之故事为前车之鉴。卜，本指以龟卜占吉凶，这里引申为借鉴。［31］以往知来：用以往的经验或借鉴推断未来的发展。［32］免冠顿首：大臣摘下官帽叩头请罪。这种举动一般表示受到皇帝申斥时请求宽恕，有时在强谏时，也有这种动作，表示请求宽恕，所谓冒死以谏。［33］《春秋》：指孔子所作史书《春秋》，记事起鲁隐公元年至鲁哀公十四年（前722—前481），共242年的历史。其中载有日食、星陨等天变灾异。［34］示：昭示，警告。［35］万世之君：后世历代君主。［36］星辰逆行：星辰逆转而行。行星在太空中自西向东运行称顺行，反之则为逆行。太阳系中所有行星均由西向东运行，本无顺逆。由于地球不在太阳系的中心，各行星绕日运动的快慢也不同，因此从地球上看行星的运动就有了顺逆。［37］陨霜不杀：虽降霜但杀不死害虫。［38］刑人满市：受过刑的人充斥街市。［39］尚何道：还有什么好说的。［40］与：通“欤”，疑问语气词。［41］幸其愈于彼，又以为不在此人也：幸亏今天的政治比前代乱世好，至于灾异，责任也不在所用之人身上。愈，胜过，超过。［42］图事帷幄：共商大事于密室。图，谋划。帷幄，本指军营帐幕，这里作为密室的代称。［43］进退：升降。［44］已谕：已经明白。［45］罢出：告退。［46］德不明：料事不明。［47］切至：道理说得深透。［48］匪面命之，言提其耳。匪手携之，言示之事：引自《诗经·抑》。不只是当面告诉他，还揪着他的耳朵教导他；不只是揪着他的耳朵说话，还把事实摆出来让他看。［49］诲尔谆谆，听我藐藐：对你苦口婆心地谆谆教导，可是听话的人却当作耳边风。谆谆，恳切教导。藐藐，轻视，不用心听。［50］上令房上弟子：汉元帝让京房推荐他的弟子。第一个“上”字，指代汉元帝，即皇上之省说。第二个“上”字，为奏上，即上书，意为推荐。［51］通籍殿中：通名籍于宫中，以便随时晋见皇帝。［52］防壅塞：防止被人隔阻。［53］疾房：痛恨京房。［54］远：排斥出朝，令其远远离去。［55］以房为魏郡太守：让京房到魏郡任太守。魏郡治所邺城，在今河北临漳县西南。［56］岁竟，乘传奏事：岁末，乘坐公家驿车回京奏事。这是京房请求汉元帝给予他面君的特许权。［57］上封事：汉制，一般奏章均清抄两份，一份上奏，一份留尚书处。臣民若有绝密奏章，可直送皇帝，叫作“上封事”。［58］蒙哀见许：幸而得到陛下哀怜应允。［59］辛巳：二月十八日。［60］蒙气复乘卦，太阳侵色：阴云蔽日，阳光暗淡。《晋书·天文志》：“凡连阴十日，昼不见日，夜不见月，乱风四起，欲雨而无雨，名曰‘蒙’。”［61］此上大夫覆阳而上意疑也：蒙气蔽日，象征有大臣蒙蔽皇帝，而使皇帝心存疑虑。上大夫，指重臣。覆阳，指蒙蔽皇帝。［62］己卯、庚辰之间：二月十六日、十七日之间。［63］未发：还未离京师赴任。［64］王凤：王皇后之兄，成帝时官至大将军，专擅朝政，为王莽代汉奠定政治基础。［65］承制诏：口头传达皇上的诏令。承制，以皇帝名义。［66］新丰：县名，县治在今陕西西安市临潼区东北。［67］因邮：用邮亭传送。［68］道人始去，寒涌水为灾：这句话引自京房的占候法，意为有道术之人一离去，六月天寒，气候骤变，大水涌出，泛滥成灾。［69］道人当逐死：照应前句“道人始去”，象征京房将被放逐而死。［70］平：指京房弟子姚平。［71］小忠：直言谏君致死，于国无益，是为小忠。［72］大忠：谏言被采纳，身与国俱安，是为大忠。［73］正先：秦博士，因指控赵高而死，由是忠臣亡，奸臣势炽，秦愈速亡。此愤激语，促汉元帝警醒。［74］刺高：讥刺赵高。［75］趣：通“促”，加速。［76］自诡效功：自责立功报效。诡，责。［77］臣塞涌水之异：以臣（京房自指）因涌水出之灾异而死。塞，塞责。［78］陕：县名，今属河南。［79］议者：此指石显等议事权臣。［80］难还臣：难为京房还京师。谓不让京房乘传奏事。［81］易逆天意：轻易违背天意。［82］邪说虽安于人，天气必变：异端邪说虽可使人君不察，但天象必有反应。［83］淮阳宪王：即淮阳王刘钦，系宣帝张婕妤之子、汉元帝之弟，死后谥为宪王。传见《汉书》卷八十。［84］倾巧无行：奸诈无品行。［85］为博道其语：京房对张博讲述他与皇帝议论的事。汉制，泄禁中语，乃大逆不道。京房泄禁中语，给石显等人以可乘之机。［86］密语：禁中语。［87］奏草：奏章草稿。［88］皆持柬与王，以为信验：张博把所记录的禁中语及京房代作的奏章，一并送给淮阳王刘钦，作为凭证。［89］诖误：牵连获罪。［90］弃市：腰斩于市。［91］免：免去郑弘的御史大夫之职。［92］御史中丞：官名，为御史大夫的副职，东汉以后，不设御史大夫，则以御史中丞为御史之长。［93］陈咸：御史大夫陈万年之子。父子二人同传，见《汉书》卷六十六。［94］朱云：著名直臣。传见《汉书》卷六十七。［95］漏泄省中语：朱云与丞相韦玄成互相攻讦，陈咸泄省中语让朱云上书自辩。石显遂指控二人通谋而治二人之罪。省中，中书省中，亦即禁中。［96］微伺：暗中窥伺。［97］髡为城旦：剃去头发，罚作筑城苦役。汉制，髡为城旦者，共服刑五年，其中三年为筑城苦役。

石显威权日盛，公卿以下畏显，重足一迹[1]。显与中书仆射[2]牢梁、少府五鹿充宗结为党友，诸附倚者皆得宠位。民歌之曰：“牢邪，石邪！五鹿客邪！印何累累[3]，绶若若邪[4]！”

显内自知擅权，事柄在掌握，恐天子一旦纳用左右耳目以间己[5]，乃时归诚[6]，取一信以为验[7]。显尝使至诸官[8]，有所征发，显先自白[9]：“恐后漏尽宫门闭[10]，请使诏吏开门[11]，”上许之。显故投夜还[12]，称诏开门入。后果有上书告“显颛命[13]，矫诏[14]开宫门”，天子闻之，笑以其书示显。显因泣曰：“陛下过私[15]小臣，属任以事，群下无不嫉妒，欲陷害臣者，事类如此非一，唯独明主知之。愚臣微贱，诚不能以一躯称快万众[16]，任天下之怨；臣愿归枢机职[17]，受后宫扫除之役，死无所恨。唯陛下哀怜财幸[18]，以此全活小臣！”天子以为然而怜之，数劳勉显，加厚赏赐，赏赐及赂遗訾[19]一万万。初，显闻众人匈匈[20]，言己杀前将军萧望之，恐天下学士讪己[21]，以谏大夫贡禹明经著节[22]，乃使人致意[23]，深自结纳[24]，因荐禹天子，历位九卿，礼事之甚备[25]。议者于是或称显[26]，以为不妒谮[27]望之矣。显之设变诈[28]以自解免[29]，取信人主者，皆此类也。

荀悦曰[30]：夫佞臣之惑君主也甚矣，故孔子曰："远佞人[31]。"非但不用而已，乃远而绝之[32]，隔塞其源[33]，戒之极也[34]。孔子曰："政者，正也[35]。"夫要道之本，正己而已矣。平直真实者，正之主也[36]。故德必核[37]其真，然后授其位；能必核其真，然后授其事；功必核其真，然后授其赏；罪必核其真，然后授其刑；行必核其真，然后贵之；言必核其真，然后信之；物必核其真，然后用之；事必核其真，然后修之。故众正积于上，万事实于下[38]，先王之道，如斯[39]而已矣！

八月，癸亥[40]，以光禄勋匡衡为御史大夫。

闰月，丁酉[41]，太皇太后上官氏[42]崩。

冬，十一月，齐、楚地震[43]，大雨雪，树折，屋坏。

（以上为第五段，写石显奸诈的机心，善于自谋固宠之术，非常人所及。荀悦评论，认为汉元帝自己未能正身，喜欢听谗言，替奸佞之人留下了活动空间。）

【注释】

[1]重足一迹：站立时双脚并拢，只占一足之位置，形容十分惊恐。[2]中书仆射：官名，中书令的副职。[3]印何累累：身任数职，印章成串。[4]绶若若邪：印上的佩带绵长。绶，系印的彩带。若若，绵长不断的样子。[5]间己：离间挑拨自己。谓石显担心被人参奏弹劾。[6]乃时归诚：于是找机会表示忠诚。[7]取一信以为验：找机会做一件表示忠心的凭证给皇上看。此为石显替自己身处险境采取的预防措施，奸人亦有其奸人之道，非常人可及。验，效验，此为凭证。[8]诸官：朝廷诸官府。[9]显先自白：石显预先向皇帝禀告。[10]后漏尽宫门闭：晚于闭宫门时间回宫。漏尽，古代以铜壶滴漏计时，漏尽指闭宫门的时间已到。[11]请使诏吏开门：请求使节凭皇帝诏命开宫门。[12]投夜还：挨到宫门已闭时，方才回宫。[13]颛命：专擅朝命。[14]矫诏：假传圣旨。[15]过私：厚爱。[16]以一躯称快万众：宁舍一人的身躯，要使天下大众百姓称心快意。即表示一人承担所有的过失。[17]归枢机职：辞去位居枢要的中书令之职。[18]财幸：裁定免罪，则万幸。财，通"裁"。[19]訾：资财，此为价

值。［20］众人匈匈：人心愤激不平。［21］讪己：诽谤自己。［22］明经著节：经学通达，名节显著。［23］致意：通款致敬仰之意。即拉拢贡禹。［24］深自结纳：石显亲密地与贡禹交往。［25］礼事之甚备：石显礼敬贡禹十分周到。［26］或称显：甚至有人称赞石显。［27］不妒谮：不嫉妒陷害。［28］设变诈：用奸谋权术。［29］自解免：自己摆脱困境。［30］荀悦（148—209）：字仲豫，颍川颍阴（今河南许昌市）人，东汉史学家，政论家。著《汉纪》。传见《后汉书》卷六十二。［31］远佞人：斥退小人。此孔子告颜渊之言，语出《论语·卫灵公》。［32］远而绝之：将佞人驱逐到远方，与之隔绝。［33］隔塞其源：从源头隔绝佞人。［34］戒之极也：警惕奸佞的态度，至为坚决。［35］政者，正也："政"字的意义就是端正自己。此孔子答季康子之言，语出《论语·颜渊》。［36］平直真实者，正之主也：正直诚实，是正身的主干。［37］核：核实，验证。［38］众正积于上，万事实于下：居于上位的朝廷要公正廉明，为大众做表率；居于下位的臣子要实事求是。［39］如斯：就是这样子。指正身正己这个样子就是先王之道的核心。［40］癸亥：八月三日。［41］丁酉：闰八月八日。［42］上官氏：即昭帝上官皇后，上官桀之女。元帝立，尊为太皇太后。传见《汉书》卷九十七上。［43］齐、楚地震：古齐国、楚国地区发生地震，约相当于今山东、安徽、江苏地区。

三年（乙酉，前36年）

夏，六月，甲辰[1]，扶阳共侯韦玄成薨。

秋，七月，匡衡为丞相。戊辰[2]，卫尉[3]李延寿为御史大夫。

冬，使[4]西域都护、骑都尉北地甘延寿[5]、副校尉山阳陈汤[6]共诛斩[7]郅支单于于康居。

始，郅支单于自以大国，威名尊重，又乘胜骄[8]，不为康居王礼，怒杀康居王女及贵人、人民数百，或支解[9]投都赖水[10]中；发民作城，日作五百人，二岁乃已。又遣使责阖苏[11]、大宛诸国岁遗[12]，不敢不予。汉遣使三辈至康居，求谷吉等死[13]，郅支困辱使者，不肯奉诏；而因都护上书[14]，言"居困厄，愿归计强汉，遣子入侍。"其骄嫚如此[15]。

汤为人沈勇[16]，有大虑[17]，多策略，喜奇功[18]，与延寿谋曰："夷狄畏服大种，其天性也。西域本属[19]匈奴，今郅支单于威名远闻，侵陵乌孙、大宛，常为康居画计，欲降服之[20]；如得此二国，数年之间，城郭诸国危矣[21]。且其人剽悍[22]，好战伐，数取胜；久畜[23]之，必为西域患。虽所在绝远，蛮夷无金城[24]、强弩之守。如发屯田吏士[25]，驱从[26]乌孙众兵，直指[27]其城下[28]，彼亡则无所之[29]，守则不足自保，千载之功可一朝而成也！”延寿以为然，欲奏请之。汤曰：“国家[30]与公卿议，大策非凡所见[31]，事必不从。”延寿犹与[32]不听。会其久病，汤独矫制发城郭诸国兵、车师[33]戊己校尉[34]屯田吏士。延寿闻之，惊起，欲止焉。汤怒，按剑叱[35]延寿曰：“大众已集会，竖子[36]欲沮众[37]邪！”延寿遂从之。部勒行陈[38]，汉兵、胡兵合四万余人。延寿、汤上疏自劾[39]奏矫制，陈言兵状，即日引军分行[40]，别为六校[41]：其三校从南道逾葱岭[42]，径大宛；其三校都护自将[43]，发温宿国，从北道入赤谷[44]，过乌孙，涉康居界，至阗池[45]西。而康居副王抱阗[46]将数千骑寇赤谷城东，杀略大昆弥[47]千余人，驱畜产甚多，从后与汉军相及[48]，颇寇盗后重[49]。汤纵[50]胡兵击之，杀四百六十人，得其所略民四百七十人，还付大昆弥，其马、牛、羊以给军食。又捕得抱阗贵人伊奴毒。入康居东界，令军不得为寇。间呼[51]其贵人屠墨见之，谕以威信[52]，与饮、盟，遣去。径引行，未至单于城可六十里，止营。复捕得康居贵人具色[53]子男开牟以为导。具色子，即屠墨母之弟，皆怨单于，由是具知郅支情。明日，引行，未至城三十里，止营。

单于遣使问：“汉兵何以来？”应曰：“单于上书言：‘居困厄，愿归计强汉，身入朝见，’天子哀闵单于，弃大国[54]，屈意康居，故使都护将军来迎单于妻子。恐左右惊动，故未敢至城下。”使数往来相答报，延寿、汤因让[55]之：“我为单于远来，而至今无名王[56]、大人[57]见将军受事者[58]。何单于忽[59]大计，失客主之礼也！兵来道远，人畜罢极，食度且尽[60]，恐无以自还，愿单于与大臣审计策[61]！”

明日，前至郅支城都赖水上，离城三里，止营傅陈[62]。望见单于城上立五采幡帜[63]，数百人被甲乘城[64]；又出百余骑往来驰城下，步兵百余人夹门鱼鳞阵[65]，讲习用兵[66]。城上人更招汉军曰：“斗来[67]！”百余骑驰赴营[68]，营皆张弩持满指之[69]，骑引却[70]。颇遣吏士射城门骑、步兵，骑、步兵皆入[71]。延寿、汤令军：“闻鼓音，皆薄城下[72]，四面围城，各有所守[73]，穿堑[74]，塞门户[75]，卤楯为前[76]，戟弩为后[77]，仰射城楼上人。”楼上人下走；土城外有重木城[78]，从木城中射，颇杀伤外人。外人发薪烧木城，夜，数百骑欲出，外迎射[79]，杀之。

初，单于闻汉兵至，欲去，疑康居怨己，为汉内应，又闻乌孙诸国兵皆发，自以无所之[80]。郅支已出[81]，复还，曰：“不如坚守。汉兵远来，不能久攻。”单于乃被甲在楼上，诸阏氏、夫人数十皆以弓射外人。外人射中单于鼻，诸夫人颇死；单于乃下。夜过半，木城穿[82]；中人[83]却入土城[84]，乘城呼[85]。时康居兵万余骑，分为十余处，四面环城[86]，亦与相应和。夜，数奔营[87]，不利，辄却[88]。平明[89]，四面火起，吏士喜，大呼乘之[90]，钲[91]、鼓声动地。康居兵引却[92]；汉兵四面推卤楯[93]，并入土城中[94]。单于男女百余人走入大内[95]。汉兵纵火，吏士争入，单于被创死。军候假丞杜勋[96]斩单于首。得汉使节二[97]及谷吉等所赍帛书[98]；诸卤获以畀得者[99]。凡斩阏氏、太子、名王以下千五百一十八级；生虏百四十五人，降虏千余人，赋予[100]城郭诸国所发十五王[101]。

（以上为第六段，详载汉元帝建昭三年西域都护剿灭郅支单于的战斗过程。此战消除了西域边患，大长日渐衰落的大汉国威，意义十分重大。此役功臣首推西域都护副校尉陈汤，他审时度势，抓住西域各国怨怒郅支单于的时机，矫诏一战功成。西域都护甘延寿虽然是因人成事，但他最后时刻支持了陈汤，建立功名。）

【注释】

[1]甲辰：六月十九日。[2]戊辰：七月十四日。[3]卫尉：官名，汉九卿之一，掌护卫皇宫之责。[4]使：出使。此指甘延寿、陈汤的使命本是充西域之使，都护西域，其后说他们的官职姓名。[5]甘延寿（?—前25）：字君况，北地郁郅（今甘肃庆阳市）人。汉元帝时为西域都护，与副校尉陈汤共击杀北匈奴郅支单于，封义成侯。传见《汉书》卷七十。[6]陈汤：字子公，山阳郡瑕丘（今山东济宁市兖州区）人，为西域副校尉，是击杀郅支单于的主将，爵关内侯。与甘延寿同传。[7]斩：据章校，“斩”字后有“匈奴”二字。[8]乘胜骄：郅支单于先后斩闰振单于，破呼韩邪单于，杀伊利目单于，西迁康居郅支城后，又屡破乌孙兵，因屡胜而骄傲自大起来。[9]支解：断人四肢的酷刑。[10]都赖水：即今塔拉斯河。[11]阖苏：一名奄蔡，古西域国名，在今中亚咸海之北。[12]岁遗：每岁按定额进贡。[13]求谷吉等死：调查谷吉等人的死因。汉使谷吉被郅支单于杀害，见上卷汉元帝初元五年。[14]因都护上书：郅支单于通过西域

都护上书汉廷，书中充满调侃戏弄之语，以表示对汉朝的轻蔑。［15］骄嫚如此：指郅支的上书语言戏弄大国，骄横傲慢到了如此地步。［16］沈勇：沉着勇敢。沈，同“沉”。［17］大虑：深谋远虑。［18］奇功：非常之功。［19］属：臣服。汉武帝已败匈奴，通西域，但郅支未灭之前，西域城邦小国仍臣服匈奴。［20］欲降服之：欲使乌孙、大宛二国臣服。［21］城郭诸国危矣：指臣服汉朝的西域诸城邦小国就危险了。［22］剽悍：勇猛强悍。［23］久畜：长久地容忍、姑息。畜，养，使之生存。［24］金城：固若金汤的城池。［25］发屯田吏士：征调在车师屯田的部队。［26］驱从：驱使附属国的军队。此指率领乌孙之兵作为随从去进攻郅支单于。［27］直指：长驱直入。［28］城下：指郅支单于城下。［29］亡则无所之：郅支单于败亡则没有地方可逃。［30］国家：指汉元帝。［31］大策非凡所见：这种远大的策略，不是凡庸之人所能洞察的。［32］犹与：即犹豫。［33］车师：汉西域三十六城邦小国之一，在今新疆吐鲁番市，分为前后两部。［34］戊己校尉：武官名，置于车师屯田军士的长官。秩二千石。戊、己为两校尉。［35］叱：斥责。［36］竖子：小子。［37］沮众：破坏大众的士气。［38］部勒行（hàng）陈（zhèn）：操练、部署队伍。［39］自劾：自首，自我弹劾。［40］引军分行：领兵分两路出击。［41］别为六校：将全军分属六校尉统领。据《汉书·陈汤传》载，新设置阳威、合骑、白虎三校尉，加上原有西域副校尉、戊校尉、己校尉，总计为六校尉。［42］从南道逾葱岭：从西域南道（塔里木盆地南沿于阗、莎车、疏勒道）西端的疏勒（今新疆喀什市）出发，越过葱岭，经大宛直指郅支城。［43］都护自将：都护甘延寿亲自带领的主力军，实际指挥是陈汤。［44］从北道入赤谷：从西域北道（塔里木盆地北沿龟兹、姑墨、温宿道）的温宿（今新疆乌什县）出发，进入乌孙赤谷（今吉尔吉斯斯坦伊什提克城）。［45］阗池：今吉尔吉斯斯坦伊塞克湖。［46］抱阗：康居副王之名。［47］大昆弥：乌孙大国王。［48］从后与汉军相及：康居兵尾随汉军进击，并咬上了汉军。［49］颇寇盗后重：夺取了汉军后勤部队所运送的大批辎重。［50］纵：全线出击。［51］间呼：暗中招引。［52］谕以威信：谕之以威，晓之以信。［53］具色：康居贵人之名。据章校，“具”字作“贝”。［54］弃大国：指郅支放弃祖居的蒙古高原。大国，指统一前的匈奴大国。［55］让：责备。［56］名王：位高名重的王爵。［57］大人：重臣。［58］见将军受事者：指单于未派名王、大人等为使来迎候和接待都护。这是陈汤为了擒杀郅支单于，借机生事，故意夸张的说法。［59］忽：忽略，轻视。［60］食度且尽：粮食估计也快食尽。陈汤故意如此说，以促郅支固守，便于汉军围城。［61］审计策：慎重决策。［62］傅陈：布阵。［63］五采幡帜：五色旗帜。［64］乘城：登上城头防守。［65］夹门鱼鳞阵：在城门两边布成鱼鳞阵。鱼鳞阵，步兵错列相次站位的一种阵形。［66］讲习用兵：进行战斗演习。［67］斗来：郅支兵的叫战声。［68］百余骑驰赴营：一百多郅支骑兵向汉营奔袭而来。［69］张弩持满指之：汉军士兵拉满硬弓，一齐瞄准奔袭而来的郅支骑兵。［70］引却：撤退。［71］入：退入城内。［72］薄城下：逼进城下，准备攻击。［73］各有所守：攻城部队各有分配的职守。［74］穿堑：越过壕沟。堑，指护城河。［75］塞门户：堵塞城门及城上的射击孔。［76］卤楯为前：持盾战士在第一列以阻挡敌人箭矢。

[77]戟弩为后：负戈持弓的战士紧跟其后以攻城。 [78]土城外有重木城：正式的土筑城墙之外，加置了两层木头城墙。 [79]外迎射：城外的汉兵迎头射杀突围的匈奴兵。 [80]无所之：无处投奔。 [81]郅支已出：汉军合围之前，郅支一度已逃出单于城。 [82]穿：攻破。 [83]中人：指木城中的匈奴人。 [84]却入土城：退入土城中拒守。 [85]乘城呼：登上城头高声呐喊。[86]四面环城：康居兵四面实行反包围，企图与城中匈奴人里应外合，夹击汉军。 [87]数奔营：康居兵多次攻击汉军营地。 [88]辄却：康居兵稍稍后退。辄，就。 [89]平明：黎明。[90]大呼乘之：汉兵抓住时机，随着高声呼喊的杀敌声踊跃登城。 [91]钲：即铙铃，用以节制鼓声。钲、鼓声均为进攻之号令。 [92]引却：远远退去。 [93]四面推卤楯：从城的四面推云梯、张盾牌进攻。 [94]并入土城中：环城四面均被攻破，汉兵涌入城中。 [95]大内：单于所居内室、宫城。 [96]军候假丞杜勋：杜勋本为军候官，兼代理校尉丞，为陈汤之副手，是第一线总指挥。军候，掌侦察。假，代理、兼职。丞，副职。 [97]使节二：汉使臣所持皇帝的符节两件。 [98]帛书：各国使节所带的书于缣帛上的国书。 [99]"诸卤获"句：将各人所获，赐予本人。畀（bì），给予。 [100]赋予：即赐予。 [101]所发十五王：将所虏获的人与物分赐予参加共击郅支的十五国。

四年（丙戌，前35年）

春，正月，郅支首至京师。延寿、汤上疏曰："臣闻天下之大义当混为一[1]，昔有唐、虞[2]，今有强汉。匈奴呼韩邪单于已称北藩[3]，唯郅支单于叛逆，未伏其辜[4]，大夏[5]之西，以为强汉不能臣也。郅支单于惨毒行于民，大恶通于天；臣延寿，臣汤，将义兵，行天诛[6]，赖陛下神灵，阴阳并应[7]，天气精明，陷陈克敌[8]，斩郅支首及名王以下，宜县头槁街[9]蛮夷邸间[10]，以示万里，明犯强汉者，虽远必诛！"丞相匡衡等以为："方春掩骼、埋胔[11]之时，宜勿县。"诏县十日，乃埋之；仍告祠郊庙[12]，赦天下。群臣上寿，置酒[13]。

六月，甲申，中山哀王竟[14]薨。哀王者，帝之少弟，与太子[15]游学[16]相长大。及薨，太子前吊[17]。上望见太子，感念哀王，悲不能自止。太子既至前，不哀，上大恨曰："安有人不慈仁，而可以奉宗庙[18]，为民父母者乎！"是时驸马都尉[19]、侍中史丹[20]护太子家[21]，上以责谓丹，丹免冠谢曰："臣诚见陛下哀痛中山王，至以感损[22]。向者[23]太子当进见，臣窃戒属，毋涕泣，感伤陛下[24]；罪乃在臣，当死！"上以为然，意乃解[25]。

蓝田[26]地震，山崩，壅霸水[27]；安陵岸崩，壅泾水[28]，泾水逆流。

五年（丁亥，前 34 年）

春，三月，赦天下。

夏，六月，庚申[29]，复戾园[30]。

壬申晦[31]，日有食之。

秋，七月，庚子[32]，复[33]太上皇寝庙园、原庙[34]、昭灵后、武哀王、昭哀后、卫思后园。时上寝疾，久不平，以为祖宗谴怒，故尽复之；唯郡国庙遂废云。

是岁，徙济阳王康[35]为山阳王。

匈奴呼韩邪单于闻郅支既诛，且喜且惧[36]；上书，愿入朝见。

（以上为第七段，写汉元帝平庸，于国家大政无所建树，建昭四年、五年竟无事可述。西域都护诛灭郅支，何等大事，元帝君臣也祭告天地宗庙，设宴弹冠相庆，却把功臣将士冷落一旁。）

【注释】

［1］混为一：全国应该统一。［2］唐、虞：即传说中的古代圣王唐尧和虞舜。［3］北藩：北边的屏藩。［4］未伏其辜：没有伏罪。［5］大夏：葱岭外之西域国名，在今阿富汗北部。［6］行天诛：替天征讨。［7］阴阳并应：阴阳和谐。［8］陷陈克敌：攻陷敌人营垒，战胜敌人。［9］槁街：长安城内街名，如今之使馆区。［10］蛮夷邸间：各少数民族驻长安代表的官邸建于此间。［11］掩骼、埋胔：《礼记·月令》载："孟春，掩骼，埋胔。"说的是开春以后，万物复苏，生气上升，要掩埋好无主尸体。骼（gé），枯骨。胔（zì），腐肉。［12］告祠郊庙：告祭上天及宗庙。郊，郊祀，祭天。庙，庙祀，祭祖宗。［13］群臣上寿，置酒：百官向皇帝祝寿，摆酒宴庆贺。［14］中山哀王竟：中山王刘竟，汉宣帝少子，戎婕妤所生，死后谥为哀王。传见《汉书》卷八十。［15］太子：汉元帝长子，即成帝刘骜。［16］游学：同窗读书。［17］太子前吊：刘骜到中山王刘竟灵前吊丧。［18］奉宗庙：即主持宗庙祭祀，指储君将继位为皇帝。［19］驸马都尉：官名，御马总监。［20］史丹：字君仲，鲁国（今山东曲阜市）人，大将军史高之子。历任右、左将军，光禄大夫，护立太子及援立成帝有功。传见《汉书》卷八十二。［21］护太子家：官名，即太子家令，秩八百石。［22］感损：哀伤过度导致神气耗损。［23］向者：先前。此指

刚才，稍早些时候。［24］感伤陛下：让陛下伤感。［25］意乃解：心情才平静下来，指息怒。［26］蓝田：县名，县治在今陕西蓝田县西。［27］壅霸水：阻塞了灞水。霸水，即灞水，在长安东，渭水支流。［28］泾水：即今陕西境内的泾河，在咸阳市东流入渭水。［29］庚申：六月十七日。［30］复戾园：恢复戾太子墓园。戾园于永光四年（前40）罢，现又恢复。戾园在湖县阌乡邪里聚，即今河南灵宝市西临近陕西之地，旧有阌乡县。戾太子系汉元帝曾祖。［31］壬申晦：六月三十日。［32］庚子：七月二十八日。［33］复：汉元帝永光五年十二月，采纳韦玄成进言，毁血缘关系远的祖上皇陵，至是恢复。［34］原庙：汉惠帝刘盈在渭水北所建第二座宗庙。原，重也。［35］济阳王康：哀帝之父，傅昭仪子。初封济阳王，徙为山阳王，后又徙为定陶王。［36］且喜且惧：南匈奴呼韩邪单于，听到郅支单于被杀，一则以去掉强敌而喜，一则以匈奴势孤而惧。

竟宁[1]元年（戊子，前33年）

春，正月，匈奴呼韩邪单于来朝，自言愿婿汉氏以自亲[2]。帝以后宫良家子[3]王嫱[4]字昭君赐单于。单于欢喜，上书“愿保塞上谷以西至敦煌[5]，传之无穷。请罢边备塞吏卒，以休天子人民。”天子下有司议，议者皆以为便。郎中侯应习边事[6]，以为不可许。上问状，应曰：“周、秦以来，匈奴暴桀，寇侵边境；汉兴，尤被其害。臣闻北边塞至辽东[7]，外有阴山[8]，东西千余里，草木茂盛，多禽兽，本冒顿单于[9]依阻其中，治作弓矢，来出为寇，是其苑囿也。至孝武世，出师征伐，斥[10]夺此地，攘之于幕北[11]，建塞徼，起亭隧[12]，筑外城，设屯戍[13]以守之，然后边境用得少安[14]。幕北地平，少草木，多大沙，匈奴来寇，少所蔽隐；从塞以南，径深山谷[15]，往来差难[16]。边长老[17]言：‘匈奴失阴山之后，过之未尝不哭也！’如罢备塞吏卒[18]，示夷狄之大利，不可一也。今圣德广被，天覆匈奴，匈奴得蒙全活之恩，稽首来臣[19]。夫夷狄之情，困则卑顺，强则骄逆，天性然也。前已罢外城[20]，省亭隧[21]，才足以候望[22]，通烽火而已。古者安不忘危，不可复罢，二也。中国有礼义之教，刑罚之诛，愚民犹尚犯禁[23]；又况单于，能必其众不犯约哉！三也。自中国尚建关梁[24]以制诸侯，所以绝臣下之觊欲[25]也。设塞徼[26]，置屯戍，非独为匈奴而已，亦为诸属国降民，本故匈奴之人，恐其思旧逃亡，四也。近西羌[27]保塞，与汉人交通，吏民贪利，侵盗其畜产、妻子，以此怨恨，起而背畔。今罢乘塞[28]，则生嫚易分争之渐[29]，五也。往者从军多没不还[30]者，子孙贫困，一旦亡出，从其亲戚[31]，六也。又边人奴婢愁苦，欲亡者多，曰：'闻匈奴中乐[32]，无奈候望急何[33]！'然时有亡出塞者，七也。盗贼桀黠[34]，群辈犯法，如其窘急[35]，亡走北出[36]，则不可制，八也。起塞以来百有余年[37]，非皆以土垣[38]也，或因山岩、石、木、溪谷、水门[39]，稍稍平之，卒徒筑治[40]，功费久远[41]，不可胜计[42]。臣恐议者不深虑[43]其终始[44]，欲以壹切省徭戍[45]，十年之外，百岁之内，卒有他变[46]，障塞破坏，亭隧灭绝，当更发屯缮治[47]，累岁之功不可卒复[48]，九也。如罢戍卒，省候望，单于自以保塞守御，必深德汉[49]，请求无已[50]；小失其意，则不可测[51]。开夷狄之隙，亏中国之固[52]，十也。非所以永持至安[53]，威制百蛮[54]之长策也！"对奏，天子有诏："勿议罢边塞事。"使车骑将军嘉[55]口谕单于曰："单于上书愿罢北塞吏士屯戍，子孙世世保塞。单于向慕礼义[56]，所以为民计者甚厚，此长久之策也。朕甚嘉之！中国四方皆有关梁障塞，非独以备塞外也，亦以防中国奸邪放纵[57]，出为寇害[58]，故明法度以专[59]众心也。敬谕[60]单于之意，朕无疑焉。为单于怪其不罢[61]，故使嘉晓[62]单于。"单于谢曰："愚不知大计，天子幸使大臣告语，甚厚[63]！"

初，左伊秩訾为呼韩邪画计归汉，竟以安定。其后或谗伊秩訾自伐其功[64]，常鞅鞅[65]，呼韩邪疑之；伊秩訾惧诛，将其众千余人降汉，汉以为关内侯，食邑三百户，令佩其王印绶[66]。及呼韩邪来朝，与伊秩訾相见，谢曰："王为我计甚厚，令匈奴至今安宁，王之力也，德岂可忘！我失王意[67]，使王去，不复顾留，皆我过也。今欲白天子，请王归庭[68]。"伊秩訾曰："单于赖天命，自归于汉，得以安宁，单于神灵，天子之佑也，我安得力！既已降汉，又复归匈奴，是两心也。愿为单于侍使于汉[69]，不敢听命！"单于固请[70]，不能得而归。

单于号王昭君为宁胡阏氏[71]；生一男伊屠智牙师，为右日逐王[72]。

（以上为第八段，写呼韩邪单于来朝，请求和亲，愿为汉家守边。这是因郅支单于被消灭，在匈奴社会引起的震荡。汉元帝改元竟宁以示和平，派宫女王昭君和蕃。

郎中侯应驳斥撤边防守备的错误建议，列举十要说明边防守备为国家大政，透彻至明，连糊涂的汉元帝也折服了。)

【注释】

[1]竟宁：匈奴既服，冠名竟宁，表示永远安宁。竟，终也，引申为永远。又，竟，通“境”，言竟宁者，表示境土安宁。以本字释义为长。[2]婿汉氏以自亲：希望成为汉室的女婿以便亲近汉室。[3]良家子：这里意谓处女。[4]王嫱（qiāng）：字昭君，南郡秭归（今湖北秭归县）人。晋时因避司马昭讳，改称明君或明妃。昭君嫁呼韩邪单于，号宁胡阏氏，后又从匈奴俗为后嗣单于阏氏。昭君出塞，对汉和匈奴的友好关系，起了促进作用。[5]愿保塞上谷以西至敦煌：愿为汉朝守卫边防，保护东起上谷、西至敦煌的边境。上谷，郡名，治所沮阳，在今河北怀来县东南。敦煌，郡名，治所敦煌，在今甘肃敦煌市。[6]习边事：熟悉边防事务。[7]辽东：郡名，治所襄平，在今辽宁辽阳市。[8]阴山：在河套北，为历代中国北疆之天然要塞。[9]冒顿单于：西汉初统一匈奴各部的著名单于，公元前209年至公元前174年在位。[10]斥：开拓。[11]攘之于幕北：驱逐匈奴至大漠之北。幕，通“漠”，沙漠。[12]建塞徼，起亭隧：建立哨卡、城堡，设置亭障、烽燧。用交通壕连接。地下小道，交通壕。[13]设屯戍：设置军屯戍守。[14]边境用得少安：由于有边防，边境才稍为安定。用得，指打击匈奴及一系列边塞设施等作为，才得到少安。用，一系列边防作为。[15]径深山谷：谷中山路幽深曲折。径，小道、山径。[16]往来差难：交通十分艰难。差，很。[17]边长老：边塞老人。[18]罢备塞吏卒：裁撤防守边地的官兵。[19]稽首来臣：叩头称臣。[20]前已罢外城：宣帝地节二年（前68），汉边无事，曾拆除塞外前沿诸城障，如光禄塞、受降城、遮虏障等。[21]省亭隧：减少边塞哨所亭障及烽燧。隧，通“燧”，烽火台。[22]候望：瞭望。[23]犯禁：指犯法。[24]关梁：关卡。陆路要冲之地称关，水滨渡口之处称梁。[25]觊（jì）欲：即觊觎，指抱有非分之想，有野心。[26]塞徼：边地的亭障哨卡。[27]西羌：指居于汉西部边塞之外，即今青海高原上的羌族人。[28]罢乘塞：拆除边防守备。乘塞，本指登亭塞守卫。[29]生嫚易分争之渐：边塞将逐渐出现边民之间的欺侮纷争。[30]多没不还：大多死亡不得生还。[31]一旦亡出，从其亲戚：指过去流落匈奴的士兵子孙有可能要求出境探访。[32]闻匈奴中乐：听说匈奴那边生活很好。[33]无奈候望急何：边境守护很严怎么办？意谓如果撤除守备，那么将面临大批奴婢越境外逃，那时必将束手无策。[34]桀黠：凶暴狡猾。[35]窘急：困迫至极，走投无路。[36]亡走北出：向北逃越边境。[37]起塞以来百有余年：自从汉武帝元光二年（前133）设谋马邑以来，筑亭塞防御北方，已历百年。[38]土垣：土筑的墙垣。[39]或因山岩、石、木、溪谷、水门：有的是利用悬崖绝壁、大石、巨木、深沟险谷、水峡渡口等自然险阻组成障塞。[40]卒徒筑治：由征发来的役卒罪徒来修建治理。[41]久远：经年累月。[42]不可胜计：无法统计。[43]深虑：长远考虑。[44]终始：前因后果。[45]壹切省徭戍：为减轻戍边的负

担而一律撤除边防。壹切，如刀切物，整齐划一。［46］卒有他变：突然发生变故。卒，通“猝”。［47］发屯缮治：征发夫役屯边，修边塞。［48］累岁之功不可卒复：成百年积累下来的工程，不可能一下子修复。卒，通“猝”。据章校，“累岁”应为“累世”。［49］必深德汉：单于定会认为对汉朝有大的恩德而不断索取报酬。［50］请求无已：要求回报没有止境。指匈奴以戍边功向汉家求索没完没了。［51］不可测：后果难以预测，喻起争端。［52］开夷狄之隙，亏中国之固：引起外族（指匈奴）对中国的野心，毁坏中国的防卫。隙，嫌隙，野心。［53］永持至安：永久地保持和平、安定。［54］威制百蛮：没有武备之威，只有恩信是控制不了周边蛮族的，因此威制为第一要务。［55］车骑将军嘉：外戚重臣许嘉。［56］向慕礼义：向往中国文化。［57］奸邪放纵：奸民巧诈之徒无法无天。［58］出为寇害：越境为非作歹。［59］专：一致。［60］敬谕：知晓。［61］怪其不罢：责怪汉朝为何不撤除边防。［62］晓：告诉。［63］甚厚：如此优厚。［64］自伐其功：自己夸功。［65］鞅鞅：怨恨的样子。［66］令佩其王印绶：让归汉的伊秩訾保留匈奴王号，佩王印。［67］我失王意：我使大王失望，即我对不起大王。［68］归庭：回归匈奴单于庭。［69］愿为单于侍使于汉：情愿作为匈奴单于使臣留在汉朝。［70］固请：坚决请求。［71］宁胡阏氏：王昭君的封号，意为匈奴得昭君而国安宁。［72］日逐王：匈奴王号，有左右之分。

皇太子冠[1]。

二月，御史大夫李延寿卒。

初，石显见冯奉世父子为公卿著名，女又为昭仪[2]在内；显心欲附之，荐言：“昭仪兄谒者逡修敕[3]，宜侍帷幄[4]。”天子召见，欲以为侍中。逡请间言事。上闻逡言显专权，大怒，罢逡归郎官。及御史大夫缺，在位多举逡兄大鸿胪野王[5]；上使尚书选第中二千石[6]，而野王行能第一。上以问显，显曰：“九卿无出野王者；然野王，亲昭仪兄，臣恐后世必以陛下度越[7]众贤，私后宫亲以为三公。”上曰：“善，吾不见是[8]！”因谓群臣曰：“吾用野王为三公，后世必谓我私后宫亲属，以野王为比[9]。”三月，丙寅[10]，诏曰：“刚强坚固[11]，确然亡欲，大鸿胪野王是也。心辨善辞[12]，可使四方，少府五鹿充宗是也。廉洁节俭，太子少傅张谭是也。其以少傅为御史大夫。”

河南[13]太守九江召信臣[14]为少府。信臣先为南阳太守，后迁河南，治行常第一。视民如子，好为民兴利[15]，躬劝耕稼[16]，开通沟渎[17]，户口增倍。吏民亲爱，号曰“召父”[18]。

癸卯[19]，复孝惠皇帝寝庙园[20]、孝文太后、孝昭太后寝园。

初，中书令石显尝欲以姊妻甘延寿，延寿不取[21]。及破郅支还，丞相、御史亦恶其矫制，皆不与[22]延寿等。陈汤素贪，所卤获财物入塞，多不法[23]。司隶校尉移书道上[24]，系吏士，按验[25]之。汤上疏言："臣与吏士共诛郅支单于，幸得禽灭，万里振旅[26]，宜有使者迎劳道路[27]。今司隶反逆[28]收系按验，是为郅支报仇也！"上立出吏士[29]，令县、道出酒食以过军[30]。既至，论功，石显、匡衡以为："延寿、汤擅兴师矫制，幸得不诛；如复加爵土，则后奉使者争欲乘危徼幸[31]，生事于蛮夷，为国招难。"帝内嘉延寿、汤功而重违[32]衡、显之议，久之不决。

故宗正刘向[33]上疏曰："郅支单于囚杀使者、吏士以百数，事暴扬外国[34]，伤威毁重[35]，群臣皆闵[36]焉。陛下赫然[37]欲诛之，意未尝有忘。西域都护延寿，副校尉汤，承圣指[38]，倚神灵，总百蛮之君，揽城郭之兵，出百死，入绝域[39]，遂蹈康居，屠三重城[40]，搴[41]歙侯[42]之旗，斩郅支之首，县旌[43]万里之外，扬威昆山[44]之西，扫谷吉之耻[45]，立昭明之功[46]，万夷慑伏[47]，莫不惧震。呼韩邪单于见郅支已诛，且喜且惧，乡风驰义[48]，稽首来宾[49]，愿守北藩，累世称臣。立千载之功，建万世之安，群臣之勋莫大焉。昔周大夫方叔、吉甫为宣王诛猃狁而百蛮从[50]，其诗曰[51]：'啴啴焞焞[52]，如霆如雷。显允[53]方叔，征伐猃狁，蛮荆来威。'《易》曰：'有嘉折首，获匪其丑[54]。'言美诛首恶之人，而诸不顺者皆来从也。今延寿、汤所诛震[55]，虽《易》之折首，《诗》之雷霆，不能及也。论大功者不录小过，举大美者不疵细瑕。《司马法》[56]曰：'军赏不逾月'，欲民速得为善之利也。盖急[57]武功，重用人也。吉甫之归，周厚赐之，其诗曰[58]：'吉甫燕喜，既多受祉。来归自镐[59]，我行永久'。千里之镐犹以为远，况万里之外，其勤至矣。延寿、汤既未获受祉之报，反屈捐命之功[60]，久挫于刀笔之前[61]，非所以厉[62]有功，劝戎士[63]也。昔齐桓前有尊周之功，后有灭项之罪，君子以功覆过而为之讳[64]。贰师将军李广利[65]助，捐五万之师，靡[66]亿万之费，经四年之劳，而仅获骏马三十匹，虽斩宛王母寡之首，犹不足以复费[67]，其私罪恶甚多；孝武以为万里征伐，不录其过，遂封拜两侯、三卿、二千石百有余人[68]。今康居之国，强于大宛，郅支之号，重于苑王，杀使者罪，甚于留马，而延寿、汤不烦汉士，不费斗粮；比于贰师，功德百之[69]。且常惠随欲击之乌孙[70]，郑吉迎自来之日逐[71]，犹皆裂土受爵。故言威武勤劳，则大于方叔、吉甫；列功覆过，则优于齐桓、贰师；近事之功，则高于安远、长罗[72]：而大功未著，小恶数布[73]，臣窃痛之！宜以时解县，通籍[74]，除过勿治[75]，尊宠爵位[76]，以劝有功[77]。"于是天子下诏赦延寿、汤罪勿治，令公卿议封焉。议者以为宜如军法捕斩单于令[78]。匡衡、石显以为"郅支本亡逃失国，窃号绝域，非真单于[79]。"帝取安远侯郑吉故事，封千户；衡、显复争。夏，四月，戊辰[80]，封延寿为义成侯，赐汤爵关内侯，食邑各三百户，加赐黄金百斤。拜延寿为长水校尉，汤为射声校尉。

于是杜钦[81]上疏追讼冯奉世前破莎车功[82]。上以先帝时事，不复录，钦，故御史大夫延年子也。

荀悦论曰：诚[83]其功义足封，追录前事可也。《春秋》之义，毁泉台则恶之[84]，舍中军则善之[85]，各由其宜也。夫矫制之事，先王之所慎也，不得已而行之。若矫大而功小者，罪之可也；矫小而功大者，赏之可也；功过相敌[86]，如斯而已[87]可也。权其轻重而为之制宜焉[88]。

（以上为第九段，长篇摘载刘向上疏为甘延寿、陈汤申冤，汉元帝终于醒悟，奖励西域立功将士，封甘延寿为义成侯，封陈汤为关内侯。）

【注释】

[1]皇太子冠：为太子刘骜举行加冠礼，以示成人。刘骜生于宣帝甘露二年（前52），至此已20岁。[2]昭仪：汉元帝加于宠妃之号，位次皇后，而尊于婕妤。[3]修敕：有好的道德修养。[4]侍幄帷：在皇帝左右侍奉。[5]野王：冯野王，冯昭仪次兄，官至大鸿胪，有贤名。传见《汉书》卷七十九。[6]选第中二千石：从中二千石级别的官员中，选出优秀者补御史大夫之缺。中二千石，九卿的品秩。[7]度越：跨越。[8]吾不见是：我怎么想不到这个理呢？[9]以野王为比：以野王为例证。[10]丙寅：三月庚午朔，无丙寅。丙寅，四月二十八日。[11]刚强坚固：品格刚强正直。[12]心辨善辞：思虑敏捷，善于辞令。[13]河南：郡名，治所洛阳。

［14］召信臣：字翁卿，九江寿春（今安徽寿县）人，官至少府，长期当地方官，有贤名。传见《汉书》卷八十九。［15］兴利：开源求利。［16］躬劝耕稼：亲自劝民勤耕。［17］开通沟渎：兴修水利。［18］号曰“召父”：亲切地称其为“召父”。［19］癸卯：三月庚午朔，无癸卯。据章校，“癸卯”应为“癸未”。癸未，三月十四日。［20］复孝惠皇帝寝庙园：永光五年毁惠园，建昭元年，罢孝文太后、孝昭太后寝园，现在恢复。［21］不取：即不娶。［22］不与：不许，不赞同。［23］多不法：将许多外国财物违法带入。［24］司隶校尉移书道上：京师卫戍长特下达指令，通知沿途地方政府加强盘查。［25］按验：查办追赃。［26］振旅：凯旋班师。［27］迎劳道路：沿路迎接慰问。［28］反逆：反过来。指司隶校尉逮捕审问之事。［29］上立出吏士：皇帝下令，立即释放逮捕的远征军官兵。［30］令县、道出酒食以过军：命令沿途地方政府备酒食慰劳远征军。道，汉制，有少数民族的县称道。［31］乘危徼幸：冒险兴兵，企图侥幸成功。［32］重违：难违。［33］故宗正刘向：元帝初即位时刘向为宗正，早已免官，故称故宗正。宗正，九卿之一，掌皇族事务。［34］事暴扬外国：郅支囚杀汉使之事，在外国广为传播。暴，显露。［35］伤威毁重：伤害汉朝的威信，有损汉朝的名誉地位。［36］闵：痛苦难过。［37］赫然：愤然。［38］承圣指：秉承皇帝的旨意。［39］绝域：极边远之地。［40］屠三重城：攻陷郅支拒守的三重坚城。郅支城有土城，外有两重木城，共三重。［41］搴：拔取。［42］歙侯：康居大臣官号。［43］县旌：汉军之旗飘扬。［44］昆山：即昆仑山。［45］扫谷吉之耻：洗刷了谷吉被杀的耻辱。［46］立昭明之功：立下了与日月同辉的功勋。［47］万夷慑伏：西域各国都恐惧归服。［48］乡风驰义：闻风慕义，奔驰前来。［49］稽首来宾：来到汉朝，叩头臣服。［50］昔周大夫方叔、吉甫为宣王诛猃狁而百蛮从：从前周宣王两大夫方叔、尹吉甫诛讨猃狁，其后北方各族臣服。方叔和尹吉甫是辅佐宣王中兴的两位名臣。方叔曾率兵车三千辆攻楚获胜，又攻猃狁获胜。事见《诗经·小雅·采芑》。吉甫，即兮伯吉父，兮氏，名甲，字伯吉父，又作伯吉甫，尹为官名，史称尹吉甫。周宣王时，猃狁（匈奴祖先，居北方）侵周，进至泾水北岸。尹吉甫率军诛讨，逐猃狁至太原以北。［51］其诗曰：引自《诗经·小雅·采芑》。［52］啴啴焞焞：形容周师军容盛大。啴啴，众多。焞焞，盛大。［53］显允：英明。［54］《易》曰：“有嘉折首，获匪其丑”：《易经》上说：“斩杀敌首、俘获凶丑的人，应得嘉奖。”语出《易经·离卦》上九爻辞。匪，通“非”。匪其丑，非我族类的凶人。［55］诛震：诛杀郅支单于所引起的震动。［56］《司马法》：即《司马穰苴兵法》，是战国时齐威王命大夫整理的古代兵法，省称《司马兵法》或《司马法》。《汉书·艺文志》入于礼类，题名《军礼司马法》百五十篇，汉以后失传。今传《司马法》五篇，为后人辑录之书。［57］急：重视。［58］其诗曰：引自《诗经·小雅·六月》。所引诗意为：设下盛大的筵席欢迎尹吉甫归来，还要多给他赏赐；因为他从前线镐城回来，行军千里又长久在外。［59］镐：地名，不是镐京，今地不详。［60］“延寿”二句：甘延寿、陈汤冒着生命危险取得的战功，不但未得封赏，反而遭受诬陷。［61］久挫于刀笔之前：长久受刀笔吏压制。刀笔，指舞文弄墨的文吏。汉时文书使用简牍，误书则用刀削，故以刀笔作为文吏的代称。［62］厉：勉励。［63］劝

戎士：奖赏战士。［64］昔齐桓前有尊周之功，后有灭项之罪，君子以功覆过而为之讳：齐桓公尊周，曾伐楚责其不贡苞茅，后又伐灭项国。《春秋》为桓公讳，书“灭项”而不书“齐灭项”，以报偿其尊周室之功。［65］李广利：汉武帝宠姬李夫人之兄，太初年间拜贰师将军伐大宛，因功封海西侯。传见《汉书》卷六十一。［66］靡：耗费。［67］复费：抵偿所耗费用。［68］封拜两侯、三卿、二千石百有余人：两侯指封李广利海西侯及封斩郁成王的骑士赵弟为新畤侯。三卿，指以上官桀为少府，共三人为九卿，史失载二人。二千石百有余人，见《资治通鉴》卷二十一武帝太初四年。［69］功德百之：指甘延寿、陈汤的功劳超过李广利一百倍。［70］常惠随欲击之乌孙：宣帝时西域校尉常惠，借乌孙兵击破龟兹，事见《资治通鉴》卷二十四宣帝本始三年。随欲，随心所欲。常惠破龟兹并非随心所欲，而是责问龟兹杀汉校尉赖丹之罪。刘向上书为甘、陈辩护，故意以此作为铺垫。［71］郑吉迎自来之日逐：指匈奴日逐王前来归顺汉朝，骑都尉郑吉只不过率军迎接一事。见《资治通鉴》卷二十六宣帝神爵二年。［72］安远、长罗：此指郑吉、常惠。郑吉封安远侯，常惠封长罗侯。［73］数布：指甘、陈因小过多次受申斥。［74］解县，通籍：赦罪、拜官。县，通“悬”，解除倒悬，即免罪。通籍，通名籍于朝，指拜官。［75］除过勿治：不再追究他们的小过失。［76］尊宠爵位：赐给他们爵位。［77］以劝有功：用以奖励有功的人。［78］宜如军法捕斩单于令：按照军令法，应该给甘延寿、陈汤按捕斩单于功加封。［79］非真单于：这是石显、匡衡为贬抑甘、陈之功的说法。实际上，西汉自武帝伐匈奴以来，破军杀将封侯者有上百人，但只有甘、陈所捕斩之郅支是真单于，建绝世之功。［80］戊辰：四月三十日。［81］杜钦：大将军王凤幕僚，以经学闻名当世。他是宣帝时的御史大夫杜延年的次子，武帝时酷吏廷尉杜周之孙。祖孙三人同传，见《汉书》卷六十。［82］追讼：追究申述。冯奉世前破莎车功：事见《资治通鉴》卷二十九宣帝元康元年。［83］诚：如果，真是。［84］毁泉台则恶之：毁掉泉台，应当受到谴责。泉台，筑于鲁都曲阜东南逵泉上。鲁庄公三十一年筑，鲁文公十六年因有蛇自台中出而毁之，《春秋》书曰“毁泉台”以示批评。［85］舍中军则善之：撤销中军则应当受到赞扬。据《周礼》，天子六军，诸侯大国三军，中小之国二军或一军，每军一万二千五百人。鲁国原有上下二军，襄公五年增中军。昭公五年裁撤中军，恢复祖制以合于礼。《春秋》书曰“舍中军”以示赞扬。［86］功过相敌：功过相等。［87］如斯而已：保持原样罢了。即功过相等，不褒不贬。［88］权其轻重而为之制宜焉：应权衡功过大小，再作赏罚决定才合理。

初，太子好经书，宽博谨慎[1]；其后幸酒[2]，乐燕乐[3]，上不以为能。而山阳王康有才艺，母傅昭仪又爱幸，上以故常有意欲以山阳王为嗣。上晚年多疾，不亲政事，留好音乐[4]；或置鼙鼓[5]殿下，天子自临轩槛上[6]，隤铜丸以擿鼓[7]，声中严鼓之节[8]。后宫及左右习知音者莫能为，而山阳王亦能之，上数称其材。史丹进曰[9]：“凡所谓材者，敏而好学，温故知新[10]，皇太子是也。若乃器人[11]于丝竹鼙鼓之间，则是陈惠、李微[12]高于匡衡，可相国也！”于是上嘿然而笑[13]。

及上寝疾[14]，傅昭仪、山阳王康常在左右，而皇后、太子希得进见[15]。上疾稍侵[16]，意忽忽不平[17]，数问尚书以景帝时立胶东王故事[18]。是时太子长舅阳平侯王凤为卫尉、侍中，与皇后、太子皆忧，不知所出。史丹以亲密臣[19]得侍视疾，候上间独寝时[20]，丹直入卧内，顿首伏青蒲上[21]，涕泣而言曰：“皇太子以适长立，积十余年，名号系于百姓，天下莫不归心臣子。见山阳王雅素爱幸[22]，今者道路流言，为国生意[23]，以为太子有动摇之议。审若此，公卿以下必以死争，不奉诏。臣愿先赐死以示群臣！”天子素仁，不忍见丹涕泣，言又切至[24]，意大感寤[25]，喟然太息[26]曰：“吾日困劣[27]，太子、两王幼少[28]，意中恋恋[29]，亦何不念[30]乎！然无有此议。且皇后谨慎，先帝又爱太子[31]，吾岂可违指[32]！驸马都尉[33]安所受此语？”丹即却[34]，顿首曰：“愚臣妄闻，罪当死！”上因纳[35]，谓丹曰：“吾病浸加[36]，恐不能自还[37]，善辅道太子，毋违我意！”丹嘘唏[38]而起，太子由是遂定为嗣。而右将军、光禄大夫王商[39]、中书令石显亦拥佑[40]太子，颇有力焉。夏，五月，壬辰[41]，帝崩于未央宫。

班彪[42]赞曰：臣外祖兄弟[43]为元帝侍中，语臣曰：“元帝多材艺，善史书[44]，鼓琴瑟[45]，吹洞箫[46]，自度曲[47]，被歌声[48]，分刌节度[49]，穷极幼眇[50]。少而好儒；及即位，征用儒生，委之以政，贡、薛、韦、匡[51]迭为宰相。而上牵制文义，优游不断[52]，孝宣之业[53]衰焉。然宽弘尽下，出于恭俭，号令温雅[54]，有古之风烈。”

匡衡奏言：“前以上体不平[55]，故复诸所罢祠[56]；卒不蒙福。案卫思后、戾太子、戾后园，亲未尽。孝惠、孝景庙，亲尽，宜毁。及太上皇、孝文、孝昭太后、昭灵后、昭哀后、武哀王祠，请悉罢勿奉。”奏可[57]。

六月，己未[58]，太子即皇帝位，谒高庙[59]。尊皇太后曰太皇太后[60]，皇后曰皇太后[61]。以元舅[62]侍中、卫尉、阳平侯王凤为大司马、大将军、领尚书事。

秋，七月，丙戌[63]，葬孝元皇帝于渭陵[64]。

大赦天下。

丞相衡上疏曰："陛下秉至孝，哀伤思慕，不绝于心，未有游虞[65]弋射[66]之宴，诚隆于慎终追远[67]，无穷已[68]也。窃愿陛下虽圣性[69]得之，犹复加圣心[70]焉！《诗》云：'茕茕在疚'[71]，言成王丧毕思慕[72]，意气未能平[73]也。盖所以就文、武之业，崇大化之本也。臣又闻之师曰：'妃匹之际，生民之始，万福之原。婚姻之礼正，然后品物遂而天命全。'[74]孔子论《诗》[75]以《关雎》为始，此纲纪之首，王教之端[76]也。自上世以来，三代兴废[77]，未有不由此者也。愿陛下详览得失盛衰之效[78]，以定大基[79]，采有德[80]，戒声色[81]，近严敬[82]，远技能[83]！臣闻《六经》[84]者，圣人所以统天地之心，著善恶之归[85]，明吉凶之分[86]，通人道之正[87]，使不悖[88]于其本性[89]者也。及《论语》《孝经》，圣人言行之要，宜究其意。臣又闻圣王之自为[90]，动静周旋，奉天承亲[91]，临朝享臣[92]，物有节文[93]，以章人伦[94]。盖钦翼祗栗，事天之容[95]也；温恭敬逊，承亲之礼也；正躬严恪，临众之仪也[96]；嘉惠和说，飨下之颜也[97]。举错动作，物遵其仪[98]，故形为仁义，动为法则[99]。今正月初[100]，幸路寝[101]，临朝贺[102]，置酒以飨万方。《传》曰：'君子慎始。'[103]愿陛下留神[104]动静之节，使群下得望盛德休光[105]，以立基桢[106]，天下幸甚！"上敬纳其言。

（以上为第十段，写汉元帝临终，储君之位的争斗过程。史丹等大臣护卫太子刘骜，度过险关。成帝即位，采纳匡衡的建言，节制放纵的品性。）

【注释】

[1]宽博谨慎：博，指博学。宽，指性情因修养而宽厚。谨慎，行为谨慎。[2]幸酒：嗜酒。[3]乐燕乐：喜欢逸乐。[4]留好音乐：留意、爱好音乐。[5]鼙鼓：战鼓。[6]临轩槛上：靠在栏杆上。[7]隤铜丸以擿鼓：投掷铜丸击鼓。[8]声中严鼓之节：战鼓发出合于进军鼓的急促声。声中，合拍节。严鼓，急迫的进军鼓声。[9]进曰：进言。[10]敏而好学，温故知新：思虑敏捷而又爱好学问，温习旧知识而有新的体会。此孔子之言，见《论语》之《为正》和《公冶长》。[11]器人：度量人的才能。[12]陈惠、李微：两人为当时的宦官，黄门鼓吹

郎。［13］嘿然而笑：先沉默而后笑，即忍不住而笑。［14］寝疾：卧病。［15］希得进见：很少能觐见皇帝。［16］疾稍侵：病势逐渐加重。［17］意忽忽不平：心情烦闷不平静。［18］立胶东王故事：汉景帝废太子刘荣而立胶东王刘彻，即汉武帝。元帝欲废长立幼，故问胶东王故事。［19］亲密臣：亲信大臣。史丹是史高之子，既是皇亲，又是托孤大臣，故元帝十分信任，以为太子护卫。［20］候上间独寝时：等候元帝单独在房间时。间，机会。［21］顿首伏青蒲上：叩头拜伏在编织有青龙的蒲席上。按制度，只有皇后才能踏上蒲，今史丹叩头于上，表示他与皇帝亲密之至。［22］雅素爱幸：一向得皇帝宠爱。［23］为国生意：留心国事。［24］言又切至：说话恳切中听。［25］意大感寤：内心受感动。［26］喟然太息：长长地叹了一口气。［27］吾日困劣：我的身子一天天衰弱。［28］太子、两王幼少：太子刘骜、山阳王刘康、信都王刘兴，三个孩子都年少。据章校，“太”上有“而”字。［29］恋恋：依恋。［30］念：悬念，放心不下。［31］先帝又爱太子：汉宣帝十分喜爱长孙，亲自给刘骜命名。［32］违指：违背老父旨意。指，通“旨”。［33］驸马都尉：史丹所任官，元帝此时呼其官名以示郑重。［34］却：离席。指史丹离开青蒲席表示谢罪，其实是以恭为进，显示出犯颜直谏极恳切的样子，逼使汉元帝不废太子。［35］上因纳：元帝采纳了史丹的意见。［36］病浸加：病日益加重。［37］不能自还：不能恢复健康。［38］嘘唏：由感动而呜咽。［39］王商（？—25）：字子威，涿郡蠡吾（今河北博野县西南）人，成帝时官至丞相。传见《汉书》卷八十二。东汉有两王商，王凤弟成都侯亦名王商，字子夏。［40］拥佑：拥护辅佑。［41］壬辰：五月二十四日。［42］班彪（3—54）：字叔皮，扶风安陵（今陕西咸阳市东北）人，班固之父，东汉史学家。传见《后汉书》卷四十上。［43］臣外祖兄弟：班彪外祖兄弟为元帝侍中金敞。［44］善史书：善于写大篆。史书，即史籀，先秦古字大篆，相传为周宣王太史史籀所审定。［45］鼓琴瑟：会弹琴鼓瑟。［46］吹洞箫：吹奏洞箫。洞箫是一种竖吹的竹管乐器。［47］度曲：谱曲。［48］被歌声：演唱歌辞。［49］分刌节度：分切曲谱节拍。刌（cǔn）：切，指分节拍。［50］穷极幼眇：精通音律至极。幼（yāo）眇，即精妙。［51］贡、薛、韦、匡：汉元帝时的四大名相。其中，贡禹、薛广德二人官至副丞相御史大夫，韦玄成、匡衡官至丞相。［52］牵制文义，优游不断：拘泥于儒家的教条，缺少决断能力。［53］孝宣之业：指汉宣帝励精图治的王霸之业。宣帝刚毅善断，治国儒法并施。元帝优柔寡断，治国纯用儒术。［54］号令温雅：谓汉元帝号令臣下，态度极温和。［55］上体不平：元帝染病。［56］复诸所罢祠：将已经拆毁的祖宗庙重新恢复。［57］奏可：此处可其奏者为尚未即位的储君太子刘骜。［58］己未：六月二十二日。［59］谒高庙：祭告高祖刘邦庙。［60］尊皇太后曰太皇太后：指汉宣帝发妻王皇后。她是汉元帝之母，成帝之祖母，所以尊为太皇太后。［61］皇后曰皇太后：即加汉元帝皇后王政君为皇太后（成帝之母）。［62］元舅：大舅。［63］丙戌：七月十九日。［64］渭陵：汉元帝陵，在今陕西咸阳市东北。［65］虞，通“娱”，游乐。［66］弋射：出猎。［67］慎终追远：谨慎地孝敬父母之丧，追念远代的祖先。语出《论语·学而》篇曾子之言。终：郑玄注：“老死曰终。”［68］无穷已：尽孝无止境。［69］圣性：尽孝的忠诚本性。

[70]复加圣心：继续努力加强孝心。［71］《诗》云："茕茕在疚"：引诗见《诗经·周颂·闵予小子》，是周成王凭吊文王、武王的诗。茕茕，孤零貌。疚，忧虑。［72］丧毕思慕：服丧已毕，内心仍忧思不解，追念不已。［73］意气未能平：悼念亲人的心绪仍不平静。［74］"臣又闻"六句：这段是说，老师教导说："夫妻匹配，是人生的开始，幸福的源头。故婚姻的礼仪要端正，然后万事万物才能美满，完成天命。"［75］孔子论《诗》：指孔子编纂《诗经》。论，研究、评价，此指编辑。［76］此纲纪之首，王教之端：婚姻居于礼法的首位，是推行教化的起点。［77］三代兴废：指夏、商、周三代的兴衰。［78］效：效验。［79］定大基：奠定根本。［80］采有德：选拔有德行的人。［81］戒声色：排除靡靡之音和女色。［82］近严敬：接近庄重自尊的人。［83］远技能：疏远花言巧语、诡计多端的无德人。［84］《六经》：儒家经典著作，即《诗》《书》《礼》《易》《春秋》《乐》。其中，《乐经》早失，故实为五经。［85］著善恶之归：将善恶归类。［86］明吉凶之分：明白吉凶的分别。［87］通人道之正：指示做人的正路。［88］悖：违背。［89］本性：儒家认为人性本善。［90］自为：作为。［91］奉天承亲：敬畏上天，奉祀祖宗。［92］临朝享臣：上朝听政，接见臣僚。［93］物有节文：万事皆有规章法度。物，事。［94］以章人伦：以便于发扬人伦的美德。［95］钦翼祇栗，事天之容：恭敬战栗，小心翼翼，才是敬天的仪容。［96］正躬严恪，临众之仪也：修饰仪容，表情严肃，是驾驭百官的仪表。［97］嘉惠和说，飨下之颜也：和颜悦色，是对待臣下的态度。［98］举错动作，物遵其仪：举止行动，都要遵守一定的规范。错，同"措"。［99］形为仁义，动为法则：仪容合于仁义，举动合于法则。［100］正月初：即正月元旦。［101］幸路寝：指皇帝寝宫。这里是说，指正月元旦，要到父母寝宫。［102］临朝贺：上金銮殿接受百官及万邦使臣的朝贺。［103］《传》曰："君子慎始"：古书上说，君子要谨慎地开个好头。引语出《礼记·文王世子》："古之君子，举大事必慎其终始。"［104］留神：留意。［105］休光：华美的风采。［106］以立基桢：为国家奠立坚固的基础。桢，古代筑墙时所用模板夹具。这里引喻指根本。

【点评】

汉元帝昏庸误国。汉元帝是西汉第八任国君，也是承继昭宣中兴之后的第一位国君，其时西汉鼎盛，强敌匈奴衰落，内政国库充盈，人民安居，朝中大臣，贤人居多，可以说是太平盛世，正由于此，尽管汉元帝昏庸，奸佞当道，中官石显专权，国家尚无大事，还有余威诛杀郅支。但是汉元帝的昏庸误国，忠奸不辨，是非不明，导致西汉政治走了下坡路。汉元帝是西汉盛衰的一个分水岭。

大体昏庸之君，多是才艺之人。汉元帝善音乐，好文学；南唐后主李煜，写得一手绝妙好词；宋徽宗是一员足球健将，又是一位字画双绝的艺术家。但他们都是误国昏君。论智商，他们不低；论心眼，他们也不为恶，还可以说是宽厚待人，一心想做一个明君。汉元帝采取许多节俭措施，心系百姓，想的是要把国家治理好。

但其生性仁弱，即所谓有妇人之仁，看不得眼前亲近的人悲伤落泪。石显做了坏事，只要叩头落泪，就可大事化小，小事化了。汉元帝这份菩萨心肠，遮蔽了他的双眼，使他是非不明，忠奸不分。有时明白了，他也没有能力果断去邪远佞；要不就各打五十大板，诬告者诸葛丰免官，受诬者周堪、张猛被降职，是非善恶一锅煮。如此糊涂，不被群小包围才是怪事。汉元帝看出太子刘骜不成器，临终想更换太子，却又不敢触动宗法制度，最终只好在遗憾中瞑目。继位的成帝、哀帝沿着汉元帝开创的下坡路继续下滑，西汉已无可救药了。

卷三〇　汉纪二十二

汉成帝建始元年至阳朔二年（前 32—前 23 年）

【起屠维赤奋若（己丑，前 32 年），尽著雍阉茂（戊戌，前 23 年），凡十年】

【大事提要】

本卷记事起公元前 32 年，讫公元前 23 年，凡十年，当汉成帝建始元年至阳朔二年。汉成帝是西汉第九位国君，在位二十六年。本卷载述汉成帝前期十年的治国情况。汉成帝是典型的昏庸之君，比汉元帝还要糊涂，还要窝囊，完全被掌控在外戚大将军王凤手中。西汉政治大滑坡，政权逐渐转移到外戚王氏之手，最终王莽代汉，就是成帝为其奠定的基础。成帝河平二年六月在一天之中同时册封五位舅舅王谭、王商、王立、王根、王逢时为列侯，世谓之“五侯”。这一非常事件，打破了开国皇帝刘邦与大臣约定的不是刘姓皇室的外姓“非有功不得封侯”的基本国策，开启了外戚靠裙带可以封侯的制度，如此纵容王凤肆无忌惮的专权，外戚日进、皇室日退的局面基本形成。汉成帝政治上无所作为，自然灾害也频繁发生。黄河两次决堤，第一次在建始四年（前 29），河决东郡金堤，淹没四郡，三十二县，毁坏村落房屋四万余所，冲毁耕地十五万余顷，民众死亡无数。第二次在河平三年（前 26），河决平原郡，淹没两郡，灾害造成的损失是上一次的一半。丞相匡衡反对加固河堤，因此两次决口，造成大灾害，政府不作为占了主要因素。大雨、冰雹、山崩、地震不绝于书。成帝也做了几件好事，斥逐宦官石显，节省皇室开支，以至于许皇后提出了抗议，赈灾、减税，其中人头税减收三分之一，原税一百二十文，减收四十文，大规模整理图书，多次下诏求言。国境四邻尚称安静，不接受匈奴使者的诈降，羁縻西域罽宾，用能吏安抚西南夷，决策正确，成帝尚有英明的一面。可惜成帝生性懦弱、愚孝，在太皇太后王政君和大舅王凤的挟制下，丧失了一切的个人决断，一次又一次地斥逐贤良大臣，丞相王商，京兆尹王尊、王章都蒙冤而死，而心知刘向忠诚却不敢任用。汉成帝违心屈从大将军王凤，丢失了皇帝的威严，令人叹息。

孝成皇帝[1]上之上

建始元年（己丑，前32年）

春，正月，乙丑[2]，悼考庙灾[3]。

石显迁长信中太仆[4]，秩中二千石。显既失倚，离权[5]，于是丞相、御史条奏显旧恶[6]；及其党牢梁、陈顺[7]皆免官，显与妻子徙归故郡[8]，忧懑不食，道死[9]。诸所交结以显为官者，皆废罢；少府五鹿充宗左迁[10]玄菟[11]太守，御史中丞伊嘉为雁门都尉[12]。

司隶校尉涿郡王尊[13]劾奏："丞相衡，御史大夫谭，知显等颛权擅势[14]，大作威福，为海内患害，不以时[15]白奏行罚；而阿谀曲从，附下罔上[16]，怀邪迷国[17]，无大臣辅政之义，皆不道[18]！在赦令前[19]。赦后，衡、谭举奏显，不自陈不忠之罪，而反扬著先帝任用倾覆之徒[20]，妄言'百官畏之，甚于主上[21]'；卑君尊臣[22]，非所宜称[23]，失大臣体[24]！"于是衡惭惧[25]，免冠谢罪，上丞相、侯印绶[26]。天子以新即位，重伤大臣[27]，乃左迁尊为高陵令[28]。然群下多是尊者[29]。衡嘿嘿[30]不自安，每有水旱，连乞骸骨让位[31]；上辄以诏书慰抚[32]，不许[33]。

立故河间王元弟上郡库令良[34]为河间王。

有星孛于营室[35]。

赦天下。

壬子[36]，封舅诸吏、光禄大夫、关内侯王崇[37]为安成侯；赐舅谭、商、立、根、逢时爵关内侯。夏，四月，黄雾四塞[38]，诏博问[39]公卿大夫，无有所讳。谏大夫杨兴、博士驷胜[40]等皆以为"阴盛侵阳之气也。高祖之约[41]，非功臣不侯；今太后诸弟皆以无功为侯，外戚未曾有也，故天为见异。"于是大将军凤惧，上书乞骸骨，辞职；上优诏[42]不许。

御史中丞[43]东海薛宣[44]上疏曰："陛下至德仁厚，而嘉气尚凝[45]，阴阳不和，殆吏多苛政。部刺史或不循守条职[46]，举措[47]各以其意，多与郡县事[48]，至开私门[49]，听谗佞，以求[50]吏民过，谴呵及细微[51]，责义不量力[52]；郡县相迫促，亦内相刻，流及众庶[53]。是故乡党[54]阙[55]于嘉宾之欢[56]，九族[57]忘其亲亲之恩，饮食周急之厚[58]弥衰[59]，送往劳来[60]之礼不行。夫人道不通则阴阳否隔[61]，和气不通，未必不由此也！《诗》云[62]：'民之失德，干糇以愆[63]。'鄙语[64]曰：'苛政不亲，烦苦伤恩[65]。'方刺史奏事时，宜明申敕[66]，使昭然[67]知本朝之要务[68]。"上嘉纳[69]之。

八月，有两月相承[70]，晨见东方。

冬，十二月，作长安南、北郊[71]，罢甘泉、汾阴祠[72]，及紫坛伪饰、女乐、鸾路、骍驹、龙马、石坛之属[73]。

（以上为第一段，写成帝初即位，斥逐权臣石显及其党羽，优礼大臣，大封外戚王氏，采纳薛宣建言，约法省禁，政治出现一丝曙光。）

【注释】

[1]孝成皇帝：汉元帝子，名骜，字太孙，西汉第九位皇帝，公元前32年至公元前7年在位。荀悦说："讳'骜'之字曰'俊'。" [2]乙丑：正月一日。 [3]悼考庙灾：汉宣帝父史皇孙的庙发生火灾。宣帝尊史皇孙曰悼考。 [4]长信中太仆：官名，掌管长信宫皇太后的车马，不常置。[5]显既失倚，离权：石显为汉元帝亲信，元帝死，他失去倚靠，又被罢了中书令的显职，没有了权力。 [6]丞相、御史条奏显旧恶：丞相匡衡、御史大夫张谭弹劾石显，一条条列出其先前的罪恶。 [7]牢梁、陈顺：两人皆石显死党。牢梁官至中书仆射。 [8]徙归故郡：逐出京师还归故乡济南郡。 [9]道死：在回乡的途中死亡。 [10]左迁：降职任用。 [11]玄菟：郡名，治所在今辽宁新宾县。 [12]雁门都尉：官名，掌雁门郡郡兵。雁门郡治所善无，在今山西右玉县南。 [13]王尊：字子赣，涿郡高阳（今河北高阳县）人。长于经学，官至司隶校尉。传见《汉书》卷七十六。 [14]颛权擅势：专断权力，擅作威福。颛，同"专"。 [15]不以时：不及时。[16]附下罔上：拉拢臣下，欺骗皇帝。 [17]怀邪迷国：心怀邪恶，迷惑君王。 [18]不道：大逆不敬。 [19]在赦令前：成帝上年六月即位，七月发布大赦令。匡衡、张谭在赦令之前的过失，姑且不究。 [20]反扬著先帝任用倾覆之徒：反而宣扬先帝任用奸险之徒。 [21]甚于主上：超过了畏惧皇上。 [22]卑君尊臣：压低皇帝，抬高臣下。 [23]非所宜称：与大臣地位不相称。[24]失大臣体：有失大臣的身份。 [25]惭惧：惭愧畏惧。 [26]上丞相、侯印绶：自动交出丞相、封侯印。匡衡封乐安侯。 [27]重伤大臣：不愿更换大臣。重伤，难以伤害，即不愿更换。[28]左迁尊为高陵令：将王尊降为高陵县令。 [29]群下多是尊者：朝廷大臣中很多人支持王尊。[30]嘿嘿：沉默寡言，指内心恐惧。 [31]每有水旱，连乞骸骨让位：每逢水旱灾害发生，匡衡就接连上书请求辞职让位。乞骸骨，辞职的委婉说法，意谓出仕任职是以身许国，乞求皇帝赐还。

[32]诏书慰抚：下诏劝慰留任。[33]不许：不批准辞职。[34]上郡库令良：上郡军械库长刘良，是河间王刘元之弟。元帝建昭元年，刘元被废，今以其弟刘良嗣封河间王。上郡，在今陕西北部，郡治肤施，在今陕西绥德县东南。[35]有星孛于营室：在营室（营室二星，像天子之宫）出现孛星。[36]壬子：正月乙丑朔，无壬子。壬子，二月十八日。[37]王崇：王崇与大将军王凤、皇太后王政君三人为同母所生。下文王谭、王商、王立、王根、王逢时皆为成帝舅，五人与王崇、王凤为异母兄弟。[38]黄雾四塞：赤黄色的浓雾充满四方，当是沙尘所致。古人认为这种天变是阴阳错乱造成，是政事不当的征兆。[39]博问：广泛征求意见。[40]驷胜：人名，史失其姓，任职博士。[41]高祖之约：高祖刘邦晚年，曾杀白马与大臣盟誓，不是皇室刘姓而封王，以及无功而封侯的人，天下可共诛之。[42]优诏：恳切挽留的诏书。[43]御史中丞：官名，御史大夫副职，秩千石。受公卿奏事，举劾按章，内掌秘籍，外督刺史。[44]薛宣：字赣君，东海郡郯县（今山东郯城县）人，官至丞相，封高阳侯。传见《汉书》卷八十三。[45]嘉气尚凝：阴阳之气仍凝聚不散。[46]部刺史或不循守条职：十三部（州）刺史中，有的不遵守律条，为所欲为，施行苛政。条职，刺史按六条问事，汉武帝所定。六条内容为：一、强宗豪右，田宅逾制，以强凌弱，以众暴寡；二、二千石不奉诏书，遵承典制，背公向私，旁诏守利，侵渔百姓，聚敛为奸；三、二千石不恤疑狱，风厉杀人，怒则任刑，喜则任赏，烦扰苛暴，剥戮黎元，为百姓所疾，山崩石裂，妖祥讹言；四、二千石选署不平，苟阿所爱，蔽贤宠顽；五、二千石子弟怙恃荣势，请托所监；六、二千石违公下比，阿附豪强，通行货赂，割损政令。见《后汉书·百官志》注引《汉仪》。[47]举措：执行措施。此指部刺史执行六条问事的具体措施。[48]多与郡县事：过多地干预郡县行政事务。[49]至开私门：甚至大开后门，收受贿赂。[50]求：苛求，挑毛病。[51]谴呵：申斥。及细微：达到吹毛求疵的地步。[52]责义不量力：要求别人去做不能胜任的事。[53]“郡县”三句：郡县政府在部刺史催逼压力下，也使用苛刻手段，将祸害转嫁给民众。[54]乡党：乡亲邻里。[55]阙：通“缺”。[56]嘉宾之欢：相互友好的欢乐。[57]九族：亲族。上至高祖，下至玄孙，上下共九代，是为九族。这里泛指同宗亲族。[58]周急之厚：指那种相互救助急难的敦厚风俗。周急，即周济。[59]弥衰：更加衰败，日益衰败。[60]送往劳来：礼尚往来。[61]人道不通则阴阳否隔：做人的伦理不顺，则阴阳自然被隔开。否隔，足隔。据章校，“人道不通”作“人道不兴”。[62]《诗》云：引自《诗经·小雅·伐木》。[63]民之失德，干糇以愆：人们丧失了道德，甚至为一块干粮也会发生争抢。愆，过失，这里指争夺。[64]鄙语：谚语，俗语。[65]苛政不亲，烦苦伤恩：暴政伤害亲情，悲苦伤害恩义。[66]申敕：约束。[67]昭然：鲜明。[68]知本朝之要务：认识、了解朝廷宽容的态度。[69]嘉纳：欣然采纳。[70]有两月相承：天空出现一上一下两个月亮。相承，相重。参照京房对《易传》的解释，君弱似妇，为阴所乘，则两月出。[71]作长安南、北郊：成帝采纳匡衡的建议，在京城南北郊分建天地坛以祭天地，并拆除原来的甘泉天坛及汾阴后土祠。[72]罢甘泉、汾阴祠：武帝建的甘泉泰畤与河东汾阴的后土祠，因违反南阳北阴以及东为少阳之义，故予

以拆除。［73］“及紫坛”句：指同时撤除甘泉泰畤的紫坛、女乐、石坛等。紫坛，祭坛上的紫色装饰。女乐，甘泉祭天时，用七十童男童女唱歌。鸾路，运送牛羊等牺牲的专用道路。骍驹，祭祀用的枣红骏马。龙马，装饰着龙纹的马。石坛，石筑的祭坛。

二年（庚寅，前31年）

春，正月，罢雍五畤及陈宝祠[1]，皆从匡衡之请也。辛巳[2]，上始郊祀长安南郊。赦奉郊县及中都官耐罪徒[3]；减天下赋钱，算四十[4]。

闰月[5]，以渭城延陵亭部为初陵[6]。

三月，辛丑[7]，上始祠[8]后土于北郊。

丙午[9]，立皇后许氏[10]。后，车骑将军嘉之女也。元帝伤母恭哀后[11]居位日浅而遭霍氏之辜，故选嘉女以配太子。

上自为太子时，以好色闻；及即位，皇太后诏采良家女以备后宫。大将军武库令[12]杜钦[13]说王凤曰：“礼，一娶九女，所以广嗣重祖[14]也；娣侄[15]虽缺不复补，所以养寿塞争[16]也。故后妃有贞淑[17]之行，则胤嗣[18]有贤圣之君；制度有威仪之节[19]，则人君有寿考之福。废而不由，则女德不厌[20]；女德不厌，则寿命不究于高年[21]。男子五十，好色未衰；妇人四十，容貌改前[22]；以改前之容侍于未衰之年，而不以礼为制，则其原不可救[23]，而后徕异态[24]；后徕异态，则正后自疑而支庶有间嫡之心[25]；是以晋献被纳谗之谤，申生蒙无罪之辜[26]。今圣主富于春秋[27]，未有嫡嗣，方乡术入学，未亲后妃之议[28]。将军辅政，宜因始初之隆，建九女之制[29]，详择有行义之家[30]，求淑女之质[31]，毋必有声色技能[32]，为万世大法[33]。夫少戒之在色[34]，《小卞》之作，可为寒心[35]。唯将军常以为忧[36]！”凤白之太后，太后以为故事无有[37]；凤不能自立法度，循故事[38]而已。凤素重钦[39]，故置之莫府[40]，国家政谋常与钦虑[41]之，数称达[42]名士，裨正阙失[43]；当世善政多出于钦者。

夏，大旱。

匈奴呼韩邪单于嬖[44]左伊秩訾兄女二人；长女颛渠阏氏生二子，长曰且莫车，次曰囊知牙斯；少女为大阏氏，生四子，长曰雕陶莫皋，次曰且麋胥，皆长于且莫车，少子咸、乐二人，皆小于囊知牙斯。又他阏氏子十余人。颛渠阏氏贵[45]，且莫车爱[46]，呼韩邪病且死，欲立且莫车。颛渠阏氏曰："匈奴乱十余年，不绝如发[47]，赖蒙汉力，故得复安。今平定未久，人民创艾战斗[48]。且莫车年少，百姓未附，恐复危国。我与大阏氏一家共子，不如立雕陶莫皋。"大阏氏曰："且莫车虽少，大臣共持国事。今舍贵立贱，后世必乱。"单于卒从颛渠阏氏计，立雕陶莫皋，约令传国与弟。呼韩邪死，雕陶莫皋立，为复株累若鞮单于[49]。复株累若鞮单于以且麋胥为左贤王，且莫车为左谷蠡王，囊知牙斯为右贤王。复株累单于复妻王昭君[50]，生二女，长女云为须卜居次[51]，小女为当于居次。

（以上为第二段，写杜钦针对成帝好色的秉性，建言大将军王凤建立君王娶妻限额九女的制度，虽未推行，杜钦却受到了大将军的重用，做了一些好事。匈奴呼韩邪单于临终为了安定国家，立长不立嫡，不失为匈奴的明君。）

【注释】

[1]罢雍五畤及陈宝祠：裁撤雍城的五帝祭坛以及陈宝祠。陈宝祠，指秦时建于陈仓（今陕西宝鸡市）北坡上的宝鸡神祠。相传秦文公时，曾于此获宝鸡。 [2]辛巳：正月二十三日。 [3]赦奉郊县及中都官耐罪徒：赦免长安、长陵县以及京师政府各部门中服役的罪徒。奉郊县，指供奉郊祀的县。汉代天坛在长安城南，近长安县；地坛在长安城北的长陵县界中，二县有供奉之职，故称为奉郊县。中都官，京城各部的总称。耐罪徒，剃去两鬓的轻罪徒。耐，通"耏"，剃去鬓发，一种轻于剃光头发的髡刑。 [4]算四十：汉制，成人须纳人头税，每年每人一算，称算钱，一算为一百二十文。今减少为每算四十，即算赋每人减少八十文。 [5]闰月：闰正月。 [6]初陵：即成帝陵，定名延陵，在今陕西咸阳市东北。 [7]辛丑：三月十四日。 [8]始祠：首次祭祀。 [9]丙午：正月十九日。 [10]立皇后许氏：成帝舅车骑将军许嘉之女，虽立为后，但因无子受王凤等外戚排斥，终被废。传见《汉书》卷九十七下。 [11]恭哀后：指许广汉之女，汉宣帝的许皇后。许皇后与许嘉是堂兄妹，权臣霍光之妻勾结宦官和太医，药死了许皇后。 [12]大将军武库令：大将军之军所属的武库军械长。 [13]杜钦：王凤之幕僚，杜延年之子。传见《汉书》卷六十。 [14]广嗣重祖：多育子女以对得起祖宗，这是儒家的观点。 [15]娣侄：指陪嫁之女，若系亲妹称娣，若是正夫人兄弟之女则称侄。这里泛指嫔妃。 [16]养寿塞争：让皇帝养息身体使长寿，杜绝众嫔妃的争风吃醋。 [17]贞淑：品行端庄。 [18]胤嗣：指皇帝的儿子。 [19]制度有威仪之节：嫔妃进幸皇帝有严格的节制规定。 [20]废而不由，则女德不厌：君王若废除这些规定不遵守，就会不断追求女色。 [21]不究于高年：不会得到高寿。 [22]容

貌改前：指女貌变丑，不如先前年轻时。［23］原不可救：不能挽救君王的好色。［24］后徕异态：发展下去还会出现不正常的变化。［25］正后自疑而支庶有间嫡之心：皇后惶恐不安而宠妃及庶子则会产生夺嫡的野心。［26］晋献被纳谗之谤，申生蒙无罪之辜：晋国的第十九任国君晋献公因宠爱骊姬，听信谗言，逼迫世子申生自杀，立骊姬子奚齐为世子。晋献公死后，晋国大乱。［27］富于春秋：正当年轻力壮之年。时成帝刘骜21岁。［28］方乡术入学，未亲后妃之议：正是读书求学的年龄，还不懂得处理与皇后、嫔妃的夫妇关系。［29］建九女之制：恢复夏、殷古制，建立天子只娶九女的制度。［30］详择有行义之家：认真选择出身于仁义之家的女性。［31］淑女之质：具备贤惠的女性美德。［32］声色技能：容貌美且能歌善舞。［33］万世大法：可传之后世的根本法则。［34］夫少戒之在色：年少之人最要节制情欲。孔子在《论语·季氏》篇中说："君子有三戒，少之时，血气未定，戒之在色。"［35］《小卞》之作，可为寒心：《小卞》，《诗经·小雅》篇名。其诗意是讽刺周幽王罢黜申后、废太子宜臼、立褒姒、封庶子伯服，最后导致西周灭亡，是为寒心之戒。［36］常以为忧：经常忧虑皇帝好色的后果。［37］故事无有：天子只娶九女，汉朝廷从无先例。［38］循故事：因循成法惯例。［39］凤素重钦：王凤一向敬重杜钦。重，看重、尊重。［40］置之莫府：安置在幕府。莫，通"幕"。［41］虑：商计。［42］称达：推荐。［43］裨正阙失：补救王凤政治上的缺陷或失误。裨（bì）正，纠正。［44］嬖：宠爱。［45］贵：嫡妻地位尊贵。［46］爱：受宠爱。［47］不绝如发：匈奴国运危如细发。［48］创艾战斗：厌弃战争。［49］复株累若鞮单于：公元前20年至公元前12年在位。［50］复妻王昭君：匈奴俗，单于立可妻诸母，故复株累若鞮单于复以王昭君为妻。［51］居次：匈奴语，公主之意。王昭君所生二女分别嫁匈奴贵族须卜氏、当于氏，从夫姓称作须卜公主、当于公主。

三年（辛卯，前30年）

春，三月，赦天下徒。

秋，关内大雨四十余日。京师民相惊，言大水至；百姓奔走相蹂躏[1]，老弱号呼[2]，长安中大乱。天子亲御前殿，召公卿议。大将军凤以为："太后与上及后宫可御船，令吏民上长安城以避水。"群臣皆从凤议。左将军王商独曰："自古无道之国，水犹不冒城郭[3]；今政治和平，世无兵革，上下相安，何因当有大水一日暴至[4]，此必讹言[5]也！不宜令上城，重惊百姓[6]。"上乃止。有顷，长安中稍定；问之，果讹言。上于是美壮商之固守[7]，数称其议；而凤大惭，自恨失言。

上欲专委任王凤，八月，策免车骑将军许嘉，以特进侯就朝位[8]。

张谭坐选举不实，免。冬，十月，光禄大夫尹忠为御史大夫。

十二月，戊申朔[9]，日有食之。其夜，地震未央宫殿中。诏举贤良方正能直言极谏之士。杜钦及太常丞[10]谷永[11]上对，皆以为后宫女宠太盛，嫉妒专上[12]，将害继嗣之咎[13]。

越嶲[14]山崩。

丁丑[15]，匡衡坐多取封邑四百顷[16]，监临盗所主守直十金以上[17]，免为庶人[18]。

（以上为第三段，写成帝建始三年无大事，实质是君臣无所作为，丞相匡衡贪婪被罢官。全国各地灾害不断，大水、地震、山崩相继发生。）

【注释】

[1]蹂躏：践踏。[2]号呼：大声哀叫。[3]冒城郭：淹没了城墙。[4]暴至：突然发生。[5]讹言：谣言。[6]重惊百姓：加重百姓的惊恐。[7]美壮商之固守：赞赏王商坚守大臣之节的镇定自若。此王商字子威，并不是王凤之弟王商。从此王凤恨王商，处心积虑地加以排斥。[8]以特进侯就朝位：许嘉被免官，允许以特进和侯爵的身份仍在京师列位朝官的行列。许嘉继嗣为平恩侯。特进，加官，位在三公以下，列侯之上。[9]戊申朔：十二月一日。[10]太常丞：官名，太常副长官，佐太常掌宗庙礼仪。[11]谷永（？—前11）：字子云，长安人，经学大师，尤长于《京氏易》，依附外戚王氏，官至大司农。传见《汉书》卷八十五。[12]专上：皇上的专宠。[13]咎：祸患。[14]越嶲：郡名，治所邛都，在今四川西昌市。[15]丁丑：十二月三十日。[16]坐多取封邑四百顷：匡衡封邑在临淮郡僮县乐安乡，封地三千一百顷，南以闽陌为界，后以平陵陌为界，多占四百顷，因而蒙罪。坐，被判有罪。[17]监临盗所主守直十金以上：匡衡属下官员盗取官物价值超过十金。汉制，黄金二十四两为一镒，即一金。按汉律，超过十金即须定罪。[18]免为庶人：罢免官职为平民。

四年（壬辰，前29年）

春，正月，癸卯[1]，陨石于亳四[2]，陨于肥累[3]二。

罢中书宦官[4]；初置尚书员五人[5]。

三月，甲申[6]，以左将军乐昌侯王商[7]为丞相。

夏，上悉召前所举直言之士，诣白虎殿[8]对策[9]。是时上委政王凤，议者多归咎焉。谷永知凤方见柄用[10]，阴欲自托[11]，乃曰："方今四夷宾服[12]，皆为臣妾，北无荤粥、冒顿之患[13]，南无赵佗、吕嘉之难[14]，三垂[15]晏然[16]，靡有兵革之警[17]。诸侯大者乃食数县，汉吏制其权柄[18]，不得有为，无吴、楚、燕、梁[19]之势。百官盘互[20]，亲疏相错[21]，骨肉大臣有申伯[22]之忠，洞洞属属[23]，小心畏忌，无重合、安阳、博陆之乱[24]。三者无毛发之辜[25]，窃恐陛下舍昭昭之白过[26]，忽天地之明戒，听暗昧之譖说[27]，归咎乎无辜[28]，倚异乎政事[29]，重失天心，不可之大者也。陛下诚深察愚臣之言，抗湛溺之意[30]，解偏驳之爱[31]，奋乾刚之威[32]，平天覆之施[33]，使列妾得人人更进[34]，益纳宜子妇人[35]，毋择好丑[36]，毋避尝字[37]，毋论年齿[38]。推法言之[39]，陛下得继嗣于微贱之间，乃反为福；得继嗣而已，母非有贱也[40]。后宫女史、使令有直意者[41]，广求于微贱之间，以遇天所开右[42]，慰释皇太后之忧愠[43]，解谢上帝之谴怒，则继嗣蕃滋[44]，灾异讫息！”

杜钦亦仿此意。上皆以其书示后宫，擢永为光禄大夫。

夏，四月，雨雪[45]。

秋，桃、李实[46]。

大雨水十余日，河决东郡金堤[47]。先是清河都尉[48]冯逡[49]奏言：“郡承河下流[50]，土壤轻脆易伤，顷所以阔无大害[51]者，以屯氏河通，两川分流也。今屯氏河塞，灵鸣犊口又益不利，独一川兼受数河之任[52]，虽高增堤防，终不能泄[53]。如有霖雨[54]，旬日不霁[55]，必盈溢[56]。九河[57]故迹，今既灭难明，屯氏河新绝未久，其处易浚[58]；又其口所居高，于以分杀水力[59]，道里便宜[60]，可复浚以助大河，泄暴水[61]，备非常[62]。不豫[63]修治，北决病[64]、五郡，南决病十余郡，然后忧之，晚矣！”事下丞相、御史[65]，白遣博士许商行视[66]，以为“方用度不足，可且勿浚[67]。”后三岁，河果决[68]于馆陶及东郡金堤，泛滥兖、豫及平原、千乘、济南[69]，凡灌四郡、三十二县[70]，水居地[71]十五万余顷，深者三丈；坏败官亭、室庐[72]且四万所。

冬，十一月，御史大夫尹忠以对方略疏阔，上切责其不忧职[73]，自杀。遣大司农非调[74]调均钱谷[75]河决所灌之郡，谒者二人发河南以东船五百艘，徙民避水居丘陵九万七千余口。

壬戌[76]，以少府张忠为御史大夫。

（以上为第四段，写汉成帝陶醉于后宫美色，贤良方正谷永在大将军王凤唆使下在对策中不再建言国家大事，反而替皇上纵欲辩护；丞相王商尸位素餐，不治黄河，至此终于酿成大祸。）

【注释】

[1]癸卯：正月二十六日。 [2]陨石于亳四：在亳县落下了四颗陨石。亳，县名，县治在今河南商丘市东南。四，落下陨石四颗。 [3]肥累：县名，县治在今河北石家庄市藁城区东。[4]罢中书宦官：汉初宦官有中谒者令，汉武帝改称中书谒者令，又置中书谒者仆射为副长官。至此，成帝罢宦官而复用士人，复改为中谒者令。 [5]初置尚书员五人：《汉旧仪》云："尚书四人，为四曹（四个司）：常侍尚书，主丞相、御史事；二千石尚书，主刺史、二千石事；户曹尚书，主庶人上书事；主客尚书，主外国事。"成帝置五人，加三公曹尚书，主断狱事。按：元帝时尚书已至五人，至成帝时始成定制。 [6]甲申：三月八日。 [7]王商：字子威，非王凤之弟。[8]白虎殿：未央宫殿名，为宫中讲学之所。 [9]对策：即举贤良对策。由皇帝出题设问，应对者直言以对，既求言，又选士。 [10]方见柄用：正掌握权柄。 [11]阴欲自托：暗中投靠王凤。 [12]宾服：臣服。 [13]荤粥、冒顿之患：即匈奴之边患。殷周时称匈奴为荤粥，冒顿是西汉初年屡次侵扰中国的匈奴单于。 [14]赵佗、吕嘉之难：指南边南越之祸患。赵佗为南越王，西汉初通好于汉。事见《史记》《汉书》之南越传。吕嘉是南越大臣，汉武帝时反叛汉朝，被武帝诛杀。 [15]三垂：北、西、南三边。 [16]晏然：太平无事。 [17]靡有兵革之警：没有战争警报。 [18]汉吏制其权柄：朝廷所派官吏控制着诸侯王的权柄。 [19]吴、楚、燕、梁：吴、楚，指汉景帝时吴楚等七诸侯国之乱。燕，指汉昭帝时燕王刘旦谋反。梁，指汉景帝弟梁王刘武，骄横逾制，死后梁国一分为五。 [20]盘互：互相牵制。 [21]亲疏相错：皇亲国戚与百官交错。[22]申伯：周宣王之舅，《诗经·小雅·崧高》就是褒奖申伯的诗。这里以申伯暗喻大将军王凤。[23]洞洞属属：谨慎而又小心。洞洞，敬肃的样子。属属，谨慎小心的样子。 [24]重合、安阳、博陆之乱：指武帝时的重合侯马通，昭帝时的安阳侯上官桀，宣帝时的博陆侯霍禹，三人皆以阴谋作乱而被诛。 [25]三者无毛发之辜：外敌、诸侯王、臣僚三方面都没有丝毫过失。 [26]舍昭昭之白过：犯下明显的错误。舍，留下，犯下。 [27]忽天地之明戒，听暗昧之瞽说：忽视天地灾异之变的鲜明警示，而听信愚昧之人的胡说。 [28]归咎乎无辜：归罪于无辜的人。 [29]倚异乎政事：改变托付重任的人。倚，依。《汉书·谷永传》原文在"三者无毛发之辜"句下有"不可归咎诸舅"之语，其义更为明显。 [30]抗湛溺之意：抗拒沉溺之心。湛，通"沉"。 [31]解偏驳之爱：解除专宠之爱。谷永此言，是针对许皇后而发。 [32]奋乾刚之威：振奋阳刚精神。[33]平天覆之施：指平等对待众嫔妃。 [34]使列妾得人人更进：让所有的嫔妃都能得到皇帝的恩宠。 [35]益纳宜子妇人：后宫中再增加一定数量的能生育男孩的妇女。这是劝皇帝早生后代的措施。许皇后仅生一女，且早夭。 [36]毋择好丑：不要管长得美丑。 [37]毋避尝字：即不

必计较是不是为处女。其时，王凤已将自己小妾的妹妹，结过婚的张美人送进后宫。谷永此言，一为王凤开脱，二为张美人得宠造舆论。［38］毋论年齿：不必管年龄大小。［39］推法言之：按理说来。这里的理，指为速得子而择妇之理。［40］得继嗣而已，母非有贱也：只要能生子，就不必计较其母身份的贵贱与否。［41］后宫女史、使令有直意者：即使是后宫的女婢、女奴，只要皇帝中意便可侍奉皇帝。女史，抄写文书的宫婢。使令，在后宫供差遣的使女。［42］以遇天所开右：一旦上天保佑，说不定会降生皇子。右，通“佑”。［43］慰释皇太后之忧愠：可使皇太后的忧愁消失。［44］继嗣蕃滋：后代得到繁衍。［45］雨雪：降雪。农历夏四月降雪属天变，故记载。［46］秋，桃、李实：秋天桃李结实。按常理，桃、李应在春末结实。［47］河决东郡金堤：指在今河南滑县境内的黄河决口。金堤是河堤之名，在东郡辖区内。［48］清河都尉：官名，清河郡都尉，掌郡兵。清河郡在黄河下游，治所清阳，在今河北清河县东。［49］冯逡：冯奉世之子，字子产，为清河郡尉时，曾提出过治理黄河的策略，见《汉书·沟洫志》，这里只是摘要。冯逡传附《冯奉世传》，见《汉书》卷七十九。［50］郡承河下流：清河郡在黄河的下游。［51］阔无大害：很少有大的水灾。阔，稀少。［52］一川兼受数河之任：指黄河一川而容纳了多条河的水量。这是指因屯氏河阻塞，几条河的水全部流入黄河。屯氏河是汉武帝修的一条人工河，目的在于分黄河的水势。汉元帝永光五年（前 39），灵县鸣犊口决口，屯氏河遂淤塞。［53］泄：指排泄水量。［54］霖雨：连续三天以上的大雨。［55］旬日不霁：天连下十日大雨不晴。［56］必盈溢：黄河水必然暴涨。［57］九河：相传大禹在兖州境内开凿过九条河，有徒骇河、太史河、马颊河、覆釜河、胡苏河、简河、洁河、钩盘河、鬲津河，目的是分黄河水入渤海。［58］浚：疏通。［59］分杀水力：分减河水的冲力。［60］道里便宜：指疏浚原屯氏河比新开河道要省工省力。［61］泄暴水：分泄洪水。［62］备非常：防范非常事件（指决口）。［63］豫：预先。［64］病：为害。［65］事下丞相、御史：冯逡的奏章交给丞相王商、御史大夫尹忠处理。［66］白遣博士许商行视：丞相、御史大夫奏请成帝派博士许商前去实地考察。［67］可且勿浚：暂时不必疏浚。［68］后三岁，河果决：过了三年，黄河果然决口，事在成帝建始四年（前 29）。［69］泛滥兖、豫及平原、千乘、济南：灾区包括兖州、豫州以及青州的平原、千乘、济南等郡。［70］凡灌四郡、三十二县：这次黄河决口，总计淹没了四个郡共三十二个县的地界。灌，淹没。四郡，即被水淹的平原、千乘、济南三郡和东郡。［71］水居地：被水淹没的耕地，积水难排泄。［72］坏败官亭、室庐：洪水冲毁官房及民居。坏，洪水冲毁。官亭，公房。室庐，民居。［73］不忧职：不尽职。［74］非调：人名，非姓据说是秦非子之后。［75］调均钱谷：指筹措救灾经费及粮食，调往受灾的地区。［76］壬戌：十一月二十日。

南山[1]群盗傰宗[2]等数百人为吏民害。诏发兵千人逐捕，岁余不能禽。或说大将军凤，以“贼数百人在毂下[3]，讨不能得，难以示四夷[4]；独选贤京兆尹乃可。”于是凤荐故高陵令王尊，征为谏大夫，守京辅都尉[5]，行京兆尹事[6]。旬月间[7]，盗贼清；后拜为京兆尹。

上即位之初，丞相匡衡复奏：“射声校尉陈汤以吏二千石奉使[8]，颛命蛮夷中[9]，不正身以先下[10]，而盗所收康居财物，戒官属曰，‘绝域事不覆校[11]。’虽在赦前[12]，不宜处位。”汤坐免。

后汤上言：“康居王侍子，非王子。”按验，实王子也。汤下狱当死。太中大夫[13]谷永上疏讼汤[14]曰：“臣闻楚有子玉得臣[15]，文公为之仄席而坐[16]；赵有廉颇、马服[17]，强秦不敢窥兵井陉[18]；近汉有郅都、魏尚[19]，匈奴不敢南乡沙幕。由是言之，战克之将，国之爪牙，不可不重[20]也。盖君子闻鼓鼙之声[21]，则思将帅之臣。窃见关内侯陈汤，前斩郅支，威震百蛮，武畅西海[22]，汉元[23]以来，征伐方外[24]之将，未尝有也！今汤坐言事非是，幽囚久系，历时不决，执宪之吏欲致之大辟[25]。昔白起[26]为秦将，南拔郢都[27]，北坑赵括[28]，以纤介之过[29]，赐死杜邮[30]；秦民怜之，莫不陨涕[31]。今汤亲秉钺[32]，席卷[33]、喋血[34]万里之外，荐功祖庙[35]，告类上帝[36]，介胄之士靡不慕义[37]。以言事为罪，无赫赫之恶[38]。《周书》曰：‘记人之功，忘人之过，宜为君者也。’[39]夫犬马有劳于人，尚加帷盖之报[40]，况国之功臣者哉！窃恐陛下忽于鼙鼓之声，不察《周书》之意，而忘帷盖之施[41]，庸臣遇汤[42]，卒从吏议[43]，使百姓介然[44]有秦民之恨，非所以厉[45]死难之臣[46]也！”书奏，天子出汤[47]，夺爵为士伍[48]。

会西域都护段会宗[49]为乌孙兵所围，驿骑上书[50]，愿发城郭、敦煌兵[51]以自救；丞相商、大将军凤及百僚议数日不决。凤言：“陈汤多筹策[52]，习外国事，可问。”上召汤见宣室[53]。汤击郅支时中寒[54]，病两臂不屈申[55]；汤入见，有诏毋拜[56]，示以会宗奏。汤对曰：“臣以为此必无可忧也。”上曰：“何以言之？”汤曰：“夫胡兵五而当汉兵一，何者？兵刃朴钝[57]，弓弩不利。今闻颇得汉巧，然犹三而当一。又《兵法》曰：‘客倍而主人半，然后敌[58]。’今围会宗者人众不足以胜会宗，唯陛下勿忧！且兵轻行五十里[59]，重行三十里[60]，今会宗欲发城郭、敦煌，历时[61]乃至，所谓报仇之兵，非救急之用也。”上曰：“奈何？其解可必乎[62]？度何时解[63]？”汤知乌孙瓦合[64]，不能久攻[65]，故事不过数日，因对曰：“已解矣！”屈指计其日，曰：“不出五日，当有吉语闻[66]。”居四日[67]，军书到，言已解。大将军凤奏以为从事中郎[68]，莫府[69]事壹决[70]于汤。

（以上为第五段，写段会宗建功西域，用以衬托陈汤的军事才能与功勋，而迂腐大臣匡衡等人却纠缠不休，必欲置陈汤于死地而后快。由于西域边事再起，挽救了功臣陈汤。）

【注释】

［1］南山：长安南郊的终南山。［2］倗（péng）宗：人名。［3］毂下：京师辇毂之下，天子脚下。［4］难以示四夷：难以向四方蛮族宣威。［5］守京辅都尉：代理京辅都尉之职。京辅都尉，汉官名，掌京师治安。［6］行京兆尹事：行使京兆尹的权力。京辅都尉为京兆尹之助理，掌郡兵，现又代理行使京兆尹的职权。［7］旬月间：不到一个月的时间。［8］以吏二千石奉使：陈汤以二千石品级的官吏作为西域副校尉出使西域。二千石，指作为地位为二千石的官员。西域都护，二千石，相当于正部级。副使，比二千石，相当于副部级。陈汤为副手，特给予正部级待遇。［9］颛命蛮夷中：在西域蛮夷中独断专行。颛命，特命全权。［10］不正身以先下：不能以身作则为下属的表率。［11］绝域事不覆校：事出在极远的西域，朝廷不会认真追究。［12］虽在赦前：成帝于竟宁元年七月发布大赦令。一般新君即位均发布大赦令，示与民更始，赦前吏民的罪过，既往不咎。陈汤事虽在赦前，但匡衡死死揪住陈汤不放。［13］太中大夫：时谷永为光禄大夫，此据《汉书·陈汤传》。太中大夫、光禄大夫，均郎中令属官，掌谏议。［14］讼汤：替陈汤申诉、辩护。［15］子玉得臣：楚国大夫，芈姓，名得臣，字子玉。鲁僖公二十八年（前632），楚子玉得臣率军与晋文公战于城濮。这是晋楚之间的一场大战，史称城濮之战，虽然晋胜楚败，但晋文公仍然忧愁不乐，当听到楚成王杀了子玉得臣之后，才转忧为喜。［16］仄席而坐：斜坐在席上。即心有忧虑，不能安坐在席上。［17］廉颇、马服：均为战国时赵国的名将。马服，指马服君赵奢。廉颇、赵奢两人同传，见《史记》卷八十一。［18］井陉：古战场，旧址在今河北井陉县，战国时为赵国西境的军事重镇。［19］郅都、魏尚：郅都是景帝时的雁门太守，魏尚是文帝时的云中太守。二人均勇猛善战，匈奴不敢进犯。郅都事见《史记·酷吏传》，魏尚事附《史记·冯唐传》。［20］重：重视，看重。［21］君子闻鼓鼙之声：国君听到了战争的警报。君子，贤明的人，此指君王。鼓鼙之声，战鼓之声，此指战争警报。［22］武畅西海：武功传播西域。西海，指西域的阗池，即今吉尔吉斯斯坦境内的伊塞克湖，此代指西域。［23］汉元：汉朝开国，指汉初。［24］方外：境外。［25］执宪之吏欲致之大辟：执法官决心要判处陈汤死刑。大辟，杀头。［26］白起：秦昭王时名将，在秦赵长平之战中，全歼赵军四十五万人，震惊列国。从此，赵国一

蹶不振。传见《史记》卷七十三。［27］南拔郢都：南下攻破楚国郢都，事在公元前278年。郢都，在今湖北江陵县。［28］北坑赵括：公元前260年，秦赵长平之战，赵将赵括率领的四十五万赵军战败，被秦军坑杀。［29］纤介之过：微小的过失。长平战后，白起认为围攻邯郸，列国来救，秦军不能取胜，拒绝为将，本是正确意见，不仅不被秦昭王采纳，反而以抗君之命被赐死杜邮。［30］杜邮：地名，在今陕西咸阳市东。［31］陨涕：流泪。［32］秉钺：手执武器。钺，大斧。［33］席卷：如卷席之势迅猛进军。［34］喋血：奋勇血战。［35］荐功祖庙：将战果进献在祖宗庙上。荐，献。［36］告类上帝：将胜利祭告上天。［37］介胄之士靡不慕义：穿甲战士，无不倾心崇拜。［38］赫赫之恶：极恶大恶。［39］"《周书》曰"四句：《周书》上说："牢记臣下的功劳，忘记臣下的过失，这才是一个真正的君王。"今本《尚书》无此语，此系《逸周书》之文。人，他人，此指臣下。［40］帷盖之报：报答，回报。语出《礼记·檀弓下》，孔子说："敝帷不弃，为埋马也；敝盖不弃，为埋狗也。"意谓：破帐不要丢弃，留作埋马之用；破篷不要丢弃，留作埋狗之用。帷，帐幕。盖，车盖。［41］忘帷盖之施：指忘了给陈汤以报答。［42］庸臣遇汤：以对待庸臣的方式对待陈汤。［43］卒从吏议：终于交给司法官审判。［44］介然：耿正的样子。此指内心不平。［45］厉：通"励"，勉励。［46］死难之臣：报国忠臣。［47］出汤：把陈汤从监狱中放出。［48］夺爵为士伍：取消陈汤关内侯的爵位，贬为普通士兵。［49］段会宗：字子松，天水上邽（今甘肃天水市）人，官至西域都护，立功西域，最后病死乌孙。传见《汉书》卷七十。［50］驿骑上书：用驿站的乘骑快速上奏朝廷。用今语说，即是加急快报。［51］发城郭、敦煌兵：征发西域诸城邦国家的军队。［52］多筹策：长于谋略。［53］宣室：未央宫中殿名。［54］中寒：染上风湿病。［55］两臂不屈申：两臂不能自由弯曲。［56］有诏毋拜：特下诏命，可不跪拜。［57］兵刃朴钝：兵器粗糙不锋利。朴，实，引申为粗糙。［58］客倍而主人半，然后敌：进攻一方要超过防守一方一倍的人数，两方才势均力敌。客倍，指攻方的部队要达到守方的两倍。主人半，指据守城市的部队只要达到攻方的一半，就可以守得住。敌，相当，相匹敌。［59］轻行五十里：大军作战时轻装前进，每天至多走五十里。［60］重行三十里：全副武装前进，多带辎重给养的军队，一天至多行三十里。［61］历时：要经历很长时间。［62］其解可必乎：段会宗凭借自己的力量能退敌解围吗？［63］度何时解：估计需多长时间才能解围？［64］瓦合：如瓦之聚合，形容不牢固。［65］久攻：持久战。［66］吉语闻：指捷报到达。［67］居四日：过了四天。［68］从事中郎：武官名，大将军幕府有从事中郎（六百石官）二人，参谋策划。［69］莫府：即幕府。［70］壹决：最后裁决，专断。

河平元年（癸巳，前28年）

春，杜钦荐犍为王延世[1]于王凤，使塞决河。凤以延世为河堤使者[2]。延世以竹落[3]长四丈，大九围[4]，盛[5]以小石，两船夹载而下之。三十六日，河堤成。三月，诏以延世为光禄大夫，秩中二千石，赐爵关内侯、黄金百斤。

夏，四月，己亥晦[6]，日有食之。诏公卿百僚陈过失[7]，无有所讳；大赦天下。光禄大夫刘向对曰[8]："四月交于五月，月同孝惠，日同孝昭[9]，其占恐害继嗣。"是时许皇后专宠，后宫希得进见，中外[10]皆忧上无继嗣，故杜钦、谷永及向所对皆及之。上于是减省[11]椒房[12]、掖庭[13]用度，服御、舆驾[14]所发诸官署及所造作[15]，遗赐外家[16]、群臣妾[17]，皆如竟宁以前故事[18]。

皇后上书自陈[19]，以为："时世异制，长短相补，不出汉制而已，纤微[20]之间未必可同。若竟宁前与黄龙前[21]，岂相放哉[22]！家吏[23]不晓，今壹受诏[24]如此，且使妾摇手不得[25]。设妾欲作某屏风张于某所，曰：'故事无有。'或不能得，则必绳[26]妾以诏书矣。此诚不可行，唯陛下省察[27]！故事，以特牛祠大父母[28]，戴侯、敬侯皆得蒙恩以太牢祠[29]，今当率如故事[30]，唯陛下哀之！今吏甫受诏读记[31]，直豫言[32]使后知之，非可复若私府有所取也[33]。其萌牙所以约制妾者，恐失人理[34]。唯陛下深察焉！"

上于是采谷永、刘向所言灾异咎验皆在后宫之意以报之[35]，且曰："吏拘于法，亦安足过[36]！盖矫枉者过直[37]，古今同之。且财币之省，特牛之祠，其于皇后，所以扶助德美，为华宠[38]也。咎根[39]不除，灾变相袭[40]，祖宗且不血食，何戴侯也！传不云乎[41]：'以约失之者鲜[42]'，审[43]皇后欲从其奢与？朕亦当法孝武皇帝也，如此，则甘泉、建章可复兴矣。孝文皇帝，朕之师也。皇太后，皇后成法[44]也。假使太后在彼时不如职[45]，今见亲厚，又恶可以逾乎[46]！皇后其刻心秉德[47]，谦约为右[48]，垂则列妾，使有法焉[49]！"

给事中平陵平当[50]上言："太上皇[51]，汉之始祖，废其寝庙园，非是。"上亦以无继嗣，遂纳当言。秋，九月，复太上皇寝庙园。

诏曰："今大辟之刑[52]千有余条，律令烦多，百有余万言；奇请、他比[53]，日以益滋。自明习者[54]不知所由[55]，欲以晓喻众庶，不亦难乎！于以罗元元之民[56]，夭绝亡辜[57]，岂不哀哉！其议减死刑[58]及可蠲除约省[59]者，令较然易知[60]，条奏[61]！”时有司不能广宣上意，徒钩摭微细[62]，毛举数事[63]，以塞诏[64]而已。

匈奴单于遣右皋林王伊邪莫演[65]等奉献，朝正月。

（以上为第六段，写河平元年汉成帝办了两件大事：一是堵塞了黄河缺口；二是因日食下诏求言，并采纳臣下建议，节省皇室费用，裁减刑法条文。）

【注释】

［1］王延世：犍为郡人，水利专家。犍为郡治在僰道，即今四川宜宾市。［2］河堤使者：筑堤总指挥，临时任命的官。［3］竹落：竹笼。［4］大九围：粗大的竹笼需九人才能合抱。［5］盛：装满。［6］己亥晦：四月三十日。［7］陈过失：批评皇帝施政中的过失。［8］刘向对曰：刘向这番话是针对许皇后专宠而言。事关皇后，不便明说，故假借天变为借口来陈说。［9］四月交于五月，月同孝惠，日同孝昭：汉惠帝七年（前188）五月丁卯，即五月二十九日发生日食；汉昭帝七年（前80）七月己亥，即七月三十日发生日食；且两帝皆无后嗣。现在成帝河平元年四月三十日发生日食，论月，接近惠帝，论日，同于昭帝。刘向用此例暗示，成帝也可能没有后嗣。［10］中外：即宫内宫外。中，宫内，指王太后；外，宫外，指朝廷百官。［11］减省：紧缩开支。意谓减少皇后、嫔妃、皇帝、百官、工程的开支。即君臣上下厉行节俭之意。［12］椒房：皇后所居殿名，以用椒和泥涂壁而得名。椒，结籽成团，象征多子。［13］掖庭：后宫。［14］服御、舆驾：皇帝的衣服、车马用度。［15］诸官署及所造作：朝廷百官府署及政府各项工程。［16］遗赐外家：赏赐外戚。遗赐，赏赐。外家，皇亲。［17］群臣妾：高级官吏的家属。［18］皆如竟宁以前故事：指将各项开支恢复到汉元帝时的标准。竟宁以前，即成帝即位前（汉元帝时）。成帝奢靡，元帝节俭。［19］自陈：指许皇后亲自出面申诉。［20］纤微：喻细微的制度区别。［21］黄龙前：指宣帝时。黄龙，宣帝最后的一个年号，仅一年，即公元前49年。［22］岂相放哉：难道是相同的吗？放，通“仿”，仿效，雷同。［23］家吏：皇后官属，如长乐少府等。［24］壹受诏：刚受诏。［25］摇手不得：摆摆手都是错。极言皇后被管束得手足无措，一丝尊严也没有。［26］绳：以法约束。［27］省察：明察。［28］故事，以特牛祠大父母：按照汉代的仪制，皇后祭祀祖父母只能用一牲。特牛，古时祭祀，一牲用牛，称特牛；牛、羊二牲称少牢；牛、羊、豕三牲具称太牢。［29］戴侯、敬侯皆得蒙恩以太牢祠：戴侯是许皇后叔高祖许广汉，封平恩侯，谥为戴侯。敬侯是许皇后祖父许延寿，封乐成侯，谥为敬侯。许延寿本是许广汉之侄，过继给许广汉为后嗣。蒙恩，成帝特别开恩，允许戴侯、敬侯享受太牢祭祀。［30］今当率如故事：如果按竟宁以前的旧例，那么戴侯、敬侯只能享受特牛祠。［31］吏甫受诏读记：家吏刚对皇后宣读诏书毕。［32］直豫言：直率地警告。豫言，指把警告的话说在前头。豫，同“预”。［33］非可复若私府有所取也：家吏对皇后说，宫中之物不能像从前那样当作私产随意取用。［34］其萌牙所以约制妾者，恐失人理：这才是开头，便如此约束我，恐怕今后摆布

我会达到失去人性的地步。萌牙，即萌芽，以草木初生之蒙喻开始。［35］上于是采谷永、刘向所言灾异咎验皆在后宫之意以报之：成帝于是将谷永、刘向等人所说的天变灾异咎由后宫的话来回答许皇后。［36］吏拘于法，亦安足过：主管官吏依法执法，有什么过错呢！［37］矫枉者过直：指矫枉必须过正。［38］华宠：光荣的恩宠。［39］咎根：祸根。［40］灾变相袭：天变接连不断地到来。［41］传不云乎：书传上不是有这样的记载吗？传，引言见《论语·里仁》篇孔子之言。［42］以约失之者鲜：能保持节俭的美德却反而犯过失的人是很少有的。［43］审：真是，如果。［44］成法：定法，必须依循之法。［45］假使太后在彼时不如职：假使皇太后当年做皇后时尚不能随心所欲。太后，指许皇后婆母王政君。［46］今见亲厚，又恶可以逾乎：谓今皇后，即许皇后，受到宠爱，又怎么能超过婆婆呢？按照封建礼法，儿媳的穿戴用度，不能超过婆母。［47］刻心秉德：刻意收敛奢侈的欲望而修养品德。［48］谦约为右：以谦虚节俭为美德。［49］垂则列妾，使有法焉：给众嫔妃作出榜样，使她们能够效法。垂则，留下仪范。［50］平当：字子思，平陵（今陕西咸阳市西北）人，哀帝时官至丞相。传见《汉书》卷七十一。［51］太上皇：指汉朝开国君主刘邦之父刘太公，刘邦尊其为太上皇。［52］大辟之刑：杀头罪。［53］奇请、他比：在常法之外，临时拟定的定罪条文，称奇请；援引、参照其他法律条文定罪，叫他比。［54］明习者：指执法者。［55］不知所由：不知如何遵守法律。［56］罗元元之民：设置法网对付天下百姓。［57］夭绝亡辜：使无罪的人死于非命。夭绝，未尽天年而早死于非命。［58］减死刑：放宽量刑尺度，减少死刑。［59］蠲除约省：废除不合理的法禁，使条文简化。［60］较然易知：明白易懂。［61］条奏：分条详细回奏。［62］徒钩摭微细：只是在小事上作文章。钩摭，寻求。［63］毛举数事：列举一些细如毫发的小事。［64］塞诏：敷衍诏命。［65］伊邪莫演：匈奴族人名。

二年（甲午，前27年）

春，伊邪莫演罢归[1]，自言欲降，“即不受我，我自杀，终不敢还归。”使者以闻，下公卿议。议者或言：“宜如故事，受其降。”光禄大夫谷永、议郎杜钦以为：“汉兴，匈奴数为边害，故设金爵之赏[2]以待降者。今单于屈体称臣[3]，列为北藩，遣使朝贺，无有二心；汉家接之，宜异于往时。今既享单于聘贡之质[4]，而更受其逋逃之臣，是贪一夫之得而失一国之心，拥[5]有罪之臣而绝[6]慕义之君[7]也。假令单于初立，欲委身中国，未知利害，私使伊邪莫演诈降以卜吉凶[8]，受之，亏德沮善[9]，令单于自疏[10]，不亲边吏[11]；或者设为反间[12]，欲因以生隙，受之，适合其策[13]，使得归曲而责直[14]；此诚边境安危之原[15]，师旅动静之首[16]，不可不详也。不如勿受，以昭日月之信，抑诈谖之谋[17]，怀附亲之心，便！”对奏，天子从之。遣中郎将[18]王舜往问降状，伊邪莫演曰：“我病狂，妄言耳。”遣去。归到，官位如故，不肯令见汉使。

（以上为第七段，写汉成帝在河平二年春节朝贡时，倾听群臣意见，采纳了正确的建议，没有接受匈奴朝贡使者的诈降，维护了两国的和平友好关系。）

【注释】

［1］罢归：朝罢遣归国。［2］金爵之赏：赏以黄金和爵位。［3］屈体称臣：屈膝跪拜，称臣归顺。［4］今既享单于聘贡之质：现在既然接受单于报聘朝贡的诚意。享，接受，接纳。质，诚心诚意。［5］拥：得到。［6］绝：断送。［7］慕义之君：指已臣服于汉的匈奴单于。［8］诈降以卜吉凶：派使臣假投降，借以试探汉朝对匈奴的态度。［9］亏德沮善：亏损德义，败坏汉匈友好关系。［10］令单于自疏：迫使单于疏远中国。［11］不亲边吏：单于不再亲近汉朝边境上的官员，即边塞形势趋于紧张。［12］反间：向敌人提供假情报，或派人打入敌人内部称反间。此指伊邪莫演不一定是真降，有可能是匈奴的反间计。［13］适合其策：正中圈套。［14］使得归曲而责直：使匈奴有了正当的借口可以理直气壮地责备汉朝背信弃义。［15］安危之原：关系安危的头等大事。［16］师旅动静之首：或战或和是国家的头等大事。动静，军事调动（战争）或安静（和平）。首，头等的，最重要的。［17］抑诈谖之谋：杜绝欺诈的阴谋。［18］中郎将：官名，郎中令属官，中郎之长，秩比二千石，掌宫门禁卫。

夏，四月，楚国[1]雨雹，大如釜。

徙山阳王康[2]为定陶王。

六月，上悉封诸舅：王谭为平阿侯，商为成都侯，立为红阳侯，根为曲阳侯，逢时为高平侯。五人同日封，故世谓之“五侯”。太后母李氏更嫁[3]为河内苟宾妻，生子参；太后欲以田蚡为比而封之[4]。上曰：“封田氏，非正也！”以参为侍中、水衡都尉[5]。

御史大夫张忠奏京兆尹王尊暴虐倨慢，尊坐免官；吏民多称惜之。湖[6]三老[7]公乘兴[8]等上书讼：“尊治京兆，拨剧整乱[9]，诛暴禁邪，皆前所希有，名将所不及；虽拜为真[10]，未有殊绝褒赏加于尊身。今御史大夫奏尊‘伤害阴阳[11]，为国家忧，无承用诏书意[12]，‘靖言庸违，象恭滔天[13]。’原其所以，出御史丞杨辅[14]，素与尊有私怨，外依公事[15]建画为此议[16]，傅致奏文[17]，浸润加诬[18]，臣等窃痛伤[19]。尊修身洁己，砥节首公[20]，刺讥不惮将相，诛恶不避豪强，诛不制之贼[21]，解国家之忧，功著职修，威信不废，诚国家爪牙之吏，折冲之臣[22]。今一旦无辜制于仇人之手，伤于诋欺之文[23]，上不得以功除罪，下不得蒙棘木之听[24]，独掩怨仇之偏奏[25]，被共工之大恶[26]，无所陈冤诉罪[27]。尊以京师废乱[28]，群盗并兴，选贤征用，起家为卿；贼乱既除，豪猾伏辜，即以佞巧废黜。一尊之身，三期之间，乍贤乍佞[29]，岂不甚哉！孔子曰[30]：'爱之欲其生，恶之欲其死，是惑[31]也。''浸润之谮不行焉，可谓明矣。'愿下公卿、大夫、博士、议郎定尊素行[32]！夫人臣而'伤害阴阳'，死诛之罪也；'靖言庸违'，放殛之刑[33]也。审如御史章，尊乃当伏观阙之诛[34]，放于无人之域，不得苟免；及任举尊者，当获选举之辜，不可但已[35]。即不如章[36]，饰文深诋[37]以诉无罪，亦宜有诛，以惩谗贼之口，绝诈欺之路。唯明主参详[38]，使白黑分别！"书奏，天子复以尊为徐州[39]刺史。

（以上为第八段，写京兆尹王尊果敢执法，触犯权贵，被诬告免官；又因吏民替他辩护而被任用，汉成帝左右摇摆，没有独断之明。）

【注释】

[1]楚国：封国名，治所彭城，在今江苏省徐州市。 [2]山阳王康：刘康，成帝之弟。[3]太后母李氏更嫁：据《汉书·元后传》，成帝母王政君之母因妒被弃，更嫁河内人苟宾为妻。[4]以田蚡为比而封之：太后以田蚡为例，要求成帝封苟参为侯。田蚡是汉武帝母王太后的同父异母弟，武帝封为武安侯。苟参恰好是王政君太后的同母异父弟，成帝之舅，故欲援例封侯。[5]以参为侍中、水衡都尉：这是双重官衔。水衡都尉，职掌上林苑。 [6]湖：县名，县治在今河南灵宝市西。 [7]三老：乡官名，掌教化。 [8]公乘兴：人名，以爵为姓。公乘系秦汉二十级爵位的第八级。 [9]拨剧整乱：即拨乱反正，打开了局面。 [10]拜为真：指王尊由代理京兆尹转为正式。 [11]伤害阴阳：遮掩了太阳月亮。喻伤天害理。 [12]无承用诏书意：不执行皇帝诏书的旨意。 [13]靖言庸违，象恭滔天：语出《尚书·尧典》，虞舜指责共工的话。意为言行不一，罪恶滔天。这是御史大夫张忠指控王尊时所引的话。靖言庸违，说一套，做一套，言行不一。靖言，善言，说得好听。庸，用。庸违，做的一套与说的一套相违背。 [14]杨辅：本是王尊书佐，曾因酒醉被王尊的管家打了耳光，因此居心报复。 [15]外依公事：表面上公事公办。 [16]建画为此议：周密设计了陷害的阴谋。 [17]傅致奏文：捕风捉影地罗织罪状，拼凑

弹劾的奏文。[18]浸润加诬：一点一点地加大罪状，以便诬蔑陷害。[19]痛伤：十分痛心。[20]砥节首公：刻苦修养，保持名节，一心为公。[21]诛不制之贼：指诛杀了无法无天的大盗傰宗等。[22]折冲之臣：指能独当一面的大臣。折冲，能御敌抗强。[23]伤于诋欺之文：被一篇诬陷的文字所打倒。[24]棘木之听：指公堂对证。据《周礼·王制》："正以狱成告于大司寇，大司寇听之棘木之下。"相传公堂立棘木是表示断案要秉公办事。这里是说王尊被御史大夫诬告，连申辩的机会都没有。[25]独掩怨仇之偏奏：独自受到仇家片面的诬陷。[26]被共工之大恶：被诬蔑为是共工式的人物。张忠在弹劾王尊的奏文中引用"靖言庸违，象恭滔天"的话，就是虞舜当年指责共工时用的话。[27]陈冤诉罪：申诉冤枉。[28]京师废乱：首都秩序混乱。[29]乍贤乍佞：一会是贤人，一会是奸佞。[30]孔子曰：引语出《论语·颜渊》篇，孔子答子张之言。[31]惑：迷惑，思维混乱。[32]定尊素行：根据王尊的一贯表现定案。[33]放殛之刑：流放到远方。放殛，偏义词组，重在"放"字，以流为主。殛，死刑。[34]伏观阙之诛：明正典刑。相传孔子诛少正卯于两观之间。[35]不可但已：不能原谅。汉法，被举者不胜其任，保举者应与之同罪。王尊为京兆尹，是大将军王凤保荐，故这里欲借此作翻案文章。[36]即不如章：如果调查王尊的罪行与指控的文书不符，即调查核实没有罪。[37]饰文深诋：夸大其词，无限上纲，用文字锻炼成狱。[38]唯明主参详：请英明的皇帝详察。[39]徐州：汉十三刺史部（州）之一，辖琅邪、东海、临淮等郡，及楚、广陵等国。治所在彭城，即今江苏徐州市。

夜郎王兴、钩町王禹、漏卧侯俞[1]更举兵相攻。牂柯[2]太守请发兵诛兴等。议者以为道远不可击，乃遣太中大夫蜀郡[3]张匡持节和解。兴等不从命，刻木象汉吏，立道旁，射之。

杜钦说大将军王凤曰："蛮夷王侯轻易汉使[4]，不惮国威[5]，恐议者选耎[6]，复守和解；太守察动静有变，乃以闻。如此，则复旷一时[7]，王侯得收猎其众[8]，申固其谋，党助众多，各不胜忿，必相殄灭。自知罪成，狂犯守尉[9]，远臧温暑毒草之地[10]；虽有孙、吴将[11]，贲、育士[12]，若入水火，往必焦没[13]，智勇亡[14]所施。屯田守之，费不可胜量[15]。宜因其罪恶未成，未疑汉家加诛，阴敕旁郡守尉练士马[16]，大司农豫调谷积要害处[17]，选任职太守往，以秋凉时入，诛其王侯尤不轨者[18]。即以为[19]不毛之地[20]，无用之民，圣王不以劳中国，宜罢郡，放弃其民，绝其王侯勿复通。如以先帝[21]所立累世之功不可堕坏，亦宜因其萌牙[22]，早断绝之[23]，及已成形然后战师，则万姓被害。"于是凤荐[24]金城司马临邛陈立为牂柯太守[25]。

立至牂柯谕告夜郎王兴，兴不从命；立请诛之，未报。乃从吏数十人出行县，至兴国且同亭[26]，召兴。兴将数千人往至亭，从邑君[27]数十人入见立。立数责[28]，因断头。邑君曰："将军诛无状[29]，为民除害，愿出晓士众！"以兴头示之，皆释兵降，钩町王禹、漏卧侯俞震恐，入粟千斛、牛羊劳吏士。立还归郡。

兴妻父翁指[30]，与子邪务[31]收余兵[32]，迫胁旁二十二邑反。至冬，立奏募诸夷，与都尉、长史[33]分将攻翁指等。翁指据厄[34]为垒，立使奇兵绝其饷道，纵反间[35]以诱其众。都尉万年曰："兵久不决，费不可共[36]。"引兵独进；败走，趋[37]立营。立怒，叱戏下[38]令格之。都尉复还战，立救之。时天大旱，立攻绝其水道。蛮夷共斩翁指，持首出降，西夷遂平。

（以上为第九段，写牂柯太守陈立平定了西南夷地区西夷的反叛。）

【注释】

[1]夜郎王兴、钩町王禹、漏卧侯俞：汉武帝开发西南夷后，将此三县归属牂柯郡，而原有的部落仍按旧建制称王。兴、禹、俞，人名。史失其姓。兴，夜郎王。禹，钩町王。 [2]牂柯：也作牂牁，郡名，郡治在且兰，在今贵州黄平县西南。 [3]蜀郡：郡名，治所成都，在今四川成都市。 [4]轻易汉使：轻视慢待汉朝使者。 [5]不惮国威：不畏惧汉朝的权威。 [6]议者选耎：决策者怯懦手软。 [7]复旷一时：徒然空废几个月的时间。一时，三个月。 [8]王侯得收猎其众：指夜郎等王侯，得到集结和训练部队的时间。 [9]狂犯守尉：疯狂到攻杀郡守、郡尉。 [10]远臧温暑毒草之地：远远地深藏到烟瘴毒草遍布之地。臧，通"藏"。 [11]孙、吴将：指谋如孙武、吴起那样的名将。 [12]贲、育士：指像孟贲、夏育那样勇敢的战士。孟贲、夏育，古代勇士之名。 [13]焦没：烧焦或淹没。 [14]亡：通"无"。 [15]费不可胜量：费用开支将是一笔不可估量的沉重负担。 [16]阴敕旁郡守尉练士马：暗中下令让邻近郡秘密地由郡守、郡尉组织训练人马。 [17]要害处：军事要冲。 [18]尤不轨者：最不守法的为首者。 [19]即以为：如以为。[20]不毛之地：寸草不生的蛮荒之地。喻其他无用。 [21]先帝：指汉武帝。 [22]因其萌牙：指在变乱的苗头初起时就要采取措施。因，趁，在。 [23]早断绝之：及早作出决断。 [24]于是凤荐：据章校，"于是凤荐"应作"大将军凤于是荐"。 [25]金城司马临邛陈立为牂柯太守：临邛人陈立原任金城郡司马，现升为牂柯郡太守。金城郡治允吾，在今青海民和县。临邛，县名，县治在今四川邛崃市。 [26]且（jū）同亭：亭名，系夜郎县郊亭。王莽改夜郎为同亭，即以亭名县。夜郎县治在今贵州桐梓县东南。 [27]从邑君：从属夜郎的小部落酋长。西南夷以邑落为聚，各

有君长。［28］数责：历数其罪状。［29］无状：无善行，不肖。［30］翁指：人名。［31］邪务：人名，翁指之子。［32］收余兵：收聚、集结夜郎未投降陈立的残余兵众。［33］都尉、长史：郡太守属官。郡都尉，即郡尉，掌郡兵。郡长史，掌郡日常事务。［34］据厄：据险。［35］纵反间：派出间谍。［36］费不可共：费用军资供应不上。［37］趋：奔走。［38］戏下：指帐下武士。

三年（乙未，前26年）

春，正月，楚王嚣[1]来朝。二月，乙亥[2]，诏以嚣素行纯茂[3]，特加显异，封其子勋为广戚侯。

丙戌[4]，犍为[5]地震，山崩，壅江水[6]，水逆流。

秋，八月，乙卯晦[7]，日有食之。

上以中秘书[8]颇散亡，使谒者[9]陈农求遗书于天下。诏光禄大夫刘向校经传、诸子、诗赋，步兵校尉[10]任宏校兵书，太史令[11]尹咸校数术[12]，侍医李柱国校方技[13]。每一书已[14]，向辄条其篇目[15]，撮其指意[16]，录而奏之[17]。

刘向以王氏权位太盛，而上方向《诗》《书》古文，向乃因[18]《尚书洪范》[19]，集合上古以来，历春秋、六国至秦、汉符瑞、灾异[20]之记，推迹行事[21]，连傅祸福[22]，著其占验[23]，比类相从[24]，各有条目[25]，凡十一篇，号曰《洪范五行传论》[26]，奏之。天子心知向忠精，故为凤兄弟起此论也；然终不能夺王氏权。

河复决平原[27]，流入济南、千乘，所坏败者半建始[28]时。复遣王延世与丞相史杨焉及将作大匠[29]许商、谏大夫乘马延年[30]同作治[31]，六月乃成。复赐延世黄金百斤。治河卒非受平贾者[32]，为著外繇六月[33]。

（以上为第十段，写刘向受命校理图书，上书成帝抑制王氏外戚势力。成帝不纳，王氏权势日盛。黄河再次决口。）

【注释】

［1］楚王嚣：即刘嚣，宣帝子，成帝叔。传见《汉书》卷八十。［2］乙亥：二月十六日。［3］素行纯茂：品行一向端正。［4］丙戌：二月二十七日。［5］犍为：郡名，治所僰道，在

今四川宜宾市。［6］壅江水：阻塞长江。［7］乙卯晦：八月二十九日。［8］中秘书：宫中藏书。西汉时国家藏书分宫内、宫外。宫内皇家藏书有延阁、广内等藏馆，宫外有太常、太史、博士等单位藏馆。［9］谒者：官名，掌礼仪宾赞。［10］步兵校尉：武官名，汉武帝置禁军八校尉之一，掌上林苑门屯兵。［11］太史令：官名，太常属官，掌天官图籍。［12］数术：占卜之书。［13］侍医：御医，属太医令。方技：医药之书。［14］每一书已：每一种书校订完毕。［15］条其篇目：列出篇章目录。［16］撮其指意：写出内容提要。［17］录而奏之：将各书目录提要汇总起来，呈报成帝。录，汇总。刘向校书所作的汇总工作，就是目录学史上有名的《别录》，由其子刘歆完成。其书汉后已佚，《汉书·艺文志》即该书摘要。［18］因：凭借，作为底本。［19］《尚书洪范》：《尚书》中之篇名，阐述占卜理论。［20］符瑞：祥瑞。灾异：灾害。［21］推迹行事：推论历史上每一次祥瑞或灾异产生的经过及意义。［22］连傅祸福：说明其与祸福的关系。傅，通“附”。［23］著其占验：揭示出占卜与应验的结果。［24］比类相从：分门别类排比。［25］各有条目：各立题目。［26］《洪范五行传论》：刘向所作天人感应的书，已佚。［27］决平原：黄河在平原郡决口。平原郡治所平原，在今山东平原县南。［28］建始：成帝初即位年号。建始四年（前29），黄河在东郡金堤决口，凡灌四郡三十二县。这次平原决口，灾情大约是上次的一半。［29］将作大匠：本为将作少府，秦官名，汉景帝中元六年改名将作大匠，掌治宫室。［30］乘马延年：人名，乘马乃复姓。［31］同作治：共同负责治河塞堤。［32］治河卒非受平贾者：被征发参加筑河的民夫中未付工钱者。平贾，当时的劳力市价。［33］为著外徭六月：汉律，成丁应轮流义务戍守京师一年，称正卒，若以钱雇人代役，则每月须纳钱二千。今筑河六月，未发给民夫工钱，因此决定可以折抵六个月正卒负担的徭役，并将此记录在案。著，记录在案。外徭，指正卒在外地戍守。

四年（丙申，前25年）

春，正月，匈奴单于来朝。

赦天下徒[1]。

三月，癸丑朔[2]，日有食之。

琅邪太守杨肜[3]与王凤连昏[4]，其郡有灾害，丞相王商按问之。凤以为请[5]，商不听，竟奏免肜，奏果寝[6]不下。凤以是怨商，阴求其短[7]，使频阳耿定[8]上书，言“商与父傅婢通[9]；及女弟[10]淫乱，奴杀其私夫[11]，疑商教使。”天子以为暗昧之过[12]，不足以伤大臣。凤固争[13]，下其事司隶[14]。太中大夫蜀郡张匡，素佞巧[15]，复上书极言诋毁[16]商。有司奏请召商诣诏狱[17]。上素重商，知匡言多险，制曰：“勿治！”凤固争之。夏，四月，壬寅[18]，诏收商丞相印绶。商免相三日，发病，欧血薨，谥曰戾侯。而商子弟亲属为驸马都尉、侍中、中常侍、诸曹、大夫、郎吏者，皆出补吏，莫得留给事、宿卫者[19]。有司奏请除国邑；有诏："长子安嗣爵为乐昌侯。"

上之为太子也，受《论语》于莲勺张禹[20]，及即位，赐爵关内侯，拜为诸吏、光禄大夫，秩中二千石，给事中，领尚书事。禹与王凤并领尚书，内不自安，数病，上书乞骸骨，欲退避凤；上不许，抚待愈厚。六月，丙戌[21]，以禹为丞相，封安昌侯。

庚戌[22]，楚孝王嚣薨。

（以上为第十一段，写丞相王商在大将军王凤的报复下被罢官逼死，成帝任用老师张禹为丞相。）

【注释】

[1]赦天下徒：赦免全国范围服劳役的囚徒。[2]癸丑朔：三月一日。[3]杨彤（róng）：琅邪郡守。琅邪郡治所东武，在今山东诸城市。[4]连昏：通婚。昏，通“婚”。[5]请：说情。[6]寝：留中，搁置。[7]阴求其短：暗中搜求王商的过失。[8]频阳耿定：频阳，县名，县治在今陕西富平县东北。耿定，频阳县人。[9]商与父傅婢通：王商与其父的贴身婢女通奸。傅，附。[10]女弟：妹。[11]奴杀其私夫：王商家的奴仆杀了王商之妹的奸夫。[12]暗昧之过：暧昧小节。[13]固争：顽固坚持己见。[14]下其事司隶：将此案移交司隶校尉审理。[15]素佞巧：一贯逢迎拍马，专为奸巧。[16]极言诋毁：用最狠毒的语言诽谤。[17]诣诏狱：送到特别监狱拘押审理。诣，送。诏狱，以皇上名义主管的特别监狱，审理大臣。[18]壬寅：四月二十日。[19]莫得留给事、宿卫者：王商的亲族不得留在给事中、近卫郎官等重要位置上。[20]张禹（？—前5）：字子文，本河内轵（今河南济源市东南）人，至禹父迁左冯翊，徙家莲勺（治所在今陕西渭南市）。精通经学，为博士。元帝时，教太子学《论语》，成帝时官至丞相。传见《汉书》卷八十一。[21]丙戌：六月五日。[22]庚戌：六月二十九日。

初，武帝通西域，罽宾[1]自以绝远[2]，汉兵不能至，独不服，数剽杀[3]汉使。久之，汉使者文忠与容屈[4]王子阴末赴[5]合谋攻杀其王[6]；立阴末赴为罽宾王。后军候[7]赵德使罽宾，与阴末赴相失[8]；阴末赴锁琅当德[9]，杀副已下[10]七十余人，遣使者上书谢。孝元帝以其绝域，不录[11]，放其使者于县度[12]，绝而不通。

及帝即位，复遣使谢罪。汉欲遣使者报送其使。杜钦说王凤曰："前罽宾王阴末赴，本汉所立，后卒畔逆。夫德莫大于有国子民[13]，罪莫大于执杀使者，所以不报恩，不惧诛者，自知绝远，兵不至也。有求则卑辞，无欲则骄慢，终不可怀服[14]。凡中国所以为通厚蛮夷，惬快其求[15]者，为壤比[16]而为寇。今县度之厄，非罽宾所能越也；其乡慕[17]，不足以安西域；虽不附，不能危城郭。前亲逆节[18]，恶暴西域[19]，故绝而不通；今悔过来，而无亲属、贵人[20]，奉献者皆行贾贱人[21]，欲通货市买[22]，以献为名，故烦使者送至县度，恐失实见欺[23]。凡遣使送客者，欲为防护寇害也。起皮山[24]，南更不属汉之国四、五，斥候[25]士百余人，五分夜[26]击刁斗[27]自守，尚时为所侵盗。驴畜负粮，须诸国禀食[28]，得以自赡[29]。国或贫小不能食[30]，或桀黠[31]不肯给，拥强汉之节[32]，馁山谷之间，乞丐无所得[33]，离一、二旬[34]，则人畜弃捐旷野[35]而不反。又历大头痛、小头痛[36]之山，赤土、身热之阪，令人身热无色[37]，头痛呕吐，驴畜尽然。又有三池盘、石阪道，狭者尺六七寸[38]，长者径三十里[39]，临峥嵘[40]不测之深[41]，行者骑步相持，绳索相引，二千余里，乃到县度。畜坠，未半坑谷尽靡碎[42]；人堕，势不得相收视[43]；险阻危害，不可胜言。圣王分九州[44]，制五服[45]，务盛内，不求外[46]；今遣使者承至尊之命，送蛮夷之贾，劳吏士之众，涉危难之路，罢敝所恃以事无用[47]，非久长计也。使者业已受节[48]，可至皮山而还。"于是凤白从钦言。罽宾实利赏赐贾市[49]，其使数年而壹至云。

（以上为第十二段，写中国与西域罽宾国的通使情况。）

【注释】

[1]罽（jì）宾：南亚古国名，当今印巴之间的克什米尔地区。[2]绝远：极远，很远很远。[3]剽杀：劫杀。[4]容屈：臣服罽宾的部落国名。[5]阴末赴：人名。[6]攻杀其王：杀掉了数次杀汉使的罽宾国王乌头劳。[7]军候：武官名，掌侦察情报。[8]相失：闹矛盾。[9]锁琅当德：把赵德用铁链锁起来。琅当，铁链的音译。[10]杀副已下：即杀副使以下。[11]不录：不接受罽宾国书，以示断交。[12]县度：今阿富汗兴都库什山之古代音译名。原意是悬绳架索桥而度，因以为名。县，通"悬"。[13]德莫大于有国子民：世上最大的恩

德莫过于让他当国王，统治臣民。［14］怀服：怀德臣服。［15］惬快其求：尽可能地满足对方的欲望。［16］壤比：国土相连。［17］乡慕：向往仰慕汉朝。［18］前亲逆节：此前罽宾国王阴末赴曾亲自伤害过汉朝使节。［19］恶暴西域：罪恶暴露在西域。［20］无亲属、贵人：罽宾使者中没有王族及重臣。［21］奉献者皆行贾贱人：来汉朝奉献的使者都是普通的商人。奉献者，奉使者。行贾贱人，做生意的平民。［22］欲通货市买：目的在于做生意。［23］烦使者送至县度，恐失实见欺：汉朝派高级官员将罽宾使者护送到悬度，而罽宾使者身份低微，岂不是被西域嘲笑。［24］皮山：西域国名，在今新疆南部皮山县。汉时，皮山以西之国，未藩属汉朝。［25］斥候：指边防巡逻队。［26］五分夜：巡逻人员每夜按五个更次轮流守夜值班。［27］刁斗：军中巡夜用的铜铃，敲击器物，能容一斗，故称刁斗。［28］禀食：供给食粮。［29］赡：满足需要。［30］不能食：无力供食。［31］桀黠：倨傲而且狡猾。［32］拥强汉之节：指护送的汉使空持着大汉的符节。［33］馁山谷之间，乞丐无所得：却在山谷间挨饿，连讨饭都找不到地方。［34］离一、二旬：挨饿十天、二十天。［35］弃捐旷野：倒毙在旷野中。弃捐，指抛尸，无人收埋。［36］大头痛、小头痛：这两名和下文之“赤土”“身热”皆翻越昆仑山所经地名。山势险恶，以行者的感觉而起是名。［37］身热无色：身上发烧、面无人色。［38］狭者尺六七寸：道路最狭窄处只有不足一尺六七寸宽。［39］长者径三十里：狭谷道路长达三十里。径，直。指弯曲的道路拉直计算长度。［40］峥嵘：山峰参差险恶。［41］不测之深：山谷深不见底。深，此指山谷。［42］畜坠，未半坑谷尽靡碎：牲畜失蹄落深谷，落到一半即已粉身碎骨。［43］人堕，势不得相收视：人若失足堕落，连尸首也无法收寻。［44］圣王分九州：大禹治水，分天下自然区域为九州，即冀、兖、豫、青、徐、荆、扬、梁、雍。［45］制五服：周制，以王都为中心，向四方辐射，按远近不同划分为五等政治隶属关系。五服为甸服（京畿）、侯服、绥服、要服、荒服。［46］务盛内，不求外：务要把内政治理好，不管外域之事。［47］罢敝所恃以事无用：使民疲敝去侍奉外族蛮夷，即劳民伤财之意。［48］使者业已受节：护送罽宾使者的官员已经选定。受节，已接受符节，即将奉命出发。［49］罽宾实利赏赐贾市：罽宾国的实际目的是希望汉朝以赏赐名义进行的商业往来。

阳朔元年（丁酉，前24年）

春，二月，丁未晦[1]，日有食之。

三月，赦天下徒。

冬，京兆尹泰山王章[2]下狱，死。

时大将军凤用事，上谦让无所颛。左右尝荐光禄大夫刘向少子歆通达[3]有异材，上召见，歆诵读诗赋，甚悦之，欲以为中常侍[4]；召取衣冠，临当拜，左右皆曰：“未晓[5]大将军。”上曰：“此小事，何须关大将军！”左右叩头争之，上于是语凤，凤以为不可，乃止。

王氏子弟皆卿、大夫、侍中、诸曹，分据势官[6]，满朝廷。杜钦见凤专政太重，戒之曰："愿将军由周公之谦惧[7]，损穰侯之威[8]，放武安之欲[9]，毋使范雎之徒得间其说[10]！"凤不听。

时上无继嗣，体常不平[11]。定陶共王[12]来朝，太后与上承先帝意，遇共王甚厚，赏赐十倍于他王，不以往事[13]为纤介[14]；留之京师，不遣归国。上谓共王："我未有子，人命不讳，一朝有他[15]，且不复相见，尔长留侍我矣！"其后天子疾益有瘳[16]，共王因留国邸[17]，旦夕侍上；上甚亲重之。大将军凤心不便共王在京师，会日食，凤因言："日食，阴盛之象。定陶王虽亲，于礼当奉藩在国；今留侍京师，诡正非常[18]，故天见戒，宜遣王之国！"上不得已于凤而许之。共王辞去，上与相对涕泣而决。

王章素刚直敢言，虽为凤所举，非凤专权[19]，不亲附凤，乃奏封事[20]，言"日食之咎，皆凤专权蔽主之过。"上召见章，延问以事[21]。章对曰："天道聪明，佑善而灾恶[22]，以瑞应[23]为符效。今陛下以未有继嗣，引近定陶王，所以承宗庙，重社稷，上顺天心，下安百姓，此正议善事，当有祥瑞，何故致灾异！灾异之发，为大臣专政者也。今闻大将军猥归日食之咎于定陶王[24]，建遣之国[25]，苟欲使天子孤立于上，颛擅朝事以便其私，非忠臣也。且日食，阴侵阳，臣颛君之咎[26]。今政事大小皆自凤出，天子曾不壹举手[27]，凤不内省责，反归咎善人，推远定陶王[28]。且凤诬罔[29]不忠，非一事[30]也。前丞相乐昌侯商，本以先帝外属[31]，内行笃[32]，有威重，位历将相，国家柱石臣也，其人守正，不肯屈节[33]随凤委曲[34]；卒用闺门之事[35]为凤所罢，身以忧死，众庶愍之[36]。又凤知其小妇弟张美人[37]已尝适人，于礼不宜配御至尊，托以为宜子[38]，内[39]之后宫，苟以私其妻弟，闻张美人未尝任身就馆[40]也。且羌、胡尚杀首子以荡肠正世[41]，况于天子，而近已出之女[42]也！此三者[43]皆大事，毕下所自见，足以知其余及他所不见者。凤不可令久典事[44]，宜退使就第，选忠贤以代之！"

自凤之白罢商[45]，后遣定陶王也，上不能平[46]；及闻章言，天子感寤[47]，纳之，谓章曰："微[48]京兆尹直言，吾不闻社稷计。且唯贤知贤，君试为朕求可以自辅者。"于是章奏封事，荐信都王[49]舅琅邪太守冯野王[50]，忠信质直，智谋有余[51]。上自为太子时，数闻野王名[52]，方倚以代凤。章每召见，上辄辟左右[53]。时太后从弟子侍中音[54]独侧听，具知章言，以语凤。凤闻之，甚忧惧。杜钦令凤[55]出就第，上疏乞骸骨，其辞指甚哀。太后闻之，为垂涕，不御食[56]。上少[57]而亲倚凤，弗忍废，乃优诏报凤，强起之；于是凤起视事。

上使尚书劾奏章[58]："知野王前以王舅出补吏[59]，而私荐之，欲令在朝，阿附诸侯；又知张美人体御至尊，而妄称引羌胡杀子荡肠，非所宜言；"下章吏[60]。廷尉致其大逆罪[61]，以为"比上夷狄，欲绝继嗣之端；背畔天子，私为定陶王。"章竟死狱中，妻子徙合浦[62]。自是公卿见凤，侧目而视。

冯野王惧不自安，遂病；满三月，赐告[63]，与妻子归杜陵就医药。大将军凤风御史中丞劾奏"野王赐告养病而私自便[64]，持虎符出界[65]归家，奉诏不敬。"杜钦奏记于凤曰："二千石病，赐告得归，有故事[66]；不得去郡，亡著令[67]。传曰[68]：'赏疑从予[69]，'所以广恩劝功也；'罚疑从去[70]，'所以慎刑，阙难知也[71]。今释令与故事而假不敬之法[72]，甚违'阙疑从去'之意。即以二千石守千里之地，任兵马之重，不宜去郡，将以制刑为后法[73]者，则野王之罪在未制令前也。刑赏大信，不可不慎！"凤不听，竟免野王官。

时众庶多冤王章讥朝廷[74]者，钦欲救其过[75]，复说凤曰："京兆尹章，所坐事密[76]，自京师不晓，况于远方！恐天下不知章实有罪，而以为坐言事[77]。如是，塞争引之原[78]，损宽明之德。钦愚以为宜因章事举直言极谏，并见郎从官[79]，展尽其意，加于往前，以明示四方，使天下咸知主上圣明，不以言罪下也。若此，则流言消释，疑惑著明。"凤白行其策焉。

是岁，陈留太守薛宣[80]为左冯翊。宣为郡，所至有声迹[81]。宣子惠为彭城令，宣尝过其县，心知惠不能，不问以吏事[82]。或问宣："何不教戒惠以吏职？"宣笑曰："吏道以法令为师，可问而知；及能与不能，自有资材[83]，何可学也！”众人传称[84]，以宣言为然。

（以上为第十三段，着重写阳朔元年一件大事，京兆尹王章秘密上奏，直言朝政，蒙冤而死。成帝昏庸，大权旁落，可视为王氏代汉的伏笔。）

【注释】

[1]丁未晦：二月三十日。[2]王章：字仲卿，泰山郡钜平（今山东泰安市南）人，继王尊之后为京兆尹，因弹劾王凤而蒙冤死。传见《汉书》卷七十六。[3]通达：知识渊博而又能融会贯通。[4]中常侍：西汉为加官，可以出入宫中，东汉始纯用宦官，成为专权的皇帝近侍。[5]晓：通“报”。[6]分据势官：分别把握了政府要害部门的实权。势官，掌握要害部门实权的官。[7]由周公之谦惧：恪守西周贤臣周公姬旦谦虚、警惧的美德。主要是指周公在成王年幼时摄政，成王长大后，周公返政为臣。[8]损穰侯之威：损减秦权臣穰侯的威势。穰侯魏冉是秦昭王舅，时昭王年少，穰侯秉政，有大功于秦王，后被秦放逐至封邑忧郁而死。传见《史记》卷七十二。[9]放武安之欲：放弃武安君白起那样的欲望。秦名将白起，封为武安君，功高震主，被秦昭王赐死。传见《史记》卷七十三。胡三省认为“武安君”是指汉武帝时的武安侯田蚡，今不取。[10]毋使范雎之徒得间其说：范雎曾说服秦昭王放逐穰侯而用他为相，事详《史记·范雎蔡泽列传》。也有不少文献作“范睢”。[11]体常不平：身体多疾病。[12]定陶共王：刘康，成帝弟。[13]往事：指元帝在时曾打算立刘康为太子。[14]纤介：细小的芥蒂。[15]一朝有他：一旦发生意外，指皇帝崩逝。[16]疾益有瘳：病情有好转。[17]留国邸：居留在京师的定陶王官邸。[18]诡正非常：违反正道的非常事件。[19]非凤专权：反对王凤专权。[20]奏封事：汉制加密奏章直达皇上，称奏封事。往往是揭发大臣或告变，或言非常的奏章。[21]延问以事：深入询问弹劾王凤之事。[22]佑善而灾恶：保佑善人，惩治恶人。[23]瑞应：据章校，“应”作“异”。[24]大将军猥归日食之咎于定陶王：大将军王凤反而把日食之灾冤屈地推到定陶王刘康的头上。猥，曲，引申为冤屈。[25]建遣之国：建议将刘康遣离京师归国。[26]阴侵阳，臣颛君之咎：既然阴侵犯了阳，是象征大臣专了君权的祸患。意谓日食不应由定陶王承担，恰恰应由大臣王凤承担责任。[27]天子曾不壹举手：皇帝连插手问一次事的机会都没有。[28]推远定陶王：把刘康排挤到远方。[29]诬罔：欺骗皇上的罪。[30]非一事：不止一件。指王凤的诬罔罪何止一件。[31]本以先帝外属：王商本是先帝（汉宣帝）的外戚。王商系宣帝舅王武之子。[32]内行笃：内在品德纯厚。[33]屈节：有亏大臣之节。[34]随凤委曲：阿顺王凤。[35]闺门之事：指闺房隐私。[36]愍之：同情王章。愍，悲悼感伤。[37]张美人：王凤妾之妹，已经嫁人，王凤又把她荐入宫中，安插在成帝身边为妃。[38]托以为宜子：以宜于生子作借口。[39]内：通“纳”。[40]任身就馆：妇人怀孕，应出外到其他馆舍。[41]荡肠正世：古人为保持嫡亲血统，有时将妇人的头胎子抛弃，名曰洗肠。[42]近已出之女：接近已经嫁过人的女人。[43]此三者：指将日食归咎于定陶王、排斥丞相王商、荐已嫁之女（妻妹）

为嫔妃等三事。［44］典事：指王凤专擅国政之事。［45］白罢商：王凤上奏罢免了丞相王商。［46］不能平：愤愤不平。［47］感寤：醒悟。［48］微：没有。［49］信都王：即刘兴，成帝弟，元帝冯婕妤之子。［50］冯野王：字君卿，上党潞县（今山西长治市潞城区）人。西汉名将冯奉世中子，官至大鸿胪。传见《汉书》卷七十九。［51］智谋有余：据章校，“余”下有“以王舅出，以贤复入，明圣主乐进贤也”共十五字。［52］数闻野王名：据章校，“王”下有“先帝”二字，“名”下有“卿声誉出凤远甚”七字。故此段应为：“数闻野王，先帝名卿，声誉出凤远甚。”冯野王在元帝时已官至大鸿胪，有贤名。［53］辟左右：让周围人回避。［54］太后从弟子侍中音：王音，王太后堂弟，长乐宫卫尉王弘之子。据《汉书·元后传》颜师古注，王弘为王太后叔父，则王音为太后从弟，成帝从舅。［55］杜钦令凤：据章校，“凤”下有“称病”二字。这是杜钦出主意让王凤称病归家。［56］不御食：不进食物。［57］少：年幼时。［58］劾奏章：弹劾王章。［59］野王前以王舅出补吏：成帝初立时，有司曾奏冯野王是信都王舅，不宜居九卿之位，于是将野王外放为上郡太守。出补吏，出任地方官。［60］下章吏：逮捕王章下狱，由司法官吏审理。［61］廷尉致其大逆罪：廷尉罗织罪状判王章大逆罪。据《汉书·百官公卿表》，当时廷尉为范路。［62］合浦：郡名，郡治在今广西合浦县东北。［63］赐告：成帝颁诏，允许已称病三月的冯野王继续休假。汉制，告病过百日则免职，故成帝此举是一种特殊待遇。［64］赐告养病而私自便：成帝特诏冯野王带职养病。回家本是惯例，而王凤把冯野王归家说成是擅离职守，借故免官。从此之后，即使皇帝特诏，也不能归家，只能在任上养病。［65］出界：指冯野王离开其任所琅邪郡界，即所谓擅离职守。［66］故事：惯例，指得到赐告归家养病。［67］不得去郡，亡著令：没有法律规定，得赐告者不能离任养病。［68］传曰：古书上说。［69］赏疑从予：对赏赐有疑问时，应从厚给予赏赐。［70］罚疑从去：对处罚有疑问时，应谨慎对待，不予处罚。去，释放，免除。［71］阙难知也：对疑难案件，宁可先搁置不办，也要避免造成冤狱。［72］今释令与故事而假不敬之法：现在把法令和惯例丢在一边而去援引“大不敬”法治罪。释，废弃，丢开。假，凭借牵强附会的法律来治罪。［73］将以制刑为后法：必须先有明确的法律条文规定，才能改变赐告归家的惯例。［74］讥朝廷：批评朝廷。即舆论抨击执政的王凤。［75］救其过：补救因错误处理冯野王所造成的过失，以挽回舆论的影响。［76］所坐事密：王章被指控的罪状，十分隐秘。实际上王章是因向成帝密奏王凤之罪而被王凤加害，最后冤死狱中的，故无法公开。［77］坐言事：因上书言事被杀。古制，一般不应将上书言事者治罪。［78］塞争引之原：因上书言事而治罪，将会堵塞今后群臣的进谏。争引，指臣下有谏诤，君则引而纳之。［79］见郎从官：让现任的近卫郎官及大将军部属放胆直言。［80］薛宣：字赣君，东海郡郯（今山东郯城县）人，官至丞相。传见《汉书》卷八十三。［81］声迹：声誉。［82］吏事：行政事务。下文“吏职”“吏道”与“吏事”同义。［83］资材：天资才干，即天分。［84］传称：传播和称赞。

二年（戊戌，前23年）

春，三月，大赦天下。

御史大夫张忠卒。

夏，四月，丁卯[1]，以侍中、太仆王音为御史大夫。于是王氏愈盛，郡国守相、刺史皆出其门下。五侯群弟[2]争为奢侈，赂遗珍宝[3]，四面而至，皆通敏人事，好士养贤，倾财施予以相高尚[4]；宾客满门，竞为之声誉。刘向谓陈汤曰："今灾异如此，而外家日盛[5]，其渐必危刘氏[6]。吾幸得以同姓末属[7]，累世蒙汉厚恩，身为宗室遗老，历事三主[8]。上以我先帝旧臣，每进见，常加优礼。吾而不言，孰当言者[9]！"遂上封事极谏曰：

"臣闻人君莫不欲安，然而常危；莫不欲存，然而常亡；失御臣之术[10]也。夫大臣操权柄，持国政，未有不为害者也。故《书》曰[11]：'臣之有作威作福，害于而家，凶于而国。'孔子曰[12]：'禄去公室，政逮大夫，'危亡之兆也。今王氏一姓，乘朱轮华毂[13]者二十三人，青、紫、貂、蝉[14]充盈幄内[15]，鱼鳞左右[16]。大将军秉事用权，五侯骄奢僭盛[17]，并作威福，击断自恣[18]，行污而寄治[19]，身私而托公[20]，依东宫之尊[21]，假甥舅之亲，以为威重[22]。尚书、九卿、州牧、郡守皆出其门，管执枢机[23]，朋党比周[24]；称誉者登进[25]，忤恨者诛伤[26]；游谈者[27]助之说，执政者为之言。排摈宗室，孤弱公族[28]，其有智能者，尤非毁[29]而不进，远绝宗室之任，不令得给事朝省[30]，恐其与己分权；数称燕王、盖主[31]以疑上心，避讳吕、霍而弗肯称[32]。内有管、蔡之萌[33]，外假周公[34]之论，兄弟据重[35]，宗族磐互[36]，历上古至秦、汉，外戚僭贵[37]未有如王氏者也。物盛必有非常之变先见[38]，为其人微象[39]。孝昭帝时，冠石立于泰山[40]，仆柳起于上林[41]，而孝宣帝即位。今王氏先祖坟墓在济南[42]者，其梓柱生枝叶，扶疏上出屋，根臿地中[43]，虽立石起柳，无以过此之明也。事势不两大，王氏与刘氏亦且不并立，如下有泰山之安[44]，则上有累卵之危[45]。陛下为人子孙，守持宗庙，而令国祚移于外亲，降为皂隶[46]，纵不为身，奈宗庙何！妇人内夫家而外父母家[47]，此亦非皇太后之福也。孝宣皇帝不与舅平昌侯[48]权，所以全安[49]之也。夫明者[50]起福于无形，销患于未然，宜发明诏[51]，吐德音，援近宗室[52]，亲而纳信[53]，黜远外戚，毋授以政，皆罢令就弟[54]，以则效先帝之所行，厚安外戚，全其宗族，诚东宫之意[55]，外家之福也。王氏永存，保其爵禄，刘氏长安，不失社稷，所以褒睦[56]外内之姓[57]，子子孙孙无疆[58]之计也。如不行此策，田氏[59]复见于今，六卿[60]必起于汉，为后嗣忧，昭昭甚明[61]。唯陛下深留圣思[62]！"

书奏，天子召见向，叹息悲伤其意，谓曰："君且休矣，吾将思之[63]！"然终不能用其言。

秋，关东大水。

八月，甲申[64]，定陶共王康薨。

是岁，徙信都王兴为中山王。

（以上为第十四段，录载刘向长篇上疏，陈奏外戚专权之祸，指出刘姓政权面临的危机。糊涂透顶的汉成帝得过且过，毫无能力采取措施。）

【注释】

［1］丁卯：四月二十七日。［2］五侯群弟：五侯等兄弟。《汉书·元后传》载：王凤兄弟共八人。王凤、王崇与王政君同母，先封侯。王政君异母兄弟六人，王曼早死，王谭、王商、王立、王根、王逢时五人同日封侯，世称五侯。［3］赂遗珍宝：接受贿赂和馈赠的珍珠宝玉。［4］相高尚：王氏兄弟互相标榜。［5］外家日盛：指外戚王氏权势日益隆盛。［6］其渐必危刘氏：王氏势力发展下去，势必危及刘氏政权。［7］末属：疏远的族属。刘向是高祖刘邦之弟楚王刘交的第五代孙，对皇室来说，已成为疏族。［8］历事三主：刘向历仕宣、元、成三朝。［9］孰当言者：谁还有资历进言？［10］御臣之术：控制臣下的权术。［11］《书》曰：引自《尚书·洪范》。所引句意思是说，如果大臣作威作福，不仅会给家族带来祸患，而且会给国家造成凶险。［12］孔子曰：引自《论语·季氏》篇，原文为："孔子曰：禄之去公室五世矣，政逮于大夫四世矣，故夫三桓之子孙微矣。"［13］朱轮华毂：车轮红色，车轴头有彩绘。汉制，二千石以上的大官才能乘这种车。此指王氏家族做高官的人。［14］青、紫、貂、蝉：汉制，列侯印系紫色绣带，二千石印系青色绣带，侍中、中常侍官帽上用貂尾作标志，还用金线绣上蝉的图案。［15］充盈幄内：充满宫廷。［16］鱼鳞左右：形容王氏子弟围在皇帝周围，像鱼鳞一样。［17］僭盛：逾制过分。［18］击断自恣：任意横行。［19］行污而寄治：行为卑污，却伪装廉洁。［20］身私而托公：十分自私，却假装为公。［21］依东宫之尊：这里是指倚仗皇太后的尊位。汉制，太后居长乐宫，在天子所

居未央宫之东，故称东宫。太子居天子宫东殿，亦为东宫。名同而实不同。［22］假甥舅之亲，以为威重：指外戚王凤等借着与皇上是甥舅关系的亲情作威作福。假，借，凭借。［23］管执枢机：把持了权重的要害部门。［24］朋党比周：结党营私。［25］称誉者登进：受到王氏称赞的人，步步高升。［26］忤恨者诛伤：王氏憎恨的人，非死即伤。［27］游谈者：帮闲。［28］排摈宗室，孤弱公族：排斥皇室，使皇族孤弱。［29］尤非毁：最先受到打击、摧残。［30］给事朝省：在宫中供职或奉朝请。［31］燕王、盖主：燕王刘旦，昭帝兄。盖主，即鄂邑盖长公主，昭帝姐。二人与上官桀、桑弘羊等通谋，反对昭帝及霍光，均以大逆罪被诛。王凤多次向成帝提及此事，是指斥宗室近亲反叛。［32］避讳吕、霍而弗肯称：吕，指吕禄、吕产。霍，指霍光之子霍禹，皆因谋反罪被诛。王凤对吕霍等外戚乱政的事讳莫如深，目的是让成帝对王凤等外戚不起疑心。［33］管、蔡之萌：此指要洞察叛乱的苗头。管叔鲜、蔡叔度，周文王之子、周武王之弟。武王死后，周公旦辅佐成王，管叔、蔡叔与殷纣王之子武庚禄父联合叛周，被周公讨平。事详《史记·管蔡世家》。萌，苗头。［34］周公：即协助武王伐纣、辅佐幼年成王的大臣姬旦。事详《史记·鲁周公世家》。［35］据重：控制着重要的权力部门。［36］磐互：盘根错节。［37］僭贵：奢侈僭越，权势尊贵。［38］非常之变先见：非常的天变预先显现，以示警告。［39］为其人微象：昭示某人隐微动机的天象。［40］冠石立于泰山：泰山上有大石自动立了起来。冠石，大圆石。［41］仆柳起于上林：上林苑的枯柳起死回生。事见《资治通鉴》卷二十三昭帝元凤三年。仆柳，僵仆的枯柳。［42］王氏先祖坟墓在济南：据《汉书·元后传》，王氏本济南东平陵（今山东济南市章丘区）人，汉武帝时，绣衣御史王贺免官后，从东平陵徙居魏郡元城（今河北大名县东）。［43］“其梓柱”三句：王氏老屋的梁柱，忽然生出枝叶，且生长茂盛，上出屋外，下垂地中变成树根。梓柱，木梁柱。臿（chā），深入地下。［44］下有泰山之安：指王氏。［45］上有累卵之危：指刘氏。［46］皂隶：卑贱的奴仆等人。［47］妇人内夫家而外父母家：妇人应亲近夫家人而疏远娘家人。言外之意，王太后亲近娘家人而疏远夫家人。［48］平昌侯：王无故，宣帝舅。［49］全安：保全和安定。意谓完完全全的安全。［50］明者：明主。［51］明诏：明白昭示的诏书。［52］援近宗室：提拔宗室中人以为援手。［53］亲而纳信：亲近信用。［54］皆罢令就弟：一一罢免外戚，让他们各归其府第。弟，通“第”。［55］诚东宫之意：这才符合王太后之本意。［56］褒睦：褒扬和睦。［57］外内之姓：王刘两姓。外，指外戚王氏；内，指皇室刘氏。［58］无疆：无边之福。［59］田氏：指春秋时替代姜齐的田氏。［60］六卿：春秋时晋国六卿智、范、中行、韩、赵、魏专权，后演变为韩、赵、魏三家分晋。［61］昭昭甚明：大大的光明十分明显。形容极度鲜明。［62］深留圣思：要深深地思虑，即三思。［63］君且休矣，吾将思之：你不必再说了，我将认真考虑。［64］甲申：八月十日。

【点评】

汉成帝昏庸，权落外戚。本卷史事给读者提出了许多沉重的思考。第一，汉成帝这个误国昏君，个性仁懦，人又聪明，心地善良，有一份孝心。皇太后王政君并不是汉成帝的生母，但他贵为天子，却极有孝心，王政君一耍妇人的小脾气，流眼泪，不吃饭，汉成帝就慌了神，撤销了对王凤的罢免令，转而收拾王章，是非不分，黑白不明，这就是昏君的特点。成帝也想把国家治好，一即位就斥逐了中官权臣石显，下诏求言，似乎有一线新生的曙光，但很快政权就旁落外戚。成帝效法先帝汉元帝节俭之风，减少皇室用费，甚至许皇后都提出了抗议；成帝赈灾、减税，水灾后尚思救弊，修治河堤，安定四夷，加强教育投资，大规模整理图书，给历史留下了闪光的一页。这些善政，表现了成帝仁厚的一面。成帝依赖王凤，常常迫于王凤压力违心处理国家大事，每一次斥逐耿直大臣，冤杀王尊、王章，罢免王商，甚至迫使定陶王回到封国，成帝都是违心做出的决定，这表现了成帝的懦弱，畏惧权臣，产生了依赖心理。成帝没能力治国的弱点，他的父亲汉元帝早就看出了，想要废太子，可是儒家有立嫡不立庶的宗法制度，废立太子是举国震动的大事件，不是乾纲独断的帝王是下不了决心的。汉景帝废立太子带来了汉武帝治国的隆盛；汉武帝废立太子，带来了汉室中兴。而匈奴立单于都是以贤立，既可以父死子继，又可以兄终弟及。呼韩邪单于临终，大小阏氏都支持立长君，不以嫡子为意，有利国家。宗法制度造成了汉成帝式的昏君接二连三地产生，是专制政体不可克服的又一病根，岂不令人深思。

第二，那些道貌岸然的纯儒君子，迂腐僵化，这等人当政，简直是误国误民。丞相匡衡，知名大儒，官至丞相，历事汉元帝、汉成帝两朝，他干了些什么呢？为了保持爵禄，投靠石显做帮凶；石显倒台，翻脸落井下石；抠死理，钻牛角尖，抓住一个“矫诏”由头，硬是与陈汤过不去，历经元帝、成帝两朝，念念不忘置陈汤于死地。他抓住陈汤贪财做文章，而自己却在封地里强占土地四百余顷，管家盗取财物价值黄金十斤。更不能容忍的是，身为丞相，不为百姓谋利益，反而阻止维修黄河堤，导致后来的黄河大决口，却没有被追究。一个昏庸皇帝，任用玩忽职守的伪君子，要想国家奋发图强，岂不是南辕北辙吗？

第三，还有一些既为善又为恶的骑墙官员，如杜钦、谷永。他们既是权臣王凤的帮凶，又尽可能降低危害国家事件的负面影响。例如为功臣陈汤辩护，保护人才，借王章冤死事件求纳善言，改善紧张关系，缓和矛盾。如果明君当国，政治开明，杜钦、谷永是良臣，而今权臣王凤专政，能够做到和稀泥，也算是不错的了。

卷三一　汉纪二十三

汉成帝阳朔三年至永始三年（前 22—前 14 年）

【起屠维大渊献（己亥，前 22 年），尽强圉协洽（丁未，前 14 年），凡九年】

【大事提要】

本卷记事起公元前 22 年，讫公元前 14 年，凡九年，当汉成帝阳朔三年至永始三年。这一时期是汉成帝的中期政治，九年之间几无善政可述。成帝更加荒怠政事，极意声色游乐。鸿嘉元年（前 20），成帝与嬖宠张放想出新招，微服出游，皇太后和大臣皆以为忧。直到永始二年（前 15），班伯进言，皇太后、诸舅大臣及朝官共同劝谏施压，成帝迫不得已斥遣张放出京做外官，还时常优诏慰问。鸿嘉三年（前 18），赵飞燕姐妹大受成帝宠幸。到永始元年（前 16）赵飞燕竟然夺取正宫成了新皇后，许皇后被废，打入冷宫。赵皇后行为不检，污秽后宫，大臣交章上书切谏。王音、刘辅、刘向、杜业、谷永、梅福等谏书频奏，成帝不纳。本卷长篇摘载奏书，以彰汉成帝的昏聩顽劣。这时西汉国势渐衰，农民起义此起彼伏。阳朔三年（前 22），颍川郡铁官徒暴动，永始三年（前 14），尉氏县樊并造反，山阳郡铁官徒起事，自称将军，流窜十九个郡国。水旱之灾频繁发生。鸿嘉四年（前 17），黄河在清河等郡决口，淹没三十一县，成帝竟然不加修治，任由洪水泛滥。西汉政治的衰败，不可逆转。代汉的王莽在本卷初露头角。

孝成皇帝上之下

阳朔三年（己亥，前 22 年）

春，三月，壬戌[1]，陨石东郡[2]八。

夏，六月，颍川[3]铁官徒[4]申屠圣等百八十人杀长吏，盗库兵[5]，自称将军，经历九郡。遣丞相长史、御史中丞逐捕，以军兴从事[6]，皆伏辜[7]。

秋，王凤疾，天子数自临问[8]，亲执其手涕泣曰："将军病，如有不可言[9]，平阿侯谭[10]次将军[11]矣！"凤顿首泣曰："谭等虽与臣至亲[12]，行皆奢僭[13]，无以率导[14]百姓，不如御史大夫音[15]谨敕[16]，臣敢以死保之！"及凤且死，上疏谢上，复固荐音自代，言谭等五人[17]必不可用；天子然之。初，谭倨[18]，不肯事凤，而音敬凤，卑恭如子，故凤荐之。八月，丁巳[19]，凤薨。九月，甲子[20]，以王音为大司马、车骑将军，而王谭位特进[21]，领城门兵[22]。安定太守谷永[23]以谭失职[24]，劝谭辞让，不受城门职；由是谭、音相与不平。

冬，十一月，丁卯[25]，光禄勋[26]于永[27]为御史大夫。永，定国之子也。

（以上为第一段，写阳朔三年，社会发生动荡，东郡铁官徒造反。王凤堂侄王音亲附王凤，得以取代王凤亲弟王谭而继王凤之后执掌国政。）

【注释】

[1]三月，壬戌：三月丙寅朔，无壬戌。壬戌，四月二十二日。[2]东郡：郡名，治所濮阳，在今河南濮阳市西南。[3]颍川：郡名，治所阳翟，在今河南禹州市。[4]铁官徒：冶铁工官所属劳工。[5]盗库兵：强行夺取政府军械库中的武器。[6]以军兴从事：按照战时军律执行。从事，执行，此指发兵征讨。军兴，军兴法之省称，指紧急动员时的发兵体制。[7]伏辜：伏法。[8]临问：上对下的探问。[9]不可言：不好直说，指死亡。[10]平阿侯谭：大将军王凤之弟，字子元。[11]次将军：指依次接替王凤的大将军之位。[12]至亲：骨肉兄弟。[13]奢僭：违制奢华。[14]率导：榜样、表率。[15]御史大夫音：即王音，时任御史大夫之职。王音是王凤的堂侄，继王凤之后任大司马车骑将军，封安阳侯。[16]谨敕：谨慎严正。[17]谭等五人：指王凤的五个弟弟，即平阿侯王谭、成都侯王商、红阳侯王立、曲阳侯王根、高平侯王逢时。[18]倨：傲慢。[19]丁巳：八月二十四日。[20]甲子：九月二日。[21]特进：一种位次三公的加官，没有实权的荣衔，只是一种朝会位置，位在三公之下，侯爵之上。[22]领城门兵：掌管长安城门的屯兵。长安十二门，每门均备有屯兵。[23]谷永：汉成帝时的政治家。本名并，更名永，字子云，长安人。建始三年，举方正直言对策入仕。依附王凤，任北地太守，官至大司农。传见《汉书》卷八十五。[24]失职：指王谭失去了执政的大将军的高位。[25]丁卯：十一月六日。[26]光禄勋：官名，即九卿之一的郎中令，武帝太初元年更名为光禄勋，掌宫廷警卫。[27]于永：宣帝时丞相于定国之子，官至御史大夫。传附《汉书·于定国传》中。

四年（庚子，前 21 年）

春，二月，赦天下。

夏，四月，雨雪[1]。

秋，九月，壬申[2]，东平思王宇[3]薨。

少府王骏为京兆尹[4]。骏，吉之子也[5]。先是，京兆有赵广汉、张敞、王尊、王章，至骏，皆有能名，故京师称曰："前有赵、张，后有三王[6]。"

闰月，壬戌[7]，于永卒。

乌孙小昆弥[8]乌就屠死，子拊离代立；为弟日贰所杀。汉遣使者立拊离子安日为小昆弥。日贰亡阻[9]康居；安日使贵人姑莫匿等三人诈亡从日贰，刺杀之。于是西域诸国上书，愿复得前都护段会宗[10]；上从之。城郭诸国闻之，皆翕然亲附[11]。

谷永奏言："圣王不以名誉加于实效；御史大夫任重职大，少府宣[12]达于从政[13]，唯陛下留神考察！"上然之。

（以上为第二段，写阳朔四年，成帝对京兆尹和御史大夫的任命，以及西域都护的人选，察纳善言，颇为得人。）

【注释】

[1]雨雪：下雪。雨，降，作动词用。 [2]壬申：九月十六日。 [3]东平思王宇：宣帝之子刘宇，封东平王，谥曰思。传见《汉书》卷八十。 [4]京兆尹：京师长安的行政长官，位次列卿。 [5]骏，吉之子也：西汉有四王骏。此王骏为经学家王吉之子。王吉，官至废帝昌邑王中尉，与贡禹齐名。传见《汉书》卷七十二。 [6]前有赵、张，后有三王：前，指宣帝时；后，指成帝时。赵、张，赵广汉、张敞，均于宣帝时为京兆尹。三王，王尊、王章、王骏，成帝时为京兆尹。五人均称能吏，故民间有口碑。王骏传附《汉书·王吉传》中，其余四人合传，见《汉书》卷七十六。 [7]壬戌：闰十二月七日。 [8]乌孙小昆弥：乌孙，西域国名，都赤谷城，与西汉联姻为与国。昆弥，又作"昆莫"，乌孙王号。宣帝时，立元贵靡为大昆弥，乌就屠为小昆弥。元贵靡与乌就屠为兄弟，皆乌孙肥王翁归靡之子。元贵靡为汉解忧公主所生，系长男；乌就屠为胡妇所生。[9]亡阻：亡，逃亡。阻，依恃。 [10]段会宗：字子松，西汉名将，元、成时两度为西域都护。第一任西域都护在公元前 33 年，三年期满于公元前 31 年回长安。此为第二度出任。传见《汉书》卷七十。 [11]翕然亲附：和顺归附。 [12]少府宣：少府，掌管皇室财政，九卿之一。少府薛宣，继于永为御史大夫，后官至丞相。传见《汉书》卷八十三。 [13]达于从政：熟练政务。

鸿嘉元年（辛丑，前 20 年）

春，正月，癸巳[1]，以薛宣为御史大夫。

二月，壬午[2]，上行幸初陵[3]，赦作徒[4]；以新丰[5]之戏乡[6]为昌陵县，奉初陵。

上始为微行[7]，从期门郎[8]或私奴十余人，或乘小车，或皆骑，出入市里郊野，远至旁县甘泉、长杨、五柞[9]，斗鸡、走马，常自称富平侯家人。富平侯者，张安世四世孙放[10]也。放父临，尚敬武公主[11]，生放，放为侍中、中郎将，娶许皇后女弟[12]，当时宠幸无比，故假称[13]之。

三月，庚戌[14]，张禹以老病罢，以列侯朝朔、望[15]，位特进，见礼如丞相；赏赐前后数千万。

夏，四月，庚辰[16]，薛宣为丞相，封高阳侯；京兆尹王骏为御史大夫。

王音既以从舅[17]越亲用事[18]，小心亲职。上以音自御史大夫入为将军，不获宰相之封[19]，六月，乙巳[20]，封音为安阳侯。

冬，黄龙见真定[21]。

是岁，匈奴复株累单于[22]死，弟且麋胥[23]立，为搜谐若鞮单于；遣子左祝都韩王呴留斯侯入侍，以且莫车为左贤王。

（以上为第三段，写王音以皇上表兄弟之亲取代亲舅“五侯”执政，小心谨慎。汉成帝微服出宫嬉戏游乐。）

【注释】

[1]癸巳：正月九日。［2］壬午：二月二十八日。［3］初陵：指成帝更修的寿陵，即昌陵，未成而废，在今陕西西安市临潼区。［4］赦作徒：赦免修陵的囚徒。［5］新丰：县名，县治在今陕西西安市临潼区。［6］戏乡：新丰所属乡名，因建成帝陵而置邑，为昌陵县。［7］微行：私自出宫闲游。［8］期门郎：汉武帝私访，与卫士相约在宫门汇合，故称从皇帝私访的警卫为期门郎。［9］甘泉、长杨、五柞：京师远郊行宫名。甘泉宫在今陕西淳化县西北甘泉山上，长杨宫、五柞宫在今陕西周至县。［10］放：张放，西汉宣帝时中兴名臣张安世四世孙，大受成帝宠爱，为侍中、中郎将，仪比将军。因骄恣被外放。传附见《汉书·张汤传》。［11］敬武公主：元帝妹。

[12]许皇后女弟：成帝许皇后之妹。许皇后姐妹，为平恩侯许嘉之女。［13］假称：冒名。指成帝冒名张放家人。［14］庚戌：三月二十七日。［15］朝朔、望：即奉朝请，指只在每月的初一和十五入宫朝见皇上。［16］庚辰：四月二十七日。［17］从舅：堂舅父。［18］越亲用事：指王音超越成帝亲舅王谭等五侯而执掌国政。［19］宰相之封：汉初刘邦与大臣约，非功不得封侯。武帝时丞相公孙弘封为平津侯，自此丞相封侯成为定制。［20］六月，乙巳：六月癸丑朔，无乙巳。乙巳，七月二十五日。［21］真定：县名，为真定国治所，在今河北正定县南。［22］复株累单于：呼韩邪单于之子，名雕陶莫皋，公元前 31 年至公元前 20 年在位。［23］且麋胥：继复株累为搜谐若鞮单于，公元前 20 年至公元前 12 年在位。

二年（壬寅，前 19 年）

春，上行幸云阳[1]、甘泉。

三月，博士[2]行大射礼[3]。有飞雉[4]集于庭，历阶登堂而雊[5]；后雉又集太常、宗正、丞相、御史大夫、车骑将军之府，又集未央宫承明殿屋上[6]。车骑将军音、待诏[7]宠[8]等上言："天地之气，以类相应；谴告[9]人君，甚微而著。雉者听察[10]，先闻雷声，故《月令》[11]以纪气。《经》载高宗雊雉之异[12]，以明转祸为福之验。今雉以博士行礼之日[13]历阶登堂，万众睢睢[14]，惊怪连日，径历三公之府，太常、宗正典宗庙骨肉之官[15]，然后入宫，其宿[16]留告晓人，具备深切；虽人道相戒，何以过是！"后帝使中常侍晁闳诏音[17]曰："闻捕得雉，毛羽颇摧折，类拘执者[18]，得无人为之[19]？"音复对[20]曰："陛下安得亡国之语！不知谁主为佞谄之计，诬乱圣德如此者！左右阿谀甚众，不待臣音复谄而足。公卿以下，保位自守，莫有正言[21]。如令陛下觉寤，惧大祸且至身，深责臣下，绳[22]以圣法[23]，臣音当先诛，岂有以自解哉！今即位十五年，继嗣不立[24]，日日驾车而出，失行流闻[25]；海内[26]传之，甚于京师。外有微行之害，内有疾病之忧，皇天[27]数见灾异，欲人变更[28]，终已不改。天尚不能感动陛下，臣子何望！独有极言[29]待死，命在朝暮而已。如有不然，老母安得处所，尚何皇太后之有！高祖天下当以谁属乎[30]！宜谋于贤智，克己复礼[31]，以求天意，继嗣可立，灾变尚可销也。"

初，元帝俭约，渭陵[32]不复徙民起邑[33]；帝起初陵[34]，数年后，乐霸陵曲亭南[35]，更营之。将作大匠[36]解万年使陈汤[37]为奏，请为初陵徙民起邑，欲自以为功，求重赏。汤因自请先徙，冀得美田宅。上从其言，果起昌陵邑[38]。

夏，徙郡国豪桀赀五百万以上五千户于昌陵。

五月，癸未[39]，陨石于杜邮[40]三。

六月，立中山宪王[41]孙云客为广德王。

是岁，城阳哀王云[42]薨；无子，国除。

（以上为第四段，写成帝从鸿嘉二年起，行为放纵，微服游乐，铺张建置寿陵。车骑将军王音借口野鸡飞集官府、皇宫这一异常事件，极力直谏汉成帝节制游玩。）

【注释】

［1］云阳：行宫名，即甘泉宫。初为秦所建，称林光宫，汉时扩建，因在云阳县甘泉山上，故又称云阳宫、甘泉宫。［2］博士：官名，属太常，备顾问。武帝立太学后，博士兼经学教官。［3］大射礼：射击讲武之礼。古代政治讲究文武合一，故天子、诸侯、大夫、士皆有大射之礼。此指博士所行士射礼。［4］雉：野鸡。［5］历阶登堂而雊：飞集于庭的野鸡，顺阶登殿堂高叫。雊（gòu），鸣叫。［6］承明殿：未央宫殿名。屋上：屋顶上。［7］待诏：等待诏命的候补官，一般在公车府待诏。［8］宠：人名，史失其姓，从上疏内容看，似为经术待诏。［9］谴告：警告。天人感应论的专用语，指上天以灾祥警告人君。［10］听察：指野鸡听觉敏锐，故能对细微有所觉察。［11］《月令》：《礼记》中的篇名。［12］《经》载高宗雊雉之异：《尚书·高宗肜日》载：商王武丁祭祀成汤，有只飞雉落在鼎耳上啼叫，武丁恐惧，大臣祖己作《高宗肜日》训诫商王修班，商朝复兴。高宗，即商王武丁。［13］行礼之日：据章校，“日”字下脱：“大众聚会，飞集于庭”八字。［14］睢睢：形容因惊怪而瞪眼注视的样子。［15］骨肉之官：指宗正，掌管皇族事务。骨肉，喻其亲近。［16］其宿：指野雉止留宫中一宿。［17］晁闳诏音：晁闳，人名。诏音，晁闳把成帝诏书责问雊雉似人为之事传达给王音，要求王音做出解释。［18］类拘执者：指野雉像是捕获来的。［19］得无人为之：莫非是人为制造的？［20］音复对：王音再次上奏关于雊雉之事，系回答诏书的责问，故称复对。［21］正言：正直的忠言。［22］绳：以法律为准绳制裁。［23］圣法：指汉法。［24］继嗣不立：太子未立。这里指未育皇子。［25］失行流闻：不道德的行为向四方传播。［26］海内：全国。［27］皇天：上天。［28］欲人变更：希望皇帝改正错误。［29］极言：尽忠直谏。指把要说的说透，说彻底。［30］“如有不然”四句：此四句意为，如我不直言极谏，一旦祸患应验，连我的老母都不知如何安置，更无法侍奉皇太后。到那时，高祖打下的江山，陛下将交给谁呢？［31］克己复礼：克制自己的欲望，务使言行合于礼仪。语出《论语·颜渊》：“克己复礼为仁。一日克己复礼，天下归仁焉。”［32］渭陵：元帝陵，在今陕西咸阳

市西北。［33］徙民起邑：移民于皇帝陵旁，形成县邑。秦汉时已是一项基本国策。帝陵前，定要有万家邑。［34］帝起初陵：指成帝最初（建始二年）起造的延陵，在今陕西咸阳市西北。成帝死后葬延陵。中间更修的昌陵，因地势低平，难以起陵，数年后罢废。［35］霸陵曲亭南：成帝新建昌陵所在地新丰县戏乡，位于霸陵县曲亭之南。霸陵县为汉文帝的陵邑。［36］将作大匠：官名，掌治宫室陵邑。［37］陈汤：成帝时安边名将，官至西域副校尉，诛匈奴郅支单于。因建言修昌陵邑，扰动天下，被弹劾徙边。传见《汉书》卷七十。［38］昌陵邑：汉成帝新建陵邑，半途而废。见前注35。［39］癸未：五月六日。［40］杜邮：地名，在今陕西咸阳市东。［41］中山宪王：刘福，为景帝子中山王刘胜的玄孙。［42］城阳哀王云：刘云，为齐帝时所封城阳王刘章的十世孙。刘章为高帝长男，齐王刘肥的次子，因诛诸吕功封城阳王。

三年（癸卯，前18年）

夏，四月，赦天下。

大旱。

王氏五侯争以奢侈相尚。成都侯商尝病，欲避暑，从上借明光宫[1]。后又穿长安城，引内沣水[2]，注第中大陂[3]以行船，立羽盖[4]，张周帷[5]，楫棹越歌[6]。上幸商第，见穿城引水，意恨，内衔之[7]，未言。后微行出，过曲阳侯第，又见园中土山、渐台[8]，象白虎殿[9]，于是上怒，以让[10]车骑将军音。商、根兄弟欲自黥、劓以谢太后[11]。上闻之，大怒，乃使尚书责问司隶校尉、京兆尹，知成都侯商等奢僭不轨，藏匿奸猾[12]，皆阿纵[13]，不举奏正法；二人顿首省户下[14]。又赐车骑将军音策书曰："外家何甘乐祸败！而欲自黥、劓，相戮辱于太后前[15]，伤慈母之心，以危乱国家！外家宗族强[16]，上一身浸弱[17]日久，今将一施之[18]，君其召诸侯，令待府舍[19]！"是日，诏尚书奏文帝诛将军薄昭故事[20]。车骑将军音藉槁请罪[21]，商、立、根皆负斧质谢[22]，良久乃已。上特欲恐之，实无意诛也。

秋，八月，乙卯[23]，孝景庙北阙[24]灾。

初，许皇后与班婕妤[25]皆有宠于上。上尝游后庭，欲与婕妤同辇载，婕妤辞曰："观古图画，贤圣之君皆名臣在侧，三代末主[26]乃有嬖妾[27]；今欲同辇，得无近似之乎！"上善其言而止。太后闻之，喜曰："古有樊姬[28]，今有班婕妤！"班婕妤进侍者李平得幸，亦为婕妤，赐姓曰卫。

其后，上微行过阳阿主家，悦歌舞者赵飞燕[29]，召入宫，大幸；有女弟，复召入，姿性尤醲粹[30]，左右见之，皆啧啧[31]嗟赏[32]。有宣帝时披香博士[33]淖方成在帝后，唾曰："此祸水也，灭火必矣！"姊、弟俱为婕妤，贵倾后宫。许皇后、班婕妤皆失宠。于是赵飞燕谮告许皇后、班婕妤挟媚道[34]，祝诅后宫，詈及主上。

冬，十一月，甲寅[35]，许后废处昭台宫[36]，后姊谒[37]皆诛死，亲属归故郡[38]。考问班婕妤，婕妤对曰："妾闻'死生有命，富贵在天[39]。'修正尚未蒙福，为邪欲以何望！使鬼神有知，不受不臣之诉[40]；如其无知，诉之何益！故不为也。"上善其对，赦之，赐黄金百斤。赵氏姊、弟骄妒[41]，婕妤恐久见危，乃求共养太后于长信宫[42]。上许焉。

广汉男子郑躬等六十余人攻官寺，篡囚徒[43]，盗库兵；自称山君。

（以上为第五段，写汉成帝惩处王氏五侯，五侯丧胆，表明汉成帝仍有控制朝政的绝对权威，碍于王氏皇太后的袒护，始终不能下定决心罢斥五侯。这时出身微贱的歌舞女子赵飞燕姐妹，闯入成帝的生活，大受宠幸，乃至夺了许皇后之位。汉成帝沉溺女色，更加荒怠政事，无所作为。）

【注释】

[1]明光宫：在长安城南，离桂宫不远。大臣借住皇宫，不是什么施恩臣下的殊荣，而是君臣俱失的一种荒诞行径。 [2]引内沣水：引沣河之水入人工湖。内，通"纳"。沣水，渭水支流，在长安西，今已堙。[3]第中大陂：指王商住宅花园中的人工湖。[4]立羽盖：用羽毛编制的华盖。盖，此指船篷。[5]张周帷：在游船四周张挂围帐。[6]楫棹越歌：让划船的人高唱越人的歌曲。楫棹，船桨，短名楫，长名棹。 [7]内衔之：把对王商的恨藏于心中。衔，隐而不发。 [8]渐台：人工筑的湖中小岛。 [9]白虎殿：未央宫中殿名。[10]让：申斥。 [11]自黥、劓以谢太后：指王商、王根兄弟自刑向太后请罪，向成帝施加压力。黥，脸上刺字。劓，割掉鼻子。谢太后，向太后请罪。太后，即成帝母王政君，王商、王根兄弟之姐。 [12]藏匿奸猾：窝藏罪犯。[13]阿纵：徇私纵容。 [14]二人顿首省户下：司隶校尉、京兆尹到宫门外磕头请罪。省户，禁门。司隶校尉察举官吏，京兆尹治理京师，王商兄弟犯法，二人皆被追究渎职罪。 [15]戮辱于太后前：指王商兄弟要自黥自劓，要在太后面前羞辱成帝。 [16]强：骄横。 [17]浸弱：日渐孤立。 [18]一施之：坚决地执法于外戚。 [19]君其召诸侯，令待府舍：成帝令王音通知王商、

王根等诸侯，在家里听候处分。君，指车骑将军王音。[20]薄昭故事：指汉文帝诛舅薄昭事，详《资治通鉴》卷十四文帝前元十年。[21]藉槁请罪：坐在草垫子上听候处治。古代囚犯斩首时，为避免血污遍地，衬以草垫。[22]负斧质谢：背负刑具请罪。斧，斩具。质，砧板。[23]乙卯：八月十五日。[24]北阙：北门。[25]班婕妤：成帝妃。婕妤，位仅次于皇后的贵妃之号。[26]三代末主：夏商周三代的亡国之君夏桀王、商纣王、周幽王。[27]嬖妾：受宠的妃子。[28]樊姬：春秋时楚庄王贤妃。楚庄王好田猎，樊姬不食野味，终于使楚庄王感悟而停止了田猎。[29]赵飞燕：阳阿公主的舞女，成帝召入宫为婕妤，夺许皇后之宠为皇后。传见《汉书》卷九十七下。[30]姿性尤醲粹：天生丽质，美艳无比。[31]啧啧：交口赞誉之声。[32]嗟赏：惊奇赞赏。[33]披香博士：管理后宫的官员。[34]媚道：诅咒他人以求自己得宠。[35]甲寅：十一月十六日。[36]昭台宫：在上林苑中。[37]后姊谒：许皇后姐许谒，为平安刚侯夫人。据章校，“谒”下有“等”字。[38]归故郡：遣归原籍。许皇后故乡在山阳郡。[39]死生有命，富贵在天：语出《论语·颜渊》篇子夏答司马牛之言。[40]不受不臣之诉：不接受叛逆者的控诉。不臣，指诅咒皇帝之事。[41]骄妒：骄横而忌妒。[42]长信宫：太后所居宫，在长安城东，与未央宫相对。[43]篡囚徒：胁迫狱中囚徒造反。

四年（甲辰，前 17 年）

秋，渤海、清河、信都[1]河水湓溢[2]，灌县、邑三十一，败[3]官亭[4]、民舍四万余所。平陵[5]李寻奏言：“议者常欲求索九河故迹[6]而穿之。今因其自决，可且勿塞，以观水势；河欲居之，当稍自成川，跳出沙土。然后顺天心而图之，必有成功，而用财力寡。”于是遂止不塞。朝臣数言百姓可哀，上遣使者处业[7]振赡之。

广汉[8]郑躬党与浸广[9]，犯历四县，众且[10]万人；州郡不能制。冬，以河东[11]都尉[12]赵护为广汉太守，发郡中及蜀郡合三万人击之，或相捕斩除罪[13]；旬月[14]平。迁护为执金吾[15]，赐黄金百斤。

是岁，平阿安侯王谭薨。上悔废谭使不辅政而薨也，乃复进成都侯商，以特进领城门兵，置幕府[16]，得举吏如将军[17]。

魏郡杜邺[18]时为郎，素善车骑将军音，见音前与平阿侯有隙，即说音曰：“夫戚而不见殊，孰能无怨[19]！昔秦伯[20]有千乘之国而不能容其母弟，《春秋》讥焉[21]。周、召[22]则不然，忠以相辅，义以相匡，同己之亲，等己之尊[23]，不以圣德独兼国宠，又不为长专受荣任[24]，分职于陕，并为弼疑[25]，故内无感[26]恨之隙，外无侵侮之羞，俱享天佑，两荷高名[27]者，盖以此也。窃见成都侯以特进领城门兵，复有诏得举吏如五府[28]，此明诏所欲必宠也。将军宜承顺圣意，加异往时[29]，每事凡议，必与及之。发于至诚，则孰不说谕[30]！”音甚嘉其言，由是与成都侯商亲密。二人皆重邺。

（以上为第六段，写黄河再次闹水害，汉成帝采纳错误意见，不堵决口，人民遭殃。外戚集团，王音、王商采纳杜邺之言，和衷共济。）

【注释】

[1]渤海、清河、信都：郡国名。渤海郡治所浮阳，在今河北沧州市东南。清河郡治所清阳，在今河北清河县东南。信都郡治所信都，在今河北衡水市冀州区。[2]溢溢：河水涨过堤坝涌出。[3]败：冲毁，淹没。[4]官亭：邮亭。[5]平陵：昭帝陵邑，在今陕西咸阳市东北。[6]九河故迹：九河故道。传说夏禹疏九河，《尔雅·释水》记载其名为：一徒骇河，二太史河，三马颊河，四覆釜河，五胡苏河，六简河，七洁河，八钩盘河，九鬲津河。九河流域在今河北东部天津市以南地区。[7]处业：安置。[8]广汉：郡名，治所在今四川金堂县。[9]党与浸广：追随郑躬的群众越来越多。[10]且：将近，大约。[11]河东：郡名，治所安邑，在今山西夏县西北。[12]都尉：官名，掌一郡军事事务。[13]相捕斩除罪：指发布命令，规定起事者可以互相捕斩以免除本人之罪。[14]旬月：一月。旬，满。[15]执金吾：官名，列卿，掌京师治安。[16]置幕府：建立指挥机构。汉制，车骑、左、右将军才能置幕府。今王商领城门兵，是低于将军的校尉，特准许他置幕府是表示恩宠。[17]得举吏如将军：比照将军可以不经请示任用下属官吏。举吏，委任官吏。[18]杜邺：字子夏，魏郡（治所邺县，在今河北磁县南）人，以孝廉为郎。传见《汉书》卷八十五。[19]戚而不见殊，孰能无怨：至亲骨肉得不到殊荣，怎能没有怨恨。指平阿侯王谭系成帝亲舅，反而未能执政，所以对王音产生了怨恨。[20]秦伯：指秦景公。景公同母弟公子针有宠于其父桓公。景公立，针惧而奔晋。事详《左传》昭公元年。[21]《春秋》讥焉：对公子针出走晋国之事，《春秋》记作“秦伯之弟针出奔晋”，意含讥刺，表示对秦景公的批评。[22]周、召：指西周时的周公姬旦、召公姬奭，两人无私怨，忠心辅国，为后世人臣楷模，受到历代封建社会士大夫的褒扬。[23]同己之亲，等己之尊：指周公、召公互相敬重，和对方平等相待。[24]“不以”二句：周、召二人，都不因自己劳苦功高而独占朝廷的信任，也不因在位长久而专享荣华富贵。[25]分职于陕，并为弼疑：周、召二公，并为辅佐大臣，以陕（今河南三门峡市陕州区）为界，分别主持该地区政务，自陕以东，由周公主管，称“左辅”“前疑”；自陕以西，由召公主管，称“右弼”“后丞”。[26]感：通“憾”，意为不满。[27]两荷高名：两人获得很高的声誉。[28]五府：丞相、御史大夫、车骑将军、左将军、右将军并称五府。国家

军政大事，五府合议。［29］加异往时：指王音较前更亲近王商。［30］说谕：高兴。说，通“悦”。

永始元年（乙巳，前16年）

春，正月，癸丑[1]，太官[2]凌室[3]火。戊午[4]，戾后园[5]南阙火[6]。

上欲立赵婕妤[7]为皇后，皇太后嫌其所出微甚，难之[8]。太后姊子淳于长为侍中，数往来通语东宫[9]；岁余，乃得太后指[10]，许之。

夏，四月，乙亥[11]，上先封婕妤父临为成阳侯。谏大夫河间刘辅[12]上书，言：“昔武王、周公，承顺天地以飨鱼、乌之瑞[13]，然犹君臣祗惧[14]，动色相戒[15]。况于季世[16]，不蒙继嗣之福，屡受威怒[17]之异者乎！虽夙夜自责，改过易行，畏天命，念祖业，妙选[18]有德之世，考卜[19]窈窕之女，以承宗庙，顺神祇心，塞天下望[20]，子孙之祥犹恐晚暮！今乃触情纵欲，倾[21]于卑贱之女，欲以母天下[22]，不畏于天，不愧于人，惑莫大焉！里语[23]曰：‘腐木不可以为柱；人婢不可以为主。’天人之所不予[24]，必有祸而无福，市道皆共知之[25]，朝廷莫肯壹言[26]。臣窃伤心，不敢不尽死！”

书奏，上使侍御史[27]收缚辅，系掖庭秘狱[28]，群臣莫知其故。于是左将军辛庆忌[29]、右将军廉褒[30]、光禄勋琅邪师丹[31]、太中大夫谷永俱上书曰：“窃见刘辅前以县令求见，擢为谏大夫，此其言必有卓诡切至[32]当圣心者，故得拔至于此。旬月之间，收下秘狱。臣等愚以为辅幸得托公族之亲，在谏臣之列，新从下土来，未知朝廷体，独触忌讳，不足深过。小罪宜隐忍而已，如有大恶，宜暴治理官[33]，与众共之。今天心未豫[34]，灾异屡降，水旱迭臻[35]，方当隆宽广问[36]，褒直尽下[37]之时也，而行惨急之诛于谏争[38]之臣，震惊群下，失忠直心。假令辅不坐直言，所坐不著，天下不可户晓[39]。同姓近臣，本以言显[40]，其于治亲养忠[41]之义，诚不宜幽囚于掖庭狱。公卿以下，见陛下进用辅亟而折伤之暴，人有惧心，精锐销耎[42]，莫敢尽节正言，非所以昭有虞之听[43]，广德美之风！臣等窃深伤[44]之，惟陛下留神省察[45]！”上乃徙辅系共工狱[46]，减死罪一等，论为鬼薪[47]。

初，太后兄弟八人[48]，独弟曼早死，不侯；太后怜之。曼寡妇渠供养东宫[49]，子莽幼孤，不及等比[50]；其群兄弟皆将军、五侯子，乘时[51]侈靡，以舆马声色佚游相高[52]。莽因折节[53]为恭俭，勤身[54]博学，被服如儒生[55]；事母及寡嫂，养孤兄子[56]，行甚敕备；又外交英俊，内事诸父，曲有礼意[57]。大将军凤病，莽侍疾，亲尝药，乱首垢面[58]，不解衣带连月。凤且死，以托太后及帝，拜为黄门郎[59]，迁射声校尉[60]。久之，叔父成都侯商上书，愿分户邑以封莽。长乐少府[61]戴崇、侍中[62]金涉、中郎[63]陈汤等皆当世名士，咸为莽言，上由是贤莽，太后又数以为言。五月，乙未[64]，封莽为新都侯，迁骑都尉[65]、光禄大夫[66]、侍中。宿卫谨敕[67]，爵位益尊，节操愈谦，散舆马、衣裘振施宾客，家无所余；收赡[68]名士，交结将、相、卿、大夫甚众。故在位者更推荐之，游者[69]为之谈说[70]，虚誉[71]隆洽[72]，倾[73]其诸父矣。敢为激发之行[74]，处之不惭恧[75]。尝私买侍婢，昆弟或颇闻知，莽因曰:“后将军朱子元[76]无子，莽闻此儿种宜子[77]。”即日以婢奉朱博。其匿情[78]求名如此！

六月，丙寅[79]，立皇后赵氏，大赦天下。

皇后既立，宠少衰[80]；而其女弟绝幸[81]，为昭仪[82]，居昭阳舍，其中庭彤朱[83]而殿上髹漆[84]；切皆铜沓，黄金涂[85]；白玉阶；壁带[86]往往为黄金釭[87]，函[88]蓝田璧、明珠、翠羽[89]饰之；自后宫未尝有焉。赵后居别馆，多通侍郎[90]、宫奴[91]多子者。昭仪尝谓帝曰：“妾姊性刚，有如为人构陷，则赵氏无种矣！”因泣下凄恻。帝信之，有白[92]后奸状者，帝辄杀之。由是后公为淫恣，无敢言者，然卒无子。

光禄大夫刘向[93]以为王教由内及外，自近者始，于是采取《诗》《书》所载贤妃、贞妇兴国显家及孽、嬖[94]乱亡者，序次[95]为《列女传》，凡八篇，及采传记行事，著《新序》《说苑》，凡五十篇[96]，奏之；数上疏言得失，陈法戒[97]。书数十上，以助观览，补遗阙[98]。上虽不能尽用，然内嘉其言，常嗟叹之。

（以上为第七段，写汉成帝荒淫而废除许皇后，以及宠幸赵飞燕姐妹的过程。王莽矫情，初露头角。）

【注释】

［1］癸丑：正月二十二日。［2］太官：少府属官，掌御厨。［3］凌室：藏冰之所。［4］戊午：正月二十七日。［5］戾后园：武帝戾太子刘据妻史良娣的陵园，在长安城南。［6］南阙火：戾后园南门失火。［7］赵婕妤：赵飞燕。［8］难之：皇太后王政君对立赵飞燕为皇后之事，感到为难，即不同意。［9］东宫：指皇太后所居之长信宫。［10］指：通“旨”。［11］乙亥：四月十五日。［12］河间刘辅：河间，封国名，治所乐成县，在今河北献县东南。刘辅，河间宗室，举孝廉为襄贲令，官至谏大夫。传见《汉书》卷七十七。［13］鱼、乌之瑞：据《今文尚书·泰誓》载：武王伐纣，渡河时有一条白鱼跳进武王乘坐的船上，武王拾起来作为祭品。渡河后，又有天火掉在武王住的屋顶上，化为一只乌鸦。鱼，在古代以介鳞之物象征战争。白色，为殷之正色，武王拾白鱼，象征政权转移。火化作乌鸦，象征周朝得火德。二者即是所谓的祥瑞。［14］祗惧：敬畏。［15］动色相戒：神色严肃地互相诫勉。［16］季世：末世。此指当今。［17］威怒：指皇天降威，愤怒谴告。［18］妙选：慎重选择。［19］考卜：稽考占卜，即认真调查。［20］塞天下望：满足天下人的期望。［21］倾：迷恋。［22］母天下：为天下人之母，指当皇后。［23］里语：俗语。［24］天人之所不予：上天与百姓都不会赞同。［25］市道皆共知之：这个道理连市井小民都清楚。市道，市井道路之人，即平民。［26］壹言：一句忠言。［27］侍御史：御史大夫属官，给事殿中者称侍御史。或治书，或察举，均职有专司。［28］掖庭秘狱：宫中的秘密监狱。掖庭，亦称宫中之永巷。汉制设掖庭令，由宦官充任，管理嫔妃事务及负责内廷诏狱。［29］辛庆忌：辛武贤之子，以武勇俭约出名。传见《汉书》卷六十九。［30］廉褒：立功西域的名将，官至右将军，无传。［31］师丹：字仲公，哀帝即位，官至大司空。传见《汉书》卷八十六。［32］卓诡切至：指言论异于常人，中肯而且恰当。卓诡，不俗。［33］宜暴治理官：应当公布罪状，交给司法官员处治。暴，公开揭露。理官，指廷尉。［34］豫：愉悦。［35］水旱迭臻：水灾旱灾交替发生。［36］隆宽广问：宽大为怀，广开言路。［37］褒直尽下：褒奖忠直，尽心为民。［38］谏争：直言极谏。［39］“假令”三句：如果刘辅不是因直言而致罪，那么他的罪过就不明显，天下的人都会产生疑问，而这种疑虑又不可能挨家挨户去解释。这是反对成帝秘密审理刘辅的委婉辩词。［40］以言显：以言论正直闻名。［41］治亲养忠：教育亲族，培养忠良。［42］“公卿以下”四句：朝廷公卿以下官员，看到皇帝快速提升刘辅又突然打击他，人怀恐惧，虽欲尽忠也锐气尽消。［43］昭有虞之听：表现出像虞舜那样虚怀若谷，乐于倾听意见。有虞，即大舜，相传舜设敢谏之鼓，虚心纳谏。［44］伤：痛心。［45］留神省察：留意考察，平心论事。［46］共工狱：即考工狱。考工，管理制作器物的工官，属少府。考工令兼理少府诏狱。［47］减死罪一等，论为鬼薪：减罪一等，免去刘辅死刑，改判为苦役三年。论，判决。鬼薪，为宗庙伐薪，三岁刑。［48］太后兄弟八人：太后王政君有八弟，依次为王凤、王曼、王谭、王崇、王商、王立、

王根、王逢时。太后与王凤、王崇系同母所生，王凤袭爵阳平侯，王崇封成安侯。庶弟六人，王曼早死不得侯，余五弟同日封侯，谓之五侯。［49］供养东宫：受供养于东宫。指太后把王曼寡妻接到东宫同住。［50］等比：享受同等的荣华富贵。［51］乘时：趁富贵之时。［52］佚游相高：互相攀比奢华。［53］折节：甘居人下。［54］勤身：洁身自好。［55］被服如儒生：穿戴打扮像一个普通的读书人。［56］养孤兄子：养亡兄之子。王莽兄王永早死，遗一子名光，王莽养之如己子。［57］曲有礼意：卑身礼敬。［58］乱首垢面：头发蓬乱，脸面污秽。一方面表示尽心侍候病人，连梳洗的时间也没有；另一方面表示哀伤过度，无心梳洗。［59］黄门郎：掌守禁门的侍从官，属黄门令。［60］射声校尉：北军校尉之一。校尉，职别低于将军的武官。［61］长乐少府：官名，主管长乐宫太后事务。长乐宫，高帝建，自惠帝时吕后居住后，遂为太后宫。［62］侍中：加官，皇帝亲随。东汉以后始掌实权。［63］中郎：郎官之一，掌守殿门，出充车骑。［64］乙未：五月六日。［65］骑都尉：骑兵侍从官。都尉，低于将军等同校尉的武官。［66］光禄大夫：光禄勋属官，掌议论。［67］宿卫谨敕：侍从皇上极为小心谨慎。［68］收赡：收留供养。［69］游者：帮闲者。［70］谈说：四面宣扬。［71］虚誉：声誉。［72］隆洽：隆盛而美满。［73］倾：凌驾于。［74］敢为激发之行：敢于做常人不敢做的事情，如王莽买婢赠人、杀子偿命等事均属“激发之行”。［75］惭恧（nǜ）：惭愧。［76］朱子元：朱博字子元。传见《汉书》卷四十三。［77］此儿种宜子：这女子能够多生子女。据章校，“子”字下脱“为买之”三字。［78］匿情：伪饰真情。［79］丙寅：六月七日。［80］宠少衰：宠爱日渐淡薄。［81］绝幸：得到专一的宠爱。［82］昭仪：成帝增设的嫔妃之号。赵昭仪所居宫，史称昭阳宫，即下文的昭阳舍，极其奢丽。［83］中庭彤朱：昭阳宫的中庭漆成朱红色。［84］殿上髹漆：寝殿漆成黑色。髹（xiū），赤黑漆。［85］切皆铜沓，黄金涂：用铜做门槛，再用黄金包裹。切，门槛。沓，突出，这里指在木门槛上加一层铜门槛。［86］壁带：墙上露出的带状横木。［87］黄金釭：装饰在壁带上的金环。［88］函：镶嵌。［89］翠羽：翠鸟的羽毛。翠，青绿色。［90］侍郎：诸郎之一，可以出入宫禁。［91］宫奴：宫中的罪徒。［92］白：禀告。［93］刘向：原名更生，字子政，在成帝即位时改名刘向，西汉著名学者。传附《汉书》卷三十六。［94］孽、嬖：均指宠幸的嫔妃。［95］序次：编排。刘向所著的《列女传》《新序》《说苑》等，皆流传至今。［96］凡五十篇：总计五十篇。《新序》三十篇，《说苑》二十篇。［97］陈法戒：陈述值得效法、借鉴的史迹。［98］补遗阙：拾遗补缺，指补救皇帝的过失。

昌陵制度奢泰[1]，久而不成。刘向上疏曰：“臣闻王者必通三统[2]，明天命所授者博，非独一姓也。自古及今，未有不亡之国。孝文皇帝尝美石椁之固[3]，张释之曰：‘使其中有可欲，虽锢[4]南山犹有隙。’夫死者无终极[5]而国家有废兴，故释之之言为无穷计[6]也。孝文寤焉，遂薄葬。棺椁[7]之作，自黄帝始。黄帝、尧、舜、禹、汤、文、武、周公，丘垅[8]皆小，葬具甚微；其贤臣孝子亦承命顺意而薄葬之，此诚奉安君父忠孝之至也。孔子葬母于防[9]，坟四尺。延陵季子[10]葬其子，封坟掩坎[11]，其高可隐。故仲尼孝子而延陵慈父，舜、禹忠臣，周公弟弟[12]，其葬君、亲、骨肉皆微薄矣；非苟为俭，诚便于体[13]也。秦始皇葬于骊山之阿[14]，下锢三泉[15]，上崇山坟[16]，水银为江、海，黄金为凫、雁，珍宝之臧[17]，机械之变，棺椁之丽，宫馆之盛，不可胜原[18]；天下苦其役而反之，骊山之作未成，而周章[19]百万之师至其下矣。项籍燔其宫室，营宇[20]，牧儿持火照求亡羊，失火烧其臧椁。自古及今，葬未有盛如始皇者也；数年之间，外被项籍之灾，内离牧竖之祸，岂不哀哉！是故德弥厚者葬弥薄，知[21]愈深者葬愈微。无德寡知，其葬愈厚，丘垅弥高，宫阙[22]甚丽，发掘必速。由是观之，明暗之效，葬之吉凶，昭然可见矣！陛下即位，躬亲节俭，始营初陵[23]，其制约小，天下莫不称贤明；及徙昌陵，增庳[24]为高，积土为山，发民坟墓，积以万数[25]，营起邑居，期日迫卒[26]，功费大万[27]百余，死者恨于下，生者愁于上，臣甚憠[28]焉！以死者为有知，发人之墓，其害多矣；若其无知[29]，又安用大！谋之贤知则不说[30]，以示众庶则苦之，若苟以说愚夫淫侈之人[31]，又何为哉！唯陛下上览明圣之制以为则[32]，下观亡秦之祸以为戒[33]，初陵之模[34]，宜从公卿大臣之议，以息众庶！”上感其言。

初，解万年自诡[35]昌陵三年可成，卒不能就；群臣多言其不便者。下有司议[36]，皆曰：“昌陵因卑为高，度便房[37]犹在平地上；客土[38]之中，不保幽冥之灵[39]，浅外不固[40]。卒徒工庸以巨万数[41]，至然脂夜作[42]，取土东山，且与谷同贾[43]，作治数年，天下遍被其劳[44]。故陵因天性[45]，据真土[46]，处势高敞，旁近祖考[47]，前又已有十年功绪[48]，宜还复故陵，勿徙民，便！”秋，七月，诏曰：“朕执德不固[49]，谋不尽下[50]，过听将作大匠万年言‘昌陵三年可成’，作治五年，中陵[51]、司马殿门[52]内尚未加功[53]。天下虚耗，百姓罢劳，客土疏恶[54]，终不可成，朕惟其难，怛然伤心[55]。夫‘过而不改，是谓过矣[56]'。其罢昌陵，及故陵勿徙吏民，令天下毋有动摇之心！”

初，酂侯萧何之子[57]嗣为侯者，无子及有罪，凡五绝祀[58]。高后、文帝、景帝、武帝、宣帝思何之功，辄以其支庶绍封[59]。是岁，何七世孙酂侯获[60]坐使奴杀人，减死，完为城旦[61]。先是，上诏有司访求汉初功臣之后，久未省录[62]。杜业[63]说上曰：“唐、虞、三代皆封建诸侯，以成太平之美，是以燕、齐[64]之祀与周并传，子继弟及[65]，历载不堕[66]。岂无刑辟[67]，繇祖之竭力[68]，故支庶赖焉。迹[69]汉功臣，亦皆剖符[70]世爵，受山、河之誓[71]；百余年间，而袭封者尽，朽骨孤于墓，苗裔流于道，生为愍隶[72]，死为转尸[73]。以往况今[74]，甚可悲伤。圣朝怜闵，诏求其后，四方忻忻[75]，靡不归心。出入数年而不省察，恐议者不思大义，徒设虚言，则厚德掩息[76]，吝简布章[77]，非所以示化劝后也[78]。虽难尽继，宜从尤功[79]。”上纳其言。癸卯[80]，封萧何六世孙南䜌长喜为酂侯。

立城阳哀王弟俚为王。

八月，丁丑[81]，太皇太后王氏[82]崩。

九月，黑龙见东莱[83]。丁巳晦[84]，日有食之。

是岁，以南阳太守陈咸[85]为少府，侍中淳于长[86]为水衡都尉[87]。

（以上为第八段，写汉成帝修建寿陵，由于计划不密，选址不周，匆匆动工，来回变动，劳民伤财，虚耗国力。在古代，现任皇帝建寿陵是一项国家大工程，而成帝与执政大臣竟然如此荒怠失职，表现了成帝时期的政治昏暗。）

【注释】

[1]奢泰：指昌陵工程浩大。 [2]三统：汉代流行的一种历史循环理论，比如说夏、商、周就是按三统历法周期改朝换代的。详见《汉书·律历志》。 [3]美石椁之固：汉文帝巡视自己的寿陵（霸陵）时，曾对群臣说：“用北山石做棺是多么坚固啊！”事详《资治通鉴》卷十四文帝三年。[4]锢：用金属溶液灌铸、封闭。 [5]死者无终极：谓死亡永远不会完结，即人总是要死的。[6]无穷计：指有远见。 [7]棺椁：人死厚葬用两重棺，内称棺，外称椁。相传上古薄葬，人死只用柴草遮盖，自黄帝起始用棺椁。 [8]丘垅：坟冢。 [9]防：山名，一称笔架山，在山东曲阜东。相传孔子葬母于防山。 [10]延陵季子：春秋时吴王寿梦的少子公子季札封于延陵，有贤名，人称延陵季子。 [11]封坟掩坎：坟冢的高度只及人腰。掩坎，《汉书》臣瓒曰：“谓人立可隐

肘也。”人立时肘关节正在人腰部。［12］弟弟：同“悌弟”，即对兄弟友爱。［13］体：得体，合理。［14］骊山之阿：骊山旁。［15］下锢三泉：坟穴深及地下三泉，不得不用浇铸金属液的办法封固。［16］上崇山坟：地上的坟冢堆得像山一样高。据《皇览》，秦始皇陵高约合今 76 米。［17］臧：通“藏”。［18］不可胜原：秦始皇陵的奢丽后世无人可超过。胜(shēng)，胜出，超过。原，本原，引申为起点。这里指以秦始皇陵为本、为原、为起点，后人无法超过。［19］周章：陈胜起义军将领，他曾率兵攻入关中至戏下临近秦始皇陵。［20］营宇：指秦始皇骊山陵园建筑。［21］知：通“智”，指智者。［22］宫阙：据章校，“阙”字应作“庙”，宫庙，即陵庙。［23］始营初陵：指最初营建的延陵。［24］庳：低洼地。［25］发民坟墓，积以万数：为修昌陵，迁徙百姓祖坟数以万计。［26］营起邑居，期日迫卒：兴建昌陵邑，时限紧迫。［27］大万：万万，即一亿。［28］愍：通“闵”，痛心，痛惜。［29］知：通“智”。［30］说：通“悦”。［31］说愚夫淫侈之人：只能使愚昧奢侈的人高兴。［32］则：效法。［33］戒：借鉴。［34］初陵之模：寿陵的规模。［35］诡：诡称，妄说。［36］下有司议：交给主管部门审议。［37］度：量度。便房：陵之便殿。［38］客土：从别处搬来的泥土。［39］不保幽冥之灵：不能保护埋葬在地下的灵魂。［40］浅外不固：指用外地的土垒坟，地表是浮土，松软不坚固。［41］卒徒工庸以巨万数：为修昌陵而征发的士兵和刑徒，累计做工上亿个工作日。工庸，指累计的工作日。巨万，即万万,一亿。［42］然脂夜作：点起火把，夜以继日地劳作。然，通“燃”。脂，灌以油脂的柴薪，即火把。［43］贾：通“价”。［44］遍被其劳：都感到疲劳。［45］故陵因天性：原来选定的延陵，凭借天然的山势，即延陵依山为陵。因天性，借助天然的地势。［46］真土：原地的泥土。［47］祖考：指祖先陵墓。延陵靠近武帝茂陵和元帝渭陵。［48］绪：头绪，成果。［49］执德不固：遵守道德规范不坚定。［50］谋不尽下：谋虑时没有广泛听取群下的意见。［51］中陵：陵中寝殿。［52］司马殿门：指地上寝殿之司马门。［53］尚未加功：还没有动工。［54］客土疏恶：指外地土松软不坚固。［55］怛然伤心：惊骇又伤心。［56］过而不改，是谓过矣：引语见《论语·卫灵公》篇。［57］萧何之子：据章校，“子”下有“孙”字。萧何，西汉开国功臣，封酂侯。传见《史记》卷五十三、《汉书》卷三十九。［58］凡五绝祀：指酂侯五次断了继嗣。萧何子禄死后无子，一绝祀。高后乃封萧何夫人同为酂侯，封萧何少子萧延为筑阳侯。孝文帝元年，更封萧延为酂侯，延死其子萧遗继嗣，遗死后无子，二绝祀。汉文帝又封萧遗之弟萧则嗣，萧则有罪免，三绝祀。景帝二年，封萧则弟萧嘉为武阳侯，萧嘉死后，子萧胜嗣，因罪免，四绝祀。武帝元狩中，又以酂县二千四百户封萧何长孙萧庆为酂侯。萧庆死，子萧寿成嗣，因罪免，五绝祀。［59］支庶绍封：支庶，宗族旁支的子孙。绍封，续封。即酂侯家五绝祀，五次绍封。［60］酂侯获：萧寿成坐罪免后，宣帝又封萧何玄孙萧建世为酂侯，萧获乃萧建世之孙。［61］完为城旦：刑名。全称“完为城旦舂”，为五岁刑，其中三年为筑墙苦刑。完，指身体完整。汉文帝废除伤残肢体的肉刑，以苦刑代，故称完。舂，筑墙。［62］省录：调查登录，即办理。［63］杜业：杜周曾孙，官至太常。传附《汉书》卷六十。［64］燕、齐：指西周初召公姬奭封燕，太公吕尚封齐。［65］子继弟及：子继父业称继，弟承兄位称及。［66］历载不堕：香火不绝。［67］刑辟：刑罚甚至死刑。［68］繇祖之竭力：由于祖先尽力建功，荫庇子孙。［69］迹：遗迹，引申为考察，回顾。［70］剖符：符，封诸侯的凭信，一分为二，天子与诸侯各执其一，以为凭证。［71］山、河之誓：汉高祖封诸侯时的誓词说："使黄河如带，泰山若厉，国以永存，爰及苗裔。"［72］隧隶：沦为徒隶，令人怜悯。［73］转尸：死者无力埋葬，尸首填至沟壑。［74］以往况今：以周之厚德比汉之薄情。［75］忻忻：欢悦的样子。［76］掩息：消失。［77］吝简布章：舍不得续封功臣之后于天下。布章，发布封功臣子孙的制诰。［78］非所以示化劝后也：这不是传布教化、劝勉后人的办法。［79］虽难尽继，宜从尤功：谓汉朝功臣绝祀者众多，难以一一续封，但可以选择功劳最大的功臣后裔，先行续封。［80］癸卯：七月十五日。［81］丁丑：八月十九日。［82］太皇太后王氏：即成帝祖母宣帝王皇后。传见《汉书》卷九十七上。［83］东莱：郡名，治所掖县，在今山东莱州市。［84］丁巳晦：九月三十日。［85］陈咸：字子康，陈万年之子。传附《汉书》卷六十六。［86］淳于长：太后王政君姐王君侠之子，佞幸小人。传见《汉书》卷九十三。［87］水衡都尉：官名，武帝元鼎二年置，东汉省。掌上林苑及有关皇室财政，名义为少府属官，实际上权重于少府。

二年（丙午，前15年）

春，正月，己丑[1]，安阳敬侯王音薨。王氏唯音为修整，数谏正，有忠直节。

二月，癸未[2]夜，星陨如雨，绎绎[3]，未至地灭。

乙酉晦[4]，日有食之。

三月，丁酉，以成都侯商为大司马、卫将军；红阳侯王立位特进，领城门兵。

京兆尹翟方进[5]为御史大夫。

谷永为凉州刺史，奏事京师，讫，当之部，上使尚书问永，受所欲言。永对曰："臣闻王天下、有国家者，患在上有危亡之事[6]而危亡之言[7]不得上闻。如使危亡之言辄上闻，则商、周不易姓而迭兴，三正[8]不变改而更用。夏、商之将亡也，行道之人皆知之；晏然自以若天有日[9]，莫能危，是故恶日广而不自知[10]，大命倾而不寤[11]。《易》曰：'危者有其安者也，亡者保其存者也。'[12]陛下诚垂宽明之听，无忌讳之诛，使刍荛[13]之臣得尽所闻于前，群臣之上愿，社稷之长福也！

“元年[14]，九月，黑龙见[15]；其晦[16]，日有食之。今年[17]二月，己未[18]夜，星陨；乙酉[19]，日有食之。六月之间[20]，大异四发[21]，二二而同月[22]。三代之末，春秋之乱，未尝有也。臣闻三代所以陨社稷，丧宗庙者，皆由妇人[23]与群恶沈湎于酒；秦所以二世、十六年而亡[24]者，养生泰奢，奉终泰厚[25]也。二者，陛下兼而有之，臣请略陈其效。

“建始、河平[26]之际，许、班之贵[27]，倾动前朝，熏灼四方[28]，女宠至极，不可上矣；今之后起[29]，什倍于前。废先帝法度，听用其言，官秩不当，纵释王诛[30]，骄其亲属，假之威权，从横乱政[31]，刺举之吏，莫敢奉宪[32]。又以掖庭狱大为乱阱[33]，榜棰瘠于炮烙[34]，绝灭人命，主为赵、李报德复怨[35]。反除白罪，建治正吏，多系无辜[36]，掠立迫恐[37]，至为人起责，分利受谢[38]，生入死出[39]者，不可胜数。是以日食再既，以昭其辜。

“王者必先自绝[40]，然后天绝之。今陛下弃万乘[41]之至贵，乐家人之贱事[42]，厌高美之尊号，好匹夫之卑字[43]，崇聚僄轻无义小人[44]以为私客，数离深宫之固，挺身晨夜，与群小相随，乌集杂会[45]，醉饱吏民之家，乱服共坐[46]，沉湎媟嫚[47]，溷淆无别[48]，黾勉遁乐[49]，昼夜在路，典门户、奉宿卫之臣执干戈而守空宫，公卿百僚不知陛下所在，积数年矣。

“王者以民为基，民以财为本，财竭则下畔，下畔则上亡。是以明王爱养基本，不敢穷极[50]，使民如承大祭[51]。今陛下轻夺民财，不爱民力，听邪臣之计，去高敞初陵，改作昌陵，役百乾溪[52]，费拟骊山[53]，靡敝天下，五年不成而后反故。百姓愁恨感天，饥馑仍臻[54]，流散冗食[55]，餧死[56]于道，以百万数。公家无一年之畜，百姓无旬月[57]之储，上下俱匮[58]，无以相救。《诗》云[59]：‘殷监不远，在夏后之世。’愿陛下追观夏、商、周、秦所以失之，以镜考[60]已行，有不合者，臣当伏妄言之诛！

“汉兴九世[61]，百九十余载[62]，继体之主七[63]，皆承天顺道，遵先祖法度，或以中兴[64]，或以治安[65]；至于陛下，独违道纵欲，轻身妄行，当盛壮之隆，无继嗣之福，有危亡之忧，积失君道[66]，不合天意，亦以多矣。为人后嗣，守人功业如此，岂不负哉！方今社稷、宗庙祸福安危之机在于陛下；陛下诚能昭然远寤[67]，专心反道[68]，旧愆毕改[69]，新德既章，则赫赫大异[70]庶几可销[71]，天命去就[72]庶几可复，社稷、宗庙庶几可保！唯陛下留神反覆，熟省臣言[73]！”

帝性宽，好文辞，而溺于宴乐，皆皇太后与诸舅夙夜所常忧；至亲难数言，故推永等使因天变而切谏，劝上纳用之。永自知有内应，展意无所依违[74]，每言事辄见答礼[75]。至上此对，上大怒。卫将军商密擿永[76]令发去[77]。上使侍御史收永，敕过交道厩[78]者勿追；御史不及永，还。上意亦解，自悔。

上尝与张放及赵、李诸侍中共宴饮禁中，皆引满举白[79]，谈笑大噱[80]。时乘舆幄坐张画屏风[81]，画纣醉踞妲己，作长夜之乐。侍中、光禄大夫班伯久疾新起，上顾指画而问伯曰："纣为无道，至于是乎？"对曰："《书》云[82]：'乃用妇人之言'，何有踞肆[83]于朝！所谓众恶归之，不如是之甚者也！”上曰："苟不若此，此图何戒？"对曰："'沉湎于酒[84]'，微子所以告去[85]也。'式号式呼[86]'，《大雅》所以流连[87]也。《诗》《书》淫乱之戒，其原皆在于酒！”上乃喟然叹曰："吾久不见班生，今日复闻谠言[88]！”放等不怿[89]，稍自引起更衣，因罢出。

时长信庭林表[90]适使来，闻见之。后上朝东宫[91]，太后泣曰："帝间颜色瘦黑[92]。班侍中本大将军[93]所举，宜宠异之；益求其比，以辅圣德！宜遣富平侯且就国！”上曰："诺。"上诸舅闻之，以风丞相[94]、御史，求放过失。于是丞相宣、御史大夫方进奏"放骄蹇纵恣[95]，奢淫不制[96]，拒闭使者[97]，贼伤无辜[98]，从者支属[99]并乘权势[100]，为暴虐，请免放就国。"上不得已，左迁放为北地都尉。其后比年数有灾变，故放久不得还。玺书劳问不绝。敬武公主[101]有疾，诏征放归第视母疾。数月，主有瘳[102]，后复出放为河东都尉。上虽爱放，然上迫太后，下用大臣，故常涕泣而遣之。

（以上为第九段，写谷永上书，直言极谏成帝纵情酒色，荒于政事。在皇太后、诸舅执政的压力下，成帝迫不得已外放嬖臣张放。此时王氏外戚集团尚有护持汉朝之心，而汉成帝太不争气，迷途不返。）

【注释】

［1］己丑：正月三日。［2］癸未：二月二十八日。［3］绎绎：光芒四射的样子。［4］乙酉晦：二月三十日。［5］翟方进：字子威，官至丞相。传见《汉书》卷八十四。［6］危亡之事：指出现政治危机。［7］危亡之言：挽救危机的意见。［8］三正：指夏、商、周历法。夏以正月一日为元旦，商以十二月一日为元旦，周以十一月一日为元旦。三正历法的变易，象征王朝更迭。其后秦历以十月一日为元旦，汉初因之，汉武帝改历，行夏正，又以正月一日为元旦。［9］自以若天有日：自比天上的太阳。《尚书大传》载：夏桀无道，还自比为太阳，说："日亡，吾亦亡矣。"意谓，只要太阳不掉下来，谁也对他无可奈何。［10］恶日广而不自知：自比为太阳的暴君，罪恶越来越大，本人还不觉察。［11］大命倾而不寤：国家灭亡仍不醒悟。［12］"《易》曰"三句：语出《易经·系辞下》孔子之言。《十三经注疏》作："子曰：危者安其位者也，亡者保其存者也。"意谓：居安思危的人才能得其安，居位思亡的人才能保其存。［13］刍荛：割草曰刍，采薪曰荛。这里喻卑贱小民。［14］元年：指成帝永始元年。［15］见：通"现"。黑龙现广东于莱，是上年九月。［16］其晦：当月的最后一天，指永始元年九月三十日。［17］今年：指成帝永始二年。［18］己未：二月二十八日。［19］乙酉：二月三十日。［20］六月之间：永始元年九月至次年二月，首尾凡六月。［21］大异四发：重大的天象变异发生了四次。［22］二二而同月：四次灾变两次为一组集中分布在两个月中。即元年九月黑龙现、日食；二年二月星陨、日食。［23］皆由妇人：三代之亡皆因女祸，夏桀以妹喜，殷纣以妲己，周幽以褒姒。这是封建社会正统史家的说法。［24］十六年而亡：从秦始皇称帝至秦二世亡，凡十六年，即公元前221年至公元前206年。［25］养生泰奢，奉终泰厚：指皇帝生时穷奢无度，死时厚葬，黎民百姓的负担太沉重。泰，通"太"。［26］建始、河平：公元前32年至公元前28年为建始年号；公元前28年至公元前25年为河平年号。［27］许、班之贵：指许皇后、班婕妤两姓外戚贵盛。［28］熏灼四方：许、班外戚的势力，像烟火一样熏灼四方。［29］今之后起：现今女宠又起，即赵飞燕姐妹与李平等。［30］纵释王诛：宽大释放犯法应受诛杀的罪犯。［31］从横乱政：指女宠贵戚们横行霸道，扰乱政治。［32］刺举之吏，莫敢奉宪：负责纠察的官员，无人敢执法办事。宪，法。［33］阱（jǐng）：陷阱。喻宫中掖庭诏狱随意捕人，有如陷阱。［34］榜棰瘠于炮烙：苦刑拷打的痛苦犹如受炮烙之刑。榜棰，拷打。瘠（cǎn），疼痛。炮烙，殷纣王设之酷刑，铜柱上涂油膏后，用炭火烧，让犯人在上面行走。汉文帝去肉刑，改为笞刑，但往往打死人或伤残肢体，故这里说不亚于炮烙之刑。［35］复怨：报仇。［36］反除白罪，建治正吏，多系无辜：反为罪行昭著的人除去罪名，而建言整治朝政的正直官吏多是无辜的。［37］掠立迫恐：屈打成招，严刑逼供。［38］至为人起责，分利受谢：甚至富商大贾假托名义放债，赵、李之贵戚坐地分赃。责，通"债"。［39］生入死出：活着入狱，死后出牢。［40］自绝：自己走向灭亡。［41］万乘：万辆兵车，代指天子。

[42]乐家人之贱事：喜欢做家奴小人的卑贱事。指成帝私自买田，夺取奴婢财物之事。[43]好匹夫之卑字：喜欢普通男人的名字。指成帝私行时往往冒充富平侯张放的家人，取一个普通的假名，以便随从称呼。可惜史书为尊者讳，没有记载成帝的假名叫什么。[44]僄轻无义小人：剽悍、轻佻、无行的无赖小人。[45]乌集杂会：像一群乌鸦，时聚时散。[46]乱服共坐：穿不同服饰的人坐在一起。喻无尊卑之别。[47]沉湎媟嫚：酗酒戏耍。媟（xiè），同"嫚"，轻慢，戏弄。[48]溷淆无别：男女乱糟糟挤在一起。[49]黾勉遁乐：尽情欢乐。黾勉，勉力，引申为尽情。[50]穷极：穷奢极侈。[51]使民如承大祭：使用百姓要像对待祭祀大典那样谨慎恭惧。语见《论语·颜渊》篇。[52]役百乾溪：使役的人工超过乾溪百倍。乾溪，古邑名，在今安徽亳州市东南。春秋时楚灵王在乾溪大修宫室，数年乐而不返，国人叛变，灵王自尽而死。[53]费拟骊山：耗费的钱财可与秦始皇修骊山陵相比。[54]饥馑仍臻：饥荒连年发生。[55]流散冗食：百姓四散逃荒要饭。[56]馁死：饿死。[57]旬月：一月。据章校，"月"作"日"。旬日，十天。[58]匮：贫乏。[59]《诗》云：引自《诗经·大雅·荡》。[60]镜考：对照检查。[61]汉兴九世：汉朝至成帝，历高祖、惠帝、文帝、景帝、武帝、昭帝、宣帝、元帝、成帝共九世。[62]百九十余载：公元前206年西汉建立，至成帝永始二年（前15），凡191年。[63]继体之主七：继承帝位的有七任，即文、景、武、昭、宣、元、成。[64]中兴：昭、宣二代为中兴之世。[65]治安：文景二代为太平之世。[66]积失君道：长久不履行君王的责任。[67]远寤：彻底醒悟。[68]专心反道：专心一志地回到正道上来。反，同"返"。[69]旧愆毕改：彻底改正先前的所有过错。[70]赫赫大异：巨大的灾异。[71]庶几可销：差不多可以消除。[72]天命去就：这里指汉家的政权。[73]熟省臣言：深思熟虑我的建议。[74]依违：吞吞吐吐，顾忌。[75]答礼：得到回答并受礼敬。[76]擿永：把成帝发怒将抓捕谷永的消息透露给谷永。擿，投，引申为透露。[77]令发去：让谷永立即出发离开京师。[78]交道厩：地名，在长安西。[79]引满举白：酒杯斟满，干杯后将杯口翻转以示尽饮。白，空酒杯。[80]大噱：发狂地大笑。[81]乘舆幄坐张画屏风：成帝座位附近展开一扇有画的屏风。[82]《书》云：见《尚书·泰誓》。[83]踞肆：放肆，指纣王坐在妇人身上。[84]沉湎于酒：引自《尚书·微子》，指纣王成天饮酒。湎，饮酒过度满脸通红的样子。[85]微子所以告去：纣王庶兄启，封于微，子爵，史称微子。纣王淫乱，微子数谏不听，于是他告知箕子、比干而逃亡。[86]式号式呼：《诗经·大雅·荡》篇诗句。形容酒醉后大喊大叫。[87]流连：涕泣横流的样子。指诗人作诗时嗟叹而涕泪满面。[88]谠言：善言。[89]不怿：不高兴，不是滋味。[90]长信庭林表：长信宫，王太后所居。庭林表，宫中女官名。[91]上朝东宫：成帝到长信宫朝见太后。[92]帝间颜色瘦黑：成帝近来脸色发黑又消瘦。[93]大将军：指王凤。[94]风丞相：暗示、晓谕丞相。[95]骄蹇纵恣：骄傲放纵。[96]奢淫不制：荒淫奢侈超越定规。[97]拒闭使者：执法侍御史修等人到张放家搜捕盗贼，张放家奴紧闭大门，并用箭射使者，不准入内。[98]贼伤无辜：张放得知李游君打算把女儿献入宫中，竟派家奴康等到李家夺取，杀伤三人。贼，残害。[99]从

者支属：随从宾客及亲属。［100］乘权势：借重权势。乘，趁机，借重。［101］敬武公主：成帝姐，张放之母。［102］瘳：病愈。

邛成太后[1]之崩也，丧事仓卒[2]，吏赋敛以趋办[3]，上闻之，以过丞相、御史。冬，十一月[4]，己丑[5]，策免丞相宣为庶人，御史大夫方进左迁[6]执金吾[7]。二十余日，丞相官缺，群臣多举方进者；上亦器其能，十一月，壬子[8]，擢方进为丞相，封高陵侯。以诸吏、散骑、光禄勋孔光[9]为御史大夫。方进以经术进，其为吏，用法刻深，好任势立威[10]；有所忌恶[11]，峻文深诋[12]，中伤[13]甚多。有言其挟私诋欺[14]不专平者，上以方进所举应科[15]，不以为非也。光，褒成君霸[16]之少子也，领尚书，典枢机十余年，守法度，修故事，上有所问，据经法，以心所安而对，不希指苟合[17]；如或不从，不敢强谏争，以是久而安。时有所言，辄削草稿[18]，以为章主之过以奸忠直[19]，人臣大罪也。有所荐举，唯恐其人之闻知。沐日归休[20]，兄弟妻子燕语[21]，终不及朝省政事。或问光："温室省中[22]树，皆何木也？"光嘿不应，更答以他语，其不泄如是。

上行幸雍，祠五畤。

卫将军王商恶陈汤，奏"汤妄言昌陵且复发徙[23]；又言黑龙冬出[24]，微行数出之应。"廷尉奏"汤非所宜言，大不敬[25]。"诏以汤有功[26]，免为庶人，徙边。

上以赵后之立也，淳于长有力焉，故德之，乃追显其前白罢昌陵之功，下公卿，议封长。光禄勋平当[27]以为："长虽有善言，不应封爵之科[28]。"当坐左迁巨鹿太守。上遂下诏，以常侍闳、卫尉长首建至策，赐长、闳爵关内侯[29]。

将作大匠万年佞邪不忠，毒流众庶，与陈汤俱徙敦煌。

初，少府陈咸，卫尉逢信，官簿[30]皆在翟方进之右；方进晚进[31]，为京兆尹，与咸厚善。及御史大夫缺，三人皆名卿，俱在选中，而方进得之。会丞相薛宣得罪，与方进相连，上使五二千石杂问[32]丞相、御史，咸诘责[33]方进，冀得其处[34]，方进心恨。陈汤素以材能得幸于王凤及王音，咸、信皆与汤善，汤数称之于凤、音所，以此得为九卿。及王商黜逐汤，方进因奏“咸、信附会汤以求荐举，苟得无耻[35]，”皆免官。

是岁，琅邪太守朱博[36]为左冯翊。博治郡，常令属县各用其豪杰以为大吏，文、武从宜。县有剧贼及他非常，博辄移书以诡责之[37]，其尽力有效[38]，必加厚赏；怀诈不称[39]，诛罚辄行。以是豪强慑服，事无不集[40]。

（以上为第十段，写成帝永始二年外朝的权力斗争和人事调整，薛宣被免相，功臣陈汤再次遭斥免。翟方进、朱博得势，翟方进升任丞相，朱博由地方郡守升任左冯翊。）

【注释】

[1]邛成太后：孝宣王皇后，元帝的养母，其父王奉光封邛成侯。宫人为了区别两王太后，称孝宣王皇后为邛成太后，称成帝母王政君为王太后。[2]仓卒：匆忙。[3]趋办：草草办理。趋，同“促”。[4]十一月：应为“十月”。[5]己丑：十月八日。[6]左迁：降职。指翟方进由御史大夫降职为执金吾。[7]执金吾：九卿之一，掌京师警卫，皇帝出巡时为先导。[8]壬子：十一月二日。[9]孔光：字子夏，孔子第十四代孙。西汉大儒，历仕汉成帝、哀帝、平帝三朝。为官圆滑世故，哀帝时官至丞相。传见《汉书》卷八十一。[10]好任势立威：喜欢卖弄权势。[11]忌恶：猜忌和厌恶。[12]峻文深诋：利用苛刻严厉的文字让对方深陷法网。深诋，狠狠地诬陷，指上纲上线罗织罪状。[13]中伤：陷害。[14]诋欺：刑律名。诬陷大臣称诋欺。[15]所举应科：所举劾的案件均符合法律条文。[16]霸：孔光之父，孔霸，汉元帝赐爵褒成君。事见《资治通鉴》卷二十八元帝永光元年。[17]希指苟合：揣摩皇帝心意，苟且奉迎。[18]辄削草稿：上呈皇帝的奏章抄正后，就把草稿毁掉。削，汉代用竹简书写，销毁文章便须将文字刮削掉。[19]奸忠直：博取忠直的名声。奸，读为“干”，求也。[20]沐日归休：休假日回家。汉代大臣五日一休，称汤休日。[21]燕语：拉家常。[22]温室省中：温室殿中。温室，长乐宫中殿名。省中，宫中。[23]复发徙：将要再次迁徙邑。成帝修昌陵，采纳的是陈汤等人的建议。后来罢昌陵恢复延陵时，陈汤散布流言说，又要将昌陵的百姓迁徙到延陵去。王商借此事大加发挥以报复陈汤。[24]黑龙冬出：黑龙冬季出现，陈汤说是皇帝私自出行所带来的感应。[25]大不敬：言犯忌讳称大不敬，死罪。[26]汤有功：指陈汤在西域斩郅支单于之功。[27]平当：字子思，哀帝时官至丞相。传见《汉书》卷七十一。[28]不应封爵之科：还达不到条例规定的封侯的条件。汉高祖曾与大臣约定：“非功不得封侯。”[29]赐长、闳爵关内侯：封淳于长、王闳二人为关内侯。关内侯，食采邑于京畿，为第十九级爵。[30]官簿：登录官位的档案。[31]晚进：

后进。［32］五二千石杂问：委派五个二千石级的大臣组成合议庭，共同审理案件。杂问，合议庭众法官一起审问。［33］诘责：穷究不舍。［34］冀得其处：指陈咸希望趁机搞垮翟方进，以便自己取代他的御史大夫的位置。［35］苟得无耻：翟方进反控陈咸、逢信与陈汤结党营私，苟且无耻。［36］朱博：历官郡守，为九卿，哀帝时官至丞相。传见《汉书》卷八十三。［37］移书以诡责之：朱博治左冯翊，用地方豪强为各县长吏，县中出事，朱博写信把责任加到他们头上，限期办理。诡责，不公开责备，用书信打招呼，迫使其尽力。［38］尽力有效：努力办事，指捕盗而有实效。［39］怀诈不称：心怀奸诈而不称职的。［40］事无不集：没有办不成的事。集，成功。

三年（丁未，前14年）

春，正月，己卯晦[1]，日有食之。

初，帝用匡衡[2]议，罢甘泉泰畤[3]，其日，大风坏甘泉竹宫[4]，折拔畤中树木[5]十围[6]以上百余。帝异之，以问刘向；对曰："家人尚不欲绝种祠，况于国之神宝旧畤！且甘泉、汾阴及雍五畤[7]始立，皆有神祇感应，然后营之[8]，非苟而已也[9]。武、宣之世奉此三神，礼敬敕备[10]，神光尤著[11]。祖宗所立神祇旧位，诚未易动。前始纳贡禹[12]之议，后人相因[13]，多所动摇。《易大传》曰：'诬神者殃及三世。'恐其咎不独止禹等[14]！"上意恨[15]之，又以久无继嗣，冬，十月，庚辰[16]，上白太后，令诏有司复甘泉泰畤、汾阴后土如故，及雍五畤、陈宝祠[17]、长安及郡国祠著明[18]者，皆复之。

是时，上以无继嗣，颇好鬼神、方术之属，上书言祭祀方术得待诏者甚众，祠祭费用颇多。谷永说上曰："臣闻明于天地之性，不可惑以神怪；知万物之情，不可罔以非类[19]。诸背仁义之正道，不遵《五经》之法言[20]，而盛称奇怪鬼神，广崇祭祀之方，求报无福之祠[21]，及言世有仙人，服食不终之药[22]，遥兴轻举[23]、黄冶变化之术[24]者，皆奸人惑众，挟左道[25]，怀诈伪，以欺罔世主，听其言，洋洋[26]满耳，若将可遇，求之，荡荡[27]如系风捕景，终不可得。是以明王距而不听[28]，圣人绝而不语[29]。昔秦始皇使徐福[30]发男女入海求神采药，因逃不还，天下怨恨。汉兴，新垣平、齐人少翁、公孙卿、栾大[31]等皆以术穷诈得[32]，诛夷伏辜[33]。唯陛下距绝此类，毋令奸人有以窥朝者[34]！"上善其言。

（以上为第十一段，写刘向、谷永上书言事，刘向请求成帝恢复已被撤销的神灵祭祀，谷永请求成帝拒绝方术迷信。两人的奏疏，显现当时的政治光怪陆离，君臣们把国计民生置诸脑后，而在神鬼祭祀、方术迷信上无聊地争论不休。）

【注释】

[1]己卯晦：正月三十日。 [2]匡衡：西汉大儒，仕元、成二朝，官至丞相。传见《汉书》卷八十一。 [3]泰畤：祭太乙神的祭坛，建于甘泉宫。 [4]竹宫：以竹为宫，距泰畤三里，为天子祭太乙时斋戒之所。 [5]折拔畤中树木：大风吹断泰畤庙中树木，有的连根拔起。 [6]十围：围，计算圆周弧长的单位，有三寸一围和五寸一围两种说法，俗以一抱称一围。以三寸一围计，十围之树，直径约一尺。 [7]甘泉、汾阴及雍五畤：汉时所立三大祭坛。甘泉（今陕西淳化县）立泰畤，祭天之太乙神；汾阴（今山西河津市西南荣河镇）立后土畤，祭地神；雍（今陕西宝鸡市凤翔区）立五畤，祭五天帝。 [8]营之：指建立三处祭坛。 [9]非苟而已也：不是轻率决定的。 [10]礼敬敕备：祭礼仪式十分周到。 [11]神光尤著：神光显现特别灵验。 [12]贡禹：元帝时大儒，官至丞相，首议汉祭礼多不合古礼。传见《汉书》卷七十二。 [13]后人相因：指韦玄成、匡衡等相继支持贡禹的建议。 [14]其咎不独止禹等：降低祭天地神灵规格之错，恐怕不能由贡禹等人全部承担。言外之意，成帝也有责任。 [15]恨：悔恨。 [16]庚辰：十月十日。 [17]陈宝祠：祭宝鸡神之祠，在今陕西宝鸡市。 [18]著明：有名。明，通“名”。 [19]知万物之情，不可罔以非类：知晓万物生长的规律，异类无法迷惑。罔，欺罔，迷惑。 [20]法言：神圣的经典之言。 [21]求报无福之祠：去向不能带来福音的鬼神祈求。 [22]不终之药：不死之药。 [23]遥兴轻举：谓人修炼成仙后，身轻可以飞升入天。这是方士欺骗昏君的鬼话。 [24]黄冶变化之术：指炼金术，方士诡称可将瓦石炼成黄金。 [25]左道：邪僻之道。 [26]洋洋：美盛的样子。这里指漫无边际的大话。 [27]荡荡：空空荡荡。 [28]距而不听：闭耳不听。 [29]绝而不语：闭口不言。 [30]徐福：方士，受秦始皇派遣，带领三千童男童女去海中求仙药，一去不复返。事见《史记·秦始皇本纪》。 [31]新垣平、少翁、公孙卿、栾大：这几个人都是汉武帝宠信的方士，事见《史记·封禅书》。 [32]术穷诈得：法术尽而被揭穿。 [33]诛夷伏辜：诛杀伏法。 [34]窥朝者：觊觎官位的人。

十一月，尉氏[1]男子樊并等十三人谋反，杀陈留太守，劫略吏民，自称将军；徒李谭、称忠、钟祖、訾顺共杀并，以闻，皆封为侯。

十二月，山阳[2]铁官徒苏令等二百二十八人攻杀长吏，盗库兵，自称将军；经郡国十九，杀东郡太守及汝南都尉。汝南太守严䜣捕斩令等。

迁祈为大司农。

故南昌尉九江[3]梅福[4]上书曰："昔高祖纳善若不及，从谏如转圜[5]，听言不求其能，举功不考其素[6]，陈平起于亡命而为谋主，韩信拔于行陈而建上将；故天下之士云合归汉，争进奇异，知者竭其策，愚者尽其虑[7]，勇士极其节，怯夫勉其死[8]。合天下之知，并天下之威，是以举秦如鸿毛[9]，取楚若拾遗[10]，此高祖所以无敌于天下也。孝武皇帝好忠谏，说至言[11]，出爵不待廉、茂[12]，庆赐不须显功，是以天下布衣各厉志竭精以赴阙庭[13]，自炫鬻者[14]不可胜数，汉家得贤，于此为盛。使孝武皇帝听用其计，升平可致，于是积尸暴骨[15]，快心胡、越[16]，故淮南王安[17]缘间[18]而起；所以计虑不成而谋议泄者，以众贤聚于本朝，故其大臣势陵[19]，不敢和从也。方今布衣乃窥国家之隙，见间而起者，蜀郡[20]是也。及山阳亡徒苏令之群，蹈藉[21]名都、大郡，求党与，索随和[22]，而无逃匿之意，此皆轻量大臣，无所畏忌，国家之权轻，故匹夫欲与上争衡[23]也。

"士者，国之重器；得士则重，失士则轻。《诗》云[24]：'济济多士，文王以宁。'庙堂之议，非草茅所言也[25]；臣诚恐身涂野草，尸并卒伍[26]，故数上书求见，辄报罢[27]。臣闻齐桓之时，有以九九[28]见者，桓公不逆，欲以致大[29]也。今臣所言，非特九九也；陛下距臣者三[30]矣，此天下士所以不至也。昔秦武王好力，任鄙[31]叩关自鬻[32]；缪公行霸，由余归德[33]。今欲致天下之士，民有上书求见者，辄使诣尚书问其所言，言可采取者，秩以升斗之禄，赐以一束之帛，若此，则天下之士，发愤懑，吐忠言，嘉谋日闻于上，天下条贯[34]，国家表里，烂然[35]可睹矣。

"夫以四海之广，士民之数，能言之类至众多也；然其隽桀指世陈政，言成文章，质之先世[36]而不缪，施之当世合时务，若此者亦无几人[37]。故爵禄束帛者，天下之砥石[38]，高祖所以厉世摩钝[39]也。

"孔子曰[40]：'工欲善其事，必先利其器。'至秦则不然，张诽谤之罔[41]以为汉驱除[42]，倒持泰阿[43]，授楚其柄[44]。故诚能勿失其柄，天下虽有不顺，莫敢触其锋，此孝武皇帝所以辟地建功，为汉世宗[45]也。

“今陛下既不纳天下之言，又加戮焉。夫鸢鹊遭害，则仁鸟增逝[46]，愚者蒙戮，则智士深退。间者愚民上书，多触不急之法[47]，或下廷尉而死者众。自阳朔[48]以来，天下以言为讳，朝廷尤甚，群臣皆承顺上指，莫有执正。何以明其然也？取民所上书，陛下之所善，试下之廷尉，廷尉必曰‘非所宜言，大不敬，’以此卜之，一矣。故京兆尹王章，资质忠直，敢面引廷争，孝元皇帝擢之[49]，以厉具臣而矫曲朝[50]；及至陛下，戮及妻子；且恶恶止其身[51]，王章非有反畔之辜而殃及室家[52]，折直士之节[53]，结谏臣之舌[54]。群臣皆知其非，然不敢争，天下以言为戒，最国家之大患也！

“愿陛下循高祖之轨，杜亡秦之路，除不急之法，下无讳之诏[55]，博览兼听，谋及疏贱，令深者不隐[56]，远者不塞[57]，所谓‘辟四门，明四目[58]’也。往者不可及，来者犹可追。方今君命犯而主威夺[59]。外戚之权，日以益隆。陛下不见其形[60]，愿察其景[61]！建始以来[62]，日食、地震，以率言[63]之，三倍春秋，水灾亡[64]与比数。阴盛阳微，金铁为飞[65]，此何景也[66]？汉兴以来，社稷三危[67]：吕，霍，上官；皆母后之家也。亲亲之道，全之为右[68]，当与之贤师良傅，教以忠孝之道；今乃尊宠其位，授以魁柄，使之骄逆，至于夷灭，此失亲亲之大者也。自霍光之贤，不能为子孙虑，故权臣易世则危[69]。《书》曰：‘毋若火，始庸庸。’[70]势陵于君，权隆于主，然后防之，亦无及已！”上不纳。

（以上为第十二段，写成帝永始三年，人民起义此起彼伏。南昌县尉梅福忧虑星火燎原，痛切上书成帝，直言劝谏，希望成帝纳谏用贤，疏远奸佞，抑制外戚，成帝不听。）

【注释】

[1]尉氏：县名，为陈留郡属县，县治在今河南尉氏县。 [2]山阳：郡名，治所昌邑，在今山东金乡县西北。 [3]南昌尉：即豫章郡尉。南昌，县名，为豫章郡治所，在今江西南昌市。九江：郡名，治所寿春，在今安徽寿县。 [4]梅福：字子真，九江寿春人，为南昌尉，通经术，常上书言事。传见《汉书》卷六十七。 [5]从谏如转圜：听从劝谏像转动圆环那样快。 [6]举功

不考其素：奖励有功之人，不必去追究其平常的行为。［7］愚者尽其虑：愚笨的人也贡献他的一丝才智。即俗语所谓，愚者千虑，必有一得。［8］怯夫勉其死：懦夫也勉励自己去面对死亡。［9］鸿毛：一根羽毛，喻其轻。［10］拾遗：捡起地上的东西，喻其易。［11］说至言：喜欢听至理名言。［12］出爵不待廉、茂：赏官封爵只看功劳大小，不必去管他有无孝廉、茂才的经历。茂才，即秀才，讳光武帝秀字改。［13］厉志竭精以赴阙庭：磨砺志节，竭尽忠诚奔赴朝廷效力。［14］自炫鬻者：毛遂自荐的人。汉武帝求贤，下令允许自荐。［15］积尸暴骨：尸首堆积，枯骨露于野。指汉武帝连年征伐，造成杀人盈野，死人遍地。［16］快心胡、越：必欲灭匈奴、南越才甘心。［17］淮南王安：刘安，汉高祖孙，文帝封为淮南王，武帝时谋反未遂，自杀国除。传见《史记》卷一百一十八、《汉书》卷四十四。［18］缘间：乘机，钻空子。［19］大臣势陵：指淮南王国内大臣的势力可以控制住刘安。［20］蜀郡：指鸿嘉四年广汉郡郑躬等反叛，被蜀郡兵平定之事。［21］蹈藉：践踏，蹂躏。［22］求党与，索随和：招降纳叛，搜罗党羽。［23］与上争衡：与皇帝较量。［24］《诗》云：引自《诗经·大雅·文王》。［25］庙堂之议，非草茅所言也：朝廷大事，我这个山野草民是没有资格议论的。草茅，蓬屋，喻山野小民。据《汉书》梅福本传，梅福上书时已致仕家居，故以“草茅”自称。［26］身涂野草，尸并卒伍：活着埋没在山林中，死后和普通兵士一样被埋葬。意为不甘心碌碌无为，愿意为国效力。［27］辄报罢：往往被搁置，不采纳。［28］九九：一般的算术知识，如九九乘法表。［29］致大：招至重大的建议。［30］距臣者三：我的建议多次被拒绝。三，多次。［31］任鄙：秦武王时的勇士。［32］叩关自鬻：入函谷关到秦国自我推荐。［33］由余归德：指由余从西戎投奔秦国。由余，本西戎贤臣，后辅佐秦穆公称霸。［34］条贯：秩序井然。［35］烂然：光辉灿烂。［36］先世：前代贤者。据章校，“世”作“圣”。［37］若此者亦无几人：言能经世致用者也没有几个人。［38］砥石：磨刀石，喻动力。爵禄是激发天下士人效忠的动力。［39］厉世摩钝：指高祖以爵禄延揽人才。［40］孔子曰：引语见《论语·卫灵公》篇。［41］张诽谤之罔：张开法网，因言论治罪。罔，通“网”。［42］为汉驱除：为汉朝的建立开辟道路。［43］泰阿：宝剑，为名匠欧冶子所铸。［44］授楚其柄：把剑柄授给敌人。这里指秦朝暴政，把人民推到楚国人项羽一边。楚，指项羽。［45］世宗：汉武帝的庙号。［46］夫鸢鹊遭害，则仁鸟增逝：此二句是说，作为恶鸟的猫头鹰遭到残害，吉祥的凤凰鸟也会远走高飞。鸢鹊，猫头鹰，古人认为是不祥之鸟。仁鸟，鸾凤，吉祥鸟。［47］触不急之法：触犯了本身就不合理的法律。不急之法，指烦琐的、不合理的，甚至是不该设立的法律条文。如因言治罪，就是不急之法。［48］阳朔：成帝的第三个年号，公元前 24 年至公元前 21 年。阳朔元年，京兆尹王章直言遭诛，直言进谏者受挫。［49］孝元皇帝擢之：指王章是元帝发现的人才。元帝初年，提拔王章为左曹、中郎将。［50］以厉具臣而矫曲朝：指汉元帝提拔王章，是要用他来砥砺那些混世的官员，矫正政府的歪风邪气。厉具臣，磨砺平庸的官员。厉，磨砺。具臣，只知照章办事的官员，此指平庸混世的官员可以经磨砺而锐利。矫曲朝，纠正朝中的腐败现象。［51］恶（wù）恶（è）止其身：对罪恶的惩罚，只限于其本人。语出《公羊传》昭公二十年："恶恶止其身，善善及子孙。" [52]殃及室家：祸殃及家人。王章死，妻子被徙。 [53]折直士之节：摧折正直士人的气节。 [54]结谏臣之舌：使进谏之臣闭口。即遏止臣子进谏的言路。 [55]下无讳之诏：颁布没有禁忌的诏令，指广开言路。 [56]深者不隐：退避深远的人不再隐居。 [57]远者不塞：被远远地阻塞在外的人脱颖而出。 [58]辟四门，明四目：语出《尚书·舜典》。意为广开四门，明视四方，招揽贤才。 [59]君命犯而主威夺：君王的权力衰落，皇帝的威严削弱。犯，夺，指臣子犯君命，夺君权。 [60]不见其形：看不到具体内容。[61]愿察其景：可以觉察其影响。景，通"影"。 [62]建始以来：指成帝即位以来。建始为成帝的第一个年号。 [63]率言：大略说，粗略计算。 [64]亡：通"无"。 [65]金铁为飞：成帝河平二年（前27），沛郡铁官在铸铁时，铁化成流星飞去，被认为是臣夺主权的征兆。 [66]此何景也：这是什么景象？意谓金铁为飞，是败亡景象。 [67]社稷三危：汉朝建立以来，政权有三次遭到危险，即高帝末年诸吕用事，昭帝时上官桀争权，宣帝时霍禹谋逆，全是皇太后娘家人。[68]全之为右：保全外戚才是最上策。保全的方法，就是不要让外戚专权。 [69]权臣易世则危：大臣权力太重，到了第二代必然陷于危亡。易世，换了一代，即第二代。 [70]"《书》曰"三句：引语见《周书·洛诰》。意谓："不要轻易玩火，虽然开始时不过是星星点点。"庸庸，形容火苗微弱的样子。

【点评】

论汉成帝刘骜。汉成帝昏聩颁劣，但不是智力不够，而是性情软弱；他荒怠政事，也不是一个傀儡皇帝。汉成帝微服出游，亲眼看到外戚王谭、王商骄奢过制，感到了政权危机。成帝一反常态，严惩王侯，表演了一番大义灭亲的雄主威风，确实打击了外戚的嚣张气焰。只是成帝并没下定决心诛杀外戚，不过是恐吓他们使其有所收敛罢了。此事发生在鸿嘉三年（前18），成帝正在微服出游，宠幸赵飞燕姐妹的兴头上，做出了这一番政治秀，可以说明两个问题。其一，成帝头脑清醒，当亲眼看到外戚的骄奢逾制，皇权受到威胁，也能采取果断措施。第二，王侯受惩，并不甘心，上书自请黥劓之刑，以舅父之尊，挟皇太后之势，胁迫成帝，别无反抗手段。成帝不吃这一套，把诸舅送上设计的假法场，像是真要诛杀他们似的。这说明汉成帝仍牢牢地控制着皇权，成帝的昏聩，不是不能为，而是不作为。这充分暴露了皇权至高无上的体制弊端。举国体制听命于一人是多么的危险。成帝清醒时，也能听几句臣下的劝谏，谷永、刘向这些大臣也能切言直谏；成帝糊涂时，诛杀言官，群臣就噤若寒蝉了。

赵飞燕姐妹，出身寒微，没有任何依靠，仅凭天生丽质，就迷倒了汉成帝，赵飞燕夺了正宫之位，污秽后宫，竟也没受到惩罚。姐妹一心，相互掩护是其一，成帝天生好色，不爱江山爱美人是其二。成帝随心所欲，宴饮大呼小叫，没有一点九五之尊的体统，可算得上是一个风流皇帝。

永始元年（前16），成帝采纳刘向疏奏，停建昌陵，不失为一桩善政，也表明成帝洞察形势的清醒。当时国库空虚，头一年黄河决堤，政府没有经费修治，以寻求黄河故道为由，听任洪水泛滥。昌陵修建，选址不当，劳民伤财，五年不成，裁撤这一工程是明智之举。成帝的昌陵工程，比起秦始皇骊山陵，只是小巫见大巫，在汉代诸陵中也不是最大的，仍然劳动几万人，修建了五年还没完工，为了取土填坑，竟然挖掘了周围一万多平民的坟墓。汉民族敬祖，坟墓被挖是一件大事。破了祖坟，就是惊了祖先的灵魂，灾祸将及于子孙。皇帝建陵，为的是死后灵魂安居，却不顾上万平民，这还能算是天下子民的父母吗？每一座帝王坟墓，都是人民血泪和愤怒的见证。

卷三二　汉纪二十四

汉成帝永始四年至绥和元年（前 13—前 8 年）

【起著雍涒滩（戊申，前 13 年），尽昭阳赤奋若（癸丑，前 8 年），凡六年】

【大事提要】

本卷记事起公元前 13 年，讫公元前 8 年，凡六年，当汉成帝永始四年至绥和元年，是成帝执政的后期。重大事件有永始四年谷永上书阻止朝廷对梁王刘立骄奢横行、违法犯禁、与舅妈姑母乱伦案的调查，此乃皇室糜烂的延伸。元延二年（前 11），段会宗出使西域，安定了乌孙，影响所及，康居遣子入质。匈奴、乌孙、康居三大国归附汉朝，标志西汉的极盛，实质是昭宣中兴的回光返照。此时王氏外戚势力日益隆盛，成帝浑浑噩噩，无所作为。元延三年，蜀地大山崩，成帝居然动员数十万民众抓捕野兽以实上林苑取乐。连年灾异不断，谷永、刘向、朱云等大臣上疏，劝谏成帝有所作为，成帝不纳。绥和元年（前 8），成帝恢复三公建制，确定定陶王刘欣入继大统。王莽攀附红阳侯王立，利用王立与淳于长两人的权力之争，既铲除了政敌淳于长，又沉重地打击了王立，一箭双雕。王莽长于政治，工于心计，终于夺取了执政中心的大司马职位，崭露头角，身手不凡。

孝成皇帝中

永始四年（戊申，前 13 年）

春，正月，上行幸甘泉，郊泰畤；大赦天下。

三月，行幸河东，祠后土。

夏，大旱。

四月，癸未[1]，长乐临华殿[2]、未央宫东司马门[3]皆灾[4]。六月，甲午[5]，霸陵园门阙灾。

秋，七月，辛未晦[6]，日有食之。

冬，十一月，庚申[7]，卫将军王商病免。

梁王立[8]骄恣无度，至一日十一犯法。相禹[9]奏“立对外家怨望，有恶言。”有司按验，因发其与姑园子奸事，奏“立禽兽行[10]，请诛。”太中大夫谷永上书曰：“臣闻礼，天子外屏[11]，不欲见外也；是以帝王之意，不窥人闺门之私，听闻中冓之言[12]。《春秋》为亲者讳[13]。今梁王年少，颇有狂病[14]，始以恶言按验，既无事实，而发闺门之私，非本章所指。王辞又不服，猥强劾立，傅致[15]难明之事[16]，独以偏辞[17]成罪断狱，无益于治道；污蔑宗室以内乱之恶[18]，披布宣扬于天下，非所以为公族[19]隐讳，增朝廷之荣华，昭圣德之风化也。臣愚以为王少而父同产长[20]，年齿不伦；梁国之富足以厚聘美女，招致妖丽[21]；父同产亦有耻辱之心[22]；按事者乃验问恶言，何故猥自发舒[23]！以三者揆[24]之，殆非人情，疑有所迫切[25]，过误失言[26]，文吏蹑寻[27]，不得转移[28]。萌牙之时，加恩勿治，上也[29]。既已按验举宪[30]，宜及王辞不服，诏廷尉选上德通理之吏更审考清问[31]，著不然之效[32]，定失误之法[33]，而反命于下吏[34]，以广公族附疏[35]之德，为宗室刷污乱之耻，甚得治亲之谊[36]。”天子由是寝而不治[37]。

是岁，司隶校尉蜀郡何武[38]为京兆尹。武为吏，守法尽公，进善退恶，所居无赫赫名，去后常见思。

（以上为第一段，写永始四年谷永上书，阻止朝廷对梁王刘立乱伦案件的调查。谷永按常理人情，做出强有力的推论雄辩，掩盖了嫌疑人刘立的犯罪事实，救了一个恶棍的命。在不平等的制度下，刑不上大夫，法律是保护特权的，谷永的辩护才得以奏效。）

【注释】

[1]癸未：四月十一日。[2]长乐临华殿：长乐宫中殿名。[3]司马门：宫殿的外门，有军司马守卫，因称司马门。[4]灾：指天火，雷击。长乐宫为太后所居，未央宫为皇帝所居，两宫同时失火，不祥，故记载。[5]甲午：六月二十三日。[6]辛未晦：七月三十日。[7]庚申：十一月二十一日。[8]梁王立：刘立，系景帝弟刘武的第八世孙。[9]相禹：梁王相名禹，史失其姓。[10]禽兽行：汉法称乱伦为“禽兽行”。[11]外屏：在门外建的屏风墙。[12]中冓之言：内室说的私房话。[13]《春秋》为亲者讳：见《公羊传》闵公元年释例。[14]狂病：

疯癫。[15]傅致：附会罗织。[16]难明之事：难以查明的闺房私事。[17]偏辞：一面之词。[18]内乱之恶：指乱伦的丑恶。[19]公族：皇族。[20]父同产长：指刘立之姑刘园子是刘立父的同胞，并且年长。[21]招致妖丽：罗致绝色美女。[22]耻辱之心：指刘园子身为姑妈岂无羞耻之心。[23]猥自发舒：指调查官本奉命审问刘立姑侄咒骂外戚一事，怎么会招出乱伦之事。[24]揆：推度，推理。[25]迫切：逼供。[26]过误失言：惊恐中说出的错话。[27]文吏蹑寻：舞文弄墨的文吏抓住不放。[28]不得转移：一句话说错，越追越离谱，收不回来。[29]加恩勿治，上也：指刘立乱伦案一开始就不应追究，方为上策。[30]按验举宪：指调查立案。[31]更审考清问：重新调查审问。[32]著不然之效：审理出刘立案没有事实根据。[33]定失误之法：肯定初审的失误。[34]反命于下吏：移交主管部门处理。[35]附疏：使族属亲附。[36]治亲之谊：处理亲情的大义。[37]寝而不治：搁置起来，不再追究。[38]何武：官至大司空。传见《汉书》卷八十六。

元延元年（己酉，前 12 年）

春，正月，己亥朔[1]，日有食之。

壬戌[2]，王商复为大司马、卫将军。

三月，上行幸雍，祠五畤。

夏，四月，丁酉[3]，无云而雷[4]；有流星从日下东南行，四面耀耀如雨，自晡[5]及昏[6]而止。

赦天下。

秋，七月，有星孛于东井。

上以灾变，博谋群臣。北地太守谷永对曰："王者躬行道德，承顺天地，则五征[7]时序，百姓寿考，符瑞并降；失道妄行，逆天暴物[8]，则咎征著邮[9]，妖孽[10]并见，饥馑荐臻[11]；终不改寤，恶洽变备[12]，不复谴告，更命有德[13]。此天地之常经，百王之所同也。加以功德有厚薄，期质有修短[14]，时世有中季，天道有盛衰。陛下承八世[15]之功业，当阳数之标季[16]，涉三七之节纪[17]，遭《无妄》之卦运[18]，直百六之灾厄[19]，三难[20]异科，杂焉同会；建始元年以来，二十载间，群灾大异，交错锋起，多于《春秋》所书[21]。内[22]则为深宫后庭，将有骄臣[23]悍妾[24]、醉酒狂悖卒起之败，北宫苑囿街巷之中、臣妾之家幽闲之处[25]，征舒、崔杼之乱[26]；外则为诸夏下土[27]，将有樊并、苏令[28]、陈胜、项梁[29]奋臂之祸[30]。安危之分界，宗庙之至忧，臣永所以破胆寒心，豫言之累年。下有其萌，然后变见于上[31]，可不致慎！祸起细微，奸生所易[32]。愿陛下正君臣之义，无复与群小媟黩[33]宴饮；勤三纲[34]之严[35]，修后宫之政[36]，抑远骄妒之宠[37]，崇近婉顺之行[38]；朝觐[39]法驾[40]而后出，陈兵清道[41]而后行，无复轻身独出，饮食臣妾之家。三者既除[42]，内乱之路塞矣。诸夏举兵，萌[43]在民饥馑而吏不恤[44]，兴于百姓困而赋敛重，发于下怨离而上不知。《传》曰：'饥而不损，兹谓泰，厥咎亡。'[45]比年[46]郡国伤于水灾，禾麦不收，宜损常税[47]之时，而有司奏请加赋，甚缪经义，逆于民心，市怨趋祸[48]之道也。臣愿陛下勿许加赋之奏，益减奢泰之费[49]，流恩广施，振赡[50]困乏，敕劝耕桑，以慰绥[51]元元[52]之心，诸夏之乱庶几可息！"

中垒校尉[53]刘向上书曰："臣闻帝舜戒伯禹'毋若丹朱傲[54]'，周公戒成王'毋若殷王纣[55]'，圣帝明王常以败乱自戒，不讳废兴，故臣敢极陈其愚，唯陛下留神察焉！

"谨按《春秋》二百四十二年，日食三十六，今连三年比食[56]，自建始以来，二十岁间而八食，率[57]二岁六月而一发，古今罕有。异有小大希稠[58]，占有舒疾缓急[59]，观秦、汉之易世，览惠、昭之无后，察昌邑之不终，视孝宣之绍起，皆有变异著于汉纪[60]。天之去就，岂不昭昭然哉！臣幸得托末属[61]，诚见陛下宽明之德，冀销大异[62]而兴高宗[63]、成王[64]之声，以崇[65]刘氏，故恳恳数奸[66]死亡之诛！天文难以相晓，臣虽图上，犹须口说，然后可知；愿赐清燕之闲[67]，指图陈状[68]！"上辄入之[69]，然终不能用也。

红阳侯立举陈咸方正；对策，拜为光禄大夫、给事中[70]。丞相方进复奏"咸前为九卿，坐为贪邪免，不当蒙方正举，备内朝臣[71]"；并劾"红阳侯立选举故不以实。"有诏免咸，勿劾立[72]。

十二月，乙未[73]，王商为大将军。辛亥[74]，商薨。其弟红阳侯立次当辅政；先是立使客因南郡太守李尚占垦草田[75]数百顷，上书以入县官，贵取其直一亿万[76]以上，丞相司直孙宝发之[77]，上由是废立，而用其弟光禄勋曲阳侯根。庚申[78]，以根为大司马、骠骑将军[79]。

特进、安昌侯张禹[80]请平陵肥牛亭[81]地；曲阳侯根争，以为此地当平陵寝庙，衣冠所出游道[82]，宜更赐禹他地。上不从，卒以赐禹。根由是害禹宠[83]，数毁恶之。天子愈益敬厚禹，每病，辄以起居闻[84]，车驾自临问之，上亲拜禹床下，禹顿首谢恩；禹小子未有官，禹数视其小子；上即禹床下拜为黄门郎、给事中。禹虽家居，以特进为天子师，国家每有大政，必与定议。

时吏民多上书言灾异之应，讥切王氏专政所致，上意颇然之，未有以明见[85]；乃车驾至禹弟[86]，辟左右[87]，亲问禹以天变，因用吏民所言王氏事示禹。禹自见年老，子孙弱，又与曲阳侯不平，恐为所怨，则谓上曰："《春秋》日食、地震，或为诸侯相杀，夷狄侵中国。灾变之意，深远难见，故圣人罕言命[88]，不语怪神，性与天道[89]，自子贡之属不得闻，何况浅见鄙儒之所言。陛下宜修政事，以善应之，与下同其福喜，此经义意也。新学小生，乱道误人，宜无信用，以经术断之！"上雅信爱禹[90]，由此不疑王氏。后曲阳侯根及诸王子弟闻知禹言，皆喜说，遂亲就禹。

故槐里令朱云[91]上书求见，公卿在前，云曰："今朝廷大臣，上不能匡主，下无以益民，皆尸位素餐[92]，孔子所谓'鄙夫不可与事君，苟患失之，亡所不至'者也[93]！臣愿赐尚方斩马剑[94]，断佞臣[95]一人头以厉[96]其余！"上问："谁也？"对曰："安昌侯张禹！"上大怒曰："小臣居下讪上[97]，廷辱师傅，罪死不赦！"御史将云下；云攀殿槛[98]，槛折。云呼曰："臣得下从龙逄、比干[99]游于地下，足矣！未知圣朝何如耳！"御史遂将云去。于是左将军辛庆忌免冠，解印绶[100]，叩头殿下曰："此臣素著狂直[101]于世，使其言是，不可诛；其言非，固当容之。臣敢以死争！"庆忌叩头流血；上意解，然后得已。及后当治槛，上曰："勿易[102]，因而辑之[103]，以旌直臣[104]！"

匈奴搜谐单于[105]将入朝；未入塞，病死。弟且莫车[106]立，为车牙若鞮单于[107]；以囊知牙斯为左贤王。

北地都尉张放到官数月，复征入侍中。太后与上书曰："前所道[108]

尚未效[109]，富平侯反复来，其能默乎！”上谢曰：“请今奉诏！”上于是出放为天水属国都尉[110]；引少府许商、光禄勋师丹为光禄大夫，班伯为水衡都尉，并侍中，皆秩中二千石，每朝东宫，常从；及大政，俱使谕指于公卿。上亦稍厌游宴，复修经书之业；太后甚悦。

是岁，左将军辛庆忌卒。庆忌为国虎臣[111]，遭世承平，匈奴、西域亲附，敬其威信。

（以上为第二段，写汉成帝元延元年仍依赖外戚王氏专政，灾异不断，大臣谷永、刘向、朱云等人，不断上书，希望成帝有一番作为，成帝依然故我，不采纳善言。）

【注释】

[1]己亥朔：正月一日。[2]壬戌：正月二十四日。[3]丁酉：四月一日。[4]无云而雷：天上无云打响雷，古人解释为人君不关心百姓，百姓怨望，上天示警。[5]晡：午后申时，即下午三点到五点。[6]昏：黄昏。四月的昏时，约在下午六七点。[7]五征：胡三省认为是雨、晴、冷、热、风。[8]逆天暴物：违背天意，浪费资源。[9]咎征著邮：五征反常（雨成灾、晴成旱、暴冷、酷热、狂风）是警告人君有过。咎，人君的过失。邮，通“尤”。[10]妖孽（niè）：草木成怪谓之妖，虫豸成怪谓之孽。[11]饥馑荐臻：大饥荒跟随妖孽到来。[12]恶洽变备：罪恶无边，灾变万端，即恶贯满盈。[13]更命有德：天命转移，另寻有德之人。[14]期质有修短：天资有高低。[15]八世：指高、惠、文、景、武、昭、宣、元八代帝王。[16]当阳数之标季：正当阳九的末世。按星象家的说法，运当阳九，灾难重重。标季，末世。[17]涉三七之节纪：步入210年的劫数。三七相乘二十一，象征210年，这也是一个所谓的劫数周期。成帝元延元年已是汉王朝建立后的195年，已向此劫数靠近。[18]遭《无妄》之卦运：碰到《易经·无妄》卦所说的命运。无妄，指无望，没有前途。[19]直百六之灾厄：正当百六之期的灾难。直，当。[20]三难：指日食、地震、暴雨。[21]书：记载。[22]内：宫内。[23]骄臣：骄傲狂妄之臣，暗指淳于长。[24]悍妾：凶妒的后妃，暗指赵皇后、赵昭仪姐妹。[25]臣妾之家幽闲之处：指突发事变产生于近卫侍从之臣或外戚，在意想不到的幽暗平静的房子里发动。[26]征舒、崔杼之乱：指春秋时发生的两起国君淫乱丧生的事件。陈国大夫夏征舒之母美而寡居，陈灵公与之私通，常在夏家欢聚淫乱，公元前599年陈灵公被夏征舒射死。崔杼，齐国大夫，齐庄公与崔杼之妻通奸，于公元前548年被崔杼杀死。[27]诸夏下土：指华夏民族所居之地，即全国，这里是说朝廷之外的民间。[28]樊并、苏令：成帝三年的暴动首领。[29]陈胜、项梁：秦末农民起义军将领。[30]奋臂之祸：奋臂一呼引起的祸难。指首倡起义。[31]下有其萌，然后变见于上：人间出现罪恶的苗头，上天才用灾异示警。[32]易：轻易、容易。[33]媟黩：猥亵

淫乱。［34］三纲：即谓君为臣纲、父为子纲、夫为妻纲。［35］严：严守三纲之义。［36］修后宫之政：建立后宫的秩序。［37］抑远骄妒之宠：疏远恃宠骄悍嫉妒的嫔妃。［38］崇近婉顺之行：亲近尊重性情温和行为端正的嫔妃。［39］朝覲：朝见皇太后。［40］法驾：皇帝出行时的仪仗队，由京兆尹、执金吾为先导，有属车四十六乘。［41］陈兵清道：布兵戒严。［42］三者既除：改正私自出游、酗酒、好色这三种恶习。［43］萌：苗头，起因。［44］吏不恤：官吏不救济民众。［45］“《传》曰”四句：语出京房《易传》，意谓，不采取措施减轻饥荒，却说天下太平，一定会兴起灾祸而灭亡。［46］比年：近年，连年。［47］损常税：减免定额的赋税。［48］市怨趋祸：换取怨恨，招致灾祸。［49］益减奢泰之费：更要减少奢华享受所需的费用。［50］振赡：救济。［51］慰绥：安慰。［52］元元：黎民。［53］中垒校尉：武官名，禁军八校尉之首，掌北军垒门之内，比二千石。［54］毋若丹朱傲：语出《尚书·益稷》篇，为舜诫禹之言。丹朱，帝尧之子。［55］毋若殷王纣：周公诫成王之语，见《尚书·无逸》篇。意为不要像殷纣王那样迷乱。［56］三年比食：连续三年发生日食。［57］率：平均，频率。［58］异有小大希稠：变异有大有小，有疏有密。希稠，指两次灾异之间的时间间隔。［59］占有舒疾缓急：占卜显示有轻有重，有慢有急。［60］著于汉纪：明显地记载在汉朝历史上。［61］末属：疏族、支脉。［62］冀销大异：希望消除特大灾异，暗示避免亡国。［63］高宗：殷王武丁，祭祀成汤时，有雉登鼎耳鸣叫，因惧而修德，殷复兴。［64］成王：辅佐周成王的周公死后，暴风使禾苗倒伏，大树拔起，成王惧而祭周公，天下雨，风回头，倒伏的禾苗恢复。［65］崇：提高。［66］奸：读“干”，冒犯。［67］清燕之闲：闲暇时间。燕，通“宴”。［68］指图陈状：刘向上奏时，附有星孛东井的天体图以及岷山崩的地位图。［69］上辄入之：成帝立即召刘向入宫。［70］给事中：加官，侍从皇帝。［71］备内朝臣：充任中朝官。［72］勿劾立：不要追究王立。汉制，举荐不实，举者连坐。［73］乙未：十二月二日。［74］辛亥：十二月十八日。［75］垦草田：已被开垦的耕地。草田，荒地。少府管的山林陂泽，曾让贫民耕种，称垦草田。王立仗势侵占百姓数百顷垦草田。百亩为一顷。［76］贵取其直一亿万：王立将强夺来的垦草田上交给国家，却乘机高价收取一亿的价款。亿万，据章校作“万万”，即一亿。［77］孙宝发之：孙宝揭发了这件事。［78］庚申：十二月二十七日。［79］大司马、骠骑将军：骠骑将军位次大将军，加大司马之号，即为执政大臣，实权在丞相之上。大将军不常置，即以骠骑将军或车骑将军的名义委为执政大臣。［80］张禹：河平四年继王商为丞相，鸿嘉元年致仕后加位特进。曾为成帝师，授《论语》，故甚见亲信。传见《汉书》卷八十一。［81］肥牛亭：昭帝陵邑平陵县所属亭名，正当平陵寝庙前。张禹请求将肥牛亭作为他的葬地。［82］衣冠所出游道：汉制，将死去皇帝生前的衣帽陈列在寝庙，每月将衣帽捧出在灵前祭祀，称为“游衣冠”。肥牛亭正当游昭帝衣冠的路上。［83］害禹宠：憎恶张禹深受帝宠。［84］起居闻：成帝亲自过问张禹的饮食起居。［85］明见：明显的证据。见，通“现”。［86］弟：通“第”，宅第。［87］辟左右：让左右从人回避。辟，通“避”。［88］圣人罕言命：圣人，指孔子。《论语·子罕》篇：“子罕言利，与命与仁。”《论语·述而》篇：“子不语怪、力、乱、神。”［89］性与天道：这里化用子贡之言。《论语·公冶长》篇：“子贡曰：夫子之文章，可得而闻也；夫子之言性与天道，不可得而闻也。”［90］上雅信爱禹：成帝一贯信任和尊崇张禹。［91］朱云：字游，曲阜人，西汉著名直臣。元帝时曾为槐里（今陕西兴平市）令，因弹劾权奸石显被罢官，所以称“故槐里令”。传见《汉书》卷六十七。［92］尸位素餐：居其位而不任其事。尸位，典出《尚书·五子之歌》：“太康尸位”。尸，古代祭祀时以人装扮的神主。素餐，白吃闲饭。典出《诗经·魏风·伐檀》：“彼君子兮，不素餐兮。”素，空，白白地。［93］“孔子所谓”三句：这里化用《论语·阳货》篇孔子之言。意为：“不可与小人同事一君，小人怕失去官位，无所不用其极。”［94］尚方：少府所属官府名，保管和组织生产皇室所用器物。斩马剑：形容尚方宝剑锋利无比。［95］佞臣：奸佞之臣。［96］厉：通“砺”，勉励，引申为教训，警告。［97］讪上：诽谤在上位的人，即以下犯上。汉律，诽谤大臣犯“诋欺”罪，死刑。［98］殿槛：殿前栏杆。［99］龙逢、比干：龙逢，夏桀时忠臣关龙逢。比干，商纣王时忠臣。两人均因直谏被昏君杀害。［100］免冠，解印绶：摘下官帽，解下官印和绶带，表示不顾一切犯颜直谏。［101］素著狂直：一向性格率直。［102］勿易：不要更换新栏杆。［103］辑之：修理好栏杆。［104］以旌直臣：用来表彰正直的忠臣。旌，表彰。［105］搜谐单于：即搜谐若鞮单于，名栾提且糜胥，栾提陶莫皋之弟，公元前20年至公元前12年在位。［106］且莫车：且糜胥同父异母弟。呼韩邪单于正宫颛渠阏氏生子二人，长曰且莫车，次曰囊知牙斯。大阏氏生子亦二人，长曰陶莫皋，次日且糜胥。大阏氏之子年长于颛渠阏氏之子。呼韩邪单于为求政治稳定，传长不传嫡，但遗嘱兄终弟及，以便嫡子且莫车继位，故匈奴陶莫皋继位之后，连续数世均兄终弟及。事详《资治通鉴》卷三十成帝建始二年。［107］车牙若鞮单于：即且莫车，公元前12年至公元前8年在位。［108］前所道：指太后王政君言成帝亲近侍中班伯疏远张放事。见《资治通鉴》卷三一成帝永始二年。［109］效：办理。［110］天水属国都尉：属国都尉，官名，管理归附的民族事务。天水郡属国负责安置归附的羌人。［111］虎臣：如虎之臣。指为国柱石的武将。

二年（庚戌，前11年）

春，正月，上行幸甘泉，郊泰畤。三月，行幸河东，祠后土。既祭，行游龙门[1]，登历观[2]，陟西岳[3]而归。

夏，四月，立广陵孝王子守为王。

初，乌孙小昆弥[4]安日[5]为降民所杀，诸翎侯[6]大乱；诏征故金城太守段会宗[7]为左曹、中郎将、光禄大夫[8]，使安辑乌孙；立安日弟末振将为小昆弥，定其国而还。时大昆弥雌栗靡[9]勇健，末振将恐为所并，使贵人乌日领诈降，刺杀雌栗靡；汉欲以兵讨之而未能，遣中郎将段会宗立公主孙伊秩靡[10]为大昆弥。久之，大昆弥、翎侯难栖杀末振将，安日子安犁靡代为小昆弥。汉恨不自诛末振将，复遣段会宗发戊己校尉[11]诸国兵，即诛末振将太子番丘[12]。会宗恐大兵入乌孙，惊番丘，亡逃不可得，即留所发兵垫娄地，选精兵三十弩[13]径至昆弥所在，召番丘，责以末振将之罪，即手剑击杀番丘。官属以下惊恐，驰归。小昆弥安犁靡勒兵数千骑围会宗，会宗为言来诛之意，“今围守杀我，如取汉牛一毛[14]耳。宛王、郅支头悬槁街[15]，乌孙所知也。”昆弥以下服，曰：“末振将负汉，诛其子可也，独不可告我，令饮食之[16]邪！”会宗曰：“豫告昆弥[17]，逃匿之，为大罪。即饮食以付我，伤骨肉恩[18]。故不先告。”昆弥以下号泣罢去。会宗还，奏事，天子赐会宗爵关内侯、黄金百斤。会宗以难栖杀末振将，奏以为坚守都尉[19]。责大禄、大监[20]以雌栗靡见杀状，夺金印、紫绶，更与铜、墨云。末振将弟卑爰疐本共谋杀大昆弥，将众八万北附康居，谋欲借兵兼并两昆弥；汉复遣会宗与都护孙建并力以备之。

自乌孙分立两昆弥，汉用忧劳[21]，且无宁岁。时康居复遣子侍汉，贡献，都护郭舜[22]上言：“本匈奴盛时，非以兼有乌孙、康居故也；及其称臣妾，非以失二国也。汉虽皆受其质子，然三国[23]内相输遗[24]，交通如故；亦相候司，见便则发[25]：合不能相亲信，离不能相臣役[26]。以今言之，结配乌孙，竟未有益，反为中国生事。然乌孙既结在前，今与匈奴俱称臣，义不可距。而康居骄黠[27]，讫不肯拜使者；都护吏至其国，坐之乌孙诸使下，王及贵人先饮食已，乃饮啖[28]都护吏，故为无所省以夸旁国[29]。以此度之，何故遣子入侍？其欲贾市[30]，为好辞之诈[31]也。匈奴，百蛮大国，今事汉甚备；闻康居不拜，且使单于有悔自卑之意。宜归其侍子，绝不复使[32]，以章汉家不通无礼之国！”汉为其新通，重致远人，终羁縻不绝。

（以上为第三段，写段会宗三番出使西域，安定了乌孙，影响所及，康居派质子，并向汉朝进贡。于是，匈奴、乌孙、康居，三大强国归附汉朝，西域稳定。）

【注释】

[1]龙门：指龙门山禹门津。龙门山主峰在今山西河津市北，山南禹门津为晋陕交通咽喉。[2]历观：历山上的道观。历山在今山西永济市南。 [3]陟西岳：登临华山。陟，登山。西岳，

即华山，在今陕西华阴市。［4］乌孙小昆弥：宣帝甘露元年，遣使立元贵靡为乌孙大昆弥，乌就屠为小昆弥。元贵靡与乌就屠为兄弟，均系乌孙昆弥翁归靡之子。元贵靡为汉解忧公主所生，乌就屠为胡妇所生。［5］安日：小昆弥乌就屠之孙。安日叔父日贰杀安日父拊离，叛逃康居。安日遣刺客杀日贰，拥护日贰的叛民归降安日，安日为其降民所杀。［6］翖侯：乌孙大臣、将军之号。［7］段会宗：字子松，天水郡上邽县（今甘肃天水市西南）人。两度为西域都护。段会宗还汉曾为金城太守，因病免，称“故金城太守”。传见《汉书》卷七十。［8］左曹、中郎将、光禄大夫：段会宗是汉朝安抚西域的名将，乌孙乱，复起用他，更加此三个头衔以示身份尊贵。左曹，加官，皇帝亲随。［9］雌栗靡：大昆弥元贵靡之孙，星弥之子。［10］公主孙伊秩靡：公主，指解忧公主，汉楚王刘戊之孙，史称楚主解忧公主。伊秩靡，雌栗靡之叔父，解忧公主之孙。［11］戊己校尉：武官名，职掌屯田西域车师的武官，隶属西域都护。［12］番丘：末振将太子，与安犁靡为从兄弟。番，读“盘”。［13］三十弩：三十人，人持一弩。［14］汉牛一毛：即“九牛一毛”之意，喻细微。语出司马迁《报任安书》：“假令仆伏法受诛，若九牛亡一毛，与蝼蚁何异。”段会宗以此喻其身细微。［15］槁街：长安城中街道名，为少数民族聚居区，外国使馆也多在这条街上。大宛王毋寡于武帝太初三年被诛，匈奴郅支单于于元帝建始三年被诛，均曾悬首槁街。［16］令饮食之：指在杀番丘前赐之饮食，与番丘饯行。［17］豫告昆弥：指将诛杀番丘事事先告诉安犁靡。豫，通“预”。［18］即饮食以付我，伤骨肉恩：如果允许安犁靡为番丘饯行，岂不有伤骨肉之情。这些都是段会宗为自己突击杀番丘编造的理由，因为不采取突击手段，番丘难以伏法。［19］坚守都尉：难栖为大昆弥之翖侯，因其杀末振将之功，授予此职。坚守，意为能坚守臣节。［20］大禄、大监：乌孙国丞相、监察大臣之号。［21］汉用忧劳：汉朝因乌孙两昆弥内乱而劳师费力。［22］郭舜：时任西域都护。［23］三国：指匈奴、乌孙、康居。［24］内相输遗：指三国之间互相通使交易。［25］见便则发：有机会便攻击对方。［26］合不能相亲信，离不能相臣役：三国友好时也是同床异梦，互不相信，交恶时谁也征服不了谁。［27］骄黠：既傲慢又猾头。［28］饮啖：喝酒吃饭。［29］故为无所省以夸旁国：指康居故意慢待汉使，借以向邻国夸耀。［30］贾市：互市，做生意。［31］好辞之诈：康居遣子入汉，递交甜言蜜语的国书，是欺诈之术。［32］绝不复使：断绝外交，汉朝不派使臣回康居。

三年（辛亥，公元前10年）

春，正月，丙寅[1]，蜀郡岷山崩[2]，壅[3]江三日，江水竭。刘向大恶[4]之，曰：“昔周岐山崩，三川竭[5]，而幽王亡。岐山者，周所兴也。汉家本起于蜀、汉[6]，今所起之地，山崩川竭，星孛[7]又及摄提[8]、大角[9]，从参至辰，殆必亡矣！”

二月，丙午[10]，封淳于长为定陵侯。

三月，上行幸雍，祠五畤。

上将大夸胡人以多禽兽，秋，命右扶风发民入南山[11]，西自褒斜[12]，东至弘农[13]，南驱汉中[14]，张罗罔[15]罝罘[16]，捕熊罴禽兽，载以槛车，输之长杨射熊馆[17]，以罔为周阹[18]，纵禽兽其中，令胡人手搏之，自取其获，上亲临观焉。

（以上为第四段，写成帝元延三年，蜀郡发生大山崩，按古时观念，此为上天发出了严重警告，而成帝毫不觉醒，不恤民生，大搞排场，发动数十万民众捕兽以取一乐的行为，浑浑噩噩，匪夷所思。）

【注释】

[1]丙寅：正月十日。 [2]岷山崩：此次山崩，据《水经注》载，在岷山天彭关附近。天彭关因天彭山而得名，两山夹江相对如门，又称天彭门，在今四川都江堰市西北。 [3]壅：堵塞。[4]大恶（wù）：极为震惊。 [5]周岐山崩，三川竭：周幽王二年（前780），三川地区大地震，岐山崩，三川枯。岐山，在今陕西岐山县东北，为周朝发祥之地，故岐山崩象征西周衰亡。三川，指泾、渭、洛三水。 [6]汉家本起于蜀、汉：指蜀、汉为汉家的发祥地。汉高祖刘邦被项羽封为汉王，有巴、蜀、汉中之地，并以此为根据地与楚相争而有天下。 [7]星孛：《汉书·五行志》如淳注："孛星尾长及摄提大角，始发于参至辰也。"孛星，这里指彗星，出现于天空，从参至辰，彗尾扫过摄提及大角星空。 [8]摄提：大角星左右三颗呈三角形的六颗星，称摄提星，正当斗柄所指，以建时节。 [9]大角：星名，即牧夫座 α 星，为一等星，中国古代占星家称为天王的帝廷。[10]丙午：二月二十日。 [11]南山：即终南山，属秦岭。 [12]褒斜：指褒斜道，南口为褒谷，在今陕西勉县；北口为斜谷，在今陕西眉县西南。 [13]弘农：郡名，治所弘农，在今河南灵宝市北。 [14]汉中：郡名，治所南郑，即今陕西汉中市南郑区。 [15]罔：通"网"。 [16]罝（jū）罘（fú）：均系捕兽之网。 [17]长杨射熊馆：长杨，宫名，在今陕西周至县东南。射熊馆系宫中动物园。 [18]周阹（qū）：围障、阻挡禽兽的围栏。

四年（壬子，公元前 9 年）

春，正月，上行幸甘泉，郊泰畤。

中山王兴[1]、定陶王欣[2]皆来朝，中山王独从傅[3]，定陶王尽从傅、相、中尉[4]。上怪之，以问定陶王，对曰："令[5]：诸侯王朝，得从其国二千石。傅、相、中尉，皆国二千石，故尽从之。”上令诵《诗》，通习[6]，能说[7]。他日，问中山王：“独从傅在何法令？”不能对；令诵《尚书》，又废[8]；及赐食于前，后饱[9]；起下[10]，袜系解[11]。帝由此以为不能，而贤定陶王[12]，数称其材。是时诸侯王唯二人于帝为至亲[13]，定陶王祖母傅太后随王来朝，私赂遗赵皇后、昭仪及票骑将军王根。后、昭仪、根见上无子，亦欲豫自结[14]，为长久计，皆更称[15]定陶王，劝帝以为嗣。帝亦自美其材，为加元服[16]而遣之，时年十七矣。

三月，上行幸河东，祠后土。

陨石于关东二。

王根荐谷永，征入[17]，为大司农。永前后所上四十余事，略相反覆[18]，专攻上身与后宫而已[19]；党于王氏，上亦知之，不甚亲信也。为大司农岁余，病；满三月，上不赐告，即时免[20]。数月，卒。

（以上为第五段，写成帝亲爱定陶王，以及王氏外戚党羽谷永之死。）

【注释】

[1]中山王兴：刘兴，成帝幼弟。 [2]定陶王欣：刘欣，成帝大弟刘康之子。 [3]独从傅：只有其师傅陪同。 [4]尽从傅、相、中尉：王师、王相及中尉，即全部二千石的高级官员都陪同。 [5]令：汉律令。 [6]通习：全部能背诵。 [7]能说：能解说诗意。 [8]又废：又不能诵读。谓中山王刘兴，既不能回答为何独从傅，又不能诵《尚书》。 [9]后饱：最后一个吃完饭，说其贪吃。 [10]起下：起身告辞下殿。 [11]袜系解：袜带松开。形容其仪容不整。 [12]贤定陶王：认为定陶王能干。贤，能干，使动词。 [13]至亲：最亲，血缘关系最近。中山王刘兴是成帝亲弟，定陶王刘欣是成帝亲侄。 [14]豫自结：豫先替自己打算而结交定陶王。 [15]更称：轮番称赞，交口称誉。 [16]加元服：加冠。元服，冠。此指成帝特为定陶王刘欣举办成人礼，表示特殊恩宠，有过继为子之意。古时加冠礼，应由父亲为儿子举办。 [17]征入：征召入京，时谷永为北地太守。 [18]略相反覆：内容大致相同。反覆，翻来倒去，即老生常谈。 [19]专攻上身与后宫而已：指谷永上奏，只是谏说成帝本人过失，以及后宫嫔妃，而绝口不谈外戚王氏专权的事。 [20]不赐告，即时免：汉制，公卿百官，病假满百日，即自动免职。病假至三月，皇帝恩准续假，称为赐告。不赐告，即未给延假诏书，自动免职。

绥和元年（癸丑，前8年）

春，正月，大赦天下。

上召丞相翟方进、御史大夫孔光、右将军廉褒、后将军朱博入禁中，议“中山、定陶王谁宜为嗣者？”方进、根、褒、博皆以为：“定陶王，帝弟之子。《礼》曰：‘昆弟之子，犹子也。为其后者，为之子也。’[1]定陶王宜为嗣。”光独以为：“礼，立嗣以亲[2]。以《尚书盘庚》殷之及王为比，兄终弟及[3]。中山王，先帝之子，帝亲弟，宜为嗣。”上以“中山王不材；又礼，兄弟不得相入庙[4]，”不从光议。二月，癸丑[5]，诏立定陶王欣为皇太子，封中山王舅谏大夫冯参为宜乡侯，益中山国三万户，以慰其意；使执金吾任宏守大鸿胪[6]，持节征定陶王。定陶王谢曰：“臣材质不足以假充[7]太子之宫；臣愿且得留国邸[8]，旦夕奉问起居，俟有圣嗣，归国守藩。”书奏，天子报“闻”[9]。戊午[10]，孔光以议不合意，左迁廷尉；何武为御史大夫。

初，诏求殷后，分散为十余姓[11]，推求其嫡[12]，不能得。匡衡、梅福皆以为宜封孔子世为汤后[13]，上从之，封孔吉为殷绍嘉侯[14]。三月，与周承休侯[15]皆进爵为公，地各百里。

上行幸雍，祠五畤。

初，何武之为廷尉也，建言：“末俗之敝，政事烦多，宰相之材不能及古，而丞相独兼三公[16]之事，所以久废而不治也。宜建三公官。”上从之。夏，四月，赐曲阳侯根大司马印绶[17]，置官属，罢票骑将军官；以御史大夫何武为大司空，封汜乡侯：皆增奉如丞相，以备三公焉。

秋，八月，庚戌[18]，中山孝王兴薨。

匈奴车牙单于死；弟囊知牙斯立，为乌珠留若鞮单于[19]。乌珠留单于立，以弟乐为左贤王，舆为右贤王，汉遣中郎将夏侯藩、副校尉韩容使匈奴。

或说王根曰：“匈奴有斗入汉地[20]，直[21]张掖郡，生奇材箭竿、鹫羽[22]；如得之，于边甚饶，国家有广地之实，将军显功垂于无穷！”根为上言其利，上直欲从单于求之，为有不得，伤命损威[23]。根即但以上指晓藩[24]，令从藩所说而求之。藩至匈奴，以语次[25]说单于曰："窃见匈奴斗入汉地，直张掖郡，汉三都尉居塞上，士卒数百人，寒苦，候望[26]久劳，单于宜上书献此地，直断割之[27]，省两都尉士卒数百人，以复天子厚恩，其报必大！"单于曰："此天子诏语邪，将从使者所求也？"藩曰："诏指也；然藩亦为单于画善计耳。"单于曰："此温偶駼王[28]所居地也，未晓其形状、所生[29]，请遣使问之。"

藩、容归汉后，复使匈奴，至则求地。单于曰："父兄传五世[30]，汉不求此地，至知独求，何也？已问温偶駼王，匈奴西边诸侯作穹庐及车，皆仰此山材木，且先父地，不敢失也。"藩还，迁太原太守。单于遣使上书，以藩求地状闻。诏报单于："藩擅称诏，从单于求地，法当死；更大赦二[31]，今徙藩为济南太守，不令当匈奴。"

冬，十月，甲寅[32]，王根病免。上以太子既奉大宗后，不得顾私亲，十一月，立楚孝王孙景为定陶王[33]。太子议欲谢[34]；少傅阎崇以为"为人后之礼，不得顾私亲，不当谢"；太傅赵玄以为"当谢"，太子从之。诏问所以谢状，尚书劾奏玄，左迁少府；以光禄勋师丹为太傅。

初，太子之幼也，王祖母傅太后躬自养视；及为太子，诏傅太后、丁姬[35]自居定陶国邸，不得相见。顷之，王太后欲令傅太后、丁姬十日一至太子家，帝曰："太子承正统，当共养陛下，不得复顾私亲。"王太后曰："太子小而傅太后抱养之；今至太子家，以乳母恩耳，不足有所妨！"于是令傅太后得至太子家；丁姬以不养太子，独不得。

（以上为第六段，写成帝绥和元年恢复三公建制，确立太子人选，侄儿定陶王刘欣入承大统。）

【注释】

［1］"《礼》曰"五句：《仪礼》上说："兄弟的儿子，也就是自己的儿子。只要当继承人，就要尽人子之道。"语出《仪礼·丧服》："昆弟之子若子。"《公羊传》成公十五年："为人后者，为之子也。"［2］立嗣以亲：按照宗法制度，选择继承人，应以血缘亲近为标准。成帝与中山王为兄弟，比与定陶工的叔侄关系更为亲近。［3］兄终弟及：商代王位兄死后由弟继承。［4］兄弟不得相入庙：按照宗庙礼仪，兄弟牌位不能同时进入祭庙。按照宗庙制度，父为昭，子为穆，兄弟不得为

昭穆。［5］癸丑：二月九日。［6］使执金吾任宏守大鸿胪：执金吾，九卿之一，职掌京师治安。守，试用，满岁再实任。这里是权宜授职，给任宏加“大鸿胪”衔，以便持节征召定陶王。大鸿胪，九卿之一，职掌诸侯国及四方蛮夷以及礼仪傧赞事务。［7］假充：谦辞，不配占有。［8］国邸：指定陶王邸舍。邸，诸侯王设在京师的宾馆。［9］天子报“闻”：皇帝已阅，但不表示态度，即不准其所请。［10］戊午：二月十四日。［11］分散为十余姓：殷人子姓，后分为宋、孔、华、戴、桓、向、乐等姓。［12］推求其嫡：寻找嫡系子孙。［13］宜封孔子世为汤后：元帝时丞相匡衡首创以孔子世传的嫡系子孙作为殷汤的后裔封侯，成帝时梅福又提出此议。［14］殷绍嘉侯：成帝封孔子后代孔吉为殷绍嘉侯于沛（今江苏沛县）。［15］周承休侯：封周朝的后裔为承休侯，史失其名。［16］三公：汉初承秦制，以丞相、太尉、御史大夫为三公。此以丞相、大司马、大司空为三公。大司马相当于太尉，大司空相当于御史。［17］大司马印绶：汉武帝元狩四年（前119），始置大司马，为大将军卫青的加衔，只是一种称号。汉宣帝地节三年（前67）恢复大司马，仍为称号。至成帝以王根为大司马，加印绶，置官署，始成为实职军事长官。大司马的俸禄与丞相同，号万石，为每月三百五十斛谷。［18］庚戌：八月九日。［19］乌珠留若鞮单于：车牙单于之弟，公元前13年至公元前8年在位。［20］斗入汉地：斗，指边界上的突出部分，这里指匈奴有块土地楔入中国界内。［21］直：正当，引申为连界。［22］鹫羽：黑雕之羽，可做箭翎。［23］伤命损威：伤害天子和汉朝的国威和体面。［24］根即但以上指晓藩：王根把皇帝的意图告诉将出使匈奴的夏侯藩，让他便宜行事。［25］语次：谈话中顺便提及。［26］候望：瞭望。［27］直断割之：把边界取直，将突出部割让给汉朝。［28］温偶駼王：匈奴王名号。［29］所生：指物产、水草。［30］父兄传五世：呼韩邪单于传子复株累，复株累传单搜谐，单搜谐传弟车牙，车牙传弟囊知牙斯，是为五世。［31］更大赦二：交替两次大赦。成帝绥和二年（前7）去世，哀帝即位大赦，接着改元又大赦。夏侯藩两次出使匈奴求地，匈奴的反应应在两次大赦后，即哀帝建平元年或二年。［32］甲寅：十月十四日。［33］定陶王：定陶王刘欣已过继给伯父成帝刘骜为太子，定陶王无后，今立宣帝之子楚孝王刘嚣之孙刘景继任定陶王奉祀刘康香火。据章校，“定陶王”下有“以奉共王后”五字。共王即刘康，成帝弟，刘欣之父。［34］谢：向成帝谢恩，因为成帝下诏立刘景为定陶王，使刘康有了奉祀的人，因此刘欣要谢恩。由于刘欣已过继为成帝太子，与自己生父已脱离关系，不应当谢恩。［35］丁姬：定陶共王刘康之妃，刘欣生母。据章校，“丁姬”上有“与太子母”四字。

卫尉、侍中淳于长有宠于上，大见信用，贵倾公卿，外交诸侯、牧、守，赂遗、赏赐累巨万，淫于声色。许后姊嬺为龙雒思侯[1]夫人，寡居；长与嬺私通，因取为小妻。许后时居长定宫，因嬺赂遗长，欲求复为婕妤[2]。长受许后金钱乘舆、服御物前后千余万，诈许为白上，立为左皇后。嬺每入长定宫，辄与嬺书，戏侮[3]许后，嫚易无不言[4]；交通书记，赂遗连年。

时曲阳侯根辅政，久病，数乞骸骨。长以外亲[5]居九卿位，次第当代根。侍中、骑都尉、光禄大夫王莽心害长宠，私闻其事。莽侍曲阳侯病，因言："长见将军久病意喜，自以当代辅政，至对衣冠[6]议语署置[7]；"具言[8]其罪过。根怒曰："即如是，何不白也！"莽曰："未知将军意，故未敢言！"根曰："趣白东宫[9]！"莽求见太后，具言长骄佚，欲代曲阳侯；私与长定贵人姊通，受取其衣物。太后亦怒曰："儿至如此！往，白之帝！"莽白上；上以太后故，免长官，勿治罪，遣就国。

初，红阳侯立不得辅政，疑为长毁谮，常怨毒长[10]；上知之。及长当就国，立嗣子[11]融从长请车骑[12]，长以珍宝因[13]融重遗立。立因上封事[14]，为长求留曰："陛下既托文[15]以皇太后故，诚不可更有他计。"于是天子疑焉[16]，下有司按验[17]。吏捕融，立令融自杀以灭口。上愈疑其有大奸，遂逮长系洛阳诏狱[18]，穷治[19]。长具服戏侮长定宫，谋立左皇后，罪至大逆，死狱中。妻子当坐者徙合浦[20]；母若归故郡[21]。上使廷尉孔光持节赐废后药，自杀。丞相方进复劾奏"红阳侯立，狡猾不道，请下狱。"上曰："红阳侯，朕之舅，不忍致法；遣就国。"于是方进复奏立党友后将军朱博、巨鹿太守孙闳，皆免官，与故光禄大夫陈咸皆归故郡[22]。咸自知废锢，以忧死。

方进智能有余，兼通文法吏事[23]，以儒雅缘饰[24]，号为通明相[25]，天子器重之；又善求人主微指[26]，奏事无不当意。方淳于长用事，方进独与长交，称荐之；及长坐大逆诛，上以方进大臣，为之隐讳，方进内惭，上疏乞骸骨。上报曰："定陵侯长已伏其辜，君虽交通，传不云乎：'朝过夕改，君子与之[27]，'君何疑焉！其专心壹意，毋怠医药，以自持[28]。"方进起视事，复条奏长所厚善京兆尹孙宝、右扶风萧育、刺史二千石以上，免二十余人。函谷都尉[29]、建平侯杜业[30]，素与方进不平，方进奏"业受红阳侯书听请，不敬，"免，就国。

上以王莽首发大奸，称其忠直；王根因荐莽自代。丙寅[31]，以莽为大司马，时年三十八。莽既拔出同列，继四父[32]而辅政，欲令名誉过前人，遂克己不倦。聘诸贤良以为掾、史，赏赐、邑钱[33]悉以享士[34]，愈为俭约。母病，公卿列侯遣夫人问疾，莽妻迎之，衣不曳地[35]，布蔽膝[36]，见之者以为僮使，问知其夫人。其饰名[37]如此。

丞相方进、大司空武奏言："《春秋》之义，用贵治贱，不以卑临尊。刺史位下大夫而临二千石[38]，轻重不相准[39]。臣请罢刺史，更置州牧以应古制！"十二月，罢刺史，更置州牧，秩二千石。

犍为郡[40]于水滨[41]得古磬十六枚，议者以为善祥。刘向因是说上："宜兴辟雍[42]，设庠序[43]，陈礼乐[44]，隆雅颂之声[45]，盛揖让之容[46]，以风化天下。如此而不治者，未之有也。或曰[47]：不能具礼[48]。礼以养人[49]为本，如有过差[50]，是过而养人[51]也。刑罚之过或至死伤[52]，今之刑非皋陶之法[53]也，而有司请定法[54]，削则削，笔则笔[55]，救时务也。至于礼乐，则曰不敢，是敢于杀人、不敢于养人也。为其俎豆[56]、管弦[57]之间小不备[58]，因是绝而不为，是去小不备而就大不备[59]，惑莫甚焉！夫教化之比于刑法，刑法轻，是舍所重而急所轻[60]也。教化，所恃以为治也；刑法，所以助治也；今废所恃而独立其所助，非所以致太平也。自京师有悖逆不顺之子孙，至于陷大辟，受刑戮者不绝，由不习五常之道[61]也。夫承千岁之衰周，继暴秦之余敝，民渐渍恶俗，贪饕险诐[62]，不闲[63]义理，不示以大化而独驱以刑罚，终已不改！"帝以向言下公卿议，丞相、大司空奏请立辟雍，按行长安城南营表[64]；未作而罢。时又有言"孔子布衣，养徒三千人，今天子太学弟子少。"于是增弟子员三千人；岁余，复如故[65]。

刘向自见得信于上，故常显讼宗室[66]，讥刺王氏及在位大臣，其言多痛切，发于至诚。上数欲用向为九卿，辄不为王氏居位者及丞相、御史所持[67]，故终不迁，居列大夫官前后三十余年而卒[68]。后十三岁而王氏代汉。

（以上为第七段，写王莽攀附并利用红阳侯王立，铲除了政治竞争对手淳于长，又沉重地打击了王立的威信，可以说是打击政敌，一箭双雕。王莽长于政治，工于心计，终于夺取了辅政大臣大司马的职位。）

【注释】

［1］龙雒思侯：即韩宝，宣帝时将军韩增之子。［2］复为婕妤：许皇后被废，囚居长定宫，希望重新得到婕妤称号以恢复自由。婕妤，地位低于皇后的嫔妃称号。［3］戏侮：戏弄。［4］嫚易无不言：什么轻薄话都敢说。［5］外亲：外戚。淳于长为皇太后王政君姐子。［6］衣冠：即衣冠望族，指当时士大夫及贵族子弟。［7］议语署置：封官许愿。［8］具言：详说。［9］趣白东宫：赶快禀告皇太后。［10］怨毒长：把淳于长恨入骨髓。［11］嗣子：长子。［12］从长请车骑：向淳于长讨要仪仗车骑。因淳于长出京就任封国，官属仪仗不能带去，故王融仗势讨取。［13］因：借此机会。［14］上封事：上奏密札，直呈皇帝。［15］托文：写于诏书的文辞。［16］天子疑焉：成帝知王立素怨淳于长，现又突然为仇人求情，故起疑心。［17］下有司按验：交主管部门审查。［18］遂逮长系洛阳诏狱：淳于长封定陵侯，汉定陵县在今河南舞阳县。因淳于长在赴封国途中案发，故直接逮捕囚于洛阳诏狱。［19］穷治：严厉追究。［20］合浦：县名，县治在今广西合浦县。汉时为重罪流放地之一。［21］母若归故郡：淳于长母王若，字君侠，王太后姐，回归故里。王氏故里在汉魏郡元城县（今河北大名县东北）。［22］“与故光禄大夫”句：元延元年，光禄大夫陈咸被免职。另据《汉书·翟方进传》，朱博、孙闳被免官，只陈咸被罢归故里，故此句中“与”字和“皆”字为衍文。［23］文法吏事：法令规章和行政经验。［24］以儒雅缘饰：用儒家学说解释法律。缘饰，装饰，引申为解说。据章校，“饰”字下有“法律”二字。［25］号为通明相：被公认为是贤达明理的丞相。［26］善求人主微指：善于揣摩皇帝的心思。［27］与之：赞许。［28］自持：保重。［29］函谷都尉：函谷关所置都尉，盘查出入之人。［30］杜业：建平侯杜延年之孙，素不附权贵，与翟方进、淳于长皆不睦，故翟方进借机将其排斥。传附《汉书》卷六十。［31］丙寅：十一月辛未朔，无丙寅。丙寅，十二月二十六日。［32］四父：指王凤、王音、王商、王根，四人皆王莽叔伯。［33］邑钱：封邑的收入。［34］享士：供养幕宾。［35］衣不曳地：衣服长度不拖到地面。［36］布蔽膝：葛布做的外套。布，葛织物。蔽膝，即外套，其长度只达到膝部，故有是称。［37］饰名：博取声誉。［38］刺史位下大夫而临二千石：刺史秩六百石，只相当于古时之下大夫，但却领导着二千石的郡守及王国相。［39］轻重不相准：即本末倒置。［40］犍为郡：郡名，治所僰道，在今四川宜宾市。［41］水滨：江岸边。［42］辟雍：京师太学。辟，明；雍，和。辟雍，取明和天下之义。［43］设庠序：建立郡县的地方学校。相传西周时，党有庠，乡有序。［44］陈礼乐：提倡礼乐文化。［45］隆雅颂之声：传播规范的语言。［46］盛揖让之容：讲究谦让的礼仪。［47］或曰：

有人说。［48］不能具礼：治理天下不能只靠礼仪。［49］养人：培养人，教育人。［50］过差：过失、差错。［51］过而养人：即使教化失误，也只不过是教育人的效果不显著而已。［52］刑罚之过或至死伤：刑罚失误则导致人的死伤。［53］皋陶之法：简朴的法律。皋陶，传说中尧舜时著名的刑狱官。［54］定法：标准刑法。［55］削则削，笔则笔：指随意改变法律。［56］俎豆：祭祀用的器皿。［57］管弦：指祭乐。［58］小不备：祭礼不周全。［59］大不备：指礼乐教化缺损。［60］舍所重而急所轻：丢了大的重的，而关注小的轻的。今语有丢了西瓜而捡了芝麻，不知取舍。舍，舍弃。急，致力于。［61］五常之道：五种人人应遵守的道德。五常，仁、义、礼、智、信。［62］贪饕险诐：贪婪奸险。［63］闲：熟习。［64］按行长安城南营表：巡行长安南郊选址和树立标记。［65］复如故：恢复原来的太学生一千人的定制。汉武帝初立太学，博士弟子定员五十人，以后不断扩大，至元帝时定员一千人，到成帝一度扩大为三千人。［66］显讼宗室：公开替皇族打抱不平。［67］持：扶持，佐助。［68］卒：去世。刘向历官谏大夫、中垒校尉、光禄大夫等职，于建平三年（前 4）去世。

【点评】

论汉成帝后期政治三大事件。本卷载汉成帝后期执政三大启人深思的事件。第一件，永始四年，梁王刘立违法犯禁，有时一天多达十余起，是一个恶棍。特别是刘立乱伦，与自己的亲姑母兼舅妈刘园子通奸，丑闻被揭发，谷永上书阻止朝廷调查。谷永用常理推断，说刘立与刘园子不仅辈分不同，而且年龄相差太大，不可能有这等事。即使有，也是闺门隐私，为了皇室颜面，也要停止调查。成帝采纳了谷永建议，搁置案件，保护了刘立这个恶棍。谷永、刘向、朱云许多大臣上奏言得失，成帝均不采纳，唯独这件混淆是非的上奏，成帝偏偏采纳了。成帝、谷永为何要保护梁王刘立呢？主要原因有二。其一，专制制度，法律不平等。“刑不上大夫”有着根深蒂固的影响，更何况是宗室王。其二，成帝生活糜烂，刘立乱伦，是皇室腐朽的外延，成帝不欲深究。谷永是外戚王氏党羽，上书强调为尊者讳、为亲者讳的伦常观念，成帝自然心领神会而搁置案件了。

第二件，成帝侄儿刘欣入继大统，立为皇太子，却让刘欣生母丁姬、祖母傅太后与刘欣割断关系。宗法制度，无情有理。皇太后王政君下诏，说傅太后抚育刘欣，可以以奶娘身份十天入见皇太子刘欣一次。这个口子一开，就为傅太后入宫打开了大门。等到刘欣即位，是为哀帝，傅太后就堂而皇之地以祖母身份入宫，控制了哀帝，其后生出许多事端，虽非王政君始料所及，却是亲情斩不断的生动证明。

第三件，段会宗安边，给千疮百孔的西汉王朝打了一剂强心针，制造了成帝时的虚假强盛，段会宗也成为继陈汤之后又一员出使西域的名将。段会宗，字子松，天水上邽人，曾在竟宁元年（前 33）、阳朔四年（前 21），两度出任西域都护。西域都护一任为三年。段会宗既懂军事，又懂政治。他既能宣明汉王朝的恩信、国威，又十分注意汉王朝与乌孙等各国的友好关系。段会宗在西域各国树立了很高的声望，赢得了尊重。元延二年（前 11），段会宗已 73 岁高龄，再次受命，以左曹、中郎将、光禄大夫身份出使西域，率领戊己校尉的军队前去平定乌孙国内乱，以大勇精神智取乌孙国叛臣番丘的首级，可以说是兵不血刃结束了平叛任务，使汉王朝威震西域。两年后，乌孙再度发生内乱，75 岁高龄的段会宗又一次受命前往西域。段会宗与西域都护孙建一起平定了乌孙内乱。段会宗因积劳成疾，又因高龄经受远行风霜以及征战之劳，病死在乌孙。西域各国人民听到噩耗都十分悲痛。段会宗的一生献给了国家，献给了西域各国人民。段会宗出使西域期间，西域各国人心安定，一心归顺汉朝，社会生产得到发展。因此，段会宗死后，人民十分怀念他，西域各国为他发丧，并立祠庙祭祀他。

卷三三　汉纪二十五

汉成帝绥和二年至汉哀帝建平元年（前7—前6年）

【起阏逢摄提格（甲寅，前7年），尽旃蒙单阏（乙卯，前6年），凡二年】

【大事提要】

本卷记事起公元前7年，讫公元前6年，凡二年，当成帝绥和二年至哀帝建平元年，新老皇帝交替之际。两年史事，洋洋一卷，其实并没多少有关国计民生或对外事务的大事件，主要笔墨写的是统治集团的权力斗争和宫廷黑幕。绥和二年二月，成帝逼死丞相翟方进以应天变，但并没有挽救自己的死亡。三月十八日成帝无疾暴崩，这是一桩疑案。成帝死，哀帝立，宗法伦理与亲情的矛盾立即突显，母以子贵，傅太后入宫掣肘哀帝，阻止对成帝死因的调查，保护皇太后赵飞燕，因为赵飞燕替哀帝入继大统出过力。傅太后又无中生有，以谋反罪逼死中山王太后冯氏，以报昔年两人争宠之仇。哀帝嗣位，无所作为。师丹上书建言限田，贾让上书献治河三策，均议而不决，最终搁置。只有耿育上书为陈汤鸣冤，陈汤被召还终老京师，陈汤的功过是非，终于画了句号。在调查成帝死因中，牵扯出成帝亲手杀死皇子以讨好赵飞燕之妹赵昭仪之事。宫中黑幕，违反伦常，竟至于此。

孝成皇帝下

绥和二年（甲寅，前7年）

春，正月，上行幸甘泉，郊泰畤。

二月，壬子[1]，丞相方进薨。

时荧惑守心[2]，丞相府议曹[3]平陵李寻奏记[4]方进，言："灾变迫切[5]，大责[6]日加，安得保斥逐之戮[7]！阖府[8]三百余人，唯君侯[9]择其中，与尽节转凶[10]。"方进忧之，不知所出。会郎贲丽善为星[11]，言大臣宜当之。上乃召见方进。还归，未及引决[12]，上遂赐册[13]，责让以政事不治，灾害并臻，百姓穷困，曰："欲退君位，尚未忍，使尚书令赐君上尊酒[14]十石，养牛一[15]，君审处焉！"方进即日自杀。上秘之，遣九卿策赠印绶[16]，赐乘舆秘器[17]、少府供张[18]，柱槛皆衣素[19]。天子亲临吊[20]者数至，礼赐异于他相故事。

臣光曰：晏婴[21]有言："天命不慆，不贰其命[22]。"祸福之至，安可移乎！昔楚昭王、宋景公[23]不忍移灾于卿佐，曰："移腹心之疾，寘诸股肱，何益也！"藉[24]其灾可移，仁君犹不忍为，况不可乎！使方进罪不至死而诛之，以当大变，是诬[25]天也；方进有罪当刑，隐其诛而厚其葬，是诬人也；孝成欲诬天、人而卒无所益，可谓不知命矣。

三月，上行幸河东，祠后土。

丙戌[26]，帝崩于未央宫。

帝素强无疾病，是时，楚思王衍、梁王立来朝，明旦，当辞去，上宿供张白虎殿；又欲拜左将军孔光为丞相，已刻侯印，书赞[27]。昏夜[28]，平善[29]，向晨[30]，傅绔袜欲起[31]，因失衣[32]，不能言[33]，昼漏上十刻[34]而崩。民间讙哗[35]，咸归罪赵昭仪。皇太后诏大司马莽杂与御史、丞相、廷尉治，问皇帝起居发病状；赵昭仪自杀。

班彪赞曰：臣姑[36]充后宫为婕妤，父子、昆弟侍帷幄[37]，数为臣言："成帝善修容仪[38]，升车正立[39]，不内顾[40]，不疾言[41]，不亲指[42]，临朝渊嘿[43]，尊严若神，可谓穆穆[44]天子之容矣。博览古今，容受直辞[45]，公卿奏议可述[46]。遭世承平，上下和睦。然湛于[47]酒色，赵氏乱内，外家擅朝，言之可为於邑[48]！"建始以来，王氏始执国命，哀、平短祚，莽遂篡位，盖其威福[49]所由来者渐矣！

是日，孔光于大行[50]前拜受丞相、博山侯印绶。

富平侯张放闻帝崩，思慕哭泣而死。

荀悦论曰：放非不爱上，忠不存焉。故爱而不忠，仁之贼也！

皇太后诏南、北郊[51]长安如故山。

（以上为第一段，写丞相翟方进、汉成帝之死。成帝聪明而多才艺，仪容庄重，待人宽容，是一块英明天子的料，只可惜生性风流，沉迷于声色，不仅误了国家，也枉送了性命。翟方进枉死，也没能替这位风流天子免祸。皇太后下诏，大臣合议会审，逼死赵昭仪，挽救不了西汉衰颓的国运。成帝可恶，汉祚可悲。）

【注释】

[1]壬子：二月十三日。[2]荧惑守心：火星徘徊在心宿星区。荧惑，即火星。火星为何逆行到心宿星区，这是天文现象之谜，但在古代星象家看来，是极严重的问题，因为荧惑守心，预兆天子死亡。[3]议曹：官府机构中设置的言官，从三公九卿至州郡长官，皆置议曹。[4]奏记：向上级递交的公文。[5]灾变迫切：指天象显示出严峻的形势，而且迫在眉睫。[6]大责：指大诛杀。[7]戮：羞辱。这几句是说，天象变异迫切，责罚与日俱增，恐怕不是罢官放逐能了结，暗示翟方进引咎自杀。[8]阖府：指翟方进全家。[9]君侯：是对丞相的尊称，因丞相皆封侯。[10]尽节转凶：指翟方进尽节牺牲，才能转祸为福，保护家人。[11]贲丽善为星：贲丽，人名。善为星，精通天文星象。[12]未及引决：没有立即自尽。[13]赐册：下诏谴责。册，同"策"。[14]上尊酒：上等酒。[15]养牛一：祭祀用的肥牛一头。汉制，凡天地大变，皇帝派侍中持节乘四白马赐丞相上等酒十石，牛一头，策告罪过，示意丞相立即自尽。使者还宫途中，尚书即上奏丞相病故。这是皇帝移祸于大臣的陋习。[16]策赠印绶：特颁诏书，赏赐丞相印绶陪葬。[17]秘器：随葬的明器，即冥器。[18]少府供张：治丧所需钱物均由少府供给。[19]柱槛皆衣素：房柱及栏杆都裹上白色绸缎。[20]临吊：到灵堂祭吊。[21]晏婴：春秋时齐景公贤相。传见《史记》卷六十二。[22]天命不慆，不贰其命：天命不可怀疑，命数无法改变。[23]楚昭王、宋景公：《左传》哀公六年（前489），楚国上空出现红云，像群火鸟挟持太阳奔跑了三天。周太史对昭王使臣说，可用祭祀的办法移祸于令尹或司马等大臣。楚昭王听后说："把肚子上的病移在胳膊、大腿上，有什么益处。"终未做移祸大臣的祭祀。《史记·宋微子世家》载：宋景公时，出现荧惑守心的天象，主对人君不利，司星子韦说，可将灾祸转移给丞相、百姓或庄稼，宋景公均不答应，感动上帝，火星退离了心宿三度。[24]藉：假使。[25]诬：欺瞒。[26]丙戌：三月十八日。[27]书赞：已写好委任大臣的赞辞。[28]昏夜：黄昏时。[29]平善：成帝身体如常。[30]向晨：清晨。[31]傅绔袜欲起：指成帝手拿裤袜准备起床。[32]因失衣：突感手臂麻木拿不住衣裳。[33]不能言：不能说话。成帝症状颇似今脑溢血。[34]昼漏上十刻：白天漏壶中的浮箭上升到十刻时。三月天，白天的漏刻共五十八刻，昼漏上十刻，即天刚亮不久。[35]民间谨哗：民间流言哗然。[36]臣姑：班彪之姑即成帝之班婕妤。成帝宠赵飞燕姐妹，班婕妤以侍奉太后自保。[37]侍帷幄：深宫中侍奉。[38]修容仪：指成帝注重仪表。[39]升车正立：乘车端庄严肃。[40]不内顾：不左右观望。[41]不疾言：不大声说话。[42]不亲指：不用手指指点点。以上几句是班彪借用《论语·乡党》篇对孔子升车仪容的描写来描绘成帝的仪容。[43]渊嘿：沉默寡言。[44]穆穆：严肃又温和。[45]容受直辞：听得进逆耳直言。

[46]可述：有内容，值得称道。 [47]湛于：沉迷。 [48]於邑：呜咽，伤心的样子，亦可通呜呼。 [49]威福：即作威作福。此句意王氏专权始自成帝。 [50]大行：指死去的皇帝。孔光在成帝灵前就任丞相。 [51]南、北郊：天子冬至日在都城南郊“圆丘”祭天，夏至日在都城北郊“方泽”祭地。成帝永始三年（前14），撤销南、北郊的祭典，至此恢复。

夏，四月，丙午[1]，太子即皇帝位，谒高庙；尊皇太后曰太皇太后，皇后曰皇太后。大赦天下。

哀帝初立，躬行俭约，省减诸用，政事由己出，朝廷翕然望至治焉。

己卯[2]，葬孝成皇帝于延陵[3]。

太皇太后令傅太后、丁姬十日一至未央宫。

有诏问丞相、大司空：“定陶共王太后宜当何居？”丞相孔光素闻傅太后为人刚暴，长于权谋，自帝在襁褓，而养长教道[4]至于成人，帝之立又有力；光心恐傅太后与政事[5]，不欲与帝旦夕相近，即议以为：“定陶太后宜改筑宫。”大司空何武曰：“可居北宫[6]。”上从武言。北宫有紫房复道[7]通未央宫，傅太后果从复道朝夕至帝所，求欲称尊号，贵宠其亲属，使上不得由直道[8]行。高昌侯董宏，希指[9]，上书言：“秦庄襄王[10]，母本夏氏，而为华阳夫人所子，及即位后，俱称太后。宜立定陶共王后为帝太后。”事下有司，大司马王莽、左将军、关内侯、领尚书事师丹劾奏宏：“知皇太后至尊之号，天下一统，而称引亡秦以为比喻，诖误圣朝[11]，非所宜言，大不道！”上新立，谦让，纳用莽、丹言，免宏为庶人。傅太后大怒，要上[12]，欲必称尊号。上乃白太皇太后，令下诏尊定陶恭王为恭皇。

五月，丙戌[13]，立皇后傅氏，傅太后从弟晏之子也。

诏曰：“《春秋》[14]，母以子贵[15]。宜尊定陶太后曰恭皇太后、丁姬曰恭皇后，各置左右詹事[16]，食邑如长信宫、中宫[17]。”追尊傅父为崇祖侯，丁父为褒德侯；封舅丁明为阳安侯，舅子满为平周侯，皇后父晏为孔乡侯，皇太后弟侍中、光禄大夫赵钦为新城侯。太皇太后诏大司马莽就第[18]，避帝外家[19]；莽上疏乞骸骨。帝遣尚书令诏起莽，又遣丞相孔光、大司空何武、左将军师丹、卫尉傅喜白太皇太后曰：“皇帝闻太后诏，甚悲！大司马即不起，皇帝即不敢听政！”太后乃复令莽视事。

成帝之世，郑声[20]尤甚，黄门名倡丙强、景武之属富显于世，贵戚至与人主争女乐[21]。帝自为定陶王时疾之，又性不好音，六月，诏曰：“孔子不云乎：‘放郑声，郑声淫[22]。’其罢乐府官[23]；郊祭乐及古兵法武乐在《经》，非郑、卫之乐者，别属他官[24]。”凡所罢省过半[25]，然百姓渐渍日久，又不制雅乐有以相变[26]，豪富吏民湛沔自若[27]。

王莽荐中垒校尉刘歆有材行，为侍中，稍迁光禄大夫，贵幸，更名秀[28]。上复令秀典领《五经》[29]，卒父前业[30]；秀于是总群书而奏其七略[31]，有《辑略》、有《六艺略》、有《诸子略》、有《诗赋略》、有《兵书略》、有《术数略》、有《方技略》。凡书六略，三十八种，五百九十六家、万三千二百六十九卷。其叙诸子，分为九流[32]：曰儒，曰道，曰阴阳，曰法，曰名，曰墨，曰纵横，曰杂，曰农，以为：“九家皆起于王道既微，诸侯力政[33]，时君世主好恶殊方，是以九家之术蜂出并作，各引一端，崇其所善，以此驰说[34]，取合诸侯，其言虽殊，譬如水火相灭，亦相生也[35]；仁之与义，敬之与和，相反而皆相成也。《易》曰：‘天下同归而殊途，一致而百虑。’今异家者推所长[36]，穷知究虑以明其指[37]，虽有蔽短，合其要归[38]，亦《六经》之支与流裔[39]；使其人遭明王圣主，得其所折中，皆股肱之材已。仲尼有言：‘礼失而求诸野[40]。’方今去圣久远，道术缺废，无所更索[41]，彼九家者，不犹愈[42]于野乎！若能修《六艺》之术而观此九家之言，舍短取长，则可以通万方之略矣。”

河间惠王良能修献王[43]之行，母太后薨，服丧如礼；诏益封万户，以为宗室仪表[44]。

初，董仲舒说武帝，以“秦用商鞅之法，除井田，民得卖买，富者田连阡陌，贫者亡立锥之地，邑有人君之尊[45]，里有公侯之富[46]，小民安得不困！古井田法虽难卒行[47]，宜少近古，限民名田[48]以赡不足，塞并兼之路；去奴婢[49]，除专杀之威[50]；薄赋敛，省繇役，以宽民力[51]，然后可善治也！”及上即位，师丹复建言：“今累世承平，豪富吏民訾[52]数巨万，而贫弱愈困，宜略为限。”天子下其议，丞相光、大司空武奏请："自诸侯王、列侯、公主名田各有限；关内侯、吏、民名田皆毋过三十顷[53]；奴婢毋过三十人。期尽三年[54]，犯者没入官。"时田宅、奴婢贾为减贱，贵戚近习[55]皆不便也，诏书："且须后[56]。"遂寝不行[57]。又诏："齐三服官[58]、诸官[59]，织绮绣难成、害女红之物[60]，皆止，无作输[61]。除任子令及诽谤诋欺法[62]。掖庭宫人[63]年三十以下，出嫁之；官奴婢[64]五十以上，免为庶人[65]。益吏三百石以下俸。"

（以上为第二段，写汉哀帝即位，诸侯入继大统的宗法继嗣伦理与亲情的矛盾就尖锐地呈现出来。此时，西汉土地高度集中的社会矛盾也呈现出来，师丹建言限田法令，因触犯贵戚官僚的既得利益，而被搁置。刘歆完成《七略》的编制，是目录学史上的一件大事。）

【注释】

[1]丙午：四月八日。 [2]己卯：四月己亥朔，无己卯。己卯，五月十二日。 [3]延陵：汉成帝陵，在今陕西咸阳市。 [4]养长教道：指傅太后把哀帝刘欣一手养大到成人，又一手教导他。道，通"导"。 [5]与政事：干预政治。 [6]北宫：即未央宫北之桂宫。一说北宫非桂宫。 [7]复道：楼阁走廊有上下双层通道，架空者称复道。 [8]直道：正道。这里指按宗法制度办事。按照宗法制度，封国王太后不能与中央皇太后平起平坐，小宗亲属不能享受大宗（嫡长子）的特权。 [9]希指：迎合对方心意。 [10]秦庄襄王：指秦庄襄王即位后将生母夏后与嫡母华阳夫人并称太后。事详《资治通鉴》卷六秦孝文王元年。 [11]诖误圣朝：使汉朝陷入错误中。诖误，受牵连而陷入错误。意谓，以秦喻汉，而牵连汉朝。 [12]要上：要胁皇帝。 [13]丙戌：五月十九日。 [14]《春秋》：指《公羊传》。 [15]母以子贵：是《公羊传》隐公元年事。 [16]詹事：官名，主管皇后或皇太后事务。 [17]食邑如长信宫、中宫：皇太后居长信宫，皇后居中宫。这里指傅太后的待遇比照皇太后，丁姬的待遇比照皇后。 [18]就第：辞职回家。 [19]避帝外家：即让王莽将权柄交给哀帝的外家傅氏、丁氏。 [20]郑声：借指靡靡之音。 [21]贵戚：指王氏五侯淳于长之家。女乐：美貌歌女。 [22]放郑声，郑声淫：舍弃郑国的乐曲，因其淫靡。语出《论语·卫灵公》篇孔子之言。 [23]乐府官：采集民间乐曲诗歌的机构。汉武帝元狩三年设置。 [24]"郊祭乐"三句：乐府裁撤后，祭祀天地的音乐、军乐以及经典中有记载的乐曲，由太常保留。其他不属于郑、卫淫靡之音的乐曲，改由其他单位保留。郊祭乐，指南、北郊祭天、地的乐曲。武乐，军乐。 [25]罢省过半：裁减禁演的乐曲超过半数。 [26]又不制雅乐有以相变：又不用纯正的新乐曲来填补空白。 [27]湛沔自若：一如既往地沉迷于相沿已久的郑、卫之音中。 [28]更名秀：其时谶纬流行，有《河图赤伏符》书，内有"刘秀发兵捕不道，四夷云集龙斗野，四七之际火为主"的话，于是刘歆改名刘秀，以应符谶，妄想变天当皇帝。 [29]典

领《五经》：校核《诗》《书》《礼》《易》《春秋》五经。［30］卒父前业：继承其父刘向于成帝河平三年（前26）开始的典校群书之业。［31］七略：刘向、刘歆父子典校图书后，将图书分为六类，即《六艺略》《诸子略》《诗赋略》《兵书略》《术数略》《方技略》，加上书首的总序《辑略》，共为七略。［32］九流：九个学术流派。《七略》分诸子百家为：儒、道、阴阳、法、名、墨、纵横、杂、农九个学派。［33］诸侯力政：战国时，诸侯凭借实力，各自为政。［34］驰说：到处游说。［35］水火相灭，亦相生也：诸子百家学说，形式上水火不容，互相对立，实际上互相阐发，相辅相成。［36］今异家者推所长：现在从各家学说中找出它们的长处。［37］穷知究虑以明其指：深入研究它们的中心思想，弄清主题。［38］虽有蔽短，合其要归：虽各有所短，但归纳其主要精神。［39］亦《六经》之支与流裔：也是源于《六经》或属于《六经》的分支。［40］礼失而求诸野：失传了的古代礼仪，往往可以在农村中找到遗存。野，与都邑相对，指农村。［41］更索：另外寻求。［42］愈：超过，胜过。［43］献王：景帝子河间王刘德的谥号。刘德以谨厚闻名于世，曾向汉武帝进献"雅乐"。传见《汉书》卷五十三。［44］仪表：楷模，表率。［45］邑有人君之尊：每个县邑，都有如帝王之尊的贵人。［46］里有公侯之富：每个村庄，都有像王侯一样的富人。上两句意为，全国城乡遍布大大小小的土皇帝。［47］卒行：突然实行。卒，通"猝"。［48］限民名田：限制富人占有土地的数量。名田，占田。［49］去奴婢：废除将奴婢作为私产的制度。［50］除专杀之威：取消奴婢主人对奴婢随意生杀的特权。［51］宽民力：与民休息。［52］訾：资产。［53］三十顷：三千亩。百亩土地为一顷。［54］期尽三年：指限令超量占有土地和奴婢的豪民贵戚三年内减到限量以内，否则将予以没收。详见《汉书·哀帝纪》及《汉书·食货志》。［55］近习：指皇帝左右的亲信。［56］且须后：暂且再等待一段时间。［57］遂寝不行：于是限田建议被搁置没有执行。［58］齐三服官：设于齐地临淄的织造机构。［59］诸官：指少府所属东西织室令等。［60］害女红之物：指奇巧织物，有害正常织绣工作。［61］无作输：指织造厂不再生产耗工费时、有碍正常织绣的奇巧织物，也不再向京师输送。［62］除任子令及诽谤诋欺法：汉二千石以上高官任满三年，可保举亲子一人为郎，称任子令。非议朝廷和诬陷大臣均治罪，即诽谤诋欺法。此两个诏令废除。［63］掖庭宫人：即皇宫一般宫女。［64］官奴婢：替官府做杂役的奴隶、婢女，终身服役。［65］免为庶人：成为一般平民。

上置酒未央宫，内者令[1]为傅太后张幄[2]，坐于太皇太后坐旁。大司马莽按行[3]，责内者令曰："定陶太后，藩妾，何以得与至尊并！"彻去，更设坐。傅太后闻之，大怒，不肯会[4]，重怨恚[5]莽；莽复乞骸骨。秋，七月，丁卯[6]，上赐莽黄金五百斤，安车驷马，罢就第。公卿大夫多称之者，上乃加恩宠，置中黄门，为莽家给使[7]，十日一赐餐。又下诏益封曲阳侯根、安阳侯舜、新都侯莽、丞相光、大司空武邑户各有差。以莽为特进、给事中，朝朔望，见礼如三公。又还红阳侯立于京师。

傅太后从弟右将军喜，好学问，有志行。王莽既罢退，众庶归望于喜[8]。初，上之官爵外亲也，喜独执谦称疾；傅太后始与政事，数谏之；由是傅太后不欲令喜辅政。庚午[9]，以左将军师丹为大司马，封高乡亭侯；赐喜黄金百斤，上右将军印绶，以光禄大夫养病；以光禄勋淮阳彭宣为右将军。大司空何武、尚书令唐林皆上书言："喜行义修洁，忠诚忧国，内辅之臣也。今以寝病一旦遣归，众庶失望，皆曰：'傅氏贤子，以论议不合于定陶太后，故退，'百寮[10]莫不为国恨之[11]。忠臣，社稷之卫；鲁以季友[12]治乱，楚以子玉轻重[13]，魏以无忌折冲[14]，项以范增存亡[15]。百万之众，不如一贤；故秦行千金以间廉颇[16]，汉散万金以疏亚父[17]。喜立于朝，陛下之光辉，傅氏之废兴也。"上亦自重之，故寻复进用[18]焉。

建平侯杜业上书诋[19]曲阳侯根、高阳侯薛宣、安昌侯张禹而荐朱博。帝少而闻知王氏骄盛，心不能善，以初立，故且优之[20]。后月余，司隶校尉解光奏："曲阳侯，先帝山陵未成，公聘取掖庭女乐[21]五官[22]殷严、王飞君等置酒歌舞，及根兄子成都侯况，亦聘取故掖庭贵人以为妻，皆无人臣礼，大不敬，不道！"于是天子曰："先帝遇根、况父子，至厚也，今乃背恩忘义！"以根尝建社稷之策[23]，遣归国，免况为庶人，归故郡。根及况父商所荐举为官者皆罢。

九月，庚申[24]，地震，自京师到北边郡国三十余处，坏城郭，凡压杀四百余人。上以灾异问待诏李寻[25]，对曰："夫日者，众阳之长，人君之表也。君不修道，则日失其度[26]，晻昧亡光[27]。间者[28]日尤不精[29]，光明侵夺失色[30]，邪气珥、霓数作[31]。小臣不知内事，窃以日视陛下，志操衰于始初多矣。唯陛下执乾刚之德[32]，强志守度[33]，毋听女谒[34]、邪臣之态，诸保阿[35]、乳母甘言卑辞之托，断而勿听[36]。勉强大义，绝小不忍[37]；良有不得已，可赐以货财，不可私以官位，诚皇天之禁也！

"臣闻月者，众阴之长，妃后、大臣、诸侯之象也。间者月数为变，此为母后与政乱朝[38]，阴阳俱伤，两不相便；外臣[39]不知朝事，窃信天文，即如此，近臣已不足杖[40]矣。唯陛下亲求贤士，无强所恶[41]，以崇社稷，尊强本朝！

“臣闻五行[42]以水为本，水为准平[43]，王道公正修明[44]，则百川理，落脉[45]通；偏党失纲[46]，则涌溢为败[47]。今汝、颍漂涌[48]，与雨水并为民害，此《诗》所谓‘百川沸腾[49]’，咎在皇甫卿士[50]之属。唯陛下少抑外亲大臣！

“臣闻地道柔静，阴之常义也。间者关东地数震，宜务崇阳抑阴以救其咎，固志建威[51]，闭绝私路[52]，拔进英隽，退不任职[53]，以强本朝[54]！夫本强则精神折冲[55]；本弱则招殃致凶，为邪谋所陵[56]。闻往者淮南王[57]作谋之时，其所难者独有汲黯，以为公孙弘等不足言也。弘，汉之名相，于今无比，而尚见轻，何况亡弘之属乎！故曰朝廷亡人，则为贼乱所轻，其道自然也。”

（以上为第三段，写哀帝欲整朝纲，却受到傅氏、王氏两股外戚势力的牵制，二者互相角斗，天变灾异，不断示警。）

【注释】

[1]内者令：官名，主持宫中事务的宦官之长。[2]张幄：陈设分座的幄帐。即设置座位。[3]按行：巡察检视。[4]不肯会：不去赴宴会。[5]重怨恚：加倍怨恨。[6]丁卯：七月一日。[7]置中黄门，为莽家给使：特派中黄门到王莽家供驱使。[8]众庶归望于喜：朝野大众都认为傅喜会接替王莽。[9]庚午：七月四日。[10]百寮：指文武百官。寮，同“僚”。[11]恨之：惋惜傅喜不得辅政。恨，惋惜，遗憾。[12]季友：鲁闵公时贤大夫。《左传》闵公二年载：“季氏亡则鲁不昌。”《史记·鲁门公世家》作：“季文亡则鲁不昌。”意谓，鲁国的治乱兴衰，与季友是否当权有关。[13]子玉：楚成王时贤大夫，率楚军与晋文公战城濮，兵败为成王所杀，晋文公知道后才松了一口气。轻重：指子玉在楚国具有举足轻重的地位。[14]无忌：即战国时魏信陵君无忌，多次领兵抵御外敌，保持了魏国的地位。折冲：指抵御外敌。[15]项以范增存亡：范增的去留决定了项羽的成败。范增，秦末项羽的谋士。[16]间廉颇：秦离间赵王与廉颇的关系，撤了廉颇之职，导致赵国长平之战大败。廉颇是战国中期赵国的著名大将，传见《史记》卷八十一。[17]疏亚父：亚父，即范增，刘邦千方百计离间项羽和范增的关系。[18]寻复进用：不久（第二年）又进用傅喜。[19]诋：毁谤，这里指弹劾。[20]故且优之：因王氏拥戴有功，因此暂且优待。[21]公聘取掖庭女乐：公然夺取宫中有身份的歌女。[22]五官：三百

石的女官。［23］建社稷之策：指拥立哀帝即位。［24］庚申：九月二十五日。［25］待诏李寻：待诏，未有实任的候补官员。李寻，当时的一位星占家。［26］日失其度：太阳减弱光亮和热度。［27］晻昧亡光：昏暗，无光。亡，通“无”。［28］间者：近来。［29］不精：不亮。［30］光明侵夺失色：太阳遭外物侵犯而失去了原有的色泽。［31］邪气珥、蜺数作：珥（ér），指环抱太阳的半圆形黑色云气。蜺（ní），出现在太阳旁边的晕蜺。古人认为均系不祥之兆。［32］执乾刚之德：握紧天子之权柄。乾为阳，指代天子。［33］强志守度：坚定不移，恪守法度。［34］女谒：内宠。［35］保阿：保姆。［36］断而勿听：拒绝群小的请托不要听从。［37］勉强大义，绝小不忍：为了大义，割舍个人的私情。［38］与政乱朝：干预政治，扰乱朝纲。［39］外臣：李寻自称。表明他所言宫中之事，俱系凭天象判断，借以免祸。［40］杖：通“仗”，依仗，信任。［41］无强所恶：不要增强奸佞小人的势力。［42］五行：金、木、水、火、土。［43］水为准平：水的特性是公平。［44］王道公正修明：治国之道就是公正廉明。［45］落脉：经脉。将百川喻为大地的经脉。［46］偏党失纲：偏向私党，王纲失坠。《书经·洪范》：“无偏无党，王道荡荡。”［47］涌溢为败：百川泛滥，破坏土地。［48］汝、颍漂涌：汝水、颍水暴涨，淹没财物。［49］百川沸腾：源自《诗经·小雅·十月之交》。这首诗被释为讥刺周幽王的诗。［50］皇甫卿士：周王室女宠的亲属。［51］固志建威：坚定地建立威严。［52］闭绝私路：切断私情请托之路。［53］退不任职：黜退不称职的官吏。［54］以强本朝：加强中央政府的办事效率。［55］折冲：振奋。［56］陵：通“凌”，欺凌。［57］淮南王：指武帝时淮南王刘安，谋反被诛。事见《资治通鉴》卷十九武帝元狩元年。

骑都尉平当[1]使领河堤，奏：“九河今皆窴灭。按经义，治水有决河[2]深川[3]而无堤防壅塞之文。河从魏郡以东多溢决[4]；水迹难以分明，四海之众[5]不可诬。宜博求能浚川疏河者。”上从之。

待诏贾让奏言：“治河有上、中、下策。古者立国居民[6]，疆理土地[7]，必遗[8]川泽之分，度水势所不及[9]。大川无防，小水得入，陂障卑下，以为污泽，使秋水多得其所休息，左右游波宽缓而不迫[10]。夫土之有川，犹人之有口也，治土而防其川，犹止儿啼而塞其口，岂不遽[11]止，然其死可立而待也。故曰：‘善为川者决之使道，善为民者宣之使言。’[12]盖堤防之作，近起战国，雍防百川，各以自利。齐与赵、魏以河为竟[13]，赵、魏濒山[14]，齐地卑下[15]，作堤去河[16]二十五里，河水东抵齐堤则西泛赵、魏；赵、魏亦为堤去河二十五里，虽非其正，水尚有所游荡，时至而去，则填淤肥美[17]，民耕田之；或久无害，稍筑宫宅[18]，遂成聚落；大水时至，漂没，则更起堤防以自救，稍去其城郭[19]，排水泽而居之，湛溺[20]自其宜也。今堤防，狭者[21]去水数百步，远者数里，于故大堤之内复有数重[22]，民居其间，此皆前世所排也。河从河内黎阳[23]至魏郡昭阳[24]，东西互有石堤，激水使还[25]，百余里间，河再西三东，迫厄[26]如此，不得安息[27]。

"今行上策，徙冀州之民当水冲者[28]，决黎阳遮害亭[29]，放河使北入海；河西薄大山，东薄金堤，势不能远，泛滥期月[30]自定。难者将曰：'若如此，败坏城郭、田庐、冢墓以万数，百姓怨恨。'昔大禹治水，山陵当路者毁之，故凿龙门[31]，辟伊阙[32]，析厎柱[33]，破碣石[34]，堕断天地之性；此乃人功所造[35]，何足言也！今濒河十郡[36]，治堤岁费且万万[37]；及其大决，所残无数。如出数年治河之费以业[38]所徙之民，遵古圣之法，定山川之位，使神人各处其所而不相奸[39]；且大汉方制万里[40]，岂其与水争咫尺之地哉！此功一立，河定民安，千载无患，故谓之上策。

"若乃多穿漕渠[41]于冀州地，使民得以溉田，分杀水怒[42]，虽非圣人法，然亦救败术也。可从淇口[43]以东为石堤，多张水门[44]。恐议者疑河大川难禁制，荥阳漕渠足以卜[45]之。冀州渠首尽，当仰此水门，诸渠皆往往股引取之[46]：旱则开东方下水门，溉冀州；水则开西方高门，分河流，民田适治，河堤亦成。此诚富国安民、兴利除害，支数百岁，故谓之中策。若乃缮完故堤[47]，增卑倍薄[48]，劳费无已，数逢其害，此最下策[49]也！"

（以上为第四段，详细摘载贾让的治河三策，朝廷议而不决，没有下文。）

【注释】

[1]平当：官至丞相。传见《汉书》卷七十一。[2]决河：决开堵塞，使分流。[3]深川：疏浚河床。[4]溢决：泛滥。[5]四海之众：全国之民。[6]立国居民：建立都城，使百姓定居。[7]疆理土地：划界治理，垦辟土地。[8]遗：留下，让出。[9]度水势所不及：与上句意为，垦土居民，一定要留出低洼之地以为川泽，而选择洪水淹不到的高敞之地垦殖。[10]"大川无防"六句：对大的河川，不要筑堤限制河床，让众多的小溪可以流入；山坡下的低洼地，听其聚水成为湖泊沼泽；这样秋水涨时可以蓄洪，并使水流宽缓不急。[11]遽：立刻。

[12]“故曰”三句：语出《国语·周语·召公谏厉王弭谤》。意谓：善于治水的人，是决开堵塞疏导水势；善于治国的人，是引导民众畅所欲言。道，通“导”，疏导。宣，宣泄，引导。 [13]竟：通“境”，边界。 [14]赵、魏濒山：赵国、魏国的土地靠近高山。 [15]齐地卑下：齐国的土地靠海，比较低平。 [16]去河：距离河岸。 [17]填淤肥美：河岸泥沙淤积形成肥沃的土地。[18]宫宅：住宅。宫，一作“室”。 [19]稍去其城郭：逐渐离开位居高地的城郭。 [20]湛溺：遭水淹。 [21]狭者：指河床狭窄处。 [22]数重：数道小堤。 [23]黎阳：汉河内郡属县，县治在今河南浚县。 [24]昭阳：汉魏郡属县，县治在今河南濮阳市，与黎阳相距一百多里。 [25]激水使还：石堤堵截水流，使之回流。 [26]迫厄：指河水被紧紧束缚。 [27]不得安息：河水下流不畅，故不断发生水灾。 [28]当水冲者：指居住在水流必经的低洼地上的居民。 [29]遮害亭：亭名。此处筑有石堤，高一丈，名金堤，在浚县西南。[30]期月：一个月。[31]龙门：山名，在今山西河津市北。相传大禹凿龙门成龙门津。 [32]伊阙：山名。在今河南洛阳市南。伊水从山中穿过，两岸相对如阙，故名伊阙。 [33]析厎柱：山名，又称三门山，一作砥柱，在今河南三门峡市陕州区。析，分也，谓凿开厎柱山。 [34]碣石：山名，在今河北昌黎县境。 [35]人功所造：指城郭、田庐、冢墓。意谓，昔年大禹治水，打通了所有阻挡水路的自然险阻，现在治理黄河水患，怎能让人工所造之物挡路。 [36]濒河十郡：临河十郡为河南、河内、东郡、陈留、魏郡、平原、千乘、信都、清河、勃海。 [37]万万：一亿。 [38]业：指安置徙民之资。 [39]奸：读“干”，干扰，侵犯。 [40]方制万里：指汉朝土地辽阔。 [41]穿漕渠：修挖运河及灌溉渠。 [42]分杀水怒：分减水势。 [43]淇口：淇水注入黄河之口，在今河南浚县。 [44]多张水门：多设闸门。 [45]卜：占卜，引申为验证，例证。 [46]“冀州”三句：黄河北冀州平原上灌溉渠干涸时，全靠关闭荥阳运河闸门，导引河水注入河北各灌溉支渠。股，据如淳注，应作“肢”，别支。 [47]缮完故堤：修治原有的千里河堤。 [48]增卑倍薄：将河堤低处增高，薄处加厚一倍。 [49]下策：贾让建言治河三策，上策是引导河水自然入海；中策是在河北平原开凿数条运河分洪；下策是不断加固原有河堤。据不完全统计，从夏朝起四千多年来，黄河泛滥1500多次，改道七次，而治河却始终取下策。

孔光何武奏：“迭毁之次当以时定[1]，请与群臣杂议[2]。”于是光禄勋彭宣等五十三人皆以为“孝武皇帝虽有功烈，亲尽宜毁。”太仆王舜、中垒校尉刘歆议曰：“《礼》，天子七庙[3]。七者其正法数，可常数者也。宗不在此数中，宗变也[4]。苟有功德则宗之，不可预为设数。臣愚以为孝武皇帝功烈如彼，孝宣皇帝崇立之如此，不宜毁！”上览其议，制曰：“太仆舜、中垒校尉歆议可。”

何武后母在蜀郡，遣吏归迎；会成帝崩，吏恐道路有盗贼，后母留止[5]。左右[6]或讥武事亲不笃，帝亦欲改易大臣，冬，十月，策免武，以列侯归国。癸酉[7]，以师丹为大司空。丹见上多所匡改成帝之政，乃上书言："古者谅暗不言，听于冢宰[8]；三年无改于父之道[9]。前大行！"尸柩在堂，而官爵臣等以及亲属，赫然皆贵宠，封舅为阳安侯[10]，皇后尊号未定，豫封父为孔乡侯[11]；出侍中王邑、射声校尉王邯[12]等。诏书比下[13]，变动政事[14]，卒暴无渐[15]。臣纵不能明陈大义，复曾不能牢让[16]爵位，相随[17]空受封侯，增益陛下之过。间者郡国多地动水出[18]，流杀人民，日月不明，五星失行，此皆举错失中，号令不定，法度失理，阴阳溷浊之应也。

"臣伏惟人情无子，年虽六七十，犹博取[19]而广求。孝成皇帝深见天命，烛知至德[20]，以壮年克己[21]，立陛下为嗣。先帝暴弃天下[22]，而陛下继体[23]，四海安宁，百姓不惧，此先帝圣德，当合天人之功也。臣闻'天威不违颜咫尺[24]'，愿陛下深思先帝所以建立陛下之意，且克己躬行，以观群下之从化。天下者，陛下之家也，胏附[25]何患不富贵，不宜仓卒若是，其不久长矣。"丹书数十上，多切直之言。

傅太后从弟子迁[26]在左右，尤倾邪，上恶之，免官，遣归故郡。傅太后怒；上不得已，复留迁。丞相光与大司空丹奏言："诏书前后相反，天下疑惑，无所取信。臣请归迁故郡，以销奸党。"卒不得遣，复为侍中。其逼于傅太后，皆此类也。

（以上为第五段，写大臣议迭毁之制，以及傅太后掣肘朝政。）

【注释】

[1]迭毁之次当以时定：拆除或变更皇帝祖先祭庙之事，应提上议事日程并做出决定。此议乃贡禹首先提出的，建议实行"五庙"制，即除保留开国皇帝刘邦的祭庙外，再保留现任皇帝向上推四世的四代祭庙，其余一律撤毁。其后韦玄成、匡衡也支持此议，但均停留在议论上，现在孔光、何武又旧事重提。 [2]杂议：合议。 [3]天子七庙：《礼记·王制》曰："天子七庙，三昭三穆，与太祖之庙而七。"排列是开国皇帝庙居中，然后左三、右三，左称昭，右称穆。三昭三穆是从现任皇帝上溯六代，一左一右依次排列。 [4]宗变也：七庙是常数，其他因建立大功而被尊为宗的皇帝，不在七庙之列，称为变数。如汉武帝被尊为"太宗"，汉宣帝被尊为"世宗"，故王舜、刘歆等建言不毁。 [5]留止：留在原籍，未到京师。何武，蜀郡郫县人，故其后母留在原

籍蜀郡。［6］左右：此指天子左右近臣。［7］癸酉：十月九日。［8］古者谅暗不言，听于冢宰：古时新君居丧，沉默不言，国家大事，交宰相处理。谅暗，一作“谅阴”，居丧时所住的房子，又名“凶庐”。语出《论语·宪问》篇，子张问：“《书》云，高宗谅阴，三年不言。”高宗，指殷帝武丁。［9］三年无改于父之道：语出《论语·学而》篇孔子之言。意谓，子继位后，不改变其父的施政方针。［10］阳安侯：丁明。［11］孔乡侯：傅晏。［12］侍中王邑、射声校尉王邯：均系太皇太后王政君的亲属。［13］比下：接连颁布。［14］变动政事：指人事安排发生剧烈变动。［15］卒暴无渐：变动突然，不断加剧。卒，通“猝”。［16］牢让：坚决辞让。［17］相随：随波逐流。［18］地动水出：地震涌出洪水。［19］博取：多娶妻妾。取，通“娶”。［20］烛知至德：指成帝洞察哀帝具有美好的品德。［21］克己：克制私欲。［22］暴弃天下：指成帝突然病故。［23］继体：继位。［24］天威不违颜咫尺：语出《左传》僖公九年齐桓公之言。意谓：上天的威严始终在面前，行事必须谨慎。咫尺，指距离非常近。［25］胏附：骨肉相连，喻皇帝左右的亲信。胏（zǐ），带骨的肉脯。［26］迁：傅迁，傅太后的堂侄，哀帝的堂表叔。

议郎耿育上书冤讼[1]陈汤曰：“甘延寿、陈汤，为圣汉扬钩深致远之威[2]，雪国家累年之耻，讨绝域不羁之君，系万里难制之虏，岂有比哉！先帝嘉之，仍下明诏，宣著其功，改年垂历[3]，传之无穷。应是[4]，南郡献白虎[5]，边垂无警备。会先帝寝疾，然犹垂意不忘，数使尚书责问丞相，趣立其功；独丞相匡衡排而不予[6]，封延寿、汤数百户，此功臣战士所以失望也。孝成皇帝承建业之基，乘征伐之威，兵革不动，国家无事，而大臣倾邪，欲专主威，排妒有功，使汤块然[7]被见拘囚，不能自明，卒以无罪老弃[8]，敦煌正当西域通道，令威名折冲之臣，旋踵及身[9]，复为郅支遗虏[10]所笑，诚可悲也！至今奉使外蛮者，未尝不陈郅支之诛以扬汉国之盛。夫援[11]之功以惧敌，弃人之身以快谗[12]，岂不痛哉！且安不忘危，盛必虑衰，今国家素无文帝累年节俭富饶之畜，又无武帝荐延[13]枭俊禽敌之臣[14]，独有一陈汤耳！假使异世不及陛下[15]，尚望国家追录其功，封表其墓，以劝后进也。汤幸得身当圣世，功曾未久[16]，反听邪臣鞭逐斥远[17]，使亡逃分窜，死无处所。远览之士[18]，莫不计度，以为汤功累世不可及[19]，而汤过人情所有[20]，汤尚如此，虽复破绝筋骨[21]，暴露形骸[22]，犹复制于唇舌[23]，为嫉妒之臣所系虏耳。此臣所以为国家尤戚戚[24]也。”书奏，天子还汤，卒于长安。

（以上为第六段，写耿育上书为陈汤鸣冤，功臣得以终老京师。陈汤的功过是非，至此画上句号。）

【注释】

[1]冤讼：为某人诉冤。［2］扬钩深致远之威：在边远蛮荒的西域为汉朝扬威。［3］改年垂历：由于陈汤等诛灭郅支，促使呼韩邪单于归汉，汉元帝为之改年号为“竟宁”。［4］应是：于是。以下是地方对陈汤建功的反应。［5］南郡献白虎：白虎，西方之兽，威武雄壮。献白虎，表示庆贺大汉扬威于西方。［6］匡衡排而不予：匡衡贬低陈汤等人的功勋，降低对陈汤等人的奖赏。事详《资治通鉴》卷二十九元帝竟宁元年。［7］块然：一团泥土，形容孤独的样子，表示一个人意志颓丧。［8］卒以无罪老弃：最终使功臣陈汤年老之时，无罪而被遗弃。［9］旋踵及身：指陈汤转身成了罪犯。旋踵，转身，形容快速。［10］郅支遗虏：郅支单于的残部。［11］援：援引。［12］快谗：让谗佞之人感到高兴。［13］荐延：延揽群臣推荐的人才。［14］枭俊禽敌之臣：英武善于克敌制胜的武将。［15］假使异世不及陛下：假如陈汤已死，未等到陛下即位。异世，另一世界，指陈汤死亡。［16］功曾未久：刚立功不久。［17］鞭逐斥远：被驱赶到遥远的边塞。［18］远览之士：有远见的人。［19］累世不可及：几代人都赶不上。［20］汤过人情所有：陈汤所犯的过失，都在人常情之内。［21］破绝筋骨：为国粉身碎骨。［22］暴露形骸：抛尸疆场。［23］制于唇舌：被奸佞小人的谗言所伤。［24］戚戚：忧心忡忡的样子。

孝哀皇帝[1]上

建平元年（乙巳，前6年）

春，正月，陨石于北地[2]十六。

赦天下。

司隶校尉解光奏言：“臣闻许美人及故中宫史[3]曹宫[4]，皆御幸孝成皇帝，产子；子隐不见。臣遣吏验问，皆得其状[5]：元延元年，宫有身；其十月，宫乳[6]掖庭牛官令舍。中黄门[7]田客持诏记[8]与掖庭狱丞籍武，令收置暴室狱[9]。‘毋问儿男、女，谁儿也！’宫曰：‘善臧我儿胞，丞知是何等儿也[10]！’后三日，客持诏记与武，问：‘儿死未？’武对：‘未死。’客曰：‘上与昭仪[11]大怒，奈何不杀！’武叩头啼曰：‘不杀儿，自知当死；杀之，亦死！’即因客奏封事[12]曰：‘陛下未有继嗣，子无贵贱，唯留意！’奏入，客复持诏记取儿，付中黄门王舜。舜受诏，内儿殿中，为择乳母，告‘善养儿，且有赏，毋令漏泄！’舜择官婢张弃为乳母。后三日，客复持诏记并药以饮宫。宫曰：‘果也欲姊弟[13]擅天下！我儿，男也，额上有壮发[14]，类孝元皇帝。今儿安在？危杀之矣！奈何令长信得闻之[15]？’遂饮药死。弃所养儿，十一日，宫长李南以诏书取儿去，不知所置。

“许美人[16]元延二年怀子，十一月乳。昭仪谓帝曰：‘常绐我言从中宫来。即从中宫来，许美人儿何从生中[17]！许氏竟当复立邪[18]！’怼[19]，以手自捣，以头击壁户柱，从床上自投地，啼泣不肯食，曰：‘今当安置我，我欲归耳！’帝曰：‘今故告之，反怒为，殊不可晓也！’帝亦不食。昭仪曰：‘陛下自知是，不食何为！陛下尝自言：“约不负女[20]！”今美人有子，竟负约[21]，谓何？’帝曰：‘约以赵氏故不立许氏，使天下无出赵氏上者，毋忧也！’后诏使中黄门靳严从许美人取儿去，盛以苇箧[22]，置饰室帘南去[23]。帝与昭仪坐，使御者于客子解箧缄[24]，未已，帝使客子及御者皆出，自闭户，独与昭仪在。须臾开户，呼客子使缄封箧[25]，及诏记令中黄门吴恭持以与籍武曰：‘告武，箧中有死儿，埋屏处[26]，勿令人知！’武穿狱楼垣下为坎，埋其中。

“其他饮药伤堕者无数事，皆在四月丙辰赦令[27]前。臣谨按：永光三年，男子忠等发长陵傅夫人冢，事更大赦[28]，孝元皇帝下诏曰：‘此朕所不当得赦也！’穷治，尽伏辜。天下以为当。赵昭仪倾乱圣朝，亲灭继嗣，家属当伏天诛[29]。而同产亲属皆在尊贵之位，迫近帷幄，天下寒心，请事穷竟[30]！”丞相以下议正法[31]，帝于是免新成侯赵钦、钦兄子咸阳侯䜣皆为庶人，将家属徙辽西郡。

（以上为第七段，写由调查成帝死因而牵引出宫中嫔妃争宠而明争暗斗的黑幕，充满血腥。汉成帝恋美，乃至于亲手杀害儿子，比老虎还毒，简直是有悖人伦。）

【注释】

[1]孝哀皇帝：讳欣，定陶王刘康之子，以诸侯为成帝嗣而继任为帝。公元前6年至公元前1年在位。荀悦曰：“讳‘欣’之字曰‘喜’。”[2]北地：郡名，治所马岭，在今甘肃庆阳市马岭镇。[3]中宫史：皇后宫中的女教官。[4]曹宫：字伟能，许皇后的师傅，教授《诗经》。[5]状：实情。[6]乳：产子。曹宫在宫中牛官令的官舍生下儿子。[7]中黄门：秩一百石的宦官。[8]诏记：成帝手书的便函。[9]暴室狱：属掖庭令，宫中嫔妃有病或皇后、贵人有罪

则置其中。这里指将曹宫之子囚置暴室狱。［10］善臧我儿胞，丞知是何等儿也：此曹宫对籍武所言，本意是“藏好我儿胞衣”，指“好好照顾我的孩子”，“何等儿”暗示是皇帝之子。［11］昭仪：赵昭仪。［12］即因客奏封事：籍武趁机托田客向成帝上交一封秘信。［13］姊弟：指赵皇后、赵昭仪姐妹。［14］额上有壮发：在额头上有一束突出的头发，古时称圭头。［15］奈何令长信得闻之：怎样能想个办法让皇太后知道这件事。长信，宫名，这里指太后王政君。［16］许美人：废后许皇后的亲属。［17］许美人儿何从生中：这是赵昭仪质问成帝的话。成帝曾对赵氏姐妹发誓说只宠幸她二人。成帝每次去赵昭仪处也说是从赵皇后处来，既然如此，许美人怎会生孩子？［18］许氏竟当复立邪：许美人为被废许皇后亲属，母以子贵，许美人生子有可能被立为皇后，故赵昭仪心里恐慌而有是言。［19］怼：恼恨。［20］约不负女：你曾发誓说永不负我。女，通“汝”。［21］竟负约：你竟然违背誓约。［22］盛以苇箧：将皇子装在芦苇编的筐子里，即不以皇子看待。赵昭仪撒泼，意在害死皇子。［23］置饰室帘南去：靳严把装着皇子的苇筐放在昭阳宫窗南而后离去。饰室，指以金玉为饰的昭阳宫。［24］御者于客子解箧缄：御者，指侍从的宫婢。于客子，宫婢名。解箧缄，解开捆筐子的绳子。［25］使缄封箧：让于客子重新将筐用绳捆好。［26］埋屏处：埋在隐蔽的地方。［27］丙辰赦令：成帝绥和二年四月十八日赦令。丙辰，应为丙午，哀帝于四月八日丙午即位后大赦天下。见《汉书·哀帝纪》,《资治通鉴》亦同。［28］事更大赦：指忠盗墓事，发生在两次大赦前。［29］天诛：政府的惩罚。［30］穷竟：彻底追查，尽情揭露。［31］丞相以下议正法：丞相以下的九卿百官集体对其议罪。

议郎耿育上疏言：“臣闻继嗣失统，废嫡立庶，圣人法禁，古今至戒[1]。然太伯见历知嫡[2]，逡循[3]固让，委身吴、粤，权变[4]所设，不计常法，致位王季，以崇圣嗣[5]，卒有天下，子孙承业，七八百载，功冠三王[6]，道德最备，是以尊号追及太王[7]。故世必有非常之变，然后乃有非常之谋。孝成皇帝自知继嗣不以时立[8]，念虽末有皇子[9]，万岁之后未能持国，权柄之重，制于女主，女主骄盛则耆欲[10]无极，少主幼弱则大臣不使[11]，世无周公抱负之辅[12]，恐危社稷，倾乱天下。知陛下有贤圣通明之德，仁孝子爱之恩，怀独见之明，内断于身[13]，故废后宫就馆之渐，绝微嗣[14]祸乱之根，乃欲致位[15]陛下以安宗庙。愚臣[16]既不能深援安危[17]，定金匮之计[18]，又不知推演[19]圣德，述先帝之志，乃反覆校省内[20]，暴露私燕[21]，诬污先帝倾惑[22]之过，成结宠妾[23]妒媚之诛[24]，甚失贤圣远见之明，逆负先帝忧国之意[25]！夫论大德不拘俗[26]，立大功不合众[27]，此乃孝成皇帝至思所以万万于众臣[28]，陛下圣德盛茂所以符合于皇天也，岂当世庸庸斗筲之臣[29]所能及哉！且褒广将顺君父之美，匡救[30]销灭既往之过，古今通义也。事不当时固争[31]，防祸于未然，各随指阿从以求容媚[32]；晏驾[33]之后，尊号已定[34]，万事已讫，乃探追不及之事[35]，讦扬幽昧之过[36]，此臣所深痛也！愿下有司议，即如臣言，宜宣布天下，使咸晓知先帝圣意所起。不然，空使谤议上及山陵[37]，下流后世，远闻百蛮，近布海内，甚非先帝托后之意也。盖孝者，善述父之志，善成人之事，唯陛下省察！”帝亦以为太子颇得赵太后力，遂不竟其事[38]。傅太后恩赵太后，赵太后亦归心[39]，故太皇太后及王氏皆怨之。

丁酉[40]，光禄大夫傅喜为大司马，封高武侯。

秋，九月，甲辰[41]，陨石于虞[42]二。

郎中令[43]泠褒、黄门郎段犹[44]等复奏言："定陶共皇太后、共皇后皆不宜复引定陶藩国之名，以冠大号；车马、衣服宜皆称皇之意[45]，置吏二千石以下[46]，各供厥职；又宜为共皇立庙京师。"上复下其议，群下多顺指言："母以子贵，宜立尊号以厚孝道。"唯丞相光、大司马喜、大司空丹以为不可。丹曰："圣王制礼，取法于天地。尊卑者，所以正天地之位，不可乱也。今定陶共皇太后、共皇后以'定陶共'为号者，母从子，妻从夫[47]之义也。欲立官置吏，车服与太皇太后并，非所以明'尊无二上[48]'之义也。定陶共皇号谥已前定，义不得复改。礼：'父为士，子为天子，祭以天子，其尸服以士服[49]'，子无爵父之义，尊父母也。为人后者为之子，故为所后服斩衰[50]三年，而降其父母期[51]，明尊本祖[52]而重正统也。孝成皇帝圣恩深远，故为共王立后，奉承祭祀，令共皇[53]长为一国太祖，万世不毁，恩义已备。陛下既继体先帝，持重大宗[54]，承宗庙、天地、社稷之祀，义不可复奉定陶共皇，祭入其庙。今欲立庙于京师，使臣下祭之，是无主[55]也。又，亲尽当毁[56]，空去一国太祖不堕之祀[57]而就无主当毁不正之礼，非所以尊厚共皇也！"丹由是浸不合上意[58]。

会有上书言："古者以龟、贝为货，今以钱易之，民以故贫，宜可改币。"上以问丹，丹对言可改。章下有司议，皆以为行钱以来久，难卒[59]变易。丹老人，忘其前语，复从公卿议。又丹使吏书奏，吏私写其草[60]；丁、傅子弟闻之，使人上书告"丹上封事，行道人遍持[61]其书。"上以问将军、中朝臣，皆对曰："忠臣不显谏[62]。大臣奏事，不宜漏泄，宜下廷尉治。"事下廷尉，劾丹大不敬，事未决，给事中、博士申咸、炔钦上书言："丹经、行无比[63]，自近世大臣能若丹者少。发愤懑，奏封事，不及深思远虑，使主簿[64]书，漏泄之过不在丹，以此贬黜，恐不厌[65]众心。"上贬咸、钦秩各二等[66]；遂策免丹曰："朕惟君位尊任重，怀谖迷国[67]，进退违命，反覆异言[68]，甚为君耻之！以君尝托傅位[69]，未忍考于理[70]，其上大司空、高乐侯印绶，罢归[71]！"

尚书令唐林上疏曰："窃见免大司空丹策书，泰深痛切[72]。君子作文，为贤者讳。丹，经为世儒宗[73]，德为国黄耇[74]，亲傅圣躬[75]，位在三公；所坐者微[76]，海内未见其大过。事既以往，免爵太重；京师识者咸以为宜复丹爵邑，使奉朝请。唯陛下裁览众心[77]，有以尉复师傅之臣！"上从林言，下诏，赐丹爵关内侯。

上用杜业之言，召见朱博，起家复为光禄大夫；迁京兆尹。冬，十月，壬午[78]，以博为大司空。

中山王箕子[79]，幼有眚病[80]，祖母冯太后自养视，数祷祠解[81]。上遣中郎谒者张由将医[82]治之。由素有狂易病[83]，病发，怒去[84]，西归长安。尚书簿责由擅去状[85]，由恐，因诬言中山太后[86]祝诅上及傅太后。傅太后与冯太后并事元帝，追怨之，因是遣御史丁玄按验[87]；数十日，无所得。更使中谒者令[88]史立治之；立受傅太后指，冀得封侯，治冯太后女弟习[89]及弟妇君之[90]，死者数十人，诬奏云："祝诅，谋弑上，立中山王。"责问冯太后，无服辞[91]。立曰："熊之上殿何其勇[92]，今何怯也！"太后还谓左右："此乃中语[93]，吏何用知之？欲陷我效也[94]！"乃饮药自杀。宜乡侯参[95]、君之、习及夫、子[96]当相坐者，或自杀，或伏法，凡死者十七人。众莫不怜之。

司隶孙宝奏请覆治[97]冯氏狱，傅太后大怒曰："帝置司隶，主使察我！冯氏反事明白，故欲擿抉以扬我恶[98]，我当坐之[99]！"上乃顺指[100]，下宝狱。尚书仆射唐林争之，上以林朋党比周，左迁敦煌鱼泽障[101]候。大司马傅喜、光禄大夫龚胜固争，上为言太后，出宝，复官。张由以先告，赐爵关内侯；史立迁中太仆。

（以上为第八段，写哀帝在傅太后挟制下执政昏庸，黑白颠倒。傅太后感谢赵飞燕皇太后拥立之功，讽耿育上书阻止了对成帝死因案的彻查；而傅太后欲报昔日冯婕好当熊而立，使自己尴尬这一莫名之怨，数十年后还大兴冤狱，竟以谋反罪逼杀中山王冯太后。傅氏又索求尊号，贪婪无比，师丹为之而被罢官。）

【注释】

[1]至戒：特别要引以为戒。 [2]太伯见历知嫡：指太伯知道小弟季历当为嫡嗣。太伯，周先祖古公亶父的长子，他看到小弟季历贤能，又受到父王宠爱，便与二弟仲雍一起逃到吴地以让贤。季历，周文王姬昌之父，事详《史记·吴太伯世家》。 [3]逡循：徘徊忧虑。 [4]权变：在特殊情况下，可通权达变。 [5]以崇圣嗣：指让贤明的人来继承王位。这里具体指季历及文王姬昌。 [6]功冠三王：指周文王之功，是夏、商、周三朝最大的。 [7]太王：武王建立周朝后，追封古公亶父为太王。 [8]继嗣不以时立：指成帝早年没有及时得到皇子。 [9]末有皇子：晚年可能有皇子。 [10]耆欲：指对权力的贪欲。耆，通"嗜"。 [11]大臣不使：指一旦女主临朝，大臣们也转动不了国家权柄，即束手无策。 [12]周公抱负之辅：指当今没有像周公那样尽心辅佐成王的臣子。 [13]内断于身：指成帝确定哀帝为继嗣后，便不再进御嫔妃，免得生下幼子来争位。 [14]微嗣：指晚年所生幼子。 [15]致位：传位。 [16]愚臣：解光等。 [17]深援安危：有能力稳定国家。 [18]定金匮之计：制定出长治久安之策。 [19]推演：发扬光大。 [20]反覆校省内：翻来复去在宫禁内调查。 [21]暴露私燕：揭露了成帝的隐私。私燕，指闺房中的隐私。 [22]倾惑：为美色所惑。 [23]成结宠妾：指成帝受宠妃摆布。 [24]妒媚之诛：为妒忌而滥行诛杀。此句指成帝受宠妃摆布而替宠妃滥行诛杀。 [25]"甚失"二句：意谓成帝杀嫔妃所生之子，不是被赵昭仪所迷惑，而是替哀帝铲除幼主争位的祸根，是高瞻远瞩安定国家的圣德。此乃无耻文人为尊者讳编造的颠倒黑白的混账话，为成帝杀子恶行辩护。 [26]论大德不拘俗：评论伟大人物的品德，不要拘泥于世俗的见解。 [27]立大功不合众：建立盖世之功的人，不能用常人的标准去衡量。 [28]至思：高明的思想。万万于众臣：高出众臣万万倍。 [29]斗筲之臣：识量短浅的臣子。筲，竹器，容量二升。斗筲，喻细小，用于形容无远见的小人。 [30]匡救：补救。 [31]事不当时固争：当事情发生之时，不敢据理力争。 [32]各随指阿从以求容

媚：一个个见风使舵，顺从主上的心意以取宠。［33］晏驾：皇帝去世。［34］尊号已定：指赵皇后被尊为太后。［35］乃探追不及之事：才追究已无法挽回的往事。［36］讦扬幽昧之过：揭发并宣扬有关隐私的过错。［37］空使谤议上及山陵：平白地让诽谤波及死去的成帝。山陵，指成帝的陵墓，借指死去的成帝。意指惩治赵氏姐妹将使成帝蒙受污垢。［38］遂不竟其事：于是对解光的指控，不作追查，不了了之。按：耿育颠倒是非的奏议，把一个禽兽不如的皇帝，说成"大德""大功"，为尊者讳，可见封建伦理道德是何等荒唐。［39］赵太后亦归心：赵太后也倾心交结傅太后。［40］丁酉：正月四日。［41］甲辰：九月十五日。［42］虞：县名，县治在今河南虞城县。［43］郎中令："令"字衍。因武帝太初元年已将郎中令更名为光禄勋。［44］泠（líng）褒、段犹：皆人名。［45］称皇之意：指车马衣服要和皇室尊位相称。［46］置吏二千石以下：可以设置二千石以下的官吏，如詹事、太仆、少府等。［47］母从子，妻从夫：傅太后为定陶共王刘康之母，丁姬为刘康之妻，故尊傅太后为"定陶共皇太后"，尊丁姬为"定陶共皇后"，表示母从子、妻从夫。［48］尊无二上：至尊只能有一人。［49］"父为士"四句：引自《礼记·丧服小记》。意谓，父亲的身份本来是士，儿子当了天子，祭祀时便按天子礼仪，而尸的服装仍为士服。用天子礼祭祀，表示身为天子的儿子尽孝心，仍着士服，表明父亲原来的身份。尸，古代祭祀，找一个童子穿着死者（祖宗）生前的衣服，装扮成死者受祭，后演变为牌位。［50］斩衰（cuī）：粗麻布丧服。子女替父母守孝三年才服斩衰。［51］降其父母期：过继为人子之人，替父母服丧时降等为齐衰，守孝一年。［52］尊本祖：指哀帝既继成帝后，应尊成帝为正统，不应再去尊自己的生父。［53］共皇：即刘康，本为共王，其子刘欣过继给成帝，是为哀帝，故又称刘康为共皇。［54］持重大宗：身为嫡系大宗负有重任。［55］无主：指共王庙难以进入京师列祖列宗太庙之列。［56］亲尽当毁：按当时祭礼，四世以后之庙，由于亲尽则尽毁，不再祭祀。［57］太祖不堕之祀：立共王庙于定陶，则为一国始祖庙，当万世不毁。［58］浸不合上意：逐渐被哀帝疏远。［59］卒：通"猝"，突然。［60］私写其草：私自抄写副本。［61］遍持：人手一份。［62］忠臣不显谏：作为忠臣，不应当公开他对皇帝的规劝，用以沽名钓誉。［63］经、行无比：精通经学，品德高尚，没人能比得上。［64］主簿：丞相府属官，职掌文书档案。［65］厌：服气。［66］贬咸、钦秩各二等：将博士申咸、炔钦降级二等，即从六百石降至四百石。［67］怀谖迷国：心怀诈伪，贻误国事。谖（xuān），伪诈。［68］反覆异言：说话前后矛盾。［69］尝托傅位：哀帝为太子时，师丹曾任太子太傅。［70］考于理：交付廷尉审理。理，指司法官廷尉。［71］罢归：免职回家。［72］泰深痛切：极为痛心。［73］经为世儒宗：师丹是一代经师。［74］德为国黄耇：是德高望重的国老。黄耇，对高寿者的尊称。黄，指老年人白发转黄。耇，形容老人面有积垢。［75］亲傅圣躬：指师丹曾担任过哀帝的师傅。［76］所坐者微：被指控的过失十分细微。［77］裁览众心：考虑众人的心意做出决断。［78］壬午：十二月二十三日。［79］箕子：中山王刘兴之子。［80］眚病：即中医所称之"肝厥"，发病时，嘴唇跟手脚十个指甲都呈青色。［81］数祷祠解：多次祭祀祷告，以求病情缓解。［82］将医：带着太医。［83］狂易病：即癫痫症，一说系精神失常。［84］怒去：发狂离去。［85］簿责由擅去状：下正式公文申斥张由，并责问其擅自离开中山王回京的原因。［86］中山太后：即元帝之冯昭仪。［87］按验：调查核实。［88］中谒者令：出纳章奏的内廷宦官。［89］女弟习：冯太后之妹。习，冯习，［90］君之：人名。冯太后弟媳，寡居。［91］无服辞：拒绝认罪。［92］熊之上殿何其勇：当初野熊上殿时，你是何等英勇。熊上殿事，详《资治通鉴》卷二十九。元帝建昭元年，元帝与冯婕妤（后改昭仪）、傅昭仪等观斗兽，一野熊破栏上殿，傅昭仪仓皇逃走，冯婕妤以身相迎保护元帝。史立旧事重提，意在迫使冯太后自诬。［93］中语：宫中密语，指冯、傅二人争风吃醋之事。据章校，“语”后有“前世事”三字。［94］欲陷我效也：想陷害我自诬应罪。［95］宜乡侯参：冯参，冯太后之弟。传附《汉书》卷七十九。［96］习及夫、子：冯习及其夫与子。［97］覆治：重新调查审理。［98］擿抉：即剔抉，找岔子。扬我恶：宣扬我的过错。［99］我当坐之：我应当投案。这是傅太后耍赖语。［100］顺指：顺从傅太后的心意。［101］鱼泽障：边防哨卡名，在西汉敦煌效谷县。孙宝被贬为鱼泽障候官。

【点评】

论集权之弊。极端的皇权，就是所谓的绝对权威，而绝对权威必然带有野蛮性。本卷所载统治集团的权力斗争，以及宫中黑幕，活生生地表现了皇权的野蛮性，上演了一出又一出的悲剧，包括皇帝本人在内亦不能幸免。丞相翟方进之冤死，汉成帝之暴崩，张放效愚忠之死，中山王冯太后被诬谋反而死，赵昭仪专宠丧失人性终被逼死，无一不表现了专制政治的弊端，很有警世意义。专制不除，这些悲剧的上演就不会停止。

先说翟方进之死。按照古代的天人感应学说，人间政治昏乱，上天就要降灾示警。荧惑守心，自然天象，被说成是兆示国君有灾难，但可以转移到大臣身上。春秋时楚昭王二十七年（前 489），楚国上空出现火烧红云，像一群火鸟围绕太阳飞奔了三天。楚昭王芈轸派使者到周王室向太史请教。太史说：“楚王有灾难，可以用祭祀祷告的法术，转移到大臣令尹或者司马的身上。”楚昭王说：“大臣是寡人的臂膀，把腹心的疾病转移到臂膀，有什么好处。”楚昭王不做祷告。孔子称赞楚昭王是一个懂得大道的人。又春秋时宋景公三十七年（前 480），荧惑守心，心宿是宋的分野，司星官子韦说：“宋公有灾，可转移到国相身上去。”宋景公说：“相是我的手和脚。”子韦说：“可转移给人民。”宋景公说：“国君依靠的是人民。”子韦说：“可转移给收成。”宋景公说：“没有收成，人民没有饭吃，我这国君有何用。”子韦祝贺说：“上天高高在上，听得见下界的声音。国君说了三次善言，荧惑将要后退。”荧惑果然退了三度。如今成帝绥和二年（前 7），荧惑守心，成帝却逼死丞相翟方进，企图嫁祸于人，结果自己并没有免祸，只比翟方进多活了一个月零五天。二月十三日翟方进被赐死，三月十八日成帝暴崩。正如司马光所说：“假定灾祸可以转移，仁慈的君主也不忍心去做，楚昭王芈轸、宋景公头曼做出了榜样。何况灾祸根本就不可转移。对于翟方进来说，他没有犯死罪，为了承当天变，把他杀了，是冤死而侮辱上天；如果翟方进犯了死罪，借他的人头承当天变，却是在掩盖他的罪行，赐给他丰厚葬礼，是侮辱人民。汉成帝刘骜既欺天，又欺人，而自己并没有得到好处，实在是糊涂而不知天命。”

再说成帝之死。班彪称赞成帝美姿容，是一个帅哥，很注意修饰仪容，乘车必立正，不左顾右盼，说话从容，从不发火，上朝时神情庄重，严肃得像一尊神，很有天子派头。成帝博览古今，知识渊博，听得进逆耳之言，很有权威，力能制奸，是一个聪明天子。很可惜，成帝沉溺女色，大臣直谏的话，能听不能行，只当耳边风，他沉溺于女色达到了癫狂和心理变态的地步，甚至亲手杀死皇子来讨好心上人赵昭仪。虎毒不食子，癫狂天子比虎还毒，令人发指。成帝无疾而暴崩，有人推断是服了过量春药而死，这叫作“自作孽，不可活”。

再说一人之死，那就是富平侯张放。张放是西汉名臣张安世的后裔，成帝宠信的大臣，任侍中、中郎将，与成帝同卧起，经常微行出游，又斗鸡走马长安市中，遭到大臣弹劾，王政君太后斥责，成帝不得已外放张放，三进三出，最后遣就国。成帝死后，张放思慕哭泣而悲死。荀悦认为，张放引导成帝放纵玩乐，不是一个忠臣，但他确实很爱成帝，以至于死。荀悦评论说：“爱而不忠，是仁义的蟊贼。”张放之爱，是对成帝的百依百顺，是典型的奴才之爱。成帝放纵，本不应由奴才负责。奴才殉主，是非同一般的爱，只有极效忠的人才舍得生命。奴才的效忠，也就是愚忠。对昏暴之君效愚忠的人，客观上可以说是助纣为虐，说他是仁义的蟊贼未为不可；但主观上，效愚忠的人与阿谀藏奸的人有本质的不同，不能说是仁义的蟊贼。效愚忠的人，其情可悯，而奸险小人，则令人憎恨。张放是值得同情的，但并不可爱。

中山王冯氏王太后被诬谋反而死，比翟方进还要冤。翟方进之冤，死于荒唐的意识形态，替皇帝御灾，用自己的生命去换取皇帝生命的安全，还可以与忠字挂钩，所以死了享受国葬。冯太后之死，则是人为制造的冤案，无中生有，表现了皇权政治体制下司法的无边黑暗。史立奉命造冤狱，仍得不到口供，硬是颠倒黑白，做成冯氏王太后诅咒皇上的冤案。亲王之家尚且如此，平民百姓更是诉告无门，只能发出“屈死不告状”的哀鸣。法律应该是神圣的，但实际上却只为权势和金钱服务。傅太后因嫉妒而生恨，几十年后仗着接近皇权而明目张胆地制造冤案，株连而成大狱，即便是朝中大臣，只要同情冯氏王太后，就要受到打击，司隶校尉孙宝请求调查而被下狱，尚书令唐林出来申辩而遭流放，制造冤案的小人却有功，张由因检举揭发被封关内侯，颠倒黑白的审判官史立被提升为中太仆。

赵昭仪以天生丽质迷倒汉成帝，不仅专宠后宫，而且逼迫成帝杀害皇子，颐指气使，不可一世，成帝死了，她的末日也就到了。

从翟方进之死，到赵昭仪之死，一连串的悲剧发生，无一不是由一人至高无上的皇权生出的弊端。成帝是至高权威，他可以随意让人去替死。傅太后接近了皇权，她才可以呼风唤雨，制造冤案。张放匍匐皇权，才效愚忠而死。其实皇权也是一把双刃剑，它给一个人带来绝对权威，而绝对权威的滥用，也会伤及自身。成帝本人暴死而又无子的悲剧，不也是极端皇权异化人性的产物吗?

卷三四　汉纪二十六

汉哀帝建平二年至四年（前5—前3年）

【起柔兆执徐（丙辰，前5年），尽著雍敦牂（戊午，前3年），凡三年】

【大事提要】

本卷记事起公元前5年，讫公元前3年，凡三年，当汉哀帝建平二年至四年。哀帝是一个短命皇帝，二十岁即位，二十五岁死，在位六年。本卷写哀帝即位前半段，即前期执政的三年史事。哀帝比成帝还要昏庸暴虐，几乎没有一件善政可言。哀帝即位后的第一件大事就是背叛入继大统尊奉成帝为正宗的伦理，他用提拔朱博等群小的办法完成对生父、祖母等直系亲属称尊号的愿望，从而排逐正直，亲近小人。董贤、息夫躬、傅宴、傅商等一班奸佞充斥朝廷。诤臣郑崇死在狱中，执金吾毋将隆、谏大夫鲍宣上书劝谏，言民疾苦，哀帝充耳不闻。傅太后挟制天子，干预朝政，哀帝无所作为，既无能，也无心。哀帝尊宠丁氏、傅氏，加上王氏，三家外戚明争暗斗，政治一片昏暗，西汉王朝急剧衰落。

孝哀皇帝中

建平二年（丙辰，前5年）

春，正月，有星孛[1]于牵牛[2]。

丁、傅宗族[3]骄奢，皆嫉傅喜[4]之恭俭。又，傅太后[5]欲求称尊号，与成帝母[6]齐尊[7]；喜与孔光[8]、师丹[9]共执[10]以为不可。上重违[11]大臣正议[12]，又内迫傅太后，依违者连岁。傅太后大怒，上不得已，先免师丹以感动喜[13]；喜终不顺[14]。朱博[15]与孔乡侯傅晏[16]连结，共谋成尊号事，数燕见[17]，奏封事，毁短喜及孔光。丁丑[18]，上遂策免喜[19]，以侯就第[20]。

御史大夫[21]官既罢[22]，议者多以为古今异制[23]，汉自天子之号下至佐史[24]，皆不同于古，而独改三公，职事[25]难分明，无益于治乱[26]。于是朱博奏言："故事[27]：选郡国守相[28]高第为中二千石[29]，选中二千石为御史大夫，任职[30]者为丞相；位次有序，所以尊圣德[31]，重国相[32]也。今中二千石未更[33]御史大夫而为丞相，权轻，非所以重国政也。臣愚以为大司空官可罢，复置御史大夫，遵奉旧制。臣愿尽力以御史大夫为百僚率[34]！"上从之。夏，四月，戊午[35]，更拜博为御史大夫。又以丁太后[36]兄阳安侯明[37]为大司马、卫将军，置官属；大司马冠号[38]如故事。

傅太后又自诏丞相、御史大夫曰："高武侯喜附下罔上[39]，与故大司空丹同心背畔，放命圮族[40]，不宜奉朝请[41]，其遣就国！"丞相孔光，自先帝[42]时议继嗣[43]，有持异[44]之隙，又重忤傅太后指[45]；由是傅氏在位者与朱博为表里[46]，共毁谮光。乙亥[47]，策免光为庶人[48]。以御史大夫朱博为丞相，封阳乡[49]侯；少府[50]赵玄为御史大夫。临延登受策[51]，有大声如钟鸣，殿中郎吏陛者[52]皆闻焉。

上以问黄门侍郎[53]蜀郡扬雄[54]及李寻[55]。寻对曰："此《洪范》[56]所谓鼓妖[57]者也。师法[58]，以为人君不聪[59]，为众所惑，空名得进[60]，则有声无形，不知所从生[61]。其《传》曰[62]：'岁、月、日之中[63]，则正卿受之[64]。'今以四月日加辰、巳有异，是为中焉[65]。正卿，谓执政大臣也。宜退[66]丞相、御史，以应天变。然虽不退，不出期年[67]，其人自蒙其咎[68]。"扬雄亦以为"鼓妖，听失之象也[69]。朱博为人强毅，多权谋[70]，宜将不宜相，恐有凶恶亟疾[71]之怒。"上不听。

朱博既为丞相，上遂用其议[72]，下诏曰："定陶共皇[73]之号，不宜复称定陶；尊共皇太后曰帝太太后[74]，称永信宫；共皇后曰帝太后[75]，称中安宫；为共皇立寝庙[76]于京师，比[77]宣帝父悼皇考制度[78]。"于是四太后各置少府、太仆，秩[79]皆中二千石。

傅太后既尊后，尤骄，与太皇太后语，至谓之"妪[80]"。时丁、傅以一二年间暴兴[81]尤盛，为公卿列侯者甚众[82]；然帝不甚假[83]以权势，不如王氏[84]在成帝世也。丞相博、御史大夫玄奏言："前高昌侯宏[85]，首建尊号之议[86]，而为关内侯师丹所劾奏，免为庶人。时天下衰粗[87]，委政于丹[88]，丹不深惟[89]褒广尊号之义，而妄称说[90]，抑贬尊号，亏损孝道，不忠莫大焉！陛下仁圣，昭然[91]定尊号，宏以忠孝复封高昌侯；丹恶逆暴著[92]，虽蒙赦令，不宜有爵邑[93]，请免为庶人。”奏可。

又奏：“新都侯莽[94]前为大司马，不广尊尊[95]之义，抑贬尊号，亏损孝道，当伏显戮。幸蒙赦令，不宜有爵土，请免为庶人。”上曰：“以莽与皇太后有属[96]，勿免，遣就国。”及平阿侯仁臧匿赵昭仪亲属[97]，皆遣就国。

天下多冤王氏[98]者！谏大夫[99]杨宣上封事言：“孝成皇帝深惟宗庙之重，称述陛下至德以承天序[100]，圣策[101]深远，恩德至厚。惟念先帝之意，岂不欲以陛下自代[102]，奉承东宫[103]哉！太皇太后[104]春秋七十，数更忧伤[105]，敕令[106]亲属引领[107]以避丁、傅，行道之人为之陨涕，况于陛下！登高远望，独不惭于延陵[108]乎！”帝深感其言，复封成都侯商中子邑[109]为成都侯。

朱博又奏言：“汉家故事，置部刺史[110]，秩卑而赏厚[111]，咸劝功乐进[112]。前罢刺史，更置州牧，秩真二千石[113]，位次九卿；九卿缺，以高第[114]补；其中材则苟自守而已，恐功效陵夷[115]，奸轨[116]不禁。臣请罢州牧，置刺史如故。”上从之。

六月，庚申[117]，帝太后丁氏崩，诏归葬定陶共皇之园[118]，发陈留[119]、济阴[120]近郡国五万人穿复土[121]。

（以上为第一段，写哀帝依靠提拔朱博等群小的办法，终于完成对生父及其亲属称尊号的愿望，而对继承大统的操守，不免亏缺。）

【注释】

［1］孛：星芒四出散射的现象，因而亦作为彗星的别称。［2］牵牛：星宿名，即“河鼓二”，古代称“牛宿”，俗称“牛郎星”。［3］丁、傅宗族：指哀帝舅阳安侯丁明、哀帝祖母傅太后、皇后父孔乡侯傅晏等为首的外戚。［4］傅喜（?—9）：字稚游，河内温（今河南温县）人，好学有志行，傅太后从父弟，官至大司马，封高武侯。传见《汉书》卷八十二。［5］傅太后（？—前2）：元帝昭仪，哀帝祖母。传见《汉书》卷九十七下。［6］成帝母：即元帝王皇后。［7］齐尊：指傅

太后要与王皇后同称“太皇太后”之尊号。［8］孔光（前65—5）：字子夏，孔子十四世孙，明经学，封博山侯。传见《汉书》卷八十一。［9］师丹（？—3）：字仲公，官至大司空，封高乐侯。传见《汉书》卷八十六。［10］共执：共同坚持。［11］重违：难违。［12］大臣正议：大臣们合于道义的共同决议。［13］感动喜：打动傅喜，使其恐惧。［14］不顺：不顺从。［15］朱博（？—前5）：字子元，杜陵（今陕西西安市长安区）人，官至丞相，封阳乡侯。传见《汉书》卷八十三。［16］傅晏：汉哀帝傅皇后父，元寿二年（前1）坐乱妻妾位免孔乡侯爵。传见《汉书》卷十八。［17］数燕见：哀帝多次召见赐宴。燕，通“宴”。［18］丁丑：正月二十日。［19］策免喜：下诏书罢免傅喜的官职。策，简册。此指免职的诏书。［20］以侯就第：仍保留列侯的爵位，退位居家。［21］御史大夫：官名，秦、汉三公之一，副丞相，掌监察。［22］既罢：指汉成帝绥和元年（前8）罢御史大夫，置大司空。［23］古今异制：古代和当代制度不同。［24］佐史：汉代低级官吏。［25］职事：职权和职责。［26］治乱：治理。［27］故事：惯例。［28］守相：汉制，郡置太守，封国置相，并称为守相。［29］中二千石：汉九卿官员以及郡国守相的俸禄级别。每月实得谷180斛，年实得谷2160石。［30］任职：称职。［31］尊圣德：尊重皇帝的恩德。［32］重国相：加重丞相的地位和权力。［33］未更：没有经过。［34］率：表率。［35］戊午：四月二日。［36］丁太后（？—前5）：定陶共王姬，汉哀帝母。传见《汉书》卷九十七下。［37］明：丁明，以哀帝舅封阳安侯，后为王莽所杀。传见《汉书》卷八。［38］冠号：称号。［39］附下罔上：附和下臣，欺瞒皇帝。［40］放命圮族：放弃教令，毁坏宗族。［41］奉朝请：汉制，对退职大臣、皇亲等给予奉朝请之名，使能参加朝会。［42］先帝：指成帝。［43］议继嗣：议立太子事。［44］持异：坚持异议，指孔光主张立中山王之事。［45］重忤：严重地违背。指：同“旨”。［46］为表里：内外夹攻。傅太后与朱博，一在宫内，一在宫外，夹攻孔光。［47］乙亥：四月十九日。［48］庶人：平民。［49］阳乡：朱博封地，在山阳湖陵，今山东鱼台县。［50］少府：官名，九卿之一，掌山林川泽，理皇室财政。［51］临延登受策：汉制，初拜丞相或御史大夫，皇帝亲自延入登殿授予策书。［52］陛者：执兵器列于殿阶前的禁卫官兵。［53］黄门侍郎：宫官，侍从皇帝。［54］扬雄（前53—18）：字子云，西汉著名文学家。传见《汉书》卷八十七。［55］李寻：字子良，平陵（今山东济南市历城区）人，善星历，治《尚书》，官黄门侍郎，因罪流放敦煌。传见《汉书》卷七十五。［56］《洪范》：《尚书》篇名。［57］鼓妖：鼓为妖，发出巨响。［58］师法：法则。［59］不聪：不明。此指不听人言。［60］空名得进：徒有虚名的人得到进用。［61］不知所从生：不知声音从何处发。［62］《传》曰：指西汉刘向著《洪范五行传》。［63］岁、月、日之中：一年三分，则四月为岁中；一月三分，则十九为月中；一日三分，则巳为日中。巳，相当于一日之11–12时。［64］则正卿受之：执政大臣应承担责任。汉时丞相、御史大夫、司空等三公相当周时的正卿。［65］“今以”二句：现今是在四月十九日的辰、巳时发生鼓妖的灾异，正是在岁、月、日之中。［66］退：罢退。［67］期年：一年。［68］自蒙其咎：自己会有祸事。［69］听失之象也：指帝王听信谗言。［70］权谋：权术。［71］亟疾：急剧到来的祸害。［72］用其议：采纳他的意见。［73］定陶共皇：元帝傅昭仪之子刘康，封定陶共王，其子即汉哀帝。［74］帝太太后：哀帝祖母傅氏之尊号。［75］帝太太后：哀帝生母丁姬之尊号。［76］寝庙：即宗庙。古代宗庙分“庙”“寝”两部分，前为庙，后为寝。［77］比：比照。［78］宣帝父悼皇考制度：汉宣帝入承大统为昭帝之后，而宣帝在元康元年五月为其生父史皇孙立庙，号曰皇考，四时祭祀，皇考奉明陵置奉明县。哀帝比照这一成例为其生父刘康置陵园。［79］秩：等级，官阶。［80］妪：老妇。［81］暴兴：暴发。［82］为公卿列侯者很多：指傅氏、丁氏等外戚封官封侯者很多。［83］假：给予。［84］王氏：指成帝时王太后家族。［85］高昌侯宏：董宏（?—前2），为高昌侯董忠之子。初元二年（前47）袭爵，建平元年坐佞邪免爵。传见《汉书》卷十七。［86］首建尊号之议：指董宏首先提出尊傅太后为皇太后的倡议。［87］衰粗：丧服。当时尚为成帝服丧。［88］委政于丹：将政务交付师丹。［89］深惟：深深地思考。［90］妄称说：斥责师丹反对哀帝为生父加皇考尊号所说的理由，为人后者不应顾私亲。［91］昭然：明显。［92］恶逆暴著：罪恶暴露得十分充分。［93］爵邑：封国。［94］新都侯莽：即王莽（前45—23），成帝永始元年（前16）封新都侯。初始元年（8），代汉称帝，建立新朝。传见《汉书》卷九十九。［95］尊尊：尊崇尊者。［96］有属：有亲戚关系。［97］平阿侯仁：河平二年（前27）始封皇太后弟王谭，永始元年（前16），王谭子王仁嗣爵，即平阿侯仁，后为王莽所杀。传见《汉书》卷十八。赵昭仪：即赵飞燕之妹。［98］王氏：指外戚王莽家族。［99］谏大夫：郎中令属官，掌议论。［100］天序：帝王按正统相传的次序。［101］圣策：皇帝之策。［102］自代：代替自己。［103］奉承东宫：指供养皇太后。［104］太皇太后：指元帝王皇后。［105］数更忧伤：指先丧元帝，又丧成帝。［106］敕令：这里指太皇太后的命令。［107］引领：亲自带头退避。［108］延陵：汉成帝陵名。［109］成都侯商中子邑：商，即王商，河平二年（前27）六月十二日以皇太后弟封成都侯。传见《汉书》卷八十二。中子，即仲子，第二个儿子王邑。［110］部刺史：汉武帝元封五年（前106），将全国分为十三州，称为部，置部刺史十三人，掌监察，秩六百石。［111］秩卑而赏厚：俸禄低，但权力大、地位重要，易升迁。［112］劝功乐进：劝勉立功以求进取。［113］真二千石：官阶等级名，月俸150斛，年俸谷1800石。［114］高第：指在真二千石考核中成绩优异者，可优先补入九卿中。［115］陵夷：衰落，废弛。［116］奸轨：奸佞不轨。［117］庚申：六月五日。［118］定陶共皇之园：定陶共皇的陵园，在今山东菏泽市定陶区。即丁太后死后与夫同葬。［119］陈留：郡名，治所陈留，在今河南开封市东南。［120］济阴：郡名，治所定陶，在今山东菏泽市定陶区。［121］穿复土：先挖土为穴，下棺后，再覆盖泥土为坟。

初，成帝时，齐人甘忠可诈造《天官历》[1]、《包元太平经》[2]十二卷，言汉家[3]逢天地之大终[4]，当更受命[5]于天；以教渤海夏贺良等。中垒校尉刘向[6]奏忠可假鬼神[7]，罔上惑众[8]；下狱，治服[9]；

未断[10]，病死。贺良等复私以相教[11]。上即位，司隶校尉[12]解光、骑都尉[13]李寻白[14]贺良等，皆待诏黄门[15]。数召见，陈说“汉历中衰，当更受命。成帝不应天命，故绝嗣。今陛下久疾，变异屡数[16]，天所以谴告[17]人也；宜急改元易号[18]，乃得延年益寿，皇子生，灾异息矣。得道不得行[19]，咎殃且无不有[20]，洪水将出，灾火且起，涤荡民人[21]。”上久寝疾[22]冀其有益，遂从贺良等议，诏大赦天下，以建平二年为太初元年，号曰“陈圣刘太平皇帝”，漏刻以百二十为度[23]。

秋，七月，以渭城[24]西北原上永陵亭部为初陵[25]，勿徙郡国民。

上既改号月余，寝疾自若[26]。夏贺良等复欲妄变政事，大臣争以为不可许。贺良等奏言：“大臣皆不知天命，宜退丞相、御史，以解光、李寻辅政。”上以其言无验，八月，诏曰：“待诏贺良等建言改元易号，增益漏刻，可以永安国家；朕信道不笃[27]；过听其言[28]，冀为百姓获福，卒无嘉应[29]。夫过而不改，是谓过矣！六月甲子诏书[30]，非赦令，皆蠲除[31]之。贺良等反道惑众，奸态当穷竟[32]。”皆下狱，伏诛。寻及解光减死一等[33]，徙敦煌郡[34]。

上以寝疾，尽复[35]前世所尝兴诸神祠[36]凡七百余所，一岁三万七千祠云。

傅太后怨傅喜不已，使孔乡侯[37]风[38]丞相朱博令奏免喜侯。博与御史大夫赵玄议之，玄言：“事已前决[39]，得无不宜[40]？”博曰：“已许孔乡侯矣。匹夫相要[41]，尚相得死[42]，何况至尊[43]！博唯有死耳！”玄即许可。博恶[44]独斥奏喜，以故大司空汜乡侯何武[45]前亦坐过免就国，事与喜相似，即并奏：“喜、武前在位，皆无益于治，虽已退免，爵土之封，非所当也；皆请免为庶人。”上知傅太后素尝[46]怨喜，疑博、玄承指[47]，即召玄诣尚书问状[48]，玄辞服[49]。有诏：“左将军[50]彭宣[51]与中朝者[52]杂问[53]”，宣等奏劾“博、玄、晏皆不道[54]，不敬，请召诣廷尉诏狱[55]”。上减玄死罪三等[56]，削晏户四分之一[57]；假谒者节[58]召丞相诣廷尉[59]，博自杀，国除。

九月，以光禄勋[60]平当[61]为御史大夫，冬，十月，甲寅[62]，迁为丞相；以冬月故，且赐爵关内侯[63]。以京兆尹[64]平陵王嘉[65]为御史大夫。

上欲令丁、傅处爪牙官[66]，是岁，策免左将军淮阳彭宣，以关内侯归家，而以光禄勋丁望[67]代为左将军。

乌孙[68]卑爰疐[69]侵盗匈奴西界，单于遣兵击之，杀数百人，略[70]千余人，驱牛畜去。卑爰疐恐，遣子趋逯为质[71]匈奴，单于受，以状闻[72]。汉遣使者责让[73]单于，告令还归卑爰疐质子；单于受诏遣归[74]。

（以上为第二段，写待诏方术士夏贺良等人，以及朝廷大臣丞相朱博、御史大夫赵玄等佞臣，钻营取巧，终于奸事败露，一个个都没有好下场。）

【注释】

[1]《天官历》：一种历书。 [2]《包元太平经》：也叫《天历包元太平经》，是道教最早的典籍，内容庞杂，包括天地、阴阳、五行、干支、灾异、神鬼等。 [3]汉家：即汉朝。 [4]大终：道教的说法，指天命终结。 [5]更受命：改换天命，重新受命。 [6]中垒校尉刘向：中垒校尉，官名，掌北军垒门内，外掌西域事务。刘向（前75—前4），名更生，字子政，沛（今江苏沛县）人，西汉经学家。传见《汉书》卷三十六。 [7]假鬼神：假借鬼神，依靠鬼神说事。 [8]罔上惑众：欺骗皇帝，混淆视听。 [9]治服：即审理中，本人承认其欺诈行为。 [10]未断：没有判决。 [11]私以相教：指夏贺良等私下互相传授伪《天官历》《包元太平经》等。 [12]司隶校尉：官名，掌京师治安。 [13]骑都尉：官名。汉常以骑都尉护西域。 [14]白：推荐。 [15]待诏黄门：以才技被征召，未正式授官，候补待命。 [16]变异屡数：多次出现天变。 [17]谴告：上天警告。 [18]改元易号：改变年号和皇帝尊号。 [19]得道不得行：知道而不能实行。 [20]咎殃且无不有：灾祸将随时到来。且，将。 [21]涤荡民人：指百姓受害。 [22]寝疾：疾病缠身。 [23]漏刻以百二十为度：古代以壶滴漏计时，一昼夜为一百刻，今增加二十。 [24]渭城：古县名，在今陕西咸阳市东北。 [25]初陵：皇陵。新皇帝登基，即动手建造自己的陵墓，尚未取名，称初陵。 [26]自若：仍是老样子。 [27]信道不笃：信奉大道不坚定。笃，诚笃，坚定。 [28]过听其言：错误地听了夏贺良等人的胡说。 [29]卒无嘉应：结果并没有好的报应。[30]甲子诏书：指前六月九日改元易号所发布的诏书。 [31]蠲除：废除。 [32]穷竟：深追究，彻底追究。 [33]减死一等：汉法，罪应至死，改判低一等罪刑，免除死罪，改流徙边郡，称减死一等。 [34]敦煌郡：郡名，治所敦煌，在今甘肃敦煌市。 [35]尽复：全部恢复。 [36]祠：指祭祀。 [37]孔乡侯：傅晏。 [38]风：通“讽”，暗示。 [39]前决：原先已经处理过。[40]得无不宜：大概不适宜吧。 [41]匹夫相要：指普通人相交、相约定。 [42]得死：指得到相约朋友的死力相助。 [43]至尊：指傅太后。 [44]恶（wù）：厌恶，不愿。 [45]何武（？—

3）：字君公，蜀郡郫县（今四川成都市郫都区）人。以射策甲科为郎，为人仁厚，喜举荐人，官至大司空，封汜乡侯。传见《汉书》卷八十六。［46］素尝：平常。［47］承指：秉承傅太后的旨意。［48］问状：讯问。［49］玄辞服：赵玄讲出实情。［50］左将军：官名，掌军事及少数民族事务。［51］彭宣：字子佩，淮阳阳夏（今河南太康县）人。长于《易经》，官至大司空，封长平侯。传见《汉书》卷七十一。［52］中朝者：尚书台官员。［53］杂问：共同推问，即临时成立的合议庭。［54］不道：有罪。［55］廷尉诏狱：即皇帝亲自将此案交廷尉审理。［56］减玄死罪三等：减死罪三等，按汉制为隶臣妾。［57］削晏户四分之一：削去傅晏所封五千户中的一千二百五十户。［58］假谒者节：授予谒者符节，宣召朱博、赵玄。假，加，授予。谒者，郎中令属官，掌接待礼仪，传宣诏命。［59］诣廷尉：到廷尉处受审。［60］光禄勋：官名，汉九卿之一，掌皇宫禁卫。［61］平当（？—前4）：字子思，以明经为博士，官至丞相。传见《汉书》卷七十一。［62］甲寅：十月一日。［63］关内侯：爵名，为秦汉二十级爵位的第十九级。有侯号而无国邑，在京畿地区赐若干户食邑，大多为三百户。汉制，丞相应封侯，但冬月非封侯之时，故先赐平当关内侯爵位。［64］京兆尹：京师行政长官。［65］王喜：应为王嘉。王嘉（？—前2），字公仲，平陵（今陕西咸阳市西北）人，以明经射策甲科为郎，官至丞相，封新甫侯。传见《汉书》卷八十六。［66］爪牙官：指要害官位。［67］丁望：丁太后的叔父。［68］乌孙：古族名，初居祁连、敦煌间，后西迁至今伊犁河和伊塞克湖一带，从事游牧，都赤谷城。［69］卑爰疐（zhì）：乌孙末振将弟，杀贵人乌日领降汉，汉封为归义侯。［70］略：通“掠”，即俘虏。［71］质：做人质。［72］以状闻：指匈奴单于将接受卑爰疐子为质事报告汉廷。［73］责让：责备。即责备匈奴与乌孙均为汉臣属国，匈奴不应擅自接受乌孙质子。［74］受诏遣归：接受汉皇之命，遣送乌孙质子回国。

三年（丁卯，前4年）

春，正月，立广德夷王[1]弟广汉[2]为广平王。

帝太太后所居桂宫正殿火。

上使使者召丞相平当，欲封之[3]；当病笃[4]，不应。室家[5]或谓当：“不可强起受侯印为子孙邪？”当曰：“吾居大位，已负素餐责矣；起受侯印，还卧而死，死有余罪。今不起者，所以为子孙也！”遂上书乞骸骨[6]，上不许。三月，己酉[7]，当薨。

有星孛于河鼓[8]。

夏，四月，丁酉[9]，王嘉为丞相，河南太守王崇为御史大夫。崇，京兆尹骏之子也。嘉以时政苛急[10]，郡国守相数[11]有变动，乃上疏曰：“臣闻圣王之功在于得人，孔子曰：‘材难[12]，不其然与！’故‘继世立诸侯，象贤也[13]。’虽不能尽贤，天子为择臣[14]、立命卿[15]以辅之。居是国也[16]，累世尊重，然后士民之众附焉，是以教化行而治功立[17]。今之郡守重于古诸侯[18]，往者致[19]选贤材，贤材难得，拔擢可用者，或起于囚徒。昔魏尚[20]坐事系，文帝感冯唐[21]之言，遣使持节赦其罪，拜为云中太守；匈奴忌之。武帝[22]擢韩安国于徒中[23]，拜为梁内史；骨肉以安[24]。张敞[25]为京兆尹，有罪当免，黠吏知而犯敞[26]，敞收杀之，其家自冤[27]，使者覆狱，劾敞贼杀人[28]，上逮捕不下[29]，会免；亡命十数日，宣帝征敞拜为冀州刺史，卒获其用。前世非私此三人，贪[30]其材器有益于公家也。孝文时，吏居官者或长子孙，仓氏、库氏则仓库吏之后也；其二千石长吏[31]亦安官乐职，然后上下相望[32]，莫有苟且[33]之意。其后稍稍变易，公卿以下传相促急[34]，又数改更政事，司隶[35]、部刺史[36]举劾苛细，发扬阴私[37]，吏或居官数月而退，送故迎新，交错道路。中材苟容求全[38]，下材怀危内顾[39]，壹切营私者多。二千石益轻贱[40]，吏民慢易之[41]，或持其微过[42]，增加成罪，言于司隶、刺史，或上书告之；众庶知其易危，小失意则有离畔之心。前山阳亡徒苏令[43]等纵横，吏士临难，莫肯伏节死义，以守、相威权素夺[44]也。孝成皇帝悔之，下诏书，二千石不为故纵[45]，遣使者赐金，尉厚其意，诚以为国家有急，取办于二千石；二千石尊重难危[46]，乃能使下。孝宣皇帝爱其善治民之吏，有章劾事留中，会赦壹解[47]。故事：尚书希下章[48]，为烦扰百姓，证验系治，或死狱中，章文必有‘敢告之’字乃下[49]。唯陛下留神于择贤，记善忘过，容忍臣子，勿责以备[50]。二千石、部刺史、三辅县令有材任职者，人情不能不有过差，宜可阔略[51]，令尽力者有所劝。此方今急务，国家之利也。前苏令发[52]，欲遣大夫使逐问状[53]，时见大夫无可使者[54]，召盩厔[55]令尹逢，拜为谏大夫遣之。令诸大夫有材能者甚少，宜豫畜养[56]可成就者，则士赴难不爱其死；临事仓卒乃求，非所以明朝廷[57]也。”嘉因荐儒者公孙光、满昌及能吏萧咸、薛修，皆故二千石[58]有名称者，天子纳而用之。

六月，立鲁顷王[59]子部乡侯闵[60]为王。

上以寝疾未定[61]，冬，十一月，壬子[62]，令太皇太后下诏复甘泉[63]泰畤[64]、汾阴[65]后土祠，罢南、北郊[66]。上亦不能亲至甘泉、河东[67]，遣有司行事而礼祠焉[68]。

无盐危山[69]土自起覆草[70]，如驰道[71]状；又，瓠山[72]石转立[73]。东平王云[74]及后谒[75]自之石所祭[76]；治石像瓠山立石[77]，束倍草[78]，并祠之。河内[79]息夫躬[80]、长安孙宠相与谋共告之，曰：“此取封侯之计也[81]！”乃与中郎右师谭共因中常侍[82]宋弘上变事[83]，告焉。是时上被疾[84]，多所恶，事下有司，逮王后谒下狱验治[85]；服“祠祭诅祝上，为云求为天子，以为石立，宣帝起之表也[86]。”有司请诛王，有诏，废徙房陵[87]。云自杀，谒及舅伍宏[88]及成帝舅安成共侯夫人放，皆弃市。事连御史大夫王崇，左迁大司农。擢宠为南阳太守，谭颍川都尉，弘、躬皆光禄大夫、左曹、给事中[89]。

（以上为第三段，写哀帝以诸侯入继大统，心存猜忌，屡兴大狱。丞相王嘉上奏，劝谏哀帝要珍惜人才，施政宽和，苦口婆心，哀帝似有所悟，任用了王嘉推荐的一些人。紧接着因病又兴大狱，奸险小人息夫躬等得志于朝。）

【注释】

［1］广德夷王：刘云客，汉成帝鸿嘉二年（前19）封，鸿嘉四年卒，无后。［2］广汉：刘广汉，建平三年（前4）立为广平王，奉中山靖王嗣。［3］欲封之：皇帝准备封平当为侯。［4］病笃：病得很沉重。［5］室家：指平当的妻子。［6］乞骸骨：古代做官者要求辞职或退休的一种委婉说法。［7］己酉：三月二十八日。［8］河鼓：星宿名，即“河鼓二”，或称牵牛星，俗称牛郎星。［9］丁酉：四月十七日。［10］时政苛急：为政苛暴。［11］数：屡次，多次。［12］材难：指人才难得。语出《论语》孔子之言。［13］象贤也：像其先父祖那样贤能。语出《礼记·郊特牲》。［14］择臣：指皇帝选择贤臣而任用之。［15］命卿：古代由天子任命诸侯国卿士。汉朝诸侯王国的傅、相、中尉等职亦由天子任命，犹如古代之命卿。［16］居是国也：住在封国内。［17］教化行而治功立：思想教育普遍深入则政绩自然显著。［18］今之郡守重于古诸侯：古代侯国，大不过百里，而汉郡守辖地千里，权势超过古诸侯。［19］致：极力。［20］魏尚：汉文帝时云中太守，匈奴不敢犯云中，因报功时缺六个首级而下狱。传附《汉书》卷五十《冯唐传》。［21］冯唐：以孝著称，事文帝，官车骑都尉等职，曾劝文帝赦魏尚之过而用之。传见《汉书》卷五十。［22］武帝：应为景帝。［23］擢韩安国于徒中：韩安国犯罪被流放，景帝任命他为梁内史（秩二千石）。韩安国后官至御史大夫。传见《汉书》卷五十二。［24］骨肉以安：指梁孝王因得韩安国为内史而得以免罪。［25］张敞：字子高，河东平阳（今山西临汾市西南）人，官至京

兆尹，治绩突出。传见《汉书》卷七十六。［26］黠吏知而犯敞：指絮舜知敞将免官而有意冒犯，认为张敞不敢治罪，结果张敞加重惩办，杀了絮舜。黠吏，奸猾之吏。［27］自冤：絮舜家自称冤枉。［28］贼杀人：残害。［29］逮捕不下：皇帝将逮捕张敞的奏章留中不发。［30］贪：怜惜。［31］二千石长吏：郡太守属官，秩二百石至四百石。［32］上下相望：互相监督。［33］苟且：得过且过。［34］传相促急：调动频繁。传，指传车。［35］司隶：指司隶校尉，负责监察三辅、三河、弘农等地事务。［36］部刺史：官名。汉武帝分全国郡国为十三州，称为部，每部设刺史一人为督察官，按规定的六条问事，称部刺史。［37］发扬阴私：揭发官吏个人的隐秘过失。［38］苟容求全：为保全自己，不敢严格要求下级。［39］怀危内顾：害怕获罪，只为个人打算。［40］轻贱：权力削弱。［41］慢易之：指吏民对二千石官员的态度也变得轻慢。［42］微过：小错误。［43］苏令：原为山阳铁官徒，汉成帝永始三年（前 14），率二百二十八人起义，自称将军。［44］威权素夺：平素权威被侵夺。［45］不为故纵：不以故意放纵为罪。［46］尊重难危：加重威权，使之在危难时便宜行事。［47］劾事留中，会赦壹解：有人弹劾二千石官，皇帝往往将奏章留中不发，以便遇赦宽释。［48］尚书希下章：尚书很少把弹劾官吏的奏章交付有关机构查办。［49］章文必有“敢告之”字乃下：奏章上申明“如属诬告，情愿反坐”者，才交有司查究。［50］勿责以备：不要求全责备。［51］阔略：宽恕。［52］前苏令发：指成帝永始三年山阳铁官徒苏令起义事。［53］遣大夫使逐问状：派大夫讨平起义，并了解起事的因由。［54］无可使者：无人可派。［55］盩厔：县名，即今陕西周至县。［56］豫畜养：预先积蓄培养。豫，通“预”。［57］非所以明朝廷：不能表明朝廷有人才。［58］故二千石：指过去担任过郡守之职的官员。［59］鲁顷王（前 51—前 24）：刘封，汉景帝子，鲁共王曾孙。［60］部乡侯闵：应为“郚乡侯闵”，鲁顷王子，建平三年六月十二日绍封。王莽时，曾贬为公，后媚莽，被赐姓王，封列侯。传见《汉书》卷十四。［61］未定：不安。［62］壬子：十一月五日。［63］甘泉：宫名，在今陕西淳化县西北甘泉山上。［64］泰畤：祭祠泰一神之祠坛，在甘泉宫。［65］汾阴：古县名，在今山西万荣县西南，祭土地神的后土祠在汾阴。［66］南、北郊：皇帝在京师南、北郊祀天地。［67］河东：这里指汾阴。［68］遣有司行事而礼祠焉：哀帝不能亲至甘泉、汾阴祭祀，改派有关官员作代表去祭祀。［69］无盐危山：无盐县之危山，在今山东东平县境。［70］土自起覆草：土自动翻起压盖住草木。［71］驰道：秦代修建的专供帝王出行用的宽广的大道。［72］瓠山：山名，在山东东平县境。［73］石转立：瓠山一石忽然转侧立起。［74］东平王云：刘云，东平王刘宇之子，鸿嘉元年（前 20）袭封，建平三年自杀。传见《汉书》卷十四。［75］后谒：刘云的王后名谒。［76］自之石所祭：刘云与王后亲自去石前祭祀。［77］治石像瓠山立石：刘云与后在宫中也立了一块与瓠山立石相似的石头。［78］倍草：祭祀用的黄倍草。［79］河内：郡名，治所怀县，在今河南武陟县。［80］息夫躬：复姓息夫，字子微，河内河阳（今河南孟州市）人，少为博士弟子，因告密封宜陵侯，后流徙死。传见《汉书》卷四十五。［81］此取封侯之计也：指告发东平王祠石事。［82］中常侍：官名，出入宫廷，侍从皇帝。［83］上变事：揭发谋逆的特殊奏章称上变事。上，上奏。变事，谋反之事。［84］被疾：患病。［85］验治：审查。［86］宣帝起之表也：此乃王后谒之供词，意为山石起曾是宣帝应天命为天子的预兆。［87］房陵：县名，在今湖北房县。［88］伍宏：王后谒之舅，因医术得幸，经安成共侯夫人放推荐，出入宫禁，至此牵连被杀。［89］光禄大夫、左曹、给事中：皆言官。光禄大夫，原称谏大夫，掌议论言事。左曹，加官，受尚书事。给事中，加官，备顾问应对。

四年（戊午，前3年）

春，正月，大旱。

关东[1]民无故惊走，持稿或掫[2]一枚，转相付与[3]，曰“行西王母筹[4]”，道中相过逢[5]，多至千数；或被发徒跣[6]，或夜折关[7]，或逾墙[8]入，或乘车骑奔驰，以置驿传行[9]，经郡国二十六至京师，不可禁止。民又聚会里巷阡陌[10]，设博具[11]，歌舞祠[12]西王母，至秋乃止。

上欲封傅太后从父弟[13]侍中、光禄大夫商，尚书仆射[14]平陵郑崇[15]谏曰：“孝成皇帝封亲舅五侯[16]，天为赤黄，昼昏，日中有黑气。孔乡侯，皇后父，高武侯以三公封，尚有因缘[17]。今无故复欲封商，坏乱制度，逆天人之心，非傅氏之福也！臣愿以身命当国咎[18]！”崇因持诏书案起[19]。傅太后大怒曰：“何有为天子乃反为一臣所颛制[20]邪！”二月，癸卯[21]，上遂下诏封商为汝昌[22]侯。

（以上为第四段，写傅太后干预朝政，挟制哀帝封堂弟傅商为汝昌侯。）

【注释】

［1］关东：地区名，泛指函谷关以东地区。又称山东，谓华山以东地区。即中原地区的代称。［2］稿：禾秆。掫（zōu）：麻秆。［3］转相付与：互相传递。［4］行西王母筹：西王母．传说中的神话人物，相传其长生不老，住在昆仑山上，西周第五任国王周穆王曾与她相会过。筹，指筹策，一种符信，持之可行走天下。此句意谓，拿着西王母的筹策，可以行走天下。［5］过逢：相遇。［6］徒跣（xiān）：赤脚。［7］折关：冲开关门。［8］逾墙：翻越城墙。［9］置驿传行：放在驿车上传送。驿传，国家传送公文的车马驿站。［10］阡陌：乡村小路。［11］博具：赌博游戏之具。［12］祠：指祭祀。［13］从父弟：伯父或叔父的弟弟，即堂弟。［14］尚书仆射（yì）：少府属官，掌宫廷事务。［15］郑崇（？—前3）：字子游，少为郡文学史，官至尚书仆射。传见《汉书》卷七十七。［16］封亲舅五侯：指成帝封其舅王谭、王商、王立、王根、王逢时五人皆为

关内侯。因在同一天封，并称为五侯。［17］因缘：旧例。［18］臣愿以身命当国咎：我愿以身家性命承担由此而产生的祸害。国咎，指傅太后的怪罪。［19］持诏书案起：拿着诏书草稿站起来。表示强烈反对封傅商为侯。［20］颛制：通“专制”。这里意谓左右、挟制。［21］癸卯：二月二十八日。［22］汝昌：在今山东阳谷县东北。

驸马都尉[1]、侍中云阳董贤[2]得幸于上，出则参乘[3]，入御[4]左右，赏赐累巨万，贵震朝廷。常与上卧起；尝昼寝[5]，偏藉上袖[6]，上欲起，贤未觉[7]，不欲动贤，乃断袖而起。又诏贤妻得通引籍殿中[8]，止贤庐[9]。又召贤女弟[10]以为昭仪，位次皇后。昭仪及贤与妻旦夕上下[11]，并侍左右。以贤父恭[12]为少府，赐爵关内侯。诏将作大匠[13]为贤起大第北阙下，重殿[14]，洞门[15]，土木之功，穷极技巧。赐武库禁兵、上方[16]珍宝。其选物上弟[17]尽在董氏，而乘舆[18]所服乃其副[19]也。及至东园秘器[20]、珠襦[21]、玉匣[22]，豫以赐贤，无不备具。又令将作为贤起冢茔义陵[23]旁，内为便房[24]，刚柏题凑[25]，外为徼道[26]，周垣[27]数里，门阙罘罳[28]甚盛。

郑崇以贤贵宠过度谏上，由是重得罪，数以职事见责；发疾颈痈[29]，欲乞骸骨，不敢。尚书令赵昌佞谄[30]，素害崇；知见疏[31]，因奏“崇与宗族通，疑有奸，请治。”上责崇曰：“君门如市人[32]，何以欲禁切[33]主上？”崇对曰：“臣门如市，臣心如水[34]。愿得考覆[35]！”上怒，下崇狱。司隶孙宝[36]上书曰：“按尚书令昌奏仆射崇狱，覆治，榜掠[37]将死，卒无一辞；道路[38]称冤。疑昌与崇内有纤介[39]，浸润[40]相陷。自禁门枢机近臣[41]，蒙受冤谮，亏损国家，为谤不小。臣请治昌以解众心[42]。”书奏，上下诏曰：“司隶宝附下罔上，以春月[43]作诋欺[44]，遂其奸心，盖国之贼也。免宝为庶人。”崇竟死狱中[45]。

三月，诸吏、散骑[46]、光禄勋[47]贾延为御史大夫。

上欲侯董贤而未有缘[48]，侍中傅嘉劝上定息夫躬、孙宠[49]告东平本章，去宋弘[50]，更言因董贤以闻，欲以其功侯之，皆先赐爵关内侯。顷之[51]，上欲封贤等而心惮王嘉[52]，乃先使孔乡侯晏[53]持诏书示丞相、御史。于是嘉与御史大夫贾延上封事言[54]：“窃见董贤等三人始赐爵，众庶匈匈[55]，咸曰贤贵，其余并蒙恩[56]，至今流言未解[57]。陛下仁恩于贤等不已[58]，宜暴[59]贤等本奏语言，延问公卿、大夫、博士、议郎，考合古今，明正其义，然后乃加爵土；不然，恐大失众心，海内引领而议[60]。暴评其事[61]，必有言当封者，在陛下所从；天下虽不说[62]，咎有所分[63]，不独在陛下。前定陵侯淳于长[64]初封，其事亦议，大司农谷永以长当封；众人归咎于永，先帝不独蒙其讥[65]。臣嘉，臣延，材驽不称[66]，死有余责，知顺指不迕[67]，可得容身须臾[68]；所以不敢者，思报厚恩也。"上不得已，且为之止。

夏，六月，尊帝太太后[69]为皇太太后。

秋，八月，辛卯[70]，上下诏切责公卿曰："昔楚有子玉得臣[71]，晋文公为之侧席而坐[72]；近事，汲黯[73]折淮南之谋[74]。今东平王云等至有图弑天子逆乱之谋者，是公卿股肱莫能悉心[75]、务聪明[76]以销厌未萌[77]故也。赖宗庙之灵，侍中、驸马都尉贤等发觉以闻，咸伏厥辜[78]。《书》不云乎：'用德章厥善[79]。'其封贤为高安侯[80]，南阳太守宠为方阳侯[81]，左曹、光禄大夫躬为宜陵侯[82]，赐右师谭爵关内侯。"又封傅太后同母弟郑恽子业为阳信侯[83]。息夫躬既亲近，数进见言事，议论无所避[84]，上疏历诋[85]公卿大臣。众畏其口，见之仄目[86]。

上使中黄门[87]发武库兵[88]，前后十辈[89]，送董贤及上乳母王阿舍[90]。执金吾[91]毋将隆[92]奏言："武库兵器，天下公用。国家武备，缮治造作，皆度大司农钱[93]。大司农钱，自乘舆不以给共养[94]；共养劳赐，一出少府[95]。盖不以本臧[96]给末用，不以民力共浮费[97]，别公私，示正路也。古者诸侯、方伯得颛征伐[98]，乃赐斧钺[99]，汉家边吏职任距寇，亦赐武库兵，皆任事然后蒙[100]之。《春秋》之谊[101]，家不臧甲[102]，所以抑臣威[103]，损私力[104]也。今贤等便僻弄臣[105]，私恩微妾[106]，而以天下公用给其私门，契国威器[107]，共其家备，民力分于弄臣，武兵设于微妾，建立非宜，以广骄僭[108]，并所以示四方也[109]。孔子曰：'奚取于三家之堂[110]！'臣请收还武库。"上不说[111]。

顷之，傅太后使谒者贱买执金吾官婢八人，隆奏言："买贱，请更平直[112]。"上于是制诏丞相、御史："隆位九卿，既无以匡[113]朝廷之不逮[114]，而反奏请与永信宫[115]争贵贱之贾，伤化失俗[116]。以隆前有安国之言，左迁为沛郡都尉[117]。”初，成帝末，隆为谏大夫，尝奏封事言：“古者选诸侯入为公卿，以褒[118]功德，宜征定陶王使在国邸，以填万方[119]。”故上思其言而宥[120]之。

谏大夫渤海鲍宣[121]上书曰：“窃见孝成皇帝时，外亲[122]持权，人人牵引[123]所私以充塞朝廷，妨贤人路[124]，浊乱天下，奢泰亡度[125]，穷困百姓，是以日食且十[126]，彗星四起[127]。危亡之征[128]，陛下所亲见也；今奈何反覆剧[129]于前乎！

“今民有七亡[130]：阴阳不和[131]，水旱为灾，一亡也；县官重责[132]更赋[133]租税，二亡也；贪吏并公，受取不已[134]，三亡也；豪强大姓，蚕食无厌[135]，四亡也；苛吏徭役[136]，失农桑时[137]，五亡也；部落鼓鸣，男女遮列[138]，六亡也；盗贼劫略[139]，取民财物，七亡也。七亡尚可，又有七死[140]：酷吏殴杀[141]，一死也；治狱深刻[142]，二死也；冤陷亡辜[143]，三死也；盗贼横发[144]，四死也；怨仇相残[145]，五死也；岁恶[146]饥饿，六死也；时气疾疫[147]，七死也。民有七亡而无一得[148]，欲望国安，诚难；民有七死而无一生，欲望刑措[149]，诚难。此非公卿、守相贪残成化[150]之所致邪！

“群臣幸得居尊官，食重禄[151]，岂有肯加恻隐[152]于细民[153]，助陛下流教化[154]者邪！志但在营私家，称宾客，为奸利[155]而已。以苟容曲从[156]为贤，以拱默尸禄[157]为智，谓如臣宣等为愚。陛下擢臣岩穴[158]，诚冀有益豪毛[159]，岂徒使臣美食大官[160]、重高门之地[161]哉！

“天下，乃皇天之天下也。陛下上为皇天子，下为黎庶[162]父母，为天牧养元元[163]，视之当如一[164]，合《尸鸠》[165]之诗。今贫民菜食不厌[166]，衣又穿空[167]，父子、夫妇不能相保，诚可为酸鼻[168]。陛下不救，将安所归命[169]乎！奈何独养外亲与幸臣董贤，多赏赐，以大万数，使奴从、宾客，浆酒藿肉[170]，苍头庐儿[171]，皆用致富，非天意也！

“及汝昌侯傅商[172]，亡功而封。夫官爵非陛下之官爵，乃天下之官爵也。陛下取非其官，官非其人[173]，而望天说民服，岂不难哉！方阳侯孙宠，宜陵侯息夫躬，辩足以移众[174]，强可用独立[175]。奸人之雄[176]，惑世尤剧者也，宜以时罢退[177]；及外亲幼童未通经术者，皆宜令休，就师傅[178]。急征[179]故大司马傅喜，使领外亲；故大司空何武、师丹，故丞相孔光，故左将军彭宣，经皆更博士[180]。位皆历三公；龚胜[181]为司直[182]，郡国皆慎选举[183]；可大委任也。陛下前以小不忍[184]退武等[185]，海内失望。陛下尚能容亡功德者甚众，曾不能忍武等邪！治天下者，当用天下之心为心[186]，不得自专快意[187]而已也。”宣语虽刻切[188]，上以宣名儒，优容之[189]。

（以上为第五段，写哀帝嬖宠董贤贵盛，息夫躬等奸邪小人朋比乱政，直臣尚书仆射郑崇冤死狱中，执金吾毋将隆、谏大夫鲍宣上书劝谏，哀帝充耳不闻。）

【注释】

[1]驸马都尉：汉武帝置，掌皇帝车驾之副马。[2]董贤：字圣卿，云阳（今陕西淳化县西北）人，为汉哀帝所宠幸，官至大司马，操纵朝政。传见《汉书》卷九十三。[3]参乘：即骖乘，古时乘车在车右陪乘的人。[4]御：随侍。[5]昼寝：睡午觉。[6]偏藉上袖：董贤侧身而卧，压住了皇帝的衣袖。[7]未觉：没有醒。[8]通引籍殿中：只须通报姓名便可进入宫殿。[9]止贤庐：留在董贤在宫中歇宿的地方。[10]女弟：董贤之妹。[11]旦夕上下：早晚都在皇帝身边。[12]恭：董恭，董贤父，初为御史，后因董贤贵宠而为九卿，封关内侯。事见《汉书》卷九十三。[13]将作大匠：官名，即秦将作少府，掌修治宫室。[14]重殿：有前后二重宫殿。[15]洞门：与宫门相仿，即僭天子制度。[16]上方：禁中。[17]选物上弟：挑选出的上等物品。弟，通“第”，等级。[18]乘舆：指皇帝。[19]副：次等。[20]东园秘器：指棺材。汉制，大臣死则赐东园秘器。东园，官署名，属少府，主制作明器。[21]珠襦：将珠子用金线穿成的上衣。[22]玉匣：用金线将玉片穿成，穿在死者足以上腰以下。汉制，帝王死，用珠襦玉匣。[23]义陵：哀帝陵。[24]便房：小的曲室，用以盛放棺椁。[25]刚柏题凑：即黄肠题凑，天子用的棺木。以柏木黄心朝外，称黄肠；椁上木头皆内向为椁盖，上尖下方，像屋檐四垂，称为题凑。题，头。凑，聚。[26]徼道：巡察用的道路。[27]周垣：围墙。[28]罘（fú）罳（sī）：古代设在宫门外或城角的瞭望或防御设施，形似网，上有孔。[29]疾颈痈：颈部长了毒痈。[30]佞谄：溜须拍马。[31]知见疏：察知哀帝疏远郑崇。[32]君门如市人：意谓郑崇家门庭若市。[33]禁切：阻禁。[34]臣心如水：我的心像水一样清白。[35]考覆：考查复核。[36]孙宝：字子严，颍川鄢陵（今河南鄢陵县）人。以明经为郡吏，清正刚直，官至大司农。传见《汉书》卷七十七。[37]榜掠：鞭打。[38]道路：舆论。[39]纤介：宿怨。[40]浸润：谗言积累，逐渐发生作用。[41]枢机近臣：掌握机要的重臣。[42]解众心：化解

平民心中之不平。[43]春月：汉廷常春月大赦。[44]诋欺：欺骗，诋毁。[45]崇竟死狱中：郑崇不同意哀帝滥封外戚、宠臣，因而蒙冤入狱，司隶校尉孙宝欲申辩其冤，要重审，亦遭罢官。由此可见昏君当朝，司法黑暗。[46]诸吏、散骑：均为加官，诸吏得举法，散骑傍乘舆，无常职。[47]光禄勋：官名，九卿之一，掌皇宫禁卫。秦朝称郎中令，汉武帝改名光禄勋。[48]缘：机会。[49]孙宠：因告发东平王而封方阳侯，元寿二年（前1）免，流放合浦。传见《汉书》卷十八。[50]去宋弘：去掉原奏章中宋弘的名字。[51]顷之：过了一段时间。[52]心惮王嘉：害怕丞相王嘉反对。[53]晏：傅晏。[54]上封事言：上密封奏章言事。[55]匈匈：群情激愤的样子。[56]其余并蒙恩：指息夫躬与孙宠是因董贤贵宠而附带被封侯。[57]未解：没有平息。[58]不已：不断。[59]暴：公开。[60]引领而议：伸长脖子议论。[61]暴评其事：公开评论董贤封侯一事。[62]说：通“悦”。[63]咎有所分：责任有人分担。[64]淳于长：皇太后王政君姊子，元延三年（前10）二月二十日封侯，绥和元年（前8）坐大逆，下狱死。传见《汉书》卷十八。[65]讥：讥讽。[66]材驽不称：才能低下不称职。自谦之词。[67]迕（wǔ）：违背。迕，同“忤”。[68]须臾：短暂的时间。[69]帝太太后：哀帝祖母傅太后。[70]辛卯：八月十九日。[71]子玉得臣：楚成王大将，晋楚城濮之战，晋虽得胜，但听说未抓到子玉得臣，晋文公仍深感忧虑。[72]侧席而坐：指晋文公面有忧色。[73]汲黯（？—前112）：字长孺，濮阳（今河南濮阳市）人，好黄老之术，官淮阳太守。传见《汉书》卷五十。[74]淮南之谋：淮南王刘安谋反，独惧汲黯。[75]悉心：尽心。[76]务聪明：及早察觉。[77]销厌未萌：消灭在阴谋未发生之前。[78]咸伏厥辜：均罪有应得。[79]用德章厥善：用爵禄赏赐表彰善行。语出《尚书·盘庚》篇。[80]高安侯：封国在朱扶，其地今无考。[81]方阳侯：封国在沛郡龙亢，即今安徽怀远县西北。[82]宜陵侯：封国在南阳杜衍，即今河南南阳市西南。[83]阳信侯：封国在南阳新野，即今河南新野县。[84]避：避忌。[85]历诋：肆意地诋毁众大臣。[86]仄目：侧目，不敢正视。[87]中黄门：官名，秩百石，掌给事禁中。[88]发武库兵：调发武库的兵器。武库，国家总兵器库，在长安城中处于未央宫与长乐宫之间。[89]十辈：十批。[90]送董贤及上乳母王阿舍：哀帝让中黄门先后把十批兵器送到董贤及哀帝乳母王阿的家中。[91]执金吾：官名，掌京师警卫。秦及汉初称中尉，武帝太初元年更名为执金吾。[92]毋将隆：字君房，东海兰陵（今山东临沂市兰陵县）人。传见《汉书》卷七十七。[93]皆度大司农钱：都用的是大司农国库的钱。度，用。[94]不以给共养：不供给皇帝使用。共，通“供”。[95]一出少府：一切从少府支出。[96]本臧：指大司农钱。臧，通“藏”。[97]浮费：浮华所费，指赏赐。[98]颛征伐：有征伐之权。颛，通“专”。[99]斧钺：象征享有征伐之权。[100]蒙：得到。[101]谊：通“义”。[102]家不臧甲：孔子在《春秋公羊传》中所说，私家不可藏兵器。[103]抑臣威：抑制臣子之威。[104]损私力：削弱私家的势力。[105]便僻弄臣：皇帝亲近信用的谄佞小臣。[106]私恩微妾：于皇帝有私恩的奴仆。[107]契国威器：代表国威的兵器。[108]骄僭：骄奢僭越。[109]示四方也：为全国作榜样。[110]奚取于三家之堂：源出《论语》

孔子之言。孔子是指天子所用的八佾之礼不应行于鲁叔孙、仲孙、季孙之堂。毋将隆引用孔子之言，是说国家武器不应赏赐给董贤、王阿等私门。［111］说：通“悦”。［112］请更平直：请求改付相当的价钱。［113］匡：匡正。［114］不逮：不足。［115］永信宫：傅太后所居宫，这里代指傅太后。［116］伤化失俗：伤风败俗。［117］沛郡都尉：官名，太守之副，掌郡国兵事。［118］褒：表彰。［119］以填万方：以威镇四方。［120］宥：宽大，谅解。［121］鲍宣（？—3）：字子都，渤海高城（今河北盐山县东南）人，好学明经，举孝廉为郎，官至司隶校尉。传见《汉书》卷七十二。［122］外亲：指外戚王氏。［123］牵引：指裙带关系，任用私人。［124］妨贤人路：阻塞了贤者的晋身之路。［125］奢泰亡度：奢侈享受没有节制。［126］日食且十：日食出现近十次。［127］彗星四起：彗星四次出现。古人认为彗星出现是不祥之兆。［128］征：征兆。［129］剧：加剧，增加。［130］民有七亡：百姓逃亡有七种情况。［131］阴阳不和：气候失调。［132］重责：加重征收。［133］更赋：汉代征收的一种代役税。［134］贪吏并公，受取不已：贪官污吏假借国家的名义，没完没了地勒索百姓，中饱私囊。［135］蚕食无厌：指豪强大姓不断兼并小民的土地。［136］徭役：服劳役。［137］失农桑时：错过种田植桑的农时。［138］部落鼓鸣，男女遮列：意为盗贼丛生，村民捕盗不迭。［139］劫略：抢夺。略，通“掠”。［140］七死：七种致民于死的情况。［141］殴杀：殴打虐杀。［142］治狱深刻：审案严刑苛法。［143］冤陷亡辜：冤枉陷害无辜百姓。［144］盗贼横发：被盗贼残杀。［145］怨仇相残：仇杀致死。［146］岁恶：年成不好。［147］时气疾疫：流行疾疫。［148］一得：一条生路。［149］刑措：废除刑罚。［150］贪残成化：贪污残害成风。［151］食重禄：享受丰厚的俸禄。［152］恻隐：同情心。［153］细民：微不足道的老百姓。［154］教化：教育风化。［155］奸利：狼狈为奸取利。［156］苟容曲从：苟且纵容，曲意迎合。［157］拱默尸禄：无所事事，尸位素餐。［158］擢臣岩穴：皇帝将我从村野中提拔起来。［159］有益豪毛：有微小的贡献。豪，通“毫”。［160］美食大官：居高官，食美食。［161］重高门之地：立于高门殿上。高门，殿名，在未央宫中。［162］黎庶：老百姓。［163］牧养元元：管理黎民。［164］视之当如一：一视同仁。［165］《尸鸠》：《诗经·国风·尸鸠》篇。言鸠养七子，平等对待，引申为对百姓要一视同仁。［166］菜食不厌：连野菜都吃不饱。［167］衣又穿空：衣服破败，百孔千疮。［168］酸鼻：让人心痛。［169］归命：活命。［170］浆酒藿肉：将酒当水，将肉当豆叶，形容董贤奢侈的生活。藿，豆叶。［171］苍头庐儿：奴婢，仆从。［172］汝昌侯傅商：以皇太太后从父弟封，元寿元年（前2），因外附诸侯免。传见《汉书》卷十八。［173］取非其官，官非其人：此官不应予此人，此人不当受此官。皆指皇帝用人不当。［174］辩足以移众：诡辩足可以煽动大众。辩，此指诡辩。［175］强可用独立：独自一人就能置人于死地。［176］奸人之雄：奸雄之首。［177］宜以时罢退：应及时罢免黜退。［178］皆宜令休，就师傅：均应辞退，到老师那里去学习儒术。［179］征：征召。［180］经皆更博士：经学水平均超过博士。更，超过。［181］龚胜（前67—12）：字君宾，好学明经，官光禄大夫。传见《汉书》卷七十二。［182］司直：丞相属官，秩千石。［183］慎选举：推荐人才十分谨慎。因龚胜守正不阿，郡国皆惧其弹劾。［184］小不忍：稍微有些不快。［185］退武等：黜退大司空何武等人。［186］用天下之心为心：以天下人的心意为自己的心意。［187］自专快意：只图自己一时痛快。［188］刻切：言辞激烈。［189］优容之：优待宽容。哀帝因鲍宣为当世大儒而未加处置。

匈奴单于上书愿朝五年[1]。时帝被疾[2]，或言[3]："匈奴从上游来厌人[4]；自黄龙、竟宁时[5]，单于朝中国，辄有大故[6]。"上由是难之[7]，以问公卿，亦以为虚费府帑[8]，可且勿许。单于使辞去，未发[9]，黄门郎扬雄上书谏曰："臣闻《六经》之治，贵于未乱[10]；兵家之胜，贵于未战[11]；二者皆微[12]，然而大事之本[13]，不可不察也。今单于上书求朝，国家不许而辞之，臣愚以为汉与匈奴从此隙[14]矣。匈奴本五帝[15]所不能臣[16]，三王[17]所不能制[18]，其不可使隙[19]明甚。臣不敢远称，请引秦以来明[20]之。

"以秦始皇之强，蒙恬[21]之威，然不敢窥西河[22]，乃筑长城以界之[23]。会汉初兴，以高祖之威灵，三十万众困于平城[24]，时奇谲之士、石画之臣[25]甚众，卒其所以脱者[26]，世莫得而言[27]也。又高后时，匈奴悖慢[28]，大臣权书遗之[29]，然后得解。及孝文时，匈奴侵暴北边[30]，候骑[31]至雍甘泉[32]，京师大骇，发三将军屯棘门、细柳、霸上[33]以备之，数月乃罢。孝武即位，设马邑之权[34]，欲诱匈奴，徒费财劳师，一虏不可得见，况单于之面乎！其后深惟[35]社稷之计，规恢万载之策[36]，乃大兴师数十万，使卫青[37]、霍去病[38]操兵，前后十余年，于是浮西河，绝大幕[39]，破寘颜[40]，袭王庭[41]，穷极其地，追奔逐北，封狼居胥山[42]，禅于姑衍[43]，以临瀚海[44]，虏名王、贵人以百数；自是之后，匈奴震怖，益求和亲，然而未肯称臣也。

"且夫前世岂乐倾[45]无量之费，役无罪之人，快心狼望[46]之北哉？以为不壹劳[47]者不久逸，不暂费者不永宁，是以忍百万之师以摧饿虎之喙[48]，运府库之财填卢山[49]之壑而不悔也。至本始之初，匈奴有桀心[50]，欲掠乌孙、侵公主[51]，乃发五将[52]之师十五万骑以击之，时鲜有所获，徒奋扬威武，明汉兵若雷风耳！虽空行空反[53]，尚诛两将军[54]，故北狄[55]不服，中国未得高枕安寝也。逮至元康、神爵[56]之间，大化神明，鸿恩溥洽[57]，而匈奴内乱，五单于争立，日逐[58]、呼韩邪[59]携国归死[60]，扶伏[61]称臣，然尚羁縻[62]之，计不颛制[63]。自此之后，欲朝者不距[64]，不欲者不强。何者？外国天性忿鸷[65]，形容魁健，负力怙气[66]，难化以善，易肄以恶[67]，其强难诎[68]，其和难得。故未服之时，劳师远攻，倾国殚货[69]，伏尸流血，破坚拔敌，如彼之难也；既服之后，慰荐抚循[70]，交接赂遗[71]，威仪[72]俯仰，如此之备也。往时尝屠大宛之城[73]，蹈乌桓之垒[74]，探姑缯之壁[75]，藉荡姐之场[76]，艾朝鲜之旃[77]，拔两越之旗[78]，近不过旬月[79]之役，远不离二时[80]之劳，固已犁其庭[81]，扫其闾[82]，郡县而置之，云彻[83]席卷，后无余灾。唯北狄为不然，真中国之坚敌也，三垂[84]比之悬[85]矣；前世重之兹甚[86]，未易可轻也。

“今单于归义，怀款诚之心[87]，欲离其庭，陈见于前[88]，此乃上世之遗策[89]，神灵之所想望，国家虽费，不得已者也。奈何距以来厌之辞[90]，疏以无日之期[91]，消往昔之恩，开将来之隙！夫疑而隙之，使有恨心，负前言，缘往辞[92]，归怨于汉，因以自绝，终无北面之心[93]，威之不可，谕之不能[94]，焉得不为大忧乎！夫明者视于无形[95]，聪者听于无声[96]，诚先于未然[97]，即兵革不用而忧患不生。不然，壹有隙之后，虽智者劳心于内，辩者毂击于外[98]，犹不若未然之时也。且往者图西域，制车师[99]，置城郭都护三十六国，为康居、乌孙能逾白龙堆[100]而寇西边哉？乃以制匈奴也。夫百年劳之，一日失之，费十而爱一[101]，臣窃为国不安也。唯陛下少留意于未乱、未战，以遏边萌之祸[102]！”书奏，天子寤焉，召还匈奴使者，更报单于书而许之。赐雄帛五十匹，黄金十斤。单于未发[103]，会病，复遣使愿朝明年；上许之。

（以上为第六段，写汉哀帝朝议匈奴单于请求入朝事宜，公卿大臣主张拒绝，黄门郎扬雄独持异议，认为不可疏远匈奴，接受入朝。哀帝裁决可，虽在病中，头脑还算清醒。）

【注释】

[1]愿朝五年：愿于建平五年来朝贡。 [2]被疾：患病。 [3]或言：有人说。 [4]厌人：压人一头。 [5]黄龙、竟宁时：宣帝、元帝时。黄龙是汉宣帝年号，竟宁是汉元帝年号。[6]大故：指丧事。 [7]难之：为难。 [8]虚费府帑：白白浪费国家钱财。 [9]未发：还没有出发。 [10]贵于未乱：贵在祸乱未发生时就消弭于无形。 [11]兵家之胜，贵于未战：高明的兵家，贵在不战而胜。 [12]微：精妙。 [13]本：根本。 [14]隙：嫌隙。指汉匈从此加深了裂痕。 [15]五帝：说法多种。《史记・五帝本纪》以黄帝、颛顼、帝喾、唐尧、虞舜为五帝。[16]不能臣：不能使匈奴臣服。 [17]三王：夏禹、商汤、周文王、周武王。 [18]不能制：无法控制。 [19]使隙：使出现嫌隙。 [20]明：说明，证明。 [21]蒙恬（？—前 210）：秦名将，曾率兵三十万防卫匈奴。[22]西河：指汉武威、张掖、敦煌、酒泉一带。[23]界之：作为边界。[24]平城：汉高帝七年（前 200），刘邦率三十万众击匈奴不利，被困平城七日乃得出。平城在今山西大同市北。[25]奇谲之士、石画之臣：善于出奇计、善于谋略的臣子。石，通“硕”，大也。[26]脱者：指高帝脱离危险，从匈奴包围中脱身而出。 [27]世莫得而言：没有留传下来，不得而知。 [28]悖慢：蛮横傲慢。高后时，匈奴冒顿单于写信说，汉匈两国和好，要娶高后为妻，言词极为狂悖。载《汉书・匈奴列传》。 [29]权书遗之：暂且用好言好语来应付。 [30]侵暴北边：侵犯北部边境。[31]候骑：侦察的骑兵。[32]雍甘泉：指雍县、甘泉宫。两地均皇帝行宫。雍县在今陕西宝鸡市凤翔区西。甘泉宫在今陕西淳化县东北。 [33]棘门、细柳、霸上：三地名，均为拱卫京师长安的重镇。棘门，在今陕西咸阳市东北。细柳，在今陕西咸阳市西南。霸上，在今陕西西安市长安区。 [34]马邑之权：指汉武帝元光二年（前 33），设谋马邑击匈奴单于事件。于此拉开了汉匈战争的序幕。马邑，县名，县治朔县，在今山西朔州市。 [35]深惟：深思熟虑。[36]规恢万载之策：规划长久之计。 [37]卫青（？—前 106）：字仲卿，河东平阳（今山西临汾市西南）人。西汉名将，官至大将军，封长平侯。先后七次出击匈奴。传见《汉书》卷五十五。[38]霍去病（前 140—前 117）：河东平阳（今山西临汾市西南）人，西汉名将，官至骠骑将军，封冠军侯。六次出击匈奴，解除了匈奴对汉朝的威胁。传见《汉书》卷五十五。 [39]绝大幕：渡过大漠。指汉武帝元狩四年（前 119），卫青、霍去病两路汉军渡过大沙漠出击匈奴。此次是汉匈两国主力决战，汉胜匈败，匈奴远遁，此后漠南无王庭。 [40]寘颜：山名，在今蒙古国境内杭爱山南，卫青曾破匈奴兵于此。 [41]王庭：匈奴单于王庭。 [42]狼居胥山：山名，约在今内蒙古克什克腾旗西北至阿巴嘎旗一带。 [43]姑衍：山名，在今内蒙古境内。 [44]瀚海：指今内蒙古北部及蒙古国南部一带。 [45]乐倾：愿意耗费。 [46]狼望：狼烟候望之地。 [47]壹劳：一次辛劳，指征伐匈奴。 [48]忍百万之师以摧饿虎之喙：忍心以百万军队纳于饿虎之口。[49]卢山：地名，单于南庭。 [50]桀心：狼子野心。 [51]公主：指王建女细君，时为乌孙昆莫右夫人。 [52]五将：指田广明、赵充国、田顺、范明友、韩增。 [53]空行空反：徒劳往返。指未取胜，空手而归。 [54]尚诛两将军：汉宣帝本始三年（前 71），五将军出击匈奴，田顺先

期而退，田广明畏敌不进，宣帝下令治罪，二人自杀。［55］北狄：指匈奴。［56］元康、神爵：均为汉宣帝年号。［57］大化神明，鸿恩溥洽：朝政清明，皇恩浩荡。［58］日逐：匈奴日逐王先贤掸。［59］呼韩邪：匈奴呼韩邪单于稽侯狦。［60］携国归死：举国归顺汉朝。［61］扶伏：即俯伏。［62］羁縻：笼络。［63］计不颛制：没有完全控制。颛，通“专”。［64］距：通“拒”。［65］忿鸷：凶狠。［66］负力怙气：依恃胆力。［67］易肆以恶：习惯于作恶。［68］诎：屈。［69］倾国殚货：费尽国力。［70］慰荐抚循：安慰抚勉。［71］赂遗：送其财物。［72］威仪：接待的礼仪。［73］屠大宛之城：武帝太初三年（前102），贰师将军李广利为取汗血马攻大宛之事。［74］蹈乌桓之垒：昭帝元凤三年（前78），中郎将范明反击乌桓，获三王首，斩敌六千余级。［75］探姑缯之壁：昭帝始元四年（前83），西南姑缯族反，水衡都尉吕辟胡与大鸿胪田广明先后击之。壁，营垒。［76］藉荡姐之场：汉元帝永光二年（前42），右将军冯奉世征陇西羌彡姐事。藉，扫荡、踏平。场，疆场。［77］艾朝鲜之旃：汉武帝元封三年（前108），左将军荀彘与楼船将军杨仆攻灭朝鲜。艾（yì），通“刈”，砍倒。旃，红色的曲柄旗。［78］拔两越之旗：指汉武帝元鼎六年（前111）至元封元年（前110），楼船将军杨仆等先后攻灭南越、东越事。［79］旬月：满半月，一个月。［80］二时：半年。三月为一时。［81］犁其庭：平定王庭。谓取得决定性胜利，把匈奴的王庭犁为耕地。［82］扫其闾：解散其原来建制。［83］云彻：扫净乌云。［84］三垂：指东、南、西三方。［85］悬：差别很大。［86］重之兹甚：对匈奴十分重视。［87］款诚之心：诚心修好。［88］陈见于前：来长安朝见。［89］遗策：指数世之功。［90］来厌之辞：指上述“匈奴从上游来厌人”等语。［91］无日之期：相见无日。指疏远匈奴，说一句没有确切日期的话，说以后来朝，等于是一句空话。［92］负前言，缘往辞：指若匈奴怀恨，将背负与汉朝和好的承诺，而抓住以往的和好与今日拒绝来朝为辞，把怨恨和责任归罪于汉朝。［93］北面之心：臣服汉朝之心。［94］威之不可，谕之不能：出兵讨伐不可以，外交和谈也不能。威，示威，指以武力相向。谕，晓谕，指通使安抚。［95］明者视于无形：明智者能于无形中发现苗头。［96］聪者听于无声：聪明的人能于无声中察觉声息。［97］先于未然：料事于事发之前。［98］毂击于外：指使者乘车频繁往来。毂，车毂。［99］车师：西域国名。原名姑师，汉分其地为二部，前部治交河城，在今新疆吐鲁番市西。后部治务涂谷，在今新疆吉木萨尔县南山中。［100］白龙堆：地名，在今新疆鄯善县库木塔格沙漠。［101］费十而爱一：花费十分气力取得的成果却因吝惜一分而葬送。［102］边萌之祸：边疆发生战祸。［103］未发：没有出发。

董贤贵幸日盛[1]，丁、傅害其宠[2]，孔乡侯晏与息夫躬谋欲求居位辅政[3]。会单于以病未朝，躬因是而上奏，以为：“单于当以十一月入塞，后以病为解[4]，疑有他变[5]。乌孙两昆弥[6]弱，卑爰疐强盛，东结单于，遣子往侍[7]，恐其合势以并乌孙；乌孙并，则匈奴盛而西域危矣。

可令降胡诈为卑爰疐使者来上书，欲因天子威告单于归臣侍子，因下其章[8]，令匈奴客[9]闻焉；则是所谓‘上兵伐谋，其次伐交[10]’者也。”

书奏，上引见躬，召公卿、将军大议。左将军公孙禄以为：“中国常以威信怀伏夷狄，躬欲逆诈[11]，进不信之谋[12]，不可许。且匈奴赖先帝之德，保塞称藩；今单于以疾病不任奉朝贺[13]，遣使自陈[14]，不失臣子之礼。臣禄自保没身不见匈奴为边竟忧也[15]！”躬掎[16]禄曰：“臣为国家计，冀先谋将然[17]，豫图未形[18]，为万世虑[19]。而禄欲以其犬马齿保目所见[20]。臣与禄异议，未可同日语也！”上曰：“善！”乃罢群臣，独与躬议。

躬因建言[21]：“灾异屡见，恐必有非常之变[22]，可遣大将军行边兵[23]，敕武备[24]，斩一郡守以立威，震四夷，因以厌应变异[25]。”上然之，以问丞相嘉，对曰：“臣闻动民以行不以言[26]，应天以实不以文[27]，下民微细，犹不可诈，况于上天神明而可欺哉！天之见异[28]，所以敕戒人君[29]，欲令觉悟反正[30]，推诚行善，民心说而天意得矣[31]！辩士见一端[32]，或妄以意傅著[33]星历，虚造匈奴、西羌之难，谋动干戈，设为权变[34]，非应天之道也[35]。守相有罪，车驰诣阙[36]，交臂就死[37]，恐惧如此，而谈说者欲动安之危[38]，辩口快耳[39]，其实未可从。夫议政者，苦其谄谀、倾险、辩惠、深刻[40]也。昔秦穆公[41]不从百里奚[42]、蹇叔[43]之言，以败其师[44]，其悔过自责，疾诖误之臣[45]，思黄发之言[46]，名垂于后世。愿陛下观览古戒[47]，反覆参考，无以先入之语为主[48]！”上不听。

（以上为第七段，写邪恶佞臣息夫躬策划挑起人为的边患，侥幸立功封侯，独揽朝政大权。息夫躬很不高明的诈计，竟然蛊惑了汉哀帝。）

【注释】

[1]董贤贵幸日盛：董贤日益得到皇帝宠信。[2]害其宠：害怕董贤愈来愈得宠。[3]居位辅政：担任丞相。[4]解：作解释。[5]他变：其他的变故。[6]昆弥：乌孙国主名。[7]遣子往侍：哀帝建平二年（前5），乌孙卑爰疐为结好匈奴，送子逯到匈奴为人质。[8]下其章：将这份奏章交臣下讨论。[9]匈奴客：匈奴使者。[10]上兵伐谋，其次伐交：以谋略胜为上，使用外交手段制胜为次。语出《孙子·谋攻》。[11]逆诈：指主观臆想的敌人之诈谋，未必

是实情。［12］不信之谋：不讲信用的计策。［13］以疾病不任奉朝贺：因病不能来长安朝贺。［14］自陈：自己说明情况。［15］“臣禄自保”句：我公孙禄敢保证，我有生之年匈奴都不会为患边境。［16］掎：接着公孙禄的话说。［17］冀先谋将然：希望事先设谋破坏敌人可能的行动。［18］豫图未形：即防患于未然。［19］虑：打算。［20］以其犬马齿保目所见：指公孙禄只考虑有生之年自己所能见到的。即说公孙禄不为长远着想。［21］建言：建议。［22］非常之变：异乎寻常的变化，此指可能发生边患，应有预为之计。［23］行边兵：引兵巡边。［24］敕武备：命令做好战斗准备。［25］因以厌应变异：用这种方法来镇妖异应天变。［26］动民以行不以言：引导百姓靠行动而不是言论。［27］应天以实不以文：应天变重实际而不重表面。［28］见异：出现变异。见，通“现”。［29］敕戒人君：警告皇帝。［30］觉悟反正：觉醒回到正路。［31］民心说而天意得矣：百姓欢悦且符合天意。［32］一端：一个方面，一点迹象。［33］傅著：附会。［34］设为权变：假设应变的谋略。［35］非应天之道也：不是应验天变的正道。［36］车驰诣阙：乘车到朝廷接受处分。［37］交臂就死：束手等死。［38］欲动安之危：想动摇安定局面，让危险发生。［39］辩口快耳：辩士只图说得痛快。［40］苦其谄谀、倾险、辩惠、深刻：最恨阿谀奉承、阴险狡诈、花言巧语、用心恶毒的人。［41］秦穆公：秦国国君，公元前659年至公元前620年在位，春秋五霸之一。［42］百里奚：春秋时秦贤大夫，曾助穆公建立霸业。［43］蹇叔：亦为春秋时秦穆公之贤大夫。［44］以败其师：致使军队失败。指秦晋淆之战。［45］疾诖误之臣：痛恨贻误的大臣。［46］思黄发之言：想起白发老人的忠告。指秦穆公在秦师败后，想起百里奚、蹇叔之言，而后悔莫及。［47］古戒：古来的历史教训。［48］无以先人之语为主：不要为先人之言所左右。指不要听从息夫躬的建议。

【点评】

论汉哀帝刘欣。哀帝入宫即位大统，效法成帝荒淫，年纪轻轻就患上严重的风流病，又受制于祖母傅太后，被丁氏、傅氏以及息夫躬、董贤等群小包围，整天稀里糊涂，浑浑噩噩，不知所为。匈奴单于来朝，朝议拒绝，扬雄上书陈说利害，哀帝有所醒悟，做出了正确的决策，息夫躬一番巧言，哀帝又改变了主意，做出错误的决定。绝对权威的皇权，掌握在这样一个人的手中，国运还能昌盛吗？集权制度使国家安危系于一个人的智愚与精神状态，实在是太危险了。儒家学者制造天人感应理论来制约皇权，利用天象说事，所以昏暗之朝，天象变异不绝于书。没有制度的约束，靠虚无的理论维系政治天平，可收一时之效，绝无长远之福。天人感应是古代的一种意识形态。意识形态代表不了善政，更代表不了合理的制度，而且荒唐的意识形态还要靠强权维护，它更是一把双刃剑。本来借天象说事，是用来限制恶性皇权的，其结果往往是大臣受祸，翟方进之死不就是这样的吗？

成帝纵淫，天象变异不断；哀帝步尘，变异天象更是层出不穷，好像天人之间真有感应似的。皇帝英明，为政不恶，天象自然不为人注意，就好像是正面的感应。一样的自然灾害，水患天旱，在圣明之朝，国家有备，应对有序，不会为民害；若发生在昏暗之朝，政府不管，人民流离，社会就要动乱。古代圣哲荀子早有警言："天行有常，不为尧存，不为桀亡。应之以治则吉，应之以乱则凶。"吉凶善恶，在人不在天。成帝、哀帝朝的天象变异，都是人为说事，并不是真有什么感应。

本卷所载谏大夫鲍宣上书，是一个亮点。鲍宣，字子都，渤海郡高城县人。鲍宣明经好学，为官清廉。他从基层一步一步上来，了解民生疾苦。鲍宣为县乡啬夫，代理束州丞，为郡功曹，举孝廉为郎，历官议郎、大司空府西曹掾、丞相司直等职，几起几落，复为谏大夫，名重当时。鲍宣上书，把人民的疾苦和官吏的暴虐，描写得历历如画。他列举人民有七种苦难和七种死亡。水旱灾害、沉重赋税、贪官勒索、土地兼并、差役不断、社会不宁、强盗横行，是为七苦。陷入法网、入狱受虐、无处申冤、落入贼手、雪恨仇杀、荒年饿死、瘟疫传染，是为七死。人民处于七苦七死的水深火热之中。鲍宣认为，民有七苦七死，完全是朝廷高官、地方郡县官吏贪赃枉法的结果。他为民呼喊："陛下不救，将安所归命乎！"两千年后，再读此文，忍不住动容落泪。可是哀帝看了奏章，无动于衷，还想惩治鲍宣，慑于他的声望，又是为民代言，没有触及统治集团的罪恶，没有犯颜冒昧，置之不理作罢。西汉王朝在哀帝带领之下，向着败亡加速前进。

卷三五　汉纪二十七

汉哀帝元寿元年至汉平帝元始二年（前2—2年）

【起屠维协洽（己未，前2年），尽玄黓阉茂（壬戌，2年），凡四年】

【大事提要】

本卷记事起公元前2年，讫公元2年，凡四年，当哀帝元寿元年至平帝元始二年。两代皇帝交接，权臣大换班，王莽乱中取势，西汉实际上已名存实亡，只待举行禅让仪式了。元寿元年，挟制哀帝的祖母傅太后死，丁、傅外戚集团立即失势，嬖佞董贤贵盛，哀帝赏赐违礼过制，丞相王嘉犯颜直谏，蒙冤下狱，绝食而死。元寿二年匈奴单于来朝。六月二十六日，哀帝死于未央宫，太皇太后王政君当天赶到未央宫，收了皇帝印玺，夺回权力，立即启用王莽。凭借多年蛰伏韬晦获得的虚誉，以及果决毒辣的手段，王莽迅速攫取了汉家政权。元始元年，王莽给自己加上了安汉公的名号，又夺了太皇太后王政君垂帘的权力，为自己逼宫篡位铺平了道路。元始二年，王莽送女入宫，备位皇后，还耍了一番权术，表演推让屈从的政治秀，没有一个人敢于直言上奏，西汉国祚，走到了尽头。

孝哀皇帝下

元寿元年（己未，前2年）

春，正月，辛丑朔[1]，诏将军、中二千石举[2]明习兵法者[3]各一人，因就拜孔乡侯傅晏为大司马、卫将军，阳安侯丁明为大司马、票骑将军。

是日，日有食之。上诏公卿大夫悉心陈过失[4]；又令举贤良方正能直言者[5]各一人。大赦天下。

丞相嘉奏封事曰：“孝元皇帝奉承大业[6]，温恭少欲[7]，都内[8]钱四十万万。尝幸上林[9]，后宫[10]冯贵人从临兽圈，猛兽惊出，贵人前当之[11]，元帝嘉美其义，赐钱五万。掖庭见亲[12]，有加赏赐，属其人勿众谢[13]。示平恶偏[14]，重失人心[15]，赏赐节约。是时外戚赀[16]千万者少耳，故少府[17]、水衡[18]见钱多也。虽遭初元、永光凶年饥馑，加以西羌之变[19]，外奉[20]师旅，内振[21]贫民，终无倾危之忧，以府臧内充实也。孝成皇帝时，谏臣多言燕出[22]之害，及女宠专爱，耽[23]于酒色，损德伤年[24]，其言甚切，然终不怨怒也。宠臣淳于长[25]、张放[26]、史育[27]，育数贬退，家赀不满千万，放斥逐就国，长榜死[28]于狱，不以私爱害公义，故虽多内讥[29]，朝廷安平，传业陛下。

“陛下在国之时[30]，好[31]《诗》《书》，上[32]俭节，征来，所过道上称诵德美，此天下所以回心[33]也。初即位，易帷帐，去锦绣[34]，乘舆席缘绨缯[35]而已。共皇寝庙比当作[36]，忧闵元元[37]，惟用度不足，以义割恩[38]，辄且止息[39]，今始作治[40]。而驸马都尉董贤亦起官寺[41]上林中[42]，又为贤治大第[43]，开门乡北阙[44]，引王渠[45]灌园池，使者护作[46]，赏赐吏卒，甚于治宗庙。贤母病，长安厨给祠具[47]，道中过者皆饮食[48]。为贤治器[49]，器成，奏御乃行[50]，或物好，特赐其工[51]；自贡献宗庙、三宫[52]，犹不至此。贤家有宾婚及见亲[53]，诸官并共[54]，赐及仓头[55]、奴婢人十万钱。使者护视、发取市物[56]，百贾[57]震动，道路讙哗[58]，群臣惶惑。诏书罢苑[59]，而以赐贤二千余顷，均田之制[60]从此堕坏。奢僭放纵[61]，变乱阴阳，灾异众多，百姓讹言，持筹相惊[62]，天惑其意，不能自止[63]。陛下素仁智慎事，今而有此大讥[64]。

“孔子曰：‘危而不持，颠而不扶，则将安用彼相矣[65]！’臣嘉幸得备位[66]，窃内悲伤不能通愚忠之信[67]；身死有益于国，不敢自惜。唯陛下慎己之所独向[68]，察众人之所共疑[69]！往者邓通、韩嫣[70]，骄贵失度，逸豫[71]无厌，小人不胜情欲[72]，卒陷罪辜[73]，乱国亡躯[74]，不终其禄，所谓‘爱之适足以害之[75]’者也！宜深览前世，以节贤宠[76]，全安其命。”上由是于嘉浸不说[77]。

前凉州[78]刺史杜邺[79]以方正对策曰：“臣闻阳尊阴卑，天之道也。是以男虽贱，各为其家阳；女虽贵，犹为其国阴。故礼明三从之义[80]，虽有文母[81]之德，必系于子[82]。昔郑伯随姜氏之欲[83]，终有叔段篡国之祸[84]；周襄王内迫惠后之难[85]，而遭居郑之危[86]。汉兴，吕太后[87]权私亲属，几危社稷。窃见陛下约俭正身，欲与天下更始[88]，然嘉瑞未应[89]，而日食、地震。案《春秋》灾异，以指象为言语[90]。日食，明阳为阴所临[91]。坤以法地[92]，为土，为母[93]，以安静为德；震，不阴之效也[94]。占象甚明[95]，臣敢不直言其事！昔曾子[96]问从令之义[97]，孔子曰：'是何言与[98]！'善闵子骞[99]守礼不苟从亲[100]，所行无非理[101]者，故无可间也。今诸外家昆弟[102]，无贤不肖[103]，并侍帷幄[104]，布在列位[105]，或典兵卫，或将军屯，宠意并于一家，积贵之势，世所希见、所希闻也。至乃并置[106]大司马、将军之官，皇甫[107]虽盛，三桓[108]虽隆，鲁为作三军[109]，无以甚此[110]！当拜之日[111]，晻然[112]日食。不在前后[113]，临事而发[114]者，明陛下谦逊无专[115]，承指非一[116]，所言辄听，所欲辄随，有罪恶者不坐辜罚[117]，无功能者毕受[118]官爵，流渐积猥[119]，过在于是[120]，欲令昭昭以觉圣朝[121]。昔诗人所刺[122]，《春秋》所讥[123]，指象[124]如此，殆不在他[125]。由后视前，忿邑非之[126]；逮身所行[127]，不自镜见[128]，则以为可，计之过者[129]。愿陛下加致精诚，思承始初[130]，事稽诸古[131]，以厌[132]下心，则黎庶群生无不说喜[133]，上帝百神收还威怒[134]，祯祥福禄，何嫌[135]不报！"

上又征孔光诣公车[136]，问以日食事，拜为光禄大夫，秩中二千石，给事中，位次丞相[137]。

初，王莽既就国[138]，杜门自守[139]。其中子获杀奴[140]，莽切责获，令自杀。在国三岁，吏民上书冤讼莽者[141]百数。至是，贤良[142]周护、宋崇等对策，复深讼[143]莽功德；上于是征莽及平阿侯仁还京师，侍太后[144]。

董贤因日食之变以沮[145]傅晏、息夫躬之策，辛卯[146]，上收晏印绶，罢就第。

丁巳[147]，皇太太后傅氏崩，合葬渭陵[148]，称孝元傅皇后。

丞相、御史奏息夫躬、孙宠等罪过，上乃免躬、宠官，遣就国；又罢侍中、诸曹、黄门郎数十人。

鲍宣上书曰："陛下父事天，母事地[149]，子养黎民[150]；即位以来，父亏明[151]，母震动[152]，子讹言相惊恐[153]。今日食于三始[154]，诚可畏惧。小民正朔日[155]尚恐毁败器物[156]，何况于日亏[157]乎！陛下深内自责[158]，避正殿，举直言，求过失，罢退外亲及旁仄素餐之人[159]，征拜孔光为光禄大夫，发觉孙宠、息夫躬过恶，免官遣就国，众庶歙然[160]，莫不说喜[161]。天人同心，人心说则天意解[162]矣。乃二月丙戌[163]，白虹干日[164]，连阴不雨，此天下忧结未解[165]，民有怨望未塞[166]者也。侍中、驸马都尉董贤，本无葭莩之亲[167]，但以令色[168]、谀言自进，赏赐无度[169]，竭尽府臧[170]，并合三第[171]，尚以为小，复坏暴室[172]。贤父、子坐使[173]天子使者，将作治第[174]，行夜吏卒[175]皆得赏赐，上冢有会[176]，辄太官[177]为供。海内贡献，当养一君，今反尽之贤家，岂天意与民意邪！天不可久负[178]，厚之如此，反所以害之也！诚欲哀[179]贤，宜为谢过天地[180]，解仇海内[181]，免遣就国，收乘舆器物还之县官[182]，可以父子终其性命；不者，海内之所仇[183]，未有得久安者也。孙宠、息夫躬不宜居国，可皆免，以视[184]天下。复征何武[185]、师丹、彭宣、傅喜，旷然[186]使民易视[187]，以应天心，建立大政，兴太平之端[188]。"上感大异，纳宣言，征何武、彭宣；拜鲍宣为司隶。

上托[189]傅太后遗诏，令太皇太后下丞相、御史，益封董贤二千户，赐孔乡侯、汝昌侯、阳新侯国[190]。王嘉封还诏书[191]，因奏封事谏曰："臣闻爵禄、土地，天之有也。《书》云：'天命有德，五服五章哉[192]！'王者代天爵人[193]，尤宜慎之。裂地[194]而封，不得其宜，则众庶不服，感动阴阳，其害疾[195]自深。今圣体久不平，此臣嘉所内惧也。高安侯贤，佞幸之臣，陛下倾爵位以贵之，单[196]货财以富之，损至尊[197]以宠之，主威已黜[198]，府臧已竭，唯恐不足。财皆民力所为，孝文[199]欲起露台，重百金之费，克己不作[200]。今贤散公赋以施私惠，一家至受千金，往古以来，贵臣未尝有此，流闻四方，皆同怨之。里谚曰：'千人所指，无病而死。'臣常为之寒心。今太皇太后以永信太后遗诏诏丞相、御史，益贤户，赐三侯国，臣嘉窃惑。山崩、地动、日食于三朝，皆阴侵阳之戒也。前贤已再封[201]，晏、商再易邑[202]，业[203]缘私横求，恩已过厚，求索自恣，不知厌足，甚伤尊尊之义[204]，不可以示天下，为害痛矣！臣骄侵罔[205]，阴阳失节，气感相动，害及身体[206]。陛下寝疾久不平，继嗣未立，宜思正万事，顺天人之心，以求福佑，乃[207]何轻身肆意[208]，不念高祖之勤苦，垂立[209]制度，欲传之于无穷哉！臣谨封上诏书，不敢露见[210]；非爱死而不自法[211]，恐天下闻之，故不敢自劾[212]。"

初，廷尉[213]梁相治东平王云狱[214]时，冬月未尽二旬，而相心疑云冤狱，有饰辞[215]，奏欲传之长安[216]，更下公卿覆治[217]。尚书令鞫谭，仆射宗伯凤以为可许。天子以为相等皆见上体不平[218]，外内顾望[219]，操持两心[220]，幸云逾冬[221]，无讨贼疾恶主仇[222]之意，免相等皆为庶人。后数月，大赦，嘉荐"相等皆有材行[223]，圣王有计功除过[224]，臣窃为朝廷惜此三人。"书奏，上不能平[225]。后二十余日，嘉封还益董贤户事[226]，上乃发怒，召嘉诣尚书[227]，责问以"相等前坐不忠，罪恶著闻，君时辄[228]已自劾；今又称誉，云'为朝廷惜之'，何也？"嘉免冠谢罪[229]。

事下将军朝者[230]，光禄大夫孔光等劾"嘉迷国罔上[231]，不道，请谒者召嘉诣廷尉诏狱[232]。"议郎龚等以为"嘉言事前后相违[233]，宜夺爵土，免为庶人。"永信少府猛等以为"嘉罪名虽应法，大臣括发关械[234]，裸躬就笞[235]，非所以重国[236]，褒宗庙[237]也。"上不听[238]，诏"假谒者节[239]，召丞相诣廷尉诏狱。"

使者既到，府掾、史涕泣，共和药进嘉[240]，嘉不肯服。主簿曰："将相不对理陈冤，相踵以为故事[241]，君侯宜引决[242]！"使者危坐[243]府门上，主簿[244]复前进药。嘉引药杯[245]以击地，谓官属曰："丞相幸得备位三公，奉职负国[246]，当伏刑都市，以示万众。丞相岂儿女子邪！何谓咀[247]药而死！"嘉遂装，出见使者，再拜受诏；乘吏小车，去盖，不冠，随使者诣廷尉。廷尉收嘉丞相、新甫侯印绶，缚嘉载致都船诏狱[248]。上闻嘉生自诣吏，大怒，使将军以下与五二千石杂治[249]。吏诘问嘉，嘉对曰："案事者[250]思得实。窃见相等前治[251]东平王狱，不以云为不当死，欲关[252]公卿，示重慎，诚不见其外内顾望、阿附为云验[253]，复幸得蒙大赦。相等皆良善吏，臣窃为国惜贤，不私[254]此三人。”狱吏曰：“苟如此，则君何以为罪，犹当有以负国，不空入狱矣？”吏稍侵辱[255]嘉，嘉喟然[256]仰天叹曰：“幸得充备宰相，不能进贤、退不肖，以是负国，死有余责。”吏问贤、不肖主名[257]。嘉曰：“贤故丞相孔光、故大司空何武，不能进；恶高安侯董贤父、子[258]乱朝，而不能退。罪当死，死无所恨！”嘉系狱二十余日，不食，欧血[259]而死。

（以上为第一段，写哀帝贵宠董贤，违礼过制，大失君德。丞相王嘉犯颜直谏，蒙冤而死。）

【注释】

[1]辛丑朔：正月一日。 [2]举：察举。 [3]明习兵法者：通晓兵法的人。 [4]悉心陈过失：尽心述说朝廷的过失。 [5]贤良方正能直言者：汉代察举中的一个科目，称举贤良方正，能直言、敢于说话的人是入选条件。由郡国举荐，皇帝亲自策问，然后任官。 [6]孝元皇帝奉承大业：汉元帝继位以来。 [7]温恭少欲：温良恭俭，很少有不良的欲望。 [8]都内：官署名，属大司农，长官为都内令、丞，掌财政。 [9]上林：上林苑，皇帝的御苑。 [10]后官：后宫官。汉制，后宫嫔妃，均有官爵。 [11]贵人前当之：当，通“挡”。此指建昭元年（前38），元帝在虎圈观兽斗，突然一只熊跳出圈外，众官、嫔妃纷纷逃窜，冯婕妤却挺身上前遮挡。 [12]掖庭见亲：在宫廷中见到所亲爱的嫔妃。 [13]勿众谢：皇帝对宫人亲戚每有赏赐，总嘱咐不要当众谢恩。 [14]示平恶偏：以此表示公平，厌恶偏颇。 [15]重失人心：看重人心的得失。 [16]赀：钱财。 [17]少府：汉官署名，掌皇室财政，其长官少府，为九卿之一。 [18]水衡：汉官署名，其长官为水衡都尉，掌铸钱。 [19]西羌之变：永光二年（前42），西羌彡（xiǎn）姐（jiě）叛汉。 [20]奉：供给。 [21]振：赈济。 [22]燕出：指皇帝微服私行。 [23]耽：沉湎。 [24]损德伤年：有损德行，有碍长寿。 [25]淳于长：字子孺，魏郡元城（今河北大名县）人。少以太后姊子为黄门郎，因立赵飞燕为皇后得宠，封定陵侯。传见《汉书》卷九十三。 [26]张放：成帝宠臣，常与成帝外出私行，封富平侯。 [27]史育：人名，成帝宠臣之一，事迹不详。 [28]榜死：拷打致死。 [29]内讥：朝廷内对成帝多有讥讽。 [30]在国之时：指在定陶王封国之时。 [31]好：喜欢。 [32]上：通“尚”，崇尚。 [33]回心：指臣民将拥戴成帝之心，移到了现在的哀帝身上。 [34]易帷帐，去锦绣：换掉高贵的帐子，去掉锦绣等装饰。 [35]乘舆席缘绨缯：皇帝所乘车的席垫仅用粗厚的丝织品包边。 [36]比当作：屡次应当兴建。 [37]闵元元：怜惜老百姓。 [38]以义割恩：为公义舍弃恩情。 [39]辄且止息：指因财政困难而一直不肯修建共皇寝庙。 [40]今始作治：现在才开始兴建。 [41]官寺：官署。 [42]上林中：上林苑中。

[43]大第：高大宽敞的府第。［44］开门乡北阙：府第的大门向北方开。乡，通“向”。［45］王渠：即御渠。［46］使者护作：皇帝特别派使者监督施工。［47］长安厨：长安厨官。祠具：这里指祈祷用具及餐具。［48］道中过者皆饮食：在道中祈祷，过往行人均可获得饮食。［49］治器：制造用具。［50］奏御乃行：经皇帝过目后才使用。［51］特赐其工：对制作好器物的工匠还特别赏赐。［52］三宫：指长信、永信二太后及赵太后宫。［53］宾婚及见亲：有来宾、举办婚礼或接待亲戚。［54］诸官并共：百官共同供奉财物等。共，通“供”。［55］仓头：仆人。［56］使者护视、发取市物：董贤家人到市场购物，皇帝也派使者专门监护，巧取豪夺。［57］百贾：各行各业的商人。［58］道路讙哗：舆论哗然。［59］罢苑：裁撤皇家园林。［60］均田之制：从公卿到吏民，按品制规定占田限额，谓之均田，并不是每人占田数额相等。成帝绥和二年（前7）削减占田限额，却无法实行。［61］奢僭放纵：奢侈僭制，寻欢放纵。［62］百姓讹言，持筹相惊：指前述百姓持西王母筹转相奔走之事。［63］不能自止：指百姓听谣言，迷惑于天意，不能停止持筹相惊的行动。［64］大讥：指皇帝因董贤事受到朝野人士的讥讽。［65］危而不持，颠而不扶，则将安用彼相矣：语出《论语·季氏》篇孔子之言，意为看到危险不去解救，看到国家倾覆不去扶助，那么要你这宰相还有什么用处呢？［66］备位：担任宰相的委婉说法。［67］窃内悲伤不能通愚忠之信：私下常常因为自己的忠信未能表达而感到悲伤。［68］慎己之所独向：谨慎处理自己与所专宠的人（指董贤）的关系。［69］察众人之所共疑：审查大家所共同怀疑的对象（亦指董贤）。［70］邓通、韩嫣：邓通，汉文帝幸臣。传见《汉书》卷九十三。韩嫣，汉武帝弄臣。传见《汉书》卷九十三。文帝宠任邓通，赐铜山一座，允许他自己铸钱，结果邓氏钱遍天下。景帝即位，没收了邓通家产，邓通饿死。汉武帝宠韩嫣，共起共卧，韩嫣随意出入皇宫，因淫乱后宫被皇太后处死。两人过分受宠，其身必危。［71］逸豫：贪图安逸享乐。［72］不胜情欲：不能摆脱心中的私欲和杂念。［73］卒陷罪辜：终究获罪。［74］亡躯：邓通最终在景帝时饿死，韩嫣被武帝赐死。［75］爱之适足以害之：看起来是爱护他，而实际上是害他。［76］以节贤宠：对董贤的宠爱应有所节制。［77］浸不说：逐渐不喜欢。［78］凉州：州名，汉武帝置十三部（州）之一，州治在今甘肃武威市。［79］杜邺：字子夏，少孤，以孝廉为郎，官凉州刺史。传见《汉书》卷八十五。［80］三从之义：即所谓妇女应在家从父、出嫁从夫、夫死从子的封建礼教的规定。［81］文母：周文王之母。［82］必系于子：指周文王母的崇高道德，必然反映在其子身上。［83］郑伯随姜氏之欲：郑伯之母姜氏喜郑伯弟共叔段，为叔段请京师大邑居之，郑伯答应了这一请求。［84］叔段篡国之祸：共叔段得到京邑，野心大增，欲袭郑，郑伯击灭了共叔段。［85］周襄王内迫惠后之难：周襄王之母惠后喜其弟叔带，周襄王即位后，受到惠后的强大压力。［86］居郑之危：叔带在母后的偏袒下引狄人伐周，周襄王避难奔至郑国。［87］吕太后：即汉高帝后吕雉。刘邦死后，吕太后积极培植诸吕势力，几乎颠覆了刘氏政权。［88］更始：开创新局面。［89］嘉瑞未应：没有祥瑞出现。［90］以指象为言语：指天以灾异这种现象表示其警戒的含义。［91］明阳为阴所临：阳被阴侵犯。［92］坤以法地：坤象征地。［93］为

土，为母：大地是土，是母。天为父，地为母。［94］震，不阴之效也：发生地震，是阴道不守的结果。［95］占象甚明：占卜的卦象十分明白。［96］曾子：曾参，孔子弟子。［97］从令之义：听从父命是否就是孝的道理。［98］是何言与：这是什么话。此事见《孝经》。［99］闵子骞：孔子弟子，以孝著称。［100］守礼不苟从亲：遵守礼仪，不苟且听从父母之命。［101］理：据张校，"理"作"礼"。［102］诸外家昆弟：众多外戚子弟。［103］无贤不肖：无论是贤者抑或是不肖之徒。［104］并侍帷幄：同入宫廷，侍奉皇上。帷幄，本指军中帐幕，此代宫廷。［105］布在列位：分布在重要岗位上。［106］并置：指同时设置两个大司马、将军。傅晏为大司马、大将军，丁明为大司马、骠骑将军。［107］皇甫：人名，周之卿士。［108］三桓：指春秋时鲁国之孟孙、仲孙、季孙氏，曾三分公室。［109］鲁为作三军：鲁国曾为三桓分设三军。［110］无以甚此：指今日之外戚丁氏、傅氏等较皇甫、三桓之势，有过之无不及。［111］当拜之日：拜见封官的那天。［112］晻然：昏暗。［113］不在前后：不前不后。［114］临事而发：即正好在拜官那日发生。［115］无专：不敢专断。［116］承指非一：接受并按照傅太后的旨意办事不止一次。［117］辜罚：按罪处罚。［118］毕受：全部授予。受，通"授"。［119］流渐积猥：逐渐发展，越积越多。［120］过在于是：过错就在上述这些地方。［121］昭昭：明白。圣朝：指哀帝。［122］诗人所刺：诗中所讽刺的。［123］讥：讥讽。［124］指象：指天变灾异等。［125］殆不在他：确实不在其他。［126］忿邑非之：愤懑、忧郁地非议。［127］逮身所行：亲身施行。［128］不自镜见：不能对照镜子看到自己的行为。［129］计之过者：计谋之失误。［130］思承始初：回顾即位初期。［131］事稽诸古：每事均考查古代的做法。［132］厌：满足。［133］说喜：高兴喜欢。说，通"悦"。［134］威怒：指日食、地震等。［135］嫌：怀疑。［136］诣公车：到未央宫司马门。公车，官署名，掌天下上事及征召等。［137］位次丞相：地位低于丞相。［138］就国：回到封国。王莽就国在建平二年（前5）。［139］杜门自守：闭门不出。［140］中子获杀奴：王莽的次子王获杀死奴婢。中子，即仲子，次子。［141］冤讼莽者：为王莽鸣冤的人。［142］贤良：即贤良方正。［143］深讼：大加赞颂。［144］太后：指太皇太后王政君。［145］沮：阻止、取消。［146］辛卯：据章校，"卯"作"亥"。正月辛丑朔，无辛卯。辛亥，正月十一日。［147］丁巳：正月十七日。［148］渭陵：汉元帝陵。［149］父事天，母事地：以天为父，以地为母。［150］子养黎民：抚育百姓像对待儿子一样。［151］父亏明：指日食。［152］母震动：指地震。［153］子讹言相惊恐：指民众奔走行西王母筹事。［154］日食于三始：日食发生在正月一日。正月一日为岁之始、月之始、日之始，故称三始。［155］正朔日：正月一日。［156］毁败器物：民俗以正月一日损毁器物为不吉利。［157］日亏：指日食。［158］深内自责：内心深刻地责备自己。［159］旁仄素餐之人：身旁混饭吃的人。［160］众庶歙然：民众和洽。［161］说喜：欢欣。说，通"悦"。［162］人心说则天意解：人心欢悦，则天怒自解。［163］丙戌：二月十六日。［164］白虹干日：一股白气冲犯太阳。本是一种天文现象，古代人却认为是一种预兆。［165］忧结未解：忧愁纠结尚未化解。［166］未塞：没有平息。［167］葭莩之亲：疏远的亲戚。葭莩，本是芦苇中的薄膜，用以比喻关系疏远的亲戚。［168］令色：漂亮的辞令和媚态。［169］无度：没有限度。［170］府臧：内府储存。臧，通“藏”。［171］三第：三座府第。［172］暴（pù）室：官署名，长官为暴室丞，掌织作染色等事。宫中妇人有病或犯罪时居此室。［173］使：指挥。［174］将作治第：将作大匠为董贤造府第。［175］行夜吏卒：夜间巡逻值更者。［176］上冢有会：举行祭礼和会见宾客。［177］太官：宫官名，掌御膳。［178］负：辜负。［179］哀：可怜，同情。［180］谢过天地：向天地承认过错。［181］解仇海内：解除全国百姓对董贤的痛恨。［182］县官：指官府。［183］海内之所仇：指犯了全国百姓的众怒。［184］视：昭示。［185］何武（？—3）：字君公，蜀郡郫县（今四川成都市郫都区）人，善治《易经》，为人仁厚，官至大司空，封汜乡侯。传见《汉书》卷八十六。［186］旷然：开阔的样子。［187］使民易视：让民众看到。［188］端：开始。［189］托：假托。［190］国：指国邑，即封地。孔乡侯傅晏、汝昌侯傅商、阳新侯郑业三人原来虽封侯，但未有国邑。［191］封还诏书：丞相将皇帝诏书原封退回，表示拒绝执行。［192］天命有德，五服五章哉：源自《尚书·皋陶谟》。意谓上天将有德之人分为天子、诸侯、卿、大夫、士五等，故这五等人的服装色彩、图案也应该有所不同。［193］代天爵人：指皇帝封爵是代天行事。［194］裂地：指分封国邑。［195］害疾：染病。［196］单：尽。［197］损至尊：损害皇帝的利益。［198］黜：降低。［199］孝文：据章校，“孝文”下有“皇帝”二字。［200］克己不作：文帝因听说修露台需百金，值中等人家十户的产业，故罢而不建。［201］再封：指董贤先封为关内侯，又封为高安侯。［202］晏、商再易邑：指傅晏封孔乡侯，食邑三千户，后又增二千户。傅商先嗣封崇祖侯，后改封汝昌侯。［203］业：阳新侯郑业。［204］尊尊之义：指尊重傅太后的本意。［205］侵罔：指侵犯和损害皇帝之事。［206］害及身体：于皇帝身体不利。［207］乃：据章校，“乃”用“奈”。［208］轻身肆意：不注意自己身体而放纵。［209］垂立：创立。［210］不敢露见：指不敢拆封。［211］不自法：不以抗旨之法自劾。［212］自劾：自己上章弹劾。［213］廷尉：官名，九卿之一，掌刑狱。［214］东平王云狱：指前东王平刘云与后谒祠瓠山石而引发的大案一事。［215］饰辞：掩饰的假话。［216］传之长安：指将此案移长安审理。传，传车。［217］覆治：重审。［218］不平：患病。［219］顾望：观望。［220］操持两心：两面讨好，即不按皇帝的意图办事。［221］幸云逾冬：想侥幸让刘云的案子拖过冬天。汉制，春天，这类诅主的案子可以减死。［222］疾恶主仇：痛恨恶行，为主上报仇。［223］材行：才能和德行。［224］计功除过：看到功劳而免除过失。［225］上不能平：哀帝内心的恼怒难以平复。［226］益董贤户事：给董贤增加封地之事。［227］诣尚书：到尚书台问事。［228］辄：便，就。［229］免冠谢罪：脱帽表示歉意。其实这是哀帝为董贤事有意找王嘉的过失，王嘉并没有什么过错。［230］事下将军朝者：将王嘉案交朝廷文武讨论。［231］迷国罔上：蒙蔽国民，欺骗皇帝。此是孔光弹劾王嘉上纲上线的罪名，必欲置王嘉于死地，似有夺相权之嫌，而王嘉临死却推荐孔光，两相对照，相映成趣。［232］诣廷尉诏狱：到廷尉处逮下诏狱。诏狱，指皇帝亲自交办的案子。［233］相违：不一致。［234］括发关械：结发，上镣铐。［235］裸躬就笞：赤着身子受鞭打。［236］重国：尊重国威。［237］褒宗庙：为社稷增辉。［238］听：据章校，“听”下有“三月”二字。［239］假谒者节：凭谒者的符节。［240］和药进嘉：调毒药给王嘉吃。汉制，丞相有罪，一般不到廷尉处对质，而应服毒自尽。［241］相踵以为故事：相沿成为惯例。［242］引决：饮药自杀。［243］危坐：严肃地端坐着，逼迫王嘉自尽。［244］主簿：丞相府属官，掌具体事务。［245］药杯：药杯。［246］奉职负国：担任丞相之职，辜负国家重托。［247］咀：嚼。［248］都船诏狱：汉执金吾属下，有中垒、寺互、武库、都船四令丞，此谓都船令所辖诏狱。［249］使将军以下与五二千石杂治：派将军与五位二千石官员组成合议庭共同审理王嘉一案。汉治大臣案，一般派五位二千石官员参与，今加派将军，此哀帝必欲置王嘉于死地。［250］案事者：负责审案的人。［251］治：审理。［252］关：知会、关照。［253］验：指梁相等心怀二致，阿附刘云等指责得不到验证。［254］私：私交，私人关系。［255］侵辱：凌辱。［256］喟（kuì）然：叹息声。［257］主名：具体人名。［258］子：据章校，“子”下有“佞邪”二字。［259］欧血：吐血。欧，同“呕”。

已而[1]上览其对，思嘉言，会御史大夫贾延免，夏，五月，乙卯[2]，以孔光为御史大夫。秋，七月，丙午[3]，以光为丞相，复故国博山侯[4]；又以汜乡侯何武为御史大夫。上乃知孔光前免非其罪[5]，以过近臣毁短光者[6]，曰：“傅嘉前为侍中，毁谮仁贤，诬诉[7]大臣，令俊艾[8]者久失其位，其免嘉为庶人，归故郡。”

八月，何武徙为前将军。辛卯[9]，光禄大夫彭宣为御史大夫。

司隶鲍宣坐摧辱丞相[10]，拒闭使者[11]，无人臣礼，减死髡钳[12]。

大司马丁明素重王嘉，以其死而怜之；九月，乙卯[13]，册免明，使就第。

冬，十一月[14]，壬午[15]，以故定陶太傅、光禄大夫韦赏[16]为大司马、车骑将军。己丑[17]，赏卒。

十二月，庚子[18]，以侍中、驸马都尉董贤为大司马、卫将军，册[19]曰：“建尔于公，以为汉辅！往悉尔心，匡正庶事，允执其中[20]！”是时贤年二十二，虽为三公，常给事中，领尚书事[21]，百官因贤奏事。以父卫尉恭不宜在卿位，徙为光禄大夫、秩中二千石；弟宽信代贤为驸马都尉。董氏亲属皆侍中、诸曹、奉朝请，宠在丁、傅之右[22]矣。

初，丞相孔光为御史大夫，贤父恭为御史，事光[23]；及贤为大司马，与光并为三公。上故令贤私过光[24]。光雅[25]恭谨，知上欲尊宠贤。及闻贤当来也，光警戒衣冠出门待[26]，望见贤车乃却入[27]，贤至中门[28]，光入阁[29]，既下车，乃出，拜谒、送迎甚谨[30]，不敢以宾客钧敌之礼[31]。上闻之，喜，立拜光两兄子为谏大夫、常侍[32]。贤自是权与人主侔[33]矣。

是时，成帝外家王氏衰废，唯平阿侯谭子去疾为侍中，弟闳为中常侍。闳妻父中郎将萧咸[34]，前将军望之子也，贤父恭慕之，欲为子宽信求咸女为妇，使闳言之。咸惶恐不敢当，私谓闳曰："董公为大司马，册文言'允执其中'，此乃尧禅舜之文[35]，非三公故事[36]，长老[37]见者莫不心惧。此岂家人子所能堪邪[38]！"闳性有知略[39]，闻咸言，亦悟[40]；乃还报恭，深达咸自谦薄之意[41]。恭叹曰："我家何用负天下[42]，而为人所畏如是！"意不说。后上置酒麒麟殿[43]，贤父子、亲属宴饮，侍中、中常侍皆在侧，上有酒所[44]，从容视贤笑曰："吾欲法尧禅舜[45]，何如？"王闳进曰："天下乃高皇帝天下，非陛下有也！陛下承宗庙，当传子孙于亡穷[46]，统业至重[47]，天子亡戏言[48]！"上默然不说[49]，左右皆恐。于是遣闳出归郎署[50]。

久之，太皇太后为闳谢[51]，复召闳还。闳遂上书谏曰："臣闻王者立三公，法三光[52]，居之者当得贤人。《易》曰：'鼎折足，覆公餗[53]'，喻三公非其人也。昔孝文皇帝幸邓通，不过中大夫[54]，武帝幸韩嫣[55]，赏赐而已，皆不在大位。今大司马、卫将军董贤，无功于汉朝，又无肺腑之连[56]，复无名迹高行以矫世[57]，升擢数年，列备鼎足[58]，典卫禁兵，无功封爵，父子、兄弟横蒙拔擢[59]，赏赐空竭帑藏[60]，万民喧哗，偶言[61]道路，诚不当天心也！昔褒神蚖[62]变化为人，实生褒姒[63]，乱周国，恐陛下有过失之讥，贤有小人不知进退之祸，非所以垂法[64]后世也！"上虽不从闳言，多[65]其年少志强，亦不罪也。

（以上为第二段，写哀帝朝嬖宠董贤贵盛，取代傅氏、丁氏，更有过之，汉室朝政一片昏暗。）

【注释】

[1]已而：后来。[2]乙卯：五月十七日。[3]丙午：七月九日。[4]复故国博山侯：恢复孔光原来所封博山侯的封国。[5]免非其罪：无罪不该免职。[6]以过近臣毁短光者：将免孔光之过归咎于近臣的诋毁。[7]诬诉：诬陷、控诉。[8]俊艾：贤能之人。艾，同“乂”。[9]辛卯：八月二十四日。[10]摧辱丞相：丞相孔光车马在驰道中行，违制，遇鲍宣，鲍宣没收了孔光的车马。孔光报复，反诬鲍宣有罪。[11]拒闭使者：使者欲捕鲍宣，鲍宣闭门拒捕，表示不认罪。[12]减死髡钳：减去死罪，改判剃发、束颈之刑罚。[13]乙卯：九月十九日。[14]十一月：闰十一月。[15]壬午：闰十一月十七日。[16]韦赏（？—前2）：韦弘之子，明《诗经》，哀帝时为大司马、车骑将军，赐爵关内侯。传附《汉书》卷七十三《韦贤传》。[17]己丑：闰十一月二十四日。[18]庚子：十二月六日。[19]册：封策诏书。[20]允执其中：一心一意处理政务恰到好处。允，诚也，真诚，专心。这句话是尧禅位舜、舜禅位禹说的话，哀帝在封策董贤诏中也用了这句话，像是要禅位给董贤，是天子失言。[21]领尚书事：主管尚书台事务。[22]宠在丁、傅之右：指董贤之荣宠超过了外戚丁氏和傅氏。右，上。[23]事光：侍奉孔光。[24]上故令贤私过光：哀帝故意让董贤私下到孔光家去，以观察孔光对董贤的态度。[25]雅：平素，素常。[26]警戒衣冠出门待：整理好衣冠出门等待。[27]却入：退到屋里。[28]中门：内门。[29]阁：通“阁”，门边的小屋。[30]谨：恭谨有礼。[31]钧敌之礼：对等之礼。[32]谏大夫、常侍：谏大夫掌论议。常侍乃加官，可出入禁中。[33]与人主侔：指董贤的权势简直与皇帝相等。侔，相等。[34]萧咸：字仲，举茂材，官至大司农。传见《汉书》卷七十八。[35]尧禅舜之文：据《论语·尧曰》篇载，“允执其中”是尧禅位于舜、舜禅位于禹时册文中的一句。[36]非三公故事：不是册封三公旧例中所有的。指“允执其中”之言。[37]长老：德高望重的长者。[38]此岂家人子所能堪邪：难道我们普通人家的孩子能与这种家族论亲吗？[39]知略：智慧和谋略。[40]悟：省悟。[41]深达：诚恳地转达。谦薄之意：即萧咸不敢高攀之意。[42]何用负天下：什么地方得罪了天下。[43]麒麟殿：宫殿名，在未央宫中。[44]上有酒所：皇帝有酒在身。[45]吾欲法尧禅舜：哀帝欲效法尧禅舜，将帝位传与董贤。[46]亡穷：无穷。亡，通“无”。[47]统业至重：国统之事至关重要。[48]天子亡戏言：皇帝没有开玩笑的话。[49]不说：不高兴。说，通“悦”。[50]遣闳出归郎署：命王闳回三署郎自己的署所，不得再随侍禁中。[51]谢：表示歉意。[52]法三光：效法日、月、星三光。[53]鼎折足，覆公𫗧（sù）：语出《易经·鼎卦》爻辞，意谓鼎折了脚，鼎里装的食物就会倒出来。[54]不过中大夫：指邓通官位只不过是中大夫。[55]武帝幸韩嫣：武帝宠幸韩嫣，韩嫣官位也只是上大夫。[56]肺腑之连：亲属关系。[57]矫世：纠正世风。[58]鼎足：指董贤位列三公。[59]横蒙拔擢：普遍被提拔。[60]空竭帑藏：虚耗国库资财。[61]偶言：私下相语。[62]褒神蚖（wán）：相传褒神以蝮蛇变化为人。蚖，蝮蛇。[63]褒姒：周幽王妃，美貌无比，幽王绝爱，想要逗她大笑，于是点燃烽火台，诸侯发兵救驾，刀光剑影，褒姒认为好玩而大笑。等

到犬戎真正兵围西周，幽王再点燃烽火，诸侯不救，西周于是灭亡。[64]垂法：效法。[65]多：赏识。

二年（庚申，前1年）

春，正月，匈奴单于及乌孙大昆弥伊秩靡皆来朝，汉以为荣。是时西域凡五十国，自译长[1]至将、相、侯、王皆佩汉印绶，凡三百七十六人；而康居、大月氏、安息、罽宾、乌弋[2]之属，皆以绝远[3]，不在数中，其来贡献，则相与报[4]；不督录总领也[5]。自黄龙[6]以来，单于每入朝，其赏赐锦绣、缯絮辄加厚于前[7]，以慰接[8]之。单于宴见[9]，群臣在前，单于怪董贤年少，以问译[10]。上令译报[11]曰："大司马年少，以大贤居位[12]。"单于乃起，拜贺汉得贤臣。是时上以太岁厌胜[13]所在，舍单于上林苑蒲陶宫[14]，告之以加敬[15]于单于；单于知之[16]，不悦。

夏，四月[17]，壬辰晦[18]，日有食之。

五月，甲子[19]，正三公官分职[20]。大司马、卫将军董贤为大司马；丞相孔光为大司徒；彭宣为大司空，封长平侯[21]。

六月，戊午[22]，帝崩于未央宫。

帝睹孝成之世禄去王室[23]，及即位，屡诛大臣[24]，欲强主威以则武、宣[25]。然而宠信谗谄[26]，憎疾忠直[27]，汉业由是遂衰。

太皇太后闻帝崩，即日驾之未央宫，收取玺绶。太后召大司马贤，引见东箱[28]，问以丧事调度[29]；贤内忧，不能对，免冠谢。太后曰："新都侯莽，前以大司马奉送先帝大行[30]，晓习故事[31]，吾令莽佐君。"贤顿首："幸甚！"太后遣使者驰召莽，诏尚书，诸发兵符节、百官奏事、中黄门、期门兵皆属莽。莽以太后指[32]，使尚书劾贤，帝病不亲医药，禁止贤不得入宫殿司马中[33]；贤不知所为，诣阙免冠徒跣谢[34]。己未[35]，莽使谒者以太后诏即阙下册贤曰："贤年少，未更事理[36]，为大司马，不合众心，其收大司马印绶，罢归第！"即日，贤与妻皆自杀；家惶恐，夜葬。莽疑其诈死；有司奏请发贤棺，至狱诊视[37]，因埋狱中。太皇太后诏"公卿举可大司马者"。莽故大司马，辞位避丁、傅，众庶称以为贤，又太皇太后近亲，自大司徒孔光以下，举朝[38]皆举莽。独前将军何武、左将军公孙禄二人相与谋，以为“往时惠、昭之世[39]，外戚吕、霍、上官[40]持权，几危社稷；今孝成、孝哀比世无嗣[41]，方当选立近亲[42]幼主，不宜令外戚大臣[43]持权，亲疏相错[44]，为国计便[45]。”于是武举公孙禄可大司马，而禄亦举武。庚申[46]，太皇太后自用莽为大司马、领尚书事。

太皇太后与莽议立嗣[47]。安阳侯王舜[48]，莽之从弟，其人修饬[49]，太皇太后所信爱也，莽白以舜为车骑将军。秋，七月，遣舜与大鸿胪[50]左咸使持节迎中山王箕子[51]以为嗣。

莽又白太皇太后，诏有司以皇太后[52]与女弟昭仪[53]专宠锢寝[54]，残灭继嗣[55]，贬为孝成皇后，徙居北宫；又以定陶共王太后与孔乡侯晏同心合谋，背恩忘本，专恣不轨[56]，徙孝哀皇后退就桂宫，傅氏、丁氏皆免官爵归故郡，傅晏将妻子徙合浦[57]。独下诏褒扬傅喜曰：“高武侯喜，姿性端悫[58]，论议忠直，虽与故定陶太后有属，终不顺指从邪，介然守节，以故斥逐就国。《传》不云乎：‘岁寒然后知松柏之后凋也[59]。’其还喜长安，位特进[60]，奉朝请。”喜虽外见褒赏，孤立忧惧；后复遣就国，以寿终[61]。莽又贬傅太后号为定陶共王母，丁太后号曰丁姬。莽又奏董贤父子骄恣奢僭，请收没入财物县官[62]，诸以贤为官者皆免；父恭、弟宽信与家属徙合浦，母别归故郡巨鹿[63]。长安中小民讙哗，向其第哭，几获盗之[64]。县官斥卖[65]董氏财，凡四十三万万。贤所厚吏沛朱诩自劾去大司马府[66]，买棺衣，收贤尸葬之；莽闻之，以他罪击杀诩。莽以大司徒孔光名儒，相三主[67]，太后所敬，天下信之，于是盛尊事光，引光女婿甄邯为侍中、奉车都尉[68]。诸素所不说者，莽皆傅致其罪[69]，为请奏草[70]，令邯持与光，以太后指风光[71]，光素畏慎，不敢不上之；莽白太后，辄[72]可其奏。于是劾奏何武、公孙禄互相称举[73]，皆免官，武就国。又奏董宏子高昌侯武父为佞邪[74]，夺爵。又奏南郡太守毋将隆前为冀州牧，治中山冯太后狱[75]，冤陷无辜，关内侯张由诬告骨肉，中太仆史立、泰山太守丁玄陷人入大辟[76]，河内太守赵昌谮害郑崇[77]，幸逢赦令，皆不宜处位在中土[78]，免为庶人，徙合浦。中山之狱，本立、玄自典考之[79]，但与隆连名奏事；莽少时慕与隆交，隆不甚附，故因事挤之[80]。

红阳侯立[81]，太后亲弟，虽不居位，莽以诸父[82]内敬惮之，畏立从容言太后，令己不得肆意[83]，复令光奏立罪恶："前知定陵侯长[84]犯大逆罪，为言误朝[85]；后白以官婢杨寄私子为皇子[86]，众言曰：'吕氏少帝复出[87]，'纷纷为天下所疑，难以示来世，成襁褓之功[88]；请遣立就国[89]。"太后不听。莽曰："今汉家衰，比世无嗣[90]，太后独代幼主统政[91]，诚可畏惧。力用公正先天下[92]，尚恐不从；今以私恩逆[93]大臣议，如此，群下倾邪，乱从此起。宜可且遣就国，安后复征召之[94]。"太后不得已，遣立就国。莽之所以胁持上下[95]，皆此类也。

于是附顺莽者拔擢，忤恨者诛灭，以王舜、王邑[96]为腹心，甄丰[97]、甄邯[98]主击断[99]，平晏[100]领机事，刘秀[101]典文章，孙建[102]为爪牙。丰子寻[103]、秀子棻[104]、涿郡[105]崔发、南阳陈崇[106]皆以材能幸于莽[107]。莽色厉而言方[108]，欲有所为，微见风采[109]，党与[110]承其指意而显奏之；莽稽首涕泣[111]，固推让，上以惑[112]太后，下用示信[113]于众庶焉。

八月，莽复白太皇太后，废孝成皇后、孝哀皇后为庶人，就其园[114]。是日，皆自杀。

大司空彭宣以王莽专权，乃上书言："三公鼎足承君[115]；一足不任[116]，则覆乱美实[117]。臣资性浅薄，年齿老眊[118]，数伏疾病，昏乱遗忘，愿上大司空、长平侯印绶，乞骸骨归乡里，俟填沟壑[119]。"莽白太后策免宣，使就国。莽恨宣求退，故不赐黄金、安车、驷马[120]。宣居国数年，薨。

班固赞曰：薛广德保悬车之荣[121]，平当逡巡有耻[122]，彭宣见险而止[123]，异乎苟患失之者[124]矣！

戊午[125]，右将军王崇[126]为大司空，光禄勋东海马宫[127]为右将军，左曹、中郎将甄丰为光禄勋。

九月，辛酉[128]，中山王即皇帝位，大赦天下。

平帝年九岁，太皇太后临朝，大司马莽秉政，百官总己以听于莽[129]。莽权日盛，孔光忧惧，不知所出[130]，上书乞骸骨；莽白太后，帝幼少，宜置师傅，徙光为帝太傅，位四辅[131]，给事中，领宿卫、供养，行内署门户[132]，省服御食物[133]。以马宫为大司徒，甄丰为右将军。

冬，十月，壬寅[134]，葬孝哀皇帝于义陵[135]。

（以上为第三段，写哀帝之死，王莽复职为大司马，挟太皇太后之威，持多年韬晦赢得的虚誉，以及果决毒辣的手段，迅速攫取汉家政权，百官总己以听，汉室已名存实亡。）

【注释】

[1]译长：翻译官。[2]康居等五国：康居，古西域国名，约在今巴尔喀什湖和咸海之间。大月氏（zhī），古族名，曾建贵霜王国。安息，亚洲西部古国，在伊朗高原和两河流域，处于丝绸之路必经之地。罽（jì）宾，古西域国名，汉时在喀布尔河下游及克什米尔一带。乌弋，乌弋山离国，西域古国，在今阿富汗西部之赫拉特省。[3]绝远：非常远。[4]相与报：指来贡则回报。[5]不督录总领也：不属于西域都护管辖。[6]黄龙：汉宣帝年号。[7]加厚于前：较前丰厚。[8]慰接：接待并抚慰。[9]单于宴见：设宴招待单于并会见。[10]译：翻译。[11]报：回答。[12]以大贤居位：因十分贤能而官居高位。[13]太岁厌胜：太岁即木星。是年太岁在申，申为南向，按照迷信说法，要通过南向诅咒之术镇压煞神。[14]蒲陶宫：宫名。武帝伐大宛，采葡萄种此。蒲陶，即葡萄。[15]加敬：欺骗匈奴单于说，让他住在蒲陶宫是更敬重他。[16]知之：单于知道了真相。[17]四月：应为三月。[18]壬辰晦：三月三十日。[19]甲子：五月二日。[20]正三公官分职：大司马掌军事，大司徒掌民事，大司空掌农事。[21]长平侯：封国在济南（今山东济南市）。[22]戊午：六月二十六日。[23]禄去王室：指政权掌握在外戚王氏手中。[24]屡诛大臣：指杀朱博、王嘉等。[25]欲强主威以则武、宣：欲效法武帝、宣帝，加强皇帝的威信。[26]宠信谗谄：指宠信赵昌、董贤、息夫躬等。[27]憎疾忠直：指憎恶直臣师丹、傅喜、郑崇等。[28]东箱：东边厢房。箱，通“厢”。[29]丧事调度：即丧事的安排。[30]大行：指皇帝去世。[31]晓习故事：熟悉旧例。[32]指：通“旨”。[33]司马中：即司马门内，禁军屯兵处。[34]免冠徒跣谢：脱帽、赤脚请罪。[35]己未：六月二十七日。[36]未更事理：不明事理。[37]诊视：查验。[38]举朝：满朝文武百官。[39]惠、昭之世：惠帝、昭帝之时。[40]吕、霍、上官：指外戚吕台、吕禄、吕产，以及霍光、上官桀、上官安等。[41]比世无嗣：几代都没有后嗣。[42]近亲：据章校，“亲”下有“辅”字。[43]外戚大臣：指王莽。[44]亲疏相错：外戚和异姓臣一起使用。[45]为国计便：为国家打算，这是最合适的。[46]庚申：六月二十八日。[47]立嗣：指立帝。[48]王舜：王

音子，永始二年（前 15）袭封。王莽堂弟。王莽篡位后，封为安新公。［49］修饬：仪容端正，为人谨慎。［50］大鸿胪：官名，九卿之一，掌民族事务。［51］中山王箕子（前 8—5）：即汉平帝刘衎（kàn），公元 1 年至公元 5 年在位。［52］皇太后：据章校，“后”下有“前”字。此皇太后指赵飞燕。［53］女弟昭仪：赵飞燕妹赵昭仪。［54］专宠锢寝：使成帝只宠爱赵飞燕姐妹，从而杜塞后宫其他嫔妃与成帝接近。［55］残灭继嗣：建平元年（前 6），中宫史曹宫和许美人先后生子，都因赵昭仪的吵闹而最后不知所终。［56］专恣不轨：恣意专权，行为不轨。［57］合浦：郡名，郡治合浦，在今广西合浦县东北。汉代官员犯罪，多流放合浦。［58］端悫（què）：端正笃诚。［59］岁寒然后知松柏之后凋也：《论语·子罕》篇孔子之言。比喻道德高尚、有节操的人。［60］特进：加官。汉制，凡诸侯功德优异者，赐位特进，位在三公下。［61］以寿终：平安地死去。［62］收没入财物县官：将董贤家财没收归官府。［63］巨鹿：郡名，治所在今河北平乡县。［64］向其第哭，几获盗之：明里佯装吊丧，向着董贤的府第哭，暗里准备偷盗董家的财物。［65］县官斥卖：官府公开拍卖。［66］自劾去大司马府：朱诩自动辞去大司马府的职务。［67］相三主：辅佐三个皇帝，即成帝、哀帝、平帝。［68］奉车都尉：官名，掌皇帝乘舆车，秩比二千石。［69］傅致其罪：罗织罪名。［70］为请奏草：替写奏章草稿。［71］以太后指风光：用太后的旨意暗示孔光。风，通“讽”。［72］辄：总是。［73］互相称举：指前何武、公孙禄互相举荐之事。［74］为佞邪：指董宏首请立丁姬为帝太后，傅氏为帝太太后。［75］中山冯太后狱：中山王箕子祖母，元帝昭仪，被张由诬告祝诅哀帝及傅太后，饮药自杀，牵连而死者十七人。［76］陷人入大辟：即冯太后等被诬致死事。［77］赵昌谮害郑崇：建平四年（前 3），赵昌诬告郑崇勾结刘氏宗族为奸，郑崇下狱死。［78］中土：中原地区。［79］本立、玄自典考之：本来是史立、丁玄主持审理的。［80］挤之：排挤毋将隆。［81］红阳侯立（?—4）：王立，河平二年六月十二日以皇太后弟封关内侯。传见《汉书》卷十八。［82］诸父：叔父。［83］肆意：为所欲为。［84］定陵侯长：淳于长，以皇太后姊子封，绥和元年（前 8），因罪下狱死。传见《汉书》卷十八。［85］为言误朝：指绥和元年，王立为淳于长说情之事。［86］白以官婢杨寄私子为皇子：王立曾建议立官婢杨寄所生子为皇子。［87］吕氏少帝复出：吕后和少帝的局面再次出现。吕后曾名他人子为惠帝子，引起猜疑。［88］成襁褓之功：指辅立幼主之功难成。［89］遣立就国：将王立遣回封国。［90］比世无嗣：累世无继承人。如成帝、哀帝均无子。［91］统政：执政。［92］力用公正先天下：勉力以公正昭示天下。［93］逆：违背。［94］安后复征召之：局势安定后可重新征召回来。［95］胁持上下：胁持太后和群臣。［96］王邑（？—23）：王商子，建平元年（前 6）封成都侯。王莽篡位，为隆兴公。传见《汉书》卷十八。［97］甄丰：元始元年为左将军、光禄勋，以定策安宗庙功封广阳侯。［98］甄邯：元始元年为侍中、奉车都尉，以定策安宗庙功封承阳侯。二人传均见《汉书》卷十八。［99］主击断：主管举劾、断狱。［100］平晏：平当之子，元始五年封防乡侯。传见《汉书》卷十八。［101］刘秀（？—23）：即刘歆，字子骏，后改名秀。刘向之子，沛（今江苏沛县）人。西汉末年的古文经学家、目录学家、天文学家。元始五年封红休侯。传见《汉书》卷三十六。［102］孙建：元始五年封成武侯。传见《汉书》卷十八。［103］丰子寻：甄丰子甄寻。［104］秀子棻：刘歆子刘棻。［105］涿郡：郡名，治所涿县（今河北涿州市），汉高祖置。［106］陈崇：元始五年封南乡侯。传见《汉书》卷十八。［107］幸于莽：得到王莽的信任。［108］色厉而言方：外表严厉，说话方正。［109］微见风采：稍微暗示一下。［110］党与：党羽。与，通“羽”。［111］稽首涕泣：叩头哭泣。［112］惑：迷惑。［113］示信：取信。［114］就其园：回到成帝、哀帝的陵邑去。［115］鼎足承君：三公一起辅佐皇帝。［116］一足不任：一人不能胜任。［117］覆乱美实：鼎会翻倒，鼎中的食物会弄脏。［118］年齿老眊：老眼昏花，老朽。眊，通“耄”。［119］俟填沟壑：等死之意。［120］黄金、安车、驷马：大臣退休，例赐黄金、安车、驷马，今不赐给彭宣，表示王莽对彭宣辞职的不满。［121］薛广德保悬车之荣：永光元年，元帝祭宗庙欲乘楼船，薛广德坚持按旧制乘车过桥入庙。［122］平当逡巡有耻：建平三年，宰相平当临死前不愿封侯。［123］彭宣见险而止：大司空彭宣发现王莽有野心，便主动辞去了大司空之职，回归故里。［124］异乎苟患失之者：他们和患得患失者决然不同。［125］戊午：八月二十七日。［126］王崇（？—4）：元始元年封扶平侯。传见《汉书》卷十八。［127］马宫：字游卿，东海戚（今河南濮阳市）人。以射策甲科为郎，官大司徒，封扶德侯。传见《汉书》卷八十一。［128］辛酉：九月一日。［129］总己以听于莽：政事完全听命于王莽。［130］不知所出：不知如何是好。［131］四辅：四辅为闲散官，名重权轻，用以尊礼德高望重的老臣。虞、夏、商、周时以前丞、后丞、左辅、右相为四辅。王莽以孔光为太傅，位四辅，明尊荣之，而不予其实权。［132］行内署门户：加官名，出入禁中。［133］省服御食物：掌宫内服饰、食物等供养事务。［134］壬寅：十月十二日。［135］义陵：汉哀帝陵。

孝平皇帝上

元始元年（辛酉，1年）

春，正月，王莽风[1]益州[2]，令塞外蛮夷自称越裳氏[3]重译[4]献白雉一、黑雉二。莽白太后下诏，以白雉荐宗庙[5]。于是群臣盛陈莽功德，“致周成白雉之瑞[6]；周公及身在而托号于周[7]，莽宜赐号曰安汉公，益户畴爵邑[8]。”太后诏尚书具其事[9]。莽上书言：“臣与孔、王舜、甄丰、甄邯共定策[10]；今愿独条光等功赏[11]，寝置臣莽，勿随辈列[12]。”甄邯白太后下诏曰：“‘无偏无党，王道荡荡[13]。’君有安宗庙之功，不可以骨肉故[14]蔽隐不扬，君其勿辞！”莽复上书固让数四，称疾不起；左右白太后，“宜勿夺莽意，但条孔光等”，莽乃肯起。二月，丙辰[15]，太后下诏：“以太傅、博山侯光为太师，车骑将军、安阳侯舜为太保，皆益封万户；左将军、光禄勋丰为少傅，封广阳侯；皆授四辅之职。侍中、奉车都尉邯封承阳侯。”四人既受赏，莽尚未起[16]。群臣复上言：“莽虽克让[17]，朝所宜章[18]，以时加赏，明重元功[19]，无使百僚元元[20]失望！”太后乃下诏：“以大司马、新都侯莽为太傅，干[21]四辅之事，号曰安汉公，益封二万八千户。”于是莽为惶恐，不得已而起，受太傅、安汉公号，让还[22]益封事，云：“愿须百姓家给[23]，然后加赏。”群臣复争，太后诏曰：“公自期百姓家给，是以听之，其令公奉赐皆倍故[24]。百姓家给人足，大司徒、大司空以闻[25]。”莽复让不受，而建言[26]褒赏宗室群臣，立故东平王云太子开明为王[27]；又以故东平思王孙成都为中山王[28]，奉孝王后；封宣帝耳孙[29]信等三十六人皆为列侯田；太仆王恽等二十五人皆赐爵关内侯。又令诸侯王公、列侯、关内侯无子而有孙若同产子[30]者，皆得以为嗣；宗室属未尽而以罪绝者，复其属[31]；天下吏比二千石以上年老致仕[32]者，参分故禄[33]，以一与之，终其身[34]。下及庶民鳏寡，恩泽之政[35]，无所不施。

莽既媚说[36]吏民，又欲专断；知太后老，厌政[37]，乃风公卿奏言：“往者吏以功次迁[38]至二千石，州部所举茂材异等吏[39]，率多不称[40]，宜皆见安汉公[41]。又，太后春秋高[42]，不宜亲省[43]小事”，令太后下诏曰：“自今以来，唯封爵乃以闻，他事安汉公、四辅平决[44]。州牧、二千石及茂材吏初除奏事者，辄引入，至近署对[45]安汉公，考故官[46]，问新职[47]，以知其称否[48]。”于是莽人人延问，密致恩意[49]，厚加赠送，其不合指，显奏免之，权与人主侔[50]矣。

置羲和[51]官，秩二千石。

夏，五月，丁巳朔[52]，日有食之。大赦天下。公卿以下举敦厚能直言者[53]各一人。

王莽恐帝外家卫氏[54]夺其权，白太后：“前哀帝立，背恩义，自贵外家[55]丁、傅，挠乱[56]国家，几危社稷。今帝以幼年复奉大宗为成帝后，宜明一统之义[57]，以戒前事，为后代法。”六月，遣甄丰奉玺绶，即拜帝母卫姬为中山孝王后。赐帝舅卫宝、宝弟玄爵关内侯。赐帝女弟三人号曰君[58]，皆留中山，不得至京师。

扶风[59]功曹申屠刚以直言对策曰："臣闻成王幼少，周公摄政，听言下贤[60]，均权布宠[61]，动顺天地，举措不失；然近则召公[62]不说，远则四国流言[63]。今圣主始免襁褓[64]，即位以来，至亲分离，外戚杜隔，恩不得通。且汉家之制，虽任英贤，犹援姻戚[65]，亲疏相错[66]，杜塞间隙，诚所以安宗庙，重社稷也。宜亟遣使者征中山太后，置之别宫，令时朝见，又召冯、卫二族，裁与冗职[67]，使得执戟亲奉宿卫，以抑患祸之端，上安社稷，下全保傅。"莽令太后下诏曰："刚所言僻经妄说[68]，违背大义！"罢归田里。

丙午[69]，封鲁顷公[70]之八世孙公子宽[71]为褒鲁侯，奉周公祀；封褒成君孔霸曾孙均为褒成侯[72]，奉孔子祀。

诏"天下女徒[73]已论[74]，归家，出雇山钱[75]，月三百。复贞妇，乡一人[76]。大司农部丞十三人，人部一州[77]，劝农桑。"

秋，九月，赦天下徒。

（以上为第四段，写王莽运用权术，给自己加号安汉公，又直接代替太皇太后主宰朝政，铺平了逼宫篡位的道路。）

【注释】

[1]风：暗示。[2]益州：汉十三部（州）之一，治所洛，在今四川广汉市。[3]越裳氏：南方越族一支。这是王莽让人假托为越裳氏。[4]重译：形容路远，民族众多，语言不通，需多次翻译才能通达。[5]荐宗庙：作为祭品供献。[6]周成白雉之瑞：周成王曾获白雉，朝野以为祥瑞。[7]周公及身在而托号于周：周公因有大功，在他活着的时候便被授予尊号。[8]益户畴爵邑：增加王莽封邑人户，以使与爵号相称。[9]具其事：详细报告事情的始末。[10]共定策：指立平帝。[11]独条光等功赏：单独奖赏孔光等人的功绩。[12]寝置臣莽，勿随辈列：把我王莽搁置一旁，不要和孔光等人列在一起受封赏。[13]无偏无党，王道荡荡：语出《尚书·洪范》，意谓不偏不倚，没有朋党，王道是公正坦荡的。[14]骨肉故：王莽与太皇太后有亲。[15]丙辰：二月二十八日。[16]莽尚未起：指上文王莽称病不理朝政，至此四人已受封赏之际，仍未上朝理事。[17]克让：克己而退让。[18]朝所宜章：朝廷还是应当表彰。章，通"彰"。[19]明重元功：明白地宣示表彰首功。[20]元元：老百姓。[21]干：主管。[22]让还：退回。[23]家给：家家自足。[24]奉赐皆倍故：俸禄与赏赐都比过去多一倍。[25]以闻：再报告。[26]建言：建议。[27]开明为王：建平二年，刘云死，封国除，今以刘云子刘开明继为东平王。[28]成都为中山王：东平思王刘宇乃汉宣帝之子，宣帝继承帝位，今以刘宇孙刘成

都为中山王，以奉中山孝王之后。［29］耳孙：曾孙。［30］同产子：同母兄弟之子。［31］宗室属未尽而以罪绝者，复其属：宗室亲属因罪而被除宗属籍者，恢复其宗属的身份。［32］致仕：退休。［33］参分故禄：将其原来享受的俸禄分成三份。［34］以一与之，终其身：享受原俸禄三分之一，到死为止。［35］恩泽之政：优惠的政策。［36］媚说：献媚取悦。说，通“悦”。［37］厌政：厌恶政事。［38］功次迁：按照功劳或资历升迁。［39］州部所举茂材异等吏：指州刺史以“茂材异等”之名而举荐为吏的人。州，据章校，“州”上有“及”字。［40］率多不称：多数不称职。［41］宜皆见安汉公：上述为吏者在任职前均应先去晋见王莽。［42］春秋高：年纪大了。［43］亲省：亲自过问。［44］平决：评议决定。人事大权直接掌控在王莽手中，王莽不动声色地掌控了汉政府。［45］对：答问。［46］考故官：考查其前任劳绩。［47］问新职：问其到任后的打算。［48］称否：称职与否。［49］密致恩意：私下笼络交接。［50］侔：相等。［51］羲和：官名。王莽篡位后改大司农为羲和。［52］丁巳朔：五月一日。［53］敦厚能直言者：汉代察举中的科目名。［54］卫氏：平帝乃中山卫姬所生。［55］自贵外家：使外家尊贵。［56］挠乱：扰乱。［57］一统之义：指既承帝统，不得再顾私亲。［58］赐帝女弟三人号曰君：以太皇太后诏赐平帝的三个妹妹谒臣、皮、鬲子都为封君。女弟，妹。号曰君，即封谒臣号修义君，皮号承礼君，鬲子号尊德君。［59］扶风：郡名，治所内右史地，在今陕西咸阳市东。［60］听言下贤：听取直言，礼贤下士。［61］均权布宠：均衡权力，广布恩宠。［62］召公：与周公同为辅政大臣。［63］四国流言：四方对周公摄政均有流言蜚语，认为将不利于成王。［64］始免襁褓：刚离开童年。时平帝年仅十岁。［65］犹援姻戚：还要靠亲戚做外援。［66］亲疏相错：亲戚与贤臣并用。［67］裁与冗职：安排给予散职。［68］僻经妄说：离经叛道的邪说。［69］丙午：六月二十日。［70］鲁顷公：名仇，鲁国末世君。鲁国于秦孝文王元年（前250）为楚所灭。［71］公子宽：封褒鲁侯后即死，十一月由相如嗣爵，更姓公孙氏，后又更为姬氏。封国在南阳（今河南南阳市）。［72］褒成侯：孔均，孔霸曾孙。封国在瑕丘（今山东济宁市兖州区东北）。［73］女徒：女犯人。［74］已论：已定过罪。［75］归家，出雇山钱：按汉制，女子犯罪，要进山砍柴六月，今诏令归家，只出一些钱，名义上雇人代役，故称雇山钱。［76］复贞妇，乡一人：恢复表彰贞妇，每乡一人。［77］人部一州：每人管一州。

二年（壬戌，2年）

春，黄支国[1]献犀牛。黄支在南海中，去京师三万里。王莽欲耀威德，故厚遗其王，令遣使贡献。

越嶲郡[2]上黄龙游江中，太师光、大司徒宫等咸称“莽功德比[3]周公，宜告祠宗庙。”大司农孙宝曰：“周公上圣，召公大贤，尚犹有不相说，著于经典，两不相损。今风雨未时[4]，百姓不足，每有一事，群臣同声[5]，得无非其美者[6]？”时大臣皆失色。甄邯即时承制罢议者[7]。会宝遣吏迎母，母道病，留弟家，独遣妻子。司直陈崇劾奏宝，事下三公即讯[8]。宝对曰：“年七十，悖眊[9]，恩衰共养，营妻子，如章[10]。”宝坐免，终于家。

帝更名衎。

三月，癸酉[11]，大司空王崇谢病[12]免，以避王莽。

夏，四月，丁酉[13]，左将军甄丰为大司空，右将军孙建为左将军，光禄勋甄邯为右将军。

立代孝王[14]玄孙之子如意为广宗王，江都易王[15]孙盱台侯宫为广川王，广川惠王[16]曾孙伦为广德王。绍封汉兴以来大功臣之后周共[17]等皆为列侯及关内侯，凡百一十七人。

郡国大旱、蝗，青州[18]尤甚，民流亡。王莽白太后：宜衣缯练[19]，颇损膳[20]，以示天下。莽因上书愿出钱百万，献田三十顷，付大司农助给贫民。于是公卿皆慕效[21]焉，凡献田宅者二百三十人，以口赋贫民[22]。又起五里[23]于长安城中，宅二百区[24]，以居贫民。莽帅群臣奏太后言：“幸赖陛下德泽，间者风雨时[25]，甘露降，神芝生[26]，蓂荚[27]、朱草[28]、嘉禾[29]，休征[30]同时并至。愿陛下遵帝王之常服[31]，复太官之法膳[32]，使臣子各得尽欢心，备共养！”莽又令太后下诏，不许。每有水旱，莽辄素食，左右以白太后。太后遣使者诏莽曰：“闻公菜食，忧民深矣。今秋幸孰[33]，公以时[34]食肉，爱身为国！”

六月，陨石于巨鹿二。

光禄大夫楚国龚胜、太中大夫琅邪[35]邴汉以王莽专政，皆乞骸骨。莽令太后策诏之曰：“朕愍[36]以官职之事烦大夫，大夫其修身守道，以终高年。”皆加优礼[37]而遣之。

梅福知王莽必篡汉祚，一朝弃妻子去，不知所之。其后，人有见福于会稽[38]者，变姓名为吴市门卒[39]云。

秋，九月，戊申晦[40]，日有食之，赦天下徒。

遣执金吾候陈茂谕说江湖贼成重等二百余人皆自出[41]，送家在所收事[42]。重徙云阳，赐公田宅[43]。

王莽欲悦[44]太后以威德至盛，异于前，乃风[45]单于令遣王昭君[46]女须卜居次云入侍太后，所以赏赐之甚厚。

车师后王国[47]有新道通玉门关，往来差近[48]，戊己校尉徐普欲开之[49]。车师后王姑句[50]以当道供给使者[51]，心不便[52]也。普欲分明其界[53]，然后奏之，召姑句使证[54]之；不肯，系之[55]。其妻股紫陬谓姑句曰："前车师前王为都护司马所杀，今久系必死，不如降匈奴！"即驰突[56]出高昌壁[57]，入匈奴。又去胡来王[58]唐兜与赤水羌数相寇[59]，不胜，告急都护，都护但钦不以时[60]救助。唐兜困急，怨钦，东守玉门关；玉门关不内[61]，即将妻子、人民千余人亡[62]降匈奴；单于受置左谷蠡地[63]，遣使上书言状[64]曰："臣谨已受。"诏遣中郎将韩隆等使匈奴，责让[65]单于；单于叩头谢罪，执二虏[66]还付使者。诏使中郎将王萌待于西域恶都奴[67]界上。单于遣使送，因请其罪[68]；使者以闻。莽不听，诏会西域诸国王，陈军[69]斩姑句、唐兜以示之；乃造设四条，中国人亡入匈奴者，乌孙亡降匈奴者，西域诸国佩中国印绶降匈奴者，乌桓降匈奴者，皆不得受[70]。遣中郎将王骏、王昌，副校尉甄阜、王寻使匈奴，班四条与单于[71]，杂函封[72]，付单于，令奉行；因收故宣帝所为约束[73]封函还。时莽奏令中国不得有二名[74]，因使使者以风单于，宜上书慕化[75]，为一名，汉必加厚赏。单于从之，上书言："幸得备藩臣，窃乐太平圣制。臣故名囊知牙斯，今谨更名曰知。"莽大说，白太后，遣使者答谕，厚赏赐焉。

莽欲以女配帝为皇后以固其权，奏言："皇帝即位三年，长秋宫[76]未建，掖庭媵未充[77]。乃者国家之难，本从无嗣，配取不正[78]，请考论《五经》，定取后礼[79]，正十二女之义[80]，以广继嗣，博采二王后[81]及周公、孔子世[82]、列侯在长安者嫡子女[83]"。事下有司，上众女名[84]，王氏女多在选中者，莽恐其与己女争，即上言："身无德，子材下[85]，不宜与众女并采[86]。"太后以为至诚，乃下诏曰："王氏女，朕之外家，其勿采。"庶民、诸生、郎吏以上守阙上书者日千余人，公卿大夫或诣[87]廷中，或伏省户下[88]，咸言："安汉公盛勋堂堂[89]若此，今当立后，独奈何废公女[90]，天下安所归命[91]？愿得公女为天下母[92]！"

莽遣长史以下分部[93]晓止公卿及诸生，而上书者愈甚。太后不得已，听[94]公卿采莽女。莽复自白："宜博选众女。"公卿争曰："不宜采诸女以贰正统[95]。"莽乃白："愿见女[96]。"

（以上为第五段，写王莽上欺太皇太后，下压群臣，耍尽权术表演政治秀，没有一个敢于直言的人劝阻，西汉国祚，走到了尽头。）

【注释】

[1]黄支国：古国名，在今印尼苏门答腊西北部亚齐附近。传见《汉书》卷二十八下。 [2]越嶲郡：郡名，在今四川西昌市。 [3]比：相当于。 [4]风雨未时：风不调雨不顺。 [5]同声：众口一词。 [6]得无非其美者：恐怕不是什么好事。 [7]罢议者：停止争议。 [8]即讯；立即讯问。 [9]悖眊：年老糊涂。 [10]恩衰共养，营妻子，如章：对母亲供养较差，只知照顾妻子，像奏章所说的那样。 [11]癸酉：三月二十一日。 [12]谢病：称病。 [13]丁酉：四月十六日。 [14]代孝王：文帝子刘参，封代王。今将代孝王玄孙之子刘如意封为广宗王以继。传见《汉书》卷十四。 [15]江都易王：刘非，景帝子，封江都王，今以其孙刘宫继爵为广川王。广川王，为广世王之误。传见《汉书》卷十四。 [16]广川惠王：刘越，景帝子。现以惠王曾孙刘伦继封。传见《汉书》卷十四。 [17]周共：人名，绛侯周勃玄孙。 [18]青州：州名，治所临淄，在今山东临淄市。 [19]缯练：无花纹的丝织品。 [20]损膳：减少膳食费用。 [21]慕效：仿效。 [22]以口赋贫民：将田宅按人口数分给贫民。 [23]五里：五个里（居住区）。里，里坊。[24]宅二百区：盖民宅二百所。 [25]风雨时：风调雨顺。 [26]神芝生：千年灵芝出现。古人认为灵芝是瑞草。 [27]蓂（míng）荚：甜菜。古人认为是瑞草。 [28]朱草：红草，也是瑞草。[29]嘉禾：特别粗壮的稻禾，古人视为祥瑞。 [30]休征：美好的征兆。 [31]遵帝王之常服：按规定穿皇帝的正常服装。 [32]复太官之法膳：恢复太官正常的膳食供应。 [33]孰：通"熟"，指丰收。 [34]以时：及时。 [35]琅邪：郡名，治所东武，在今山东诸城市。 [36]愍：怜惜。[37]加优礼：给予优厚的待遇。 [38]会稽：郡名，治所吴县，在今江苏苏州市。 [39]吴市门卒：吴县市场之守门卒。 [40]戊申晦：九月三十日。 [41]皆自出：都出来自首。 [42]送家在所收事：送至家庭所在地收留安排。 [43]赐公田宅：赐给他公田和屋宅。 [44]悦：取悦。[45]风：暗示。 [46]王昭君：名嫱，元帝时被选入宫，自请嫁匈奴呼韩邪单于，对促进汉匈友好关系起了一定的作用。 [47]车师后王国：治务涂谷，在今新疆吉木萨尔县南山中。传见《汉书》卷九十六下。 [48]差近：比较近。 [49]戊己校尉：官名，元帝初元元年（前48）置，掌管西域事务。欲开：想开通该路。 [50]姑句（gōu）：车师后王国国王。 [51]当道供给使者：正当新路，要承担供给过往使者的负担。 [52]心不便：心里不愿意。 [53]分明其界：划定界线。 [54]证：确认。 [55]系之：囚禁起来。 [56]驰突：骑马奔突。 [57]高昌壁：高昌

乃古城名，故址在今新疆吐鲁番市东，城墙乃夯土筑成，汉称高昌壁或高昌垒，是为防卫匈奴而建。［58］去胡来王：婼羌国王号，意谓去胡归汉之意。婼（ruò）羌，在今新疆巴音郭楞州南部。［59］赤水羌：居住在赤水的羌族的一支，故地在今青海兴海县境内。数相寇：多次互相侵袭。［60］不以时：不及时。［61］不内：不接纳。内，通“纳”。［62］亡：出走。［63］受置左谷蠡地：匈奴接受唐兜等并将其安置在左谷蠡王所辖地。［64］言状：报告当时状况。［65］责让：责备。［66］二虏：指车师后王姑句与去胡来王唐兜。［67］恶都奴：谷名，位于汉时西域与中原的边界地区。［68］单于遣使送，因请其罪：匈奴单于派使者将姑句与唐兜交给汉使，并向汉廷请罪。［69］陈军：军队列成阵势。［70］受：接受。［71］班四条与单于：汉匈以长城为界，互不犯边，互不接受对方的降人。匈奴还受四条约束。四条为：一、逃亡到匈奴的中国人；二、逃亡到匈奴的乌孙王国人；三、逃亡到匈奴的西域各国接受中国封爵的人；四、逃亡到匈奴的乌桓族人。这四种人匈奴均不得收纳。［72］杂函封：将四条约束与玺书同封一函。［73］宣帝所为约束：汉宣帝甘露四年（前50），汉匈两国约定，长城以南汉有之，长城以北匈奴有之，有降者不得受。现在，王莽收回原来宣帝所订约束，而以新的四条约束来代替。［74］二名：两个字的名字。［75］慕化：仰慕并且效法。［76］长秋宫：皇后宫名。长秋，即年年丰收之意，代表吉祥如意，故用来作皇后宫名。［77］掖庭媵（yìng）未充：后宫嫔妃不充足（指未达到规定限额）。［78］本从无嗣，配取不正：因没有固定的继承人，后妃的来路又不正所造成的。［79］取后礼：迎娶皇后的礼仪。取，通“娶”。［80］十二女之义：此沿用古礼，据《春秋·公羊传》载，周天子有十二位后妃。［81］二王后：商、周天子的后裔。［82］周公、孔子世：周公、孔子的后裔。［83］嫡子女：古代宗法制度确定只有嫡妻（正妻）所生子女才有继承权。［84］上众女名：上报众女子的名单。［85］身无德，子材下：我自身无德，女儿才行也不高。此王莽自谦之词。［86］并采：和其他女子一起选拔。［87］诣：去。［88］伏省户下：到政府各部门。［89］盛勋堂堂：功业盛大的样子。［90］独奈何废公女：为什么偏要去掉王莽的女儿。［91］天下安所归命：怎能使天下归心呢？［92］天下母：即皇后。［93］分部：分别。［94］听：任凭，听任。［95］以贰正统：指皇后应选王莽女，否则便会出现两个正统。［96］愿见女：愿意让宫廷来考察自己的女儿。

【点评】

本卷有三大事件值得点评。其一，哀帝嬖幸董贤；其二，丞相王嘉之冤死；其三，王莽诈伪之术。分别讨论如次。

一、哀帝嬖幸董贤。董贤是一个美男子，又天生一副媚骨，因其父董恭为御史，董贤得以为太子舍人，侍从哀帝刘欣。但直到哀帝即位两年之后，董贤在殿下值班报时刻，才被哀帝发现，一见钟情，立即升迁董贤，拜为黄门郎，不久又升为驸马都尉侍中，出入宫禁，陪伴哀帝卧起，宠爱无比，董氏一门贵幸。哀帝升迁董贤之父为少府，赐爵关内侯。立董贤妹为昭仪，位次皇后。任命董贤弟为执金吾，董贤妻父为将作大匠。哀帝又诏令将作大匠用国家公款在皇家上林苑中给董贤盖豪华宅第，董贤家中日用器物，乃至祭祀祖先器物费用，也由皇家供给。封董贤为高安侯，竟然在封策文中使用皇帝禅让的命辞“允执其中”，而且哀帝竟然在一次宴会上因醉酒说出要禅位给董贤的话。哀帝昏庸到“不爱江山爱男宠”的地步。西汉国祚弄到这个地步，不亡何待？柏杨读史至此深深长叹，写下一段精彩评论，摘载以供欣赏。柏杨说：“刘欣先生跟董贤先生之间，是一种狂热的同性恋。中国君王群中，刘欣不是唯一搞同性恋的君王，但他却是为了同性恋，而把政府体制全部摧毁的君王。刘奭、刘骜，已把汉王朝蹂躏得奄奄一息，但官员人民效忠的惯性，仍在继续，刘欣先生如果稍微有一点点正常，小心翼翼，收拾残局，汉政府仍有维持下去的可能。然而，刘欣先生却是个败家子。任何一个富贵太久的家庭，最后必然要出个败家子，把家产一扫而光。皇家的家产就是政权，这是中国传统政治的悲剧——君王是一个拥有无限权威的司机，他如果决心把车开进万丈深谷，谁都挡不住，谁都救不了。”西汉灭亡，社会阶级矛盾还未到对立阶级总爆发的程度，也就是爆发农民大起义的条件尚未成熟，而是统治阶级自身腐朽，皇位继承人一代不如一代，败家子一个接一个，使刘氏自毁江山。这叫作“自作孽，不可活”。阴谋家王莽应运而生。

二、丞相王嘉之冤死。汉哀帝昏庸误国，亲近小人，远离君子。哀帝滥赏滥杀，群臣恐惧，噤若寒蝉。自元帝、成帝以来，长时期的是非颠倒，黑白混淆，正气衰弱，邪气旺炽，到哀帝一朝，满朝文武，鲜有直言者。丞相王嘉，虽然才干平庸，尚保持一丝正气，他仅仅两次上奏密封奏折，劝谏哀帝不要过分宠信董贤，拒绝执行给董贤、傅宴、傅商、郑业增加采邑，既非国家大政，又非当朝直谏，仅仅是提了一点正确建议，哀帝就要赐死王嘉。王嘉拒绝服毒自杀，拍案而起，对部属说，自己有幸位居三公，如果奉职不谨慎，辜负了国家的重托，应该公开伏法受死，用以昭示百姓。身为丞相，难道要像一个妇人服毒自尽吗？何等慷慨，何等自信，气冲斗牛。王嘉理直气壮接受审判，是对昏庸哀帝权威的挑战。王嘉知道必死，但他要死个明白，让天下人知道他的冤。于是哀帝更加愤恨，立即组织五位大臣会审，成立特别法庭，定要把王嘉打成铁案，给他罗织罪状。光禄大夫孔光指控“王嘉背叛国家，欺骗主上，大逆不道”，无限上纲上线。享有一代贤才美誉的孔光，原是一个伪君子。五大臣合议庭据此审问王嘉，王嘉一一驳斥。所谓“叛国罪”，指的是梁相等三人在审理东平王刘云案件时，没有按照哀帝旨意诬枉刘云，王嘉替三人说了几句公道话，被孔光上纲上线为不与哀帝同一条心，就是“背叛国家、欺骗主上”，自然是“大逆不道”之罪。议郎龚、永信少府猛认为罢官就够了。五大臣只能按孔光定的调子判王嘉大逆之罪，却又说不出道理。于是问王嘉：“照你的说法，我们如何定你的罪。"然后就刑讯逼供。王嘉自己认罪说:"我身为丞相,不能除掉奸邪,进用贤才,这就是辜负国家的罪。"五大臣问:"奸臣是谁,贤才是谁?"王嘉说:"奸臣是董贤,贤臣是孔光、何武。"说完绝食二十余日死于狱中。

王嘉经过堂堂正正的五大臣会审,但没有讨回清白,仍然蒙冤而死。这说明专制集权制度下的司法,权大于法,没有公正可言。王嘉身为丞相,为百官之长,但他的权力大不过皇上,皇上要他死,他就得死,他不服毒好好死,就叫他皮开肉绽横死、饿死。权臣专政,奸佞当道,当官的贪赃,那老百姓就没活头了。这是审理王嘉这场滑稽戏带给人们的思考。

此外,相映成趣的是,王嘉说孔光是一代贤才,而恰恰是这个享有虚誉的贤才说话最毒,他揣摩哀帝心思,为哀帝代言,必置王嘉于死地。后来孔光又阿附王莽,分享了一杯篡国残羹。那么王嘉为何说孔光是一代贤才呢?主要原因有二。一是孔光虽然虚伪奸猾,但还不是奸险阴毒之人。孔光圆滑世故,是根墙头草,他只是苟且偷生要自保。孔光给王嘉上纲上线,是要夺他的相位。孔光损人利己,当然是坏;奸险阴毒之人,损人不利己,坏中之坏。二是,当时贤人隐蔽,孔光虽坏,当不是坏中之坏。王嘉直臣,在矮子里拔将军,为国家惜才,美言孔光,可以说是以德报怨了。

孔光可鄙,王嘉可嘉。王嘉之死,惜哉!冤哉!

三、王莽诈伪之术。元、成、哀三代昏君,把西汉王朝弄得国将不国。恰好王莽姑母王政君为汉元帝皇后,生子成帝刘骜,她又高寿,经历元、成、哀、平四朝,身份屡变,皇后,皇太后,太皇太后。皇帝死后,皇后、皇太后、太皇太后就成为皇室政权的象征,享有极高的威望,在新旧两君交替之际代掌皇权。王政君生性贤淑,才能平庸,不喜好专权,这一切为王莽篡汉提供了条件。王莽是一个野心家和政治家,他的才干当世莫及。王莽类似曹操,从小就有心机,成年后深谋远虑,每下一步棋都有精确计算。王莽对上讨好王政君,对下沽名钓誉,获取好名声,待士卑恭谦让,在朝中有好人缘。王莽兄早死,有子名王光,王莽恩养视如己出。王光为博士弟子,王莽在休息日亲自带上羊肉、美酒慰问王光的老师,一并慰问王光的同学,博取好名声。哀帝即位,王莽受到哀帝外戚傅氏集团的排挤,一度罢官归第。王莽闭门谢客,韬光养晦。他的次子王获杀奴,王莽令其子偿命自杀,表示王子犯法与庶民同罪。王莽这样做,就事件本身而言无可指责,但他将其作为攫取政权的手段,不仅残忍,而且狡诈。哀帝死后,王政君立即召王莽入京,官复大司马,夺了董贤的权,王莽的凶残本性立刻显露无遗。他逼杀董贤,打击政敌,诛杀斥逐傅氏、丁氏外戚集团及废皇后赵飞燕等。这些乱国嬖幸和外戚,当然应当铲除,不过王莽是带着报复心理的,手段残忍。对潜在政敌王莽也毫不手软。红阳侯王立是太皇太后王政君亲弟，并无过错，王莽担心王立说自己坏话，把他排斥出京。大司徒何武、大司空彭宣、大司农孙宝稍有不满，王莽就罢了他们的官。丞相孔光，原本是见风使舵之徒，由于他的名声高，王莽也要排斥，让他去做小皇帝的师傅，明升暗降，夺其实权。王莽在排斥异己的同时，安插私党，王舜、王邑、甄丰、甄邯、崔发、陈崇等小人受到重用。王莽还利用王政君依赖他的心理，动不动就称病不办公，让群臣三请，王政君迁就，冠冕堂皇地达到自己的目的。王莽送女儿入宫是一个最典型的例证。本来王莽有绝对权威让太皇太后王政君出面给小皇帝平帝指婚，直选自己的女儿。王莽不这样做，他发令公选，让太后、大臣来评选一个最优秀的女子。王莽自知他的女儿不够条件，却偏要用这样的方式把女儿送进宫中，既捞取公正之名，又宣扬了他的女儿是绝对的天下第一。王莽的办法是，自己的女儿不参选，闹得大臣不干，三番五次上书太皇太后要求王莽之女参选。如此一番折腾，谁还敢送女参选？于是王莽之女大摇大摆以天下第一优秀女子身份堂皇入宫为皇后。明明是王莽自己要做安汉公，却让群臣三请，自己多次谦让才肯答应。王莽每谦让一次，就在篡国之路上前进了一步，谦让得越厉害，夺取的权力就越多。如此诈伪之术，说是中国历史上的第一人，亦不为过。

卷三六　汉纪二十八

汉平帝元始三年至王莽始初元年（3—8年）

【起昭阳大渊献（癸亥，3年），尽著雍执徐（戊辰，8年），凡六年】

【大事提要】

本卷记事起公元3年，讫公元8年，凡六年，当汉平帝元始三年至王莽初始元年。本卷详载王莽代汉的过程。元始三年，王莽借吕宽事件，兴大狱，进行大屠杀，消灭政敌，王政君太皇太后被王莽玩于股掌之上，既是护身符，又是挡箭牌。元始四年，王莽称宰衡，狂妄地比德伊尹、周公。元始五年，王莽加九锡。居摄元年，王莽称"摄皇帝"，并毒死平帝，改立幼君孺子婴。王莽篡国夺位之心，已是路人皆知。接着，王莽当了三年代理皇帝，镇压了宗室刘崇等人以及地方的反抗。王莽认为篡国条件成熟，借口天降祥瑞，万民请愿，他顺天应人即真称皇帝，改国号为新。王莽玩弄政治权术，一步一步问鼎，堪称旷世奸雄。

孝平皇帝下

元始三年（癸亥，3年）

春，太后[1]遣长乐少府[2]夏侯藩、宗正[3]刘宏、尚书令平晏纳采[4]见女。还，奏言："公女渐渍德化[5]，有窈窕[6]之容，宜承天序[7]，奉祭祀。"太师光、大司徒宫、大司空丰、左将军孙建、执金吾[8]尹赏[9]、行[10]太常[11]事、太中大夫刘秀及太卜[12]、太史令[13]服皮弁[14]、素积[15]，以礼杂[16]卜筮[17]，皆曰："兆[18]遇金水[19]王相[20]，卦[21]遇父母得位[22]，所谓康强之占，逢吉之符[23]也。"又以太牢[24]策告[25]宗庙。有司[26]奏："故事[27]：聘[28]皇后，黄金二万斤，为钱二万万[29]；"莽深辞让，受六千三百万，而以其四千三百万分予十一媵[30]家及九族[31]贫者。

夏，安汉公奏车服制度[32]，吏民养生、送终、嫁娶，奴婢、田宅、器械之品[33]，立官稷[34]，及郡国、县邑[35]、乡[36]聚[37]皆置学官[38]。

大司徒司直陈崇使张敞孙竦草奏[39]，盛称安汉公功德，以为："宜恢[40]公国令如周公，建立[41]公子令如伯禽[42]，所赐之品亦皆如之，诸子之封皆如六子[43]。"太后以示群公。群公方议其事，会[44]吕宽事起。

初，莽长子宇非[45]莽隔绝卫氏[46]，恐久后受祸，即私与卫宝通书，教卫后上书谢恩，因陈丁、傅旧恶[47]，冀得至京师。莽白太皇太后，诏有司褒赏中山孝王后，益汤沐邑[48]七千户。卫后日夜啼泣，思见帝面，而但益户邑；宇复教令上书求至京师。莽不听。宇与师吴章及妇兄吕宽议其故，章以莽不可谏而好鬼神，可为变怪以惊惧之，章因推类[49]说令归政卫氏。宇即使宽夜持血洒莽第，门吏发觉之；莽执宇送狱，饮药死。宇妻焉[50]怀子，系狱，须产子已[51]，杀之。甄邯等白太后，下诏曰："公居周公之位，辅成王之主，而行管、蔡之诛[52]，不以亲亲害尊尊[53]，朕甚嘉之！"莽尽灭卫氏支属[54]，唯卫后在。吴章要斩[55]，磔尸东市门[56]。

初，章为当世名儒[57]，教授尤盛，弟子千余人。莽以为恶人党，皆当禁锢不得仕宦[58]，门人[59]尽更名他师[60]。平陵云敞[61]时为大司徒掾[62]，自劾[63]吴章弟子，收抱章尸归，棺敛葬之，京师称焉。

莽于是因吕宽之狱，遂穷治党与[64]，连引素所恶者悉诛之[65]。元帝女弟敬武长公主[66]素附丁、傅，及莽专政，复非议莽；红阳侯王立，莽之尊属[67]；平阿侯王仁，素刚直；莽皆以太皇太后诏，遣使迫守[68]，令自杀。莽白太后，主暴病薨[69]；太后欲临[70]其丧，莽固争而止。甄丰遣使者乘传[71]案治[72]卫氏党与，郡国豪桀及汉忠直臣不附莽[73]，皆诬以罪法[74]而杀之。何武、鲍宣及王商子乐昌侯安[75]、辛庆忌三子护羌校尉通[76]、函谷都尉遵、水衡都尉茂[77]、南郡太守辛伯皆坐死[78]。凡死者数百人，海内震焉。北海逢萌[79]谓友人曰："三纲[80]绝矣，不去，祸将及人！"即解冠挂东都城门[81]，归，将家属浮海[82]，客于辽东[83]。

莽召明礼[84]少府宗伯凤[85]入说为人后之谊[86]，白令公卿、将军、侍中、朝臣并听，欲以内厉[87]天子而外塞[88]百姓之议。先是，秺侯金日磾[89]子赏[90]、都成侯金安上[91]子常皆以无子国绝，莽以曾孙[92]当及安上孙京兆尹[93]钦绍其封[94]。钦谓"当宜为其父、祖立庙，而使大夫主赏祭也[95]。"甄邯时在旁，廷叱钦[96]，因劾奏[97]"钦诬祖不孝，大不敬。"下狱，自杀。邯以纲纪国体[98]，无所阿私[99]，忠孝尤著，益封千户。更封安上曾孙汤[100]为都成侯。汤受封日，不敢还归家，以明为人后之谊。

是岁，尚书令颍川钟元为大理[101]。颍川太守陵阳[102]严诩本以孝行为官，谓掾史[103]为师友，有过辄闭阁自责[104]，终不大言。郡中乱。王莽遣使征诩，官属数百人为设祖道[105]，诩据地[106]哭。掾史曰："明府吉征[107]，不宜若此！"诩曰："吾哀颍川士，身岂有忧哉！我以柔弱征，必选刚猛代；代到，将有僵仆[108]者，故相吊[109]耳！"诩至，拜为美俗使者[110]；徙陇西太守[111]何并[112]为颍川太守。并到郡，捕钟元弟威[113]及阳翟[114]轻侠[115]赵季、李款，皆杀之；郡中震栗[116]。

（以上为第一段，写王莽巩固权势后，借吕宽事件，兴大狱，进行大屠杀，排除政敌。太皇太后被王莽玩弄于股掌之上，既是护身符，又是挡箭牌。）

【注释】

[1]太后：指元帝王皇后政君。王莽的姑母，今为太皇太后。 [2]长乐少府：官名，职掌太皇太后所居长乐宫的事务。 [3]宗正：官名，职掌皇族事务。 [4]纳采：男家备礼到女家求婚称纳采，为古代婚姻六礼之一。古代在确定婚姻关系的过程中，有六种礼仪程序，即纳采、问名、纳吉、纳征、请期、亲迎，称为"六礼"。 [5]渐渍德化：此言莽女日受德教感化，有良好的道德修养。渐渍（zì），沾染，感化。德化，德教。 [6]窈窕：善良而美丽。 [7]天序：帝王的世系。[8]执金吾：官名，职掌警卫京师，皇帝出行时，则掌护卫和仪仗。 [9]尹赏：字子心，巨鹿郡杨氏县（今河北宁晋县）人，历任长安令、江夏太守、右辅都尉、执金吾等。传见《汉书》卷九十《酷吏传》。 [10]行：暂时兼任或代理。 [11]太常：官名，职掌礼乐、宗庙、祭祀及文化教育等事。 [12]太卜：官名，太常属官，职掌卜筮。 [13]太史令：官名，太常属官，职掌天时历法。[14]皮弁（biàn）：冠名，用白鹿皮制作的礼帽。[15]素积：细褶白布衫。[16]杂：共同。[17]卜筮：古时预测吉凶，用龟甲求兆称卜，用蓍草求卦称筮，合称卜筮。 [18]兆：用龟甲占卜时，烧灼龟甲后呈现出的裂纹，叫作兆。古人用兆象判断吉凶。 [19]金水：我国古代把构成

各种物质的复杂成分概括为金、木、水、火、土五种元素，并用生、克来说明它们之间互相转化和制约的关系，称为五行。依五行相生说，金生水，故以“金水”喻指交情深厚。［20］王（wàng）相（xiàng）：阴阳家以王、相、胎、没、死、囚、废、休八字与五行、四时、八卦等递相搭配，以表示事物的消长更迭。兆遇五行当其时者为王，王所生为相，故王相，表示物得其时。王，通“旺”，兴盛。此言卜得正值两情交厚之时的吉兆。［21］卦：用蓍草杆依照一定的规则排列组合所成的形状，叫做卦。古人用卦象判断吉凶。［22］父母得位：依《周易》，乾为天、为君、为父，坤为地、为后、为母。《周易·泰卦》下乾上坤，表明天下行而就地，地上行而就天，“上下交而其志同”。君、后，即天下的父、母。此言筮得上下交和、父母各得其位、两情交融、志同道合的吉卦。［23］康强之占，逢吉之符：康强、逢吉，语出《尚书·洪范》：“汝则有大疑，谋及乃心，谋及卿士，谋及庶人，谋及卜筮。汝则从，龟从，筮从，卿士从，庶民从，是之谓大同。身其康强，子孙其逢吉。”是说你若有重大疑难问题，首先要自己认真考虑，然后与卿士商议，再后听取庶民意见，最后进行卜筮。如果意见皆同，则自身安康强健，后世子孙大吉大利。占、符，征兆。逢，大。［24］太牢：古代祭祀，以牛、羊、豕三牲皆备为太牢。［25］策告：焚策书祭告宗庙。［26］有司：主管部门的官吏。［27］故事：先例，旧日的办事成例。西汉吕太后规定，皇后聘礼，黄金二百斤，马十二匹；夫人聘礼，黄金五十斤，马四匹。吕太后自己打破了规定，为儿子惠帝刘盈下聘财礼用黄金二万斤，折合钱为两亿。王莽所依旧例，即吕太后逾制之例。［28］聘：确定婚姻关系。此指行聘礼。［29］为钱二万万：汉代一金折值万钱，黄金二万斤则正好折值二万万钱。［30］媵（yìng）：陪嫁女子。［31］九族：以自己为本位，上推至四世高祖，下推至四世玄孙，称九族。此言王莽接受六千三百万钱，用其中的四千三百万钱分给随其女入宫的十一个女子之家和家族中的贫困人家，自己仅受钱二千万。［32］车服制度：车乘及衣冠服饰的礼仪等级制度。［33］品：等级。［34］官稷：天子祭祀五谷神的场所。历代王朝建立后必先立社稷以祭土、谷之神。刘邦建汉，立社稷，又单立官社以祭土神。至此，经王莽奏请，始立官稷。［35］邑：皇太后、皇后、公主收取赋税的私奉邑。［36］乡：县下行政区域单位。汉承秦制，大致十里一亭，十亭一乡。［37］聚：村镇。［38］学官：学校。［39］孙竦：张敞孙张竦。官至丹阳太守，封侯。莽败，为农民军所杀。草奏：起草奏文。［40］恢：扩大。此言应该扩大王莽的封国，使其如同西周初年周公姬旦的封国一样大小。［41］建立：指封侯立国。［42］伯禽：周公子。周初分封，封周公于鲁。周公留京师，辅佐周王治理天下，长子伯禽就封于鲁，为鲁公。此言分封王莽之子，使其如同周公之子伯禽一样享有封国。［43］六子：周公的其他六个儿子。周公六子分别封于凡、蒋、邢、茅、胙、祭。［44］会：正好遇上。［45］非：不赞成，批评。［46］卫氏：指平帝生母中山孝王后卫姬及卫氏亲族。哀帝死，无嗣，迎中山王刘衎入继帝位，是为平帝。王莽专国政，恐帝外家夺其权，于是拜帝母卫姬为中山孝王后，帝舅卫宝、卫玄赐爵关内侯，帝女弟三人赐号曰君，使其皆留居中山，不得至京师与帝相见。隔绝卫氏，即指此。［47］丁、傅旧恶：丁指哀帝生母丁太后，傅指哀帝祖母傅太后。哀帝时，外戚丁氏、傅氏势盛，傅太后兴狱迫害中山王冯太后（平帝祖母），冯太后自杀。［48］汤沐邑：收取赋税以供个人奉养的封邑。［49］推类：犹“类推”，即比照同类事物来推究事理。此言因变怪而推言归政卫氏的道理。［50］焉：王宇妻名。［51］须产子已：指等待生完孩子再行刑。怀孕期间不执行死刑。［52］管、蔡之诛：西周初年，武王死，成王幼，武王弟周公辅佐成王治理天下。武王弟管叔、蔡叔勾结殷纣之子武庚叛乱，于是周公东征，杀武庚，诛管叔，放蔡叔。［53］亲亲、尊尊：亲爱亲近的人，尊奉尊贵的人。第一个亲字、尊字，作动词用。［54］支属：亲属。［55］要斩：古代酷刑名。将犯人肢体从腰部砍断为两截。要，通“腰”。［56］磔（zhé）尸东市门：将吴章之尸在东市门分裂示众。磔，分切成块。东市，长安九市之一。市有门，按时启闭，供出入市场。此言将吴章腰斩后，在东市门陈尸示众。［57］当世名儒：吴章研治《尚书》，为博士。［58］禁锢不得仕宦：禁止封闭，勒令不准做官。［59］门人：弟子，学生。［60］更名他师：改称他人为师。［61］云敞：字幼孺，右扶风平陵县（今陕西咸阳市西北）人。以大司徒掾收章尸归葬，人高其节。后为中郎谏大夫。王莽建新，官鲁郡大尹。传见《汉书》卷六十七。［62］掾（yuàn）：官府中佐助官吏的通称。［63］劾（hé）：揭发过失或罪行。此言云敞自劾为吴章弟子之罪。［64］穷治党与：彻底追查惩治同党的人。［65］连引素所恶者悉诛之：把一向厌恶的人都株连到案中全部杀掉。连引，株连。［66］敬武长公主：元帝妹。原配张汤玄孙张临，临死后改嫁薛宣。哀帝时，公主依附外戚丁、傅二家，疏远王氏，并出言指责王莽专权。如今王莽借治理吕宽事件株连公主，公主服毒自杀。［67］尊属：辈分高的亲属。［68］迫守：逼迫监督。此言王莽假借太皇太后诏旨的名义，迫害异己。［69］主暴病薨：公主突然得病死了。主，指敬武长公主。暴病，突然发病。古代害人至死，称暴病薨。多发生在政治谋杀事件中。［70］临：哭吊。［71］传（zhuàn）：驿站的马车。［72］案治：查办。［73］不附莽：据章校，有的版本“莽”下有“者”字。［74］法：依法惩处。［75］王商子乐昌侯安：王商，字子威，涿郡蠡吾县（今河北博野县西南）人。父王武为宣帝舅，封乐昌侯。父死，商袭侯。成帝时官至丞相，因不依附外戚王氏，而为王凤诬奏淫乱事免官，发病呕血死。传见《汉书》卷八十二。乐昌侯安，王商死，长子王安袭爵为乐昌侯，官至长乐卫尉、光禄勋。王莽借吕宽事件诛杀异己，株连王安，安自杀。［76］辛庆忌（？—前 12）：字子真，陇西郡狄道县（今甘肃临洮县）人。元帝时任张掖、酒泉太守，成帝时官至执金吾、左将军。因不依附王莽，三子皆在吕宽事件中被杀。传见《汉书》卷六十九。护羌校尉：官名，负责对羌族的监护防卫。［77］函谷都尉：官名。函谷，关名，在今河南新安县东北。都尉为武职，汉于厄塞关隘设关都尉，率兵把守。水衡都尉：官名，职掌上林苑。［78］辛伯：辛氏族人。坐死：治罪处死。［79］逄萌：字子康，北海郡都昌县（今山东昌邑市西）人。明阴阳，通《春秋》，一生隐而不仕。传见《后汉书》卷八十三。［80］三纲：我国封建社会中提倡的三种伦理道德总规范，即君为臣纲，父为子纲，夫为妇纲。［81］东都城门：西汉长安每面三门，共十二城门，东面最北的城门叫宣平门，又叫东都门。东都门外是出城东行的交通要道。［82］将家属浮海：带上家属远走高飞。将，携带。浮，水上航行。浮海，渡海。［83］客于辽东：客居于辽东。客，寄居。辽东，郡名，治所在今辽宁辽阳市。［84］明礼：通晓礼仪制度。［85］宗伯凤：人名，时任少府。［86］入说为人后之谊：入宫为平帝讲解一个人过继给别人为继承人的道义。为人后，古代宗法制度，以嫡长子为宗子，嫡次子以下及妾子为支子。嫡长子一系为大宗，其余子孙为小宗。若小宗支子立为大宗的继承人，称“为人后”。谊，同“义”。所谓为人后之谊，指支子立为大宗的继承人以后，当尊事大宗之亲，不得再顾念小宗的私亲。［87］厉：同“砺”，劝勉。［88］塞：遏止。［89］金日磾（前134—前86）：字翁叔。本为匈奴休屠王子，汉武帝时归汉，赐姓金，官侍中、驸马都尉、光禄大夫。忠诚笃实，为武帝宠信。武帝崩，与霍光同受遗诏辅幼主，为光副，封秺（dù）侯。传见《汉书》卷六十八。［90］子赏：金日磾子金赏。日磾死，赏嗣侯。昭帝时为奉车都尉，宣帝时为太仆，元帝时为光禄勋。赏死无子，国除。至此，王莽封金日磾曾孙金当为秺侯。［91］金安上：字子侯，金日磾的弟弟金伦之子。宣帝时官至建章卫尉，封都成侯。安上死，子金常嗣侯。常死无子，国除。至此，王莽封安上孙金钦为都成侯。金钦，为金常三弟金岑之子。［92］曾孙：据章校，有的版本“曾孙”上有“日磾”二字。［93］京兆尹：官名。汉代京畿地区的行政区域，分为左冯翊、右扶风、京兆尹三个部分，合称三辅。管辖京兆尹地区的行政长官也叫京兆尹，职权相当于郡太守。［94］钦绍其封：金安上之孙金钦承继了都成侯。绍，继承。［95］“当宜”二句：当是赏弟金建之孙，钦是安上子金明之子。当、钦都是以支子继大宗，为赏、常之后。钦欲尊其私亲，就先借金当为话题，提出应在封国为其私亲父、祖立庙，而大宗之庙由封国的大夫负责祭祀。此违支子继大宗为人后者不得顾念私亲之义，遭甄邯叱斥。［96］廷叱钦：在朝廷当众大声斥责金钦。［97］劾奏：向皇帝检举官吏的过失或罪行。［98］纲纪国体：维护国家的典章礼仪制度。［99］阿私：徇私。［100］曾孙汤：金安上的曾孙金汤。金汤父金涉，涉父金敞，敞为金安上次子。［101］大理：官名，原名廷尉，哀帝时改称大理，职掌刑法。［102］陵阳：县名，县治在今安徽青阳县南。［103］掾史：官府中分曹治事的属吏。［104］闭阁自责：此言严诩视属吏为师友，属吏有过，诩则闭门自我反省，始终不大声指斥属吏。阁（gé），小门。此指门。［105］祖道：饯行。祖，原来是一个祭祀名，人出行前祭祀路神称祖道，后因称人外出前饯行为祖道。此言属吏为诩设宴饯行。［106］据地：以手按地。古人席地而坐。此言诩身体前俯，两手按地，俯伏而哭。［107］吉征：美好的征召。意指征调回京，升迁官职。［108］僵仆：倒下。此指死亡。［109］吊：伤痛。［110］美俗使者：官名，职掌宣扬教化，使风俗淳美。［111］徙陇西太守：调任陇西太守。徙，调迁。陇西，郡名，治所在今甘肃临洮市。［112］何并：字子廉，右扶风平陵县（今陕西咸阳市西北）人。初为长陵县令，后升任陇西太守。并任地方官，不畏豪强，严明法度，卒于官。人高其志节。严诩治颍川不力，调何并改任颍川太守。传见《汉书》卷七十七。［113］威：钟元弟钟威。郡属吏，贪赃值千金。钟元求情减其死罪，并不从，派吏追至洛阳杀之。［114］阳翟：县名，县治在今河南禹州市。［115］轻侠：轻财重义、舍命勇为的人。［116］震栗：恐惧颤抖。栗，发抖。

四年（甲子，4 年）

春，正月，郊祀[1]高祖以配天[2]，宗祀[3]孝文以配上帝。

改殷绍嘉公曰宋公[4]，周承休公曰郑公[5]。

诏："妇女非身犯法，及男子年八十以上、七岁已下，家非坐不道[6]、诏所名捕[7]，他皆无得系[8]；其当验者即验问[9]。定著令[10]！"

二月，丁未[11]，遣大司徒宫、大司空丰等奉乘舆法驾[12]迎皇后于安汉公第[13]，授皇后玺绂[14]，入未央宫。大赦天下。

遣太仆王恽等八人各置副假节[15]，分行天下，览观风俗。

夏，太保舜等及吏民上书者八千余人，咸请"如陈崇言，加赏于安汉公。"章下有司，有司请"益封公以召陵[16]、新息[17]二县及黄邮聚[18]、新野[19]田；采伊尹、周公称号，加公为宰衡[20]，位上公，三公言事称'敢言之'；赐公太夫人[21]号曰功显君；封公子男二人安为褒新侯，临为赏都侯[22]；加后聘三千七百万，合为一万万，以明大礼；太后临前殿亲封拜[23]，安汉公拜前，二子拜后，如周公故事[24]。"莽稽首辞让，出奏封事[25]："愿独受母号，还安、临印韨[26]及号位户邑。"事下，太师光等皆曰："赏未足以直[27]功；谦约退让，公之常节，终不可听。忠臣之节亦宜自屈，而伸主上之义。宜遣大司徒、大司空持节承制[28]诏公亟[29]入视事[30]；诏尚书勿复受公之让奏。"奏可[31]。莽乃起视事，止减召陵、黄邮、新野之田而已。

莽复以所益纳征钱[32]千万遗[33]太后左右奉共养[34]者。莽虽专权，然所以诳耀[35]媚事太后，下至旁侧长御[36]，方故万端[37]，赂遗[38]以千万数。白[39]尊太后姊、妹号皆为君[40]，食汤沐邑。以故左右日夜共誉[41]莽。莽又知太后妇人，厌居深宫中，莽欲虞乐以市其权[42]，乃令太后四时车驾巡狩[43]四郊，存见[44]孤、寡、贞妇，所至属县，辄施恩惠，赐民钱帛、牛酒，岁以为常。太后旁弄儿[45]病，在外舍，莽自亲候之[46]。其欲得太后意如此。

太保舜奏言："天下闻公不受千乘之土[47]，辞万金之币，莫不乡化[48]。蜀郡[49]男子路建等辍讼[50]，惭怍[51]而退，虽文王却虞、芮何以加[52]！宜报告天下。"于是孔光愈恐，固称疾辞位。太后诏："太师毋朝，十日一人省中[53]，置几杖[54]，赐餐十七物[55]，然后归；官属按职如故[56]。”

莽奏起明堂、辟雍、灵台[57]，为学者筑舍万区[58]，制度甚盛。立《乐经》[59]；益博士员，经各五人。征天下通一艺[60]、教授十一人以上，及有《逸礼》[61]、古书[62]、天文、图谶[63]、钟律[64]、《月令》[65]、兵法、《史篇》[66]文字，通知[67]其意者，皆诣公车[68]。网罗天下异能之士，前后至者千数，皆令记说廷中，将令正乖谬，壹异说[69]云。

（以上为第二段，写王莽进一步膨胀权势，自称“宰衡”，夸耀德比伊尹、周公，迷惑太皇太后以固其权位，施小恩小惠以取虚誉，王莽确是一个玩弄政治的高手。）

【注释】

[1]郊祀：在郊外祭祀天地。[2]配天：祭天时以祖先配享。[3]宗祀：对祖先的祭祀。宗祀在明堂举行，又称庙祭。为显示祖先的尊严，宗祀祖先以配上帝。[4]殷绍嘉公曰宋公：成帝绥和元年（前8），封孔吉为殷绍嘉侯，不久进爵为公，以为殷后，奉殷祀。至此，改爵号为宋公。[5]周承休公曰郑公：武帝元鼎四年（前113），封姬嘉为周子南君，以为周后，奉周祀。元帝初元五年（前44），以周子南君为周承休侯。成帝绥和元年三月，与殷绍嘉侯同时进爵为公。至此，改爵号为郑公。[6]坐不道：犯了不道之罪。坐，犯罪。不道，刑律名。汉律，杀不辜一家三人为不道。[7]诏所名捕：皇帝诏书指名逮捕。[8]系：囚禁。[9]即验问：到其住处考问。即，到。验，考问。[10]定著令：此言将诏书内容写定在律令中，此后即作为律令条款依照执行。定著，审定著录。[11]丁未：二月七日。[12]乘舆法驾：皇帝所坐车子的一种。汉制，皇帝车驾出行，依扈从仪仗的繁简，分为大驾、法驾、小驾三种。法驾，皇帝乘金根车，驾六马，京兆尹奉引，侍中参乘，奉车郎御，另有五时副车各一辆，皆驾四马，侍从车三十六辆。[13]第：府第。[14]玺绂（fú）：印玺上所系的彩色丝带。此指印玺。[15]副假节：副大使。副，副使。假节，假之以节，持节。节是古时使臣出行持以示信之物。此言王恽等人代表朝廷巡视天下风俗，持节作为凭证。[16]召（shào）陵：县名，县治在今河南漯河市郾城区东。[17]新息：县名，县治在今河南息县。[18]黄邮聚：村镇名，属新野县。[19]新野：县名，县治在今河南新野县。[20]“采伊尹”二句：伊尹，商汤大臣，助汤灭夏建商，尊为阿衡。周公，周武王弟，助武王灭商建周，武王死后又辅佐成王治理天下，位冢宰。现将伊、周官号各取一字作为王莽的官号，称“宰衡”，以此显示王莽兼有伊、周二人的功德。[21]公太夫人：指王莽的母亲。汉制，列侯之母称太夫人。[22]“封公子”二句：王莽封新都侯，现将其封国名所用的“新”“都”二字分开，分别加一“褒”字和“赏”字，作为侯爵名号，封其二子，封王安为褒新侯，王临为赏都侯。[23]封拜：封爵授官。[24]如周公故事：据记载，周成王封周公之子伯禽于

鲁为诸侯，周公拜前，伯禽拜后。［25］封事：密封的奏章。［26］韨（fú）：同“绂”，印玺上所系的彩色丝带。印韨，指印。［27］直：抵，相当。［28］承制：大臣以皇帝名义办事，称承制。此指秉承皇帝旨意。［29］亟：疾速。［30］视事：治事，办理政事。［31］奏可：奏请之事被允准。［32］所益纳征钱：指上文所说“加后聘三千七百万”。纳征，古婚礼六礼之一，又称纳币，纳币以成婚礼。［33］遗（wèi）：给予。［34］奉共养：供奉。共，通“供”。［35］诳耀：炫耀假象。诳（kuáng），欺骗。［36］旁侧长御：长期在太后身边侍奉的人。［37］方故万端：言寻找众多理由向人馈送财物。方故，道理。［38］赂遗：以财物送人。［39］白：启奏。［40］太后姊、妹号皆为君：太后姐妹四人，尊其姐王君侠为广恩君，妹王君力为广惠君，妹王君弟为广施君。［41］誉：称赞，颂扬。［42］莽欲虞乐以市其权：此言王莽想通过采取一些使太后欢乐的做法换取她手中的权力，以达到自己总揽大权的目的。虞，通“娱”。市，换取。［43］巡狩（shòu）：巡行视察。［44］存见：探望慰问。［45］弄儿：供人狎弄逗耍的童子。［46］莽自亲候之：王莽亲自去探望生病的弄儿。王莽以此举讨好王政君太皇太后。［47］千乘（shèng）之土：指诸侯国的土地。乘，车子。上古分封诸侯，大国兵车万乘，小国兵车千乘。战国时期，便称诸侯国小者为千乘，大者为万乘。［48］乡化：向往教化。乡，通“向”。［49］蜀郡：郡名，治所在今四川成都市。［50］辍（chuò）讼：停止诉讼。［51］惭怍（zuò）：惭愧。［52］虽文王却虞、芮何以加：即使当年周文王感动虞国、芮国两位国君停止争讼的事，也比不上今天的王莽。虽，即使。文王，指周文王。却，退回。此言使其退回。虞，古国名，其地在今山西平陆县。芮，古国名，其地在今陕西大荔县。据记载，周文王时，虞、芮二国之君争田，久而不决。他们认为文王是仁义之君，即入周，想请文王评定是非。入周境，看到耕者互让田界，行者互让道路。入其朝，见士让大夫，大夫让卿。二国之君羞愧而回，互让所争之地以为闲原。加，超过，引申为“比不上”。［53］省中：宫廷内。［54］几杖：几，古人坐时凭依的小桌。杖，手杖。坐几和手杖皆老者所用，设之以示敬。［55］物：种类。此言诏光十日一入朝，受此宠礼。［56］按职如故：像往常一样按照各自的职掌办理政事。［57］明堂、辟雍、灵台：西周王室开展施政、教化、观天的三大建筑，王莽复古，着手兴建这些建筑，以此拟圣王。明堂，古代帝王宣明政教的地方。凡朝会、祭祀、庆赏、选士、养老、教学等大典，都在这里举行。辟雍，周王朝设立的大学。灵台，西周台名，用以观测天象。［58］区：所。［59］立《乐经》：王莽在太学增加设置《乐经》博士。《乐经》，儒家经典中原有《乐经》，秦代焚书后亡佚。王莽所立《乐经》，不知何书。此言把《乐经》作为学校设置的儒家经典，设博士教授。［60］一艺：一经。儒家经典“六经”又称“六艺”。［61］《逸礼》：《仪礼》十七篇以外的古文《礼经》。汉初，鲁高堂生传《士礼》十七篇，即《仪礼》。汉武帝末年，鲁恭王坏孔子宅，得先秦古文书多种，其中有《逸礼》三十九篇。今佚。［62］古书：古文《尚书》。［63］图谶（chèn）：古代方士或儒生编造的关于帝王受命征验一类的书。［64］钟律：乐律，音律。古人按音阶高低分为六律和六吕，合称十二律。［65］《月令》：排列一年十二个月的时令和节气的历书。［66］《史篇》：《史籀篇》的省称。相传为周代教授学童识字的字书。［67］通知：

通晓。［68］诣（yì）公车：送到公车官署。公车，卫尉的下属机构，职掌宫殿司马门的警卫及天下上书及征召等事宜。［69］壹异说：此言令异能之士在宫廷内将其学说记录下来，欲借以纠正谬误之论，统一歧异之说。壹，统一。

又征能治河者以百数，其大略[1]异者，长水校尉[2]平陵关并[3]言："河决率常[4]于平原、东郡[5]左右，其地形下[6]而土疏恶[7]。闻禹治河时，本空此地，以为水猥盛[8]则放溢[9]，少稍自索[10]，虽时易处[11]，犹不能离此。上古难识。近察秦、汉以来，河决曹、卫之域[12]，其南北不过百八十里。可空此地，勿以为官亭[13]、民室而已。"御史临淮[14]韩牧以为："可略于《禹贡》[15]九河[16]处穿[17]之，纵不能为九，但为四五，宜有益。"大司空掾王横言："河入勃海[18]地，高于韩牧所欲穿处。往者天常连雨，东北风，海水溢，西南出，浸[19]数百里，九河之地已为海所渐[20]矣。禹之行[21]河水，本随西山[22]下东北去。《周谱》[23]云：'定王五年[24]，河徙'，则今所行非禹之所穿也。又秦攻魏，决河灌其都[25]，决处遂大，不可复补。宜却徙完平处更开空[26]，使缘西山足[27]，乘高地而东北入海，乃无水灾。"司空掾沛国桓谭[28]典[29]其议，为甄丰言："凡此数者，必有一是；宜详考验，皆可豫见。计定然后举事，费不过数亿万，亦可以事[30]诸浮食[31]无产业民。空居与行役，同当衣食，衣食县官[32]而为之作，乃两便，可以上继禹功，下除民疾[33]。"时莽但崇空语[34]，无施行者。

群臣奏言："昔周公摄政[35]七年，制度乃定。今安汉公辅政四年，营作二旬[36]，大功毕成，宜升宰衡位在诸侯王上。"诏曰："可。"仍[37]令议九锡[38]之法。

莽奏尊孝宣庙为中宗，孝元庙为高宗；又奏毁孝宣皇考庙[39]勿修；罢南陵[40]、云陵[41]为县。奏可。

莽自以北化[42]匈奴，东致[43]海外，南怀[44]黄支，唯西方未有加[45]，乃遣中郎将平宪等多持金币诱塞外羌，使献地愿内属。宪等奏言："羌豪良愿等种可万二千人[46]，愿为内臣，献鲜水海[47]、允谷、盐池[48]，平地美草，皆与汉民；自居险阻处为藩蔽。问良愿降意，对曰：

‘太皇太后圣明，安汉公至仁，天下太平，五谷成孰[49]，或禾长丈余，或一粟三米，或不种自生，或茧不蚕自成；甘露从天下，醴泉[50]自地出；凤皇来仪[51]，神爵降集[52]。从四岁以来[53]，羌人无所疾苦，故思乐内属。’宜以时处业[54]，置属国[55]领护[56]。”事下莽，莽复奏：“今已有东海、南海、北海郡[57]，请受良愿等所献地为西海郡。分天下为十二州[58]，应古制。”奏可。冬，置西海郡[59]。又增法五十条，犯者徙之西海。徙者以千万数，民始怨矣。

梁王立[60]坐与卫氏交通[61]，废[62]，徙南郑[63]；自杀。

分京师置前辉光、后丞烈二郡[64]。更公卿、大夫、八十一元士官名、位次及十二州名、分界[65]。郡国所属，罢置改易，天下多事，吏不能纪矣。

（以上为第三段，写王莽好大喜功，却不恤民生，修治黄河议而不决，只是空喊口号给自己增添光环。王莽又讽喻四夷来朝，更改官名、地名，凡此，表现自己的绝对权威，为加号九锡铺平道路。）

【注释】

[1]大略：大要。[2]长水校尉：官名，武帝时所建置的八校尉之一，职掌屯驻长水的胡骑。[3]关并：人名，平陵人，任职长水校尉。[4]率常：通常。[5]平原、东郡：皆郡名。平原郡，治所在今山东平原县南。东郡，治所在今河南濮阳县西南。[6]地形下：指地处黄河下游，地势低洼。[7]土疏恶：指土地瘠薄。[8]猥盛：多。[9]放溢：泛滥。[10]少稍自索：水少则逐渐干涸。少，水少。稍，逐渐。索，尽，指河水干涸。[11]虽时易处：虽然时代变迁。时，时代。易处，古今时代改易。[12]曹、卫之域：指古曹、卫两国地区。曹，古国名，其地在今山东菏泽市定陶区、曹县一带。卫，古国名，其地在今河南北部地区。域，地区。[13]官亭：供过往官吏食宿的处所。[14]临淮：郡名，治所在今江苏泗洪县南。[15]《禹贡》：《尚书》篇名，大约写成于战国时期，是我国古代文献的地理专篇。《禹贡》把古代中国划分为九州，记述各州的山河分布、物产、交通、贡赋等情况。[16]九河：指《禹贡》记载的黄河下游的九条支流。一说，“九”为泛指，“九河”为黄河下游许多支流的总称。[17]穿：凿通。[18]勃海：郡名，治所在河北沧州市东南。[19]浸（jìn）：渗透。勃海郡地处渤海西岸，所以在雨天海水涨满时，遇有东北风，海水便向西南溢出，漫淹数百里的土地。[20]渐：淹没。[21]行：流。此言使河水畅流。[22]西山：指太行山。[23]《周谱》：周朝王室记述宗室世系的书。[24]定王五年：周定王，周顷王子，继兄匡王立，在位二十一年（前606—前586）。其五年为公元前602

年。［25］都：指战国后期魏国都城大梁（今河南开封市）。秦决河灌魏都大梁，事见《资治通鉴》卷七始皇帝二十二年（前225）。［26］宜却徙完平处更开空：应该回转到黄河上游宽平处，凿开黄河改道。却，回转。徙，改道。完（kuān）平，宽阔平坦。完，古“宽”字。空（kǒng），通“孔”，凿通。［27］足：山麓。［28］桓谭（？—50）：字君山，沛郡相县（今安徽濉溪县西北）人。西汉末官议郎，王莽建新，为掌乐大夫。东汉初官议郎给事中，因极言谶纬之非，激怒光武帝，出为六安郡丞，在赴任道中病故，享年七十余。著《新论》二十九篇，今佚。传见《后汉书》卷二十八上。［29］典：主持。［30］事：役使，使用。［31］浮食：不从事耕作而食。［32］衣食县官：由官府供给衣食。县官，官府。［33］疾：痛苦。上言浮食无业之人，闲住和劳作，同样都要吃穿。官府供其吃穿，使其治河，两得其便，上可继大禹治水之功业，下可消除民众之疾苦。［34］崇空语：只是唱高调，说空话。崇，重视，此指唱高调。［35］摄政：代国君处理国政。［36］营作二旬：营作建造才二十天。旬，十天。此言明堂、辟雍二旬建成。［37］仍：于是。［38］九锡：古代天子赐给诸侯、大臣的九种器物，是天子对臣下最高的一种礼遇。九锡名目，有多种说，大同小异。《公羊传》庄公元年汉何休注：“礼有九锡：一曰车马，二曰衣服，三曰乐则，四曰朱户，五曰纳陛，六曰虎贲，七曰弓矢，八曰铁钺，九曰秬鬯。”王莽欲篡汉建新，先求九锡。［39］孝宣皇考庙：宣帝为戾太子孙，史皇孙子。武帝末年，在巫蛊事件中，戾太子自杀，史皇孙遇害。宣帝继昭帝为帝，为尊其生父，于元康元年（前65）为史皇孙立皇考庙。［40］南陵：汉文帝母亲薄太后的陵墓。［41］云陵：汉昭帝母亲赵太后的陵墓。汉代帝、后陵皆置陵邑，用以供奉陵园。王莽提出撤销文帝母南陵和昭帝母云陵的陵邑。［42］化：感化。［43］致：招致。［44］怀：安抚。《汉书·王莽传》记载莽奏，说：“越裳氏重译献白雉，黄支自三万里贡生犀，东夷王度大海奉国珍，匈奴单于顺制作，去二名。”［45］加：施加影响。［46］羌豪良愿等种可万二千人：羌人首领良愿等部落约一万二千人。豪，首领。良愿，羌豪名。种，部族。可，大约。［47］鲜水海：地名，即今青海湖。［48］允谷、盐池：地名，今地不详，当在青海湖附近。［49］孰：同“熟”。［50］醴（lǐ）泉：甘甜的泉水。［51］凤皇来仪：谓凤凰来舞而有容仪。古人以为祥瑞征兆。语出《尚书·益稷》。［52］神爵降集：神爵，鸟名。又作“神雀”。集，群鸟栖止树上。神爵降集也是祥瑞征兆。爵，通“雀”。［53］四岁以来：指王莽辅政以来。平帝九岁即位，王莽辅政，至今四年。［54］以时处来：及时安置职业。［55］属国：汉代于蛮夷降服内属之地设属国，由属国都尉总领其事。［56］领护：管理，统领。［57］东海、南海、北海郡：三郡名，所缺西海郡，王莽欲纳西羌良愿部置西海郡。东海郡，治所郯县，在今山东郯城县西北。南海郡，治所番禺，在今广东广州市。北海郡，治所营陵县，在今山东昌乐县东。［58］十二州：相传禹治水后，分中国为九州，即冀、兖、青、徐、荆、扬、豫、梁、雍。舜以冀州分出幽、并二州，从青州分出营州，共为十二州。［59］西海郡：良愿所献地属金城郡，现依莽奏，改金城郡为西海郡，治所在今甘肃兰州市西北。［60］梁王立：文帝子梁孝王刘武后。成帝阳朔元年（前24）嗣侯。荒淫残暴，竟至一日十一犯法。后因与平帝外家中山卫氏交往，夺其爵位，废为平民，贬谪到汉中南郑，自杀。传附见《汉书》卷四十七《文三王传》。［61］交通：交往，勾结。［62］废：指免去爵位。［63］徙南郑：将梁王刘立流放到南郑。南郑，县名，县治在今陕西汉中市。徙，贬谪。［64］“分京师”句：王莽分京师地区设置二郡，以其郡名分称“前”“后”推之，前辉光盖治长安以南诸县，后丞烈盖治长安以北诸县。［65］“更公卿”句：更，改。改变官制，事详下卷始建国元年。更十二州之州名、分界，为今年事。然正如史文所云：“郡国所属，罢置改易，天下多事，吏不能纪矣。”所以，后人无以详知。

五年（乙丑，5年）

春，正月，祫[1]祭明堂；诸侯王二十八人，列侯百二十人，宗室子九百余人，征助祭[2]。礼毕，皆益户[3]、赐爵[4]及金帛、增秩[5]、补吏[6]各有差[7]。

安汉公又奏复长安南、北郊[8]。三十余年间，天地之祠凡五徙[9]焉。

诏曰：“宗室子自汉元[10]至今十余万人，其令郡国各置宗师[11]以纠之，致教训焉。”

夏，四月，乙未[12]，博山简烈侯孔光薨，赠赐、葬送甚盛，车万余两[13]。以马宫为太师。

吏民以莽不受新野田而上书者前后四十八万七千五百七十二人，及诸侯王公、列侯、宗室见者皆叩头言：“宜亟加赏于安汉公。”于是莽上书言：“诸臣民所上章下议[14]者，事皆寝[15]勿上，使臣莽得尽力毕[16]制礼作乐；事成，愿赐骸骨[17]归家，避[18]贤者路。”甄邯等白太后，诏曰：“公每见辄流涕叩头言，愿不受赏；赏即加，不敢当位。方制作未定，事须公而决，故且听公制作；毕成，群公以闻，究[19]于前议。其九锡礼仪亟奏！”

五月，策命[20]安汉公莽以九锡，莽稽首再拜，受绿韨[21]、衮冕[22]、衣裳[23]，玚琫[24]、玚珌[25]，句履[26]，鸾路[27]，乘马[28]，龙旗九旒[29]，皮弁[30]、素积[31]，戎路[32]、乘马[33]，彤[34]弓矢、卢[35]弓矢，左建朱钺[36]，右建金戚[37]，甲、胄[38]一具，秬鬯[39]二卣[40]，圭瓒[41]二，九命[42]青玉珪二，朱户[43]，纳陛[44]，署[45]宗官[46]、祝官[47]、卜官[48]、史官[49]，虎贲[50]三百人。

（以上为第四段，写王莽加号九锡，距篡夺帝位，只有一步之遥了。）

【注释】

[1]祫（xiá）：祭名。集合远近祖先神主于太庙合祭，称祫。通常三年举行一次。 [2]助祭：臣属以出资、陪位或献乐等方式佐助君主祭祀。 [3]益户：指给已有封邑者增加封邑户数。 [4]赐爵：指给未有爵位的人赐以爵位。 [5]增秩：增加俸禄。 [6]补吏：指给未有官职的人补官，即给候补官待诏转为实官。 [7]差（cī）：等级，次第。 [8]南、北郊：南郊与北郊。是天子分别祭祀天、地的地方，南郊祭天，北郊祭地。 [9]五徙：汉武帝时，于甘泉宫立泰畤以祭天，于汾阴立后土祠以祭地。成帝建始元年（前32）罢甘泉泰畤、汾阴后土祠而作长安南、北郊，永始三年（前14）罢长安南、北郊而复甘泉泰畤、汾阴后土祠，哀帝初罢甘泉泰畤、汾阴后土祠而复长安南、北郊，建平三年（前4）罢长安南、北郊而复甘泉泰畤、汾阴后土祠，今又罢甘泉泰畤、汾阴后土祠而复长安南、北郊。自成帝建始元年至今三十七年，五次变移。 [10]汉元：汉初。 [11]宗师：官名。此时在郡国设置宗师，职掌宗室亲族的考察和教育。 [12]乙未：四月一日。 [13]两：古“辆”字。 [14]下议：交给下面讨论。 [15]寝：止息。 [16]毕：完成。[17]赐骸骨：允准官吏辞职回乡。意谓出仕者身许国家，请朝廷允准官吏辞职，得以使骸骨归葬故乡。古时大臣辞职的惯用语，套话。 [18]避：回避，让开。此言己辞大位，让开贤者进用之路。 [19]究：完成。 [20]策命：用策书命令。策书是皇帝命令的一种，多用于封土授爵、任免三公等。 [21]绿韨：祭服前面的绿色护膝围裙，用熟皮制作。 [22]衮（gǔn）：古代帝王及上公祭宗庙所穿的礼服。冕（miǎn）：古代帝王、诸侯、卿大夫所戴的礼帽。 [23]衣裳：衣服。古人之服，上叫衣，下叫裳。 [24]玚琫：玚（yáng），通“瑒（dàng）”，黄金。琫（běng），佩刀鞘上近口处的饰物。此言赐给王莽的佩刀，用玚琫装饰。 [25]珌（bì）：佩刀鞘上末端的饰物。此言赐莽刀鞘用玚珌装饰。 [26]句履：鞋名。句，通“絇（qú）”，鞋头尖形上翘的装饰品。履，鞋。 [27]鸾路：有铃的车乘。鸾，通“銮”，铃。路，通“辂”，车。鸾路为天子之车。 [28]乘（shèng）马：此言赐王莽套鸾路车用的四匹御马。 [29]龙旗九旒（liú）：天子之旗。龙旗，画有龙图纹的旗。旒，旗帜下边悬垂的条状丝织装饰物。 [30]皮弁：皮制盔帽。 [31]素积：用白色绵绸制作的战袍。 [32]戎路：兵车。 [33]乘马：又赐套戎车的御马四匹。 [34]彤：红色。 [35]卢：黑色。 [36]钺（yuè）：兵器，形如大斧。 [37]戚：斧类兵器。 [38]甲：铠甲。胄（zhòu）：头盔。 [39]秬（jù）鬯（chàng）：用黑黍和郁金香草酿造的香酒。 [40]卣（yǒu）：酒器名。 [41]圭瓒：一种玉制酒器。形状如勺，其柄似圭。圭（guī），古代帝王、诸侯举行隆重仪式时所用玉制礼器，长条形，上尖下方。瓒（zàn），玉制酒勺。 [42]九命：周代的官爵分为九个等级，称九命。他们的宫室、车旗、衣服、礼仪等，都按等级作相应规定。九命为最高一级。 [43]朱户：红色大门。 [44]纳陛：凿殿基为登升的台阶，使台阶置于屋檐下，称纳陛。

陛，殿堂的台阶。[45]署：设置。[46]宗官：职掌礼乐的官吏。[47]祝官：职掌祠庙中祭礼的官吏。[48]卜官：职司卜筮的官。[49]史官：记帝王言行，并掌图籍的职官。[50]虎贲：勇士，指戍卫兵卒。

王恽等八人使行[1]风俗还，言天下风俗齐同，诈为郡国造歌谣[2]、颂功德，凡三万言。闰月，丁酉[3]，诏以羲和刘秀等四人使治明堂、辟雍，令汉与文王灵台、周公作洛同符[4]。太仆王恽等八人使行风俗，宣明德化，万国齐同，皆封为列侯[5]。

时广平[6]相[7]班稚[8]独不上嘉瑞及歌谣；琅邪[9]太守公孙闳言灾害于公府[10]。甄丰遣属[11]驰至两郡，讽[12]吏民，而劾"闳空造不祥，稚绝嘉应，嫉害圣政，皆不道。"稚，班婕妤弟也。太后曰："不宣德美，宜与言灾害者异罚。且班稚后宫贤家[13]，我所哀[14]也。"闳独下狱，诛。稚惧，上书陈恩谢罪[15]，愿归相印，入补延陵园郎[16]；太后许焉。

莽又奏为市无二贾[17]，官无狱讼，邑无盗贼，野无饥民，道不拾遗，男女异路之制；犯者象刑[18]。

莽复奏言："共王母[19]，丁姬，前不臣妾[20]，冢高与元帝山齐[21]，怀帝太后、皇太太后玺绶以葬。请发共王母及丁姬冢，取其玺绶；徙共王母归定陶，葬共王冢次。"太后以为既已[22]之事，不须复发。莽固争之，太后诏因故棺改葬之。莽奏："共王母及丁姬棺皆名梓宫[23]，珠玉之衣[24]，非藩妾[25]服。请更以木棺代，去珠玉衣；葬丁姬媵妾之次[26]。"奏可。公卿在位皆阿莽指，入钱帛，遣子弟及诸生、四夷凡十余万人，操持作具，助将作[27]掘平共王母、丁姬故冢；二旬间，皆平。莽又周棘[28]其处，以为世戒云。又隳坏[29]共皇庙[30]，诸造议[31]者泠褒、段犹皆徙合浦[32]。

征师丹诣公车，赐爵关内侯，食故邑。数月，更封丹为义阳侯；月余，薨。

初，哀帝时，马宫为光禄勋，与丞相、御史杂议傅太后谥曰孝元傅皇后。及莽追诛前议者，宫为莽所厚[33]，独不及。宫内惭惧，上书言：

"臣前议定陶共王母谥，希指[34]雷同[35]，诡经僻说[36]，以惑误主上，为臣不忠。幸蒙洒心[37]自新[38]，诚无颜复望阙庭，无心复居官府，无宜复食国邑。愿上[39]太师、大司徒、扶德侯印绶，避贤者路。"八月，壬午[40]，莽以太后诏赐宫策曰："四辅[41]之职，为国维纲；三公之任，鼎足承君；不有鲜明[42]固守[43]，无以居位。君言至诚，不敢文过，朕甚多[44]之。不夺君之爵邑，其上太师、大司徒印绶使者[45]，以侯就第[46]。"

莽以皇后有子孙瑞[47]，通子午道[48]，从杜陵直绝南山[49]，径汉中[50]。

泉陵侯刘庆上书言："周成王幼小，周公居摄[51]。今帝富于春秋[52]，宜令安汉公行天子事，如周公。"群臣皆曰："宜如庆言。"时帝春秋益壮，以卫后故，怨不悦。冬，十二月，莽因腊日上椒酒[53]，置毒酒中；帝有疾。莽作策[54]，请命于泰畤[55]，愿以身代，藏策金縢[56]，置于前殿，敕[57]诸公勿敢言。丙午[58]，帝崩于未央宫。大赦天下。莽令天下吏六百石以上皆服丧三年。奏尊孝成庙曰统宗；孝平庙曰元宗。敛[59]孝平，加元服[60]，葬康陵[61]。

班固赞曰：孝平之世，政自莽出，褒善显功，以自尊盛。观其文辞，方外[62]百蛮，无思不服，休征[63]嘉应[64]，颂声并作；至于变异见于上，民怨于下，莽亦不能文[65]也。

以长乐少府平晏[66]为大司徒。

太后与群臣议立嗣。时元帝世绝，而宣帝曾孙有见王[67]五人，列侯四十八人。莽恶其长大，曰："兄弟不得相为后[68]。"乃悉征宣帝玄孙，选立之。

是月，前辉光谢嚣奏武功长[69]孟通浚井得白石，上圆下方，有丹书[70]著石，文曰："告安汉公莽为皇帝"。符命[71]之起，自此始矣。莽使群公以白太后，太后曰："此诬罔天下，不可施行！"太保舜谓太后曰："事已如此，无可奈何；沮[72]之，力不能止。又莽非敢有他，但欲称摄以重其权，填[73]服天下耳！"太后心不以为可，然力不能制，乃听许。舜等即共令太后下诏曰："孝平皇帝短命而崩，已使有司征孝宣皇帝玄孙二十三人，差度[74]宜者，以嗣孝平皇帝之后。玄孙年在襁褓，不得至德[75]君子，孰能安之！安汉公莽，辅政三世，与周公异世同符。今前辉光嚣、武功长通上言丹石之符，朕深思厥意，云‘为皇帝’者，乃摄行皇帝之事也。其令安汉公居摄践祚[76]，如周公故事，具礼仪奏！”于是群臣奏言：“太后圣德昭然，深见天意，诏令安汉公居摄。臣请安汉公践祚，服天子韨冕，背斧依立于户牖之间[77]，南面朝群臣，听政事；车服出入警跸[78]，民臣称臣妾，皆如天子之制。郊祀天地，宗祀明堂，共祀[79]宗庙，享祭[80]群神，赞曰‘假皇帝’[81]，民臣谓之‘摄皇帝’，自称曰‘予’。平决[82]朝事，常以皇帝之诏称‘制’。以奉顺皇天之心，辅翼汉室，保安孝平皇帝之幼嗣，遂寄托之义[83]，隆治平[84]之化[85]。其朝见太皇太后、帝皇后皆复臣节[86]。自施政教于宫家国采[87]，如诸侯礼仪故事。”太后诏曰：“可。”

（以上为第五段，写王莽毒死平帝，加号“摄皇帝”，其篡国夺位之心，已是路人皆知。）

【注释】

[1]行：巡视。 [2]诈为郡国造歌谣：王恽等观风使者，伪造了三万多字的歌谣，歌颂王莽，诡称是民歌、民谣。诈，欺诈，蒙骗。 [3]丁酉：闰五月四日。 [4]同符：相合。符，符合。相传周文王时建造灵台，没有多少日子便已建成。周公旦营建洛邑，亲自去视察情况。 [5]皆封为列侯：王恽等八人与刘秀等四人，共十二人都被封侯。刘秀为红休侯，平晏为防乡侯，孔永为宁乡侯，孙迁为定乡侯，王恽为常乡侯，阎迁为望乡侯，陈崇为南乡侯，李翕为邑乡侯，郝党为亭乡侯，谢殷为章乡侯，逯普为蒙乡侯，陈凤为卢乡侯。 [6]广平：王国名，治所在今河北鸡泽县东南。 [7]相：王国行政长官，如郡守。汉制，诸侯王不得治国事，由朝廷派任官吏治理王国各种事务。 [8]班稚：成帝班婕妤弟，《汉书》作者班固的祖父。稚少为黄门郎中常侍。哀帝即位，出为西河属国都尉，迁广平相。平帝时，因不上嘉瑞颂扬王莽功德，免相，入补延陵园郎。事详《汉书》卷一百上。 [9]琅邪：郡名，治所在今山东诸城市。 [10]公府：三公府。 [11]遣属：派遣部属。 [12]讽：婉言劝说。 [13]后宫贤家：谓班婕妤有贤德。 [14]哀：指哀怜婕妤之家。 [15]陈恩谢罪：陈述世受朝廷之恩，承认不上嘉瑞之罪。 [16]入补延陵园郎：调班稚入京降职为延陵园郎官。补，委任官职。此指降职任用。延陵，汉成帝陵墓名，其地在今陕西咸阳市北。园郎，官名。汉制，凡近臣，皆随陵为园郎。稚为成帝班婕妤之弟，所以委任为延陵园郎。[17]为市无二贾：制定统一的市场价格，不准商品有两种价格。为，制定。贾（jià），同“价”。

[18]象刑：刑罚名。相传古无肉刑，而是采用区别罪犯衣帽服饰的形、色、质的方法，使见者知是受了某种刑的惩罚，以此作为象征性的刑罚，称象刑。 [19]共王母：指定陶共王的母亲傅太后。 [20]不臣妾：不遵守臣妾之道。 [21]冢高与元帝山齐：指傅太后的墓冢与汉元帝的陵墓一样高。山，此指陵墓。冢是垒土为山，高凸于地面，故称陵墓为山。 [22]既已：已经完结。[23]梓宫：帝、后的棺材名。帝、后所居称宫，棺用梓木制作，故称梓宫。 [24]珠玉之衣：汉代帝、后葬服，上身穿用金丝线连缀珍珠做成的短衣，称珠襦。腰部以下至脚，穿用金丝线连缀玉片做成的玉衣，称玉匣（匣又作柙）。这里所说的"珠玉之衣"，即指"珠襦玉柙"，俗称金缕玉衣。 [25]藩妾：诸侯王的姬妾。 [26]媵妾之次：此言如一般姬妾的地位改葬丁姬。媵妾，陪嫁的姬妾，即一般姬妾。次，位次，即地位，身份。 [27]将作：指将作大匠，官名，职掌营建宫室、宗庙、陵园等土木工程。 [28]周棘：种棘环绕。周，环绕。棘，有刺的草木。 [29]隳（huī）坏：毁坏。 [30]共皇庙：哀帝的父亲定陶共王之庙。哀帝建平二年（前5），在京师立共皇庙。 [31]造议：倡议。 [32]徙合浦：流放到合浦。合浦，郡名，治所在今广西合浦县。据章校，有的版本"泠褒、段犹"下有"等"字。 [33]厚：关系亲密。 [34]希指：迎合在上者的旨意。 [35]雷同：随声附和。 [36]诡经僻说：违反经书的邪僻意见。 [37]洒心：荡涤心中的杂念，意谓彻底悔改。[38]自新：自己重新做人。[39]上：上缴。[40]壬午：八月二十日。[41]四辅：王莽托古改制，设立太师、太傅、国师、国将为四辅，位上公。 [42]鲜明：指精明干练。 [43]固守：专一节操。 [44]多：推崇，重视。 [45]"其上"句：此言把太师、大司徒印绶上缴给朝廷派去的使臣。 [46]就第：指免职回家。 [47]皇后有子孙瑞：皇后有多子的祥瑞。皇后，王莽女。子孙瑞，子孙繁衍昌盛的祥兆。莽女壬子年（前9）生，依五行阴阳说，子为水，为阴极。阴极则有皇后之贵，属子则有子孙繁衍昌盛之瑞。 [48]通子午道：开通子午道。子午道是由关中到汉中的南北通道之一。以十二地支表方位，子是北方，午是南方；依五行阴阳说，子为水，为阴极，午为火，为阳极。所以，此南北隘道名为子午道，以取阴阳沟通相协之义。[49]从杜陵直绝南山：指开子午道，从杜陵县径直跨过终南山。杜陵，县名，县治在今陕西西安市东南。绝，跨越。南山，指终南山，属秦岭山脉，在今陕西西安市南。 [50]径汉中：直达汉中郡。径，直达。汉中，郡名，治所在今陕西安康市西北。 [51]居摄：因皇帝年幼不能亲自治理政事，由大臣代居其位处理政事，称居摄。 [52]富于春秋：指年少，年轻。春秋，指年龄。[53]莽因腊日上椒酒：王莽于腊日向平帝奉献椒酒以示祝贺。腊日，腊祭之日，即农历十二月八日。椒酒，用花椒浸制的酒。 [54]作策：编写策文。策，一作"册"，古代帝王祭告天地神祇的文书。 [55]泰畤：古代天子祭天神的处所。此言王莽祭天祷告，愿以自身代帝死。 [56]金縢（téng）：用金属绳子捆束的匣子。縢，封缄。 [57]敕：告诫。据《尚书·金縢》记载，周武王有疾，周公祭告三王（太王、王季、文王）的在天之灵，请求自身代武王死。祭毕，册文收藏在金縢的匣子中，且告诫知情官吏保密，不要外言。此言王莽依仿周公的做法，制作金縢之书，借以邀信于朝廷。 [58]丙午：十二月辛酉朔，无丙午日。"丙午"误。该月为一年之末月，王莽初八日献

毒酒，帝有疾，莽祭祷，则帝崩日自当在腊日后至月底的二十天中。［59］敛：通“殓”，给死者穿衣、入棺。［60］元服：指冠。元，头。冠戴于头，故称元服。古时举行加冠礼称加元服。平帝九岁即位，在位五年，死年十四，尚未举行冠礼，帝死，不得以孩童敛，故加元服。［61］康陵：平帝陵墓名。其地在今陕西咸阳市西北。［62］方外：指边远地区。［63］休征：吉祥的征兆。休，美好。［64］嘉应：祥瑞。［65］文：粉饰，掩饰。［66］平晏：右扶风平陵县（今陕西咸阳市西北）人。父平当，哀帝时官至丞相。晏依附王莽，于平帝元始五年与刘歆等治明堂、辟雍，封防乡侯，官至大司徒。王莽建新，为太傅，就新公，位上公。［67］见王：现今的诸侯王。见（xiàn），“现”本字。［68］兄弟不得相为后：平帝是宣帝曾孙，所以说与现今为诸侯王、列侯的宣帝曾孙辈为兄弟。兄弟不得相为后。此为王莽恶立长君而立幼小的借口。［69］武功长：武功，县名，县治在今陕西眉县东。长，县的行政长官。汉制，县有万户以上者称令，万户以下者称长。武功原为右扶风属县，现分出划归前辉光。［70］丹书：古代方士用红笔书写符书，托言天命，称为丹书。丹，红色。［71］符命：上天把祥瑞赐给人君，作为人君接受天命治理天下的凭证，称符命。［72］沮（jǔ）：阻止。［73］填：通“镇”，安定。［74］差（chāi）度（duó）：衡量选择。［75］至德：最高尚的道德。［76］践祚：登帝位。祚（zuò），皇位。［77］背斧依立于户牖之间：背，背后靠着。斧依（yǐ），又作“斧扆”，绘有斧形图案的屏风。这是古代专供帝王朝堂设置的器具，以深红色作为底色，上面绘斧形图案，高八尺，东西向挡在门窗之间。天子背靠斧依，南面而立，朝见诸侯，治理政事。相传周成王幼，周公践祚代成王摄行政事，即背靠斧依，南面而立，以朝诸侯。户牖（yǒu），门窗。［78］警跸（bì）：古代帝王出入称警跸。警，左右侍卫高度戒备。跸，清理道路，禁止行人。［79］共祀：恭敬庄严地祭祀。共（gōng），通“恭”，恭敬。［80］享祭：祭祀。［81］赞曰“假皇帝”：赞，指祝辞，即祭时祷告之辞。假皇帝，意谓暂时代理皇帝。假，非正式，代理。［82］平决：判断处理。［83］遂寄托之义：完成受寄托的重任职责。遂，成就，完成。寄托，托付。［84］治平：国治天下平。指政治清明，社会安定。［85］化：风尚。［86］复臣节：仍用臣子的礼节。［87］宫家国采：指王莽的官邸、家中、封国、采地。既居摄称“假皇帝”，故称其官邸为宫。本月，武功长孟通上丹石之符，于是诏以武功县为王莽采地，改名汉光邑。

王莽上[1]

居摄元年（丙寅，6年）

春，正月，王莽祀上帝于南郊，又行迎春[2]、大射[3]、养老[4]之礼。

三月，己丑[5]，立宣帝玄孙婴为皇太子，号曰孺子[6]。婴，广戚侯显之子也。年二岁；托[7]以卜相[8]最吉，立之。尊皇后曰皇太后。

以王舜为太傅、左辅[9]，甄丰为太阿[10]、右拂[11]，甄邯为太保、后承；又置四少[12]，秩皆二千石。

四月，安众侯刘崇[13]与相[14]张绍谋曰："安汉公莽必危刘氏，天下非之，莫敢先举，此乃宗室之耻也。吾帅宗族为先，海内必和[15]。"绍等从者百余人遂进攻宛[16]；不得入而败。

绍从弟竦与崇族父嘉诣阙自归[17]；莽赦弗罪。竦因为[18]嘉作奏[19]，称莽德美，罪状刘崇："愿为宗室倡始，父子兄弟负笼荷锸[20]，驰之南阳[21]，猪崇宫室[22]，令如古制[23]；及崇社[24]宜如亳社[25]，以赐诸侯，用永监戒[26]！"于是莽大说，封嘉为率礼侯，嘉子七人皆赐爵关内侯；后又封竦为淑德侯。长安为之语曰："欲求封，过张伯松[27]。力战斗，不如巧为奏。"自后谋反皆污池云。

群臣复白："刘崇等谋逆者，以莽权轻也；宜尊重以填[28]海内。"五月，甲辰[29]，太后诏莽朝见太后称"假皇帝"。

冬，十月，丙辰朔[30]，日有食之。

十二月，群臣奏请以安汉公庐[31]为摄省，府[32]为摄殿，第[33]为摄宫。奏可。

是岁，西羌庞恬、傅幡等怨莽夺其地，反攻西海太守程永；永奔走。莽诛永，遣护羌校尉窦况击之。

（以上为第六段，写孺子婴即位，王莽居摄为代理皇帝。宗室刘崇反抗，昙花一现。）

【注释】

[1]王莽上：《资治通鉴》不以新朝、新皇纪年，径称王莽，附于汉纪，乃封建史家不承认新朝为一个王朝。王莽（前45—23），字巨君，魏郡元城县（今河北大名县东）人。自谓黄帝、虞舜之后。曾祖贺，武帝时为绣衣御史。祖父王禁，有四女八男，次女政君即元帝王皇后，次男王曼即莽父。父曼早死，莽以元后侄封新都侯，后官大司马，总揽朝政。平帝死，立孺子婴为帝，自称"假皇帝"。三年后即真，改国号为新。托古改制，众事纷扰；连年征战，民不聊生。地皇四年（23），农民军攻进长安，在渐台被杀。传见《汉书》卷九十九。 [2]迎春：祭礼名。古代于每年立春日，天子亲率群臣于东郊行迎春祭礼。 [3]大射：古代帝王为选择参加郊、庙祭祀活动的人而举行的射礼。古代帝王在举行郊、庙祭祀以前，先举行大射礼，选其射中多者参加祭祀活动。

[4]养老：古代对年老而有贤德的人，按时设宴款待酒食以示敬重，谓之养老。［5］己丑：三月二十五日。［6］孺子：王莽为夺取汉室政权，恶立长君，选立宣帝玄孙中年仅二岁的刘婴，号为孺子。在位二年，王莽建新，废为定安公。刘玄更始三年（25），平陵人方望等起事，拥立婴为帝，为刘玄击破，被杀。［7］托：假托。［8］卜相：占卜和看相。［9］左辅：官名。相传古代君王身边有四位辅佐大臣，即前疑、后承、左辅、右弼，称为“四邻”。王莽托古改制，设左辅、右弼、前后承等官职。［10］太阿：官名。商初，伊尹辅佐汤灭夏建商，而后又曾辅佐太甲，为阿衡，所以史称太阿。王莽以甄丰为太阿，义取伊尹辅佐太甲之事。［11］右拂：即“右弼”，官名。拂（bì），通“弼”。［12］四少：即少师、少傅、少阿、少保。［13］刘崇：汉景帝之子长沙定王刘发之后。刘发的儿子刘丹始封安众侯，刘崇是刘丹玄孙之子。［14］相：官名，此指侯国的相。列侯所食县称国，而行政长官改令、长为相，职掌如同令、长，治理侯国政事。［15］和：响应。［16］宛（yuān）：县名。宛县为南阳郡治所，在今河南南阳市。［17］绍从弟竦与崇族父嘉诣阙自归：张绍堂弟张竦与刘崇堂叔刘嘉，到京师宫门前自首请罪。从弟，堂弟。族父，同族兄弟之父。诣阙，到朝廷。归，自首。［18］因为：于是替。［19］作奏：写作奏章。［20］负笼荷锸：负，用背驮。笼，用竹片编织的盛土器。荷，用肩扛。锸（chā），即锹，挖土工具。［21］驰之南阳：刘崇封国属南阳郡，刘嘉要捣毁刘崇宫室，所以率家人飞速奔赴南阳。［22］猪崇宫室：猪，通“潴”，使变为水的停聚处。此言捣毁刘崇宫室，并使其地变为污水池。［23］古制：据说古代讨平叛逆之国以后，使其宫室之地变为污浊纳垢的污水池，名为凶墟。［24］社：指祭祀土神的社宫。古代诸侯国皆立社以祭土神。［25］亳社：即殷社。殷都亳，故称。周灭殷后，命各诸侯国皆建亡国之社亳社以为鉴戒。此言应该像周王朝让诸侯国都建亳社那样，让各诸侯国都立崇社，以为叛逆亡国的鉴戒。［26］监戒：即“鉴戒”。监，通“鉴”。［27］张伯松：即张竦。竦，字伯松。［28］填：通“镇”，安定。［29］甲辰：五月十七日。［30］丙辰朔：十月一日。［31］庐：官员值宿所住的房舍。［32］府：指治事之所。汉代高级官员的治事之所称府。［33］第：指所居住的宅第。

二年（丁卯，7年）

春，窦况等击破西羌。

五月，更造货[1]：错刀[2]，一直[3]五千；契刀[4]，一直五百；大钱[5]，一直五十；与五铢钱[6]并行，民多盗铸者。禁列侯以下不得挟黄金，输御府[7]受直；然卒[8]不与直。

东郡太守翟义[9]，方进之子也，与姊子上蔡陈丰谋曰：“新都侯摄天子位，号令天下，故[10]择宗室幼稚者以为孺子，依托周公辅成王之义，且以观望[11]，必代汉家，其渐[12]可见。方今宗室衰弱，外无强蕃[13]，天下倾首[14]服从，莫能亢捍[15]国难。吾幸得备宰相子，身守大郡，父子受汉厚恩，义当为国讨贼，以安社稷；欲举兵西，诛不当摄者，选宗室子孙辅而立之。设令时命不成[16]，死国埋名[17]，犹可以不惭于先帝。今欲发之，汝肯从我乎？”丰年十八，勇壮，许诺。义遂与东郡都尉[18]刘宇、严乡侯刘信[19]、信弟武平侯刘璜结谋，以九月都试[20]日斩观[21]令，因勒[22]其车骑、材官士[23]，募郡中勇敢，部署将帅。信子匡时为东平王，乃并东平兵，立信为天子；义自号大司马、柱天大将军；移檄郡国[24]，言“莽鸩杀孝平皇帝[25]，摄天子位，欲绝汉室。今天子已立，共行天罚[26]！”郡国皆震。比[27]至山阳[28]，众十余万。

莽闻之，惶惧不能食。太皇太后谓左右曰：“人心[29]不相远也。我虽妇人，亦知莽必以此自危。”莽乃拜其党、亲轻车将军、成武侯孙建为奋武将军，光禄勋、成都侯王邑为虎牙将军，明义侯王骏为强弩将军，春王[30]城门校尉[31]王况为震威将军，宗伯[32]、忠孝侯刘宏为奋冲将军，中少府[33]、建威侯王昌为中坚将军，中郎将、震羌侯窦况为奋威将军，凡七人[34]，自择除[35]关西[36]人为校尉、军吏，将[37]关东[38]甲卒，发奔命[39]以击义焉。复以太仆武让为积弩将军，屯[40]函谷关；将作大匠蒙乡侯逯并[41]为横壄将军，屯武关[42]；羲和、红休侯刘秀为扬武将军，屯宛[43]。

三辅[44]闻翟义起，自茂陵[45]以西至汧[46]二十三县，盗贼并发。槐里[47]男子赵朋、霍鸿等自称将军，攻烧官寺[48]，杀右辅都尉[49]及斄[50]令，相与谋曰：“诸将精兵悉东，京师空，可攻长安！”众稍[51]多至十余万，火见未央宫前殿。莽复拜卫尉[52]王级为虎贲将军，大鸿胪[53]、望乡侯阎迁为折冲将军，西击朋等。以常乡侯王恽为车骑将军，屯平乐馆[54]；骑都尉王晏为建威将军，屯城北；城门校尉赵恢为城门将军；皆勒兵自备。以太保、后承、承阳侯甄邯为大将军，受钺[55]高庙，领天下兵，左杖节，右把钺，屯城外。王舜、甄丰昼夜循行[56]殿中。

莽日抱孺子祷郊庙，会群臣，称曰：“昔成王幼，周公摄政，而管、蔡挟禄父[57]以畔[58]。今翟义亦挟刘信而作乱。自古大圣犹惧此，况臣莽之斗筲[59]！”群臣皆曰：“不遭此变，不章圣德！”冬，十月，甲子[60]，莽依《周书》[61]作《大诰》[62]曰："粤其闻日[63]，宗室之俊有四百人，民献仪[64]九万夫，予[65]敬以终于此谋继嗣图功[66]。"遣大夫桓谭等班行[67]谕告天下，以当反位孺子[68]之意。

诸将东至陈留[69]菑[70]，与翟义会战，破之，斩刘璜首。莽大喜，复下诏先封车骑都尉孙贤等五十五人皆为列侯，即[71]军中拜授。因大赦天下。于是吏士精锐遂攻围义于圉[72]城，十二月，大破之。义与刘信弃军亡，至固始[73]界中，捕得义，尸磔陈[74]都市；卒不得信。

（以上为第七段，写王莽大规模镇压拥汉派。）

【注释】

[1]更造货：重新铸造钱币。[2]错刀：货币名，长两寸，身形如刀，首有环，刀上有文"一刀直五千"五字。因用黄金错（涂饰）其字，所以称错刀，又叫金错刀。一错刀值五千钱。[3]直：通"值"，价值。[4]契刀：货币名。长两寸，身形如刀，首有环。刀上有文"契刀五百"四字。一契刀值五百钱。[5]大钱：货币名，直径一寸二分，重十二铢，上有文"大钱五十"四字。一大钱值五十钱。[6]五铢钱：货币名。汉武帝始铸五铢钱。一五铢钱值一钱。铢，重量名，一两等于二十四铢。[7]输御府：上交御府。帝王储藏财物的府库称御府。[8]卒：最终。[9]翟义（？—7）：字文仲，汝南郡上蔡县（今河南上蔡县西南）人。翟方进之子。年二十为南阳都尉，后历任弘农、河内太守、青州牧、东郡太守。平帝死，王莽居摄称"摄皇帝"，义起兵讨莽，众达十余万。后为莽军击败被杀。传附见《汉书》卷八十四《翟方进传》。[10]故：故意。[11]观望：谓窥测人心。[12]渐：迹象。[13]"方今"二句：言分封在各地的宗室王侯都力量衰弱，不能成为屏卫朝廷的强大势力。蕃，通"藩"，屏障。[14]倾首：低头。表示屈服。[15]亢（kàng）捍：抵御，捍卫。[16]设令：假使。时命：命运。[17]死国埋名：为国难而死，姓名不被人知。[18]都尉：官名，佐太守职掌一郡的军事，又称郡尉。[19]刘信：宣帝曾孙，东平王刘云之子。翟义讨莽，立信为天子。事败亡匿，不知所终。[20]都试：考试。汉制，以立秋日总试骑射。[21]观：东郡属县名，县治在今河南清丰县东南。[22]勒：统率。[23]材官士：汉时选拔勇武之士建置的一种善射的兵种。[24]移檄郡国：发送声讨文书到各个郡国。檄，声讨文书。[25]鸩杀孝平皇帝：檄文指斥王莽用毒酒杀害平帝。鸩，用鸩羽泡制毒酒。[26]共行天罚：王莽违背天意，天欲罚之，但是天不能自行征伐，所以现在代天行罚。古人常用"恭行天罚"来说明自己军事行动的正义性。共（gōng），通"恭"。[27]比：等到。[28]山阳：郡名，治所在今山东金乡县西北。[29]人心：指人的想法。[30]春王：长安城门名。西汉长安每面三门，共十二门，东面最北的城门叫宣平门，又叫东都门，王莽改名春王门。此门是出城东行的交通要道。[31]城门校尉：官名，职掌城门的戍卫。[32]宗伯：官名，原

名宗正，平帝时改称宗伯，职掌皇族事务。［33］中少府：指长乐少府。长乐少府的职掌在宫中，所以称中少府。［34］凡七人：孙建、刘宏、窦况，王莽的党羽；王邑、王骏、王况、王昌，王莽的宗亲。［35］择除：选任。［36］关西：指函谷关以西地区。［37］将：率领。［38］关东：指函谷关以东地区。［39］奔命：军队名。这种军队，常在遇有紧急情况时调发作战。［40］屯：驻扎。［41］逯（lù）并：人名，历任骑都尉、将作大匠等职。平帝元始元年（1），巡视各地风俗，称颂王莽功德，封蒙乡侯。王莽建新，官至大司马，封同风侯。［42］武关：关名，在今陕西商南县西南。［43］宛：县名，南阳郡治，古时是军事重镇，今属河南。［44］三辅：西汉京畿地区，划为京兆尹、左冯翊、右扶风三个行政地区，治所皆在长安城中，渭城以西属右扶风，长安以东属京兆尹，长陵以北属左冯翊，合称三辅。［45］茂陵：县名，县治在今陕西兴平市东北。［46］汧（qiān）：县名，县治在今陕西陇县南。［47］槐里：县名，县治在今陕西兴平市东南。［48］官寺：官署。寺，衙署。［49］右辅都尉：即右扶风都尉，治所在今陕西眉县东。汉制，郡设都尉，佐太守职掌军事。太守的治所在郡所属的第一大县，而尉有独自的治所。三辅建置犹郡，所以也设有都尉。［50］斄（tái）：县名，县治在今陕西武功县西。［51］稍：逐渐。［52］卫尉：官名，职掌宫门警卫。［53］大鸿胪：官名，九卿之一，职掌接待宾客等事。［54］平乐馆：又作平乐观，宫观名。汉高祖时始建，武帝增修，在长安上林苑（今陕西西安市鄠邑区、长安区一带）中。［55］受钺：古代大将出征，接受天子所授予的符节与斧钺，作为握有征伐权力的象征。［56］循行：巡视。循，通“巡”。［57］禄父：即殷纣王之子武庚。［58］畔：通“叛”。［59］斗筲：指才识短浅，器量狭小。斗，量器，容十升。筲（shāo），竹器，容一斗二升。因斗筲都是容量很小的量器，所以常用来喻指人的才识短浅，器量狭小。［60］甲子：十月十五日。［61］《周书》：《尚书》分为《虞书》《夏书》《商书》《周书》四个部分，分别编次记述虞、夏、商、周时期的文章。［62］《大诰》：《周书》中有《大诰》篇，记述周公在东征平定三监勾结禄父叛乱之前的一次谈话，申明大义以谕告天下。王莽托古，自比周公，所以也作《大诰》之文。［63］粤其闻日：听到翟义反叛之日。粤（yuè），句首语气词，无义。［64］民献仪：人民中贤而可为表率的。献，贤。［65］予：我。王莽自称“予”。［66］终于此谋继嗣图功：此言我要恭敬地依靠宗室中的优秀分子和人民中贤而可为表率者，为完成辅佐孺子治理天下的重任而继续谋求功业。终，完成。继嗣，继续。［67］班行：颁行。［68］当反位孺子：把治理天下的职权归还孺子。反，同“返”，归还。［69］陈留：郡名，治所在今河南开封市东南。［70］菑：县名，县治在今河南兰考县东南。菑县原属梁国，后改属陈留郡。［71］即：到。［72］圉（yǔ）：县名，县治在今河南杞县南。［73］固始：县名，县治在今河南太康县南。［74］陈：县名，淮阳国治所，县治在今河南周口市淮阳区。

始初元年（戊辰，8 年）

春，地震。大赦天下。

王邑等还京师，西与王级等合击赵朋、霍鸿。二月，朋等殄灭[1]，诸县息平。还师振旅[2]，莽乃置酒白虎殿，劳赐将帅。诏陈崇治校[3]军功，第[4]其高下，依周制爵五等[5]，以封功臣为侯、伯、子、男，凡三百九十五人，曰“皆以奋怒，东指西击，羌寇、蛮盗，反虏、逆贼，不得旋踵[6]，应时[7]殄灭，天下咸服”之功封云。其当赐爵关内侯者，更名曰附城[8]，又数百人。莽发翟义父方进及先祖冢在汝南[9]者，烧其棺柩；夷灭三族[10]，诛及种嗣[11]，至[12]皆同坑，以棘五毒[13]并葬之。又取义及赵朋、霍鸿党众之尸，聚之通路之旁，濮阳[14]、无盐[15]、圉、槐里、盩厔[16]凡五所[17]，建表木[18]于其上，书曰：“反虏逆贼鳣鲵[19]。”义等既败，莽于是自谓威德日盛[20]，遂谋即真[21]之事矣。

群臣复奏：进摄皇帝子安、临爵为公[22]；封兄子光[23]为衍功侯。是时莽还归[24]新都国；群臣复白以封莽孙宗[25]为新都侯。

九月，莽母功显君死。莽自以居摄践阼[26]，奉汉大宗[27]之后，为功显君缌缞[28]弁而加麻环绖[29]，如天子吊诸侯服。凡壹吊再会[30]；而令新都侯宗为主[31]，服丧三年云。

司威[32]陈崇奏：莽兄子衍功侯光私报[33]执金吾窦况，令杀人；况为收系[34]，致其法[35]。莽大怒，切责光。光母曰：“汝自视孰与长孙、中孙[36]！”长孙、中孙者，宇及获之字也。遂母子自杀，及况皆死。初，莽以事母、养嫂、抚兄子为名，及后悖虐[37]，复以示公义[38]焉。令光子嘉嗣爵为侯。

是岁，广饶侯刘京言齐郡[39]新井，车骑将军千人[40]扈云言巴郡[41]石牛，太保属[42]臧鸿言扶风雍[43]石；莽皆迎受。十一月，甲子[44]，莽奏太后曰：“陛下遇汉十二世三七之厄[45]，承天威命[46]，诏臣莽居摄。广饶侯刘京上书言：‘七月中，齐郡临淄县[47]昌兴亭长[48]辛当一暮数梦，曰：“吾，天公使也。天公使我告亭长：‘摄皇帝当为真。’即不信我，此亭中当有新井。”亭长晨起视亭中，诚[49]有新井，入地且[50]百尺。’十一月，壬子[51]，直建冬至[52]，巴郡石牛，戊午[53]，雍石文，皆到于未央宫之前殿。臣与太保安阳侯舜等视，天风起，尘冥[54]，风止，得铜符帛图于石前，文曰：'天告帝符，献者封侯，'骑都尉崔发[55]等视说。孔子曰：'畏天命，畏大人[56]，畏圣人[57]之言。'臣莽敢不承用！臣请共事神祇[58]、宗庙，奏言太皇太后、孝平皇后，皆称'假皇帝'；其号令天下，天下奏言事，毋言'摄'；以居摄三年为始初元年；漏刻[59]以百二十为度；用应天命。臣莽夙夜[60]养育隆就[61]孺子，令与周之成王比德，宣明太皇太后威德于万方，期于富而教之。孺子加元服，复子明辟[62]，如周公故事。"奏可。众庶知其奉符命，指意群公[63]博议[64]别奏，以示即真之渐矣。

期门郎[65]张充等六人谋共劫莽，立楚王[66]。发觉，诛死。

（以上为第八段，写王莽借口天降符瑞，蚕食汉家国祚，由居摄皇帝再进一步称假皇帝，即代理皇帝。）

【注释】

[1]殄（tiǎn）灭：消灭。 [2]振旅：整军。 [3]治校：负责考核。 [4]第：排列次序。 [5]五等：公、侯、伯、子、男五爵。 [6]旋踵：调转脚跟。意指时间极其短促。踵，脚后跟。 [7]应时：即时。 [8]附城：爵位名。周代分封，封地不到方圆五十里的小国附属于大的诸侯国，称附庸。王莽托古改制，建附城爵号，以比周代的附庸。 [9]汝南：郡名，治所在今河南平舆县北。 [10]夷灭：诛杀。三族：所指有几说：1. 父母、兄弟、妻子；2. 父族、母族、妻族；3. 父之兄弟、己之兄弟、子之兄弟；4. 父、子、孙。 [11]种嗣：后嗣。 [12]至：甚至。 [13]五毒：五种有毒昆虫和动物，五毒为蝎子、蜈蚣、蛇、马蜂、蟾蜍。 [14]濮阳：县名，东郡治所，县治在今河南濮阳市西南。 [15]无盐：县名，东平国治所，县治在今山东东平县东。 [16]盩（zhōu）厔（zhì）：县名，县治在今陕西周至县东。 [17]凡五所：濮阳、无盐、圉三所聚翟义同党之尸，槐里、盩厔二所聚赵朋、霍鸿同党之尸。 [18]表木：立木作为标志。 [19]鳢（qīng）鲵（ní）：鲸鱼。此喻指凶恶之人。鳢，同"鲸"，鲸鱼雄称鲸，雌称鲵。 [20]威德日盛：据章校，有的版本此下有"大获天人之助"六字。 [21]即真：正式即皇帝位。 [22]进摄皇帝子安、临爵为公：平帝元始四年（4），安封褒新侯，临封赏都侯，今由侯爵进为公爵。 [23]兄子光：指王莽之兄王永的儿子王光。 [24]还归：交还。 [25]莽孙宗：王莽孙王宗，为王莽长子王宇之子，是王莽的嫡孙，所以封宗为新都侯。 [26]践阼：同"践祚"。 [27]大宗：宗法社会以嫡系长房为大宗，余子为小宗。此指汉朝皇统。 [28]缌缞：细麻布制作的丧服。缌（sī），细麻布。缞（cuī），丧服。古代丧服用麻布制作。 [29]环绖（dié）：古代丧期结在头上和腰间的麻带叫作绖。将绖（麻带）缠绕成环状，戴在头上，叫作环绖。《周礼·春官·司服》："凡

丧，王为……诸侯缌衰……首服皆弁绖。”［30］壹吊再会：做一次吊唁，集合众人两次祭拜。［31］主：指丧主，即主持丧事的人。依丧礼，以嫡长子为丧主，如无嫡长子，则以嫡长孙为宗主。［32］司威：官名，王莽建置，职掌督察百官。［33］私报：私下嘱告。［34］况为收系：窦况被逮捕。［35］致其法：将其送交执法部门依法处置。［36］汝自视孰与长孙、中孙：你看看自己，与长孙、中孙比，谁更亲。孰与，与……相比怎么样。长孙、中（zhòng）孙，指王莽的长子、次子。长子王宇，字长孙；次子王获，字次孙。两子均被王莽所杀，王宇死于平帝元始三年，王获死于哀帝元寿元年。［37］悖虐：逆乱暴虐。［38］公义：公正的义理。［39］齐郡：郡名，治所在今山东淄博市东北。［40］千人：官名，属车骑将军。［41］巴郡：郡名，治所在今重庆市北。［42］属：下属官吏。［43］雍：右扶风属县名，县治在今陕西宝鸡市凤翔区南。［44］甲子：十一月二十一日。［45］十二世三七之厄：十二世，指自建汉至今十二帝，即高祖、惠、文、景、武、昭、宣、元、成、哀、平、孺子。三七，指自建汉至今二百一十年。实际年数是二百一十四年（前206—8），此言其整数。厄，厄运，艰难困苦的遭遇。［46］承天威命：接受上天威严的命令。王莽奏称加号“假皇帝”是上天的命令。［47］临淄县：齐郡治所，县治在今山东淄博市。［48］亭长：官名。汉时，县下设乡，乡下设亭，亭下设里。大致十里一亭，十亭一乡。亭设亭长，职掌治安，捕盗贼，理民事，并供公差食宿。［49］诚：确实。［50］且：将近。［51］壬子：十一月九日。［52］直建冬至：这一天正当冬至日。直，正当。建，古代天文学称北斗星斗柄所指为建。一年之中，斗柄旋转而依次指向十二辰，称为十二月建。夏历的月份即由此而定。十一月斗柄指子，所以十一月为建子之月。此言正当月建的地支日（子）是冬至。［53］戊午：十一月十五日。［54］尘冥：因尘土飞扬而天色昏暗。［55］崔发：涿郡人，官骑都尉，依附王莽，编造符命，封说符侯。王莽建新，官至大司空；莽败，为农民军所杀。［56］大人：指在高位的人。［57］圣人：指有道德的人。语出《论语·季氏》。［58］神祇（qí）：天地之神。［59］漏刻：计时器。古代利用滴水多少来计量时间的一种壶状仪器，叫作漏壶。漏壶中插入一根标杆，称为箭，箭上刻符号表时间，所以叫作漏刻。［60］夙夜：日夜。［61］隆就：使其健康地成长。隆，隆盛，健康，使动用法。就，成就，成长。［62］复子明辟：归还孺子明君之位。子，指孺子。明辟，明君。语出《尚书·洛诰》。［63］指意群公：向群臣指其意向。［64］博议：全面详尽地讨论。［65］期门郎：官名，职掌执兵扈从护卫。［66］楚王：指楚王刘纡，宣帝子，楚孝王刘嚣之孙，哀帝元寿元年（前2）嗣侯。王莽建新，贬为公，第二年废为平民。

梓潼[1]人哀章[2]学问[3]长安，素无行，好为大言，见莽居摄，即作铜匮，为两检[4]，署[5]其一曰“天帝行玺金匮图”，其一署曰“赤帝[6]玺某传予皇帝金策书”。某者，高皇帝名也。书言王莽为真天子，皇太后如[7]天命。图书皆书莽大臣八人，又取令名王兴、王盛[8]，章因自窜姓名[9]，凡十一人，皆署官爵，为辅佐。章闻齐井、石牛事下，即日昏时[10]，衣黄衣，持匮至高庙，以付仆射[11]。仆射以闻。戊辰[12]，莽至高庙拜受金匮神禅[13]，御王冠[14]，谒[15]太后，还坐未央宫前殿，下书曰："予以不德，托于皇初祖考黄帝之后[16]，皇始[17]祖考虞帝之苗裔，而太皇太后之末属。皇天上帝隆显大佑，成命[18]统序[19]，符契、图文、金匮策书，神明诏告，属予以天下兆民[20]。赤帝汉氏高皇帝之灵，承天命，传金策之书，予甚祇畏[21]，敢不钦受[22]！以戊辰直定[23]，御王冠，即真天子位，定有天下之号曰新。其改正朔，易服色[24]，变牺牲，殊徽帜[25]，异器制。以十二月朔癸酉为始建国元年正月之朔[26]；以鸡鸣为时[27]。服色配德上黄[28]，牺牲应正用白[29]，使节之旄幡[30]皆纯黄，其署曰'新使五威节'[31]，以承皇天上帝威命也。"

莽将即真，先奉诸符瑞以白太后，太后大惊。是时以孺子未立，玺臧长乐宫[32]。及莽即位，请玺，太后不肯授莽。莽使安阳侯舜谕指。舜素谨敕[33]，太后雅[34]爱信之。舜既见太后，太后知其为莽求玺，怒骂之曰："而属[35]父子宗族，蒙汉家力，富贵累世，既无以报，受人孤寄[36]，乘便利时夺取其国，不复顾恩义。人如此者，狗猪不食其余[37]，天下岂有而兄弟邪[38]！且若[39]自以金匮符命为新皇帝，变更正朔、服制，亦当自更作玺，传之万世，何用此亡国不祥玺为，而欲求之！我汉家老寡妇，旦暮且死，欲与此玺俱葬，终不可得！"太后因涕泣而言，旁侧长御以下皆垂涕。舜亦悲不能自止，良久，乃仰谓太后："臣等已无可言者。莽必欲得传国玺，太后宁[40]能终不与邪！"太后闻舜语切，恐莽欲胁[41]之，乃出汉传国玺投之地，以授舜曰："我老已死[42]，知而兄弟今族灭[43]也！"舜既得传国玺，奏之；莽大说，乃为太后置酒未央宫渐台[44]，大纵众乐。

莽又欲改太后汉家旧号，易其玺绶，恐不见听；而莽疏属[45]王谏欲谄[46]莽，上书言："皇天废去汉而命立新室，太皇太后不宜称尊号，当随汉废，以奉天命。"莽以其书白太后，太后曰："此言是也[47]！"莽因曰："此悖德[48]之臣也，罪当诛！"于是冠军[49]张永献符命铜璧文[50]，言太皇太后当为新室文母太皇太后；莽乃下诏从之。于是鸩杀王谏而封张永为贡符子。

班彪[51]赞曰：三代以来，王公失世，稀[52]不以女宠[53]。及王莽之兴，由孝元后历汉四世[54]为天下母，飨国[55]六十余载，群小世权[56]，更持国柄[57]；五将[58]、十侯[59]，卒成新都。位号已移于天下，而元后卷卷[60]犹握一玺，不欲以授莽，妇人之仁，悲夫！

（以上为第九段，写王莽完成篡国夺取皇帝大位最后冲刺的过程。玩弄政治权术，王莽堪称旷世奸雄。）

【注释】

[1]梓潼：县名，广汉郡治所，县治在今四川梓潼县。[2]哀章：人名。王莽建新，以编造铜匮符命，任国将，封美新公，为四辅之一，位上公。莽败，为农民军所杀。[3]学问：学习和询问，求学。[4]检：封缄。古书用竹木简书写，书成，上面加盖一条简，然后书与盖简用皮条或丝绳捆束，于绳结处封泥，在泥上钤印，谓之检。此言铜匮外面用两道封检。[5]署：题字。[6]赤帝：传说汉高祖刘邦为赤帝子。[7]如：顺从，遵依。[8]令名王兴、王盛：令名，美好的名字。王兴、王盛，此二名，分言则为王者兴、王者盛，合言则为王者兴盛，所以视为令名。[9]自窜姓名：把自己的名字哀章也列入其中。窜，列入。[10]即日昏时：当日傍晚。[11]仆射：官名，太常属官，职掌管理和供奉高庙。[12]戊辰：十一月二十五日。[13]神禅（shàn）：言神命汉禅位于莽。禅，以帝王之位让人。[14]御王冠：戴王者之冠。御，戴。[15]谒：拜见。[16]托于皇初祖考黄帝之后：有幸为皇初祖黄帝的后代子孙。托，寄身。皇初，初祖。祖考，祖先。[17]皇始：始祖。王莽自谓是黄帝、虞舜之后。黄帝是初祖，虞舜是始祖。[18]成命：既定的天命。[19]统序：世代相继的帝王世系。[20]属予以天下兆民：上言上帝显灵佑助，把已定的帝王世系通过符、图及金匮之书告谕人间，将众民托付给我。属，托付。予，我，王莽自称。兆民，众民。[21]祗（zhī）畏：敬畏。[22]钦受：恭敬地接受。[23]以戊辰直定：因为戊辰日应当决定受命为天子事。直，应当。[24]改正朔，易服色：正朔，指历法。改正（zhēng）朔，指谓帝王新颁布的历法。正是一年的始月，朔是一月的始日。古代帝王新得天下，必改正朔，易服色，各种礼仪典制改故用新，表示治理天下从我开始更新。[25]殊徽帜：使旌旗等物特别地不同于前朝。殊，人为地使其特别不同。[26]“以十二月朔”句：此言以汉十二月为新之正月，初一日为癸酉。[27]鸡鸣：时辰名。古代分一昼夜为十二时辰，鸡鸣为其一。与今天的二十四小时对照，鸡鸣相当于早三点至四点。与干支纪时对照，相当于丑时。时：开始的时辰。此言以丑时为一天十二时辰的开始。[28]服色配德上黄：德，指五行之德。上，通“尚”，尊崇，推重。古代阴阳家把金、木、水、火、土五行称为五德，即五行之德。每德

配一种颜色，即以一色为主色。认为历代王朝各代表一德，按照五行相生或相克的顺序，交互更替，周而复始。汉为火德，依五行相生说，火生土，所以代汉者为土德。土主黄色，所以服色以黄为尊。［29］牺牲应正用白：王莽以汉十二月为正，则为建丑之月。人们认为万物始发于丑，其色白，所以说与正相应牺牲用白色。［30］旄幡：用牦牛尾作为装饰的旗帜。［31］五威节：五威，威镇五方。五方即前、后、左、右、中。王莽改制，设置五威将帅，使节也用“五威”称之。［32］玺臧长乐宫：皇帝玉玺收藏在长乐宫。臧，通“藏”。长乐宫，太皇太后所居之宫。［33］谨敕：谨慎整齐。［34］雅：向来。［35］而属：你辈，你们这些人。［36］孤寄：以孤儿相托付。［37］其余：剩下的。此言狗猪耻于食其所食。［38］“天下”句：普天之下难道有像你们兄弟一样的人吗！［39］若：你们。［40］宁：岂，难道。［41］胁：逼迫。［42］已死：不久即死。已，旋即，不久。［43］族灭：灭族，即整个家族被诛灭。［44］渐台：台名，在未央宫沧池中。地皇四年（公元23），农民军攻进长安，王莽逃至渐台被杀，即此。［45］疏属：远支的族人。［46］谄：奉承，献媚。［47］此言是也：这是恨怒之下的反语。［48］悖德：违背德义。［49］冠军：县名，县治在今河南邓州市西北。［50］铜璧文：书写在璧形铜器上的文字。璧，中心有孔的扁平圆形玉器。［51］班彪（3—54）：字叔皮，右扶风安陵县（今陕西咸阳市东北）人，东汉史学家。早年避难于天水，依隗嚣。后至河西为窦融从事。东汉初，为徐令，后因病免官。好著述，作西汉史后传六十五篇，以补《史记》之阙，后来其子班固据以写成《汉书》。［52］稀：很少。［53］女宠：指帝王宠爱的女子。［54］历汉四世：孝元皇后王政君历元、成、哀、平四代皇帝。世，代。［55］飨国：享有国家。飨，通“享”。［56］群小世权：群小，据章校，有的版本“小”作“弟”。世权，世代掌权。［57］更持国柄：指王政君群弟轮流掌握汉朝国家权柄。更，轮流。国柄，国家权柄。［58］五将：指王凤、王音、王商、王根、王莽，皆为大司马。［59］十侯：指阳平顷侯王禁、阳平敬侯王凤、安成侯王崇、平阿侯王谭、成都侯王商、红阳侯王立、曲阳侯王根、高平侯王逢时、安阳侯王音、新都侯王莽。［60］卷卷：通“拳拳”，眷恋不舍的样子。

【点评】

论王莽篡汉。本卷详载王莽篡汉的全过程，生动地揭示了专制政体下野心家是怎样进行政治暗箱操作的，给人们留下深刻的历史教训。

王莽篡汉分为五个步骤，一点一点蚕食汉家政权。第一步，王莽晋爵安汉公，位在四辅之上。第二步，改爵号为“宰衡”，意思是王莽德高无比，享有西周冢宰周公和商朝伊尹阿衡之德。第三步，加赐九锡。第四步，居摄为代理皇帝。第五步，即真篡位为新朝皇帝，西汉终结。

王莽是中国古代第一个懂得大搞政治运动树立个人崇拜的野心家。王莽搞的政治运动有两手，一手正面宣传，大搞造神运动，要全国万众庶民齐呼王莽得了天命，是全民的代表。一手负面打压，运用各种暴力运动，颠倒黑白，不准官民有反对意见，制造万马齐喑的政治局面。野心家得逞，黑箱政治一路绿灯，这两手缺一不可。

王莽大搞个人崇拜，手法诡谲而变化多端。第一，拉大旗作虎皮，他的意志总是通过太皇太后王政君下诏来实施的。这比假手傀儡皇帝平帝更为有效。当然，平帝、孺子婴更是王莽的虎皮。王莽辞封、少要赏赐，甚至捐钱百万，都要太皇太后下诏褒扬。第二，指示公卿大臣上疏颂扬自己。例如大司徒司直陈崇命张竦上疏歌颂王莽功德，提议加封采邑。第三，发动成千上万官民上疏，集体颂扬王莽。太保王舜就率领官民八千余人请愿，让太皇太后加封王莽，全国官民有四十八万多人请愿，加封王莽采邑。王莽装腔作势地辞让。第四，由亲信或投机家在全国范围制造符瑞，说齐郡临淄县有位亭长夜梦神人授命王莽应做真皇帝。巴郡出现石牛，有石文曰:“天告帝符，献者封侯。”于是在京师有个叫哀章的人，狂妄地制作了一个铜匮，又制作两道封书题签，说什么“天帝行玺金匮图”“赤帝玺某传予皇帝金策书”。所有上天降下的符契、图文、铜匮、策书，无一不是人为制作。第五，宣传洗脑。王莽命少府宗伯凤入宫给太皇太后讲宗法正统的大义，朝廷大臣也要听讲。王莽还派王恽等八位大臣巡行全国考察风俗，实质是对天下万民洗脑，伪造郡国民谣，对王莽歌功颂德。第六，建造形象工程，修建明堂、辟雍、灵台，皇家宗庙祭祀大搞排场等。

造神运动必须在高压政治下进行，不然就会被人识破。对造神运动不力，甚至敢于揭露的人，王莽就用暴力打杀。王莽借吕宽事件，杀了自己的长子王宇，杀灭卫氏家族，杀灭王宇的妻族吕氏宗姓，又借机把事件扩大成为全国性的政治运动，排除政敌。汉元帝的妹妹敬武公主，王莽的诸父红阳侯王立、平阿侯王仁，以及效忠汉室的大臣、地方官吏，有前将军何武、前司隶校尉鲍宣、前丞相王商之子王安，左将军辛庆忌的三个儿子：护羌校尉辛通、函谷都尉辛遵、水衡都尉辛茂，以及南阳太守辛伯等数百人全都被处死刑。太学博士大儒王宇的老师吴章被腰斩、分尸。王莽打压不同的声音，使舆论一律，甚至抛弃假面具，赤裸裸地镇压。广平国宰相班稚、琅邪郡长公孙闳不附和王莽，不制造民谣祥瑞，如实报告民间灾情，遭到指控，说二人不与中央朝廷保持一致，是痛恨“圣政”。公孙闳被杀头，班稚受到王政君的保护得免一死，被罢官回家。

在王莽的高压政治下，不肯说假话的官僚士大夫采取了回避策略，如逢萌辞官回家，深恐避祸不及。明哲保身的大臣孔光、平当、马宫，以及平当的儿子平晏、平咸等都阿顺取容，一个个成了谄媚拍马之士。班固批评他们不配任职宰辅。

王莽篡汉，大树特树个人权威，对此，柏杨先生在他的现代语文版《资治通鉴》中做了可圈可点的精彩评论。柏杨说：

"王莽先生的个人崇拜运动，如火如荼，这正是王氏集团大显身手的良机，一面是寡廉鲜耻的歌功和颂德，一面是动刀动枪的监狱和诛杀，二者结合成一种狂热，在这狂热之中，上位的人为了夺权，下位的人为了夺利，纯洁的青年群众，则被拨弄成一群疯狗，理性全失。白的变成黑的，黑的变成白的，是非忠奸，完全颠倒。于是，道德崩溃。"

奸险诈伪，放到政治天平上，也是一种成熟。王莽巴结王政君身边的侍从、宫女，花了上千万的赏钱，人人替他唱赞歌。王莽倡导太学，为士子盖了一万间房舍。王莽征召全国几千名知识分子到公车府，让他们口述著述，确实笼络了许多士人。像扬雄、刘歆这样的大儒，也俯首帖耳地服务于新朝。

王莽的黑箱政治操作之所以能够得手，是因为依靠了王政君这块招牌。于是班固把西汉之亡归咎于女人当政，说什么自从三代以来，国君失去权势，无不种因于女宠。于是女人是祸水就成为一种封建意识。不错，外戚干政是来自女宠。没有王政君，就没有王莽。但这只是一种表面现象，当然，这也是原因之一。但更深层的原因是皇权制度这一固有的弊端，正如柏杨先生的比喻，专制君王就像"一个拥有无限权威的司机，他如果决心把车开进万丈深谷，谁都挡不住，谁都救不了"。王莽打了王政君这块招牌，他假了皇权，于是王莽成了这个开向深渊的车的"一个拥有无限权威的司机"，王莽的种种倒行逆施，谁又能阻挡得了呢？杜绝王莽的产生，就要铲除专制皇权，让人民当家作主，让舆论监督，使王莽的政治黑箱暴露在光天化日之下。其次，汉家皇帝连续几代都是败家子，女人专宠，首要的是男性是败家子而宠幸其人。这样说来，王政君的责任，充其量也是第三位的，所以班固的评论颠倒了是非，这个案要翻过来。此外，还有一个社会原因，由于专制政治的高压，更由于汉家几代败家子皇帝，以及王莽的诛杀，讨伐异己，舆论一律，士人丢了气节，官吏丢了职守，皇室宗姓忘了祖宗创业之艰难，全都投入造神运动之中，不识王莽庐山真面目，或有识之，为了明哲保身，而远离是非，如梅福、逢萌等，辞职归隐，鲜有反抗王莽者。如果个人崇拜成为一种社会时尚，识者钳口，于是群众成了群氓，是非颠倒，黑白混淆，理性全失，道德崩溃，这时，一场社会的浩劫就不可避免了。在一个道德崩溃的社会中，谁能振臂一呼，大声说："王莽是个骗子，他不是真命天子，他不是人民的代表。"这个人就是发难者，因为他的一声吼唤醒了人民。这个人粉身碎骨了，但他的精神却永远长存。王莽居摄，宗室刘崇、刘快，名臣之子东郡太守翟义（他是前丞相翟方进之子），他们起兵反抗王莽，就是这样振臂一呼的人。他们明知力量弱小，反抗王莽等于飞蛾扑火，但他们肩负正义，带笑走向死亡，却给王莽敲响了丧钟，得到了王夫之的高度评价。王夫之在《读通鉴论》中说："二刘、翟义不忍国仇，而奋不顾身，以与逆贼争存亡之命，非天也，其志然也；而义尤烈矣。义知事不成而忘其死，智不逮子房而勇倍之矣。”又说:“当莽之篡，天下如狂而奔赴之，孔光、刘歆之徒，援经术以导谀，上天之神，虞舜之圣，周公之忠，且为群不逞所诬而不能白。义正名其贼，以号召天下于魔魅之中，故南阳诸刘一起，而莽之首早陨于渐台。……义也，崇也，快也，自输其肝脑以拯天之衰而伸莽之诛者也。不走而死，义尤烈哉！”翟义不逃，赴义而死，两千年后的知音当数戊戌变法中的谭嗣同，以血警世，悲夫！壮哉！

卷三七　汉纪二十九

王莽始建国元年至天凤元年（9—14 年）

【起屠维大荒落（己巳，9 年），尽阏逢阉茂（甲戌，14 年），凡六年】

【大事提要】

本卷记事起公元 9 年，讫公元 14 年，凡六年，当王莽始建国元年至天凤元年，新朝前半期，王莽推行改朝换代的大规模改制。始建国元年，王莽首先推行官制改革，用新官名、新爵号，目的是用新朝制度，取代汉家制度，用以消除汉朝的影响。后来王莽改地名，重构行政区划，贬低周边民族的封爵地位，目的都是如此。这种毫无实际意义的理念改革，旨在消除旧朝观念，却适得其反，打乱了人们的生活习惯与语言，只能招来人民怨恨。接着推行井田制度，改革土地制度，禁止买卖，以抑制兼并。始建国二年（10 年），设置五均六筦，用以平抑物价。王莽由于用人不当，推行急迫，违背社会的发展规律，均遭失败。王莽改革货币，目的就是用通货膨胀的手法巧取民财，根本得不到推行。王莽贬低周边少数民族封爵地位，轻启边衅，连年征伐，骚动天下，数年之间，边境地区成了无人区。王莽的改革可以说是自掘坟墓。清流士大夫，大多归隐山林，拒绝与新朝合作。龚胜绝食而死，是威武不屈的榜样。

王莽中

始建国元年（己巳，9 年）

春，正月[1]，朔，莽帅公侯卿士奉皇太后玺韨[2]上太皇太后，顺符命，去汉号焉。

初，莽娶故丞相王䜣[3]孙宜春侯咸[4]女为妻，立以为皇后；生四男，宇、获前诛死，安颇荒忽[5]，乃以临为皇太子，安为新嘉辟[6]。封宇子六人皆为公[7]。大赦天下。

莽乃策命[8]孺子为定安公，封以万户[9]，地方百里；立汉祖宗之庙于其国，与周后[10]并行其正朔、服色[11]；以孝平皇后为定安太后。读策毕，莽亲执孺子手，流涕歔欷[12]曰："昔周公摄位，终得复子明辟；今予独迫皇天威命，不得如意！"哀叹良久。中傅将孺子下殿[13]，北面而称臣。百僚陪位，莫不感动。

又按金匮[14]封拜[15]辅臣：以太傅、左辅王舜为太师，封安新公；大司徒平晏为太傅，就新公；少阿、羲和刘秀为国师，嘉新公；广汉梓潼哀章为国将，美新公；是为四辅，位上公。太保、后承甄邯为大司马，承新公；丕进侯王寻为大司徒，章新公；步兵将军王邑为大司空，隆新公；是为三公。太阿、右拂、大司空甄丰为更始将军，广新公；京兆王兴为卫将军，奉新公；轻车将军孙建为立国将军，成新公；京兆王盛为前将军，崇新公；是为四将。凡十一公。王兴者，故城门令史[16]；王盛者，卖饼；莽按符命求得此姓名十余人，两人容貌应卜相[17]，径从布衣登用[18]，以示神[19]焉。

是日，封拜卿大夫、侍中、尚书官凡数百人，诸刘[20]为郡守者皆徙为谏大夫[21]。改明光宫[22]为定安馆，定安太后居之；以大鸿胪府为定安公第；皆置门卫使者[23]监领[24]。敕[25]阿乳母[26]不得与婴语，常在四壁中[27]，至于长大，不能名[28]六畜[29]；后莽以女孙宇子妻之[30]。

莽策命群司[31]各以其职，如典诰之文[32]。置大司马司允、大司徒司直、大司空司若，位皆孤卿[33]。更名大司农曰羲和[34]，后更为纳言；大理曰作士[35]；太常曰秩宗；大鸿胪曰典乐；少府曰共工[36]；水衡都尉曰予虞：与三公司卿[37]分属三公。置二十七大夫，八十一元士[38]，分主中都官[39]诸职。又更光禄勋等名为六监[40]，皆上卿。改郡太守曰大尹，都尉曰大尉，县令、长曰宰；长乐宫曰常乐室，长安曰常安；其余百官、宫室、郡县尽易其名，不可胜纪。

封王氏齐缞之属[41]为侯，大功[42]为伯，小功[43]为子，缌麻[44]为男；其女皆为任[45]。男以"睦"，女以"隆"为号[46]焉。

又曰："汉氏诸侯或称王，至于四夷亦如之，违于古典[47]，缪[48]于一统。其定诸侯王之号皆称公，及四夷僭号[49]称王者皆更为侯。"于是汉诸侯王三十二人皆降为公，王子侯者[50]百八十一人皆降为子，其后皆夺爵[51]焉。

莽又封黄帝[52]、少昊[53]、颛顼[54]、帝喾[55]、尧[56]、舜[57]、夏[58]、商[59]、周[60]及皋陶[61]、伊尹[62]之后皆为公、侯，使各奉其祭祀。

莽因汉承平[63]之业，府库[64]百官之富，百蛮宾服[65]，天下晏然[66]，莽一朝有之，其心意未满，狭小[67]汉家制度，欲更为疏阔[68]。乃自谓黄帝、虞舜之后，至齐王建[69]孙济北王安[70]失国，齐人谓之王家，因以为氏[71]；故以黄帝为初祖，虞帝为始祖。追尊陈胡公[72]为陈胡王，田敬仲[73]为田敬王，济北王安为济北愍王。立祖庙五[74]，亲庙四[75]。天下姚、妫、陈、田、王五姓皆为宗室，世世复[76]，无所与[77]。封陈崇、田丰为侯，以奉胡王、敬王后。

天下牧、守皆以前有翟义、赵朋等作乱，领州郡，怀忠孝，封牧为男，守为附城。

以汉高庙为文祖庙[78]。汉氏园寝庙[79]在京师者，勿罢，祠荐[80]如故。诸刘勿解[81]其复，各终厥[82]身；州牧数存问[83]，勿令有侵冤[84]。

莽以刘之为字"卯、金、刀"也[85]，诏正月刚卯[86]、金刀[87]之利皆不得行，乃罢错刀、契刀及五铢钱，更作小钱，径六分，重一铢，文曰"小钱直一"，与前"大钱五十"者为二品，并行。欲防民盗铸，乃禁不得挟铜、炭。

夏，四月，徐乡侯刘快[88]结党数千人起兵于其国[89]。快兄殷[90]，故汉胶东王，时为扶崇公。快举兵攻即墨[91]，殷闭城门，自系狱。吏民距快[92]；快败走，至长广[93]死。莽赦殷，益其国满万户，地方百里。

（以上为第一段，写王莽改官制、改封爵，推行一套新朝制度，以此消除汉朝的影响。）

【注释】

[1]正月：汉武帝时颁行太初历，以建寅之月为正。王莽建新，改以建丑之月为正。这里的正月为丑正，即寅正的十二月。 [2]皇太后玺韨：即张永所献符命铜璧文，称号为"新室文母太皇太后"。 [3]王䜣：济南郡（治所在今山东济南市章丘区）人。武帝时任被阳令，征为右辅都

尉、右扶风。昭帝时为御史大夫、丞相，封宜春侯。传见《汉书》卷六十六。［4］咸：王䜣孙王咸，继其父王谭袭爵为宜春侯。［5］荒忽：犹“恍惚”，神志不清。［6］辟（bì）：君。此为王莽改定的爵位名号，位在公上。［7］封宇子六人皆为公：封王千为功隆公，王寿为助明公，王吉为功成公，王宗为功崇公，王世为功昭公，王利为功著公。［8］策命：用策书命令。汉制，皇帝命书有四：一曰策书，二日制书，三曰诏书，四曰戒书。策书以命诸侯王与三公。［9］封以万户：以平原郡的平原、安德、漯阴、鬲、重丘等五县封孺子，为定安公国，其地在今山东德州市平原县、陵城区、临邑县、禹城市一带。［10］周后：周朝的后代。武帝元鼎四年（前113），封周后姬嘉于长社（今河南长葛市东北），为周子南君，以奉周祀。其后子孙袭爵。元帝初元五年（前44），改封为周承休侯。成帝绥和元年（前8），进爵为公。王莽建新，以时公姬当为章牟公。古代新王朝建立后，常封前两代王朝的后代，汉否定秦继周后的正统地位，封殷、周之后；王莽废汉建新，则以周、汉为前代二王，所以封其后代以奉周、汉之祀。［11］并行其正朔、服色：都在封国内沿用各自朝代所施行的历法及车马、服饰、颜色等各种礼仪制度。［12］歔欷：叹息抽泣。［13］中傅：汉代诸侯王国设太傅、中傅以辅诸侯王；一说中傅在宫中辅王，由宦者担任。将：带领。［14］金匮：指哀章所献铜匮所署金匮图、金策书。［15］封拜：封爵授官。［16］城门令史：城门校尉属官，掌管文书。［17］应卜相：符合占卜中的相貌。［18］径从布衣登用：直接进用平民。径，直接。布衣，指平民。登用，进用。［19］以示神：以此显示神灵的意愿。［20］诸刘：指汉朝皇族。［21］谏大夫：官名，掌谏议，闲散官员。王莽不让刘姓皇室的人掌握地方实权任郡守，安置在京师为闲职。［22］明光宫：汉宫名，武帝太初四年（前101）建造，南与长乐宫相联属。［23］门卫使者：官名，职掌定安公府第的护卫。［24］监领：监督管理。［25］敕（chì）：告诫。［26］阿乳母：乳母。阿，词头语助词。［27］常在四壁中：意谓令定安公独居室内，不与外界接触。［28］名：作动词，叫出名字。［29］六畜：指牛、马、羊、犬、豕、鸡。［30］女孙宇子妻之：王莽的孙女，莽子王宇的女儿嫁给孺子刘婴为妻。［31］群司：百官。［32］典诰之文：典诰，本指《尚书》中《尧典》《汤诰》等篇，因其皆为记述帝王典制之文，所以后世用以指称典章诏令一类的文字。《汉书·王莽传》于本句上载有王莽对百官发布的策书，以天文对应人事，规定了百官的职责。这里所说的“典诰之文”，即指《汉书》所载策书。［33］孤卿：官名，官位次于三公而高于卿。司允、司直、司若为王莽新设置的官名。［34］大司农：官名，主管国家钱谷租税等财政经济事务。王莽改名为羲和。［35］大理曰作士：大理，官名。秦置廷尉，职掌刑法。汉景帝时改称大理，武帝时复为廷尉，哀帝时又改称大理。今王莽改定官制，称作士。［36］少府曰共工：少府，职掌山海湖泽的税收，以供皇帝享用。王莽改名为共工。［37］司卿：指司允、司直、司若。［38］二十七大夫，八十一元士：王莽改定官制，以羲和、作士、秩宗、典乐、共工、予虞与三司卿为九卿，每卿置大夫三人，共二十七大夫；每大夫置元士三人，共八十一元士。［39］中都官：京师各官府。［40］六监：王莽改光禄勋为司中，太仆为太御，卫尉为太卫，执金吾为奋武，中尉为军正，又置大赘官（主乘舆服御物，后又典兵秩），位皆上卿，称为六监。［41］齐缞之属：齐（zī）缞（cuī），丧服名，为五服之一。齐，衣服的下边。缞，丧服。古代五服中最重的丧服为斩缞，用粗麻布做成，不缝衣边。齐缞次于斩缞，用粗麻布做成，缝衣边。服齐缞者服期分为三年、一年、三月等不同的时间。属，亲属。［42］大功：丧服名，为五服之一。其服用熟麻布做成，较齐缞稍细，较小功为粗。服大功者服期为九个月。［43］小功：丧服名，五服的第四等。其服用熟麻布做成，比大功细，比缌麻粗。服小功者服期为五个月。［44］缌（sī）麻：丧服名，为五服中最轻的一种。其服用疏织细麻布做成。服缌麻者服期为三个月。［45］任：王莽新置女爵位名，犹公主、翁主等名号。上言凡五服内的亲属，男者依亲疏关系封予不同的爵位，女者皆封为任。［46］为号：作为封邑称号。［47］违于古典：违背古代的典章制度。［48］缪：通“谬”，乖误。［49］僭（jiàn）号：冒用帝王的称号。［50］王子侯者：诸侯王之子封为侯的人。［51］夺爵：削除爵位。［52］黄帝：王莽自认黄帝为始祖，为舜之后代。相传舜为黄帝九世孙，舜生于姚墟，姓姚，所以王莽封姚恂为初睦侯，为黄帝后。［53］少昊（hào）：传说中原始社会的部落首领，为黄帝之子。梁氏乃嬴姓，相传嬴姓为少昊之后，所以王莽封梁护为修远伯，为少昊后。［54］颛（zhuān）顼（xū）：传说中原始社会的部落首领，为黄帝之孙，昌意之子，号高阳氏。汉代以刘氏为尧的后代，而以尧出自颛顼，所以王莽封刘歆为祁烈伯，为颛顼后。［55］帝喾（kù）：传说中原始社会的部落首领，为黄帝曾孙，颛顼的族子，号高辛氏。王莽自认是舜的后代，而以舜出自帝喾，所以以其孙功隆公王千为帝喾后。［56］尧：汉代以刘氏为尧的后代，所以王莽封刘歆之子刘叠为伊休侯，为尧后。［57］舜：相传舜居妫汭，舜的后代以妫为氏，所以王莽封妫昌为始睦侯，为舜后。［58］夏：相传夏禹姓姒，所以王莽封姒丰为章功侯，为夏后。［59］商：孔氏为商的后代，所以王莽封孔弘为章昭侯，为商后。［60］周：周代王室姓姬，所以王莽封姬党为章平公，为周后。［61］皋陶（yáo）：传说为舜臣，职掌刑法。王莽封山遵为褒谋子，作为皋陶后。［62］伊尹：商汤大臣，助汤灭夏建商，尊为阿衡。王莽封伊玄为褒衡子，为伊尹后。［63］承平：太平。［64］府库：国家贮藏财物、兵甲的处所。［65］宾服：归顺，臣服。［66］晏然：安定。［67］狭小：作动词，意动用法。此言认为汉代制度狭隘简陋。［68］疏阔：简略，宏大。［69］齐王建：战国末期齐国国王田建，在位四十四年（前264—前221）。秦兵攻齐，听相后胜计，不战而降，齐亡。［70］济北王安：公元前206年，秦亡，项羽分封诸侯，以原齐王田建之孙田安为济北王，都博阳（今山东泰安市东南）。同年，被田荣杀死。［71］以为氏：以王为氏。［72］陈胡公：即妫满。舜后，西周初年封之于陈，以奉舜祀。［73］田敬仲：即陈完。公元前672年，陈国内乱，陈厉公之子公子完奔齐。在齐为田氏，死后谥敬仲，史称田敬仲。田氏在齐势力日强，终于公元前386年代姜氏为齐侯。事见《史记》卷四十六《田敬仲完世家》。［74］祖庙五：即黄帝、舜、陈胡公、田敬仲、济北王安之庙。王莽自认黄帝为始祖，为济北王安的七世孙。［75］亲庙四：即高祖王遂、曾祖王贺、祖王禁、父王曼之庙。［76］复：免除赋税、徭役。［77］无所与：意谓享受宗室优待，凡事不要有所牵涉。与，干预。［78］文祖庙：尧的始祖庙；后世泛指太祖庙。［79］园寝庙：陵墓和宗庙。［80］祠荐：以祭品祀神灵祖先。［81］解：解除。［82］厥：其。［83］数（shuò）存问：多次慰问，问候。［84］侵冤：被欺凌，受冤屈。［85］“莽以刘之为字”句：“刘”的繁体作“劉”，所以说其字形体有卯、金、刀三个部分。［86］刚卯：汉代人用以避邪的佩饰，正月卯日制成，以金、玉或桃木为材料，长条四方形，上面刻有避邪内容的文字。中间有孔，以便穿绳佩带。［87］金刀：指王莽所铸钱币错刀、契刀等。此言王莽十分惧怕刘汉势力，因为刚卯的“卯”字与错刀、契刀有关的“金”“刀”二字可以拼合成“劉”字，为消除刘汉政权对人们的影响，便将刚卯与错刀、契刀都作为忌讳，不准使用。［88］刘快：一作“刘炔”，汉景帝七世孙，胶东恭王刘授之子。汉成帝元延元年（前12）封徐乡侯。起兵反莽，事败身死。［89］其国：指刘快的封地徐乡侯国，治所在今山东龙口市西北。［90］快兄殷：刘快的哥哥刘殷。刘殷于汉成帝永始三年（前14）嗣爵为胶东王。王莽建新，贬爵号为公，为扶崇公，仍拥有原来的封地。今因拒纳其弟，增其封邑。［91］即墨：县名，扶崇公国治所，县治在今山东平度市东南。［92］距快：抗拒刘快。距，通“拒”，抵御。［93］长广：县名，县治在今山东莱阳市东。

莽曰：“古者一夫田百亩［1］，什一而税［2］，则国给民富而颂声作。秦坏圣制，废井田，是以兼并起，贪鄙生，强者规田［3］以千数，弱者曾［4］无立锥之居。又置奴婢之市，与牛马同阑［5］，制于民臣，颛断［6］其命，缪于‘天地之性人为贵［7］’之义。减轻田租［8］，三十而税一，常有更赋［9］，罢癃［10］咸出；而豪民侵陵，分田劫假［11］。厥名三十税一，实什税五也。故富者犬马余菽粟［12］，骄而为邪；贫者不厌［13］糟糠，穷而为奸；俱陷于辜［14］，刑用不错［15］。

“今更名天下田曰‘王田’，奴婢曰‘私属’，皆不得卖买。其男口不盈八而田过一井者，分余田予九族、邻里、乡党［16］。故［17］无田、今当受田者，如制度［18］。敢有非［19］井田圣制、无法［20］惑众者，投诸四裔［21］，以御魑魅［22］，如皇始祖考虞帝故事［23］！”

秋，遣五威将［24］王奇等十二人班［25］符命四十二篇于天下：德祥［26］五事，符命二十五，福应［27］十二。五威将奉符命，赍［28］印绶，王侯以下及吏官名更［29］者，外及匈奴、西域、徼［30］外蛮夷，皆即授新室印绶，因收故汉印绶。大赦天下。

五威将乘乾文车［31］，驾坤六马［32］，背负［33］鷩鸟［34］之毛，服饰甚伟。每一将各置五帅，将持节［35］，帅持幢［36］。其东出者至玄菟［37］、乐浪[38]、高句骊[39]、夫余[40]；南出者隃[41]徼外，历[42]益州[43]，改句町王为侯[44]；西出至西域，尽改其王为侯；北出至匈奴庭[45]，授单于印，改汉印文，去玺言章[46]。

冬，雷，桐华[47]。

以统睦侯陈崇为司命[48]，主司察上公以下。又以说符侯崔发等为中城[49]、四关将军[50]，主十二城门及绕霤[51]，羊头[52]、肴黾[53]、汧陇[54]之固，皆以五威冠其号。

又遣谏大夫五十人分铸钱于郡国。

是岁，真定[55]、常山[56]大雨雹[57]。

（以上为第二段，写王莽内政推行复古的井田制度，骚动全国；对外推行大汉族主义，贬低四夷属国的封号，激化了民族矛盾。王莽建国伊始，就开始了自掘坟墓。）

【注释】

[1]古者一夫田百亩：指古代实行的井田制。据记载，我国奴隶社会的土地制度为井田制。即将方里九百亩土地平分为九块，其中间的百亩为公田，周围八块为私田。私田分给八家农户耕种，每家百亩。从公田中划出二十亩作为八家庐舍用地，每户二亩半，其余八十亩公田由八家共同耕种。私田收获物归耕者所有，公田收获物归奴隶主贵族。 [2]什一而税：采用十分抽一的税率。 [3]规田：分割田地，占有田地。 [4]曾：竟，却。 [5]阑：通“栏”，饲养家畜的圈。[6]颛断，独自决断。颛，通“专”。 [7]天地之性人为贵：此言天地所生育的生命中，人是最宝贵的。引文见《孝经·圣治》。性，生命。 [8]减轻田租：据章校，有的版本“减”上有“汉氏”二字。古代什一而税，汉初，减为十五税一，汉文帝再减为三十税一。 [9]更赋：汉代以纳钱代更役的赋税。汉制，男子年二十三至五十六，按规定轮番戍边服兵役，称为更役，以钱代役称为更赋。赋，税。 [10]罢癃（lóng）：衰老多病。罢，通“疲”。 [11]分田劫假：地主向佃农勒索租税，分取土地上的收获物。分田，分取土地上的收获物。假，假税，即地租。 [12]“故富者”句：富者所养犬马有吃不完的粮食。菽，豆类粮食。粟，小米。 [13]厌：通“餍”，吃饱。 [14]辜：罪。 [15]刑用不错：刑法被派上用场。无人犯罪，刑法不用是太平盛世，刑法不被搁置而被使用，说明很多人在犯罪。错，通“措”，搁置，停止。 [16]乡党：周制，五百家一党，五党一州，五州一乡。后世用以泛指乡里。 [17]故：原来。 [18]如制度：按规定授予田地。 [19]非：指责，诋毁。[20]无法：目无国法。[21]投诸四裔：流放到四方边远地方。投，迁置。诸，“之于”的合音词。四裔（yì），四方边远地区。 [22]魑（chī）魅（mèi）：传说中能害人的怪物。此

喻指恶人。［23］如皇始祖考虞帝故事：依照始祖考虞舜的原有做法。《左传》鲁文公十八年："舜臣尧，宾于四门，流四凶族浑敦、穷奇、梼杌、饕餮，投诸四裔，以御螭魅。"［24］五威将：官名。王莽建新，置五威将，每一将置左、右、前、后、中五帅，各著方色衣冠，左（东）青、右（西）白、前（南）赤、后（北）黑、中黄。将持节，称太一之使；帅持幢，称五帝之使。五威将帅周行各方，威震天下，故称"五威"。［25］班：颁布。［26］德祥：因德行而获得的祥瑞。［27］福应：靠福气而获得的报应。［28］赍（jī）：带着。［29］更：改。［30］徼（jiào）：边界。［31］乾文车：绘有天文图案的车。《乾》为八卦之一，以卦象物，乾为阳，为天。乾文，即天文。［32］坤六马：六匹母马。《坤》为八卦之一，以卦象物，坤为阴，为地。坤马，即母马；以数言，六为阴。［33］背负：以背载物。［34］鷩（bì）鸟：鸟名，俗称锦鸡，似山鸡而小，胸腹皆赤，冠羽尤其美丽。此言五威将背上插着鷩鸟的羽毛。［35］节：符节。古代奉朝廷之命出行完成某种使命之臣，必执符节以为凭证。［36］幢（chuáng）：一种旌旗。垂筒形，上饰羽毛、锦绣。此以持节、持幢作为将、帅的区别。［37］玄菟（tú）：郡名，治所在今辽宁新宾县西南。［38］乐浪：郡名，治所在今朝鲜平壤市南。［39］高句（gōu）骊：即高句丽，古国名，其地在今辽宁新宾县。［40］夫余：即扶余，古国名，其地在今吉林松花江流域及其以西地区。［41］隃（yú）：同"逾"，越过。［42］历：经过。［43］益州：郡名，治所在今云南昆明市晋宁区。［44］改句（gōu）町（tǐng）王为侯：句町为西南夷地，在今云南广南县。汉昭帝始元六年（前81），句町侯毋波以击杀反叛汉廷的部族有功，朝廷立其为句町王。王莽建新，贬句町王邯为侯，邯怨恨，被杀死。［45］匈奴庭：单于设幕立朝的地方。［46］去玺言章：废除"玺"名，称为"章"。［47］冬，雷，桐华：此言自然界的异常现象，冬季天上响雷，桐树开花。华，花。［48］司命：即五威司命，王莽新设置的官名。［49］中城：即五威中城将军。中城，京城。京城长安东西南北四面每面三门，共十二门。以崔发为五威中城将军，职掌长安十二城门。［50］四关将军：即五威前关将军、五威后关将军、五威左关将军、五威右关将军。四关，指京城长安前、后、左、右四面的四个关隘，即绕霤、羊头、肴黾、汧陇。［51］绕霤（liù）：地名，在今陕西丹凤县西北。其地四面险阻，道路弯曲，溪谷环绕。绕霤作为长安南面的要塞，以明威侯王级为五威前关将军，率军扼守。［52］羊头：山名，在今山西长子县东南。羊头山作为长安北面的要塞，以尉睦侯王嘉为五威后关将军，率军扼守。［53］肴（xiáo）黾（miǎn）：即崤黾。崤指崤山，在今河南洛宁县北。黾指黾池，在今河南渑池县西。黾池位于崤山的北面，在崤山山谷的底部，古代曾于此设崤底关。崤黾作为长安东面的要塞，以掌威侯王奇为五威左关将军，率军扼守。［54］汧陇：汧（qiān），水名，在今陕西陇县西南。陇，山名，在今陕西陇县西北至甘肃平凉市一带。汧陇作为长安西面的要塞，以怀羌子王福为五威右关将军，率军扼守。［55］真定：国名，治所在今河北正定县南。［56］常山：郡名，治所在今河北元氏县西北。［57］雨（yù）雹：下冰雹。

二年（庚午，10年）

春，二月，赦天下。

五威将帅七十二人还奏事，汉诸侯王为公者悉上玺绶为民，无违命者。独故广阳王嘉[1]以献符命，鲁王闵[2]以献神书，中山王成都[3]以献书言莽德，皆封列侯。

班固[4]论曰：昔周封国八百，同姓五十有余，所以亲亲贤贤[5]，关诸盛衰，深根固本，为不可拔者也。故盛则周、召[6]相[7]其治，致刑错[8]；衰则五伯[9]扶其弱，与共守[10]，天下谓之共主[11]，强大弗之敢倾[12]。历载八百余年[13]，数极[14]德尽，降为庶人，用天年终[15]。秦讪笑[16]三代[17]，窃自[18]号为皇帝，而子弟为匹夫，内无骨肉本根之辅[19]，外无尺土藩翼之卫[20]；陈、吴[21]奋其白梃[22]，刘、项[23]随而毙之[24]。故曰，周过其历[25]，秦不及期[26]，国势然也。

汉兴之初，惩戒亡秦孤立之败，于是尊王[27]子弟，大启九国[28]。自雁门[29]以东尽辽阳[30]，为燕[31]、代[32]；常山[33]以南，太行[34]左转[35]，渡河[36]、济[37]，渐[38]于海，为齐[39]、赵[40]；谷[41]、泗[42]以往，奄有[43]龟、蒙[44]，为梁[45]、楚[46]；东带江、湖[47]，薄[48]会稽[49]，为荆、吴[50]；北界淮濒[51]，略[52]庐、衡[53]，为淮南[54]；波汉之阳[55]，亘九嶷[56]，为长沙[57]。诸侯比境[58]，周匝[59]三垂[60]，外接胡、越[61]。天子自有三河[62]、东郡[63]、颍川[64]、南阳[65]，自江陵[66]以西至巴、蜀[67]，北自云中[68]至陇西[69]，与京师、内史[70]，凡十五郡[71]；公主、列侯颇邑其中[72]。而藩国[73]大者夸州兼郡[74]，连城数十，宫室、百官同制京师[75]，可谓矫枉过其正[76]矣。虽然[77]，高祖创业，日不暇给，孝惠享国又浅，高后女主摄位，而海内晏如[78]，亡狂狡之忧[79]，卒折诸吕之难[80]，成太宗[81]之业者，亦赖之于诸侯也。

然诸侯原本以[82]大末流[83]滥以致溢[84]，小者淫荒[85]越法[86]，大者睽孤[87]横逆[88]以害身丧国，故文帝分齐、赵[89]，景帝削吴、楚[90]，武帝下推恩之令而藩国自析[91]。自此以来，齐分为七[92]，赵分为六[93]，梁分为五[94]，淮南分为三[95]。皇子始立者，大国不过十余城。长沙、燕、代虽有旧名，皆亡南北边矣[96]。景遭七国之难[97]，抑损诸侯[98]，减黜其官[99]。武有衡山、淮南之谋[100]，作左官[101]之律。设附益之法[102]；诸侯惟得衣食税租，不与政事。至于哀、平之际，皆继体苗裔[103]，亲属疏远[104]，生于帷墙之中[105]，不为士民所尊，势与富室亡异[106]。而本朝短祚[107]，国统三绝[108]。是故王莽知汉中外殚微[109]，本末俱弱，无所忌惮[110]，生其奸心，因母后之权，假伊、周之称，颛作威福庙堂[111]之上，不降阶序[112]而运天下。诈谋既成，遂据南面之尊，分遣五威之吏，驰传[113]天下，班行符命；汉诸侯王厥角[114]稽首[115]，奉上玺韨，惟恐在后，或乃称美颂德以求容媚[116]，岂不哀哉！

（以上为第三段，以班固评论为中心，论说封建诸侯与国运盛衰的关系。汉初封国过大而有吴楚七国之乱，其后贬抑诸侯过甚，导致王莽篡国。）

【注释】

[1]广阳王嘉：汉武帝子燕剌王刘旦之后刘嘉。哀帝建平四年（前3），嗣爵为广阳王。王莽建新，贬为公。今削除刘氏王侯的爵位，刘嘉因献符命而封扶美侯，赐姓王。 [2]鲁王闵：汉景帝子鲁恭王刘余之后刘闵。原封郡乡侯，哀帝建平三年（前4）嗣爵为鲁王。王莽建新，贬为公。今削除刘氏王侯的爵位，刘闵因献神书言莽德，封列侯，赐姓王。 [3]中山王成都：汉宣帝子东平思王刘宇之孙刘成都。平帝以中山王入继帝位，于是立刘成都为中山王。王莽建新，贬为公。今削除刘氏王侯的爵位，刘成都因献书言莽德，封列侯，赐姓王。 [4]班固（32—92）：字孟坚，汉右扶风安陵县（今陕西咸阳市东北）人。父班彪撰后传数十篇，以补《史记》于西汉史未及记载武帝以后事之缺，书未成而卒。班固继承父业，撰成《汉书》。后因在外戚窦宪事件中受牵连，被洛阳令逮捕，死于狱中。传见《后汉书》卷四十。此下所录班固的评论，为《汉书》卷十四《诸侯王表》的序文。 [5]亲亲贤贤：亲爱亲人，尊重贤者。第一个亲字、贤字，作动词用。 [6]周、召（shào）：周公与召公。周公旦与召公奭是辅佐周武王灭殷建周的两位政治家。周公旦封于鲁，召公奭封于燕。二人皆未就封，而仍留京师辅佐周王治理天下，由长子就封国，次子的后世子孙世世为周公、召公。 [7]相：辅佐。 [8]致刑错：达到刑罚搁置不用。错，通“措”。 [9]五伯（bà）：指春秋五霸。具体所指，有几说：一说指齐桓公、晋文公、宋襄公、楚庄王、秦穆公；一说指齐桓公、晋文公、楚庄王、吴王阖闾、越王勾践；一说指齐桓公、宋襄公、晋文公、秦穆公、吴王夫差。 [10]守：维持。 [11]共主：共同尊奉的君主。周王室天子为天下众诸侯的共主。[12]弗之敢倾：即“弗敢倾之”。倾，覆灭。此言诸侯虽然势力强大，不敢灭周。 [13]历载八百

余年：约于公元前11世纪周武王灭殷建周；战国后期周室分为东、西周，公元前256年周赧王死，次年秦灭西周，公元前249年秦灭东周，周朝亡。周朝历西周、东周（春秋、战国），共八百多年。［14］极：尽。［15］用天年终，指周赧王寿终而死。赧王在位五十九年。天年，自然的岁数。［16］讪（shàn）笑：讥笑。［17］三代：夏、商、周三朝，史并称为三代。［18］窃自：独自，私自。［19］内无骨肉本根之辅：指朝中辅佐大臣不用宗亲。骨肉本根，指用宗亲为辅佐以固根本。［20］外无尺土藩翼之卫：此指废除分封诸侯之制。外无尺土，指皇室宗亲在朝外没有一尺土地的分封。藩翼，护卫，屏蔽。［21］陈、吴：陈胜、吴广。是秦末农民起义的领袖。事见《史记》卷四十八《陈涉世家》与《汉书》卷三十一《陈胜传》。［22］白梃（tǐng）：光秃秃的棍棒。［23］刘、项：刘邦、项羽。［24］毙之：使秦败亡。使动用法。之，指秦。［25］周过其历：历，年数。相传周武王灭殷，卜世三十，卜年七百，而周朝实际经历三十七世，八百多年，所以说"过其历"。［26］秦不及期：秦王嬴政于公元前221年灭六国，完成统一后，废除谥法，以自己为始皇帝，后世要以数计算，二世三世至于万世，世代相传没有穷尽。而秦朝实际只经历秦始皇和秦二世两代，仅十五年，所以说"不及期"。［27］尊王：封为诸侯王，使之地位尊贵。王（wàng），作动词，封为王。［28］大启九国：汉初大封九个同姓诸侯国，即楚、齐、荆、燕、淮南、赵、梁、淮阳、代。启，开拓。大启，指扩大分封诸侯王国的土地。［29］雁门：郡名，治所在今山西右玉县南。［30］辽阳：县名，县治在今辽宁辽阳市西北。［31］燕：王国名。高祖十二年（前195），封子刘建为燕王，都蓟（今北京市西南）。［32］代：王国名。高祖六年（前201），封兄刘喜为代王。七年，废喜为侯，立子刘如意为代王。九年，徙如意为赵王。十一年，封子刘恒为代王，都晋阳（今山西太原市西南）。［33］常山：山名，即恒山，五岳中的北岳，主峰在今河北曲阳县西北。［34］太行：山名，南起黄河北岸，南北走向，绵延于今山西、河北两省之间。［35］左转：向东。［36］河：黄河。［37］济：济水。济水源出今河南济源市王屋山，其故道本自黄河以北横过黄河而南，然后东流，至今山东与黄河平行东北流入海。后来，济水下游河道为黄河夺占。［38］渐：至。［39］齐：王国名。高祖六年，封子刘肥为齐王，都临淄（今山东淄博市东北）。［40］赵：王国名。高祖九年，封子刘如意为赵王，都邯郸（今河北邯郸市）。［41］谷：谷水，又名砀水，河流名，在今安徽砀山县南，为睢水支流。［42］泗（sì）：泗水，河流名，源出今山东泗水县陪尾山，南流入淮。［43］奄有："奄""有"二字同义连文，意谓尽有，全部拥有。［44］龟、蒙：龟，山名，在今山东泗水县东北。蒙，山名，在今山东蒙阴县南。龟山与蒙山绵延相连，实为同一山系。［45］梁：王国名。高祖十一年（前196），封子刘恢为梁王，都定陶（今山东菏泽市定陶区西北）。［46］楚：王国名。高祖六年，封弟刘交为楚王，都彭城（今江苏徐州市）。［47］东带江、湖：东边连接长江、太湖。带，连接。湖，指具区泽，又称五湖，今名太湖。在今江苏、浙江两省交界处。［48］薄：靠近。［49］会（kuài）稽：山名，在今浙江绍兴市东南。［50］荆、吴：皆王国名。高祖六年，立堂兄刘贾为荆王，都吴县（今江苏苏州市）。十一年，淮南王黥布反，进攻荆国，杀贾。贾无后，国除为郡。十二年，以荆故地封兄刘仲之子刘濞为吴王。所以，荆、吴二国实为一地。［51］濒：水边。［52］略：疆界。此作动词，作为疆界。［53］庐、衡：皆山名。庐山，在今江西九江市南。衡山，指今安徽境内之霍山。［54］淮南：王国名。高祖十一年，封子刘长为淮南王，都寿春（今安徽寿县）。［55］波汉之阳：沿着汉水北岸。波，沿，循，顺着。汉，汉水，河流名，发源于今陕西宁强县，流经湖北，在武汉市入长江，是长江最大的支流。阳，水北为阳。［56］亘九嶷：亘（gèn），穷尽，终极。九嶷（yí），山名，又作九疑，在今湖南宁远县南。［57］长沙：王国名。灭秦后，项羽分封诸侯，封吴芮为衡山王。刘邦称帝，徙芮为长沙王，都临湘（今湖南长沙市）。刘邦初为笼络异姓功臣，分封了八个异姓诸侯王。当全国统一后，认为异姓王不利于巩固刘氏统治，便先后将其中七国消灭，只有长沙王吴芮，因忠于汉廷，且国势孤弱，得以保全传世。［58］诸侯比境：诸侯国的疆域互相连成一片。［59］周匝（zā）：环绕。［60］三垂：指东、北、南三面边地。垂，通“陲”，边疆。［61］外接胡、越：北边与匈奴相连，南边与南越接壤。胡，指居住在我国北方的少数民族，主要指匈奴。越，指居住在我国南方的少数民族，主要指南越。［62］三河：汉以河内、河南、河东三郡合称三河。河内郡治所在今河南武陟县西南，河南郡治所在今河南洛阳市，河东郡治所在今山西夏县西北。［63］东郡：郡名，治所濮阳，在今河南濮阳市西。［64］颍川：郡名，治所在今河南禹州市。［65］南阳：郡名，治所在今河南南阳市。［66］江陵：县名，为南郡治所，县治在今湖北江陵县。［67］巴、蜀：皆郡名。巴郡，治所在今重庆市北。蜀郡，治所在今四川成都市。［68］云中：郡名，治所在今内蒙古托克托县北。［69］陇西：郡名，治所狄道县，在今甘肃临洮县。［70］内史：官名，掌治京师及其附近地区，治所在京师长安县（今陕西西安市长安区）。［71］凡十五郡：总共十五个郡。汉初设郡的具体数目，缺乏记载，综合文献资料，约有五十余郡，其中大部分封给了诸侯王国，中央直接管辖的只有十五郡，据清代学者钱大昕考证，为河内、河南、河东、东郡、颍川、南阳、南郡、汉中、巴郡、蜀郡、陇西、北地、上郡、云中与内史。但是郡的隶属关系并不是固定不变的，如东郡、颍川二郡，据《汉书·高帝纪》，高祖十一年，“立子恢为梁王，子友为淮阳王。罢东郡，颇益梁；罢颍川郡，颇益淮阳”。［72］颇邑其中：颇，都。此言公主、列侯的封地都在这十五郡之内。［73］藩国：诸侯国。［74］夸州兼郡：言诸侯国封地大，连着几个州，多个郡。夸（kuà），通“跨”，跨越。［75］同制京师：与朝廷同制。指诸侯国所属百官，有丞相、御史大夫等官，与中央朝廷官制相同。言其权力过大，拟于皇室。［76］矫枉过其正：此言意欲纠正秦朝不行分封的弊端而大封子弟，结果造成诸侯过于强盛、尾大不掉的失误。矫，纠正。枉，邪曲不正。［77］虽然：虽然如此。［78］晏如：安定。［79］亡狂狡之忧：没有异姓叛乱的忧虑。亡，通“无”。狂狡，狂妄狡诈，此指叛乱者。［80］卒折诸吕之难：卒，终于。折，挫败。诸吕之难，汉惠帝死后，吕后称制，诸吕专权。吕后死，诸吕惧为人制，欲为乱，太尉周勃、丞相陈平等诛杀诸吕，迎立高祖子代王刘恒为帝，是为文帝。事详卷十三高后八年（前180）。［81］太宗：指汉文帝。文帝庙号太宗。［82］以：通“已”。［83］末流：水流的下游。［84］滥以致溢：此喻言到其后期势力过于强盛，致使向外发展，图谋不轨。滥，泛滥。溢，水满外流。［85］淫荒：纵欲放荡。［86］越法：犯法。［87］睽（kuí）孤：悖谬。［88］横逆：横暴而不顺情理。［89］文帝分齐、赵：文帝即位，分赵国为二，立赵幽王刘友之子为王。后采纳贾谊“众建诸侯而少其力”的建议，实行“剖分”政策，分齐国为六，尽立齐悼惠王刘肥之子为王；分淮南国为三，尽立淮南厉王刘长之子为王。［90］景帝削吴、楚：景帝时，采纳晁错削减王国封地的“削藩”政策，先后削去楚之东海郡，吴之豫章郡、会稽郡，赵之常山郡，胶西之六县归属朝廷。［91］下推恩之令而藩国自析：推恩，推广恩惠。析，分。武帝时，采纳主父偃提出的诸侯王可推恩子弟，将王国的部分土地分给子弟为侯的建议，实行“推恩”政策，以分削王国。［92］齐分为七：即城阳、济北、济南、甾川、胶西、胶东、齐七国。［93］赵分为六：即河间、广川、中山、常山、清河、赵六国。［94］梁分为五：即济川、济东、山阳、济阴、梁五国。［95］淮南分为三：即庐江、衡山、淮南三国。［96］皆亡南北边矣：原来，长沙国的南面，燕、代二国的北面，分别外与越、胡相接。如今王国土地削小，边地之郡已归朝廷，所以说它们都已失去南北的边境之地。［97］七国之难：指景帝三年（前154）吴、楚、赵、胶西、济南、甾川、胶东等七国发动的武装叛乱。事详卷十六景帝三年。［98］抑损诸侯：原来诸侯王亲自治理其国，官吏除丞相外皆由诸侯王自行任免，王国的财政收入全部归王国支配。平定七国之乱后，令诸侯王不得治其国，王国官吏由朝廷任免，王国只能享用其租税收入，王国的行政权、官吏任免权及财政权皆收归朝廷。［99］减黜其官：原来，王国设置官吏如朝廷之制，景帝中元五年（前145），改丞相曰相，省御史大夫、廷尉、少府、宗正、博士官，大夫、谒者、郎诸官长、丞皆减其员。［100］武有衡山、淮南之谋：淮南王刘安与弟衡山王刘赐是淮南厉王刘长之子，武帝时安、赐皆与臣下谋划反叛朝廷，元狩元年（前122）事情败露，安、赐自杀，国除为郡。事详卷十九元朔五年（前124）至元狩元年（前122）。［101］左官：诸侯之官。［102］附益之法：有几说，一说为限制诸侯封地过限之法，一说为重惩阿媚王侯之法，一说为惩处违背汉法而厚于王侯之法。［103］苗裔：后代。［104］亲属疏远：此言诸侯国已非始封之君，与天子关系愈加疏远。［105］帷墙之中：指王宫。［106］势与富室亡异：意谓诸侯王在经济上享有优厚的物质生活，而在政治上已失去民众的拥戴，与一个富家翁没有什么区别。［107］本朝短祚：指平帝在位年限很短。祚，君位。［108］国统：君主一脉相传的统绪。三绝：指成、哀、平三帝皆无继嗣。［109］殚（dān）微：彻底衰落。［110］忌惮（dàn）：惧怕。［111］庙堂：朝廷。［112］阶序：正房两旁的东西厢房。［113］驰传：驾驶驿站车马急行。［114］厥角：其角。本指兽之角，后世多用其喻指人畏惧之时以额触地之状。［115］稽（qǐ）首：叩头至地。一说叩头时，两手拱至地，头至手，不触及地。［116］容媚：奉承谄媚。

国师公刘秀言：“周有泉府[1]之官，收不售[2]，与欲得[3]，即《易》所谓‘理财正辞，禁民为非’者也[4]。”莽乃下诏曰：“《周礼》有赊贷[5]，《乐语》[6]有五均[7]，传记[8]各有筦[9]焉。今开[10]赊贷、张五均、设诸筦[11]者，所以齐众庶，抑并兼也。”遂于长安及洛阳、邯郸[12]、临菑、宛、成都立五均司市、钱府官。司市常以四时仲月定物上中下之贾[13]，各为其市平[14]。民卖五谷、布帛、丝绵之物不售者，均官考检厥实，用其本贾取之[15]；物贵过平一钱，则以平贾卖与民[16]；贱减平者，听民自相与市。又民有乏绝欲赊贷者，钱府予之；每月百钱收息三钱。

又以《周官》[17]税民[18]，凡田不耕为不殖[19]，出三夫之税[20]；城郭中宅不树艺[21]者为不毛[22]，出三夫之布；民浮游无事，出夫布一匹；其不能出布者冗作[23]，县官衣食之[24]。诸取金、银、连[25]、锡、鸟、兽、鱼、鳖于山林、水泽及畜牧者，嫔妇[26]桑蚕、织纴、纺绩、补缝，工匠、医、巫、卜、祝及他方技[27]，商贩、贾人，皆各自占所为于其所之[28]，县官除其本，计其利十分之，而以其一为贡[29]；敢不自占、自占不以实者，尽没入所采取而作县官一岁[30]。

羲和鲁匡复奏请榷酒酤[31]，莽从之。又禁民不得挟弩、铠[32]，犯者徙西海。

（以上为第四段，写王莽改制，设置五均、六筦，用以平抑物价，延缓兼并。）

【注释】

[1]泉府：官名。据《周礼》，为司徒属官，掌管国家税收及收购市场上的滞销物资等。[2]收不售：收购卖不出的物资。售，卖出。不售，即人民自己生产自用有余的物资。 [3]与欲得：卖出人民所欲得的物资，即民间缺少的物资。 [4]理财正辞，禁民为非：治理国家，使财物分配的法令公正，就能禁止人民做坏事。理财，治理国家财物。正辞，使辞正确。辞，言辞；此指制度，法令。此处引文，见《周易·系辞下》。 [5]赊（shē）贷：赊，买物缓偿其价。贷，借。据《周礼·地官司徒》，泉府之官掌赊贷。赊谓卖物给人从事祭祀或丧事之用，不收现钱，赊欠的期限，祭祀者不过十天，丧事者不过三月，赊欠的货值不计利息。贷谓借钱给人，先由主管部门审查批准，方可借给，借贷要计利息，利率以借贷者用来经营的行业应向国家交纳的税率为标准。[6]《乐语》：又名《乐元语》，古书名，已佚。 [7]五均：官名，掌管均平市场物价。 [8]传记：记载文字。 [9]筦：同“管”，主管，管理。此言根据记载，前代皆有主管财政之官。 [10]开：与“张”“设”同义，设置。 [11]诸筦：各种管理制度。王莽改制，实行的经济管制措施，主要有六项，称六筦，即盐、酒、铁专卖，改革币制，山林、湖泽资源的管理等。 [12]邯郸：县名，赵国治所，县治在今河北邯郸市。 [13]四时仲月定物上中下之贾：在春、夏、秋、冬四季每季

的第二个月，即二、五、八、十一四个月定出货物每季上中下三等价格。贾，同“价”。［14］市平：市场的标准价格。［15］本贾：本身的价格。取：指收购。［16］“物贵”二句：意谓市场物价超过标准价格时，司市官将其掌握的货物以标准价格卖出，以控制物价上涨。［17］《周官》：即《周礼》。［18］税民：向民征税。［19］不殖：不耕种。［20］出三夫之税：汉制，民年十五至五十六，每年交纳一百二十钱人头税，叫作算赋。出，交纳。三夫之税，一人交三人的税，每人一百二十钱，三人则三百六十钱。［21］不树艺：不种植果木桑树及蔬菜等。［22］不毛：没有种植。［23］冗（rǒng）作：从事繁杂的徭役。［24］县官衣食之：由政府供给服役人以衣食。衣食，作动词用，供给衣食。［25］连：通“链”，铅。《玉篇》，链“铅矿也”。［26］嫔（pín）妇：妇女。［27］工匠、医、巫、卜、祝及他方技：工匠，百工艺人。医，中医。巫，以降神事鬼为职业的人。祝，祭祀时主持礼仪的人。他，其他，别的。方技，技术。［28］各自占所为于其所之：工商之人，各自在经营地申报自己的职业及资产。占（zhàn），计数上报。所为，从事的职业。之，作动词，往。所之，所到的地方，即所在地。［29］以其一为贡：言凡从事以上诸类职业者皆须向所在地官府申报所从事的职业及其拥有的资产，官府除去其成本，经营所得须交纳十分之一的所得税，称为贡。［30］“尽没入”句：没收全部收入，并罚其为官府从事一年劳役。［31］榷（què）酒酤（gū）：政府实行酒专卖制度。［32］弩、铠：弩（nǔ），用机械发箭的弓。铠（kǎi），护身铁甲。

初，莽既班四条[1]于匈奴，后护乌桓使者[2]告乌桓民，毋得复与匈奴皮布税[3]。匈奴遣使者责税，收乌桓酋豪[4]，缚，倒悬之。酋豪兄弟怒，共杀匈奴使。单于闻之，发左贤王[5]兵入乌桓，攻击之，颇杀人民，驱妇女弱小且千人去，置左地[6]，告乌桓曰：“持马畜皮布来赎之！”乌桓持财畜往赎，匈奴受，留不遣[7]。

及五威将王骏等六人至匈奴[8]，重遗单于金帛，谕晓以受命代汉状，因易单于故印。故印文曰“匈奴单于玺”；莽更曰“新匈奴单于章”。将率既至，授单于印绂，诏令上故印绶。单于再拜受诏。译[9]前，欲解取故印绂，单于举掖[10]授之。左姑夕侯苏[11]从旁谓单于曰：“未见新印文，宜且勿与。”单于止，不肯与。请使者坐穹庐[12]，单于欲前为寿[13]。五威将曰：“故印绂当以时上。”单于曰：“诺。”复举掖授译，苏复曰：“未见印文，且勿与。”单于曰：“印文何由变更！”遂解故印绂奉上将帅，受著新绂，不解[14]视印。饮食至夜，乃罢。右帅陈饶谓诸将帅曰：“向者[15]姑夕侯疑印文，几令单于不与人。如令视印，见其变改，必求故印，此非辞说所能距也[16]。既得而复失之，辱命莫大焉[17]！不如椎破[18]故印以绝祸根。”将帅犹与[19]，莫有应者。饶，燕士，果悍[20]，即引斧椎坏之。明日，单于果遣右骨都侯当[21]白将帅曰：“汉单于印言‘玺’不言‘章’，又无‘汉’字；诸王已下乃有‘汉’，言‘章’。今去‘玺’加‘新’，与臣下无别。愿得故印。”将帅示以故印，谓曰：“新室顺天制作，故印随将帅所自为破坏。单于宜承天命，奉新室之制！”当还白，单于知已无可奈何，又多得赂遗，即遣弟右贤王舆奉马牛随将帅入谢，因上书求故印。将帅还左犁污王[22]咸[23]所居地，见乌桓民多，以问咸；咸具言状[24]。将帅曰：“前封四条，不得受乌桓降者。亟[25]还之！”咸曰：“请密与单于相闻，得语，归之。”单于使咸报曰：“当从塞内还之邪，从塞外还之邪？”将帅不敢颛决，以闻。诏报：“从塞外还之。”莽悉封五威将为子，帅为男[26]；独陈饶以破玺之功，封威德子。

单于始用[27]夏侯藩求地，有拒汉语，后以求税乌桓不得，因寇掠其人民，衅[28]由是生，重以印文改易，故怨恨；乃遣右大且渠[29]蒲呼卢訾[30]等十余人将兵众万骑，以护送乌桓为名，勒兵朔方[31]塞下，朔方太守以闻。莽以广新公甄丰为右伯[32]，当出西域。车师后王[33]须置离[34]闻之，惮于供给烦费，谋亡入匈奴；都护[35]但钦召置离，斩之。置离兄辅国侯[36]狐兰支[37]将置离众二千余人，亡降匈奴；单于受之，遣兵与狐兰支共入寇，击车师，杀后城[38]长，伤都护司马，及狐兰兵复还入匈奴。

时戊己校尉[39]刁护病，史陈良、终带、司马丞韩玄、右曲候任商相与谋曰：“西域诸国颇[40]背叛，匈奴大侵，要死[41]，可杀校尉，帅人众降匈奴。”遂杀护及其子男、昆弟，尽胁略[42]戊己校尉吏士男女二千余人入匈奴。单于号良、带曰乌贲都尉。

冬，十一月，立国将军孙建奏：“九月，辛巳[43]，陈良、终带自称废汉大将军[44]，亡入匈奴。又今月癸酉[45]，不知何一男子遮[46]臣建车前，自称‘汉氏刘子舆，成帝下妻[47]子也。刘氏当复[48]，趣空宫[49]！’收系[50]男子，即常安姓武字仲。皆逆天违命，大逆无道。汉氏宗庙不当在常安城中，及诸刘当与汉俱废。陛下至仁，久未定，前故安众侯刘崇等更聚众谋反，令狂狡之虏复依托亡汉，至犯夷灭连[51]未止者，此圣恩不蚤绝其萌芽故也。臣请汉氏诸庙在京师者皆罢；诸刘为吏者皆待除于家[52]。”莽曰：“可。嘉新公、国师以符命为予四辅，明德侯刘龚[53]、率礼侯刘嘉等凡三十二人，皆知天命，或献天符，或贡昌言[54]，或捕告反虏，厥功茂[55]焉。诸刘与三十二人同宗共祖者，勿罢，赐姓[56]曰王。”唯国师公以女配莽子[57]，故不赐姓。

定安公太后自刘氏之废，常称疾不朝会。时年未二十，莽敬惮伤哀，欲嫁之，乃更号曰黄皇室主[58]，欲绝之于汉；令孙建世子[59]盛饰，将医往问疾。后大怒，鞭笞其傍侍御，因发病，不肯起。莽遂不复强也。

十二月，雷。

莽恃府库之富，欲立威匈奴，乃更名匈奴单于曰“降奴服于”，下诏遣立国将军孙建等率十二将分道并出：五威将军苗䜣[60]、虎贲将军王况[61]出五原[62]；厌难将军陈钦[63]、震狄将军王巡[64]出云中；振武将军王嘉[65]、平狄将军王萌出代郡[66]；相威将军李棽[67]、镇远将军李翁出西河[68]；诛貉将军杨俊[69]、讨濊将军严尤[70]出渔阳[71]；奋武将军王骏、定胡将军王晏出张掖[72]；及偏裨[73]以下百八十人，募天下囚徒、丁男[74]、甲卒[75]三十万人，转输[76]衣裘、兵器、粮食，自负海[77]江、淮至北边，使者驰传督趣，以军兴法[78]从事[79]。先至者屯边郡，须毕具[80]乃同时出；穷追匈奴，内[81]之丁令[82]。分其国土人民以为十五，立呼韩邪子孙十五人皆为单于。

（以上为第五段，写王莽立威四夷，贬抑匈奴单于爵号，挑起边患。）

【注释】

[1]四条：平帝元始二年（2），王莽遣使向匈奴单于颁布四条，即，中国人亡入匈奴者，乌孙亡降匈奴者，西域诸国佩中国印绶降匈奴者，乌桓降匈奴者，皆不得受。见卷三十五。 [2]护乌桓使者：即护乌桓校尉，官名，职掌监督管理有关乌桓事务。 [3]与匈奴皮布税：与，给予。乌桓为东胡的一支。汉初，东胡被匈奴冒顿击破，其一支退居乌桓山，因以为号。因势力孤弱，所以常臣服匈奴，每年向匈奴输纳牛马羊皮等。 [4]收乌桓酋豪：拘捕了乌桓的部族酋长。 [5]左贤王：匈奴官号名。有左、右贤王，单于以下，为最高官号。 [6]左地：左方之地，即东部。[7]留不遣：扣留而不放还。 [8]王骏：西汉末年，为中郎将、强弩将军，封明义侯。新朝官奋

武将军、五威将。天凤三年（16），在西域遭焉耆伏击死。六人：一将五帅。五帅为甄阜、王飒、陈饶、帛敞、丁业。［9］译：负责翻译的官员。［10］掖：衣袖。［11］左姑夕侯苏：左姑夕侯，匈奴官号名。苏，左姑夕侯之名。［12］穹（qióng）庐：毡帐。［13］为寿：奉酒祝人长寿。敬颂之词。［14］解：打开包裹。［15］向者：前不久，往日。此指刚才。［16］非辞说所能距也：不是几句话就能了结的事。辞说，言词。距，通“拒”，拒绝。［17］辱命莫大焉：没有什么比这更为玷辱君命。辱命，玷辱、辜负君命。莫，无定指代词，没有什么。焉，于此。［18］椎破：用椎击坏。［19］犹与：即“犹豫”。［20］果悍：果断勇敢。［21］右骨都侯当：右骨都侯，匈奴官号名。当，右骨都侯之名。［22］左犁污王：匈奴官号名。［23］咸：呼韩邪单于之子，先后为左、右犁污王。始建国三年（11），王莽拜咸为孝单于；五年，乌珠留单于死，继立为单于，即乌累单于。［24］言状：说明情况。此指劫掠乌孙民众一事的情况。［25］亟：疾速。［26］将为子，帅为男：封五威将为子爵，五威帅为男爵。［27］用：以，因为。［28］衅：仇怨。［29］右大且（jū）渠：匈奴官号名。［30］蒲呼卢訾（zī）：右大且渠之名。［31］朔方：郡名，治所在今内蒙古杭锦旗北。［32］右伯：王莽根据甄丰之子甄寻所造符命，分陕而立左、右二伯，以甄丰为右伯，以太傅平晏为左伯。［33］车师后王：车师后国之王。车师后国，西域国名，治所在务涂谷（今新疆吉木萨尔县南）。［34］须置离：王名。［35］都护：即西域都护，官名。宣帝时，始于西域设都护，治乌垒城（今新疆轮台县东北），职掌监督管理西域事务。［36］辅国侯：车师国官号名，相当于汉朝的丞相。［37］狐兰支：辅国侯之名。［38］后城：城名。车师后城长国治所，在今新疆吉木萨尔县北。［39］戊己校尉：官名。元帝时始于西域设戊己校尉，治高昌壁（今新疆吐鲁番市东南），掌管西域屯田事务。其属官有丞、司马、史、候等。［40］颇：都。［41］要死：会被杀死。要，会。［42］胁略：劫持。［43］辛巳：闰九月十九日。［44］废汉大将军：意谓自己是被王莽废灭的汉朝的大将军。［45］今月癸酉：癸酉为寅正十一月十二日，丑正则为十二月十二日。“今月”当指丑正十二月。［46］遮：阻拦。［47］下妻：小妻，妾。［48］复：复兴。［49］趣（cù）空宫：赶快把宫室空出来。［50］收系：拘禁。［51］连：接连不断。［52］皆待除于家：全都罢免官职，待在家中。除，除名，罢官。［53］刘龚：刘向曾孙，刘秀（歆）之孙。［54］昌言：善言。［55］茂：盛大。［56］赐姓：古代帝王常赐姓功臣以示褒宠。［57］以女配莽子：刘秀之女刘愔，配王莽之子王临。［58］黄皇室主：犹称新朝未嫁公主。王莽建新，自以为土德，色尚黄，故称黄皇。主，犹公主；室主，意谓在室未嫁的公主。［59］世子：太子，嫡长子。［60］苗䜣：新朝历任五威将军、大司马、国师等职。地皇四年（23），与王莽等同于渐台被农民军杀死。［61］王况：王商之子。成帝时曾嗣爵成都侯，后因罪免为庶人。新朝官虎贲将军。地皇四年，在与农民军作战中战败，归朝自杀。［62］五原：郡名，治所在今内蒙古包头市西。［63］陈钦：研治《左传》，以之授王莽。新朝官厌难将军。天凤二年（15），王莽借故将其逮捕下狱，钦自杀。［64］王巡：新朝历任震狄将军、车骑将军等。地皇四年，农民军攻入皇宫，巡被杀死。［65］王嘉：王莽兄王永之孙，王光之子。居摄三年（8），嗣爵为衍功侯。新朝历任五威后关将军、振武将军、保拂等职，封尉睦侯。［66］代郡：郡名，治所在今河北蔚县东北。［67］李棽（shēn）：居摄年间，曾为厌难将军。新朝赐名圣，官大将军、扬州牧。地皇四年，在山东被农民军杀死。［68］西河：郡名，治所在今内蒙古鄂尔多斯市东胜区东南。［69］杨俊：《汉书·王莽传》作"阳俊"。［70］严尤：新朝任大司马、讨涉将军、纳言将军等，封武建伯。地皇四年于昆阳战败后降刘望，望于汝南称帝，以尤为大司马。更始军破汝南，尤被杀。［71］渔阳：郡名，治所在今北京市密云区。［72］张掖：郡名，治所在今甘肃张掖市西北。［73］偏裨（pí）：偏将和裨将。古代对将佐的通称。［74］丁男：成年男子。［75］甲卒：披甲持械的兵士。［76］转输：运输。［77］负海：沿海。［78］军兴法：朝廷关于征集军用物资的法令。汉制，朝廷征集财物以供军用，谓之军兴。［79］从事：处置，处理。［80］毕具：全部来到。［81］内（nà）：同"纳"，放入，使进入。［82］丁令：又作"丁零""丁灵"，古代极北方民族名。汉时分布于匈奴之北，在今俄罗斯贝加尔湖一带，服属于匈奴。此言将匈奴逐入丁令地区。

莽以钱币讫不行[1]，复下书曰："宝货[2]皆重[3]则小用不给[4]，皆轻则僦载[5]烦费；轻重大小各有差品[6]，则用便而民乐。"于是更作金、银、龟、贝、钱、布之品[7]，名曰宝货。钱货六品[8]，金货一品[9]，银货二品[10]，龟货四品[11]，贝货五品[12]，布货十品[13]，凡宝货五物[14]、六名[15]、二十八品[16]。铸作钱布，皆用铜，淆[17]以连、锡。百姓溃乱，其货不行。莽知民愁，乃但行小钱直一与大钱五十，二品并行；龟、贝、布属且寝[18]。盗铸钱者不可禁，乃重其法，一家铸钱，五家坐之，没入为奴婢[19]。吏民出入持钱，以副符传[20]，不持者厨传[21]勿舍[22]，关津[23]苛留[24]。公卿皆持以入宫殿门，欲以重而行之[25]。是时百姓便安汉五铢钱，以莽钱大小两行[26]，难知，又数变改，不信，皆私以五铢钱市买；讹言大钱当罢，莫肯挟。莽患之，复下书："诸挟五铢钱、言大钱当罢者，比非井田制[27]，投四裔！"及坐[28]卖买田宅、奴婢、铸钱，自诸侯、卿大夫至于庶民，抵罪[29]者不可胜数。于是农商失业，食货俱废，民人至涕泣于市道。

莽之谋篡也，吏民争为符命，皆得封侯。其不为者相戏曰："独无天帝除书[30]乎？"司命陈崇白莽曰："此开奸臣作福之路[31]而乱天命，宜绝其原。"莽亦厌[32]之，遂使尚书大夫赵并验治，非五威将帅所班，皆下狱。

初，甄丰、刘秀、王舜为莽腹心，唱导[33]在位，褒扬功德；安汉、宰衡之号及封莽母、两子、兄子，皆丰等所共谋，而丰、舜、秀亦受其赐，并富贵矣，非复欲令莽居摄也[34]。居摄之萌，出于泉陵侯刘庆、前辉光谢嚣、长安令田终术[35]。莽羽翼已成，意欲称摄，丰等承顺其意；莽辄复封舜、秀、丰等子孙以报之。

丰等爵位已盛，心意既满，又实畏汉宗室、天下豪杰；而疏远[36]欲进者并作符命，莽遂据以即真，舜、秀内惧而已。丰素刚强，莽觉其不说，故托符命文，徙丰为更始将军，与卖饼儿王盛同列；丰父子默默。时子寻为侍中、京兆大尹、茂德侯，即作符命：新室当分陕[37]，立二伯，以丰为右伯，太傅平晏为左伯，如周、召故事[38]。莽即从之，拜丰为右伯。当述职[39]西出，未行，寻复作符命，言故汉氏平帝后黄皇室主为寻之妻。莽以诈立，心疑大臣怨谤，欲震威以惧下，因是发怒曰："黄皇室主天下母，此何谓也！"收捕寻。寻亡，丰自杀。寻随方士[40]入华山[41]，岁余，捕得，辞连[42]国师公秀子隆威侯棻、棻弟右曹、长水校尉、伐虏侯泳、大司空邑弟左关将军、掌威侯奇及秀门人侍中、骑都尉丁隆等，牵引公卿党、亲、列侯以下，死者数百人。及流棻于幽州[43]，放寻于三危[44]，殛[45]隆于羽山[46]，皆驿车传致其尸[47]云。

是岁，莽始兴神仙事，以方士苏乐言，起八风台，台成万金[48]；又种五粱禾[49]于殿中，先以宝玉渍种[50]，计粟斛成一金[51]。

（以上为第六段，写王莽改革币制，以及制造符命引发的内部矛盾。币制改革，由于新币品种面额极其复杂，难以通行，旧币、私铸货币通行，于是犯法者众，天下骚动。王莽诡称符命，暗箱操作政治，死党甄丰等如法炮制，引发矛盾。）

【注释】

[1]币讫不行：指钱币始终不能很好地在社会生活中流通。讫，始终，一直。 [2]宝货：指货币。 [3]重：指价值贵重。 [4]小用不给：指大钱不方便用于小的交易。 [5]僦（jiù）载：雇车船运载。[6]差（cī）品：等级，品级。[7]钱、布之品：钱，铜制钱币。布，一种货币名称。品，种类。 [8]钱货六品：一名小钱，值一；二名幺钱，值十；三名幼钱，值二十；四名中钱，值三十；五名壮钱，值四十；六名大钱，值五十。 [9]金货一品：黄金一斤，值万钱。 [10]银货二品：一名朱提银，值一千五百八十钱；二名他银，值千钱。 [11]龟货四品：一名元龟，值二千六百一十钱；二名公龟，值五百钱；三名侯龟，值三百钱；四名子龟，值百钱。 [12]贝货

五品：一名大贝，二枚为一朋，值二百一十六钱；二名壮贝，一朋值五十钱；三名么贝，一朋值三十钱；四名小贝，一朋值十钱；五品不足一朋，一枚值三钱。［13］布货十品：一名大布，值千钱；二名次布，值九百钱；三名弟布，值八百钱；四名壮布，值七百钱；五名中布，值六百钱；六名差布，值五百钱；七名厚布，值四百钱；八名幼布，值三百钱；九名么布，值二百钱；十名小布，值百钱。［14］五物：五种材料，指金、银、龟、贝、铜。［15］六名：六类钱，即金、银、龟、贝、钱、布。［16］二十八品：前述钱六品、金一品、银二品、龟四品、贝五品、布十品总共二十八品。［17］淆（xiáo）：混杂。［18］且寝：暂停使用。［19］没入为奴婢：没收财物，家人也没收归官府为奴婢。［20］副符传（zhuàn）：符传，通行证。副符传，以钱作为符传之副。此言官民出入，皆须携带钱作为通行的辅助凭证物。［21］厨传：供应过客食宿、车马的处所。［22］勿舍：不让住宿。舍，住宿，使动用法。［23］关津：关卡和渡口。［24］苛留：盘查阻拦。苛（hē），通“呵”，责问。［25］重而行之：此言想要通过这种做法，提高钱币的身价，而使之得以流通。重，人为加重使用新币的力度。［26］大小两行：大钱和小钱两种同时流通。［27］比非井田制：等同反对井田制治罪。比，等同。［28］坐：被指控。［29］抵罪：因犯罪而受到相应的处罚。［30］除书：授予官爵的文书。［31］作福之路：谋求利禄的门路。［32］厌：憎恶。［33］唱导：带头提倡。此言首先提议让王莽居高位。［34］“非复”句：并非还想让王莽代居天子之位以治天下。［35］田终术：田终术之说，史无载。［36］疏远：指非亲幸近臣。［37］陕：县名，县治在今河南三门峡市西。［38］周、召故事：相传西周初年，周公旦和召公奭分陕而治，自陕而东由周公主持治理，自陕而西由召公主持治理。［39］述职：向皇帝陈述职守。［40］方士：方术之士，即自称能访仙炼丹以求长生不老的人。［41］华山：山名，五岳中的西岳，主峰在今陕西华阴市南。［42］辞连：口供牵连。［43］流：流放。幽州：州名。其地辖有今河北北部、辽宁大部及朝鲜半岛的北部地区。［44］三危：山名，在今甘肃敦煌市东南。［45］殛（jí）：诛戮。［46］羽山：山名，在今江苏连云港市赣榆区西南。《尚书·尧典》记载舜“流共工于幽州，放驩兜于崇山，窜三苗于三危，殛鲧于羽山，四罪而天下咸服”。王莽托古而治，所以学着舜的样子，把这些人分别放逐、诛杀于幽州、三危、羽山等地。［47］皆驿车传致其尸：此言刘棻、甄寻、丁隆三人皆先杀死，然后用驿车装载着他们的尸体，分别递送到放逐地点。［48］台成万金：修成此台，费资万金。［49］五粱禾：五种谷物。王莽于殿中种植五种颜色的谷物，各种于与其色相应的方位，即东青、南赤、西白、北黑、中黄，表示自己在耕耘五德。［50］宝玉渍（zì）种（zhǒng）：此言先用煮玉的水汁浸润种子。渍，浸润。［51］计粟斛成一金：计算产一斛的成本，要黄金一斤。斛（hú），量器名，十斗为一斛。

三年（辛未，11年）

遣田禾将军赵并发戍卒屯田[1]五原、北假[2]，以助军粮。

莽遣中郎将蔺苞、副校尉戴级将兵万骑，多赍[3]珍宝至云中塞下，招诱呼韩邪诸子，欲以次拜为十五单于。苞、级使译出塞，诱呼左犁污王咸、咸子登、助三人至。至则胁拜[4]咸为孝单于，助为顺单于，皆厚加赏赐；传送助、登长安。莽封苞为宣威公，拜为虎牙将军；封级为扬威公，拜为虎贲将军。单于闻之，怒曰：“先单于受汉宣帝恩，不可负也。今天子非宣帝子孙，何以得立！”遣左骨都侯、右伊秩訾王呼卢訾[5]及左贤王乐[6]将兵入云中益寿塞[7]，大杀吏民。是后，单于历告左右部都尉、诸边王入塞寇盗[8]，大辈万余，中辈数千，少者数百，杀雁门、朔方太守、都尉；略吏民畜产，不可胜数，缘边虚耗。

是时诸将在边，以大众未集，未敢出击匈奴。讨涉将军严尤谏曰：“臣闻匈奴为害，所从来久矣，未闻上世有必征之者也。后世三家周、秦、汉征之，然皆未有得上策者也。周得中策，汉得下策，秦无策焉。当周宣王[9]时，猃狁[10]内侵，至于泾阳[11]；命将征之，尽境[12]而还。其视戎狄之侵，譬犹蚊虻，驱之而已，故天下称明，是为中策。汉武帝选将练兵，约赍轻粮[13]，深入远戍，虽有克获之功，胡辄[14]报之。兵连祸结[15]三十余年，中国罢耗[16]，匈奴亦创艾[17]，而天下称武，是为下策。秦始皇不忍小耻而轻民力，筑长城之固，延袤[18]万里，转输之行，起于负海；疆境既完[19]，中国内竭，以丧社稷，是为无策。今天下遭阳九之厄[20]，比年[21]饥馑，西北边尤甚。发三十万众，具三百日粮，东援[22]海、代，南取江、淮，然后乃备。计其道里，一年尚未集合[23]，兵先至者聚居暴露[24]，师老[25]械弊，势不可用，此一难也。边既空虚，不能奉军粮，内调郡国，不相及属[26]，此二难也。计一人三百日食，用糒[27]十八斛，非牛力不能胜；牛又自当赍食，加二十斛，重矣；胡地沙卤[28]，多乏水草，以往事揆[29]之，军出未满百日，牛必物故且尽[30]，余粮尚多，人不能负，此三难也。胡地秋冬甚寒，春夏甚风，多赍釜鍑[31]、薪炭，重不可胜，食糒饮水，以历四时，师有疾疫之忧，是故前世伐胡不过百日，非不欲久，势力不能，此四难也。辎重[32]自随，则轻锐者少，不得疾行，虏徐[33]遁逃，势不能及。幸而逢虏，又累辎重；如遇险阻，衔尾相随[34]，虏要遮[35]前后，危殆不测，此五难也。大用民力，功不可必立，臣伏忧之！今既发兵，宜纵先至者[36]，令臣尤等深入霆击[37]，且以创艾胡虏。”莽不听尤言，转兵谷如故，天下骚动。

咸既受莽孝单于之号，驰出塞归庭，具以见胁状白单于；单于更以为於栗置支侯[38]，匈奴贱官也。后助病死，莽以登代助为顺单于。

吏士屯边者所在放纵，而内郡愁于征发，民弃城郭，始流亡为盗贼，并州[39]、平州[40]尤甚。莽令七公[41]、六卿[42]号皆兼称将军，遣著武将军逯并等镇名都，中郎将、绣衣执法[43]各五十五人，分镇缘边大郡。督大奸猾擅弄兵者[44]，皆乘便为奸于外，挠乱州郡，货赂为市[45]，侵渔[46]百姓。莽下书切责之曰：“自今以来，敢犯此者，辄捕系，以名闻！”然犹放纵自若。北边自宣帝以来，数世不见烟火之警，人民炽盛，牛马布野；及莽挠乱匈奴，与之构难[47]，边民死亡系获[48]，数年之间，北边虚空，野有暴骨矣。

（以上为第七段，写王莽构难匈奴，大发兵征讨，骚动天下。数年之间，边境地区成了无人区。）

【注释】

[1]屯田：政府利用军队、农民或商人垦种荒废田地，征取收获物以充军饷，叫作屯田。根据屯田人员的不同，分别称为军屯、民屯、商屯。 [2]北假：地名，在今内蒙古河套以北、阴山以南一带。 [3]赍（jī）：携带。 [4]胁拜：强迫授予封号。 [5]右伊秩訾王：匈奴官号名。呼卢訾：右伊秩訾王之名。 [6]乐：左贤王之名。 [7]益寿塞：塞名。塞，构筑城垒扼守要道的处所。 [8]历告：遍告。左右部都尉：即左、右大都尉，匈奴官号名。诸边王：匈奴与汉边靠近的各王庭。 [9]周宣王：西周后期周王，公元前827至公元前782年在位。 [10]猃（xiǎn）狁：即匈奴。匈奴于战国前称猃狁、荤粥、獯鬻等，战国后期始称匈奴。 [11]泾阳：地名，其地在今陕西泾阳县。 [12]尽境：到达边境地区。 [13]约赍轻粮：此言少带行装，轻兵进击。约，少。轻，分量小。 [14]辄（zhé）：往往，总是。 [15]兵连祸结：战争、灾祸连续不断。[16]罢耗：指人民疲困，资财耗尽。罢（pí），通“疲”。 [17]创艾（yì）：因受到惩治遭受创伤而畏惧。 [18]延袤（mào）：绵亘，绵延伸展。 [19]完：保全。 [20]阳九之厄：术数家以四千六百一十七岁为一元。初入元一百〇六岁，内有旱灾九年，旱灾为阳，所以谓之阳九。此意谓遭遇诸如灾荒年景等厄运。 [21]比年：连年。 [22]援：牵带。 [23]一年尚未集合：意谓有的地方道路遥远，一年时间还不能到达边境地区。 [24]暴露：置于露天之下，日晒雨淋，无所遮蔽。 [25]师老：军队疲惫。 [26]不相及属（zhǔ）：不能连续不断地供应。及属，相接，连续不断。 [27]精（bèi）：干粮。 [28]沙卤（lǔ）：指含沙多而碱性重的土质。 [29]揆（kuí）：揣度，推测。 [30]物故且尽：死亡殆尽。物故，死亡。且，将要。 [31]釜镬：烹饪器皿。有

足为锅，无足称釜。镀（fù），形似釜而口大的器皿。［32］辎（zī）重：行者携载的物资，常指军用物资。［33］徐：缓慢。［34］衔尾相随：此言险隘路狭，人马单行（háng）行进，前后相接。衔，马嚼子，铜制或铁制，放在马口内，用以勒马，控制其行止。尾，指马尾。［35］要（yāo）遮：拦截。［36］宜纵先至者：先到边境的部队，应先行发动攻击。［37］霆击：喻指迅猛的打击。［38］於栗置支侯：匈奴官号名。《汉书·匈奴传》“栗”作“粟”。［39］并州：州名，其地辖有今内蒙古南部、山西大部和河北西部等地区。［40］平州：西汉无平州。有人提出王莽分幽州部分地区新设，在今辽宁东部，然而缺乏文献根据；胡三省认为“‘平’字误”。［41］七公：四辅与三公。［42］六卿：羲和、作士、秩宗、典乐、共工、予虞。［43］绣衣执法：官名。汉武帝时，置御史大夫属官绣衣御史，职掌逐捕盗贼，审理重大案件。王莽改制，改御史为执法，所以绣衣御史改称绣衣执法。［44］督大奸猾擅弄兵者：督，监视。奸猾，指奸诈狡猾的人。擅（shàn），擅自。弄兵，轻率动兵，此指滋事骚扰，兴兵作乱。［45］货赂为市：贿赂像做买卖一样公开进行。货赂，以财物贿赂人。为市，意谓像市场一样公开交易。［46］侵渔：侵夺。［47］构难：结仇交战。［48］系获：抓获，俘虏。此言边民或死亡，或被抓。

太师王舜自莽篡位后，病悸浸剧[1]，死。

莽为太子置师、友各四人，秩[2]以大夫。以故大司徒马宫等为师疑、傅丞、阿辅、保拂，是为四师[3]；故尚书令唐林[4]等为胥附、奔走、先后、御侮，是为四友[5]。又置师友、侍中、谏议、《六经》祭酒各一人，凡九祭酒[6]，秩皆上卿。

遣使者奉玺书、印绶、安车、驷马[7]迎龚胜[8]，即拜[9]为师友祭酒。使者与郡太守、县长吏[10]、三老[11]、官属[12]、行义[13]、诸生[14]千人以上入胜里致诏[15]。使者欲令胜起迎，久立门外。胜称病笃[16]，为[17]床室中户西[18]、南牖[19]下，东首加朝服拖绅[20]。使者付玺书，奉[21]印绶，内[22]安车、驷马，进谓胜曰[23]：“圣朝未尝忘君，制作[24]未定，待君为政[25]；思闻所欲施行，以安海内。”胜对曰：“素愚，加以年老被[26]病，命在朝夕，随使君[27]上道，必死道路，无益万分！”使者要说[28]，至以印绶就加胜身；胜辄推不受。使者上言：“方盛夏暑热，胜病少气[29]，可须秋凉乃发[30]。”有诏许之。使者五日壹与太守俱问起居[31]，为胜两子及门人高晖等言：“朝廷虚心待君以茅土之封[32]，虽疾病，宜移动至传舍[33]，示有行意；必为子孙遗大业[34]。”晖等白使者语，胜自知不见听，即谓晖等：“吾受汉家厚恩，无以报；今年老矣，旦暮入地，谊[35]岂以一身事二姓，下见故主哉！”胜因敕[36]以棺敛丧事：“衣周于身，棺周于衣[37]。勿随俗动吾冢、种柏、作祠堂！”语毕，遂不复开口饮食。积十四日死。死时，七十九矣。

是时清名[38]之士，又有琅邪纪逡[39]、齐薛方[40]、太原[41]郇越、郇相、沛[42]唐林、唐尊[43]，皆以明经[44]饬行[45]显名于世。纪逡、两唐皆仕莽，封侯，贵重，历公卿位。唐林数上疏谏正，有忠直节。唐尊衣敝、履空[46]，被虚伪名。郇相为莽太子四友，病死，莽太子遣使祱[47]以衣衾[48]，其子攀[49]棺不听，曰：“死父遗言：‘师友之送，勿有所受！’今于皇太子得托友官[50]，故不受也。”京师称之。莽以安车迎薛方，方因[51]使者辞谢曰：“尧、舜在上，下有巢、由[52]。今明主方隆唐、虞之德，小臣欲守箕山之节[53]。”使者以闻。莽说[54]其言，不强致[55]。

初，隃麋郭钦[56]为南郡[57]太守，杜陵蒋诩[58]为兖州[59]刺史，亦以廉直为名。莽居摄，钦、诩皆以病免官，归乡里，卧不出户，卒于家。哀、平之际，沛国[60]陈咸[61]以律令[62]为尚书。莽辅政，多改汉制，咸心非之；及何武、鲍宣死，咸叹曰：“《易》称‘见几而作，不俟终日。’[63]吾可以逝[64]矣！”即乞骸骨[65]去职。及莽篡位，召咸为掌寇大夫[66]；咸谢病[67]不肯应。时三子参、钦、丰皆在位，咸悉令解官[68]归乡里，闭门不出入，犹用汉家祖腊[69]。人问其故，咸曰：“我先人岂知王氏腊乎！”悉收敛其家律令、书文，壁藏之。又，齐栗融、北海[70]禽庆、苏章、山阳[71]曹竟，皆儒生，去官，不仕于莽。

班固赞[72]曰：春秋列国卿大夫及至汉兴将相名臣，耽宠以失其世者多矣[73]，是故清节[74]之士，于是为贵；然大率[75]多能自治而不能治人。王、贡[76]之材，优于龚、鲍[77]。守死善道[78]，胜实蹈焉[79]。贞而不谅[80]，薛方近之[81]。郭钦、蒋诩，好遁不污[82]，绝纪、唐矣[83]。

是岁，濒河郡蝗生。

河决魏郡[84]，泛[85]清河[86]以东数郡。先是，莽恐河决为元城[87]冢墓害；及决东去，元城不忧水，故遂不堤塞[88]。

（以上为第八段，写情操高洁的士人，拒绝出仕新朝，龚胜绝食而死，是威武不屈的榜样。也有一些士人，如纪逡、唐林、唐尊之流，入仕新朝。）

【注释】

［1］病悸浸剧：得了心跳病，日益加重。病，作动词，患病。悸（jì），心跳。浸，逐渐。剧，加剧，指病情恶化。［2］秩：俸禄。［3］是为四师：王莽为太子设置四师。以故大司徒马宫为师疑，故少府宗伯凤为傅丞，博士袁圣为阿辅，京兆尹王嘉为保拂。［4］唐林：字子高，西汉末曾为尚书令。新朝官至保成师友祭酒，封建德侯。［5］四友：王莽以故尚书令唐林为胥附，博士李充为奔走，谏大夫赵襄为先后，中郎将廉丹为御侮，这叫四友。［6］九祭酒：师友、侍中、谏议三祭酒与《六经》六祭酒，凡九祭酒。［7］奉玺书、印授、安车、驷马：奉，捧着，此言手持。玺书，皇帝的文书。安车，可以坐乘的车。古车立乘，此车坐乘，故称安车。驷（sì）马，一车套四马。安车一般情况驾一马，对乘者以示优礼尊崇时用四马驾车，所谓安车驷马。［8］龚胜（前68—11）：字君宾，楚国彭城（今江苏徐州市）人。哀帝时征为谏大夫，后出任勃海太守。王莽秉政，归隐乡里。今征授师友祭酒，誓不仕二姓，不食而死。传见《汉书》卷七十二。［9］即拜：就其所在之地授予官职。即，作动词，就地。［10］县长吏：县的行政长官称令、长，其重要佐吏丞、尉等为长吏。［11］三老：乡官名，职掌一乡教化。［12］官属：主要官员的属吏。［13］行义：指有德行道义的人。［14］诸生：众儒生。［15］入胜里致诏：进入龚胜的住地乡里传达诏命。致，传达。［16］病笃（dǔ）：指病势沉重。［17］为：设置。［18］户西：门的西侧。［19］牖（yǒu）：窗。［20］东首加朝服拖绅：东首，头向东。朝服，君臣朝会时或举行隆重典礼时所穿的礼服。加朝服，是说人躺卧在床上，把朝服披在身子上面。拖，引。绅，束在腰间的大带。拖绅，把束腰大带引拉到朝服上面。《论语·乡党》：（孔子）“疾，君视之，东首，加朝服，拖绅。”龚胜仿照孔子的做法应付王莽派来的使臣。［21］奉：献上。［22］内（nà）：通“纳”，进献。［23］进谓胜曰：指使者上前对龚胜说。［24］制作：指礼乐等典章制度。［25］为政：执掌国政。［26］被：遭受。［27］使君：对郡太守的尊称。［28］要（yāo）说（shuì）：强行劝说。此言既逼迫，又劝说。要，逼迫。［29］少气：气不足。［30］须秋凉乃发：等到秋天凉爽了，才可能动身。须，等待。［31］问起居：指问候身体安否。［32］茅土之封：指封为诸侯。古代天子社祭之坛以五色土建成，分封诸侯时，按封地所在方位，在天子社坛上取该方色土用白茅草包裹，谓之茅土，授予新封诸侯，带到封国立社。［33］传（zhuàn）舍：供行人休息住宿的处所。［34］遗大业：留下大产业，指爵位与封地。［35］谊：同“义”，道义。此言根据道义。［36］敕（chì）：告诫。［37］“衣周”二句：言衣不露身，棺不露衣。周，环绕。［38］清名：清美的声誉。［39］纪逡（qūn）：字王思，新朝任谏议祭酒，封封德侯。［40］薛方：字子容，西汉末曾为郡掾祭酒；新朝隐居不仕，以经教授弟子。［41］太原：郡名，治所在今山西太原市西南。［42］沛：郡名，治所在今安徽淮北市西北。［43］唐尊：字伯高，沛郡人。

新朝任予虞、太傅，封平化侯。地皇四年，与王莽等同在渐台被农民军杀死。［44］明经：通晓经术。［45］饬行：行为谨慎。［46］衣敝、履空：身着破衣，脚穿破鞋。衣（yì）、履，均作动词用。敝，指破旧衣服。空（kǒng），通“孔”，洞，有孔的鞋。［47］襚（shuì）：赠给死者的衣被。［48］衾（qīn）：被。［49］攀：抓住。［50］托友官：指身居四友之官。［51］因：通过。［52］巢、由：指巢父、许由。相传尧让天下给巢父，巢父不受；又让许由，许由也不接受，且逃隐箕山之下。尧又召许由为九州长，许由听后，感到这话脏了自己的耳朵，于是到颍水边去洗耳。［53］箕山之节：指归隐的节操。箕山，山名，在今河南登封市东南。相传巢父、许由隐居于此。［54］说（yuè）：通“悦”。［55］不强致：不强行召辟。［56］郭钦：右扶风隃麋县（今陕西千阳县东）人。哀帝时为丞相司直，平帝时迁南郡太守。王莽居摄，以病免官，卒于家。［57］南郡：郡名，治所在今湖北江陵县。［58］蒋诩（xǔ）：字元卿，京兆尹杜陵县（今陕西西安市东南）人，西汉末为兖州刺史。王莽居摄，以病免官，卒于家。［59］兖（yǎn）州：州名，其地辖有今山东西南部和河南北部地区。［60］沛国：即沛郡。沛，西汉为郡，王莽时改称吾符郡，东汉才为沛国。［61］陈咸：字子康，沛郡相县（今安徽淮北市西北）人，历任郡守，后征为少府。传附见《汉书》卷六十六《陈万年传》。［62］律令：法令。此指通晓法令。［63］“《易》称”二句：几，隐微。此指事物刚显示出的某种迹象。作，行动。俟（sì），等待。终日，一天。此处引文见《周易·系辞下》。［64］逝：离开。［65］乞骸骨：古代官吏自请退职称乞骸骨，意谓使骸骨得归葬故乡。［66］掌寇大夫：王莽新设官名。王莽设九卿，其中作士掌司法。每卿设三大夫，掌寇大夫当为作士属官。［67］谢病：以有病为由谢绝。［68］解官：辞去官职。［69］祖腊：祭名。祖，祭祀路神。腊，年终大祭。上古年终祭祀百神为蜡，祭祖先为腊。秦、汉以后，统称腊。［70］北海：郡名，治所在今山东安丘市西北。［71］山阳：郡名，治所在今山东金乡县西北。［72］赞：班固写《汉书》，于每篇纪、传、志之后有一段评论文字，称为“赞”。此下所录，为《汉书》卷七十二《王贡两龚鲍传》的赞语。［73］耽宠：沉溺于受到的恩宠。据章校，有的版本“耽”上有“怀禄”二字。世：继承。此言很多人因为沉溺于受到的恩宠反而丧失掉得到的地位，使其官位爵禄未能世代继承下去。［74］清节：高洁的节操。［75］大率：大致。［76］王、贡：指王吉、贡禹。两人齐名，并称。［77］龚、鲍：龚有二人。《汉书》卷七十二记述两龚：一为龚胜，字君宾；一为龚舍，字君倩。皆通晓经术，有名节。鲍，指鲍宣。［78］守死善道：指坚持到死而不改变，使正道完善。语出《论语·泰伯》：“子曰：笃信好学，守死善道。危邦不入，乱邦不居。”［79］胜实蹈焉：龚胜确是实际践行了。蹈，实践。龚胜不受莽官，所以说他用行动实践了这些话。［80］贞而不谅：语出《论语·卫灵公》：“子曰：‘君子贞而不谅。”’意谓君子坚守节操，而不必拘泥于小信。贞，正直而有操守。谅，诚信。［81］薛方近之：薛方实为坚守汉臣之节，口头上却誉莽为尧舜之君，说自己要效法巢、由守箕山之节。所以说他的行为接近于“贞而不谅”之义。［82］好遁不污：意谓善于逃避，退归乡里，不仕莽朝，不使自己的节操被玷污。［83］绝纪、唐矣：绝，超越。纪、唐，纪逡和唐林、唐尊。三人都是有清名而仕于莽朝的人。［84］魏郡：郡名，治所在今河北临漳县西南。［85］泛：漫溢，泛滥。［86］清河：郡名，治所在今河北清河县东南。［87］元城：县名，县治在今河北大名县东。王莽是魏郡元城县人。元城在黄河东岸，清河郡在其北面。河泛清河郡以东，所以元城王莽的祖坟未遭水害。［88］堤塞：筑堤堵塞。

四年（壬申，12年）

春，二月，赦天下。

厌难将军陈钦、震狄将军王巡上言："捕得虏生口验问，言虏犯边者皆孝单于咸子角所为。"莽乃会诸夷，斩咸子登于长安市。

大司马甄邯死。

莽至明堂，下书："以洛阳为东都，常安为西都。邦畿连体[1]，各有采、任[2]。州从《禹贡》为九[3]；爵从周氏为五[4]。诸侯之员千有八百，附城[5]之数亦如之，以俟有功[6]。诸公一同[7]，有众万户；其余以是为差[8]。今已受封者，公侯以下凡七百九十六人，附城千五百五十一人；以图簿[9]未定，未授国邑，且令受奉都内[10]，月钱数千。"诸侯皆困乏，至有佣作[11]者。

莽性躁扰[12]，不能无为，每有所兴造，动欲慕古，不度[13]时宜，制度又不定；吏缘为奸，天下謷謷[14]，陷刑者众。莽知民愁怨，乃下诏："诸食王田，皆得卖之，勿拘以法[15]。犯私买卖庶人者，且一切[16]勿治。"然他政悖乱[17]，刑罚深刻[18]，赋敛重数[19]，犹如故焉。

初，五威将帅出西南夷[20]，改句町王为侯，王邯[21]怨怒不附[22]。莽讽牂柯[23]大尹周歆诈杀邯。邯弟承[24]起兵杀歆，州郡击之，不能服。莽又发高句骊兵击匈奴；高句骊不欲行，郡强迫，皆亡出塞，因犯法为寇。辽西[25]大尹田谭追击之，为所杀。州郡归咎[26]于高句骊侯驺[27]，严尤奏言："貉[28]人犯法，不从驺起；正有他心[29]，宜令州郡且尉[30]安之。今猥被[31]以大罪，恐其遂畔[32]，夫余之属必有和[33]者。匈奴未克，夫余、涉貉[34]复起，此大忧也。"莽不尉安，涉貉遂反；诏尤击之。尤诱高句骊侯驺至而斩焉，传首[35]长安。莽大说，更名高句骊为下句骊。于是貉人愈犯边，东、北与西南夷皆乱。莽志方盛，以为四夷不足吞灭，专念稽古[36]之事，复下书："以此年二月东巡狩，具礼仪调度[37]。”既而以文母太后体不安，且止待后。

初，莽为安汉公时，欲谄太皇太后，以斩郅支[38]功奏尊元帝庙为高宗，太后晏驾[39]后，当以礼配食[40]云。及莽改号太后为新室文母，绝之于汉，不令得体元帝[41]，隳[42]坏孝元庙，更为文母太后起庙；独置孝元庙故殿以为文母馔食堂[43]，既成，名曰长寿宫，以太后在，故未谓之庙。莽置酒长寿宫，请太后。既至，见孝元庙废彻涂地[44]，太后惊泣曰：“此汉家宗庙，皆有神灵，与何[45]治而坏之！且使鬼神无知，又何用庙为[46]！如令有知，我乃人之妃妾，岂宜辱帝之堂以陈馈食哉！”私谓左右曰：“此人慢[47]神多矣，能久得佑[48]乎！”饮酒不乐而罢。自莽篡位后，知太后怨恨，求所以媚太后者无不为，然愈不说。莽更汉家[49]黑貂著黄貂[50]；又改汉正朔、伏腊日[51]。太后令其官属黑貂；至汉家正、腊日，独与其左右相对饮食。

（以上为第九段，写王莽复古，倒行逆施，好大喜功而又轻狂，边衅四起。又贬损汉家，触怒太皇太后王政君。）

【注释】

[1]邦畿连体：指两京西京长安、东都洛阳连片成一整体。邦畿，王畿。指东、西都地区。连体，连成一个整体。[2]采、任：采，诸侯在王畿内的封地。任，指任在王畿内的封地。[3]州从《禹贡》为九：州的设置仿照《禹贡》的记载分为九州。《尚书·禹贡》记载的九州为：冀、兖、青、徐、扬、荆、豫、梁、雍。[4]爵从周氏为五：封爵按周代分封诸侯，分为公、侯、伯、子、男五等。[5]附城：采邑。[6]以俟有功：意谓目前未足其数，等待着有功的人享受封爵。[7]同：土地纵横各一百里为同。[8]其余以是为差：指侯、伯、子、男等爵位以此为差等。侯、伯有众五千户，土地纵横各七十里；子、男有众二千五百户，土地纵横各五十里。附城也分为五等，大者有众九百户，土地九成（土地纵横各十里为一成）；每降一等，减众二百户，减土地二成。[9]图簿：地图和户籍。[10]受奉都内：奉，通“俸”，俸禄。都内，都城的内库。此言暂从朝廷国库领取俸禄。[11]佣作：受雇为人工作。[12]躁扰：浮躁烦劳。[13]度（duó）：推测，估量。[14]警（ào）警：众人愁怨的声音。[15]勿拘以法：不要受法令的约束。实际是宣布废除不准买卖王田的法令。拘，拘泥。[16]一切：一概，一律。[17]悖乱：混乱。[18]深刻：严峻苛刻。[19]赋敛重数：赋税繁重。重，增益，加重。[20]西南夷：秦、汉时期对居住在巴郡、蜀郡以西以南地区，当今四川成都市西北、西南，以及云南、贵州两省，广西西部等广大地区各少数民族的总称。[21]王邯：句町王名叫邯。[22]附：归服，顺从。[23]牂（zāng）柯：也作“牂牁”，郡名，治所在今贵州黄平县西南。[24]承：邯弟名。[25]辽西：郡名，治

所在今辽宁义县西南。［26］归咎：归罪。［27］驺：人名，高句丽侯王。［28］貉（mò）：通“貊”，古称居于东北地区的民族。［29］正有他心：即使有二心。正，即使。［30］尉：通“慰”，安抚。［31］猥（wěi）被：多加。［32］畔：通“叛”，反叛。［33］和：响应。［34］涉（huì）貉：亦作“涉貊”，我国古代东北地区少数民族名。［35］传首：传送首级。［36］稽古：稽考古道。［37］具礼仪调度：具体的礼仪程序开列出来。具，详尽的，原原本本的。调度，准备出来。［38］郅（zhì）支：匈奴单于名号。匈奴呼韩邪单于之兄，名呼屠吾斯。汉宣帝五凤元年（前57），匈奴五单于争立，呼屠吾斯时为左贤王，于东部地区自立为郅支骨都侯单于。后来西走西域，侵扰汉之西陲。元帝建昭三年（前36），为西域都护所杀。［39］晏驾：车驾晚出。古为帝王死亡的讳称。［40］配食：祭祀时配享。［41］不令得体元帝：此言不使元后能与元帝合葬为一体。体，一体。指夫妇关系密切，犹如一个整体。［42］隳（huī）：毁坏，拆毁。［43］馔（zhuàn）食堂：陈设餐具食品的厅堂。［44］废彻涂地：指彻底毁坏不可收拾。废彻，损毁。［45］与何：为什么。与，为。［46］为：语气助词。用于句末，表示疑问或反诘语气。［47］慢：轻慢。［48］佑（yòu）：神灵保佑。［49］更汉家：改变汉家制度。［50］貂（diāo）：动物名。皮毛极为轻暖，为贵重裘料。汉制，侍中、宦官之冠皆以黑貂尾为装饰物。［51］伏腊日：伏祭和腊祭的日期。伏祭在夏天伏日，腊祭在农历十二月。

五年（癸酉，13年）

春，二月，文母皇太后崩，年八十四；葬渭陵[1]，与元帝合[2]，而沟绝之[3]。新室世世献祭其庙；元帝配食，坐于床下[4]。莽为太后服丧三年。

乌孙[5]大、小昆弥[6]遣使贡献。莽以乌孙国人多亲附小昆弥，见匈奴诸边并侵，意欲得乌孙心，乃遣使者引小昆弥使坐大昆弥使上。师友祭酒满昌[7]劾奏使者曰：“夷狄以中国有礼谊，故诎[8]而服从。大昆弥，君也。今序[9]臣使于君使[10]之上，非所以有夷狄[11]也。奉使大不敬[12]！”莽怒，免昌官。

西域诸国以莽积失[13]恩信，焉耆[14]先叛，杀都护但钦；西域遂瓦解。

十一月，彗星出；二十余日，不见。

是岁，以挟铜炭者多，除其法。

匈奴乌珠留单于[15]死，用事大臣右骨都侯须卜当[16]，即王昭君女伊墨居次[17]云[18]之婿也。云常欲与中国和亲，又素[19]与伊栗置支侯[20]咸厚善，见咸前后为莽所拜，故遂立咸为乌累若鞮单于。乌累单于咸立，以弟舆[21]为右谷蠡王[22]。乌珠留单于子苏屠胡[23]本为左贤王，后更谓之护于[24]，欲传以国。咸怨乌珠留单于贬己号[25]，乃贬护于为左屠耆王[26]。

（以上为第十段，写汉太皇太后去世，西域背叛新朝。）

【注释】

[1]渭陵：元帝墓地，在今陕西西安市西北。[2]与元帝合：把王政君与元帝合葬在一起。合，合葬。[3]沟绝之：挖沟把元帝冢与王政君冢隔开。王莽不欲王政君与元帝合葬，故有此恶行。[4]坐于床下：王莽把汉元帝的神主放在王政君神主的几案下为陪衬。坐，放置。床，放置神主的几案。[5]乌孙：西域国名，其地在今新疆西部伊犁河一带。[6]昆弥：又作昆莫，乌孙王的名号。汉宣帝时始立大、小两昆弥，分治乌孙地。[7]满昌：颍川郡人，成、哀时为詹事，新朝为师友祭酒。[8]诎（qū）：屈服。[9]序：排列次序。[10]臣使、君使：大昆弥、小昆弥，犹称大王、小王，大、小昆弥分治乌孙地，并非一君一臣。[11]有夷狄：拥有夷狄。[12]大不敬：重罪名。臣民不敬皇帝为大不敬。[13]积失：多失。[14]焉耆：西域国名，其地在今新疆焉耆县一带。[15]乌珠留单于：呼韩邪子，名囊知牙斯。成帝绥和元年（前8）立为单于。[16]须卜当：右骨都侯之名。[17]居次：女子名号，犹汉人所称公主。[18]云：王昭君之女名。[19]素：一向。[20]伊栗置支侯：即於栗置支侯，匈奴官号名。[21]舆：乌累单于之弟名，全称为栾提舆。[22]右谷（lù）蠡（lí）王：匈奴官号名。据章校，有的版本“右”作“左”。[23]苏屠胡：乌珠留单于子之名。[24]护于：匈奴官号名。乌珠留单于在位时，先后死了几位左贤王，乌珠留单于以为其号不祥，便把左贤王改名为护于。护于为最尊贵官职，日后将继任单于之位。[25]贬己号：始建国三年，咸由右犁污王降为低级之官於栗置支侯。[26]左屠耆王：匈奴官号名，即左贤王。匈奴称贤为屠耆。

天凤元年（甲戌，14年）

春，正月，赦天下。

莽下诏：“将以是岁四仲月遍行巡狩之礼，太官[1]赍糒、干肉，内者行张坐卧[2]；所过毋得有所给[3]。俟毕北巡狩之礼，即于土中[4]居洛阳之都。”群公奏言：“皇帝至孝，新遭文母之丧，颜色未复[5]，饮食损少；今一岁四巡，道路万里，春秋尊[6]，非糒、干肉之所能堪。且无巡狩，须阕大服[7]，以安圣体。”莽从之，要期[8]以天凤七年巡狩；厥明年，即土之中，遣太傅平晏、大司空王邑之洛阳营相宅兆[9]，图起宗庙、社稷[10]、郊兆[11]云。

三月，壬申晦[12]，日有食之。大赦天下。以灾异策大司马逯并就侯氏朝位[13]，太傅平晏勿领[14]尚书事。以利苗男䜣[15]为大司马。莽即真，尤备大臣[16]，抑夺下权[17]，朝臣有言其过失者，辄拔擢。孔仁[18]、赵博[19]、费兴[20]等以敢击大臣[21]，故见信任，择名官而居之。国将哀章颇不清[22]，莽为选置和叔[23]；敕曰："非但保国将闺门[24]，当保亲属在西州[25]者。"诸公皆轻贱[26]，而章尤甚[27]。

夏，四月，陨霜[28]杀草木，海濒尤甚[29]。六月，黄雾四塞[30]。秋，七月，大风拔树，飞北阙直城门[31]屋瓦。雨雹，杀牛羊。

莽以《周官》[32]《王制》[33]之文，置卒正、连率、大尹，职如太守；又置州牧[34]、部监[35]二十五人[36]。分长安城旁六乡，置帅各一人。分三辅为六尉郡[37]；河内、河东、弘农[38]、河南、颍川、南阳为六队郡[39]。更名河南大尹曰保忠信卿。益河南属县满三十，置六郊州长各一人，人主五县。及他官名悉改。大郡至分为五，合百二十有五郡。九州之内，县二千二百有三。又仿古六服[40]为惟城、惟宁、惟翰、惟屏、惟垣、惟藩，各以其方[41]为称，总为万国[42]焉。其后，岁复变更，一郡至五易名，而还复其故。吏民不能纪，每下诏书，辄系其故名[43]云。

匈奴右骨都侯须卜当、伊墨居次云劝单于和亲，遣人之西虎猛制虏塞[44]下，告塞吏云："欲见和亲侯。"和亲侯者，王昭君兄子歙[45]也。中部都尉[46]以闻，莽遣歙、歙弟骑都尉、展德侯飒使匈奴，贺单于初立，赐黄金、衣被、缯帛；绐言侍子登在[47]，因购求陈良、终带等。单于尽收陈良等二十七人，皆械槛[48]付使者，遣厨唯姑夕王富[49]等四十人送歙、飒。莽作焚如之刑[50]，烧杀陈良等。

缘边大饥，人相食，谏大夫[51]如普行边兵还[52]，言"军士久屯寒苦，边郡无以相赡[53]。今单于新和，宜因是罢兵。"校尉韩威进曰："以新室之威而吞胡虏，无异口中蚤[54]虱。臣愿得勇敢之士五千人，不赍斗粮，饥食虏肉，渴饮其血，可以横行！"莽壮[55]其言，以威为将军。然采普言，征还诸将在边者，免陈钦等十八人，又罢四关镇都尉诸屯兵。

单于贪莽赂遗，故外不失汉故事，然内利寇掠[56]；又使还，知子登前死，怨恨，寇虏[57]从左地入不绝。使者问单于，辄曰："乌桓与匈奴无状黠民[58]共为寇入塞，譬如中国有盗贼耳！咸初立持国[59]，威信尚浅，尽力禁止，不敢有二心！"莽复发军屯。

益州蛮夷愁扰，尽反，复杀益州大尹程隆。莽遣平蛮将军冯茂发巴、蜀、犍为[60]吏士，赋敛取足于民，以击之。

莽复申下[61]金、银、龟、贝之货，颇增减其贾直，而罢大、小钱，改作货布、货泉[62]二品并行。又以大钱行久，罢之恐民挟不止，乃令民且独行大钱；尽六年，毋得复挟大钱矣。每一易钱，民用[63]破业而大陷刑。

（以上为第十一段，写王莽随意更改制度，变更官名、行政区划，屡变货币，民不堪命。对外四夷也无诚信，边患不断。新朝内外交困。）

【注释】

[1]太官：官名，太官令的省称，属少府，职掌皇帝膳食及宴享等事。 [2]内者行张坐卧：内者令准备帐篷及坐卧用具。内者，官名，内者令的省称，属少府，职掌宫廷所需被褥席帐等物。行，指在巡狩途中。张，陈设。坐卧，指坐卧之具。 [3]所过毋得有所给：沿途经过的地方不要供给费用。 [4]土中：指四方之中。王莽诏书所述巡狩四方的顺序，是东、南、西、北。所以结束北方巡狩之后，即停留在中土东都洛阳。 [5]颜色未复：谓王莽忧伤，脸色戚容仍在，没有恢复。复，恢复。 [6]春秋尊：指年纪大。 [7]阕（què）大服：指为王太后服丧三年事毕。阕，事毕。 [8]要期：约定日期。 [9]王邑之洛阳营相宅兆：王邑前往洛阳，选择兴建宫殿的基地。之，作动词，往。营，办理。相，勘察。宅，指宫殿、宗庙、陵墓等的用地。兆，区域。 [10]社稷：土神和谷神。社，土神；稷，谷神。此指社稷坛，即祭祀土神和谷神的处所。[11]郊兆：祭祀天地的地方。古于京城郊外祭祀天地，所以称祭祀天地为郊。 [12]三月，壬申晦：二月三十日。三月癸酉朔，无壬申日。三月系二月之误。 [13]就侯氏朝位：意谓免去其大司马之职，按照侯爵的身份参加朝会。当时，逯并为同风侯。 [14]领：以高级官职兼任低级官职称领。 [15]䜣：王䜣。 [16]莽即真，尤备大臣：王莽正式即位为真皇帝，尤其防备大臣，忧心其步自己的后尘。备，防备。 [17]抑夺下权：限制、剥夺臣下之权。 [18]孔仁：后任捕盗将军、司命。地皇四年（23），被农民军打败后自杀。 [19]赵博：所任官职不详。地皇四年，与王莽等同在渐台被农民军杀死。 [20]费兴：后任大司马司允，荆州牧。因触怒王莽被免官。

[21]击大臣：弹劾、揭发大臣。 [22]颇不清：很不清廉、清白。 [23]和叔：王莽新设官名。 [24]闺门：内室之门，此指家门。 [25]西州：指哀章的家乡广汉郡（治所在今四川广汉市北）。 [26]轻贱：轻视，瞧不起。 [27]章尤甚：大臣们最看不起哀章。 [28]陨霜：降霜。 [29]海濒尤甚：沿海地区降霜尤其严重。 [30]四塞：到处充塞。塞，充塞，充满。 [31]北阙直城门：未央宫北面的正门。长安城十二门，每面三门。西面三门，自南向北依次为章城门、直城门、雍门。 [32]《周官》：即《周礼》。 [33]《王制》：《礼记》篇名。 [34]州牧：官名，州的最高行政长官。 [35]部监：官名，即州部刺史。西汉地方行政区划分为郡（国）县两级。全国郡县分隶十三州，但州不是一级行政机构，只是由中央派遣监察御史与丞相行郡监察。武帝时，改置十三部（州），每州置刺史一人，上受中央御史中丞领导，负责监察一州郡国。后曾改刺史为州牧，又曾改州牧为刺史。王莽托古改制，同时并置州牧和刺史（称部监）。 [36]二十五人：部监员数。部监每人负责五郡，全国共计一百二十五郡。 [37]六尉郡：京尉郡辖渭城等十县，其地在今陕西西安市西北。师尉郡辖高陵等十县，其地在今西安市东北。翊尉郡辖新丰等十县，其地在今西安市东。光尉郡辖霸陵等十县，其地在今西安市南。扶尉郡辖茂陵等十县，其地在今西安市西。列尉郡辖长陵等十县，其地在今西安市北。 [38]弘农：郡名，治所在今河南灵宝市北。 [39]六队郡：王莽所设的六个行政区，改郡称队，分为前、后、左、右、兆、祈六队。南阳为前队，河内为后队，颍川为左队，弘农为右队，河东为兆队，荥阳为祈队。队置大夫，职如郡太守；置属正，职如郡都尉。 [40]六服：周代王畿以外的诸侯邦国，依其距京师远近，分为六个等次，称六服，由近而远为侯、甸、男、采、卫、蛮。王莽托古改制，也行六服之制。《汉书·王莽传》："公作甸服，是为惟城；诸在侯服，是为惟宁；在采、任诸侯，是为惟翰；在宾服，是为惟屏；在揆文教，奋武卫，是为惟垣；在九州之外，是为惟藩。"六服名称，语出《诗经·大雅·板》："介人惟藩，大师惟垣。大邦惟屏，大宗惟翰。怀德惟宁，宗子惟城。" [41]方：地区。此言各服都按它的所在地区确定名称。 [42]万国：意为天下。 [43]系其故名：如说"新平，故淮阳"，"陈定，故梁都"，"治亭，故东郡"等。系，附带。 [44]西虎猛制虏塞：西，《汉书·匈奴传》作"西河"；此佚"河"字。西河，郡名。虎猛，县名，属西河郡，县治在今内蒙古伊金霍洛旗西南。制虏塞，塞名，属虎猛县。 [45]歙（xī）：王歙，西汉末官长水校尉，曾几次出使匈奴。 [46]中部都尉：都尉为郡的武职，职掌一郡军事。武帝以后，为加强对新辟地区少数民族的统治，往往于边郡分部设置都尉。据《汉书·地理志》，西河郡设有南、北、西三部都尉和属国都尉，未设中部都尉。此中部都尉，或王莽所设。 [47]绐言侍子登在：欺骗匈奴单于说作为质子的栾提登还活着。栾提登是匈奴单于栾提咸的儿子。绐（dài），欺骗。侍子，古代属国之王或诸侯遣子入朝陪侍天子，所遣之子称侍子。 [48]械槛（jiàn）：拘系于囚车。 [49]厨唯姑夕王：匈奴官号名。富：厨唯姑夕王之名。 [50]作焚如之刑：制作用火把人烧死的酷刑。焚如，语出《周易·离卦》。 [51]谏大夫：官名，光禄勋属官，职掌论谏。 [52]如普行边兵还：如普巡视边兵回到京城。如普，人名，时任谏大夫。行，巡视。 [53]相赡：供给。 [54]蚤：跳蚤。 [55]壮：意动用法，认为

豪壮。［56］利寇掠：贪图侵犯劫掠。［57］寇虏：犹“寇掠”。［58］无状黠（xiá）民：指行为丑恶不善的狡猾之民。［59］持国：主持国事。［60］犍（qián）为：郡名，治所在今四川宜宾市西南。［61］复申下：重申使用新朝货币。下，使用。［62］货布、货泉：两种货币名。货布重二十五铢，值二十五钱，其文右为“货”，左为“布”。货泉重五铢，值一钱，其文右为“货”，左为“泉”。［63］用：因此。

【点评】

王莽的改革闹剧。本卷集中载述王莽前期统治，推行改革的闹剧，给全社会带来混乱与灾难，导致新朝短命灭亡。王莽改革，分为政治、经济、文化三个层面来说。

王莽的政治改革。王莽出于“革汉立新，废刘兴王”的目的，大肆更张汉朝制度，大力推行新朝制度。但王莽的改革既没有整顿吏治，也没有启用贤人治国，更没有创建新的国家制度，有何善政可言！王莽的政治改革，只是改官名、地名、变更周边民族归附汉朝的封章和名号，这样的三大改革内容，完全是在形式上玩文字游戏，徒事扰民的一场闹剧。王莽改变原有的官名，如大司农称羲和、纳言，少府称共工，太守称大尹，县令、县长称宰等，名称极为复杂，而职能仍是汉制，没有丝毫触动。王莽改地名，重新划分行政区，改汉十三州为九州，增设郡、县，全国共九个州，一百二十五个郡，一千二百零三个县，比西汉增加二十二个郡，增加六百一十五个县。王莽又恢复古代周制的五等封爵，滥加封赏，设立一千八百个封国。有的地名年年变更，甚至一郡五易其名，最后又回到了原来的名称。

王莽改官名、地名，要消除一切带汉的字眼，想要以这种方式强制人民忘掉汉朝，一下子弄得语言很混乱，全社会各阶层的人都感到很不方便。在改变官名和改变行政区划的过程中，王莽滥用那些无行无德的歌功颂德之徒，打击忠于汉朝和反对新政权的官吏。所以王莽的政治改革只是一场权力的重新分配，没有一丝治国爱民、整顿官吏、淳化风俗的内容，除了扰民乱政外，没有任何积极意义，完全失败了。

王莽对周边民族，改变他们的王号名称，用新印章换旧印，消除汉朝的痕迹，虚张新朝国威的声势。结果引起周边各民族的反感。王莽改制彻底失败了，已到不可收拾的地步，他为了挽回面子，转移国内尖锐的社会矛盾，找借口挑起边衅，大力征讨匈奴、乌桓、西南夷和西域各国，导致四边告急，几十万士兵出征，骚动天下，府库空虚，物价飞涨，米价高达五千到一万钱一石。人祸加上旱、蝗、水灾，民不聊生，从而爆发农民大起义。

王莽的经济改革。计有三大内容，即王田私属、币制改革与五均六筦。分述如次。

其一，王田私属。始建国元年（9），王莽下诏，历数西汉社会土地兼并之弊，以及奴婢盛行的问题。王莽认为井田制瓦解和土地买卖是造成社会危机的根源。王莽运用行政命令宣布天下土地一律改称王田，天下奴婢一律改称私属，都不许买卖。命令规定，男口不足八人而土地超过一井，即九百亩土地的，要把多出的部分分给九族、邻里、乡党。无田者按一夫百亩的制度授田，违令者处罪。王莽不懂土地私有和买卖是社会的进步，他要复古回到井田制根本办不到。高官、豪强地主多占的土地没法征收，全国几十万流民和更多无地的农民也没有授田。王莽推行井田制的结果，只是形式上禁止买卖，而走投无路手中还有几亩薄田的农民，出卖土地反而犯罪。出卖子女或出卖自身也是犯罪。当贫民只有出卖土地或出卖自身为奴还能多存活几天的路都被堵死，那真是没有活路了。王莽试图解决土地、奴婢的问题，用心应该是好的，其主观意图无可厚非。但他的方法不对，也无解决问题的综合措施和政策，只是强制禁止买卖，更沉重地打击了贫困的农民。始建国四年（12），王莽被迫宣布王田可以买卖，触犯奴婢买卖的也不治罪。王田私属的改革彻底失败。

其二，币制改革。王莽从居摄二年至天凤元年，即公元 7 年至公元 14 年，八年间进行了币制改革。居摄二年，王莽新铸错刀、契刀、大钱等三种钱币，规定错刀一枚值五千，契刀一枚值五百，大钱一枚值五十，与汉朝的旧币五铢钱同时流通。显然王莽是在制造大额币值，实际上就是政府无限制发行大额钱币，用通货膨胀的办法巧取民财。这种不等值的大额货币带动了全社会的人都来私铸货币。王莽下令，私铸货币判重刑，甚至不允许铜和炭的交易，也不准人民携带铜和炭，违令者判罪。于是成千上万的人被判罪，重者被杀，轻者入狱。大额货币不便交易，又不保值，人民不用新币；而王莽下令，不用新币也要判罪。

始建国元年，王莽发现，汉皇帝姓刘，而“劉”字由“卯、金、刀”三字组成，于是又禁止错刀、契刀流通。这更是荒唐。王莽的币制改革，带来了社会的大混乱，简直是一场浩劫。

其三，五均六筦改革。始建国二年（10），王莽推行对工商业和市场的改革，有两项措施，一是五均，二是六筦。五均，又称五均赊贷。五均是指在当时全国六大工商城市，即长安、洛阳、邯郸、临淄、南阳、成都设置五均司市平。目的是平抑物价。司市管理人员和市场，每季的中月评估本地物价，叫作“市平”。物价低于市平，司市买进，物价高过市平，司市卖出。赊贷，指由五均官下属的泉府，即国家银行向急需用钱的民众放贷，不取利息。六筦，指盐、铁、酒、铸钱、名山大泽、五均赊贷六项事业统由国家掌管，不许私人经营。

王莽施行五均六筦的目的是“齐众庶，抑并兼”，主观用心还是好的，但实际推行仍成为害民政策。王莽的五均六筦，并没有多少新鲜东西，是汉武帝筹措战争经费实施平准、均输和盐铁专卖政策的继续，只是多了一项赊贷，即国家放债。汉武帝的平准、均输、盐铁专卖，目的既不是发展经济，也不是消除两极分化、改善人民生活，而是筹措战争经费。汉武帝的经济政策，沉重地打击了工商自由市场，遏制了社会经济发展，受到太史公司马迁，以及昭帝时始元六年（前81）贤良文学的严厉批判。汉武帝的经济政策，可以说是为了抗击匈奴推行的战时经济体制，集中全社会的财富服务于战争，有它存在的理由。加上汉武帝的雄才大略，强有力的控制，国家得到了资财。王莽的五均六筦，也效法汉武帝，启用富商大贾来管理，而王莽没有力量来控制他们，所以掌管五均六筦的商贾官吏借机与郡县贪官污吏勾结，盘剥人民，损公肥私，给广大人民带来了深重的灾难。

最后，王莽的文化改革。文化改革主要指统一意识形态和大力办教育。汉武帝“罢黜百家，独尊儒术”，要用崇儒来取代黄老。汉武帝大办教育，兴学校，置博士弟子员，培养有文化的治国人才，都取得了很大的成功。王莽在新朝的教育上没有什么成就，而在统一意识形态上不遗余力，措施最笨拙，内容极荒唐。统一意识形态最核心的内容就是为新王朝制造合理存在的理论依据。王莽改正朔，易服色，这是改朝换代最基本、最正常的行政措施，无须多谈。王莽独创了一套国家机器，大力宣传说谎话的愚民运动，既笨拙，又荒诞。说谎运动就是用各种手段在全国范围宣传符瑞，制造符瑞，要人民相信，王莽是真命天子。王莽篡位的过程，就是一个说谎逐步升级的过程。王莽真篡了皇位以后，正式建立国家机构，向全国派出五威将来宣传符瑞，迫使地方政府官员动员人民，集体上奏章，歌颂王莽，献民歌民谣，献符瑞，闹出许多笑语，司马光详载于史册，这里不再一一细述。

总上，王莽的改革就是一场闹剧。《汉书》的王莽传和司马光的《资治通鉴》，生动翔实载于史册。很快，新朝衰亡，王莽身首异处。汉朝的班固和宋朝的司马光两位古代的史学大家，用历史事实否定了王莽的改革，而偏偏近现代一些据说有了新理论武装起来的历史学家为王莽翻案，说他是改革家。一个被农民起义送上断头台的窃国大盗成了改革家，岂非咄咄怪事。

卷三八　汉纪三十

王莽天凤二年至地皇三年（15—22 年）

【起旃蒙大渊献（乙亥，15 年），尽玄黓敦牂（壬午，22 年），凡八年】

【大事提要】

本卷记事起公元 15 年，讫公元 22 年，凡八年，当新朝天凤二年至地皇三年，是王莽执政的后期。王莽违众施政，导致从内外交困到社会各种矛盾总爆发。重大事件有七个方面。其一，王莽由擅权篡位而得天下，为了防止臣下效法自己，走上极端揽权自毙的道路，变乱官制及名称以削弱臣下之权，而自己事无巨细都要亲躬，结果是大权旁落，臣下舞弊，荒废政务，举国不宁。其二，官吏无俸，层层贿赂自供，导致政府机构、大小臣工全面腐败，民不堪命。其三，王莽新政全面失败，五均、六筦扰民，币制屡变，通货膨胀，人民犯法者众。其四，王莽对周边少数民族政策失误，运用不诚信的诈计挑动民族之间的矛盾，企图渔利，或用金钱外交羁縻，而常常运用重兵征讨吓阻，这是下下策，结果北方匈奴全线侵扰，又用兵西域、西南夷，均遭失败。其五，百姓受苛暴政治压迫，赋役繁重，经不起天旱、水灾、瘟疫、蝗灾的打击，流民四起，聚众为盗，终于酿成绿林、赤眉大起义。其六，王莽拒谏，日听谄媚之言，直臣隐退，群小得进。平定民变，王莽不用公孙禄之言，不听大司马士的下情上传，不用贤将，田况有功而生猜忌，用兵如儿戏，庸将征讨，屡遭败绩而不悟，以致事不可为。其七，地皇二年（21），太子王临谋诛王莽，发动了一场未遂的宫廷政变，统治集团上层分崩离析。地皇三年，南阳刘氏起兵，与绿林各军联合反对王莽，新朝已到了崩溃边缘。

王莽下

天凤二年（乙亥，15 年）

春，二月，大赦天下。

民讹言[1]黄龙堕死黄山宫[2]中，百姓奔走往观者有万数。莽恶之[3]，捕系，问所从起[4]；不能得。

单于咸既和亲，求其子登尸。莽欲遣使送致，恐咸怨恨，害使者，乃收前言当诛侍子者故将军陈钦，以他罪杀之。莽选辩士[5]济南[6]王咸为大使。夏，五月，莽复遣和亲侯歙与咸等送右厨唯姑夕王，因奉归前所斩侍子登及诸贵人从者丧；单于遣云、当子男大且渠奢[7]等至塞迎之。咸到单于庭，陈莽威德，莽亦多遗单于金珍，因谕说改其号，号匈奴曰"恭奴"，单于曰"善于"，赐印绶，封骨都侯当为后安公，当子男奢为后安侯。单于贪莽金币，故曲听[8]之；然寇盗如故。

莽意[9]以为制定[10]则天下自平，故锐思[11]于地理[12]，制礼，作乐[13]，讲合《六经》之说[14]。公卿旦入暮出，论议连年不决，不暇省狱讼冤结[15]，民之急务。县宰缺者数年守兼[16]，一切贪残[17]日甚。中郎将、绣衣执法在郡国者，并乘权势，传[18]相举奏。又十一公士[19]分布劝农桑，班时令[20]，按诸章[21]，冠盖相望[22]，交错道路，召会[23]吏民，逮捕证左[24]，郡县赋敛，递相赇赂[25]，白黑纷然[26]，守阙告诉[27]者多。莽自见前颛权以得汉政，故务[28]自揽[29]众事，有司受成苟免[30]。诸宝物名、帑藏[31]、钱谷官皆宦者领[32]之；吏民上封事，宦官、左右开发，尚书不得知[33]，其畏备[34]臣下如此。又好变改制度，政令烦多，当奉行者，辄质问[35]乃以从事[36]，前后相乘[37]，愦眊不渫[38]。莽常御灯火[39]至明，犹不能胜[40]。尚书因是为奸[41]，寝事[42]，上书待报[43]者连年不得去，拘系郡县者逢赦而后出，卫卒不交代[44]者至三岁。谷籴常贵，边兵二十余万人，仰衣食县官[45]；五原、代郡尤被其毒，起为盗贼，数千人为辈，转入旁郡。莽遣捕盗将军孔仁将兵与郡县合击，岁余乃定。

邯郸以北大雨，水出，深者数丈，流杀[46]数千人。

（以上为第一段，写王莽惧怕臣下专权，自己总揽朝政，事无巨细亲理，结果荒废政务，臣下舞弊，举国不宁。）

【注释】

[1]讹言：谣言。[2]黄山宫：宫名，其址在今陕西兴平市西南。[3]莽恶之：王莽自谓以黄德得天下，则黄龙堕死乃不祥之兆，故恶之。[4]问所从起：追查谣言的来源。[5]辩士：能言善辩的人。[6]济南：郡名，治所在今山东济南市章丘区西北。[7]云、当子男大且渠奢：

大且渠奢是居次云与须卜当两人的儿子，单于派他迎接汉使。子男，儿子。大且渠，匈奴官号名。奢，大且渠之名。［8］曲听：勉强听从。［9］意：思量，猜想。［10］制定：制度制定出来。［11］锐思：精心思考。［12］地理：指全国地域的行政区划。［13］制礼，作乐：制定礼、乐制度。［14］讲合《六经》之说：重视符合《六经》的理论。说，理论。［15］暇省狱讼冤结：暇，空闲。省（xǐng），察看，此指治理，审理。狱讼，诉讼案件。冤结，冤屈。［16］守兼：正职缺，由他官暂时代理。［17］贪残：贪婪凶暴。［18］传（zhuǎn）：通“转”，辗转。［19］公士：官名。［20］班时令：按季节制定有关农事的政令。班，同“颁”。［21］按诸章：考察各种规章制度的执行情况。按，考核。［22］冠盖相望：指使者一路上往来不断。冠，礼帽。盖，车盖。［23］召会：召集。［24］证左：证人。［25］递相赇（qiú）赂：一层层地贿赂。［26］白黑纷然：谓清浊不分，是非混淆。［27］守阙告诉：阙，宫殿大门两旁的高建筑物。守阙，守候在宫殿门口。告诉，向上申诉。［28］务：务必，一定。［29］揽：总掌。［30］受成苟免：受成，执行既定的政令。苟免，敷衍应付，以求免除罪责。［31］帑（tǎng）藏（zàng）：国库。［32］领：统领，主管。［33］尚书不得知：原来上封事通过尚书上奏，如今王莽担心受尚书蒙蔽，令宦官与左右近侍之臣拆阅所上封事。［34］畏备：惧怕和防范。［35］质问：请示、询问以正是非。［36］乃以从事：这才办理。［37］相乘：相继。［38］愦眊（mào）不渫：昏乱糊涂不能办事。渫（xiè），治。［39］御灯火：指点燃灯火。［40］犹不能胜：此言王莽时常夜以继日地治理政事，还是不能把事情办完。胜，尽。［41］为奸：作假、舞弊。［42］寝事：把事情压下来不上报。［43］报：回答。［44］交代：前后任事者相接替。汉制，京师卫戍士卒的期限为一年。［45］仰衣食县官：指戍边兵靠政府供给衣食。［46］流杀：淹死。

三年（丙子，16 年）

春，二月，乙酉[1]，地震，大雨雪；关东尤甚，深者一丈，竹柏或枯。大司空王邑上书，以地震乞骸骨。莽不许，曰：“夫地有动有震，震者有害，动者不害。《春秋》记地震，《易系》坤动[2]；动静辟翕[3]，万物生焉。”其好自诬饰[4]，皆此类也。

先是，莽以制作未定，上自公侯，下至小吏，皆不得俸禄。夏，五月，莽下书曰：“予遭阳九之厄，百六之会[5]，国用不足，民人骚动，自公卿以下，一月之禄十缨布[6]二匹[7]，或帛一匹。予每念之，未尝不戚[8]焉。今厄会已度，府帑[9]虽未能充[10]，略颇稍给[11]。其以六月朔庚寅始，赋[12]吏禄皆如制度。”四辅、公卿、大夫、士下至舆、僚、凡十五等。僚禄一岁六十六斛，稍[13]以差称。上至四辅而为万斛云。

莽又曰："古者岁丰穰[14]则充其礼，有灾害则有所损，与百姓同忧喜也。其用上计[15]时通计[16]，天下幸无灾害者，太官膳羞[17]备其品矣；即[18]有灾害，以什率多少而损膳焉[19]。自十一公、六司、六卿以下，各分州郡、国邑保其灾害[20]，亦以十率多少而损其禄。郎、从官、中都官吏食禄都内之委[21]者，以太官膳羞备损而为节[22]。冀[23]上下同心，劝进[24]农业，安元元[25]焉。"莽之制度烦碎如此，课计不可理[26]，吏终不得禄，各因官职为奸，受取赇赂以自共给[27]焉。

戊辰[28]，长平馆[29]西岸崩，壅[30]泾水不流，毁[31]而北行。群臣上寿，以为《河图》[32]所谓"以土填水"，匈奴灭亡之祥[33]也。莽乃遣并州牧宋弘[34]、游击都尉任萌等将兵击匈奴，至边止屯[35]。

秋，七月，辛酉[36]，霸城门[37]灾。

戊子晦[38]，日有食之。大赦天下。

平蛮将军冯茂击句町，士卒疾疫死者什六七，赋敛民财什取五，益州[39]虚耗而不克[40]；征还，下狱死。冬，更遣宁始将军廉丹[41]与庸部[42]牧史熊[43]，大发天水[44]、陇西骑士，广汉、巴、蜀、犍为吏民十万人、转输者合二十万人击之。始至，颇斩首数千；其后军粮前后不相及，士卒饥疫[45]。莽征[46]丹、熊，丹、熊愿益调度[47]，必克乃还，复大赋敛。就都[48]大尹冯英不肯给，上言："自西南夷反叛以来，积且十年[49]，郡县距击不已，续用冯茂，苟施[50]一切之政[51]；僰道[52]以南，山险高深茂，多驱众远居，费以亿计，吏士罹[53]毒气死者什七。今丹、熊惧于自诡[54]，期会[55]调发诸郡兵谷，复訾[56]民取其什四，空破[57]梁州[58]，功终不遂[59]。宜罢兵屯田，明设购赏[60]。"莽怒，免英官；后颇觉寤，曰："英亦未可厚非[61]。"复以英为长沙[62]连率[63]。越嶲[64]蛮夷任贵[65]亦杀太守枚根[66]。

翟义党王孙庆[67]捕得，莽使太医[68]、尚方[69]与巧屠[70]共刳剥[71]之，量度[72]五臧[73]，以竹筳[74]导[75]其脉，知所终始[76]，云可以治病。

是岁，遣大使五威将王骏、西域都护李崇、戊己校尉郭钦[77]出西域；诸国皆郊迎[78]，送兵谷。骏欲袭击之，焉耆[79]诈降而聚兵自备，骏等将莎车[80]、龟兹[81]兵七千余人分为数部，命郭钦及佐帅[82]何封别将[83]居后[84]。骏等入焉耆；焉耆伏兵要遮[85]骏，及姑墨[86]、封犁[87]、危须[88]国兵为反间，还共袭骏，皆杀之。钦后至焉耆，焉耆兵未还，钦袭击，杀其老弱，从车师[89]还入塞。莽拜钦为填外将军，封剿胡子；何封为集胡男。李崇收余士，还保龟兹。及莽败，崇没，西域遂绝。

（以上为第二段，写王莽内外交困。内政繁苛，官吏无俸，盘剥民众，靠层层贿赂自供。外交与周边民族交恶，北拒匈奴侵扰，用兵西域与西南，均遭败绩。）

【注释】

[1]乙酉：二月二十四日。[2]《易系》：指《周易·系辞》。坤动：地动。[3]辟翕（xī）：开启、闭合。《周易·系辞上》："夫坤，其静也翕，其动也辟，是以广生焉。"意谓大地静时闭合，动时张开，因此能够广生万物。[4]诬饰：欺骗性粉饰。[5]百六之会：术数家以四千六百一十七岁为一元。初入元一百零六岁，内有旱灾九年。年数为一百零六，故称百六；旱灾为阳，故称阳九。会，指适遇灾厄之期。后世以百六、阳九指遭遇厄运。[6]十缕（zōng）布：一种质地较粗的布。古代布幅宽度在二尺二寸之内，以经线数的多少衡量布质地的粗细。以八十根经线为一缕，最粗的布为七缕布。[7]匹：量词，长四丈为一匹。[8]戚：忧愁，悲伤。[9]府帑：国库。[10]充：足。[11]略颇稍给：略微，稍微供给。[12]赋：给予。[13]稍：逐渐。[14]丰穰（ráng）：丰收。[15]上计：地方官于年终将境内户口、赋税、盗贼、狱讼等项编造计簿，遣吏逐级上报，奏呈朝廷，借以考核地方官吏的政绩，谓之上计。[16]通计：总计。[17]膳羞：美味的食品。[18]即：如果。[19]以什率（lǜ）：用十作为比率。多少：指灾减多少。损：减少。[20]保其灾害：此言公卿各负责若干州郡、国邑，保证这些地区不受灾害。如遭灾害，也要以十为比率，根据灾减多少的比例数减少他们的俸禄。保，保证。[21]都内之委：京城仓库的储积粮。委，积聚。[22]节：尺度，标准。此言从京仓储积粮领取俸禄的官吏，俸禄是领取足数还是减少多少，以皇帝进膳是齐备还是减少多少为标准。假如宫廷膳食供应减少到正常供应的60%，那么百官的俸禄也减少到60%。[23]冀：希望。[24]劝进：鼓励促进。[25]元元：百姓。[26]课计不可理：课，考核。计，计簿。不可理，无法考核清楚。[27]共给：即"供给"。[28]戊辰：五月庚寅朔，无戊辰日。[29]长平馆：宫观名。其址位于泾河南岸，在今陕西泾阳县南。[30]壅：堵塞。[31]毁：冲决河堤。[32]《河图》：谶纬书名。相传出自西汉，隋时焚毁。[33]祥：吉兆。中国在匈奴之南，王莽自谓得土德；匈奴在北，以五行配方位，北方为水。故云"以土填水"为匈奴灭亡之吉兆。[34]宋弘：字仲子，京兆尹长安县人。哀、平时为侍中，新朝为共工、并州牧。建武年间，历任太中大夫、大司空等，封栒邑侯。

传见《后汉书》卷二十六。［35］至边止屯：到达边境驻扎下来。［36］辛酉：七月己丑朔，无辛酉日。［37］霸城门：城门名。长安每面三门，共十二门。东面三门，自南而北为霸城门、清明门、宣平门。［38］戊子晦：七月己丑朔，无戊子日。疑为三十日戊午之误。［39］益州：州名，其地辖有今陕西南部、甘肃东南部，以及四川、云南、贵州三省大部分地区。［40］克：战胜。［41］廉丹：先后为平蛮将军、宁始将军、大司马，封平均侯。后被赤眉军杀死。［42］庸部：即益州。王莽改益州为庸部。［43］史熊：先后为庸部牧、九虎将军。地皇四年（23），在与农民军作战中战败自杀。［44］天水：郡名，治所在今甘肃通渭县西。［45］饥疫：挨饿患病。［46］征：召回。［47］调度：调动兵员，重新部署。［48］就都：即广汉郡。王莽改广汉为就都。［49］积且十年：谓西南夷连续反叛将近十年。积，连续。且，将近。［50］苛施：严酷地施行。［51］一切之政：使用一切手段，各种方法。一切，各种各样。［52］僰（bó）道：县名，犍为郡治所，县治在今四川宜宾市西南。［53］罹（lí）：遭遇。［54］自诡：自己承担责任。诡，责任。［55］期会：约定时间集中。［56］訾（zī）：民财。［57］空破：财力空竭凋敝。使动用法。［58］梁州：指益州。益州为古梁州地。［59］遂：成。［60］购赏：悬赏，即出钱物公开征求人帮助做某一件事。［61］厚非：过分责备。［62］长沙：郡名，治所在今湖南长沙市。［63］连率：即郡守，王莽改郡守为连率。［64］越嶲（xī）：郡名，治所在今四川西昌市。［65］任贵（？—43）：一名长贵。杀太守自立为邛谷王，领太守事。后降公孙述，述败又降光武，光武封贵邛谷王，命为越嶲太守。建武十九年因谋袭汉军，被杀。［66］枚根：太守姓名。据章校，有的版本“枚根”下有“自立为邛谷王”六字。据《后汉书·西南夷列传》记载，任贵杀越嶲太守枚根在更始二年。［67］王孙庆：东郡人，有勇略，明兵法。居摄二年（7）参加翟义的反莽斗争，事败潜匿。今被抓获，遭残杀。［68］太医：官名，职掌皇家医疗。［69］尚方：官名，职掌方药。［70］巧屠：技术高超的屠宰手。［71］刳（kū）剥：剖腹割皮。［72］量度（duó）：测量，计算。［73］臧：通“脏”。五臧，指心、肺、肝、脾、肾。［74］竹筳（tíng）：小竹枝。［75］导：贯通。［76］知所终始：弄清来龙去脉。［77］郭钦：先后为戊己校尉、填外将军、九虎将军，封剿胡子。地皇四年（23），与农民军战，败后投降更始。［78］郊迎：到郊外迎接，表示敬重。［79］焉耆：西域国名，国都在今新疆焉耆县。［80］莎车：西域国名，治所在今新疆莎车县。［81］龟兹：西域国名，治所在今新疆库车市。［82］佐帅：副帅，此指五威帅的副职。［83］别将：支将，另率部队。［84］居后：在王骏所率部队的后面。［85］要（yāo）遮：拦截。［86］姑墨：西域国名，治所在今新疆阿克苏市。［87］封犁：即尉犁，西域国名，治所在今新疆库尔勒市东北。［88］危须：西域国名，治所在今新疆焉耆县东北。［89］车师：西域国名。分为前后二国，车师前国治所在今新疆吐鲁番市西北。车师后国治所在今新疆奇台县西南。

四年（丁丑，17年）

夏，六月，莽更授诸侯王茅土于明堂[1]；亲设文石[2]之平，陈菁茅[3]四色之土[4]，告于岱宗[5]、泰社[6]、后土[7]、先祖[8]、先妣[9]以班授之。莽好空言，慕古法，多封爵人；性实吝啬，托以地理未定，故且先赋茅土，用慰喜封者。

秋，八月，莽亲之南郊，铸作威斗[10]，以五石铜为之，若北斗，长二尺五寸，欲以厌[11]胜众兵。既成，令司命负之，莽出在前[12]，入在御旁[13]。

莽置羲和命士，以督[14]五均、六筦[15]。郡有数人，皆用富贾为之，乘传求利，交错天下；因与郡县通奸[16]，多张空簿[17]，府藏[18]不实[19]，百姓愈病。是岁，莽复下诏申明六莞，每一筦为设科条[20]防禁，犯者罪至死。奸民猾吏并侵，众庶各不安生，又一切调[21]上公以下诸有奴婢者，率一口出[22]三千六百，天下愈愁。纳言冯常以六筦谏，莽大怒，免常官。法令烦苛[23]，民摇手触禁[24]，不得耕桑，徭役烦剧[25]，而枯旱、蝗虫相因，狱讼不决。吏用苛暴立威，旁缘[26]莽禁，侵刻小民，富者不能自别[27]，贫者无以自存，于是并起为盗贼，依阻[28]山泽，吏不能禽[29]而覆蔽[30]之，浸淫[31]日广。临淮[32]瓜田仪[33]依阻会稽[34]长州[35]；琅邪吕母[36]聚党数千人，杀海曲宰，入海中为盗，其众浸[37]多，至万数。荆州[38]饥馑，民众入野泽，掘凫茈[39]而食之，更相侵夺。新市[40]人王匡[41]、王凤[42]为平理[43]诤讼[44]，遂推为渠帅[45]，众数百人。于是诸亡命者南阳马武[46]、颍川王常[47]、成丹[48]等，皆往从之；共攻离乡聚[49]，臧[50]于绿林山[51]中，数月间至七八千人。又有南郡张霸、江夏[52]羊牧等与王匡俱起，众皆万人。莽遣使者即赦[53]盗贼，还言："盗贼解[54]辄复合。问其故，皆曰：'愁法禁烦苛，不得举手[55]，力作[56]所得，不足以给贡税[57]；闭门自守，又坐邻伍[58]铸钱挟铜，奸吏因以愁民。'民穷，悉起为盗贼。"莽大怒，免之。其或顺指[59]言"民骄黠[60]当诛"及言"时运适然，且灭不久[61]"，莽说，辄迁官。

（以上为第三段，写王莽五均、六筦政策扰民，赋役苛重，民变四起，绿林起义爆发。）

【注释】

[1]授诸侯王茅土于明堂：明堂，举行大政的议事之堂。古代诸侯受封，在明堂举行隆重的授封典礼。祭坛陈设五色土，东方青色土，南方红色土，西方白色土，北方黑色土，中央黄色土。受封诸侯按其受封土地的方位，对应受封的色土。天子用青茅包土授予诸侯。［2］文石：有纹理的石头。此言王莽亲自用文石砌平坛位的台阶。［3］菁（jīng）茅：精良的茅草。［4］四色之土：古代天子社祭之坛以五色土建成，分封诸侯时，按封地所在方位，在天子社坛上取该方色土授予新封诸侯，带到封国立社。因为中央的色土不用来分封诸侯，所以只陈列东、南、西、北四方的色土。［5］岱宗：泰山。［6］泰社：又作太社，天子的宗庙社稷。［7］后土：地神。［8］先祖：祖先。［9］先妣（bǐ）：先母，女祖。［10］威斗：为显示威严而制作的器物，故名威斗。用铜掺杂五色石铸成，长二尺五寸，形如北斗。［11］厌：古代一种巫术，谓能以诅咒或某种器物制胜、镇服人或事、物。［12］莽出在前：王莽外出时，司命背着威斗走在前面。［13］入在御旁：王莽入宫，把威斗放在座位旁边。［14］督：统领。［15］六筦：王莽改制，实行的经济管制措施，主要有六项，称六筦，即盐、酒、铁专卖，改革币制，山林、湖泽资源的管理等。［16］通奸：串通一气干违法邪恶之事。［17］张空簿：犹今所谓造假账。张，设。簿，簿册。空簿，不实的计簿。［18］府藏（zàng）：仓库。［19］实：充实，充满。［20］科条：法令条规。［21］调：征收。［22］出：据章校，有的版本“出”下有“钱”字。［23］烦苛：繁多苛刻。［24］摇手触禁：此言民众稍一动弹就触犯了禁令。摇手，动一动手。［25］烦剧：繁重。［26］旁（bàng）缘：依仗。［27］不能自别：据章校，有的版本“别”作“保”。［28］依阻：依恃，凭借。［29］禽：通“擒”，捉拿。［30］覆蔽：遮掩，掩盖。［31］浸淫：逐渐蔓延，扩展。［32］临淮：郡名，治所在今江苏泗洪县南。［33］瓜田仪：人名，复姓瓜田，名仪。［34］会（kuài）稽：郡名，治所在今江苏苏州市。［35］长州：古苑名，其址在今江苏苏州市西南太湖北。［36］吕母：琅邪郡海曲县（今山东日照市西南）人。其子被县宰杀死，吕母聚众起事，杀宰报仇，活动于海上。后病死。［37］浸：逐渐。［38］荆州：州名，其地辖有今河南南部，湖北、湖南二省，贵州东部及广东、广西二省区的北部等地区。［39］凫茈（cī）：即荸荠。［40］新市：地名，其地在今湖北京山市东北。［41］王匡：新朝末年绿林农民军领袖。王莽政权被推翻后，刘玄封其为比阳王。后降刘秀，为刘秀部将所杀。［42］王凤：新朝末年绿林农民军领袖。王莽政权被推翻后，刘玄封其为宜城王。［43］平理：评断。［44］诤讼：因争论而诉讼。诤，通“争”，争论。讼，诉讼，即告于官府，评判是非曲直。［45］渠帅：首领。［46］马武（？—61）：字子张，南阳郡湖阳县（今河南唐河县南）人。绿林农民军重要将领。后归刘秀，屡建战功。刘秀称帝，历任侍中、捕虏将军、中郎将等，封杨虚侯。传见《后汉书》卷二十二。［47］王常（？—36）：字颜卿，颍川郡舞阳县（今河南舞阳县西北）人。绿林农民军重要将领。刘秀称帝，历任左曹、横野大将军，

封山桑侯。传见《后汉书》卷十五。［48］成丹（？—25）：绿林农民军重要将领。王莽政权被推翻后，刘玄以其为水衡大将军，封襄邑王。后因被刘玄所疑而遭杀害。［49］离乡聚：村镇名，其地位于新市西北，在今湖北京山市东北。［50］臧：通“藏”。［51］绿林山：山名，旧说在今湖北当阳市东北；经近人考证，当即湖北的大洪山，主峰在京山市西北。［52］江夏：郡名，治所在今湖北武汉市新洲区西。［53］即赦：到其所在之地宣布赦免。［54］解：分散。［55］举手：犹“摇手”。［56］力作：努力劳作。［57］贡税：即贡赋。下之所供为贡，上之所取为赋。［58］邻伍：邻居。［59］顺指：迎合旨意。［60］骄黠：骄横狡诈。［61］且灭不久：不久将灭。

五年（戊寅，18年）

春，正月，朔，北军南门[1]灾[2]。

以大司马司允费兴为荆州牧；见，问到部方略[3]，兴对曰：“荆、扬[4]之民，率依阻山泽，以渔采[5]为业。间者[6]国张六筦，税山泽，妨夺民之利，连年久旱，百姓饥穷，故为盗贼。兴到部，欲令明晓告盗贼归田里，假贷[7]犁牛、种食，阔[8]其租赋，冀可以解释安集[9]。”莽怒，免兴官。

天下吏以不得俸禄，并为奸利[10]，郡尹、县宰家累千金。莽乃考始建国二年胡虏猾夏[11]以来诸军吏及缘边吏大夫以上为奸利增产致富者，收其家所有财产五分之四以助边急[12]。公府士驰传天下，考覆[13]贪饕[14]，开[15]吏告其将、奴婢告其主，冀以禁奸，而奸愈甚。

莽孙功崇公宗坐自画容貌被服[16]天子衣冠、刻三印[17]，发觉，自杀。宗姊妨[18]为卫将军王兴夫人，坐祝诅[19]姑[20]，杀婢以绝口，与兴皆自杀。

是岁，扬雄[21]卒。初，成帝之世，雄为郎，给事[22]黄门[23]，与莽及刘秀并列；哀帝之初，又与董贤同官。莽、贤为三公，权倾人主，所荐莫不拔擢，而雄三世[24]不徙官。及莽篡位，雄以耆老[25]久次[26]，转[27]为大夫。恬[28]于势利，好古乐道，欲以文章成名于后世，乃作《太玄》[29]以综天、地、人之道；又见诸子各以其智舛驰[30]，大抵[31]诋訾[32]圣人，即为怪迂[33]、析辩诡辞以挠世事[34]，虽小辩[35]，终破大道而惑众，使溺[36]于所闻而不自知其非也，故人时有问雄者，常用法应之，号曰《法言》[37]。用心于内，不求于外，于时人皆忽[38]之；唯刘秀及范逡敬焉，而桓谭以为绝伦[39]，巨鹿侯芭师事[40]焉。大司空王邑、纳言严尤闻雄死，谓桓谭曰："子常称扬雄书，岂能传于后世乎？"谭曰："必传，顾[41]君与谭不及见也。凡人贱近而贵远[42]，亲见扬子云禄位容貌不能动人，故轻其书。昔老聃著虚无之言两篇[43]，薄[44]仁义，非礼学，然后[45]好之者尚以为过于《五经》，自汉文、景之君及司马迁皆有是言。今扬子之书文义至深，而论不诡[46]于圣人，则必度越[47]诸子矣！"

琅邪樊崇[48]起兵于莒[49]，众百余人，转入太山[50]。群盗以崇勇猛，皆附之，一岁间至万余人。崇同郡人逄安[51]、东海人徐宣[52]、谢禄[53]、杨音[54]各起兵，合数万人，复引[55]从崇；共还攻莒，不能下，转掠青、徐[56]间。又有东海刀子都[57]，亦起兵抄击[58]徐、兖。莽遣使者发郡国兵击之，不能克。

乌累单于死，弟左贤王舆立，为呼都而尸道皋若鞮单于。舆既立，贪利赏赐，遣大且渠奢[59]与伊墨居次云女弟之子醯椟王[60]俱奉献[61]至长安。莽遣和亲侯歙与奢等俱至制虏塞下，与云及须卜当会；因以兵迫胁[62]云、当，将至[63]长安。云、当小男从塞下得脱，归匈奴。当至长安，莽拜为须卜单于，欲出大兵以辅立之，兵调度亦不合。而匈奴愈怒，并入北边为寇。

（以上为第四段，写扬雄之死和山东赤眉起义。匈奴怒恨新朝，大举扰乱北边。）

【注释】

[1]北军南门：北军军垒的南出营门。北军，汉代守卫京师的部队。未央宫在京城西南，其卫戍部队称南军；长乐宫在京城东面偏北，其卫戍部队称北军。 [2]灾：发生火灾。 [3]到部方略：到任后治理荆州的办法。部，衙署。到部，到任。 [4]扬：州名，扬州。其地辖有今江苏、安徽二省淮河以南，以及浙江、福建、江西三省等地区。 [5]渔采：渔，捕捞水产。采，指采伐木材及采集果蔬等。 [6]间者：近来。 [7]假贷：借贷。 [8]阔：放宽。 [9]解释：解散。安集：安抚。 [10]并为奸利：全都用不正当手段谋取利益。并，都。 [11]猾夏：侵犯我夏族。猾，扰乱。夏，古代汉民族称夏，又称诸夏、华夏。 [12]边急：边费的急用。 [13]考覆：考察，审核。 [14]贪饕（tāo）：贪婪，贪得无厌。此言公府官员乘坐驿站提供的快车到全国各地调查审核贪官污吏。 [15]开：启发。 [16]被服：穿着。被，通"披"。 [17]刻三印：其印文一为

“维祉冠存己夏处南山臧薄冰”，二为“肃圣宝继”，三为“德封昌图”。［18］妨：王宗姊名，王妨。［19］祝诅（zǔ）：祝告鬼神，使加祸于别人。［20］姑：婆母。［21］扬雄（前53—18）：字子云，蜀郡成都人。擅长辞赋，博通经籍，西汉末年著名文学家。传见《汉书》卷八十七。［22］给事：供职。［23］黄门：官署名。黄门是宫廷的门，汉设黄门官供职于黄门之内。［24］三世：成、哀、平三世。［25］耆（qí）老：年老。［26］久次：长期居于原来的官职。［27］转：调任。［28］恬（tián）：淡漠，不热衷于。［29］《太玄》：又称《太玄经》，扬雄撰。该书体裁模拟《周易》，分为一玄、三方、九州、二十七部、八十一家、七百二十九赞，以仿《周易》的两仪、四象、八卦、六十四卦、三百八十四爻等；内容以“玄”为中心思想，相当于《老子》的“道”和《周易》的“易”，是儒、道、阴阳三家的混合体。共十卷。［30］舛（chuǎn）驰：指诸子百家与儒家相违背，异道相背而驰。［31］大抵：大要，要旨。［32］诋訾（zī）：诋毁，毁谤。［33］即：便。为：编造。怪迂：怪异迂阔。［34］析辩诡辞：指巧言邪说。挠：扰乱。［35］小辩：辩论琐碎小事。［36］溺：沉溺。［37］《法言》：扬雄撰。该书体裁仿照《论语》，内容尊圣人，谈王道，宣扬儒家传统思想。因都是合乎儒家礼法的言论，故名《法言》。［38］忽：轻视。［39］绝伦：超群，无与伦比。［40］师事：拜为老师。［41］顾：只是。［42］贱近而贵远：看不起今人而推崇古人。贱，轻视。贵，重视。［43］老聃：即老子。著虚无之言两篇：指《老子》，即《道德经》，分为上下两篇，五千余字。书中主张自然无为。［44］薄：鄙薄，轻视。［45］后：后世。［46］诡：违反。［47］度越：超过。［48］樊崇（？—27）：字细君，琅邪郡人。天凤五年（18）在莒县起义。所部皆涂抹朱眉，号赤眉军。后拥立刘盆子为帝，崇为御史大夫。建武三年（27），投降刘秀，不久被杀。［49］莒（jǔ）：县名，县治在今山东莒县。［50］太山：即泰山。［51］逄（páng）安（？—27）：字少子，琅邪郡东莞县（今山东沂水县）人，赤眉军重要将领。拥立刘盆子为帝，安为左大司马。建武三年投降刘秀，不久被杀。［52］徐宣：字骄稚，东海郡临沂县（今山东临沂市）人，赤眉军重要将领。拥立刘盆子为帝，宣为丞相。建武三年，投降刘秀。后归乡里，卒于家。［53］谢禄：字子奇，东海郡临沂县人，赤眉军重要将领。拥立刘盆子为帝，为右大司马。建武三年投降刘秀，被杀。［54］杨音：东海郡人，赤眉军重要将领。拥立刘盆子为帝，为大司农。建武三年投降刘秀。后赐爵关内侯，归乡里，卒于家。［55］引：带领。［56］青、徐：皆州名。青州，其地辖有今山东北部及山东半岛等地区。徐州，其地辖有今山东东部、南部及江苏长江以北等地区。［57］刀子都：东海郡人，农民起义军领袖，率部活动于今山东、河南、江苏等省，发展到六七万人。后归刘玄，为徐州牧，不久为部下所杀。余部在兖州瑕丘县东北檀乡（今山东济宁市兖州区东北）重新集结，联合其他义军坚持斗争，号称檀乡兵。刀，一作“刁”，又作“力”。章校云：“作‘刀’者刻误。”［58］抄击：抄掠。［59］奢：大且渠之名。［60］醯（xī）椟（dú）王：匈奴官号名。［61］奉献：进贡。［62］迫胁：威逼。［63］将至：送到。

六年（己卯，19 年）

春，莽见盗贼多，乃令太史推[1]三万六千岁历纪[2]，六岁一改元，布天下；下书自言“己当如黄帝仙[3]升天”，欲以诳耀百姓，销解[4]盗贼。众皆笑之。

初献《新乐》[5]于明堂、太庙。

更始将军廉丹击益州，不能克。益州夷栋蚕、若豆等起兵杀郡守；越嶲夷人大牟亦叛，杀略吏人。莽召丹还，更遣大司马护军郭兴、庸部牧李晔击蛮夷若豆等、太傅羲叔[6]士孙喜[7]清洁江湖[8]之盗贼。而匈奴寇边甚，莽乃大募天下丁男及死罪囚[9]、吏民奴[10]，名曰猪突、豨勇，以为锐卒。一切税天下吏民，訾三十取一，缣帛[11]皆输长安。令公卿以下至郡县黄绶[12]皆保养军马，多少各以秩为差；吏尽复以与民[13]。又博募有奇技术可以攻匈奴者，将待以不次之位[14]，言便宜[15]者以万数；或言能渡水不用舟楫[16]，连马接骑，济百万师；或言不持斗粮，服食药物，三军不饥；或言能飞，一日千里，可窥[17]匈奴；莽辄试之，取大鸟翮[18]为两翼[19]，头与身皆著毛，通引环纽[20]，飞数百步堕。莽知其不可用，苟[21]欲获其名，皆拜为理军[22]，赐以车马，待发。

初，莽之欲诱迎须卜当也，大司马严尤谏曰：“当在匈奴右部，兵不侵边，单于动静辄语[23]中国，此方面[24]之大助也。于今迎当置长安槁街[25]，一胡人耳，不如在匈奴有益。”莽不听。既得当，欲遣尤与廉丹击匈奴，皆赐姓征氏，号二征将军，令诛单于舆而立当代之。出车城西横厩[26]，未发。尤素有智略，非[27]莽攻伐四夷，数谏不从；及当出，廷议[28]，尤固言[29]：“匈奴可且以为后，先忧山东盗贼。”莽大怒，策免尤。

大司空议曹史[30]代郡范升[31]奏记[32]王邑曰：“升闻子以人不间[33]于其父母为孝，臣以下不非其君上为忠。今众人咸称朝圣，皆曰公明；盖明者无不见，圣者无不闻。今天下之事，昭昭[34]于日月，震震[35]于雷霆，而朝云不见，公云不闻，则元元焉所呼天[36]！公以为是而不言，则过小矣；知而从令，则过大矣；二者于公无可以免，宜乎天下归怨于公矣。朝以远者[37]不服为至念[38]，升以近者不悦为重忧[39]。

今动与时戾[40]，事与道反，驰骛[41]覆车之辙，踵循[42]败事之后，后出益可怪，晚发愈可惧耳。方春岁首而动发远役，藜藿[43]不充，田荒不耕，谷价腾跃，斛至数千，吏民陷于汤火[44]之中，非国家之民也[45]。如此，则胡、貊守阙[46]，青、徐之寇在于帷帐[47]矣。升有一言，可以解[48]天下倒悬[49]，免元元之急；不可书传[50]，愿蒙引见，极陈所怀。”邑不听。

翼平[51]连率田况奏郡县訾民不实，莽复三十取一；以况忠言忧国，进爵为伯，赐钱二百万，众无皆詈[52]之。青、徐民多弃乡里流亡，老弱死道路，壮者入贼中。

夙夜[53]连率韩博上言：“有奇士，长丈，大十围[54]，来至臣府，欲奋击胡虏，自谓巨毋霸[55]，出于蓬莱[56]东南五城[57]西北昭如海濒[58]，轺车[59]不能载，三马不能胜。即日以大车四马，建虎旗，载霸诣阙。霸卧则枕鼓，以铁箸[60]食，此皇天所以辅新室也！愿陛下作大甲、高车、贲、育[61]之衣，遣大将一人与虎贲百人迎之于道，京师门户不容者，开高大之，以示百蛮，镇安天下。”博意欲以风[62]莽；莽闻，恶之，留霸在所[63]新丰[64]，更其姓曰巨母氏，谓因文母太后而霸王符也[65]。征博，下狱，以非所宜言，弃市[66]。

关东饥旱连年，刁子都等党众浸多，至六七万。

（以上为第五段，写王莽拒谏，施政屡失，横征无已，民怨沸腾，与匈奴交恶，全线告警。）

【注释】

[1]推：推算。 [2]历纪：纪年的历法。纪，古代纪年单位。 [3]仙：成仙。相传黄帝在荆山铸成鼎后，有龙下迎黄帝，黄帝乘龙升天而去。 [4]销解：消除。 [5]《新乐》：新朝之乐。王莽主持创作的乐曲。 [6]羲叔：官名，王莽所设，为太傅副职。 [7]士孙喜：羲叔之名，复姓士孙，名喜。 [8]清洁江湖：指清除四方各地的叛乱。 [9]死罪囚：死刑罪犯。 [10]吏民奴：官吏及平民的家奴。 [11]缣（jiān）帛：质地细薄的丝织品。 [12]黄绶：汉制，官吏级别为四百石、三百石与二百石的，皆铜印黄绶。此指郡县官署中印用黄绶的官吏。 [13]吏尽复以与民：官吏又将马全都交给百姓喂养。 [14]不次之位：不按一般的次序，意谓可以越级提升。 [15]便宜：指有利国家、合乎事宜之事。 [16]楫（jí）：船桨。 [17]窥（kuī）：暗中察

看。［18］翮（hé）：羽毛。［19］翼：翅膀。［20］通引环纽：此言全身用连环扣结缠绕。通，全身。引，取用。环纽，连环扣结。［21］苟欲获其名：言不顾一切地想要取得重视人才的好名声。苟，苟且。［22］理军：军官名。［23］语：告诉。［24］方面：指一个地方的军政要职或其长官。［25］槁（gǎo）街：长安街名。四方边远部族在长安的住所皆在此街。［26］横厩：厩名。厩（jiù），马房。［27］非：批评，反对。［28］廷议：在朝廷上商议。［29］固言：坚持说。［30］议曹史：大司空属官名。［31］范升：字辩卿，代郡人，通经术，新朝为大司空议曹史。光武帝时为博士，明帝时任聊城令。后因事免官，卒于家。传见《后汉书》卷三十六。［32］奏记：书面向长官陈述意见。［33］间：责备，批评。［34］昭昭：明白，显著。［35］震震：巨大的声音。［36］焉所呼天：到哪里呼天求救。［37］远者：指边远部族。［38］至念：最忧虑的。［39］重忧：严重的忧患。［40］戾：乖戾，不合。［41］驰骛（wù）：奔走。［42］踵循：追循。［43］藜藿：泛指野菜。藜（lí），草名，叶可食。藿（huò），豆类作物的叶子。［44］汤火：滚烫的水和炽热的火，此喻指处境极端险恶。［45］非国家之民也：意谓将铤而走险，反叛朝廷。［46］守阙：守候在宫门，此指逼近京师。［47］帷帐：帷幕床帐，此喻指腹地。［48］解：解除，消除。［49］倒悬：指极其艰难与危急的处境。［50］书传：书面表达。［51］翼平：王莽新设郡名。王莽改北海郡寿光县为翼平，以此设郡，治所在今山东寿光市东北。［52］詈（lì）：骂。［53］夙夜：王莽新设郡名。王莽改东莱郡不夜县为夙夜，以此设郡，治所在今山东威海市文登区东北。［54］围：计量周长的约略单位。其长度尺寸其说不一，一般用来指两手或两臂之间合拱的长度。［55］巨毋霸：人名。其身高一丈，腰粗十围。地皇四年（23），巨毋霸任垒尉，驱赶着猛兽参加昆阳之战，以助军威。［56］蓬莱：地名，在今山东烟台市蓬莱区。［57］五城：地名。汉武帝在此登望海中蓬莱仙山，因以蓬莱作为此地的名字，筑有五城、十二楼。［58］昭如海濒：昭如海边。濒，水边。［59］轺（yáo）车：一匹马驾的轻便车。［60］箸（zhù）：筷子。［61］贲、育：指孟贲、夏育。相传为古代二位勇士。［62］风：通"讽"，微言劝告。王莽字巨君，韩博之意，盖谓巨君不得篡位称霸。［63］所：处所，地方。［64］新丰：县名，县治在今陕西西安市临潼区。此言让巨毋霸停留在所在的地方新丰县。［65］"谓因文母"句：巨毋霸改称巨母霸，则"巨母霸"这个名字就成为说明巨君通过文母太后而称霸称王的符命。［66］弃市：死刑名，在闹市处死，并把尸体弃置街头示众。

地皇元年（庚辰，20 年）

春，正月，乙未[1]，赦天下；改元曰地皇，从三万六千岁历号[2]也。

莽下书曰："方出军行师，敢有趋讙犯法者辄论斩[3]，毋须时[4]！"于是春、夏斩人都市，百姓震惧，道路以目[5]。

莽见四方盗贼多，复欲厌之，又下书曰："予之皇初祖考黄帝定天下，将兵为大将军，内设大将，外置大司马五人，大将军至士吏凡七十三万八千九百人，士千三百五十万人。予受符命之文，稽[6]前人，将条备[7]焉。"于是置前、后、左、右、中大司马之位，赐诸州牧至县宰皆有大将军、偏、裨、校尉之号焉[8]。乘传使者经历郡国，日且十辈，仓无见谷[9]以给；传车马不能足，赋取[10]道中车马，取办[11]于民。

秋，七月，大风毁王路堂[12]。莽下书曰："乃壬午[13]餔时[14]，有烈风[15]雷雨发屋折木[16]之变[17]，予甚恐焉；伏念一旬，迷乃解矣。昔符命立安为新迁王，临国洛阳[18]，为统义阳王，议者皆曰：'临国洛阳为统[19]，谓据土中[20]为新室统[21]也，宜为皇太子。'自此后，临久病，虽瘳不平[22]。临有兄而称太子，名不正。惟即位以来，阴阳未知，谷稼鲜耗[23]，蛮夷猾夏，寇贼奸宄[24]，人民征营[25]，无所错手足[26]。深惟厥咎[27]，在名不正焉。其立安为新迁王，临为统义阳王。"

莽又下书曰："宝黄厮赤[28]。其令郎从官皆衣绛[29]。"

望气[30]为数[31]者多言有土功[32]象；九月，甲申[33]，莽起九庙[34]于长安城南，黄帝庙方四十丈，高十七丈，余庙半之，制度甚盛。博征天下工匠及吏民以义入钱谷助作者[35]，骆驿[36]道路；穷极[37]百工之巧；功费数百余万，卒徒[38]死者万数。

是月，大雨六十余日。

巨鹿[39]男子马适求等谋举燕、赵兵以诛莽。大司空士王丹[40]发觉，以闻。莽遣三公大夫逮治[41]党与，连及郡国豪杰数千人，皆诛死。封丹为辅国侯。

莽以私铸钱死[42]及非沮[43]宝货投四裔，犯法者多，不可胜行；及更轻其法，私铸作泉布者与妻子没入为官奴婢，吏及比伍[44]知而不举告[45]，与同罪；非沮宝货，民罚作[46]一岁，吏免官。

太傅平晏死；以予虞唐尊为太傅。尊曰："国虚民贫，咎在奢泰[47]。"乃身短衣小褎[48]，乘牝马[49]、柴车[50]，藉稿[51]，以瓦器饮食，又以历遗[52]公卿。出，见男女不异路者，尊自下车，以象刑赭幡污染其衣[53]。莽闻而说之，下诏申敕公卿："思与厥齐；"封尊为平化侯。

汝南郅恽[54]明天文历数[55]；以为汉必再受命[56]，上书说莽曰："上天垂戒[57]，欲悟[58]陛下，令就臣位。取之以天，还之以天，可谓知命矣！"莽大怒，系恽诏狱[59]，逾冬，会[60]赦得出。

（以上为第六段，写王莽面对民变四起，不思抚恤，反而变本加厉横征暴敛，派出使者扰民，又用改封皇子的办法以应天变，自欺欺人，结果民变更加如火如荼发展。）

【注释】

[1]乙未：地皇元年正月己亥朔，无乙未日。 [2]从三万六千岁历号：依从三万六千岁历法，每六年改元一次，今年正值改元，故改元地皇。 [3]趋讙（huàn）：奔走喧闹。论斩：判处死刑。论，定罪。 [4]毋须时：不必等到执行死刑的季节。古代处决死刑，一般在秋冬二季执行。 [5]道路以目：途中相遇，不敢交谈，只是用眼睛向对方示意而已。 [6]稽：效法。[7]条备：逐项设置齐备。 [8]"赐诸"句：州牧号为大将军，郡卒正、连帅、大尹为偏将军，属令、长为裨将军，县宰为校尉。 [9]见谷：现成的粮食。见（xiàn），同"现"。 [10]赋取：征用。 [11]取办：取用与办理。 [12]王路堂：宫殿名。王莽改未央宫前殿为王路堂。 [13]壬午：十六日。 [14]铺（bū）时：即申时，午后三时至五时。铺，通"晡"。 [15]烈风：暴风。[16]发屋折木：指掀掉屋顶，折断树木。 [17]变：指异常的自然现象。 [18]临国洛阳：以洛阳作为王临的封国。临，王临。 [19]为统：指王号称"统"，叫统义阳王。 [20]据土中：拥有天下中心地区。 [21]统：世代相继的系统，正统。 [22]虽瘳不平：病虽然好了，健康尚未恢复。瘳（chōu），病愈。平，康复。 [23]谷稼鲜耗：粮食减产。鲜，少。耗，减。 [24]奸宄（guǐ）：违法作乱。乱在外为奸，在内为宄。 [25]征营：惶恐不安。 [26]无所错手足：没有地方安放手足。常用以形容没有办法，不知如何是好。错，通"措"。 [27]深惟厥咎：深深思考过错在哪里。惟，思考。咎，过错。 [28]宝黄厮赤：尊崇黄色，轻视红色。宝，尊崇。厮，轻视。 [29]衣（yì）绛：穿深红色的衣服。衣，穿，作动词用。 [30]望气：方士的一种占候术，通过观察天空的云气来预测吉凶。 [31]数：技术，技能。 [32]土功：指治水、筑城、建造宫殿等土木工程。 [33]甲申：地皇元年九月乙未朔，无甲申日。 [34]九庙：王莽所建九庙，一为黄帝太初祖庙，二为帝虞始祖昭庙，三为陈胡王统祖穆庙，四为齐敬王世祖昭庙，五为济北愍王王祖穆庙，六为济南伯王尊祢昭庙，七为元城孺王尊祢穆庙，八为阳平顷王戚祢昭庙，九为新都显王戚祢穆庙。 [35]博征：广泛征集。以义入钱谷助作：无私捐献钱粮资助建造。 [36]骆驿：犹"络绎"，往来不断。 [37]穷极：极尽。 [38]卒徒：服劳役的人。 [39]巨鹿：郡名，治所在今河北平乡县西南。 [40]王丹：王莽的叔父王立之子。西汉末曾官中山太守。新朝为大司空士，以马适求案封辅国侯。后降刘秀为将军，战死。 [41]逮治：逮捕查办。 [42]死：判

处死刑。［43］非沮（jǔ）：诋毁，诽谤。［44］比伍：比、伍都是古代居民基层组织的名称，即户籍五户编为一比，又称一伍。［45］举告：检举告发。［46］作：从事劳役。［47］奢泰：奢侈。［48］褎（xiù）：同“袖”，衣袖。［49］牝（pìn）马：母马。［50］柴车：简陋无饰的车子。［51］藉稿：坐卧用的草垫。［52］历遗（wèi）：遍送。此言把用瓦器盛的饮食遍送公卿。［53］以象刑赭幡污染其衣：用红土泥水弄脏犯人的衣服，表示象刑。赭（zhě），红土。幡（fān），抹布。此言按照古代象刑的做法，拿用红土汁浸过的抹布将其衣服染脏。据《白虎通》的记载，犯劓刑（割掉鼻子）者以赭染其衣。［54］郅恽：字君章，汝南郡西平县（今河南西平县西）人。通经术，尤精天文历数。东汉初曾为长沙太守。传见《后汉书》卷二十九。［55］历数：观测天象以推算年时节候的方法。［56］受命：接受天命，指取得君位。古称帝王治理天下的权力是上天授予的。［57］垂戒：显示警戒。［58］悟：觉悟。使动用法。［59］诏狱：奉诏令关押犯人的监狱。［60］会：适逢。

二年（辛巳，21年）

春，正月，莽妻死，谥曰孝睦皇后。初，莽妻以莽数杀其子，涕泣失明，莽令太子临居中养焉。莽妻旁侍者原碧[1]，莽幸[2]之，临亦通[3]焉；恐事泄，谋共杀莽。临妻愔[4]，国师公女，能为星[5]，语临宫中且有白衣会[6]，临喜，以为所谋且成；后贬为统义阳王，出在外第，愈忧恐。会莽妻病困，临予书曰：“上于子孙至严，前长孙、中孙年俱三十而死。今臣临复适三十，诚恐一旦不保中室[7]，则不知死命所在[8]！”莽候[9]妻疾，见其书，大怒，疑临有恶意，不令得会丧[10]。既葬，收原碧等考问，具服奸、谋杀状。莽欲秘[11]之，使杀案[12]事使者司命从事[13]，埋狱中，家不知所在。赐临药；临不肯饮，自刺死。又诏国师公：“临本不知星，事从愔起。”愔亦自杀。

是月，新迁王安病死。初，莽为侯就国时，幸侍者增秩、怀能[14]，生子兴、匡[15]，皆留新都国，以其不明[16]故也。及安死，莽乃以王车[17]遣使者迎兴、匡，封兴为功修公，匡为功建公。

卜者王况谓魏成[18]大尹李焉曰：“汉家当复兴，李氏为辅。”因为焉作谶书[19]，合十余万言。事发，莽皆杀之。

莽遣太师羲仲[20]景尚、更始将军护军[21]王党将兵击青、徐贼，国师和仲[22]曹放助郭兴击句町，皆不能克。军师放纵，百姓重困。

莽又转[23]天下谷帛诣西河、五原、朔方、渔阳，每一郡以百万数，欲以击匈奴。须卜当病死，莽以庶女[24]妻[25]其子后安公奢，所以尊宠之甚厚，终欲为出兵立之者。会莽败，云、奢亦死。

秋，陨霜杀菽[26]，关东大饥，蝗。

莽既轻私铸钱之法，犯者愈众，及伍人相坐，没入为官奴婢；其男子槛车[27]，女子步[28]，以铁琐琅当其颈[29]，传诣钟官[30]以十万数。到者易其夫妇[31]。愁苦死者什六七。

上谷[32]储夏[33]自请说瓜田仪降之；仪未出而死。莽求其尸葬之，为起冢、祠室，谥曰瓜宁殇男。

闰月[34]，丙辰[35]，大赦。

郎阳成修[36]献符命，言继立民母[37]；又曰："黄帝以百二十女[38]致[39]神仙。"莽于是遣中散大夫[40]、谒者各四十五人，分行天下，博采乡里所高有淑女者上名[41]。

莽恶汉高庙神灵，遣虎贲武士入高庙，四面提击[42]，斧坏户牖，桃汤[43]、赭鞭[44]鞭洒屋壁[45]，令轻车校尉[46]居其中。

（以上为第七段，写王莽皇后及太子王临之死。王临因为策划了一场未遂的宫廷政变，被王莽逼杀。王莽的奸诈与猜忌，连儿子都看不惯而要背叛，王莽的下场可想而知。）

【注释】

[1]原碧：旁侍者之名。 [2]幸：古称帝王与女子同房为幸。 [3]通：通奸。 [4]愔（yīn）：王临妻之名，刘歆之女。 [5]星：指星相术。 [6]且有白衣会：谓宫中将有丧事发生。且，将要。白衣会，指丧事的征兆。《史记·天官书》："昴曰髦头，胡星也，为白衣会。"白衣，丧服。会，指二星会合。古代星相家认为白衣会为凶象，主将死，人多疾疫。 [7]中室：中宫，指莽妻，即临母。 [8]死命所在：命死何处。 [9]候：探视。 [10]会丧：参加丧礼。 [11]秘：保密。 [12]案：审理。 [13]司命从事：官名，司命属官。王莽以司命从事为案事使者负责审理此事，事后派人将其杀死。 [14]增秩、怀能：二侍者名。 [15]生子兴、匡：怀能生了王兴，增秩生了王匡。 [16]不明：意谓恐侍者另与其他男子私通，不清楚所生兴、匡是否确为己子。[17]王车：诸侯王的车乘。朱班轮、青盖、左右骈，驾三马。 [18]魏成：郡名。王莽改魏郡为魏成。《汉书·地理志》作"魏城"。 [19]谶（chèn）书：预言吉凶的文字。 [20]羲仲：官名，太师属官。 [21]护军：军官名，更始将军属官。 [22]和仲：官名，国师属官。 [23]转：

运输。［24］庶女：妾生之女。此指侍者开明所生之女王捷。［25］妻：嫁给。［26］菽（shū）：豆类作物。［27］槛车：用栅栏封闭的车，用以囚禁犯人。［28］步：步行。［29］以铁琐琅当其颈：用铁锁链锁在犯人的脖子上。琐，通“锁”，锁链。琅当，用铁锁锁人。［30］钟官：官名，职掌铸造钱币。［31］易其夫妇：改换他们的配偶。［32］上谷：郡名，治所在今河北怀来县东南。［33］储夏：人名。［34］闰月：该年寅正闰八月，王莽行丑正，则闰九月。［35］丙辰：闰八月二十七日。［36］阳成修：人名，复姓阳成，名修。［37］民母：指皇后。［38］百二十女：指有后妃姬妾一百二十人。［39］致：达到，求得。［40］中散大夫：官名，司中属官，参与论议政事。［41］博采乡里所高有淑女者上名：广泛地选择乡间大家赞许的漂亮淑女，报上她们的名字。高，推崇，尊重。淑女，贤良美好的女子。上，呈报。［42］提击：掷击。据章校，有的版本“四面”上有“拔剑”二字。［43］桃汤：迷信说法，桃木可驱鬼避邪，所以用桃木煮汤挥洒。［44］赭鞭：红色鞭子。［45］鞭洒屋壁：在墙壁上用桃汤挥洒，用赭鞭抽打。［46］轻车校尉：官名，原名虎贲校尉，王莽改称轻车校尉，职掌轻车。

是岁，南郡秦丰[1]聚众且万人；平原[2]女子迟昭平[3]亦聚数千人在河阻中[4]。莽召问群臣禽贼方略，皆曰：“此天囚[5]行尸[6]，命在漏刻[7]。”故左将军公孙禄[8]征来与议[9]，禄曰：“太史令宗宣，典星历[10]，候气变[11]，以凶为吉，乱天文，误朝廷；太傅平化侯尊，饰虚伪以偷名位[12]，贼夫人之子[13]；国师嘉信公秀，颠倒《五经》[14]，毁师法[15]，令学士疑惑；明学男张邯[16]、地理侯孙阳，造井田，使民弃土业[17]；羲和鲁匡，设六筦以穷[18]工商；说符侯崔发，阿谀取容，令下情不上通；宜诛此数子以慰天下！”又言：“匈奴不可攻，当与和亲。臣恐新室忧不在匈奴而在封域之中也。”莽怒，使虎贲扶禄出，然颇采其言，左迁[19]鲁匡为五原卒正，以百姓怨诽故也；六筦非匡所独造，莽厌[20]众意而出之。

初。四方皆以饥寒穷愁起为盗贼，稍群聚，常思岁熟[21]得归乡里，众虽万数，不敢略有城邑[22]，日阕而已[23]；诸长吏牧守皆自乱斗中兵[24]而死，贼非敢欲杀之也，而莽终不谕[25]其故。是岁，荆州牧发奔命二万人讨绿林贼；贼帅王匡等相率迎击于云杜[26]，大破牧军，杀数千人，尽获辎重。牧欲北归，马武等复遮击[27]之，钩牧车屏泥[28]，刺杀其骖乘[29]，然终不敢杀牧。贼遂攻拔竟陵[30]，转击云杜、安陆[31]，多略妇女，还入绿林中，至有五万余口，州郡不能制。又，大司马士按章[32]豫州[33]，为贼所获，贼送付县。士还，上书具言状。莽大怒[34]，以为诬罔[35]，因下书责七公[36]曰：“夫吏者，理[37]也。宣德明恩[38]，以牧养[39]民，仁之道也[40]。抑强督奸[41]，捕诛盗贼，义之节也[42]。今则不然。盗发不辄得[43]，至成群党遮略乘传宰士。士得脱者又妄自言：‘我责数[44]贼：何为如是？贼曰：以贫穷故耳。贼护出我。’今俗人议者率多若此。惟贫困饥寒犯法为非，大者群盗，小者偷穴[45]，不过二科[46]；今乃结谋连党[47]以千百数，是逆乱之大者，岂饥寒之谓邪！七公其严敕卿大夫、卒正、连率、庶尹，谨牧养善民，急捕殄盗贼！有不同心并力疾恶黠贼，而妄曰饥寒所为，辄捕系，请其罪[48]！”于是群下愈恐，莫敢言贼情者，州郡又不得擅发兵，贼由是遂不制[49]。

唯翼平连率田况素果敢，发民年十八以上四万余人，授以库兵[50]，与刻石为约[51]；樊崇等闻之，不敢入界。况自劾奏；莽让[52]况：“未赐虎符[53]而擅发兵，此弄兵也，厥罪乏兴[54]。以况自诡[55]必禽灭贼，故且勿治。”后况自请出界击贼，所向皆破。莽以玺书[56]令况领[57]青、徐二州牧事，况上言：“盗贼始发，其原甚微，部吏[58]、伍人[59]所能禽也；咎在长吏不为意，县欺其郡，郡欺朝廷，实百言十，实千言百。朝廷忽略，不辄督责，遂至延蔓连州，乃遣将帅，多使者，传相监趣[60]。郡县力事[61]上官[62]，应塞[63]诘对[64]，共[65]酒食，具资用，以救断斩[66]，不暇复忧盗贼、治官事。将帅又不能躬[67]率吏士，战则为贼所破，吏气浸伤，徒费百姓。前幸蒙赦令，贼欲解散，或反遮击，恐入山谷[68]，转相告语；故郡县降贼皆更惊骇，恐见诈灭[69]，因饥馑易动[70]，旬日之间更十余万人，此盗贼所以多之故也。今洛阳以东，米石二千，窃见诏书欲遣太师、更始将军；二人爪牙[71]重臣，多从人众，道上空竭，少则无以威示远方。宜急选牧、尹以下，明其赏罚，收合[72]离乡[73]；小国无城郭者，徙其老弱置大城中，积臧谷食，并力固守。贼来攻城，则不能下；所过无食，势不能群聚；如此，招之必降，击之则灭。今空复多出将帅，郡县苦之，反甚于贼。宜尽征还乘传诸使者以休息[74]郡县；委任臣况以二州盗贼，必平定之。”莽畏恶[75]况，阴为发代[76]，遣使者赐况玺书。使者至，见况，因令代监[77]其兵，遣况西诣长安，拜为师尉大夫。况去，齐地遂败。

（以上为第八段，写王莽刚愎自用，不听公孙禄之言，不纳大司马士的实情报告，不用田况有效的征抚方略，一切征剿措施都按错误的方向走，于是绿林、赤眉大起。）

【注释】

［1］秦丰：南郡郡县黎丘乡（今湖北襄阳市东南）人。地皇二年（21）起义，占据黎丘，自号楚黎王，设置相、将等官吏。建武五年（29）降刘秀，被杀于洛阳。［2］平原：郡名，治所在今山东平原县南。［3］迟昭平：农民起义军女领袖。地皇二年起义，活动于流经平原一带的黄河沿岸地区。［4］在河阻中：活动在黄河险要地带。河，黄河。阻，险要地区。［5］天囚：获罪于天的囚犯。［6］行尸：指徒具形骸、虽生犹死的人。［7］漏刻：顷刻。［8］公孙禄：哀帝世先后为右将军、左将军。哀帝崩，因朝举大司马人选事忤王莽，被免官。［9］与议：参加朝议。［10］典星历：主管天文历法。［11］候气变：候，占验，预测。气变，节气的变化。［12］饰虚伪以偷名位：巧用虚伪的言行，用来窃取名誉地位。饰，掩饰。偷，窃取。［13］贼夫人之子：害了别人家的孩子。贼，害。夫，指示词。夫人，别人。［14］颠倒《五经》：西汉官学为今文经学，古文经学只在民间流传，不被官方重视。西汉末年，刘歆提倡古文经学，争立古文经博士，遭今文经学家反对，没有成功。后因得王莽支持，为古文经学设立博士。所谓"颠倒《五经》"，是站在今文经学派的立场对刘歆提倡古文经学的指责。［15］毁师法：诽谤老师传授的学术。［16］张邯：通经学，新朝官大长秋、大司徒等职，封明学男。地皇四年（23），被农民军杀死。［17］弃土业：丧失土地产业。［18］穷：使困苦窘迫。［19］左迁：降官，贬职。［20］厌：合。［21］岁熟：年成丰收。［22］略有：攻占。城邑：据章校，有的版本"城邑"下有"转掠求食"四字。［23］日阕而已：此言所求粮物能足一日食用即可。阕（què），尽。［24］中兵：被兵器所伤。［25］谕：知晓。［26］云杜：县名，县治在今湖北京山市。［27］遮击：截击。［28］屏泥：古代车前有轼木，供人立乘时依靠。屏泥是轼前的装饰物，同时用来遮挡泥土。［29］骖（cān）乘：陪乘。古代乘车之法，御者居中，尊者居左，另有一人居于车右，以备车乘倾倒，称骖乘。［30］竟陵：县名，县治在今湖北潜江市西北。［31］安陆：县名，县治在今湖北云梦县。［32］按章：根据奏章提出的问题进行查处。［33］豫州：州名，其地辖有今河南中部、东部及安徽西北部等地区。治所谯县，在今安徽亳州市。［34］莽大怒：据章校，有的版本"怒"下有"下狱"二字。［35］诬罔：以不实之词欺骗人。［36］七公：指四辅、三公。［37］理：治理，管理。［38］宣德明恩：宣扬德政，使恩泽显著。［39］牧养：治理、统治。［40］仁之道也：这就是仁政的原则。仁，指仁政，善政。道，原则。［41］抑强督奸：压制强暴，督察奸邪。［42］义之节也：这就是义的标准。义，正义，正当的行为。节，法度，标准。［43］辄得：即时

捕获。［44］责数（shǔ）：责备。［45］偷穴：入室偷窃。［46］科：类，种。［47］结谋连党：合谋结成一伙。［48］请其罪：请治其罪。［49］不制：不能禁止。［50］库兵：库存兵器。［51］约：法令。［52］让：责备。［53］虎符：朝廷授予臣下兵权或调发军队权力的信物。符作虎形，故称虎符。铜铸，背有铭文。符分为两半，右半留存朝廷，左半交给臣下。调发军队时，持符验合方可。［54］乏兴：即乏军兴。耽误军事行动或军用物资的征集调拨，叫乏军兴，是一种违反军律的罪名。［55］自诡：自我责求。［56］玺书：加盖皇帝印玺的诏书。［57］领：代理。［58］部吏：各级所属治安部门的官吏。［59］伍人：同伍之人。当时的军队基层编制，五人为一伍。［60］传相监趣：辗转督察。传，通"转"。监，督促。趣（cù），催促。［61］力事：尽力服事。［62］上官：上级官吏。［63］应塞：应付搪塞。［64］诘对：对责问的回答。［65］共：通"供"。［66］断斩：指死刑。此言郡县官吏以此求己免受死刑。［67］躬：亲自。［68］恐入山谷：指"贼欲解散"者因遭截击而恐惧，所以又进入山林。［69］恐见诈灭：此言怕受骗被消灭。见，被。［70］因饥馑易动：因为饥荒之年人心容易动摇。［71］爪牙：得力的助手，亲信。［72］收合：集聚，集中。［73］离乡：分散的村落。［74］休息：即休养生息，指在国家大动荡或大变革以后，减轻人民负担，安定生活，以恢复元气。［75］畏恶：忌恨。［76］阴为发代：暗中派遣前去代替的人。阴，暗中。［77］监：掌管，率领。

三年（壬午，22年）

春，正月，九庙[1]成，纳神主[2]，莽谒见[3]，大驾[4]乘六马[5]，以五采毛为龙文衣[6]，著角[7]，长三尺。又造华盖九重[8]，高八丈一尺，载以四轮车；挽[9]者皆呼"登仙[10]"，莽出，令在前。百官窃言[11]："此似辆车[12]，非仙物也。"二月，樊崇等杀景尚。

关东人相食。

夏，四月，遣太师王匡、更始将军廉丹东讨众贼。初，樊崇等众既浸[13]盛，乃相与为约："杀人者死，伤人者偿创。"其中最尊号三老，次从事，次卒史。及闻太师、更始将讨之，恐其众与莽兵乱，乃皆朱其眉以相识别，由是号曰赤眉。匡、丹合将锐士十余万人，所过放纵。东方为之语曰："宁逢赤眉，不逢太师！太师尚可，更始杀我！"卒如田况之言。

莽又多遣大夫、谒者分教民煮草木为酪[14]，酪不可食，重为烦费[15]。

绿林贼遇疾疫，死者且半，乃各分散引去[16]。王常、成丹西入南郡，号"下江兵[17]"；王凤、王匡、马武及其支党朱鲔[18]、张卬[19]等北入南阳，号“新市兵[20]”；皆自称将军。莽遣司命大将军孔仁部[21]豫州，纳言大将军严尤、秩宗大将军陈茂击荆州，各从吏士百余人，乘传到部募士。尤谓茂曰：“遣将不与兵符，必先请而后动[22]，是犹绁[23]韩卢[24]而责之获也。”

蝗从东方来，飞蔽天。

流民入关者数十万人，乃置养赡官[25]禀食之[26]，使者监领，与小吏共盗其禀，饥死者什七八。

先是，莽使中黄门[27]王业领[28]长安市买[29]，贱取于民；民甚患之。业以省费[30]为功，赐爵附城。莽闻城中饥馑，以问业。业曰：“皆流民也。”乃市所卖[31]粱饭[32]、肉羹，持入示莽曰：“居民食咸如此。”莽信之。

秋，七月，新市贼王匡等进攻随[33]；平林[34]人陈牧[35]、廖湛[36]复聚众千余人，号“平林兵”，以应之。

莽诏书让廉丹[37]曰：“仓廪[38]尽矣，府库空矣，可以怒矣，可以战矣！将军受国重任，不捐身于中野[39]，无以报恩塞责！”丹惶恐，夜，召其掾冯衍[40]，以书示之。衍因说丹曰：“张良[41]以五世相韩[42]，椎秦始皇博浪之中[43]。将军之先[44]，为汉信臣[45]；新室之兴，英俊不附[46]。今海内溃乱[47]；人怀汉德，甚于周人思召公[48]也；人所歌舞[49]，天必从之[50]。今方[51]为将军计，莫若屯据[52]大郡，镇抚[53]吏士，砥厉[54]其节，纳[55]雄杰之士，询[56]忠智之谋，兴社稷之利，除万人之害，则福禄流[57]于无穷，功烈著于不灭；何与军覆于中原[58]，身膏[59]于草野，功败名丧，耻及先祖哉！”丹不听。衍，左将军奉世[60]曾孙也。

冬，无盐索卢恢[61]等举兵，反城[62]附贼，廉丹、王匡攻拔之，斩首万余级。莽遣中郎将奉玺书劳[63]丹、匡，进爵为公；封吏士有功者十余人。

赤眉别校[64]董宪[65]等众数万人在梁郡[66]，王匡欲进击之；廉丹以为新拔城罢[67]劳，当且休士养威。匡不听，引兵独进，丹随之。合战成昌[68]，兵败，匡走；丹使吏持其印、绂、节付匡曰：“小儿可走，吾不可！”遂止，战死。校尉汝云、王隆等二十余人别斗[69]，闻之，皆曰：“廉公已死，吾谁为[70]生！”驰奔贼[71]，皆战死。

国将哀章自请愿平山东，莽遣章驰东[72]与太师匡并力。又遣大将军阳浚守敖仓[73]；司徒王寻将十余万屯洛阳，镇南宫[74]；大司马董忠[75]养士习射中军北垒[76]；大司空王邑兼三公之职。

（以上为第九段，写王莽倾全力大规模镇压起义军，由于军纪败坏，更加使民众痛苦不堪，加上瘟疫、天灾，民变更加如火如荼，赤眉军、绿林军虽受挫折，却愈战愈强，新朝已呈溃败之势。）

【注释】

[1]九庙：天子祭祀祖宗，按传统的儒家理论是天子立七庙，而王莽自大，为新朝太庙立九庙，祭祀九位祖宗。 [2]纳神主：指接神主入庙。神主，为已死君主、诸侯作的牌位。用木或石制成。天子主长一尺二寸，诸侯主长一尺。 [3]谒见：前去拜见。 [4]大驾：皇帝出行，车乘仪仗按其规模分为大驾、小驾、法驾。大驾是规模最大的车乘仪仗形式，前由公卿引导，大将军陪乘，太仆驾车，后随车队由八十一辆车组成。 [5]乘六马：所乘之车驾着六匹马。 [6]龙文衣：编织成龙形图案的衣服。此言马身上披着有用五彩羽毛编织成的龙形图案的衣套。 [7]著角：意谓马的头上安着假角。 [8]华盖九重：华丽的车盖有九层。重（chóng），层。 [9]挽（wǎn）：拉车。 [10]登仙：成仙。相传黄帝建造华盖而登仙，所以王莽作此。 [11]窃言：私下说。 [12]辆（ér）车：拉载棺柩的丧车。 [13]浸（jìn）：逐渐。 [14]酪（lào）：用草籽、树果煮熬而成的液体糊浆。 [15]重为烦费：又增加一层烦扰耗费。 [16]引去：退去。 [17]下江兵：古以南郡（今湖北西部）以下的长江地属下游，称下江。以王常、成丹为首的一支绿林农民军主要活动于南郡地区，故称下江兵。 [18]朱鲔（wěi）：淮阳国（治所在今河南周口市淮阳区）人。绿林农民军重要将领。刘玄称帝，以鲔为大司马，封胶东王。建武元年（25）降刘秀，先后为平狄将军、少府，封扶沟侯。 [19]张卬：绿林农民军重要将领。刘玄称帝，为卫尉大将军，封淮阳王。后被刘玄疑忌，卬归赤眉农民军。 [20]新市兵：王匡、王凤为新市人，所以他们领导的一支绿林农民军称新市兵。 [21]部：统率。 [22]先请而后动：先向朝廷呈报请示，批准后，才能行动。 [23]绁（xiè）：用绳索拴住。 [24]韩卢：战国时韩国的良犬名。 [25]养赡（shàn）官：负责供给流民吃喝的官吏。 [26]禀食之：供给饥民食物。禀（lǐn），通“廪”，供给食物。食（sì），拿食物给人吃。 [27]中黄门：官名，由宦者担任，职掌给事禁中。黄门，指宫廷之门。[28]领：治理，管理。 [29]市买：买卖，交易。 [30]省费：节省收购费用。 [31]市所卖：买市场上所卖食品。市，买。 [32]粱饭：好米饭。 [33]随：县名，县治在今湖北随州市。[34]平林：随县村镇名，其地在今湖北随州市东北。 [35]陈牧：地皇三年（22）起义，号平林

兵。刘玄称帝，为大司空，封阴平王。后为刘玄疑忌，被杀。［36］廖湛：地皇三年，与陈牧领导起义。刘玄称帝，廖湛为执金吾大将军，封穰王。后为刘玄疑忌，归赤眉军。建武二年（26），与刘嘉战，败，被杀。［37］廉丹：新朝历官宁始将军、太子四友之一御侮等职。地皇三年，被赤眉农民军杀死。［38］仓廪：贮藏米谷的仓库。［39］捐身于中野：战死在战场。［40］冯衍：字敬通，京兆杜陵县人。新朝时廉丹召为属官。丹死，归刘玄，后降刘秀。东汉初为曲阳令，迁司隶从事。因交通外戚免官，卒于家。善辞赋，为东汉初年著名辞赋家。传见《后汉书》卷二十八。［41］张良（？—前189）：字子房，西汉初年韩人。助刘邦灭秦、楚，建汉朝，封留侯。传见《史记》卷五十五与《汉书》卷四十。［42］五世相韩：据《史记》《汉书》："大父开地，相韩昭侯、宣惠王、襄哀王。父平，相釐王、悼惠王。"［43］椎秦始皇博浪之中：椎，用椎击。博浪，即博浪沙，地名，其地在今河南原阳县东南。秦灭韩，张良得力士刺秦王。秦始皇东游，至博浪沙，力士以椎击之，误中副车。［44］先：先人，祖先。汉宣帝时，其先人廉褒为后将军。［45］信臣：忠诚可靠之臣。［46］附：归附，顺从。［47］溃乱：散乱。［48］周人思召（shào）公：据记载，西周成王时，周、召二公分陕而治，自陕而东周公主之，自陕而西召公主之。召公巡视治理地区，常在一棵棠树下审断案件，处理政事，很得人们的拥戴。召公死后，人民怀念他，作《甘棠》之诗歌颂他。据章校，有的版本"周"作"诗"。［49］歌舞：既歌又舞；此指颂扬。［50］从之：顺从民意。［51］今方：如今，现在。［52］屯据：驻扎据守。［53］镇抚：安定。［54］砥（dǐ）厉：激励，勉励。［55］纳：接纳。［56］询：咨询，访问。［57］流：传布，流传。［58］何与军覆于中原：何与，与……相比怎么样，比……怎么样。覆，全数溃灭。中原，即原中，指战场。［59］膏：润溉，此借指死亡。［60］奉世：冯奉世，字子明，上党郡潞县（今山西长治市潞城区东北）人，后迁京兆杜陵县。汉武帝末年入仕，元帝永光年间病卒。官至左将军、光禄勋，赐爵关内侯。传见《汉书》卷七十九。［61］索卢恢：人名，姓索卢，名恢。［62］反城：占据城邑起来造反。［63］劳：慰劳。［64］别校：单独领军作战的中级军官。［65］董宪：东海郡（治所在今山东郯城县西北）人。新朝末年在东海起义。刘玄称帝，封刘永为梁王。永占据梁地，自置官吏，拜宪为翼汉大将军，立为海西王。建武六年（30），与刘秀军战，军败被杀。［66］梁郡：梁本为王国名，都睢阳县（在今河南商丘市睢阳区）。王莽建新，改国为郡。［67］罢：通"疲"。［68］成昌：地名，在今山东东平县。［69］别斗：在别的地方作战。［70］谁为：即"为谁"。［71］驰奔贼：飞马冲向贼军。［72］驰东：飞快赶往东方。［73］敖仓：仓名，其地在今河南郑州市西北邙山上，北临黄河。［74］南宫：洛阳城内宫殿名。其址在今洛阳东北郊。［75］董忠：王莽建新，封降符伯。天凤六年（19），代严尤为大司马。地皇四年（23），与刘歆、王涉谋杀王莽，事泄被杀。［76］中军北垒：胡注与王先谦《汉书补注》皆云："当作'北军中垒'。"汉代京师的卫戍部队分为南、北军。文帝时合南北军，其后南军名没，而北军名存。汉设中垒校尉，职掌北军营垒之事。此言大司马董忠率军驻扎在北军中垒营地，并在那里训练部队。

初，长沙定王发[1]生舂陵节侯买，买生戴侯熊渠，熊渠生考侯[2]仁。仁以南方[3]卑湿[4]，徙封南阳之白水乡[5]，与宗族往家[6]焉。仁卒，子敞嗣；值莽篡位，国除。节侯少子外为郁林[7]太守，外生巨鹿都尉回，回生南顿[8]令钦。钦娶湖阳樊重[9]女，生三男：縯[10]，仲[11]，秀[12]，兄弟早孤[13]，养于叔父良[14]。縯性刚毅，慷慨有大节，自莽篡汉，常愤愤，怀复社稷之虑，不事家人居业[15]，倾身[16]破产，交结天下雄俊。秀隆准日角[17]，性勤稼穑[18]；縯常非笑[19]之，比于高祖[20]兄仲[21]。秀姊元[22]为新野邓晨[23]妻，秀尝与晨俱过穰[24]人蔡少公，少公颇学图谶，言"刘秀当为天子"；或曰："是国师公刘秀乎？"秀戏曰："何用[25]知非仆[26]邪！"坐者皆大笑。晨心独喜。

宛人李守，好星历、谶记，为莽宗卿师[27]，尝谓其子通[28]曰："刘氏当兴，李氏为辅。"及新市、平林兵起，南阳骚动，通从弟[29]轶[30]谓通曰："今四方扰乱，汉当复兴。南阳宗室，独刘伯升兄弟泛爱[31]容众[32]，可与谋大事。"通笑曰："吾意也！"会秀卖谷于宛，通遣轶往迎秀，与相见，因具言谶文事，与相约结，定计议。通欲以立秋材官都试骑士日，劫前队大夫[33]甄阜及属正[34]梁丘赐，因以号令大众，使轶与秀归舂陵举兵以相应。于是縯召诸豪杰计议曰："王莽暴虐，百姓分崩；今枯旱连年，兵革并起，此亦天亡之时，复高祖之业，定万世之秋[35]也！"众皆然之。于是分遣亲客于诸县起兵，縯自发舂陵子弟。诸家子弟恐惧，皆亡匿，曰："伯升杀我！"及见秀绛衣大冠[36]，皆惊曰："谨厚者亦复为之！"乃稍自安。凡得子弟七八千人，部署宾客，自称"柱天[37]都部[38]"。秀时年二十八。李通未发，事觉，亡走；父守及家属坐死者六十四人。

縯使族人嘉[39]招说新市、平林兵，与其帅王凤、陈牧西击长聚[40]；进屠[41]唐子乡[42]，又杀湖阳尉[43]。军中分财物不均，众恚恨[44]，欲反攻诸刘；刘秀敛[45]宗人[46]所得物，悉以与之，众乃悦。进拔棘阳[47]，李轶、邓晨皆将宾客来会。

严尤、陈茂破下江兵；成丹、王常、张印等收散卒入蒌溪[48]，略[49]钟、龙[50]间，众复振；引军与荆州牧战于上唐[51]，大破之。

十一月，有星孛于张[52]。

刘縯欲进攻宛，至小长安聚[53]，与甄阜、梁丘赐战；时天密雾，汉军大败。秀单马走，遇女弟伯姬，与共骑而奔；前行，复见姊元，趣[54]令上马，元以手挥曰："行矣，不能相救，无为两没[55]也！"会追兵至，元及三女皆死，縯弟仲及宗从[56]死者数十人。

縯复收会兵众，还保棘阳。阜、赐乘胜留辎重于蓝乡[57]，引精兵十万南渡潢淳[58]，临沘水[59]，阻[60]两川[61]间为营，绝[62]后桥，示无还心。新市、平林见汉兵数败，阜、赐军大至，各欲解去，縯甚患之。会下江兵五千余人至宜秋[63]，縯即与秀及李通造其壁[64]曰："愿见下江一贤将，议大事。"众推王常。縯见常，说以合从[65]之利，常大悟曰："王莽残虐，百姓思汉。今刘氏复兴，即真主也；诚思出身为用，辅成大功。"縯曰："如事成，岂敢独飨[66]之哉！"遂与常深相结而去。常还，具为余将成丹、张卬言之。丹、卬负[67]其众曰："大丈夫既起，当各自为主[68]，何故受人制乎！"常乃徐晓说[69]其将帅曰："王莽苛酷，积失[70]百姓之心，民之讴吟[71]思汉，非一日也，故使吾属因此得起。夫民所怨者，天所去也；民所思者，天所与也。举大事，必当下顺民心，上合天意，功乃可成；若负强恃勇，触情恣欲[72]，虽得天下，必复失之。以秦、项之势，尚至夷覆[73]，况今布衣相聚草泽[74]，以此行之，灭亡之道也。今南阳诸刘举兵，观其来议者，皆有深计大虑，王公之才，与之并合，必成大功，此天所以佑吾属也！"下江诸将虽屈强[75]少识[76]，然素敬常，乃皆谢曰："无王将军，吾属几陷于不义！"即引兵与汉军、新市、平林合。于是诸部齐心同力，锐气益壮。縯大飨军士，设盟约，休卒三日，分为六部；十二月，晦[77]，潜师[78]夜起，袭取蓝乡，尽获其辎重。

（以上为第十段，写南阳刘氏起兵反对王莽，刘縯、刘秀兄弟说服各支绿林兵众将联合作战，初战告捷，起义兵士气大振。）

【注释】

[1]发：刘发，汉景帝子。封长沙国，死后谥定，史称长沙定王。传见《史记》卷五十九与《汉书》卷五十三。[2]考侯：《汉书·王子侯表》作"孝侯"。[3]南方：指封地春陵。春

陵，乡名，属零陵郡泠道县，在今湖南宁远县西北，故称南方。［4］卑湿：地势低下潮湿。［5］白水乡：乡名，属南阳郡蔡阳县，在今湖北枣阳市。汉元帝时，春陵侯的封地徙移此地，把白水乡改名春陵。［6］家：作动词，安家，定居。［7］郁林：郡名，治所在今广西桂平市西南。［8］南顿：县名，县治在今河南项城市。［9］樊重：字君云，南阳郡湖阳县（今河南唐河县西南）人。其女樊娴就是光武帝刘秀之母，终年八十多岁。建武十八年（42），追爵谥为寿张敬侯。［10］縯（yǎn）：刘縯（？—23），字伯升，刘秀长兄。地皇三年（22）起兵反新。刘玄称帝，为大司徒，封汉信侯，不久被刘玄杀害。刘秀称帝，追爵谥为齐武王。传见《后汉书》卷十四。［11］仲：刘仲，刘秀次兄。地皇三年冬被王莽军杀死。建武十五年追爵谥为鲁哀王。［12］秀：刘秀（前6—57），字文叔。地皇三年随兄刘縯起事反莽。刘玄称帝，为太常偏将军，封武信侯。后以破虏将军行大司马事，镇抚河北州郡。在河北发展势力，于更始三年（25）六月在常山郡鄗县（今河北高邑县东南）称帝，年号建武。同年十月，定都洛阳，是为东汉。在位三十三年（25—57）。死后谥光武，庙号世祖，史称光武帝。传见《后汉书》卷一。［13］早孤：刘秀九岁，父卒。［14］良：刘良，字次伯，刘秀的叔父。平帝时举孝廉，为萧县令。刘秀称帝，封王。传见《后汉书》卷十四。［15］居业：产业。［16］倾身：竭尽全力。［17］隆准日角：高鼻梁，额角突起。隆，高。准，鼻子。日角，额角中央隆起，形状如日。旧时认为这是大贵的长相。［18］稼穑：泛指农业生产。稼，播种农作物。穑（sè），收获农作物。［19］非笑：耻笑。［20］高祖：指刘邦。［21］仲：刘邦兄，名喜。据《史记·高祖本纪》，刘邦称帝后，曾对他父亲说："始大人常以臣无赖，不能治产业，不如仲力，今某之业所就孰与仲多？"［22］元：刘元，刘秀的次姊。地皇三年被莽军所杀。刘秀称帝，追爵为新野长公主。［23］邓晨（？—49）：字伟卿，南阳郡新野县人。刘秀之姊刘元的丈夫。随刘秀兄弟起事反莽。刘秀称帝，历任郡守，封西华侯。传见《后汉书》卷十五。［24］穰（ráng）：县名，县治在今河南邓州市。［25］何用：何以。［26］仆：我，自称的谦词。［27］宗卿师：王莽所置官名，职掌宗室事务。［28］通：李通（？—42），字次元，南阳郡宛县人，刘秀之妹刘伯姬（宁平公主）的丈夫，随刘秀兄弟起事反莽。刘玄称帝，为柱天大将军，封西平王。建武年间，历任大司农、前将军、大司空等职，封固始侯。传见《后汉书》卷十五。［29］从弟：堂弟。［30］轶（yì）：李轶，随刘秀兄弟起事。刘玄称帝，为五威中郎将，封舞阴王。后为刘玄的大司马朱鲔所杀。［31］泛爱：博爱，普遍地爱。［32］容众：谓心怀宽广，能宽容众人。［33］前队大夫：王莽于六队郡置大夫，职如太守。［34］属正：王莽所置官名，职如郡都尉。［35］定万世之秋：定天下传万世之时。［36］绛衣大冠：军官服装。绛衣，大红色的衣服。大冠，武冠。［37］柱天：若天之柱。［38］都部：统率。［39］嘉：刘嘉（?—39），字孝孙，刘秀族兄，随刘秀兄弟起事反莽。刘玄称帝，为扶威大将军，封汉中王。建武年间为千乘太守，封顺阳侯。［40］长聚：村镇名。［41］屠：破城多杀。［42］唐子乡：乡名，属湖阳县，其地在今湖北枣阳市。［43］尉：县尉，职掌军事，负责治安。［44］恚（huì）恨：怨恨。［45］敛：收聚。［46］宗人：同族的人。［47］棘阳：县名，县治在今河南南阳市南。

［48］蒌溪：地名。［49］略：掳掠。［50］钟、龙：皆山名。钟山，在今湖北随州市东北。龙山，在今湖北随州市东北。［51］上唐：乡名，属随县，其地在今湖北随州市西北。［52］有星孛于张：星，指彗星。孛（bèi），指彗星出现时光芒四射的样子。张，星宿名，为二十八宿之一。古人用天上的二十八宿所处的方位与地上的州、国等区域相对应，叫做分野。张宿在地上的对应分野是周地。古人把彗星看作是预示兵乱的恶星，彗星出现在张宿，预示地上与张宿对应的分野周地将有兵乱。［53］小长安聚：村镇名，其地在今河南南阳市南。［54］趣（cù）：催促。［55］没：通"殁"，死。［56］宗从：同族的人，本家。从，堂房亲属。［57］蓝乡：地名，其地在今河南泌阳县境。［58］潢淳：河流名，黄水流经潢淳聚后又称潢淳水，在今河南唐河县境。［59］沘（bǐ）水：河流名。唐河的上游，在今河南泌阳县境。［60］阻：阻隔。［61］两川：指潢淳水和沘水。［62］绝：断。［63］宜秋：地名，其地在今河南唐河县东南。［64］造其壁：李通到刘縯的营垒。［65］合从：联合。［66］飨：享受。［67］负：仗恃。［68］为主：作为首领。［69］徐晓说：慢慢地劝说。［70］积失：久失。［71］讴吟：歌唱吟咏。［72］触情恣欲：任情纵欲。［73］夷覆：灭亡。［74］草泽：荒野。［75］屈（juè）强（jiàng）：倔强。屈，通"倔"。［76］少识：见识不广，缺乏知识。［77］晦：每月最后一日为晦，大月是三十日，小月是二十九日。地皇四年十二月丙子朔，三十晦为乙巳日。疑原文晦字上脱乙巳两字。［78］潜师：秘密出兵。

【点评】

王莽末年的农民大起义。先说起义的形成过程。王莽末年的农民大起义，首先发生在北方边郡地区。王莽改革失败，为了转移矛盾，人为地挑起边界事端，特别是出击匈奴，在北方沿边长年驻屯几十万大军，后勤供给不足，驻军大肆骚扰百姓，边民不堪其苦，有的流亡内地为人奴婢，有的铤而走险，聚众为盗。始建国三年（11）以后，并州、平州、五原、代郡不断发生农民起义。全国大乱后，河北为甚，有铜马、大彤、高湖、重连、铁胫、大枪、尤来、上江、青犊、五校、五幡、五楼、富平、获索等大小农民军数十支，大股的有数万、数十万，合计有几百万。天凤四年（17）南方民变四起，绿林、赤眉军起义，形成了全国农民大起义。绿林军活动在荆州，赤眉军活动在齐鲁，这两支是最大的农民起义军。

天凤四年，荆州一带发生严重饥荒，新市人王匡、王凤聚众起义，被推为首领，王常、王丹也聚众来附。他们隐蔽在今湖北京山市北的绿林山中，因而被称为绿林军。几个月后，绿林军发展到七八千人。地皇二年（21），绿林军打败荆州牧的镇压，发展到数万人。第二年，由于瘟疫流行，绿林军死亡过半，余下的不得不分兵活动，王常、王丹西入南郡，称下江兵；王匡、王凤、马武等北上南阳，称新市兵。这时，平林人陈牧、廖湛聚众响应，称平林兵。

沿海东部地区也在绿林军起义的天凤四年发生民变。在琅邪海曲，今山东日照地区，有吕母起义，在会稽长州，今江苏苏州地区有临淮人瓜田仪起义。第二年，即天凤五年（18），琅邪人樊崇率众在莒县起义。青徐各地起义首领还有徐宣、逢安、谢禄、杨音等人，都率众归附樊崇。为了作战时与敌人相区别，起义军把眉毛涂红，因此号称赤眉军。地皇三年（22），赤眉军在成昌（今山东东平县）击败王莽军，杀王莽大将廉丹，人数达到数十万，势力扩展到黄河两岸、长江之北的华北、江淮两大平原。

南阳大地主集团的代表人物刘縯、刘秀兄弟在地皇三年也拉起队伍加入反对王莽的起义军行列。刘氏兄弟居南阳舂陵，在今湖北枣阳市，这一支地主武装史称舂陵军。舂陵军训练有素，目标明确，即光复汉室。刘氏兄弟长期隐蔽活动，宣扬汉室复兴，于是掀起"人心思汉"的思潮。由于舂陵军与王莽军接战不利，刘氏兄弟游说下江兵合纵。在"人心思汉"思潮的影响下，各支绿林军与舂陵军联合，并正式建立汉家旗号，拥立刘姓宗室刘玄做皇帝，史称更始皇帝。更始旗号下的联军，史称汉军。

有了明确政治目标的汉军，成为反抗王莽的中坚和主力军，当然也是王莽的眼中钉。王莽进行全国总动员，集中了42万大军征讨，号称百万。地皇四年（23），王莽军和汉军在昆阳决战，这就是历史上有名的以少胜众的昆阳之战。刘秀率领的一万余人的汉军，打败王莽的42万大军，不久新朝就灭亡了。刘秀一战成名，是人们心中的真龙天子，他就是中兴汉朝的光武帝。当然，这是后话，在后面的点评中详说。

再说起义原因。王莽革新政制，不但没有解决社会问题，没有消除尖锐的社会矛盾，反而变本加厉地扰民。因买卖王田、奴婢，私铸钱币，被诛杀的有几十万人。五均六筦也引起愈来愈大的社会混乱。王莽为了挽回威信，拯救灭亡局面，一面继续玩弄符命把戏，欺骗人民；一面虚张声势，发动对匈奴、西南夷和西域的边境战争。结果，王莽军处处受挫，四边告急，物价暴涨，米价高达二千、五千、一万钱一石，灾区甚至人相食。战争的骚扰，加重了原本沉重的赋役，再加上残酷的刑法，使农民完全没有了活路。广大农民被王莽的改制新政弄得"摇手触禁，不得耕桑"，不得不起为盗贼。政治昏暗，加重天灾，旱灾、水灾、蝗灾不断。北方农民起义由兵祸引起，天凤四年的严重饥荒成为南方绿林军起义的导火索，而山东吕母起义则是吕母之子被冤杀引起。总之，天灾人祸逼得广大劳动人民无法再生活下去了。而统治集团内部也不稳，全国人民推翻王莽政权的起义时机成熟了，于是全国农民起义大爆发。王莽后期，连儿子也起来反对他，发动了未遂的宫廷政变。王莽末年的农民大起义是三分天灾，七分人祸。

王莽违道施政，自掘坟墓。这里所说的道，既不是指抽象的天道，也不是指德义的人道，而特指一个正常人的常理人道。人道万端，内容很多。而作为君王的常理人道，一是要圣明，二是要用贤。君王不明，则政治昏乱；君王圣明，则政治清明。王莽聪明绝伦，是玩弄政治的高手，他完全有智慧有能力治理好西汉，而成为汉家周公、刘氏伊尹，不辜负自诩的“安汉公”和“宰衡”的称号。可惜王莽动了窃国之心，一念之差，一切都颠倒了。不能说王莽一登上政治舞台就有野心。王莽的野心，是成帝、哀帝的昏庸政治栽培的，而王政君的长寿为其搭建了平台。王莽一旦有了野心，一切为了夺权窃国，他就要掩人耳目，他的聪明就走上了邪道，于是行为诡异，久而久之，他的心理被扭曲，人性被权力异化。王莽不遗余力宣扬符命，竟异想天开下诏书说自己要“成仙升天”，想用这个办法来欺骗人民，化解民变，岂不让人哑然失笑。王莽专权篡国，害怕臣下效仿成了他的一个心病。有了心病，王莽就变得疯狂，他事无巨细，把一切权力揽在手里，原来奉命执行的事，臣下也要多次请求询问后才能办理。公卿大臣，入朝议事，敷衍搪塞，整天空谈，国家大政连续议论几年没有定论，地方奏报的紧急政务，久久不能上报，许多地方使者整年得不到回答。因为王莽白天黑夜忙得晕头转向，竟致不能理事。尚书趁机舞弊，上下其手，王莽的大权实际旁落。上行下效，加之地方官吏手脚被束，关押在郡县监狱的人，没有人审理，只有等到大赦才能出来。如此行政，国家还能治理得好吗?

王莽不明，用人更是一团糟。阿谀逢迎之徒得到重用，什么巨毋霸、哀章之流盈于朝廷。王莽忌用贤人。眼见民变大起，王莽不听公孙禄之言，不纳大司马士的实情报告，不用田况为将。有一个效忠又懂军事的严尤，王莽却不听其正面意见，始终不用他独当一面。百万大军交给王邑、王寻。田况早就指出，王邑、王寻辈不宜为将，王莽就是不听。

农民起义，为饥饿所迫，只是找一条活路，因此起义时往往为盗，掠取妇女财物，并无攻城略地的打算。绿林军打败荆州军，俘虏了荆州牧并不敢杀害，送还官军，赤眉军和绿林军一样，只盼望王莽换一个清官，年成丰收，他们好回乡归农。费兴被任命为荆州牧，王莽问他如何治理。费兴说:“明令晓谕盗贼，返回乡里，贷放家具、耕牛、种子和粮食，放宽他们的租税，希望能使他们消解愁怨，安于其业。”王莽听了大怒，罢了费兴的官。王莽要杀灭起义的农民，天下人都反，难道能把天下人杀光吗?

更为荒唐的是，王莽不给官吏俸禄，让官吏自己供给。有了俸禄还十官九贪，没有俸禄，不就是明目张胆给贿赂开绿灯吗?各级官吏，利用职权贪赃枉法。朝廷派出的各种各样的使者、公士，一到地方，公开扰民。王莽改革失败，最大的原因是贪官污吏盛行。官逼民反，新朝最为典型。新朝末的农民大起义，完全是王莽的诡异施政造成的。

卷三九　汉纪三十一

汉淮阳王更始元年至二年（23—24 年）

【起昭阳协洽（癸未，23 年），尽阏逢涒滩（甲申，24 年），凡二年】

【大事提要】

本卷记事起公元 23 年，讫公元 24 年，凡两年，当淮阳王更始元年、二年。两年间历史发生大转折。更始元年二月，刘玄称帝，六月一日昆阳大战，汉兵大捷，刘秀建立殊功。九月新朝覆灭，王莽被斩首分尸。刘玄迁都洛阳，遣使巡行全国劝降，多不奉命，刘秀持节安抚河北，脱离更始帝，独当一面。更始二年，刘玄入关都长安，荒怠政事，官民离心。是年，刘秀在河北，历经艰险，平灭王郎，收编铜马，诛杀谢躬，与更始帝决裂。赤眉军西征，公孙述称帝于蜀，梁王刘永、邔县人秦丰、汝南人田戎各自起兵，更始帝号令不行，全国进入群雄纷争的局面。

淮阳王[1]

更始元年（癸未，23 年）

春，正月，甲子朔[2]，汉兵与下江兵共攻甄阜、梁丘赐，斩之，杀士卒二万余人。王莽纳言将军严尤、秩宗将军陈茂引兵欲据宛，刘縯与战于淯阳[3]下，大破之，遂围宛。先是，青、徐贼众虽数十万人，讫无文书[4]、号令、旌旗、部曲[5]；及汉兵起，皆称将军，攻城略地，移书称说[6]。莽闻之，始惧。

春陵戴侯曾孙玄在平林兵中，号更始将军。时汉兵已十余万，诸将议以兵多而无所统一，欲立刘氏以从人望。南阳豪杰及王常等皆欲立刘縯；而新市、平林将帅乐放纵，惮縯威明，贪玄懦弱，先共定策立之，然后召縯示其议。縯曰："诸将军幸欲尊立宗室，甚厚！然今赤眉起青、徐，众数十万，闻南阳立宗室[7]，恐赤眉复有所立，王莽未灭而宗室相攻，是疑天下[8]而自损权，非所以破莽也。春陵去宛三百里耳，遽自尊立，为天下准的[9]，使后人得承吾敝，非计之善者也。不如且称王以号令，王势亦足以斩诸将。若赤眉所立者贤，相率而往从之，必不夺吾爵位；若无所立，破莽，降赤眉，然后举尊号，亦未晚也。”诸将多曰：“善！”张卬拔剑击地曰：“疑事无功，今日之议，不得有二！”众皆从之。二月，辛巳朔，设坛场[10]于淯水[11]上沙中，玄即皇帝位，南面立，朝群臣；羞愧流汗，举手不能言。于是大赦，改元，以族父[12]良为国三老[13]，王匡为定国上公[14]，王凤为成国上公，朱鲔为大司马，刘縯为大司徒，陈牧为大司空，余皆九卿将军[15]。由是豪杰失望，多不服。

（以上为第一段，写绿林军拥立更始皇帝，表明起义军要消灭王莽，重建汉室。）

【注释】

[1]淮阳王：指刘玄。刘玄（？—25），字圣公，西汉宗室，光武帝刘秀的族兄。王莽地皇四年（23）二月，被绿林农民起义军拥立为帝，年号更始。当年六月都宛城，十月北都洛阳。次年二月，西都长安。更始三年（25）九月，赤眉军攻入长安，刘玄败降，被缢杀。刘秀于更始三年六月在河北称帝，九月闻赤眉军攻入长安，刘玄败，诏封刘玄为淮阳王，故史称淮阳王。 [2]甲子朔：正月一日。 [3]淯（yù）阳：又作育阳，县名，县治在今河南南阳市南。 [4]讫：始终。文书：公文。 [5]部曲：编制。 [6]移书称说：指到处张贴文告，数说王莽罪状。 [7]宗室：指西汉皇室之后。 [8]疑天下：使天下人疑惑而不知所从。 [9]准的：标准。 [10]坛场：古代设坛举行祭祀、即位、盟会、拜将等大典的场所。坛，高台；场，坛旁平地。 [11]淯水：河流名，即今白河。发源于河南伏牛山，东南流至方城县西，而后南流，经南阳市、新野县入湖北，会唐河后注入汉水。 [12]族父：同族伯叔父。 [13]国三老：官名，荣职，以年老望重者担任。 [14]匡为定国上公：以匡为上公；定国，尊美之号。 [15]九卿将军：卿职带将军名号，是受了王莽官制的影响。

王莽欲外示自安，乃染其须发，立杜陵史谌[1]女为皇后；置后宫，位号视公、卿、大夫、元士者凡百二十人[2]。

莽赦天下，诏：“王匡、哀章等讨青、徐盗贼，严尤、陈茂等讨前队丑虏[3]，明告以生活[4]、丹青[5]之信；复迷惑不解散，将遣大司空、隆新公将百万之师劋绝[6]之矣。”三月，王凤与太常偏将军刘秀等徇[7]昆阳[8]、定陵[9]、郾[10]，皆下之。

王莽闻严尤、陈茂败，乃遣司空王邑驰传[11]，与司徒王寻发兵平定山东；征诸明兵法六十三家以备军吏，以长人巨毋霸为垒尉[12]，又驱诸猛兽虎、豹、犀、象之属以助威武。邑至洛阳，州郡各选精兵，牧守自将，定会[13]者四十三万人，号百万；余在道者，旌旗、辎重，千里不绝。夏，五月，寻、邑南出颍川，与严尤、陈茂合。

诸将见寻、邑兵盛，皆反走，入昆阳，惶怖，忧念妻孥[14]，欲散归诸城[15]。刘秀曰："今兵谷既少而外寇强大，并力御之，功庶可立；如欲分散，势无俱全。且宛城未拔，不能相救；昆阳即拔，一日之间，诸部亦灭矣。今不同心胆，共举[16]功名，反欲守妻子财物邪！"诸将怒曰："刘将军何敢如是！"秀笑而起。会候骑还[17]，言："大兵且[18]至城北，军陈[19]数百里，不见其后。"诸将素轻秀，及迫急，乃相谓曰："更请刘将军计之。"秀复为图画[20]成败，诸将皆曰："诺。"时城中唯有八九千人，秀使王凤与廷尉[21]大将军王常守昆阳，夜与五威将军李轶等十三骑出城南门，于外收兵[22]。

时莽兵到城下者且十万，秀等几不得出。寻、邑纵兵围昆阳，严尤说邑曰："昆阳城小而坚，今假号[23]者在宛，亟[24]进大兵，彼必奔走；宛败，昆阳自服。"邑曰："吾昔围翟义[25]，坐不生得以见责让[26]，今将百万之众，遇城而不能下，非所以示威也。当先屠此城，蹀血而进[27]，前歌后舞，顾[28]不快邪！"遂围之数十重，列营百数，钲[29]鼓之声闻数十里，或为地道、冲輣撞城[30]；积弩[31]乱发，矢下如雨，城中负户而汲[32]。王凤等乞降，不许。寻、邑自以为功在漏刻[33]，不以军事为忧。严尤曰："《兵法》：'围城为之阙[34]'，宜使得逸出[35]以怖宛下。"邑又不听。

棘阳[36]守[37]长岑彭[38]与前队贰严说[39]共守宛城，汉兵攻之数月，城中人相食，乃举城降；更始入都之。诸将欲杀彭，刘縯曰："彭，郡之大吏，执心固守，是其节也。今举大事，当表[40]义士，不如封之。"更始乃封彭为归德侯。

刘秀至郾、定陵，悉发诸营兵；诸将贪惜财物，欲分兵守之。秀曰："今若破敌，珍宝万倍，大功可成；如为所败，首领无余[41]，何财物之有！"乃悉发之。六月，己卯朔，秀与诸营俱进，自将步骑千余为前锋，去大军四五里而陈；寻、邑亦遣兵数千合战，秀奔[42]之，斩首数十级。诸将喜曰："刘将军平生见小敌怯，今见大敌勇，甚可怪也！且复居前，请助将军！"秀复进，寻、邑兵却，诸部共乘[43]之，斩首数百、千级。连胜，遂前，诸将胆气益壮，无不一当百，秀乃与敢死者三千人从城西水[44]上冲其中坚[45]。寻、邑易之，自将万余人行陈[46]，敕诸营皆按部毋得动，独迎与汉兵战，不利，大军不敢擅相救；寻、邑陈乱，汉兵乘锐[47]崩[48]之，遂杀王寻。城中亦鼓噪[49]而出，中外合势，震呼动天地；莽兵大溃，走者相腾践[50]，伏尸百余里。会大雷、风，屋瓦皆飞，雨下如注，滍川[51]盛溢[52]，虎豹皆股战[53]，士卒赴水溺死者以万数，水为不流。王邑、严尤、陈茂轻骑乘死人渡水逃去，尽获其军实辎重，不可胜算，举之[54]连月不尽，或燔烧其余。士卒奔走，各还其郡，王邑独与所将长安勇敢数千人还洛阳，关中闻之震恐。于是海内豪杰翕然[55]响应，皆杀其牧守，自称将军，用汉年号以待诏命；旬月之间，遍于天下。

（以上为第二段，写昆阳大战，刘秀建功，王莽军溃败，形势急转，新朝的灭亡进入倒计时。）

【注释】

［1］史谌：以皇后父封和平侯，拜宁始将军。莽败，降刘玄，被杀。［2］"置后宫"二句：《汉书·王莽传》："备和嫔、美御、和人三，位视公；嫔人九，视卿；美人二十七，视大夫；御人八十一，视元士：凡百二十人。"［3］前队丑虏：指更始皇帝所在的南阳绿林军。前队，站在起义军前驱的位置。丑虏，指绿林军。［4］生活：指降者不杀。［5］丹青：红色和青色。丹青色艳而不易泯灭，故用以喻指始终不渝。［6］剿绝：杀绝。剿（jiǎo），同"勦"。［7］徇：攻取。指率军巡行其地，使人降服。［8］昆阳：县名，县治在今河南叶县。［9］定陵：县名，县治在今河南漯河市郾城区。［10］郾（yǎn）：县名，县治在今河南漯河市郾城区。［11］驰传：驾驿站车马急行。［12］垒尉：军官名，主管营垒之事。［13］定会：按照规定期限会合。［14］孥（nú）：儿女。［15］散归诸城：分别回到各自驻守的城池。［16］举：立。［17］会：适逢。候骑：巡逻侦察的骑兵。［18］且：将。［19］陈：同"阵"。［20］图画：谋划。［21］廷尉：官名，卿职，职掌刑狱司法。［22］收兵：招收士兵。［23］假号：指举兵起事者自立名号。［24］亟：急。［25］吾昔围翟义：翟义举兵讨莽，王邑以虎牙将军参加了镇压翟义的军事行动。事详卷二十六。［26］坐不生得以见责让：因没活捉翟义受到斥责。坐，因为。生得，活捉。见责让，被责备。

[27]蹀血而行：踏着血迹前进。蹀（dié）血，杀人流血。[28]顾：难道。[29]钲（zhēng）：打击乐器。有柄，形状像钟，而比钟狭长，铜制。行军时用以节止步伐。[30]冲：冲车，古代攻城用的战车。锄：锄车，车上设望楼作瞭望用，又称楼车。撞：冲击。[31]积弩：连射之弩。弩（nǔ），用机械发箭的弓。[32]负户而汲：背着门板取水。负户以挡箭矢。汲（jí），取水。[33]漏刻：本指古代计时器，即漏壶；这里用以言时间短暂，义犹"顷刻"。[34]阙：缺口。《孙子兵法·军争》："围师必阙。"[35]逸出：逃出。[36]棘阳：县名，县治在今河南南阳市南。[37]守：暂时代理县长。多指官阶低而代理较高的官职。[38]岑（cén）彭（？—35）：字君然，南阳郡棘阳县人。王莽时守棘阳长。初降刘玄，后归刘秀。刘秀称帝，以彭为廷尉，封舞阴侯。后率师入蜀伐公孙述。被述所遣刺客刺杀。传见《后汉书》卷十七。[39]前队贰严说：前锋副将严悦。贰，副职。说，通"悦"。[40]表：表彰。[41]首领无余：头颈都留不下。喻兵败将死。首，头。领，脖子。[42]奔：冲杀。[43]乘：追杀。[44]城西水：指昆水。昆水是颍水支流，由西向东流经昆阳城南。此言刘秀率敢死队从昆阳城西南北渡昆水攻击敌人的中坚部队。[45]中坚：古代主将所在的中军部队，是全军的主力。[46]行陈：巡视军阵。[47]锐：锋利，此指锐不可当之势。[48]崩：崩溃；使动用法，意谓摧毁。[49]鼓噪：击鼓呐喊。[50]腾践：奔驰践踏。[51]滍（zhì）川：河流名，颍水支流，由西向东流经昆阳城北。[52]盛溢：指河水盛大涨满，向外漫溢。[53]股战：大腿发抖。股，大腿。战，发抖。[54]举之：指搬运战利品。举，取。[55]翕然：形容一致的样子。

莽闻汉兵言莽鸩杀孝平皇帝，乃会公卿于王路堂，开所为平帝请命金滕之策，泣以示群臣。

刘秀复徇颍川，攻父城[1]不下，屯兵巾车乡[2]。颍川郡掾冯异监五县[3]，为汉兵所获。异曰："异有老母在父城，愿归，据五城以效功报德！"秀许之。异归，谓父城长苗萌曰："诸将多暴横，独刘将军所到不虏略，观其言语举止，非庸人也！"遂与萌率五县以降。

新市、平林诸将以刘縯兄弟威名益盛，阴劝更始除之。秀谓縯曰："事欲不善。"縯笑曰："常如是耳。"更始大会诸将，取縯宝剑视之；绣衣御史[4]申徒建[5]随献玉玦[6]；更始不敢发。縯舅樊宏[7]谓縯曰："建得无有范增之意[8]乎？"縯不应。李轶初与縯兄弟善，后更谄事新贵[9]；秀戒縯曰："此人不可复信！"縯不从。縯部将刘稷，勇冠三军，闻更始立，怒曰："本起兵图大事者，伯升兄弟也。今更始何为者邪！"更始以稷为抗威将军，稷不肯拜[10]；更始乃与诸将陈兵数千人，先收稷，将诛之；缜固争。李轶、朱鲔因劝更始并执缜，即日杀之；以族兄光禄勋赐[11]为大司徒。秀闻之，自父城驰诣宛谢。司徒官属迎吊[12]秀，秀不与交私语，惟深引过[13]而已，未尝自伐[14]昆阳之功；又不敢为缜服丧，饮食言笑如平常。更始以是惭，拜秀为破虏大将军，封武信侯。

道士[15]西门君惠[16]谓王莽卫将军王涉曰："谶文刘氏当复兴，国师公姓名是也。"涉遂与国师公刘秀、大司马董忠、司中[17]大赘[18]孙伋谋，以所部兵劫莽降汉，以全宗族。秋，七月，伋以其谋告莽，莽召忠诘责，因格杀[19]之，使虎贲以斩马剑[20]挫[21]忠，收其宗族，以醇醯[22]、毒药、白刃、丛棘并一坎而埋之；秀、涉皆自杀。莽以其骨肉旧臣[23]，恶其内溃，故隐其诛。莽以军师外破，大臣内畔，左右亡所信，不能复远念郡国，乃召王邑还，为大司马，以大长秋张邯为大司徒，崔发为大司空，司中寿容苗䜣为国师。莽忧懑[24]不能食，但饮酒，啖[25]鳆鱼[26]；读军书倦，因冯几寐[27]，不复就枕矣。

成纪[28]隗崔、隗义、上邽杨广、冀[29]人周宗[30]同起兵以应汉，攻平襄[31]，杀莽镇戎[32]大尹李育。崔兄子嚣，素有名，好经书，崔等共推为上将军；崔为白虎将军，义为左将军。嚣[33]遣使聘平陵方望[34]，以为军师。望说嚣立高庙于邑东[35]；己巳[36]，祠高祖、太宗、世宗[37]，嚣等皆称臣执事，杀马同盟[38]，以兴辅刘宗[39]；移檄郡国，数莽罪恶。勒兵十万，击杀雍州[40]牧陈庆、安定[41]大尹王向[42]。分遣诸将徇陇西、武都、金城、武威、张掖、酒泉、敦煌[43]，皆下之。

（以上为第三段，写昆阳之战后，敌对双方在新形势下均发生微妙变化。更始皇帝火并刘缜，为刘秀兴起留下伏笔。王莽内部分崩离析，再次发生宫廷未遂政变。新朝后院陇西反叛，王莽四面楚歌。）

【注释】

[1]父城：县名，县治在今河南平顶山市西北。 [2]巾车乡：父城县乡名，其地在县治南。[3]冯异（？—34）：字公孙，颍川郡父城县人。王莽时为颍川郡掾。降刘秀，随定河北。刘秀称帝后，进军河南，平定关中，战功卓著，封阳夏侯。传见《后汉书》卷十七。监：主管。 [4]绣衣御史：御史大夫属官，其职为逐捕盗贼，治理大狱。 [5]中徒建：即申屠建。更始帝命为西屏大将军，封平氏王。后遭疑忌，于更始三年被杀。 [6]玦（jué）：古时佩戴的玉器，环形，有缺

口。古人常借用其音（决）、形（断缺）将其作为表示决断、决绝的象征物。［7］樊宏（?—51）：字靡卿。刘秀称帝后，位特进，封寿张侯。传见《后汉书》卷三十二。［8］范增之意：范增为项羽谋臣，劝羽杀死刘邦，在鸿门宴上几次举所佩玉玦以示项羽。［9］新贵：指朱鲔等。［10］不肯拜：不肯拜受抗威将军的任命。［11］赐：刘赐（？—25），字子琴，刘秀族兄。更始时官至丞相，封宛王。刘秀称帝后，封安成侯，奉朝请。传见《后汉书》卷十四。［12］吊：慰问遭丧事者。［13］引过：承担过错。［14］伐：自我夸耀。［15］道士：方士。［16］西门君惠：方士名。精天文，好图谶，预言刘氏当复兴，谋立刘歆（后改名秀），事觉被杀。［17］司中：官名，王莽改光禄勋为司中。［18］大赘：官名，王莽新置，起初主管乘舆服饰等，后来有时也典领军队。［19］格杀：击杀。［20］斩马剑：汉宝剑名，其利可以斩马，所以称斩马剑。以其藏于尚方，后世俗称尚方宝剑。［21］挫（cuò）：砍剁。［22］醇醯（xī）：浓醋。［23］骨肉旧臣：王涉是莽叔王根之子，于莽为骨肉至亲。刘歆是王莽多年的追随者，于莽是亲幸旧臣。［24］忧懑（mèn）：愁闷。［25］啖（dàn）：吃。［26］鳆（fù）鱼：海鱼名，又叫鲍鱼、石决明。［27］因冯几寐：便靠在几案上而睡。因，就，便。冯，同“凭”。冯几，凭靠几案。寐，睡。［28］成纪：县名，县治在今甘肃秦安县北。［29］上邽（guī）：县名，县治在今甘肃天水市。冀：县名，县治在今甘肃天水市西北。［30］隗崔、隗义、杨广、周宗：刘玄称帝，四人于陇右起事响应，共推隗嚣为上将军，隗崔为白虎将军，隗义为左将军，杨广为右将军，周宗为云旗将军。更始二年，嚣等被招至长安，崔、义以“谋欲叛归”罪被杀。刘玄败，嚣占据陇右，以广、宗为大将军。建武八年（32），光武帝率师西征，广守西县，战死。十年，宗降汉。［31］平襄：县名，天水郡治所，县治在今甘肃通渭县西。［32］镇戎：莽改天水郡为镇戎。［33］嚣：隗嚣（？—33），字季孟，天水郡成纪县人。王莽末年，起兵陇右。初附刘玄，为御史大夫。刘玄败，属光武，为西州大将军。后叛汉归公孙述，为朔宁王。光武帝率师西征，嚣奔西县，恚愤而死。传见《后汉书》卷十三。［34］方望：右扶风平陵县（今陕西咸阳市西北）人。更始元年，隗嚣于陇右起兵，聘为军师。二年，因劝阻嚣等赴长安未成，辞嚣而去。三年，于临泾立前孺子刘婴为天子，望为丞相。刘玄派兵击破，婴、望被杀。［35］邑东：指平襄之东。［36］己巳：五月二十六日。［37］祠：祭祀。高祖：汉高祖刘邦。太宗：指汉文帝。世宗：指汉武帝。［38］杀马同盟：《后汉书·隗嚣传》：“嚣等皆称臣执事，史奉璧而告。祝毕，有司穿坎于庭，牵马操刀，奉盘错锓，遂割牲而盟。”［39］刘宗：西汉刘氏宗室。［40］雍州：州名。王莽改凉州为雍州。其地辖有今甘肃大部及青海东部、宁夏南部等地区。［41］安定：郡名，治所高平县，在今宁夏固原市。［42］王向：王谭之子，为莽堂弟。［43］“陇西”至“敦煌”：皆郡名。其治所，陇西郡在今甘肃临洮县，武都郡在今甘肃西和县西南，金城郡在今甘肃兰州市西，武威郡在今甘肃武威市，张掖郡在今甘肃张掖市西北，酒泉郡在今甘肃酒泉市，敦煌郡在今甘肃敦煌市西。

初，茂陵公孙述[1]为清水[2]长，有能名；迁导江卒正[3]，治临邛[4]。汉兵起，南阳宗成、商[5]人王岑起兵徇汉中以应汉，杀王莽庸部[6]牧宋遵，众合数万人。述遣使迎成等，成等至成都，虏掠暴横。述召郡中豪杰谓曰：“天下同苦新室，思刘氏久矣，故闻汉将军到，驰迎道路。今百姓无辜而妇子系获，此寇贼，非义兵也。”乃使人诈称汉使者，假[7]述辅汉将军、蜀郡太守兼益州牧印绶；选精兵西击[8]成等，杀之，并其众。

前钟武侯刘望起兵汝南，严尤、陈茂往归之；八月，望即皇帝位，以尤为大司马，茂为丞相。

王莽使太师王匡、国将哀章守洛阳。更始遣定国上公王匡攻洛阳，西屏大将军申屠建、丞相司直李松[9]攻武关，三辅震动。析[10]人邓晔[11]、于匡[12]起兵南乡[13]以应汉，攻武关都尉朱萌，萌降；进攻右队[14]大夫宋纲，杀之；西拔湖[15]。莽愈忧，不知所出。崔发言：“古者国有大灾，则哭以厌之。宜告天以求救！”莽乃率群臣至南郊，陈其符命本末，仰天大哭，气尽，伏而叩头。诸生、小民旦夕会哭，为设餐粥；甚悲哀者，除以为郎，郎至五千余人。

莽拜将军九人，皆以虎为号，将北军精兵数万人以东[16]，内[17]其妻子宫中以为质[18]。时省中黄金尚六十余万斤，他财物称是[19]，莽愈爱[20]之，赐九虎士人四千钱；众重怨，无斗意。九虎至华阴[21]回溪[22]，距隘自守。于匡、邓晔击之，六虎败走；二虎[23]诣阙归死，莽使使责死者安在，皆自杀；其四虎亡[24]。三虎[25]收散卒保渭口[26]京师仓。

邓晔开武关迎汉兵。李松将三千余人至湖，与晔等共攻京师仓，未下。晔以弘农掾王宪为校尉，将数百人北渡渭，入左冯翊界。李松遣偏将军韩臣等径西至新丰击莽波水将军，追奔至长门宫[27]。王宪北至频阳[28]，所过迎降。诸县大姓各起兵称汉将军，率众随宪。李松、邓晔引军至华阴，而长安旁兵四会城下；又闻天水隗氏方到，皆争欲入城，贪立大功、卤掠[29]之利。莽赦城中囚徒，皆授兵，杀豨[30]，饮其血，与誓曰：“有不为新室者，社鬼记之！”使更始将军史谌将之。渡渭桥[31]，皆散走，谌空还。众兵发掘莽妻、子、父、祖冢，烧其棺椁及九庙、明堂、辟雍，火照城中。

九月，戊申朔[32]，兵从宣平城门入。张邯逢兵见杀；王邑、王林[33]、王巡、䠠恽[34]等分将兵距击北阙下，会日暮，官府、邸第[35]尽奔亡。己酉[36]，城中少年朱弟、张鱼等恐见卤掠，趋讙并和[37]，烧作室门[38]，斧敬法闼[39]，呼曰："反虏王莽，何不出降！"火及掖庭[40]、承明[41]，黄皇室主所居。黄皇室主曰："何面目以见汉家！"自投火中而死。

莽避火宣室[42]前殿，火辄随之。莽绀袀服[43]，持虞帝匕首[44]；天文郎[45]按式[46]于前，莽旋席[47]随斗柄[48]而坐，曰："天生德于予，汉兵其如予何[49]！"庚戌[50]，旦明，郡臣扶掖莽自前殿之渐台[51]，公卿从官尚千余人随之。王邑昼夜战，罢[52]极，士死伤略尽；驰入宫，间关[53]至渐台，见其子侍中睦解衣冠欲逃，邑叱之，令还，父子共守莽。军人入殿中，闻莽在渐台，众共围之数百重。台上犹与相射，矢尽，短兵接；王邑父子、䠠恽、王巡战死，莽入室。下铺时[54]，众兵上台，苗䜣、唐尊、王盛等皆死。商人杜吴杀莽，校尉东海公宾就[55]斩莽首；军人分莽身，节解脔分[56]，争相杀者数十人；公宾就持莽首诣王宪。宪自称汉大将军，城中兵数十万皆属焉；舍[57]东宫，妻[58]莽后宫，乘其车服。癸丑[59]，李松、邓晔入长安，将军赵萌[60]、申屠建亦至；以王宪得玺绶不上，多挟宫女，建天子鼓旗，收斩之。传莽首诣宛，县于市；百姓共提击之，或切食其舌。

班固赞曰[61]：王莽始起外戚，折节[62]力行以要[63]名誉，及居位辅政，勤劳国家，直道而行[64]，岂所谓"色取仁而行违[65]"者邪！莽既不仁而有佞邪[66]之材，又乘四父[67]历世之权，遭汉中微，国统三绝[68]，而太后寿考[69]，为之宗主[70]，故得肆其奸慝[71]以成篡盗之祸。推是言之，亦天时，非人力之致矣！及其窃位南面，颠覆之势险于桀、纣，而莽晏然自以黄、虞复出也，乃始恣睢[72]，奋其威诈[73]，毒流诸夏，乱延蛮貉[74]，犹未足以逞其欲焉。是以四海之内，嚣然[75]丧其乐生之心，中外愤怨，远近俱发[76]，城池不守，支体分裂，遂令天下城邑为虚，害遍生民，自书传所载乱臣贼子，考其祸败，未有如莽之甚者也！昔秦燔《诗》《书》以立私议[77]，莽诵《六艺》以文奸言[78]，同归殊涂[79]，俱用[80]灭亡，皆圣王[81]之驱除[82]云尔。

（以上为第四段，写新朝的覆灭，王莽被砍头分尸而遗臭万年。）

【注释】

[1]公孙述（？—36）：字子阳，扶风茂陵县（今陕西兴平市东北）人。王莽末年，占据益州（今四川一带），称蜀王。建武元年（25）称帝，十二年为汉军所破，被杀。传见《后汉书》卷十三。 [2]清水：县名，县治在今甘肃清水县西北。 [3]导江卒正：《后汉书·公孙述传》李贤注："王莽改蜀郡曰导江，太守曰卒正。" [4]临邛（qióng）：蜀郡属县名，县治在今四川邛崃市。 [5]商：县名，县治在今陕西丹凤县。 [6]庸部：王莽改益州为庸部。 [7]假：授以代理官职。 [8]西击：《后汉书·公孙述传》："乃选精兵千余人，西击成等。比至成都，众数千人，遂攻成，大破之。成将垣副杀成，以其众降。"临邛在成都西南，自临邛攻成都，向东北出击，不当云"西击"。此盖《资治通鉴》袭用《后汉书》之文而致误。 [9]李松：李通从弟。刘玄时官至丞相，后为赤眉军俘虏。 [10]析：县名，县治在今河南西峡县。 [11]邓晔：刘玄时为执金吾、复汉将军。后降刘秀，仍为复汉将军。 [12]于匡：刘玄时为辅汉将军。后降刘秀，仍为辅汉将军。 [13]南乡：析县乡名，其地在县治南，东汉于此置县。 [14]右队：王莽改弘农郡为右队。 [15]湖：县名，县治在今河南灵宝市西北。 [16]以东：向东出发。 [17]内：同"纳"，进入，使动用法。 [18]质：人质。 [19]称（chèn）是：与此相当。 [20]爱：珍惜，吝啬。[21]华阴：县名，县治在今陕西华阴市东。 [22]回溪：即回溪坂，又名回坑，山谷名，在今河南洛宁县东北。 [23]二虎：史熊、王况。 [24]四虎：史佚姓名。亡：逃。 [25]三虎：郭钦、陈翚、成重。 [26]渭口：华阴市地名。 [27]长门宫：宫名。 [28]频阳：县名，县治在今陕西富平县东北。 [29]卤掠：抢夺人和物。卤，通"掳"。 [30]豨（xī）：猪。 [31]渭桥：长安附近渭水上的桥。有三座：一名中渭桥，又名横桥，在今陕西西安市北；二名东渭桥，在今西安市东北；三名西渭桥，又名便桥、便门桥，在今陕西咸阳市南。 [32]戊申朔：九月一日。 [33]王林：王舜之子。王莽时为侍中、卫将军，封同说侯。后降刘玄，被杀。 [34]萇（dì）恽：王莽时为中常侍，后随莽败死渐台。 [35]邸第：官僚贵族的府第。 [36]己酉：九月二日。 [37]趋讙并和：疾走而喧哗，互相以声应和。 [38]作室门：作室，指尚方所属的工作室，在未央宫西北。作室门，供工徒出入之门，为未央宫的便门。 [39]斧敬法闼：用斧砍敬法殿的小门。斧，作动词用，用斧砍。敬法，殿名。闼（tà），宫中小门。 [40]掖庭：宫中妃嫔居住的地方。 [41]承明：未央宫中的殿名。 [42]宣室：未央宫中的殿名。 [43]莽绀袀服：王莽穿上深青透红的衣服。绀（gàn），深青透红之色。袀（jūn）服，纯一色的服装。 [44]虞帝匕

首：舜时不可能制造金属匕首，大概是王莽时所造，而用舜的名义欺骗人。［45］天文郎：观察天象、推算时日的官吏。［46］式：通“拭”，古代占卜时日的器具，后来称为星盘。［47］旋席：转动座席。［48］斗柄：斗指北斗。北斗共七星，第一至第四星像斗，第五至第七星像柄。此指星盘上的斗柄。［49］天生德于予，汉兵其如予何：《论语·述而》论述孔子的话说：“天生德于予，桓魋其如予何？”莽引孔子之言以自况。［50］庚戌：九月三日。［51］渐台：据章校，有的版本“台”下有“欲阻池水”四字。［52］罢：通“疲”。［53］间关：谓道路崎岖难行。［54］下铺（bū）时：铺为申时，即今十五时至十七时，铺后谓之下铺，指今十八时前后。铺，通“晡”。［55］公宾就：复姓公宾，名就。［56］节解脔（luán）分：分解肢节，割裂肉体。［57］舍：留宿。［58］妻（qì）：以……为妻。［59］癸丑：九月六日。［60］赵萌：南阳郡棘阳县人。刘玄纳萌女为夫人，以萌为右大司马，委政于萌，萌专权。［61］班固赞曰：此为《汉书·王莽传》末的“赞”语。［62］折节：屈己下人。［63］要：通“缴”，求取。［64］直道而行：按照正道行事。［65］色取仁而行违：表面上爱好仁德，实际行为却违背仁德。语出《论语·颜渊》。［66］佞邪：奸佞。［67］四父：指相继秉政的王凤、王音、王商、王根。［68］国统三绝：指成帝、哀帝、平帝三世绝嗣。［69］寿考：长寿。［70］宗主：依恃的代表人物。［71］肆其奸慝：大行其奸恶。肆，放纵。奸慝（tè），邪恶。［72］恣睢（suī）：放纵暴戾。［73］奋其威诈：施展他的威势和奸诈。［74］乱延蛮貉：祸乱延及周边民族。延，达到，及于。蛮貉（mò），泛指少数民族。［75］嚣然：忧愁的样子。［76］发：奋起，此指起兵反莽。［77］立私议：确立自己一家的主张。［78］文奸言：粉饰谬论。［79］同归殊涂：为了同样的目标，却采用了不同的做法。涂，通“途”。［80］用：以，因。［81］圣王：指建立西汉的刘邦与建立东汉的刘秀。［82］驱除：排除。此谓为圣王之起排除障碍。

定国上公王匡拔洛阳，生缚莽太师王匡、哀章，皆斩之。冬，十月，奋威大将军刘信[1]击杀刘望于汝南，并诛严尤、陈茂，郡县皆降。

更始将都洛阳，以刘秀行司隶校尉，使前[2]整修宫府。秀乃置僚属，作文移[3]，从事[4]司察[5]，一如旧章。时三辅吏士东迎更始，见诸将过，皆冠帻[6]而服妇人衣，莫不笑之；及见司隶僚属，皆欢喜不自胜，老吏或垂涕曰：“不图今日复见汉官威仪！”由是识者皆属心焉。

更始北都洛阳，分遣使者徇郡国，曰：“先降者复爵位！”使者至上谷，上谷太守扶风耿况[7]迎，上印绶；使者纳之，一宿，无还意。功曹[8]寇恂[9]勒兵入见使者，请之，使者不与，曰：“天王使者，功曹欲胁之邪！”恂曰：“非敢胁使君，窃伤[10]计之不详也。今天下初定，使君建节[11]衔命[12]，郡国莫不延颈[13]倾耳；今始至上谷而先堕[14]大信，将复何以号令他郡乎！”使者不应。恂叱左右以使者命召况；况至，恂进取印绶带[15]况。使者不得已，乃承制诏之，况受而归。

宛人彭宠[16]、吴汉[17]亡命在渔阳，乡人韩鸿为更始使，徇北州[18]，承制拜宠偏将军，行渔阳太守事，以汉为安乐[19]令。

更始遣使降[20]赤眉。樊崇等闻汉室复兴，即留其兵，将渠帅二十余人随使者至洛阳，更始皆封为列侯。崇等既未有国邑，而留众稍有离叛者，乃复亡归其营。

王莽庐江[21]连率颍川李宪[22]据郡自守，称淮南王。

故梁王立之子永[23]诣洛阳；更始封为梁王，都睢阳[24]。

更始欲令亲近大将徇河北，大司徒赐言：“诸家子[25]独有文叔可用。”朱鲔等以为不可，更始狐疑，赐深劝之；更始乃以刘秀行大司马事，持节北渡河，镇慰州郡。

以大司徒赐为丞相，令先入关修宗庙、宫室。

大司马秀至河北，所过郡县，考察官吏，黜陟能否[26]，平遣[27]囚徒，除王莽苛政，复汉官名；吏民喜悦，争持牛酒迎劳，秀皆不受。

南阳邓禹[28]杖策[29]追秀，及于邺[30]。秀曰：“我得专封拜[31]，生远来，宁[32]欲仕乎？”禹曰：“不愿也。”秀曰：“即如是，何欲为？”禹曰：“但愿明公[33]威德加于四海，禹得效其尺寸，垂功名于竹帛[34]耳！”秀笑，因留宿间语[35]；禹进说曰：“今山东未安，赤眉、青犊[36]之属动以万数。更始既是常才而不自听断，诸将皆庸人屈起[37]，志在财币，争用威力，朝夕自快而已，非有忠良明智、深虑远图，欲尊主安民者也。历观往古圣人之兴，二科而已，天时与人事也。今以天时观之，更始既立而灾变方兴；以人事观之，帝王大业非凡夫所任，分崩离析，形势可见。明公虽建藩辅[38]之功，犹恐无所成立[39]也。况明公素有盛德大功，为天下所向服，军政齐肃，赏罚明信。为今之计，莫如延揽[40]英雄，务悦民心，立高祖之业，救万民之命，以公而虑，天下不足[41]定也！”秀大悦，因令禹宿止于中，与定计议；每任使诸将，多访于禹，皆当其才。

秀自兄縯之死，每独居辄不御[42]酒肉，枕席有涕泣处，主簿[43]冯异独叩头宽譬[44]；秀止之曰："卿勿妄言！"异因进说曰："更始政乱，百姓无所依戴。夫[45]人久饥渴，易为充饱。今公专命方面[46]，宜分遣官属徇行郡县，宣布惠泽。"秀纳之。

骑都尉宋子耿纯[47]谒秀于邯郸，退，见官属将兵法度不与他将同，遂自结纳[48]。

故赵缪王子林[49]说秀决列人[50]河水[51]以灌赤眉，秀不从；去之真定[52]。林素任侠[53]于赵、魏间，王莽时，长安中有自称成帝子子舆者，莽杀之。邯郸卜者王郎[54]缘是诈称[55]真子舆，云"母故成帝讴者[56]，尝见黄气从上下，遂任身[57]；赵后[58]欲害之，伪易他人子，以故得全。"林等信之，与赵国大豪李育、张参等谋共立郎。会民间传赤眉将渡河，林等因此宣言"赤眉当立刘子舆"，以观众心，百姓多信之。十二月，林等率车骑数百晨入邯郸城，止于王宫，立郎为天子；分遣将帅徇下幽、冀，移檄州郡，赵国以北、辽东以西皆望风响应[59]。

（以上为第五段，写更始皇帝刘玄迁都洛阳，分派使者巡行全国劝降，多不奉命。刘秀持节安抚河北，豪杰之士邓禹、耿纯等多从之。）

【注释】

[1]刘信：刘显之子。初随刘縯起兵反莽。刘玄命为奋威大将军，封汝阴王。[2]前：前去。[3]文移：文书，公文。[4]从事：司隶校尉属官名，职掌督促文书，察举非法。[5]司察：督察。[6]帻（zé）：古代包扎发髻的巾。[7]耿况（?—36）：字侠游，扶风茂陵县人。王莽时为上谷郡太守。后归刘秀，加大将军，封隃麋侯。[8]功曹：官名，汉代郡守属官有功曹史，简称功曹，除掌人事外，得以参与一郡政务。[9]寇恂（？—36）：字子翼，上谷郡昌平县（今北京市昌平区东南）人。历任河内、颍川、汝南太守及执金吾，封雍奴侯。传见《后汉书》卷十六。[10]伤：忧思。[11]建节：执持符节。古代使臣受命，建节以为凭信。[12]衔命：接受使命。[13]延颈：伸长脖子。[14]堕：败坏。[15]带：佩带。[16]彭宠（？—29）：字伯通，南阳郡宛县人。归刘玄，行渔阳太守事。刘秀至蓟，封建忠侯，赐号大将军。后反，自立燕王，为其奴所杀。传见《后汉书》卷十二。[17]吴汉（？—44）：字子颜，南阳郡宛县人。官至大司马，封广平侯。传见《后汉书》卷十八。[18]北州：北方之州，指幽州、并州等。[19]安乐：县名，县治在今北京市顺义区西北。[20]降：劝降。[21]庐江：郡名，治所在今安徽庐江县西南。[22]李宪（?—30）：颍川郡许县（今河南许昌市东）人。王莽时为庐江连率。莽败，据郡自守，

始称淮南王，继而自立为天子。后为部下所杀。传见《后汉书》卷十二。［23］永：刘永（？—27），故梁王刘立之子。刘玄以永绍封梁王，都睢阳。刘玄败，永自称天子。后为光武军击败，被部将所杀。传见《后汉书》卷十二。［24］睢阳：县名，县治在今河南商丘市南。［25］诸家子：指南阳刘姓同族子弟。［26］黜陟能否：有才能的人升官，无能的降职。降官为黜，升官为陟。［27］平遣：平反遣归。［28］邓禹（2—58）：字仲华，南阳郡新野县人，早年受业长安，后赴河北从刘秀。刘秀称帝后，官至大司徒，封高密侯。传见《后汉书》卷十六。［29］杖策：手执马鞭，意指策马而行。［30］鄴：县名，县治在今河北临漳县西南。［31］专封拜：擅自行事，赐爵授官。［32］宁：难道。［33］明公：旧时对有名位者的尊称。［34］竹帛：指史册。［35］间（jiàn）语：私语。［36］青犊：一支农民军的名号。［37］屈起：崛起。屈，通“崛”。［38］藩辅：屏卫佐助。［39］成立：成就。［40］延揽：招致收揽。［41］不足：不难。［42］御：食用。［43］主簿：官名，职掌文书，办理事务。［44］宽譬：宽慰劝解。［45］夫：句首语气助词。［46］专命：不奉上命而自由行事。方面：四方的一面，一个地区。［47］耿纯（？—37）：字伯山，巨鹿郡宋子县（今河北赵县东北）人。先归刘玄，为骑都尉。后归刘秀，为前将军、东郡太守等，封东光侯。传见《后汉书》卷二十一。［48］结纳：结交。［49］赵缪（miù）王子林：赵缪王，汉景帝七世孙，名元。其子刘林。［50］列人：县名，县治在今河北邯郸市肥乡区东北。［51］河水：漳水自西南入县境，经县南，东北流。当时，赤眉军在河东，故刘林进此策。［52］去之真定：刘秀离开列人县，到了真定县。去，离开。之，往。［53］任侠：仗义行侠。相与信为任，同是非为侠。［54］王郎（？—24）：一名王昌，赵国邯郸县人。诈称是汉成帝子刘子舆，在邯郸自称天子。后被刘秀击败，被杀。传见《后汉书》卷十二。［55］缘是诈称：借此谎称。缘是，借王莽杀刘子舆事件。［56］讴（ōu）者：歌唱的女子。［57］任身：怀孕。任，通“妊”，妊娠。［58］赵后：指成帝皇后赵飞燕。［59］望风响应：听到风声，依据情势，就起来响应。

二年（甲申，24年）

春，正月，大司马秀以王郎新盛，乃北徇蓟[1]。

申屠建、李松自长安迎更始迁都；二月，更始发洛阳。初，三辅豪杰假号诛莽者，人人皆望封侯；申屠建既斩王宪，又扬言“三辅儿大黠，共杀其主。”吏民惶恐，属县屯聚；建等不能下。更始至长安，乃下诏大赦，非王莽子，他皆除其罪，于是三辅悉平。

时长安唯未央宫被焚，其余宫室、供帐、仓库、官府皆按堵[2]如故，市里不改于旧。更始居长乐宫，升前殿，郎吏以次列庭中；更始羞怍[3]，俯首刮席[4]，不敢视。诸将后至者，更始问：“虏掠得几何？”左右侍官皆宫省[5]久吏，惊愕相视。

李松与棘阳赵萌说更始宜悉王[6]诸功臣；朱鲔争之，以为高祖约，非刘氏不王[7]。更始乃先封诸宗室：祉[8]为定陶王，庆[9]为燕王，歙[10]为元氏王，嘉[11]为汉中王四，赐为宛王，信为汝阴王；然后立王匡为泚阳王，王凤为宜城王，朱鲔为胶东王，王常为邓王，申屠建为平氏王，陈牧为阴平王，卫尉大将军张卬为淮阳王，执金吾大将军廖湛为穰王，尚书胡殷为随王，柱天大将军李通为西平王，五威中郎将李轶为舞阴王，水衡大将军成丹为襄邑王，骠骑大将军宗佻[12]为颍阴王，尹尊[13]为郾王。唯朱鲔辞不受；乃以鲔为左大司马，宛王赐为前大司马，使与李轶等镇抚关东。又使李通镇荆州，王常行南阳太守事。以李松为丞相，赵萌为右大司马，共秉内任[14]。

更始纳[15]赵萌女为夫人，故委政[16]于萌，日夜饮燕[17]后庭；群臣欲言事，辄醉不能见；时[18]不得已，乃令侍中坐帷中与语。韩夫人尤嗜酒，每侍饮[19]，见常侍[20]奏事，辄怒曰："帝方对我饮，正用此时持事来邪！"起，抵破书案[21]。赵萌专权，生杀自恣[22]。郎吏有说萌放纵者，更始怒，拔剑斩之，自是无敢复言。以至群小、膳夫[23]皆滥授官爵，长安为之语曰："灶下养，中郎将。烂羊胃，骑都尉。烂羊头，关内侯。"[24]军师将军李淑上书谏曰："陛下定业，虽因下江、平林之势，斯盖临时济用[25]，不可施之既安[26]。唯名与器[27]，圣人所重[28]；今加非其人，望其裨益万分，犹缘木求鱼，升山采珠[29]。海内望此，有以窥度[30]汉祚！"更始怒，囚之。诸将在外者皆专行诛赏，各置牧守；州郡交错，不知所从。由是关中离心，四海怨叛。

更始征隗嚣及其叔父崔、义等。嚣将行，方望以更始成败未可知，固止之；嚣不听，望以书辞谢而去。嚣等至长安，更始以嚣为右将军，崔、义皆即旧号。

（以上为第六段，写更始皇帝入都关中，荒怠政事，官民离心。）

【注释】

[1]蓟：县名。县治在今北京市西南。[2]按堵：安定。[3]羞怍（zuò）：羞愧。[4]俯首刮席：此言羞惭不敢仰视，两手不知所措而摩擦座席。刮，摩，擦。[5]宫省（shěng）：皇

宫。［6］王：作动词用，封王。［7］高祖约，非刘氏不王：《史记·吕太后本纪》："高帝刑白马盟曰：'非刘氏而王，天下共击之。'"［8］祉（zhǐ）：刘祉（前7—35），字巨伯，光武帝族兄，刘敞之子。传见《后汉书》卷十四。［9］庆：刘庆，刘敞的弟弟。赤眉军攻入关中，庆为乱兵所杀。［10］歙（xī）：刘歙（？—34），字经孙，光武帝族父。传见《后汉书》卷十四。［11］嘉：刘嘉（？—39），字孝孙，光武帝族兄。传见《后汉书》卷十四。［12］宗佻：一作"宋佻"。［13］尹尊：一作"尹遵"。建武二年，降刘秀。［14］内任：指朝廷中的重任与要职。［15］纳：取。［16］委政：付以政柄。［17］燕：通"宴"。［18］时：有时。［19］侍饮：陪侍尊长宴饮。［20］常侍：即中常侍，官名，皇帝的侍从近臣。［21］抵破书案：击破书案。［22］生杀自恣：指随心所欲决定人的生与死。［23］膳夫：官名，职掌宫廷的饮食。［24］"语曰"等句：此语意谓在伙房担任炊事工作的人授官中郎将，能煮烂羊胃的人授官骑都尉，能煮烂羊头的人赐爵关内侯。养，担任炊事工作的人。［25］济用：有助于使用。［26］不可施之既安：指不可在安定以后滥封官职。［27］名与器：名，名号。器，器物。此指能够表明贵贱尊卑等级的各种礼仪制度和器物。［28］圣人所重：《左传》鲁成公二年记载孔子的话说："唯器与名，不可以假人，君之所司也。"［29］缘木求鱼，升山采珠：鱼生活于水中却到树上去寻求，珠生成于水产动物蚌蚌壳内却到山上去采集。此喻求非其所，终无所得。［30］窥度：暗中窥测、图谋。

耿况遣其子弇奉奏诣长安[1]，弇时年二十一。行至宋子，会王郎起，弇从吏孙仓、卫包曰："刘子舆，成帝正统；舍此不归，远行安之！"弇按剑曰："子舆弊贼，卒为降虏耳！我至长安，与国家陈[2]上谷、渔阳兵马，归发突骑[3]，以辚[4]乌合之众，如摧枯折腐耳。观公等不识去就[5]，族灭不久也！"仓、包遂亡，降王郎。

弇闻大司马秀在卢奴[6]，乃驰北上谒；秀留署[7]长史[8]，与俱北至蓟。王郎移檄购秀十万户[9]，秀令功曹令史[10]颍川王霸[11]至市中募人击王郎，市人皆大笑，举手邪揄[12]之，霸惭愧[13]而反。秀将南归，耿弇曰："今兵从南方来，不可南行。渔阳太守彭宠，公之邑人；上谷太守，即弇父也。发此两郡控弦[14]万骑，邯郸不足虑也。"秀官属腹心皆不肯，曰："死尚南首[15]，奈何北行入囊中[16]！"秀指弇曰："是我北道主人也。"

会故广阳王[17]子接[18]起兵蓟中以应郎，城内扰乱，言邯郸使者方到，二千石以下皆出迎。于是秀趣[19]驾而出，至南城门，门已闭；攻之，得出，遂晨夜[20]南驰，不敢入城邑，舍食[21]道傍。至芜蒌亭[22]，时天寒烈，冯异上豆粥。至饶阳[23]，官属皆乏食。秀乃自称邯郸使者，入传舍，传吏方进食，从者饥，争夺之。传吏疑其伪，乃椎鼓数十通，绐言[24]“邯郸将军至”；官属皆失色。秀升车欲驰，既而惧不免，徐还坐，曰：“请邯郸将军入。”久，乃驾去。晨夜兼行，蒙犯[25]霜雪，面皆破裂。

至下曲阳[26]，传闻王郎兵在后，从者皆恐。至滹沱河[27]，候吏[28]还白[29]：“河水流澌[30]，无船，不可济。”秀使王霸往视之。霸恐惊众，欲且[31]前，阻水还[32]，即诡曰：“冰坚可渡。”官属皆喜。秀笑曰：“候吏果妄语也！”遂前。比[33]至河，河冰亦合，乃令王霸护渡，未毕数骑而冰解。至南宫[34]，遇大风雨，秀引车入道傍空舍，冯异抱薪，邓禹热火，秀对灶燎[35]衣，冯异复进麦饭。

进至下博[36]城西，惶惑不知所之。有白衣老父在道旁，指曰：“努力！信都郡[37]为长安[38]城守[39]，去此八十里。”秀即驰赴之。是时郡国皆已降王郎，独信都太守南阳任光[40]、和戎[41]太守信都邳彤[42]不肯从。光自以孤城独守，恐不能全，闻秀至，大喜；吏民皆称万岁[43]。邳彤亦自和戎来会，议者多言可因信都兵自送，西还长安。邳彤曰：“吏民歌吟思汉久矣，故更始举尊号而天下响应，三辅清宫除道以迎之。今卜者王郎，假名因势，驱集乌合之众，遂振[44]燕、赵之地，无有根本之固。明公奋二郡[45]之兵以讨之，何患不克！今释此而归，岂徒空失河北，必更惊动三辅，堕损威重，非计之得者也。若明公无复征伐之意，则虽信都之兵，犹难会也。何者？明公既西，则邯郸势成，民不肯捐[46]父母、背成主[47]而千里送公，其离散亡逃可必[48]也！”秀乃止。

秀以二郡兵弱，欲入城头子路[49]、力子都[50]军中；任光以为不可。乃发傍县，得精兵四千人，拜任光为左大将军，信都都尉李忠[51]为右大将军，邳彤为后大将军，和戎太守如故，信都令万修[52]为偏将军，皆封列侯。留南阳宗广领信都太守事；使任光、李忠、万修将兵以从；邳彤将兵居前，任光乃多作檄文曰：“大司马刘公将城头子路、力子都兵百万众从东方来，击诸反虏！”遣骑驰至巨鹿界中。吏民得檄，传[53]相告语。秀投暮[54]入堂阳[55]界，多张骑火[56]，弥满泽中，堂阳即降；又击贯县[57]，降之。城头子路者，东平爰曾也，寇掠河、济间，有众二十余万，力子都有众六七万，故秀欲依之。昌城人刘植[58]聚兵数千人据昌城，迎秀；秀以植为骁骑将军。耿纯率宗族宾客二千余人，老病者皆载木[59]自随，迎秀于育[60]；拜纯为前将军。进攻下曲阳，降之。众稍合，至数万人，复北击中山[61]。耿纯恐宗家怀异心，乃使从弟䜣[62]宿[63]归，烧庐舍以绝其反顾之望。

秀进拔卢奴，所过发奔命兵，移檄边郡共击邯郸；郡县还复响应。时真定王杨[64]起兵附王郎，众十余万，秀遣刘植说杨，杨乃降。秀因留真定，纳杨甥郭氏[65]为夫人以结之。进击元氏[66]、防子[67]，皆下之。至鄗[68]，击斩王郎将李恽；至柏人[69]，复破郎将李育[70]。育还保城；攻之，不下。

南郑人延岑[71]起兵据汉中；汉中王嘉击降之，有众数十万。校尉南阳贾复[72]见更始政乱，乃说嘉曰："今天下未定，而大王安守所保，所保得无不可保乎？"嘉曰："卿言大，非吾任也。大司马在河北，必能相用。"乃为书荐复及长史南阳陈俊[73]于刘秀。复等见秀于柏人，秀以复为破虏将军，俊为安集掾[74]。

秀舍中儿犯法，军市令[75]颍川祭遵[76]格杀[77]之，秀怒，命收遵。主簿陈副谏曰："明公常欲众军整齐，今遵奉法不避，是教令所行也。"乃贯[78]之，以为刺奸将军[79]，谓诸将曰："当备祭遵！吾舍中儿犯法尚杀之，必不私诸卿也。"

初，王莽既杀鲍宣，上党[80]都尉路平欲杀其子永[81]；太守苟谏保护之，永由是得全。更始征永为尚书仆射，行大将军事，将兵安集河东[82]、并州，得自置偏裨[83]。永至河东，击青犊，大破之。以冯衍为立汉将军，屯太原，与上党太守田邑[84]等缮[85]甲养士以捍卫并土[86]。

或说大司马秀以守柏人不如定巨鹿，秀乃引兵东北拔广阿[87]。秀披[88]舆地图[89]，指示邓禹曰："天下郡国如是，今始乃得其一；子前言以吾虑天下不足定，何也？"禹曰："方今海内淆乱[90]，人思明君，犹赤子之慕慈母。古之兴者在德薄厚，不以大小也！"

蓟中之乱，耿弇与刘秀相失，北走昌平[91]，就其父况，因说况击邯郸。时王郎遣将徇渔阳、上谷，急发其兵，北州疑惑，多欲从之。上谷功曹寇恂、门下掾[92]闵业[93]说况曰："邯郸拔起[94]，难可信向[95]。大司马，刘伯升母弟[96]，尊贤下士，可以归之。"况曰："邯郸方盛，力不能独拒，如何？"对曰："今上谷完实，控弦万骑，可以详[97]择去就。恂请东约渔阳，齐心合众，邯郸不足图也！"况然之，遣恂东约彭宠，欲各发突骑二千匹、步兵千人诣大司马秀。

安乐令吴汉、护军[98]盖延[99]、狐奴[100]令王梁[101]亦劝宠从秀，宠以为然；而官属皆欲附王郎，宠不能夺[102]。汉出止外亭，遇一儒生，召而食之，问以所闻。生言："大司马刘公，所过为郡县所称；邯郸举尊号者，实非刘氏。"汉大喜，即诈为秀书，移檄渔阳，使生赍[103]以诣宠，令具以所闻说之。会寇恂至，宠乃发步骑三千人，以吴汉行长史，与盖延、王梁将之，南攻蓟，杀王郎大将赵闳。

寇恂还，遂与上谷长史景丹[104]及耿弇将兵俱南，与渔阳军合，所过击斩王郎大将、九卿、校尉以下，凡斩首三万级，定涿郡[105]、中山、巨鹿、清河[106]、河间[107]凡二十二县。前及广阿，闻城中车骑甚众，丹等勒兵问曰："此何兵？"曰："大司马刘公也。"诸将喜，即进至城下。城下初传言二郡兵为邯郸来，众皆恐。刘秀自登西城楼勒兵问之；耿弇拜于城下，即召入。具言发兵状。秀乃悉召景丹等入，笑曰："邯郸将帅数言我发渔阳、上谷兵，吾聊应言'我亦发之'，何意[108]二郡良[109]为吾来！方[110]与士大夫共此功名耳。"乃以景丹、寇恂、耿弇、盖延、吴汉、王梁皆为偏将军，使还领其兵，加耿况、彭宠大将军；封况、宠、丹、延皆为列侯。

吴汉为人，质厚[111]少文[112]，造次[113]不能以辞自达，然沉厚[114]有智略，邓禹数荐之于秀，秀渐亲重之。

更始遣尚书令[115]谢躬[116]率六将军讨王郎，不能下；秀至，与之合军，东围巨鹿，月余未下。王郎遣将攻信都，大姓马宠等开门内之。更始遣兵攻破信都，秀使李忠还，行太守事。王郎遣将倪宏、刘奉率数万人救巨鹿，秀逆战[117]于南䜌[118]，不利。景丹等纵突骑击之，宏等大败。秀曰："吾闻突骑天下精兵，今见其战，乐可言邪！"

耿纯言于秀曰："久守巨鹿，士众疲弊；不如及大兵精锐，进攻邯郸，若王郎已诛，巨鹿不战自服矣。"秀从之。夏，四月，留将军邓满守巨鹿；进军邯郸，连战，破之，郎乃使其谏大夫杜威请降。威雅称[119]郎实成帝遗体[120]，秀曰："设使成帝复生，天下不可得，况诈子舆者乎！"威请求万户侯，秀曰："顾[121]得全身可矣！"威怒而去。秀急攻之，二十余日；五月，甲辰[122]，郎少傅李立开门内汉兵，遂拔邯郸。郎夜亡走，王霸追斩之。秀收郎文书，得吏民与郎交关[123]谤毁者数千章[124]；秀不省[125]，会诸将军烧之，曰："令反侧子[126]自安！"

（以上为第七段，写刘秀历经艰险，平定王郎。）

【注释】

[1]弇（yǎn）：耿弇（3—58），字伯昭，扶风茂陵县人。耿况之子。刘秀称帝，为建威大将军，封好畤侯。传见《后汉书》卷十九。奉奏：手持奏章。[2]陈：陈述、陈奏。[3]突骑：能冲击军阵的精锐骑兵。[4]辚（lìn）：车轮碾压，此指践踏。[5]不识去就：不懂择主，不知投靠明主。去就，取舍。[6]卢奴：县名，县治在今河北定州市。[7]署：暂时担任。[8]长史：官名，协助长官处理官署事务。[9]购秀十万户：杀死或抓到刘秀者，赏给十万户的封地。[10]功曹令史：大司马府属官名。[11]王霸（？—59）：字元伯，颍川郡颍阳县（今河南许昌市西南）人。历任讨虏将军、上谷太守等，封淮陵侯。传见《后汉书》卷二十。[12]邪（yē）揄（yū）：嘲笑，戏弄。[13]惭懅（jù）：羞愧。[14]控弦：指持弓善射的士兵。[15]南首：头朝南。[16]北行入囊中：渔阳、上谷二郡之北即为边塞，北行至此则道路穷尽，犹如进入布袋中，故以为喻。[17]广阳王：名刘嘉，汉武帝五世孙。[18]接：广阳王之子刘接。[19]趣：急忙。[20]晨夜：日夜。[21]舍食：住吃。[22]芜蒌亭：亭名，属饶阳县，处于县治北，其址在今河北肃宁县南。[23]饶阳：县名，县治在今河北饶阳县东北。[24]绐言：诈言，谎称。绐（dài），欺骗。[25]蒙犯：冒着。[26]下曲阳：县名，县治在今河北晋州市。[27]滹（hū）沱河：河流名，源出山西繁畤县东之泰戏山，穿太行山东流入河北平原。在献县与滏阳河汇合后称子牙河。至天津市，会北运河入海。滹沱河于下曲阳北自西向东流。[28]候吏：负责整治道路、稽查奸盗及迎送宾客的官员。[29]白：报告。[30]澌（sī）：同"凘"，解冻时流动的冰块。[31]且：通"徂"，往。[32]阻水还：被河水所阻而回。[33]比：等到。[34]南宫：县名，县治在今河北南宫市西北。[35]燎：烘烤。[36]下博：县名，县治在今河北深州市东南。[37]信都郡：郡名，治所信都县，在今河北衡水市冀州区。[38]长安：指刘玄政权。[39]城守：据城固守。[40]任光（？—29）：字伯卿，南阳郡宛县人。归刘秀，为左大将军，太守如故，封阿陵侯。传见《后汉书》卷二十一。[41]和戎：郡名，治所在下曲阳。《后汉书·邳

彤传》作“和成”。［42］邳彤（róng）:《后汉书》作“邳彤”。字伟君，信都人。归刘秀，为后大将军，太守如故，封灵寿侯。传见《后汉书》卷二十一。［43］万岁：喜悦欢呼之词。［44］振：收取。［45］二郡：指信都、和戎二郡。［46］捐：抛弃。［47］成主：已确立的君主，此指王郎。［48］必：断定。［49］城头子路：一支农民军的领袖，姓爰，名曾，字子路，起兵卢县（今山东济南市长清区）城头，号称城头子路。活动于今河北、山东两省的黄河、济水流域，发展到二十余万人。刘玄称帝，命曾为东莱太守，行大将军事，不久为部将所杀。［50］力子都：即刀子都，又作刁子都。［51］李忠（？—43）：字仲都，东莱郡黄县（今山东龙口市）人。归刘秀，为右大将军、五官中郎将、丹阳太守等，封中水侯。传见《后汉书》卷二十一。［52］万修（？—26）：字君游，扶风茂陵县人。归刘秀，为偏将军、右将军等，封槐里侯。传见《后汉书》卷二十一。［53］传：通“转”，辗转。［54］投暮：傍晚。［55］堂阳：县名，县治在今河北新河县西北。［56］多张骑火：布疑兵。《后汉书·任光传》：“使骑各持炬火，弥满泽中，光炎烛天地。举城莫不震惊惶怖，其夜即降。”［57］贳（shì）县：县名，县治在今河北辛集市。［58］刘植（？—26）：字伯先，巨鹿郡昌城县（今河北唐山市丰南区）人。归刘秀，为骁骑将军，封昌城侯。传见《后汉书》卷二十一。［59］木：棺材。［60］育：《后汉书·耿纯传》李贤注：“育，县名，故城在冀州。”检两《汉书》之《地理志》，无育县；两《汉书》以育为地名者，仅《耿纯传》一见。胡注认为，“育”盖“贳”字之误。贳县故治，在今河北辛集市。［61］中山：王国名，治所在今河北定州市。［62］䜣：耿䜣（？—26），随堂兄耿纯归刘秀，为偏将军、赤眉将军等，封著武侯。后随邓禹西征，战死。［63］宿：耿宿，随堂兄耿纯归刘秀，为偏将军，后官至代郡太守，封遂乡侯。［64］杨：刘杨（？—26），汉景帝七世孙。后图谋自立，被杀。［65］郭氏：郭昌女郭圣通。建武二年（26）立为皇后。传见《后汉书》卷十上《皇后纪》。［66］元氏：县名，县治在今河北元氏县西北。［67］防子：即房子，县名，县治在今河北高邑县西南。［68］鄗（hào）：县名，县治在今河北高邑县东南。［69］柏人：县名，县治在今河北内丘县东北。［70］李育：王郎的大司马。［71］延岑（cén）（？—36）：字叔牙，南阳郡筑阳县（今湖北谷城县东北）人。初起兵南郑，占据汉中。后降汉中王刘嘉。建武二年（26），击走刘嘉，在汉中自称武安王。后降公孙述，为大司马，封汝宁王。汉军攻破成都，被杀。［72］贾复（？—55）：字君文，南阳郡冠军县（今河南邓州市）人。初从汉中王刘嘉，为校尉。后归刘秀，官至左将军，封胶东侯。传见《后汉书》卷十七。［73］陈俊（？—47）：字子昭，南阳郡西鄂县（今河南南阳市东北）人。初从刘嘉，为长史。后归刘秀，为强弩大将军、琅邪太守等，封祝阿侯。传见《后汉书》卷十八。［74］安集掾：官名。欲安集军民，所以特意设置此官。［75］军市令：官名。军中置市，设置军市令掌管。［76］祭（zhài）遵（？—33）：字弟孙，颍川郡颍阳县（今河南许昌市西南）人。历任军市令、征虏将军等，封颍阳侯。传见《后汉书》卷二十。［77］格杀：击杀。［78］贳：赦免。［79］刺奸将军：将军名号，主管督察奸诈狡猾的人。［80］上党：郡名，治所在今山西长子县西南。［81］永：鲍永，字君长，上党郡屯留县（今山西长治市屯留区）人。历任司隶校尉、兖州牧等。传见《后汉书》

卷二十九。［82］河东：郡名，治所在今山西夏县西北。［83］偏裨：偏将、裨将。此泛指将佐。［84］田邑：字伯玉，冯翊莲芍县（今陕西蒲城县南）人。后为渔阳太守、谏议大夫等。［85］缮：整治。［86］并土：并州之地。［87］广阿：县名，县治在今河北隆尧县东。［88］披：打开，翻阅。［89］舆地图：即地图。［90］淆（xiáo）乱：混乱。［91］昌平：县名，县治在今北京市昌平区。［92］门下掾：官名，州郡长官自行举用的属吏，治理官署众事。［93］闵业：人名，官至辽西太守，爵关内侯。［94］拔起：突起。［95］信向：信赖。［96］母弟：同母弟弟。［97］详：通“佯”，假装。［98］护军：军官名。［99］盖延（？—39）：字巨卿，渔阳郡要阳县（今河北滦平县西北）人。历任虎牙将军等，封安平侯。传见《后汉书》卷十八。［100］狐奴：县名，县治在今北京市顺义区。［101］王梁（？—38）：字君严，渔阳郡要阳县人。历任大司空、河南尹、济南太守等，封阜成侯。传见《后汉书》卷二十二。［102］夺：决定。［103］赍（jī）：带着。［104］景丹（？—26）：字孙卿，冯翊栎阳县（今陕西富平县东南）人。官至骠骑大将军，封栎阳侯。传见《后汉书》卷二十二。［105］涿郡：郡名，治所在今河北涿州市。［106］清河：郡名，治所在今河北清河县东南。［107］河间：王国名，治所在今河北献县东南。［108］何意：哪里料想到。［109］良：确实。［110］方：正要。［111］质厚：朴实厚道。［112］文：文采。［113］造次：仓促，急遽。［114］沉厚：犹“质厚”。据章校，有的版本“厚”作“勇”。沉勇，深沉果敢。作“勇”义胜。［115］尚书令：官名，尚书台的长官，管理诸曹尚书。［116］谢躬（？—24）：字子张，南阳郡人。刘玄称帝，为尚书令，徇行河北，与刘秀共同击灭王郎。后为刘秀部将吴汉等杀死于邺城。［117］逆战：迎战。［118］南䜌（luán）：县名，县治在今河北巨鹿县北。［119］雅称：极言。［120］遗体：古称儿女之身为父母的遗体。［121］顾：只是。［122］甲辰：五月一日。［123］交关：交往，勾结。［124］章：公文一篇，或信一封。［125］省：看。［126］反侧子：指怀有二心的人。

秀部分[1]吏卒各隶[2]诸军，士皆言愿属大树将军。大树将军者，偏将军冯异也，为人谦退不伐，敕吏士非交战受敌，常行诸营之后。每所止舍，诸将并坐论功，异常独屏[3]树下，故军中号曰“大树将军”。

护军宛人朱祜[4]言于秀曰：“长安政乱，公有日角之相，此天命也！”秀曰：“召刺奸收护军！”祜乃不敢复言。

更始遣使立秀为萧王，悉令罢兵，与诸将有功者诣行在所[5]；遣苗曾[6]为幽州牧，韦顺为上谷太守，蔡充为渔阳太守，并北之部。

萧王居邯郸宫，昼卧温明殿[7]，耿弇入，造床下请间[8]，因说曰：“吏士死伤者多，请归上谷益兵。”萧王曰：“王郎已破，河北略平，复用兵何为？”弇曰：“王郎虽破，天下兵革乃[9]始耳。今使者从西方来，欲罢兵，不可听也。铜马[10]、赤眉之属数十辈，辈数十百万人，所向无前，圣公不能办[11]也，败必不久。”萧王起坐曰：“卿失言，我斩卿！”弇曰：“大王哀厚[12]弇如父子，故敢披[13]赤心。”萧王曰：“我戏卿耳，何以言之？”弇曰：“百姓患苦王莽，复思刘氏，闻汉兵起，莫不欢喜，如去虎口得归慈母。今更始为天子，而诸将擅命于山东，贵戚纵横于都内，虏掠自恣，元元叩心[14]，更思莽朝，是以知其必败也。公功名已著，以义征伐，天下可传檄[15]而定也。天下至重，公可自取，毋令他姓得之！”萧王乃辞以河北未平，不就征[16]，始贰于更始。

是时，诸贼铜马、大彤、高湖、重连、铁胫、大枪、尤来、上江、青犊、五校、五幡、五楼、富平、获索等[17]各领部曲[18]，众合数百万人，所在寇掠。萧王欲击之，乃拜吴汉、耿弇俱为大将军，持节北发幽州十郡[19]突骑；苗曾闻之，阴敕[20]诸郡不得应调[21]。吴汉将二十骑先驰至无终[22]，曾出迎于路，汉即收[23]曾，斩之。耿弇到上谷，亦收韦顺、蔡充，斩之。北州震骇，于是悉发其兵。

秋，萧王击铜马于鄡[24]，吴汉将突骑来会清阳[25]，士马甚盛，汉悉上兵簿于莫府[26]，请所付与，不敢自私，王益重之。王以偏将军沛国朱浮[27]为大将军、幽州牧，使治蓟城。铜马食尽，夜遁，萧王追击于馆陶[28]，大破之。受降未尽，而高湖、重连从东南来，与铜马余众合；萧王复与大战于蒲阳[29]，悉破降之，封其渠帅为列侯。诸将未能信贼，降者亦不自安；王知其意，敕令降者各归营勒兵，自乘轻骑[30]按行[31]部陈[32]。降者更相语曰：“萧王推赤心置人腹中，安得不投死[33]乎！”由是皆服，悉以降人分配诸将，众遂数十万。赤眉别帅与青犊、上江、大彤、铁胫、五幡十余万众在射犬[34]，萧王引兵进击，大破之；南徇河内[35]，河内太守韩歆[36]降。

初，谢躬与萧王共灭王郎，数与萧王违戾[37]，常欲袭萧王[38]，畏其兵强而止；虽俱在邯郸，遂分城而处，然肃王有以慰安之。躬勤于吏职，萧王常称之曰：“谢尚书，真吏也！”故不自疑。其妻知之，常戒之曰：“君与刘公积不相能[39]，而信其虚谈[40]，终受制[41]矣！”躬不纳。

既而躬率其兵数万还屯于邺。及萧王南击青犊，使躬邀击[42]尤来于隆虑山[43]，躬兵大败。萧王因躬在外，使吴汉与刺奸大将军岑彭袭据邺城。躬不知，轻骑还邺，汉等收斩之[44]，其众悉降。

（以上为第八段，写刘秀剿灭铜马，诛杀更始所署幽州牧苗曾和将军谢躬，与刘玄决裂。）

【注释】

[1]部分：部署。 [2]隶：归属。 [3]屏：退避。 [4]朱祜（？—48）：《后汉书》作“朱祐”。《通鉴考异》云：“祜”作“祐”，系避安帝讳。字仲先，南阳郡宛县人。为建义大将军，封鬲侯。传见《后汉书》卷二十二。 [5]行在所：指天子所在的地方。 [6]苗曾：刘玄任命为幽州牧，后为吴汉所杀。 [7]温明殿：殿名。 [8]造床下请间：到床下私谈。造，到。请间，意谓求私下谈事，不想让他人知道。 [9]乃：才。 [10]铜马：农民起义军的一支，后为刘秀击败，投降后其众被分散到诸将营中，壮大了刘秀的军事力量，由此人称刘秀为“铜马帝”。 [11]办：做到，成功。 [12]哀厚：厚爱。 [13]披：表露，陈述。 [14]叩心：捶胸。 [15]传檄：传布檄文。 [16]就征：应召。 [17]铜马等：为各支农民起义军的名号。 [18]部曲：指所属部队。 [19]幽州十郡：即涿郡、广阳郡、代郡、上谷郡、渔阳郡、右北平郡、辽西郡、辽东郡、玄菟郡、乐浪郡。 [20]阴敕：秘密告诫。 [21]应调：接受调遣。 [22]无终：县名，县治在今天津市蓟州区。 [23]收：拘捕。 [24]鄡（qiāo）：县名，县治在今河北辛集市。 [25]清阳：县名，县治在今河北清河县东南。 [26]兵簿：军队名册。莫（mù）府：同“幕府”。古代将帅驻所门施帷帐，因称将帅治事之所为幕府。 [27]朱浮：字叔元，沛国萧县（今安徽萧县西北）人。历任大将军、幽州牧、太仆、大司空等职，封新息侯。传见《后汉书》卷三十二。 [28]馆陶：县名，县治在今河北馆陶县。 [29]蒲阳：山名，在今河北保定市满城区西北。 [30]轻骑（jì）：轻装坐骑。 [31]按行：巡视。 [32]部陈：布列队伍。 [33]投死：效死。 [34]射犬：即射犬聚，野王县村镇名，在今河南沁阳市东北。 [35]河内：郡名，治所在今河南武陟县西南。 [36]韩歆（？—39）：字翁君，南阳郡棘阳县人。初为刘玄河内太守，更始二年降刘秀。邓禹率军入关，以歆为军师。刘秀称帝后，历任沛郡太守、大司徒等，封扶阳侯。后因直言免官，自杀。 [37]违戾：违背，不一致。 [38]萧王：据章校，有的版本“王”下有“每”字。 [39]积不相能：长久不和。积，久。能，亲善，和睦。 [40]虚谈：虚假的言辞。 [41]受制：受人控制。 [42]邀击：截击，阻击。 [43]隆虑山：山名，今名林虑山，在今河南林州市。 [44]收斩之：逮捕谢躬，将其斩首。

更始遣柱功侯[1]李宝[2]、益州刺史李忠[3]将兵万余人徇蜀、汉；

公孙述遣其弟恢[4]击宝、忠于绵竹[5]，大破走之。述遂自立为蜀王，都成都，民、夷[6]皆附之。

冬，更始遣中郎将归德侯飒[7]、大司马护军陈遵[8]使匈奴，授单于汉旧制玺绶，因送云、当余亲属、贵人、从者还匈奴[9]。单于舆[10]骄，谓遵、飒曰："匈奴本与汉为兄弟；匈奴中乱，孝宣皇帝辅立呼韩邪单于，故称臣以尊汉。今汉亦大乱，为王莽所篡，匈奴亦出兵击莽，空其边境，令天下骚动思汉；莽卒以败而汉复兴，亦我力也，当复尊我！"遵与相掌拒[11]，单于终持此言。

赤眉樊崇等将兵入颍川，分其众为二部，崇与逄安[12]为一部，徐宣、谢禄、杨音为一部。赤眉虽数战胜，而疲弊厌兵，皆日夜愁泣，思欲东归；崇等计议，虑众东向必散，不如西攻长安。于是崇、安自武关，宣等从陆浑关[13]，两道俱入。更始使王匡、成丹与抗威将军刘均等分据河东、弘农以拒之。

萧王将北徇燕、赵，度赤眉必破长安，又欲乘衅并关中[14]，而未知所寄[15]，乃拜邓禹为前将军，中分[16]麾下[17]精兵二万人，遣西入关，令自选偏裨以下可与俱者。时朱鲔、李轶、田立[18]、陈侨[19]将兵号三十万，与河南太守武勃[20]共守洛阳；鲍永、田邑在并州。萧王以河内险要富实，欲择诸将守河内者而难其人[21]，问于邓禹。邓禹曰："寇恂文武备足，有牧人御众之才[22]，非此子莫可使也！"乃拜恂河内太守，行大将军事。萧王谓恂曰："昔高祖留萧何关中[23]，吾今委公以河内[24]；当给足军粮，率厉[25]士马，防遏[26]他兵，勿令北渡而已！"拜冯异为孟津[27]将军，统魏郡、河内兵于河上，以拒洛阳。萧王亲送邓禹至野王，禹既西[28]，萧王乃复引兵而北。寇恂调糇粮[29]、治器械以供军；军虽远征，未尝乏绝。

隗崔、隗义谋叛归天水；隗嚣恐并及祸，乃告之。更始诛崔、义，以嚣为御史大夫。

梁王永据国起兵，招诸郡豪杰，沛人周建[30]等并署为将帅，攻下济阴[31]、山阳、沛、楚、淮阳[32]、汝南，凡得二十八城。又遣使拜西防贼帅[33]山阳佼强[34]为横行将军，东海贼帅董宪[35]为翼汉大将军，琅邪贼帅张步[36]为辅汉大将军，督[37]青、徐二州，与之连兵，遂专据[38]东方。

邔[39]人秦丰起兵于黎丘[40]，攻得邔、宜城[41]等十余县，有众万人，自号楚黎王。

汝南田戎[42]攻陷夷陵[43]，自称扫地大将军；转寇郡县，众数万人。

（以上为第九段，写刘秀称雄于河北，公孙述称王于蜀，赤眉军西进长安，梁王刘永、邔县人秦丰、汝南人田戎各自起兵，更始帝刘玄号令不行，全国进入群雄纷争的局面。）

【注释】

［1］枉功侯：据章校，有的版本“枉”作“柱”。《后汉书》作“柱功侯”。［2］李宝：刘玄时为柱天将军，封柱功侯。后为汉中王刘嘉之相。邓禹西征，嘉降，宝被杀。［3］李忠：据章校，有的版本“李”作“张”。《后汉书》作“张忠”。［4］恢：公孙恢（？—36），公孙述之弟。建武元年（25）公孙述于成都称帝，以恢为大司空。后光武派大军攻蜀，恢战死。［5］绵竹：县名，县治在今四川绵竹市。［6］民、夷：指汉人与少数民族。［7］飒：刘飒（？—25）。汉成帝建始二年（前31）嗣爵归德侯，在位五十六年。［8］陈遵：字孟公，京兆尹杜陵县人。西汉末年，历任郁夷令、河南太守、河内都尉等职。刘玄时为大司马护军。后留守朔方，为贼人所杀。传见《汉书》卷九十二。［9］“因送”句：天凤五年，栾提云、须卜当至长安。莽败，栾提云、须卜当死。现将留下的亲属、贵人、从者等人员送还匈奴。［10］舆：单于名，栾提舆。［11］掌拒：抗争。掌，通“撑”。［12］逢安：即逄安。［13］陆浑关：关名，在今河南宜阳县东南。［14］乘衅并关中：趁机吞并、夺占关中。［15］所寄：指可托付的人。寄，委托，托付。［16］中分：平分。［17］麾（huī）下：部下。［18］田立：刘玄封其为廪丘王。［19］陈侨：刘玄封其为白虎公。［20］武勃：后于守卫洛阳的战争中战死。［21］难其人：以得其合适人选为难。难，以为难。［22］牧人御众之才：有治民与统军的才能，即文武双全。牧人，治民。御众，统率军队。［23］高祖留萧何关中：在刘项战争中，萧何镇守关中，安抚百姓，为前线供给军粮，补充兵员，保证了前线的需要，使刘邦无后顾之忧。此刘秀喻寇恂为萧何。［24］委公以河内：委，托付。刘邦先据汉中而得关中，与项羽争夺天下；刘秀先据河北而得河内，始贰于刘玄。所以，以今之河内比于昔日之关中。［25］率厉：率领督促。［26］防遏：防御阻截。［27］孟津：黄河渡口名，位于洛阳东北，在今河南孟州市。［28］既西：向西进发以后。［29］糇（hóu）粮：干粮。［30］周建（？—28）：沛人。刘玄称帝，刘永为梁王，以周建为将帅，攻下二十余城。永为部将杀死后，建立永子纡为梁王。后遭光武大军进击，死于败逃途中。［31］济阴：郡名，治所在今山东菏泽市定陶区。［32］淮阳：王国名，治所在今河南周口市淮阳区。［33］西防贼帅：在西

防县起义的农民起义军领袖。西防，县名，县治在今山东成武县东北。［34］佼（jiǎo）强：山阳人。梁王刘永以强为横行将军。建武五年（29），率其众降光武帝。［35］董宪（？—30）：东海郡人。更始二年（24）在东海起义。梁王刘永以宪为翼汉大将军；永称天子，立宪为海西王。后遭光武帝大军进击，兵败被杀。［36］张步（？—32）：字文公，琅邪郡不其县（今山东青岛市即墨区）人。王莽末年，于家乡率众起义。刘永为梁王，以步为辅汉大将军。永为天子，立步为齐王。建武五年（29）降光武帝，封安丘侯。后叛离入海，被杀。传见《后汉书》卷十二。［37］督：统领。［38］专据：独占。［39］邔（qǐ）：县名，县治在今湖北宜城市北。［40］黎丘：邔县乡名，位于县治北，在今湖北襄阳市东南。［41］宜城：县名，县治在今湖北宜城市东南。［42］田戎（？—36）：汝南郡人。更始二年（24）在夷陵县起兵。建武五年（29）入蜀投归公孙述，封翼江王。后光武帝大军入蜀，在江州（今重庆市北）兵败被杀。［43］夷陵：县名，县治在今湖北宜昌市东南。

【点评】

论更始帝刘玄。本卷记述淮阳王，即更始帝刘玄得天下又失天下来去匆匆的历史事件，它给人们留下这样一个历史思考：不是真命天子，得了天下也是保不住的。刘縯首先打出了兴汉的旗号，但他也不是真命天子，事业刚开始就悲剧结局。刘秀胜利了，说明他是真命天子。那么三人之间，各有什么特点？他们的差别在哪里呢？刘秀的问题，在下一卷点评中还要评说，这里只评说刘縯和更始帝刘玄失败的原因，刘玄是评说的重点。

刘縯、刘秀兄弟是刘姓皇室宗亲，兄弟三人，刘縯老大，刘秀老三，是小弟。中间老二刘仲早夭。刘縯、刘秀兄弟是西汉景帝子刘发的第九代孙，舂陵侯的后裔。新朝建立，王莽废除了舂陵侯国。兄弟两人的父亲刘钦早死，兄弟二人由叔父刘良养大成人。

对王莽夺了刘氏天下，刘縯从小就愤愤不平。刘縯性情刚毅慷慨，发誓要夺回政权，因此野心勃勃，不事生产作业，反而卖田卖宅，投身江湖，有汉高帝刘邦之风度。刘秀性情温和，谨慎小心，勤事农作，被刘縯讥笑，把他比为刘邦的二哥刘仲。但刘秀与刘仲虽同在种田，而心胸完全不同。有一个穰县的民间星象家蔡少公说：图谶有言“刘秀当做天子”。王莽的国师公也叫刘秀。人们都认为图谶上的刘秀是指国师公刘秀，而舂陵刘秀却坦然笑说：“怎么就不是说我呢？”这说明刘秀心中也在图谋大志，他的勤恳务农，不过如同刘备卖鞋，只是一种韬晦术，竟然瞒过了其兄刘縯。由此比较，刘秀比刘縯更有城府。

地皇三年（22），刘縯起兵，与新市兵、平林兵联合。在一次战斗中因分配抢夺的财物不公平，新市兵、平林兵愤怒喧哗，要发动对刘縯的攻击，刘秀在这紧要关头，当机做出决断，把掠得的财物全部交出，维护了大局，也赢得了忠厚长者之称。

昆阳大捷，刘秀立下首功，名声大震。这时，拥戴更始帝的绿林兵诸将谋害了刘縯。眼看大祸就要落到刘秀身上，刘秀连忙从前线赶回南阳，向刘玄赔罪，不接近刘縯的部属，不给刘縯披丧服。刘玄找不到杀刘秀的理由，而内心愧疚，任命刘秀为破虏大将军，封武信侯。白天刘秀饮食说笑与平常一样，夜里为兄长的惨死流泪，湿透了枕巾。沉稳的韬晦使刘秀化险为夷。坚强隐忍的性格和控制力，有如勾践卧薪尝胆。这表明刘秀确实有帝王气度。刘秀外貌“隆准日角”，也就是高鼻梁，高额角，相术家称为帝王之相，也使刘秀赢得不少英雄志士的亲爱。

刘縯也恢宏大度，诚信待人，顾全大局。绿林兵首领多是农民和无赖出身，没有文化，没有远见，所以他们也很容易被“汉家当复兴”“人心思汉”的舆论征服，于是嚷嚷着要立一个刘姓皇帝。诸将本能地敌视刘縯，以张卬、朱鲔为首，强行拥立心无主见又胆小如鼠的刘玄做傀儡皇帝，不仅刘縯诸将不服，绿林军中有许多将领也不服，例如王常。但是刘縯为了顾全大局，做了让步，以强让弱，表明刘縯有帝王气度。刘縯还推诚与人相交。他的舅舅和刘秀都向他提出警告，李轶不可信任，张卬等诸将要提防，刘縯置若罔闻。当更始朝一班人找碴要诛杀刘縯时，刘縯还是没有意识到，也不做防范。更始朝诸将先杀刘縯部将刘稷进行试探。刘縯为了保护自己的部将刘稷，当众抗命刘玄，结果把自己的命也搭进去了。刘縯不知韬晦，不知防人，维护部属表现妇人之仁，这些都说明刘縯政治上的不成熟，有野心家的胸怀气度，而没有野心家的残忍和手段，所以他失败了，他不是真命天子。

刘玄是偶然因素把他推上政治舞台的，如同赤眉军拥立牧羊童刘盆子为帝一样，本来就是做傀儡的，更不是真命天子。刘玄登坛即皇帝位，南向站立，接受群臣朝拜，他没见过这个场面，羞愧得流汗，紧张得举手说不出话。诸将攻入长安，灭了王莽，更始帝从洛阳迁都长安，住在长乐宫，登上前殿，接见群臣，官员们依照秩序，排列在前殿院子里等候朝见。刘玄看到这庄严肃穆的场面，又羞愧变色，低头擦席，不敢看人。刘玄与诸将说话，竟然问：“你抢了多少东西？”简直不成体统。刘玄进宫，沉迷酒色。他娶了赵萌的女儿做夫人，就把朝政大权交给赵萌处理，自己乐得日夜在后宫欢宴。大臣奏事或议论朝政，刘玄有时醉得不省人事。如此一个国君，处在乱世之中，怎么能削平群雄做成大事呢？

更始朝诸将拥立傀儡皇帝，只是要一个名义上的皇帝，拉一张遮羞布来掩盖自己的抢劫本性，因此不接受制度约束，打进长安就发生了一场火并。抢先进入长安的王宪自称汉室大将军，他缴获了王莽的皇帝玉玺不肯上交，又挟持很多宫女，在军中建立天子旗帜鼓号，被将军赵萌、申屠建等人抓了把柄就地正法。皇上如此，更始朝诸将如此，一群好利之徒，不忘抢掠本性，不脱农民意识，哪能识天命，审时度势，统一群雄呢？

何为天命？孟子有言："得天下有道：得其民，斯得天下矣；得其民有道：得其心，斯得民矣……"（《孟子·离娄上》）得到了民心的人就能得天命，赢得人民拥护的人就是真命天子。天命在地上人心，不在天上神灵。怎么样叫得民心？抓住时机，拿出办法，想民之所想，去民之所恶，就得到了民心。英雄仰慕，服从领导，是得民心的一大标志。王莽末年，王莽成了天下人的公敌，反抗王莽就能得民心。刘玄被推为皇帝，因为他参加了农民军，他反对王莽，所以得了民心。刘玄入都洛阳，全天下的人都渴望统一，更始帝刘玄成了天下的人心所望。赤眉军首领樊崇等主动归附，接受收编。天水人隗嚣也抚安关西大片土地。此时天下形势，赤眉军活动中心在濮阳，城头子路、力子都在河济间，铜马、大彤在燕赵，李宪在淮南。最大的敌对势力是赤眉军。如果更始皇帝能审时度势，定都在洛阳，遣一能吏入关中，以稳定局势为根本，全力在东靖乱，安抚好赤眉军，那么天下就大定了。刘秀在河北也未敢轻举妄动。王夫之说："当其时，气乍盈而易弛，机至速而难留。"（《读通鉴论》）樊崇入洛阳，是统一之机的到来，樊崇逃出洛阳，统一之机丧失。"更始之亡，所以决于樊崇之入见也。"（王夫之语）真是一针见血，说得是何等的好啊！

从形势上说，更始之亡，亡于舍弃定都洛阳而西入长安。更始失败的教训成为光武帝刘秀的财富。从人格魅力上说，刘玄无智力，顶多是一个中等才干的人，不能控驭诸将。刘玄无大略，不知天下形势。刘玄不懂政治，不仅拿不出治理天下的一套方略，而且对归降的人不知怎样安抚。樊崇接受招安，到了洛阳，却又跑了。如此糊涂皇帝，当然不是真命天子。

更始帝刘玄丧失了难得的一次统一机会，于是刘秀称雄于河北，公孙述称王于蜀，隗嚣据陇西，梁王刘永、邔县人秦丰、汝南人田戎各自起兵，更始帝号令不行。赤眉军西进长安，更始政权灭亡，全国进入群雄纷争的局面。

卷四〇　汉纪三十二

汉光武帝建武元年至二年（25—26年）

【起旃蒙作噩（乙酉，25年），尽柔兆阉茂（丙戌，26年），凡二年】

【大事提要】

本卷记事起公元25年，讫公元26年，凡两年，当光武帝建武元年、二年。这是群雄逐鹿中原局势发生重大变化的两年，绿林军、赤眉军、南阳光武帝汉军等三大建立帝位的武装集团发生剧烈的变化，绿林军瓦解，赤眉军削弱，光武帝汉军独大，东汉建立。第一件大事，光武帝刘秀扫平河北，即位鄗邑，建立了东汉，开始了统一战争。第二件大事，赤眉军入长安，立牧羊童刘盆子为帝，更始政权被颠覆，绿林军瓦解，诸将军溃散。光武帝封刘玄为淮阳王，所以史称更始政权为淮阳王。刘玄为赤眉军所控制，未能投归光武帝，后为赤眉军所杀。第三件大事，更始朝覆没，西北局势发生重大变化。窦融保有河西五郡，隗嚣据天水，卢芳称帝于塞北，赤眉军祸乱关中，关中成为主战场。赤眉军遭到光武帝、隗嚣、公孙述三方围攻，不到一年退出了长安，在东归途中为光武帝所灭。第四件大事，光武帝部署全国统一战争。光武帝用离间之计，使更始朝大将朱鲔杀洛阳守将李轶，接着光武帝又赦朱鲔谋杀其兄刘縯之罪，不战而下洛阳。第五件大事，光武帝在天下纷争之时，不失时机推行教化，表彰清廉官吏代表人物卓茂，尊礼耿正大臣宋弘，淳风俗，清吏治，尽显一代明君风采。第六件大事，光武帝大将贾复、吴汉南讨，军纪不肃，抢掠滥杀，南人降而复反。幽州牧朱浮逼反渔阳太守彭宠。建武二年末，光武帝北讨彭宠受挫，南方战争也陷入胶着。突发事件，延缓了光武帝的统一事业。贾复、吴汉、朱浮三功臣之过，光武帝含容不惩，有圣德焉。

世祖光武皇帝[1]上之上

建武元年（乙酉，25年）

春，正月，方望与安陵人弓林共立前定安公婴为天子，聚党数千人，居临泾[2]。更始遣丞相松等击破，皆斩之。

邓禹至箕关[3]，击破河东都尉，进围安邑[4]。

赤眉二部俱会弘农。更始遣讨难将军苏茂[5]拒之；茂军大败。赤眉众遂大集，乃分万人为一营，凡三十营。三月，更始遣丞相松与赤眉战于蓩乡[6]，松等大败，死者三万余人；赤眉遂转北至湖[7]。

蜀郡功曹李熊说公孙述宜称天子。夏，四月，述即帝位，号成家，改元龙兴；李熊为大司徒，述弟光为大司马，恢为大司空。越嶲任贵据郡降述。

萧王北击尤来、大枪、五幡于元氏[8]，追至北平[9]，连破之；又战于顺水[10]北，乘胜轻进，反为所败。王自投高岸[11]，突骑王丰下马授王，王仅而得免；散兵归保范阳[12]。军中不见王，或云已杀，诸将不知所为，吴汉曰："卿曹努力！王兄子[13]在南阳，何忧无主！"众恐惧，数日乃定。贼虽战胜，而惮王威名，夜，遂引去。大军复进至安次[14]，连战，破之。贼退入渔阳，所过虏掠。强弩将军陈俊言于王曰："贼无辎重，宜令轻骑出贼前，使百姓各自坚壁[15]以绝其食，可不战而殄[16]也。"王然之，遣俊将轻骑驰出贼前，视人保壁[17]坚完者，敕令固守；放散[18]在野者，因掠取之。贼至，无所得，遂散败。王谓俊曰："困此虏者，将军策也。"

冯异遗李轶书，为陈祸福，劝令归附萧王；轶知长安已危，而以伯升之死，心不自安，乃报书曰："轶本与萧王首谋造汉[19]，今轶守洛阳，将军镇孟津，俱据机轴[20]，千载一会[21]，思成断金[22]。唯深达萧王[23]，愿进愚策以佐国安民。"轶自通书之后，不复与异争锋，故异得北攻天井关[24]，拔上党两城，又南下[25]河南成皋[26]以东十三县，降者十余万；武勃将万余人攻诸畔者，异与战于士乡[27]下，大破，斩勃；轶闭门不救。异见其信效[28]，具以白王。王报异曰："季文[29]多诈，人不能得其要领[30]。今移[31]其书告守、尉[32]当警备者。"众皆怪王宣露轶书；朱鲔闻之，使人刺杀轶，由是城中乖离[33]，多有降者。

朱鲔闻王北征而河内孤，乃遣其将苏茂、贾强将兵三万余人渡巩河[34]，攻温[35]；鲔自将数万人攻平阴[36]以缀异[37]。檄书至河内，寇恂即勒军驰出，并移告属县，发兵会温下。军吏皆谏曰："今洛阳兵渡河，前后不绝；宜待众军毕集，乃可出也。”恂曰：“温，郡之藩蔽[38]，失温则郡不可守。”遂驰赴之。旦日[39]，合战，而冯异遣救及诸县兵适[40]至，恂令士卒乘城[41]鼓噪，大呼言曰：“刘公兵到！”苏茂军闻之，陈动[42]；恂因奔击，大破之。冯异亦渡河击朱鲔，鲔走；异与恂追至洛阳，环城一匝[43]而归。自是洛阳震恐，城门昼闭。

异、恂移檄上状[44]，诸将入贺，因上尊号[45]。将军南阳马武先进曰：“大王虽执谦退，奈宗庙社稷何！宜先即尊位，乃议征伐。今此谁贼[46]而驰骛[47]击之乎？”王惊曰：“何将军出此言？可斩也！”乃引军还蓟。复遣吴汉率耿弇、景丹等十三将军追尤来等，斩首万三千余级，遂穷追至浚靡[48]而还。贼散入辽西、辽东，为乌桓[49]、貊[50]人所抄击略尽。

都护将军贾复与五校战于真定，复伤创[51]甚；王大惊曰：“我所以不令贾复别将者，为其轻敌也。果然，失吾名将！闻其妇有孕，生女邪，我子娶之；生男邪，我女嫁之；不令其忧妻子也。”复病寻[52]愈，追及王于蓟，相见甚欢。

还至中山，诸将复上尊号；王又不听。行到南平棘[53]，诸将复固请之；王不许。诸将且出，耿纯进曰：“天下士大夫，捐亲戚，弃土壤[54]，从大王于矢石[55]之间者，其计固望攀龙鳞，附凤翼[56]，以成其所志耳。今大王留时[57]逆众[58]，不正号位，纯恐士大夫望绝计穷，则有去归之思，无为久自苦也。大众一散，难可复合。”纯言甚诚切，王深感曰：“吾将思之。”

行至鄗[59]，召冯异，问四方动静。异曰：“更始必败，宗庙之忧在于大王[60]，宜从众议！”会儒生强华自关中奉《赤伏符》[61]来诣王曰：“刘秀发兵捕不道，四夷云集龙斗野，四七之际火为主[62]。”群臣因复奏请。六月，己未[63]，王即皇帝位于鄗南，改元[64]，大赦。

（以上为第一段，写刘秀扫荡河北，南挫更始，在鄗邑即皇帝位，东汉建立，汉室复兴。）

【注释】

[1]世祖光武皇帝：姓刘，名秀，字文叔，南阳郡蔡阳县（今湖北枣阳市）人。公元25年称帝建汉，年号建武，定都洛阳，是为东汉。在位三十三年（25—57）。死谥光武，庙号世祖，史

称光武帝。传见《后汉书》卷一。［2］临泾：县名，县治在今甘肃镇原县东南。［3］箕关：关名，其地在今河南济源市西北。［4］安邑：县名，县治在今山西夏县西北。［5］苏茂（？—29）：陈留郡人，初为刘玄的讨难将军，后降刘秀，不久又降刘永，永以茂为大司马、淮阳王。永被杀，茂与周建等立永子纡为梁王。事败，投张步，被杀。［6］鄡（mào）乡：弘农县乡名，其地在今河南灵宝市北。［7］湖：县名，县治在今河南灵宝市西北。［8］元氏：县名，县治在今河北元氏县西北。［9］北平：县名，县治在今河北保定市满城区。［10］顺水：一名徐水，河流名。顺水自西北向东南流经北平县境。［11］投高岸：逃向水边高起之地。投，奔。［12］范阳：县名，县治在今河北定兴县西南。［13］王兄子：指刘缜之子刘章、刘兴。［14］安次：县名，县治在今河北廊坊市安次区。［15］坚壁：隐藏物资不使落在敌人手里。［16］殄（tiǎn）：灭绝。［17］保壁：即堡垒，军事上防守用的坚固建筑物。保，通“堡”。［18］放散：分散。［19］首谋造汉：首先提出重新建立汉朝。造，建。［20］机轴：喻指关键重要的处所。［21］千载一会：形容机会难得。［22］断金：语出《周易·系辞上》：“二人同心，其利断金。”后世谓同心协力或情意深重。［23］唯深达萧王：希望认真地转告萧王。唯，希望。深达，透彻地向上报告。［24］天井关：关名，其地在今山西晋城市。［25］下：攻克。［26］成皋：县名，属河南郡，县治在今河南荥阳市。［27］士乡：聚名，位于洛阳东，其地在今河南洛阳市东北。［28］信效：守信用，并于行动中收到实效。［29］季文：李轶字。［30］要领：用意。［31］移：传送。［32］告守、尉：指把李轶要效忠萧王的信通告给刘玄任命的河南郡守、尉。［33］乖离：背离。［34］巩河：巩，县名，县治在今河南巩义市西南。巩义市北临黄河，有渡口五社津。巩河即指流经巩义市的一段黄河。［35］温：县名，县治在今河南温县西。［36］平阴：县名，县治在今河南洛阳市孟津区。［37］缀（zhuì）异：牵制冯异。［38］藩蔽：屏障。［39］旦日：明日。［40］适：恰好。［41］乘城：登城。［42］陈动：军阵骚动。［43］一匝（zā）：一周，一圈。［44］上状：报告情况。［45］上尊号：指请即帝位。［46］谁贼：谁为贼。［47］驰骛（wù）：奔走。此言不即帝位，名号不正，难分正邪。［48］浚靡：县名，县治在今河北遵化市西北。［49］乌桓：古民族名，东胡的一支。汉初匈奴冒顿灭东胡，其中一支退居乌桓山（今内蒙古阿鲁科尔沁旗西北），后称乌桓。［50］貊（mò）：古称居于东北地区的民族为貊。［51］伤创：即创伤。［52］寻：不久。［53］南平棘：即平棘，县名，县治在今河北赵县东南。［54］土壤：土地。此指乡里。［55］矢石：箭和垒石，为古时守城的武器。此言身冒矢石，跟随刘秀征战。［56］攀龙鳞，附凤翼：喻指依附帝王以成就功业。语出扬雄《法言·渊骞》。［57］留时：延误时日。［58］逆众：违背众望。［59］鄗（hào）：县名，县治在今河北高邑县东南。［60］在于大王：指寄希望于刘秀。［61］《赤伏符》：方士编造的谶语。［62］四七：四七之数为二十八。自刘邦建汉至刘秀起兵反莽为二百二十八年（前206—22），即所谓四七之际。火为主：汉为火德，所以说火为主。［63］己未：六月二十二日。［64］元：指年号。刘秀称帝，年号建武。

邓禹围安邑，数月未下，更始大将军樊参将数万人渡大阳[1]，欲攻禹；禹逆击于解[2]南，斩之。王匡、成丹、刘均合军十余万，复共击禹，禹军不利。明日，癸亥[3]，匡等以六甲穷日[4]，不出，禹因得更治兵[5]。甲子，匡悉军出攻禹；禹令军中毋得妄动，既至营下，因传发[6]诸将，鼓而并进，大破之。匡等皆走，禹追斩均及河东太守杨宝，遂定河东，匡等奔还长安。

张卬与诸将议曰："赤眉旦暮且至，见灭不久，不如掠长安，东归南阳；事若不集[7]，复入湖池中为盗耳！"乃共入，说更始；更始怒不应，莫敢复言。更始使王匡、陈牧、成丹、赵萌屯新丰[8]，李松军掫[9]，以拒赤眉。张卬、廖湛、胡殷、申屠建与隗嚣合谋，欲以立秋日貙膢[10]时共劫更始，俱成前计。更始知之，托病不出，召张卬等入，将悉诛之；唯隗嚣称疾[11]不入，会客王遵、周宗等勒兵自守。更始狐疑不决，卬、湛、殷疑有变，遂突出；独申屠建在，更始斩建，使执金吾邓晔将兵围隗嚣第。卬、湛、殷勒兵烧门，入战宫中，更始大败；嚣亦溃围[12]，走归天水。明旦，更始东奔赵萌于新丰。更始复疑王匡、陈牧、成丹与张卬等同谋，乃并召入；牧、丹先至，即斩之。王匡惧，将兵入长安，与张卬等合。

赤眉进至华阴，军中有齐巫[13]，常鼓舞[14]祠城阳景王[15]，巫狂言："景王大怒曰：'当为县官[16]，何故为贼！'"有笑巫者辄病，军中惊动。方望弟阳说樊崇等曰："今将军拥百万之众，西向帝城[17]，而无称号，名为群贼，不可以久；不如立宗室，挟义[18]诛伐，以此号令，谁敢不从！"崇等以为然，而巫言益甚。前至郑[19]，乃相与议曰："今迫近长安，而鬼神若此，当求刘氏共尊立之。"

先是，赤眉过式[20]，掠故式侯萌[21]之子恭、茂、盆子[22]三人自随。恭少习《尚书》，随樊崇等降更始于洛阳，复封式侯，为侍中，在长安。茂与盆子留军中，属右校卒史[23]刘侠卿，主牧牛。及崇等欲立帝，求军中景王后，得七十余人，唯茂、盆子及前西安侯孝[24]最为近属。崇等曰："闻古者天子将兵称上将军，"乃书札[25]为符曰"上将军"，又以两空札置笥[26]中，于郑北设坛场，祠城阳景王，诸三老、从事[27]皆大会；列盆子等三人居中立，以年次[28]探札[29]，盆子最幼，后探，得符；诸将皆称臣，拜。盆子时年十五，被发徒跣[30]，敝衣赭汗[31]，见众拜，恐畏欲啼。茂谓曰："善臧[32]符！"盆子即啮折[33]，弃之。以徐宣为丞相，樊崇为御史大夫，逄安为左大司马，谢禄为右大司马，其余皆列卿、将军。盆子虽立，犹朝夕拜刘侠卿，时欲出从牧儿戏；侠卿怒止之，崇等亦不复候视[34]也。

（以上为第二段，写更始政权发生内讧。赤眉军西进，立牧羊童刘盆子为主，以正号位。）

【注释】

[1]大阳：县名，县治在今山西平陆县西南。[2]解：县名，县治在今山西临猗县西南。[3]癸亥：六月二十六日。[4]六甲穷日：古代以干支递次相配纪日，首日为甲子，末日为癸亥，共六十日，为一个甲子。其中，甲日有六，即甲子、甲戌、甲申、甲午、甲辰、甲寅，称六甲。一个甲子的末日癸亥，称六甲穷日。古人迷信，认为这一日不吉利。[5]治兵：整饬军队。[6]传发：传令出发。[7]集：成功。[8]新丰：县名，县治在今陕西西安市临潼区东北。[9]掫（zōu）：新丰县地名，位于县治西北，在今陕西西安市临潼区北。[10]貙膢：立秋日祭名。貙（chū），兽名，似狸而大。膢（lǘ），祭名。古代常以立秋日祭兽，王者于此日出猎，还，以祭宗庙，称貙膢之祭。[11]称疾：假说有病。[12]溃围：突破包围。[13]齐巫：齐地之巫。巫，以降神事鬼为职业的人。[14]鼓舞：合乐而舞。[15]城阳景王：指刘章，刘邦之孙，齐悼惠王刘肥之子。初封朱虚侯，吕后死，与周勃、陈平等人共诛诸吕。文帝立，封章城阳王，死后谥景，史称城阳景王。[16]县官：指天子。[17]帝城：指长安。[18]挟义：倚仗正当名义。[19]郑：县名，县治在今陕西渭南市华州区。[20]式：县名，属泰山郡，县治今地不详。[21]式侯萌：式侯刘萌，城阳景王刘章六世孙。萌父刘宪于汉元帝时封式侯；宪死，萌嗣。[22]盆子：刘盆子，公元25年被赤眉军拥立为天子，公元27年降光武帝。传见《后汉书》卷十一。[23]右校卒史：军官名。[24]西安侯孝：不知所出。[25]札：用于书写的小而薄的木简，用于一般书信。[26]笥（sī）：盛衣物或饭食的方形竹编容器。[27]三老、从事：赤眉军最尊的称号是三老，其次是从事，再次是卒史。[28]年次：年龄大小的次序。[29]探札：摸取书札。[30]徒跣（xiǎn）：光着脚。[31]赭（zhě）汗：红褐色的汗水。汗水浸渍破衣而呈现的颜色。[32]善臧：很好地收藏。臧，通"藏"。[33]啮（niè）折：用牙咬断。[34]候视：探望问候。

秋，七月，辛未[1]，帝使使持节拜邓禹为大司徒，封酂侯、食邑万户；禹时年二十四。又议选大司空，帝以《赤伏符》曰“王梁主卫[2]作玄武[3]”，丁丑[4]，以野王令王梁为大司空[5]。又欲以谶文[6]用平狄将军孙咸行大司马，众咸不悦。壬午[7]，以吴汉为大司马。

初，更始以琅邪伏湛[8]为平原太守；时天下兵起，湛独晏然，抚循[9]百姓。门下督[10]谋为湛起兵，湛收斩之；于是吏民信向，平原一境赖湛以全。帝征湛为尚书，使典定[11]旧制。又以邓禹西征，拜湛为司直[12]，行大司徒事；车驾每出征伐，常留镇守。

邓禹自汾阴[13]渡河，入夏阳[14]，更始左辅都尉[15]公乘歙引其众十万与左冯翊兵共拒禹于衙[16]；禹复破走之。

宗室刘茂[17]聚众京、密[18]间，自称厌新将军，攻下颍川、汝南，众十余万人。帝使骠骑大将军景丹、建威大将军耿弇、强弩将军陈俊攻之；茂来降，封为中山王。

己亥[19]，帝幸[20]怀[21]，遣耿弇、陈俊军[22]五社津[23]，备荥阳[24]以东；使吴汉率建议大将军朱祐等十一将军围朱鲔于洛阳。八月，进幸河阳[25]。

李松自掫引兵还，从更始与赵萌共攻王匡、张卬于长安。连战月余，匡等败走，更始徙居长信宫[26]。

赤眉至高陵[27]，王匡、张卬等迎降之，遂共连兵进攻东都门。李松出战，赤眉生得松；松弟况为城门校尉，开门纳之。九月，赤眉入长安；更始单骑走，从厨城门[28]出。式侯恭以赤眉立其弟，自系诏狱；闻更始败走，乃出，见定陶王祉，祉为之除械，相与从更始于渭滨。右辅都尉严本，恐失更始为赤眉所诛，即将[29]更始至高陵，本将兵宿卫，其实围之。更始将相皆降赤眉，独丞相曹竟[30]不降，手剑[31]格死[32]。

辛未[33]，诏封更始为淮阳王；吏民敢有贼害者，罪同大逆[34]；其送诣吏[35]者封列侯。

（以上为第三段，写更始政权在光武帝、赤眉军的夹击下崩溃。赤眉军入长安。光武帝封更始帝刘玄为淮阳王。）

【注释】

[1]辛未：七月五日。[2]主卫：为卫之主，此指野王县令。卫，古卫国。公元前239年，卫自濮阳（今河南濮阳市西南）徙居野王（今河南沁阳市）。所以此以卫指野王。[3]玄武：古代神话中的北方之神名。其形为龟，或龟蛇合体。龟是水中动物，所以玄武又为水神之名。司空为主水土之官，所以此以玄武指司空。[4]丁丑：七月十一日。[5]以野王令王梁为大司空：《后汉书·王梁传》："帝以野王卫之所徙，玄武水神之名，司空水土之官也，于是擢拜梁为大司空。"[6]谶文：《东观汉记》载谶文说："孙咸征狄。"[7]壬午：七月十六日。[8]伏湛（？—37）：字惠公，琅邪郡东武县（今山东诸城市）人。王莽时为后队属正，刘玄时为平原太守，光武时官至大司徒。传见《后汉书》卷二十六。[9]抚循：安抚存恤。[10]门下督：官名，郡属吏，职掌兵卫。[11]典定：主持勘定。[12]司直：官名，大司徒司直，即丞相司直之职。[13]汾阴：县名，县治在今山西万荣县西南的黄河东岸。[14]夏阳：县名，县治在今陕西韩城市南的黄河西岸。汾阳与夏阳隔黄河东西相对。[15]左辅都尉：官名。三辅都设有都尉，左辅即左冯翊。[16]衙（yá）：县名，县治在今陕西黄龙县西南。[17]刘茂：南阳郡舂陵县人，刘秀族父。王莽末年，起兵反莽，自称厌新将军。建武元年降光武帝，封中山王，后改封为单父侯（一说穰侯）。[18]京、密：皆县名。京县，县治在今河南荥阳市东南。密县，县治在今河南新密市东南。京、密二县南北邻接。[19]己亥：七月丁卯朔，无己亥日。[20]幸：帝王亲临。[21]怀：县名，县治在今河南武陟县西南。[22]军：作动词用，驻扎。[23]五社津：一名五渡津，黄河渡口，在巩义市北。此谓巩河，即指称此津所在河段。[24]荥阳：县名，县治在今河南荥阳市东北。[25]河阳：县名，县治在今河南孟州市西。[26]长信宫：宫名。[27]高陵：县名，县治在今陕西西安市高陵区。[28]厨城门：城门名。长安城每面三门，北面三门，自东至西依次为洛城门、厨城门、横门。[29]将：带领。[30]曹竟：字子期，山阳郡人。王莽建新，弃官不仕。刘玄时征为丞相。[31]手剑：亲手用剑刺杀。[32]格死：击杀而死。[33]辛未：七月六日。[34]大逆：罪名。封建时代称危害君父、宗庙、宫阙的罪行为大逆。《汉书·景帝纪》颜师古注引如淳说："律，大逆不道，父母妻子同产皆弃市。"[35]送诣吏：意谓把刘玄送到官府。

初，宛人卓茂[1]，宽仁恭爱，恬荡[2]乐道，雅实不为华貌，行己[3]在于清浊[4]之间，自束发[5]至白首，未尝与人有争竞[6]，乡党[7]故旧，虽行能[8]与茂不同，而皆爱慕欣欣焉。哀、平间为密令，视民如子，举善而教，口无恶言，吏民亲爱，不忍欺之。民尝有言部[9]亭长受其米肉遗者[10]，茂曰："亭长为从汝求乎，为汝有事嘱之而受乎，将平居[11]自以恩意遗之乎？"民曰："往遗之耳。"茂曰："遗之而受，何故言邪？”民曰：“窃闻贤明之君，使民不畏吏，吏不取民。今我畏吏，是以遗之；吏既卒受[12]，故来言耳。”茂曰：“汝为敝民[13]矣！凡人所以群居不乱，异于禽兽者，以有仁爱礼义，知相敬事也。汝独不欲修之，宁能高飞远走，不在人间邪！吏顾[14]不当乘威力强请求耳。亭长素善吏，岁时[15]遗之，礼也。”民曰：“苟如此，律何故禁之？”茂笑曰：“律设大法，礼顺人情。今我以礼教汝，汝必无怨恶；以律治汝，汝何所措其手足乎！一门之内，小者可论[16]，大者可杀也。且归念[17]之！”初，茂到县，有所废置[18]，吏民笑之，邻城[19]闻者皆蚩其不能[20]。河南郡为置守令；茂不为嫌[21]，治事自若[22]。数年，教化大行，道不拾遗；迁京部丞[23]，密人老少皆涕泣随送。及王莽居摄，以病免归。上即位，先访求茂，茂时年七十余。甲申[24]，诏曰：“夫名冠天下[25]，当受天下重赏。今以茂为太傅，封褒德侯。”

臣光曰：孔子称“举善而教不能则劝。”[26]是以舜举皋陶，汤举伊尹，而不仁者远，有德故也[27]。光武即位之初，群雄竞逐[28]，四海鼎沸[29]，彼摧坚陷敌之人，权略[30]诡辩之士，方见重于世，而独能取忠厚之臣，旌[31]循良之吏[32]，拔于草莱[33]之中，置[34]诸群公之首[35]，宜其光复旧物[36]，享祚久长，盖由知所先务[37]而得其本原[38]故也。

（以上为第四段，写光武帝初即位，天下还在纷争之时，首先推行教化，表彰清廉官吏的代表人物卓茂，受到司马光的高度赞扬。）

【注释】

[1]卓茂（？—28）：字子康，南阳郡宛县人。西汉末期，初辟丞相府史，后为密县令。刘玄时为侍中祭酒。刘秀称帝后，为太傅，封褒德侯。传见《后汉书》卷二十五。[2]恬荡：淡泊坦荡。[3]行己：谓一个人的立身行事。[4]清浊：喻指人事的优劣、善恶等。[5]束发：束扎发髻。古代男孩子由幼儿到童年时要束发为髻，因以“束发”代指成童之年。[6]争竞：争执，计较。[7]乡党：乡、党皆为周代社会基层组织名称。周代二十五家为闾，四闾为族，五族为党，五党为州，五州为乡。后以“乡党”泛指乡里。[8]行能：品行与才能。[9]部：所部，下属。指卓茂的下属，一位亭长。[10]受其米肉遗者：谓亭长收了他赠送的粮米和肉。遗（wèi），赠送。[11]平居：平时。[12]卒受：终于收受。[13]敝民：刁民，德行不高的人。[14]顾：只是。[15]岁时：每年一定的季节或者时间。[16]论：定罪。[17]念：思考。[18]废置：

革除或兴作。［19］邻城：邻近之县。［20］蚩其不能：讥笑卓茂没有才能。蚩（chī），通“嗤”，嘲笑。不能，没有才能。［21］不为嫌：不认为有妨碍。嫌，妨碍。［22］自若：像自己平日一样，不变常态。正令在而置守令，卓茂却认为于己无碍，治事自若，作者叙此以见卓茂之贤。［23］京部丞：官名。王莽置大司农部丞十三人，分掌刺史部农业生产。京部丞，主管司隶校尉所属地区的农业生产。［24］甲申：七月十八日。［25］冠天下：超过天下众人居于首位，为天下第一。［26］“孔子称”句：语出《论语·为政》。举，提拔。劝，鼓励，勉励。此言受到鼓励。［27］“是以舜举皋陶”四句：《论语·颜渊》记子夏的话说：“舜有天下，选于众，举皋陶，不仁者远矣。汤有天下，选于众，举伊尹，不仁者远矣。”［28］竞逐：竞争。［29］鼎沸：形容形势动荡、群情激扬的状况如同鼎中的开水翻滚沸腾一样。［30］权略：权谋，谋略。［31］旌：表彰。［32］循良之吏：奉公守法的清廉官吏。［33］草莱：此指民间。［34］置：安置。［35］群公之首：东汉上公，仅置太傅一人，位在三公上。卓茂为太傅，所以说“置诸群公之首”。［36］光复旧物：指收复故土或恢复旧时典章制度。［37］先务：首要的事务。［38］本原：根本，事物最重要的部分。

诸将围洛阳数月，朱鲔坚守不下。帝以廷尉岑彭尝为鲔校尉，令往说之。鲔在城上；彭在城下，为陈成败。鲔曰：“大司徒被害时，鲔与其谋，又谏更始无遣萧王北伐，诚自知罪深，不敢降！”彭还，具言于帝。帝曰：“举大事者不忌小怨。鲔今若降，官爵可保，况诛罚乎！河水在此，吾不食言！”彭复往告鲔，鲔从城上下索[1]曰：“必信，可乘此上。”彭趣[2]索欲上，鲔见其诚，即许降。辛卯[3]，朱鲔面缚[4]，与岑彭俱诣河阳。帝解其缚，召见之，复令彭夜送鲔归城。明旦，与苏茂等悉其众出降。拜鲔为平狄将军，封扶沟侯；后为少府，传封累世[5]。

帝使侍御史[6]河内杜诗[7]安集洛阳。将军萧广纵兵士暴横，诗敕晓[8]不改，遂格杀广，还，以状闻。上召见，赐以棨戟[9]，遂擢任[10]之。

冬，十月，癸丑[11]，车驾入洛阳，幸南宫，遂定都焉。

（以上为第五段，写光武帝宽仁大度，赦朱鲔之罪，不战而下洛阳，于是定都洛阳。）

【注释】

［1］下索：放下绳索。［2］趣（qū）：趋向。［3］辛卯：七月二十五日。［4］面缚：两手

反绑于身子背后。［5］累世：历代。［6］侍御史：官名，属少府，为御史中丞属官，职掌监察，或奉命出外执行指定任务。［7］杜诗（？—28）：字君公，河内郡汲县（今河南卫辉市）人，历任侍御史、南阳太守等。传见《后汉书》卷三十一。［8］敕晓：告诫晓谕。［9］棨（qǐ）戟：有缯衣或油漆的木戟。为古代官吏出行时用作前导的一种仪仗。［10］擢（zhuó）任：提拔任用。［11］癸丑：十月八日。

赤眉下书曰："圣公降者，封为长沙王；过二十日，勿受。"更始遣刘恭请降，赤眉使其将谢禄往受之。更始随禄，肉袒[1]，上玺绶于盆子。赤眉坐更始，置庭中，将杀之；刘恭、谢禄为请，不能得[2]，遂引更始出。刘恭追呼曰："臣诚力极[3]，请得先死！"拔剑欲自刎；樊崇等遽[4]共救止之。乃赦更始，封为畏威侯。刘恭复为固请，竟[5]得封长沙王。更始常依谢禄居，刘恭亦拥护[6]之。

刘盆子居长乐宫，三辅郡县、营长[7]遣使贡献，兵士辄剽夺[8]之，又数暴掠吏民，由是皆复固守。

百姓不知所归，闻邓禹乘胜独克而师行有纪，皆望风相携负[9]以迎军，降者日以千数，众号百万。禹所止，辄停车拄节[10]以劳来[11]之，父老、童稚，垂发[12]、戴白[13]满其车下，莫不感悦，于是名震关西。

诸将豪杰皆劝禹径攻[14]长安，禹曰："不然。今吾众虽多，能战者少，前无可仰之积，后无转馈之资；赤眉新拔长安，财谷充实，锋锐未可当也。夫盗贼群居无终日之计[15]，财谷虽多，变故万端，宁能坚守者也！上郡[16]、北地[17]、安定三郡，土广人稀，饶谷多畜，吾且休兵北道，就粮养士，以观其敝，乃可图也。"于是引军北至栒邑[18]，所到，诸营保[19]郡邑皆开门归附。

上遣岑彭击荆州群贼，下犨[20]、叶[21]等十余城。

十一月，甲午[22]，上幸怀。

梁王永称帝于睢阳。

十二月，丙戌[23]，上还洛阳。

三辅苦赤眉暴虐，皆怜更始，欲盗出[24]之；张卬等深以为虑，使谢禄缢杀之。刘恭夜往，收藏其尸；帝诏邓禹葬之于霸陵[25]。中郎将宛人赵憙[26]将出武关，道遇更始亲属，皆裸跣饥困，憙竭其资粮以与之，将护[27]而前；宛王赐闻之，迎还乡里。

（以上为第六段，写赤眉军暴虐三辅百姓，诛杀更始帝刘玄，邓禹进军陕北，觊觎关中。）

【注释】

[1]肉袒（tǎn）：脱去上衣，裸露肢体。古人请罪，常肉袒以示惶惧服罪。［2］不能得：没得到同意。［3］力极：力气用尽，竭尽全部力量。［4］遽：急忙。［5］竟：终于。［6］拥护：保护。［7］营长：当时地方武装头领的称号。［8］剽（piāo）夺：抢劫，掠夺。［9］携负：牵挽背负，即扶老携幼。［10］拄（zhǔ）节：持节。［11］劳来：慰问、劝勉前来的人。［12］垂发：儿童垂下的头发。此指儿童。［13］戴白：头顶白发。此指老年人。［14］径攻：直接攻打。［15］无终日之计：连贯彻一天的计划都没有。极言其无长远之计。［16］上郡：郡名，治所在今陕西榆林市东南。［17］北地：郡名，治所在今宁夏灵武市西南。［18］栒邑：县名，县治在今陕西旬邑县东北。［19］营保：即“营堡”，堡垒。［20］犨：县名，县治在今河南平顶山市西南。［21］叶：县名，县治在今河南叶县西南。［22］甲午：十一月三十日。［23］丙戌：十二月乙未朔，无丙戌日。［24］盗出：暗地里劫走。［25］霸陵：县名，县治在今陕西西安市临潼区西。［26］赵憙（前4—80）：《后汉书》本传作赵熹。字伯阳，南阳郡宛县人。光武帝时官至太尉，位三公。章帝时为太傅，位上公。传见《后汉书》卷二十六。［27］将护：卫护。

隗嚣归天水，复招聚其众，兴修故业，自称西州上将军。三辅士大夫避乱者多归嚣，嚣倾身引接[1]，为布衣交[2]；以平陵范逡[3]为师友[4]，前凉州刺史河内[5]郑兴[6]为祭酒[7]，茂陵申屠刚[8]、杜林[9]为治书[10]，马援[11]为绥德将军，杨广、王遵[12]、周宗及平襄行巡[13]、阿阳王捷[14]、长陵王元[15]为大将军，安陵班彪之属为宾客，由此名震西州，闻于山东。马援少时，以家用不足辞其兄况，欲就[16]边郡田牧[17]。况曰：“汝大才，当晚成；良工不示人以朴[18]，且从所好[19]。”遂之北地田牧。常谓宾客曰：“丈夫为志，穷当益坚，老当益壮。”后有畜数千头，谷数万斛，既而叹曰：“凡殖财产，贵其能赈施[20]也，否则守钱虏[21]耳！”乃尽散于亲旧。闻隗嚣好士，往从之。嚣甚敬重，与决筹策[22]。班彪，稚之子也。

初，平陵窦融[23]累世仕宦河西，知其土俗，与更始右大司马赵萌善，私谓兄弟曰：“天下安危未可知；河西殷富，带[24]河为固，张掖属国[25]精兵万骑，一旦缓急，杜绝河津[26]，足以自守，此遗种处也[27]！”乃因萌求往河西。萌荐融于更始，以为张掖属国都尉。融既到，抚结[28]雄杰，怀辑[29]羌虏，甚得其欢心。是时，酒泉太守安定梁统[30]、金城太守库钧[31]、张掖都尉茂陵史苞[32]、酒泉都尉竺曾[33]、敦煌都尉辛肜[34]，并州郡英俊，融皆与厚善。及更始败，融与梁统等计议曰：“今天下扰乱，未知所归。河西斗绝[35]在羌、胡中，不同心戮力，则不能自守，权钧力齐[36]，复无以相率，当推一人为大将军，共全五郡，观时变动。”议既定，而各谦让。以位次，咸共推梁统；统固辞，乃推融行河西五郡大将军事。武威太守马期、张掖太守任仲并孤立无党[37]，乃共移书告示之；二人即解印绶去。于是以梁统为武威太守，史苞为张掖太守，竺曾为酒泉太守，辛肜为敦煌太守。融居属国，领都尉职如故；置从事，监察五郡。河西民俗质朴，而融等政亦宽和，上下相亲，晏然富殖；修兵马，习战射，明烽燧[38]，羌、胡犯塞，融辄自将与诸郡相救，皆如符要[39]，每辄破之。其后羌、胡皆震服亲附，内郡流民避凶饥者[40]归之不绝[41]。

王莽之世，天下咸思汉德，安定三水卢芳[42]居左谷[43]中，诈称武帝曾孙刘文伯，云“曾祖母，匈奴浑邪王之姊也；”常以是言诳惑[44]安定间。王莽末，乃与三水属国羌、胡起兵。更始至长安，征芳为骑都尉，使镇抚[45]安定以西。更始败，三水豪杰共立芳为上将军、西平王，使使与西羌、匈奴结和亲。单于以为：“汉氏中绝，刘氏来归，我亦当如呼韩邪立之，令尊事我。”乃使句林王将数千骑迎芳兄弟入匈奴，立芳为汉帝，以芳弟程为中郎将，将胡骑还入安定。

（以上为第七段，写建武元年，中国西北部地区在战乱中的形势，窦融保河西，隗嚣据有天水，卢芳称帝于陕北。）

【注释】

［1］倾身：身体向前倾。用以形容对人谦卑恭顺。引接：召见接待。［2］布衣交：指犹如平民不拘身份地位高低那样的朋友。布衣，布制的衣服。布衣一般为平民所服，所以用“布衣”借指平民。［3］范逡（qūn）：扶风平陵县（今陕西咸阳市西）人。初同杜林等人一起避居河西，后归光武帝。［4］师友：官名，参决谋议，备顾问，待以师友之位。［5］河内：据章校，有的版本

“内”作“南”。《后汉书·郑兴传》云郑兴为河南人。［6］郑兴：字少赣，河南尹开封县（今河南开封市西南）人。刘玄时为凉州刺史，后归隗嚣。建武六年（30）光武帝征为太中大夫，后左迁莲勺令。兴明古学，尤精《左传》《周礼》。传见《后汉书》卷三十六。［7］祭酒：官名，职掌博士。［8］申屠刚：字巨卿，扶风茂陵县人。王莽时避居河西、巴蜀，建武七年（31）光武帝征为侍御史，后任尚书令、太中大夫等职。传见《后汉书》卷二十九。［9］杜林（？—47）：字伯山，扶风茂陵县人。初为郡吏，后避居河西。建武六年东归，光武帝征为侍御史，后官至大司空。传见《后汉书》卷二十七。［10］治书：即治书侍御史，官名，御史中丞属官，在殿中兰台掌图籍秘书。［11］马援（前14—49）：字文渊，扶风茂陵县人。王莽时为新成大尹。莽败，避乱河西，隗嚣以为绥德将军。后归光武帝，历任陇西太守、虎贲中郎将、伏波将军等，封新息侯。传见《后汉书》卷二十四。［12］王遵：字子春，京兆霸陵县人。王莽末年，隗嚣在陇右自称上将军，以遵为明威将军，后为大将军。后归光武帝，为太中大夫，封向义侯。［13］行巡：人名。初归隗嚣，为大将军。嚣败，降光武帝。［14］王捷：天水郡阿阳县（今甘肃静宁县西南）人。事隗嚣为大将军。建武八年（32），光武帝率师西征，兵败自杀。［15］王元：字惠孟，左冯翊长陵县（今陕西咸阳市东北）人。初事隗嚣，为大将军。嚣败，入蜀归公孙述。后降光武帝，历任上蔡令、东平相等。因事下狱死。［16］就：到。［17］田牧：畜牧。［18］朴：未雕琢的玉石材料，此泛指未经加工的原材料。喻才华不外露。［19］且从所好：去从事你自己意愿的事吧。［20］赈施：救济施与。［21］虏：奴。［22］筹策：谋划。［23］窦融（前16—62）：字周公，扶风平陵县人。刘玄时，据河西，称河西五郡大将军。后归光武帝，官至大司空，封安丰侯。传见《后汉书》卷二十三。［24］带：环绕。［25］张掖属国：张掖郡属国都尉。汉代于边郡设属国都尉，主管镇抚内属的少数民族。［26］杜绝河津：堵塞黄河渡口。［27］此遗种处也：此言河西乃为可得保全而不被灭绝之地。遗，留。［28］抚结：抚慰结纳。［29］怀辑：安抚招徕。［30］梁统：字仲宁，安定郡乌氏县（今宁夏固原市东南）人。刘玄时为酒泉太守。窦融称河西五郡大将军，以统为武威太守。后归光武帝，历任宣德将军、太中大夫、九江太守等，封陵乡侯。传见《后汉书》卷三十四。［31］库钧：《后汉书》作“厍钧”，人名。后随窦融归光武帝，封辅义侯。［32］史苞：字叔文。后为张掖太守。随窦融归光武帝，封褒义侯。［33］竺（zhú）曾：后为酒泉太守、武锋将军。随窦融归光武帝，封助义侯。［34］辛肜（róng）：后为敦煌太守、酒泉太守。随窦融归光武帝，封扶义侯。［35］斗绝：孤悬。［36］权钧力齐：彼此权势相当。钧，通“均”。［37］并孤立无党：指马期、任仲等人都孤立没有同党的人。并，都。党，同伙的人。［38］烽燧：古代边防报警的信号。白天放烟叫烽，夜间举火叫燧。［39］符要：盟约。［40］凶饥者：灾荒年岁逃荒的人。［41］归之不绝：归附窦融的人络绎不绝。［42］卢芳：字君期，安定郡三水县（今宁夏同心县东）人。诈称是汉武帝曾孙刘文伯。建武十六年（40）降光武帝，立为代王。后叛汉入匈奴。传见《后汉书》卷十二。［43］左谷：三水县地名，其地在县治东。［44］诳（kuáng）惑：欺骗迷惑。［45］镇抚：镇定抚辑。

帝以关中未定，而邓禹久不进兵，赐书责之曰："司徒，尧也；亡贼，桀也。长安吏民遑遑无所依归，宜以时进讨，镇慰西京，系百姓之心！"禹犹执[1]前意，别攻上郡诸县，更征兵[2]引谷[3]，归至大要[4]。积弩将军冯愔、车骑将军宗歆守栒邑，二人争权相攻，愔遂杀歆，因反击禹，禹遣使以闻。帝问使人："愔所亲爱为谁？"对曰："护军黄防。"帝度愔、防不能久和，势必相忤，因报禹曰："缚冯愔者，必黄防也。"乃遣尚书宗广持节往降之。后月余，防果执愔，将[5]其众归罪[6]。更始诸将王匡、胡殷、成丹等皆诣广降，广与东归；至安邑，道欲亡，广悉斩之。

愔之叛也，引兵西向天水；隗嚣逆击，破之于高平[7]，尽获其辎重。于是禹承制遣使持节命嚣为西州大将军，得专制[8]凉州[9]、朔方[10]事。

腊日[11]，赤眉设乐大会，酒未行，群臣更相辩斗；而兵众遂各逾宫[12]，斩关入[13]，掠酒肉，互相杀伤。卫尉诸葛稚闻之，勒兵入，格杀百余人，乃定。刘盆子惶恐，日夜啼泣；从官皆怜之。

帝遣宗正刘延攻天井关，与田邑连战十余合，延不得进。及更始败，邑遣使请降；即拜为上党太守。帝又遣谏议大夫储大伯持节征鲍永；永未知更始存亡，疑不肯从，收系大伯，遣使驰至长安，诇[14]问虚实。

初，帝从更始在宛，纳新野阴氏之女丽华[15]。是岁，遣使迎丽华与帝姊湖阳公主[16]、妹宁平公主[17]俱到洛阳；以丽华为贵人[18]。更始西平王李通先娶宁平公主，上征通为卫尉。

初，更始以王闳[19]为琅邪太守，张步据郡拒之。闳谕降，得赣榆[20]等六县；收兵与步战，不胜。步既受刘永官号，治兵于剧[21]，遣将徇泰山、东莱、城阳、胶东、北海、济南、齐郡[22]，皆下之。闳力不敌，乃诣步相见。步大陈兵而见之，怒曰："步有何罪，君前见攻之甚！"闳按剑曰："太守奉朝命，而文公[23]拥兵相拒。闳攻贼耳，何谓甚邪！"步起跪谢，与之宴饮，待为上宾，令闳关掌[24]郡事。

（以上为第八段，写光武帝建武元年岁末时形势，从三辅到山东齐鲁，西有赤眉军，东有梁王刘永、张步，东西一线成为战乱中心。）

【注释】

［1］执：坚持。［2］征兵：征调军队。［3］引谷：运输粮食。引，拉。［4］归至大要：到大要县集结。归，会集。大要，县名，县治在今甘肃宁县。［5］将：率领。［6］归罪：自首认罪。［7］高平：县名，县治在今宁夏固原市。［8］专制：独自掌管。［9］凉州：州名，其地辖有今甘肃大部、青海东部及宁夏南部等地区。［10］朔方：州名。西汉置朔方州，其地辖有今陕西北部、山西西北部黄河沿岸、内蒙古河套地区及宁夏北部等地区。东汉废，其地并入并州。［11］腊日：举行腊祭之日。农历十二月八日。［12］逾宫：越过宫墙。宫，指宫墙。［13］斩关入：砍断门栓进入。［14］诇（xiòng）：侦察。［15］丽华：阴丽华（5—64），南阳郡新野县人。更始元年（23）与刘秀结婚。建武元年（25）立为贵人，十七年（41）立为皇后。传见《后汉书》卷十上《皇后纪》。［16］湖阳公主：光武帝的姐姐刘黄，建武二年封为湖阳长公主。［17］宁平公主：光武帝的妹妹刘伯姬，李通的妻子。建武二年封为宁平长公主。［18］贵人：皇帝妃嫔的名号，位次皇后。［19］王闳（hóng）：王莽叔父王谭之子。王莽时为东郡太守，刘玄时为琅邪太守。后降光武帝。传见《后汉书》卷十二。［20］赣榆：县名，县治在今江苏连云港市赣榆区东北。［21］剧：县名，县治在今山东昌乐县西北。［22］“泰山”等：都是郡国名。其治所，都在今山东。泰山郡治在泰安市东，东莱郡治在龙口市东，城阳国都在莒县，胶东国都在青岛市即墨区西北，北海郡治在潍坊市西南，济南郡治在济南市章丘区西北，齐郡治所在淄博市东北。［23］文公：张步字。［24］关掌：通管。

二年（丙戌，26 年）

春，正月，甲子朔[1]，日有食之。

刘恭知赤眉必败，密教弟盆子归玺绶，习为辞让之言[2]。及正旦大会[3]，恭先曰：“诸君共立恭弟为帝，德诚深厚！立且一年，淆乱日甚，诚不足以相成，恐死而无益，愿得退为庶人，更求贤知，唯诸君省察！”樊崇等谢曰：“此皆崇等罪也。”恭复固请，或曰：“此宁式侯事邪！”恭惶恐起去。盆子乃下床解玺绶，叩头曰：“今设置县官而为贼如故，四方怨恨，不复信向，此皆立非其人所致。愿乞骸骨，避[4]贤圣路！必欲杀盆子以塞责[5]者，无所离死[6]！”因涕泣嘘唏[7]。崇等及会者数百人，莫不哀怜之，乃皆避席顿首[8]曰：“臣无状[9]，负陛下，请自今已后，不敢复放纵！”因共抱持盆子，带以玺绶；盆子号呼，不得已。既罢出，各闭营自守。三辅翕然，称天子聪明，百姓争还长安，市里[10]且满。后二十余日，复出，大掠如故。

刀子都为其部曲所杀，余党与诸贼会檀乡[11]，号檀乡贼，寇魏郡、清河。魏郡大吏李熊弟陆谋反城[12]迎檀乡，或[13]以告魏郡太守颍川铫期[14]，期召问熊，熊叩头首服[15]，愿与老母俱就死。期曰："为吏倘不若为贼乐者，可归与老母往就陆也！"使吏送出城。熊行，求得陆，将诣[16]邺城西门[17]；陆不胜愧感[18]，自杀以谢期。期嗟叹，以礼葬之，而还熊故职。于是郡中服其威信。

帝遣吴汉率王梁等九将军击檀乡于邺东漳水[19]上，大破之，十余万众皆降。又使梁与大将军杜茂[20]将兵安辑[21]魏郡、清河、东郡，悉平诸营保，三郡清静，边路流通[22]。

庚辰[23]，悉封诸功臣为列侯；梁侯邓禹、广平侯吴汉皆食四县。博士丁恭[24]议曰："古者封诸侯不过百里，强干弱枝[25]，所以为治也。今封四县，不合法制。"帝曰："古之亡国皆以无道，未尝闻功臣地多而灭亡者也。"阴乡侯阴识[26]，贵人之兄也，以军功当增封，识叩头让曰："天下初定，将帅有功者众，臣托属掖廷[27]，仍加爵邑，不可以示天下；此为亲戚受赏，国人计功[28]也。"帝从之。帝令诸将各言所乐，皆占[29]美县；河南太守颍川丁綝[30]独求封本乡。或问其故，綝曰："綝能薄功微，得乡亭[31]厚矣！"帝从其志，封新安乡侯。帝使郎中[32]魏郡冯勤[33]典诸侯封事；勤差量[34]功次[35]轻重，国土远近，地势丰薄，不相逾越，莫不厌服[36]焉。帝以为能，尚书众事皆令总录[37]之。故事：尚书郎以令史[38]久次[39]补之，帝始用孝廉[40]为尚书郎。

起[41]高庙于洛阳，四时合祀[42]高祖、太宗、世宗；建社稷于宗庙之右；立郊兆[43]于城南。

长安城中粮尽，赤眉收载珍宝，大纵火烧宫室、市里，恣行杀掠，长安城中无复人行；乃引兵而西，众号百万，自南山转掠城邑，遂入安定、北地。邓禹引兵南至长安，军昆明池[44]，谒祠高庙，收十一帝[45]神主[46]，遂诣洛阳；因巡行[47]园陵[48]，为置吏士奉守[49]焉。

（以上为第九段，写赤眉军退出长安，祸乱三辅。光武帝为平乱蓄势，大封功臣。）

【注释】

[1]甲子朔：正月一日。［2］习为辞让之言：学习推辞谦让的话。［3］正旦大会：正月一日大规模朝会。［4］避：让。［5］塞责：补过。［6］无所离死：不敢逃避死亡。［7］嘘唏：同“歔欷”，哽咽抽泣。［8］顿首：头叩地而拜。［9］无状：指行为丑恶，表现不好。［10］市里：街市里巷。［11］檀乡：瑕丘县地名，其地在今山东济宁市兖州区东北。［12］反城：献城投敌。［13］或：有人。［14］铫（yáo）期（？—34）：字次况，颍川郡郏县（今河南郏县）人。历任虎牙大将军、魏郡太守、卫尉等，封安成侯。传见《后汉书》卷二十。［15］首服：自首服罪。［16］将诣：带到。［17］西门：邺县县城的西门。邺县是魏郡治所。［18］愧感：惭愧与感激。［19］漳水：河流名，源于山西东部，上游二源，一名清漳水，一名浊漳水。东南流至河南、河北二省交界处汇合为一，名漳水。至河北磁县南，折向东北流，注入渤海。［20］杜茂（？—43）：字诸公，南阳郡冠军县（今河南邓州市）人。官至骠骑大将军，封参蘧乡侯。传见《后汉书》卷二十二。［21］安辑：安抚。［22］边路流通：由洛阳通往北部边郡的道路，畅通无阻。［23］庚辰：正月十七日。［24］丁恭：字子然，山阳郡东缗县（今山东金乡县）人。研治《公羊严氏春秋》，世称大儒。历任博士、少府、侍中祭酒、骑都尉等，封关内侯。传见《后汉书》卷七十九下。［25］强干弱枝：以树为喻，干喻指朝廷，枝喻指王、侯的封国。［26］阴识（？—59）：字次伯，南阳郡新野县人。光武帝阴皇后的同父异母哥哥。历任关都尉、侍中、执金吾等。初封阴乡侯，后定封原鹿侯。传见《后汉书》卷三十二。［27］托属掖廷：意谓身处外戚的行列。［28］亲戚受赏，国人计功：意谓亲戚无功即可授官赐爵，一般人有功才能受赏。语出《战国策·赵策三》，是公孙龙对平原君赵胜说的话。［29］占（zhān）：选择。［30］丁綝（lín）：字幼春，颍川郡定陵县（今河南漯河市郾城区西）人。历任偏将军、河南太守。初封新安乡侯，后徙封陵阳侯。［31］乡亭：指乡侯、亭侯。［32］郎中：指尚书郎中，官名。［33］冯勤（？—56）：字伟伯，魏郡繁阳县（今河南内黄县西北）人。官至司徒。传见《后汉书》卷二十六。［34］差（cī）量（liáng）：衡量。［35］功次：指功绩的大小、官阶升迁的先后顺序。［36］厌服：心服。［37］总录：总领，全面负责。［38］令史：尚书令史，官名，地位次于尚书郎。［39］久次：久居此官位。［40］孝廉：汉代举荐人才为官的科目之一。［41］起：兴建。［42］四时合祀：每年四季都将高祖、文帝、武帝合于一处祭祀。［43］郊兆：设于城郊祭祀天地的祭坛。［44］昆明池：湖沼名，汉武帝时开凿，位于长安西南郊。［45］十一帝：西汉十一位皇帝，即高、惠、文、景、武、昭、宣、元、成、哀、平。［46］神主：为死者做的牌位，用木或石制作。［47］巡行：巡视。［48］园陵：帝王的墓地。［49］奉守：供奉祭祀，守护墓地。

真定王杨造谶记[1]曰：“赤九之后，瘿杨为主[2]。”杨病瘿，欲以惑众；与绵曼[3]贼交通。帝遣骑都尉陈副、游击将军邓隆征之，杨闭城门不内。帝复遣前将军耿纯持节行幽、冀，所过劳慰王、侯，密敕收杨。纯至真定，止传舍，邀杨相见。纯，真定宗室之出[4]也，故杨不以为疑，且自恃众强，而纯意安静，即从官属诣之；杨兄弟并将轻兵在门外。杨入，见纯，纯接以礼敬，因延请其兄弟皆入；乃闭阁[5]，悉诛之，因勒兵而出。真定震怖，无敢动者。帝怜杨谋未发而诛，复封其子为真定王。

二月，己酉[6]，车驾幸修武[7]。

鲍永、冯衍审知[8]更始已亡，乃发丧，出储大伯等，封上印绶，悉罢兵，幅巾[9]诣河内。帝见永，问曰："卿众安在？"永离席叩头曰："臣事更始，不能令全，诚惭以其众幸[10]富贵，故悉罢之。"帝曰："卿言大[11]"，而意不悦。既而永以立功见用，衍遂废弃。永谓衍曰："昔高祖赏季布之罪[12]，诛丁固之功[13]；今遭明主凹，亦何忧哉！"衍曰："人有挑[14]其邻人之妻者，其长者[15]骂而少者报[16]之。后其夫死，取[17]其长者。或谓之曰：'夫非骂尔者邪！'曰：'在人[18]欲其报我，在我[19]欲其骂人也！'夫天命难知，人道易守，守道之臣，何患死亡。

大司空王梁屡违诏命[20]，帝怒，遣尚书宗广持节即军中斩梁；广槛车送京师。既至，赦之，以为中郎将，北守箕关。

壬子[21]，以太中大夫京兆宋弘为大司空。弘荐沛国桓谭，为议郎、给事中。帝令谭鼓琴，爱其繁声[22]。弘闻之，不悦；伺谭内出[23]，正朝服坐府上，遣吏召之。谭至，不与席而让之，且曰："能自改邪，将令相举以法[24]乎？"谭顿首辞谢；良久，乃遣之。后大会群臣，帝使谭鼓琴；谭见弘，失其常度。帝怪而问之，弘乃离席免冠[25]谢曰："臣所以荐桓谭者，望能以忠正导主；而令朝廷耽悦[26]郑声[27]，臣之罪也。"帝改容谢之。

湖阳公主新寡，帝与共论朝臣，微观[28]其意。主曰："宋公威容[29]德器[30]，群臣莫及。"帝曰："方且[31]图之。"后弘被引见，帝令主坐屏风后，因谓弘曰："谚言'贵易交，富易妻，'人情乎？"弘曰："臣闻贫贱之知不可忘，糟糠之妻不下堂[32]。"帝顾谓主曰："事不谐[33]矣！"

（以上为第十段，写光武帝扑灭刘杨反叛于萌芽之际，招降更始朝忠臣鲍永，以及尊礼耿正大臣宋弘，尽显一代明君的风采。）

【注释】

[1]真定王杨造谶记：真定王刘杨编造谶纬书记载的谶语。 [2]赤九之后，瘿（yǐng）杨为主：汉为火德，所以说“赤”。光武帝为汉高祖九世孙，所以说“九”。瘿，指生长在脖子上的一种囊状瘤子。当时真定王刘杨患有瘿病，所以以“瘿杨”自指。此谶记意谓：汉于刘秀之后，刘杨当为君主。 [3]绵曼：县名，县治在今河北石家庄市鹿泉区。 [4]出：姐妹出嫁所生，即外甥，外孙。耿纯的母亲当是真定王宗室之女。 [5]阁：小门。 [6]己酉：二月十六日。 [7]修武：县名，县治在今河南获嘉县。 [8]审知：确知。 [9]幅巾：古代男子以全幅细绢裹头的头巾。此言不戴帽子，只用幅巾裹头。 [10]幸：希求，侥幸得到。 [11]大：善，好。 [12]昔高祖赏季布之罪：在楚汉战争中，楚将季布几次使刘邦处于困境。灭项羽后，刘邦初以千金购求季布，敢藏匿者罪三族。后听臣谏，明白了“臣各为其主用，职耳”的道理，召布以为郎中。 [13]诛丁固之功：在楚汉战争中，楚将丁固曾放跑了刘邦，而灭楚后，刘邦以他“为项王臣不忠”而杀了他。事见《资治通鉴》十一卷高帝五年。 [14]挑（tiǎo）：挑逗，引诱。 [15]长者：年龄大的妻子。邻人有二妻，一年长，一年少。 [16]报：应许。 [17]取：通“娶”。 [18]在人：指为他人之妻时。 [19]在我：指为我的妻子时。此寓言故事见《战国策·秦策一》。 [20]屡违诏命：《后汉书·王梁传》：“建武二年，与大司马吴汉等俱击檀乡，有诏军事一属大司马，而梁辄发野王兵，帝以其不奉诏敕，令止在所县，而梁复以便宜进军。”屡违诏命，即指此。 [21]壬子：二月十九日。 [22]繁声：指浮靡的音乐。 [23]内出：从宫内出来。 [24]相举以法：列举罪行，绳之以法。 [25]免冠：脱帽。古人用以表示谢罪。 [26]耽悦：沉溺，特别喜好。 [27]郑声：古代郑地的地方音乐，后用以指淫荡的乐歌。 [28]微观：暗中观察。 [29]威容：庄重的仪容。 [30]德器：道德修养与才识度量。 [31]方且：将要。 [32]下堂：指妻子被丈夫遗弃。[33]不谐：不成。

帝之讨王郎也，彭宠发突骑以助军，转粮食，前后不绝。及帝追铜马至蓟，宠自负其功，意望甚高；帝接之不能满[1]，以此怀不平。及即位，吴汉、王梁，宠之所遣，并为三公，而宠独无所加，愈怏怏[2]不得志，叹曰：“如此[3]，我当为王；但尔者[4]，陛下忘我邪！”

是时北州破散，而渔阳差完[5]，有旧铁官[6]，宠转以贸谷，积珍宝，益富强。幽州牧朱浮，年少有俊才，欲厉风迹[7]，收士心，辟召州中名宿[8]及王莽时故吏二千石，皆引置[9]幕府；多发诸郡仓谷禀赡[10]其妻子。宠以为天下未定，师旅方起，不宜多置官属以损军实，不从其令。浮性矜急[11]自多[12]，宠亦狠强[13]，嫌怨转积[14]。浮数谮构[15]之，密奏宠多聚兵谷，意计[16]难量。上辄漏泄令宠闻，以胁恐之[17]。至是，有诏征宠，宠上疏，愿与浮俱征；帝不许。宠益以自疑；其妻素刚，不堪抑屈[18]，固劝无受征，曰："天下未定，四方各自为雄，渔阳大郡，兵马最精，何故为人所奏而弃此去乎！"宠又与所亲信吏计议，皆怀怨于浮，莫有劝行者。帝遣宠从弟子后兰卿喻之；宠因留子后兰卿，遂发兵反，拜署将帅，自将二万余人，攻朱浮于蓟。又以与耿况俱有重功，而恩赏并薄，数遣使邀诱况；况不受，斩其使。

延岑复反，围南郑。汉中王嘉兵败走，岑遂据汉中，进兵武都；为更始柱功侯李宝所破，岑走天水。公孙述遣将侯丹取南郑；嘉收散卒得数万人，以李宝为相，从武都南击侯丹，不利，还军河池[19]、下辨[20]，复与延岑连战。岑引北，入散关[21]，至陈仓[22]；嘉追击，破之。

公孙述又遣将军任满[23]从阆中[24]下江州[25]，东据扞关[26]，于是尽有益州之地。

（以上为第十一段，写幽州牧朱浮逼反渔阳太守彭宠，公孙述全据益州之地。）

【注释】

[1]满：指满足意愿。[2]快（yàng）快：形容不满意的神情。[3]如此：指吴汉、王梁皆为三公事。[4]尔者：如此，指自己目前的状况。[5]差完：略微完整。[6]铁官：汉代铁实行官营，于各地设铁官，负责铁的采冶和铁器的铸造。[7]厉风迹：激励改革风俗。[8]名宿：素有名望的人。[9]引置：举用安置。[10]禀赡：供应粮食等生活物资。[11]矜急：高傲严厉。[12]自多：自负，自满。[13]狠强：凶狠倔强。[14]嫌怨转积：指嫌怨越来越深。怨，恨，仇怨。[15]谮（zèn）构：诬陷。[16]意计：意图。[17]以胁恐之：用泄漏朱浮的告状信内容来要挟、恐吓彭宠，使其畏惧。[18]抑屈：压抑委屈。[19]河池：县名，县治在今甘肃徽县西北。[20]下辨：县名，县治在今甘肃成县西北。[21]散关：关名，其地在今陕西宝鸡市西南。[22]陈仓：县名，县治在今陕西宝鸡市东。[23]任满：人名，公孙述部将，后述以为大司徒。建武十一年（35）岑彭率军进击公孙述，满为述将所杀。[24]阆（làng）中：县名，县治在今四川阆中市。[25]江州：县名，县治在今重庆市北。[26]扞关：关名，又作"捍关"，其地在今重庆市奉节县东北。

辛卯[1]，上还洛阳。

三月，乙未[2]，大赦。

更始诸大将在南方未降者尚多。帝召诸将议兵事，以檄叩地[3]曰："郾最强，宛为次，谁当击之？"贾复率然对曰："臣请击郾。"帝笑曰："执金吾击郾，吾复何忧！大司马当击宛。"遂遣复击郾，破之；尹尊降。又东击更始淮阳太守暴汜，汜降。

夏，四月，虎牙大将军盖延督驸马都尉马武等四将军击刘永，破之；遂围永于睢阳。

故更始将苏茂反，杀淮阳太守潘蹇，据广乐[4]而臣于永；永以茂为大司马、淮阳王。

吴汉击宛，宛王赐奉更始妻子诣洛阳降；帝封赐为慎侯。叔父良、族父歙、族兄祉皆自长安来。甲午[5]，封良为广阳王，祉为城阳王；又封兄缜子章[6]为太原王，兴[7]为鲁王；更始三子求、歆、鲤皆为列侯[8]。

邓王王常降，帝见之甚欢，曰："吾见王廷尉，不忧南方矣！"拜为左曹[9]，封山桑侯。

五月，庚辰[10]，封族父歙为泗水王。

帝以阴贵人雅性宽仁，欲立以为后。贵人以郭贵人有子，终不肯当。六月，戊戌[11]，立贵人郭氏为皇后，以其子强[12]为皇太子；大赦。

丙午[13]，封泗水王子终[14]为淄川王。

秋，贾复南击召陵、新息，平之。复部将杀人于颍川，颍川太守寇恂捕得，系狱。时尚草创，军营犯法，率多相容，恂戮之于市。复以为耻，还，过颍川，谓左右曰："吾与寇恂并列将帅，而为其所陷，今见恂，必手剑之！"恂知其谋，不欲与相见。姊子谷崇曰："崇，将也，得带剑侍侧；卒[15]有变，足以相当。"恂曰："不然，昔蔺相如不畏秦王而屈于廉颇者，为国也[16]。"乃敕属县盛供具[17]，储酒醪[18]；执金吾[19]军入界，一人皆兼二人之馔[20]。恂出迎于道，称疾而还。复勒兵欲追之，而吏士皆醉，遂过去。恂遣谷崇以状闻，帝乃征恂。恂至，引见；时贾复先在坐，欲起相避。帝曰："天下未定，两虎安得私斗！今日朕分[21]

之。”于是并坐极欢，遂共车同出，结友而去。

八月，帝自率诸将征五校；丙辰[22]，幸内黄[23]，大破五校于羛阳[24]，降其众五万人。

帝遣游击将军邓隆助朱浮讨彭宠；隆军潞[25]南，浮军雍奴[26]，遣吏奏状。帝读檄，怒，谓使吏曰：“营相去百里，其势岂可得相及！比若还[27]，北军必败矣。”彭宠果遣轻兵击隆军，大破之；浮远，遂不能救。

盖延围睢阳数月，克之。刘永走至虞[28]，虞人反，杀其母、妻；永与麾下数十人奔谯[29]。苏茂、佼强、周建合军三万余人救永；延与战于沛[30]西，大破之。永、强、建走保湖陵[31]，茂奔还广乐；延遂定沛、楚、临淮[32]。

帝使太中大夫伏隆[33]持节使青、徐二州，招降郡国。青、徐群盗闻刘永破败，皆惶怖请降。张步遣其掾孙昱随隆诣阙上书，献鳆鱼。隆，湛之子也。

堵乡[34]人董䜣反宛城，执南阳太守刘驎。扬化将军坚镡[35]攻宛，拔之；䜣走还堵乡。

吴汉徇南阳诸县，所过多侵暴。破虏将军邓奉[36]谒归[37]新野，怒汉掠其乡里，遂反，击破汉军，屯据淯阳，与诸贼合从。

九月，壬戌[38]，帝自内黄还。

（以上为第十二段，写光武帝北征南讨受挫。邓隆北援朱浮被彭宠击败，贾复、吴汉南讨，军纪不肃，南人降而复叛，南方战事陷于胶着。）

【注释】

[1]辛卯：二月甲午朔，无辛卯日。 [2]乙未：三月癸亥朔，无乙未日。 [3]以檄叩地：此言以檄板捣击地面。檄，官府用以征召、晓谕、声讨的文书，用木简书写，简长一尺二寸。[4]广乐：虞县地名，位于县治西南，在今河南虞城县西北。 [5]甲午：四月二日。 [6]章：刘章（？—46），刘縯之子。曾任平阴令、梁郡太守。初封太原王，后徙封齐王。 [7]兴：刘兴（？—64），刘縯之子，继为光武二兄刘仲后。曾任缑氏令、弘农太守。初封鲁王，后徙封北海王。传见《后汉书》卷十四。 [8]三子求、歆、鲤皆为列侯：更始帝刘玄的三个儿子都封为列侯。刘求封襄邑侯（后徙封成阳侯），刘歆封谷孰侯，刘鲤封寿光侯。 [9]左曹：加官名。 [10]庚辰：五月十九日。 [11]戊戌：六月七日。 [12]强：刘强（25—58），光武帝之子。初立为皇太子，

后封为东海王。传见《后汉书》卷四十二。［13］丙午：六月十五日。［14］终：刘终（？—34），刘歙之子。刘玄时为侍中。少时与刘秀关系亲密，建武二年封为淄川王。［15］卒：通“猝”，突然。［16］“昔蔺相如”二句：蔺相如不与廉颇争地位高低，是忠于国家的表现。事见《资治通鉴》卷四周赧王三十六年。［17］供具：陈设酒食的器具，此指酒食。［18］储酒醪：置办醇香的酒。酒醪（láo），汁滓混合之酒，此指酒。［19］执金吾：指贾复，此时复任执金吾之职。［20］馔（zhuàn）：食物。［21］分：解。［22］丙辰：八月二十六日。［23］内黄：县名，县治在今河南内黄县西北。［24］羛（xī）阳：内黄县村镇名，位于县治南，在今内黄县西南。［25］潞（lù）：县名，县治在今河北大厂回族自治县西北。［26］雍奴：县名，县治在今天津市武清区西北。［27］比若还：等到你回师。［28］虞：县名，县治在今河南虞城县北。［29］谯（qiáo）：县名，县治在今安徽亳州市。［30］沛：县名，县治在今江苏沛县。［31］湖陵：县名，县治在今山东鱼台县东南。东汉章帝时改名湖陆县。［32］沛、楚、临淮：三郡国名。沛郡，治所相县，在今安徽淮北市相山区。楚，国名，都彭城，在今江苏徐州市。临淮郡，治所盱眙县，在今江苏盱眙县西北。［33］伏隆：字伯文。伏湛之子。历任太中大夫、光禄大夫。后被张步所杀。传见《后汉书》卷二十六。［34］堵乡：堵阳县乡名，在今河南方城县。［35］坚镡（？—50）：字子仅，颍川郡襄城县（今河南襄城县）人。历任扬化将军、左曹，封合肥侯。传见《后汉书》卷二十二。［36］邓奉：南阳郡新野县人，邓晨兄子。在小长安战败，被杀。［37］谒归：请假回家。［38］壬戌：九月二日。

陕贼苏况攻破弘农；帝使景丹讨之。会丹薨，征虏将军祭遵击弘农、柏华[1]、蛮中[2]贼，皆平之。

赤眉引兵欲西上陇[3]，隗嚣遣将军杨广迎击，破之；又追败之于乌氏[4]、泾阳[5]间。赤眉至阳城[6]番须[7]中，逢大雪，坑谷皆满，士多冻死；乃复还，发掘诸陵[8]，取其宝货。凡有玉匣殓者，率[9]皆如生；贼遂污辱吕后[10]尸。邓禹遣兵击之于郁夷[11]，反为所败；禹乃出之云阳[12]。赤眉复入长安。延岑屯杜陵，赤眉将逢安击之。邓禹以安精兵在外，引兵袭长安；会谢禄救至，禹兵败走。延岑击逢安，大破之，死者十余万人。

廖湛将赤眉十八万攻汉中王嘉；嘉与战于谷口[13]，大破之，嘉手杀湛，遂到云阳就谷[14]。嘉妻兄新野来歙[15]，帝之姑子也，帝令邓禹招嘉，嘉因歙诣禹降。李宝倨慢[16]，禹斩之。

冬，十一月，以廷尉岑彭为征南大将军。帝于大会中指王常谓群臣曰："此家[17]率下江诸将辅翼汉室，心如金石，真忠臣也！"即日，拜常为汉忠将军，使与岑彭率建义大将军朱祐等七将军讨邓奉、董䜣。彭等先击堵乡，邓奉救之。朱祐军败，为奉所获。

铜马、青犊、尤来余贼共立孙登为天子。登将乐玄杀登，以其众五万余人降。

邓禹自冯愔叛后，威名稍损，又乏粮食，战数不利，归附者日益离散。赤眉、延岑暴乱三辅，郡县大姓各拥兵众，禹不能定。帝乃遣偏将军冯异代禹讨之，车驾送至河南[18]，敕异曰："三辅遭王莽、更始之乱，重以赤眉、延岑之丑[19]，元元涂炭[20]，无所依诉。将军今奉辞[21]讨诸不轨，营保降者，遣其渠帅诣京师；散其小民，令就农桑；坏其营壁，无使复聚。征伐非必略地、屠城，要在平定安集之耳。诸将非不健斗，然好虏掠。卿本能御吏士，念自修敕，无为郡县所苦！"异顿首受命，引而西；所至布威信，群盗多降。

臣光曰：昔周人颂武王之德曰[22]："铺时绎思[23]，我徂惟求定[24]。"言王者之兵志在布陈威德安民而已。观光武之所以取关中，用是道也。岂不美哉！

又诏征邓禹还，曰："慎毋与穷寇[25]争锋！赤眉无谷，自当来东；吾以饱待饥，以逸待劳，折棰笞[26]之，非诸将忧也。无得复妄进兵！"帝以伏隆为光禄大夫，复使于张步，拜步东莱[27]太守，并与新除青州牧、守、都尉俱东。诏隆辄拜令、长以下[28]。

十二月，戊午[29]，诏宗室列侯为王莽所绝者，皆复故国。

三辅大饥，人相食，城郭皆空，白骨蔽野，遗民往往聚为营保，各坚壁清野。赤眉虏掠无所得，乃引而东归，众尚二十余万，随道复散。帝遣破奸将军侯进等屯新安[30]，建威大将军耿弇等屯宜阳[31]，以要其还路，敕诸将曰："贼若东走，可引宜阳兵会新安；贼若南走，可引新安兵会宜阳。"冯异与赤眉遇于华阴，相拒六十余日，战数十合，降其将卒五千余人。

（以上为第十三段，写赤眉军西窜东逃，走上穷途末路，光武帝派出冯异、侯进、耿弇数路大军布置天网，只等赤眉军自投罗网。）

【注释】

[1]柏（bǎi）华：村镇名，今地不详。[2]蛮中：地名，位于县治东南，在今河南汝阳县东南。[3]陇：县名，县治在今甘肃张家川回族自治县。[4]乌氏：县名，县治在今宁夏固原市东南。[5]泾阳：县名，县治在今甘肃平凉市西北。[6]阳城：汧县地名，位于县治西北，在今甘肃华亭市南。[7]番须：即番须口，汧县地名，位于县治西北，在阳城南，在今陕西陇县西北。[8]诸陵：西汉各帝的陵墓。[9]率：都。[10]吕后：汉高祖吕皇后，与高祖合葬长陵，高祖陵在西，吕后陵在东。[11]郁夷：县名，县治在今陕西宝鸡市东。[12]云阳：县名，县治在今陕西淳化县西北。[13]谷口：县名，县治在今陕西礼泉县东北。[14]就谷：到粮多的地方取得给养。[15]来歙（？—35）：字君叔，南阳郡新野县人。历任太中大夫、中郎将。传见《后汉书》卷十五。[16]倨（jù）慢：傲慢。[17]此家：此人。[18]河南：县名，县治在今河南洛阳市。[19]丑：凶残。[20]涂炭：此喻极困苦的景况。[21]奉辞：奉命。[22]周人颂武王之德曰：引诗见《诗经·周颂·赉》。此诗是颂扬周文王之德，此处为周武王，司马光误。[23]铺时绎思：此言布陈恩德。铺，同“敷”，布。时，是，此指恩德。绎（yì），陈。思，语气助词，无义。[24]我徂惟求定：此言我前往征伐是为了求得天下安定。徂（cū），往。[25]穷寇：处境困窘的敌人。[26]棰笞：用鞭抽打。棰（chuí），鞭、杖。笞（chī），鞭打，杖击。[27]东莱：郡名，治所在今山东龙口市。[28]诏隆辄拜令、长以下：下诏书给伏隆，可以有权任命县长、县令，及其以下的官员。辄，专擅，特授的权力。拜，任命。[29]戊午：十二月三十日。[30]新安：县名，县治在今河南渑池县东。[31]宜阳：县名，县治在今河南宜阳县西。

【点评】

论光武中兴。本卷点评着重评述刘秀的人格魅力。

光武帝的统一战略分为三步。第一步，经营河北，建立根据地，用了近四年时间，河北粗安。第二步，南向争天下，扫荡山东群雄，安定中原，用了三年时间。第三步，用兵陇蜀，平定隗嚣和公孙述，用了六年时间。光武帝中兴，扫灭群雄，完成全国统一，前后用了十三年的时间，《资治通鉴》用了三卷的篇幅来载述，即卷三十二、三十三、三十四，每卷正好是光武帝的一个战略步骤。本卷载述光武帝经营河北，建立根据地的史事，是统一战略的第一步，也是光武帝统一事业最艰难的时期，仅凭更始帝的一纸诏书，一根符节，徒手打天下，又遭逢王郎之变，光武帝几乎性命不保，但他胜利了。光武帝为何取得胜利，是本卷点评的重心，所以着重评述刘秀的人格魅力。下面从经营河北、纳降朱鲔、受降赤眉、用心文治四个方面，略述如次。

第一，经营河北。刘秀为人谦和，办事谨慎小心，营中诸将原本看不起他。昆阳之战，在危急关头，刘秀尽显英雄本色，一夜间声名远播。他临危不惧，有谋有略，有胆有识，冲锋陷阵，勇冠三军。刘秀成了全军的灵魂，大家这才看到刘秀的内刚，智勇双全，是一个超凡绝伦的人物。绿林诸将杀害刘秀兄长刘縯时，刘秀表现出的冷静与忍辱能力也不同凡响。更始元年（23），刘玄计划北上，迁都洛阳，要派一位大将到河北去安抚那里的军民，最适合的人选非刘秀莫属。刘秀到达洛阳，恢复西汉官名、服饰，不接受官民赠送的礼物，赢得一片赞扬声。刘秀带队出行，严肃威武，老人看见感动得流泪说："想不到今天重新看到汉家威仪。"刘秀到了河北，巡行诸郡县，释放囚徒，废除王莽苛政，一路顺风，到达河北卢奴（今河北定州市）。这时突然发生剧变，邯郸王郎诈称是西汉成帝的儿子刘子舆，自称汉帝，河北郡县纷纷反叛。王郎声势浩大，刘秀走投无路。幸亏得到渔阳太守彭宠、上谷太守耿况的支持，刘秀才站稳脚跟。彭宠派大将吴汉、王梁率领步骑三千，耿况派儿子耿弇率领突骑二千追随刘秀。南阳人邓禹，千里追明主来到河北，成了刘秀的智囊。刘秀与邓禹制定了夺取天下的方针，军事上纪律严明，赏罚分明，政治上广招人才，争取民心，步骤上先灭王郎，次并河北铜马、青犊等上百万农民军，建立河北根据地，然后南向以争天下。不到一年的光景，刘秀实现了割据河北的目的，于是与更始政权决裂。更始三年（25）六月，刘秀在鄗县（今河北高邑县）即皇帝位，国号汉，改年号，以当年为建武元年。不久，定都洛阳，史称东汉。刘秀死后，谥号光武，史称光武帝。

第二，纳降朱鲔。绿林诸将杀害刘縯的主谋是朱鲔，胁从策划的是与刘縯、刘秀一同起兵的友人李轶。对朱鲔来说，他替更始帝刘玄排除对手，这叫人各为其主，尽管是主谋，道理上可以理解，敌对斗争，不是你死就是我亡，没有道义责任。对李轶来说，他投靠了新主子，出卖了旧主子，是刘氏叛徒，人品低下，是见利忘义的小人。朱鲔可恕，李轶不可恕。当刘秀在河北独大，与更始政权决裂以后，朱鲔、李轶最为恐慌。朱鲔是更始政权的中坚，掌握军事大权。朱鲔派李轶率领三十万大军守洛阳，阻击刘秀南下和西进。

刘秀部署邓禹率领精兵二万入河东图取关中。派寇恂为河内太守，冯异留守魏郡为孟津将军，共同对付洛阳之敌。刘秀接受冯异的建议招降李轶。冯异写信给李轶，分析形势，陈说祸福，劝他投降。李轶回信说："我李轶与萧王刘秀，原本共同起兵兴复汉室。如今我李轶守洛阳，将军您守孟津，都是军事战略重镇，这是千载难逢的良机，你我二人齐心协力，足可断金。请您把我的意思转达给萧王，我甘愿献计出力，帮助他定国安民。"刘秀让冯异把李轶的信公开，假手朱鲔诛杀了李轶。接着朱鲔亲自死守洛阳，汉军久攻不克。刘秀派岑彭招降朱鲔，朱鲔坦诚地说："杀害萧王之兄刘縯是我朱鲔主谋，宁可战死，决不投降受辱而死。"刘秀再让岑彭转告朱鲔说："做大事业的人，不计小怨，朱鲔投降，保有原官原职，滔滔黄河可以作证，我刘秀决不食言。”于是朱鲔率领全军投降，刘秀不战而下洛阳，宣布洛阳为都城。朱鲔降汉后，果然被任命为将军，封列侯。

朱鲔、李轶同是恶人，刘秀均恨之入骨，早就恨不得杀掉二人为兄长报仇。两人为了生存，同心死守洛阳，如果汉军久攻不下，可能形势逆转。当时河北未靖，更始未灭，赤眉正隆。刘秀鉴于更始失策，必须迅速拿下居天下之中的洛阳，定为都城，以此号令天下，使英雄有所归附。光复汉室的大局在此一举，个人恩仇只是小怨。但叛徒李轶决不可恕。于是光武帝略施小技，借朱鲔之手除掉李轶，然后招降朱鲔，释却前嫌。朱鲔效忠补过，可以说功大于过，理不可杀。李轶反复无常，没有丝毫气节，他是自取灭亡。

刘秀招降的不同策略，表现了他的深谋与正义，雄略之主也。

第三，受降赤眉。赤眉军首领只有徐宣一人做过狱吏，樊崇、逢安、谢禄等人都不识字，政治、军事知识都很缺乏，一路抢掠烧杀，不知建立根据地，不懂长远治国。赤眉军打败更始，决不能长久。赤眉军与更始政权展开生死战，一死一伤，刘秀坐收渔利。长安粮尽，赤眉军东归。刘秀派英勇善战的冯异代替邓禹在华阴阻击和追杀赤眉军。又派出破奸将军侯进屯驻新安，建威大将军耿弇屯驻宜阳，以逸待劳。刘秀告诫诸将说：“赤眉军出关东逃，宜阳之军出动到新安会合；赤眉军如果南逃，新安之军出动到宜阳会合。”冯异在华阴与赤眉军对峙六十余日，大败赤眉军，使赤眉军受到很大消耗。接着冯异追击，又在崤底再败赤眉军。赤眉军东归二十余万大军，只剩下十余万。等到赤眉军残余走到宜阳，遭到宜阳、新安两路大军合击，刘秀亲自统军，赤眉军丧失斗志，不战而降。赤眉军最终败降在建武三年春闰二月，所以写入下卷。

更始政权瓦解，赤眉军被消灭，东汉政权得到巩固。全国统一，只是早晚之间的事。刘秀完成了汉室中兴，史称光武中兴。

第四，用心文治。刘秀即位伊始就寻访前朝的清廉官吏和隐逸守志的士大夫。刘秀征召伏湛，起用卓茂。伏湛是秦末大儒济南伏生之后，世代书香门第。更始立，伏湛任平原太守，即使在战乱之中，伏湛仍教授不废，他是当时的知名大儒。刘秀征召伏湛为尚书，拜为司直，代理大司徒之职，两年后正式任职大司徒。卓茂在哀帝时任密县县令，政宽爱民，深受人民爱戴。王莽为代理皇帝，卓茂就辞职回家。光武帝即位，卓茂已七十多岁，没有行政能力了。光武帝仍然征起，下诏表扬说：“名誉满天下的，应该受到国家的重赏，任命卓茂为太傅，封为褒德侯。”

伏湛、卓茂的被征用，表达了光武帝的一个治国信号，全国统一后，军人将退出政治舞台，士大夫文人将为治国中坚。刘秀的思虑何其深远。光武中兴，刘秀成为真命天子，不是应该的吗？

卷四一　汉纪三十三

汉光武帝建武三年至五年（27—29 年）

【起强圉大渊献（丁亥，27 年），尽屠维赤奋若（己丑，29 年），凡三年】

【大事提要】

本卷记事起公元 27 年，讫公元 29 年，凡三年，当光武帝建武三年至建武五年。这一时期，是光武帝定天下最有成效的三年，也是西汉末群雄逐鹿中原战斗最激烈的时期。首先，将赤眉军赶出关中，消灭于河南，使东汉根基站稳洛阳。其次，以善战的冯异代邓禹入镇关中，并羁縻天水隗嚣，成功地阻止了公孙述北上。光武帝分遣诸将征讨，不时亲征，次第平灭了张丰、秦丰、刘永、张步，破董宪、走田戎，中原大局粗安。在并灭群雄过程中，因处置失当，逼反邓丰、彭宠、庞萌，使局势一度逆转，最终三叛将亦被扫灭。建武五年，南疆交趾、西域各国归附汉朝。河西窦融附汉，牵制隗嚣，使之迟迟不敢称王。此时期之末，天下未平者，尚有三大割据集团。西北有卢芳，勾结匈奴扰乱北疆；天水隗嚣不听班彪、郑兴劝谏，阴蓄异态；西蜀公孙述割据称帝；光武帝四分天下已有其三，占绝对优势。

世祖光武皇帝上之下

建武三年（丁亥，27 年）

春，正月，甲子[1]，以冯异为征西大将军。邓禹惭于受任无功，数以饥卒徼赤眉战，辄[2]不利；乃率车骑将军邓弘等自河北度至湖[3]，要[4]冯异共攻赤眉。异曰："异与贼相拒数十日，虽虏获雄将，余众尚多，可稍以恩信倾诱[5]，难卒用兵破也。上今使诸将屯渑池[6]，要其东，而异击其西，一举取之，此万成计[7]也！"禹、弘不从，弘遂大战移口[8]。赤眉阳[9]败，弃辎重走；车皆载土，以豆覆其上，兵士饥，争取之。赤眉引还，击弘，弘军溃乱；异与禹合兵救之，赤眉小却[10]。异以士卒饥倦，可且休；禹不听，复战，大为所败，死伤者三千余人，禹以二十四骑脱归宜阳。异弃马奔走，上回溪阪，与麾下数人归营，收其散卒，复坚壁自守。

辛巳[11]，立四亲庙于雒阳[12]，祀父南顿君以上至舂陵节侯。

壬午[13]，大赦。

闰月，乙巳[14]，邓禹上大司徒、梁侯印绶；诏还梁侯印绶，以为右将军。

冯异与赤眉约期会战，使壮士变服与赤眉同，伏于道侧。旦日[15]，赤眉使万人攻异前部，异少出兵以救之；贼见势弱，遂悉众攻异，异乃纵兵大战。日昃[16]，贼气衰，伏兵卒[17]起，衣服相乱，赤眉不复识别，众遂惊溃；追击，大破之于崤底[18]，降男女八万人。帝降玺书劳异[19]曰："始虽垂翅回溪[20]，终能奋翼渑池[21]，可谓失之东隅[22]，收之桑榆[23]。方论[24]功赏，以答大勋[25]。"

赤眉余众东向宜阳。甲辰[26]，帝亲勒六军，严陈[27]以待之。赤眉忽遇大军，惊震不知所谓[28]，乃遣刘恭乞降曰："盆子将百万众降陛下，何以待之？"帝曰："待汝以不死耳！"丙午[29]，盆子及丞相徐宣以下三十余人肉袒降，上所得传国玺[30]绶。积兵甲宜阳城西，与熊耳山[31]齐。赤眉众尚十余万人，帝令县[32]厨[33]皆赐食。明旦，大陈兵马临雒水，令盆子君臣列而观之。帝谓樊崇等曰："得无悔降乎？朕今遣卿归营，勒兵鸣鼓相攻，决其胜负，不欲强相服也。"徐宣等叩头曰："臣等出长安东都门，君臣计议，归命圣德。百姓可与乐成[34]，难与图始，故不告众耳。今日得降，犹去虎口归慈母，诚欢诚喜，无所恨也！"帝曰："卿所谓铁中铮铮[35]，佣中佼佼[36]者也！"戊申[37]，还自宜阳。帝令樊崇等各与妻子居雒阳，赐之田宅。其后樊崇、逄安反，诛；杨音、徐宣卒于乡里。帝怜盆子，以为赵王[38]郎中；后病失明，赐荥阳均输官[39]地，使食其税终身。刘恭为更始报仇，杀谢禄，自系狱；帝赦不诛。

（以上为第一段，写赤眉军的覆没，并交代赤眉诸将和刘盆子的后事。）

【注释】

[1]甲子：正月六日。[2]辄：常常，总是。[3]自河北度至湖：河北，县名，县治在今山西芮城县西，位于黄河北岸。度，通“渡”，过水为渡。湖县在黄河南岸，隔河与河北县南北相对。[4]要（yāo）：约。[5]倾诱：诱使别人顺服。[6]渑池：即黾池，县名。县治在今河南渑池县西。[7]万成计：万全之策。[8]移日：日影移动，言时间长久。[9]阳：通“佯”，假装。[10]小却：稍稍后退。[11]辛巳：正月二十三日。[12]立四亲庙于雒阳：光武帝在洛阳修建了四代亲庙。父以上四世，即高祖买（春陵节侯）、曾祖外、祖回、父钦。雒，“洛”的古体字。[13]壬午：正月二十四日。[14]闰月，乙巳：本年闰二月戊午朔，无乙巳日。乙巳为二月十八日。[15]旦日：天亮时。[16]日昃（zè）：太阳偏西。[17]卒（cù）：通“猝”，突然。[18]崤（xiáo）底：地名，位于崤山山谷之底，在今河南渑池县西南。[19]降玺书劳异：下达加盖皇帝玺印的诏书慰劳冯异。降，下达。劳，慰劳。[20]垂翅回溪：指冯异兵败回溪。垂翅，垂翼，谓鸟翅下垂不能高飞。此喻指人受挫折，才力未能施展。[21]奋翼渑池：指于崤底大破赤眉军。奋翼，振翼高飞。此喻指人奋力有为。[22]东隅：东方。日出东隅，所以用以指早晨。早晨为一天的开始，所以引申为始、初。[23]桑榆：桑树与榆树。日落时光照桑榆，所以用以指日暮。日暮为一天的最后，所以引申为后。[24]方论：正在议定。[25]以答大勋：用来报答你的大功。答，报答。大勋，大功。[26]甲辰：二月十七日。[27]严陈：严阵。[28]所谓：所为。谓，通“为”。[29]丙午：二月十九日。[30]传国玺：秦以后皇帝世代相传的印章。相传秦用蓝田玉刻制，上纽交五龙，正面刻秦篆“受命于天，既寿永昌”八字。秦亡归汉，世世传受。[31]熊耳山：山名，在今河南卢氏县、嵩县之间。秦岭东段支脉，以东西两峰相峙，状如熊耳得名。[32]县：指宜阳县。[33]厨：主管粮饷的官员。[34]乐成：乐享成功。[35]铁中铮铮：比喻才能较为出众的人。[36]佣中佼佼：指在平凡的人中才能较为突出。佣，通“庸”，平凡的人。佼（jiǎo）佼，美好出众。[37]戊申：二月二十一日。[38]赵王：指刘秀叔父赵王刘良。[39]均输官：此指均输官之衙署。均输官属大司农。大司农下置均输令、丞，统一征收、买卖和运输货物。

二月，刘永立董宪为海西王。永闻伏隆至剧，亦遣使立张步为齐王。步贪王爵，犹豫未决。隆晓譬曰：“高祖与天下约，非刘氏不王；今可得为十万户侯耳！”步欲留隆，与共守二州[1]；隆不听，求得反命，步遂执隆而受永封。隆遣间使[2]上书曰：“臣隆奉使无状，受执凶逆；虽在困厄，授命[3]不顾。又，吏民知步反畔，心不附之，愿以时进兵，无以臣隆为念！臣隆得生到阙廷，受诛有司，此其大愿。若令没身[4]寇手，以父母、昆弟长累[5]陛下。陛下与皇后、太子永享万国[6]，与天无极[7]！”帝得隆奏，召其父湛，流涕示之，曰：“恨[8]不且许[9]而遽求还也！”其后步遂杀之。帝方北忧渔阳，南事梁、楚，故张步得专集[10]齐地，据郡十二[11]焉。

帝幸怀。

吴汉率耿弇、盖延击青犊于轵[12]西，大破降之。

三月，壬寅[13]，以司直伏湛为大司徒。

涿郡太守张丰反，自称无上大将军，与彭宠连兵。朱浮以帝不自征彭宠，上疏求救。诏报曰：“往年赤眉跋扈[14]长安，吾策[15]其无谷必东；果来归附。今度此反虏，势无久全，其中必有内相斩者。今军资未充[16]，故须后麦耳[17]！”浮城中粮尽，人相食，会耿况遣骑来救，浮乃得脱身走，蓟城遂降于彭宠。宠自称燕王，攻拔右北平[18]、上谷数县，赂遗匈奴，借兵为助；又南结张步及富平、获索诸贼，皆与交通。

帝自将征邓奉，至堵阳[19]；奉逃归淯阳，董䜣降。夏，四月，帝追奉至小长安，与战，大破之；奉肉袒因[20]朱祜降。帝怜奉旧功臣，且衅起吴汉，欲全宥[21]之。岑彭、耿弇谏曰：“邓奉背恩反逆，暴师[22]经年，陛下既至，不知悔善[23]，而亲在行陈，兵败乃降；若不诛奉，无以惩恶！”于是斩之。复朱祜位。

延岑既破赤眉，即拜置牧守，欲据关中。时关中众寇犹盛，岑据蓝田，王歆据下邽[24]，芳丹据新丰，蒋震据霸陵，张邯据长安，公孙守据长陵[25]，杨周据谷口，吕鲔据陈仓，角闳据汧，骆延据盩厔，任良据鄠[26]，汝章据槐里，各称将军，拥兵多者万余人，少者数千人，转相攻击。冯异且战且行，屯军上林苑中。延岑引张邯、任良共击异；异击，大破之，诸营保附岑者皆来降，岑遂自武关走南阳。时百姓饥饿，黄金一斤易豆五升，道路断隔，委输[27]不至，冯异军士悉以果实为粮[28]。诏拜南阳赵匡为右扶风，将兵助异，并送缣、谷。异兵谷渐盛，乃稍诛击豪杰不从令者，褒赏降附有功劳者，悉遣诸营渠帅诣京师，散其众归本业，威行关中。唯吕鲔、张邯、蒋震遣使降蜀[29]，其余悉平。

吴汉率骠骑大将军杜茂等七将军围苏茂于广乐；周建招集得十余万人救之。汉迎与之战，不利，堕马伤膝，还营；建等遂连兵入城。诸将谓汉曰："大敌在前，而公伤卧，众心惧矣！"汉乃勃然[30]裹创[31]而起，椎牛[32]飨士[33]，慰勉[34]之，士气自倍。旦日[35]，苏茂、周建出兵围汉；汉奋击，大破之，茂走还湖陵。睢阳人反城迎刘永，盖延率诸将围之；吴汉留杜茂、陈俊守广乐，自将兵助延围睢阳。

车驾自小长安引还[36]，令岑彭率傅俊[37]、臧宫[38]、刘宏等三万余人南击秦丰。五月，己酉[39]，车驾还宫。

乙卯晦[40]，日有食之。

六月，壬戌[41]，大赦。

延岑攻南阳，得数城；建威大将军耿弇与战于穰[42]，大破之。岑与数骑走东阳[43]，与秦丰合；丰以女妻之[44]。建义大将军朱祜率祭遵等与岑战于东阳，破之；岑走归秦丰。祜遂南与岑彭等军合。

延岑护军邓仲况拥兵据阴县[45]，而刘歆孙龚[46]为其谋主[47]。前侍中扶风苏竟[48]以书说之，仲况与龚降。竟终不伐[49]其功，隐身[50]乐道[51]，寿终于家[52]。

秦丰拒岑彭于邓[53]，秋，七月，彭击破之。进围丰于黎丘，别遣积弩将军傅俊将兵徇江东[54]，扬州悉定。

盖延围睢阳百日，刘永、苏茂、周建突出[55]，将[56]走酂[57]；延追击之急，永将庆吾[58]斩永首降。苏茂、周建奔垂惠[59]，共立永子纡[60]为梁王。佼强奔保西防。

冬，十月，壬申[61]，上幸舂陵[62]，祠园庙[63]。

耿弇从容言于帝，自请北收上谷兵未发者，定彭宠于渔阳，取张丰于涿郡，还收富平、获索，东攻张步，以平齐地。帝壮[64]其意，许之。

十一月，乙未[65]，帝还自舂陵。

是岁，李宪称帝，置百官，拥九城，众十余万。

帝谓太中大夫来歙曰："今西州[66]未附，子阳[67]称帝，道里阻远[68]，诸将方务[69]关东，思西州方略，未知所在[70]。"歙曰："臣尝与隗嚣相遇长安。其人始起，以汉为名。臣愿得奉威命[71]，开以丹青之信，嚣必束手自归；则述自亡之势，不足图也！"帝然之，始令歙使于嚣。嚣既有功于汉，又受邓禹爵署，其腹心议者多劝通使京师，嚣乃奉奏诣阙。帝报以殊礼[72]，言称字[73]，用敌国[74]之仪[75]，所以慰藉[76]之甚厚。

（以上为第二段，写光武帝平叛灭邓奉，诛梁王刘永，劝降隗嚣，而北边幽州彭宠、齐鲁张步、江东董宪、巴蜀公孙述、南阳秦丰、巴东田戎等数贼，仍割据称雄。）

【注释】

[1]二州：指青、徐二州。[2]间（jiàn）使：负有伺机行事使命的使者。[3]授命：舍命报效。[4]没身：丧身。[5]累：托付。[6]万国：指天下。[7]无极：无穷尽。此言与天一样永存。[8]恨：悔恨。[9]且许：暂且答应。[10]专集：聚集。[11]郡十二：指城阳、琅邪、高密、胶东、东莱、北海、齐、千乘、济南、平原、泰山、淄川等十二郡国。[12]轵（zhǐ）：县名，县治在今河南济源市。[13]壬寅：三月十六日。[14]跋扈：横暴。[15]策：筹算。[16]充：足。[17]须：等待。后麦：日后小麦收割。[18]右北平：郡名，治所在今河北唐山市丰润区。[19]堵（zhě）阳：县名，县治在今河南方城县东。[20]因：通过。[21]全宥：保全性命，宽恕罪行。[22]暴师：谓军队在外，蒙受风雨霜露。[23]悔善：悔改向善。[24]下邽（guī）：县名，县治在今陕西渭南市东北。[25]长陵：县名，县治在今陕西咸阳市东北。[26]鄠（hù）：县名，县治在今陕西西安市鄠邑区。[27]委输：转运。[28]以果实为粮：采摘树上的野果作为充饥的食粮。[29]蜀：指公孙述。[30]勃然：突然。[31]裹创：包扎伤口。[32]椎（chuī）牛：杀牛。[33]飨（xiǎng）士：犒赏士卒。[34]慰勉：慰问勉励。[35]旦日：明日，第二天。[36]引还：率军退回。[37]傅俊（？—31）：字子卫，颍川郡襄城县（今河南襄城县）人。历任侍中、积弩将军等，封昆阳侯。传见《后汉书》卷二十二。[38]臧宫（？—58）：字君翁，颍川郡郏县（今河南郏县）人。历任侍中、辅威将军、广汉太守、左中郎将等，封朗陵侯。传见《后汉书》卷十八。[39]己酉：五月二十四日。[40]乙卯晦：五月三十日。[41]壬戌：六月七日。[42]穰：县名，县治在今河南邓州市。[43]东阳：淯阳县村镇名。位于县治西北，在今河南南阳市西南。[44]妻（qì）之：将女嫁延岑。[45]阴县：县名，县治在今湖北老河口市西北。[46]龚：刘龚，字孟公，刘向曾孙，刘歆孙。[47]谋主：主谋的人。[48]苏竟：字伯况，扶风平陵县人。汉平帝时为讲书祭酒，王莽时为代郡都尉，光武帝时为代郡太守、侍中等。传见《后汉书》卷三十上。[49]伐：自我夸耀。[50]隐身：谓隐退家居，不贪求扬名于世。[51]乐道：喜好圣贤之道。[52]寿终于家：《后汉书》本传："年七十，卒于家。"[53]邓：县名，县治在今湖北襄阳市西北。[54]江东：古代自安徽芜湖市以下的江南地区为江东。江东之称始于汉初。[55]突出：突围出来。[56]将：打算。[57]酂（zàn）：县名，县治在今河南永城市西北。[58]庆吾：刘永部将名。[59]垂惠：山桑县村镇名，位于县治南，在今安徽蒙城县北。[60]纡（yū）：刘纡，刘永子。刘永被杀，

其部下立纡为梁王。建武五年（29），纡被部下军士所杀。［61］壬申：十月十九日。［62］春陵：地名，在今湖北枣阳市南。本为蔡阳县白水乡，汉光武祖春陵侯刘仁由零陵郡泠道县（今湖南宁远县东）的春陵乡徙侯此地，于是改名春陵。建武六年（30），改为章陵县。［63］园庙：帝王墓地所建的宗庙。［64］壮：推崇，赞许。［65］乙未：十一月十二日。［66］西州：指隗嚣占据地区。［67］子阳：公孙述字。［68］阻远：险阻遥远。［69］方务：正在致力于。［70］所在：在何处。此言还没有想出解决西方隗嚣、公孙述问题的办法，故云未知方略所在。［71］威命：指诏命。［72］殊礼：特别的礼遇。［73］言称字：以示尊敬。［74］敌国：地位或势力相当的国家。［75］仪：礼仪。［76］慰藉：抚慰。

四年（戊子，28 年）

正月，甲申[1]，大赦。

二月，壬子[2]，上行幸怀；壬申[3]，还雒阳。

延岑复寇顺阳[4]；遣邓禹将兵击破之。岑奔汉中；公孙述以岑为大司马，封汝宁王。

田戎闻秦丰破，恐惧，欲降。其妻兄辛臣图[5]彭宠、张步、董宪、公孙述等所得郡国以示戎曰：“雒阳地如掌[6]耳，不如且按甲[7]以观其变。”戎曰：“以秦王[8]之强，犹为征南[9]所围，吾降决矣！”乃留辛臣使守夷陵，自将兵沿江溯沔上黎丘[10]。辛臣于后盗戎珍宝，从间道[11]先降于岑彭，而以书招戎曰：“宜以时降，无拘前计！”戎疑臣卖己，灼龟卜降[12]，兆中坼[13]，遂复反，与秦丰合；岑彭击破之，戎亡归夷陵。

夏，四月，丁巳[14]，上行幸邺；己巳[15]，幸临平[16]，遣吴汉、陈俊、王梁击破五校于临平。鬲县[17]五姓共逐守长[18]，据城而反；诸将争欲攻之。吴汉曰：“使鬲反者，守长罪也。敢轻冒进兵者斩！”乃移檄告郡使收守长，而使人谢[19]；城中五姓大喜，即相率降。诸将乃服，曰：“不战而下城，非众所及也！”

五月，上幸元氏；辛巳[20]，幸卢奴，将亲征彭宠。伏湛谏曰：“今兖、豫、青、冀，中国之都[21]，而寇贼从横，未及从化[22]。渔阳边外[23]荒耗[24]，岂足先图！陛下舍近务远，弃易求难，诚臣之所惑也！”上乃还。

帝遣建议大将军[25]朱祐、建威大将军耿弇、征虏将军祭遵、骁骑将军刘喜[26]讨张丰于涿郡。祭遵先至，急攻丰；禽之。初，丰好方术，有道士言丰当为天子，以五彩囊裹石系丰肘，云“石中有玉玺”。丰信之，遂反。既执，当斩，犹曰“肘石有玉玺”。傍人为椎破之，丰乃知被诈，仰天叹曰：“当死无恨！”

上诏耿弇进击彭宠。弇以父况与宠同功[27]，又兄弟无在京师者，不敢独进，求诣雒阳。诏报[28]曰：“将军举宗为国，功效尤著，何嫌何疑，而欲求征[29]！”况闻之，更遣弇弟国[30]入侍[31]。时祭遵屯良乡[32]，刘喜屯阳乡[33]，彭宠引匈奴兵欲击之；耿况使其子舒[34]袭破匈奴兵，斩两王，宠乃退走。

六月，辛亥[35]，车驾还宫。

秋，七月，丁亥[36]，上幸谯，遣捕虏将军马武、骑都尉王霸围刘纡、周建于垂惠。

董宪将贲休以兰陵[37]降；宪闻之，自郯[38]围之。盖延及平狄将军山阳庞萌[39]在楚，请往救之。帝敕曰：“可直往捣[40]郯，则兰陵自解。”延等以贲休城危，遂先赴之。宪逆战而阳败退，延等因拔围入城[41]。明日，宪大出兵合围；延等惧，遽出突走，因往攻郯。帝让之曰：“间[42]欲先赴郯者，以其不意故耳！今既奔走，贼计已立，围岂可解乎！”延等至郯，果不能克；而董宪遂拔兰陵，杀贲休。

八月，戊午[43]，上幸寿春[44]，遣扬武将军南阳马成[45]率诛虏将军南阳刘隆[46]等三将军发会稽、丹阳[47]、九江[48]、六安[49]四郡兵击李宪。九月，围宪于舒[50]。

王莽末，天下乱，临淮大尹河南侯霸[51]独能保全其郡。帝征霸会寿春，拜尚书令。时朝廷无故典[52]，又少旧臣，霸明习故事，收录遗文，条奏[53]前世善政法度，施行之。

冬，十月，甲寅[54]，车驾还宫。

隗嚣使马援往观公孙述。援素与述同里闬[55]，相善，以为既至，当握手欢如平生；而述盛陈陛卫[56]以延[57]援入，交拜礼毕，使出就馆[58]。更为援制都布[59]单衣；交让冠[60]，会百官于宗庙中，立[61]旧交之位，述鸾旗[62]、旄骑[63]，警跸就车，磬折[64]而入，礼飨[65]官属甚盛，欲授援以封侯大将军位。宾客[66]皆乐留[67]，援晓之曰："天下雌雄[68]未定，公孙不吐哺[69]走迎国士，与图成败，反修饰边幅[70]，如偶人形[71]，此子[72]何足久稽[73]天下士乎！"因辞归，谓嚣曰："子阳，井底蛙耳，而妄自尊大！不如专意[74]东方。"

嚣乃使援奉书雒阳。援初到，良久[75]，中黄门[76]引入。帝在宣德殿[77]南庑[78]下，但帻[79]，坐，迎笑，谓援曰："卿遨游[80]二帝[81]间；今见卿，使人大惭。"援顿首辞谢，因曰："当今之世，非但君择臣，臣亦择君矣！臣与公孙述同县，少相善；臣前至蜀，述陛戟[82]而后进臣。臣今远来，陛下何知非刺客奸人，而简易若是！"帝复笑曰："卿非刺客，顾[83]说客[84]耳。"援曰："天下反覆，盗名字者[85]不可胜数；今见陛下恢廓大度[86]，同符[87]高祖，乃知帝王自有真也。"

太傅卓茂薨。

十一月，丙申[88]，上行幸宛。岑彭攻秦丰三岁，斩首九万余级；丰余兵裁[89]千人，食且尽。十二月，丙寅[90]，帝幸黎丘，遣使招丰，丰不肯降；乃使朱祜等代岑彭围黎丘，使岑彭、傅俊南击田戎。

公孙述聚兵数十万人，积粮汉中；又造十层楼船，多刻天下牧守印章。遣将军李育[91]、程乌[92]将数万众出屯陈仓，就吕鲔，将徇三辅；冯异迎击，大破之，育、乌俱奔汉中。异还，击破吕鲔，营保降者甚众。

是时，隗嚣遣兵佐异有功，遣使上状，帝报以手书曰："慕乐[93]德义，思相结纳。昔文王三分，犹服事殷[94]，但驽马[95]、铅刀[96]，不可强扶，数蒙伯乐[97]一顾之价[98]。将军南拒公孙之兵，北御羌、胡之乱，是以冯异西征，得以数千百人踯躅[99]三辅。微[100]将军之助，则咸阳[101]已为他人禽[102]矣！如令子阳到汉中，三辅愿因[103]将军兵马，鼓旗相当。傥[104]肯如言，即智士[105]计功割地[106]之秋也！管仲[107]曰：'生我者父母，成我者鲍子[108]。'自今以后，手书[109]相闻，勿用旁人间构[110]之言。"其后公孙述数遣将间出[111]，嚣辄与冯异合势，共摧挫[112]之。述遣使以大司空、扶安王印绶授嚣；嚣斩其使，出兵击之，以故蜀兵不复北出。

泰山豪杰多与张步连兵。吴汉荐强弩大将军陈俊为泰山太守，击破步兵，遂定泰山。

（以上为第三段，写建武四年，汉兵灭张丰，败秦丰、田戎，联合隗嚣抗拒公孙述，确保关中。马援归服光武帝。）

【注释】

[1]甲申：正月二日。[2]壬子：二月一日。[3]壬申：二月二十一日。[4]顺阳：县名，县治在今河南内乡县西南。[5]图：此作动词用，绘图。[6]如掌：像手掌一样大小，喻其地狭小。[7]按甲：即按兵，屯兵不动。按，停止。[8]秦王：指秦丰。秦丰于建武二年在邔县黎丘乡称王，以黎丘为古楚地，所以自称楚黎王。田戎以其姓秦称王，所以称其秦王。[9]征南：指岑彭。当时，岑彭为征南大将军。[10]溯沔上黎丘：溯（sù），逆水而上。沔（miǎn），河流名，即汉水。此言自夷陵顺江而下，至汉水入江处再溯汉而上，即可达到黎丘。[11]间（jiàn）道：小路。[12]灼龟卜降：指用龟甲占卜投降的吉凶。灼（zhuó），烧，炙。龟，指龟甲，用以占卜。古代用火烧炙龟甲，视其裂纹以测吉凶。[13]兆中坼：龟甲裂纹从中断开。兆，占卜时烧灼龟甲兽骨所呈现的预示吉凶的裂纹。坼（chè），裂开。[14]丁巳：四月七日。[15]己巳：四月十九日。[16]临平：县名，县治在今河北辛集市。[17]鬲（gé）县：县名，县治在今山东德州市东南。[18]守长：郡守县令等地方长官的统称。[19]谢：认错，道歉。[20]辛巳：五月一日。[21]都：中心地区之称。[22]从化：接受统治，归顺。[23]边外：与外族邻接。[24]荒耗：荒僻贫瘠。[25]建议大将军：据章校，有的版本"议"作"义"。《后汉书·朱祜传》作"义"。[26]刘喜：字共仲，巨鹿郡昌城县（今河北衡水市冀州区）人。初与兄刘植同归光武帝，植为骁骑将军，喜为偏将军。建武二年（26），刘植战死，以喜率植之军，继植为骁骑将军，封观津侯。[27]同功：都有助刘秀平定河北之功。[28]报：指对耿弇请求的答复。[29]求征：指请求召回京师洛阳。[30]国：耿弇弟名。[31]入侍：入朝侍奉皇帝左右。[32]良乡：县名，县治在今北京市房山区东南。[33]阳乡：县名，县治在今河北固安县西北。[34]舒：耿况子名。[35]辛亥：六月二日。[36]丁亥：七月八日。[37]兰陵：县名，县治在今山东枣庄市东南。[38]郯（tán）：县名，县治在今山东郯城县西北。[39]庞萌（？—30）：山阳郡人。刘玄时为冀州牧。刘秀称帝，为侍中、平狄将军。建武四年反叛，自号东平王。后事败被杀。传见《后汉书》卷十二。[40]捣：攻打。[41]拔围入城：指盖延解了董宪之围，进入兰陵城。拔，解救。[42]间：前些时。[43]戊午：八月十日。[44]寿春：县名，县治在今安徽寿县。[45]马成（？—56）：字君迁，南阳郡棘阳县人。历任扬武将军、天水太守、行大司空事、中山太守等，封全椒侯。传见《后汉书》卷二十二。[46]刘隆（？—57）：字元伯，南阳郡安众县（今河南邓州市）人。历任诛虏将军、南阳太守、中郎将、骠骑将军，行大司空事，封慎侯。传见《后汉书》卷二十二。[47]丹阳：郡名，治所在今安徽宣城市。[48]九江：郡名，治所在今安徽淮南市东。[49]六安：王国名，治所在今安徽六安市东北。[50]舒：县名，县治在今安徽庐

江县西南。［51］侯霸（？—37）：字君房，河南郡密县人。官至大司徒，封关内侯。传见《后汉书》卷二十六。［52］故典：旧的规章制度等。［53］条奏：逐条上奏。［54］甲寅：十月七日。［55］里闬（hàn）：里门，指乡里。［56］陛卫：陛侧的侍卫。陛，殿、坛的台阶。［57］延：请。［58］就馆：到客舍。［59］都布：布名。［60］交让冠：冠名。［61］立：设置。［62］鸾旗：天子车上之旗。赤色，编以羽毛，上绣鸾鸟。［63］旄骑：皇帝仪仗中的一种担任先驱的骑兵。［64］磬（qìng）折：屈身如磬，以表示谦恭。［65］礼飨：以礼宴饮宾客。［66］宾客：指马援的随从。［67］乐留：乐意留下。［68］雌雄：喻指胜负。［69］哺（bǔ）：口中所含的食物。相传周公为接待士人一饭三吐哺。极言殷勤待士，求贤心切。［70］边幅：布帛的边缘；喻指人的仪表、衣着。［71］偶人形：用土木陶瓷等制成的人形物。形，情况，样子。［72］此子：指公孙述。［73］稽：留。［74］专意：专心，心思专用于某一方面。［75］良久：很久。［76］中黄门：官名，宦官充任，属少府，在宫中供役使。［77］宣德殿：殿名。［78］庑（wǔ）：殿堂下周围的走廊、廊屋。［79］帻（zé）：包扎发髻的巾。［80］遨游：奔走，周旋。［81］二帝：指自己与公孙述。公孙述于更始三年（25）四月称帝。［82］陛戟（jǐ）：近臣持戟侍卫陛侧。［83］顾：只是。［84］说（shuì）客：游说的人。［85］盗名字者：指占据一地，自建名号，称帝称王。名字，名号。［86］恢廓大度：胸怀开阔，宽宏大量。［87］同符：相合，完全相同。［88］丙申：十一月十九日。［89］裁：通“才”。［90］丙寅：十一月二十日。［91］李育：公孙述将。后述败，降光武帝。［92］程乌：人名。一名程焉，公孙述将。后述败，降光武帝。［93］慕乐：向往喜好。［94］“昔文王三分”二句：《论语·泰伯》：孔子曰：“三分天下有其二，以服事殷。周之德，其可谓至德也已矣。”［95］驽（nú）马：劣马，下等的马。［96］铅刀：用铅制成的刀，刃钝，不锋利。此以驽马、铅刀喻指人愚钝没有才能。［97］伯乐：人名。相传姓孙，名阳，字伯乐，春秋秦穆公时人，是一位著名的善于相马、驯马的人。［98］一顾之价：《战国策·燕策二》：人有卖骏马者，“往见伯乐曰：‘臣有骏马，欲卖之，比三旦立于市，人莫与言。愿子还而视之，去而顾之，臣请献一朝之贾。’伯乐乃还而视之，去而顾之，一旦而马价十倍。”伯乐一顾而马价提高十倍，用以喻指由于受人称扬提携而使自己的地位得到提高。［99］踯躅（zhú）：来回走动。此指活动于一个地区。［100］微：没有。［101］咸阳：指冯异。冯异入关中，所战克捷，人称咸阳王，故此以咸阳代称冯异。［102］禽：通“擒”，活捉。［103］因：利用。［104］傥（tǎng）：如果。［105］智士：有智慧或有智谋的人。［106］计功割地：立功封侯。［107］管仲（？—前645）：名夷吾，字仲，春秋齐国人。辅佐齐桓公称霸诸侯，是我国古代著名政治家。［108］成我者鲍子：语出《史记·管晏列传》。成，成就。鲍子，指鲍叔牙，又称鲍叔，春秋齐国人。鲍叔与管仲交，知管仲贤，将管仲推荐给齐桓公，于是管仲相齐桓公称霸诸侯。管仲感慨称扬鲍子，曰：“生我者父母，成我者鲍子。”［109］手书：亲手写的书信。［110］间构：离间中伤。［111］间出：乘隙而出。［112］摧挫：挫败。

五年（己丑，29年）

春，正月，癸巳[1]，车驾还宫。

帝使来歙持节送马援归陇右。隗嚣与援共卧起，问以东方事，曰："前到朝廷，上引见数十，每接[2]燕语[3]，自夕至旦，才明[4]勇略[5]，非人敌[6]也。且开心见诚，无所隐伏，阔达[7]多大节，略与高帝同；经学博览，政事文辨[8]，前世无比。"嚣曰："卿谓何如高帝？"援曰："不如也。高帝无可无不可；今上好吏事[9]，动如节度[10]，又不喜饮酒。"嚣意不怿[11]，曰："如卿言，反复胜邪[12]！"

二月，丙午[13]，大赦。

苏茂将五校兵救周建于垂惠。马武为茂、建所败，奔过[14]王霸营，大呼求救。霸曰："贼兵盛，出必两败，努力[15]而已！"乃闭营坚壁。军吏皆争之，霸曰："茂兵精锐，其众又多，吾吏士心恐，而捕虏[16]与吾相恃[17]，两军不一[18]，此败道也。今闭营固守，示不相援，贼必乘胜轻进；捕虏无救，其战自倍[19]。如此，茂众疲劳，吾承其敝，乃可克也。"茂、建果悉出攻武，合战良久，霸军中壮士数十人断发[20]请战，霸乃开营后，出精骑袭其背。茂、建前后受敌，惊乱败走，霸、武各归营。茂、建复聚兵挑战，霸坚卧不出，方飨士作倡乐[21]；茂雨射营中[22]，中霸前酒樽[23]，霸安坐不动。军吏皆曰："茂前日已破，今易击也！"霸曰："不然，苏茂客兵[24]远来，粮食不足，故数挑战，以徼[25]一时之胜。今闭营休士，所谓'不战而屈人兵[26]'者也。"茂、建既不得战，乃引还营。其夜，周建兄子诵[27]反[28]，闭城拒[29]之：建于道死；茂奔下邳[30]，与董宪合；刘纡奔佼强。

乙丑[31]，上行幸魏郡。

彭宠妻数为恶梦，又多见怪变；卜筮、望气[32]者皆言兵当从中[33]起。宠以子后兰卿质汉归，不信之，使将兵居外，无亲于中。宠斋[34]在便室[35]，苍头[36]子密[37]等三人因宠卧寐[38]，共缚著床，告外吏云："大王斋禁，皆使吏休。"伪称宠命，收缚奴婢，各置一处。又以宠命呼其妻，妻入，惊曰："奴反！"奴乃捽[39]其头，击其颊[40]。宠急呼曰：

"趣为诸将军办装[41]！"于是两奴将妻入取宝物，留一奴守宠。宠谓守奴曰："若小儿[42]，吾素所爱也。今为子密所迫劫耳！解我缚，当以女珠[43]妻汝，家中财物皆以与若。"小奴意欲解之，视户外，见子密听其语，遂不敢解。于是收金玉衣物，至宠所装之，被马[44]六匹，使妻缝两缣囊。昏夜后，解宠手，令作记[45]告城门将军云："今遣子密等至子后兰卿所[46]，勿稽留[47]之。"书成，斩宠及妻头置囊中，便持记驰出城，因以诣阙。明旦，阁门不开，官属逾墙而入，见宠尸，惊怖。其尚书韩立等共立宠子午为王，国师韩利斩午首诣祭遵降，夷其宗族。帝封子密为不义侯。

权德舆[48]议曰：伯通[49]之叛命，子密之戕[50]君，同归于乱，罪不相蔽，宜各致于法，昭示[51]王度[52]；反乃爵于五等[53]，又以"不义"为名。且举以不义，莫可侯也[54]；此而可侯，汉爵为不足劝矣[55]。《春秋》书齐豹盗、三叛人名之义[56]，无乃异于是乎[57]！

帝以扶风郭伋[58]为渔阳太守。伋承离乱之后，养民训兵，开示威信，盗贼销散，匈奴远迹；在职五年，户口增倍。

帝使光禄大夫樊宏持节迎耿况于上谷，曰："边郡寒苦，不足久居。"况至京师，赐甲第[59]，奉朝请[60]，封牟平侯。

（以上为第四段，写王霸智胜苏茂，诛周建。彭宠因家奴反叛而灭亡，北疆平定。）

【注释】

[1]癸巳：正月十七日。[2]接：接触，此指会面。[3]燕语：交谈，闲谈。[4]才明：才智。[5]勇略：勇敢和谋略。[6]非人敌：不是其他人能比得上的。[7]阔达：胸怀开阔，豁达不拘小节。[8]文辨：即文辩，能文善辩。[9]吏事：政事。[10]如节度：符合法度。[11]怿（yì）：喜悦。[12]反复胜邪：反而更胜一筹。复，又。胜，胜于，超过。[13]丙午：二月一日。[14]奔过：败逃中经过。[15]弩力：犹努力。[16]捕虏：指马武。马武这时为捕虏将军。[17]恃：依赖。[18]不一：指挥不统一。[19]自倍：一人顶两人。[20]断发：剪断头发，以此表示请战的决心。[21]作倡乐：艺人演奏歌舞。作，表演。倡（chāng），古代表演歌舞杂戏的艺人。倡乐，倡人的歌舞杂戏表演。[22]雨射营中：箭像雨点一样地射入军营内。[23]樽（zūn）：盛酒器。[24]客兵：由外地来的军队。[25]徼

（yāo）：求。［26］不战而屈人兵：《孙子·谋攻》："百战百胜，非善之善者也；不战而屈人之兵，善之善者也。"［27］诵：周建兄子名。［28］反：指叛刘纡而降光武帝。［29］拒：拒绝。［30］下邳（pī）：县名，县治在今江苏邳州市西南。［31］乙丑：二月二十日。［32］望气：古代方士的一种占候术，通过观测云气来预测吉凶。［33］中：内部。［34］斋：指斋舍，即官厅的旁屋。［35］便室：正室以外的别室。［36］苍头：指奴仆。汉时奴仆用深青色巾包头，所以称苍头。［37］子密：苍头名。［38］因宠卧寐：趁着彭宠睡觉。寐（mèi），睡。［39］捽（zuó）：抓，揪。［40］击其颊：打她耳光。颊（jiá），脸的两旁，面颊。［41］趣为诸将军办装：赶快去替将军收拾行装。趣（cù），从速，赶快。将军，称奴仆为将军。办装，置办行装。彭宠此言是想支走反奴，分化三人，以便找机会为自己松绑。［42］若小儿：你是个小孩子。［43］珠：女名。［44］被（pī）马：把马具鞍、嚼子、辔头等施加于马。［45］令作记：让彭宠写通行文书。作，写。记，书札，文书。［46］所：据章校，有的版本"所"下有"速开门出"四字。［47］稽留：停留。［48］权德舆（759—818）：字载之，唐代天水郡略阳（今甘肃张家川回族自治县）人。官至礼部尚书、同中书门下平章事。传见《旧唐书》卷一百四十八与《新唐书》卷一百六十五。［49］伯通：彭宠字。［50］戕（qiāng）：杀害。［51］昭示：明示。［52］王度：王法，国家的法度。［53］爵于五等：授予五等之封的爵位。爵，授予爵位。五等，指五等爵位，即公、侯、伯、子、男。周代封建，爵分五等，即公、侯、伯、子、男。汉代郡、国并行，爵分王、侯二等。［54］"且举"二句：谓子密等行事不义，怎么能封侯呢！举，举动，行事。［55］"此而"二句：谓叛人能封侯，那么封侯就不足以勉励人立功做善事。劝，勉励。［56］《春秋》书齐豹盗、三叛人名之义：书，记载。指《春秋》记载。齐豹是春秋卫国司寇。卫灵公的哥哥公孟縶轻慢齐豹，并且剥夺了他的司寇官职和封邑。于是齐豹与他人合谋杀了公孟縶。《春秋》记载此事说："盗杀卫侯之兄縶。"事见《春秋左传》鲁昭公二十年。三叛人，指春秋邾国庶其、黑肱与莒国牟夷。三人都以所守之地归降于鲁国。其事分别见于《春秋左传》鲁襄公二十一年、鲁昭公三十一年与鲁昭公五年。根据《春秋》的行文惯例，一般情况书字，而如果违礼行事则书名。《春秋》记此三事，三人皆书其名，以示惩戒。《左传》鲁昭公三十一年评述《春秋》笔法时说："《春秋》书齐豹曰'盗'，三叛人名，以惩不义。"［57］无乃……乎：不是……吗。为将语气表述得更委婉一些，一般译为"恐怕……吧"。异于是：与这种做法不同。［58］郭伋（前39—47）：字细侯，扶风茂陵县人。历任尚书令、渔阳太守、颍川太守、并州牧等。传见《后汉书》卷三十一。［59］甲第：豪门贵族的宅第。［60］奉朝请：加官名。古代诸侯春季朝见天子叫朝，秋季朝见为请。因称定期参加朝会为奉朝请。汉代退职大臣、将军和皇室、外戚多以加官奉朝请名义参加每月一日、十五日的朝会。

吴汉率耿弇、王常击富平、获索贼于平原，大破之；追讨余党，至勃海，降者四万余人。上因诏弇进讨张步。

平敌将军庞萌，为人逊顺，帝信爱之，常称曰："可以托六尺之孤[1]，寄百里之命[2]者，庞萌是也。”使与盖延共击董宪。时诏书独下延而不及萌，萌以为延谮[3]己，自疑，遂反袭延军，破之；与董宪连和，自号东平王，屯桃乡[4]之北。帝闻之，大怒，自将讨萌，与诸将书曰：“吾尝以庞萌为社稷之臣，将军得无笑其言乎！老贼当族[5]，其各厉兵马[6]，会睢阳！”

庞萌攻破彭城，将杀楚郡太守孙萌。郡吏刘平[7]伏太守身上，号泣请代其死，身被七创；庞萌义而舍之。太守已绝复苏[8]，渴求饮，平倾创血[9]以饮之。

岑彭攻拔夷陵，田戎亡入蜀，尽获其妻子、士众数万人。公孙述以戎为翼江王。

岑彭谋伐蜀，以夹川[10]谷少，水险难漕[11]，留威虏将军冯骏军江州，都尉田鸿军夷陵，领军李玄军夷道[12]；自引兵还屯津乡[13]，当荆州要会[14]，喻告诸蛮夷降者，奏封[15]其君长。

夏，四月，旱，蝗。

（以上为第五段，写各路汉军连连告捷，光武帝一纸诏书不慎逼反庞萌，东边战局逆转。）

【注释】

[1]托六尺之孤：指辅佐幼主。[2]寄百里之命：指封为诸侯。[3]谮（zèn）：诬陷。[4]桃乡：县名，县治在今山东东平县东。[5]族：灭族。[6]厉兵马：即厉兵秣马，谓磨利兵器，喂饱马匹。指做好战斗准备。[7]刘平：字子公，楚郡彭城县人，官至宗正。传见《后汉书》卷三十九。[8]绝复苏：死后又苏醒。今谓之休克。绝，断气，死去。苏，苏醒，活过来。[9]倾创血：从伤口挤血。倾，挤尽。[10]夹川：沿江河两岸。川，河流。[11]漕：水道运输。[12]夷道：县名，县治在今湖北宜都市。[13]津乡：江陵县地名，位于县治东南，长江北岸，在今湖北江陵县东南。[14]当荆州要会：正处于荆州的要冲。当，正在，位于。要会，起通道作用的要地，即交通要冲。江陵县位于荆州中心地区，南临长江，是南郡治所。[15]奏封：奏请朝廷封授官爵。

隗嚣问于班彪曰：“往者周亡，战国并争，数世然后定。意者[1]从横之事将复起于今乎，将承运[2]迭[3]兴，在于一人也？”彪曰：“周之废兴，与汉殊异。昔周爵五等，诸侯从政[4]，本根[5]既微，枝叶[6]强大，故其末流[7]有从横之事，势数[8]然也。汉承秦制，改立郡县，主有专己之威[9]，臣无百年之柄。至于[10]成帝，假借[11]外家，哀、平短祚[12]，国嗣三绝[13]，故王氏擅朝[14]，能窃号位，危自上起，伤不及下[15]，是以即真[16]之后，天下莫不引领而叹[17]。十余年间，中外骚扰，远近俱发，假号云合[18]，咸称刘氏，不谋同辞[19]。方今雄杰带州域[20]者，皆无六国世业[21]之资[22]，而百姓讴吟思仰，汉必复兴，已可知矣。”

嚣曰：“生[23]言周、汉之势可也，至于但见愚人习识[24]刘氏姓号之故，而谓汉复兴，疏[25]矣！昔秦失其鹿[26]，刘季[27]逐而掎之[28]，时民复知汉乎？”

彪乃为之著《王命论》以风[29]切[30]之曰：“昔尧之禅[31]舜曰：‘天之历数在尔躬[32]。’舜亦以命禹[33]。洎于稷、契，咸佐唐、虞[34]，至汤、武而有天下。刘氏承尧之祚[35]，尧据火德而汉绍之，有赤帝子之符，故为鬼神所福飨，天下所归往。由是言之，未见运世无本，功德不纪[36]，而得屈起[37]在此位者也！俗见[38]高祖兴于布衣，不达[39]其故，至比天下于逐鹿，幸捷[40]而得之。不知神器[41]有命，不可以智力求也。悲夫，此世所以多乱臣贼子者也！夫饿馑流隶[42]，饥寒道路，所愿[43]不过一金[44]，然终转死沟壑[45]，何则？贫穷亦有命也。况乎天子之贵，四海之富，神明之祚，可得而妄处[46]哉！故虽遭罹[47]厄会[48]，窃其权柄，勇如信、布[49]，强如梁、籍[50]，成[51]如王莽，然卒润镬伏质[52]，亨醢分裂[53]；又况幺么[54]尚不及数子，而欲晻奸天位[55]者呼！昔陈婴之母[56]以婴家世贫贱，卒富贵不祥，止婴勿王；王陵之母[57]知汉王必得天下，伏剑而死，以固勉[58]陵。夫以匹妇[59]之明，犹能推事理之致[60]，探祸福之机[61]，而全宗祀[62]于无穷，垂策书于春秋[63]，而况大丈夫之事乎！是故穷达有命[64]，吉凶由人，婴母知废，陵母知兴，审此二者，帝王之分决[65]矣。加之高祖宽明而仁恕，知人善任使，当食吐哺，纳子房之策；拔足挥洗，揖郦生之说；举韩信于行陈，收陈平于亡命；英雄陈力[66]，群策毕举，此高祖之大略[67]所以成帝业也。若乃[68]灵瑞符应[69]，其事甚众，故淮阴、留侯谓之天授、非人力也。英雄诚知觉寤，超然远览，渊然深识[70]，收[71]陵、婴之明分[72]，绝信、布之觊觎[73]，距逐鹿之瞽说[74]，审神器之有授，毋贪不可冀[75]，为二母[76]之所笑，则福祚流于子孙[77]，天禄[78]其永终[79]矣！”

嚣不听。彪遂避地河西[80]；窦融以为从事，甚礼重[81]之。彪遂为融画策，使之专意事汉焉。

（以上为第六段，写隗嚣不听班彪劝谏，阴蓄异志。）

【注释】

［1］意者：与下句“将”呼应，构成“意者……将……”的句式，表示选择，意为“是……还是……”。此句谓：想想看，合纵连横的故事在今天会重演吗？［2］承运：承受天命。［3］迭（dié）：更替，轮流。［4］诸侯从政：言周朝的诸侯国各自为政。从政，参与政事，治理政事。［5］本根：指周王室。［6］枝叶：指诸侯国。［7］末流：末世。［8］势数：形势和命运。［9］专己之威：独断专行的权威。威，威势，权力。［10］至于：到了。［11］假借：给予。此指朝政大权掌握在外戚手中。［12］哀、平短祚：哀帝在位六年，平帝在位五年，所以说“短祚”。［13］国嗣三绝：成、哀、平三帝皆无子，所以说“三绝”。［14］擅朝：独揽朝政。［15］危自上起，伤不及下：意谓危及汉朝刘氏统治的，是上层外戚专权，并进而篡位窃号，而下层民众并没有叛离朝廷。［16］即真：由摄政而正式即皇帝位。此指王莽废汉建新称帝。［17］引领而叹：伸颈叹气。用以形容极度失望的样子。［18］云合：喻指群聚。［19］不谋同辞：事前没有商量而意见完全一致。［20］带州域：拥有一州的地区。带，领有。［21］世业：世代相传的事业。［22］资：凭借，资本。［23］生：“先生”的省称。［24］习识：习惯思维。由于长期习惯而形成的意识，成为思维惯性。［25］疏：指班彪说汉氏能复兴，太粗略而简单。［26］秦失其鹿：失去帝位。语本《史记·淮阴侯列传》：“秦失其鹿，天下共逐之。”裴骃《集解》引张晏曰：“以鹿喻帝位也。”［27］刘季：刘邦。［28］逐而掎之：意即逐鹿，指争夺天下。掎（jǐ），牵，拉。［29］风：通“讽”，微言劝告。［30］切：批评。［31］禅（shàn）：以帝位让人。［32］天之历数在尔躬：语本《论语·尧曰》。天命的运转降落在你身上。历数，运数。尔，你。躬，自身。［33］舜亦以命禹：舜也用这番话让位给禹。［34］洎于稷、契，咸佐唐、虞：至于后稷、殷契全都辅助唐尧、虞舜。洎（jì），至。稷，姓姬，名弃，周人祖先。尧舜时为主农之官，号后稷。契（xiè），商人祖先。尧舜时为司徒，封于商。［35］刘氏承尧之祚：刘邦建汉取得天下，上继唐尧的国统。此说始于刘向。《汉书·高帝纪》“赞”语引刘向说：“汉帝本系，出自唐帝。”［36］未见运世无本，功德不纪：从未见过朝代的继承没有根源，功劳恩德不被世人铭记。运，国运。世，继承。本，本原，根据。不纪，不为人所记念。［37］屈（jué）起：即崛起，突起，猝然兴起。［38］俗见：

指一般人。[39]达：通晓。[40]幸捷：侥幸成功。[41]神器：代表国家政权的实物，如玉玺、宝鼎之类。此借指帝位、政权。[42]流隶：指流亡他乡的微贱之民。[43]愿：希望。[44]金：古代计算货币单位名称。[45]转死沟壑：意指饿死弃尸在山沟里。转，抛弃。壑（hè），山沟，溪谷。[46]妄处：非分享有，据有。[47]遭罹（lí）：遭遇。[48]厄会：众灾会合，厄运。[49]信、布：韩信、黥布。韩信（约前231—前196），佐助刘邦灭项羽建汉称帝。传见《史记》卷九十二、《汉书》卷三十四。黥布（？—前196），本名英布，因受黥刑而称黥布。项羽大将，后投汉封淮南王，谋反诛。传见《史记》卷九十一、《汉书》卷三十四。[50]梁、籍：项梁、项羽。项梁，项羽的叔父。在会稽起兵反秦。后与秦将章邯作战中兵败被杀。项羽，名籍，字羽。灭秦的主将，自封西楚霸王，与刘邦争天下，兵败自杀。传见《史记》卷七、《汉书》卷三十一。[51]成：成功，实现。指王莽已建新称帝。[52]卒润镬伏质：卒，终于。镬（huò），大锅。润镬，受烹刑。质，通“锧”，古刑具，腰斩时所用砧板。伏质，古代有腰斩的死刑，施刑时罪犯裸身伏在砧上，所以称伏质。这里用以指被处死。[53]亨醢分裂：亨，同“烹”，古代用鼎镬煮人的酷刑。醢（hǎi），将人剁成肉酱。[54]幺么（mó）：微小。[55]晻奸天位：晻（yǎn），通“奄”，遽然。奸，通“干（gān）”，求。天位，天子之位，帝位。[56]陈婴之母：秦末，陈婴起兵，其母劝其投靠项梁，不要称王。事见《资治通鉴》卷八秦二世二年。[57]王陵之母：项羽欲召王陵为将，扣留王陵之母为人质，陵母自杀以绝项羽之望，激励陵投刘邦。事见《资治通鉴》卷九高祖元年。[58]固勉：坚定与激励。[59]匹妇：平民妇女。[60]推事理之致：指能推论认识深奥微妙的道理。[61]探祸福之机：探求祸福变化的由来。机，祸福转化的关键。[62]全宗祀：保全宗族不遭祸难。[63]垂策书于春秋：谓青史留名。垂，流传。策书，指用以记录史实的简册。春秋，历史。[64]穷达有命：困顿与显达均由天命决定。[65]决：指是非判断就可决定了。[66]陈力：施展才力。[67]大略：远大的谋略。[68]若乃：至于。[69]灵瑞符应：灵瑞，祥瑞，即吉祥的征兆。符应，上天显示的与人事相应的征兆。[70]渊然深识：见识深远。[71]收：采取。[72]明分（fèn）：明白天分，知道天命。[73]觊觎：非分的希望。[74]距逐鹿之瞽说：拒绝听信争天下是追逃鹿的谬论。距，通“拒”，拒绝。瞽（gǔ）说，胡说，不明事理的言论。[75]冀：希望。[76]二母：指陈婴、王陵二人的母亲。[77]福祚流于子孙：福禄传给子孙。[78]天禄：天赐的福禄。[79]永终：长久。[80]河西：古代地区名。春秋战国时指今山西、陕西两省间黄河南段之西。汉唐时指今甘肃、青海两省黄河以西，即河西走廊与湟水流域。[81]礼重：礼敬尊重。

初，窦融等闻帝威德，心欲东向，以河西隔远，未能自通，乃从隗嚣受建武正朔；嚣皆假[1]其将军印绶。嚣外顺人望，内怀异心，使辩士张玄[2]说融等曰：“更始事已成，寻复亡灭，此一姓[3]不再兴之效[4]

也！今即所有[5]主，便相系属[6]，一旦拘制[7]，自令失柄，后有危败，虽悔无及。方今豪杰竞逐，雌雄未决，当各据土宇，与陇、蜀合从，高可为六国[8]，下不失尉佗[9]。”融等召豪杰议之，其中识者皆曰：“今皇帝姓名见于图书[10]，自前世博物[11]道术[12]之士谷子云[13]、夏贺良等皆言汉有再受命之符，故刘子骏[14]改易名字四，冀应其占。及莽末，西门君惠谋立子骏，事觉被杀，出谓观者曰：‘谶文不误，刘秀真汝主也！’此皆近事暴[15]著，众所共见者也。况今称帝者数人，而雒阳土地最广，甲兵最强，号令最明，观符命而察人事，他姓殆未能当也！”众议或同或异。

融遂决策东向，遣长史刘钧等奉书诣雒阳。先是，帝亦发使遗融书以招之，遇钧于道，即与俱还。帝见钧欢甚，礼飨毕，乃遣令还，赐融玺书曰：“今益州有公孙子阳，天水有隗将军。方蜀、汉相攻，权[16]在将军，举足左右，便有轻重[17]。以此言之，欲相厚[18]岂有量[19]哉！欲遂立桓、文[20]，辅微国，当勉卒[21]功业；欲三分鼎足[22]，连衡合从[23]，亦宜以时定[24]。天下未并[25]，吾与尔绝域[26]，非相吞之国。今之议者，必有任嚣[27]教尉佗制七郡之计[28]。

王者有分土[29]，无分民[30]，自适[31]己事而已。”因授融为凉州牧。

玺书至河西，河西皆惊，以为天子明见万里之外。

（以上为第七段，写窦融兴起于河西，善识时务，纳班彪之言，归附光武帝。）

【注释】

[1]假：授予代理官职。 [2]张玄：辩士名，后为梁统派人刺杀。 [3]一姓：指刘姓。[4]效：证明。 [5]所有：《后汉书·窦融传》作“有所”。 [6]系属：隶属。 [7]拘制：管束。[8]高可为六国：好的结果是可以成为像战国时的诸侯。 [9]尉佗（？—前137）：秦汉之际真定县（今河北正定县东南）人。本姓赵，秦时为南海郡龙川县令，秦末行南海尉事，称尉佗。秦亡，趁内地动乱之机，自立为南越王。刘邦建汉，立佗为南越王。事见《史记·南越列传》。 [10]图书：指图谶。谶文《河图赤伏符》：“刘秀发兵捕不道。” [11]博物：通晓众物。 [12]道术：道德学术。 [13]谷子云：即谷永，字子云。 [14]刘子骏：即刘歆。歆字子骏，后为应验《河图赤伏符》的谶文，改名秀，字颖叔。 [15]暴：显著。 [16]权：执，掌握。此言权柄掌握在窦融手中。 [17]举足左右，便有轻重：左右，指蜀、汉。此言窦融支持哪一方，对时局举足轻重。 [18]厚：指交情深厚。 [19]量：限量，止境。 [20]桓、文：指春秋齐桓公、晋文公。

[21]勉卒：努力完成。[22]三分鼎足：指一分为三，如鼎足并立。[23]连衡合从：战国时，张仪说各诸侯国共事秦，称连衡；苏秦说各诸侯国联合拒秦，称合从。[24]以时定：根据时势决定。[25]并：统一。[26]绝域：极远的地区。[27]任嚣：秦朝南海郡尉，秦二世时病死。死前对尉佗说：南海僻远，负山阻海，东西数千里，可以立国。嚣死，佗行南海尉事，不久自称南越王。[28]制七郡之计：制，控制，占据。七郡，指苍梧、郁林、合浦、交趾、九真、南海、日南等七郡。嚣、佗时尚未设置七郡，光武帝是依据后来在南越地区所置七郡而言。[29]分土：分封土地。[30]无分民：古时分封土地，其地居民仍是天子之民，受封者仍是天子之臣，不允许有割据政权存在，叫无分民。[31]适：满足，安于。

朱祐急攻黎丘，六月，秦丰穷困出降；槛车[1]送雒阳。吴汉劾祐废诏命，受丰降；上诛丰，不罪祐。

董宪与刘纡、苏茂、佼强去下邳，还兰陵，使茂、强助庞萌围桃城[2]。帝时幸蒙[3]，闻之，乃留辎重，自将轻兵晨夜驰赴。至亢父[4]，或言百官疲倦，可且止宿；上不听，复行十里，宿任城[5]，去桃城六十里。旦日，诸将请进，庞萌等亦勒兵挑战；帝令诸将不得出，休士养锐以挫其锋。时吴汉等在东郡，驰使召之[6]。萌等惊曰："数百里晨夜行，以为至当战，而坚坐[7]任城，致人[8]城下，真不可往也！"乃悉兵攻桃城。城中闻车驾至，众心益固；萌等攻二十余日，众疲困，不能下。吴汉、王常、盖延、王梁、马武、王霸等皆至，帝乃率众军进救桃城，亲自搏战[9]，大破之。庞萌、苏茂、佼强夜走从董宪。

秋，七月，丁丑[10]，帝幸沛，进幸湖陵。董宪与刘纡悉其兵数万人屯昌虑[11]；宪招诱五校余贼，与之拒守建阳[12]。帝至蕃[13]，去宪所百余里，诸将请进；帝不听，知五校乏食当退，敕各坚壁以待其敝。顷之[14]，五校果引去。帝乃亲临，四面攻宪，三日，大破之；佼强将其众降，苏茂奔张步，宪及庞萌走保郯。八月，己酉[15]，帝幸郯，留吴汉攻之，车驾转徇彭城、下邳。吴汉拔郯，董宪、庞萌走保朐[16]。刘纡不知所归，其军士高扈斩之以降。吴汉进围朐。

冬，十月，帝幸鲁[17]。

（以上为第八段，写汉兵灭秦丰，破董宪。）

【注释】

[1]槛（jiàn）车：囚车。［2］桃城：桃乡县城。［3］蒙：县名，县治在今河南商丘市东北。［4］亢父：县名，县治在今山东济宁市南。［5］任城：县名，县治在今山东济宁市东南。［6］驰使召之：派人飞速去征调吴汉。［7］坐：拒守。［8］致人：招人。此言把敌人引到城下。［9］搏战：拼搏战斗。［10］丁丑：七月四日。［11］昌虑：县名，县治在今山东滕州市东南。［12］建阳：县名，县治在今山东枣庄市西南。［13］蕃：县名，县治在今山东滕州市。［14］顷之：过了不久。［15］己酉：八月六日。［16］朐（qú）：县名，县治在今江苏连云港市西南。［17］鲁：王国名，治所在今山东曲阜市。

张步闻耿弇将至，使其大将军费邑军历下[1]，又令兵屯祝阿[2]，别于泰山、钟城[3]列营数十以待之。弇渡河，先击祝阿，自旦攻城，日未中而拔之；故开围一角，令其众得奔归钟城。钟城人闻祝阿已溃，大恐惧，遂空壁亡去。

费邑分遣弟敢守巨里[4]。弇进兵先胁[5]巨里，严令军中趣修攻具，宣敕[6]诸部，后三日当悉力攻巨里城；阴缓生口[7]，令得亡归，以弇期告邑。邑至日，果自将精兵三万余人来救之。弇喜，谓诸将曰："吾所以修攻具者，欲诱致[8]之耳。野兵[9]不击，何以城为[10]！"即分三千人守巨里；自引精兵上[11]冈阪[12]，乘高合战[13]，大破之，临陈斩邑；既而收首级以示城中，城中凶惧[14]。费敢悉众亡归张步。弇复收其积聚，纵兵击诸未下者，平四十余营，遂定济南。

时张步都剧，使其弟蓝[15]将精兵二万守西安[16]，诸郡太守合万余人守临菑，相去四十里。弇进军画中[17]，居二城之间。弇视西安城小而坚，且蓝兵又精，临菑名虽大而实易攻，乃敕诸校[18]后五日会攻西安。蓝闻之，晨夜警守。至期，夜半，弇敕诸将皆蓐食[19]，会明，至临菑城。护军荀梁等争之，以为"攻临菑，西安必救之，攻西安，临菑不能救，不如攻西安。"弇曰："不然，西安闻吾欲攻之，日夜为备，方自忧，何暇救人！临菑出不意而至，必惊扰，吾攻之一日，必拔。拔临菑，即西安孤，与剧隔绝，必复亡去，所谓'击一而得二'者也。若先攻西安，不能卒下，顿[20]兵坚城，死伤必多。纵[21]能拔之，蓝引军还奔临菑，并兵合势，观人虚实；吾深入敌地，后无转输，旬月之间，不战而困矣。"遂攻临菑；半日，拔之，入据其城。张蓝闻之，惧，遂将其众亡归剧。

弇乃令军中无得虏掠，须[22]张步至乃取之，以激怒步。步闻，大笑曰："以尤来、大彤十余万众，吾皆即其营而破之；今大耿[23]兵少于彼，又皆疲劳，何足惧乎！"乃与三弟蓝、弘、寿[24]及故大彤渠帅重异[25]等兵号二十万，至临菑大城东，将攻弇。弇上书曰："臣据临菑，深堑高垒[26]；张步从剧县来攻，疲劳饥渴。欲进，诱而攻之；欲去，随而击之。臣依营而战，精锐百倍，以逸待劳，以实击虚，旬日之间，步首可获。"于是弇先出菑水[27]上，与重异遇；突骑欲纵，弇恐挫其锋，令步不敢进，故示弱以盛[28]其气，乃引归小城，陈兵于内，使都尉刘歆[29]、泰山太守陈俊分陈于城下。步气盛，直攻弇营，与刘歆等合战。弇升王宫坏台[30]望之，视歆等锋交，乃自引精兵以横突[31]步陈于东城下，大破之。飞矢[32]中弇股[33]，以佩刀截之；左右无知者。至暮，罢；弇明旦复勒兵出。

是时帝在鲁，闻弇为步所攻，自往救之。未至，陈俊谓弇曰："剧虏兵盛，可且闭营休士，以须上来。"弇曰："乘舆且到，臣子当击牛[34]、酾酒[35]以待百官，反欲以贼虏遗君父邪！"乃出兵大战。自旦及昏，复大破之；杀伤无数，沟堑皆满。弇知步困将退，豫[36]置左右翼为伏以待之；人定[37]时，步果引去，伏兵起纵击[38]，追至巨昧水[39]上，八九十里，僵尸相属[40]，收得辎重二千余两[41]。步还剧，兄弟各分兵散去。

后数日，车驾至临菑，自劳军，群臣大会。帝谓弇曰："昔韩信破历下[42]以开基[43]，今将军攻祝阿以发迹[44]，此皆齐之西界，功足相方[45]。而韩信袭击已降，将军独拔勍敌[46]，其功又难于信也[47]。又，田横亨郦生，及田横降，高帝诏卫尉[48]不听[49]为仇；张步前亦杀伏隆，若步来归命[50]，吾当诏大司徒[51]释其怨，又事尤相类也。将军前在南阳[52]，建此大策，常以为落落难合[53]，有志者事竟成也！"帝进幸剧。

耿弇复追张步，步奔平寿[54]，苏茂将万余人来救之。茂让步曰："以南阳兵精，延岑善战，而耿弇走之[55]，大王奈何就攻其营？既呼茂，不能待邪！"步曰："负负[56]，无可言者！"帝遣使告步、茂，能相斩降者，封为列侯。步遂斩茂，诣耿弇军门肉袒降；弇传诣行在所，而勒兵入据其城，树十二郡旗鼓，令步兵各以郡人诣旗下，众尚十余万，辎重七千余两，皆罢遣归乡里。张步三弟各自系所在狱，诏皆赦之，封步为安丘侯，与妻子居雒阳。

于是琅邪未平，上徙陈俊为琅邪太守；始入境，盗贼皆散。

耿弇复引兵至城阳，降五校余党，齐地悉平，振旅还京师。弇为将，凡所平郡四十六，屠城三百，未尝挫折焉。

（以上为第九段，写耿弇用兵如神，以少击众，百战百胜，击降张步，齐地悉平。）

【注释】

［1］历下：地名，其地在今山东济南市历城区。［2］祝阿：县名，县治在今山东齐河县东南。［3］钟城：地名，今地不详。［4］巨里：历城县村镇名。［5］胁：威逼。［6］宣敕：发布命令。［7］阴缓：暗地里放松看管。生口：指俘虏。［8］诱致：引诱敌人到来。［9］野兵：在野外的部队。［10］何以城为：拿什么围城呢！此言围城的目的正是为了攻打来援之敌。［11］上：登上。［12］冈阪（bǎn）：较陡的山坡。［13］合战：交战。［14］凶惧：非常恐惧，惊扰不安。［15］蓝：张蓝，张步弟。步以为玄武大将军。建武五年（29）战败降。八年随张步叛逃，被杀。［16］西安：县名，县治在今山东桓台县东。［17］画中：地名，其地在县治东南，位于临菑与西安之间。［18］诸校：诸营，各部。校，营垒。军队一部一个营垒，所以称军队的一部为一校。［19］蓐食：早晨还未到起床时就早早进食。蓐（rù），草席。军队常用褥席以为躺卧之具。［20］顿：停留。［21］纵：即使。［22］须：等待。［23］大耿：耿弇为况长子，所以称大耿。［24］三弟蓝、弘、寿：张步的三个弟弟，张蓝、张弘、张寿。张蓝见前注15。弘，张弘，张步弟，步以为卫将军。建武五年（29）战败降，八年随张步叛逃，被杀。寿，张寿，张步弟，步以为高密太守。［25］重异：渠帅名。［26］深堑高垒：深挖沟，高筑墙，构筑牢固的防御工事。堑（qiàn），壕沟。垒，军垒，指作战的防御工事。［27］菑水：河流名，源出山东济南市莱芜区，东北流至临淄东，然后北流，合小清河，注入渤海。［28］盛：大。此言使其志盛骄傲。［29］刘歆：字细君，巨鹿郡昌城县人。初与从弟刘植归光武帝，为偏将军，后为骑都尉、骁骑将军，封浮阳侯。［30］王宫坏台：临淄本为齐国都城，此指原齐王宫中的坏台。［31］横突：猛烈冲击。［32］飞矢：流矢，即飞来的箭。［33］股：大腿。［34］击牛：杀牛。［35］酾（shī）酒：斟酒。［36］豫：事先作准备。［37］人定：时辰名。古代一日分为十二时辰，每一时辰相当于今天的两小时。今天的21时至23时为亥时，又称人定。［38］纵击：追击。［39］巨昧水：河流名，自南向北流经剧县西。［40］相属（zhǔ）：相连接。［41］两（liàng）：古“辆”字。一车为一辆。［42］韩信破历下：事见《资治通鉴》十卷高祖四年。［43］开基：开创基业。

[44]发迹：指立功扬名。 [45]相方：相比。方，比拟。 [46]勍（qíng）敌：强敌。 [47]功又难于信也：此言耿弇功大于西汉功臣韩信。难，盛。 [48]卫尉：指郦商。商是食其弟，时为卫尉。 [49]不听：不允许。刘邦为使田横前来归降，诏商不得报烹兄之仇。 [50]归命：归顺。 [51]大司徒：指伏湛。湛是隆的父亲，时为大司徒。 [52]将军前在南阳：此指建武三年冬十月，弇随光武帝到舂陵，自请“东攻张步，以平齐地”。 [53]落落难合：迂阔，不切实际，难以成功。合，成功。 [54]平寿：县名，县治在今山东潍坊市西南。 [55]走之：使之败逃。走，使动用法。 [56]负负：非常惭愧。

初起太学[1]。车驾还宫，幸太学，稽式古典[2]，修明[3]礼乐，焕然[4]文物[5]可观矣！

十一月，大司徒伏湛免，以侯霸为大司徒。霸闻太原闵仲叔[6]之名而辟之，既至，霸不及[7]政事，徒劳苦[8]而已。仲叔恨曰：“始蒙嘉命[9]，且喜且惧[10]。今见明公，喜惧皆去[11]。以仲叔为不足问邪？不当辟也。辟而不问，是失人也！”遂辞出，投劾[12]而去。

初，五原人李兴[13]、随昱[14]、朔方人田飒[15]、代郡人石鲔、闵堪[16]各起兵自称将军。匈奴单于遣使与兴等和亲[17]，欲令卢芳还汉地为帝。兴等引兵至单于庭迎芳；十二月，与俱入塞，都九原县[18]；掠有五原、朔方、云中、定襄[19]、雁门五郡，并置守、令，与胡兵侵苦北边。

冯异治关中，出入[20]三岁，上林[21]成都[22]。人有上章言：“异威权至重，百姓归心，号为咸阳王。”帝以章示异；异惶惧，上书陈谢。诏报曰：“将军之于国家，义为君臣，恩犹父子，何嫌何疑，而有惧意！”

（以上为第十段，写卢芳勾结匈奴割据西北边地，以及冯异粗定关中。）

【注释】

[1]太学：古代设在京城的最高学府。 [2]稽式古典：取法古制。稽式，取法。 [3]修明：阐明。 [4]焕然：明显的样子。 [5]文物：指礼乐制度。 [6]闵仲叔：名贡，仲叔是其字，太原郡人。后未出仕。老年贫病，以寿终。 [7]不及：不使参与。及，参与。 [8]徒劳苦：只是让做劳苦的事。 [9]嘉命：敬指对方之命。 [10]且喜且惧：为得召而喜，担心有负嘉命而惧。 [11]去：抛弃，去掉。 [12]投劾：呈递弹劾自己的状文。此为古代弃官的一种方式。 [13]李兴：入匈奴迎卢芳为帝，芳以兴为五原太守，后为芳所杀。 [14]随昱（yù）：卢芳称帝，以昱为将军。后降汉，为五原太守，封镌胡侯。 [15]田飒：卢芳为帝，以飒为朔方太守。后降汉，任

旧职。［16］闵堪：入匈奴迎卢芳为帝，后随芳降，芳立为代王，堪为代国相。［17］和亲：彼此结成友好亲善的关系。［18］九原县：县治在今内蒙古包头市西。［19］定襄：郡名，治所在今山西左云县西。［20］出入：前后。［21］上林：指上林苑。［22］成都：成为都市。此言前往归附的人很多。

隗嚣矜己[1]饰智[2]，每[3]自比西伯[4]，与诸将议欲称王。郑兴曰："昔文王三分天下有其二，尚服事殷；武王八百诸侯不谋同会，犹还兵待时[5]；高帝征伐累年，犹以沛公行师[6]。今令德[7]虽明，世无宗周[8]之祚；威略[9]虽振[10]，未有高祖之功；而欲举未可之事，昭速[11]祸患，无乃不可乎！"嚣乃止。后又广置职位以自尊高[12]，郑兴曰："夫中郎将、太中大夫、使持节官，皆王者之器[13]，非人臣所当制[14]也。无益于实，有损于名，非尊上之意也。"嚣病[15]之而止。

时关中将帅数上书言蜀可击之状，帝以书示嚣，因使击蜀以效[16]其信。嚣上书，盛言[17]三辅单弱，刘文伯[18]在边，未宜谋蜀。帝知嚣欲持两端[19]，不愿天下统一，于是稍黜其礼[20]，正君臣之仪。帝以嚣与马援、来歙相善，数使歙、援奉使往来，劝令入朝，许以重爵[21]。嚣连遣使，深持谦辞，言无功德，须四方平定，退伏闾里[22]。帝复遣来歙说嚣遣子入侍，嚣闻刘永、彭宠皆已破灭，乃遣长子恂[23]随歙诣阙；帝以为胡骑校尉[24]，封镌羌侯。

郑兴因恂[25]求归葬父母，嚣不听，而徙兴舍，益其秩礼[26]。兴入见曰："今为父母未葬，乞骸骨；若以增秩徙舍，中更[27]停留，是以亲为饵[28]也，无礼甚矣，将军焉用之！愿留妻子独归葬，将军又何猜[29]焉！"嚣乃令与妻子俱东。马援亦将家属随恂归雒阳，以所将宾客猥多[30]，求屯田上林苑中；帝许之。

嚣将王元以为天下成败未可知，不愿专心内事，说嚣曰："昔更始西都，四方响应，天下喁喁[31]，谓之太平；一旦坏败，将军几无所厝[32]。今南有子阳，北有文伯，江湖海岱[33]，王公十数，而欲牵[34]儒生[35]之说，弃千乘[36]之基，羁旅[37]危国[38]以求万全四，此循覆车之轨者也。今天水完富，士马最强，元请以一丸泥为大王东封函谷关[39]，此万世一时也。若计不及此，且畜养士马，据隘自守，旷日持久，以待四方之变；图王不成，其敝[40]犹足以霸。要之[41]，鱼不可脱[42]于渊，神龙失势，与蚯蚓同！”嚣心然[43]元计，虽遣子入质，犹负其险厄[44]，欲专制方面。

申屠刚谏曰：“愚闻人所归者天所与，人所畔者天所去也。本朝诚天之所福，非人力也。今玺书数到，委国[45]归信[46]，欲与将军共同吉凶。布衣相与[47]，尚有没身不负然诺之信[48]，况于万乘[49]者哉！今何畏何利[50]，而久疑若是？卒有非常之变[51]，上负忠孝，下愧当世。夫未至豫言[52]，固常为虚[53]；及其已至，又无所及[54]；是以忠言至谏[55]，希得为用[56]，诚愿反覆[57]愚老[58]之言！”嚣不纳，于是游士[59]长者稍稍去之。

（以上为第十一段，写郑兴继班彪之后劝谏隗嚣归顺朝廷。光武帝也多次遣使招抚，隗嚣不听，阳奉阴违，听王元之言，图谋割据。）

【注释】

[1]矜己：夸耀自己。 [2]饰智：粉饰智慧，指施要心计以弄巧设诈。 [3]每：常常。 [4]西伯：指周文王。 [5]“武王”二句：《史记·周本纪》：周武王即位九年，东观兵，至于盟津，“不期而会盟津者八百诸侯。诸侯皆曰：‘纣可伐矣。’武王曰：‘女未知天命，未可也。’乃还师归。” [6]行师：出兵。 [7]令德：美德。 [8]宗周：指周王朝。 [9]威略：声威谋略。 [10]振：显扬。 [11]昭速：明显地招引。 [12]职位：官位。尊高：高贵。 [13]器：指官位名号。[14]制：建制，设置。[15]病：感到难办。[16]效：验证，证明。[17]盛言：极言。[18]刘文伯：指卢芳。芳自称是汉武帝的曾孙刘文伯。 [19]持两端：指游移于两者之间的态度。俗称脚踏两只船。持，保持。 [20]稍黜其礼：逐渐降低礼遇规格和态度。黜（chù），减损，降低。 [21]重爵：尊贵的爵位，高爵。 [22]退伏闾里：退隐乡里。 [23]恂：隗恂，字伯春。后隗嚣叛汉依附公孙述，恂被杀。 [24]胡骑校尉：军官名，汉武帝时始置，主管池阳胡骑。[25]因恂：借恂入侍东行的机会。因，凭借，利用。 [26]益其秩礼：增加俸禄，并提高礼遇规格。益，增加。秩，俸禄。[27]中更：中途变更。[28]以亲为饵：用双亲作为获利的诱饵。亲，双亲，父母。饵（ěr），诱鱼上钩的食物。此指以事引诱对方满足自己的愿望。 [29]猜：怀疑。[30]猥（wěi）多：众多。 [31]喁（yóng）喁：仰望期待的样子。 [32]几无所厝：没有一点办法安身。几，几乎。厝（cuò），安置。[33]江湖海岱（dài）：泛指四方各地。[34]牵：拘泥。[35]儒生：指郑兴、班彪等人。 [36]千乘：战国时期诸侯国，小者称千乘，大者称万乘。此指占据一方建立的政权。 [37]羁（jī）旅：寄居。 [38]危国：指局势不安宁、面临危机的国家。

[39]一丸泥为大王东封函谷关：言用极少的力量即可防守函谷关，封锁关口。一丸泥，形容极少的力量。[40]敝：指不好的结果。[41]要之：总之。[42]脱：离开。[43]然：认为正确。[44]负其险厄：仗恃险要地势。[45]委国：以国事相托。[46]归信：特别信任。[47]相与：相交往。[48]没身不负然诺之信：一辈子不背信弃义。没身，终身。负，辜负。然诺，然、诺皆应对之词，表示应允、答应。[49]万乘：周制，天子地方千里，出兵车万乘；诸侯地方百里，出兵车千乘。所以用万乘称天子。[50]何畏何利：指归汉何畏，附公孙述何利。[51]非常之变：指突如其来的意外变故。[52]未至豫言：事情没有发生就预先谈到。[53]虚：虚妄不实。[54]无所及：什么都来不及。[55]至谏：恳切地劝谏。[56]希得为用：很少被采用。[57]反覆：再三思考。[58]愚老：老人自谦之词。[59]游士：指云游四方以谋生的文人。

王莽末，交趾[1]诸郡闭境自守。岑彭素与交趾牧邓让厚善[2]，与让书，陈国家威德；又遣偏将军屈充移檄江南，班行[3]诏命。于是让与江夏太守侯登、武陵[4]太守王堂、长沙相韩福、桂阳[5]太守张隆、零陵[6]太守田翕、苍梧[7]太守杜穆、交趾[8]太守锡光等相率遣使贡献；悉封为列侯。锡光者，汉中人，在交趾，教民夷以礼义；帝复以宛人任延[9]为九真[10]太守，延教民耕种嫁娶；故岭南[11]华风[12]始于二守焉。

是岁，诏征处士[13]太原周党[14]、会稽严光[15]等至京师。党入见，伏而不谒[16]，自陈愿守所志。博士范升奏曰："伏见太原周党、东海王良[17]、山阳王成等，蒙受厚恩，使者三聘[18]，乃肯就车；及陛见[19]帝廷，党不以礼屈，伏而不谒，偃蹇[20]骄悍，同时俱逝[21]。党等文不能演义[22]，武不能死君，钓采[23]华名[24]，庶几[25]三公[26]之位。臣愿与坐云台[27]之下，考试图国之道。不如臣言，伏虚妄之罪[28]；而敢私窃虚名，夸上[29]求高[30]，皆大不敬[31]！"书奏，诏曰："自古明王、圣主，必有不宾之士[32]，伯夷、叔齐不食周粟[33]，太原周党不受朕禄，亦各有志焉。其赐帛四十匹，罢之。"

帝少与严光同游学，及即位，以物色[34]访之，得于齐国，累征[35]乃至；拜谏议大夫，不肯受，去，耕钓于富春山[36]中。以寿终于家。

王良后历沛郡太守、大司徒司直，在位恭俭[37]，布被瓦器，妻子不入官舍。后以病归，一岁复征；至荥阳，疾笃[38]，不任进道[39]，过其友人。友人不肯见，曰："不有忠言奇谋而取大位，何其往来屑屑[40]不惮烦也！"遂拒之。良惭，自后连征不应，卒于家。

元帝之世，莎车[41]王延[42]尝为侍子[43]京师，慕乐中国。及王莽之乱，匈奴略有[44]西域，唯延不肯附属[45]；常敕诸子："当世奉[46]汉家，不可负也！"延卒，子康立。康率旁国拒匈奴，拥卫故都护吏士、妻子[47]千余口；檄书河西，问中国动静。窦融乃承制立康为汉莎车建功怀德王、西域大都尉，五十五国皆属焉。

（以上为第十二段，写光武帝征召贤良，南疆交趾和西域各国归附东汉。）

【注释】

[1]交趾：刺史部名。交趾刺史部辖区约今广东、广西两省区与越南民主共和国大部地区。[2]厚善：交情深厚。[3]班行：颁行。[4]武陵：郡名，治所在今湖南溆浦县。[5]桂阳：郡名，治所在今湖南郴州市。[6]零陵：郡名，治所在今广西兴安县东北。[7]苍梧：郡名，治所在今广西梧州市。[8]交趾：郡名，治所在今越南河内市西北。[9]任延：字长孙，南阳郡宛县人，历任九真、武威、颍川、河内等郡太守。传见《后汉书》卷七十六。[10]九真：郡名，治所在今越南清化市西北。[11]岭南：指五岭以南地区，即交趾刺史部所领属地区。[12]华风：中原汉民族的风俗。[13]处士：指有才德而隐居不仕的人。[14]周党：字伯况，太原郡广武县（今山西代县西南）人。建武初年召为议郎，以病去职。后隐居渑池，终生不仕。传见《后汉书》卷八十三《逸民列传》。[15]严光：字子陵，会稽郡余姚县（今浙江余姚市）人。少时曾与刘秀同学。刘秀称帝，变名姓隐而不见。光武帝刘秀遣使聘至洛阳，与之共卧叙旧，然终不肯仕。后耕钓于富春山。终年八十。传见《后汉书》卷八十三《逸民列传》。[16]伏而不谒：伏地而不通报姓名。古时谒见尊者，要伏地通报姓名。[17]王良：字仲子，东海郡兰陵县人，历任谏议大夫、沛郡太守、大司徒司直等，晚年家居不仕。传见《后汉书》卷二十七。[18]聘：以礼征召。[19]陛见：指谒见天子。[20]偃蹇（jiǎn）：骄傲，傲慢。[21]逝：离去。[22]演义：阐发义理。[23]钓采：用虚伪的作为求取名誉。[24]华名：美名。[25]庶几：希望。[26]三公：东汉以太尉、司徒、司空为三公。[27]云台：汉代宫中高台名。[28]伏虚妄之罪：承担不实之罪。伏，通"服"，承当。虚妄，荒诞无稽。[29]夸上：在君主面前夸大其词，言过其实。[30]求高：求取美名以抬高自己。[31]大不敬：指不敬皇帝。封建时代重罪之一。[32]不宾之士：指不愿为官的隐士。不宾，不臣服，不归顺。[33]伯夷、叔齐不食周粟：相传伯夷、叔齐为孤竹君的两个儿子。周武王伐纣，二人叩马谏阻。武王灭商后，二人义不食周粟，隐居首阳山，采薇而食，最后饿死山中。[34]物色：访求。[35]累征：多次征召。[36]富春山：山名，在浙江桐庐县南。前临富春江，山下有滩称严陵濑，相传为严光游钓处。[37]恭俭：

恭谨俭约。[38]疾笃：病势沉重。[39]不任进道：经受不了赶路的辛苦。任，堪。不任，不堪，经受不了。进道，行路。[40]屑屑：劳累匆迫的样子。[41]莎车：西域国名，其地在今新疆莎车县。[42]延：莎车王名。[43]侍子：古代属国之王或诸侯遣子入朝陪侍天子，学习文化，所遣之子称侍子。[44]略有：据有，拥有。[45]附属：归属。[46]世奉：指世世代代拥戴。[47]拥卫故都护吏士、妻子：保护原都护官员和他们的妻儿。拥卫，保护。王莽天凤三年（16），以李崇为西域都护。后莽死，西域攻没都护，其官属、妻子皆滞留在西域，未能东归，今得莎车王康的保护。

【点评】

论光武帝的军事战略。本卷载述光武帝建武三年到建武五年（27—29）三年史事，是光武帝扫灭群雄、统一中国的第二阶段，也就是第二步，平定山东群雄。从大局说，这是西汉末战乱最激烈的时期，天下出现了统一的局面；从东汉政权角度说，是光武帝定天下最有成效的丰收期。三年间，东汉政权从只占天下十分之一的群雄中之一员，到占有天下十分之七八的绝对强者。这时，山东基本平定，中原大局粗安，光武帝已奠定了真命天子的地位，成为不可战胜的新王朝的统治者。这里只从用兵角度点评光武帝的战功与失误带给我们的历史思考。分为战前战后形势、光武帝的军事战略、光武帝的失误等三个方面来谈。

第一，战前战后形势。战前形势指本卷所载光武帝扫灭群雄的战争时段，即建武三年初的全国群雄割据态势；战后形势系指建武五年末，中原局势粗安的形势。

建武三年初，光武帝歼灭赤眉军，拉开了统一战争的序幕，此时全国群雄纷争。当时光武帝的政权，群雄不予认可，只有割据陇西的隗嚣接受光武帝的封号：西州大将军。隗嚣也只是坐观时变。所有群雄，包括隗嚣，光武帝都要以力扫除。更始政权残余，一部分投靠延岑，混战三辅，大部分出关入南阳，融入南方的各个割据集团。更始政权曾经是全国统一的一线曙光。而更始政权的瓦解，让全国人民迷失了方向，不知真龙天子在哪里，形成群雄混战的局面，称王称帝的此起彼伏。最大的军事集团是赤眉军，占第二、第三位置的分别是据有全蜀之地的公孙述和据有陇西的隗嚣。光武政权虽入都洛阳，但光武帝的军事实力和声望只占第四位。当时洛阳四面皆敌，河南河北有五校、青犊、富平等多支农民武装集团环绕。其他称王称帝的割据者有：武安王延岑据汉中，争三辅，失败后转入南阳；周成王田戎据夷陵（今湖北宜都市）；楚黎王秦丰据黎丘（今湖北宜城市）；秦丰以女妻延岑、田戎，于是三家结成联盟；梁王刘永据睢阳（今河南商丘市）称帝，刘永失败，其子刘纡称梁王，据垂惠（今安徽蒙城县）；接受刘永齐王封号的张步，都临淄；海西王董宪据郯城（今山东郯城县）；淮南王李宪据庐江（今安徽庐江县），建武三年称帝。赤眉军、延岑、秦丰、田戎、刘永、刘纡、张步、董宪、李宪等群雄皆逐鹿中原，他们是光武帝的劲敌。在逐鹿过程中，由于光武帝措置失误，逼反了彭宠、邓奉、庞萌、苏茂。彭宠反于渔阳，接着张丰起兵于涿郡，光武帝后院起火。邓奉、庞萌、苏茂反于用兵前线，差点坏了光武帝大事。由于光武帝经营河北起于细微，他凭借的仅仅是更始帝的一根符节，依靠上谷太守耿况、渔阳太守彭宠的五千突骑、河北信都之众，以及临时招募的乌合之众，不足万人起家，所以用了近四年的努力，才使河北粗安。光武帝经营河北，是建立根据地。光武帝入都洛阳，策划消灭赤眉军，正式拉开了统一全国的序幕。

光武帝的统一战争，进行了三年，次第平定了赤眉军、张丰、秦丰、刘永、刘纡、张步、董宪、李宪，走田戎、延岑，灭了彭宠、邓奉、庞萌、苏茂等叛将，山东群雄尽灭，中原局势粗安，全国统一的形势明朗。建武五年末，天下未平者，只有边陲三大集团，即蜀帝公孙述，陇右隗嚣，西北割据五原、云中、朔方、定襄、雁门五郡的卢芳。光武帝四分天下已有其三，占绝对优势。

第二，光武帝的军事战略。建武三年，统一战争之初，光武帝的力量并不占优势，山东群雄力量的总和数倍于光武帝。刘姓皇帝有好几个，赤眉天子刘盆子、汉帝刘永也是皇室正宗。卢芳称帝也冒姓刘。这些拥兵者并不买光武帝的账。张步贪王爵称号，拒绝了光武帝的招降，就是生动例证。但是光武帝最终胜利了，而且统一之势势如破竹，攻无不克，战无不胜，三年之间，灭尽山东群雄，光武帝依靠的是什么呢？光武帝的用兵方略胜人一筹，有以下几个特点。

其一，谋定而后动。《兵法》曰：多算胜少算。光武帝胸中有一天下大势，决机于事发之先，最后统一全国。关键是如何次第消灭山东群雄，从哪里开始呢？光武帝决定各个击破。首先，坐山观赤眉军与更始政权两虎相斗，假手赤眉军打垮更始政权，驱除这一合法政权，为自己的统一战争开辟道路。光武帝预料赤眉军入关，更始政权必败，而赤眉军胜后，因无远略，烧杀抢掠，必不能久立关中，必然东归。在赤眉军未入关中之前，光武帝就部署邓禹入河东，伺机夺取关中，驱赶赤眉军东归。更始政权灭亡，赤眉军是全国最强大的军事集团，绝不能放虎归山，让赤眉军回到山东，要在赤眉军行进中加以歼灭。战争进程完全按光武帝预计的规划发展。

其二，智计胜敌。歼灭赤眉军在西边的关键是，必须抢在赤眉军东归之前先据有洛阳，以便在宜阳、新安赤眉军必经之路设伏，以逸待劳。更始政权用三十万重兵防守洛阳，攻取谈何容易。光武帝为了抢在赤眉东归之前占有洛阳，弃小怨，顾大局，招降朱鲔，不战而下洛阳，不仅实力大增，而且赢得了休整时间。消灭赤眉军后，光武帝避免两线作战，专一扫荡山东群雄，其关键是阻止公孙述、隗嚣东出。羁縻隗嚣，使之拥汉，更是计划成败的关键。光武帝用尽了心机。他利用隗嚣好儒、好面子的特点，优礼隗嚣。隗嚣到洛阳，光武帝待以平等之礼。给隗嚣的信，光武帝亲笔书写。又动员知名大儒班彪、郑兴，隗嚣挚友马援、来歙次第游说隗嚣。隗嚣接受光武帝西州大将军的职事，协助邓禹、冯异争三辅，阻击公孙述北上。光武帝承认隗嚣割据陇右的现实，兼有河西五郡的势力范围，而暗中却又拉拢窦融，既牵制隗嚣，又挖了隗嚣的墙角，一箭双雕。

其三，各个击破。如果山东群雄一致对抗光武帝，胜败就很难说了。单个军事集团，谁都不是光武帝的对手。他们互不统属，给予光武帝各个击破的机会。

其四，光武帝本人雄才大略，部下人才济济，君臣一心，是天下无敌的力量。光武帝大将邓禹、冯异、贾复、吴汉、耿弇、马武、岑彭、来歙，个个是人才，均可独当一面。而敌方对手也不乏人才，隗嚣大将王元、杨广，公孙述大将荆邯，以及延岑、秦丰、田戎等，单个均可敌光武帝之将。但他们人才分散，光武帝人才集中，对阵时无论人才、兵力都占绝对优势。光武帝本人的雄才大略更是无人可比。光武帝从行伍出身，懂得兵机，他不仅有战略规划之才，更有战术克敌之才，总能在关键时刻给前线诸将授以方略。

以上各点，是光武帝从摸爬滚打中实践出来的，既是人为，又有天授，无人可及。昆阳之战，可以说是光武帝卓绝领袖之才的崭露。

第三，光武帝的失误。光武帝用轻躁青年朱浮为幽州牧，加于自恃有大功的彭宠之上，又拒绝彭宠的要求，同时征召朱浮。光武帝要杀彭宠的傲气，为时过早，正在扫荡群雄难解难分之时逼反彭宠，造成后院起火，两线作战。吴汉军纪不肃，烧杀抢掠，又逼反了邓奉。庞萌、苏茂都是招纳的降将，光武帝未能一视同仁，既用他们在前方作战，又不给予大将同等礼遇，下诏书指示忘了提他们的名字，于是庞萌、苏茂生猜忌而反。邓奉、庞萌、苏茂前线倒戈，尽知虚实，又是突然袭击，使吴汉、盖延被打得大败。光武帝的士兵大都是收编的农民军，纪律松弛。吴汉、耿弇两员主要战将，起于边郡，嗜杀成性。吴汉南征，因士兵劫掠邓奉桑梓，逼反邓奉。吴汉破成都又大肆屠城。史称耿弇未尝打败仗，攻陷郡国四十六个，而屠城三百。贾复南征，他的部将在光武帝统治区颍川行凶杀人，受到颍川太守寇恂的惩治。军纪松弛，带兵之将应负主要责任，而光武帝没有对这些爱将有所惩处，亦是其短。

光武帝的这些失误，延缓了统一战争的进程。特别是诸将之反，一度使新造之东汉政权陷于危局。光武帝有过则改，采取措施转危为安。例如，为镇压反叛诸将，光武帝立即亲征，稳定了军心。邓禹将略为短，争关中受挫，光武帝及时换将，任命冯异代邓禹，扭转了不利局势。吴汉暴掠成都降民，也受到了光武帝的申斥。

光武帝扫火群雄，最终获得胜利，他的失误不足以掩大德。光武帝其人，作为真命天子，大醇小疵。

卷四二　汉纪三十四

汉光武帝建武六年至十一年（30—35年）

【起上章摄提格（庚寅，30年），尽旃蒙协洽（乙未，35年），凡六年】

【大事提要】

本卷记事起公元30年，讫公元35年，凡六年，当光武帝建武六年至建武十一年。本卷大事主要载述光武帝用兵陇蜀，完成统一大业。隗嚣据陇，公孙述据蜀，两人皆妄自尊大，而又无远略，均趁乱世而起，期盼出现战国局势，群雄割据，称霸一方。公孙述割据称帝，隗嚣欲称王，一心效法西伯，两人都坐失一搏之良机。当光武帝用兵山东，横扫河朔之时，公孙述未能东出，坐观成败，隗嚣还被光武帝所利用，阻挡公孙述北出。当山东已平，天下四分而光武帝有其三时，两人唇齿相依以叛。光武帝全力攻陇，一度亲征，两次遭败绩，从建武六年到建武十年，前后五年才平定了陇西，用力之勤，莫过于此。因陇地险阻，隗嚣困兽死守，且颇有人望，公孙述又为之后援，遂两败汉军。然而以小敌大，如卵击石，失败固宜。公孙述失去陇山屏障，支撑不到一年就全线溃退。可惜汉军警惕不足，连失两员主将，付出了沉重代价。河西窦融，善识时务，矢志归汉，加速了隗嚣的失败。在战争间隙，光武帝整顿吏治，裁汰冗官，减田租，恢复西汉旧制三十税一，察纳雅言，多所兴革，遂为一代中兴明主。光武帝好图谶，是其一短。

世祖光武皇帝中之上

建武六年（庚寅，30年）

春，正月，丙辰[1]，以舂陵乡为章陵县，世世复[2]徭役，比丰、沛[3]。

吴汉等拔朐，斩董宪、庞萌，江、淮、山东悉平。诸将还京师，置酒赏赐。

帝积苦[4]兵间，以隗嚣遣子内侍，公孙述远据边垂[5]，乃谓诸将曰："且当置此两子于度外耳。"因休诸将于雒阳，分军士于河内，数腾书陇、蜀[6]，告示祸福。

公孙述屡移书[7]中国[8]，自陈符命，冀以惑众。帝与述书曰："图谶言公孙，即宣帝也[9]。代汉者姓当涂，其名高；君岂高之身邪？乃复以掌文为瑞[10]，王莽何足效乎[11]？君非吾贼臣乱子，仓卒时人皆欲为君事耳。君日月已逝[12]，妻子弱小，当早为定计。天下神器，不可力争，宜留三思！"署[13]曰"公孙皇帝"。述不答。

其骑都尉平陵荆邯说述曰："汉高祖起于行陈之中，兵破身困者数矣；然军败复合[14]，疮愈复战。何则？前死[15]而成功，愈于却[16]就于灭亡也！隗嚣遭遇运会，割有雍州，兵强士附，威加[17]山东；遇更始政乱，复失天下，众庶引领[18]，四方瓦解，嚣不及此时推[19]危乘胜以争天命，而退欲为西伯之事，尊师章句[20]，宾友处士[21]，偃武息戈[22]，卑辞事汉，喟然自以文王复出也！令汉帝释关、陇之忧，专精东伐，四分天下而有其三[23]；发间使，召携贰[24]，使西州豪杰咸居心[25]于山东，则五分而有其四；若举兵天水，必至沮溃[26]，天水既定，则九分而有其八。陛下以梁州之地，内奉万乘，外给三军，百姓愁困，不堪上命，将有王氏[27]自溃之变矣！臣之愚计，以为宜及天下之望未绝，豪杰尚可招诱，急以此时发国内精兵，令田戎据江陵，临[28]江南之会[29]，倚巫山[30]之固，筑垒坚守，传檄吴、楚，长沙以南必随风而靡[31]。令延岑出汉中，定三辅，天水、陇西拱手[32]自服。如此，海内震摇，冀有大利。"述以问群臣，博士吴柱曰："武王伐殷，八百诸侯不期同辞，然犹还师以待天命。未闻无左右之助而欲出师千里之外者也！"邯曰："今东帝[33]无尺土之柄，驱乌合之众，跨马陷敌，所向辄平，不亟乘时[34]与之分功，而坐谈武王之说，是复效隗嚣欲为西伯也！"

述然邯言，欲悉发北军[35]屯士及山东客兵[36]，使延岑、田戎分出两道，与汉中诸将合兵并势。蜀人及其弟光以为不宜空国千里之外，决成败于一举，固争之，述乃止。延岑、田戎亦数请兵立功，述终疑不听，唯公孙氏得任事。

述废铜钱，置铁钱，货币不行，百姓苦之。为政苛细[37]，察[38]于小事，如为清水令时而已。好改易郡县官名。少尝为郎[39]，习汉家故事，出入法驾，銮旗旄骑。又立其两子为王，食犍为、广汉[40]各数县。或谏曰："成败未可知，戎士暴露而先王[41]爱子，示无大志也！"述不从，由此大臣皆怨。

（以上为第一段，写公孙述妄自尊大，既不归附朝廷，也无大志远略，坐守西蜀以待毙。）

【注释】

［1］丙辰：正月十六日。［2］复：免除徭役或赋税。［3］比丰、沛：免章陵县民的徭役，与丰县、沛县之民同等待遇。比，与……等同。丰，县名，县治在今江苏丰县。刘邦是秦泗水郡沛县丰邑人，刘邦建汉称帝，以丰邑改置县。因丰、沛二县是自己的故乡，于是"复其民，世世无有所与"（《汉书·高帝纪下》）。［4］积苦：长期劳苦。［5］边垂：边地。垂，通"陲"。［6］数（shuò）腾书陇、蜀：指光武帝多次传递书信给隗嚣和公孙述。陇指隗嚣，蜀指公孙述。［7］移书：发送公文、布告。［8］中国：指中原地区。［9］图谶言公孙，即宣帝也：图谶上说"废昌帝，立公孙"，是指废除昌邑王，而立汉宣帝。公孙述引用的谶文，有《录运法》说："废昌帝，立公孙。"是说废除当今隆盛的刘姓帝王而立公孙氏。光武帝予以反驳。按：宣帝，指汉宣帝。汉昭帝死，无嗣，立昌邑王刘贺。不久即废，又立刘病已（后改名询），是为宣帝。《汉书·五行志》："昭帝时，上林苑中大柳树断仆地，一朝起立，生枝叶，有虫食其叶，成文字，曰'公孙病已立'。"宣帝是武帝戾太子刘据之孙，史皇孙之子，所以称公孙。公孙指宣帝，则以昌帝指昌邑王刘贺。［10］以掌文为瑞：据《后汉书·公孙述传》，述梦有人对他说："八厶子系，十二为期。"又有龙出现在他的官府的大殿中，夜有光耀，认为是称帝的符瑞，于是在自己手掌中刻了"公孙帝"三个字。［11］王莽何足效乎：此言王莽多称符瑞，结果新朝短命而国破身亡，哪里值得效法呢？［12］日月已逝：指年老。［13］署：署名。［14］合：聚集，集中。［15］前死：冒死前进。［16］却：后退。［17］加：影响。［18］引领：指引退离散。［19］推：通"摧"，挫败。［20］章句：剖章析句。汉代学者所创采用剖章析句解说经义的治学方法，称为章句学。此指郑兴等人。［21］处士：指方望等人。［22］偃（yǎn）武息戈：停息武备，不从事征战。［23］"令汉帝"三句：此言隗嚣远居西地，无意向东发展，使光武解除了对关中、陇右地区的后顾之忧，得以集中精力平定东方，拥有了天下的四分之三。［24］召携贰：指诱降怀有离心的人。［25］居心：留心。［26］沮（jǔ）溃：溃散。［27］王氏：指王莽。［28］临：据守。［29］会：指一个地区的政治、经济中心。［30］巫山：山名，在今重庆市巫山县东川、鄂交界处。［31］随风而靡：指檄文一到就服服帖帖地归顺。［32］拱手：极言轻易。［33］东帝：指光武帝。［34］亟乘时：赶快利用时机，乘机。［35］北军：汉代京师的卫戍部队，有南、北军。后二军合并，通称北军。公孙述仿汉制，设北军。［36］山东客兵：用侨居蜀地的山东人组成的部队。［37］苛细：苛求细枝末节。［38］察：明辨，详察。此指苛求。［39］少尝为郎：西汉末年，于哀帝时青年公孙述以

父任为郎。［40］广汉：郡名，治所在今四川梓潼县。［41］王：作动词用，封王。

冯异自长安入朝，帝谓公卿曰：“是我起兵时主簿也，为吾披荆棘，定关中。”既罢，赐珍宝、钱帛，诏曰：“仓卒芜蒌亭豆粥，虖沱河麦饭，厚意久不报。”异稽首谢曰：“臣闻管仲谓桓公曰：‘愿君无忘射钩，臣无忘槛车。’[1]齐国赖之。臣今亦愿国家[2]无忘河北之难，小臣不敢忘巾车之恩。”留十余日，令与妻子还西。

申屠刚、杜林自隗嚣所来，帝皆拜侍御史。以郑兴为太中大夫。

三月，公孙述使田戎出江关[3]，招其故众，欲以取荆州，不克。

帝乃诏隗嚣，欲从天水伐蜀。嚣上言：“白水[4]险阻，栈阁[5]败绝。述性严酷，上下相患[6]，须其罪恶孰著[7]而攻之，此大呼响应[8]之势也。”帝知其终不为用，乃谋讨之。

夏，四月，丙子[9]，上行幸长安，谒园陵；遣耿弇、盖延等七将军从陇道伐蜀，先使中郎将来歙奉玺书赐嚣谕旨。嚣复多设疑故[10]，事久冘豫[11]不决。歙遂发愤[12]质责[13]嚣曰：“国家以君知臧否[14]，晓废兴，故以手书畅意。足下[15]推忠诚[16]，既遣伯春[17]委质[18]，而反欲用佞惑[19]之言，为族灭之计邪！”因欲前刺嚣。嚣起入，部勒[20]兵将杀歙，歙徐杖节就车而去，嚣使牛邯将兵围守之。嚣将王遵谏曰：“君叔[21]虽单车远使，而陛下之外兄[22]也，杀之无损于汉，而随以族灭。昔宋执楚使，遂有析骸易子之祸[23]。小国犹不可辱，况于万乘之主，重以伯春之命哉！”歙为人有信义，言行不违，及往来游说，皆可按覆[24]；西州士大夫皆信重之，多为其言[25]，故得免而东归。

五月，己未[26]，车驾至自长安。

隗嚣遂发兵反，使王元据陇坻[27]，伐木塞道。诸将因与嚣战，大败，各引兵下陇；嚣追之急，马武选精骑为后拒，杀数千人，诸军乃得还。

（以上为第二段，写隗嚣据陇叛变。）

【注释】

[1]“管仲谓桓公曰”三句：春秋齐襄公统治时期，政局不稳，鲍叔牙随同公子小白逃到莒国。襄公被杀，管仲与召忽随同公子纠逃到鲁国。管仲曾在小白回国途中伏击小白，射中小白的带钩。结果小白抢先回国为君，就是齐桓公。桓公逼鲁杀死公子纠，召忽自杀，管仲被囚，用槛车送回齐国。桓公任之为相，辅佐桓公称霸诸侯。此言应常想困窘苦难之时，以使自己慎而不骄，永有天下。[2]国家：指天子。[3]江关：又名捍关或扞关，其地在今重庆市奉节县东北。[4]白水：关名，地处白水县东，在今四川广元市东北。[5]栈阁：栈道，即在险绝处傍山架木而成的一种道路。[6]患：不满意，厌恶。[7]孰著：显著。[8]大呼响应：大声呼喊，响亮回应。此喻指有外攻则必有内应。[9]丙子：四月八日。[10]疑故：疑难与故障。[11]冘（yóu）豫：犹豫。[12]发愤：激于义愤。[13]质责：以正义指责人。[14]臧（zāng）否（pǐ）：善恶，得失。[15]足下：古代下称上或同辈相称的敬词。[16]推忠诚：以忠诚相待。[17]伯春：隗嚣子隗恂字。[18]委质：屈膝侍奉。此指臣服光武。[19]佞惑：谄佞。[20]部勒：部署。[21]君叔：来歙字。[22]外兄：表兄。歙是光武帝姑姑的儿子。[23]“昔宋执楚使”二句：据《左传》鲁宣公十四、十五年，楚庄王派申舟出使齐国，途经宋国却不向宋打招呼，宋人不能容忍强楚对宋的蔑视态度，杀了申舟。于是楚伐宋，围困宋都九个月，城内宋人易子而食，析骨而炊。[24]按覆：审查核实。[25]为其言：替来歙说情。[26]己未：五月二十一日。[27]陇坻（dǐ）：即陇山。

六月辛卯[1]，诏曰：“夫张[2]官置吏，所以为民也。今百姓遭难，户口耗少，而县官吏职，所置尚繁；其令司隶[3]、州牧各实[4]所部[5]，省减吏员，县国不足置长吏者并之。”于是并省四百余县，吏职减损，十置其一。

九月，丙寅晦[6]，日有食之。执金吾朱浮上疏曰：“昔尧、舜之盛，犹加三考[7]；大汉之兴，亦累[8]功效，吏皆积久[9]，至长子孙[10]。当时吏职，何能悉治，论议之徒，岂不喧哗！盖以为天地之功不可仓卒，艰难之业当累日也。而间者[11]守宰数见换易，迎新相代，疲劳道路。寻其视事[12]日浅[13]，未足昭见[14]其职，既加严切[15]，人不自保，迫于举劾[16]，惧于刺讥[17]，故争饰诈伪以希虚誉[18]，斯所以致[19]日月失行[20]之应也。夫物暴长[21]者必夭折[22]，功卒成者必亟[23]坏；如摧[24]长久之业而造速成之功，非陛下之福也。愿陛下游意[25]于经年之外，望治于一世之后，天下幸甚！”帝采其言，自是牧守代易颇简[26]。

十二月，壬辰[27]，大司空宋弘免。

癸巳[28]，诏曰："顷者师旅未解，用度不足，故行十一之税[29]。今粮储差积[30]，其令郡国收见[31]田租，三十税一，如旧制[32]。"

（以上为第三段，写光武帝在征战间隙，已留心整顿吏治，裁汰冗官，减轻田租，恢复西汉三十税一的制度。）

【注释】

[1]辛卯：六月二十四日。[2]张：设。[3]司隶：即司隶校尉，官名，负责督察京师百官，并领京畿一州。东汉司隶州领河南、河内、右扶风、左冯翊、京兆、河东、弘农等七郡。[4]实：核实，查实。[5]所部：管辖的部门或官属。[6]丙寅晦：九月三十日。[7]加三考：古代考核官吏政绩的制度。经三次考核，决定升降赏罚。[8]累：积聚。[9]积久：指经历很长时间。[10]长子孙：意谓胥吏长期居于其职，直到他们的子孙长大，还在原任，而未调动或升迁。[11]间者：近来。[12]视事：治事。[13]日浅：时间短。指上任不久。[14]昭见：明察。[15]严切：严厉。[16]举劾：指被上奏弹劾。[17]刺讥：讥刺，讽刺。[18]希虚誉：希望得到名不副实的声誉。虚誉，虚假不实的声誉。[19]致：造成，导致。[20]失行：不按轨道正常运行。[21]暴长：急遽生长。[22]夭折：喻指事情半途终止。[23]亟：不久。[24]摧：毁坏。[25]游意：留意。[26]简：稀少。[27]壬辰：十二月二十七日。[28]癸巳：十二月二十八日。[29]十一之税：十分纳一分税。[30]粮储差积：粮食储备稍微增加。差，略微。[31]见："现"的本字。[32]旧制：汉景帝二年，令田租三十税一。今依景帝之制，故云"旧制"。

诸将之下陇也，帝诏耿弇军漆[1]，冯异军栒邑，祭遵军汧，吴汉等还屯长安。冯异引军未至栒邑，隗嚣乘胜使王元、行巡将二万余人下陇，分遣巡取栒邑，异即驰兵欲先据之。诸将曰："虏兵盛而乘胜，不可与争锋，宜止军便地[2]，徐思方略。"异曰："虏兵临境，忸忲[3]小利，遂欲深入；若得栒邑，三辅动摇。夫攻者不足，守者有余。今先据城，以逸待劳，非所以争也。"潜往，闭城，偃旗鼓。行巡不知，驰赴之。异乘其不意，卒击鼓、建旗而出。巡军惊乱奔走，追击，大破之。祭遵亦破王元于汧。于是北地诸豪长[4]耿定等悉畔[5]隗嚣降。诏异进军义渠[6]，击破卢芳将贾览、匈奴奥鞬日逐王[7]，北地、上郡、安定皆降。

（以上为第四段，写汉军征讨隗嚣，初战不利。）

【注释】

[1]漆：县名，县治在今陕西彬州市。 [2]便地：形势便利之地。 [3]忸（niǔ）忕（tài）：习惯。 [4]豪长：渠帅，头领。 [5]畔：通“叛”。 [6]义渠：道（县）名，道治在今甘肃宁县西北。少数民族聚居的县称道。 [7]奥鞬日逐王（？—56）：名比，呼韩邪单于之孙。建武二十四年（48），自立为单于，袭其祖号，称呼韩邪单于。从此，匈奴分为南北单于。南单于比内附，长期与东汉保持友好关系。

窦融复遣其弟友[1]上书曰：“臣幸得托[2]先后末属[3]，累世二千石，臣复假历将帅[4]，守持一隅[5]，故遣刘钧口陈肝胆，自以底里上露[6]，长无纤介[7]。而玺书盛称蜀、汉二主三分鼎足之权，任嚣、尉佗之谋；窃自痛伤。臣融虽无识无知，利害之际，顺逆之分，岂可背真旧之主，事奸伪之人，废忠贞之节，为倾覆之事，弃已成之基，求无冀之利！此三者，虽问狂夫，犹知去就，而臣独何以用心！谨遣弟友诣阙，口陈至诚。”友至高平[8]，会隗嚣反，道不通，乃遣司马席封[9]间道通书[10]。帝复遣封赐融、友书，所以尉藉[11]之甚厚。

融乃与隗嚣书曰：“将军亲遇厄会之际，国家不利之时，守节不回[12]，承事[13]本朝；融等所以欣服[14]高义[15]，愿从役[16]于将军者，良[17]为此也！而忿悁[18]之间，改节易图，委成功[19]，造难就[20]，百年累之，一朝毁之，岂不惜乎！殆[21]执事者[22]贪功建谋，以至于此。当今西州地势局迫[23]，民兵离散，易以辅人，难以自建。计若失路不反，闻道犹迷，不南合子阳，则北入文伯耳。夫负虚交而易强御[24]，恃远救而轻近敌，未见其利也。自兵起以来，城郭皆为丘墟[25]，生民转于沟壑。幸赖天运[26]少还，而将军复重其难，是使积痾[27]不得遂瘳[28]，幼孤将复流离，言之可为酸鼻；庸人且犹不忍，况仁者乎！融闻为忠甚易，得宜实难。忧人[29]太过，以德取怨[30]，知且[31]以言获罪也！”嚣不纳。

融乃与五郡太守共砥厉兵马，上疏请师期[32]；帝深嘉美之。融即与诸郡守将兵入金城，击嚣党先零羌[33]封何[34]等，大破之。因并[35]河，扬[36]威武，伺候[37]车驾。时大兵未进，融乃引还。

帝以融信效著明，益嘉之，修理融父坟墓[38]，祠以太牢，数驰轻使，致遗[39]四方珍羞[40]。

梁统犹恐众心疑惑，乃使人刺杀张玄，遂与隗嚣绝，皆解所假将军印绶。

（以上为第五段，写窦融所统河西五郡与隗嚣决裂，效顺朝廷。）

【注释】

[1]友：窦友，融弟，历任奉车都尉、城门校尉，封显亲侯。[2]托：依附。[3]先后末属：窦融七世祖窦广国，是汉文帝窦皇后的弟弟。[4]假历将帅：历任将帅。假，谦辞。指名不副实。历，任职。[5]守持一隅：镇守一方。守持，坚守。隅（yú），角落。一隅，指一个边远地区。[6]底里上露：以器皿、囊袋为喻，底与里人不易见。如今底、里都显露在外面，喻指自己开诚布公，而无阴谋隐私。[7]纤介：细微。此指纤介之过。[8]高平：县名，县治在今宁夏固原市。[9]席封：司马名。[10]间道通书：走小道把书信送到朝廷。[11]尉藉：慰劳，抚慰。尉，古“慰”字。[12]回：邪僻。[13]承事：受事。[14]欣服：悦服。[15]高义：行为高尚合于正义。[16]从役：任职做事。[17]良：实在。[18]忿悁（yuān）：怨怒，愤恨。[19]委成功：放弃成功的事业。委，放弃。成功，指归服东汉，成就封侯拜相的事业。[20]造难就：开创难以实现的事业。造，开创。难就，难以成功的事。指造反称帝的想法难以实现。[21]殆：大概。[22]执事者：办事人员。[23]局迫：狭隘，狭窄。[24]负虚交而易强御：依靠虚假的交情而轻视强敌。负，仗恃。虚交，徒有其名的朋友，这里指公孙述。易，轻视。强御，指有权而又势强的人，这里指光武帝。[25]丘墟：废墟。形容遭战乱破坏之后荒凉残破之状。[26]天运：天命。[27]积疴：旧病。疴（kē），疾病。[28]遂：马上，立即。瘳（chōu）：疾病立即痊愈。[29]忧人：为人担忧。[30]以德取怨：此言过于为人担忧，说服人从迷途返回，走上正道，本是好事，但难免言辞过激，或意见不合人意，最后得到的反而是对方对自己的怨恨。[31]且：将。[32]师期：出师日期。[33]先零羌：羌族的一支。初居今甘肃、青海两省的湟水流域，后渐与西北各族融合。[34]封何：先零羌的一部。刘玄时，杀金城太守而占据其郡。后与隗嚣结盟，抗拒光武帝。[35]并：挨着。[36]扬：张扬，显示。[37]伺（cì）候：等待，等候。[38]修理融父坟墓：窦融是扶风平陵县人。[39]致遗（wèi）：赠送。[40]珍羞：珍美的肴馔。羞，美味的食物。

先是，马援闻隗嚣欲贰[1]于汉，数以书责譬[2]之，嚣得书增怒。及嚣发兵反，援乃上书曰：“臣与隗嚣本实交友，初遣臣东，谓臣曰：‘本欲为汉，愿足下往观之，于汝意可，即专心[3]矣。’及臣还反，报以赤心，实欲导之于善，非敢谲[4]以非义。而嚣自挟奸心，盗憎主人[5]，怨毒之情，遂归于臣。臣欲不言，则无以上闻，愿听[6]诣行在所，极陈[7]灭嚣之术。”帝乃召之。援具言谋画。

帝因使援将突骑五千，往来游说嚣将高峻[8]、任禹之属，下及羌豪，为陈祸福，以离嚣支党。援又为书与嚣将杨广，使晓劝于嚣曰：“援窃见四海已定，兆民[9]同情[10]，而季孟[11]闭拒[12]背畔，为天下表的[13]，常惧海内切齿[14]，思相屠裂[15]，故遗书恋恋[16]，以致[17]恻隐[18]之计。乃闻季孟归罪于援，而纳王游翁[19]谄邪之说，因自谓函谷以西，举足可定。以今而观，竟何如邪！

“援间[20]至河内，过存[21]伯春，见其奴吉[22]从西方还，说伯春小弟仲舒[23]望见吉，欲问伯春无他否，竟不能言，晓夕号泣[24]。又说其家悲愁之状，不可言也。夫怨仇可刺不可毁，援闻之，不自知泣下也。援素知季孟孝爱，曾、闵[25]不过[26]。夫孝于其亲，岂不慈于其子！可有子抱三木[27]而跳梁[28]妄作[29]，自同分羹之事[30]乎！

“季孟平生自言所以拥兵众者，欲以保全父母之国而完坟墓也，又言苟厚士大夫而已；而今所欲全者将破亡之，所欲完者将伤毁之，所欲厚者将反薄之。季孟尝折愧[31]子阳而不受其爵，今更共陆陆[32]往附之，将难为颜[33]乎？若复责以重质[34]，当安从得子主给是哉[35]？往时子阳独欲以王相待而春卿拒之，今者归老[36]，更欲低头与小儿曹[37]共槽枥[38]而食，并肩侧身[39]于怨家[40]之朝乎！

“今国家待春卿[41]意深[42]，宜使牛孺卿[43]与诸耆老[44]大人共说季孟，若计画不从，真可引领[45]去矣。前披舆地图，见天下郡国百有六所，奈何欲以区区[46]二邦[47]以当诸夏百有四乎[48]！春卿事季孟，外有君臣之义，内有朋友之道。言君臣邪，固当谏争；语朋友邪，应有切磋[49]。岂有知其无成，而但萎腇咋舌[50]，叉手[51]从族[52]乎！及今成计[53]，殊尚[54]善也，过是[55]，欲少味矣[56]！且来君叔[57]天下信士[58]，朝廷重之，其意依依[59]，常独为西州言。援商朝廷，尤欲立信于此，必不负约[60]。援不得久留[61]，愿急赐报[62]。”广竟不答。

诸将每有疑议，更请呼援，咸敬重焉。

隗嚣上疏谢曰：“吏民闻大兵卒至，惊恐自救，臣嚣不能禁止。兵有大利[63]，不敢废臣子之节，亲自追还。昔虞舜事父，大杖则走，小杖则受[64]。臣虽不敏[65]，敢忘斯义！今臣之事，在于本朝，赐死则死，加刑则刑；如更得洗心[66]，死骨不朽[67]。”有司以嚣言慢[68]，请诛其子；帝不忍，复使来歙至汧，赐嚣书曰：“昔柴将军[69]云：‘陛下宽仁，诸侯虽有亡叛而后归，辄复位号，不诛也。’今若束手[70]，复遣恂弟归阙庭者，则爵禄获全，有浩大之福矣！吾年垂[71]四十，在兵中十岁，厌[72]浮语虚辞[73]。即[74]不欲，勿报。”嚣知帝审[75]其诈，遂遣使称臣于公孙述。

匈奴与卢芳为寇不息，帝令归德侯飒使匈奴以修旧好。单于骄倨，虽遣使报命，而寇暴如故。

（以上为第六段，写马援致书隗嚣将军杨广，光武帝致书隗嚣，君臣交替劝降，均未奏效。）

【注释】

[1]贰：怀有二心。[2]责譬：指责批评，说明道理。[3]专心：指专心归汉。[4]谲(jué)：欺诈。[5]盗憎主人：喻指奸恶的人怨恨正直的人。[6]听：准许。[7]极陈：详尽地一一述说。[8]高峻：隗嚣将。马援奉命招降峻，中郎将来歙承制任命峻为通路将军，封关内侯。后峻复叛，据高平。光武帝派寇恂说降，峻降，送洛阳。[9]兆民：众民，百姓。[10]同情：同一种心情。[11]季孟：隗嚣字。[12]闭拒：拒绝。[13]表的：箭靶，此喻指攻击目标。[14]切齿：咬牙，此指极端痛恨的样子。[15]屠裂：屠杀肢解。[16]恋恋：顾念。[17]致：奉献。[18]恻(cè)隐：同情。[19]王游翁：即王元。元字游翁。[20]间：最近。[21]存：问候。[22]吉：奴之名。[23]仲舒：即隗纯。纯，字仲舒，隗嚣之少子。建武九年(33)嚣死，其将立纯为王。次年降光武。建武十八年(42)，在逃亡匈奴途中被捕杀。[24]晓夕：早晚。泣：据章校，有的版本“泣”下有“宛转尘中”四字。[25]曾、闵：曾参与闵损。二人都是孔子弟子，以有孝行著称。[26]不过：不能超过。[27]三木：古代刑具为木制；加在犯人颈、手、足三处的刑具，合称三木。[28]跳梁：强横。[29]妄作：胡作非为。[30]分羹之事：指战国魏将乐羊事。《战国策·中山策》：“乐羊为魏将，攻中山。其子时在中山，中山君烹之，作羹致于乐羊。乐羊食之。”[31]折愧：侮辱。[32]陆陆：犹“碌碌”，形容平庸无能的样子。[33]难为颜：言其应该面有愧色。颜，脸色。[34]责以重(chóng)质：提出要求再派一个儿子作质子。责，责求。[35]当安从得子主给是哉：将从哪里找一个儿子来充当这一责任呢？当，将。安从，从哪里。主给是，意谓负责充当此任。[36]归老：到了老年。[37]曹：辈。[38]槽枥(lì)：马槽。[39]并肩侧身：肩并肩侧着身子。形容畏惧的样子。[40]怨家：仇家。[41]春卿：

杨广字。［42］意深：寄予深深的期望。此指光武帝属意杨广。［43］牛孺卿：即牛邯。邯字孺卿。［44］耆（qí）老：指年老而有地位的人。［45］引领：指引退。［46］区区：形容小的样子。［47］二邦：指陇西、天水二郡。［48］诸夏百有四乎：指全国有一百零四个郡。［49］切磋：互相研讨。此指坦诚相劝。［50］萎腇咋舌：懦弱畏缩，咬紧舌头。指不敢说话。萎腇（něi），软弱。［51］叉手：两手在胸前相交。形容服服帖帖。［52］从族：听凭灭族。［53］及今成计：趁现今之时确定大计。［54］殊尚：还是。［55］过是：错过这个时机。［56］欲少味矣：将十分乏味。少味，乏味。此以食为喻，指出日后再难逢此良机。［57］来君叔：即来歙。歙字君叔。［58］信士：诚实可信的人。［59］依依：形容思慕怀念的心情。［60］"援商朝廷"三句：我马援确信皇上，尤其想要立下诚信，决不失信。商，推测，此为确信。朝廷，指光武帝。负约，失约，违背诺言。［61］久留：久留边地。［62］赐报：要求回信的客气说法。［63］兵有大利：指王元陇坻之捷。［64］"昔虞舜事父"三句：意谓舜事父至孝，父用大棍棒打自己，就跑掉；用小棍棒打自己，就用身子承受。语出《韩诗外传》卷八："夫子曰：'汝不闻昔者舜为人子乎？小棰则待笞，大杖则逃。'"［65］不敏：谦辞。犹不才。［66］洗心：改过自新。［67］死骨不朽：犹言起死回生，给一条生路。［68］慢：傲慢无礼。［69］柴将军：指柴武，又名陈武。汉高祖时为将军，后为大将军，封棘蒲侯。高祖十一年（前196），柴武率军攻击叛逃匈奴的原韩王信，先修书一封送给信。这里所引，即书中之语，见《史记》卷九十三。［70］束手：罢手，指停止抵抗。［71］垂：将近。［72］厌：憎恶。［73］浮语虚辞：无根据、不实在的话。［74］即：如果。［75］审：知道，洞察。

七年（辛卯，31年）

春，三月，罢郡国轻车[1]、骑士[2]、材官[3]，令还复民伍[4]。

公孙述立隗嚣为朔宁王，遣兵往来，为之援势[5]。

癸亥晦[6]，日有食之。诏百僚各上封事，其上书者不得言圣。太中大夫郑兴上疏曰："夫国无善政，则谪见日月[7]；要在因人之心，择人处位。今公卿大夫多举渔阳太守郭伋可大司空者，而不以时定；道路流言，咸曰'朝廷欲用功臣'，功臣用则人位谬[8]矣。愿陛下屈己从众，以济[9]群臣让善之功。顷年日食多在晦，先时而合[10]，皆月行疾也。日君象而月臣象；君亢急[11]而臣下促迫[12]，故月行疾。今陛下高明而群臣惶促[13]，宜留思[14]柔克[15]之政，垂意[16]《洪范》之法[17]。"帝躬勤政事，颇伤[18]严急，故兴奏及之。

夏，四月，壬午[19]，大赦。

五月，戊戌[20]，以前将军李通为大司空。

大司农江冯上言，“宜令司隶校尉督察三公[21]。”司空掾陈元[22]上疏曰：“臣闻师臣[23]者帝[24]，宾臣者霸。故武王以太公为师，齐桓以夷吾为仲父，近则高帝优相国之礼[25]，太宗[26]假[27]宰辅之权。及亡新王莽，遭汉中衰，专操国柄以偷[28]天下，况己自喻[29]，不信群臣，夺公辅之任，损宰相之威，以刺举[30]为明，激讦[31]为直，至乃陪仆[32]告其君长，子弟变[33]其父兄，罔密法峻，大臣无所措手足[34]；然不能禁董忠之谋，身为世戮。方今四方尚扰[35]，天下未一，百姓观听，咸张耳目。陛下宜修文、武之圣典，袭祖宗之遗德，劳心下士，屈节待贤，诚不宜使有司察公辅之名[36]。”帝从之。

酒泉太守竺曾以弟报怨杀人[37]，自免去郡；窦融承制拜曾武锋将军，更以辛肜为酒泉太守。

秋，隗嚣将步骑三万侵安定，至阴槃[38]，冯异率诸将拒之；嚣又令别将下陇攻祭遵于汧：并无利而还。

帝将自征隗嚣，先戒窦融师期，会遇雨，道断，且嚣兵已退，乃止。

帝令来歙以书招王遵，遵来降，拜太中大夫，封向义侯。

冬，卢芳以事诛其五原太守李兴兄弟；其朔方太守田飒、云中太守乔扈各举郡降，帝令领职如故。

帝好图谶，与郑兴议郊祀事，曰：“吾欲以谶断之，何如？”对曰：“臣不为谶！”帝怒曰：“卿不为谶，非之邪？”兴惶恐曰：“臣于书有所未学，而无所非也。”帝意乃解。

南阳太守杜诗政治清平，兴利除害，百姓便之。又修治陂池[39]，广拓土田，郡内比室[40]殷足[41]，时人方[42]于召信臣。南阳为之语曰：“前有召父，后有杜母。”

（以上为第七段，写光武帝纳谏，常与群臣议论政治得失。光武帝喜好图谶，是其一短。）

【注释】

[1]轻车：兵车名。 [2]骑士：骑兵。 [3]材官：勇猛的步卒。 [4]民伍：平民的行列。

[5]援势：声援的态势。 [6]癸亥晦：三月三十日。 [7]谪见日月：此言上天通过日月之食以示谴责。谪，谴责。见（xiàn），显现，表现。 [8]人位谬：意谓功臣有功，但却不一定能胜任其职。人不称其位，故云“谬”。 [9]济：成就。 [10]先时而合：先时，先于时，早于正常运行的应食时间。合，指太阳、月球、地球运行到一条直线上。当地球运行到太阳与月球之间，则发生月食，月食发生在望日；当月球运行到太阳与地球之间，则发生日食，日食发生在农历初一，即朔日。如今晦日发生日食，所以说“先时”。 [11]亢（kàng）急：严峻急迫。 [12]促迫：急迫，不宽容。 [13]惶促：惶恐拘谨。 [14]留思：留心，注意考虑。 [15]柔克：宽缓柔和而能成事。 [16]垂意：留意。 [17]《洪范》之法：《洪范》所阐述的治国大法。《洪范》，《尚书》篇名。洪，大；范，法。相传周武王杀纣灭商后，向箕子询问治国方略，箕子阐述九种大法，史官整理成文，即为《洪范》。 [18]伤：失于，受到……损害。 [19]壬午：四月十九日。 [20]戊戌：五月六日。 [21]督察三公：据记载，“司隶校尉无所不纠，唯不察三公”（《通典》卷三十二）。实际上，西汉已有司隶纠察三公之例。此时东汉初建，一切草创，故有此议。 [22]陈元：字长孙，苍梧郡广信县（今广西梧州市）人，通晓《左传》，为当时著名学者。传见《后汉书》卷三十六。 [23]师臣：以臣为师。 [24]帝：成就帝业。 [25]高帝优相国之礼：据《史记·萧相国世家》，刘邦时萧何为相国，“赐带剑履上殿，入朝不趋”。 [26]太宗：指汉文帝，文帝庙号太宗。 [27]假：给予。 [28]偷：窃取。 [29]自喻：自比。王莽以己比况周公。 [30]刺举：检举。 [31]讦（jié）：揭发别人的隐私，斥责别人的过失。 [32]陪仆：奴仆。 [33]变：指变告，即向朝廷上书告发谋叛作乱的事。 [34]无所措手足：不知如何安放手足。形容没有办法，不知如何是好。 [35]扰：动乱不安。 [36]名：功业。 [37]弟报怨杀人：《后汉书》卷二十三李贤注引《东观汉记》曰：“曾弟婴报怨，杀属国侯王胤等，曾惭而去郡。” [38]阴槃（pán）：县名。县万乘，此指占据一方建立的政权。 [39]陂（bēi）池：池塘。 [40]比室：犹言家家户户。 [41]殷足：富裕。 [42]方：比。

八年（壬辰，32 年）

春，来歙将二千余人伐山开道，从番须、回中[1]径袭略阳[2]，斩隗嚣守将金梁。嚣大惊曰：“何其神也！”帝闻得略阳，甚喜，曰：“略阳，嚣所依阻[3]，心腹已坏，则制其支体易矣！”

吴汉等诸将闻歙据略阳，争驰赴之。上以为嚣失所恃，亡其要城，势必悉以精锐来攻；旷日久围而城不拔，士卒顿敝[4]，乃可乘危而进。皆追汉等还。隗嚣果使王元拒陇坻，行巡守番须口，王孟塞鸡头[5]道，牛邯军瓦亭[6]。嚣自悉其大众数万人围略阳，公孙述遣将李育、田弇助之，斩[7]山筑堤，激水[8]灌城。来歙与将士固死坚守，矢尽，发[9]屋断木[10]以为兵[11]。嚣尽锐攻之，累月不能下。

夏，闰四月，帝自将征隗嚣，光禄勋汝南郭宪[12]谏曰："东方初定，车驾未可远征。"乃当车[13]拔佩刀以断车靷[14]。帝不从，西至漆。诸将多以王师之重，不宜远入险阻，计冘豫未决；帝召马援问之。援因说隗嚣将帅有土崩之势，兵进有必破之状；又于帝前聚米为山谷[15]，指画形势，开示众军所从道径，往来分析，昭然可晓。帝曰："虏在吾目中矣！"明旦，遂进军，至高平第一[16]。

窦融率五郡太守及羌虏小月氏[17]等步骑数万，辎重五千余两，与大军会。是时军旅草创，诸将朝会礼容多不肃[18]，融先遣从事问会见仪适[19]。帝闻而善之，以宣告百僚，乃置酒高会，待融等以殊礼。

遂共进军，数道上陇。使王遵以书招牛邯，下之，拜邯太中大夫。于是嚣大将十三人、属县十六、众十余万皆降。嚣将[20]妻子奔西城[21]，从杨广，而田弇、李育保上邽。略阳围解。帝劳赐来歙，班坐[22]绝席[23]，在诸将之右[24]，赐歙妻缣千匹。

进幸上邽，诏告隗嚣曰："若束手自诣，父子相见，保无他也。若遂欲为黥布者，亦自任[25]也。"嚣终不降，于是诛其子恂。使吴汉、岑彭围西城，耿弇、盖延围上邽。

以四县[26]封窦融为安丰侯，弟友为显亲侯，及五郡太守皆封列侯，遣西还所镇。融以久专方面，惧不自安，数上书求代；诏报曰："吾与将军如左右手耳，数执[27]谦退，何不晓人意！勉循[28]士民，无擅离部曲！"

颍川盗贼群起，寇没[29]属县，河东守兵亦叛，京师骚动。帝闻之曰："吾悔不用郭子横[30]之言。"秋，八月，帝自上邽晨夜东驰，赐岑彭等书曰："两城若下，便可将兵南击蜀虏。人苦不知足，既平陇，复望蜀。每一发兵，头须[31]为白[32]！"

九月，乙卯[33]，车驾还宫。帝谓执金吾寇恂曰："颍川迫近京师，当以时定。惟念独卿能平之耳，从九卿复出[34]以忧国可也！"对曰："颍川闻陛下有事陇、蜀，故狂狡[35]乘间[36]相诖误[37]耳。如闻乘舆南向，贼必惶怖归死[38]，臣愿执锐前驱。”帝从之。庚申[39]，车驾南征，颍川盗贼悉降。寇恂竟不拜郡[40]，百姓遮道曰：“愿从陛下复借[41]寇君一年。”乃留恂长社[42]，镇抚吏民，受纳余降。

东郡、济阴盗贼亦起，帝遣李通、王常击之。以东光侯耿纯尝为东郡太守，威信著于卫地[43]，遣使拜太中大夫，使与大兵会东郡。东郡闻纯入界，盗贼九千余人皆诣纯降，大兵不战而还；玺书复以纯为东郡太守。戊寅，车驾还自颍川。

安丘侯张步将妻子逃奔临淮，与弟弘、蓝欲招其故众，乘船入海；琅邪太守陈俊追讨，斩之。

冬，十月，丙午[44]，上行幸怀；十一月，乙丑[45]，还雒阳。

杨广死，隗嚣穷困，其大将王捷别在戎丘[46]，登城呼汉军曰：“为隗王城守者，皆必死，无二心，愿诸军亟罢，请自杀以明之。”遂自刎死。

初，帝敕吴汉曰：“诸郡甲卒但坐费[47]粮食，若有逃亡，则沮败[48]众心，宜悉罢之。”汉等贪并力攻嚣，遂不能遣[49]，粮食日少，吏士疲役[50]，逃亡者多。岑彭壅谷水灌西城，城未没丈余[51]。会王元、行巡、周宗将蜀救兵五千余人乘高卒至，鼓噪大呼曰：“百万之众方至！”汉军大惊，未及成陈[52]，元等决围殊死战[53]，遂得入城，迎嚣归冀。吴汉军食尽，乃烧辎重，引兵下陇，盖延、耿弇亦相随而退。嚣出兵尾击诸营，岑彭为后拒，诸将乃得全军东归；唯祭遵屯汧不退。吴汉等复屯长安，岑彭还津乡。于是安定、北地、天水、陇西复反为嚣。

校尉[54]太原温序[55]为嚣将苟宇[56]所获，宇晓譬数四，欲降之。序大怒，叱宇等曰：“虏何敢迫胁[57]汉将！”因以节楇[58]杀数人。宇众争欲杀之，宇止之曰：“此义士，死节，可赐以剑。”序受剑，衔须于口，顾左右曰：“既为贼所杀，无令须污土！”遂伏剑而死。从事王忠持其丧归雒阳，诏赐以冢地，拜三子为郎。

十二月，高句丽王遣使朝贡，帝复其王号[59]。

是岁，大水。

（以上为第八段，写光武帝不听劝谏，御驾亲征隗嚣，大功垂成，因东方叛乱，而功亏一篑。）

【注释】

［1］回中：古道路名，南起汧水河谷，北出萧关，为关中平原与陇东高原间的交通要道。因途经回中（今陕西陇县西北）得名。［2］略阳：县名，县治在今甘肃秦安县东北。［3］依阻：凭借，仗恃。［4］顿敝：困厄疲惫。［5］鸡头：山名，一名笄头，又名崆峒山，在甘肃平凉市西。［6］瓦亭：地名，在今宁夏固原市西南。［7］斩：开辟。［8］激水：阻挡水流。［9］发：拆毁。［10］断木：砍断树木。［11］兵：兵器。［12］郭宪：字子横，汝南郡宋县（今安徽界首市东北）人。王莽时任为郎中，不受。光武帝时，历任博士、光禄勋等。传见《后汉书》卷八十二上。［13］当车：指郭宪挡在车驾的前面。［14］靷（yǐn）：车上革制驾马工具。一端系于车轴上，一端系于马脖子的皮套上，用以引车前行。郭宪抽出佩刀砍断了靷带。［15］为山谷：为山为谷。［16］高平第一：即高平县第一城，在今宁夏固原市。［17］小月氏（zhī）：古族名。月氏族初居今甘肃敦煌市与青海祁连山之间。汉初被匈奴击破，西迁至伊犁河上游，称大月氏。未迁者进入祁连山区，称小月氏。小月氏与羌人杂居，分布在今甘肃永登县与青海西宁市湟中区一带。［18］肃：严肃。［19］仪适：仪式，礼节。［20］将：带领，携带。［21］西城：即西县城，在今甘肃天水市西南。［22］班坐：依次而坐。［23］绝席：不同席。独坐一席，以示尊显。［24］右：古代崇右，以右为上，为贵，为尊。［25］自任：自己承担。［26］四县：指安丰、阳泉、蓼、安风四县。［27］执：坚持。［28］勉循：努力安抚。［29］寇没（mò）：犹攻陷，攻占。［30］郭子横：即郭宪，宪字子横。［31］头须：头发与胡须。［32］为白：为之变白。［33］乙卯：九月一日。［34］从九卿复出：寇恂现任执金吾，卿职。恂于建武二年至三年，曾任颍川太守。此言欲让恂解卿职，再次出任颍川太守。［35］狂狡：狂妄狡诈。此指叛乱者。［36］乘间：趁机。［37］诖（guà）误：贻误。［38］归死：受死，请死。［39］庚申：九月六日。［40］拜郡：任命为郡守。［41］复借：因寇恂前些年曾任颍川太守，所以说"复借"。［42］长社：县名，县治在今河南长葛市东北。［43］卫地：东郡所辖，为古卫国地。［44］丙午：十月二十二日。［45］乙丑：十一月十二日。［46］戎丘：西县地名，其地在县治西南。［47］坐费：空费。［48］沮（jǔ）败：败坏，挫伤。［49］遣：指使撤离。［50］疲役：疲于所役。［51］城未没丈余：城墙没有被水淹没的只有一丈多高。［52］成陈：布好军阵。［53］决围殊死战：突围拼死战斗。［54］校尉：《资治通鉴考异》："按《序传》及袁《纪》，皆称'序为护羌校尉'。检《西羌传》，九年方置此官，牛邯为之，又云'邯卒，职省'，则序无缘作护羌。今但云'校尉'。"［55］温序（？—32）：字次房，太原郡祁县（今山西祁县东南）人。历任侍御史、武陵都尉、谒者、校尉等。传见《后汉书》卷八十一。［56］苟宇：隗嚣将。建武十年降光武帝。《后汉书·温序传》："序行部至襄武，为隗嚣别将苟宇所拘劫。"［57］迫胁：即胁迫，威胁强迫。［58］檛（zhuā）：打，击。［59］复其王号：王莽始建国四年（12），更名高句丽王为下句丽侯。至此，恢复其王号。

九年（癸巳，33 年）

春，正月，颍阳成侯祭遵薨于军；诏冯异并将其营。遵为人，廉约小心，克己奉公，赏赐尽与士卒；约束严整，所在吏民不知有军。取士皆用儒术，对酒设乐，必雅歌投壶[1]。临终，遗戒薄葬；问以家事，终无所言。帝愍悼之尤甚，遵丧至河南，车驾素服[2]临[3]之，望哭哀恸[4]；还，幸城门，阅过丧车，涕泣不能已；丧礼成，复亲祠以太牢。诏大长秋[5]、谒者、河南尹护丧事，大司农给费。至葬，车驾复临之；既葬，又临其坟，存见[6]夫人、室家[7]。其后朝会，帝每叹曰："安得忧国奉公如祭征虏[8]者乎！"卫尉铫期曰："陛下至仁，哀念祭遵不已，群臣各怀惭惧[9]。"帝乃止。

隗嚣病且饿，餐糗糒[10]，恚愤[11]而卒。王元、周宗立嚣少子纯[12]为王，总兵[13]据冀。公孙述遣将赵匡、田弇助纯。帝使冯异击之。

公孙述遣其翼江王田戎、大司徒任满、南郡太守程泛将数万人下江关，击破冯骏等军，遂拔巫及夷道、夷陵，因据荆门、虎牙[14]，横江水起浮桥、关楼[15]，立攒柱[16]以绝[17]水道，结营跨山以塞[18]陆路，拒汉兵。

夏，六月，丙戌[19]，帝幸缑氏[20]，登轘辕[21]。

吴汉率王常等四将军兵五万余人击卢芳将贾览、闵堪于高柳[22]；匈奴救之，汉军不利。于是匈奴转盛，钞暴[23]日增。诏朱祜屯常山，王常屯涿郡，破奸将军侯进屯渔阳，以讨虏将军王霸为上谷太守，以备匈奴。

帝使来歙悉监护[24]诸将屯长安，太中大夫马援为之副。歙上书曰："公孙述以陇西、天水为藩蔽，故得延命假息[25]；今二郡平荡，则述智计穷矣。宜益选兵马，储积资粮。今西州新破，兵人疲馑[26]，若招以财谷，则其众可集。臣知国家所给[27]非一，用度不足，然有不得已也！"帝然之。于是诏于汧积谷六万斛。秋八月，来歙率冯异等五将军讨隗纯于天水。

骠骑将军杜茂与贾览战于繁畤[28]，茂军败绩。

诸羌自王莽末入居塞内，金城属县多为所有。隗嚣不能讨，因就慰纳[29]，发其众与汉相拒。司徒掾班彪上言："今凉州部皆有降羌。羌胡被发左衽[30]，而与汉人杂处，习俗既异，言语不通，数为小吏黠人所见侵夺，穷恚无聊[31]，故致反叛。夫蛮夷寇乱，皆为此也。旧制，益州部置蛮夷骑都尉，幽州部置领乌桓校尉，凉州部置护羌校尉，皆持节领护，治其怨结[32]，岁时巡行，问所疾苦。又数遣使译[33]，通导动静，使塞外羌夷为吏耳目，州郡因此可得警备。今宜复如旧，以明威防。”帝从之。以牛邯为护羌校尉。

盗杀阴贵人母邓氏及弟䜣。帝甚伤之，封贵人弟就[34]为宣恩侯。复召就兄侍中兴[35]，欲封之，置印绶于前。兴固让曰：“臣未有先登陷陈之功，而一家数人，并蒙爵土，令天下觖望[36]，诚所不愿！”帝嘉之，不夺其志。贵人问其故，兴曰：“夫外戚家苦不知谦退，嫁女欲配侯王，取妇眄睨[37]公主，愚心实不安也。富贵有极[38]，人当知足，夸奢[39]益为观听所讥。”贵人感其言，深自降挹[40]，卒不为宗亲求位。

帝召寇恂还，以渔阳太守郭伋为颍川太守。伋招降山贼赵宏、召吴等数百人，皆遣归附农[41]；因自劾专命[42]，帝不以咎之[43]。后宏、吴等党与闻伋威信，远自江南，或从幽、冀，不期[44]俱降，骆驿[45]不绝。

莎车王康卒，弟贤立，攻杀拘弥、西夜王[46]，而使康两子王之。

（以上为第九段，写东汉开国功臣的风采，祭遵是一个典型，他为人廉洁雅致，死后光武帝葬以殊礼。卢芳、隗嚣余党、公孙述等垂死挣扎，光武帝部署诸将，以作最后一击。东汉恢复诸夷持节校尉。）

【注释】

[1]雅歌投壶：古代宴会礼制，也是一种娱乐活动。宾主依次歌唱《雅》诗，用矢投向壶口，以投中多少决胜负，负者饮酒。 [2]素服：白色丧服。此指身穿丧服。 [3]临：哭吊死者。 [4]哀恸（tòng）：极其悲痛。 [5]大长（cháng）秋：官名，为皇后的近侍，多由宦官充任。职掌宣达皇后旨意，管理宫中事宜。 [6]存见：探望慰问。 [7]室家：指家中成员。 [8]祭征虏：祭遵建武二年被任命为征虏将军。 [9]群臣各怀惭惧：光武帝怀念祭遵，常向群臣称誉祭遵忧国奉公之美。群臣愧不如遵，因而产生惭惧之心。 [10]餐糗精（bèi）：吃干粮。 [11]恚愤：愤怒。 [12]纯：即隗纯，字仲舒。 [13]总兵：总领军队。 [14]荆门、虎牙：二山名，位于夷陵、夷道之间的长江南、北岸，荆门在南，虎牙在北，隔江相对。在今湖北宜昌市东南。

[15]关楼：《后汉书·岑彭传》作“斗楼”。犹如城墙上御敌的城楼。[16]攒（cuán）柱：密集的柱桩。[17]绝：截断。[18]塞：阻挡。[19]丙戌：六月六日。[20]缑（gòu）氏：县名，县治在今河南洛阳市偃师区东南。[21]轘（huán）辕：关名，在缑氏县东南。[22]高柳：县名，县治在今山西阳高县。[23]钞暴：即抄暴，掠夺。[24]监护：监督掌管。[25]假息：苟延残喘。[26]疲馑：疲乏而又饥饿。[27]所给：需要供给的事项。[28]繁畤：县名，县治在今山西应县东北。[29]慰纳：安抚招纳。[30]被发左衽：被，通“披”。被发，散发。衽（rèn），衣襟。左衽，衣襟向左。这是我国古代一些少数民族的服装习俗。[31]穷恚无聊：窘困怨愤，无可奈何。[32]怨结：郁结的怨气。[33]使译：翻译的信使。[34]就：阴就，光武帝阴皇后弟，嗣父封为宣恩侯，后改封为新阳侯。明帝时为少府，位特进。[35]兴：阴兴（？—47），字君陵，光武帝阴皇后弟。历任黄门侍郎、守期门仆射、侍中等，赐爵关内侯。传见《后汉书》卷三十二。[36]觖（jué）望：因不满而怨恨。[37]眄（miǎn）睨（nì）：指眼睛盯着。[38]极：尽头，限度。[39]夸奢：浮华奢侈。[40]降挹（yì）：谦抑退让。挹，通“抑”。[41]附农：从事农业生产。[42]专命：指擅自放还赵宏、召吴等。[43]不以咎之：不拿这件事责怪他。[44]不期：未经约定。[45]骆驿：往来不断。[46]拘弥：西域国名，其地在今新疆于田县。西夜：西域国名，其地在今新疆叶城县南。

十年（甲午，34年）

春，正月，吴汉复率捕虏将军王霸等四将军六万人出高柳击贾览，匈奴数千骑救之，连战于平城[1]下，破走之。

夏阳节侯[2]冯异等，与赵匡、田弇战且一年，皆斩之。隗纯未下，诸将欲且还休兵，异固持[3]不动，共攻落门[4]，未拔。夏，异薨于军。

秋，八月，己亥[5]，上幸长安。

初，隗嚣将安定高峻拥兵据高平第一，建威大将军耿弇等围之，一岁不拔。帝自将征之，寇恂谏曰：“长安道里居中[6]，应接[7]近便[8]，安定、陇西必怀震惧；此从容一处，可以制四方也。今士马疲倦，方履险阻[9]，非万乘[10]之固[11]也。前年颍川，可为至戒[12]。”帝不从，进幸汧。峻犹不下，帝遣寇恂往降之。恂奉玺书至第一，峻遣军师皇甫文出谒[13]，辞礼[14]不屈[15]；恂怒，将诛之。诸将谏曰：“高峻精兵万人，率多[16]强弩[17]，西遮陇道，连年不下，今欲降之而反戮其使，无乃不可乎？”恂不应，遂斩之，遣其副归告峻曰：“军师无礼，已戮之矣！

欲降，急降；不欲，固守！”峻惶恐，即日开城门降。诸将皆贺，因曰：“敢问杀其使而降其城，何也？”恂曰：“皇甫文，峻之腹心，其所取计[18]者也。今来，辞意不屈，必无降心。全之则文得其计，杀之亡其胆[19]，是以降耳。”诸将皆曰：“非所及也！”

冬，十月，来歙与诸将攻破落门，周宗、行巡、苟宇、赵恢等将隗纯降，王元奔蜀。徙诸隗于京师以东[20]。后[21]隗纯与宾客亡入胡[22]，至武威，捕得，诛之。

先零羌与诸种寇金城、陇西，来歙率盖延等进击，大破之，斩首虏数千人。于是开仓廪以赈[23]饥乏，陇右遂安，而凉州流通焉。

庚寅[24]，车驾还宫。

（以上为第十段，写光武帝平定陇西，隗嚣残余被消灭。西羌亦被安抚，河西道路畅通。）

【注释】

[1]平城：县名，县治在今山西大同市西北。 [2]夏阳节侯：一云冯异封阳夏侯。 [3]固持：坚持。 [4]落门：村镇名，位于县治西，在今甘肃武山县东北。 [5]己亥：八月二十五日。 [6]道里居中：指自都城洛阳至高平，长安处于二者的中间位置。 [7]应接：接应，支援。 [8]近便：距离近而方便。 [9]方履险阻：正临险境。 [10]万乘：指天子。 [11]固：牢固，此指安全。 [12]至戒：深戒，最好的鉴戒。 [13]出谒：出来拜见。 [14]辞礼：言辞与招待礼节。 [15]屈：指卑恭顺服。 [16]率多：大多。 [17]强弩：硬弓。此指精强的射手。[18]取计：求计。[19]亡其胆：此言黄甫文死则无人为高峻策划应敌之策，峻必丧胆畏惧。[20]徙诸隗于京师以东：《后汉书·隗嚣传》：“宗、恢及诸隗分徙京师以东，纯与巡、宇徙弘农。”[21]后：时在建武十八年（42）。 [22]胡：指匈奴。 [23]赈（zhèn）：救济。 [24]庚寅：十月十七日。

十一年（乙未，35年）

春，三月，己酉[1]，帝幸南阳，还[2]幸章陵；庚午[3]，车驾还宫。

岑彭屯津乡，数攻田戎等，不克。帝遣吴汉率诛虏将军刘隆等三将，发荆州兵凡六万余人、骑五千匹，与彭会荆门。彭装战船数千艘[4]，吴汉以诸郡棹卒[5]多费粮谷，欲罢之；彭以为蜀兵盛，不可遣[6]，上书言状。帝报彭曰："大司马[7]习用步骑，不晓水战，荆门之事，一由征南公[8]为重[9]而已。"

闰月，岑彭令军中募攻浮桥，先登者上赏。于是偏将军鲁奇应募而前，时东风狂急，鲁奇船逆流而上，直冲浮桥，而攒柱[10]有反杷钩[11]，奇船不得去；奇等乘势殊死战，因[12]飞炬[13]焚之，风怒火盛，桥楼崩烧。岑彭悉军[14]顺风并进，所向无前[15]，蜀兵大乱，溺死者数千人，斩任满，生获程泛，而田戎走保[16]江州。

彭上[17]刘隆为南郡太守；自率辅威将军臧宫、骁骑将军刘歆长驱入江关。令军中无得虏掠，所过[18]百姓皆奉[19]牛酒迎劳[20]，彭复让不受；百姓大喜，争开门降。诏彭守[21]益州牧，所下[22]郡辄行[23]太守事，彭若出界[24]，即以太守号付[25]后将军[26]。选官属守州中长吏。

彭到江州，以其城固粮多，难卒拔，留冯骏守之；自引兵乘利[27]直指垫江[28]，攻破平曲[29]，收其米数十万石。吴汉留夷陵，装露桡[30]继进。

夏，先零羌寇临洮[31]。来歙荐马援为陇西太守，击先零羌，大破之。

公孙述以王元为将军，使与领军[32]环安拒河池。六月，来歙与盖延等进攻元、安，大破之，遂克下辨，乘胜遂进。蜀人大惧，使刺客刺歙，未殊[33]，驰召盖延。延见歙，因伏悲哀，不能仰视。歙叱延曰："虎牙[34]何敢然[35]！今使者[36]中刺客，无以报国，故呼巨卿[37]，欲相属以军事，而反效儿女子涕泣乎！刃虽在身，不能勒兵斩公邪！"延收泪强起，受所诫。歙自书表曰："臣夜人定后，为何人[38]所贼伤[39]，中臣要害。臣不敢自惜，诚恨奉职不称[40]，以为朝廷羞。夫理国以得贤为本，太中大夫段襄，骨鲠[41]可任，愿陛下裁察[42]。又臣兄弟不肖[43]，终恐被罪[44]，陛下哀怜，数赐教督[45]。"投笔[46]抽刃[47]而绝。帝闻，大惊，省书[48]揽涕[49]；以扬武将军马成守中郎将代之。歙丧还洛阳，乘舆缟素[50]临吊，送葬。

赵王良从帝送歙丧还，入夏城门[51]，与中郎将张邯争道，叱邯旋车[52]；又诘责[53]门候[54]，使前走数十步。司隶校尉鲍永劾奏"良无藩臣[55]礼，大不敬。”良尊戚贵重，而永劾之，朝廷肃然[56]。永辟[57]扶风鲍恢为都官从事[58]，恢亦抗直[59]，不避强御。帝常曰：“贵戚且敛手[60]以避二鲍。”

永行县到霸陵，路经更始墓[61]，下拜，哭尽哀而去；西至扶风，椎牛上苟谏冢[62]。帝闻之，意不平，问公卿曰：“奉使[63]如此，何如？”太中大夫张湛[64]对曰：“仁者，行之宗[65]，忠者，义之主也；仁不遗旧[66]，忠不忘君，行之高者也。”帝意乃释。

帝自将征公孙述；秋七月，次[67]长安。

公孙述使其将延岑、吕鲔、王元、公孙恢悉兵拒广汉[68]及资中[69]，又遣将侯丹率二万余人拒黄石[70]。岑彭使臧宫将降卒五万，从涪水[71]上[72]平曲，拒延岑，自分兵浮[73]江下[74]还江州，溯[75]都江[76]而上，袭击侯丹，大破之；因晨夜倍道兼行[77]二千余里，径拔[78]武阳[79]。使精骑驰击广都[80]，去成都数十里，势若风雨，所至皆奔散。初，述闻汉兵在平曲，故遣大兵逆[81]之。及彭至武阳，绕出延岑军后[82]，蜀地震骇。述大惊，以杖击地曰：“是何神也！”

延岑盛兵[83]于沅水[84]。臧宫众多食少，转输不至，降者皆欲散畔郡邑，复更保聚[85]，观望成败。宫欲引还，恐为所反；会帝遣谒者将兵诣岑彭，有马七百匹，宫矫制[86]取以自益，晨夜进兵，多张旗帜，登山鼓噪，右步左骑[87]，挟船而引，呼声动山谷。岑不意汉军卒至，登山望之，大震恐；宫因纵击，大破之，斩首溺死者万余人，水为之浊。延岑奔成都，其众悉降，尽获其兵马珍宝。自是乘胜追北[88]，降者以十万数。军至阳乡[89]，王元举众降。

帝与公孙述书，陈言祸福，示以丹青之信。述省书太息，以示所亲。太常常少、光禄勋张隆皆劝述降。述曰：“废兴，命也，岂有降天子哉！”左右莫敢复言。少、隆皆以忧死。

帝还自长安。

冬，十月，公孙述使刺客诈为亡奴，降岑彭，夜，刺杀彭；太中大夫监军郑兴领其营[90]，以俟吴汉至而授之。彭持军[91]整齐，秋豪无犯[92]。邛谷王任贵闻彭威信，数千里遣使迎降；会彭已被害，帝尽以任贵所献赐彭妻子。蜀人为立庙祠之。

马成等破河池，遂平武都。先零诸种羌数万人，屯聚寇钞，拒浩亹[93]隘[94]。成与马援深入讨击，大破之，徙降羌置天水、陇西、扶风。

是时，朝臣以金城破羌[95]之西，涂远多寇，议欲弃之。马援上言："破羌以西，城多坚牢，易可依固[96]；其田土肥壤，灌溉流通。如令羌在湟中[97]，则为害不休，不可弃也。"帝从之。民归者三千余口，援为置长吏，缮城郭，起坞候[98]，开沟洫[99]，劝以耕牧，郡中乐业[100]。又招抚塞外氐、羌，皆来降附，援奏复其侯王君长；帝悉从之。乃罢马成军。

十二月，吴汉自夷陵将三万人溯江而上，伐公孙述。

郭伋为并州牧，过京师，帝问以得失，伋曰："选补众职，当简[101]天下贤俊，不宜专用南阳人。"是时在位多乡曲[102]故旧，故伋言及之。

（以上为第十一段，写光武帝全力伐蜀，两路进军，大将来歙为北路出汉中，岑彭为南路出夷陵。汉军势如破竹，公孙述全线崩溃。可惜胜利前夕，汉军两路主帅来歙、岑彭均被公孙述所派刺客杀害。此光武帝用兵以来损失最重之战，折了两员大将。）

【注释】

[1]己酉：三月九日。[2]还：复，又。[3]庚午：三月三十日。[4]数千艘：据章校，有的版本"千"作"十"。[5]棹卒：操棹行船的兵士。棹（zhào），船桨。[6]遣：遣返，使离去。[7]大司马：指吴汉。此时吴汉任大司马。[8]征南公：指岑彭。此时彭为征南大将军。[9]为重：为主。[10]攒柱：浮桥立柱。[11]反杷（pá）钩：一种钩名。这种钩子钩住敌船，使其既不能退，又不能进。[12]因：利用。[13]飞炬：可由此地投掷到彼地的火把。[14]悉军：全军。[15]所向无前：所指向的地方，谁也阻挡不住。[16]走保：退守。[17]上：指向朝廷报告。[18]所过：经过的地方。[19]奉：进献。[20]迎劳：欢迎慰劳。[21]守：代理。[22]所下：攻占的地方。[23]行：兼任。[24]出界：离开管辖地区。[25]付：交给。[26]后将军：率军继彭岑之后进军蜀地的将军。[27]利：指有利的军事形势。[28]垫江：县名，县治在今重庆市合川区。[29]平曲：地名，今地不详。[30]露桡（ráo）：战船名。桡，船桨。这种船，桡露在外面，人在船中，所以叫做露桡。[31]临洮（táo）：县名，县治在今甘肃岷县。[32]领军：军官名。[33]未殊：未断气，没死。殊，死亡。[34]虎牙：指盖延。此时盖延为虎牙大将军。[35]然：这样。指盖延悲哭的状态，失军人体。[36]使者：来

歙自指。［37］巨卿：盖延字。［38］何人：不知何人。［39］贼伤：杀伤，伤害。［40］不称（chèn）：不胜任，不称职。［41］骨鲠（gěng）：喻指正直。［42］裁察：裁断明察。［43］不肖：不贤。［44］被罪：获罪。［45］教督：教导督促。［46］投笔：扔掉笔。［47］抽刃：拔出刺中自己的兵刃。［48］省书：阅读公文书。［49］揽涕：挥泪。［50］缟（gǎo）素：白色的丧服。［51］夏城门：即夏门，洛阳城门名。洛阳城十二门，每面三门，北面中门为谷门，谷门之西为夏门。［52］旋车：调转车驾行驶方向。［53］诘责：指责。［54］门候：官名。洛阳城十二门，置城门校尉一人职掌，每门设候一人，称门候。［55］藩臣：指诸侯。［56］肃然：形容敬畏的样子。［57］辟：征召。［58］都官从事：官名，司隶校尉属官，职掌察举百官犯法者。［59］抗直：刚强正直。［60］敛手：缩手。表示不敢妄为。［61］路经更始墓：更始帝与鲍永有君臣之义，所以对其墓下拜而哭。［62］椎牛上苟谏冢：王莽时有人秉承王莽之意杀害鲍永，永得苟谏保护。谏对永有救命之恩，所以过其墓杀牲而祭。［63］奉使：指司隶、州刺史巡行所部郡县。州部刺史即为部使者。司隶领京畿一州，职同州刺史。所以司隶出行所部郡县称奉使。［64］张湛：字子孝，扶风平陵县人。历任左冯翊、光禄勋、太子太傅、太中大夫等。传见《后汉书》卷二十七。［65］宗：根本。［66］遗旧：遗忘老朋友。［67］次：停留。［68］广汉：县名，县治在今四川射洪市东南。［69］资中：县名，县治在今四川资阳市。［70］黄石：长江滩名，在今重庆市涪陵区与丰都县之间。［71］涪（fú）水：河流名，源出四川松潘县，东南流至重庆市合川区注入嘉陵江。［72］上：逆水上行。［73］浮：水上航行。［74］下：顺水下行。［75］溯（sù）：逆水而上。［76］都江：即成都江，河流名，在四川。郫江自都江堰市绕成都市东北与流江（一名锦江）汇合，于眉山市彭山区注入岷江。古称郫江、流江为成都二江。此都江指岷江。［77］倍道兼行：以加倍的速度赶路。［78］径拔：直取。［79］武阳：县名，县治在今四川眉山市彭山区。此言岑彭命臧宫自垫江逆涪水而上到平曲，自己自垫江顺涪水而下到江州，然后由江州逆长江而上进入岷江，再溯岷江而上袭击侯丹，直取武阳。［80］广都：县名，县治在今四川成都市南。［81］逆：迎。此指抵挡，迎战。［82］绕出延岑军后：武阳为犍为郡治所，在成都市西南。延岑等军在广汉、资中，而广汉在成都东，资中在武阳东。所以说岑彭绕到了延岑等军的背后。［83］盛兵：集结重兵。［84］沅（yuán）水：《后汉书·光武帝纪下》作"沈水"，李贤注："本或作'沉水'及'沅水'者，并非。"沈水，在今四川射洪市，西南流至县治东南注入涪水。［85］保聚：聚众守卫。［86］矫制：指假托君命行事。［87］右步左骑：水右步兵，水左骑兵。［88］追北：追击败逃之军。［89］阳乡：地名。《后汉书·臧宫传》作"平阳乡"。《资治通鉴》胡注："此逸'平'字。"平阳乡，在今四川三台县。［90］监军：监督军队的官员。领：统率。［91］持军：掌管军队。［92］秋豪无犯：丝毫不侵犯别人的利益；多用以喻指军队纪律严明，不侵犯民众的一点利益。秋豪，又作"秋毫"，鸟兽在秋天新长出来的细毛，常用以喻指细微之物。［93］浩亹（wěi）：县名，县治在今甘肃永登县西南。［94］隘：险要之地。［95］破羌：县名，县治在今青海海东市乐都区东南。［96］依固：依仗，仗恃。［97］湟中：地区名，在今青海东部湟水流经的西宁市与海东市乐都区一带。汉时湟中为羌族居住地区。［98］坞候：防御用的土堡。坞（wù），小型城堡。候，古“堠”字，土堡。［99］沟洫（xù）：田间水道，沟渠。［100］乐业：愉快地从事本业。［101］简：选用。［102］乡曲：指乡里。

【点评】

光武帝用兵陇蜀。本卷载述光武帝建武六年（30）至建武十一年（35）六年史事，着重记载光武帝完成统一大业的第三步骤——用兵陇蜀。此时，公孙述据蜀，隗嚣据陇。纷乱全国的群雄，除陇蜀外，均已被消灭，光武帝占有四分天下有其三的绝对优势，吞并陇蜀毫无疑问。光武帝扫灭山东群雄，以寡敌众，总体力量是以弱敌强，只用了三年时间，而用兵陇蜀，是以大吞小，占绝对优势，却用了六年多的时间，而且付出了沉重代价。汉兵平陇，吃了两次败仗，汉兵平蜀，折了两员大将。同一个光武帝，为何前后有如此大的反差，这就是本卷史事点评的重点。

陇蜀联兵，有取胜之道。在冷兵器时代，地形险阻是争天下的一个重要因素，即使在现代战争中，军事要地，地理因素仍是一个制胜因素。秦并天下，古人就认为是因秦得地利。汉高祖以蜀地汉中为基地，还军定三秦，也是据陇蜀而得天下。三国鼎立，诸葛亮隆中对策，也是规划据陇蜀以争天下，刘备有蜀而无陇，结果失败了。公孙述只有蜀而无陇，隗嚣有陇而无蜀，如果两人联兵，在群雄纷争之时，协力东出，天下大势就很难说了。光武帝征战东方，陇蜀敌对，隗嚣接受光武帝西州大将军的封号，替光武帝阻击公孙述北上，丧失了大好时机。等到光武帝用兵陇蜀，公孙述、隗嚣两人才顿悟唇亡齿寒，携手相抗，所以迟滞了光武帝的统一进程，并使光武帝付出了沉重的代价。但此时陇蜀只是消极自保，公孙述没有采纳荆邯之言，东出荆州，开辟第二战线策应隗嚣，导致被动挨打，以小敌大，焉能不败？隗嚣两战取胜，经不起消耗，必然灭亡。

公孙述、隗嚣，亦人中之杰。两人能割据称雄，也是乱世英雄。公孙述如同东汉末的袁绍，隗嚣如同刘表，两人都尊礼儒者，好客养士，身边聚集了一些人才，但不能用。公孙述部属中有荆邯，有刺客死士，能刺杀光武帝两员大将，也不简单。公孙述、隗嚣，两人到了穷途末路，宁死不屈，能保持个人尊严，亦是英雄之举。袁绍能聚人而不能用人，公孙述更有过之。光武帝进兵陇蜀，隗嚣称臣于蜀，公孙述没有北面侧背之忧，若纳荆邯之言，放手一搏，田戎、延岑均善战之将，必效死力。但公孙述猜疑心重，不放军权，坐以待毙，可见是一个胸无大志的人。公孙述见故友马援，摆谱讲排场，礼仪烦琐，形同木偶，马援称他为井底之蛙，无法与光武帝的恢宏气度相比。公孙述的人品，比隗嚣还要低下，所以他也迅速败亡。公孙述的地盘、兵众比隗嚣大几倍，可是不到一年就丢失干净，而隗嚣却能抗击汉兵五年。

在群雄中，除光武帝之外，隗嚣应是第一人。隗嚣好经书，尊礼士人，年少素有名，活脱脱一个刘表。天水十六家大姓起事反王莽，众推隗嚣为盟主。隗嚣打出拥汉旗号，在天水立汉室宗庙，祭祀汉高祖、武帝太宗、宣帝世宗，赢得陇西豪右拥戴，于是割有河西。部将杨广、王元、高峻、行巡、王捷均是一方人才。隗嚣君臣以区区两郡之地，兼受腹背之敌，河西窦融率五郡之众袭其后，陇右之众还能两败汉军，可以说隗嚣君臣尽了死力。汉使来歙当面行刺隗嚣，隗嚣宽宥不诛，放马援、郑兴东归，亦显恢宏气度。不过隗嚣没有经过大浪，没有见过大世面，一心只想做周文王，企图割据称王，不敢逐鹿中原，他只想保有陇右，连关中三辅地区都不敢取。当赤眉、更始、延岑、邓禹四方在三辅混战时，隗嚣居高临下，以逸待劳，最有夺取关中之地的优势，他却助邓禹抗击公孙述，这说明隗嚣亦是一个井底之蛙。当光武帝逼迫隗嚣平蜀时，他自知末日已到，又不肯束手就缚，于是不得已而反。此时隗嚣未能效法窦融，释兵东归，又说明他是一个不识时务者。

假如公孙述、隗嚣早识天命，归附汉朝，不仅身家可保，也避免陇蜀人民遭浩劫。公孙述说："有天子投降的吗？"专制制度，天无二日，人无二王，得胜者乃家天下之主，必然猜疑，失败者归诚亦鲜有善终者。公孙述、隗嚣顽抗到底，势不得已也。

卷四三　汉纪三十五

汉光武帝建武十二年至二十二年（36—46年）

【起柔兆涒滩（丙申，36年），尽柔兆敦牂（丙午，46年），凡十一年】

【大事提要】

本卷记事起公元36年，讫公元46年，凡十一年，当建武十二年至建武二十二年，是光武帝执政的中期。此时期，光武帝平定公孙述，完成全国统一。但北方疆土始终不宁，匈奴扶植傀儡政权卢芳对抗东汉，继之联合乌桓、鲜卑侵扰北方，直到建武二十二年，匈奴单于栾提舆死，又发生大旱、蝗灾，人畜饥疫损失过半，受乌桓攻击，匈奴远遁，北疆粗安。西域各国归附，光武帝以天下未宁，不复置都护，莎车王称大。这一时期，交趾夷人、西南夷相继叛乱，内地亦不时发生民变。马援讨平交趾，西南夷亦平服，天下称治。光武帝巡视各地，考察民情，抑制豪强，检括户口，丈量田土，惩治贪吏，诛杀大司徒欧阳歙，以及郡守十余人。奖励直臣，怀县令赵憙、洛阳令董宣，两人敢于抗旨惩凶，光武帝嘉之。光武帝又巡幸太学，重奖经师桓荣等，重视教育。这一时期，光武帝还开创性地办了两件大事。其一，保护开国功臣，封以爵邑，不使其问政事，食其租赋，颐养天年。大功臣贾复等不任三公，只是奉朝请。其二，更易太子，立贤不立嫡，打破宗法传统，意义重大，惜其未能影响深远。本卷记述窦融、吴汉、马援风采，寓意良深。

世祖光武皇帝中之下

建武十二年（丙申，36年）

春，正月，吴汉破公孙述将魏党、公孙永于鱼涪津[1]，遂围武阳。述遣子婿史兴救之，汉迎击，破之，因入；犍为界诸县皆城守[2]。诏汉直取广都，据其心腹[3]。汉乃进军攻广都，拔之，遣轻骑烧成都市桥[4]。公孙述将帅恐惧，日夜离叛，述虽诛灭其家，犹不能禁。帝必欲降之，又下诏谕述曰："勿以来歙、岑彭受害自疑，今以时自诣[5]，则宗族完全。诏书手记[6]，不可数得。”述终无降意。

秋，七月，冯骏拔江州，获田戎。

帝戒吴汉曰：“成都十余万众，不可轻也。但坚据[7]广都，待其来攻，勿与争锋。若不敢来，公转营[8]迫之[9]，须其力疲，乃可击也。”汉乘利，遂自将步骑二万进逼成都；去城十余里，阻江[10]北营[11]，作浮桥，使副将武威将军刘尚将万余人屯于江南，为营相去二十余里。帝闻之大惊，让汉曰：“比敕公千条万端，何意临事勃乱！既轻敌深入，又与尚别营，事有缓急，不复相及。贼若出兵缀[12]公，以大众攻尚，尚破，公即败矣。幸无他[13]者，急引兵还广都。”诏书未到，九月，述果使其大司徒谢丰、执金吾袁吉将众十许万[14]，分为二十余营，出攻汉，使别将将万余人劫[15]刘尚，令不得相救。汉与大战一日，兵败，走入壁，丰因围之。汉乃召诸将厉[16]之曰：“吾与诸君逾越险阻，转战千里，遂深入敌地，至其城下。而今与刘尚二处受围，势既不接，其祸难量；欲潜师就尚于江南，并兵御之。若能同心一力，人自为战，大功可立；如其不然，败必无余。成败之机，在此一举。”诸将皆曰：“诺。”于是飨士秣马[17]，闭营三日不出，乃多树幡旗[18]，使烟火不绝，夜，衔枚[19]引兵与刘尚合军。丰等不觉，明日，乃分兵拒水北，自将攻江南。汉悉兵迎战，自旦[20]至晡[21]，遂大破之，斩丰、吉。于是引还广都，留刘尚拒述，具以状上[22]，而深自谴责。帝报曰：“公还广都，甚得其宜，述必不敢略[23]尚而击公也。若先攻尚，公从广都五十里悉步骑赴之，适[24]当值[25]其危困，破之必矣！”自是汉与述战于广都、成都之间，八战八克[26]，遂军[27]于其郭[28]中。

臧宫拔绵竹[29]，破涪城[30]，斩公孙恢；复攻拔繁、郫[31]，与吴汉会于成都。

李通欲避权势[32]，乞骸骨；积[33]二岁，帝乃听上[34]大司空印绶，以特进[35]奉朝请[36]。后有司奏封皇子，帝感通首创大谋，即日，封通少子雄为召陵侯。

公孙述困急，谓延岑曰：“事当奈何？”岑曰：“男儿当死中求生，可坐[37]穷[38]乎！财物易聚耳，不宜有爱。”述乃悉散金帛，募敢死士五千余人以配[39]岑。岑于市桥伪建旗帜，鸣鼓挑战，而潜遣奇兵出吴汉军后袭击破汉，汉堕水，缘马尾得出。汉军余七日粮，阴[40]具船[41]，欲遁去；蜀郡太守南阳张堪[42]闻之，驰往见汉，说述必败、不宜退师之策。汉从之，乃示弱以挑敌。

冬，十一月，臧宫军咸阳门[43]；戊寅[44]，述自将数万人攻汉，使延岑拒宫。大战，岑三合三胜，自旦及日中，军士不得食，并疲。汉因使护军高午、唐邯将锐卒数万击之，述兵大乱；高午奔陈[45]刺述，洞[46]胸堕马，左右舆[47]入城。述以兵属延岑，其夜，死；明旦，延岑以城降。辛巳[48]，吴汉夷[49]述妻子，尽灭公孙氏，并族[50]延岑，遂放兵大掠，焚述宫室。帝闻之怒，以谴汉。又让[51]刘尚曰："城降三日，吏民从服，孩儿、老母，口以万数，一旦放兵[52]纵火，闻之可为酸鼻。尚宗室子孙，更尝吏职[53]，何忍行此！仰视天，俯视地，观放麑、啜羹[54]，二者孰仁？良[55]失斩将吊民[56]之义也！"

（以上为第一段，写汉军平灭公孙述。光武帝责备吴汉治兵不严，克敌后纵兵抢掠。建武二年吴汉征南阳，亦因纵兵暴虐，逼反邓奉。吴汉之过，真可诛矣。）

【注释】

[1]鱼涪（fú）津：津名，位于犍为郡南安县北，在今四川乐山市北。[2]城守：据城固守。[3]心腹：喻指接近其统治中心的要害部位。[4]市桥：桥名，在今成都市西校场东北同仁路口附近。[5]以时自诣：指及时亲自前来归降。[6]手记：亲笔书写。[7]坚据：固守。[8]转营：移营。[9]迫之：逼近。[10]阻江：依江。[11]北营：扎营江水北岸。[12]缀（chuò）：牵制。[13]幸无他：侥幸没有别的变故。意指尚未遭敌进攻而破败。[14]十许万：十余万。许，表约数。[15]劫：劫持，即以武力控制。[16]厉：同"励"，勉励。[17]秣（mò）马：喂饱战马。[18]幡（fān）旗：泛指旌旗。[19]衔枚：古代行军时士卒衔于口用以禁止喧哗的器具。形状如筷子，横衔口中，两端有带子，系结于颈后。[20]旦：天亮。[21]晡（bū）：时辰名，即申时，相当于今十五时至十七时。[22]具以状上：将情况全部呈报朝廷。[23]略：进犯。[24]适：恰好。[25]当值：遇到。[26]克：战胜。[27]军：驻军，扎营。[28]郭：外城。此言吴汉率军进至成都外城。[29]绵竹：县名，县治在今四川绵竹市东南。[30]涪城：涪县城。涪县县治在今四川绵阳市东北。[31]繁、郫：皆县名。繁县，县治在今四川彭州市西北。郫县，县治在今四川成都市郫都区。[32]欲避权势：此指想避开权势之位。[33]积：经过。[34]听上：准许交还。[35]特进：官名，授予列侯中有特殊

地位的人，位在三公下；但仅为加官，无实权。［36］奉朝请：加官名，定期参加朝会。汉代退职大臣、将军及皇室、外戚等多以奉朝请名义参加朝会。［37］坐：坐等。［38］穷：指处境困窘。［39］配：分派，调拨。［40］阴：暗地里。［41］具船：置办、准备船只。［42］张堪：字君游，南阳郡宛县人。历任郎中、谒者、蜀郡太守、骑都尉、渔阳太守等职。传见《后汉书》卷三十一。［43］咸阳门：成都城北门名。《后汉书·臧宫传》作“咸门”。［44］戊寅：十一月十八日。［45］奔陈：猛冲敌阵。［46］洞：穿透。［47］舆：抬。［48］辛巳：十一月二十一日。［49］夷：杀。［50］族：灭族。［51］让：责备。［52］放兵：纵兵。［53］更尝：亲身经历。《后汉书·公孙述传》作“尝更”。吏职：官职。此指刘尚曾经担任治理民事的官职。［54］放麑、啜羹：典出《韩非子·说林上》：“孟孙猎得麑，使秦西巴载之持归，其母随之而啼。秦西巴弗忍而与之。”又说：“乐羊为魏将而攻中山。其子在中山，中山之君烹其子而遗之羹，乐羊坐于幕下而啜之，尽一杯。”麑（ní），小鹿。啜（chuò），喝。［55］良：实在。［56］吊民：抚慰百姓。

初，述征广汉李业[1]为博士，业固称疾不起。述羞不能致，使大鸿胪尹融奉诏命以劫业，“若起则受公侯之位，不起赐以毒酒。”融譬旨[2]曰：“方今天下分崩，孰知是非，而以区区之身试于不测之渊[3]乎！朝廷贪慕名德，旷官缺位[4]，于今七年，四时珍御[5]，不以忘君；宜上奉知己，下为子孙，身名俱全，不亦优乎！”业乃叹曰：“古人危邦不入，乱邦不居[6]，为此故也。君子见危授命[7]，何乃诱以高位重饵哉！”融曰：“宜呼室家计之。”业曰：“丈夫断之于心久矣，何妻子之为[8]！”遂饮毒而死。述耻有杀贤之名，遣使吊祠[9]，赙[10]赠百匹，业子翚逃，辞不受。述又聘巴郡谯玄[11]，玄不诣；亦遣使者以毒药劫之，太守自诣玄庐[12]，劝之行，玄曰：“保志全高[13]，死亦奚恨[14]！”遂受毒药。玄子瑛泣血叩头于太守，愿奉[15]家钱千万以赎父死，太守为请，述许之。述又征蜀郡王皓、王嘉[16]，恐其不至，先系[17]其妻子，使者谓嘉曰：“速装[18]，妻子可全。”对曰：“犬马犹识主，况于人乎！”王皓先自刎，以首付使者。述怒，遂诛皓家属。王嘉闻而叹曰：“后之哉！”乃对使者伏剑而死。犍为费贻不肯仕述，漆身为癞[19]，阳狂[20]以避之。同郡任永、冯信皆托[21]青盲[22]以辞征命。帝既平蜀，诏赠常少为太常，张隆为光禄勋。谯玄已卒，祠以中牢[23]，敕所在还其家钱，而表李业之闾[24]。征费贻、任永、冯信，会永、信病卒，独贻仕至合浦[25]太守。

上以述将程乌、李育有才干，皆擢用之。于是西土咸悦，莫不归心焉。

初，王莽以广汉文齐为益州[26]太守，齐训农[27]治兵[28]，降集群夷，甚得其和。公孙述时，齐固守拒险，述拘其妻子，许以封侯，齐不降。闻上即位，间道遣使自闻。蜀平，征为镇远将军，封成义侯。

十二月，辛卯[29]，扬武将军马成行大司空事。

（以上为第二段，写蜀中士大夫高风亮节，不与公孙述合作，宁死不仕。光武帝兴汉征聘蜀中贤士，民心归附。）

【注释】

[1]李业（?—36）：字巨游，广汉郡梓潼县（今四川梓潼县）人。汉平帝时曾为郎官。王莽时辞官家居。公孙述欲征为博士，遂以死拒。传见《后汉书》卷八十一。 [2]譬旨：解说其意使之知晓。 [3]不测之渊：深渊。此喻指危险的境地。 [4]旷官缺位：空着官职之位。 [5]珍御：供御用的珍贵食物。 [6]危邦不入，乱邦不居：语出《论语·泰伯》载孔子之言："笃信好学，守死善道。危邦不入，乱邦不居。天下有道则见，无道则隐。邦有道，贫且贱焉，耻也；邦无道，富且贵焉，耻也。" [7]见危授命：语出《论语·宪问》载孔子之言，意谓遇到危险情况，肯付出生命以维护道义。 [8]何妻子之为：何必与妻子商议。 [9]吊祠：吊祭。 [10]赙（fù）：以财物助办丧事。 [11]谯玄（？—35）：字君黄，巴郡阆中县（今四川阆中市）人。西汉末年，历任议郎、太常丞、绣衣使者。王莽时家居不仕。不应公孙述征聘，遂隐遁乡野。传见《后汉书》卷八十一。 [12]庐：房舍。 [13]保志全高：保全高尚的意志节操。 [14]奚恨：何恨。 [15]奉：进献。 [16]王皓（hào）、王嘉：汉平帝时，皓为美阳县令，嘉为郎。王莽废汉建新，二人皆弃官归乡。 [17]系：拘禁。 [18]速装：意谓赶快备置行装，动身应召。 [19]漆身为癞：以漆涂身，使皮肤腐烂生疮。癞（lài），恶疮、麻风。此指形如生恶疮、患麻风病的人。 [20]阳狂：假装疯癫。 [21]托：假托。 [22]青盲：眼病名。俗称青光眼，重者失明。 [23]中牢：即少牢，谓猪、羊二牲。 [24]表李业之闾：在李业的里门刻石以表彰其功德。闾，里门。 [25]合浦：郡名，治所在今广西合浦县东北。 [26]益州：郡名，治所在今云南昆明市晋宁区东北。 [27]训农：教导从事农业生产。 [28]治兵：治军，练兵。 [29]辛卯：十二月一日。

是岁，参狼羌[1]与诸种[2]寇武都，陇西太守马援击破之，降者万余人，于是陇右清静。援务[3]开[4]恩信，宽以待下，任吏以职，但总大体[5]，而宾客故人日满其门。诸曹[6]时白[7]外事，援辄曰："此丞、掾[8]之任，何足相烦！颇哀老子[9]，使得遨游[10]，若大姓[11]侵小民，黠吏[12]不从令，此乃太守事耳。”傍县尝有报仇者，吏民惊言羌反，百姓奔入城，狄道[13]长诣门，请闭城发兵。援时与宾客饮，大笑曰：“虏何敢复犯我！晓[14]狄道长，归守寺舍[15]。良怖急者，可床下伏！”后稍[16]定，郡中服[17]之。

诏：“边吏力不足战则守，追虏料敌[18]，不拘以逗留法[19]。”

山桑节侯王常、牟平烈侯耿况、东光成侯耿纯皆薨。况疾病[20]，乘舆数自临幸，复以弇弟广、举并为中郎将。弇兄弟六人[21]，皆垂青紫[22]，省侍[23]医药，当世以为荣。

卢芳与匈奴、乌桓连兵，数寇边。帝遣骠骑大将军杜茂等将兵镇守北边，治飞狐道[24]，筑亭障[25]，修烽燧，凡[26]与匈奴、乌桓大小数十百战，终不能克。

（以上为第三段，写马援安抚西羌，总大体，不问苛细，成效显著。北境卢芳勾引匈奴、乌桓侵扰，仍未安定。）

【注释】

[1]参狼羌：羌族的一支，分布在武都一带，又称武都羌。[2]诸种：指多个羌人种姓，多支羌人部众。[3]务：致力。[4]开：展示。[5]大体：大要，有关大局的事情。[6]诸曹：郡置诸掾、史，分掌众事。[7]时白：有时禀报。[8]丞、掾：丞，郡丞，为郡守副职，协助郡守治理一郡政务。掾，诸曹吏员。[9]老子：老年人自称，犹老夫。[10]遨游：游乐。[11]大姓：大族。[12]黠（xiá）吏：狡诈之吏。[13]狄道：县名，县治在今甘肃临洮县。[14]晓：告知使明白。[15]寺舍：官舍。[16]稍：逐渐。[17]服：佩服。[18]料敌：估量、判断敌情。[19]逗留法：汉法，军行逗留畏懦者斩。此言追敌或近或远，根据对敌情的判断而或进或退，不拘泥于军法，而只以能够取胜敌人为目的。[20]疾病：病重。[21]弇兄弟六人：即弇、舒、国、广、举、霸。[22]青紫：指印绶。汉代，公、侯之印紫绶，卿、郡守等秩比二千石以上者之印青绶。此以“青紫”借指位居高官显爵。[23]省侍：探望侍奉。[24]飞狐道：道名，在今河北涞源县与山西广灵县之西，为汉代自今河北中部到达北部边境地区的重要通道。[25]亭障：在边塞要地设置的堡垒。[26]凡：总共。

上诏窦融与五郡太守入朝。融等奉诏而行，官属宾客相随，驾乘千余两，马牛羊被野。既至，诣城门，上印绶。诏遣使者还侯印绶，引见，赏赐恩宠，倾动京师。寻拜融冀州牧。又以梁统为太中大夫，姑臧[1]

长孔奋[2]为武都郡丞。姑臧在河西最为富饶，天下未定，士多不修检操[3]，居县[4]者不盈数月，辄致丰积；奋在职四年，力行清洁[5]，为众人所笑，以为身处脂膏[6]不能自润[7]。及从融入朝，诸守、令财货[8]连毂[9]，弥竟[10]川泽；唯奋无资，单车就路[11]，帝以是赏之。

帝以睢阳令任延[12]为武威太守，帝亲见，戒之曰："善事上官，无失名誉。"延对曰："臣闻忠臣不和[13]，和臣不忠。履正奉公[14]，臣子之节；上下雷同[15]，非陛下之福。善事上官，臣不敢奉诏[16]。"帝叹息曰："卿言是也！"

（以上为第四段，写光武帝召窦融入朝，蒙受殊礼。窦融识时归附，隆贵超过中兴征战功臣，是乱世英雄中最大的赢家。）

【注释】

［1］姑臧：县名，县治在今甘肃武威市。［2］孔奋：字君鱼，扶风茂陵县人，历任姑臧长、武都郡丞、武都太守等。传见《后汉书》卷三十一。［3］检操：节操。［4］居县：任县职。指为县长、令者。［5］力行清洁：一身清廉。力行，身体力行。清洁，清廉。［6］脂膏：喻指富饶之地。［7］润：指丰厚，充实。［8］财货：财物。［9］毂（gǔ）：车轮的中心部分，有圆孔，用以插轴；此指车。此言载运财物的车子很多，前后相连，一辆接着一辆。［10］弥竟：布满。［11］就路：上路。［12］任延（5—67）：字长孙，南阳郡宛县人，历任会稽都尉、九真太守、睢阳令、武威太守、河内太守等。传见《后汉书》卷七十六。［13］和：附和。［14］履正：躬行正道。奉公：奉行公事而不徇私。［15］雷同：随声附和。［16］奉诏：接受皇帝的命令。

十三年（丁酉，37年）

春，正月，庚申[1]，大司徒侯霸薨。

戊子[2]，诏曰："郡国献异味[3]，其令太官[4]勿复受！远方口实[5]所以荐宗庙，自如旧制。"时异国有献名马者，日行千里，又进宝剑，价直百金。诏以剑赐骑士，马驾鼓车[6]。上雅[7]不喜听音乐，手不持珠玉。尝出猎，车驾夜还，上东门[8]候[9]汝南郅恽[10]拒关[11]不开。上令从者见面于门间，恽曰："火明辽远。"遂不受诏。上乃回，从东中门[12]入，明日，恽上书谏曰："昔文王不敢槃[13]于游田[14]，以万民惟正[15]之供[16]。而陛下远猎山林，夜以继昼，其如社稷宗庙何[17]！"

书奏，赐恽布百匹，贬东中门候为参封[18]尉[19]。

二月，遣捕虏将军马武屯虖沱河[20]以备匈奴。

卢芳攻云中，久不下。其将随昱留守九原，欲胁芳来降；芳知之，与十余骑亡入匈奴，其众尽归随昱，昱乃诣阙降。诏拜昱五原太守，封镌胡侯。

朱祜奏："古者[21]人臣受封，不加王爵。"丙辰[22]，诏长沙王兴、真定王得、河间王邵、中山王茂皆降爵为侯[23]。丁巳[24]，以赵王良为赵公，太原王章为齐公，鲁王兴为鲁公。是时，宗室及绝国[25]封侯者凡一百三十七人。富平侯张纯[26]，安世之四世孙也[27]，历王莽世，以敦谨[28]守约保全前封；建武初，先来诣阙，为侯如故。于是有司奏："列侯非宗室不宜复国[29]。"上曰："张纯宿卫十有余年，其勿废！"更封武始侯，食富平之半。

庚午[30]，以绍嘉公孔安为宋公[31]，承休公姬常为卫公[32]。

三月，辛未[33]，以沛郡太守韩歆为大司徒。

丙子[34]，行大司空马成复为扬武将军。

吴汉自蜀振旅而还，至宛，诏过家上冢，赐谷二万斛；夏四月，至京师。于是大飨将士，功臣增邑更封凡三百六十五人，其外戚、恩泽[35]封者四十五人。定封[36]邓禹为高密侯，食四县；李通为固始侯，贾复为胶东侯，食六县；余各有差。已殁者益封其子孙，或更封支庶[37]。

帝在兵间久，厌武事，且知天下疲耗[38]，思乐息肩[39]，自陇、蜀平后，非警急，未尝复言军旅。皇太子[40]尝问攻战之事，帝曰："昔卫灵公问陈[41]，孔子不对。此非尔所及[42]。"邓禹、贾复知帝偃干戈[43]，修文德，不欲功臣拥众[44]京师，乃去[45]甲兵，敦[46]儒学。帝亦思念，欲完[47]功臣爵土，不令以吏职为过[48]，遂罢左、右将军官。耿弇等亦上大将军、将军印绶，皆以列侯就第，加位特进，奉朝请。

邓禹内行[49]淳备[50]，有子十三人，各使守一艺，修整闺门，教养子孙，皆可以为后世法，资用国邑[51]，不修产利[52]。

贾复为人刚毅方直，多大节，既还私第，阖门[53]养威重[54]。朱祜等荐复宜为宰相，帝方以吏事责三公，故功臣并不用。是时，列侯唯高密、固始、胶东三侯与公卿参议国家大事，恩遇甚厚。帝虽制御[55]功臣，而每[56]能回容[57]，宥[58]其小失。远方贡珍甘[59]，必先遍赐诸侯，而太官无余，故皆保其福禄，无诛谴者。

益州传送公孙述瞽师[60]、郊庙乐器、葆车[61]、舆辇[62]，于是法物[63]始备。时兵革既息，天下少事，文书[64]调役[65]，务从简寡，至乃十存一焉。

甲寅[66]，以冀州牧窦融为大司空。融自以非旧臣，一旦入朝，在功臣之右[67]，每朝会进见，容貌辞气，卑恭[68]已甚，帝以此愈亲厚之。融小心，久不自安，数辞爵位，上疏曰："臣融有子，朝夕教导以经艺，不令观天文，见谶记，诚欲令恭肃[69]畏事[70]，恂恂[71]守道，不愿其有才能，何况乃当传以连城广土，享故诸侯王国哉！"因复请问求见，帝不许。后朝罢，逡巡[72]席后，帝知欲有让，遂使左右传出[73]。他日会见，迎诏融曰："日者[74]知公欲让职还土，故命公暑热且自便；今相见，宜论他事，勿得复言。"融不敢重陈请。

五月，匈奴寇河东。

（以上为第五段，写光武帝奖励直臣，保护功臣，开创功臣不任职事以避免犯过的先例。窦融为大司空，优礼有加，因窦融不是开国功臣，又极谦恭，特用之为朝臣榜样。）

【注释】

[1]庚申：正月一日。[2]戊子：正月二十九日。[3]异味：异常的美味。[4]太官：官名，属少府，职掌帝后饮食。[5]口实：指食品。[6]鼓车：载鼓之车。古代皇帝出外时的仪仗之一。[7]雅：平素。[8]上东门：洛阳城东面北头门。[9]候：官名。洛阳城四面，每面三门，共十二门；每门置候一人掌管。[10]郅恽：字君章，汝南郡西平县（今河南西平县西）人。历任洛阳上东门候、长沙太守等。传见《后汉书》卷二十九。[11]拒关：闭门。[12]东中门：洛阳城东面中门。[13]文王：指周文王。槃：同"盘"，快乐。[14]游田：游玩打猎。田，通"畋"。[15]正：通"征"，赋税。[16]供：进献。惟正之供，即"惟供正"，这是一个宾语前置的句式。此言周文王不敢用民众所供赋税游猎玩乐。[17]如社稷宗庙何：如何对待社稷宗庙呢！[18]参封：县名，西汉属琅邪郡，东汉省，其地不详。[19]尉：官名，职掌军事，负责维持治安。[20]虖沱河：即滹沱河。[21]古者：指秦代前。[22]丙辰：二月二十七日。[23]"诏长沙王兴"句：胡注："但封长沙、真定、河间、中山者，与帝同出于景帝也。长沙，春陵之大

宗；真定，常山王宪之后改封者，今复降爵为侯，以服属已疏也。”［24］丁巳：二月二十八日。［25］绝国：绝嗣的封国。［26］张纯（？—56）：字伯仁，京兆杜陵县人。历任太中大夫、五官中郎将、太仆、大司空等。初袭前封为富平侯，后更封武始侯。传见《后汉书》卷三十五。［27］安世：张安世（？—前62），字子孺，汉武帝时名臣张汤之子。仕武、昭、宣三帝，官至大司马车骑将军，领尚书事，封富平侯。传附《汉书》卷五十九《张汤传》。四世孙：据《汉书》，安世为纯曾祖之祖，自安世至纯共六世。《后汉书》云安世为纯之高祖父，此据《后汉书》云纯为安世之四世孙，比《汉书》所载世系少一世。［28］敦谨：敦厚谨慎。［29］复国：指恢复西汉时的封国。［30］庚午：二月庚寅朔，无庚午日。丁巳后为戊午。本月为改定爵号，三下诏书。第一、二两次为前后日；若第三次与第二次也是前后日，则“庚午”当为“戊午”，即二月二十九日。［31］以绍嘉公孔安为宋公：汉成帝绥和元年（前8）封殷后孔吉为殷绍嘉公，平帝元始四年（4）改称宋公。光武帝建武五年（29）封孔吉后裔孔安为殷绍嘉公，今又改称宋公。［32］承休公姬常为卫公：汉武帝元鼎四年（前113）封周后姬嘉为周子南君，元帝初元五年（前44）改称周承休侯，成帝绥和元年进爵为公，平帝元始四年改称郑公。光武帝建武二年（26）封姬嘉后裔姬常为周承休公，今改称卫公。［33］辛未：三月十二日。［34］丙子：三月十七日。［35］恩泽：帝王或朝廷给予的恩惠。［36］定封：确定爵位、封地。［37］支庶：嫡子以外的旁支。［38］疲耗：困顿损耗。［39］息肩：谓休养生息。［40］皇太子：指刘强（25—58）。郭皇后生。建武二年立为皇太子；十九年（19）废，封为东海王。［41］卫灵公问陈：《论语·卫灵公》：“卫灵公问陈于孔子。孔子对曰：‘俎豆之事，则尝闻之矣；军旅之事，未之学也。’”［42］非尔所及：不是你应该考虑的。［43］偃（yǎn）干戈：停止用武。［44］拥众：拥有军队。［45］去：抛弃。［46］敦：崇尚。［47］完：保全。此言不使功臣因犯过失而丧失爵位、封地。［48］以吏职为过：因担任官职在治理政事中出现过失。［49］内行：平日家居的操行。［50］淳备：谓纯美无缺。［51］国邑：指诸侯的封地。此言用度皆取于封地的收入。［52］产利：产业。［53］阖（hé）门：闭门。［54］威重：威严持重的神态、气度。［55］制御：控制。［56］每：常常。［57］回容：曲法宽容。［58］宥（yòu）：宽恕。［59］珍甘：指珍贵甘美的食品。［60］瞽（gǔ）师：盲乐师。［61］葆（bǎo）车：用羽毛作车盖的车。［62］舆辇（niǎn）：天子乘坐的车。［63］法物：帝王用于仪仗、祭祀的器物。［64］文书：公文。［65］调役：征发徭役。［66］甲寅：四月二十六日。［67］右：上。［68］卑恭：谦卑恭顺。［69］恭肃：恭敬严肃。［70］畏事：指诚敬处事。［71］恂（xún）恂：温顺恭谨的样子。［72］逡（qūn）巡：迟疑徘徊，欲行又止。［73］传出：传旨使出。［74］日者：往日。

十四年（戊戌，38年）

夏，邛谷王任贵遣使上三年计[1]，即授越嶲太守。

秋，会稽大疫。

莎车王贤、鄯善[2]王安皆遣使奉献。西域苦匈奴重敛，皆愿属汉，复置都护；上以中国新定，不许。

太中大夫梁统上疏曰："臣窃见元帝初元五年，轻[3]殊死[4]刑三十四事，哀帝建平元年，轻殊死刑八十一事；其四十二事手杀人者，减死一等。自是之后，著[5]为常准[6]，故人轻[7]犯法，吏易[8]杀人。臣闻立君之道，仁义为主，仁者爱人，义者正理[9]。爱人以除残为务[10]，正理以去乱为心；刑罚在衷[11]，无取于轻。高帝受命，约令[12]定律[13]，诚得其宜，文帝唯除省肉刑、相坐之法[14]，自余皆率由旧章[15]，至哀、平继体[16]，即位日浅[17]，听断尚寡[18]。丞相王嘉轻[19]为穿凿[20]，亏除[21]先帝旧约成律，数年之间百有余事，或不便于理[22]，或不厌[23]民心，谨表[24]其尤害于体[25]者，傅奏[26]于左[27]。愿陛下宣诏有司，详择其善，定不易之典！"事下公卿。光禄勋杜林奏曰："大汉初兴，蠲除[28]苛政，海内欢欣；及至其后，渐以滋章[29]。果桃菜茹[30]之馈，集以成赃，小事无妨于义，以为大戮。至于法不能禁，令不能止，上下相遁[31]，为敝弥深。臣愚以为宜如旧制，不合[32]翻移[33]。"统复上言曰："臣之所奏，非曰严刑。《经》曰：'爰制百姓，于刑之衷[34]。'衷之为言，不轻不重之谓也。自高祖至于孝宣，海内称治。至初元、建平而盗贼浸多[35]，皆刑罚不衷，愚人易犯之所致也。由此观之，则刑轻之作，反生大患，惠加奸轨[36]，而害及良善也！"事寝[37]，不报[38]。

（以上为第六段，写光武帝君臣讨论法制建设，梁统建言适量加重死刑的奏议被搁置。）

【注释】

[1]上三年计：呈报三年的治理情况。战国、秦、汉时期，地方官于年终将境内户口、赋税、盗贼、狱讼等项编造计簿，遣吏逐级上报，奏呈朝廷，借以考核政绩，谓之上计。 [2]鄯善：西域国名，本名楼兰，位于西域东部，在今新疆若羌县一带。[3]轻：减轻。[4]殊死：死刑之一。汉代死刑，根据施刑对象、手段和尸体处理方法的不同，分为夷三族、殊死、枭首、腰斩、弃市等几种。[5]著：编写。[6]常准：定法。[7]轻：轻视。[8]易：轻易。[9]正理：端正事理。

[10]务：事。 [11]衷：适当。 [12]约令：简省法令。汉高祖刘邦率军入关灭秦，与秦父老约法三章："杀人者死，伤人及盗抵罪。" [13]定律：制定法律。汉高祖刘邦时期，命相国萧何参酌秦律合于时者，定律九章，史称《九章律》。 [14]文帝唯除省肉刑、相坐之法：汉文帝二年（前178）除相坐法，十三年（前167）除肉刑。 [15]率由旧章：遵循、沿用旧制。 [16]继体：继位。 [17]日浅：日短，日子不长。 [18]听断尚寡：听事决断的事情不多。谓办事少，缺经验。 [19]轻：轻率。表示态度不严肃认真。 [20]穿凿：谓牵强附会。 [21]亏除：减免。 [22]理：治理。 [23]厌：合于人心，心服。 [24]表：表述，述说。 [25]体：政体。 [26]傅奏：陈奏。 [27]左：后。古时由右向左竖行书写，所以"左"指后面。 [28]蠲（juān）除：废除，免除。 [29]滋章：更加严明。 [30]茹：蔬菜的总称。 [31]遁：回避。 [32]不合：不该。 [33]翻移：改变。 [34]爰制百姓，于刑之衷：语出《尚书·吕刑》，今本作"士制百姓，于刑之中"。爰，助词，无义。制，控制。百姓，百官。 [35]浸多：渐多。 [36]奸轨：即"奸宄"，指违法作乱的人。 [37]寝：搁置。 [38]不报：不批复。

十五年（己亥，39年）

春，正月，辛丑[1]，大司徒韩歆免。歆好直言，无隐讳，帝每不能容。歆于上前证岁将饥凶，指天画地，言甚刚切，故坐免归田里。帝犹不释，复遣使宣诏责之；歆及子婴[2]皆自杀。歆素有重名[3]，死非其罪，众多不厌[4]；帝乃追赐钱谷，以成礼[5]葬之。

臣光曰：昔高宗[6]命说[7]曰："若药弗瞑眩[8]，厥疾弗瘳。"夫切直之言，非人臣之利，乃国家之福也。是以人君日夜求之，唯惧弗得闻。惜乎，以光武之世而韩歆用直谏死，岂不为仁明之累[9]哉！

丁未[10]，有星孛[11]于昴[12]。

以汝南太守欧阳歙[13]为大司徒。

匈奴寇钞日盛，州郡不能禁。二月，遣吴汉率马成、马武等北击匈奴，徙雁门、代郡、上谷吏民六万余口置居庸[14]、常山关[15]以东，以避胡寇。匈奴左部[16]遂复转居塞内，朝廷患之，增缘边兵，部数千人。

夏，四月，丁巳[17]，封皇子辅[18]为右翊公，英[19]为楚公，阳[20]为东海公，康[21]为济南公，苍[22]为东平公，延[23]为淮阳公，荆[24]为山阳公，衡[25]为临淮公，焉[26]为左翊公，京[27]为琅邪公。癸丑[28]，追谥兄縯为齐武公，兄仲为鲁哀公。帝感縯功业不就，抚育二子章、兴，恩爱甚笃；以其少贵[29]，欲令亲[30]吏事[31]，使章试守[32]平阴[33]令，兴缑氏令；其后章迁梁郡太守，兴迁弘农太守。

帝以天下垦田多不以实自占[34]，又户口、年纪互有增减，乃诏下州郡检核[35]。于是刺史、太守多为诈巧[36]，苟以度田[37]为名，聚民田中，并度庐屋、里落[38]，民遮道啼呼；或[39]优饶[40]豪右[41]，侵刻[42]羸弱[43]。

时诸郡各遣使奏事，帝见陈留吏牍[44]上有书[45]，视之云："颍川、弘农可问，河南、南阳不可问。"帝诘吏由趣[46]，吏不肯服，抵言[47]"于长寿街[48]上得之"。帝怒。时东海公阳年十二，在幄[49]后言曰："吏受郡敇[50]，当[51]欲以垦田相方[52]耳。"帝曰："即[53]如此，何故言河南、南阳不可问？"对曰："河南帝城，多近臣；南阳帝乡，多近亲；田宅逾制，不可为准。"帝令虎贲将[54]诘问吏，吏乃实首服，如东海公对。上由是益奇爱阳。

遣谒者考实二千石长吏阿枉不平者[55]。冬，十一月，甲戌[56]，大司徒歙[57]坐前为汝南太守，度田不实，赃罪[58]千余万，下狱。歙世授《尚书》，八世为博士[59]，诸生[60]守阙[61]为歙求哀[62]者千余人，至有自髡剔[63]者。平原礼震，年十七，求代歙死；帝竟不赦，歙死狱中。

十二月，庚午[64]，以关内侯戴涉[65]为大司徒。

卢芳自匈奴复入居高柳。

是岁，骠骑大将军杜茂坐使军吏杀人，免。使扬武将军马成代茂，缮治[66]障塞[67]，十里一候[68]，以备匈奴。使骑都尉张堪领杜茂营，击破匈奴于高柳。拜堪渔阳太守。堪视事八年，匈奴不敢犯塞，劝民耕稼，以致殷富。百姓歌曰："桑无附枝，麦秀[69]两岐[70]。张君为政，乐不可支[71]！"

安平侯盖延薨。

交趾麊泠县[72]雒将[73]女子征侧[74]，甚雄勇，交趾太守苏定以法绳[75]之，征侧忿怨。

（以上为第七段，写光武帝检核人口、丈量田土，征治贪吏，使政治走上轨道。

匈奴犯边之害仍未解除。)

【注释】

[1]辛丑：正月二十三日。 [2]婴：歆子名。 [3]重名：大名。 [4]不厌：不服。[5]成礼：规定的礼仪规格。 [6]高宗：指殷高宗武丁。 [7]说(yuè)：指傅说。殷朝人。相传原隐于傅岩之地，武丁访得，举之为相，致使殷朝衰而复兴。于是命之以傅为姓，号傅说。[8]瞑眩：指用药后而产生的头晕目眩的强烈反应。语出伪古文《尚书·说命上》，意谓如果服药后不出现头昏眼花的反应，那病就痊愈不了。这里用以喻指忠直之言虽然听之逆耳，却有利于修德行事。 [9]累：损失，伤害。 [10]丁未：正月二十九日。 [11]星孛：指彗星。孛(bèi)，指彗星出现时光芒四射的现象。 [12]昴(mǎo)：星宿名，二十八宿之一，西方白虎七宿的第四宿，有七颗亮星。古代以天文附会人事，认为彗星主兵，彗星出现预示人间将有战乱；又认为昴星主边兵，一说昴星主狱事。《后汉书·天文志上》记载了这次"彗星见昴"的天文现象，且对史事多所附会。 [13]欧阳歙(？—39)：字正思，乐安郡千乘县人。其家世传伏生《尚书》。历任河南尹、汝南太守、大司徒等，封夜侯。后以赃罪下狱死。夜，通"掖"，山东莱州市。传见《后汉书》卷七十九上。 [14]居庸：关名，其地在今北京市昌平区西北。 [15]常山关：关名，其地在今河北涞源县南。 [16]匈奴左部：匈奴东部，左贤王所辖地区称左部，当今内蒙古、辽宁等地。[17]丁巳：四月丁未朔，初七日为癸丑，而丁巳为十一日。这里先丁巳，后癸丑，误。袁宏《后汉纪》"丁巳"作"戊申"，为初二日，当是。 [18]辅：刘辅(？—84)，光武帝子，郭皇后生。建武十五年封右翊公，十七年徙封中山王，二十年徙封沛王。传见《后汉书》卷四十二。 [19]英：刘英(?—71)，光武帝子，许美人生。建武十五年封楚公，十七年进爵为王。后以谋逆罪自杀。传见《后汉书》卷四十二。 [20]阳：刘阳(6—75)，即汉明帝，光武帝子，阴皇后生。原名阳，建武十九年(43)立为皇太子，改名庄。继光武帝位，在位十八年(58—75)。传见《后汉书》卷二。 [21]康：刘康(？—97)，光武帝子，郭皇后生。建武十五年封济南公，十七年进爵为王。传见《后汉书》卷四十二。 [22]苍：刘苍(?—83)，光武帝子，阴皇后生。建武十五年封东平公，十七年进爵为王。苍好经书，有智思。明帝时为骠骑将军，居宰相之位，与公卿议定礼制。传见《后汉书》卷四十二。 [23]延：刘延(？—89)，光武帝子，郭皇后生。建武十五年封淮阳公，十七年进爵为王。明帝永平十六年(73)谋反事败露，徙封阜陵王。章帝建初元年(76)又因谋反罪贬爵为侯，章和元年(87)又进爵为王。传见《后汉书》卷四十二。 [24]荆：刘荆(？—67)，光武帝子，阴皇后生。建武十五年封山阳公，十七年进爵为王。明帝永平元年(58)徙为广陵王。后因谋逆事败露自杀。传见《后汉书》卷四十二。 [25]衡：刘衡(?—41)，光武帝子，阴皇后生。传见《后汉书》卷四十二。[26]焉：刘焉(？—90)。光武帝子，郭皇后生。建武十五年封左翊公，十七年进爵为王，三十年徙封中山王。传见《后汉书》卷四十二。 [27]京：刘京(?—81)。光武帝子，阴皇后生。建武十五年封琅邪公，十七年进爵为王。传见《后汉书》卷四十二。 [28]癸丑：

四月七日。[29]少贵：年少时即处尊贵之位。[30]亲：亲自治理，接触。[31]吏事：政事。[32]试守：试用。[33]平阴：县名，县治在今河南洛阳市孟津区东北。[34]占（zhàn）：计数上报。[35]检核：检查核实。[36]诈巧：诈伪机巧。[37]度（duó）田：丈量土地。[38]里落：村落。[39]或：有的。[40]优饶：富饶。[41]豪右：豪强大族。[42]侵刻：侵害。[43]羸（léi）弱：指贫弱无依的百姓。[44]牍（dú）：写字用的木板。[45]书：字。[46]由趣：来源和意向。[47]抵言：谎言。[48]长寿街：洛阳城中街名。[49]幄（wò）：帷帐；此指幄坐，即垂帐的帝、后座位。[50]受郡敕：接受郡守的命令。[51]当：该是。[52]相方：相比。此言陈留吏该是想求问颍川、弘农二郡的垦田数目来相比较。[53]即：假若。[54]虎贲将：即虎贲中郎将。[55]长吏：指俸禄多、职位高的官吏。据《汉书·景帝纪》，汉代，吏六百石以上，皆称长吏。阿枉：徇私不正直。不平：不公正。[56]甲戌：十一月一日。[57]歙：欧阳歙。[58]赃罪：以贪污受贿等非法手段集聚财物的罪行。[59]世授《尚书》，八世为博士：西汉初年，济南伏生传《尚书》给千乘县欧阳生。自欧阳生至歙八世，皆传授《尚书》，为博士。[60]诸生：众弟子。[61]守阙：守候在宫门。[62]求哀：乞求哀怜。[63]髡（kūn）剔：剃去头发。剔，同“剃”。[64]庚午：十二月二十七日。[65]戴涉（？—44）：字叔平，清河郡人，官至大司徒，封关内侯。后因所举人盗金下狱被杀。[66]缮治：整治，修整。[67]障塞：边境险要处戍守的堡垒。[68]候：古“堠”字，边境伺望、侦察敌情的设施，如哨所、土堡。[69]秀：禾类植物开花抽穗。据章校，有的版本“秀”作“穗”。[70]岐：同“歧”，分支，分岔。蚕月采桑，砍去繁枝，留下特长的枝条，以待来年桑叶生长茂盛；麦子一般是一茎一穗，很少有一茎两穗的。如今桑无附生在主枝上的细小枝条，麦子一茎上端分为两支，长出两个麦穗，所以示为祥瑞。[71]乐不可支：谓高兴得不得了。[72]麊（mí）泠县：县名。县治在今越南河内市西北。[73]雒将：胡注引《交州外域记》说：“交趾昔未有郡县之时，土地有雒田，民垦食其田，因名为雒民，设雒王、雒侯，主诸郡县。县有雒将，铜印青绶。”[74]征侧：麊泠县雒将之女。建武十六年（40）春，与妹征贰起事反汉，攻占六十余城，自立为王。十九年（43）为马援击败，二征被杀。[75]绳：纠正。

十六年（庚子，40年）

春，二月，征侧与其妹征贰反，九真[1]、日南[2]、合浦[3]蛮俚[4]皆应之，凡略[5]六十五城，自立为王，都麊泠。交趾刺史及诸太守仅得自守。

三月，辛丑晦[6]，日有食之。

秋，九月，河南尹张伋及诸郡守十余人皆坐度田不实，下狱死。后上从容谓虎贲中郎将马援曰：“吾甚恨前杀守、相多也！”对曰：“死得其罪，何多之有！但死者既往，不可复生也！”上大笑。

郡国群盗处处并起，郡县追讨，到则解散，去复屯结[7]，青、徐、幽、冀四州尤甚。冬十月，遣使者下郡国，听[8]群盗自相纠擿[9]，五人共斩一人者，除其罪；吏虽[10]逗留回避故纵者[11]，皆勿问，听以禽讨为效[12]。其牧守令长坐界内有盗贼而不收捕者，又以畏愞捐城[13]委守[14]者，皆不以为负[15]，但取获贼多少为殿最[16]，唯蔽匿[17]者乃罪[18]之。于是更相追捕，贼并解散，徙其魁帅[19]于他郡，赋田[20]受禀[21]，使安生业[22]。自是[23]牛马放牧不收[24]，邑门[25]不闭。

卢芳与闵堪使使请降，帝立芳为代王，堪为代相，赐缯二万匹，因使和集[26]匈奴。芳上疏谢，自陈思望[27]阙庭[28]；诏报[29]芳朝[30]明年正月。

初，匈奴闻汉购求芳，贪得财帛，故遣芳还降。既而芳以自归为功，不称匈奴所遣，单于复[31]耻[32]言其计，故赏遂不行。由是大恨，入寇尤深。

马援奏，宜如旧铸五铢钱，上从之；天下赖其便。

卢芳入朝，南及昌平，有诏止，令更朝[33]明岁。

（以上为第八段，写光武帝继续整屯吏治，诛杀贪官污吏，平定因度田引发的叛乱。南方交趾夷人反叛，北边卢芳终于归服。）

【注释】

[1]九真：郡名，治所在今越南河内市南。[2]日南：郡名，治所在今越南广治省东河市。[3]合浦：郡名，治所在今广西合浦县。[4]蛮俚：古代少数民族蛮人的别称。[5]凡略：共占。[6]辛丑晦：三月三十日。[7]屯结：集结。[8]听：听任，任凭。[9]纠擿（tī）：检举揭发。[10]虽：即使。[11]逗留：停留不前。故纵：知人犯法而不检举或故意开脱其罪。[12]效：成绩，效果。[13]捐城：弃城。[14]委守：放弃职守。[15]负：罪责。[16]殿最：优劣，上下。古代考核政绩或军功，下等称为殿，上等称为最。[17]蔽匿：隐藏，藏匿。[18]罪：治罪。[19]魁帅：首领。[20]赋田：分给土地。[21]受禀：受，通“授”，赐给。禀（lǐn），粮食。[22]生业：职业。[23]自是：从此以后。[24]放牧不收：放牧到野外，晚上不赶回栏厩。[25]邑门：城门。[26]和集：和睦团结。此言使卢芳做与匈奴和睦相处的工作。[27]思望：思念渴望。[28]阙庭：朝廷。[29]报：回答。[30]朝：入朝。[31]复：又。[32]耻：羞愧。[33]更朝：改变入朝时间。

十七年（辛丑，41 年）

春，正月，赵孝公良薨。初，怀县大姓李子春二孙杀人，怀令赵憙穷治[1]其奸[2]，二孙自杀，收系[3]子春。京师贵戚为请[4]者数十，憙终不听。及良病，上临视[5]之，问所欲言，良曰："素与李子春厚[6]，今犯罪，怀令赵憙欲杀之，愿乞其命。"帝曰："吏奉法律，不可枉[7]也。更道[8]他所欲。"良无复言。既薨，上追思良，乃贳出子春。迁憙为平原太守。

二月，乙未晦[9]，日有食之。

夏，四月，乙卯[10]，上行幸章陵；五月，乙卯[11]，还宫。

六月，癸巳[12]，临淮怀公衡薨。

妖贼李广[13]攻没[14]皖城[15]，遣虎贲中郎将马援、骠骑将军段志讨之。秋，九月，破皖城，斩李广。

郭后宠衰，数怀怨怼[16]，上怒之。冬，十月，辛巳[17]，废皇后郭氏，立贵人阴氏为皇后。诏曰："异常[18]之事，非国休福[19]，不得上寿[20]称庆[21]。"郅恽言于帝曰："臣闻夫妇之好，父不能得之于子，况臣能得之于君乎！是臣所不敢言。虽然，愿陛下念[22]其可否之计[23]，无令天下有议社稷而已。"帝曰："恽善恕己[24]量主[25]，知我必不有所左右[26]而轻天下也！"帝进郭后子右翊公辅为中山王，以常山郡益中山国，郭后为中山太后；其余九国公皆为王。

甲申[27]，帝幸章陵，修园庙，祠旧宅，观田庐，置酒作乐，赏赐。时宗室诸母因酣悦[28]相与语曰："文叔少时谨信[29]，与人不款曲[30]，唯直柔[31]耳，今乃能如此！"帝闻之，大笑曰："吾治天下，亦欲以柔道[32]行之。"十二月，还自章陵。

是岁，莎车王贤复遣使奉献，请都护；帝赐贤西域都护印绶及车旗、黄金、锦绣。敦煌太守裴遵上言："夷狄不可假[33]以大权；又令诸国失望。"诏书收还都护印绶，更赐贤以汉大将军印绶；其使不肯易，遵迫夺[34]之。贤由是始恨，而犹诈称大都护，移书[35]诸国，诸国悉服属[36]焉。

匈奴、鲜卑[37]、赤山[38]乌桓数连兵入塞，杀略吏民；诏拜襄贲[39]令祭肜[40]为辽东太守。肜有勇力，虏每犯塞，常为士卒锋[41]，数破走之。肜，遵之从弟[42]也。

征侧等寇乱[43]连年，诏长沙、合浦、交趾具车船，修道桥，通障溪[44]，储粮谷。拜马援为伏波将军，以扶乐侯刘隆为副，南击交趾。

（以上为第九段，写豪强大臣勾结皇亲国戚，廉吏惩治豪强，十分艰难。交趾北疆仍未安宁。光武帝废立皇后，郭后失宠被废，阴贵人入主正宫。）

【注释】

［1］赵憙（前4—80）：字伯阳，南阳郡宛县人。历任怀县令、平原太守、太尉、太傅、录尚书事等，封节乡侯。传见《后汉书》卷二十六。穷治：彻底查办。［2］奸：罪恶。［3］收系：拘禁。［4］为请：替他求情。［5］临视：亲临探视。［6］厚：关系亲密。［7］枉：歪曲。［8］更道：再说。［9］乙未晦：二月二十九日。［10］乙卯：四月丙寅朔，无乙卯日。［11］乙卯：五月二十一日。［12］癸巳：六月二十九日。［13］李广：其师维汜，妖言称神，被杀。李广声称维汜神化不死，于建武十七年聚徒众攻占皖城，自称南岳大师。马援击广，广兵败被杀。［14］攻没：攻陷。［15］皖城：皖县城。皖，县名，县治在今安徽潜山市。［16］怨怼（duì）：怨恨。［17］辛巳：十月十九日。［18］异常：不同于寻常。［19］休福：吉庆，福瑞。［20］上寿：谓向人敬酒，祝颂长寿。［21］称庆：道贺。［22］念：考虑。［23］可否之计：指可以做与不可以做的办法。［24］恕己：指扩充自己的仁爱之心。［25］量主：指审度君主的思想。［26］左右：向背。［27］甲申：十月二十二日。［28］酣悦：饮酒而乐。［29］谨信：谦恭诚实。［30］款曲：殷勤应酬。［31］直柔：坦率温和。［32］柔道：指温和安抚的治理方法。［33］假：授予。［34］迫夺：以势威逼而强夺。［35］移书：发送公文。［36］服属：服从归属。［37］鲜卑：古族名，东胡族的一支。东胡原居匈奴以东，西汉初年被匈奴冒顿单于击败，一支退居乌桓山（今内蒙古阿鲁科尔沁旗西北），后称乌桓；一支退居鲜卑山（今内蒙古科尔沁右翼中旗西），后称鲜卑。［38］赤山：山名。《后汉书·乌桓列传》："死者神灵归赤山。赤山在辽东西北数千里，如中国人死者魂神归岱山也。"［39］襄贲：县名，县治在今山东兰陵县南。［40］祭肜（róng）（？—40）：字次孙，颍川郡颍阳县人，历任襄贲令、辽东太守、太仆等。传见《后汉书》卷二十。［41］锋：先锋。此言祭肜身先士卒，冲杀在前。［42］从弟：堂弟。［43］寇乱：侵扰。［44］通障溪：贯通高山深谷。障，通"嶂"，耸立如屏障的山峰。此言山溪险阻难行，修治道路桥梁以便通行。

十八年（壬寅，42 年）

二月，蜀郡守将史歆反，攻太守张穆，穆逾城走；宕渠[1]杨伟等起兵以应歆。帝遣吴汉等将万余人讨之。

甲寅[2]，上行幸长安；三月，幸蒲坂[3]，祠后土[4]。

马援缘海而进，随山刊道[5]千余里，至浪泊[6]上，与征侧等战，大破之，追至禁溪[7]，贼遂败走。

夏，四月，甲戌[8]，车驾还宫。

戊申[9]，上行幸河内；戊子[10]，还宫。

五月，旱。

卢芳自昌平还，内自疑惧，遂复反，与闵堪相攻连月。匈奴遣数百骑迎芳出塞。芳留匈奴中十余年，病死。

吴汉发广汉、巴、蜀三郡兵，围成都百余日，秋，七月，拔之，斩史歆等。汉乃乘桴[11]沿江下巴郡，杨伟等惶恐解散。汉诛其渠帅，徙其党与数百家于南郡、长沙而还。

冬，十月，庚辰[12]，上幸宜城；还，祠章陵；十二月，还宫。

是岁，罢州牧，置刺史。

五官中郎将张纯与太仆朱浮奏议："礼，为人子[13]，事大宗，降其私亲[14]。当除今亲庙四[15]，以先帝四庙代之。"大司徒涉[16]等奏"立元、成、哀、平四庙"。上自以昭穆[17]次第[18]，当为元帝后[19]。

（以上为第十段，写光武帝巡幸疆土，建立太宗太庙。马援进兵交趾平叛，卢芳复叛逃入匈奴。）

【注释】

[1]宕渠：县名，县治在今四川渠县东北。 [2]甲寅：二月辛酉朔，无甲寅日。袁宏《后汉纪》作"壬午"。壬午，二月二十二日。 [3]蒲坂（bǎn）：县名，县治在今山西永济市西黄河东岸。 [4]后土：指土地神。 [5]刊道：开辟道路。 [6]浪泊：交趾郡封溪县地名，其地在今越南河内市西北。 [7]禁溪：地名，在麊泠县西南。 [8]甲戌：四月十五日。 [9]戊申：四月庚申朔，无戊申日。《后汉书·光武帝纪下》殿本《考证》改作"甲申"。甲申，四月二十五日。 [10]戊子：四月二十九日。 [11]桴（fú）：小的竹、木筏子。 [12]庚辰：十月二十四日。 [13]为人子：即为人后。古代宗法制度，庶子立为大宗的继承人，称为人后。 [14]私亲：自己

的亲属。[15]亲庙四：建武三年，在洛阳立四亲庙，奉祀父、祖、曾祖、高祖。[16]涉：戴涉。[17]昭穆：古代宗法制度，宗庙或宗庙中神主的排列次序，始祖居中，以下父子递为昭穆，左为昭，右为穆。[18]次第：次序。[19]为元帝后：光武帝为高祖九世孙，元帝为高祖八世孙，光武帝既继大宗，所以当为元帝后，以元帝为父，继元帝而为九世。

十九年（癸卯，43年）

春，正月，庚子[1]，追尊宣帝曰中宗。始祠昭帝、元帝于太庙，成帝、哀帝、平帝于长安[2]，春陵节侯以下于章陵；其长安、章陵，皆太守、令、长侍祠[3]。

马援斩征侧、征贰。

妖贼单臣、傅镇[4]等相聚入原武[5]城，自称将军。诏太中大夫臧宫将兵围之，数攻不下，士卒死伤。帝召公卿、诸侯王问方略，皆曰："宜重其购赏。"东海王阳独曰："妖巫相劫，势无久立，其中必有悔欲亡者，但外围急，不得走耳。宜小挺缓[6]，令得逃亡，逃亡，则一亭长足以禽矣。"帝然之，即敕宫彻[7]围缓贼，贼众分散。夏四月，拔原武，斩臣、镇等。

马援进击征侧余党都阳[8]等，至居风[9]，降之；峤南[10]悉平。援与越人申明旧制以约束之，自后骆越[11]奉行马将军故事。

闰月，戊申[12]，进赵、齐、鲁三公爵皆为王。

郭后既废，太子强意不自安。郅恽说太子曰："久处疑位[13]，上违孝道，下近危殆，不如辞位以奉养母氏。"太子从之，数因左右及诸王陈其恳诚[14]，愿备藩国。上不忍，迟回[15]者数岁。六月，戊申[16]，诏曰："《春秋》之义，立子以贵[17]。东海王阳，皇后之子，宜承大统。皇太子强，崇执[18]谦退，愿备藩国，父子之情，重[19]久违之。其以强为东海王，立阳为皇太子，改名庄。"

袁宏[20]论曰[21]：夫建太子，所以重宗统[22]，一[23]民心也，非有大恶于天下，不可移[24]也。世祖中兴汉业，宜遵正道以为后法[25]。今太子之德未亏[26]于外，内宠既多，嫡子[27]迁位，可谓失矣。然东海归藩，谦恭之心弥亮[28]；明帝[29]承统，友于[30]之情愈笃[31]；虽长幼易位，兴废不同，父子兄弟，至性[32]无间[33]。夫以三代之道处[34]之，亦何以过[35]乎！

帝以太子舅阴识守执金吾，阴兴为卫尉，皆辅导太子。识性忠厚，入虽极言[36]正议[37]，及与宾客语，未尝及国事。帝敬重之，常指识以敕戒[38]贵戚，激厉左右焉。兴虽礼贤[39]好施，而门无游侠[40]，与同郡张宗[41]、上谷鲜于裒[42]不相好，知其有用[43]，犹称所长而达[44]之；友人张汜、杜禽，与兴厚善[45]，以为华而少实，俱[46]私[47]之以财，终不为言[48]；是以世称其忠[49]。

（以上为第十一段，写马援平定交趾叛乱，恢复岭南秩序。光武帝立贤不立嫡，平和地废立太子，受到史家的称赞。）

【注释】

[1]庚子：正月十五日。 [2]成帝、哀帝、平帝于长安：光武帝继大宗，为元帝后，则于成帝为兄弟，哀帝为父辈，平帝为祖辈，所以成、哀、平三帝不入太庙，另于长安建庙奉祀。 [3]侍祠：奉祀。 [4]单臣、傅镇：巫师维汜的两个弟子。 [5]原武：县名，县治在今河南原阳县。 [6]挺缓：宽缓，放松。 [7]彻：撤除。 [8]都阳：《后汉书·马援传》作“都羊”。 [9]居风：县名，县治在今越南清化市东北。 [10]峤（jiào）南：五岭以南。 [11]骆越：古族名，百越之一。 [12]戊申：闰四月二十五日。 [13]疑位：被猜忌的职位。 [14]恳诚：诚恳。 [15]迟回：迟疑不决。 [16]戊申：六月二十六日。 [17]《春秋》之义，立子以贵：《春秋公羊传》鲁隐公元年：“立嫡以长不以贤，立子以贵不以长。” [18]崇执：崇尚和坚持。 [19]重：难。 [20]袁宏（328—376）：字彦伯，东晋陈郡阳夏县（今河南太康县）人。历任桓温府记室、吏部郎、东阳郡太守等。少孤贫，有逸才，文章绝美，撰《后汉纪》三十卷。传见《晋书》卷九十二。 [21]论曰：袁宏所撰《后汉纪》，是编年体东汉史。有时于记述某一事件之后发表史论，冠以“袁宏曰”。这里所引，见《后汉纪》卷七。 [22]宗统：宗族系统。 [23]一：统一。 [24]移：改变。 [25]后法：后世遵循的法则。 [26]亏：欠缺。 [27]嫡子：正妻所生之子，多指嫡长子。 [28]弥亮：更加显著。 [29]明帝：太子刘庄后继光武帝立，即明帝。 [30]友于：指兄弟友爱。 [31]愈笃：更加纯厚。 [32]至性：指天赋的卓绝的品性。 [33]无间：没有隔阂，关系极为密切。 [34]处：办，做。 [35]过：超过。 [36]极言：竭力陈说。 [37]正议：公正的言论。 [38]敕戒：训诫。 [39]礼贤：以礼敬待贤德之人。 [40]游侠：指豪爽好结交、轻生重义、勇于排难解纷的人。 [41]张宗（？—59）：字诸君，南阳郡鲁阳县（今河南鲁山县）人，历任偏将军、河南都尉、琅邪相等。传见《后汉书》卷三十八。 [42]鲜于裒（póu）：王莽末年曾任京兆尹、高唐长。 [43]有用：指为有用的人才。 [44]达：指向人举荐。 [45]厚善：交情深厚。 [46]俱：

据章校，有的版本，“俱”作“但”。［47］私：私交。［48］为言：替他们说话，指举荐他们为官。［49］忠：忠诚无私。

上以沛国桓荣[1]为议郎，使授太子经。车驾幸太学，会诸博士论难[2]于前，荣辨明经义，每以礼让相厌[3]，不以辞长胜人，儒者莫之及，特加赏赐。又诏诸生雅歌[4]击磬[5]，尽日乃罢。帝使左中郎将汝南钟兴[6]授皇太子及宗室诸侯《春秋》，赐兴爵关内侯。兴辞以无功，帝曰：“生[7]教训太子及诸王侯，非大功耶？”兴曰：“臣师少府丁恭。”于是复封恭，而兴遂固辞不受。

陈留董宣[8]为雒阳令。湖阳公主苍头[9]白日杀人，因匿主家，吏不能得。及主出行，以奴骖乘，宣于夏门亭候之[10]，驻车[11]叩马[12]，以刀画地，大言[13]数[14]主之失；叱奴下车，因格杀之。主即还宫诉帝，帝大怒，召宣，欲棰杀[15]之。宣叩头曰：“愿乞一言而死。”帝曰：“欲何言？”宣曰：“陛下圣德中兴，而纵奴杀人，将何以治天下乎？臣不须棰，请得自杀！”即以头击楹[16]，流血被[17]面。帝令小黄门[18]持之。使宣叩头谢主，宣不从；强使顿[19]之，宣两手据地[20]，终不肯俯。主曰：“文叔为白衣[21]时，藏亡[22]匿死[23]，吏不敢至门；今为天子，威不能行一令乎？”帝笑曰：“天子不与白衣同！”因敕：“强项令[24]出！”赐钱三十万；宣悉以班[25]诸吏。由是能搏击[26]豪强，京师莫不震慄[27]。

九月，壬申[28]，上行幸南阳；进幸汝南南顿县[29]舍，置酒会，赐吏民，复[30]南顿田租一岁。父老前叩头言：“皇考[31]居此日久，陛下识知[32]寺舍[33]，每来辄加厚恩，愿赐复十年。”帝曰：“天下重器[34]，常恐不任[35]，日复一日，安敢远期十岁乎！”吏民又言：“陛下实惜之，何言谦也！”帝大笑，复增一岁。进幸淮阳、梁、沛。

西南夷栋蚕[36]反，杀长吏；诏武威将军刘尚讨之。路由越嶲，邛谷王任贵恐尚既定南边，威法必行，己不得自放纵；即聚兵起营，多酿毒酒，欲先劳军，因袭击尚。尚知其谋，即分兵先据[37]邛都[38]，遂掩[39]任贵，诛之。

（以上为第十二段，写光武帝重视教育，重奖博士经师，不以私枉法，奖励强项令董宣。）

【注释】

[1]桓荣：字春卿，沛郡龙亢县（今安徽怀远县西北）人。研治《欧阳尚书》，讲论授徒。建武十九年，已六十余岁，始召至大司徒府任职。后历任议郎、博士、太子少傅、太常、五更等，封关内侯。明帝永平初年去世。传见《后汉书》卷三十七。 [2]论难：辩论诘难。 [3]相厌：使人心服。 [4]雅歌：歌唱《雅》诗。 [5]磬（qìng）：打击乐器。状如曲尺。用玉、石或金属制成。悬挂在架子上，击之而鸣。 [6]钟兴：字次文，汝南郡汝阳县（今河南商水县）人。少从丁恭学习《严氏春秋》。历任郎中、左中郎将等。传见《后汉书》卷七十九下。 [7]生：先生。 [8]董宣：字少平，陈留郡圉县（今河南杞县南）人。历任北海相、怀县令、江夏太守、洛阳县令等。传见《后汉书》卷七十七。 [9]苍头：指奴仆。 [10]夏门亭：夏门，洛阳城门名。洛阳城四面，每面三门，每门外有一亭。夏门是洛阳城北面西头门，门外有万寿亭。候：等候。 [11]驻车：停住车。[12]叩马：勒住马。 [13]大言：大声。 [14]数（shǔ）：责备。 [15]棰（chuí）杀：用棍棒打死。 [16]楹（yíng）：厅堂前部的柱子。 [17]被：覆盖。 [18]小黄门：官名，宦者充任，职掌侍奉左右，关通内外。 [19]顿：以头叩地。 [20]据地：两手按地。 [21]白衣：指平民。[22]亡：指逃亡者。 [23]死：指犯死罪者。 [24]强项令：指董宣。董宣执法忠君，刚正耿直，不为湖阳公主屈身低头，所以得到“强项令”的美称。 [25]班：分赐。 [26]搏击：惩处打击。 [27]慓（piào）：胡注：“‘慓’，当作‘栗’。”据章校，有的版本“慓”作“栗”。《后汉书·董宣传》作“慓”。震栗，恐惧颤抖。 [28]壬申：九月二十一日。 [29]南顿县：县名，县治在今河南项城市西。[30]复：免除。[31]皇考：对亡父的尊称。光武帝的父亲刘钦生前任南顿县令。[32]识知：知道。[33]寺舍：官舍。[34]重器：指社稷，政权。[35]任：胜任。[36]栋蚕：益州郡少数民族首领。王莽时期曾起兵杀郡守。建武十八年，又起兵反叛，杀地方官吏；二十一年，被刘尚击败，被杀。 [37]据：占据。 [38]邛（qióng）都：县名，县治在今四川西昌市东南。 [39]掩：突然袭击。

二十年（甲辰，44年）

春，二月，戊子[1]，车驾还宫。

夏，四月，庚辰[2]，大司徒戴涉坐入[3]故太仓令[4]奚涉罪，下狱死。帝以三公连职，策免[5]大司空窦融。

广平忠侯吴汉病笃[6]，车驾亲临，问所欲言，对曰：“臣愚，无所知识，惟愿陛下慎无赦而已。”五月，辛亥[7]，汉薨；诏送葬如大将军霍光故事[8]。

汉性强力[9]，每从征伐，帝未安，常侧足[10]而立。诸将见战陈不利，或多惶惧，失其常度[11]，汉意气自若，方整厉[12]器械，激扬[13]吏士。帝时遣人观大司马何为，还言方修战攻之具，乃叹曰："吴公差强人意[14]，隐若[15]一敌国[16]矣！"每当出师，朝受诏，夕则引道[17]，初无[18]辨严[19]之日。及在朝廷，斤斤[20]谨质[21]，形[22]于体貌[23]。汉尝出征，妻子在后买田业，汉还，让之曰："军师[24]在外，吏士不足[25]，何多买田宅乎！"遂尽以分与昆弟、外家[26]。故能任职以功名终。

匈奴寇上党、天水，遂至扶风。

帝苦[27]风眩[28]，疾甚，以阴兴领侍中，受顾命[29]于云台广室[30]。会疾瘳，召见兴，欲以代吴汉为大司马，兴叩头流涕固让，曰："臣不敢惜身，诚亏损圣德，不可苟冒[31]！"至诚发中[32]，感动左右，帝遂听之。太子太傅张湛，自郭后之废，称疾不朝，帝强起之，欲以为司徒，湛固辞疾笃，不能复任朝事，遂罢之。

六月，庚寅[33]，以广汉太守河内蔡茂[34]为大司徒，太仆朱浮为大司空。壬辰[35]，以左中郎将刘隆为骠骑将军，行大司马事。

乙未[36]，徙中山王辅为沛王。以郭况[37]为大鸿胪，帝数幸其第，赏赐金帛，丰盛莫比，京师号况家为"金穴"。

秋，九月，马援自交趾还，平陵孟冀迎劳之。援曰："方今匈奴、乌桓尚扰北边，欲自请击之，男儿要当死于边野，以马革裹尸[38]还葬耳，何能卧床上在儿女子手中邪！"冀曰："谅[39]！为烈士[40]当如是矣！"

冬，十月，甲午[41]，上行幸鲁、东海、楚、沛国。

十二月，匈奴寇天水、扶风、上党。

壬寅[42]，车驾还宫。

马援自请击匈奴，帝许之，使出屯襄国[43]，诏百官祖道[44]。援谓黄门郎梁松[45]、窦固[46]曰："凡人富贵，当使可复贱也；如卿等欲不可复贱，居高坚[47]自持[48]。勉思[49]鄙言[50]！"松，统之子；固，友之子也。

刘尚进兵与栋蚕等连战，皆破之。

（以上为第十三段，着重写吴汉、马援两位忠诚战将的风采。吴汉善战，一生戎马，不问家事，死后蒙受隆重国葬，比照西汉中兴功臣霍光规格。马援请缨抗击匈奴，要做好男儿马革裹尸还，铿锵语言，积淀为中华军魂。）

【注释】

［1］戊子：二月十日。［2］庚辰：四月三日。［3］坐入：入，指定以罪名，使受刑罚。［4］太仓令：官名，属大司农，职掌接收郡国运送来的粮食。［5］策免：用策书免去官职。［6］病笃：病重。［7］辛亥：五月四日。［8］送葬如大将军霍光故事：《资治通鉴》卷二十四宣帝地节二年，“光薨。上及皇太后亲临光丧，中二千石治冢，赐梓宫、葬具皆如乘舆制度”。［9］强力：坚忍有毅力。［10］侧足：形容因敬重或畏惧而不敢正立。［11］常度：常态。［12］整厉：整治。［13］激扬：激励振奋。［14］差强人意：意谓还能振奋人们的意志。［15］隐若：威严庄重的样子。［16］敌国：可以和国家相匹敌。这里赞叹吴汉的卓越才干，肩负国家重任，身系社稷安危。［17］引道：启程，上路。［18］初无：全无。［19］辨严：即办装，治备行装。辨，通“办”，治办。严，即“装”。汉明帝名庄。为避明帝名讳，所以改“装”为“严”。［20］斤斤：形容谨慎的样子。［21］谨质：谨慎朴实。［22］形：显露。［23］体貌：体态容貌。［24］军师：军队。［25］不足：指衣、食等供应不充足。［26］外家：泛指母亲与妻子的娘家。［27］苦：苦于，遭受。［28］风眩：因患风疾而头晕眼花。［29］顾命：天子临终的诏命。［30］广室：寝殿，卧室。［31］苟冒：苟且贪求。［32］发中：出自内心。［33］庚寅：六月十四日。［34］蔡茂（前25—47）：字子礼，河内郡怀县人，历任议郎、广汉太守、大司徒等职。传见《后汉书》卷二十六。［35］壬辰：六月十六日。［36］乙未：六月十九日。［37］郭况（？—59）：郭皇后的弟弟。历任黄门侍郎、城门校尉、大鸿胪、特进等职，封阳安侯。［38］马革裹尸：意谓战死沙场。［39］谅：确实。［40］烈士：有气节有壮志的人。［41］甲午：十月二十日。［42］壬寅：十二月二十八日。［43］襄国：县名，县治在今河北邢台市。［44］祖道：古代为出行者祭祀路神，并饮宴送行。［45］梁松（？—61）：字伯孙，梁统子，尚光武帝女舞阴长公主。历任虎贲中郎将、太仆等，袭爵陵乡侯。因投匿名信诽谤朝廷，下狱死。传附见《后汉书》卷三十四《梁统列传》。［46］窦固（？—88）：字孟孙，窦友子，尚光武帝女涅阳公主。历任黄门侍郎、中郎将、奉车都尉、大鸿胪、光禄勋、卫尉等，袭爵显亲侯。传附见《后汉书》卷二十三《窦融列传》。［47］居高坚：指位居尊贵而牢固的官职。［48］自持：自守、自固。［49］勉思：认真思考。［50］鄙言：我的话。这是自谦说法。

二十一年（乙巳，45年）

春，正月，追至不韦[1]，斩栋蚕帅，西南诸夷悉平。

乌桓与匈奴、鲜卑连兵为寇，代郡以东尤被[2]乌桓之害；其居止[3]近塞[4]，朝发穹庐[5]，暮至城郭，五郡[6]民庶，家[7]受其辜[8]，至于郡县损坏，百姓流亡，边陲[9]萧条，无复人迹。秋，八月，帝遣马援与谒者分筑堡塞[10]，稍兴立郡县，或空置太守、令、长，招还人民。乌桓居上谷塞外白山[11]者最为强富，援将三千骑击之，无功而还。

鲜卑万余骑寇辽东，太守祭肜率数千人迎击之，自被甲陷陈；虏大奔，投水死者过半，遂穷追出塞；虏急，皆弃兵[12]裸身[13]散走。是后鲜卑震怖，畏肜，不敢复窥塞。

冬，匈奴寇上谷、中山。

莎车王贤浸[14]以骄横，欲兼并西域，数攻诸国，重求赋税，诸国愁惧。车师前王、鄯善、焉耆等十八国俱遣子入侍，献其珍宝；及得见，皆流涕稽首，愿得都护。帝以中国初定，北边未服，皆还其侍子，厚赏赐之。诸国闻都护不出，而侍子皆还，大忧恐，乃与敦煌太守檄，“愿留侍子以示莎车，言侍子见留，都护寻[15]出，冀且息其兵。”裴遵以状闻，帝许之。

（以上为第十四段，写北方边境不宁，匈奴、乌桓、鲜卑联兵扰边，东汉无力西顾，莎车王称大。）

【注释】

[1]不韦：县名，县治在今云南保山市东北。 [2]被：遭受。 [3]居止：居住。 [4]塞：边界。 [5]穹（qióng）庐：古代游牧民族居住的毡帐。 [6]五郡：指代郡及其以东的上谷、渔阳、右北平、辽西等五郡。 [7]家：家家。 [8]辜：罪。 [9]边陲（chuí）：边境。 [10]堡塞：堡垒，要塞。[11]白山：山名，即今大马群山，在今河北张家口市东北。[12]弃兵：扔掉兵器。[13]裸（luǒ）身：赤身露体。 [14]浸：逐渐。 [15]寻：不久。

二十二年（丙午，46年）

春，闰正月，丙戌[1]，上幸长安；二月，己巳[2]，还雒阳。

夏，五月，乙未晦[3]，日有食之。

秋，九月，戊辰[4]，地震。

冬，十月，壬子[5]，大司空朱浮免；癸丑[6]，以光禄勋杜林为大司空。

初，陈留刘昆[7]为江陵令，县有火灾，昆向火叩头，火寻灭；后为弘农太守，虎皆负子渡河。帝闻而异之，征昆代林为光禄勋。帝问昆曰："前在江陵，反风灭火，后守弘农，虎北渡河，行何德政而致是事？"对曰："偶然耳。"左右皆笑，帝叹曰："此乃长者之言也！"顾命[8]书诸策[9]。

是岁，青州蝗。

匈奴单于舆死，子左贤王乌达鞮侯立；复死，弟左贤王蒲奴立。匈奴中连年旱蝗，赤地[10]数千里，人畜饥[11]疫[12]，死耗太半[13]。单于畏汉乘其敝，乃遣使诣渔阳求和亲；帝遣中郎将李茂报命[14]。

乌桓乘匈奴之弱，击破之，匈奴北徙数千里，幕南[15]地空。诏罢诸边郡亭候[16]、吏卒，以币帛招降乌桓。

西域诸国侍子久留敦煌，皆愁思亡归[17]。莎车王贤知都护不至，击破鄯善，攻杀龟兹王。鄯善王安上书："愿复遣子入侍，更请都护；都护不出，诚迫于匈奴。"帝报曰："今使者大兵未能得出，如诸国力不从心，东西南北[18]自在[19]也。"于是鄯善、车师复附匈奴。

班固论曰[20]：孝武之世，图制[21]匈奴，患其兼从[22]西国[23]，结党南羌[24]，乃表河曲列四郡[25]，开玉门[26]，通西域，以断匈奴右臂[27]，隔绝南羌、月氏；单于失援，由是远遁，而幕南无王庭[28]。遭值文、景玄默[29]，养民五世[30]，财力有余，士马强盛，故能睹[31]犀布[32]、玳瑁[33]，则建珠崖[34]七郡[35]；感蒟酱[36]、竹杖，则开牂柯、越巂[37]；闻天马[38]、蒲陶[39]，则通大宛[40]、安息[41]；自是殊方[42]异物，四面而至。于是开[43]苑囿[44]，广宫室，盛[45]帷帐，美服玩[46]，设酒池肉林以飨四夷之客，作鱼龙[47]角抵[48]之戏以观视[49]之；及赂遗赠送[50]，万里相奉，师旅之费，不可胜计。至于用度不足，乃榷酒酤[51]，筦盐铁[52]，铸白金[53]，造皮币[54]，算至车船[55]，租及六畜[56]。民力屈[57]，财用竭，因之以凶年，寇盗并起，道路不通，直指[58]之使始出，衣绣[59]杖斧[60]，断斩[61]于郡国，然后胜[62]之。是以末年遂弃轮台[63]之地而下哀痛之诏[64]，岂非仁圣之所悔哉！

且通西域，近有龙堆[65]，远则葱岭[66]，身热、头痛、悬度[67]之厄，淮南[68]、杜钦[69]、扬雄[70]之论，皆以为此天地所以界别区域，绝外内也。西域诸国，各有君长，兵众分弱[71]，无所统一，虽属匈奴，不相亲附；匈奴能得其马畜、旃罽[72]而不能统率，与之进退。与汉隔绝，道里又远，得之不为益，弃之不为损，盛德在我，无取于彼。故自建武以来，西域思汉威德，咸乐内属，数遣使置质于汉，愿请都护。圣上远览古今，因时之宜，辞而未许；虽大禹之序[73]西戎，周公之让白雉[74]，太宗[75]之却走马[76]，义兼之[77]矣！

（以上为第十五段，写北方匈奴势弱，光武帝仍然拒绝开通西域，受到史家的赞扬。当时，一个小小的莎车就能称雄西域，若东汉重置都护，无须多大力气，史家之颂，实为迂阔。光武帝坐失通西域之良机，实为失计。）

【注释】

[1]丙戌：闰正月十九日。[2]己巳：二月丁酉朔，无己巳日。[3]乙未晦：二月三十日。[4]戊辰：九月五日。[5]壬子：十月十九日。[6]癸丑：十月二十日。[7]刘昆（？—57）：字桓公，陈留郡东昏县（今河南兰考县）人。历任江陵令、侍中、弘农太守、光禄勋、骑都尉等。传见《后汉书》卷七十九上。[8]顾命：回过头来命令。[9]书诸策：写在简策上。诸，之于。策，简策。[10]赤地：寸草不生，光秃秃的土地。此指因旱灾造成遍地不生五谷。[11]饥：挨饿。[12]疫：瘟疫，即流行性急性传染病。[13]太半：大半，多半。[14]报命：派使臣回访。[15]幕南：戈壁沙漠以南、阴山以北地区。幕，通“漠”，沙漠。[16]亭候：边境上用以瞭望和监视敌情的岗亭、土堡。[17]亡归：逃回。[18]东西南北：指四方。[19]自在：自由。此言归附何人，任其自便。[20]班固论曰：这里所引，为《汉书》卷九十六下《西域传》的“赞”语。[21]图制：谋划控制。[22]兼从（zòng）：合并，兼并联合。[23]西国：指西域国家。[24]南羌：地处匈奴之南的羌人。指分布于今青海东部西宁市湟中区一带的羌人。[25]表河曲列四郡：在河西设置四郡。表，外。河西四郡为武帝时开辟设置，北邻匈奴，西接西域，所以称外。河曲，王先谦《汉书补注》引王念孙曰：“‘曲’当为‘西’字之误也。武帝所开四郡皆在河西，故云‘表河西’。”列，分置。四郡，指河西地区武威、张掖、酒泉、敦煌四郡。

［26］开玉门：开通玉门关。玉门，关名，其地在今甘肃敦煌市西北，与阳关同为古代通西域的要道。［27］右臂：指西方。人面向南，西为右。此言切断匈奴与西方西域各国的联系。［28］王庭：匈奴单于所居之所。［29］玄默：指清净无为。［30］五世：指高祖、惠帝、高后、文帝、景帝五世。［31］睹：看到。［32］犀布：王先谦《汉书补注》引王念孙曰："'犀布'连文，殊为不类。'布'当为'象'。象、布二字，篆文下半相似，故'象'讹作'布'。犀象、玳瑁皆两粤所产，故曰：睹犀象、玳瑁则建珠崖七郡'也。"犀象，犀牛与象；也指犀角与象牙。［33］玳瑁：爬行动物，形似龟。甲壳黄褐色，有黑斑与光泽，可做装饰品；也指玳瑁的甲壳及用玳瑁甲壳制成的装饰品。［34］珠崖：郡名，治所在今海南海口市东南。［35］七郡：据《汉书·武帝纪》，元鼎六年，"定越地，以为南海、苍梧、郁林、合浦、交趾、九真、日南、珠崖、儋耳郡"，所设置为九郡。［36］感蒟（jǔ）酱：感，有感于，受到启发。蒟酱，用蒟子制作的酱。蒟，植物名。果实名蒟子，如桑椹，熟时色正青，可作酱食用，称蒟酱。［37］牂柯、越嶲：武帝时，张骞通使西域，在大夏见到蜀地出产的竹杖和布。武帝想到张骞所说出蜀可通大夏，于是再次开发西南地区，设置武都、牂柯、越嶲、沈黎、文山郡。［38］天马：骏马的美称。此指西域大宛汗血马。［39］蒲陶：即葡萄。［40］大宛（yuān）：西域国名。北通康居，南面和西南面与大月氏接，产汗血马（天马）。其地约在今帕米尔高原西北。［41］安息：伊朗高原古国名。汉武帝时开始派使者到安息，以后遂互有往来。［42］殊方：远方，异域。［43］开：开辟，扩大。［44］苑囿：蓄养禽兽的园林。［45］盛：丰盛。［46］美服玩：服饰器用玩好之物，竞求华美。［47］鱼龙：古杂戏。《汉书》颜师古注："鱼龙者，为舍利之兽，先戏于庭极，毕，乃入殿前激水，化成比目鱼，跳跃漱水，作雾障日，毕，化成黄龙八丈，出水敖戏于庭，炫耀日光。"［48］角抵：古代的一种技艺表演，类似今天的摔跤。［49］观视：示之使观，供人娱乐。视，通"示"，给人看。［50］赂遗赠送：贿赂、赏赐、赠予。［51］榷（què）酒酤（gū）：政府实行的酒专卖制度。［52］筦盐铁：政府实行的盐铁专卖制度。［53］铸白金：指铸造银币。汉武帝元狩四年（前119），以银锡合金铸造白金三品：一是圆形龙币，重八两，值三千；二是方形马币，重六两，值五百；三是椭圆形龟币，重四两，值三百。这种银币，成色不足，作价太高，私铸很多，通行一年多时间便废而不用。［54］皮币：用白鹿皮制成的货币。［55］算至车船：车船也要征税。算，征税，作动词用，纳税。［56］租及六畜：指马、牛、羊、鸡、狗、猪也都要纳捐。租，捐税，作动词用，纳捐。［57］屈：穷尽。［58］直指：汉武帝时朝廷设置的专管巡视、处理各地政事的官员。也称直指使者。因出巡时穿着绣衣，所以又称绣衣直指，或称直指绣衣使者。当时，民间起事者众，御史中丞督捕犹不能止，因设此官，兴兵镇压。［59］衣（yì）绣：指穿绣衣。绣衣，朝廷派出督察地方的特使所穿的衣服。直指就要穿绣衣。［60］杖斧：手持斧钺，表示威权。［61］断斩：斩杀。［62］胜：制服。［63］轮台：地名，在今新疆轮台县东南。［64］下哀痛之诏：指武帝征和四年（前89）所下"深陈既往之悔"的诏书。见《资治通鉴》卷二十二。［65］龙堆：即白龙堆，沙漠名。其地在今新疆罗布泊东。其东即为进入西域的玉门关与阳关，所以说"近"。［66］葱岭：古代对

今帕米尔高原和昆仑山、天山西段的统称。地势极高，有“世界屋脊”之称。西域地区，西以葱岭为限，所以说“远”。［67］身热、头痛、悬度：皆西域地区险峻山名。今地不详。《汉书·西域传》：“又历大头痛、小头痛之山，赤土、身热之阪，令人身热无色，头痛呕吐，驴畜尽然。”“二千余里乃到悬度，畜队未半坑谷尽靡碎，人堕势不得相收视。”［68］淮南：指淮南王刘安（前179—前122）。汉文帝弟淮南厉王刘长的长子。文帝十六年（前164），袭父封为淮南王。好文学，招致宾客方术之士数千人，撰文立说，成《淮南子》一书。后有人告其谋反，下狱自杀。传见《史记》卷一百一十八与《汉书》卷四十四。《汉书·严助传》载淮南王刘安谏伐闽越书，其中说：“越，方外之地。”［69］杜钦：字子夏，南阳郡杜衍县（今河南南阳市西南）人。少好经书，不好为吏，只担任过大将军军武库令、议郎等。后被招至大将军王凤幕府，国家政事，多预计谋。传附见《汉书》卷六十《杜周传》。《汉书·西域传》载杜钦于汉成帝时说王凤之词，其中说：“圣王分九州，制五服，务盛内，不求外。”［70］扬雄：《汉书·匈奴传》载扬雄于哀帝建平四年（前3）上谏拒绝单于来朝书，其中说：“本北地之狄，五帝所不能臣，三王所不能制。”［71］兵众分弱：西域城邦小国，因兵众分散而微弱。［72］旃（zhān）罽（jì）：毡、毯一类毛织品。［73］序：顺从。此作使动用法，使顺从。语出《尚书·禹贡》：“织皮昆仑、析支、渠搜，西戎即叙。”［74］白雉（zhì）：鸟名。俗称野鸡。《后汉书·南蛮列传》：越裳国在交趾南，周成王时献白雉。周公说：“德不加焉，则君子不飨其质；政不施焉，则君子不臣其人。”白色野鸡十分稀少，被认为是吉祥之物，有德者当之。［75］太宗：指汉文帝。［76］却走马：汉文帝拒绝千里马，事见《资治通鉴》卷十三文帝元年。［77］义兼之：意谓大禹序西戎、周公让白雉、太宗却走马的道理，光武帝都兼而有之。按：光武帝因中国战乱不接纳西域归附，不复置西域都护，受到班固的极力推崇，其实是偏颇之见，不足称赞，穷兵黩武应当反对，而民族归服，应当安抚。光武帝的闭关政策不值得赞扬。

【点评】

本卷点评光武帝四大史事。

一、光武帝护佑功臣。汉高祖统一，兴建西汉，为子孙长远计，大肆屠灭功臣，且手段残酷，淮阴侯韩信、梁王彭越、淮南王黥布，以及燕王卢绾、韩王韩信、将军陈豨等，均逼以谋反，或以谋反诛，淮阴侯遭族灭，彭越受烹刑，狡兔死，走狗烹，令人寒心。光武帝解除功臣兵权，封以爵禄，最大者四县，令其食租赋，足以养老。不任功臣政事，以免犯过。且功臣多为武夫，治政非其所长，功臣远离政治，亦是国家之福。光武帝护佑功臣的用心和措施，值得肯定。后世帝王，宋太祖赵匡胤杯酒释兵权，可以比美光武帝。

二、光武帝立贤。光武帝更易太子，立贤不立长，用心良苦。皇太子刘强，并无过错，其母郭皇后亦贤良，光武帝无端废郭皇后，立阴氏为皇后，为立刘阳为皇太子扫清道路。刘阳聪明过人，年十二便精通吏事，识破南阳郡上计使者的讽谏，受到光武帝的器重。外戚阴氏兄弟阴识、阴兴亦贤良，大臣爱之，故光武帝更易太子没有什么阻力。宗法制度，立嫡不立长，立长不立贤，为的是尊重嫡长，统一臣心、民心，免生争议。但嫡长不贤明或柔弱，则非国家之福，所以立太子是一个两难选择，为避免争夺，只好以宗法为依归。光武帝有鉴于元、成、哀、平诸帝之柔弱昏庸，刘氏失统，故而立贤。但仍未彻底破除宗法制度，先废皇后，使太子刘强失去嫡子之位，逼使刘强自省逊位，和平更易，不失父子兄弟亲情，受到史家袁宏的高度称赞。于是光武之更易太子，虽立贤不立长，却仍是立嫡不立长，因之减杀了立贤之意义，对后世没有产生深远影响。宗法制度以嫡统为正道，不以立贤为宗旨，故历代皇帝大都不贤，这是宗法制度的悲哀，但家天下确实也没有善法可以代替，光武帝之立贤，也就成了个案。

三、光武帝惩贪不抑豪强。西汉末的战乱，人民流离，社会秩序失控，光武中兴，重整纲纪，检括户口，丈量田土。建武十五年（39），全国大规模检括户口，丈量田土，是恢复社会秩序的重大举措。可是地方各级官吏庇护豪强，对贫弱百姓却严厉苛刻，连村落房宅都丈量为田土，激起民变，光武帝惩治贪官，诛杀了世代大儒而又任职大司徒的欧阳歙，郡太守被诛杀的有十几人，整顿吏治的力度不可谓不强。但对豪强的抑制却软弱无力，怀县豪门大姓李子春，两个孙子杀人，怀县令赵憙追究罪行，抓捕了李子春，京师几十位皇亲国戚为之说情，赵孝公刘良去世，临死要求皇上施压释放李子春，结果是光武帝特下赦令，免了李子春的罪行，升迁赵憙为平原太守，把他调离怀县。光武帝护佑功臣，广施恩惠，大封爵禄，扶植了大批地方豪强。建武十三年四月，吴汉平蜀，班师回朝，光武帝欢宴将士，改封和增加食邑的功臣就达三百六十五人，其中外戚恩泽四十五人。光武帝检括户口，丈量田土，只是加强了对平民的控制，而对豪强则宽容，以致当时就有"颍川、弘农可问，河南、南阳不可问"的议论。河南帝城，多近臣；南阳帝乡，多近亲。光武帝施恩功臣、亲戚，成为既定国策，所以不可能抑制豪强。东汉世家大族的发展，源于光武帝的施政，奠定了这一历史走向的基础。

四、光武帝不开通西域，大为失计。西汉末年，中原周边各族，主要是匈奴，均处于衰微时期，故归附汉朝。王莽倒行逆施，导致四方夷族叛乱，而西域遥远，未受王莽影响，因此始终安定。光武中兴，海内虚耗，匈奴犯边，为祸北疆，但也没有大规模深入，非不欲为，而力不足也。中原统一之后，其力足以制西域。先是莎车王贤入贡，请送质子，光武帝不纳。其后车师前王、鄯善等十八国请入质子，光武帝仍不纳，于是莎车称大。西域诸国请留质子在敦煌，就足以震慑莎车不敢出兵欺侮西域列国。最后，各国质子逃归，莎车王贤知汉朝都护不出，才出兵击鄯善，攻杀龟兹王，光武帝仍不施援手，于是鄯善、车师等国复附匈奴。司马光引班固之赞，认为汉武帝通西域，造成民穷财竭，而后有轮台罪己诏之悔，光武帝有鉴于此不通西域，是仁圣明君。武帝之世，匈奴强大，为祸中国，武帝经过数十年的努力才解除了边患，其力已竭，而并非通西域造成民屈财竭，武帝通西域只是断匈奴右臂。光武之世，西域归附，而光武帝不施援手，把西域推给匈奴，两者完全不可同日而语。光武帝不通西域是一大失策，班固、司马光非议汉武而赞光武之明，可以说是不明是非，不辨时势，迂腐妄论，不值一提。

卷四四　汉纪三十六

汉光武帝建武二十三年至汉明帝永平三年（47—60年）

【起强圉协洽（丁未，47年），尽上章涒滩（庚申，60年），凡十四年】

【大事提要】

本卷记事起公元47年，讫公元60年，凡十四年，当光武帝建武二十三年至汉明帝永平三年。这一时期是东汉中兴开国两任皇帝交替之际，由于两任皇帝的精明强干，天下已承平二十余年，政治稳定，国力日益强盛，百姓日渐丰裕。于是光武帝封禅泰山，祭天告成功。明帝继位，尊礼大儒，兴起儒学，修治礼乐。初即位问民疾苦，表彰功臣，既能纳谏，却又偏听偏信，政治日渐转入严苛。光武帝晚年迷信图谶，渐生骄侈心，发无名之火，迫害功臣马援，未免小肚鸡肠。南匈奴归附，光武帝不接受北匈奴归附，分化匈奴，以夷制夷，边郡安宁，边民归还本土。局部地区的蛮夷仍有反叛。马援高龄出征武陵蛮，为国殉难，反遭迫害，实令人可悯。

世祖光武皇帝下

建武二十三年（丁未，47年）

春，正月，南郡蛮[1]叛；遣武威将军刘尚[2]讨破之。

夏，五月，丁卯[3]，大司徒蔡茂[4]薨。

秋，八月，丙戌[5]，大司空杜林[6]薨。

九月，辛未[7]，以陈留[8]玉况为大司徒[9]。

冬，十月，丙申[10]，以太仆张纯[11]为大司空[12]。

武陵[13]蛮精夫[14]相单程[15]等反，遣刘尚发兵万余人溯沅水[16]入武溪[17]击之。尚轻敌深入，蛮乘险邀之[18]，尚一军悉没[19]。

初，匈奴单于舆[20]弟右谷蠡王[21]知牙师[22]以次当为左贤王[23]，左贤王次即当为单于。单于欲传其子，遂杀知牙师。乌珠留单于[24]有子曰比，为右薁鞬日逐王[25]，领南边八部。比见知牙师死，出怨言曰："以兄弟言之，右谷蠡王次当立；以子言之，我前单于长子，我当立！”遂内怀猜惧，庭会稀阔[26]。单于疑之，乃遣两骨都侯[27]监领比所部兵。及单于蒲奴[28]立，比益恨望，密遣汉人郭衡奉匈奴地图诣西河[29]太守求内附。两骨都侯颇觉其意，会五月龙祠[30]，劝单于诛比。比弟渐将王[31]在单于帐下，闻之，驰以报比。比遂聚八部兵四五万人，待两骨都侯还，欲杀之。骨都侯且[32]到，知其谋，亡去。单于遣万骑击之，见比众盛，不敢进而还。

是岁，鬲侯朱祜[33]卒。祜为人质直，尚儒学；为将多受降，以克定城邑为本[34]，不存首级之功。又禁制士卒不得虏掠百姓，军人乐放纵，多以此怨之。

（以上为第一段，写光武中兴，后期政治稳定，是年国家无大事，局部地区蛮夷反叛，邻国匈奴发生争位内乱。）

【注释】

［1］南郡蛮：据《后汉书·南蛮传》，建武二十三年，南郡潳山蛮起事，刘尚讨破之，徙其种人七千余口，置江夏界中，后称沔中蛮。江夏郡治在今湖北黄冈市。南郡，郡名，治所江陵，在今湖北江陵县。［2］刘尚：人名。东汉朝有两刘尚将军。此为光武朝刘尚，任武威将军。和帝时有刘尚，任征西将军。［3］丁卯：五月八日。［4］蔡茂：字子礼，河内郡怀县（在今河南武陟县西南）人，以儒学显，历官博士、议郎、侍中，建武二十年迁为司徒，建武二十三年薨。传见《后汉书》卷二十六。［5］丙戌：八月朔己丑，无丙戌，疑为丙辰之误。丙辰，八月二十八日。［6］杜林（?—47）：东汉经学家、文字学家。字伯山，扶风茂陵（今陕西兴平市东北）人，西汉末，不仕新朝，避乱河西。光武中兴，征拜侍御史，官至大司空。传见《后汉书》卷二十七。［7］辛未：九月十三日。［8］陈留：郡名，治所陈留，在今河南开封市东南。据章校，有的版本“留”下有“太守”二字，据此，玉况以陈留太守迁转大司徒。［9］大司徒：东汉三公之一，掌民政，建武二十七年（51）改称司徒。［10］丙申：十月九日。［11］张纯：字伯仁，京兆杜陵县（在今陕西西安市长安区东南）人。西汉宣帝时名臣张安世第四代孙，西汉末出仕至列卿，东汉中兴，仕光武帝，官至大司空。传见《后汉书》卷三十五。［12］大司空：东汉三公之一，掌水利及城邑建筑，并监察百官。建武二十七年改称司空。［13］武陵：郡名，治所临沅，在今湖南常德市。［14］精夫：渠帅。［15］相单程：人名。［16］沅水：即今湖南沅江，注入洞庭湖。［17］武溪：沅水支流，今名武水，在今湖南泸溪县西。［18］邀之：伏击刘尚军。［19］一军悉没：全军覆没。［20］匈奴单于舆：即匈奴呼都若鞮单于，公元18年至46年在位，呼韩邪单于稽侯狦第六子。［21］右谷蠡王：匈奴王号名，有左、右谷蠡王。谷蠡王位次贤王。［22］知牙师：呼韩邪

单于第七子，呼都若鞮单于舆之弟，为右谷蠡王。呼韩邪单于死，约诸子以次立，知牙师依次当继单于舆为单于。舆以左贤王为单于后，应立知牙师为左贤王，而单于舆为了传位于子，以其子为左贤王，并杀了知牙师。［23］左贤王：匈奴语称贤王为屠耆王，有左、右贤王。“屠耆”即“贤”之意。匈奴尚左，单于以下诸王，以左贤为王最尊，为单于储副。［24］乌珠留单于：呼韩邪单于之第四子，公元前8年至公元13年在位。［25］右薁（yù）鞬（jiàn）日逐王：匈奴诸王号之一。日逐王比，驻牧匈奴漠南地，领有八部之众。［26］庭会稀阔：匈奴诸王在岁首正月会于单于庭，日逐王比拥众极少与会，疏远呼都单于。稀阔，极少。［27］两骨都侯：即左、右骨都侯，辅佐单于的异姓大臣。［28］单于蒲奴：呼都单于舆之次子，乌达鞮侯单于之弟。公元46年，呼都单于舆死，其子乌达鞮侯单于立。不久，乌达单于死，其弟蒲奴立为单于，日逐比不得立为单于，更加愤恨，内附于汉。［29］西河：郡名，治所平定，在今内蒙古鄂尔多斯市东胜区境。东汉永和五年（140）移治离石，在今山西吕梁市离石区。［30］会五月龙祠：匈奴俗，单于每年举行三次会聚，正月会于单于庭，五月会于龙城，九月会于蹛林。五月大会龙城，祭祀祖先、天地、鬼神。［31］渐将王：《后汉书·南匈奴传》作“斩将王”（“渐”字为传写之误），匈奴王号之一。［32］且：将要。［33］朱祐（?—48）：东汉开国功臣之一，封新息侯。传见《后汉书》卷三十三。［34］本：根本，此为第一要务。指朱祐用兵，以攻克安定城邑为首要任务，不以杀人多少来计功。

二十四年（戊申，48年）

春，正月，乙亥[1]，赦天下。

匈奴八部大人共议立日逐王比为呼韩邪单于[2]，款[3]五原塞[4]，愿永为藩蔽，捍御北虏。事下公卿[5]，议者皆以为“天下初定，中国空虚，夷狄情伪[6]难知。不可许。”五官中郎将[7]耿国独以为“宜如孝宣故事[8]，受之，令东捍鲜卑，北拒匈奴，率厉[9]四夷，完复边郡[10]。”帝从之。

秋七月，武陵蛮寇临沅[11]，遣谒者李嵩、中山太守马成[12]讨之，不克。马援[13]请行，帝愍[14]其老，未许，援曰：“臣尚能被甲上马。”帝令试之。援据鞍顾眄[15]，以示可用，帝笑曰：“矍铄[16]哉是翁！”遂遣援率中郎将马武[17]、耿舒[18]等将四万余人征五溪[19]。援谓友人杜愔曰：“吾受厚恩，年迫日索[20]，常恐不得死国事；今获所愿，甘心瞑目，但畏长者家儿[21]或在左右，或与从事，殊难得调，介介[22]独恶[23]是耳！”

冬，十月，匈奴日逐王比自立为南单于，遣使诣阙奉藩称臣。

上以问朗陵侯臧宫[24]。宫曰："匈奴饥疫分争，臣愿得五千骑以立功。"帝笑曰："常胜之家，难与虑敌，吾方自思之。"

（以上为第二段，写南匈奴归附东汉，马援老将出征武陵蛮。）

【注释】

[1]乙亥：正月十九日。 [2]比为呼韩邪单于：日逐王比自立为单于，匈奴始分为南北二部，以其祖父呼韩邪单于稽侯狦依汉得安，故袭用旧号，南依于汉。地位巩固后称醢（xí）落尸逐鞮单于，公元48年至公元56年在位。[3]款：叩关内附。[4]五原塞：塞名，在今内蒙古包头市西。[5]事下公卿：汉制，军国大事，下移三公九卿廷议，再奏皇帝裁决，称事下公卿。此指就南匈奴内附事进行廷议。[6]情伪：真假。[7]五官中郎将：官名，掌五官郎。汉制，中郎置五官、左、右三将，年五十以上属五官，其次分属左、右中郎将。 [8]宜如孝宣故事：应该依照汉宣帝接受呼韩邪稽侯狦内附的先例，接受呼韩邪单于比的归附。事见汉纪十九宣帝甘露、黄龙间。 [9]率厉：表率、榜样。厉，通"砺"。[10]完复边郡：捍卫遭侵扰的沿边各郡，恢复完整。 [11]临沅：县名，武陵郡治所，故城在今湖南常德市。 [12]马成（?—56）：东汉开国功臣之一，封全椒侯。传见《后汉书》卷二十二。 [13]马援（前14—49）：东汉开国功臣之一，封新息侯。传见《后汉书》卷二十四。 [14]愍：哀怜，担忧。 [15]据鞍顾眄：跨在马鞍上转头四望，表示身体壮健。 [16]矍铄：形容年老的人精神抖擞。 [17]马武（?—61）：东汉开国功臣之一，封杨虚侯。传见《后汉书》卷二十二。 [18]耿舒：东汉开国功臣耿弇之弟。事附《后汉书·耿弇传》。[19]五溪：武陵境内有五溪，即雄溪（熊溪）、樠溪（朗溪）、西溪、沅溪（武溪）、辰溪。全是武陵蛮族所居之地。 [20]年迫日索：年近垂暮。 [21]长者家儿：权贵子弟。 [22]介介：耿耿于怀。[23]独恶：最痛恨。[24]臧宫（?—58）：东汉开国功臣之一，封朗陵侯。传见《后汉书》卷十八。

二十五年（己酉，49年）

春，正月，辽东[1]徼外[2]貊[3]人寇边，太守祭肜[4]招降之。肜又以财利抚纳鲜卑大都护[5]偏何[6]，使招致异种，骆驿款塞。肜曰："审欲立功[7]，当归击匈奴，斩送头首，乃信耳。"偏何等即击匈奴，斩首二千余级，持头诣郡。其后岁岁相攻，辄送首级，受赏赐。自是匈奴衰弱，边无寇警，鲜卑、乌桓并入朝贡。肜为人质厚重毅，抚夷狄以恩信，故皆畏而爱之，得其死力。

南单于遣其弟左贤王莫[8]，将兵万余人击北单于弟薁鞬左贤王，生获之；北单于震怖，却地千余里。北部薁鞬骨都侯与右骨都侯率众三万余人归南单于。三月，南单于复遣使诣阙[9]贡献，求使者监护，遣侍子[10]，修旧约。

戊申晦[11]，日有食之。

马援军至临乡[12]，击破蛮兵，斩获二千余人。

初，援尝有疾，虎贲中郎将[13]梁松[14]来候之，独拜床下，援不答。松去后，诸子问曰："梁伯孙，帝婿，贵重朝廷，公卿已下莫不惮之，大人奈何独不为礼？"援曰："我乃松父友也，虽贵，何得失其序乎！"

援兄子严、敦[15]并喜讥议[16]，通轻侠，援前在交趾，还书诫之曰："吾欲汝曹闻人过失，如闻父母之名[17]，耳可得闻，口不可得言也。好论议人长短，妄是非政法[18]，此吾所大恶[19]也；宁死，不愿闻子孙有此行也。龙伯高[20]敦厚周慎，口无择言[21]，谦约节俭，廉公有威，吾爱之重之，愿汝曹效之。杜季良[22]豪侠好义，忧人之忧，乐人之乐，父丧致客，数郡毕至，吾爱之重之，不愿汝曹效也。效伯高不得，犹为谨敕之士，所谓'刻鹄[23]不成尚类鹜[24]'者也；效季良不得，陷为天下轻薄子，所谓'画虎不成反类狗'者也。"伯高者，山都[25]长龙述也；季良者，越骑司马[26]杜保也；皆京兆[27]人。会[28]保仇人上书，讼[29]"保为行浮薄，乱群惑众，伏波将军万里还书以诫兄子，而梁松、窦固[30]与之交结，将扇其轻伪，败乱诸夏。"书奏，帝召责松、固，以讼书及援诫书示之，松、固叩头流血，而得不罪。诏免保官，擢拜龙述为零陵[31]太守。松由是恨援。

及援讨武陵蛮，军次下隽[32]，有两道可入，从壶头[33]则路近而水险，从充[34]则涂夷而运远。耿舒欲从充道；援以为弃日费粮，不如进壶头，扼其喉咽，充贼自破；以事上之，帝从援策。进营壶头，贼乘高守隘，水疾，船不得上；会暑甚，士卒多疫死，援亦中病，乃穿岸为室以避炎气。贼每升险鼓噪[35]，援辄曳足[36]以观之，左右哀其壮意，莫不为之流涕。耿舒与兄好畤侯弇[37]书曰："前舒上书当先击充，粮虽难运而兵马得用，军人数万，争欲先奋。今壶头竟不得进，大众怫郁[38]行死[39]，诚可痛惜！前到临乡，贼无故自致，若夜击之，即可殄灭，伏波[40]类西域贾胡，到一处辄止，以是失利。今果疾疫，皆如舒言。”弇得书奏之，帝乃使梁松乘驿责问援，因代监军。

会援卒，松因是构陷[41]援。帝大怒，追收援新息侯印绶。初，援在交趾[42]，常饵薏苡实[43]，能轻身，胜障气[44]，军还，载之一车。及卒后，有上书谮之者，以为前所载还皆明珠文犀[45]。帝益怒。

援妻孥[46]惶惧，不敢以丧还旧茔[47]，稿葬城西[48]，宾客故人，莫敢吊会[49]。严与援妻子草索相连，诣阙请罪。帝乃出松书以示之，方知所坐，上书诉冤，前后六上，辞甚哀切。前云阳[50]令扶风朱勃诣阙上书曰：“窃见故伏波将军马援，拔自西州[51]，钦慕圣义，间关险难，触冒万死，经营陇、冀[52]，谋如涌泉，势如转规[53]，兵动有功，师进辄克。诛锄先零[54]，飞矢贯胫[55]；出征交趾，与妻子生诀。间复南讨[56]，立陷临乡，师已有业，未竟而死；吏士虽疫，援不独存。夫战或以久而立功，或以速而致败，深入未必为得，不进未必为非，人情岂乐久屯绝地不生归哉！惟援得事朝廷二十二年[57]，北出塞漠[58]，南渡江海，触冒害气，僵死军事，名灭爵绝，国土[59]不传，海内不知其过，众庶未闻其毁，家属杜门，葬不归墓，怨隙并兴，宗亲怖栗[60]，死者不能自列，生者莫为之讼[61]，臣窃伤之！夫明主醲于用赏，约于用刑[62]，高祖尝与陈平金四万斤以间楚军，不问出入所为，岂复疑以钱谷间哉！愿下公卿，平[63]援功罪，宜绝宜续，以厌海内之望。”帝意稍解。

初，勃年十二，能诵《诗》《书》，常候援兄况[64]，辞言娴雅[65]，援裁[66]知书，见之自失。况知其意，乃自酌酒慰援曰：“朱勃小器速成，智尽此耳，卒[67]当从汝禀学，勿畏也。”勃未二十，右扶风[68]请试守渭城宰[69]。及援为将军封侯，而勃位不过县令。援后虽贵，常待以旧恩而卑侮之[70]，勃愈身自亲[71]。及援遇谗，唯勃能终焉。

（以上为第三段，写马援正直，结怨梁松，年迈出征，为国殉职，反遭陷害。）

【注释】

[1]辽东：郡名，治所襄平，在今辽宁辽阳市。[2]徼外：塞外。[3]貊（mò）：古族名。又作“貉”。[4]祭肜（róng）（?—73）：东汉开国功臣祭遵之弟，时任辽东太守。传附《后汉书》卷二十《祭遵传》。[5]大都护：大渠帅。[6]偏何：人名。[7]审欲立功：真想立功。

审，果然，当真。［8］莫：左贤王之名，南单于比之弟。［9］遣使诣阙：派使者到京师洛阳。［10］侍子：质子。［11］戊申晦：正月二十八日。［12］临乡：乡名。建武二十六年（50）置县，名沅南县，县治在今湖南桃源县东沅水南岸。［13］虎贲（bēn）中郎将：掌虎贲郎。［14］梁松（?—61）：梁统之子，字伯孙，尚光武帝女舞阴长公主。传附《后汉书·梁统传》。［15］严、敦：马严、马敦，马援兄马余之子。二人传附《后汉书·马援传》。［16］讥议：论人是非。［17］闻人过失，如闻父母之名：听到别人的过失，如同听人呼父母之名一样深恶痛绝。即不愿闻人之过。古人避讳，不得呼父母之名。［18］妄是非政法：轻率地讥刺时政。妄，荒谬，此指轻率，随便。［19］此吾所大恶：这是我最痛恨的事。恶（wù），厌恶，不喜欢。［20］伯高：龙述之字。［21］口无择言：绝不说让人挑剔的话。［22］季良：杜保之字。［23］刻鹄：画天鹅。刻，画。鹄（hú），天鹅。［24］鹜：野鸭。［25］山都：县名，侯国名，县治在今湖北谷城县东南。［26］越骑司马：武官名，越骑校尉属官，掌军政，参谋议。越骑，由才力超群的内附越人组成的宿卫骑兵团，吏员一百二十人，骑士七百人。［27］京兆：京兆尹之省称，为三辅之一。治所在长安城内，即今陕西西安市。［28］会：适逢。［29］讼：控告。［30］窦固（?—公元88）：字孟孙，东汉扶风平陵（今陕西咸阳市西北）人，明帝时，抗击匈奴的名将，官至卫尉。传附《后汉书·窦融传》。［31］零陵：郡名，治所泉陵，在今湖南永州市零陵区。［32］下隽：县名，治所在今湖北通城县西。［33］壶头：山名，在湖北通城县境内。［34］充：县名，县治在今湖南桑植县。［35］鼓噪：擂鼓呐喊。［36］曳足：拖着沉重的脚步，摇摇晃晃地行走。［37］好畤侯弇：即东汉开国功臣之一耿弇，最受光武帝宠信的爱将之一，官至大将军。传见《后汉书》卷十九。［38］怫郁：忧闷。此指军士困于险阻和瘟疫，神情沮丧。［39］行死：将死。［40］伏波：西汉名将路博德征南越，号伏波将军，马援仰慕其人。建武十七年（41），马援南征交趾，亦拜为伏波将军。［41］构陷：罗织罪状陷害。［42］交趾：郡名，治所龙编，在今越南河内市东北。［43］薏苡实：薏米仁，可入药。薏（yì）苡（yǐ），俗称薏米、苡米，或薏米仁。禾本科，果实为椭圆形，仁白色。食薏米，可预防瘟疫。［44］胜障气：阻止瘴气侵袭。障，通“瘴”。［45］文犀：有文采的犀牛角。［46］妻孥（nú）：妻及子女。［47］旧茔：祖坟。［48］稿葬域西：以草席裹尸，权且葬在祖茔西侧。域，指茔地范围。［49］莫敢吊会：没有人敢来吊丧和送葬。［50］云阳：县名，县治在今陕西淳化县西北。［51］拔自西州：兴起于凉州。西州，指凉州。王莽末，马援避难凉州，依托隗嚣，曾为嚣使，奉书洛阳，于是归汉。［52］经营陇、冀：指策划征隗嚣。陇，指陇西郡，治所狄道，在今甘肃临洮县。冀，指天水郡冀县，在今甘肃甘谷县。二者为隗嚣割据地。［53］势如转规：指马援审时度势，行动如圆规一样灵活。［54］诛锄先零：建武十一年（35），马援为陇西太守，曾大破先零羌。先零，羌种族名，驻牧在青海湖地区。［55］飞矢贯胫：流矢洞穿小腿。［56］南讨：指出征南方武陵蛮。［57］援得事朝廷二十二年：马援于建武四年为隗嚣奉书至洛阳朝见光武帝，至建武二十五年殉职武陵，是为二十二年。［58］北出塞漠：指建武二十一年（45）马援出塞讨乌桓事。［59］国土：指采邑。［60］宗亲怖栗：马援宗族恐怖战栗。［61］讼：分辩，诉冤。［62］酴于用赏，约于用刑：对奖赏十分厚重，对处罚十分宽松。［63］平：同“评”。［64］常候援兄况：朱勃常去晋见马援的大哥马况。马援有三兄，马况、马余、马员。［65］辞言娴雅：善于言谈，态度沉静。娴雅，沉静。［66］裁：通“才”。［67］卒（zú）：终于。［68］右扶风：郡名，三辅之一，治所槐里，在今陕西兴平市。［69］试守渭城宰：为渭城县见习县长。汉制，试守者，一岁转正。渭城县旧治在今陕西咸阳市东北。［70］卑侮之：贱视并凌辱朱勃。［71］勃愈身自亲：朱勃更加谦恭，亲近马援。

谒者[1]南阳宗均[2]监援军，援既卒，军士疫死者太半，蛮亦饥困。均乃与诸将议曰：“今道远士病，不可以战，欲权[3]承制[4]降之，何如？”诸将皆伏地莫敢应。均曰：“夫忠臣出竟[5]，有可以安国家，专之可也。”乃矫制[6]调伏波司马[7]吕种守[8]沅陵长，命种奉诏书入虏营，告以恩信，因勒兵随其后。蛮夷震怖，冬十月，共斩其大帅而降。于是均入贼营，散其众，遣归本郡，为置长吏而还，群蛮遂平。均未至，先自劾矫制之罪；上嘉其功，迎[9]，赐以金帛，令过家上冢[10]。

是岁，辽西[11]乌桓大人郝旦等率众内属，诏封乌桓渠帅为侯、王、君长者八十一人，使居塞内，布于缘边诸郡，令招来种人，给其衣食，遂为汉侦候[12]，助击匈奴、鲜卑。时司徒掾[13]班彪[14]上言：“乌桓天性轻黠[15]，好为寇贼，若久放纵而无总领者，必复掠居人，但委主降掾吏[16]，恐非所能制。臣愚以为宜复置乌桓校尉[17]，诚有益于附集，省国家之边虑。”帝从之，于是始复置校尉于上谷[18]宁城[19]，开营府，并领鲜卑赏赐、质子，岁时互市焉。

（以上为第四段，写马援死后，监军宗均便宜从事，矫旨招降武陵蛮，安定一方，受到光武帝嘉奖。）

【注释】

［1］谒者：官名，掌宾赞受事。［2］宗均：本名宋均，南阳郡安众县（今河南南阳市西南）人，官至司隶校尉。时为谒者，监马援军。传见《后汉书》卷四十一。［3］权：随机应变，权宜从事。［4］承制：借用皇帝名义发布命令。［5］竟：通“境”。［6］矫制：假传圣旨。此指宗均承制发布的招降令。［7］伏波司马：伏波将军马援的司马官。司马，领兵，如今之参谋长之职。［8］守：代理。［9］迎：光武帝遣专使出迎宗均。［10］令过家上冢：受朝命而出专方面的大臣，未复命不得过家。光武帝特诏宗均先过家、拜祖茔，然后复命，以示褒奖安边之功，并赦其矫制之罪。

[11]辽西：郡名，治所阳乐，在辽宁锦州市西北。[12]侦候：侦察敌情的哨探。[13]司徒掾：司徒府属吏。[14]班彪（3—54）：东汉史学家。字叔皮，扶风安陵（今陕西咸阳市东北）人。传见《后汉书》卷四十上。[15]轻黠：轻佻狡猾。[16]主降掾吏：当时因事临时设置的受降官吏。[17]乌桓校尉：护乌桓校尉之省称。汉武帝始置，防御乌桓，并管理内附乌桓。[18]上谷：郡名，治所沮阳，在今河北怀来县东南。[19]宁城：县名。

二十六年（庚戌，50年）

正月，诏增百官奉[1]，其千石已上，减于西京旧制，六百石已下，增于旧秩。

初作寿陵[2]。帝曰："古者帝王之葬，皆陶人、瓦器、木车、茅马，使后世之人不知其处。太宗[3]识终始之义[4]，景帝能述遵孝道，遭天下反覆[5]，而霸陵[6]独完受其福，岂不美哉！今所制地[7]不过二三顷，无山陵陂池，裁令流水而已[8]。使迭兴[9]之后，与丘陇同体。"

诏遣中郎将段彬、副校尉王郁使南匈奴，立其庭，去五原西部塞[10]八十里。使者令单于伏拜受诏，单于顾望有顷，乃伏称臣。拜讫，令译晓使者曰："单于新立，诚惭于左右，愿使者众中无相屈折也。"诏听南单于入居云中[11]，始置使匈奴中郎将[12]，将兵卫护之。

夏，南单于所获北虏薁鞬左贤王将其众及南部五骨都侯[13]，合三万余人畔归，去北庭三百余里，自立为单于。月余，日更相攻击，五骨都侯皆死，左贤王自杀，诸骨都侯子各拥兵自守。

秋，南单于遣子入侍。诏赐单于冠带、玺绶[14]、车马、金帛、甲兵、什器[15]。又转河东[16]米糒[17]二万五千斛，牛羊三万六千头以赡给之。令中郎将将弛刑[18]五十人，随单于所处，参辞讼，察动静。单于岁尽辄遣奉奏[19]，送侍子入朝，汉遣谒者送前侍子还单于庭，赐单于及阏氏[20]、左·右贤王以下缯彩[21]合万匹，岁以为常。于是云中、五原、朔方、北地、定襄、雁门、上谷、代八郡民归于本土[22]。遣谒者分将[23]弛刑，补治城郭，发遣边民在中国[24]者布还诸县[25]，皆赐以装钱[26]，转给粮食。时城郭丘墟，扫地更为[27]，上乃悔前徙之[28]。

冬，南匈奴五骨都侯子复将其众三千人归南部，北单于使骑追击，悉获其众。南单于遣兵拒之，逆战不利，于是复诏单于徙居西河美稷[29]，因使段彬、王郁留西河拥护之，令西河长史岁将骑二千、弛刑五百人助中郎将卫护单于，冬屯夏罢，自后以为常。南单于既居西河，亦列置诸部王，助汉捍戍北地、朔方、五原、云中、定襄、雁门、代郡，皆领部众，为郡县侦逻[30]耳目。北单于惶恐，颇还所掠汉民以示善意[31]，钞兵[32]每到南部[33]下，还过亭候[34]，辄谢曰："自击亡虏薁鞬日逐耳，非敢犯汉民也。"

（以上为第五段，写南单于归附，助东汉抗拒北匈奴，边郡安宁，边民各还本土。）

【注释】

[1]百官奉：光武帝建武二十六年诏增吏奉。事详《后汉书·百官志》。[2]寿陵：汉自文帝始，皇帝预作陵墓，通称寿陵，取久长之义。皇帝死后入葬，才加陵名。光武帝刘秀墓称原陵，在今河南洛阳市孟津区西。[3]太宗：指汉文帝。[4]识终始之义：懂得人生寿考的真义。[5]天下反覆：指两汉之际的动乱。[6]霸陵：汉文帝陵。[7]制地：占地范围、规模。[8]无山陵陂池，裁令流水而已：不要人工堆造山陵陂池，依自然地势，只求不积水就行。据章校，有的版本"无"下有"为"字。[9]迭兴：指未来的改朝换代。讳东汉之亡。[10]五原西部塞：指五原郡西部都尉治田辟（bì），在九原之西。五原，郡名，治所九原，在今内蒙古包头市西。[11]云中：郡名，治所云中，在今内蒙古托克托县东北。[12]使匈奴中郎将：省称为匈奴中郎将，管理南匈奴事务。[13]南部五骨都侯：南单于栾提比的旧部五位骨都侯，即韩氏骨都侯、当于骨都侯、呼衍骨都侯、郎氏骨都侯、粟藉骨都侯。[14]玺绶：单于玺为黄金印，系带为绿色及紫青色。[15]什器：行军所用饮食器具。[16]河东：郡名，治所安邑，在今山西夏县西北。[17]糒（bèi）：干粮，用米麦制作的熟食炒面。这里泛指粮食。[18]弛刑：指弛刑徒，减刑的囚犯。[19]遣奉奏：遣使奉国书上奏汉帝。[20]阏氏：单于皇后。[21]缯（zēng）彩：各种丝织品绫、罗、绸、缎的总称。[22]八郡民归于本土：缘边八郡之民避祸匈奴侵扰内徙者，令其还归本土。[23]将（jiàng）：率领。[24]中国：指中原内地。[25]布还诸县：分散回到各县。[26]装钱：迁徙治装费，即安家费。[27]扫地更为：扫除废墟，一切从头开始。[28]上乃悔前徙之：光武帝于是后悔当初不该强迫边民撤迁内地。徙民事见《资治通鉴》卷四十三光武十五年。[29]美稷：西河郡属县，南单于庭设此，县治在今内蒙古准格尔旗。[30]侦逻：侦探、巡逻。[31]颇还所掠汉民以示善意：北匈奴不断释放所俘虏的汉民，用以表示亲善汉朝。[32]钞兵：闪电式犯边的突击队。[33]南部：南匈奴所居地。[34]亭候：边郡亭障的巡哨。此句谓，返还的北匈奴钞兵，每经过边郡亭障，都要向巡哨道歉。

二十七年（辛亥，51年）

夏，四月，戊午[1]，大司徒玉况薨。

五月，丁丑[2]，诏司徒、司空并去“大”名，改大司马为太尉。骠骑大将军行大司马刘隆[3]即日罢，以太仆[4]赵憙[5]为太尉，大司农[6]冯勤[7]为司徒。

北匈奴遣使诣武威求和亲，帝召公卿廷议，不决；皇太子[8]言曰：“南单于新附，北虏惧于见伐，故倾耳而听，争欲归义耳。今未能出兵而反交通北虏，臣恐南单于将有二心，北虏降者且不复来矣。”帝然之，告武威太守勿受其使。

朗陵侯臧宫、扬虚侯马武上书曰：“匈奴贪利，无有礼信，穷则稽首，安则侵盗。虏今人畜疫死，旱蝗赤地，疲困乏力，不当中国一郡，万里死命，悬在陛下；福不再来，时或易失，岂宜固守文德而堕武事乎！今命将临塞，厚县购赏，喻告高句骊、乌桓、鲜卑攻其左，发河西四郡[9]、天水、陇西[10]羌·胡击其右，如此，北虏之灭，不过数年。臣恐陛下仁恩不忍，谋臣狐疑，令万世刻石之功不立于圣世！”诏报曰：“《黄石公记》[11]曰：‘柔能制刚，弱能制强。舍近谋远者，劳而无功；舍远谋近者，逸而有终。故曰：务广地者荒[12]，务广德者强[13]，有其有者安[14]，贪人有者残[15]。残灭之政，虽成必败。’今国无善政，灾变不息，百姓惊惶，人不自保，而复欲远事边外乎！孔子曰[16]：‘吾恐季孙之忧不在颛臾[17]。’且北狄尚强，而屯田警备，传闻之事，恒多失实。诚能举天下之半以灭大寇，岂非至愿！苟非其时，不如息民。”自是诸将莫敢复言兵事者。

上问赵憙以久长之计，憙请遣诸王就国。冬，上始遣鲁王兴[18]、齐王石[19]就国。

（以上为第六段，写光武帝执行分化匈奴的政策，不接受北匈奴归降。）

【注释】

[1]戊午：四月二十一日。[2]丁丑：五月十一日。[3]刘隆（？—57）：东汉开国功臣之一，

封扶乐乡侯，官至骠骑将军（位次大将军），代理（行）大司马职事。传见《后汉书》卷二十二。[4]太仆：九卿之一，掌皇帝车马。 [5]赵憙（前4—80）：东汉初大臣，封节乡侯。传见《后汉书》卷二十六。 [6]大司农：九卿之一，掌财政。 [7]冯勤（？—79）：东汉初名臣。传见《后汉书》卷二十六。[8]皇太子：光武帝第四子刘庄，建武十九年立为皇太子。[9]河西四郡：凉州河西走廊四郡，即武威、张掖、酒泉、敦煌四郡。 [10]天水、陇西：两郡名。天水郡治平襄，在今甘肃通渭县西北。陇西郡治狄道，在今甘肃临洮县。 [11]《黄石公记》：兵书名。即西汉张良在下邳圯上所得老父书，已佚。 [12]务广地者荒：致力于开疆拓土的人，将导致自己空虚。 [13]务广德者强：发扬光大仁德的人，必定茁壮强大。 [14]有其有者安：珍惜自己已有的，得到平安。 [15]贪人有者残：贪图别人所有的人，将会变得凶残。 [16]孔子曰：引语见《论语·季氏》。 [17]颛臾：春秋时鲁国的附庸小国（在今山东费县西北），逼近鲁权臣大夫季孙氏之封邑费。季孙氏将讨伐颛臾，孔子反对，说："吾恐季孙之忧不在颛臾，而在萧墙之内也。"[18]鲁王兴：光武帝兄刘縯之次子刘兴。 [19]齐王石：刘石，刘縯长子刘章之长子，刘縯的嫡长孙。

是岁，帝舅寿张恭侯樊宏[1]薨。宏为人，谦柔畏慎，每当朝会，辄迎期先到，俯伏待事；所上便宜[2]，手自书写，毁削草本；公朝访逮，不敢众对[3]。宗族染其化，未尝犯法。帝甚重之。及病困，遗令薄葬，一无所用。以为棺柩一藏，不宜复见，如有腐败，伤孝子之心，使与夫人同坟异藏[4]。帝善其令，以书示百官，因曰："今不顺寿张侯意，无以彰其德；且吾万岁之后，欲以为式[5]。"

（以上为第七段，写光武帝薄葬国舅樊宏。）

【注释】

[1]樊宏（？—公元57）：字靡卿，光武帝之舅。传见《后汉书》卷二十二。 [2]所上便宜：上奏应兴革的条陈。 [3]公朝访逮，不敢众对：有时光武帝在朝会时向樊宏询问查访事情，樊宏从不在大庭广众中回答。汉文帝时，冯唐论将，谏文帝之失。汉文帝怒曰："为何当众辱我，难道找不到适当的机会说话吗？"樊宏深识事君之道而如此。 [4]同坟异藏：夫妻同葬一个坟墓，但不用同一个墓坑。胡三省注曰：古代夫妻合葬，《诗经》云："死则同穴"。死不同穴，自樊宏始。[5]式：模式，榜样。

二十八年（壬子，52 年）

春，正月，己巳[1]，徙鲁[2]王兴为北海王；以鲁益东海。帝以东海王强去就有礼[3]，故优以大封，食二十九县，赐虎贲[4]、旄头[5]，设钟虡之乐[6]，拟于乘舆[7]。

夏，六月，丁卯[8]，沛太后郭氏[9]薨。

初，马援兄子婿王磐，平阿侯仁之子也。王莽败，磐拥富赀为游侠，有名江、淮间。后游京师，与诸贵戚友善，援谓姊子曹训曰："王氏，废姓也，子石[10]当屏居自守，而反游京师长者[11]，用气自行，多所陵折，其败必也。"后岁余，磐坐事死；磐子肃复出入王侯邸第。时禁罔尚疏[12]，诸王皆在京师，竞修名誉，招游士。马援谓司马吕种曰："建武之元，名为天下重开，自今以往，海内日当安耳。但忧国家诸子并壮而旧防未立[13]，若多通宾客，则大狱起矣。卿曹戒慎之！"至是，有上书告肃等受诛之家，为诸王宾客，虑因事生乱。会更始之子寿光侯鲤得幸于沛王[14]，怨刘盆子[15]，结客杀故式侯恭[16]。帝怒，沛王坐系诏狱，三日乃得出。因诏郡县收捕诸王宾客，更相牵引，死者以千数；吕种亦与其祸，临命叹曰："马将军诚神人也！"

秋，八月，戊寅[17]，东海王强、沛王辅、楚王英、济南王康、淮阳王延始就国[18]。

上大会群臣，问"谁可傅太子者？"群臣承望上意，皆言"太子舅执金吾[19]原鹿侯阴识[20]可。"博士[21]张佚正色曰："今陛下立太子，为阴氏乎，为天下乎？即为阴氏，则阴侯可；为天下，则固宜用天下之贤才！"帝称善，曰："欲置傅者，以辅太子也；今博士不难正朕[22]，况太子乎！"即拜佚为太子太傅，以博士桓荣[23]为少傅，赐以辎车、乘马。荣大会诸生，陈其车马、印绶，曰："今日所蒙，稽古之力[24]也，可不勉哉！"

（以上为第八段，写马援洞察光武帝心态，诫亲友不要攀附权贵以避大狱，不幸言中。光武帝为太子择师傅不唯亲，选用贤士。）

【注释】

[1]己巳：建武二十八年正月朔癸巳，是月无己巳。疑己巳为乙巳之误。乙巳，正月十三日。[2]鲁：封国名，治所鲁县，在今山东曲阜市。东海刘强封国，又郡名。治所郯县，在今山东郯城县。[3]东海王强去就有礼：刘强，光武帝长子，郭皇后所生。建武二年立为皇太子。建武十七年，郭皇后废，刘强失太子位。建武十九年封东海王。光武帝认为刘强无过，去（失太子位）就（受封东海王）有礼（无怨言），故优以大封。传见《后汉书》卷四十二。[4]虎贲：虎贲郎，勇猛的宿卫士。[5]旄头：骑士羽林郎，为仪仗先驱。[6]设钟虡之乐：陈设编钟乐器。虡（jù），悬挂钟的木架，横梁叫簨（sǔn），两侧的柱叫虡。[7]拟于乘舆：比拟天子排场。乘舆，指代天子。[8]丁卯：六月七日。[9]沛太后郭氏：郭皇后被废，随第二子沛王刘辅，故称沛太后。[10]子石：王磐之字。[11]京师长者：指京师的王侯权贵。[12]禁罔尚疏：新朝法制草创，禁忌较少。[13]旧防未立：旧防，指前朝防隔内外，即诸王不得与朝臣交结、私蓄勇士的制度。未立，还没有在新朝建立。[14]沛王：光武帝第二子刘辅，建武十七年封中山王，建武二十年徙封沛王。传见《后汉书》卷四十二。[15]刘盆子：赤眉军拥立的皇帝。传见《后汉书》卷十一。[16]式侯恭：刘盆子兄刘恭，更始帝封为式侯。赤眉军破长安杀更始，故更始子刘鲤怨刘盆子兄弟，交结沛王杀刘恭，激起大狱。[17]戊寅：八月十九日。[18]就国：诸王离开京师官邸回到封国去。东海王刘强、沛王刘辅、楚王刘英、济南王刘康、淮阳王刘延，皆光武帝之子。[19]执金吾：官名，掌京师治安。[20]阴识（？—59）：外戚，光武帝阴皇后之前母兄。传见《后汉书》卷三十二。[21]博士：官名，掌通古今备顾用。汉武帝置博士弟子，博士又成为太学教官。[22]不难正朕：不顾忌匡谏皇帝。[23]桓荣（？—59）：《尚书》博士。传见《后汉书》卷三十七。[24]稽古之力：得力于研究古书。

北匈奴遣使贡马及裘，更乞和亲[1]，并请音乐[2]，又求率西域诸国胡洛[3]俱献见。帝下三府[4]议酬答之宜[5]，司徒掾班彪曰："臣闻孝宣皇帝敕边守尉曰：'匈奴大国，多变诈，交接得其情，则却敌折冲；应对入其数[6]，则反为轻欺。'今北单于见南单于来附，惧谋其国，故数乞和亲，又远驱牛马与汉合市[7]，重遣名王，多所贡献，斯皆外示富强以相欺诞也。臣见其献益重，知其国益虚；归亲愈数，为惧愈多。然今既未获助南，则亦不宜绝北，羁縻[8]之义，礼无不答。谓可颇加赏赐，略与所献相当，报答之辞，令必有适[9]。今立稿草并上，曰：'单于[10]不忘汉恩，追念先祖旧约[11]，欲修和亲，以辅身安国，计议甚高，为单于嘉之！往者匈奴数有乖乱，呼韩邪、郅支[12]自相仇隙，并蒙孝宣帝垂恩救护，故各遣侍子称藩保塞。其后郅支忿戾，自绝皇泽，而呼韩附亲，忠孝弥著。及汉灭郅支，遂保国传嗣，子孙相继。今南单于携众向南，款塞归命，自以呼韩嫡长，次第当立，而侵夺失职，猜疑相背，数请兵将，归扫北庭，策谋纷纭，无所不至。惟念斯言不可独听，又以北单于比年[13]贡献，欲修和亲，故拒而未许[14]，将以成单于忠孝之义[15]。汉秉威信，总率万国，日月所照，皆为臣妾，殊俗百蛮，义无亲疏，服顺者褒赏，叛逆者诛罚，善恶之效，呼韩、郅支是也。今单于欲修和亲，款诚已达[16]，何嫌而欲率西域诸国俱来献见！西域国属匈奴与属汉何异！单于数连兵乱，国内虚耗；贡物裁以通礼，何必献马裘[17]！今赍[18]杂缯[19]五百匹，弓鞬韣丸一[20]，矢四发[21]，遗单于；又赐献马左骨都侯、右谷蠡王[22]杂缯各四百匹，斩马剑各一。单于前言"先帝时所赐呼韩邪竽、瑟、空侯[23]皆败，愿复裁赐[24]。"念单于国尚未安，方厉武节，以战攻为务，竽、瑟之用，不如良弓、利剑，故未以赍。朕不爱小物，于单于便宜所欲[25]，遣驿以闻。"'帝悉纳从之。

（以上为第九段，写光武帝修好北匈奴。）

【注释】

[1]更乞和亲：再次请求和亲。北匈奴第一次遣使求和亲，见前建武二十七年。 [2]请音乐：请求赐教中国音乐，表示仰慕汉文化。 [3]胡洛：据章校，有的版本"洛"作"客"。胡客，西域各国使节。 [4]三府：太尉、司徒、司空三公府。 [5]议酬答之宜：讨论怎样酬答北匈奴才不失分寸。 [6]入其数：中其圈套。 [7]合市：交好互市。 [8]羁縻：安抚笼络。 [9]适：得当。指回报国书，语言中肯，恰如其分。 [10]单于：指北匈奴栾提蒲奴。 [11]先祖旧约：指南匈奴呼韩邪单于稽侯狦与汉和亲之约。事见《资治通鉴》宣帝甘露二年（前52）。 [12]郅支：即北匈奴郅支单于，呼韩邪稽侯狦之兄，遭汉与呼韩邪攻击，西迁入居康居。汉元帝时为西域都护甘延寿及副使陈汤所灭。 [13]比年：连年。 [14]拒而未许：拒绝南匈奴单于比请兵北伐的要求。 [15]将以成单于忠孝之义：目的用以成全北匈奴蒲奴单于归附中国的忠孝之义。 [16]款诚已达：归附求和亲的诚意已经充分表达。 [17]"贡物"二句：贡献礼品只不过是用以表达礼节，何必奉献贵重的马匹和皮衣。裁，通"才"，只是。 [18]赍：馈赠。 [19]杂缯：各种绸缎。 [20]弓鞬韣丸一：赏赐弓以及收藏弓箭的器具各一件。胡注：藏弓为鞬，藏箭为韣。丸，箭套。 [21]矢四发：箭四支。 [22]又赐献马左骨都侯、右谷蠡王：同时赏赐将贡马送到中国来的左骨都侯和右谷蠡王。 [23]竽、瑟、空侯：皆乐器名。 [24]愿复裁赐：希望再次酌量赏赐。 [25]便宜所欲：急需的器物。

二十九年（癸丑，53年）

春，二月，丁巳朔，日有食之。

三十年（甲寅，54年）

春，二月，车驾东巡。群臣上言："即位三十年，宜封禅泰山。"诏曰："即位三十年，百姓怨气满腹，'吾谁欺，欺天乎[1]！''曾谓泰山不如林放乎[2]！'何事污七十二代之编录[3]！若郡县远遣吏上寿，盛称虚美，必髡[4]，令屯田。"于是群臣不敢复言。

甲子[5]，上幸鲁、济南[6]；闰月，癸丑[7]，还宫。

有星孛于紫宫[8]。

夏，四月，戊子[9]，徙左翊王焉[10]为中山王。

五月，大水。

秋，七月，丁酉[11]，上行幸鲁；冬，十一月，丁酉[12]，还宫。

胶东刚侯贾复[13]薨。复从征伐，未尝丧败，数与诸将溃围解急，身被十二创。帝以复敢深入，希令远征，而壮其勇节，常自从之[14]，故复少方面之勋[15]。诸将每论功伐，复未尝有言。帝辄曰："贾君之功，我自知之。"

三十一年（乙卯，55年）

夏，五月，大水。

癸酉晦，日有食之。

蝗

京兆掾第五伦[16]领长安市[17]，公平廉介[18]，市无奸枉。每读诏书，常叹息曰："此圣主也，一见决矣[19]。"等辈[20]笑之曰："尔说将尚不能下，安能动万乘乎！"伦曰："未遇知己，道不同故耳。"后举孝廉，补淮阳王医工长[21]。

中元元年（丙辰，56年）

春，正月，淮阳王入朝，伦随官属得会见。帝问以政事，伦因此酬对，帝大悦；明日，复特召[22]入，与语至夕。帝谓伦曰："闻卿为吏，篣妇公[23]，不过从兄饭[24]，宁有之邪？"对曰："臣三娶妻，皆无父。少遭饥乱，实不敢妄过人食。众人以臣愚蔽，故生是语耳。”帝大笑。以伦为扶夷[25]长，未到官，追拜会稽[26]太守；为政清而有惠，百姓爱之。

上读《河图会昌符》[27]曰：“赤刘之九[28]，会命岱宗[29]。”上感此文，乃诏虎贲中郎将梁松等按察[30]《河洛谶文》[31]，言九世当封禅者凡三十六事。于是张纯等复奏请封禅，上乃许焉。诏有司求元封故事[32]，当用方石再累，玉检、金泥[33]。上以石功难就，欲因孝武故封石，置玉牒其中；梁松等争以为不可，乃命石工取完青石[34]，无必五色[35]。

丁卯[36]，车驾东巡，二月己卯[37]，幸鲁，进幸泰山。辛卯[38]，晨，燎[39]，祭天于泰山下南方，群神皆从[40]，用乐如南郊[41]。事毕，至食时[42]，天子御辇登山，日中后，到山上，更衣[43]。晡时[44]，升坛北面，尚书令[45]奉玉牒检[46]，天子以寸二分玺[47]亲封之，讫，太常[48]命驺骑[49]二千余人发坛上方石[50]，尚书令藏玉牒已，复石覆讫[51]，尚书令以五寸印封石检。事毕，天子再拜。群臣称万岁，乃复道下。夜半后[52]，上乃到山下，百官明旦乃讫。甲午[53]，禅[54]祭地于梁阴[55]，以高后配[56]，山川群神从，如元始中北郊故事[57]。

三月，戊辰[58]，司空张纯[59]薨。

夏，四月，癸酉[60]，车驾还宫；己卯[61]，赦天下，改元[62]。

上行幸长安；五月，乙丑[63]，还宫[64]。

六月，辛卯[65]，以太仆冯鲂[66]为司空。

乙未[67]，司徒冯勤[68]薨。

京师醴泉涌出[69]，又有赤草[70]生于水崖，郡国频上甘露[71]。群臣奏言：“灵物仍降[72]，宜令太史[73]撰集，以传来世。”帝不纳。帝自谦无德，于郡国所上，辄抑[74]而不当，故史官罕得记焉。

秋，郡国三蝗[75]。

冬，十月，辛未[76]，以司隶校尉[77]东莱李䜣为司徒。

甲申，使司空告祠高庙[78]，上薄太后[79]尊号曰高皇后，配食地祇。迁吕太后庙主于园[80]，四时上祭。

十一月，甲子晦[81]，日有食之。

是岁，起明堂[82]、灵台[83]、辟雍[84]，宣布图谶于天下。

初，上以《赤伏符》[85]即帝位，由是信用谶文，多以决定嫌疑。给事中桓谭上疏谏曰："凡人情忽于见事而贵于异闻。观先王之所记述，咸以仁义正道为本，非有奇怪虚诞之事。盖天道性命，圣人[86]所难言也，自子贡[87]以下，不得而闻，况后世浅儒，能通之乎！今诸巧慧小才[88]、伎数之人[89]，增益图书[90]，矫称谶记[91]，以欺惑贪邪[92]，诖误[93]人主，焉可不抑远之哉！臣谭伏闻陛下穷折方士黄白之术[94]，甚为明矣；而乃欲听纳谶记，又何误也！其事虽有时合，譬犹卜数只偶[95]之类。陛下宜垂明听，发圣意，屏[96]群小之曲说[97]，述《五经》之正义。"疏奏，帝不悦。会议灵台所处[98]，帝谓谭曰："吾欲以谶决之，何如？"谭默然，良久曰："臣不读谶。"帝问其故，谭复极言谶之非经[99]。帝大怒曰："桓谭非圣无法，将下，斩之！"谭叩头流血，良久，乃得解。出为六安郡丞[100]。

范晔[101]论曰：桓谭以不善谶流亡，郑兴[102]以逊辞仅免；贾逵[103]能傅会文致，最差贵显；世主以此论学，悲哉！

逵，扶风人也。

南单于比死，弟左贤王莫立，为丘浮尤鞮单于。帝遣使赍玺书拜授玺绶，赐以衣冠及缯彩，是后遂以为常。

（以上为第十段，写光武帝晚年封禅泰山，迷信图谶，渐生骄侈心。）

【注释】

[1]吾谁欺，欺天乎：我欺骗谁呢？难道欺骗上天吗？引语见《论语·子罕》篇。孔子生重病，子路以诸侯礼组织治丧班子，孔子病愈后，对这一僭礼行为很不满意，认为这是把他置于欺天的地位。[2]曾谓泰山不如林放乎：难道泰山之神还不如林放懂礼吗？他是不会接受僭越人的祭祀的。引语见《论语·八佾》篇。林放，鲁人，曾向孔子请教礼的本质。季孙氏僭越礼制祭祀泰山，孔子提出了这一批评。光武帝在诏书中引用孔子这两段话，意谓上天是不会接受未达太平盛世皇帝的封禅的。表明光武帝谦逊不欲封禅。[3]七十二代之编录：相传古代有七十二位君王上泰山封禅。[4]必髡（kūn）：一定处以髡刑。髡，汉文帝除肉刑，以剃光头发代黥面之刑叫髡。[5]甲子：二月十三日。[6]鲁、济南：两封国名。鲁国治所鲁县，在今山东曲阜市。济南国治所东平陵，在今山东济南市章丘区西北。[7]癸丑：闰二月三日。[8]有星孛于紫宫：在紫宫星区出现彗星。[9]戊子：四月九日。[10]焉：刘焉，光武帝郭皇后所生少子。[11]丁酉：七月己酉

朔，无丁酉。丁酉，八月二十日。［12］丁酉：十一月丁未朔，无丁酉。丁酉，十二月二十二日。［13］贾复（？—59）：东汉初开国功臣之一。传见《后汉书》卷十七。据《考异》，贾复之死，本传在建武三十一年，兹从袁宏《后汉纪》。［14］常自从之：光武帝出征，经常把贾复安置在自己身边。［15］方面之勋：独当一面之功。［16］第五伦：字伯鱼，京兆长陵（在今陕西咸阳市东）人。历仕光武帝、明帝、章帝三朝，官至司空。传见《后汉书》卷四十一。［17］领长安市：兼管长安交易。［18］廉介：廉洁耿直。［19］一见决矣：第五伦胸怀治国经纶，不为人所知，故长叹说，只要能见圣主光武帝一面，定能得到识拔。［20］等辈：同僚。［21］补淮阳王医工长：出任淮阳王（光武帝子刘延）医疗长。［22］特召：单独召见。［23］簩（péng）妇公：打岳父。蒡，同“榜”，捶打。［24］不过从兄饭：过访堂兄，不肯留下吃饭。从兄，堂兄。［25］扶夷：县名，县治在今湖南邵阳市西。［26］会稽：郡名，治所山阴，在今浙江绍兴市。［27］《河图会昌符》：用预言方式宣扬天命的符命书。［28］赤刘之九：指汉高祖九世孙刘秀。赤刘，谓汉得火德。［29］会命岱宗：指上泰山封禅。［30］按察：据章校，有的版本，“察”作“索”。［31］《河洛谶文》：又一种预言书。［32］求元封故事：查考汉武帝元封元年（前110）上泰山封禅的先例。［33］当用方石再累，玉检、金泥：应当用两块方石扣合封藏玉牒，金泥密封，玉检按捺。据胡注，用方石再累，置坛中，皆方五尺，厚一尺。扣封的玉牒，即祭天地神祇的文书，用玉石制作，长一尺三寸，宽五寸，厚五寸。金泥，用水银与金屑搅拌的粘泥封口。玉检，在金泥上压出标识的图章。［34］完青石：一色的纯青石。［35］无必五色：汉武帝所用“方石再累”为五色青石，按方位，东方青色，南方赤色，西方白色，北方黑色，中央黄色。光武帝只求纯青石。［36］丁卯：正月二十八日。［37］己卯：二月十日。［38］辛卯：二月二十二日。［39］燎：燃起祭天的大火。［40］群神皆从：在祭天时，群神都得到祭祀。［41］用乐如南郊：使用在京师洛阳南郊祭天时的圣乐礼仪。［42］食时：吃早饭之时。［43］更衣：换上祭服。［44］晡时：午后申时，下午三点至五点时分。［45］尚书令：官名，掌文书章奏。［46］玉牒检：玉牒、玉检的合称。［47］寸二分玺：即玉检图章，大小为方一寸二分。［48］太常：官名，九卿之一，掌祭祀礼仪。［49］驺骑：禁卫骑兵。［50］发坛上方石：开启扣合的方石。［51］复石覆讫：再把方石扣合。［52］夜半后：午夜过后。［53］甲午：二月二十五日。［54］禅：祭地。［55］梁阴：梁父山北麓，在山东泰安市南。［56］高后配：配享西汉高后吕雉。［57］如元始中北郊故事：禅梁父祭地的礼仪，依照汉平帝元始年间在长安北郊祭地的礼仪。［58］戊辰：三月三十日。［59］张纯（？—56）：封武始侯。传见《后汉书》卷三十。［60］癸酉：四月五日。［61］己卯：四月十一日。［62］改元：更改年号。建武三十二年改元中元。［63］乙丑：五月二十八日。［64］还宫：从长安还洛阳。［65］辛卯：六月二十四日。［66］冯鲂（前1—85）：字孝孙，南阳郡湖阳县（今河南唐河县湖阳镇）人，历仕光武帝、明帝、章帝三朝。封杨邑乡侯。传见《后汉书》卷三十三。［67］乙未：六月二十八日。［68］冯勤（？—58）：字伟伯，魏郡繁阳县（今河南内黄县东北）人，历官尚书令、大司农、司徒。传见《后汉书》卷二十六。［69］醴泉涌出：涌出甜水泉。醴，甘甜。［70］赤草：象征吉祥的朱草。日生一叶，至十五日，日落一叶，周而复始。［71］甘露：甜美的露水。古人认为天下太平则天降甘露。［72］灵物仍降：祥瑞不断降临。仍，多次。［73］太史：官名，掌天文星历，兼司史职。［74］抑：谦抑。［75］郡国三蝗：有三个郡国发生蝗灾。［76］辛未：十月六日。［77］司隶校尉：官名，掌京师卫戍治安。［78］高庙：刘邦庙。［79］薄太后：高帝妃，汉文帝刘恒之母。［80］迁吕太后庙主于园：把高庙中吕太后的神主及牌位迁出。［81］甲子晦：十一月三十日。［82］明堂：天子宣明政教的殿堂。［83］灵台：司天台。［84］辟雍：太学。［85］《赤伏符》：图谶书名。预言刘秀当为天子。事详《资治通鉴》卷四十建武元年。［86］圣人：指孔子。［87］子贡：孔子弟子。事详《史记·仲尼弟子列传》。子贡说："夫子之文章可得而闻也，夫子之言性与天道，不可得而闻也。"见《论语·公冶长》篇。桓谭引以为证，反对图谶。［88］巧慧小才：雕虫小技。［89］伎数之人：懂得医方数术的巫人。［90］增益图书：增添篡改图书谶语。［91］矫称谶记：伪造孔子之言以为谶记。汉代纬书，以谶语解经，多假托孔子之言。［92］欺惑贪邪：欺骗迷惑社会，达到贪婪利己的邪恶目的。［93］诖（guà）误：贻误。［94］黄白之术：方士的炼金术。黄白，指金银。［95］卜数只偶：卜卦时偶中。［96］屏：排斥。［97］曲说：指图谶邪说。［98］会议灵台所处：光武帝刘秀主持廷议，讨论建置灵台的处所。［99］经：常典。［100］丞：官名。汉代朝廷及地方各官署均有丞，辅佐长官。桓谭被贬出京为六安郡丞。胡注，六安，本封国名。建武十六年省，为庐江郡属县。在今安徽六安市东北。据此，疑六安郡丞，应为六安县丞。［101］范晔（398—445）：南朝刘宋史学家，字蔚宗，顺阳（今河南淅川县东）人。官至左卫将军、太子詹事。著《后汉书》行于世。传见《宋书》卷六十九。［102］郑兴：东汉经学家，字少赣，河南开封市人。官太中大夫。传见《后汉书》卷三十六。光武帝亦以谶问郑兴，兴回答："臣不读谶。"光武大怒，兴随机说："臣只是没读过谶，并没有非议。"光武息怒。事见《资治通鉴》卷四十二建武七年。［103］贾逵（30—101）：东汉经学家，天文历法家，字景伯，扶风平陵（今陕西咸阳市西北）人。传见《后汉书》卷三十六。

二年（丁巳，57年）

春，正月，辛未[1]，初立北郊[2]，祀后土。

二月，戊戌[3]，帝崩于南宫前殿，年六十二。帝每旦视朝，日昃[4]乃罢，数引公卿、郎将讲论经理，夜分[5]乃寐。皇太子见帝勤劳不怠，承间谏[6]曰："陛下有禹、汤之明，而失黄、老养性之福，愿颐爱精神，优游自宁。"帝曰："我自乐此，不为疲也！"虽以征伐济大业，及天下既定，乃退功臣而进文吏，明慎政体，总揽权纲，量时度力，举无过事，故能恢复前烈[7]，身致太平。

太尉赵憙典丧事。时经王莽之乱，旧典不存，皇太子与诸王杂止同席[8]，藩国官属出入宫省[9]，与百僚无别。憙正色，横剑殿阶，扶下诸王以明尊卑；奏遣谒者将护官属分止他县[10]，诸王并令就邸[11]，唯得朝晡入临[12]；整礼仪[13]，严门卫，内外肃然。

太子即皇帝位，尊皇后曰皇太后。

山阳王荆哭临不哀，而作飞书[14]，令苍头[15]诈称大鸿胪郭况[16]书与东海王强，言其无罪被废，及郭后黜辱，劝令东归[17]举兵以取天下，且曰："高祖起亭长，陛下兴白水[18]，何况于王，陛下长子、故副主[19]哉！当为秋霜，毋为槛羊[20]。人主崩亡，闾阎之伍尚为盗贼，欲有所望，何况王邪！"强得书惶怖，即执其使，封书上之。明帝以荆母弟[21]，秘其事[22]，遣荆出止河南宫。

三月，丁卯[23]，葬光武皇帝于原陵[24]。

夏，四月，丙辰[25]，诏曰："方今上无天子[26]，下无方伯[27]，若涉渊水而无舟楫。夫万乘至重而壮者虑轻，实赖有德左右小子[28]。高密侯禹[29]，元功之首；东平王苍[30]，宽博有谋；其以禹为太傅，苍为骠骑将军。"苍恳辞，帝不许。又诏骠骑将军置长史，掾史员四十人，位在三公上[31]。苍尝荐西曹掾[32]齐国吴良，帝曰："荐贤助国，宰相之职也。萧何举韩信，设坛而拜，不复考试，今以良为议郎[33]。"

初，烧当羌[34]豪滇良[35]击破先零[36]，夺居其地；滇良卒，子滇吾立，附落转盛。秋，滇吾与弟滇岸率众寇陇西，败太守刘盱于允街[37]，于是守塞诸羌皆叛。诏谒者张鸿领诸郡兵击之，战于允吾[38]，鸿军败没。冬，十一月，复遣中郎将窦固监捕虏将军马武等二将军、四万人讨之。

是岁，南单于莫死，弟汗立，为伊伐于虑鞮单于。

（以上为第十一段，写光武帝驾崩，明帝顺利继位。）

【注释】

[1]辛未：正月八日。 [2]初立北郊：始立地坛于北郊。 [3]戊戌：二月五日。 [4]日昃（zè）：日过中午渐向西偏时分。 [5]夜分：午夜。 [6]承间谏：找一个好机会进谏。 [7]恢复前烈：发扬光大了前朝高帝的功业。 [8]杂止同席：起居饮食，平起平坐。 [9]宫省：宫禁。 [10]遣谒者将护官属分止他县：派谒者把诸侯王的官属护送分散到别的郡县。 [11]就邸：

令诸侯王出宫回到自己的官邸中。邸，诸侯设在京师的公馆。［12］朝晡入临：早晚入宫哭丧。［13］整礼仪：严整尊卑秩序仪礼。［14］作飞书：写匿名信。［15］苍头：家奴。［16］郭况：东海王刘强舅父。［17］东归：东海国治所鲁城，即今山东曲阜市，在京师之东。东海王刘强归国则向东。［18］白水：南阳舂陵县所属乡名，光武帝起兵之所。［19］故副主：故为皇储太子。［20］当为秋霜，毋为槛羊：大王（刘强）应为秋天严霜，肃杀万物，不要做栅栏里的绵羊，任人宰割。［21］母弟：同母弟。山阳王刘荆与明帝刘庄同为阴后所生。［22］秘其事：留中不办，机密其事。［23］丁卯：三月五日。［24］原陵：光武帝陵，在今河南洛阳市孟津区西。［25］丙辰：四月二十四日。［26］上无天子：指光武帝崩，上无天子。［27］下无方伯：指元老重臣薨，下无独当方面之臣。［28］小子：明帝谦称。［29］高密侯禹：邓禹，东汉开国功臣之一，封高密侯。传见《后汉书》卷十六。［30］东平王苍：刘苍，明帝刘庄同母弟。［31］"又诏"三句：明帝下诏东平王刘苍为骠骑将军，接着又下诏骠骑将军开府治事，设置长史（秘书长），掾属四十人，超过太尉、司徒、司空三公府，于是骠骑将军位在三公上，并列为四府。［32］西曹掾：掌人事的掾史。［33］议郎：宿卫郎官之一，秩比六百石。［34］烧当羌：即居于今青海境内的西羌。烧当，西汉元帝时的羌豪，其子孙以烧当为种号。［35］滇良：西汉末烧当羌豪，烧当之玄孙。［36］先零：羌种名，居湟水以南及青海湖西北。［37］允街：县名，治所在今甘肃永登县南庄浪河西岸。［38］允吾：县名，金城郡治，县治在今青海民和县。

显宗孝明皇帝[1]上

永平元年（戊午，58年）

春，正月，帝率公卿已下[2]朝于原陵[3]，如元会仪[4]。乘舆拜神坐，退，坐东厢；侍卫官皆在神坐后，太官[5]上食，太常奏乐；郡国上计吏[6]以次前，当神轩[7]占[8]其郡谷价及民所疾苦。是后遂以为常。

夏，五月，高密元侯邓禹薨。

东海恭王强病，上遣使者太医乘驿视疾[9]，骆驿不绝。诏沛王辅、济南王康、淮阳王延诣鲁省疾[10]。戊寅[11]，强薨，临终，上书谢恩，言："身既夭命，孤弱复为皇太后[12]、陛下忧虑，诚悲诚惭！息政[13]，小人也，猥当袭臣后，必非所以全利之也，愿还东海郡。今天下新罹大忧[14]，惟陛下加供养皇太后，数进御餐。臣强困劣，言不能尽意，愿并谢诸王，不意永不复相见也！"帝览书悲恸，从太后出幸津门亭[15]发哀，使大司空持节护丧事[16]，赠送以殊礼，诏楚王英、赵王栩、北海王兴及京师亲戚皆会葬。帝追惟强深执谦俭，不欲厚葬以违其意，于是特诏:“遣送之物,务从约省,衣足敛形,茅车瓦器[17],物减于制[18],以彰王卓尔独行之志[19]。”将作大匠[20]留起陵庙。

秋,七月,马武等击烧当羌,大破之,余皆降散。

山阳王荆私迎能为星者[21],与谋议,冀天下有变;帝闻之,徙封荆广陵王,遣之国。

辽东太守祭肜使偏何讨赤山[22]乌桓,大破之,斩其魁帅。塞外震詟[23],西自武威[24],东尽玄菟[25],皆来内附,野无风尘[26],乃悉罢缘边屯兵。

东平王苍以为中兴[27]三十余年,四方无虞,宜修礼乐,乃与公卿共议定南北郊冠冕[28]、车服制度及光武庙登歌、八佾[29]舞数,上之。

好畤愍侯耿弇薨。

(以上为第十二段,写汉明帝初即位,问民疾苦,修治礼乐。东海王刘强薨。)

【注释】

[1]显宗孝明皇帝:东汉第二代皇帝刘庄,光武帝第四子。幼名刘阳,后改名刘庄。胡三省注:“庄”之字曰“严”。公元58年至公元75年在位。 [2]已下:同“以下”。 [3]原陵:光武帝陵,在河南洛阳市孟津区西。 [4]如元会仪:明帝朝光武帝陵,使用生时朝会之仪,事死如事生。 [5]太官:官名,少府属官,掌御食。 [6]上计吏:各郡国的上计掾,掌地方钱粮户口。 [7]当神轩:面对光武帝神主。 [8]占:报告所统计的数据。 [9]上遣使者太医乘驿视疾:明帝派遣专使护送皇家太医,乘坐驿马车去诊治东海王刘强的疾病。 [10]诣鲁省疾:奉诏到鲁城去看视刘强的沛王刘辅、济南王刘康、淮阳王刘延,都是刘强的同母弟。 [11]戊寅:五月二十二日。 [12]皇太后:指明帝母阴丽华。 [13]息政:儿子刘政。 [14]大忧:指光武帝崩。 [15]津门亭:津门,洛阳城南面西边第一门,又名津阳门。每门皆有亭。 [16]大司空持节护丧事:皇帝丧事,由大司空主治。明帝特命大司空为藩王刘强治丧,以示殊礼。 [17]茅车瓦器:葬车用茅草制作,诸随葬器皿皆为陶器。 [18]物减于制:丧葬用物少于正常规定。[19]卓尔独行之志:特立独行的志节。 [20]将作大匠:官名,掌治宫室陵寝。 [21]能为星者:懂天文的星占方士。 [22]赤山:乌桓所居地,在辽东西北数千里,在今内蒙古境内。 [23]震詟:震恐。 [24]武威:郡名,郡治姑臧,在今甘肃武威市。 [25]玄菟:郡名,郡治在今辽宁辽阳市。 [26]风尘:借指战争。 [27]中兴:指东汉建立。 [28]定南北郊冠冕:这里指制定南郊祭天,北郊祭地,以及祭祀光武帝庙的礼仪,所用官帽、车马、礼服、乐曲等制度。定,制定。[29]八佾:天子舞乐,要用纵横皆为八人的乐队,共六十四人,称为八佾。

二年（己未，59 年）

春，正月，辛未[1]，宗祀光武皇帝于明堂[2]，帝及公卿列侯，始服冠冕[3]、玉佩[4]以行事。礼毕，登灵台[5]，望云物[6]。赦天下。

三月，临辟雍[7]，初行大射礼[8]。

冬，十月，壬子[9]，上幸辟雍，初行养老礼；以李躬为三老，桓荣为五更[10]。三老服都纻大袍[11]，冠进贤[12]，扶玉杖[13]；五更亦如之，不杖。乘舆到辟雍礼殿，御坐东厢，遣使者安车[14]迎三老、五更于太学讲堂，天子迎于门屏，交礼[15]；道自阼阶[16]，三老升自宾阶[17]；至阶，天子揖如礼。三老升，东面[18]，三公设几[19]，九卿正履[20]，天子亲袒割牲，执酱而馈[21]，执爵而酳[22]，祝鲠[23]在前，祝饐[24]在后。五更南面，三公进供，礼亦如之[25]。礼毕，引桓荣及弟子升堂，上自为下说[26]，诸儒[27]执经问难于前，冠带缙绅[28]之人圜桥门[29]而观听者，盖亿万计[30]。于是下诏赐荣爵关内侯[31]；三老五更皆以二千石禄养终厥身。赐天下三老[32]酒，人一石，肉四十斤。

上自为太子，受《尚书》于桓荣，及即帝位，犹尊荣以师礼。尝幸太常府[33]，令荣坐东面，设几杖[34]，会百官及荣门生数百人，上亲自执业[35]；诸生或避位[36]发难[37]，上谦曰："太师在是。"既罢，悉以太官供具赐太常家[38]。荣每疾病，帝辄遣使者存问，太官、太医相望于道。及笃，上疏谢恩，让还爵土。帝幸其家问起居，入街，下车，拥经而前，抚荣垂涕，赐以床茵、帷帐、刀剑、衣被，良久乃去[39]。自是诸侯、将军、大夫问疾者，不敢复乘车到门，皆拜床下。荣卒，帝亲自变服[40]临丧送葬，赐冢茔于首山[41]之阳。子郁当嗣，让其兄子泛；帝不许，郁乃受封，而悉以租入与之。帝以郁为侍中。

上以中山[42]王焉[43]，郭太后[44]少子，太后[45]尤爱之，故独留京师，至是始与诸王俱就国，赐以虎贲、官骑，恩宠尤厚，独得往来京师[46]。帝礼待阴、郭，每事必均，数受赏赐，恩宠俱渥。

甲子[47]，上行幸长安。十一月，甲申[48]，遣使者以中牢祠萧何、霍光[49]，帝过，式其墓[50]。进幸河东；癸卯[51]，还宫。

十二月，护羌校尉窦林坐欺罔及臧罪[52]，下狱死。林者，融[53]之从兄子也。于是窦氏一公、两侯、三公主、四二千石[54]相与并时，自祖及孙，官府邸第相望京邑，于亲戚功臣中莫与为比。及林诛，帝数下诏切责融，融惶恐乞骸骨，诏令归第养病。

是岁，初迎气于五郊[55]。

新阳侯阴就[56]子丰尚郦邑公主[57]。公主骄妒，丰杀之，被诛，父母皆自杀。

南单于汗死，单于比之子适立，为醢僮尸逐侯鞮单于。

（以上为第十三段，写明帝尊礼大儒，兴起儒学。）

【注释】

[1]辛未：正月十九日。[2]宗祀光武皇帝于明堂：在明堂举行隆重的祭礼祭祀光武帝。宗祀，狭义指宗庙祭祀，即祭祖。宗，崇也，尊也。广义的宗祀指隆重地祭祀天地百神。明堂，天子明政教之堂。明堂中建有太庙之室，陈列祖宗神主。[3]冠冕：祭祀宗祠光武帝各级人员的冠冕。皇帝戴通天冠；王侯戴远游冠；三公侯爵戴进贤冠，官帽上有三条竖梁；大夫、尚书、博士的官帽有两条竖梁；千石以下的官帽有一条竖梁。皇帝平顶冠上有十二支旒穗，三公以下至侯爵的平顶冠有七支旒穗。[4]玉佩：皇帝佩白玉，王侯佩黑玉，大夫佩苍玉，侯爵世子佩瑜玉。[5]灵台：观望天象的高台。[6]望云物：察望天象。[7]辟雍：国立大学。[8]大射礼：用比赛射箭方法选贤，有虎靶、熊靶、豹靶。[9]壬子：十月五日。[10]三老、五更：天子以父兄之礼敬养的元老，以宣扬孝悌之义。三老、五更各一人，以致仕的重臣担任。据《礼记》郑康成注，三老、五更为互言，他们精通三德、五事。三德为正直、刚毅、柔顺。五事为容貌、言论、观察、广听、思考。[11]都纻大袍：麻布大袍。[12]冠进贤：戴进贤冠。前高七寸，后高三寸，长八寸。[13]玉杖：手杖上端嵌镶有玉石斑鸠，用以祝福老人良于进餐。因斑鸠善食，取以为象。[14]安车：用蒲草裹轮的车。[15]交礼：君臣互相行礼。[16]道自阼阶：皇帝在东阶引导三老、五更升阶。道，通“导”。阼阶，东阶。按古礼，宾主升阶，宾客自西阶登，主人在东阶迎见。[17]宾阶：西阶。[18]东面：面向东而坐。三老升阶后，面向主位（东）而坐。[19]三公设几：由三公大臣摆设桌案。[20]九卿正履：由九卿大臣放妥木屐。[21]馈：献上饮食。天子亲自卷袖袒臂分割祭肉，然后捧起甜酱，一并进献三老。[22]酳（yìn）：以酒漱口，即敬酒。[23]鲠：鱼刺。[24]饐（yì）：饭室噎在喉。天子举杯向三老敬酒，首先祝福老人食鱼不被骨刺，然后祝福老人吃饭顺畅，身体健康。[25]“五更南面”三句：五更升阶后南向而坐，其他进食礼仪，与三老同。[26]上自为下说：明帝在太学面对三老、五更亲自讲经。下说，下语讲说。[27]诸儒：明习五经的儒学大师。[28]冠带缙绅：士大夫之代称。缙，通“搢”，插。绅，

插笏的赤色腰带。［29］桥门：辟雍有四个大门，门外有护城河环绕，有桥通门。护城河阻隔闲杂人靠近辟雍。［30］亿万计：夸张之辞。这里是说，环绕太学（辟雍）大门外护城桥头的士大夫这样的听众，成千上万。［31］关内侯：第十九级爵，在关内京师地区有采邑。五更桓荣为明帝刘庄老师，特赐关内爵。［32］天下三老：东汉郡、国、县、乡各级均有三老之官，掌教化。［33］幸太常府：明帝刘庄巡幸太常府。幸，天子亲临。时桓荣为太常。［34］设几杖：在桓荣的座前摆下桌案手杖。［35］上亲自执业：明帝刘庄亲自拿着经书听讲。执业，执经。［36］避位：离开座位，表示尊敬惶恐。［37］发难：发问请教。［38］悉以太官供具赐太常家：明帝临幸太常府，太官所掌御厨房随后供应饭食器具，事后全部送到太常桓荣家。［39］"入街"等句：明帝刘庄亲到桓荣家探望病情，一到巷口，就停下御车，手拿经书，徒步到病榻前，抚摸桓荣病体，流泪垂泣，并赏赐床褥、帷帐、刀剑、衣服、被子，坐了很久才离去。入街，车驾进入桓荣所居街巷。床茵，床褥。［40］变服：换穿丧服。［41］首山：即首阳山，在今河南洛阳市偃师区西北。［42］中山：封国名，治所卢奴，在今河北定州市。［43］焉：中山王刘焉，传见《后汉书》卷四十二。［44］郭太后：中山王太后郭圣通。原光武帝郭皇后，建武十七年被废，随少子中山王为王太后。［45］太后：指明帝刘庄生母阴丽华。［46］独得往来京师：诸王就国，回京师要事先报告，恩准后才能朝见皇帝。中山王蒙特殊恩遇，可随时进京。［47］甲子：十月十七日。［48］甲申：十一月七日。［49］萧何、霍光：西汉名臣。萧何传见《汉书》卷三十九。霍光传见《汉书》卷六十八。［50］式其墓：在车上向其墓地俯身致敬。［51］癸卯：十一月二十六日。［52］窦林坐欺罔及臧罪：其时烧当羌大豪滇吾叛，窦林以谒者领护羌校尉往讨。滇吾弟滇岸来降，窦林误奏为滇吾降。明年滇吾降，窦林奏为第一大豪。明帝怪其一种两豪，按验非实，是为期罔。凉州刺史又奏窦林贪污罪，于是林被下狱死。［53］融：窦融（前19—59）：西汉末割据河西五郡，归服光武帝封安丰侯。传见《后汉书》卷二十三。［54］窦氏一公、两侯、三公主、四二千石：窦融官至大司空，是为一公。融弟窦友封为显亲侯。安丰、显亲，是为两侯。窦融长子窦穆尚光武帝女内黄公主，窦友子窦固尚光武帝女涅阳公主，窦穆子窦勋尚东海王刘强女沘阳公主，是为三公主。窦融为卫尉，窦友、窦穆先后为城门校尉，窦林为护羌校尉，窦固为中郎将，是为四二千石。［55］迎气于五郊：在五郊举行迎节气庆典。立春之日，在东郊迎接春天，祭祀青帝句芒，车服皆青，歌《青阳》，八佾舞云翘之舞。立夏之日，在南郊迎接夏天，祭祀赤帝祝融，车服皆赤，歌《朱明》，舞如迎春。先立秋十八日，在中央祭坛迎接天神，祭祀黄帝与后土神，车服皆黄，歌《朱明》，八佾舞云翘育命之舞。立秋之日，在西郊迎接秋天，祭祀白帝蓐收，车服皆白，歌《白藏》，八佾舞育命之舞。立冬之日，在北郊迎接冬天，祭祀黑帝玄冥，车服皆黑，歌《玄冥》，舞如迎秋。［56］阴就：明帝刘庄舅，阴太后之弟。［57］郦邑公主：光武帝女。

三年（庚申，60 年）

春，二月，甲寅[1]，太尉赵憙、司徒李訢免。丙辰[2]，以左冯翊郭丹为司徒。己未[3]，以南阳太守虞延为太尉。

甲子[4]，立贵人马氏为皇后[5]，皇子炟为太子。

后，援之女也，光武时，以选入太子宫，能奉承阴后，傍接同列，礼则修备[6]，上下安之，遂见宠异；及帝即位，为贵人[7]。时后前母姊女贾氏亦以选入，生皇子炟；帝以后无子，命养之，谓曰："人未必当自生子，但患爱养不至耳！"后于是尽心抚育，劳悴过于所生。太子亦孝性淳笃，母子慈爱，始终无纤介[8]之间[9]。后常以皇嗣未广，荐达左右[10]，若恐不及。后宫有进见者，每加慰纳；若数所宠引，辄加隆遇。

及有司奏立长秋宫[11]，帝未有所言，皇太后曰："马贵人德冠后宫，即其人也。"后既正位宫闱，愈自谦肃，好读书。常衣大练[12]，裙不加缘[13]；朔望诸姬主朝请[14]，望见后袍衣疏粗，以为绮縠[14]，就视，乃笑[16]。后曰："此缯特宜染色，故用之耳。"群臣奏事有难平者[17]，帝数以试后，后辄分解[18]趣理[19]，各得其情，然未尝以家私干政事。帝由是宠敬，始终无衰焉。

帝思中兴功臣，乃图画二十八将于南宫云台[20]，以邓禹为首，次马成、吴汉、王梁、贾复、陈俊、耿弇、杜茂、冠恂、傅俊、岑彭、坚镡、冯异、王霸、朱祐、任光、祭遵、李忠、景丹、万修、盖延、邳肜、铫期、刘植、耿纯、臧宫、马武、刘隆；又益以王常、李通、窦融、卓茂，合三十二人[21]。马援以椒房之亲[22]，独不与焉。

夏，四月，辛酉[23]，封皇子建为千乘王，羡为广平王。

六月，丁卯[24]，有星孛于天船北[25]。

帝大起北宫。时天旱，尚书仆射[26]会稽钟离意[27]诣阙、免冠、上疏曰："昔成汤遭旱，以六事自责[28]曰：'政不节邪？使民疾邪？宫室营邪？女谒盛邪？苞苴行邪？谗夫昌邪？'窃见北宫大作，民失农时；自古非苦宫室小狭，但患民不安宁，宜且罢止，以应天心。"帝策诏报曰："汤引六事，咎在一人，其冠、履，勿谢[29]！"又敕大匠[30]止作诸宫，减省不急[31]。诏因谢公卿百僚，遂应时澍雨[32]。

意荐全椒[33]长刘平[34]，诏征拜议郎。平在全椒，政有恩惠，民或增赀就赋，或减年从役[35]。刺史[36]、太守[37]行部[38]，狱无系囚[39]，人自以得所，不知所问[40]，唯班诏书而去。

帝性褊察[41]，好以耳目隐发为明[42]，公卿大臣数被诋毁[43]，近臣尚书以下至见提曳[44]。常以事怒郎药崧[45]，以杖撞之；崧走入床下，帝怒甚，疾言曰："郎出！"崧乃曰："天子穆穆[46]，诸侯皇皇[47]，未闻人君，自起撞郎。"帝乃赦之。

是时朝廷莫不悚栗[48]，争为严切以避诛责[49]，唯钟离意独敢谏争，数封还诏书[50]，臣下过失，辄救解之。会连有变异，上疏曰："陛下敬畏鬼神，忧恤黎元[51]，而天气未和，寒暑违节者，咎在群臣不能宣化治职，而以苛刻为俗，百官无相亲之心，吏民无雍雍之志[52]，至于感逆和气，以致天灾。百姓可以德胜[53]，难以力服[54]，《鹿鸣》之诗[55]必言宴乐者，以人神之心洽，然后天气和也。愿陛下垂圣德，缓刑罚，顺时气以调阴阳。"帝虽不能时用，然知其至诚，终爱厚之。

秋，八月，戊辰[56]，诏改太乐官曰太予，用谶文[57]也。

壬申晦[58]，日有食之。诏曰："昔楚庄无灾，以致戒惧[59]，鲁哀祸大，天不降谴[60]。今之动变，傥尚可救，有司勉思厥职，以匡无德！"

冬，十月，甲子[61]，车驾从皇太后幸章陵[62]。荆州刺史郭贺，官有殊政，上赐以三公之服，黼黻[63]、冕旒[64]；敕行部去襜帷[65]，使百姓见其容服[66]，以章有德。戊辰[67]，还自章陵。

是岁，京师及郡国七大水[68]。

莎车王贤以兵威逼夺于阗、大宛、妫塞[69]王国，使其将守之。于阗人杀其将君德，立大人[70]休莫霸为王，贤率诸国兵数万击之，大为休莫霸所败，脱身走还[71]。休莫霸进围莎车，中流矢[72]死，于阗人复立其兄子广德为王，广德使其弟仁攻贤。广德父先拘在莎车，贤乃归其父，以女妻之，与之和亲。

（以上为第十四段，写明帝册立马皇后，表彰开国功臣，为政严苛，偏听偏信，亦能纳谏。）

【注释】

[1]甲寅：二月九日。［2］丙辰：二月十一日。［3］己未：二月十四日。［4］甲子：二月十九日。［5］马氏为皇后：汉章帝刘炟养母，显宗明德马皇后，伏波将军马援小女。史失其名，称马氏。传见《后汉书》卷十《皇后纪》。［6］礼则修备：马后对各种人伦关系处理得很好，礼数周到。［7］贵人：嫔妃之称，位仅次皇后。［8］纤介：细微。［9］间：隙，隔阂。马后与皇太子刘炟母子之间没有一点芥蒂。［10］荐达左右：马后贤淑无妒心，经常推荐宫中美女陪伴明帝，希冀多生皇子。［11］有司奏立长秋宫：主事官员奏请册立皇后。长秋宫，皇后所居之宫。［12］常衣大练：常服是粗厚的素色绸衣。［13］裙不加缘：裙子不另加边。［14］朔望诸姬主朝请：每月一日和十五日，嫔妃和公主入宫给皇后请安。［15］绮縠：厚重的高级绸缎。［16］就视，乃笑：走到跟前仔细观察，见是粗绸，嫔妃公主们忍不住笑起来。［17］难平者：难以决断的事件。［18］分解：分析评判。［19］趣理：入情入理。［20］图画二十八将于南宫云台：南宫，洛阳汉宫名。云台，宫中高台。图画当世功臣于殿堂，以为楷模，起于西汉宣帝图画功臣于麒麟阁故事。东汉云台二十八将，列名在《后汉书》卷二十二《马武传》后。［21］三十二人：以上三十二人，皆东汉开国功臣，为了与天官二十八宿之数吻合，故只图画二十八人。《后汉书》排列三十二人顺序为双列，上列十六人：邓禹、吴汉、贾复、耿弇、寇恂、岑彭、冯异、朱祜、祭遵、景丹、盖延、铫期、耿纯、臧宫、马武、刘隆；下列十六人：马成、王梁、陈俊、杜茂、傅俊、坚镡、王霸、任光、李忠、万修、邳彤、刘植、王常、李通、窦融、卓茂。古书直行书写，《资治通鉴》误将两列上下直读，于是列名顺序与《后汉书》不合。［22］椒房之亲：指马援为国丈。椒房，皇后所居之房。［23］辛酉：四月十七日。［24］丁卯：六月二十四日。［25］有星孛于天船北：在天船星北，出现彗星。［26］尚书仆射（yè）：官名，尚书令副手。尚书令不在，则代行职权，掌出纳章奏。［27］钟离意：字子阿，会稽山阴县（今浙江绍兴市）人，东汉名臣，仕光武帝、明帝两朝，官至大司徒、尚书仆射。传见《后汉书》卷四十一。［28］六事自责：成汤下罪己书，以六事责备自己。一曰行使权力是否有节制？二曰是否役使人民使其困苦？三曰营建宫室是否过度？四曰后宫是否太盛和干涉政事？五曰贿赂是否公行？六曰陷害忠良的奸臣是否得势？［29］其冠、履，勿谢：明帝诏报钟离意戴上帽子，穿上鞋子，不要谢罪。［30］大匠：将作大匠。［31］减省不急：裁省不急用的开支。［32］遂应时澍（shù）雨：于是上天降下及时雨。澍，及时雨。［33］全椒：县名，县治在今安徽全椒县。［34］刘平：字公子，楚郡彭城（今江苏徐州市）人，本名旷，显宗后改为平。王莽时为郡吏、县令、县长，为官清正廉洁。经丧乱，仕东汉光武帝、明帝两朝，官至宗正。传见《后汉书》卷三十九。［35］民或增赀就赋，或减年从役：平民中有的自动多报资产（赀），为的是多纳赋税；有的减轻自己年岁，为的是继续替国家服役。［36］刺史：州部行政长官。［37］太守：郡政府长官。［38］行部：巡察分区（部）各县。［39］系囚：羁押待审的囚犯。［40］不知所问：人民安乐，刺史、太守不知纠察什么。［41］褊察：偏听小报告。［42］好以耳目隐发为明：认为耳目能听视（洞察到）文武

百官的隐私就是圣明之主。［43］诋毁：诽谤。［44］提曳：推搡拉扯。［45］药崧：河内人，时为郎官，后官至南阳太守。传附《后汉书·钟离意传》。［46］穆穆：慈祥美善。［47］皇皇：同“煌煌”，盛大。这两句引自《礼记·曲礼》。［48］悚栗：恐惧战栗。［49］争为严切以避诛责：文武百官互相比赛严酷，阿意明帝以逃避诛杀或斥责。［50］数封还诏书：多次把下达的不适宜的诏书封起来退回宫中。这是臣下驳回诏书的形式，非诤诤直臣莫能为。［51］黎元：黎民百姓。［52］吏民无雍雍之志：官民之间缺少祥和的气氛。［53］德胜：以德服人。［54］力服：以强力压服。［55］《鹿鸣》之诗：《诗经·小雅》篇名。宴群臣嘉宾之诗。诗曰：“呦呦鹿鸣，食野之苹；我有嘉宾，鼓瑟吹笙。”辞语和婉，为的是沟通人神心灵，调和天象。［56］戊辰：八月二十五日。［57］谶文：图谶《尚书·璇玑钤》之文。其言曰：“有帝汉出，德洽作乐，名予。”于是据此改“太乐令”为“太予令”。［58］壬申晦：八月二十九日。［59］楚庄无灾，以致戒惧：《说苑》载，楚庄王时无天变灾异，于是恐惧说：“难道上天忘掉了我吗？”如此警惧，所以从谏如流。楚庄，楚庄王芈侣，春秋时楚国国君，公元前 613 年至公元前 590 年在位。［60］鲁哀祸大，天不降谴：《春秋感精符》载，鲁哀公时祸乱不断，天以其愚蒙，亦不降灾示警。鲁哀，鲁哀公姬蒋，春秋时鲁国昏君，公元前 494 年至公元前 467 年在位。［61］甲子：十月二十二日。［62］章陵：光武帝建武六年，改舂陵乡为章陵县，在今湖北枣阳市。光武帝刘秀父祖三代墓在此。［63］黼（fǔ）黻（fú）：三公礼服上刺绣的文采。用黑白两线绣成的斧形花纹叫黼，用黑青两线绣成的两己相背花纹叫黻。［64］冕旒：礼帽上的垂缨。三公冠有七条垂缨。［65］襜帷：车上四周的帘帐。［66］容服：容貌服饰。明帝特赐荆州刺史郭贺穿三公之服，坐敞篷车，让百姓目睹他的风采。［67］戊辰：十月二十六日。［68］京师及郡国七大水：京师洛阳及周围的七个郡国发生大水灾。［69］莎车、于阗、大宛、妫塞：均西域国名。莎车、于阗两国在我国今新疆南部。莎车王城在莎车，即今新疆莎车县。于阗王城在西城，在今新疆和田县南。大宛在葱岭西，王治贵山城，在今中亚卡散赛。妫塞国，塞种，临妫水而居，因以为国名。妫水，又名乌浒河，即今阿姆河之古称，流经今土库曼斯坦和乌孜别克斯坦两国，入咸海。［70］大人：贵族大臣。［71］脱身走还：全军覆没，只身逃走。［72］流矢：飞矢。

【点评】

本卷史事点评三事：一、马援蒙冤；二、匈奴内讧；三、光武帝迷信图谶。

一、马援蒙冤。武陵蛮反叛，马援请缨出征。光武帝怜惜马援年老，没有答应。马援效法廉颇，骑马扬威，表示老当益壮，可堪大任。光武帝笑着说：“果然是一个精神抖擞的老头。”光武帝于是派马援出征，中郎将马武、耿舒为副将。耿舒是好畤侯耿弇之弟。耿氏一门在光武帝经营河北时追随，亲爱无比。马援率军抵达下隽（在今湖南沅陵县东北），临近武陵蛮叛乱地区。从下隽进入武陵蛮腹地有两条进军路线，一是从壶头山（今湖南沅陵县东）进兵，路近便而沿途凶险；二是从充县

（在今湖南桑植县）进兵，路迂远而平坦。马援主张从壶头山进军，出其不意，速战速决，从充县进兵，时间拖得太久，军粮不够。但从充县进军，道路平坦，比较安全。两种意见，相持不下，同时报告光武帝，由皇帝裁决，光武帝批准了马援的进军路线，惹得耿舒不高兴。天不佑马援，由于酷暑行军，北方战士水土不服，瘟疫突然发生，士兵多病死，大军丧失了战斗能力，只好在沿溪河岸凿石窟避暑，暂时休养。马援也身染瘟疫，当敌人来攻，马援总是拖着病体，挣扎到洞口观察敌情。耿舒就写了一封告状信托其兄耿弇上呈光武帝，说马援进兵，不但进军路线错误，还像一个西域小商人，每到一处都要停留，慢吞吞地进兵，贻误了战机，现在瘟疫流行，完全像他所预料的那样。耿舒把马援的持重说成是畏敌，显然是恶意中伤。光武帝得到报告，派梁松前往调查，并担任监军官。

梁松，字伯孙，梁统长子。梁统是更始皇帝委任的武威太守，追随窦融归附光武帝，封临乡侯。梁松托父之福，年少为郎，任虎贲中郎将。马援曾经患病，梁松登门看望，在马援病榻前拜见，马援视梁松为晚辈，又在病中，因此没有还礼。梁松是皇帝女婿，满朝文武无不奉承，他认为马援没有还礼是看不起他，于是怀恨在心。马援的侄儿马严、马敦不守本分，好交结朋友。越骑司马杜保，作风孟浪，马援出征，致信马严、马敦不要与杜保交游。正好杜保的仇人上书揭发杜保行为浮躁，妖言惑众，并举出马援在万里外写给侄儿的信来作证。恰好梁松也与杜保交游。光武帝把控告书和马援的信交给梁松看，训斥了梁松。梁松吓得灵魂出窍，叩头流血才过了关。梁松从此更是对马援恨之入骨。梁松抓住调查马援贻误军机、导致大军受困的机会，大做文章，罗织罪状，报复马援。光武帝收到报告怒火中烧，立即下诏收回马援新息侯的印信。这时马援已死在军中，为国捐躯。早先，马援南征交趾时，买了一车预防瘟疫的南方特产薏苡，俗称薏米，既可入药，又可当杂粮吃。恰好这时有人出来诬告说马援征交趾受贿了一车珍珠。这是否是梁松唆使，不得而知。光武帝看了这封诬告状，更加愤怒，要罪及马援家属。马援妻儿闻讯，惊骇万分，不敢把马援的棺柩运回祖宗坟墓安葬，只好草草地掩埋在都城的西侧。

马援妻子和侄儿马严，把自己捆绑着到宫门请罪。光武帝给他们梁松的弹劾状子，马援的妻子才知道原委。回家后连续上书六道诉冤，光武帝置之不理。这时马援的亲友故旧没有一个人出来说话。云阳县长扶风人朱勃站出来为马援辩诬。朱勃是马援的近邻，马援哥哥马况的朋友，小时读书比马援敏捷，马援吃醋怀恨。马援尊贵后非常看不起朱勃，朱勃二十多年只是一个县长。朱勃不以为意，仍保持与马家的亲近关系。等到马援有难，只有一个朱勃出来替他说话。人世间炎凉冷暖，危难关头，方得彰显。俗话说，“疾风知劲草，路遥知马力”，朱勃乃可当此。

光武帝对于功臣，恩德至重，给他们高位，维护他们的平安。为什么偏偏对马援如此刻薄呢？马援处世谨慎，不说人坏话，规劝子侄避免灾祸，到头来却不能自保。范晔在《后汉书·马援传》的评论中认为，在名利场中，旁观者清，当局者迷。马援评论别人，与自己没有利害关系，只讲原则，看得准，说理正，而看自己，就名利蒙眼说不清了。要站在旁观者的立场看自己，就差不多了。范晔说的大道理是不错的，马援不从流俗而在梁松面前以长辈自居，合于原则，疏了人情，得罪了梁松，连儿子们都看得清楚，马援心里也明白，但自己地位尊显，又是梁松父亲梁统的朋友，无意中怠慢了梁松。马援哪里想得到梁松要害他呢？但看不起朱勃，无论人情，还是待人之礼，马援都是不对的。人无完人，金无足赤，马援也不例外。

光武帝对待马援的薄情寡恩，有失常态，范晔对此没有评论。王夫之《读通鉴论》认为是马援自找。王夫之说马援没有遵守道家功成名就应身退的原则，有了高官厚俸，年事已高，还要出征，用别人的军队替自己捞名利。在王夫之看来，出征就是掠夺，不然为什么要留恋戎马一生呢？事实胜于雄辩，马援掠夺了吗？买了一车薏米，就被说成是收受一车珍珠，这是害人者的恶意中伤。马援的一生名言是："男儿要当死于边野，以马革裹尸还葬耳。"又说："丈夫为志，穷当益坚，老当益壮。"马援说到做到，实践了自己的人生格言，是何等的思想境界，光武帝偏听偏信，与马援相比，只是一个小丈夫。"马革裹尸"成为千余年来鼓舞青年捍卫国家、树立凌云壮志人生观的格言成语，注入了炎黄子孙的灵魂。

马援时代，人们的思想观念受宗法制度与专制制度约束，亲亲至上，各种错综复杂的人情关系决定一切。所谓有理讲理，无理论大，谁是老大，谁说了算。封建社会，皇权至高无上，皇帝的话就是法律。马援生性高傲，无意中得罪了梁松，梁松抓住机会以驸马之亲在皇帝面前打小报告，马援自然是大祸临头。东汉统治集团高层以南阳豪强为班底，耿弇、窦融、梁统等是早期追随光武帝打天下的人，他们盘根错节，互相维护。马援半道投主，孤单无援。耿舒毁谤于前，梁松诬陷于后，耿氏、梁氏，加上皇室，联手加害马援，谁还敢对马援施以援手！光武帝发雷霆之怒，正是由于被亲情包围，加上猜疑心，只好去委屈马援了。马援既已身死，光武帝还有何顾忌。马援蒙冤，司空见惯。

二、匈奴内讧。强大的匈奴在西汉遭到汉武帝的沉重打击而衰落，分为南北两部，南匈奴归附汉朝，北匈奴远窜，在西域为患。到东汉建立，匈奴的这种格局依旧。匈奴南北两部对抗，对汉朝有利。东汉朝廷只接受南匈奴为归附，不接受北匈奴的归附与和亲，还挑动两部相争，自己坐收渔人之利。东汉朝廷高价赎回南匈奴获得的俘虏，再把俘虏无偿地归还北匈奴。

南匈奴单于栾提比俘获了北匈奴的左贤王莫鞬。光武帝建武二十六年（50）夏季，莫鞬左贤王煽动栾提比旧部五个骨都侯一起反叛栾提比，向北逃离，在距北匈奴王庭三百里的地方另立王庭。一个月后，叛逃的匈奴互相残杀，五个骨都侯全都死了，自称单于的薁鞬也自杀了。五位骨都侯的儿子们仍互不服气，各自拥兵自守，无止无休地互斗残杀。叛逃的匈奴原有三万多人，半年过后只剩下三千人，十分之九的匈奴都死于自己的刀下。这年冬天，剩下的三千匈奴人无法生存，于是南下回归南匈奴。北匈奴栾提蒲奴派兵追击，全部俘虏了这三千人。南匈奴单于栾提比派兵救援，被北匈奴打败，实力也受到损伤。中原得益于匈奴内讧，北方边疆恢复了宁静，云中、五原、朔方、北地、定襄、雁门、上谷、代郡等八个郡流亡在外的郡民，先后回归本土。东汉朝廷以夷制夷的政策获得成功。汉朝使臣到南匈奴王庭，单于栾提比行跪拜礼接受训书，昔日威风全无。

三、光武帝迷信图谶。光武帝刘秀曾在王莽天凤年间到长安向中大夫许子威学习《尚书》，略通大义。王莽末，天下大乱。宛人李通用图谶游说刘秀起事。李通说："刘氏复起，李氏为辅。"刘秀长兄刘縯，好侠养士，有一身武艺，素志反对王莽，先于刘秀起事，为众所服，更加坚定了刘秀起事的意志。刘秀一向忠厚，又懂经学，当他起事，穿上将军服，戴上武士帽，族人大惊，互相转告说："老实的刘秀都造反了，世道是要变了。"刘秀起事，稳定了军心。刘縯为更始帝所害，刘秀经营河北，成就了大事。建武元年，刘秀在鄗邑，当时为萧王，诸将劝其称尊号。这时从关中来了一个儒生强华手捧《赤伏符》献给萧王刘秀说："刘秀发兵捕不道，四夷云集龙斗野，四七之际火为主。"四七为二十八。从汉高祖到光武帝初起，合二百二十八年。汉高祖刘邦封王在公元前206年。刘秀起兵在公元22年，正好228年，即四七之际。汉为火德，故火为王。中元元年，公元56年，光武帝读《河图会昌符》曰："赤刘之九，会命岱宗。"光武帝刘秀是汉高祖的第九代孙。光武帝十分激动，诏令中郎将梁松等考核《河洛谶文》，找出高皇帝九世孙应当封禅的谶文有36条之多。光武帝于是按汉武帝元封元年封禅泰山的礼仪完成了封禅礼。十一月，明堂、灵台、辟雍落成，光武帝正式宣布图谶于天下。给事中桓谭上疏反对图谶，又在灵台会议时陈说图谶不是经典。光武帝大怒，要杀桓谭的头，桓谭求情，叩头流血，被贬出京，到六安县做县丞。太中大夫郑兴也曾反对图谶。光武帝询问郑兴："用图谶来决断郊祀的事可以吗？"郑兴回答："臣不懂图谶。"光武帝大怒说："卿不懂图谶，是反对吗？"郑兴说："臣没读过图谶，不是反对。"郑兴避免了惩罚。郑兴精通《春秋公羊传》《春秋左氏传》，不言图谶，不受重用。贾逵精通五经，运用图谶演绎经义，完成经学图谶化，身享高官厚禄。桓谭、郑兴、贾逵三位经学家对待图谶三种态度，三样下场。司马光引用范晔的话批评光武帝说："君王如此对待学术，岂不可悲。"

卷四五　汉纪三十七

汉明帝永平四年至十八年（61—75 年）

【起重光作噩（辛酉，61 年），尽旃蒙大渊献（乙亥，75 年），凡十五年】

【大事提要】

本卷记事起公元 61 年，讫公元 75 年，凡十五年，当汉明帝永平四年至永平十八年，囊括了一代明君的风采。汉明帝是东汉光武帝之后最有作为的一代明君，东汉国力达于鼎盛。对外，窦固北伐大破北匈奴，班超建功西域，重新开通了贯通欧亚的丝绸之路。佛教传入中国，古代东西方文化交流上了一个新台阶。汉明帝不尚浮夸，不信祥瑞。为政严苛，治楚王英谋反案，兴大狱，蒙冤者众。侍御史寒朗冒死谏诤，被平反者一千余人。统治集团上层奢靡之风潜滋暗长。窦融子孙纵诞不法，门庭衰落。

显宗孝明皇帝下

永平四年（辛酉，61 年）

春，帝近出观览城第[1]，欲遂校猎[2]河内[3]；东平王苍[4]上书谏；帝览奏，即还宫。

秋，九月，戊寅[5]，千乘哀王建[6]薨，无子，国除。

冬，十月，乙卯[7]，司徒郭丹[8]、司空冯鲂免，以河南尹[9]沛国[10]范迁为司徒，太仆[11]伏恭[12]为司空，恭，湛之子也。

陵乡侯梁松[13]坐怨望、悬[14]飞书[15]诽谤，下狱死。

初，上为太子，太中大夫[16]郑兴子众[17]以通经知名，太子[18]及山阳王荆[19]因梁松以缣帛请之，众曰：“太子储君，无外交[20]之义；汉有旧防[21]，蕃王[22]不宜私通宾客。”松曰：“长者[23]意，不可逆。”众曰：“犯禁触罪，不如守正而死。”遂不往。及松败，宾客多坐之，唯众不染于辞[24]。

于阗王广德将诸国兵三万人攻莎车[25]，诱莎车王贤，杀之，并其国。匈奴发诸国兵围于阗，广德请降。匈奴立贤质子不居征为莎车王，广德又攻杀之，更立其弟齐黎为莎车王。

东平王苍自以至亲辅政，声望日重，意不自安，前后累上疏称："自汉兴以来，宗室子弟无得在公卿位者，乞上骠骑将军[26]印绶，退就藩国。"辞甚恳切，帝乃许苍还国，而不听上将军印绶。

（以上为第一段，写郑众守正，刘苍自律，不贪权位。）

【注释】

［1］城第：洛阳城民宅。［2］校猎：大规模围猎。古代进行军事演习的一种形式。［3］河内：郡名，治所怀县，在今河南武陟县西南。［4］苍：刘苍，光武帝刘秀之子，封东平王。传见《后汉书》卷四十二。［5］戊寅：九月十二日。［6］建：刘建，明帝刘庄之子，封千乘王，谥曰哀。传见《后汉书》卷五十。［7］乙卯：十月十九日。［8］郭丹（前25—62）：字少卿，南阳穰县（今河南邓州市东南）人。曾仕更始，更始败，归光武帝，官至司徒。传见《后汉书》卷二十七。［9］河南尹：官名，京师洛阳行政长官。［10］沛国：郡国名，治所相县，在今安徽濉溪县西。［11］太仆：官名，九卿之一，掌皇帝舆马及苑牧。［12］伏恭（前6—84）：字叔齐。传见《后汉书》卷七十九下。据《后汉书》本传，伏恭为司徒伏湛之兄子。［13］梁松：陵乡侯梁统之子。事附《后汉书》卷三十四《梁统传》。［14］悬：张贴，悬挂。［15］飞书：匿名告示。［16］太中大夫：官名，掌顾问应对。［17］郑兴子众：郑兴及其子郑众，东汉初大儒，父子同传。见《后汉书》卷三十六。［18］太子：此指汉明帝刘庄。［19］山阳王荆：刘荆，明帝刘庄同母弟，初封山阳公，封爵山阳王，后徙封广陵王。传见《后汉书》卷四十二。据《后汉书·郑兴传》，太子刘庄及山阳王延请郑众事，在光武帝建武年间。［20］外交：与宫外朝官交结。［21］旧防：原有的禁令。汉制，太子及诸侯王不得与朝官交结。［22］蕃王：此指山阳王刘荆。［23］长者：尊贵者。［24］唯众不染于辞：只有郑众，没有被梁松宾客的口供所牵连。［25］于阗、莎车：皆西域国名。于阗都西城，在今新疆和田县南。莎车都莎车城，即今新疆莎车县。两国交兵事详《后汉书》卷八十八《西域传》。［26］骠骑将军：东汉执政大臣多加大将军、骠骑将军之职。骠骑将军位次大将军。

五年（壬戌，62年）

春，二月，苍罢归藩[1]；帝以骠骑长史为东平太傅，掾为中大夫，令史为王家郎[2]，加赐钱五千万，布十万匹。

冬，十月，上行幸邺[3]；是月，还宫。

十一月，北匈奴寇五原[4]；十二月，寇云中[5]，南单于击却之。

是岁，发遣边民在内郡者，赐装钱[6]，人二万。

安丰戴侯窦融[7]年老，子孙纵诞，多不法。长子穆尚内黄公主[8]，矫称阴太后[9]诏，令六安侯刘盱去妇[10]，以女妻之。盱妇家上书言状，帝大怒，尽免穆等官。诸窦为郎吏者，皆将家属归故郡[11]，独留融京师；融寻薨。后数岁，穆等复坐事[12]与子勋、宣皆下狱死。久之，诏还融夫人与小孙[13]一人居雒阳。

（以上为第二段，写窦融子孙纵诞不法，门庭衰落。）

【注释】

[1]归藩：回到封国。 [2]帝以骠骑长史为东平太傅，掾为中大夫，令史为王家郎：长史、掾、令史，骠骑将军府属官。太傅、中大夫、郎，藩王封国属官。明帝任命骠骑将军府属各级属官为东平王藩国属官，以示对东平王刘苍的恩宠。东平国治无盐，在今山东东平县东。 [3]邺：县名，魏郡治所，在今河北临漳县西南。 [4]五原：郡名，治所九原，在今内蒙古包头市西。[5]云中：郡名，治所云中，在今内蒙古托克托县北。 [6]装钱：治办行装的钱。 [7]窦融（前16—62）：字周公，累世为河西官吏。西汉末，窦融割据河西五郡，后归刘秀，助汉军攻灭隗嚣，封安丰侯，官至大司空。传见《后汉书》卷二十三。 [8]内黄公主：光武帝女，阴皇后所生。 [9]阴太后：即光武帝阴皇后，讳丽华。汉明帝刘庄之母。明帝即位，尊为太后。传见《后汉书》卷十上。 [10]去妇：休妻。据《后汉书》窦融本传，窦穆等仗势纵诞，多不法。以父封在安丰（在今河南固始县东南），地近六安（在今安徽六安市），欲使姻戚悉据故六安国，于是矫阴太后诏，令六安侯刘盱休去原妻，以女妻之，遭到刘盱妻娘家人的控告，被免官。 [11]归故郡：遣还原籍。窦融为京兆平陵人，在今陕西咸阳市西。窦穆等被免官，遣归故里，只允许窦融留在京师。窦穆子窦勋因尚东海王刘强女沘阳公主，亦蒙恩留京师。 [12]复坐事：又犯法蒙罪。窦穆回归故里，数年后被告发贿赂地方官，与其子窦宣皆蒙罪死平陵狱。子窦勋，亦受株连死于洛阳狱。 [13]小孙：年幼的小孙儿。

六年（癸亥，63年）

春，二月，王雒山[1]出宝鼎，献之。夏四月，甲子[2]，诏曰："祥瑞之降，以应有德；方今政化多僻[3]，何以致兹！《易》曰：'鼎象三公[4]，'岂公卿奉职得其理邪！其赐三公帛五十匹，九卿、二千石半之。

先帝诏书，禁人上事言‘圣’[5]，而间者[6]章奏颇多浮词[7]；自今若有过称虚誉，尚书[8]皆宜抑而不省[9]，示不为谄子[10]蚩[11]也。”

冬，十月，上行幸鲁[12]；十二月，还幸阳城[13]；壬午，还宫。

是岁，南单于适[14]死，单于莫[15]之子苏立，为丘除车林鞮单于；数月，复死，单于适之弟长立[16]，为湖邪尸逐侯鞮单于。

（以上为第三段，写汉明帝不尚浮夸，不信祥瑞。）

【注释】

[1]王雒山：山名，在庐江郡。 [2]甲子：四月七日。 [3]僻：乖僻。此指不合时宜的烦苛政令。 [4]鼎象三公：引自《易经》纬书之辞。鼎有三只脚，天子有三公辅佐，故云“鼎象三公”。东汉以太尉、司徒、司空为三公。 [5]禁人上事言“圣”：光武帝禁人上书歌颂“圣明”事，见《资治通鉴》卷四十二，建武七年。 [6]间者：近来。 [7]浮词：虚夸的颂词。 [8]尚书：东汉尚书，给事宫中出纳章奏，长官为尚书令。从光武帝起，“政归台阁”，尚书日益权重。 [9]抑而不省：压下不予批转，即不予受理。 [10]谄子：阿谀谄媚之徒。 [11]蚩：嗤笑。 [12]鲁：县名，县治在今山东曲阜市。 [13]阳城：县名，县治在今河南登封市东南。 [14]南单于适：即南匈奴汗国醢僮尸逐侯鞮单于，公元59年至公元63年在位。 [15]单于莫：即南匈奴丘浮尤鞮单于，公元56年至公元57年在位。 [16]单于适之弟长立：是为南匈奴湖邪尸逐侯鞮单于，公元63年至公元85年在位。

七年（甲子，64年）

春，正月，癸卯[1]，皇太后阴氏崩。二月，庚申[2]，葬光烈皇后[3]。

北匈奴犹盛，数寇边，遣使求合市[4]；上冀其交通，不复为寇，许之。

以东海相宗均[5]为尚书令。初，均为九江太守，五日一听事，悉省掾、史[6]，闭督邮[7]府内，属县无事，百姓安业。九江旧多虎暴，常募设槛[8]阱[9]，而犹多伤害。均下记[10]属县曰：“夫江、淮之有猛兽，犹北土之有鸡豚也，今为民害，咎在残吏[11]，而劳勤张[12]捕，非忧恤之本也。其务退奸贪，思进忠善，可一去槛阱，除削课制[13]。”其后无复虎患。帝闻均名，故任以枢机。均谓人曰：“国家喜文法[14]、廉吏[15]，以为足以止奸也；然文吏习为欺谩[16]，而廉吏清在一己，无益百姓流亡、盗贼为害也。均欲叩头争之，时未可改也，久将自苦之，乃可言耳！”未及言，会迁司隶校尉[17]。后上闻其言，追善之。

（以上为第四段，写循吏宗均为官，重视民生，敢为百姓言事。）

【注释】

[1]癸卯：正月二十日。 [2]庚申：二月八日。 [3]光烈皇后：光武帝阴皇后死后之谥。西汉诸后死后皆从帝谥。东汉皇后从阴皇后始，从帝谥之外又加一字，故为“光烈”。《谥法》：“能绍前业曰光；执德遵业曰烈。” [4]合市：即互市。当时中国与周边民族在边境上指定地点进行双边贸易的通称。 [5]宗均（？—76）：又名宋均。传见《后汉书》卷四十一。 [6]悉省掾、史：最大限度裁减掾、史等中下级吏员。 [7]督邮：官名，郡国守相派出监察地方的巡视官。一般每郡分为五部，称五部督邮。宗均恐督邮滋事扰民，将五部督邮闭守在府中，不派到地方上去。[8]槛：捕捉猛兽的栅栏。 [9]阱：捕兽的陷阱。 [10]下记：颁下训令。 [11]残吏：伤害道义的贪吏。 [12]张：设置。 [13]除：免除。削：减收。课制：额定的租赋。 [14]文法：公文法令之总称。这里指精通文法的官吏。 [15]廉吏：清正的官吏。 [16]习为：钻法令条文的空子。欺谩：欺下瞒上。 [17]司隶校尉：官名，纠察京畿地区的督察官。东汉司隶校尉督察河南、河内、河东、弘农及三辅等七郡。

八年（乙丑，65年）

春，正月，己卯[1]，司徒范迁薨。

三月，辛卯[2]，以太尉虞延为司徒，卫尉赵憙[3]行[4]太尉事。

越骑司马[5]郑众使北匈奴，单于欲令众拜，众不为屈。单于围守，闭之不与水火；众拔刀自誓[6]，单于恐而止，乃更发使，随众还京师。

初，大司农[7]耿国[8]上言：“宜置度辽将军[9]屯五原，以防南匈奴逃亡。”朝廷不从。南匈奴须卜骨都侯[10]等知汉与北虏[11]交使，内怀嫌怨，欲叛，密使人诣北虏，令遣兵迎之。郑众出塞，疑有异；伺候，果得须卜使人。乃上言：“宜更置大将，以防二虏交通。”由是始置度辽营，以中郎将[12]吴棠行度辽将军事，将黎阳虎牙营士屯五原曼柏[13]。

秋，郡国十四大水。

冬，十月，北宫成。

丙子，募死罪系囚诣度辽营；有罪亡命者[14]，令赎罪各有差[15]。楚王英[16]奉黄缣[17]、白纨[18]诣国相曰：“托在藩辅，过恶累积，欢喜大恩，奉送缣帛，以赎愆[19]罪。”国相以闻，诏报曰：“楚王诵黄、老之微言，尚浮屠[20]之仁慈，洁斋[21]三月，与神为誓，何嫌何疑，当有悔吝！其还赎，以助伊蒲塞、桑门[22]之盛馔。”

初，帝闻西域有神，其名曰佛，因遣使之天竺[23]求其道，得其书及沙门以来。其书大抵以虚无为宗，贵慈悲不杀；以为人死，精神不灭[24]，随复受形[25]；生时所行善恶，皆有报应[26]，故所贵[27]修炼精神[28]，以至为佛。善为宏阔胜大之言[29]，以劝诱愚俗。精于其道者，号曰沙门。于是中国始传其术，图其形像，而王公贵人，独楚王英最先好之。

壬寅晦[30]，日有食之，既[31]。诏群司勉修职事[32]，极言无讳[33]。于是在位者皆上封事[34]，各言得失；帝览章，深自引咎，以所上班示[35]百官。诏曰：“群僚所言，皆朕之过。民冤不能理，吏黠[36]不能禁；而轻用民力，缮修宫宇，出入无节，喜怒过差[37]。永览前戒，竦然兢惧；徒恐薄德，久而致怠耳！”

北匈奴虽遣使入贡，而寇钞[38]不息，边城昼闭。帝议遣使报其使者，郑众上疏谏曰：“臣闻北单于所以要[39]致汉使者，欲以离[40]南单于之众，坚三十六国[41]之心也；又当扬[42]汉和亲，夸示邻敌，令西域欲归化者局足[43]狐疑，怀土之人[44]绝望中国耳。汉使既到，便偃蹇[45]自信；若复遣之，虏必自谓得谋，其群臣驳议者[46]不敢复言。如是，南庭动摇[47]，乌桓有离心[48]矣。南单于久居汉地，具知[49]形势[50]，万分[51]离析[52]，旋[53]为边害。今幸有度辽之众扬威北垂，虽勿报答，不敢为患。”帝不从。复遣众往，众因上言：“臣前奉使，不为匈奴拜，单于恚恨，遣兵围臣；今复衔命[54]，必见陵折[55]，臣诚不忍持大汉节对毡裘独拜。如令[56]匈奴遂能服臣，将有损大汉之强。”帝不听。众不得已，既行，在路连上书固争[57]之；诏切责众，追还，系廷尉，会赦，归家。其后帝见匈奴来者，闻众与单于争礼之状，乃复召众为军司马[58]。

（以上为第五段，写佛教传播中国。郑众出使北匈奴，维护大国地位与礼仪，不屈匈奴，不辱使命。）

【注释】

[1]己卯：正月二日。[2]辛卯：三月丁未朔，无辛卯。[3]赵憙（前4—公元80）：传见《后汉书》卷二十六。[4]行：低一级官兼代上一级官称行。赵憙以禁军首领卫尉，代理全国最高军政长官太尉，故称行太尉事。[5]越骑司马：武官名。越骑，由归义越人组建的禁卫骑兵，长官为校尉，是低于将军的武官。司马为校尉之副。[6]拔刀自誓：举刀立誓，表明至死不屈的决心。[7]大司农：九卿之一，掌农林财赋。[8]耿国（？—58）：耿弇弟。传附《后汉书》卷十九《耿弇传》。耿国于永平元年卒于大司农任所，此为追书。[9]度辽将军：官名，戍卫北边以防匈奴。[10]须卜骨都侯：须卜，匈奴贵姓。骨都侯，有左、右，单于帐下大臣。[11]北虏：指北匈奴。[12]中郎将：武官名，统率禁卫中郎，有五官、左、右三中郎将。[13]将黎阳虎牙营士屯五原曼柏：（吴棠）率领原驻屯黎阳（军事重镇，在今河南浚县）的虎牙营兵，进驻五原郡曼柏（在今内蒙古包头市西）度辽将军营。[14]亡命者：受追捕的逃亡犯。[15]令：特令。赎罪：此指从军免罪。各有差：视犯罪轻重或免刑或减刑，规定了级差。[16]楚王英：光武帝子，崇尚佛门。传见《后汉书》卷四十二。[17]黄缣：黄色丝绸。[18]白纨：白色细绢。[19]愆：过失。[20]浮屠：又作浮图、佛图，即佛陀之异译。又，佛塔亦称浮屠。[21]洁斋：沐浴洁身，禁荤斋戒。[22]伊蒲塞、桑门：均指僧人，俗称和尚。伊蒲塞，又作优蒲塞，梵语译音，为受戒者之意。桑门，又作沙门，梵语译音，为修行者之意。[23]天竺：古印度之称。[24]精神不灭：灵魂不死。[25]随复受形：人死灵魂随之投胎，又成人形，转生回到人间。[26]报应：前生所为，来生得到回报。积善得善报，为恶得恶报。[27]贵：推崇。[28]修炼精神：修炼心灵以及行为。[29]宏阔胜大之言：高深莫测的言论。此指佛教宣扬的灵魂不灭、轮回报应、修身成佛等无根之言。[30]壬寅晦：十月三十日。[31]既：尽。指日食已尽。[32]勉修职事：努力于职任，奉公守法，提高效率。[33]极言无讳：直率地畅所欲言，不要有忌讳。[34]上封事：直接上呈皇帝亲启的秘密奏议。[35]班示：公布。班，同“颁”。[36]黠（xiá）：狡猾，奸诈。[37]过差：过分，过度。[38]钞：劫掠。[39]要：同“邀”，请求。[40]离：离间，疏远。使动用法，使南匈奴疏远中国。[41]三十六国：西域三十六国。[42]扬：大肆宣扬。[43]局足：同“局促”，拘束。[44]怀土之人：怀念故土的人。指各种原因流离在西域的中国人。[45]偃蹇：傲慢。[46]驳议者：指北匈奴群臣中驳斥敌视中国意见的人，即主张归附、通好中国的人。[47]南庭动摇：南匈奴归附中国的信心动摇。[48]离心：二心。指乌桓将随南庭动摇，对汉朝有二心。[49]具知：一一知悉，了如指掌。[50]形势：地理形势。[51]万分：万一。[52]离析：背离汉朝。[53]旋：立即。[54]衔命：受命为使。[55]陵折：凌辱。[56]如令：即令。[57]固争：强谏，据理力争。[58]军司马：官名，大将军部属，副官。据《后汉书》郑众本传，明帝起用郑众为军司马，使与虎贲中郎将马廖击车师，至敦煌，拜为中郎将，使护西域。

九年（丙寅，66 年）

夏，四月，甲辰[1]，诏司隶校尉、部刺史岁上[2]墨绶长吏[3]视事[4]三岁已上、治状[5]尤异者[6]各一人与计偕[7]上，及尤不治者亦以闻。

是岁，大有年[8]。

赐皇子恭号曰灵寿王，党号曰重熹王，未有国邑。

帝崇尚儒学，自皇太子诸王侯及大臣子弟、功臣子孙，莫不受经。又为外戚樊氏、郭氏、阴氏、马氏诸子立学于南宫，号“四姓小侯[9]”。置《五经》师，搜选高能以授其业。自期门、羽林[10]之士，悉令通《孝经》章句。匈奴亦遣子入学。

广陵王荆[11]复呼相工[12]谓曰：“我貌类先帝[13]，先帝三十得天下，我今亦三十，可起兵未？”相者诣吏告之，荆惶恐，自系狱，帝加恩，不考极[14]其事，诏不得臣属吏民[15]，唯食租如故[16]，使相、中尉[17]谨宿卫[18]之。荆又使巫[19]祭祀[20]、祝诅[21]。诏长水校尉[22]樊儵[23]等杂治[24]其狱，事竟，奏请诛荆。帝怒曰：“诸卿以我弟故，欲诛之；即我子，卿等敢尔邪？”儵对曰：“天下者高帝天下，非陛下之天下也。《春秋》之义，君亲无将，将而必诛[25]。臣等以荆属托母弟，陛下留圣心，加恻隐，故敢请耳；如令陛下子，臣等专诛而已。”帝叹息善之。儵，宏之子也。

（以上为第六段，写广陵王刘荆谋逆被告发，治狱大臣引《春秋》之义，判处其死刑。）

【注释】

[1]甲辰：四月辛未朔，无甲辰。 [2]上：举荐上报。 [3]墨绶长吏：指大县令以下的地方官。汉制，千石、六百石，墨绶。 [4]视事：治事。即上任办公。 [5]治状：治绩。[6]尤异者：最优秀的人。 [7]与计偕：与上计掾一同进京。计，各郡国属吏，负责向中央报告财赋户口等考绩的官员。明帝甲辰诏，责令司隶校尉和十三州刺史，每年推荐一个任职三年以下、考绩最优等的县长以下官员，随同各郡呈送考绩的上计掾，一起进京。考绩最差的，也要上报朝廷。 [8]大有年：五谷丰收。 [9]四姓小侯：四姓指樊氏（光武帝母族）、郭氏、阴氏（光武帝皇后外戚）、马氏（明帝马皇后外戚）。明帝为四姓外戚子弟专办一所南宫贵戚学校，入学子弟被称

为四姓小侯爷。［10］期门、羽林：禁卫军郎官之号。［11］荆：刘荆，明帝同母弟，不服明帝继位，行为不轨，多次被告发，自杀而死。传见《后汉书》卷四十二。［12］相工：看相的术士。［13］先帝：指光武帝。［14］考极：彻底追究。［15］不得臣属吏民：不得统治封国的吏民，即政治权力被剥夺。臣属，治理。［16］食租如故：享有原先定额的租税收入。［17］相、中尉：王国相、王国禁卫长，皆由中央委派。［18］谨宿卫：森严警卫，即严密监视。［19］巫：行使巫术的方士、法师。［20］祭祀：祈福。［21］祝诅：用巫术诅咒皇帝。［22］长水校尉：官名，汉武帝所置八校尉禁军之一，领胡骑驻屯长水。后汉因之。［23］樊鯈：光武帝舅樊宏之子。传附《后汉书》卷三十二《樊宏传》。［24］杂治：联合审议。即组成合议庭审判。［25］君亲无将，将而必诛：对国君和父母不能有弑逆行为，若有弑逆行为一定要诛杀。君，国君。亲，父母。将，指弑逆的行为。此两句引自《春秋公羊传》庄公三十二年。鲁庄公季同，有三弟，长曰庆父，次曰叔牙，次曰季友。庄公病，问后于叔牙，叔牙对曰："庆父材。"问于季友，季友曰："臣以死奉般。"般为庄公子。于是庄公命季友鸩杀叔牙，以避免叔牙将发动的拥立庆父为鲁君的叛乱。此引《春秋》之义，虽是国君手足兄弟之亲，为杜绝将要发生的弑逆叛乱，也一定诛杀不贷。

十年（丁卯，67年）

春，二月，广陵思王荆自杀，国除。

夏，四月，戊子[1]，赦天下。

闰月，甲午[2]，上幸南阳[3]，召校官弟子[4]作雅乐[5]，奏《鹿鸣》[6]，帝自奏埙篪[7]和之，以娱嘉宾。还，幸南顿[8]。冬，十二月，甲午[9]，还宫。

初，陵阳侯丁綝[10]卒，子鸿当袭封，上书称病，让国于弟盛，不报[11]。既葬，乃挂衰绖[12]于冢庐而逃去。友人九江[13]鲍骏遇鸿于东海[14]，让[15]之曰："昔伯夷[16]、吴札[17]，乱世权行[18]，故得申其志耳。《春秋》之义，不以家事废王事[19]。今子以兄弟私恩而绝父不灭之基[20]，可乎？"鸿感悟垂涕，乃还就国。鲍骏因上书荐鸿经学至行[21]，上征鸿为侍中。

十一年（戊寅，68年）

春，正月，东平王苍[22]与诸王俱来朝，月余，还国。帝临送[23]归宫，凄然怀思，乃遣使手诏赐东平国中傅[24]曰："辞别之后，独坐不乐，因就车归，伏轼而吟，瞻望永怀[25]，实劳我心。诵及《采菽》[26]，以增叹息。日者问东平王：‘处家何等最乐？’王言：‘为善最乐。’其言甚大，副是要腹[27]矣。今送列侯印十九枚，诸王子年五岁已上能趋拜[28]者，皆令带之。”

（以上为第七段，写汉明帝崇尚雅乐儒行，友爱兄弟。）

【注释】

[1]戊子：四月二十四日。 [2]甲午：闰十月三日。 [3]南阳：郡名，光武帝生地，治所宛县，在今河南南阳市。 [4]校官弟子：地方郡学生员。 [5]作雅乐：演奏雅乐。 [6]《鹿鸣》：《诗经·小雅》篇名，邀宴文武官员的诗。 [7]埙（xūn）：陶制乐器。篪（chí）：竹笛类乐器。 [8]南顿：县名，明帝祖父刘钦当县令的地方，县治在今河南项城市西。 [9]甲午：十二月四日。 [10]丁綝：字幼春，从光武帝征伐，封陵阳侯。事迹附其子丁鸿传中。丁鸿，历仕明帝、章帝、和帝三帝，官至司徒。传见《后汉书》卷三十七。 [11]不报：丁鸿请封爵的奏章，朝廷不回答，即不允许。 [12]衰（cuī）绖：丧服。 [13]九江：郡名，治所阴陵，在今安徽定远县西北。 [14]东海：郡名，治所郯县，在今山东郯城县。 [15]让：责备。 [16]伯夷：殷末孤竹君之子，让位于弟叔齐，逃隐于首阳山。传见《史记》卷六十一。 [17]吴札：春秋时吴王寿梦之少子季札，寿梦欲立为嗣子，季札辞让，于是寿梦乃立长子诸樊。 [18]权行：权宜行事。 [19]《春秋》之义，不以家事废王事：典出《公羊传》哀公三年。《春秋》大义，不以家庭私事妨碍国家大事。此指卫灵公因其子蒯聩不贤，而立其孙即蒯聩之子辄为国君的故事。 [20]不灭之基：永远不灭的万世基业。 [21]至行：品行高洁。 [22]东平王苍：汉明帝同母弟刘苍，光武帝建武十七年封为王。刘苍少好经书，肥胖美姿容，明帝甚爱之，拜为骠骑将军。传见《后汉书》卷四十二。 [23]帝临送：明帝亲自送行。 [24]中傅：官名，辅导王侯的师傅。 [25]永怀：内心深深怀念。 [26]《采菽》：《诗经·小雅》篇名。诗中有“君子来朝，何锡予之”的句子，故明帝吟咏以增叹惋之情。 [27]其言甚大，副是要腹：这句大话，恰如他的腰围。刘苍体胖，腰粗十围，故以取喻。 [28]趋拜：指行礼仪。趋，小跑。古人行礼，至尊长面前，要趋步上前，以示尊重。

十二年（己巳，69 年）

春，哀牢[1]王柳貌率其民五万余户内附，以其地置哀牢、博南二县[2]。始通博南山[3]，度兰仓水[4]，行者苦之，歌曰：“汉德广，开不宾[5]；度兰仓，为他人。”

初，平帝[6]时，河、汴[7]决坏，久而不修。建武十年，光武欲修之；浚仪[8]令乐俊上言，民新被兵革，未宜兴役，乃止。其后汴渠东侵，日月弥广[9]，兖、豫[10]百姓怨叹，以为县官[11]恒兴他役，不先民急。会有荐乐浪[12]王景能治水者，夏，四月，诏发卒数十万，遣景与将作谒者[13]王吴修汴渠堤，自荥阳东至千乘[14]海口千余里，十里立一水门[15]，令更相洄注[16]，无复溃漏[17]之患。景虽简省役费，然犹以百亿[18]计焉。

秋，七月，乙亥[19]，司空伏恭[20]罢；乙未[21]，以大司农牟融[22]为司空。

是时，天下安平，人无徭役，岁比登稔，百姓殷富，粟斛三十，牛羊被野。

（以上为第八段，写哀牢王内附，汉明帝修治黄河。）

【注释】

[1]哀牢：古西南夷种族名，居于云南南部澜沧江流域。[2]哀牢、博南二县：哀牢县治在今云南盈江县；博南县治在今云南永平县南。[3]博南山：山名，在博南县西。[4]兰仓水：即今澜沧江。[5]开不宾：使边远蛮荒不臣之民接受教化。开，开化，教化。不宾，不臣。[6]平帝：刘衎（kàn），汉元帝刘奭庶孙，西汉第十一代皇帝，公元1年至公元5年在位。[7]河：黄河。汴：水名，又名汳水。从河南荥阳首受河水，向东经开封，至山东菏泽，再折南合泗入淮。此水不断变迁，至隋已湮塞。[8]浚仪：县名，县治在今河南开封市西，汴水流经地。[9]日月弥广：随着岁月的流逝，汴水泛滥的区域日益扩大。[10]兖、豫：两州名。兖州当今山东西部。豫州当今河南大部地区。[11]县官：代朝廷，犹言官家、政府。[12]乐浪：郡名，郡治在今朝鲜平壤市。[13]将作谒者：以谒者王吴兼将作而权拟的官名。将作，职掌工程修建的政府机构，长官为将作大匠。谒者，官名，职掌宾赞受事，即礼宾官。[14]千乘：县名，东汉时为乐安国治所，地近渤海，在今山东高青县东。[15]水门：制水闸门。[16]更相洄注：一道道制水闸门，互相调节，用以减缓水势。洄注，水受闸门阻遏而回流。[17]溃：河堤崩塌。漏：渗漏。[18]亿：十万为一亿。[19]乙亥：七月二十四日。[20]伏恭（前6—84）：东汉诗学大儒。传见《后汉书》卷七十九下《儒林传》。[21]乙未：七月壬子朔，无乙未。[22]牟融：字子优，北海安丘县（在今山东安丘市）人。精通尚书。历仕明帝、章帝两朝。章帝时为太尉。传见《后汉书》卷二十六。

十三年（庚午，70年）

夏，四月，汴渠成；河、汴分流[1]，复其旧迹。辛巳[2]，帝行幸荥阳[3]，巡行河渠，遂渡河，登太行[4]，幸上党[5]；壬寅[6]，还宫。

冬，十月，壬辰晦[7]，日有食之。

楚王英[8]与方士作金龟、玉鹤，刻文字为符瑞[9]。男子燕广告英与渔阳[10]王平、颜忠等造作图书，有逆谋；事下案验。有司奏“英大逆不道，请诛之。”帝以亲亲不忍。十一月，废英，徙丹阳[11]泾县[12]，赐汤沐邑[13]五百户；男女为侯、主者，食邑如故[14]；许太后[15]勿上玺绶，留住楚宫。先是有私[16]以英谋告司徒虞延[17]者，延以英藩戚至亲，不然其言。及英事觉，诏书切让延。

十四年（辛未，71年）

春，三月，甲戌[18]，延自杀。以太常周泽[19]行司徒事；顷之，复为太常。夏，四月，丁巳[20]，以巨鹿太守南阳邢穆为司徒。

楚王英至丹阳，自杀。诏以诸侯礼葬于泾。封燕广为折奸侯。

是时，穷治楚狱[21]，遂至累年。其辞语相连，自京师亲戚[22]、诸侯、州郡豪杰及考按吏[23]，阿附坐死[24]、徙者[25]以千数，而系狱者[26]尚数千人。

初，樊儵弟鲔，为其子赏求楚王英女，儵闻而止之曰：“建武中，吾家并受荣宠，一宗五侯[27]。时特进[28]一言，女可以配王，男可以尚主；但以贵宠过盛，即为祸患，故不为也。且尔一子，奈何弃之于楚乎！”鲔不从。及楚事觉，儵已卒，上追念儵谨恪，故其诸子皆得不坐。

英阴疏[29]天下名士，上得其录，有吴郡太守尹兴名，乃征兴及掾史五百余人诣廷尉[30]就考[31]。诸吏不胜掠治[32]，死者大半；惟门下掾[33]陆续[34]、主簿梁宏、功曹史驷勋，备受五毒[35]，肌肉消烂，终无异辞。续母自吴[36]来雒阳，作食以馈续。续虽见考，辞色未尝变，而对食悲泣不自胜[37]。治狱使者问其故，续曰：“母来不得见，故悲耳。”问：“何以知之？”续曰：“母截肉未尝不方，断葱以寸为度，故知之。”使者以状闻，上乃赦兴等，禁锢[38]终身。

（以上为第九段，写汉明帝穷治楚王英谋反案，兴大狱，司徒虞延死，蒙冤者甚众。）

【注释】

[1]河、汴分流：河汴泛滥，则汴水东侵与河合流；今汴渠成，黄河东北流入渤海，汴水南下入泗水，是为两水分流的旧道。［2］辛巳：四月四日。［3］荥阳：县名，县治在今河南荥阳市。［4］太行：山名。［5］上党：郡名，治所长子，在今山西长子县。［6］壬寅：四月二十五日。［7］壬辰晦：十月甲辰朔，二十九日壬申，三十日癸酉，无壬辰。疑壬辰为二十九日壬申。晦，农历每月的末一天。［8］楚王英：汉明帝之兄，光武帝第三子，许美人所生。建武十七年封为楚王，少好游侠，交通宾客，图谋不轨，事觉被征，自杀。传见《后汉书》卷四十二。［9］刻文字为符瑞：指在金龟、玉鹤上刻下显示祥瑞的文字。［10］渔阳：郡名，治所渔阳，在今北京市密云区西南。［11］丹阳：郡名，治所宛陵，在今安徽宣城市。［12］泾县：丹阳属县，县治在今安徽泾县。［13］汤沐邑：等第次于侯邑的采邑，取其赋税以供汤沐之用。［14］男女为侯、主者，食邑如故：男女，指楚王英的儿女。男为列侯，女为公主，仍食采邑如故。即楚王英谋逆之罪，只罪其身。［15］许太后：楚王英母，光武帝许美人。［16］有私：有人暗中告发。据《后汉书》卷三十三《虞延传》，私告楚王英罪恶者，为明帝外家阴氏所指使。［17］虞延：字子大，陈留郡东昏县（在今河南兰考县）人，为官清廉，历官南阳太守、太尉、司徒。因牵连楚王英谋反案受责而自杀。传见《后汉书》卷三十三。［18］甲戌：三月三日。［19］周泽：字稺都，北海安丘县（今山东安丘市）人。周泽以太常行司徒事。传见《后汉书》卷七十九下《儒林传》。［20］丁巳：四月十六日。［21］穷治楚狱：穷追、深挖楚王英案。即扩大打击面。［22］京师亲戚：皇亲国戚。［23］考按吏：审问官。［24］坐死：判死罪。［25］徙者：流放。［26］系狱者：案情不明被拘留监狱的人。［27］一宗五侯：一门五侯。指樊儵之父樊宏封长罗侯，樊宏弟樊丹封射阳侯，侄（樊宏兄子）樊寻封玄乡侯，樊宏族兄樊忠封更父侯，樊宏封寿张侯，是为五侯。樊氏，外戚，樊宏为光武帝舅，故一门贵盛。［28］特进：官名，两汉魏晋时，特进为加官，只是恩宠大臣的一种荣衔。此指樊宏，本官光禄大夫，加特进。［29］阴疏：秘密记载。［30］廷尉：九卿之一，掌刑狱。［31］就考：接受审问。［32］掠治：刑讯。［33］门下掾：与下文的主簿、功曹史，均郡守属官。门下掾总理日常事务，主簿掌文书，功曹史司考选。［34］陆续：字智初，会稽郡吴县（今江苏苏州市）人，任吴郡门下掾。牵连楚王英案被捕，与主簿梁宏、功曹史驷勋三人，见枉受拷，始终不屈于刑讯，汉明帝感悟，释放三人，禁锢终身。陆续有传，见《后汉书》卷八十一《独行传》。［35］五毒：四肢及身遍受五毒苦刑。一鞭打，二棍打，三灼肤，四绳绑，五悬吊。［36］吴：县名，在今江苏苏州市。［37］悲泣不自胜：极度悲伤痛哭以至不能自持。［38］禁锢：限制自由，只能家居，不许出仕。

颜忠、王平辞引[1]隧乡侯耿建[2]、朗陵侯臧信[3]、濩泽侯邓鲤、曲成侯刘建[4]。建等辞未尝与忠、平相见。是时，上怒甚，吏皆惶恐，诸所连及，率一切陷入[5]，无敢以情恕者[6]。侍御史寒朗[7]心伤其冤，试以建等物色[8]，独问忠、平，而二人错愕[9]不能对。朗知其诈，乃上言："建等无奸，专为忠、平所诬；疑天下无辜，类多如此。"帝曰："即如是，忠、平何故引之？"对曰："忠、平自知所犯不道，故多有虚引，冀以自明。"帝曰："即如是，何不早奏？"对曰："臣恐海内别有发其奸者。"帝怒曰："吏持两端[10]！"促提下捶[11]之。左右方引去，朗曰："愿一言而死。"帝曰："谁与共为章[12]？"对曰："臣独作之。"上曰："何以不与三府[13]议？"对曰："臣自知当必族灭，不敢多污染[14]人。"上曰："何故族灭？"对曰："臣考事一年，不能穷尽奸状[15]，反为罪人讼冤，故知当族灭。然臣所以言者，诚冀陛下一觉悟而已。臣见考囚在事者[16]，咸共言妖恶大故，臣子[17]所宜同疾，今出之[18]不如入之[19]，可无后责。是以考一连十，考十连百。又公卿朝会，陛下问以得失，皆长跪言：'旧制，大罪祸及九族；陛下大恩，裁[20]止于身，天下幸甚！'及其归舍，口虽不言而仰屋窃叹[21]，莫不知其多冤，无敢忤[22]陛下言者。臣今所陈，诚死无悔！"帝意解，诏遣朗出。

后二日，车驾自幸洛阳狱录囚徒[23]，理出[24]千余人。时天旱，即大雨。马后亦以楚狱多滥，乘间[25]为帝言之，帝恻然感悟，夜起彷徨[26]，由是多所降宥[27]。

任城令汝南袁安[28]迁楚郡太守，到郡不入府，先往按[29]楚王英狱事，理其无明验者，条上出之。府丞、掾史皆叩头争，以为"阿附反虏，法与同罪，不可。"安曰："如有不合，太守自当坐之，不以相及也。"遂分别具奏。帝感悟，即报许[30]，得出者四百余家。

夏，五月，封故广陵王荆[31]子元寿为广陵侯，食六县。又封窦融孙嘉为安丰侯[32]。

初作寿陵[33]，制："令流水[34]而已，无得起坟。万年之后[35]，扫地[36]而祭，杅水[37]脯糒[38]而已。过百日，唯四时设奠[39]。置吏卒数人，供给洒扫。敢有所兴作[40]者，以擅议宗庙法从事[41]。"

（以上为第十段，写侍御史寒朗冒死谏诤，为楚王英案扩大化申冤，明帝感悟，平反千余人。）

【注释】

[1]辞引：供词牵引。 [2]隧乡侯耿建：王先谦《后汉书集解》引惠栋说，坐楚事者为莒乡侯耿阜，非隧乡侯耿建。 [3]朗陵侯臧信：臧宫封朗陵侯，信乃臧宫之子。 [4]濩泽侯邓鲤、曲成侯刘建：两人事迹无考。 [5]率：大都。一切陷入：一律卷入楚狱一案被定罪。 [6]无敢以情恕者：没有一个审判官敢替冤枉的人开释。情，冤情。 [7]侍御史寒朗：侍御史，官名，御史大夫属官，掌监察。寒朗（15—109）：字伯奇，鲁国薛县（今山东滕州市东南）人。仕明帝、章帝两朝，长期为地方官，所在为百姓称颂，年八十四卒。传见《后汉书》卷四十一。 [8]物色：服饰形貌。 [9]错愕：惊愕。 [10]持两端：模棱两可，左右逢源。 [11]捶：受笞刑。[12]章：指诉冤的奏章。 [13]三府：太尉、司徒、司空三府。 [14]污染：连累。 [15]穷尽奸状：把逆谋奸恶的情况追查得一清二楚。 [16]考囚在事者：审判罪犯的当事人，即审判官们。 [17]臣子：臣僚及天下子民。 [18]出之：有罪不判或重罪轻判为“出罪”，即将冤者开释。[19]入之：无罪判刑或轻罪重判为“入罪”，即按供词抓捕进去。[20]裁：通“才”，仅仅。[21]仰屋窃叹：仰望屋顶，暗自悲叹。形容审判官们明知楚狱扩大化，人多蒙冤而无力回天的无可奈何的心情。 [22]忤：违逆，不阿意顺从。 [23]录囚徒：查阅囚犯卷宗。 [24]理出：平反释放。 [25]乘间：找机会。 [26]彷徨：徘徊。 [27]宥：宽宥，赦免。 [28]袁安（？—92）：字邵公，汝南汝阳（今河南商水县）人，东汉名臣，历仕明帝、章帝、和帝三朝，官至司空、司徒。传见《后汉书》卷四十五。 [29]按：复查。 [30]报许：批复可其奏。 [31]广陵王荆：明帝同母弟。 [32]封窦融孙嘉为安丰侯：窦融本封安丰侯，子孙犯法失侯，今又重封，以念功臣旧勋。 [33]寿陵：皇帝生时预建陵冢，称寿陵。此即明帝节陵，在洛阳市西北。 [34]流水：指排水渠道。 [35]万年之后：死后。 [36]扫地：打扫坟墓。 [37]杅水：一碗水。杅，饮器。[38]脯：干肉。糒：干粮。 [39]唯四时设奠：四时，春夏秋冬四季。每年只在四时祭奠四次。[40]兴作：指扩建节陵。 [41]以擅议宗庙法从事：用擅自议论改变皇室祭庙法罪论处。汉法，擅议宗庙，罪当弃市。

十五年（壬申，72年）

春，二月，庚子[1]，上东巡。癸亥[2]，耕于下邳[3]。三月，至鲁[4]，幸孔子宅[5]，亲御讲堂[6]，命皇太子[7]、诸王[8]说《经》；又幸东平[9]、大梁[10]。夏，四月，庚子[11]，还宫。

封皇子恭为巨鹿王，党为乐成王，衍为下邳王，畅为汝南王，昞为常山王，长为济阴王；帝亲定其封域，裁令半楚、淮阳[12]。马后曰：“诸子数县，于制[13]不亦俭乎？”帝曰：“我子岂宜与先帝子等，岁给二千万足矣！”

乙巳[14]，赦天下。

谒者仆射耿秉[15]数上言请击匈奴，上以显亲侯窦固[16]尝从其世父融在河西，明习边事，乃使秉、固与太仆祭肜、虎贲中郎将马廖、下博侯刘张、好畤侯耿忠[17]等共议之。耿秉曰："昔者匈奴援引弓之类[18]，并左衽[19]之属，故不可得而制。孝武既得河西四郡及居延、朔方[20]，虏失其肥饶畜兵之地，羌、胡分离[21]；唯有西域，俄复内属；故呼韩邪单于[22]请事款塞，其势易乘也。今有南单于，形势相似；然西域尚未内属，北虏未有衅作。臣愚以为当先击白山[23]，得伊吾[24]，破车师[25]，通使乌孙[26]诸国以断其右臂；伊吾亦有匈奴南呼衍一部，破此，复为折其左角，然后匈奴可击也。"上善其言。议者或以为"今兵出白山，匈奴必并兵相助，又当分其东以离其众。"上从之。十二月，以秉为驸马都尉，固为奉车都尉；以骑都尉[27]秦彭[28]为秉副，耿忠为固副，皆置从事、司马[29]，出屯凉州[30]。秉，国之子；忠，弇之子；廖，援之子也。

（以上为第十一段，写汉明帝采纳耿秉建言，部署出击匈奴。）

【注释】

[1]庚子：二月四日。[2]癸亥：二月二十七日。[3]下邳：县名，县治在今江苏邳州市南。[4]至鲁：到达鲁地。鲁，原为国名，后世为地域之称。西周封周公之子伯禽于鲁，鲁国都在今山东曲阜市。秦置鲁县。[5]孔子宅：孔子故居，即今山东曲阜市之孔府。[6]亲御讲堂：明帝亲临孔子当年的讲堂。[7]皇太子：明帝子刘炟，后为章帝。[8]诸王：诸皇室亲王。[9]东平：王国名，治所无盐，在今山东东平县东。[10]大梁：浚仪县治，旧大梁城，在今河南开封市。[11]庚子：四月五日。[12]裁令半楚、淮阳：东汉永平十五年无楚、淮阳国。光武帝子刘英封楚，已在永平十三年废。此指前汉楚、淮阳国，谓明帝诸子所封六国，总和仅及旧楚、淮阳国之半。明帝子巨鹿王刘恭，在章帝章和二年徙楚故地，改称彭城王。常山王刘昞，在章帝建初四年徙淮阳故地，改称陈国。[13]制：指封国旧制、规模。[14]乙巳：四月十日。[15]耿秉（约40—91）：字伯初，东汉开国功臣耿弇之弟耿国之子，仕明帝、章帝两朝，历任征西将军、度辽将军，击匈奴建功，官至光禄勋。附传《后汉书》卷十九《耿弇传》。[16]窦固（？—88）：窦融弟窦友之子，东汉御边名将。传附《后汉书》卷二十三《窦融传》。[17]祭肜、马廖、刘张、耿忠：四人皆功臣皇亲子弟。祭肜，祭遵之弟，传附《后汉书》卷二十《祭遵传》。马廖，马援之子，传附《后汉书》卷二十四《马援传》。刘张，光武兄刘伯升之孙，事附《刘伯升传》，见《后汉书》卷十四。耿忠，耿弇之子，事附《耿弇传》。[18]引弓之类：指诸游牧部族。

[19]左衽：衣襟左开。指少数民族。 [20]河西四郡及居延、朔方：河西四郡，在甘肃河西走廊，汉武帝逐匈奴后，置武威、张掖、酒泉、敦煌四郡。居延，边塞名，县治在今内蒙古额济纳旗南。朔方，郡名，治所朔方，在今内蒙古包头市西黄河南。 [21]羌、胡分离：羌，居于祁连山南青海高原的游牧民族，古称西羌。胡，指匈奴。西汉开通河西，隔断了羌胡的联系。 [22]呼韩邪单于：西汉宣帝时，匈奴始分为南北二部。虚闾权渠子稽侯狦为南匈奴呼韩邪单于，公元前58年至公元前31年在位。宣帝甘露二年（前52），呼韩邪单于入朝，汉匈和亲，北疆遂安。 [23]白山：即雪山，指天山。 [24]伊吾：戍卫城，名伊吾卢，东汉置宜禾都尉，在今新疆哈密市，地当通西域的交通要冲，为汉匈往复争夺之地。 [25]车师：西域国名，在今新疆吐鲁番市。 [26]乌孙：西域大国，尝与汉和亲共御匈奴。其地在新疆西中亚巴尔喀什湖以东以南地区。 [27]驸马都尉、奉车都尉、骑都尉：官名。三都尉皆西汉武帝时始置。奉车都尉掌乘舆，驸马都尉掌天子副马，骑都尉掌禁卫军羽林骑。 [28]秦彭（？—88）：外戚，明帝秦贵人兄。传见《后汉书》卷七十六《循吏列传》。 [29]从事、司马：皆佐史副官，从事主文书，司马主军事。 [30]凉州：州名，州治姑臧，在今甘肃武威市。

十六年（癸酉，73年）

春，二月，遣肜与度辽将军[1]吴棠将河东、西河羌、胡及南单于[2]兵万一千骑出高阙塞[3]，窦固、耿忠率酒泉、敦煌、张掖甲卒及卢水羌[4]、胡万二千骑出酒泉塞，耿秉、秦彭率武威、陇西、天水募士及羌、胡万骑出张掖居延塞，骑都尉来苗、护乌桓校尉[5]文穆将太原、雁门、代郡、上谷、渔阳、右北平、定襄郡兵及乌桓、鲜卑[6]万一千骑出平城塞[7]，伐北匈奴。窦固、耿忠至天山[8]，击呼衍王，斩首千余级；追至蒲类海[9]，取伊吾卢地，置宜禾都尉，留吏士屯田伊吾卢城。耿秉、秦彭击匈林王[10]，绝幕[11]六百余里，至三木楼山[12]而还。来苗、文穆至匈河水[13]上，虏皆奔走，无所获。祭肜与南匈奴左贤王信不相得，出高阙塞九百余里，得小山，信妄言以为涿邪山[14]，不见虏而还。肜与吴棠坐逗留畏懦，下狱，免[15]。肜自恨无功，出狱数日，欧血死；临终，谓其子曰："吾蒙国厚恩，奉使不称，身死诚惭恨，义不可以无功受赏。死后，若悉[16]簿上[17]所得物[18]，身自诣兵屯，效死前行，以副吾心。"既卒，其子逢上疏，具陈遗言。帝雅重[19]肜，方更任用，闻之，大惊，嗟叹良久。乌桓、鲜卑每朝贺京师，常过肜冢拜谒，仰天号泣；辽东[20]吏民为立祠[21]，四时奉祭焉。窦固独有功，加位特进。

（以上为第十二段，写窦固大破北匈奴。）

【注释】

[1]度辽将军：将军名号，汉武帝时始置，北御匈奴。明帝时度辽将军驻屯五原郡曼柏城，在今内蒙古托克托县西南。［2］南单于：南匈奴单于庭，驻节五原郡美稷县，在今内蒙古准格尔旗西北。［3］高阙塞：在今内蒙古杭锦后旗东北。阴山山脉在此中断，成一缺口，望之如门，故名。此时为朔方郡北部边关。［4］卢水羌：即卢水胡，居卢水（湟水支流）而得名，在今青海湖东西宁市西一带。［5］护乌桓校尉：武官名，职掌抚领北方乌桓及鲜卑。［6］乌桓、鲜卑：当时北方蒙古高原上的两大游牧部族。乌桓在鲜卑之东，今内蒙古东部地区。［7］平城塞：在今山西大同市东。［8］天山：指蒲类海以西的祁连山。［9］蒲类海：即今新疆巴里坤湖。［10］匈林王：胡三省注，匈，当作句（gōu），即句林王。［11］绝幕：穿过沙漠。幕，通“漠”。［12］三木楼山：今地不详。［13］匈河水：水名，在蒙古国境内，今地不详。［14］涿邪山：即今蒙古国南境的古尔班察汗山。［15］免：罢官。［16］悉：尽数，全部。［17］簿上：造册登记上奏。［18］所得物：原先所得的赏赐之物。［19］雅重：一向尊重。［20］辽东：郡名，治所襄平，在今辽宁辽阳市。［21］立祠：祭肜曾为辽东太守，威行于乌桓、鲜卑，有德于当地黎民，故民夷感戴，立祠祭祀。

固使假[1]司马班超[2]与从事郭恂俱使西域。超行到鄯善[3]，鄯善王广奉超礼敬甚备，后忽更疏懈。超谓其官属曰：“宁觉广礼意薄乎？”官属曰：“胡人不能常久，无他故也。”超曰：“此必有北虏[4]使来，狐疑未知所从故也。明者睹未萌，况已著邪！”乃召侍胡[5]，诈之曰：“匈奴使来数日，今安在乎？”侍胡惶恐曰：“到已三日，去此三十里。”超乃闭侍胡，悉会其吏士三十六人，与共饮，酒酣，因激怒之曰：“卿曹与我俱在绝域，今虏使到裁数日，而王广礼敬即废。如令鄯善收吾属送匈奴，骸骨长为豺狼食矣，为之奈何？”官属皆曰：“今在危亡之地，死生从司马！”超曰：“不入虎穴，不得虎子。当今之计，独有因夜以火攻虏，使彼不知我多少，必大震怖，可殄[6]尽也。灭此虏，则鄯善破胆，功成事立矣。”众曰：“当与从事议之。”超怒曰：“吉凶决于今日；从事文俗吏，闻此必恐而谋泄，死无所名，非壮士也。”众曰：“善！”初夜，超遂将吏士往奔虏营。会天大风，超令十人持鼓藏虏舍后，约曰：“见火然，皆当鸣鼓大呼。”余人悉持兵弩，夹门而伏。超乃顺风纵火；前后鼓噪[7]，虏众惊乱，超手格杀[8]三人，吏兵斩其使及从士三十余级，余众百许人悉烧死。明日乃还，告郭恂，恂大惊；既而色动[9]，超知其意，举手曰："掾虽不行，班超何心独擅之乎！"恂乃悦。超于是召鄯善王广，以虏使首示之，一国震怖。超告以汉威德，"自今以后，勿复与北虏通。"广叩头，"原属汉，无二心，"遂纳子为质。还白窦固，固大喜，具上超功效，并求更选使使西域。帝曰："吏如班超，何故不遣，而更选乎！今以超为军司马，令遂前功。"

固复使超使于阗[10]，欲益其兵；超愿但将本所从三十六人，曰："于阗国大而远，今将数百人，无益于强；如有不虞，多益为累耳。"是时于阗王广德雄张[11]南道，而匈奴遣使监护其国。超既至于阗，广德礼意甚疏。且其俗信巫，巫言："神怒，何故欲向汉？汉使有騧马[12]，急求取以祠[13]我！"广德遣国相私来比就超请马。超密知其状，报许之，而令巫自来取马。有顷，巫至，超即斩其首；收私来比，鞭笞数百。以巫首送广德，因责让之。广德素闻超在鄯善诛灭虏使，大惶恐，即杀匈奴使者而降。超重赐其王以下，因镇抚焉。于是诸国皆遣子入侍[14]，西域与汉绝六十五载[15]，至是乃复通焉。超，彪之子也。

淮阳王延[16]，性骄奢，而遇下严烈。有上书告"延与姬兄谢弇及姊[17]婿韩光招奸猾，作图谶[18]，祠祭祝诅[19]。"事下按验。五月，癸丑[20]，弇、光及司徒邢穆皆坐死，所连及死徙者甚众。

戊午晦[21]，日有食之。

六月，丙寅[22]，以大司农西河王敏为司徒。

有司奏请诛淮阳王延；上以延罪薄于楚王英，秋，七月，徙延为阜陵王，食二县。

是岁，北匈奴大入云中[23]，云中太守廉范[24]拒之；吏以众少，欲移书旁郡求救，范不许。会日暮，范令军士各交缚两炬[25]，三头爇[26]火，营中星列[27]。虏谓汉兵救至，大惊，待旦将退。范令军中蓐食[28]，晨，往赴之，斩首数百级，虏自相辚藉[29]，死者千余人，由此不敢复向云中。范，丹[30]之孙也。

（以上为第十三段，写班超建功西域。）

【注释】

[1]假：副职。 [2]班超（32—102）：字仲升，扶风平陵（在今陕西咸阳市东北）人，东汉名将，威行西域，封定远侯。传见《后汉书》卷四十七。 [3]鄯善：西域国名，在今罗布泊西，地处通西域的南北要冲。[4]北虏：指北匈奴。[5]侍胡：鄯善王所派的接待官。[6]殄（tiǎn）：歼灭。 [7]鼓噪：呐喊。即大声呼叫杀敌。 [8]格杀：斗杀。 [9]色动：变脸色。 [10]于阗：西域国名，在今新疆和田县。 [11]雄张：妄自尊大。 [12]騧（guā）马：黄色黑嘴的骏马。 [13]祠：祭享。此为供奉。 [14]遣子入侍：派遣王子到汉朝作人质。 [15]六十五载：王莽天凤三年（16）焉耆杀王莽所遣五威将王骏，西域诸国于是与中国绝交，至此为五十八年。此言六十五，是从王莽始建新朝之年，即始建国元年（9）算起。 [16]淮阳王延：光武帝子。传见《后汉书》卷四十二。 [17]姊：刘延姊，馆陶公主。 [18]图谶：神秘的预言书。 [19]祝诅：诅咒皇上。 [20]癸丑：五月二十五日。 [21]戊午晦：五月三十日。 [22]丙寅：六月八日。[23]云中：郡名，治所云中，在今内蒙古呼和浩特市西南。[24]廉范：字叔度，京兆杜陵县（今西安市长安区东南）人。战国时名将廉颇之后。公忠体国有廉颇之风，为云中、武威、武都沿边太守，虏敌不敢犯边。传见《后汉书》卷三十一。 [25]交缚两炬：将两束火炬交叉捆缚成十字，一头手持，三头点火，使敌人望之，疑汉有增兵。[26]爇（ruò）：燃烧。[27]星列：如繁星布列。[28]蓐（rù）食：在寝席上进食。蓐，草席。 [29]蹸藉：践踏。 [30]丹：廉丹，战国时赵将廉颇之后，廉范之祖，王莽时为大司马、更始将军。事迹散见于两《汉书》中。

十七年（甲戌，74年）

春，正月，上当谒原陵[1]，夜，梦先帝、太后如平生欢，既寤[2]，悲不能寐；即案历[3]，明旦日吉，遂率百官上陵。其日，降甘露于陵树，帝令百官采取以荐[4]。会毕，帝从席前伏御床，视太后镜奁中物[5]，感动悲涕，令易[6]脂泽[7]装具[8]；左右皆泣，莫能仰视。

北海敬王睦[9]薨。睦少好学，光武及上皆爱之。尝遣中大夫[10]诣京师朝贺，召而谓之曰："朝廷设问寡人，大夫将何辞以对？"使者曰："大王忠孝慈仁，敬贤乐士，臣敢不以实对！"睦曰："吁[11]，子危我哉[12]！此乃孤[13]幼时进趣[14]之行也。大夫其对以孤袭爵以来，志意衰惰，声色是娱，犬马是好，乃为相爱耳。"其智虑畏慎如此[15]。

二月，乙巳[16]，司徒王敏薨。

三月，癸丑[17]，以汝南太守鲍昱[18]为司徒。昱，永之子也。

益州[19]刺史梁国[20]朱辅宣示汉德，威怀远夷，自汶山[21]以西，前世所不至，正朔所未加，白狼、槃木[22]等百余国，皆举种[23]称臣奉贡。白狼王唐菆作诗三章，歌颂汉德，辅使犍为郡[24]掾由恭译而献之。

初，龟兹[25]王建为匈奴所立，倚恃虏威，据有北道[26]，攻杀疏勒[27]王，立其臣兜题为疏勒王。班超从间道[28]至疏勒，去兜题所居槃橐城[29]九十里，逆[30]遣吏田虑先往降之，敕[31]虑曰："兜题本非疏勒种，国人必不用命[32]；若不即降，便可执之。"虑既到，兜题见虑轻弱，殊无降意。虑因其无备，遂前劫缚兜题，左右出其不意，皆惊惧奔走。虑驰报超，超即赴之，悉召疏勒将吏，说以龟兹无道之状，因立其故王兄子忠[33]为王，国人大悦。超问忠及官属："当杀兜题邪，生遣之邪？"咸曰："当杀之。"超曰："杀之无益于事，当令龟兹知汉威德。"遂解遣之。

夏，五月，戊子[34]，公卿百官以帝威德怀远，祥物显应[35]，并集朝堂奉觞上寿[36]。制曰："天生神物，以应王者；远人慕化，实由有德；朕以虚薄[37]，何以享斯！唯高祖、光武圣德所被[38]，不敢有辞，其敬举觞[39]，太常择吉日策告宗庙[40]。"仍推恩赐民爵及粟有差[41]。

冬，十一月，遣奉车都尉窦固、驸马都尉耿秉、骑都尉刘张出敦煌昆仑塞[42]，击西域，秉、张皆去符、传[43]以属固，合兵万四千骑，击破白山虏于蒲类海上，遂进击车师。车师前王，即后王[44]之子也，其廷相去五百余里。固以后王道远，山谷深，士卒寒苦，欲攻前王；秉以为先赴后王，并力根本[45]，则前王自服。固计未决，秉奋身而起曰："请行前[46]。"乃上马引兵北入，众军不得已，并进，斩首数千级。后王安得震怖，走出门迎秉，脱帽，抱马足降，秉将以诣固；其前王亦归命，遂定车师而还。于是固奏复置西域都护[47]及戊、己校尉[48]。以陈睦为都护；司马耿恭[49]为戊校尉，屯后王部金蒲城[50]；谒者关宠为己校尉，屯前王部柳中城[51]，屯各置数百人。恭，况之孙也。

（以上为第十四段，写东汉国力盛强，重新威行西域。）

【注释】

[1]原陵：光武帝陵，在今河南洛阳市孟津区西。[2]既寤：梦醒。[3]案历：翻查历书，

找黄道吉日。［4］荐：进献。又，《春秋谷梁传》桓公八年注："无牲而祭曰荐。"此指明帝以甘露祭享光武陵。［5］镜奁（lián）中物：指陈列于寝殿的阴太后的梳妆用具等物。镜，铜镜。奁，镜匣。［6］易：更换。［7］脂泽：化妆品。［8］装具：梳妆用具。［9］睦：刘睦，光武帝长兄刘伯升之孙。睦父刘兴封北海王。永平八年（65）睦嗣封为北海王。事见《后汉书》卷十四。［10］中大夫：官名。中央朝廷及王国皆设此官，掌论议。［11］吁：惊叹的象声词。［12］子危我哉：您可要害了我啊。子，敬称之词。危，使动用法。［13］孤：古代国君谦称孤、寡人。秦汉后，皇帝自称朕，诸侯王自称孤。［14］趣：通"趋"，小跑，快走。古代礼法，进见尊长要趋步前行。［15］智虑畏慎如此：刘睦的智慧和谨慎，大都像这样。当时朝廷禁限诸侯王，屡兴大狱，故刘睦深虑，不惜自污，以释朝廷之忌。［16］乙巳：二月乙卯朔，无乙巳。［17］癸丑：三月二十九日。［18］鲍昱：字文泉，历官汝南太守、司徒、太尉，与其父鲍永同传，见《后汉书》卷二十九。［19］益州：州名，治所广汉郡雒县，在今四川广汉市。［20］梁国：王国名，治所睢阳，在今河南商丘市。［21］汶山：即岷山，主峰在四川松潘县东南。［22］白狼、槃木：益州西部西夷种族名。［23］举种：全种族，全部落。［24］犍为郡：益州所属郡，治所武阳，在今四川眉山市彭山区。［25］龟兹：西域国名，王治延城，在今新疆库车市。［26］北道：丝绸之路通西域的北道，沿天山南麓西行，因在塔里木盆地北沿，故称北道。龟兹处于北道中段。［27］疏勒：西域国名，在龟兹西，王治疏勒，在今新疆喀什市。［28］间道：捷径小道。［29］槃橐（tuó）城：疏勒王所居王城。［30］逆：预先。［31］敕：口授密令。［32］用命：效死力。［33］忠：班超求得故王兄之子榆勒立之，更名曰忠。［34］戊子：五月五日。［35］祥物显应：祥瑞应验。据《后汉书·明帝纪》载，永平十七年，甘露频降，树枝内集，灵芝生于殿前，五色神雀翔集于京师。［36］奉觞上寿：举杯祝贺。［37］虚薄：身体孱弱，威德浅薄。明帝自谦之词。［38］被：覆盖。指高祖、光武帝之德化，普及天下。［39］其敬举觞：请允许我与大家一齐敬酒，祝贺先帝吧。其，在此为祈使助词。［40］策告宗庙：祝策书写西南夷归附、西域诸国遣子入侍等远人慕化之绩敬告祖庙。策，祝策。［41］推恩赐民爵及粟有差：《后汉书·明帝纪》载："其赐天下男子爵，人二级，三老、孝悌、力田人三级，流人无名数欲占者人一级；鳏、寡、孤、独、笃癃、贫不能自存者粟，人三斛……"有差，指不同身份的人，所得赏赐有差等。［42］昆仑塞：亭障名，在敦煌郡（郡治即今甘肃敦煌市）广至县境，在今甘肃瓜州县西南。［43］符、传：符，兵符。传，过关的通行凭证。耿秉、刘张去符、传，则不能独当一面、自由用兵，而要听命窦固指挥作战。［44］车师前王、后王：宣帝时分车师为前后两部。车师前国，王治交河城，在今新疆吐鲁番市西北，是为车师前王。车师后国，王治务涂谷，在今新疆奇台县西南，是为车师后王。［45］根本：其时车师后王为车师前王之父，故后王所治王城为车师根本。［46］请行前：请求为先锋。［47］西域都护：官名。汉宣帝二年初置，以骑都尉、谏大夫使护西域，加官都护，其下有副校尉，属官有丞、司马等。东汉西域都护驻节龟兹它乾城，在今新疆库车市西南。［48］戊、己校尉：汉元帝初元元年置，属官有丞、司马，掌西域屯田。［49］耿恭：东汉名将，耿况之孙，立功西域。耿况，东汉开国功臣耿弇之父。耿弇为耿恭伯父。耿氏一门事迹均在《后汉书》卷十九《耿弇传》中。耿恭有附传。［50］金蒲城：在今新疆吉木萨尔县。［51］柳中城：在今新疆吐鲁番市东南。

十八年（乙亥，75年）

春，二月，诏窦固等罢兵还京师。

北单于遣左鹿蠡王率二万骑击车师[1]，耿恭遣司马将兵三百人救之，皆为所没，匈奴遂破杀车师后王安得而攻金蒲城[2]。恭以毒药傅[3]矢，语匈奴曰："汉家箭神，其中疮者必有异。"虏中矢者，视疮皆沸[4]，大惊。会天暴风雨，随雨击之，杀伤甚众；匈奴震怖，相谓曰："汉兵神，真可畏也！"遂解去。

夏，六月，己未[5]，有星孛于太微[6]。

耿恭以疏勒城[7]傍有涧水可固[8]，引兵据之。秋，七月，匈奴复来攻，拥绝[9]涧水；恭于城中穿井十五丈，不得水，吏士渴乏，至笮[10]马粪汁而饮之。恭身自率士挽笼[11]，有顷，水泉奔出，众皆称万岁。乃令吏士扬水[12]以示虏，虏出不意，以为神明，遂引去。

八月，壬子[13]，帝崩于东宫前殿，年四十八。遗诏："无起寝庙[14]，藏主[15]于光烈皇后更衣别室[16]。"

帝遵奉建武制度[17]，无所变更，后妃之家不得封侯与政。馆陶公主[18]为子求郎，不许，而赐钱千万，谓群臣曰："郎官上应列宿，出宰百里，苟非其人，则民受其殃，是以难之。"公车[19]以反支日[20]不受章奏，帝闻而怪曰："民废农桑，远来诣阙[21]，而复拘[22]以禁忌，岂为政之意乎！"于是遂蠲[23]其制。尚书阎章二妹为贵人，章精力晓旧典，久次当迁重职，帝为后宫亲属，竟不用。是以吏得其人，民乐其业，远近畏服，户口滋殖焉。

太子即位[24]，年十八。尊皇后曰皇太后[25]。

明帝初崩，马氏兄弟争欲入宫。北宫卫士令杨仁被甲持戟，严勒门卫，人莫敢轻进者。诸马乃共谮仁于章帝，言其峻刻，帝知其忠，愈善之，拜为什邡[26]令。

壬戌[27]，葬孝明皇帝于显节陵。

冬，十月，丁未[28]，赦天下。

诏以行太尉事节乡侯憙[29]为太傅，司空融[30]为太尉，并录尚书事[31]。

十一月，戊戌[32]，以蜀郡[33]太守第五伦[34]为司空。伦在郡公清，所举吏多得其人，故帝自远郡用之。

焉耆、龟兹[35]攻没都护陈睦，北匈奴围关宠于柳中城[36]。会中国有大丧，救兵不至，车师复叛，与匈奴共攻耿恭。恭率厉士众御之，数月，食尽穷困，乃煮铠弩，食其筋革[37]。恭与士卒推诚同死生，故皆无二心，而稍稍死亡，余数十人。单于知恭已困，欲必降之，遣使招恭曰："若降者，当封为白屋王[38]，妻以女子。"恭诱其使上城，手击杀之，炙[39]诸城。单于大怒，更益兵围恭，不能下。

关宠上书求救，诏公卿会议，司空伦以为不宜救；司徒鲍昱[40]曰："今使人于危难之地，急而弃之，外则纵蛮夷之暴，内则伤死难之臣[41]，诚令权[42]时，后无边事可也。匈奴如复犯塞为寇，陛下将何以使将！又二部兵人裁各数十，匈奴围之，历旬不下，是其寡弱力尽之效[43]也。可令敦煌、酒泉太守各将精骑二千，多其幡帜，倍道兼行[44]以赴其急；匈奴疲极之兵，必不敢当，四十日间足还入塞。"帝然之。乃遣征西将军[45]耿秉屯酒泉[46]，行太守事，遣酒泉太守段彭与谒者王蒙、皇甫援发张掖、酒泉、敦煌三郡及鄯善兵合七千余人以救之。

甲辰晦[47]，日有食之。

太后兄弟虎贲中郎廖及黄门郎防、光[48]，终明帝世未尝改官。帝以廖为卫尉[49]，防为中郎将，光为越骑校尉。廖等倾身[50]交结，冠盖之士[51]争赴趣之。第五伦上疏曰："臣闻《书》曰：'臣无作威作福，其害于而家，凶于而国。'[52]近世光烈皇后[53]虽友爱天至，而抑损阴氏[54]，不假[55]以权势。其后梁、窦之家[56]，互有非法，明帝即位，竟多诛之。自是洛中[57]无复权戚，书记[58]请托[59]，一皆断绝。又谕[60]诸外戚曰：'苦身待士，不如为国。戴盆望天，事不两施。'[61]今之议者，复以马氏为言[62]。窃闻卫尉廖以布三千匹，城门校尉[63]防以钱三百万，私赡[64]三辅衣冠[65]，知与不知，莫不毕给。又闻腊日[66]亦遗其在雒中者钱各五千。越骑校尉光，腊用[67]羊三百头，米四百斛，肉五千斤。臣愚以为不应经义[68]，惶恐，不敢不以闻。陛下情[69]欲厚之[70]，亦宜所以安之[71]。臣今言此，诚欲上忠陛下，下全后家也。”

是岁，京师及兖、豫、徐州大旱。

（以上为第十五段，写明帝崩，章帝即位，耿恭困守西域，建立殊勋。）

【注释】

[1]车师：西域国名，西汉宣帝时分为前车师、后车师两国。此指前车师，治交河城，在今新疆吐鲁番市西北。[2]金蒲城：又作金满城，后车师治所，在今新疆吉木萨尔县。金蒲城在交河城之北。[3]傅：涂附。[4]视疮皆沸：察看中毒箭的伤口，一律溃烂，好像开水沸腾。[5]己未：六月十二日。[6]有星孛于太微：有彗星出现在太微星区。孛，彗星。太微，天官三垣星区之一。以北极星为坐标，集合周围各星合为一星区，叫紫微垣；在紫微垣外，位于星张翼轸以北的星区就是太微垣；位于房心箕斗以北的星区是天市垣。[7]疏勒城：此疏勒城，非疏勒国都之城，乃车师后部境内之城。[8]固：持久固守。[9]拥绝：筑堤截断。拥，通“壅”。[10]笮：挤压。[11]挽笼：挖深井，用绳牵引盛土筐提土。挽，牵引。笼，盛土筐。[12]扬水：泼水在城外。[13]壬子：八月六日。[14]寝庙：在帝王陵前所建的殿堂，陈列死者牌位及生前日常用品，称寝殿。[15]藏主：藏，收藏，陈列。主，指明帝的牌位。[16]更衣别室：皇太后阴丽华寝殿的储衣物的房间。明帝遗诏，将自己的牌位陈列于此。[17]建武制度：指光武帝抑制外戚的定规。后族阴、郭之家不过九卿，亲属荣位不及西汉外戚许、史、王氏之半。[18]馆陶公主：光武帝女刘红夫，适驸马都尉韩光。[19]公车：公车司马府或公车司马令之省称。宫城南门外有司马门，凡百官及征诣公车者，至此门下公车，步行入宫。故掌卫司马门的传达禁卫官称公车司马令。[20]反支日：非吉日，是日不受理章奏。据胡三省注：初一（即朔日）有戌、亥，初一是反支日；初一有申、酉，初二是反支日；初一有午、未，初三是反支日；初一有辰、巳，初四是反支日；初一有寅、卯，初五是反支日；初一有子、丑，初六是反支日。[21]诣阙：指吏民到宫门投诉。[22]拘：约束，限制。[23]蠲：废除反支日不受章奏的禁忌。[24]太子即位：皇太子刘炟即位，是为章帝。[25]皇太后：此指章帝刘炟养母马皇后为皇太后。马皇太后，伏波将军马援之女，进宫不育。章帝乃马皇后前母姊女贾贵人所生，明帝令马皇后育养为子。[26]什邡：县名，县治在今四川什邡市南。[27]壬戌：八月十六日。[28]丁未：十月二日。[29]节乡侯憙：即赵憙，见前永平八年注。[30]融：牟融（？—79）：东汉大儒。传见《后汉书》卷二十六。[31]录尚书事：官名，职司宰相。光武帝不任三公，政归台阁，尚书加录字任实权，称录公。凡枢要之大臣加“录尚书事”衔，自赵憙、牟融始，后为定制。[32]戊

戌：十一月二十四日。［33］蜀郡：郡治今四川成都市。［34］第五伦：东汉名臣，为官清廉，奉公尽节，官至司空。传见《后汉书》卷四十一。［35］焉耆、龟兹：皆西域国名。焉耆王治南河城，在今新疆焉耆县。龟兹王治延城，在今新疆库车市。［36］北匈奴围关宠于柳中城：关宠以谒者出任戊己校尉，屯驻柳中城。永平十八年（75），北匈奴围攻柳中，时值明帝崩，汉兵入援迟缓，关宠战败。柳中城，又名柳城，在今新疆吐鲁番市东南，其地土地肥沃，宜屯垦，其时为戊己校尉驻地，班勇出使西域，柳中为西域长史驻屯地。［37］筋革：牛筋制弓弦，牛皮（革）制铠甲。［38］白屋王：匈奴王号名，因匈奴中有白屋部族而得名。［39］炙：火烤。耿恭火烤匈奴使者尸，以示必死不降之意，并激励士卒死战。［40］鲍昱：字文泉，东汉名臣鲍永之子，少传父学，习欧阳《尚书》。明帝永平十七年（74）代王敏为司徒，章帝建初四年（79）代牟融为太尉，两年后卒。传附父传，见《后汉书》卷二十九。［41］死难之臣：尽节的忠臣。［42］权：指第五伦主张的不赴救耿恭的权宜之计。［43］效：效验，证明。［44］倍道兼行：即加倍赶路，日夜兼程。［45］征西将军：表示出征所指的将军之号。［46］酒泉：郡名，治所禄福，在今甘肃酒泉市。［47］甲辰晦：十一月三十日。［48］廖、防、光：即马援三子，章帝之舅。事附《后汉书》卷二十四《马援传》。［49］卫尉：官名，保卫宫门的禁卫军首领。［50］倾身：屈尊。即礼贤下士。［51］冠盖之士：指有地位的士大夫。冠，礼帽。盖，车盖。［52］“臣闻《书》曰”四句：引自《尚书·洪范》篇。字面意义为：“作臣属的，不要作威作福，不但害了家，也害了国。”［53］光烈皇后：光武帝皇后阴丽华。［54］抑损阴氏：指阴皇后拘束娘家人。［55］不假：不借，不授予。［56］梁、窦之家：梁统、窦融两功臣之家，均为国戚。梁统子梁松尚光武帝女舞阴长公主。窦融子窦穆尚光武帝女内黄公主。梁松、窦穆皆因仗势弄法，坐法诛。事见前永平四年、六年。［57］洛中：京师洛阳城中。［58］书记：投书徇私情。［59］请托：请人说项。［60］谕：晓谕，告诫。［61］“苦身待士”四句：古代流行的警世格言，意谓：“辛苦结交朋友，不如全心奉献国家。戴盆望天，既戴不住盆，也望不见天，事不两全。”苦身，辛苦自身。两施，一身同时做两件事。［62］为言：议论纷纷。［63］城门校尉：官名，职掌京师城门护卫。校尉是次于将军一级的武官。［64］赡：供给。［65］三辅衣冠：西京长安地区（京兆尹、右扶风、左冯翊三辅）的儒学之士。衣冠，指代知识分子和豪门世家。［66］腊日：冬至后第三个戌日。是日祭祀百神。［67］腊用：腊日祭神的费用。［68］不应经义：不符合儒家经典大义。［69］情：感情，本意。［70］厚之：指厚待马氏外戚。［71］安之：使他们平安。节制外戚，使他们安分不逾制度，才能平安。

【点评】

本卷史事点评三事：一、佛教传入中国；二、楚王英谋反案；三、班超建功西域。

一、佛教传入中国。永平八年（65），汉明帝颁布诏令，罪人可以用钱财赎罪。

楚王刘英派他的郎中令向国相上交三十匹黄白细绢，声称用以赎罪，楚王英并未触犯刑律，无罪可赎。国相上奏汉明帝，汉明帝下诏书回报说："楚王诵读黄老之书，崇尚佛家的仁慈，斋戒三个月，向神明发誓，哪有什么嫌疑？不应该有悔恨。退还赎罪的细绢，用来多摆筵席招待佛门弟子。"汉明帝还把这道诏书转发给其他诸侯封国的中傅，表明最高统治者承认佛教的合法地位。东汉末年融作《理惑论》，说汉明帝夜梦宫殿里飞来一个神人，名字叫"佛"。于是遣使到天竺（印度）求佛经。汉使归来，求来佛像、佛经，还有印度高僧同来中国。据说是用白马驮载佛经抵达京都洛阳，汉明帝在洛阳城西建造佛寺用白马命名。白马寺至今香火不绝。

佛教创始人释迦牟尼，约生于公元前566年，死于公元前486年，是在今尼泊尔境内迦毗罗国的王子，与中国圣人孔子同时。到了中国秦代，印度阿育王大弘佛法，派遣僧徒四出布教，西汉时西域的一些城邦国家已信奉佛法。汉武帝开通西域，佛教已经东来。汉哀帝元寿元年（前2），西域佛教国大月氏使臣伊存来朝，博士弟子景卢从伊存受《浮屠经》。但佛教受到中国儒学与道教的抵制，一直未能流传。汉明帝的诏书真正打开了佛教传布的大门，经过魏晋南北朝到隋唐，佛教盛行，与儒、道并驾齐驱。而作为学术，儒、道、释三足鼎立，互相渗透。佛教在中国生根、开花、结果，汉明帝功不可没。

二、楚王英谋反案。汉明帝永平十三年（70），一个名叫燕广的男子上书告发楚王英与渔阳人王平、颜忠等制作图谶，刻文字为符瑞，有谋反行动。经过审理，主管部门上奏："楚王英大逆不道，犯了死罪。"汉明帝不忍加刑，废其王爵，发配到丹阳泾县，给五百户汤沐邑。第二年，刘英自杀了。刘英死了，而审查定罪刘英叛党的案件还没有结束。刘英把天下的知名人士秘密地记载在一个小册子上，其中有吴郡太守尹兴的名字，办案人逮捕了尹兴，郡守属官被抓捕五百多人，严刑拷打致死二百多人。主案犯颜忠、王平随口咬人，隧乡侯耿建、朗陵侯臧信、濩泽侯邓鲤、曲成侯刘建，从未见过颜忠、王平两人，无辜被株连，屈打成招，没完没了。侍御史寒朗冒死上书为囚犯申冤，汉明帝醒悟，亲自到洛阳狱查阅囚犯卷宗，释放了一千多人。任城令袁安转任楚郡太府，释放了四百多人。楚王英谋反案牵连数千人蒙冤。一个诸侯王谋反，未成事实，只是密谋计划，为何牵连这么多人蒙冤呢？原因有三：第一，皇帝严旨亲办的案件，办案人不敢违抗，多为冤案；第二，办案人表示效忠，踩着他人的血迹晋升，往往以多诛杀为能，结案时间拖得越长，牵涉的人就会越多。第三，司法程序只要口供，不重证据。严刑逼供，不仅屈打成招，而且牵连无辜以减罪行，或报复仇人。这种司法弊端在专制政体下，是其常态。回顾历史，着实令人可悯。

楚王英案的扩大化开了一个恶例，可以说这是东汉末党锢之祸波及全国的一次预演。

三、班超建功西域。西汉末年，北匈奴乘中国之乱，再度入侵西域，切断丝绸之路整整六十年。东汉建立，决计恢复中西交通，这一艰巨的历史使命落在了一介书生身上。这个书生就是“投笔从戎”立功西域的班定远（班超）。

班超（32—102），字仲升，扶风平陵人。东汉大史学家班固之弟。班超从小博览群书，胸藏韬略，志向高远。不幸早年丧父，家道中落，生活清苦。明帝永平五年（62），朝廷征召班固为校书郎兰台令史，举家迁居洛阳。但兰台令史这一小官的薪俸不足以养家，班超不得不受官家雇佣为抄书吏。这一现实与班超的报国壮志有很大的落差。有一天，班超情不自禁地把笔扔在了地上，十分激动地说：“一个男子汉，不能效法傅介子、张骞，立功边外，取封侯之赏，怎么能长此做一个抄书匠呢？”班超此举，如同陈涉发鸿鹄之叹一样，遭到他人的嘲笑。明帝永平十六年（73），班超投笔从戎的机会来了。他被征为奉车都尉窦固的假司马，即参谋军事的副司马，出征匈奴，打通西域道路。窦固这次出征，从今甘肃酒泉西北，进入今新疆哈密巴里坤湖一带，赶走了北匈奴派驻西域的呼衍王，在西域设置了宜禾都尉，驻军屯垦。班超在战斗中初露头角，被窦固推荐为西域副使，与从事郭恂一起出使西域。

西域通道有南北两道。南道沿昆仑山，北道沿天山，两道都东起鄯善国，西至疏勒。汉朝要打通中西交通，就必须控制鄯善和疏勒两个城邦小国。鄯善尤为汉匈双方争夺的要点。鄯善王两边都得罪不起。于是常常是脚踏两只船，时而倒向匈奴，时而倒向汉朝。

鄯善原名楼兰。西汉昭帝元凤四年（前77），傅介子出使楼兰，用智计杀死了倒向匈奴的楼兰王，因而改名鄯善。班超如今出使西域第一站鄯善的情况，就是当年傅介子的处境，鄯善王头几天还殷勤接待班超等人，过了几天忽然怠慢起来。班超敏感地意识到必然是北匈奴的使团来到了鄯善，他用智计从鄯善接待人员口中落实了匈奴使团一百多人住在离班超住地三十多里的地方。班超不待请示郭恂，当夜果断地率领汉使三十六人攻杀匈奴使团，断了鄯善王倒向北匈奴的后路。班超是第二个傅介子，他比傅介子走得更远。当时西域各国不堪忍受匈奴的沉重掠夺，日夜期盼汉使到来。班超消灭匈奴使团的消息，一阵风似的传遍了西域各国。班超乘势与三十六位壮士沿南道出使了于阗、莎车、疏勒等国，帮助西域各国驱逐了匈奴派驻的监护官。东汉朝廷不费干戈就恢复了西域都护和戊、己校尉等官。都护陈睦驻焉耆国乌垒城，在今新疆轮台县东。戊校尉耿恭驻金蒲城（在今新疆吉木萨尔县），己校尉关宠驻柳中（今新疆吐鲁番市东南）。这是东汉朝廷的第一次通西域。

东汉一朝自汉明帝至汉安帝经营西域三绝三通。73—77年，班超第一次通西域。

77—91 年，东汉政府不愿与北匈奴作战，放弃伊吾，中西交通再次中断。91—107 年，窦宪大破北匈奴，班超经营西域完全成功，这是第二次通西域。107—124 年，班超的后继者庸劣贪婪，引起西域一些国家反抗，北匈奴侵入，东汉政府召回都护，中西交通第三次中断。125 年，班勇击走北匈奴，第三次恢复中西交通。东汉三通西域，班氏父子建立大功。班超第二次通西域后，立即派甘英出使大秦，即罗马帝国。甘英到达地中海东海岸，因缺乏渡海工具而返回。班超通大秦的目的没有实现，但他那博大的胸怀，远大的目光，凌云的壮志，却永垂青史，也激励了一代又一代中华儿女。